São Luís

JACQUES LE GOFF

São Luís

BIOGRAFIA

Tradução de
MARCOS DE CASTRO

7ª edição

EDITORA RECORD
RIO DE JANEIRO • SÃO PAULO
2025

CIP-BRASIL. CATALOGAÇÃO NA FONTE
SINDICATO NACIONAL DOS EDITORES DE LIVROS, RJ.

L466s   Le Goff, Jacques, 1924-
         São Luís / Jacques Le Goff; tradução de Marcos de Castro. – 7ª ed. –
7ª ed.   Rio de Janeiro: Record, 2025.

         Tradução de: Saint Louis
         Inclui bibliografia
         ISBN 978-85-01-04726-7

         1. Luís IX, Rei de França, 1214-1270. 2. Santos cristãos – França – Biografia.
         3. França – Reis e governantes – Biografia. I. Título.

                              CDD – 923.144
98-1836   CDU – 92(LUÍS IX)

Título original norte-americano
SAINT LOUIS

Copyright © Éditions Gallimard, 1996

Texto revisado segundo o novo Acordo Ortográfico da Língua Portuguesa.

Esta edição teve o apoio do Ministério Francês da Cultura.

Todos os direitos reservados. Proibida a reprodução, armazenamento ou transmissão de partes deste livro, através de quaisquer meios, sem prévia autorização por escrito.

Direitos exclusivos de publicação em língua portuguesa para o Brasil
adquiridos pela
DISTRIBUIDORA RECORD DE SERVIÇOS DE IMPRENSA S.A.
Rua Argentina 171 – Rio de Janeiro, RJ – 20921-380 – Tel.: (21) 2585-2000
que se reserva a propriedade literária desta tradução

Impresso no Brasil

ISBN 978-85-01-04726-7

Seja um leitor preferencial Record.
Cadastre-se em www.record.com.br e receba
informações sobre nossos lançamentos e nossas promoções.

Atendimento e venda direta ao leitor:
sac@record.com.br

Para Hanka

Sumário

Apresentação 15
Introdução 19
Nota da Introdução 31

Primeira Parte
A VIDA DE SÃO LUÍS

I. DO NASCIMENTO AO CASAMENTO (1214-1234)   35

O menino herdeiro, 39. — O mundo em volta do menino rei, 43. — O horizonte oriental: Bizâncio, Islam, Império Mongol, 43. — A Cristandade, 51. — No fim de um avanço, 52. — Inquietudes religiosas, 56. — Organização política: emergência do Estado monárquico, 63. — A França, 66. — A herança do avô, 69. — O breve reinado do pai, 73. — A morte do pai, 78. — Infeliz da terra cujo príncipe é uma criança, 83. — A sagração do menino rei, 90. — Uma difícil minoridade, 93. — O caso da universidade de Paris, 104. — Luís e o imperador Frederico II, 108. — Conflitos com os bispos: o caso de Beauvais, 109. — O rei devoto: a fundação de Royaumont, 112. — O rei devoto: a perda do santo cravo, 115.

II. DO CASAMENTO À CRUZADA (1234-1248)   119

O casamento de Luís IX (1234), 119. — A "cavalaria" dos irmãos. Surge Joinville, 127. — O rei pai, 129. — O rei das relíquias: a coroa de espinhos, 130. — A *Sainte-Chapelle*, 135. — Um rei escatológico: o Apocalipse mongol, 137. — O rei vencedor: a guerra contra os ingleses, 137. — A doença do rei e o voto de cruzado,

144. — O rei, o papa e o imperador, 150. — São Luís e o Mediterrâneo, 154. — Os preparativos da cruzada, 160.

III. A CRUZADA E A TEMPORADA NA TERRA SANTA (1248-1254)   166

A cruzada, pensamento do reinado? 166. — São Luís e o Oriente, 167. — De Paris a Aigues-Mortes, 169. — Viagem e campanha do Egito, 172. — O rei prisioneiro, 176. — O rei distante, 177. — O caso dos pastorinhos, 178. — Luís IX na Terra Santa, 181. — A cruzada, Luís IX e o Ocidente, 182. — A morte da mãe, 189.

IV. DE UMA CRUZADA À OUTRA E À MORTE (1254-1270)   190

Aventuras no mar, 190. — O encontro com Hugues de Digne, 191. — *A volta de um cruzado acabrunhado*, 194. — O reformador do reino, 196. — Os novos homens do rei, 200. — A justiça nas cidades, 202. — O rei inquiridor, 203. — O rei e os inquéritos no Languedoc, 204. — O rei e as cidades, 206. — Luís e Paris, 210. — O justiceiro sem indulgência: dois casos espetaculares, 215. — Novas medidas de purificação: contra os ordálios e a usura, contra judeus e lombardos, 219. — A "boa" moeda, 221. — *O pacificador*, 226. — A herança flamenga, 227. — A paz com Aragão: o tratado de Corbeil (1258), 229. — A paz franco-inglesa: o tratado de Paris (1259), 231. — A "posição" de Amiens, 237. — *Luís IX e o futuro da dinastia capetiana e da família real*, 239. — Mortes e nascimentos, 239. — A irmã e os irmãos, 242. — São Luís e os corpos reais, 244. — *Luís IX se cruza pela segunda vez*, 259. — Últimas purificações antes da cruzada, 260.

V. RUMO À SANTIDADE: DA MORTE À CANONIZAÇÃO (1270-1297)   266

As tribulações do corpo real, 266. — A volta à França, 268. — Rumo à canonização, 269. — História das relíquias, 272.

SÃO LUÍS

Segunda Parte
A PRODUÇÃO DA MEMÓRIA REAL:
SÃO LUÍS EXISTIU?

I. O REI DOS DOCUMENTOS OFICIAIS 283

II. O REI DOS HAGIÓGRAFOS MENDICANTES: UM SANTO REI DO CRISTIA-
NISMO RENOVADO 292

As ordens mendicantes, 293. — Geoffroy de Beaulieu, 297. — Guillaume de
Chartres, 299. — Guillaume de Saint-Pathus, 300.

III. O REI DE SAINT-DENIS: UM SANTO REI DINÁSTICO E "NACIONAL" 308

Primat, 310. — Guillaume de Nangis e a *Vida de São Luís*, 311. — *A Crônica
universal* de Guillaume de Nangis, 312. — A Vida de São Luís de Guillaume de
Nangis, 319.

IV. O REI DOS EXEMPLA 324

O testemunho limitado dos exempla, 326. — As histórias do Menestrel de
Reims, 335.

V. PREFIGURAÇÃO DE SÃO LUÍS NO ANTIGO TESTAMENTO 345

Davi e Salomão, 348. — Luís e Josias, 352.

VI. O REI DOS "ESPELHOS DOS PRÍNCIPES" 357

Espelhos carolíngios, 359. — O Policraticus de João de Salisbury, 360. —
Espelhos do século XIII, 361. — O *Eruditio regum et principum* de Gilbert de
Tournai, 363. — A sagração, espelho do príncipe, 369. — Os Ensinamentos ao
filho e à filha, 371.

VII. O REI DOS CRONISTAS ESTRANGEIROS 382

Mateus Paris, beneditino inglês, 383. — Salimbene de Parma, franciscano
italiano, 398.

VIII. O REI DOS LUGARES-COMUNS: SÃO LUÍS EXISTIU?   408

IX. O "VERDADEIRO" LUÍS IX DE JOINVILLE   419

Uma testemunha excepcional, 419 — Uma testemunha crível, 421. — Biografia ou autobiografia? 424. — O São Luís concreto de Joinville, 426. — O rei ri, 431. — Os defeitos do rei, 433. — Um sonho de Joinville, 439.

X. SÃO LUÍS ENTRE O MODELO E O INDIVÍDUO   442

História e indivíduo, 442. — A virada do século XII para o XIII, 444. — O "eu", 448. — O caso de São Luís, 450. — A consciência, 453. — Um rei falando francês, 456. — O retrato do rei, 456.

TERCEIRA PARTE
SÃO LUÍS, REI IDEAL E ÚNICO

Do exterior ao interior, 465.

I. SÃO LUÍS NO ESPAÇO E NO TEMPO   467

O mundo de São Luís, 467. — São Luís e o espaço, 467. — Paris capital, 470. — Pousos fixos e trajetos de São Luís, 472. — O rei da Île-de-France, 474. — Visitar o reino, 474. — Indo e vindo da cruzada, 475. — O rei peregrino, 477. — São Luís e o mar, 479. — O Oriente de São Luís, 483. — Sarracenos, beduínos e assassinos, 484. — A ilusão mongol, 489. — O Oriente imaginário e maravilhoso, 492. — *Os tempos de São Luís*, 495. — O bom uso do tempo, 495. — O tempo circular e litúrgico, 497. — São Luís e o tempo da história, 501.

II. AS IMAGENS E AS PALAVRAS   506

Um rei em tempo de música, 507. — A arquitetura: um estilo curial? 508. — Lições em imagens, 511. — Livros de imagens, 513. — O rei e seus intelectuais, 518. — Um enciclopedista a serviço do rei: Vincent de Beauvais, 521. — O novo Salomão, 524.

SÃO LUÍS

III. AS PALAVRAS E OS GESTOS: O REI *PRUD'HOMME* 527

A palavra do rei, 527. A palavra real, 528. São Luís fala, 529. — Palavra familiar, 531. — Palavra de ensinamento, 532. — O governo da palavra, 534. — Palavras de fé, 535. — Últimas palavras, 537. — *Os gestos bem temperados*, 537. — Onde procurar os gestos de São Luís? 539. — Os gestos de um rei santo, 543. — A apoteose: os gestos da santa morte, 544. — Os gestos da devoção, 545. — Modelos e personalidade, 548. — O rei *prud'homme*, 550. — *São Luís à mesa: entre comensalidade real e humildade alimentar*, 552. — A moderação, 554. — A humildade e a ascese, 556. — Joinville: o autodomínio, 561. — Os deveres do rei, 563. — Um modelo real, 566.

IV. O REI DAS TRÊS FUNÇÕES 568

As três funções, 568. — O rei cristão, rei das três funções, 569. — Primeira função: o rei sagrado justiceiro e pacífico, 570. — A paz, 573. — Segunda função: um rei guerreiro, 576. — São Luís e a terceira função, 578. — São Luís e a economia, 582. — Economia e administração, 583. — O rei e suas boas cidades, 586. — O financiamento da guerra e da cruzada, 588. — A usura, 589. — A moeda, 591. — A salvação e a necessidade, 592.

V. SÃO LUÍS, REI FEUDAL OU REI MODERNO? 597

Regime feudal e Estado moderno, 598. — Sobre o uso real do sistema feudal, 599. — A grande aliança do trono e do altar, 602. — Administração local e poder legislativo, 604. — São Luís e o direito, 608. — Uma sociedade feudal e burguesa, 610. — São Luís não caça, 612. — O sistema real, 613. — Limites do poder real, 616. — São Luís se mostra a seus súditos, 618. — São Luís calculista? 620.

VI. SÃO LUÍS EM FAMÍLIA 624

O pai, 624. — O avô, 625. — A mãe, 627. — Irmãos e irmãs, 635. — A irmã, 644. — A esposa, 645. — Os filhos, 650. — A *mesnie* e o círculo próximo, 657.

VII. A RELIGIÃO DE SÃO LUÍS 660

Modelo cisterciense, modelo mendicante, 661. — A fé de São Luís, 665. — O saber religioso, 668. — Devoção e ascetismo, 671. — A consciência, 673.

— A prática sacramental, 676. — São Luís e a oração, 678. — A devoção aos santos, 686. — As obsessões devocionais de São Luís, 687. — A devoção à cruzada, 690.

VIII. CONFLITOS E CRÍTICAS   693

São Luís e a Igreja, 693. — São Luís e os hereges, 696. — São Luís e os muçulmanos, 699. — São Luís e os judeus, 704. — Críticas e resistências, 721. — Críticas políticas, 726. — "Só és rei dos frades", 729.

IX. SÃO LUÍS, REI SAGRADO, TAUMATURGO E SANTO   732

As sacralidades do rei de França, 733. — Os valores da sagração, 733. — A sagração real, 734. — O sistema da sagração, 738. — *A santidade de São Luís*, 739. — Um santo leigo, 742. — Os modelos de santidade de São Luís, 745. — Os milagres de São Luís, 747. — Os milagres e a vida, 755. — As relíquias, 758. — O último dos reis santos, 758.

X. O REI SOFREDOR, O REI CRISTO   760

Os valores do corpo, 762. — Um caso de violação, 763. — O rei doente, 765. — O rei paciente, 768. — O sofrimento voluntário: o rei asceta e penitente, 770. — A morte dos próximos: a dor familiar e dinástica, 771. — A dor nascida da derrota da cruzada, 772. — O sofrimento do prisioneiro, 774. — O sofrimento das lágrimas recusadas, 775. — O sofrimento dos outros: as obras de misericórdia, 777. — A lepra do pecado, 780. O modelo do Cristo crucificado, 781. — O martírio: agonia e morte, 782.

Conclusão   787
Apêndice I   797
Apêndice II   801
Bibliografia   809
Cronologia   829
Índices   833
Árvore genealógica   863
Mapas   869
   1. O reino da França no fim do reinado de Luís IX   870-871
   2. A França de Luís IX   872-873

3. Os pousos de Luís IX   874
4. O Mediterrâneo de Luís IX   875
5. O Oriente de Luís IX   876
6. A dominação mongol na época de Luís IX   877

Apresentação

A elaboração e a redação deste livro duraram uma quinzena de anos. Durante esse longo período tive ajudas preciosas. Meu reconhecimento inicial é para a École pratique des hautes études en sciences sociales (que a partir de 1975 sucedeu à VI seção da École pratique des hautes études) que há trinta e cinco anos permitiu-me combinar estreitamente, em um diálogo interdisciplinar, pesquisa e ensino. Minha dívida é particularmente grande em relação aos jovens pesquisadores e colegas, franceses e estrangeiros, que participaram ativamente de meu seminário.

Agradeço àquelas e àqueles que, com suas informações e suas pesquisas, enriqueceram a realização desta obra, especialmente a Colette Ribaucourt, Philippe Buc, Jacques Dalarun e sobretudo a Marie-Claire e Pierre Gasnault. Minha gratidão é enorme pela leitura do manuscrito, pelas críticas, correções e sugestões que fizeram meus queridos colegas e amigos Jean-Claude Schmitt e Jacques Revel.

Este último cumpriu, sobre o primeiro esboço do meu texto, um trabalho de uma minúcia e de uma qualidade excepcionais. O tempo que consagrou, a inteligência que manifestou nessa verdadeira colaboração são tais que meu reconhecimento nunca seria suficiente.

Submeti a uma rude prova, ainda uma vez, nesta oportunidade, a competência, o devotamento e o labor de minha excelente secretária Christine Bonnefoy. Agradeço, a ela também, de todo o coração.

Declaro também minha gratidão a meu velho e querido amigo Pierre Nora que acolheu este livro em sua prestigiosa "Bibliothèque des histoires". Associo, neste sentimento, aqueles que, na editora Gallimard, realizaram uma magnífica preparação final de meu manuscrito, preparação inteligente e minuciosa: Isabelle Châtelet, leitora exemplar, e meu querido amigo Louis Évrard. Uma grande tristeza marcou o fim deste trabalho. Quando eu lia as últimas notas e correções de Louis Évrard, soube de sua morte súbita e inesperada. Queria render aqui uma homenagem de admiração e afeto a esse homem de uma integridade e de um rigor morais e intelectuais sem par, a esse humanista de excepcional erudição e cultura, a esse homem discreto e generoso a quem numerosos livros e autores devem tanto. Meu reconhecimento vai também para Nicole Évrard, assim como para minha filha Barbara que elaborou os Índices.

Eu não poderia omitir minha mulher e meus filhos do longo esforço que foi este livro. Nestes anos, falei-lhes muito, sem nenhuma dúvida, de São Luís. Não creio que, fartos de minha falação, tenham São Luís por sua personagem histórica preferida. Agradeço-lhes a paciência, o apoio, a afeição.

Sua piedade, que era a de um anacoreta, não lhe tirou nenhuma virtude de rei. Uma sábia economia não prejudicou em nada sua liberalidade. Soube conciliar uma política profunda e uma justiça exata, e talvez seja o único soberano que mereça este louvor: prudente e firme no conselho, intrépido nos combates sem ser arrebatado, compassivo como se tivesse sido sempre infeliz. Não é dado ao homem levar mais longe a virtude.

VOLTAIRE
Essai sur les moeurs, capítulo LVIII.

Introdução

O século XIII central, que às vezes tem sido chamado de "século de São Luís", não atraiu tanto os historiadores como o século XII, criativo e ardente, e o XIV, que mergulha na grande crise do outono da Idade Média. Luís IX — entre seu avô Filipe Augusto e seu neto Filipe, o Belo, que açambarcaram a atenção dos historiadores — é, para surpresa nossa, "o menos conhecido dos grandes reis da França medieval". Duas obras recentes, as do americano William Chester Jordan e do francês Jean Richard, mostraram Luís IX dominado por uma ideia, a fascinação da cruzada e a obsessão da Terra Santa. São Luís me parece bem mais complexo, seu longo reinado de quarenta e quatro anos é mais contrastado e o período em que viveu mais agitado do que faz supor o termo "apogeu" da Idade Média, pelo qual às vezes tem sido caracterizado.

O século XIII não é, entretanto, o objeto deste estudo. Vamos encontrá-lo aqui, claro, porque Luís nele viveu e ele é matéria de sua vida e de sua ação. Mas este livro trata de um homem e não fala de seu tempo a não ser quando isso permita esclarecê-lo. Meu propósito não é "o reinado de São Luís", nem "São Luís e seu reino", "São Luís e a Cristandade", nem "São Luís e sua época", mesmo se sou levado a topar com estes temas. Se falar do santo rei leva por vezes a evocar em detalhe e em profundidade um vasto domínio, é que São Luís foi, com o imperador Frederico II, a personagem política mais importante do século XIII central no Ocidente cristão. Mas enquanto Frederico II, no qual se vê hoje um dos precursores do Estado moderno, permaneceu um marginal fascinado pela fronteira cultural mediterrânea, Luís IX é, geográfica, cronológica, ideologicamente, a mais central das grandes personagens da cristandade do século XIII. Daí, a ideia de consagrar-lhe uma biografia. Mas a coisa não é simples.

Quando — lentamente, faz mais de dez anos — decidi fazer uma investigação sobre uma personagem maior do Ocidente medieval e dar ao resultado desse trabalho a forma do gênero biográfico, imaginei que isso era, para um historiador, uma empresa difícil e que, quanto ao modo de ser da história que até então eu tinha praticado, ela me deixaria deslocado. Tinha razão quanto ao primeiro ponto e me enganava quanto ao segundo.

O sentimento da dificuldade que evoco à primeira vista pode parecer paradoxal. Como as publicações biográficas têm sido abundantes há alguns anos, porque o gênero está na moda, pode-se pensar que se trata de um exercício fácil, no qual é suficiente estar documentado, o que é geralmente possível, e ter um certo talento para escrever. A insatisfação que me causava a maioria dessas obras anacronicamente psicológicas — ou deteriorando levianamente a noção de mentalidade para jogar, sem verdadeira explicação nem espírito crítico, com o exotismo do passado —, retóricas, superficiais, muito frequentemente anedóticas, levava-me a me interrogar sobre as implicações e as exigências da biografia histórica. Convenci-me, assim, desta evidência amedrontadora: a biografia histórica é uma das maneiras mais difíceis de fazer história.

Em compensação, pensando que me sentiria deslocado, reencontrei quase todos os grandes problemas da investigação e da escrita histórica com os quais até então me tinha deparado. Certamente, confirmei a ideia de que a biografia é um modo particular de fazer história. Mais que isso, ela não exigia apenas os métodos intrínsecos à prática da história: posição de um problema, busca e crítica das fontes, tratamento num tempo suficiente para determinar a dialética da continuidade e da troca, redação adequada para valorizar um esforço de explicação, consciência do risco atual — ou seja, antes de tudo, da distância que nos separa — da questão tratada. A biografia confronta hoje o historiador com os problemas essenciais — porém clássicos — de seu ofício de um modo particularmente agudo e complexo. Faz isso, todavia, num registro a que frequentemente já não estamos habituados.

Porque houve — particularmente sensível no movimento nascido dos *Annales* — um eclipse da biografia histórica no coração do século XX, apesar de algumas exceções brilhantes. Os historiadores de certa forma abandonaram o gênero em favor dos romancistas — seus velhos concorrentes nesse domínio. Marc Bloch o constatou — sem o desprezo votado a essa forma historiográfica, ao contrário, lamentando o fato — provavelmente com o sentimento de que a biografia, como a história política, não assimilara o avanço do pensamento e da prática históricas. A

SÃO LUÍS

propósito da definição que dava Fustel de Coulanges, um dos pais da nova história, no século XX: "A história é a ciência das sociedades humanas", ele observava: "É talvez reduzir excessivamente, na história, a parte do indivíduo."

Hoje, quando a história, com as ciências sociais, conhece um período de intensa revisão crítica de suas certezas, em meio à crise de mutação geral das sociedades ocidentais, a biografia me parece em parte liberada dos bloqueios em que falsos problemas a mantinham. Pode mesmo tornar-se um observatório privilegiado para refletir utilmente sobre as convenções e sobre as ambições do ofício de historiador, sobre os limites dos conhecimentos adquiridos, sobre as redefinições de que ele tem necessidade.

Por isso, apresentando este livro, definindo o que tentei fazer, é preciso expor o que não deve ser uma biografia histórica hoje. Porque foram essas recusas que me levaram a reencontrar, num terreno particularmente difícil, minhas maneiras de fazer história, em mutação, mais visivelmente talvez aqui do que alhures.

*

Habituado por minha formação de historiador a tentar uma história global, fui rapidamente tocado, pela exigência da biografia, a fazer da personagem em questão o que consideramos, Pierre Toubert e eu, um sujeito "globalizante" em torno do qual se organiza todo o campo da pesquisa. Ora, que objeto, mais e melhor que uma personagem, cristaliza em torno de si o conjunto de seu meio e o conjunto dos domínios que o historiador traça no campo do saber histórico? São Luís participa simultaneamente do econômico, do social, do político, do religioso, do cultural; age em todos esses domínios, pensando-os de uma maneira que o historiador deve analisar e explicar — mesmo quando a busca do conhecimento integral do indivíduo em questão se torna uma "procura utópica". É preciso, verdadeiramente, mais do que em qualquer outro objeto de estudo histórico, saber respeitar aqui as falhas, as lacunas que a documentação deixa, não querer reconstituir o que os silêncios de e sobre São Luís escondem, também as descontinuidades e as disjunções, que rompem a trama e a unidade aparente de uma vida. Mas uma biografia não é só a coleção de tudo o que se pode e de tudo o que se deve saber sobre uma personagem.

Se uma personagem "globaliza" de modo marcante uma soma de fenômenos de natureza diversa, não é porque ela será mais "concreta" em relação a outros objetos do historiador. Denunciamos precisamente a falsa oposição entre "um falso concreto da biografia" e um "falso abstrato" da história política, por exemplo. Mas o método biográfico, mais ainda que os outros métodos históricos, visa a produzir "efeitos do real". O que o aproxima ainda mais do método do romancista. Esses "efeitos do real" não revelam só o estilo, o modo de escrever do historiador. O historiador deve ser capaz, em função da familiaridade com as fontes e com o tempo em que vive sua personagem, de pôr nos próprios documentos, graças a uma "desmontagem apropriada", "efeitos do real" com a verdade dos quais se possa chegar a conclusões. Ou, mais simplesmente, de destrinchar esses documentos para fazer com que neles apareça o que introduz uma convicção razoável de verdade histórica. Ver-se-á que São Luís se beneficia de uma testemunha excepcional, Joinville, que leva frequentemente o historiador a dizer: "Ah, é isso aí! Esse é mesmo o 'verdadeiro' São Luís!" E, entretanto, o historiador deve manter-se em guarda.

O historiador optou, de fato, por submeter-se a uma pressão maior: a da documentação que dita a ambição e os limites de sua investigação. Difere nisso do romancista, mesmo quando o romancista se preocupa em informar a verdade do que pretende descrever. Ora, dá-se que São Luís é (com São Francisco de Assis) a personagem do século XIII sobre a qual estamos mais bem informados em primeira mão. Porque foi rei e porque foi santo. A história falou sobretudo dos grandes e durante longo tempo não se interessou por eles senão como indivíduos. Isso é verdade particularmente na Idade Média. Mas a vantagem aparente que, assim, a documentação de São Luís apresenta para o historiador é largamente contrabalançada pelas dúvidas que se possa ter quanto à confiabilidade das fontes. Mais que em outros casos, essas dúvidas podem, senão mentir, pelo menos nos apresentar um São Luís imaginado, imaginário.

Uma primeira razão prende-se à qualidade e aos objetivos dos biógrafos antigos de Luís, que são quase todos, pelo menos os mais importantes, hagiógrafos. Não querem fazer dele só um rei santo. Querem fazer um rei e um santo segundo os ideais dos grupos ideológicos a que pertencem. Existe assim um São Luís das novas ordens mendicantes — dominicanos e franciscanos — e um São Luís dos beneditinos da abadia real de Saint-Denis, mais santo mendicante para os primeiros, antes rei "nacional" modelo para os segundos. Outro caso de manipulação, as fontes que nos apresentam a personagem do rei são essencialmente fontes literárias. São sobretudo as *Vitae*, das *Vidas* de santos escritas em latim. Ora, a literatura medieval se distribui por *gêneros* que obedecem a regras. O gênero hagiográfico, mesmo se a evolução da concepção da santidade no século XIII lhe dá um pouco mais de liberdade, está ainda cheio de estereótipos. O São Luís de nossas fontes não é mais do que uma coleção de lugares-comuns? Precisei consagrar toda a parte central do meu estudo à avaliação da confiabili-

SÃO LUÍS

dade dessas fontes, estudando as condições da produção da memória de São Luís no século XIII e no comecinho do século XIV, não apenas segundo o método clássico da crítica das fontes, porém, mais radicalmente, como produção sistemática da memória. Tive necessidade de me perguntar se era possível, através das fontes, chegar perto de um São Luís do qual se pudesse dizer "verdadeiro", verdadeiramente histórico.

A natureza dessas *Vidas* constituía simultaneamente uma justificação e um novo perigo para minha empresa. A *Vida* hagiográfica é uma história, ainda que a narrativa se organize em torno de manifestações de virtude e de piedade, e comporte, em geral à parte, um catálogo de milagres. Passando da biografia hagiográfica do século XIII à biografia histórica do fim do século XX, eu podia verificar a falsa oposição que se pretendeu reviver recentemente entre a história narrativa e uma história "estruturalista" — que há pouco se chamou sociológica e, antes, institucional. Ora, toda história é narrativa porque, situando-se por definição no tempo, na sucessividade, é obrigatoriamente associada à narrativa. Mas não só isso. De saída, a narrativa, contrariamente ao que muitos pensam — mesmo entre os historiadores —, nada tem de imediata. É o resultado de uma série de operações intelectuais e científicas que se tem todo o interesse em tornar visíveis, até mesmo em justificar. A narrativa também induz uma interpretação e comporta, também ela, um sério perigo. Jean-Claude Passeron chamou a atenção para o risco do "excesso de sentido e de coerência inerente a qualquer tentativa biográfica". O que ele chama de "a utopia biográfica" não consiste apenas no risco de acreditar que "nada é insignificante" na narrativa biográfica, sem escolha nem crítica. Fica-se talvez mais ainda na ilusão de que a narrativa reconstitui autenticamente um destino. Ora, uma vida, e talvez ainda mais a vida de uma personagem dotada de um poder tão forte na realidade política e simbólica como um rei que é ao mesmo tempo um santo, pode ser ilusoriamente concebida como predeterminada por sua função e por sua perfeição final. Aos modelos que inspiraram os hagiógrafos, não acrescentamos nós um modelo sugerido pela retórica historiográfica, definida por Giovanni Levi como a associação de "uma cronologia ordenada, uma personalidade coerente e estável, ações sem inércia e decisões sem incertezas"?

Tentei de várias maneiras escapar da lógica constrangedora dessa "ilusão biográfica" denunciada por Pierre Bourdieu. São Luís não caminha imperturbavelmente rumo a seu destino de rei santo, nas condições do século XIII e segundo os modelos dominantes de seu tempo. Constrói-se a si próprio e constrói sua época, tanto quanto é construído por ela. E essa construção é feita de acasos, de hesitações, de escolhas. É vão pretender imaginar uma biografia — assim como todo fenômeno histórico — diferente do modo pelo qual, sabemos, ela se desenrolou. Não se escreve história com a partícula "se". Mas é preciso perceber que São Luís, em numerosas ocasiões, mesmo que se acreditasse levado pela Providência, teria podido agir de outro modo em relação ao que fez. Para um cristão, há muitas maneiras de reagir às provocações da Providência obedecendo-a. Tentei mostrar que Luís se definia pouco a pouco através de uma sucessão de opções inopinadas. E constantemente interrompi o fio de sua trajetória biográfica procurando analisar problemas que ele enfrentava em diferentes etapas de sua vida. Também tentei definir as dificuldades que surgem para o historiador com a localização desses momentos de vida. A dupla de governantes, única na história da França, que por longo tempo formou com sua mãe, Branca de Castela, torna impossível ao historiador datar uma "tomada do poder de Luís IX" como se faz com Luís XIV. Quando veio a saber da incursão mongol na Europa central, quando a doença o deixou às portas da morte, quando foi libertado do cativeiro pelos muçulmanos no Egito, quando voltou da Terra Santa ao seu reino após seis anos de ausência, Luís teve de escolher. Teve de tomar as decisões que compõem em sua imprevisibilidade a personagem que será finalmente São Luís. E não evoco senão alguns dos acontecimentos importantes que exigiram dele decisões pesadas de consequências. É no cotidiano do exercício de sua função real e na construção, secreta, inconsciente e incerta, de sua santidade que a existência de São Luís se torna uma vida cuja biografia pode tentar ser relatada.

Giovanni Levi afirma com precisão que "a biografia constitui [...] a modalidade ideal para verificar o caráter intersticial — entretanto importante — da liberdade de que dispõem os agentes, como para observar a maneira pela qual funcionam concretamente sistemas normativos jamais isentos de contradições". Esforcei-me para apreciar a margem de poder que a natureza e a plasticidade das funções monárquicas no meado do século XIII dão a São Luís, o prestígio crescente de uma realeza sagrada que contudo ainda está longe de ser absoluta e cujo poder taumatúrgico é estritamente isolado, sua luta com o tempo e com o espaço, com uma economia que ele sequer sabe qualificar. Não tentei esconder as contradições que pesaram sobre a personagem e a vida de Luís: entre seus pendores para a carne e a boa mesa e seus ideais de sublimação da sexualidade e da gula, entre a piedade "hílare" dos mendicantes e a prática ascética rigorosa da tradição monástica, entre o fausto do dever real e a humildade de um soberano que quis se comportar senão como o mais humilde dos leigos, pelo menos como um cristão tão humilde quanto se deva ser, entre um rei que declara que "ninguém se liga mais à vida do que 'eu' e que se expõe frequentemente à morte, pensa constantemente em sua morte e nos mortos, um rei que é cada vez mais rei de França e que se pretende rei para a Cristandade.

Esse problema das incertezas e contradições de uma vida, que toda tentativa de biografia histórica enfrenta, é, para dizer a verdade, modificado pelas características particulares no caso de São Luís. Quase todos os seus biógrafos antigos afirmam a existência de uma reviravolta, uma ruptura mesmo, na vida dele, antes e depois da cruzada. Antes de 1254, tratamos com um rei piedosamente normal, como todo rei cristão. Depois dessa data, estaríamos diante de um soberano penitencial e escatológico, que se prepara e quer preparar seus súditos para a salvação eterna fazendo imperar uma ordem religiosa e moral em seu reino e que se prepara para ser ele próprio um rei Cristo. Essa representação da vida e do reinado de Luís IX obedece ao modelo hagiográfico, que busca na vida dos santos um momento de "conversão", assim como o modelo de realeza bíblica faz de São Luís um novo Josias, cujo reinado o Antigo Testamento apresenta cortado em dois para a redescoberta e a reatualização do Pentateuco. Eu próprio levanto uma hipótese que pode dar força a essa tese da reviravolta de 1254: dou, de fato, grande importância ao encontro, nesse ano, de Luís desembarcando na Provença de volta da Terra Santa com um franciscano de ideias milenaristas — pregando a instauração neste mundo de um longo estado de justiça e paz prefigurando o Paraíso —, frei Hugues de Digne. Mas a mudança é tão grande, entre o rei devoto das relíquias da Paixão adquiridas em 1239, o soberano criando grupos de cavaleiros andantes vingadores de injustiças em 1247 e o legislador da "grande ordenação" do fim de 1254, que institui uma ordem moral em seu reino? O que, afinal, permite ao historiador fugir em parte de uma racionalização abusiva no desenrolar da vida de São Luís é que seus biógrafos recorreram, segundo os hábitos escolares e intelectuais do século XIII, a três tipos de argumentos cujo entrecruzamento permite escapar de um único tipo de racionalização. Há as *autoridades*: sagradas Escrituras e Padres da Igreja que permitem a seus biógrafos aplicar os modelos bíblicos. Depois as *razões* que, em si, põem em relevo os métodos da nova escolástica. Se o terceiro tipo, o dos *exempla*, casos edificantes, veicula um grande número de lugares-comuns, introduz a fantasia narrativa que quebra a rigidez dos dois primeiros tipos de demonstração.

O principal problema, no caso, nasce do fato de que, sem que as fontes o digam explicitamente, se tem a impressão de que muito cedo Luís IX, sem ter tido o orgulho de se pretender santo, foi de algum modo "programado" por sua mãe e pelos conselheiros de sua juventude e que ele próprio muito cedo se projetou para ser a encarnação do rei cristão ideal. Sua vida, então, não seria mais do que a realização voluntária e apaixonada desse projeto. Contrariamente a William Chester

Jordan que — não sem talento e sutileza — vê em São Luís um rei dilacerado entre seu dever real e uma devoção do tipo mendicante, creio que São Luís, com uma habilidade tanto mais extraordinária que ele a assimilou até a tornar inconsciente, conciliou mental e praticamente, sem tormentos interiores, a política e a religião, o realismo e a moral. Teremos ocasião de verificá-lo muitas vezes neste livro.

Essa tensão no sentido de um projeto não livra sua biografia, linear, de suas hesitações, de seus contratempos, de seus arrependimentos e de suas contradições não desconformes com a retidão real, outrora definida por Isidoro de Sevilha, segundo quem "roi" vem de "régir droit" (*rex a recte regendo*).* Se Luís escapou dos dramas, essa constante aspiração a se querer rei ideal encarnado cria em sua biografia uma incerteza que se torna apaixonante do princípio ao fim. E, para completar, não há alguns testemunhos que nos trazem um espelho em que a imagem do santo rei está singularmente deformada?

*

O que também evitou que eu me sentisse deslocado elaborando uma biografia de São Luís foi o fato de que pude rapidamente eliminar outro falso problema: a pretensa oposição entre o indivíduo e a sociedade cujo vazio foi mostrado por Pierre Bourdieu. O indivíduo não existe a não ser numa rede de relações sociais diversificadas, e essa diversidade lhe permite também desenvolver seu jogo. O conhecimento da sociedade é necessário para ver nela se constituir e nela viver uma personagem individual. Estudei, em meus trabalhos anteriores, a aparição no século XIII de dois novos grupos sociais: o dos mercadores, que me levou a investigar as relações entre a economia e a moral, problema com que São Luís também se deparou; e o dos universitários, que recentemente chamei de "intelectuais": eles forneceram seus quadros superiores às instituições eclesiásticas e, de modo menos seguro, aos governos leigos; além disso promoveram um terceiro poder, o do saber institucionalizado (*studium*), ao lado do poder eclesiástico (*sacerdotium*) e do poder principesco (*regnum*). Com esses intelectuais e esse novo poder, Luís teve relações limitadas. Estudei enfim os membros de uma sociedade mais vasta; aquela achada num lugar do além, de descoberta recente no século XIII: os mortos do Purgatório e suas relações com os vivos. Ora, São Luís nunca deixou de ter comércio com a morte, os mortos e o além. A paisagem

---

*"Rei" vem de "reger (governar) retamente", segundo as palavras francesas, literalmente. Ou, no original latino citado entre parênteses, "rei [vem] de retamente regendo (governando)". (N. do T.)

SÃO LUÍS

social na qual viveu o santo rei era-me então, em larga medida, familiar. Eu estava mesmo em condições de descobrir o que havia em sua trajetória ao mesmo tempo de normal e de excepcional. Porque com ele eu chegava ao topo do poder político e ao Paraíso.

Chegava a um indivíduo — ou, antes, devia me perguntar se podia chegar a ele. Porque o problema pessoal se complicava desembocando em uma interrogação geral. São Luís viveu em um tempo no qual certos historiadores acreditaram descobrir uma emergência, uma invenção do indivíduo. Discuto isso longamente no corpo deste livro. Porém é muito importante lembrar sem mais delongas que Luís viveu em um século que viu em seu início aparecer o exame de consciência (imposto pelo cânon do quarto concílio de Latrão, 1215, sobre a confissão auricular anual obrigatória para todos os cristãos), mas também, no seu fim, o nascimento do retrato individual na arte. Luís foi um indivíduo? E em que sentido? Para retomar uma distinção judiciosa de Marcel Mauss entre o "sentido do eu" e o conceito de indivíduo, creio que São Luís teve o primeiro, mas ignorou o segundo. De todo modo, ele foi sem dúvida o primeiro rei de França a fazer da consciência, atitude individual, uma virtude real.

*

Enfim, reencontrei na investigação biográfica uma das preocupações essenciais do historiador, a do tempo. Essa diversidade dos tempos reencontramo--la sob uma forma em primeiro lugar plural, creio, hoje, depois de uma fase em que o Ocidente foi dominado pelo tempo unificado do relógio público mecânico e do relógio de bolso, tempo reduzido a migalhas pela crise de nossas sociedades e pela das ciências sociais. São Luís, o próprio, viveu uma época anterior a esse tempo a caminho da unificação sobre o qual o príncipe vai tentar estabelecer seu poder. Não há, no século XIII, um tempo, mas tempos do rei. No que diz respeito aos outros homens, o soberano está em relação com um número superior de tempos e os relacionamentos que mantém com eles, ainda que submetidos às condições da época, são por vezes fora do comum: o tempo do poder tem ritmos próprios de emprego do tempo, viagens, exercício do poder. É possível, em certos limites, ordenar o tempo (o rei, também ele, mede o tempo pela consumação das velas, a observação dos quadrantes solares, o badalar dos sinos e o desenvolvimento do calendário litúrgico). Mas, sobretudo, o trabalho biográfico me ensinou a ver um tipo de tempo ao qual eu não estava acostumado: o tempo de uma vida que, para um rei e seu historiador, não se confunde com o do reinado. Restituir a um indivíduo, melhor, a um rei, essa medida de um tempo biológico — mesmo se Luís IX, rei aos 12 anos, esteve durante quase toda a sua vida sobre o trono —, social, "do berço ao túmulo" como dizem os etnólogos, abre novas perspectivas de cronologia e de periodização. É uma unidade de medida de um tempo sobretudo político, mais quente se esse tempo é, como no caso dele, dinástico, tempo imprevisto no seu início e no seu fim, mas que o rei e só ele, como indivíduo, traz consigo em todos os lugares e em todos os tempos. O sociólogo Jean-Claude Chamboredon falou com pertinência da articulação do tempo da biografia e do tempo da história. Estive atento quanto à maneira pela qual os períodos e o estilo geral da evolução em um tempo da vida de São Luís se desenvolvem em relação às diversas conjunturas temporais do século XIII: econômicas, sociais, políticas, intelectuais, religiosas. São Luís foi contemporâneo do fim do grande avanço econômico, do fim da servidão camponesa e contemporâneo da afirmação da burguesia urbana, da construção do Estado feudal moderno, do triunfo da escolástica e do estabelecimento da piedade mendicante. O ritmo desses grandes acontecimentos cortou diversamente a juventude, a maturidade e a velhice do rei, as fases de seu comportamento antes e depois da doença de 1244, antes e depois da volta da cruzada em 1254, ora à frente, frequentemente em harmonia, às vezes deslocado. Às vezes parece acelerar a história, às vezes freá-la.

*

Para concluir, contentar-me-ei aqui com três observações. Preliminarmente, é preciso não esquecer que os homens, como indivíduos ou em grupo, acumulam uma parte considerável de seus conhecimentos e de seus hábitos na infância e na juventude, quando sofrem a influência dos mais velhos, pais, mestres, anciãos que contavam mais num mundo em que a memória era mais poderosa do que nas sociedades em que reina a escrita e em que a velhice representava autoridade. Seu compasso cronológico se abre, então, bem antes de seu nascimento. Se Marc Bloch tinha razão de dizer que "os homens são mais filhos de seu tempo que de seus pais", pode-se precisar: do seu tempo e do tempo de seus pais. Nascido em 1214, Luís, o primeiro rei de França que conheceu seu avô (Filipe Augusto), foi em muitos domínios tanto um homem do século XII como do século XIII.

A biografia de São Luís oferece uma segunda originalidade: o rei foi canonizado alguns anos depois da morte. Veremos as dificuldades que retardaram essa promoção. Em consequência disso, houve um período de vinte e sete anos entre a data de sua morte (1270) e a da canonização (1297) durante o qual os partidários

SÃO LUÍS

de sua santificação de um modo ou de outro o mantiveram vivo, para que ele não se apagasse da memória das testemunhas e da cúria pontifícia. Esse período constitui uma espécie de suplemento de vida que tive de levar em conta. Foi também o momento de uma poderosa reelaboração de sua biografia.

Meu propósito é, pois, apresentar uma história "total" de São Luís, sucessivamente segundo sua vida, segundo as fontes e segundo os temas fundamentais da personalidade do rei em si mesmo e em seu tempo.

Enfim, se, como quer Borges, um homem não está verdadeiramente morto a não ser quando o último homem que ele conheceu por sua vez estiver morto, temos a possibilidade de conhecer senão esse homem, pelo menos aquele que, entre os que conheceram bem São Luís, foi o último a morrer, Joinville, que ditou seu testemunho excepcional trinta anos depois da morte de Luís e que morreu ele próprio quarenta e sete anos depois da morte de seu real amigo, com noventa e três anos. A biografia que intentei vai então até a morte definitiva de São Luís. Porém não mais adiante. Porque escrever uma vida de São Luís depois de São Luís, uma história da imagem histórica do santo rei, indivíduo apaixonante, teria importado em uma outra problemática.

*

Concebi, pois, este livro tendo presentes no espírito duas questões antecipadas, que são apenas duas faces de uma mesma questão: é possível escrever uma biografia de São Luís? São Luís existiu?

Numa primeira parte, apresentei os resultados de minha tentativa de biografia. É uma parte mais propriamente narrativa, mais marcada pelos problemas surgidos nas etapas principais dessa vida tal como Luís a construiu.

Consagrei uma segunda parte ao estudo crítico da produção da memória do rei santo pelos contemporâneos e me dedico a justificar a resposta finalmente afirmativa que dou à questão: "São Luís existiu?" Na terceira e última parte tentei caminhar para dentro da personagem São Luís, explorando as principais perspectivas que fazem dele um rei ideal e único para o século XIII, um rei que se realiza como rei Cristo, mas recebe apenas — o que já é uma bela recompensa — a auréola da santidade.

Essa estrutura e essa concepção da biografia me levaram a citar muitos textos. Quis que o leitor visse e entendesse minha personagem como eu próprio a vi e entendi, porque São Luís é o primeiro rei de França que fala através de suas fontes — com uma voz, bem entendido, que é a de uma época em que a oralidade só se faz ouvir através da escrita. Fui levado, afinal, a retomar alguns trechos de textos e alguns temas nos diferentes momentos de minha tarefa, de acordo com as aproximações sucessivas que tentei para apreender minha personagem. O eco faz parte do tipo de abordagem que empreendi para tentar chegar *até um São Luís verossímil e fazer com que o leitor chegue a ele. Espero que ele sinta algum interesse e tenha algumas surpresas ao me acompanhar nesta investigação.*

NOTA DA INTRODUÇÃO

A voga recentemente renovada da biografia histórica suscitou numerosos colóquios e artigos. Os artigos que mais serviram a minha reflexão e à problemática deste livro foram o texto de um historiador, Giovanni LEVI, "Les usages de la biographie" (*Annales. E.S.C.*, 1989, pp. 1325-1336), e os de dois sociólogos, Jean-Claude CHAMBOREDON, "Le temps de la biographie et les temps de l'histoire", em *Quotidienneté et histoire* (colóquio da École normal supérieure, Lyon, maio de 1982, pp. 17-29), e Jean-Claude PASSERON, "Le scénario et le corpus. Biographies, flux, itinéraires, trajectoires" (em *Le Raisonnement sociologique*, Paris, 1991, pp. 185-206). E, claro, o artigo clássico de Pierre BOURDIER, "L'illusion biographique" (*Actes de la recherche en sciences sociales*, 62-63, janeiro de 1986, pp. 69-72). Ver também as observações de Bernard GUENÉE na introdução de *Entre l'Église et l'État. Quatre vies de prélats français à la fin du Moyen Âge* (Paris, 1987, pp. 7-16).

Podem-se consultar, entre outros:

— G. KLINGENSTEIN (ed.), *Biographie und Geschichtswissenschaft*, Viena, 1979.

— E. ENGELBERG et H. SCHLESER, "Zu Geschichte und Theorie der historischen Biographie. Theorie verständnisbiographische Totalität — Darstellungstypen und Formen", *Zeitschrift für Geschichtswissenschaft*, 30, 1990.

— *Problèmes et méthodes de la biographie* (Atas do colóquio da Sorbonne, maio de 1989).

— *Sources, travaux historiques*, Publicações da Sorbonne, 1985.

— *Colloque "Biographies et cycle de vie"* (Marselha, 1988).

— *Enquête, Cahiers du Cercom*, nº 51, março de 1989, Association internationale de sociologie.

Enquanto preparava esta obra, expus em dois artigos os problemas que me surgiam:

— "Comment écrire une biographie historique aujourd'hui?", *Le Débat*, n° 54, março-abril de 1989, pp. 48-53.

— "Whys and Ways of Writing a Biography: The case of Saint Louis", *Exemplaria*, I/1, março de 1989, pp. 207-225.

A questão a que tentei responder, com Pierre Toubert, é a que dá título a um artigo comum:

— "Une histoire totale du Moyen Âge est-elle possible?", *Actes du 100ᵉ congrès national des sociétés savantes* (Paris, 1975), Paris, 1977, pp. 31-44.

A reflexão de Marc BLOCH é tirada de *Apologie pour l'histoire ou métier d'historien*, 1 ed. (póstuma), 1949, nova edição crítica preparada por Étienne Bloch (com um prefácio de J. Le Goff), Paris, 1993.

A expressão "démontage" (desmontagem) aplicada não a uma personagem, mas a uma "estrutura social", está num manuscrito inédito de Marc Bloch que faz parte de seus arquivos roubados pelos alemães e recentemente reencontrados em Moscou. O manuscrito será publicado em *Les Cahiers Marc Bloch* por Étienne Bloch, a cuja gentileza devo a comunicação.

O julgamento de Pierre BOURDIEU sobre a "oposição totalmente absurda cientificamente entre indivíduo e sociedade" acha-se em "Fieldword in Philosophy" (*Choses dites*, Paris, 1987 p. 43). Marcel MAUSS apresentou a distinção entre "sentido do eu" e "conceito de indivíduo" em "Une catégorie de l'esprit humain: la notion de personne, celle de 'moi'" (retomada em *Sociologie et anthopologie*, Paris, 8ª ed., 1983, p. 335). Sobre "a sociedade no homem", ver Norbert ELIAS, *La Société des individus*, trad. fr. Paris, 1991.

PRIMEIRA PARTE

A VIDA
DE SÃO LUÍS

I

DO NASCIMENTO AO CASAMENTO
(1214 – 1234)

O nascimento de um dos mais célebres reis de França é, como seu destino, cercado de incertezas.

Luís, segundo filho conhecido de Luís, filho mais velho e herdeiro do rei de França, Filipe II Augusto,[1] e da mulher de Luís, Branca de Castela, nasceu num dia 25 de abril, muito provavelmente no do ano de 1214, em Poissy, a trinta quilômetros de Paris, domínio que seu pai tinha recebido de seu avô em 1209, no ano em que, com 22 anos, tardiamente, foi armado cavaleiro. Com a morte do pai, em 1226, o menino tornou-se o rei Luís IX, que morreu em 1270, e, a partir de sua canonização, em 1297, São Luís, nome pelo qual mais tarde será habitualmente chamado — e até hoje. São Luís, feito rei, gostava de se designar pelo nome de Luís de Poissy, não apenas porque era um hábito frequente das grandes personagens de então juntar a seu prenome o do lugar onde tinham nascido, mas principalmente porque São Luís, como bom cristão, considerava que seu verdadeiro nascimento datava do dia de seu batizado em Poissy.

Assim, o nascimento de São Luís evoca, por si só, alguns traços fundamentais das estruturas nas quais se insere, no início do século XIII, a história da monarquia francesa. O primeiro é a importância do acaso biológico no destino

---

[1] A numeração das grandes personagens homônimas só começa no século XIII, o século de São Luís. O primeiro a numerar os reis de França é Vincent de Beauvais, muito ligado a São Luís. E, em Saint-Denis, é Primat que escreve uma crônica dos reis de França a pedido de São Luís. Essa tarefa delicada, para a qual era necessária documentação muito boa e exigia seleção política (tal personagem merece figurar numa lista de imperadores, de papas, de reis?), só ficou em condições no fim do século XV (ver Bernard GUENÉE, *Histoire et culture historique dans l'Occident médiéval*, Paris, 1980, pp. 162-163).

das famílias e, mais particularmente, no da família real. A fecundidade dos casais, o número e o sexo dos filhos — numa dinastia em que, sem regra proclamada,[2] a tradição afastou da sucessão à coroa as filhas e os filhos delas — e a mortalidade das crianças jovens ou de tenra idade, esses são os primeiros fatores de transmissão do poder real.

Numa sociedade em que não há registro civil para garantir a memória dos mortos precoces (os primeiros registros paroquiais, ainda raros, aparecem no século XIV) e em que a criança, como bem observou Philippe Ariès, embora amada por seus pais, não tem um valor que suscite interesse, desconhecemos o número e a identidade das crianças da família real cedo desaparecidas. Luís e Branca, os pais de São Luís, certamente tiveram, como acontece tantas vezes nesse tempo de alta taxa de mortalidade infantil que não poupa as famílias dos poderosos, dois ou três primeiros filhos mortos pequeninos, dos quais não conhecemos nem o número exato, nem o sexo, nem as datas de nascimento e de morte. Quando se casaram, em 1200, Luís tinha 13 anos e Branca, 12. Seu primeiro filho conhecido, aquele que deveria ser o herdeiro da coroa, Filipe, nasceu em 1209 e morreu com 9 anos em 1218. São Luís tornou-se o mais velho dos filhos sobreviventes e, portanto, herdeiro da coroa com a idade de 4 anos. A morte dos filhos mais velhos não era excepcional entre os Capeto: Henrique I, único rei de 1031 a 1060, teve um irmão mais velho, Hugo, morto antes de seu pai Roberto o Piedoso; Luís VII, único rei de 1137 a 1180, tinha um irmão mais velho, Filipe, morto antes de seu pai Luís VI, e o próprio São Luís teve como sucessor o segundo filho, Filipe III, herdeiro depois da morte em 1260 do irmão mais velho, Luís, falecido com 16 anos. No caso de São Luís, herdeiro com 4 anos, a morte do irmão mais velho quase não deixou consequências psicológicas, pois o menino não devia ter mais que uma frágil lembrança do breve tempo em que não estava destinado a tornar-se rei. Mas essas mortes prematuras de filhos mais velhos reais embaralham para a posteridade a lista dos nomes de reis, porque as dinastias reais, em particular a capetiana, não escolhiam ao acaso os prenomes (na verdade os nomes) dos filhos de reis, como demonstrou Andrew Lewis. O essencial é fornecido pelos prenomes dos robertianos-capetianos, Roberto e Hugo, e secundariamente Eudes e Henrique. Depois aparece, sem dúvida sob a influência de Ana de Kiev, esposa russa de Henrique I, o prenome grego Filipe; e mais tarde, quando os tabus que

---

[2] A exclusão das mulheres e de seus descendentes da sucessão ao trono da França só se torna oficial com a ordenação de Carlos V em agosto de 1374. Também somente sob esse rei se invocou a lei sálica. A história institucional é lenta, frequentemente o direito só oficializa o fato depois de uma longa prática e as autoridades chamadas a introduzi-lo quase sempre só são encontradas *a posteriori*. Ver Árvore Genealógica.

SÃO LUÍS

atingem os nomes dos grandes carolíngios se apagam com o reconhecimento da ascendência carolíngia dos Capeto, o prenome Luís (uma forma de Clóvis), que também religa os Capeto aos merovíngios (Luís VI, nascido em 1081) e, finalmente, Carlos (Pierre Charlot, filho natural de Filipe Augusto). Acrescentar-se-ão a essa lista, entre os irmãos de São Luís, um João e um Afonso, nomes vindos, através da rainha-mãe Branca, da família real de Castela.*

No fim do século XII, havia a tendência na família real capetiana de dar ao filho mais velho o prenome do avô e, ao segundo filho, o do pai. Desse modo o irmão mais velho de São Luís recebeu o nome de seu avô Filipe (Augusto), e Luís, o prenome de seu pai, o futuro Luís VIII. Só se pode, então, reconhecer o código dos prenomes dos reis de França levando-se em conta os eventuais mais velhos mortos. São Luís nasce numa dinastia cujo símbolo — quanto aos (pre)nomes reais — está a ponto de se fixar.

Não há interesse, de mais a mais, pela data exata e completa do nascimento das crianças, mesmo quando se trata de crianças reais, salvo exceção. Sabemos, assim, que o avô de São Luís, Filipe Augusto, nasceu na noite de 21 para 22 de agosto de 1165, porque seu nascimento, longamente desejado, surgiu como um milagre e foi dado pelos cronistas como um acontecimento. Antes dele, seu pai, Luís VII, só tinha tido filhas em seus três casamentos sucessivos e, com 45 anos, era considerado um velho talvez incapaz de procriar, mesmo sendo muito jovem sua terceira mulher. Ao contrário, os contemporâneos não consideraram memorável o nascimento do futuro Luís VIII, nem os de seus dois filhos, o mais velho Filipe, morto com 9 anos, e o segundo, São Luís. De modo que não conhecemos com certeza rigorosa o ano de nascimento de São Luís. Como fontes confiáveis nos dizem que ele morreu em 1270 com 56 anos, ou em seu quinquagésimo sexto ano de vida, pode-se hesitar entre 1214

---

*Os nomes de reis e de grandes vultos históricos, artísticos e científicos são traduzidos ou adaptados na tradição de nossa língua. Mas o conjunto soaria estranho ao leitor, nos casos dinásticos, se só traduzíssemos o nome (ou prenome) do rei ou dos reis. Um irmão ficaria com o nome em português, outro com o nome em francês, numa verdadeira confusão. Assim, foram traduzidos os nomes de toda a família real. Nos demais casos, os nomes são tradicionalmente mantidos no original. Foi o critério adotado neste trabalho. Mas o problema dos nomes próprios é complexo. Aqui e ali haverá exceções, explicáveis por um ou outro motivo singular que o leitor reconhecerá facilmente. Uma palavra sobre a expressão "rei de França". Adotei-a para respeitar uma tradição secular — "São Luís, rei de França" —, ainda hoje vigente no hagiológio católico, no qual o nome sempre aparece com esse complemento desacompanhado de artigo quanto ao nome do país (São Luís tem festa própria, a 25 de agosto). E assim costuma ser citado também oralmente. Quando se fala em São Luís do Maranhão, por exemplo, sempre se diz que o nome dessa cidade é homenagem a "São Luís, rei de França". E até hoje no Brasil e em Portugal pais colocam nos filhos o nome "Luís de França". Assim, manteve-se a exclusão do artigo para o caso de São Luís e, por coerência, sempre, para a expressão "rei de França". Nos demais casos, é claro, o nome do país vem regido pelo artigo, pois o contrário seria um uso arcaizante injustificado. (N.do T.)

e 1215. Pensou-se também em 1213 e 1216, mas é inverossímil. Como a maior parte dos historiadores, hoje, penso que a boa data é 1214. O leitor fará logo a aproximação com a data da grande vitória do avô de São Luís, Filipe Augusto, em Bouvines, a 27 de julho desse mesmo ano.[3] São Luís nasceu, muito provavelmente, três meses antes desse grande acontecimento, uma das datas maiores da memória histórica dos franceses. Nenhum contemporâneo fez essa aproximação, ainda que a vitória de Bouvines tenha tido grande repercussão, até mesmo popular, em seu tempo. O memorável mudou de natureza entre o século XIII e o fim do século XX.

A maior parte dos primeiros biógrafos de São Luís anotou, entretanto, para o dia de seu nascimento, 25 de abril. Em primeiro lugar porque o cristianismo considerava — sem contar todo o horóscopo do nascimento ou "natividade", gênero de texto que só começará a se expandir no século XIV — que o dia do nascimento era essencial, considerando-se que a festa ou o padroeiro do dia pareciam profetizar o destino do recém-nascido. Ou, ao menos, garantir-lhe um intercessor privilegiado junto a Deus.

Sobre o significado desse nascimento em um 25 de abril, dia de São Marcos, os biógrafos de São Luís se manifestam. Uma das melhores versões é a de Joinville, o companheiro próximo de São Luís.

> Foi assim que o ouvi dizer, que ele nasceu no dia de São Marcos evangelista depois da Páscoa. Nesse dia carregavam-se cruzes em procissão em muitos lugares, e na França elas eram chamadas cruzes negras. Isso foi então como uma profecia sobre a grande quantidade de pessoas que morreram nessas duas cruzadas, a saber a do Egito e na outra em que ele morreu em Cartago; porque muitos grandes lutos houve neste mundo por causa disso e muitas grandes alegrias há no paraíso, por aqueles que nessas peregrinações morreram como verdadeiros cruzados.[4]

Desde seu nascimento, graças a esse texto que não é isolado, eis-nos não apenas informados sobre uma prática processional de tradição pagã, folclórica, apenas cristianizada, relativa aos mortos, mas também confrontados com uma imagem para nós insólita de São Luís que a tradição da Idade Média não fez chegar aos territórios atuais da memória histórica. São Luís, hóspede do Paraíso, sem dúvida, mas um São Luís que, nesse tempo de proximidade com a morte, surge como um rei dos mortos e da morte, um rei fúnebre.

---

[3] Sobre Bouvines é preciso ler o granude livro de Georges DUBY, *Le Dimanche de Bouvines*, Paris, 1973.
[4] JOINVILLE, *Histoire de Saint Louis*, pp. 40-41.

SÃO LUÍS

O menino herdeiro

Em 1218, Luís tornou-se com 4 anos herdeiro provável do trono, sucessor de seu pai Luís, se Deus lhe desse vida. A morte de seu irmão mais velho Filipe encontrou a indiferença dos cronistas, sem dúvida porque ele era muito jovem, tinha só 9 anos, e porque era longínqua a possibilidade do trono, uma vez que ainda reinava seu avô Filipe Augusto. Cerca de um século antes, em 1131, já tinha havido a morte de um Filipe, de 15 anos, filho mais velho de Luís VI, sagrado rei como coadjutor do pai, dois anos antes. Esse Filipe fora enterrado em Saint-Denis, necrópole dos reis, enquanto que o irmão mais velho de São Luís foi enterrado apenas em Notre-Dame de Paris* onde seu pai, que viria a ser o rei Luís VIII, e sua mãe, Branca de Castela, construíram para ele uma capela em 1225.[5]

Nenhum acontecimento memorável associou-se ao fato de se ter tornado *primogenitus* o jovem Luís, oficialmente "primogênito", herdeiro do trono, nenhuma informação precisa sobre ele chega até nós a não ser referente a 1226. Seus pais, e em especial a mãe, buscam dar-lhe uma educação particularmente cuidadosa, como convém a um futuro rei, não só porque desde os carolíngios um soberano deve ser religiosa e moralmente formado para a função real, preparado para proteger a Igreja e seguir seus conselhos, mas também porque a máxima lançada pelo bispo de Chartres, o inglês João de Salisbury, em seu *Policraticus* (1159): "Um rei iletrado é apenas um asno coroado",[6] inspira cada vez mais as dinastias e as cortes cristãs, e as convida a dar ao futuro rei uma formação latina vinda das artes liberais clássicas. Adivinha-se que a criança, como os jovens aristocratas de seu tempo, esteve mais em contato com a mãe do que com o pai, que provavelmente a substituiu na idade em que ele devia fazer o aprendizado militar. O menino também viveu, e gostará de lembrar disso, em contato com o avô que envelhecia, o grande Filipe Augusto que, depois de sua rumorosa vitória de Bouvines em julho de 1214, quatro meses depois do nascimento de Luís, deixa para seu filho, o pai de Luís, o cuidado de guerrear com mais ou menos sucesso, talvez menos do que mais, na Inglaterra, e mais vitoriosamente no Languedoc. O rei, que tinha

---

*Os nomes de santos são invariavelmente traduzidos, pois é da tradição do hagiológio católico apresentá-los em vernáculo não só em língua portuguesa, mas em todos os idiomas do mundo, e disso seria impossível fugir. Não traduzimos, porém, os nomes de igrejas, pois soaria esquisitíssima aos ouvidos brasileiros uma tradução "Nossa Senhora de Paris". Ou "São Germano dos Prados". Assim, é preciso estar atento a uma inevitável duplicidade, por exemplo, entre São Dionísio (quando se fala do santo) e Saint-Denis (quando se fala da abadia — ou da cidade). (*N. do T.*)

[5] LE NAIN DE TILLEMONT, t. I, pp. 419-420.
[6] *Rex illiteratus quasi asinus coronatus.*

50 anos em 1215, tem daí em diante tendência a repousar sobre seus louros de rei vitorioso. O (re)conquistador da Normandia, o vencedor de Bouvines, tornou-se Filipe, o Conquistador. Alguns conselheiros experientes e fiéis governam sábia e firmemente o reino do soberano, que deu a seu povo o mais belo presente dos reis, a paz. À frente deles, Frei Guérin, o monge hospitaleiro* tornado bispo de Senlis, é quase um vice-rei, mas sem ambição pessoal e sem descendência dinástica, uma vez que é um clérigo. Filipe Augusto devia gostar da presença do neto, que será o primeiro rei de França a ter conhecido o avô, o que apenas reforça o sentido dinástico, sobretudo se o avô tem uma personalidade forte.

A força dinástica envolve o menino Luís. Um pai que parece apenas entrevisto, mas a que dão o cognome de o Leão, e dois parentes presentes, muito presentes, um avô que foi forte e permanece sempre poderoso, uma mãe que se revelará como a mulher forte das Escrituras. Não há exemplo de fraqueza em volta do menino.

No dia 14 de julho de 1223, Filipe Augusto, com 57 anos, morre de impaludismo em Mantes. Sua morte é o momento de duas novidades na história dos reis Capeto.

A primeira é a respeito dos funerais, que se revestem de um aspecto excepcionalmente faustoso. Pela primeira vez na França um rei, Filipe Augusto, é enterrado segundo o "costume real" (*more regio*) inspirado no cerimonial bizantino e, mais proximamente, no dos funerais dos reis ingleses Plantageneta. O corpo é exposto com as insígnias reais, as *regalia*. O rei é revestido com as vestes reais, túnica e dalmática, recobertas por uma mortalha de ouro. Ostenta a coroa e o cetro. Enterrado em Saint-Denis, para onde foi transportado por um cortejo de barões e bispos, foi mantido, no dia seguinte à sua morte, com o rosto descoberto.[7] É o corpo a um tempo coletivo — pelas insígnias — e individual — pelo rosto — do rei que é assim solenemente inumado. Ao menino, que não devia seguir o cortejo nem assistir aos funerais, sem dúvida chegam ecos da cerimônia. Aprendeu que não se enterra um rei de França em qualquer lugar nem de qualquer maneira. O rei se afirma mais rei do que nunca em sua morte.

Outra novidade: na corte real e na Igreja da França houve quem sonhasse, a crer na narrativa de alguns cronistas, em fazer Filipe Augusto reconhecido como santo. Antes disso, parece, só o monge beneditino Helgaud de Fleury-sur-Loire

---

*Religiosos hospitaleiros eram os de certas ordens fundadas originariamente para dar pousada aos peregrinos e viajantes. (*N. do T.*)

[7]Alain ERLANDE-BRANDENBURG, *Le roi est mort. Étude sur les funérailles, les sépultures et les tombeaux des rois de France jusq'à la fin du XIII* siècle, Genebra, 1975, pp. 18-19.

SÃO LUÍS

tinha tentado, com sua *Vida de Roberto o Piedoso*, fazer passar Roberto o Piedo-so, o filho de Hugo Capeto, por um santo. Não conseguiu. Os turiferários de Filipe Augusto não tiveram melhor sorte. Sustentaram, entretanto, que alguns milagres foram operados pelo rei e que, assim como seu nascimento tinha sido milagroso (ele foi Filipe *Dieudonné*),* sua morte foi cercada de sinais através dos quais se reconhece a morte dos santos: um cometa a anunciou, um cavaleiro italiano moribundo teve a visão e foi curado para poder testemunhar junto a um cardeal e ao papa, o qual, verificada a veracidade da notícia, anunciou-a em pleno consistório. Mas em 1223 já não eram suficientes rumores de milagres, de cometas e de visões. A proclamação da santidade dependia de um processo de canonização em tribunal romano. Como poderia o papa reconhecer a santidade de um rei que seu antecessor tinha excomungado por uma vida conjugal julgada escandalosa em Roma?[8] Que o menino tenha vindo a saber ou não da tentativa abortada de "canonização" de seu avô e, em caso positivo, que tenha consciente ou inconscientemente sonhado com isso não se pode afirmar. O fato é que ele terá sucesso onde Filipe Augusto fracassou. Sobre dois pontos essenciais, poder-se--á apresentar em seu favor um processo bem diferente. Luís realizou milagres não durante a vida, mas depois da morte — e isso se ajustava à decisão do papa Inocêncio III no início desse século XIII de reconhecer como verdadeiros milagres apenas os milagres póstumos, a fim de inibir os falsos taumaturgos e impedir os cristãos de seguir os feiticeiros fazedores de pretensos milagres e os falsos profetas.[9] São Luís também será proclamado santo por causa de suas virtudes e de sua vida cristã, em particular sua vida conjugal. A santidade muda de conteúdo no século XIII. Tentou-se fazer de Filipe Augusto santo segundo um velho modelo de santidade. São Luís será um santo moderno, com tudo o que isso também comporta de tradicional.[10]

---

*Filipe *Deodato*, quer dizer, dado por Deus. (*N. do T.*)

[8] Viúvo, Filipe Augusto casou-se com a princesa dinamarquesa Ingeborg, por quem teve aversão desde a noite de núpcias e com quem não pôde cumprir o dever conjugal. Repudiou-a e designou-lhe uma residência forçada em vários conventos; casou-se de novo, desta vez com Inês de Méran. O papado não reconheceu esse casamento e o considerou bígamo.

[9] Inocêncio III retomava, assim, a concepção primitiva dos santos no cristianismo: os santos são mortos excepcionais.

[10] Ver André VAUCHEZ, *La Sainteté en Occident aux derniers siècles du Moyen Âge*, Roma, 1981. Sobre a tentativa de "canonização" de Filipe Augusto, ver J. LE GOFF, "Le dossier de sainteté de Philippe Auguste", *L'Histoire*, n° 100, maio de 1987, pp. 22-29. Em uma historieta corrente — um *exemplum* destinado aos pregadores — vê-se São Dionísio [o Saint-Denis tão significativo para os franceses] arrancar Filipe Augusto do Purgatório, novo lugar do além no início do século XIII, porque ele tinha honrado os santos, respeitado suas festas, defendido as igrejas, os lugares santos e os religiosos: ver J. LE GOFF, "Philippe Auguste dans les *exempla*", em Robert-Henri BAUTIER (ed.), *La France de Philippe Auguste. Le temps de mutations*, Paris, 1982, pp. 150-151, e J. LE GOFF, *La Naissance du Purgatoire*, Paris, 1981. Ver o Capítulo IX da Terceira Parte.

São Luís, de todo modo, gostava de falar das lembranças de seu avô. Se acontecia de zangar-se com um criado, lembrava-se de que isso também ocorria com Filipe Augusto e que era apenas uma questão de justiça. Guillaume de Saint--Pathus conta que uma noite, no momento de se deitar, São Luís, com uma perna machucada, quis ver a vermelhidão na perna. Um velho criado que segurava uma vela sobre a perna do rei para clarear o local deixou cair em cima da ferida uma gota de cera fervendo: "O santo, que se sentara na cama por causa da dor, espichou-se na cama e disse: 'Ah! Jean!' E o dito Jean respondeu: 'Ha! eu o feri!' E o santo respondeu: 'Jean, meu avô o despediu do palácio por menos do que isso.' O dito Jean, de fato, tinha contado ao santo rei e a outros que o rei Filipe o tinha despedido do palácio porque ele tinha posto no fogo [da lareira] achas que estalavam ao queimar." São Luís não foi rigoroso com Jean e o manteve a seu serviço, provando assim, aos que o cercavam e a seu hagiógrafo, sua bondade e sua superioridade em relação ao avô.[11]

Joinville lembra um episódio idêntico, mas nele São Luís não leva tanta vantagem em relação ao avô. Quando o rei estava em Hyères, na volta de sua primeira cruzada em 1254, ia a pé, mas o caminho tornou-se tão duro que ele quis montar em seu palafrém. Como não o traziam, ele montou o de Joinville. Quando Ponce, seu escudeiro, chegou enfim com o palafrém do rei, o rei "correu com ele muito irritado e o reprimiu severamente". Joinville lhe disse então: "Senhor, muito deveis perdoar a Ponce o escudeiro porque ele serviu a vosso avô, a vosso pai e a vós." Mas o rei, não se dando por vencido, respondeu a Joinville: "Senescal, ele não nos serviu; nós é que o servimos quando o suportamos perto de nós com suas más qualidades. Porque o rei Filipe, meu avô, me disse que essas pessoas devem ser recompensadas, um mais, outro menos, de acordo com o que servem, e dizia ainda que ninguém pode ser bom governador de terra se não sabe tão ousadamente e tão duramente recusar como saberia dar."[12]

Quer dizer, o menino começou a aprender com o avô o ofício de rei. E ainda é o avô o ponto de referência nos seus *Ensinamentos a seu filho*, esse Espelho* dos Príncipes, esse testamento moral que Luís vai compor pouco tempo antes de morrer, dirigindo-se ao futuro Filipe III.

---

[11]GUILLAUME DE SAINT-PATHUS, *Vie de Saint Louis*, p. 117.

[12]JOINVILLE, *Histoire de Saint Louis*, pp. 363-365.

*Os *Espelhos* eram obras doutrinais ou didáticas que se publicavam na Idade Média. Havia os *Espelhos* das damas, dos príncipes etc. Os dos príncipes davam orientação, conselho e faziam considerações diversas para os governantes. O leitor vai encontrar várias referências a eles mais adiante, e até um capítulo todo na Segunda Parte, o VI. (*N. do T.*)

Quero que te lembres de uma palavra do rei Filipe, meu avô, que me foi contada por um membro do conselho que a ouviu. Estava o rei um dia com seu conselho privado, e os membros do conselho lhe diziam que os clérigos o prejudicavam muito e que era de espantar como ele os tolerava. Respondeu o rei: "Bem sei que eles me prejudicam, mas quando penso nas honras que Nosso Senhor me tem concedido prefiro suportar meu prejuízo do que provocar um escândalo entre mim e a Santa Igreja."[13]

Eis Filipe Augusto repousando ao lado dos pais na necrópole real de Saint-Denis e Luís daí em diante herdeiro do trono de França. Três anos depois, em 1226, seu próprio pai, Luís VIII, junta-se a seu avô no cemitério dos reis e eis o menino Luís rei de França aos 12 anos.

O mundo em volta do menino rei

Situemos o menino rei no mundo que o rodeia, mesmo lá onde ele não irá jamais, e entre as grandes personagens, contemporâneas dele, mesmo as que ele ignora e não conhecerá, assim como entre seus interlocutores, seus adversários, seus inimigos. Para compreender o lugar de São Luís na história em que ele vai ser um dos protagonistas, é preciso situá-lo nos horizontes mais largos. Se se fecha a história no espaço estreito da vida de seu herói, ainda que este seja o rei de França, trataremos mal dela, porque faltaremos com referências e com uma escala. Isso é tanto mais necessário porque Luís vai agir além do reino da França no espaço da Cristandade: ainda que não se aventure fisicamente no espaço europeu da Cristandade, vai sair para ir em pessoa ao mundo hostil do Islam, à África do Norte e ao Oriente Próximo,* e, por intermédio de seus desígnios, de seus sonhos e de seus mensageiros, até o coração do Oriente, esse reservatório de maravilhas e de pesadelos.

O horizonte oriental: Bizâncio, Islam, Império Mongol

Três grandes conjuntos constituem o essencial do mundo no qual São Luís acaba de se tornar rei de França. Aparentemente, esses três conjuntos são mais

---

[13]David O'CONNELL, *The Teachings of Saint Louis*, Chapel Hill, 1972, p. 57.
*Trata-se da região que a imprensa brasileira trata sempre de "Oriente Médio". Apesar disso, prefiro ficar com a tradução ao pé da letra da terminologia francesa, por considerá-la geograficamente mais correta. (*N. do T.*)

brilhantes do que a pequena Cristandade latina a que pertence o reino da França. Mas um — Bizâncio — começou sua lenta agonia, outro — o Islam — entrou na estagnação e na fragmentação, o terceiro é o da conquista mongol, onda tão unificadora como devastadora.

O mais próximo é o mundo bizantino. Parece próximo pela geografia, a religião e a recente história militar e política. O Império Bizantino é um trapo que os turcos seldjúquidas roem na Ásia Menor e entre os quais se destacam nos Bálcãs europeus os sérvios e, sobretudo, os búlgaros. Estes fundaram um segundo império com a dinastia asênida, que chegou ao apogeu com os reis Kaloian (1196-1207) e João III Asen (1218-1241). A religião, o cristianismo grego que se considera a única ortodoxia cristã desde o cisma de 1054 entre gregos e latinos, é mais uma causa de discórdia do que uma ligação entre as duas cristandades. A ameaça turca põe certamente na ordem do dia uma nova união das duas Igrejas, objetivo que suscitará longas negociações no tempo de São Luís entre o papado e os bizantinos e que levará, quatro anos depois de sua morte, a uma reconciliação oficial no segundo concílio de Lyon (1274). A aproximação, porém, será mais política que religiosa. Superficial, será efêmera.

Uma ilusão domina a Cristandade latina na primeira metade do século XIII: retomar Constantinopla dos gregos bizantinos cismáticos e ali fundar um império latino cristão. O sonho parece realizado com o nascimento de São Luís. Em 1204, os cruzados da quarta cruzada, impulsionados pelos credores venezianos do imperador de Bizâncio, tomaram Constantinopla e nela fundaram no ano seguinte um império latino. O primeiro imperador, o conde de Flandres, Balduíno I, foi feito prisioneiro desde 1205 pelos búlgaros em Andrinopla e morreu no cativeiro. Um império latino, porém, se mantinha em Bizâncio. A partir de 1228, o imperador será Balduíno II de Courtenay. Endividado, ele venderá para São Luís em 1239 as relíquias da Paixão. Em 1261, será expulso de Constantinopla por Miguel VIII Paleólogo. São Luís, obsedado pela cruzada na Terra Santa, não se mostrará pressuroso em ajudar Balduíno a reconquistar Constantinopla. O sonho de um império latino às margens do Bósforo a partir daí logo acabou. A esperança de uma dominação dos cristãos latinos de obediência romana sobre os súditos gregos ortodoxos do antigo Império Bizantino, de uma reunificação com um imperador do Sacro Império Romano Germânico no Ocidente e um imperador latino em Constantinopla, do antigo império de obediência romana sob a condução espiritual do papa, desvaneceu-se. O Peloponeso ficou nas mãos dos príncipes latinos da Moreia e o comércio daquilo que restou do Império Bizantino é monopolizado pelos venezianos e genoveses. Enfim, Bizâncio terá desempenhado um papel muito marginal na política e nos pensamentos de São Luís.

SÃO LUÍS

45

Nesse mesmo momento, o mundo muçulmano está cortado por movimentos contrastantes: impulsos de poder e um lento processo de declínio, ainda que não tão claro como o apresenta a historiografia ocidental. A oeste, há o desmoronamento do grande império muçulmano do Ocidente fundado no século XII pelos almôadas berberes do Marrocos, que tinham estendido sua dominação sobre todo o Magreb e a metade sul da Espanha. A Reconquista cristã depois da grande vitória dos reis coligados em Las Navas de Tolosa em 1212 teve os portugueses retomando Beja (1235); os aragoneses, as Baleares (1235) e Valencia (1238); os castelhanos, Córdoba (1236), Murcia (1243), Cartagena (1244), Sevilha (1248) e Cádiz (1265). Resta apenas o reduto muçulmano de Granada e de Málaga. O Magreb fraciona-se em três domínios: o dos hafsidas, em Túnis; o dos zianidas, no Atlas central; e o dos merinidas, no sul marroquino. Não haverá mais o horizonte espanhol da cruzada para São Luís, pois os espanhóis se encarregaram disso e o rei de França poderá alimentar a ilusão de que o sultão de Túnis será ou pacificamente convertido ou facilmente vencido.

No Oriente Próximo, depois da morte do grande Saladino (1193) que tinha retomado Jerusalém, dos cristãos, seus sucessores, os aiúbidas, dividiram o sultanato entre si e o partiram em Síria e Egito. Isso não os impede de triunfar sobre os cruzados imprudentes por ocasião da expedição do rei de Jerusalém, João de Brienne, ao Egito (1217-1221) e de retomar em 1244 Jerusalém, que tinha sido cedida ao imperador Frederico II por uma alta soma em 1229. E já cresce o poder dos escravos mercenários (eslavos, gregos, tcherquesses e sobretudo turcos), os mamelucos, que substituíram os aiúbidas em 1250 e um deles, Baibars (morto em 1277), depois de ter expulso os mongóis da Síria, se apoderou do sultanato em 1260 e reduzirá a São João d'Acre, cuja tomada em 1292 porá fim à presença latina na Terra Santa, o reino latino incessantemente encolhido que se chama ainda reino de Jerusalém. Nem mesmo uma revolução palaciana, no momento em que São Luís é prisioneiro dos muçulmanos do Egito, impedirá que eles triunfem sobre o rei de França e que lhe imponham as condições de paz. Esse islã onde triunfa a ortodoxia sunita, e de quem os mongóis conquistam Bagdá em 1258, perdeu sua unidade política e seu dinamismo econômico. É sempre — São Luís soube bem disso — um temível inimigo para os cristãos.

Mas o grande acontecimento mundial no século XIII é a formação do Império Mongol. O gigante genial que se ergue no limiar do século é Temudjin, que se fez chamar de chefe supremo, Gêngis Khan (Tchinggis Khan). Entre os mongóis pagãos, ele foi objeto de culto nos próprios dias que se seguiram a sua morte e transmitiu aos descendentes, a exemplo de todas as famílias turcas ou mongóis da Ásia Central antiga, uma lenda de sua origem: "A origem de

Gêngis Khan é o lobo azul, nascido com o destino fixado pelo Céu Superior, e sua mulher é a corça fulva."[14] De um império de estepes, Gêngis Khan transformou o mundo mongol nômade em um império universal. Nascido por volta de 1160, ele leva à conclusão uma evolução política e social começada decênios antes dele, livra-se de seus superiores e de seus rivais e, em 1206, "funda o Estado mongol" e toma o nome de Gêngis Khan durante uma assembleia que reuniu os chefes de todas as tribos mongóis. Ele, "que tem vocação para governar o mundo", completa a organização militar dos mongóis e lhes dá uma administração civil. Gêngis Khan se crê eleito pelo "Céu Azul eterno", a força sobrenatural suprema da religião turco-mongol, para conquistar o mundo. E se lança à conquista do mundo em 1207, sete anos antes do nascimento de São Luís. Em 1207 submete os povos da floresta siberiana, entre 1207 e 1212, os povos sedentarizados das marchas chinesas do Norte, da Mandchúria. Os restos do império turco a oeste, às margens do Ili e do lago Balkach, caem sob seu domínio. A partir de 1209, conquista o Tibete de influência chinesa, a China do Norte com Pequim (Tahing, 1215) e a Coreia. A partir de 1211, ataca os países muçulmanos, de 1219 a 1223 é a grande invasão do Oeste, a destruição dos reinos de Kara Kitai e dos turcos de Caresme, a anexação do Turquestão oriental, do Afeganistão e da Pérsia. Seus oficiais fizeram incursões de pilhagem e de reconhecimento entre o mar Cáspio e o mar Negro, através das estepes dos kiptchaks ou comanos e do reino búlgaro do Volga. Em 1226, Gêngis Khan tornou a partir em campanha rumo ao sul e se apoderou definitivamente do reino chinês de Si-Hia e de sua capital Tchungking (atual Ning-sia), sobre o Huang-ho. No ano seguinte, 1277, ele morreu. Gêngis Khan tinha previsto a repartição desse império entre seus quatro filhos, porém mantendo uma unidade, sob a preeminência de um deles, o terceiro, Ogodai. Não entrarei em complexos pormenores sobre a história política mongol depois de Gêngis Khan. Seria afastar-se muito de São Luís. Não houve, aliás, mais do que informações vagas e fragmentárias sobre toda essa história extraordinária, que transtornou e remodelou a maior parte do continente asiático, do qual a pequena Europa cristã era apenas um apêndice. De todo esse movimento, São Luís não conheceu nada além do momento em que afinal rebentaram a oeste as últimas ondas mongóis, na Rússia. Lá, de 1237 a 1240 elas devastaram Riazam, Vladimir, Moscou, Tver,* Novgorod, Kiev e a Ucrânia e, em 1241, a Polônia do Sul (Cracóvia ainda se lembra), a Hungria, até os arredores de Viena. Gêngis Khan foi, depois dos hunos de Átila no século V, os ávaros do século VI ao século VIII

---

[14] F. Aubin, artigo "Mongolie (Histoire)", em *Encyclopaedia Universalis*, vol. 11, Paris, 1971, p. 241.
*Atual Kalilin (*N. do T.*)

SÃO LUÍS

até sua submissão por Carlos Magno, o maior perigo amarelo que a Cristandade ocidental conheceu. Gêngis Khan a aterrorizou.[15]

Nesses mongóis, que chamavam de tártaros, porque, através dessa confusão de povos, clérigos cristãos viam os Infernos da Antiguidade, os homens do Ocidente acreditavam reconhecer os povos de Gog e Magog designados pelo Apocalipse (20, 7-8) como as hordas que Satã liberaria dos quatro cantos do mundo no fim dos tempos para confundir os humanos na época do Anticristo. A alta Idade Média tinha feito deles canibais exterminadores e devoradores que Alexandre contivera nas altas muralhas do extremo oriente da Ásia e que eles transpuseram nesse último tempo de pânico terrestre.[16] Para os pessimistas, esses "novos demônios" vão se unir aos demoníacos sarracenos, herdeiros, eles também, de uma tradição sagrada anunciando a vinda de forças infernais, para arruinar os cristãos. "As invasões mongóis, estendendo-se pela área mediterrânea das cruzadas e do choque com a civilização muçulmana, ainda tornavam presente no mundo ocidental a ameaça das forças monstruosas de destruição, vivas na tradição da Bíblia e do Alcorão."[17] Um eco desse medo perpassa a obra do franciscano inglês Roger Bacon, que durante muito tempo morou em Paris, ainda que marcado sobretudo pelo espírito de Oxford, e que escreveu sua obra maior, a *Opus majus*, entre 1265 e 1268, a pedido de seu protetor Gui Foulques ou Foulcois, conselheiro de São Luís que em 1265 veio a ser o papa Clemente IV. "O mundo inteiro está quase em estado de danação", escreve ele. "Sejam os tártaros, sejam os sarracenos, é certo que o Anticristo e os seus virão para esse fim. E, se a Igreja não se apressa através de santas medidas a criar obstáculos contra essas maquinações e a destruí-las, será abatida de maneira intolerável através do flagelo dos cristãos. Todos os homens sábios acreditam que já não estão muito distantes os tempos do Anticristo."[18] O monge inglês Mateus Paris os descreveu como "homens desumanos e bestiais, que devem antes ser chamados de monstros que de homens, bebedores sedentos de sangue, que rasgam e devoram as carnes dos cães e dos homens..."[19] O bestiário imaginário se confundia com a realidade. Uma vez ainda se apagava — como era comum entre os homens da Idade Média — a fronteira entre o sonho e a vida. Os pesadelos eram bem reais.

---

[15]David BIGALLI, *I Tartari e l'Apocalisse. Ricerche sull'escatologia in Adamo Marsh e Ruggero Bacone*, Florença, 1971.
[16]Raoul MANSELLI, "I popoli immaginari: Gog e Magog", em *Popoli e Paesi nella cultura alto medievale* (Settimane di Studio del Centro Italiano di Studi sull'Alto Medievo, Spoleto, 1981), Spoleto, 1983, t. II, p. 487 e segs.
[17]D. BIGALLI, *I Tartari e l'Apocalisse, op. cit.*, p. 163.
[18]Citado por F. Alessio, *Introduzione a Ruggero Bacone*, Roma e Bari, 1985, p. 112.
[19]MATEUS PARIS, *Chronica majora*, t. IV, p. 76.

Diante das ameaças de Gog e Magog, quer dizer, dos mongóis, dos sarracenos e do Anticristo, Roger Bacon viu uma única arma, uma defesa possível: Reformatio, a Reforma. Que os cristãos, que a Igreja e a república dos fiéis reencontrem o caminho da "verdadeira fé". São Luís, na mesma época, teve a mesma atitude. As infelicidades dos cristãos, as suas, as do reino da França, têm o pecado como causa profunda, e, para evitar sucumbir diante dos povos flagelos de Deus, é preciso fazer penitência, purificar-se, reformar-se.

O próprio São Luís, inicialmente, sentiu pânico diante dos mongóis. No momento de avanço máximo dos mongóis na Europa central, em 1241, o beneditino Mateus Paris lhe atribui este diálogo com a mãe enquanto a Cristandade está mergulhada no jejum e nas preces para conseguir que o Senhor aplacado "esmague o orgulho dos tártaros".

"Enquanto esse terrível flagelo da cólera divina ameaçava os povos, garantiu-se que a mãe do rei de França, uma mulher venerável e amada por Deus, a rainha Branca, disse: 'Onde estás, meu filho, rei Luís?' E ele acudindo: 'O que é, mãe?' Suspirando profundamente, ela se derramou em lágrimas e, mesmo sendo mulher, medindo esses perigos iminentes de um modo que não era o de uma mulher, disse ela: 'Que fazer, querido filho, diante de um acontecimento tão lúgubre cujo rumor aterrorizante penetrou em nossas fronteiras?' A essas palavras, o rei, com voz chorosa, mas sob a inspiração divina, respondeu-lhe: 'Coragem, mãe, preparemo-nos para a intervenção do consolo celeste. De duas, uma. Se eles chegarem até nós, ou bem nós os lançaremos de novo nas moradas tártaras,[20] de onde saíram esses a que chamamos tártaros, ou bem são eles que nos mandam todos para o céu.'" São Luís queria dizer: "Ou bem nós os repelimos, ou, se formos vencidos, chegaremos a Deus como fiéis à confissão de Cristo ou como mártires."[21] Essas palavras relatadas deram coragem aos franceses e a seus vizinhos. Para não ficar em falta, o imperador Frederico II enviou aos príncipes cristãos uma carta sobre o perigo tártaro, falando dessa "gente bárbara saída dos confins da terra, cujo horizonte não se conhece, enviada por Deus para corrigir seu povo, não para pôr em perigo, temos esperança, toda a Cristandade, mas para preservá-la até o fim dos tempos".[22]

---

[20] Infernais.

[21] MATEUS PARIS, *Chronica majora*, t. IV, pp. 111-112.

[22] *Ibid*. p. 112. Por toda parte onde passavam, os mongóis verdadeiramente aterrorizavam pela crueldade, deixando para trás os cadáveres das cidades e das populações que tinham resistido. Mas essa crueldade tinha um objetivo: a submissão dos povos e dos Estados. Completada a conquista, os mongóis se tornaram urbanos, habitando as cidades (sem esquecer as tendas), criaram uma administração, desenvolveram a economia e as trocas, favoreceram a literatura e as ciências. Graças a eles, os trechos comerciais anteriores foram reunidos em uma única via, da China ao mar Negro. Foi a famosa rota da seda, que funcionou graças à *pax mongolica*, a paz mongol, que reinou na Ásia, como a *pax romana*, a paz romana, tinha reinado no Ocidente pouco mais de um milênio antes.

SÃO LUÍS

49

Diante dos mongóis também houve otimistas, sobretudo quando pareceu que as incursões europeias deles, de 1239-1241, não teriam continuidade. De duas fontes esses otimistas tiravam suas esperanças: a religião e a diplomacia.

Os mongóis eram pagãos e tolerantes em matéria de religião. Muitos netos de Gêngis Khan casaram com princesas cristãs nestorianas.[23] Um deles se tornou budista. Não era preciso muito mais, nesse sentido, para despertar uma das grandes fantasias cristãs do século XIII, que São Luís sentiu mais que todos: a conversão dos príncipes mongóis. Contava-se que os mongóis, seguindo um jogo mais ou menos sério, muito em moda no fim do século XIII do Atlântico ao mar da China (São Luís pôs em confronto diante de si clérigos cristãos e rabinos), promoviam debates, diante deles, de cristãos, muçulmanos, budistas, taoístas etc., esperando talvez descobrir uma religião mais convincente e abraçá-la.

Alguns cristãos do Ocidente esperaram também que, convertidos ou não, os mongóis se tornassem aliados contra os muçulmanos da Síria e do Egito, que então eram atacados pela retaguarda. De fato, os muçulmanos tinham tomado Damasco em 1260, mas os mamelucos do Egito logo os expulsaram. No ano de 1260 cessa a conquista mongol, salvo na China do Sul. O perigo asiático para os cristãos terá outro nome: os turcos.

Entretanto, os otimistas — e São Luís tornou-se um deles — sonharam em enviar mensagens aos príncipes mongóis na esperança de convertê-los ao cristianismo e fazer deles aliados contra os muçulmanos. Os Khans mongóis agiam da mesma forma, mas buscavam antes novos súditos do que aliados, de acordo com seu hábito de preferir, quando isso fosse possível, a submissão pacífica à conquista militar.

Aos olhos dos mongóis habituados aos grandes espaços e à confrontação com grandes potências, o Ocidente cristão não passava de um conjunto de povos frágeis governados por chefetes. Não eram interlocutores válidos. O papa Inocêncio IV enviou mensagens cristãs aos "tártaros" em 1245. Em dezembro de 1248, São Luís, que hibernava em Chipre esperando para desembarcar no Egito, recebeu mensagem diplomática mongol enviada pelo grande Khan no Irã, Guiuk, neto de Gêngis Khan. A carta sublinhava a liberdade completa outorgada a todos os cristãos no Império mongol. São Luís respondeu enviando um mensageiro a Guiuk, o dominicano André de Longjumeau, portador de presentes, entre os quais uma magnífica tenda escarlate

---

[23]Os nestorianos eram cristãos discípulos do patriarca de Constantinopla Nestor, condenado em 431 pelo concílio de Éfeso. Professavam que havia em Cristo não apenas duas naturezas, mas duas pessoas. A Igreja nestoriana, cujo chefe, *catholikos*, fixou-se em Bagdá depois da conquista árabe, expandiu-se por toda a Ásia até a China. Declinou depois da conversão do Khan mongol da Pérsia ao islamismo, no fim do século XIII, e extinguiu-se depois do fim do Império mongol (1368). Ver Jean RICHARD, *La Papauté et les missions d'Orient au Moyen Âge (séculos XIII-XV)*, Roma, 1977.

destinada a servir de capela. Mas quando ele chegou à corte do Khan Guiuk, a regente, mãe de São Luís, respondeu insistindo na submissão esperada ao rei de França e reclamou um tributo anual. São Luís, que recebeu essa resposta na Terra Santa em 1253, arrependeu-se, diz-nos Joinville, de ter enviado um mensageiro. Mas, enquanto São Luís permanecia na Terra Santa, correu a notícia de que um descendente de Gêngis Khan, Sartak, tinha se convertido ao cristianismo. Sem fazer dele um verdadeiro embaixador, São Luís encarregou o franciscano Guillaume de Rubrouck de ser portador de uma carta a Sartak, o qual considerava vagamente a possibilidade de uma política comum entre cristãos e o povo mongol. O mensageiro e a carta foram finalmente enviados ao grande Khan Mongke em sua capital Karakorum, na Mongólia. A carta se perdeu, Guillaume de Rubrouck expôs sem sucesso a fé cristã a Mongke, que enviou como resposta a São Luís uma carta em que sobretudo chamava o rei de França de volta à submissão. Quando o franciscano voltou a Chipre, São Luís tinha regressado à França e a correspondência diplomática entre São Luís e os mongóis cessou.[24] Entretanto, em 1262, o irmão de Mongke (morto em 1259), Hulegu, enviou uma frondosa embaixada a Paris — os monstros tártaros tinham se transformado em "vinte e quatro nobres tártaros, acompanhados de dois frades pregadores (dominicanos) servindo de intérpretes". Hulegu agradecia pelo presente da tenda escarlate que tinha sido muito apreciada e propunha ao rei de França (os mongóis agora faziam diferença entre o papa, soberano espiritual, e o rei de França, soberano temporal que consideravam o mais poderoso dos príncipes cristãos) uma aliança capaz e apta contra os muçulmanos na Síria. Os mongóis forneceriam um exército de terra e o rei de França uma frota de que os mongóis não dispunham. Seria a aliança do continente asiático e do Mediterrâneo cristão. Jerusalém e os lugares santos seriam devolvidos aos cristãos.[25] Esse esboço de diálogo, essas tentativas abortadas de comunicação, em que os frades mendicantes especialistas em línguas desempenharam um papel mais importante, manifestam a impotência da Cristandade medieval — São Luís compreendeu — para se abrir a um mundo em face do qual não se sentia em posição de força. Parece que São Luís e seus conselheiros se imobilizaram diante da chamada — talvez apenas simbólica, mas na política medieval o símbolo pesava muito — do rei de França à submissão pelo Khan mongol e não deram resposta à carta. Negociações entre o papa e os mongóis se arrastaram ainda por vários anos, sem resultado.

---

[24]GUILLAUME DE RUBROUCK, enviado de São Luís, *Voyage dans l'Empire mongol*, tradução e comentário de Claude e René Kappler, que reeditaram essa tradução e seu comentário em soberbo livro ilustrado, Paris, 1993 (1º ed., Paris, 1985); Jean RICHARD, "Sur les pas de Plancarpin et de Rubrouck. La Lettre de Saint Louis à Sartaq", *Journal des savants*, 1977.

[25]P. MEYVAERT, "An unknown letter of Hulagu il Khan of Persia, to King Louis IX of France", *Viator*, 11, 1980, pp. 245-249; Jean RICHARD, "Une ambassade mongole à Paris en 1262", *Journal des savants*, 1979.

SÃO LUÍS

Todo o Oriente não terá sido para São Luís senão miragens. Miragem de um império latino de Constantinopla e de uma união das Igrejas cristãs latina e grega, para a qual se empregou particularmente, a pedido do papado, um homem ligado ao rei de França, o cardeal Eudes de Châteauroux, franciscano que tinha sido chanceler da Igreja em Paris. Miragem de uma fragilização dos príncipes muçulmanos varados por rivalidades internas e que entretanto foram vencedores de São Luís e retomaram essa Terra Santa que ele quisera defender. Miragem de uma conversão dos mongóis ao cristianismo e de uma aliança franco-mongol contra os muçulmanos. Num momento em que a Cristandade volta a centrar-se sobre si mesma, desliga-se pouco a pouco da cruzada, em que os próprios mendicantes estão divididos entre seu apostolado junto à Cristandade e uma obra missionária na África e na Ásia, São Luís, perdido entre o cuidado de seu reino e seus sonhos excêntricos, não poderá ser mais do que um liquidante da cruzada e o príncipe do irrealismo voltado para os horizontes longínquos da Cristandade. Do Oriente, São Luís terá apenas relíquias insignes e uma auréola de mártir que a Igreja romana, afinal, não lhe reconhecerá.

A Cristandade

O mundo de São Luís, tanto quanto a França, é a Cristandade.[26] Luís dirige soberanamente a primeira e é uma das cabeças da segunda, que engloba seu reino. Não há — e ele não sente — nenhuma contradição no fato de pertencer às duas. Havia no século XIII a noção de uma unidade do Extremo Ocidente em torno da religião cristã. Essa unidade se exprimia em geral pelos termos "povo cristão" (*populus christianus*) ou "república cristã" (*respublica christiana*) ou ainda "mundo cristão" (*orbis christianus*). Mas "Cristandade" (*Christianitas*) se emprega também e o termo aparece em francês arcaico por volta de 1040 na *Chanson d'Alexis*. Um dia o bispo Gui d'Auxerre, falando em nome dos prelados do reino da França, disse angustiado a São Luís: "Senhor, estes arcebispos e estes bispos que estão aqui me encarregaram de vos dizer que a Cristandade (*cretientés*) decai e se perde entre vossas mãos..."[27] No início do primeiro concílio

---

[26]Para uma visão de conjunto, permito-me remeter a Jacques LE GOFF, *L'Apogée de la Chrétienté* (v. 1180-v. 1330), Paris, 1982 (republicação de um texto de 1965, originalmente em alemão). Ver também, entre outros, o livro de Léopold GÉNICOT citado abaixo e John H. MUNDY, *Europe in the High Middle Ages (1150-1309)*, Londres, 1973.
[27]JOINVILLE, *Histoire de Saint Louis*, p. 369. O termo aqui talvez tenha o sentido restrito de "jurisdição eclesiástica". B. LANDRY (*L'idée de chrétienté chez les scolastiques du XIIIᵉ siècle, Paris, 1929*) não levanta nenhum problema de vocabulário. L. GÉNICOT, em sua excelente síntese *Le XIIIᵉ Siècle européen* (Paris, 1968, pp. 386-387), sublinha as ambiguidades da expressão no século XIII.

de Lyon, em 1245, o papa Inocêncio IV definiu a Cristandade através de seus adversários: a insolência dos sarracenos, o cisma dos gregos e a ferocidade dos tártaros.[28] Essa Cristandade, república espiritual, define-se também pelo espaço que ocupa. Inocêncio IV quer fechar aos mongóis as "portas da Cristandade" (*januae christianitatis*) e opor-lhes três reinos: Polônia, Lituânia e Volínia.[29] Uma opção de fato — que é um dos grandes debates, muitas vezes subjacente, do século de São Luís — se impôs aos cristãos: dar prioridade à defesa da Terra Santa, a cruzada, ou à defesa da Europa, o que implica a complementação da conversão dos povos pagãos da Europa oriental: lituanos, prussianos e, mais ao sul, ameaçando a Hungria, os comanos. A fronteira da Cristandade latina então está no Jordão ou no Dniéper? São Luís parece não ter hesitado e retomou a resposta tradicional desde 1095, desde que Urbano II pregou a cruzada em Clermont.

No fim de um avanço

Entretanto, a tendência da Cristandade é concentrar-se sobre a Europa. O espírito de cruzada vacila. A chave dessa mudança de atitude deve ser procurada na própria prosperidade da Europa. O avanço de desenvolvimento teve como consequência o fluxo dos cristãos rumo ao Oriente e o próprio avanço provocou o refluxo para a Europa. No fim do século XI, o crescimento demográfico muito rápido da Cristandade não pôde ser absorvido pela Europa e essa Cristandade juvenil, na qual os jovens eram privados de terras, de mulheres e de poder, desencadeou violências internas. A primeira onda do regime feudal selvagem não podia ser represada pelo movimento de paz. A Igreja se voltou contra os muçulmanos e, como a Reconquista espanhola era insuficiente para absorver o excedente de homens, de cobiça e de energia dos latinos, dirigiu-se para o Oriente. Mas a prosperidade interna atingiu seu apogeu no Ocidente no meio do século XIII. Desbravamentos e "revolução agrícola" fazem a fome recuar. Então, não há mais no Ocidente fome generalizada.

Os progressos da economia rural favoreceram o progresso social. Ainda que o sistema senhorial feche os homens num círculo estreito, as alforrias se

---

[28] *Insolentia Saracenorum, schisma Graecorum, sevitia Tartarorum*, em *Brevis nota* (*Monumenta Germaniae Historica, Legum sectio IV, Constitutiones et acta publica*, III, nº 401), citado por L. GÉNICOT, *Le XIII Siècle européen, op. cit.*, p. 288.

[29] Oscar HALECKI, "Diplomatie pontificale et activité missionnaire en Asie aux XIIIe — XIVᵉ siècles", *XIIᵉ Congrès international des sciences historiques*, Viena, 1965, Rapports II: *Histoire des continents*, pp. 5-32.

SÃO LUÍS

aceleram, e mesmo que o ar da cidade não torne o homem tão livre quanto quer um provérbio alemão,[30] a explosão urbana aproxima os homens nas cidades, reanima o artesanato e o comércio, sem exclusão do comércio de grande distância, a produção têxtil progride de maneira espetacular, a construção avança, avança muito, e a pedra substitui cada vez mais a madeira. A parte das moedas nas trocas cresce rapidamente e os mestres moedeiros cunham peças de alto valor, o dinheiro "gordo". O século XIII é o século da volta da cunhagem de moedas de ouro, extinta no Ocidente desde Carlos Magno. São Luís é o primeiro rei de França que cunhará moedas de ouro, o escudo, em 1266. A prosperidade força os senhores a outorgar liberdades e impõe limites à violência. A doutrina da limitação da guerra à guerra justa, e a restrição desta aos períodos restritos, faz com que a paz, de um ideal, se torne uma realidade. À proteção da viúva e do órfão é preciso acrescentar a do mercador, e como as sociedades secretas dos pobres também surgem em grande número, pela multiplicação dos hospitais e leprosários, precisam assumir uma solicitude que, ambígua, oscila entre a caridade e a prisão. Juntamente com a Igreja, as confrarias e corporações, o Estado nascente tem um certo ar antecipado do *Welfare State*. São Luís se distingue nessa área.

A cidade também cria novas necessidades culturais e os meios para satisfazê--las. As escolas se multiplicam e, no século XIII, alfabetizam uma parte crescente dos jovens das cidades. Não se limitam aos futuros clérigos, mas acolhem mais e mais os alunos leigos. São principalmente os rapazes que, daí em diante, sabem ler, escrever e contar, mas há também professoras de escola. Formam-se corporações educacionais que assumirão o nome geral de universidade.[31] Essas corporações criam na sociedade cristã no tempo de São Luís um novo poder ao lado da Realeza (*Regnum*) e do Sacerdócio, o Saber (*Studium*), encarnado pelas universidades. As universidades dão uma segunda vida ao latim, língua internacional do saber, um latim frequentemente artifical, o latim escolástico, mas até nos colégios universitários — apesar dos regulamentos —, o uso da língua vulgar faz progressos rápidos. As línguas vernáculas tornam-se línguas literárias. Sob São Luís, a administração do reino da França começa a escrever em francês, e ele é o primeiro rei de França que podemos ouvir expressar-se em francês. O teatro renasce, deixa a Igreja e toma a cidade como cenário. As festas se espalham pela rua, misturam às liturgias eruditas os ritos mais ou menos pagãos de uma roça que invadiu a cidade, o carnaval luta com a Quaresma e consegue contê-la, uma trova de 1250

---

[30] *Stadtluft macht frei* ("O ar da cidade torna livre").

[31] Jacques VERGER, *Les Universités du Moyen Âge*, Paris, 1973, e "Des écoles à l'Université. La mutation institutionnelle", dans *La France de Philippe Auguste*, Paris, 1982.

introduz o imaginário em um país novo, grandemente afastado do ascetismo cristão, um país de prazeres. A arte, sempre a serviço de Deus e dos poderosos, busca, além da manifestação do poder, satisfazer mais e mais os gostos estéticos difundidos em profusão maior, tanto puxando o céu para a terra como elevando a terra ao céu. O triunfo do vitral inunda as igrejas de luz colorida, a escultura mostra um "belo Deus" em Amiens e faz sorrir os anjos em Reims. O gótico é uma festa. Na terra como no céu, os valores permanecem profundamente cristãos. Os jardins terrestres — nos quais se pode, graças ao amor, colher a rosa — são o eco renovado do jardim do Éden onde Eva colheu a maçã fatal. A terra não é mais apenas o reflexo, minado pelo pecado, do Paraíso perdido. O homem feito à imagem de Deus e colaborando cá embaixo com a obra divina da Criação pode, aqui, produzir e provar os bens que desabrocharão no Paraíso reencontrado no fim dos tempos: a ciência, a beleza, a riqueza honesta, o cálculo lícito, o corpo que ressuscitará, o próprio rir, por tanto tempo suspeito aos olhos da Igreja, começam aqui sua carreira eterna, pelo trabalho do homem.[32] A Cristandade parece perder, no século XIII, seu verniz bárbaro. O julgamento de Deus se esbate, o ordálio é interditado pelo quarto concílio de Latrão (1215), mas na prática só desaparece lentamente.[33] Se a prova pelo fogo, pela água, pelo ferro em brasa desaparece muito rapidamente, só terminará muito mais tarde o julgamento pelo duelo, por *gages de bataille*,* forma de ordálio preferida pelos guerreiros. São Luís se esforçará nesse sentido sem sucesso.

É cada vez mais difícil para esses cristãos agarrados ao novo bem-estar de suas residências europeias delas desgarrar-se em busca dos duvidosos méritos da cruzada. Aquele que se pretendia o amigo mais próximo de São Luís, por admiração e devoção, além disso um cavaleiro cristão cuja impetuosidade o santo rei às vezes precisou conter, Joinville, recusou-se a acompanhá-lo em sua segunda cruzada:

---

[32]Jacques LE GOFF, *Les Intellectuels au Moyen Âge*, Paris, 1957, 2ª ed., 1984 (com bibliografia), e "Quelle conscience l'Université médievale a-t-elle eue d'elle même?", em *Pour un autre Moyen Âge*, Paris, 1977, nova ed., 1994, pp. 181-197.

[33]Jean GAUDEMET, "Les ordalies au Moyen Âge: doctrine, législation et pratique canoniques", *Recueils de la société Jean Bodin*, vol. 17/2, La preuve, 1965; Dominique BARTHÉLEMY, "Moyen Âge: le jugement de Dieu", *L'Histoire*, nº 99, abril de 1987, pp. 30-36; John BALDWIN, "The intellectual preparation for the canon of 1215 against ordeals", *Speculum*, 36, 1961, pp. 613-636.

*Luvas que o cavaleiro jogava para desafiar um desafeto para o duelo, que valeria como prova judiciária, dando razão ao vencedor. O ordálio era uma forma de se submeter ao julgamento (ou juízo) de Deus, de que o Autor está tratando. O acusado se submetia a um "julgamento de Deus" para que se decidisse sobre sua culpabilidade. Por exemplo: enfiava o braço num líquido quentíssimo e, se não se queimasse, o milagre de Deus estaria provando sua inocência. O duelo era uma das formas de ordálio. (*N. do T.*)

SÃO LUÍS

Fui muito pressionado pelo rei de França e o rei de Navarra[34] para me tornar um cruzado. A isso respondi que, tendo estado a serviço de Deus e do rei além-mar, quando voltei os agentes do rei de França e do rei de Navarra tinham destruído a mim e empobrecido minha gente, de tal forma que jamais haveria tempo em que não valêssemos nada como nesse. E assim eu lhes dizia que, se eu quisesse agir de acordo com a vontade de Deus, eu ficaria por aqui para ajudar e defender meu povo; porque, se eu jogasse meu corpo na aventura da peregrinação da cruz, e eu via com muita clareza que isso seria para o mal e perda de minha gente, isso provocaria a cólera de Deus, que deu seu corpo para salvar seu povo. Acho que cometeram pecado mortal todos os que aconselharam a viagem a ele [a São Luís], porque no ponto em que a França tinha chegado com ele, todo o reino estava em boa paz internamente e com todos os seus vizinhos, e desde que ele partiu a situação do reino só fez piorar.[35]

O senescal recusou assim a cruzada, reconciliando-se de alguma forma com seu domínio de Champagne, acreditando que daí em diante seguir a Deus, imitá-lo, não é correr a "aventura da peregrinação da cruz", mas "ajudar e defender seu povo" em sua terra de Joinville. Para salvá-lo de quem, de quê? De Satã, dos sarracenos, dos tártaros? Não, dos "agentes do rei de França e do rei de Navarra", para guardar para seus dependentes os proveitos do avanço que a Cristandade atingira internamente. O senescal finge se comportar como cavaleiro de seus vassalos e de seus camponeses quando age como esses novos homens, fechados à proeza e à aventura, como um burguês. Quando, vinte anos antes, tinha servido ao rei na Terra Santa, "não quis nunca voltar meus olhos para Joinville, disse, de medo que o coração se comovesse com o belo castelo que eu deixava e com meus dois filhos".[36] Vinte anos depois, Joinville tem 43, seus filhos cresceram, mas o castelo mantém o senhor de Joinville nessa Cristandade que também ele não quis mais deixar.

Seria preciso que São Luís, que contudo amava a vida e esta terra cá de baixo, tivesse sido enfeitiçado por essa imagem terrestre da Jerusalém celeste para tornar a partir dessa maneira, dando as costas a seu século, carregando sua cruz, para essa Jerusalém que seus contemporâneos cristãos deixavam desligar-se de uma Cristandade que se bastava. Entre as preces atribuídas a São Luís moribundo há esta: "Senhor Deus, dai-nos que possamos desprezar

---

[34] Thibaud V, conde de Champagne, rei de Navarra (sob o nome de Thibaud II), era genro de São Luís e muito ligado a ele.

[35] JOINVILLE, *Histoire de Saint Louis*, pp. 399-401.

[36] *Ibid.*, p. 69.

JACQUES LE GOFF

a prosperidade deste mundo."[37] Ele viveu profundamente as inquietudes religiosas de seu tempo.[38]

Inquietudes religiosas

A própria prosperidade da Cristandade do século XIII é sem dúvida uma das causas das inquietudes religiosas que a atormentam.

Desde mais ou menos o ano 1000, o enriquecimento crescente dos poderosos, leigos e eclesiásticos, a ligação cada vez mais forte com o mundo nas camadas mais e mais numerosas da sociedade ocidental cristã suscitam diversas inquietações de inquietude e de recusa. Uma intensa atividade de contestação espiritual se manifesta na Igreja e fora da Igreja, nos meios monástico, eclesiástico e também leigo. O alvo geral é a rapacidade da Igreja, que os cristãos exigentes julgam particularmente escandalosa na prática corrente de compra das dignidades eclesiásticas — a começar pelos bispos — que se chama simonia, do nome de Simão o Mágico, que tinha tentado comprar dos apóstolos seus dons espirituais. Essa ofensiva também visa prioritariamente à cabeça da Igreja, o papado, primeiro poder a constituir um Estado monárquico cobrando taxas financeiras mais e mais pesadas, recolhendo e manuseando somas em dinheiro mais e mais consideráveis. Clérigos críticos compõem textos satíricos, às vezes muito violentos, contra a cúria romana, que circulam com sucesso nos meios eclesiásticos e nas altas esferas leigas, como *O Evangelho segundo as sobras do dinheiro*.[39] Pregadores itinerantes, cujo comportamento é suspeito numa sociedade em que cada um deve ficar num lugar estável, espalham essas ideias. À crítica à Igreja, ao dinheiro e ao pontífice romano junta-se, aqui e ali, a contestação a certos componentes do dogma cristão e a certas práticas religiosas impostas pela Igreja. Rejeita-se toda hierarquia, rejeitam-se os sacramentos, entre os quais o casamento e a moral sexual ligada a ele, o culto das imagens e, em particular, do crucifixo, o monopólio que o clero se reserva da leitura direta das Escrituras e da pregação, o luxo das igrejas. Reclama-se a volta à prática estrita do Evangelho, aos costumes da Igreja primitiva, convidam-se homens e mulheres "a seguir nus o Cristo nu". Recusa-se a prática de prestar todo juramento, o que vem a minar um dos fundamentos da sociedade feudal. O próprio São Luís se recusa

---

[37] *Ibid.*, p. 407.
[38] Sobre o movimento religioso dos séculos de XI a XIII, ver Jacques LE GOFF e René RÉMOND (ed.), *Histoire de la France religieuse*, t. I, Paris, 1988.
[39] Cf. Olga DOBRIACHE-ROJDESVENTSKY, *La Poésie des Goliards*, Paris, 1981.

SÃO LUÍS

a jurar, ainda que de um modo autorizado pela Igreja. Essa contestação se limita muitas vezes à crítica das práticas do poder e do dinheiro e ao excesso no uso dos bens terrestres, a apelar pela reforma; por vezes é radical, seja rejeitando a Igreja, seja referindo-se a elementos essenciais do dogma cristão. É então que a Igreja chama de heresia e condena de modo absoluto esses movimentos contestatários, o herege devendo abjurar seu erro ou sendo cortado da sociedade cristã.[40] Não é uma crise de incredulidade, mas, ao contrário, uma febre de fé, o desejo de viver esse "desprezo do mundo" que o monaquismo e a Igreja da alta Idade Média — imprudentemente talvez — tão fortemente preconizavam. O movimento atinge clérigos e leigos e todas as camadas da sociedade. O reino da França não é poupado por essa agitação. O primeiro herege "popular" conhecido nas imediações do ano 1000 é um camponês de Vertus-en-Champagne, tomado de uma crise religiosa quando trabalhava em sua vinha; clérigos heréticos são queimados em Orleãs em 1022; um grupo herético se manifesta em Arras em 1025. Alguns desses grupos heréticos, parece, tiveram ligações com a família real capetiana: foi o caso em Orleãs, em 1020, e em Paris, em 1210. São Luís detesta a heresia, mas a fronteira entre a ortodoxia e a heresia nem sempre é muito clara. Falar-se-á de seu encontro, cuja importância me parece grande, em Hyères, na volta da cruzada, com um franciscano que professava as ideias suspeitas de Gioacchino da Fiore.[41]

Sua devoção pessoal se situa na linha da aspiração à imitação de Cristo, se não na pobreza, difícil de praticar para um rei de França, pelo menos na humildade. É um adepto do grande movimento de penitência que inflama a maioria de seus aspirantes à perfeição evangélica. Como muitos de seus contemporâneos, ele é fascinado pelos eremitas que se multiplicam nas solidões florestais e insulares, encarnando essa fuga do mundo (*fuga mundi*), de um mundo pervertido pelo avanço econômico do Ocidente. Entre as ordens religiosas novas que, nos séculos XI e XII, se esforçam para operar a reforma do monaquismo afundado na riqueza, no poder e no abandono do trabalho manual, a mais atraente era a ordem de Cîteaux,* à qual São Bernardo (morto em 1153) traz a auréola de seu imenso prestígio. Desde o fim do século XII, também os cistercienses são acusados de se deixar seduzir pelas tentações do mundo, mas eles permanecem, no século XIII, como símbolos de um monaquismo reformado e depurado. Ao lado dos mendicantes,

---

[40]Sobre as heresias, ver Jacques LE GOFF (ed.), *Hérésies et sociétés dans l'Europe pré-industrielle, XIe-XVIIIe siècles*, Paris e Haia, 1968; Malcolm LAMBERT, *Medieval Heresy*, Oxford, 2ª ed., 1992; Robert I. MOORE, *The Formation of a Persecuting Society*, Oxford, 1987; trad. fr., *La Persécution. Sa formation en Europe (Xe-XIIIe siècles)*, Paris, 1991.
[41]Ver *infra*, pp. 191-193.
*Trata-se da ordem cisterciense (um ramo dos beneditinos), cujo mosteiro ficava na floresta de Cîteaux. (N. do T.)

novos regulares* reformados do século XIII, os cistercienses mantêm a simpatia de São Luís. É a um mosteiro cisterciense que lhe deve sua existência e que foi sem dúvida seu lugar favorito, Royaumont, que seu nome fica ligado.

Mas a onda herética se ampliava no início do século XIII. De todas essas heresias — difíceis tantas vezes de identificar sob os nomes arcaicos ou fantasiosos que a Igreja lhes dava, seja por ignorância de sua verdadeira natureza, seja por vê-los como ressurgência de velhos erros condenados havia muito tempo —, a mais espetacular e que parecia a mais perigosa aos olhos da Igreja e dos príncipes que a defendiam era a que chamamos hoje "catarismo". O nome mais corrente que no século XIII se dá a esses cátaros na França é *aubigeois* (hoje "albigeois", albigenses, da cidade de Albi), pois eles são numerosos na França meridional e, assim, chamá-los de albigenses é como chamar de caorsinos** os banqueiros cristãos considerados usurários. O catarismo é uma religião dualista e não monoteísta. Os cátaros acreditam na existência de dois deuses, um deus bom, invisível, que salva as almas, rei de um mundo todo espiritual, e um deus mau, mestre do mundo visível, material, que perde os corpos e as almas. Esse Deus mau, os cátaros o assimilam a Satã e ao Deus da cólera do Antigo Testamento. Seu instrumento aqui na terra é a Igreja, assimilada à Besta do Apocalipse. Para a Igreja cristã, o catarismo é um perigo absoluto. Entre essa religião, que tem seus ritos, seu clero, sua hierarquia (os "perfeitos"), e o cristianismo oficial não há compromisso possível, ainda que muitos albigenses devam se refugiar na clandestinidade, aceitar uma fachada ortodoxa. A heresia dualista é um fenômeno de toda a Cristandade, tanto ocidental como oriental. Nos séculos XII e XIII, é encontrada na Aquitânia, em Champagne, em Flandres, na Renânia, no Piemonte, mas tem sobretudo dois grandes focos no Oriente, a Bulgária e a Bósnia, e dois no Ocidente, a Lombardia e o Languedoc.[42] São Luís topará com ela em seu reino. Na verdade, enquanto

---

*O Autor emprega "regulares", aqui e por todo o livro, como sinônimo de religiosos, isto é, "frades" ou "monges", os membros de uma ordem *religiosa*. Como cada ordem tem a sua *regra*, eles também são conhecidos como *regulares*. As duas expressões — religiosos ou regulares — se contrapõem a "seculares", os padres que, desligados de ordens, vivem fora de conventos ou mosteiros, ou seja, em contato direto com "o século" (a vida leiga). Regular/regulares é hoje um termo de escasso emprego nesse sentido, pelo menos no português do Brasil. Mesmo a linguagem eclesial costuma usar para os frades muito mais o sinônimo religioso/religiosos. (*N. do T.*)

**Da cidade francesa de Cahors, no condado de Toulouse, que foi um grande centro de negócios medieval e onde se instalaram banqueiros lombardos. O tratamento de "caorsinos" estendeu-se a todos os banqueiros e usurários da Idade Média. (Ver observação do Autor em nota de pé de página do subtítulo *Novas medidas de purificação: contra os ordálios e a usura, contra judeus e lombardos*, no Capítulo IV desta Primeira Parte. Lá, estranha-se que caorsinos tenham sido considerados estrangeiros na ordenação de 1268.) (*N. do T.*)

[42] Sobre o catarismo, Arno Borst, *Les Cathares*, 1953, trad. fr., Paris, 1953; Raoul Manselli, *L'Eresia del male*, Nápoles, 1963; René Nelli, *Le Phénomène cathare*, Toulouse, 1976, t. II, *L'Histoire des cathares*, 1980. Abordagens originais em Jean Biget, "Les Cathares: mise à mort d'une légende", *L'Histoire*, nº 94, novembro de 1986, pp. 10-21. A apresentação mais viva de um grupo de cátaros é a de Emmanuel Le Roy Ladurie, *Montaillou, village occitan de 1294 à 1324* (Paris, 1975), mas o grupo é um pouco posterior a São Luís.

SÃO LUÍS

seu avô, Filipe Augusto, tinha se recusado a empreender a cruzada contra os albigenses, seu pai, Luís VIII, tinha realizado o grosso da luta militar contra os hereges da França meridional. São Luís dirigiu então a fase decisiva, em 1226, da cruzada contra os albigenses.[43]

A atitude do conde de Toulouse, Raimond VI, favorável aos cátaros e hostil a seu suserano Capeto, teve sua influência, mas o rei sem dúvida quis retomar a iniciativa da monarquia sobre os senhores e cavaleiros do Norte que tinham, em benefício próprio, atacado os senhores meridionais sob o pretexto da cruzada. E também Luís VIII desejava relacionar-se com o papado em termos melhores do que seu pai.

Para extirpar os restos — vivos — da heresia, a Igreja imaginou então um tribunal de exceção, a Inquisição. Criou-se então um novo tipo de procedimento pervertido, chamado precisamente de inquisitorial. O processo é desencadeado por um juiz alertado por uma denúncia, pelo rumor público ou pela descoberta de um elemento material indicando um crime ou um delito. Esse tipo de processo tende a substituir o processo acusatório em que o juiz é acionado por um acusador — a vítima ou pessoas ligadas à vítima —, a quem ele incumbe de fornecer as provas. O processo inquisitorial teoricamente tem um duplo mérito: só deixa impunes os crimes ignorados e tem por objetivo ober a confissão[44] do culpado, prova considerada a mais objetiva e a mais irrefutável. Mas o processo inquisitorial que a Inquisição pratica é secreto, desenvolve-se sem testemunhas nem advogados para o acusado, que ignora, se há denúncia, o nome de seus acusadores. A vontade de muitos inquisidores de forçar a confessar os acusados de heresia, suspeitos de serem dissimuladores e mentirosos, conduz ao uso da tortura, que tende a se generalizar no curso do século XIII. Quando o tribunal da Inquisição pronuncia uma condenação grave, o que é frequente, uma forma particularmente cruel de prisão — às vezes por toda a vida —, o enclausuramento ou a morte na fogueira, a Igreja, que quer se apresentar com ar de quem mantém as mãos limpas, confia ao poder leigo o cuidado de executar a sentença. É o que se chama o abandono ao braço secular. Tendo o papa Gregório IX instituído a Inquisição em 1233, São Luís será o primeiro rei de França a levar à morte hereges condenados pela Inquisição.[45]

---

[43]Monique ZERNER-CHARDAVOINE, *La Croisade albigeoise*, Paris, 1979.

[44]*L'Aveu, Antiquité et Moyen Âge* (Actes du colloque de Rome, 1984), Roma, 1986.

[45]Na verdade, o recurso ao braço secular já tinha funcionado antes de São Luís na França. Em 1210, um sínodo eclesiástico em Paris, presidido por Pierre de Corbeil, arcebispo de Sens, tinha condenado os membros de uma seita mal conhecida, cujos chefes espirituais eram os universitários Amauri de Bène (morto por volta de 1205) e Davi de Dinant, e os tinha entregue ao braço secular. Uma tradição figurada por uma miniatura que fez parte habitualmente, no fim da Idade Média, da iconografia das *Grandes Chroniques de France* — história oficial do reino — mostra Filipe Augusto assistindo em pessoa à morte dos hereges na fogueira: Marie-Thérèse d'ALVERNY, "Un fragment du procès des Amauriciens", *Archives d'histoire doctrinale et littéraire du Moyen Âge*, vol. 25-26, 1950-1951; G. C. CAPELLE, *Autour du décret de 1210. III. Amaury de Bène: étude sur son panthéisme formel*, Paris, 1932.

Liquidar com as heresias na Cristandade do século XIII não era mais do que um aspecto da efervescência religiosa. Essa efervescência teve pelo menos duas outras expressões capitais, que permaneceram, no essencial, no cerne da ortodoxia cristã.

A primeira é o nascimento de novas ordens religiosas respondendo a novas necessidades espirituais e ao desejo de alguns homens e mulheres de alta espiritualidade de serem os apóstolos da sociedade gerada pelo avanço econômico e social. Trata-se das ordens mendicantes. Como reação ao monaquismo em declínio que, na solidão, satisfazia sobretudo às aspirações da sociedade aristocrática e cavaleirosa, os frades, que não são monges, vivem não na solidão, nesse "deserto" do Ocidente que é a floresta, mas no meio dos homens, nas cidades. O principal objeto de seu apostolado é a nova sociedade urbana corrompida pela heresia. Sua primeira arma é o modelo de suas vidas, na humildade e na pobreza, o que os reduz à coleta. Nesse mundo em que o espírito de lucro, a ilusão do ganho, a cupidez (*avaritia*) assumem novas formas com a invasão do dinheiro, eles se fazem "mendigos". E a reforma que encarnam em seu comportamento vai ser para eles um trunfo para que se ponham eficazmente a serviço da reforma da sociedade.

Ao cabo de uma longa evolução que alterou, no século XII, as concepções do pecado e da penitência, e reorganizou a vida espiritual ao voltá-la mais para as intenções do que para os atos, o quarto concílio de Latrão (1215) tornou obrigatória para todos os cristãos a confissão auricular individual ao menos uma vez por ano (far-se-á assim a confissão pascal), abrindo a porta para uma sacudida da vida psicológica e espiritual pela prática do exame de consciência, a busca dessa forma de testemunho que é o arrependimento, novo centro de gravidade da penitência. Os frades mendicantes ensinam os padres a confessar, aos fiéis a se confessar.[46] Para convencer, recorrem à palavra. Ressuscitam e renovam a pregação. Fazem do sermão um meio que atrai as multidões.[47] Alguns deles são artistas da pregação. São Luís, grande apaixonado por sermões, chamará o franciscano São Boaventura a pregar para ele e sua família.

---

[46]Pierre Marie GY, "Les définitions de la confession après le quatrième concile du Latran", em *L'Aveu*, *op. cit.*, pp. 283-296; R. RUSCONI, "Ordinate confiteri. La confessione dei peccati nelle 'summae de casibus' e nei manuale per i confessori (metà XII-inizio XIV secolo)", *ibid.*, pp. 297-313; Pierre MICHAUD-QUANTIN, *Sommes de casuistique et manuels de confession au Moyen Âge (XIIᵉ-XVIᵉ siècles)* (Analecta mediaevalia Namurcensia, 13), Louvain, Lille, Montreal, 1962; Nicole BÉRIOU, "Autour de Latran IV (1215). La naissance de la confession moderne et sa diffusion", em *Pratiques de la confession: des Pères du désert à Vatican II. Quinze études d'histoire*, Paris, 1983.

[47]Jacques LE GOFF et Jean-Claude SCHMITT, "Au XIIIᵉ siècle: une parole nouvelle", em *Histoire vécue du peuple chrétien*, Jean Delumeau (ed.), Toulouse, 1979, t. I; David L. D'AVRAY, *The Preaching of the Friars. Sermons diffused from Paris before 1300*, Oxford, 1985; Nicole BÉRIOU, "La prédication au béguinage de Paris pendant l'année liturgique 1272-1273", *Recherches augustiniennes*, 13, 1978, pp. 105-229; ID., *La Prédication de Ranulphe de la Houblonnière. Sermons aux clercs et aux simples gens à Paris au XIIIᵉ siècle*, 2º vol., Paris, 1987; Jean LONGÈRE, *La Prédication médiévale*, Paris, 1975.

SÃO LUÍS

Os cristãos sempre se preocuparam com a salvação e, em particular, com a configuração do além. No fim do século XII e no princípio do XIII, a geografia do além se transforma. Entre o Paraíso e o Inferno introduz-se um além duplamente intermediário, porque não durará mais do que o tempo da história e será absorvido na eternidade: o Purgatório, onde os pecadores, depois da morte, podem expiar e remir o restante de sua dívida penitencial, antes de ir ao Paraíso, pelos próprios sofrimentos e pelos *sufrágios* dos vivos.[48] Os frades mendicantes difundem a crença no Purgatório e ensinam os cristãos a gerir de outra maneira a sua morte, porque ela passa primeiro por um julgamento pessoal imediato, à espera do julgamento último coletivo. E lhes abrem — ao menos para as famílias dos burgueses notáveis — a sepultura em suas igrejas, com grande perda para os curas de paróquias.

Na origem das ordens mendicantes há duas grandes personagens muito diferentes: o espanhol Domingos de Calaruega, fundador dos frades pregadores (que, por causa do nome do fundador, serão chamados dominicanos), e o italiano Francisco de Assis, fundador dos menores (pelo mesmo motivo chamados franciscanos).[49] A essas duas ordens mendicantes principais juntar-se-ão, no correr do século XIII, os carmelitas em 1229 e, definitivamente, em 1250, e os agostinianos em 1256. São Luís, que tinha 7 anos em 1221, quando morre São Domingos — seria canonizado em 1234 —, e 12 anos em 1226, ano em que se tornou rei, quando morre São Francisco (canonizado logo em 1228), será o rei das ordens mendicantes. Acreditar-se-á que ele próprio quis ser um frade mendicante.[50]

A outra expressão da efervescência religiosa no século XIII é a ascensão dos leigos na Igreja.[51] O desenvolvimento das congregações caminha lado a lado com o desenvolvimento de uma religiosidade dos leigos.[52] O grande movimento de penitência em que se sobressaem também realça seu lugar na Igreja. A conjugalidade, estatuto normal dos leigos, inspira novos ideais religiosos, como a castidade conjugal. Dessa promoção dos leigos, a mulher se beneficia particularmente. Santa Clara é mais do que um modelo calcado em São Francisco de Assis, é a primeira mulher a dar a uma ordem feminina a regra franciscana. Porém, novidade maior

---

[48] J. LE GOFF, *La Naissance du Purgatoire*, op. cit.
[49] Na França do século XIII os dominicanos também serão chamados de jacobinos (do nome de seu convento de Paris) e os franciscanos, de *cordeliers*, por causa do cordão grosso com nós que trazem à cintura.
[50] Ver Lester K. LITTLE, "Saint Louis' Involvement with the Friars", *Church History*, XXXIII, nº 2, 1964, pp. 1-24 (com tiragem separada).
[51] Ver André VAUCHEZ, *Les Laïcs au Moyen Âge. Pratiques et expériences religieuses*, Paris, 2 ed., 1987; Guy LOBRICHON, *La Religion des laïcs en Occident*, XIe-XVe siècles, Paris, 1994.
[52] G. G. MEERSSEMAN, *Ordo fraternitatis. Confraternite e pietà dei laici nel Medioevo* (Italia sacra, vol. 24-26), 1977; *Le Mouvement confraternel au Moyen Âge: France, Italie, Suisse*, Roma, 1987.

ainda, as ordens mendicantes não apenas proporcionam o surgimento de segundas ordens femininas, mas também de ordens terceiras leigas. Sob o olhar desconfiado da Igreja, sempre atenta a controlar a devoção dos leigos e das mulheres, leigos abraçam uma vida que caminha na fronteira limítrofe entre os clérigos e os leigos: nas cidades, mulheres, especialmente, levam uma vida devota sem serem religiosas, em alojamentos modestos frequentemente agrupados num mesmo lugar. São as beguinas,* novas criações do século XIII.[53]

Esses leigos não poucas vezes serão sensíveis às correntes místicas no cristianismo. Se as ideias milenaristas[54] do abade cisterciense Gioacchino da Fiore (morto em 1202) só agitam uns poucos meios religiosos, especialmente franciscanos, o cuidado com os fins últimos, o medo dos últimos tempos, a crença na proximidade do Juízo Final empurram alguns leigos para manifestações religiosas extremas, como as procissões de Flagelantes de 1260.[55] A santidade, até recentemente quase monopólio dos padres e monges, acolhe leigos, homens e mulheres. Um mercador de Cremona, Homebon, morto em 1197, foi canonizado por Inocêncio III em 1199, dois anos depois da morte,[56] como se vê. Mas o mais célebre dos santos leigos do século XIII será São Luís, um São Luís que protege as beguinas parisienses, que é um modelo de esposo cristão e que roçará de leve o joaquinismo. Um São Luís que é, afinal, um rei escatológico, um rei obsedado pela relação com o fim dos tempos. Como a maioria dos cristãos de sua época, São Luís vive entre o medo,[57] manifestado por uma Igreja inquieta entre os fiéis ligados mais e mais ao mundo aqui da terra e à esperança como "expectativa dos bens futuros", em uma perspectiva na qual a vida terrestre se tornou tanto um trampolim como um obstáculo para a próxima vida.[58] Porque o cristianíssimo São Luís é também um dos grandes atores políticos da Cristandade do século XIII.

---

*As beguinas viviam em comunidades de oração, de visitas a doentes e trabalhos com rendas e roupas brancas, mas não pronunciavam votos, a não ser o de obediência, assim mesmo sem caráter perpétuo: algumas chegavam a sair para casar. Não eram, portanto, uma ordem religiosa. Tinham esse nome porque a instituição foi criada pelo padre Lambert Begh, um belga de Liège. (*N. do T.*)

[53]Sobre as beguinas de Paris no fim do reinado de São Luís, ver Nicole Bériou, "La prédication au béguinage de Paris pendant l'année liturgique 1272-1273", art. citado supra p. 60, n° 46.

[54]Sobre o milenarismo medieval, grandes linhas e bibliografia essencial em Jacques Le Goff, artigo "Millénarisme" em *Encyclopaedia Universalis*. De uma bibliografia considerável sobre Gioacchino da Fiore e o joaquinismo, Henri Mottu, *La Manifestation de l'Esprit selon Joachim de Fiore*, Neuchâtel e Paris, 1977; Marjorie Reeves, *The Influence of Prophecy in the Later Middle Ages. A Study in Joachimism*, Oxford, 1969; ID., "The originality and influence of Joachim of Fiore", *Traditio*, 1980.

[55]*Il movimento dei Disciplinati nel settimo centenario del suo inizio* (Perugia, 1960), Perugia, 1962.

[56]Ver o grande livro de André Vauchez, citado, p. 41, n° 10.

[57]Jean Delumeau, *La Peur en Occident (XIVe -XVIIIe siècles)*, Paris, 1978; ID., *Le Péché et la Peur. La culpabilisation en Occident* (XIIIe -XVIIIe siècles), Paris, 1983.

[58]Jacques-Guy Bougerol, *La Théologie de l'esperance aux XIIe et XIIIe siècles*, 2° vol., Paris, 1985.

Organização política:
emergência do Estado monárquico

No tempo de São Luís, a Cristandade ainda está perturbada no plano político por um renascimento do grande conflito entre as duas cabeças da sociedade cristã, o papa e o imperador, que atinge uma intensidade paroxística sob o pontificado de Inocêncio IV (1243-1254) diante de outra grande personagem leiga do século XIII ao lado de São Luís, o imperador Frederico II, figura fora do comum, em quase tudo a antítese de São Luís.[59] Nesse conflito, Luís vai se mostrar respeitoso em relação aos dois poderes tradicionais e, sob a capa de uma espécie de neutralidade, nesse tempo em que o jogo de xadrez se torna moda entre os grandes,[60] moverá seus peões, os da monarquia francesa.

O grande movimento político da Cristandade no século XIII é, de fato, a irresistível ascensão das monarquias e do Estado que elas constroem. Iniciado no século anterior, sobretudo na Inglaterra, esse tipo de Estado prossegue no século XIII com a monarquia pontifical, que do Estado moderno tem bem o caráter centralizador e burocrático, mas dele não tem a base territorial (apesar dos Estados do Patrimônio de São Pedro, na Itália central) e ainda menos os fundamentos "nacionais", que se afirmam em Castela, em Aragão e principalmente na França. Um progresso decisivo cumpriu-o o tão admirado avô de São Luís, Filipe Augusto.[61] São Luís, de modo menos espetacular, menos bem estudado pelos historiadores, trará outros progressos essenciais à elaboração de um Estado monárquico francês. Esse Estado monárquico — voltaremos a ele a propósito do rei Luís IX —, longe de ser incompatível com o regime feudal, combina-se com as estruturas e as mentalidades feudais. Sua força vem daí.[62]

---

[59] Sobre Frederico II, a obra-prima de Ernst H. KANTOROWICZ, aparecida em 1927 na tensa atmosfera da República de Weimar, foi traduzida para o francês: *L'Empereur Frédéric II*, Paris, 1987. Aí será encontrado nas páginas 514-515 um admirável retrato de São Luís.

[60] O jogo de xadrez foi objeto, no fim do reinado de São Luís, de um tratado do dominicano Jacques de Cessoles, que nele achou uma explicação simbólica do funcionamento da sociedade cristã. Trata-se de um jogo monárquico, dominado pelo rei e pela rainha, esta última uma invenção do Ocidente. Sobre esse *Liber de moribus hominum ac officiis nobilium super ludum scaccorum* ("Livro dos costumes humanos e dos ofícios dos nobres segundo o jogo de xadrez"), ver Jean-Michel MEHL, "*L'exemplum* chez Jacques de Cessoles", em *Le Moyen Âge*, 1978, pp. 227-246.

[61] Excelente estudo de John W. BALDWIN, *The Government of Philip Augustus. Foundations of French Royal Power in the Middle Ages*, University of California Press, 1986; trad. fr., *Philippe Auguste et son gouvernement. Les fondations du pouvoir royal en France au Moyen Âge*, Paris, 1991.

[62] Além de J. W. Baldwin, ver Thomas N. BISSON, "The problem of Feudal Monarchy Aragon, Catalonia and France", *Speculum*, 1978, pp. 460-478. *La Monarchie féodale en France et en Angleterre* (Paris, 1933, nova ed. 1971) de Charles PETIT-DUTAILLIS é sempre interessante. A síntese inteligente de Joseph R. STRAYER, *Les Origines médiévales de l'État moderne* (1970, trad. fr., Paris, 1979) traz reflexões sobre o antagonismo entre a edificação do Estado e as estruturas familiais, locais e religiosas.

O que os franceses ou os espanhóis conseguiram, os ingleses parecem ter conseguido apenas pela metade. A monarquia inglesa tão forte, avançando tanto sob Henrique II (1154-1189), parece recuar sob seus filhos, Ricardo Coração de Leão (1189-1199) e, principalmente, João Sem Terra (1199-1216) e seu neto Henrique III (1216-1272), o contemporâneo inimigo e amigo de São Luís. Em junho de 1215, um ano depois do nascimento de São Luís, João Sem Terra, sob pressão dos barões ingleses, tinha concedido a Magna Carta (*Magna Carta*). Esse ato fundamental da história política da Inglaterra não é a substituição do poder real pelo poder baronial. Traduz uma limitação do poder real em uma dupla perspectiva: o reconhecimento dos privilégios não somente dos barões, mas também da média e da pequena nobreza, da Igreja, das cidades e dos burgueses, a afirmação de que o rei tem de se submeter às leis, que lhe são superiores, quer se trate das "leis existentes" ou da lei moral, a qual impõe ao soberano medidas "razoáveis" e lhe interdita o arbitrário.[63]

Em compensação, na Alemanha, apesar dos esforços e das aparências enganadoras criadas por Frederico II, o poder real está à deriva. Certamente, Frederico II soube forjar na Itália do Sul e na Sicília um poder central que poderia ter sido duravelmente forte se não fosse de natureza estrangeira.[64] Mas não apenas ele não conseguiu restabelecer, diante do papado, o Sacro Império Romano, apesar de sua coroação em Roma pelo papa Honório III em 1220, como sobretudo precisou abandonar o poder real aos príncipes alemães com o "estatuto em favor dos príncipes" (*Statutum in favorem principum*) de 1231.

Uma forma de poder não monárquico e não centralizado se estende pela Itália. O poder comunal, para fazer reinar a ordem nas cidades, procura frequentemente no exterior um estrangeiro para governar a cidade com o título de podestade. Muitas vezes, nesse século em que poder religioso e poder leigo não são bem distintos, em que a ordem moral confunde-se com a ordem em si mesma (o próprio São Luís tenderá a apagar essa distinção no fim de seu reinado), uma cidade se dá um religioso por podestade. Assim, em Parma, em 1233, um movimento que quer fazer reinar a paz e a justiça — por exemplo, lutando contra a usura, como o fará São Luís — confia um poder absoluto a um franciscano, frei Gherardo da Modena. É o efêmero, mas significativo, movimento

---

[63]J. C. HOLT, *Magna Carta*, Cambridge, 1965; *Magna Carta and Medieval Government*, Londres, 1985.
[64]De fato, o governo de Frederico II na Sicília apareceu aos contemporâneos mais como um poder tirânico (o pior, aos olhos dos teóricos cristãos de política no século XIII, nutridos nas teorias antigas cristianizadas por um João de Salisbury no século XII) do que como um poder monárquico autêntico e legítimo.

da Aleluia.[65] Mais comumente, começa a vingar na Itália centro-setentrional, a mais viva econômica, social e culturalmente, em torno do reino de Nápoles e da Sicília, do Patrimônio de São Pedro e dos Estados feudais alpinos e subalpinos, um reagrupamento dos cidadãos urbanos em dois partidos que vão disputar sem trégua o poder e se banir mutuamente, sob a capa de uma sustentação ao papa ou ao imperador: os guelfos e os gibelinos. Essa anarquia política contrasta com a prosperidade econômica. Se Pisa inicia um certo declínio, Gênova, Florença, Veneza afirmam no século XIII seu poderio econômico. Todas serão parceiras eminentes para São Luís, em particular Gênova, que lhe arranjará (como já tinha feito com Filipe Augusto) o essencial de suas frotas para a cruzada e uma parte de suas operações financeiras.

Na Espanha e em Portugal, a paisagem política está dominada pela Reconquista, a luta contra os muçulmanos. Sob reis guerreiros e conquistadores, Castela e Aragão progridem no rumo da construção de um Estado monárquico. Fernando III, primo-irmão de São Luís,[66] reúne definitivamente León a Castela em 1230. Nos Estados da coroa de Aragão, o peso de Barcelona e da próspera Catalunha é cada vez maior.

Nos reinos escandinavos, onde as cidades são poucas e pouco poderosas, as dinastias reais lutam contra os grandes. Na Islândia, o século XIII é o grande século das sagas, em cujo início aparecem as primeiras sagas "verdadeiras", as sagas "reais",[67] num país que entretanto ignora a realeza, ídolo político do século. Na Polônia e na Hungria, foram os grandes que levaram a melhor, sobretudo na Polônia, onde os príncipes também devem lutar contra a colonização alemã, sob suas duas formas: a instalação dos colonos alemães nas terras cultivadas e nas cidades; e a constituição de um inquietante Estado dominado pelos monges-cavaleiros, com um espírito de missão em relação aos pagãos (lituanos, prussianos) que se desdobrava em uma vontade de conquista pura e simples, animada por um sentimento de ligação com a cultura germânica: os cavaleiros teutônicos,[68] cuja expansão para o leste foi estancada pelo príncipe russo, de Novgorod, Alexandre Nevski, na batalha do Lago Tchudsk ou Peipus (1242).[69] Assim, o Ocidente cristão do século XIII prossegue em seu desmembramento político, apesar do progresso de uma Cristandade que continua, sob a condução

---

[65]André VAUCHEZ, "Une campagne de pacification en Lombardie autour de 1233. L'action politique des ordres Mendiants d'après la réforme des statuts communaux et les accords de paix", *Mélanges d'histoire et d'archéologie publiés par l'École française de Rome*, 78, 1966, pp. 503-549.

[66]Também será canonizado, mas só em 1671. Não é um santo medieval.

[67]Régis BOYER, "Introduction" (p. XXXII) à edição da tradução francesa das *Sagas islandaises*, Paris, 1987.

[68]Karol GORSKI, *L'ordine teutonico. Alle origini dello stato prussiano* (traduzido do polonês), Turim, 1971.

[69]É o assunto do célebre filme de Eisenstein, *Alexandre Nevski* (1938).

da Igreja e de um papado que se reafirma, a partilhar dos mesmos valores e que, enquadrada e reformada em profundidade pelas ordens mendicantes, animada, graças às universidades e à escolástica, por um novo impulso intelectual, luta contra a heresia, põe ordem na economia, no saber, na prática religiosa, esboça, mesmo, uma economia mundial (*Weltwirtschaft*) e, no nível superior, um mercado comum cujo centro ativo todo ano são as feiras da região de Champagne, e que se reencontra nos grandes concílios ditos ecumênicos, ainda que limitados ao Ocidente romano (Latrão IV em 1215, Lyon I em 1245, Lyon II em 1274, datas que enquadram a vida e o reinado de São Luís). O poder imperial unitário declina (de 1250 a 1273 é o grande interregno); na Alemanha, e sobretudo na Itália, o poder, antes de tudo, está nas mãos das cidades que se submetem ao território que as cerca, mais ou menos grande, e constituem em muitos lugares cidades-Estados; mas o futuro parece pertencer às monarquias, que constroem em torno do rei o Estado moderno. Na vanguarda desse movimento situa-se a França de São Luís.

A França

Concentremos, agora, nosso olhar sobre esse pedaço do Extremo-Ocidente cristão que constitui o reino da França, que acaba de ser herdado pelo jovem Luís em 1226.[70]

A França é primeiramente a região mais próspera, como conjunto, da Cristandade, sobretudo em sua parte setentrional: Flandres, Artois, Picardia, Champagne, Île-de-France, Normandia. Os campos e as cidades aí florescem. Trata-se do país mais povoado da Cristandade: cerca de 10 milhões de habitantes, chegou-se a calcular, sobre os 60 milhões que teria a Europa.[71]

Dez milhões de franceses no início do século XIII, 10 milhões de camponeses, escreve Robert Fossier, apenas exagerando, porque, se as cidades e a

---

[70]Sobre a França do século XIII, uma boa visão de conjunto em Marie-Thérèse LORCIN, *La France au XIII*
siècle, Paris, 1975. Sobre a gênese do Estado monárquico francês, podemos nos reportar às sínteses recentes de Jean FAVIER, *Histoire de France*, t. II, *Les Temps des principautés*, Paris, 1984; Georges DUBY, *Histoire de France*, t. I, *Le Moyen Âge de Hugues Capet à Jeanne d'Arc* (987-1460), Paris, 1987; Jacques LE GOFF, "La genèse de l'État français au Moyen Âge", em *Histoire de la France*, dirigida por André Burguière e Jacques Revel, t. II, *L'État et les pouvoirs*, Paris, 1989, pp. 19-180.

[71]Números de R. FOSSIER, "Les campagnes au temps de Philippe Auguste: développement démographique et transformations sociales dans le monde rural", em *La France de Philippe Auguste. Le temps des mutations*, Paris, 1982, p. 628, e L. GÉNICOT, *Le XIIIᵉ Siècle européen, op. cit.*, p. 52.

São Luís

população urbana desempenham um papel considerável e que irá crescer sob o reinado de São Luís, isso acontece a despeito do número modesto de sua população. A cidade de Paris do tempo de Filipe Augusto devia ultrapassar os 100.000 habitantes, o que faz dela a mais povoada da Cristandade. No início do século seguinte, atingirá provavelmente os 200.000 e aparecerá como um monstro demográfico. Depois de Paris, Gant e Montpellier aproximam-se talvez dos 40.000 habitantes, Toulouse deve contar com cerca de 25.000,[72] as outras "grandes" cidades do reino, Bruges, Rouen, Tours, Orleãs, Amiens, Reims,[73] Bordeaux sem dúvida em torno de 20.000 habitantes. Certamente, devem ser incluídos em escala muito modesta no mundo urbano burgos que dele têm o estatuto e as funções (as de mercado especialmente), mas cuja pequena população e a imersão no mundo rural que os cerca quase não correspondem a nossos critérios modernos. Nessa sociedade em que a terra ainda é quase tudo, os homens são essencialmente a minoria dos senhores e a massa dos camponeses. São Luís é, na base, um rei de camponeses. Ora, esses vilãos (o termo tende a englobar as diferentes categorias sociais do campo, ainda que as alforrias se acelerem e que, sob São Luís, o número de servos não cesse de diminuir) estarão quase ausentes deste livro. Quando nosso interesse é o rei, as fontes da época que permitem que nos aproximemos dele são quase mudas no mundo campo- nês. Se, nos atos reais, alguns decretos dizem respeito aos camponeses, se eles são, no mais fundo da hierarquia social, finalmente tocados por uma parte das ordenações reais, o nome do rei neste caso é apenas uma abstração. O que os camponeses franceses souberam ou pensaram de São Luís é quase impossível saber. Peço aos leitores deste livro que guardem no espírito a presença silenciosa dessa multidão camponesa que não aflora, mas sob cujo trabalho se funda o glorioso reinado de São Luís.

Outros bens materiais e espirituais circulam nessa sociedade e também ma- nifestam e explicam a prosperidade francesa. As feiras de Champagne, às quais se atribuiu um papel de *"clearing-house** embrionária" para o financiamento das trocas do Ocidente do século XIII, completaram sob Filipe Augusto a maior parte de suas características: regularidade do ciclo de seis feiras, início de sua

---

[72]Estimativa de Philippe Wolff, citado por John H. Mundy, *Liberty and Political Power in Toulouse* (1050-1230), Nova York, 1954, p. 225.

[73]"Em 1200 (...) o número dos habitantes de Reims certamente ultrapassa os 10.000, limiar a partir do qual é costume falar de grande cidade para a Idade Média" (P. Desportes, *Reims et les Rémois aux XIIIe et XIVe siècles*, Paris, 1979, p. 93).

*Câmara de compensação. (*N. do T.*)

grande função em matéria de crédito, proteção dos mercadores.[74] Filipe Augusto tirou proveito das feiras obrigando os mercadores que circulavam por Flandres, Paris e Champagne a utilizar como emprestada a "estrada real" e nela pagar os pedágios, o principal dos quais foi o de Bapaume.

A parte desempenhada pelo movimento intelectual e artístico não é menor. Se Bolonha se tornou o grande foco do ensino do direito, a universidade de Paris, que recebeu seus primeiros estatutos conhecidos do cardeal Robert de Courson em 1215, está pronta para se tornar o centro do ensino da teologia, a mais alta das ciências na Cristandade. A arquitetura gótica, que pode ser chamada de "arte francesa", está em plena floração. Para falar apenas das catedrais em que São Luís cumprirá alguns dos atos mais importantes de seu reinado, notemos que a fachada de Notre-Dame de Paris está em construção mais ou menos desde 1205, o portal da Virgem foi executado entre 1210 e 1220 e a rosácea ocidental aí por 1120,* a reconstrução da catedral de Reims começa em 1210-1211, o essencial da nova catedral de Chartres está terminado por volta de 1120 e os vitrais são criados e assentados mais ou menos entre 1210 e 1236; enfim, a construção da catedral de Amiens começa em 1220. São Luís será bem o rei dos grandes canteiros das catedrais. Será também o rei dos manucristos preciosos pintados com iluminuras nos ateliês perisienses.[75]

Sob Filipe Augusto, realmente, Paris tornou-se se não a capital, pelo menos a principal residência do rei. Centro de memória e de continuidade do poder real, em Paris é que são guardados permanentemente, num cômodo contíguo à capela do palácio real, os arquivos do reino que, na época em que seguiam o rei em seus deslocamentos, caíram, na batalha de Fréteval (1194), nas mãos de Ricardo Coração de Leão. Segundo Robert-Henri Bautier, "a grande novidade do reinado

---

[74]Henri DU BOIS, "Le commerce et les foires au temps de Philippe Auguste", em *La France de Philippe Auguste, op. cit.*, p. 701.

*A data de 1120 é um evidente erro de digitação, quando se sabe que o atual edifício de Notre-Dame de Paris só começou a ser construído por iniciativa de Maurice de Sully, que se tornou bispo de Paris em 1160: a pedra fundamental foi lançada em 1163. É possível que a data correta seja 1220, mas não pude obter dados precisos sobre a execução da rosácea ocidental. (*N. do T.*)

[75]O trabalho de iluminura dos manuscritos conheceu igualmente sob Filipe Augusto uma notável fase de avanço. Paradoxalmente, foi para a esposa repudiada e encarcerada do rei, a rainha dinamarquesa Ingeborg, que foi executada a primeira obra-prima de um tipo de trabalho cujo sucesso comprova o progresso da piedade dos leigos, o saltério. O Saltério de Ingeborg , que data provavelmente dos primeiros anos do século XIII, abre caminho para outros saltérios reais, como o de Branca de Castela, que pertencerá depois de sua morte a São Luís, e o do próprio São Luís. Houve uma importante mudança nesse tempo. Os ateliês produtores de saltérios no fim do século XII e início do XIII estavam nos mosteiros da Inglaterra ou do nordeste da França. A partir de 1220-1230, o essencial dessa produção se faz nos ateliês parisienses. Louis GRODECKI, "Le psautier de la reine Ingeburg et ses problèmes", em ID., *Le Moyen Âge retrouvé*, Paris, 1986, e Robert BRANNER, *Manuscript Painting in Paris during the Reign of Saint Louis. A Study of Styles*, University of California Press, 1977.

SÃO LUÍS

é precisamente o recurso constante à escrita"[76] — hábito a que São Luís dará continuidade assegurando um equilíbrio entre os progressos da escrita e um uso renovado da palavra.

Paris está no centro de um sistema de lugares simbólicos da monarquia constituído sob Filipe Augusto: Reims, onde o rei é sagrado e onde se conserva a santa âmbula,* Saint-Denis, onde o rei é enterrado na basílica abacial à qual Filipe Augusto confiou as *regalia*, as insígnias do poder real, que servem à sagração de Reims; Paris, onde o rei reside mais frequentemente no palácio da Cité.

Paris é o coração disso que se chama então de a França propriamente dita e que se chamará, a partir do fim do século XV, Île-de-France.

Uma das porções mais ricas dessa França próspera é constituída pelas regiões que compõem o domínio real onde o rei é senhor direto, em particular seu núcleo, a Île-de-France. Luís VII tinha deixado para Filipe Augusto um domínio real formando uma banda alongada do norte para o sul, de Compiègne e Senlis até além de Bourges, passando por Paris e Orleãs. Ao morrer, Filipe Augusto tinha acrescentado ao domínio primitivo os domínios de Valois, Vermandois, Amiénois, Artois, Gien, Bas-Berry e da terra de Auvergne. Principalmente, tinha conquistado do rei da Inglaterra a Normandia, Maine, Touraine, Anjou e Saintonge: o domínio real tinha sido multiplicado por quatro.

De modo mais geral, o reinado do avô foi a virada da monarquia francesa.

A *herança do avô*

O que Filipe Augusto, para além desse considerável crescimento territorial, legou ao filho e ao neto foi um conjunto de três ordens: administrativa, financeira e moral. Tudo caminhava no sentido de um Estado monárquico.

A inovação administrativa foi a base do centralismo monárquico. A peça mestra dessa inovação foi a criação dos bailios, representantes diretos do rei e de sua *curia* no domínio, onde providenciavam a aplicação das decisões, regulavam os negócios que lhes eram delegados, cuidavam do reingresso dos rendimentos extraordinários, realizavam as investigações que lhes eram prescritas. Uma

---

[76]Robert-Henri BAUTIER, "Le règne de Philippe Auguste dans l'histoire de France", em *La France de Philippe Auguste, op. cit.*, p. 17.

*Na santa âmbula guardava-se o óleo com o qual se ungiam os reis de França. Como, segundo a monarquia francesa e a Igreja, esse óleo é o mesmo óleo dito milagroso usado por São Remígio para batizar Clóvis, o primeiro rei católico, no fim do século V, em Reims, essa unção dava o caráter sagrado especial creditado aos reis franceses, de que o Autor tratará exaustivamente no correr de todo o livro. (*N. do T.*)

antecipação dos prefeitos. Outros enviados também são encarregados de ir investigar no domínio e fora dele. Apresentam-se como "os defensores da verdade, do direito, da paz" (Ch. Petit-Dutaillis). São Luís não fará senão generalizar esse procedimento e lhe dar uma coloração "mística", a ação deles devendo assegurar a salvação ao rei e a seus súditos. Nos antigos domínios dos Plantagenetas, Filipe Augusto conserva os senescais, mas utiliza-os como bailios. Tira disso, entretanto, proveito político. Assim, "reino e domínio tendem a se confundir" (Robert-Henri Bautier).

No domínio financeiro, o progresso vem inicialmente do considerável aumento dos rendimentos devido ao crescimento territorial, mas também de um melhor controle dos recolhimentos. Partindo para a cruzada desde 1190, Filipe Augusto tinha prescrito aos bailios que fossem três vezes por ano ao Templo, em Paris, onde os cavaleiros da Ordem guardavam o Tesouro real, para prestar conta. Uma parte das receitas devia sempre ser posta de reserva, para o caso de necessidades imprevistas. Depois de 1204 e da conquista das terras dos Plantagenetas, antes de tudo as da Normandia, o aumento dos rendimentos ordinários teria sido de 80.000 libras parisis* por ano.[77] Durante o reinado, os rendimentos reais parecem ter dobrado, passando de 228.000 libras no início do reinado para 438.000 no fim. O testamento de Filipe Augusto, em 1222, mostrou que além de um legado considerável o rei deixou a seu sucessor reservas elevadas do Tesouro;[78] São Luís cedo herdará esse Tesouro. Rei da prosperidade econômica, ele será o rei da riqueza financeira. Suas iniciativas políticas, seu prestígio muito deverão ao que o reino produziu no período precedente a seu reinado, ao dinheiro que seu avô lhe deixou. Uma fonte contemporânea o chamará, a justo título, de "o rei rico". Trata-se de um herdeiro privilegiado.

A sociedade em que São Luís nasceu e viveu é tanto guerreira como camponesa. Filipe Augusto não agitou, como fez com a administração, o poderio militar real. Mas o reforçou e o adaptou à evolução da economia, da prática guerreira e da sociedade. Primeiramente definiu e fez observar as obrigações militares que seus vassalos e as cidades lhe deviam, medidas necessárias porque o efetivo dos exércitos cresceu sob seu reinado. A "estimativa dos sargentos", estabelecida em 1194 e revisada em 1204, enumera, por exemplo, o número de homens que devem fornecer as juridições de prepostos do antigo domínio.

---

*Parisis era o nome que se dava na época à moeda cunhada em Paris. (N. do T.)

[77] J. W. BALDWIN, *Philippe Auguste, op. cit.*, p. 42, nº 59.

[78] R.-H. BAUTIER, "Le règne de Phillippe Auguste", art. cit., pp. 22-23.

SÃO LUÍS

Filipe Augusto recorre mais e mais a guerreiros pagos, a mercenários, ao mesmo tempo para dar curso à difusão da economia monetária, enfrentar as omissões crescentes quanto à prestação do serviço militar nos feudos e o problema da multiplicação de homens excluídos do trabalho rural ou urbano pela exuberância demográfica. Mas essa é uma evolução perigosa. Vai pesar cada vez mais sobre as finanças reais e espalhar pelo reino homens de guerra mal enquadrados, violentos, instáveis, difíceis de controlar fora dos períodos de atividade militar.

Ao mesmo tempo, Filipe Augusto consolida ou faz construir poderosas fortalezas diante de Flandres e das possessões inglesas do Oeste. Uma delas, Vernon, às portas da Normandia, será um dos pousos preferidos de São Luís.[79] E cerca as cidades do domínio de poderosos baluartes capazes de abrigar o excedente da população, resultante do crescimento demográfico dos séculos XI e XII. O caso mais famoso é o de Paris. É numa Paris recém-fortificada, cujas muralhas tinham como apoio as fortalezas do Louvre e os dois Châtelet, frente a frente de um lado e do outro do braço do Sena, entre a margem direita e a Cité, que São Luís reinará.

Filipe Augusto lhe deixa, enfim, uma herança moral fundada sobre o desenvolvimento da "religião real",[80] os progressos do estatuto jurídico do reino, ainda que lhe faltem "leis fundamentais", e a auréola patriótica da vitória. Vimos que além da sagração tradicional, o depósito das *regalia* em Saint-Denis e o ritual dos funerais reais de 1223 tinham manifestado o desabrochar do simbolismo real e do caráter sagrado da monarquia e do monarca. Nenhum documento nos diz, entretanto, que Filipe Augusto tenha "tocado" as escrófulas e curado doentes, como o faria São Luís para seu maior prestígio. A grande aspiração política dos Capeto era subtrair-se à supremacia do imperador,* ainda que ela fosse teórica. Ora, em 1202, o papa Inocêncio III, pelo decreto *Per venerabilem*, declara que o rei de França "não reconhece nenhum superior" no temporal. Sob São Luís, dir-se-á que "o rei não tira [seu poder] de ninguém a não ser de Deus e de si próprio".[81]

---

[79]A. G. POULAIN, *Les Séjours du roi Saint Louis en Normandie et particulièrement à Vernon-sur-Seine*, Rouen, 1957.

[80]A expressão é talvez exagerada: se o rei, a família real e a realeza são auréolas de um prestígio religioso, não se pode falar de "religião real" propriamente. Ver o Capítulo IX da Terceira Parte: "São Luís, rei sagrado, taumaturgo e santo."

*Tomado em sentido absoluto, "imperador" é sempre referência ao soberano do Sacro Império Romano Germânico. (*N. do T.*)

[81]"Li rois ne tient de nului, fors de Dieu et de lui" (*Établissements de Saint Louis...*), t. II, p. 135.

Enfim, Filipe, o Conquistador, foi o vencedor de Bouvines, e a volta do rei a Paris serviu de ocasião para todas as classes da sociedade francesa manifestarem uma alegria que não se pode qualificar de expressão do sentimento nacional (sentimento que verdadeiramente não existia na Idade Média, porque não havia "nação" francesa), mas que foi a primeira grande festa "patriótica" e dela o principal beneficiário foi o rei e, através dele, a monarquia, "tanto o amor ao rei, apenas, levava os povos a se entregarem às manifestações de sua alegria em todas as cidades", diz Guillaume le Breton em sua *Philippide*.[82] O jovem Luís IX cedo conhecerá a fidelidade monárquica dos parisienses.

Como contrapartida desses créditos essenciais, Filipe Augusto legava um grave problema a seus sucessores. Em 1154, Henrique Plantageneta, que acabava de se casar com Alienor de Aquitânia,* de quem o rei de França, Luís VII, tinha se separado, tornou-se rei da Inglaterra. Suas possessões francesas (quase todas a oeste, da Normandia à Aquitânia) faziam dele um príncipe mais poderoso na França do que o rei de França. A esse motivo de rivalidade acrescentava-se o problema de Flandres, que não se conformava com a soberania francesa e cujos interesses econômicos (necessidade de lã inglesa como matéria--prima para sua indústria de tecidos e do mercado inglês para essa indústria) criavam uma aproximação maior com a Inglaterra. Cedo começou aquela que se chamou a "primeira Guerra dos Cem Anos". Apesar dos sucessos espetaculares de Filipe Augusto no oeste da França sobre o rei da Inglaterra, apesar de Bouvines, onde o conde de Flandres foi feito prisioneiro, os franceses não tinham se livrado dos ingleses. O príncipe herdeiro Luís, o pai de São Luís, tinha conseguido desembarcar na Inglaterra e ser coroado em Londres, mas teve de voltar rapidamente. Tréguas tinham sido assinadas, mas não a paz. São Luís irá se bater contra os ingleses e se esforçará para pôr fim à primeira Guerra dos Cem Anos.

---

[82] *Ibid.*, p. 262.

*Alienor (com acento agudo no "e" que retiramos para facilitar a pronúncia em português) era o nome que ela usava na França, de origem provençal. Quando Alienor de Aquitânia se tornou rainha da Inglaterra (mulher de Henrique II, o citado Henrique Plantageneta, depois de deixar de ser rainha da França ao se separar de Luís VII), passou a ser tratada de Eleanor, mas mantivemos a forma Alienor para evitar a duplicidade e consequente confusão. Nos outros casos de inglesas que o autor trata de Alienor, mudamos para Eleanor, que é a forma inglesa. No caso de Alienor ou Eleonora — filha de Raimond Bérenger V de Provença e irmã de Margarida, mulher de São Luís —, que também foi rainha da Inglaterra (mulher de Henrique III), mantivemos sempre o nome de Eleonora, depois da apresentação, na primeira vez, como "Alienor ou Eleonora". Ainda aqui, o objetivo foi evitar confusão. (*N. do T.*)

SÃO LUÍS

O breve reinado do pai

O curto reinado de Luís VIII (1223-1226)[83] deixou, no entanto, três heranças importantes para seu jovem filho Luís.

O primeiro foi a ação na França meridional. Filipe Augusto não se dispusera a intervir no Tolosino,* mas se recusara a ceder seus direitos sobre o condado de Toulouse. Luís VIII não teve esses escrúpulos. Assumiu os direitos de Amaury de Montfort e pôs-se à cabeça da cruzada contra os albigenses. Desse modo, lançou resolutamente a monarquia francesa no rumo Sul e, com ela, seu filho.

A arte de governar tanto pelo pragmatismo quanto pela teoria que animou os Capeto incluía a previsão. Foi a previsão que os levou a ditar espécies de testamentos com datas mais ou menos afastadas de uma morte que supunham próxima ou longínqua, mas, de todo modo, imprevisível. Para um cristão da Idade Média, com mais forte razão para um rei responsável diante de Deus, em virtude dos juramentos da sagração, por seu reino e por seu povo, a pior morte era a morte súbita, que o arriscava a chegar imprevistamente diante do Juízo celeste, ainda carregado de pecados não resgatados pela penitência e assim destinado à danação eterna, caça do inferno. Desde Luís VII, que partiu para a segunda cruzada em 1147, os reis cruzados se habituaram, antes de se aventurar à peregrinação de além-mar, a redigir um texto destinado principalmente a regulamentar o governo do reino durante sua ausência, ao qual os historiadores têm chamado de modo inexato de testamento. O mais célebre é o de Filipe Augusto, de 1190, quando o rei partiu para a terceira cruzada. Nesse documento, pretendeu-se ver também uma ordenação, porque editava medidas, concernentes em particular aos bailios, que fixavam a administração do reino para além do tempo de sua ausência. A esses falsos testamentos de cruzadas é preciso acrescentar outros pseudotestamentos, textos organizando, de um ponto de vista da família — mas, no caso dos reis, a família era uma dinastia e essas decisões tinham simultaneamente um caráter familial "feudal" e um caráter político geral —, a partilha de sua sucessão entre os filhos. Na perspectiva da morte, também redigiram recomendações aos filhos (tais como os *Ensinamentos* ao filho e à filha ditados por São Luís no fim da vida) ou "últimas vontades" expressas no leito de morte — quase sempre oralmente — diante de testemunhas qualificadas (as que Luís VIII pronunciou realmente ou que lhe foram atribuídas eram muito importantes).

---

[83]Charles PETIT-DUTAILLIS, *Études sur la vie et le règne de Louis VIII (1187-1226)*, Paris, 1894.
*Pequeno país, afinal absorvido pelo condado de Toulouse e anexada à Coroa em 1229, já sob o reinado do jovem Luís IX. (*N. do T.*)

De todas essas decisões para o futuro, batizadas um tanto metaforicamente pelos historiadores de "testamentos", é preciso distinguir os testamentos propriamente ditos, destinados essencialmente a indicar o legado a remeter a instituições ou a indivíduos em troca de preces para o defunto por parte do beneficiário. Todas essas decisões reais revestiam-se de um caráter mais ou menos obrigatório. Os "testamentos de cruzada" tinham um caráter particularmente imperativo. Na verdade, entravam na legislação especial da cruzada e beneficiavam-se da garantia absoluta da Igreja. O "testamento" ditado por Luís VIII em 1225 fica próximo de um "testamento de cruzada", uma vez que o rei o ditou poucas horas antes de partir para combater os albigenses, mas a cruzada contra Raimond VII de Toulouse, protetor dos hereges, ainda não tinha sido declarada. Além disso, Luís VIII reuniu em um único texto um regulamento familial de sucessão[84] e um testamento propriamente dito, no qual doa à ordem de São Vítor ouro e pedrarias de suas coroas e outras joias (exceto algumas peças particularmente simbólicas e sagradas)[85] para a fundação de uma nova abadia, ordena diversas esmolas e restituições (pagamento de dívidas e reembolso de exações) e designa seus quatro executores testamentários, todos fiéis de seu pai, Filipe Augusto. Respeitando, evidentemente, a regra de transmissão do reino indivisível ao mais velho (direito tradicional de primogenitura), reserva a seu sucessor — será Luís, alçado à posição de mais velho depois da morte do irmão — "toda a terra que tinha nosso querido pai Filipe, de piedosa memória, do modo pelo qual ele a tinha e nós todos a temos, em feudos e domínios, exceto essas terras e feudos e domínios que excetuamos na presente página".

A segunda herança que Luís VIII deixou a seu filho era, para a defesa do reino, o Tesouro real, o ouro e a prata que estavam na torre do Louvre.[86] Mas, como se acabou de ler, abria-se exceção para certos "feudos e domínios". Essas terras Luís VIII as destinava a seus filhos nascidos depois do primogênito, seguindo uma tradição capetiana de origem franca que dividia entre os filhos as terras patrimoniais. Mas a tradição dinástica limitava essas atribuições para reservar ao mais velho a continuidade territorial do reino, que só seria

---

[84]Apoio-me aqui no belo livro de Andrew W. LEWIS, *Le Sang royal. La famille capétienne et l'État, France X^e — XIVe siècle* (1981, trad. fr., Paris, 1986, p. 209 e segs.). O texto do testamento está nas *Layettes du Trésor des chartes*, t. II, n° 1710. Também fazia parte dos arquivos reais, que tinham a um só tempo um caráter "privado" (familial) e "público" (propriamente real, quase "de Estado").

[85]As joias reais eram ligadas à existência de cada rei e saíam do Tesouro real com ele; em particular as numerosas coroas de que dispunha.

[86]Lembremos, que o essencial do Tesouro não familial mas propriamente real era guardado na torre do Templo. Filipe, o Belo o transferiu para o Louvre desde 1295, antes da supressão da ordem dos Templários. Nessa torre do Louvre é que ficou preso, depois de Bouvines (1214), o conde de Flandres, Ferrand, que só será libertado pouco depois do advento de São Luís.

SÃO LUÍS

declarada "inalienável" no século XIV. Contudo, Luís VIII se beneficiava da prática substituindo lentamente uma noção "de Estado" do território do reino por uma noção familial, patrimonial. Mas, como se verá, a diferença entre as vontades de Luís VIII e as de seus predecessores é que estes, dispondo de um domínio restrito, para não enfraquecer seus sucessores só concediam aos filhos homens posteriores ao primogênito (geralmente pouco numerosos, quando os havia) terras pouco extensas e escolhidas em geral entre os territórios anexados ao domínio real em seu próprio reinado. Ora, em 1225, Luís VIII dispõe de um domínio real enormemente dilatado, quadruplicado por seu pai, e ele tencionava, além do herdeiro (Luís), prover de terras três filhos mais novos (havia efetivamente três vivos nessa data, e haverá um quarto, póstumo). Doa-lhes, em consequência, importantes lotes de territórios. Diante dessa situação que os acasos da história (acaso biológico, acaso da conquista) tornaram excepcional, os historiadores consideraram que Luís VIII tinha inovado e criado um grave perigo de enfraquecimento, até mesmo de desmembramento, do reino. Atribuem a ele a criação de um fenômeno perigoso da história da França medieval, o dos *apanágios* (o termo só aparecerá no fim do século XIII[87]).

Luís VIII adaptava-se, na verdade, ao uso das grandes famílias aristocráticas (mas a família real, apesar de tudo, é uma família excepcional) e anunciou no testamento seu objetivo: "Desejoso de prover, em todas as coisas, aquele que no futuro nos sucederá em nosso reino, e de tal sorte que a tranquilidade do dito reino não seja perturbada, dispusemos de nossa terra toda e de todos os nossos bens móveis da seguinte maneira..." Cuidado não apenas teórico. O passado, às vezes recente, mostrara, na própria França, mas sobretudo na Inglaterra e em Castela, o mal que podiam fazer as querelas familiares dinásticas, entre pais e filhos, entre irmãos, em um reino. Mas Luís VIII lega ao pequeno Luís um delicado problema: a herança dos filhos será mesmo uma causa de tranquilidade e não de perturbações? De qualquer maneira, trata-se de uma razão suplementar para que sigamos atentamente as relações entre São Luís e seus irmãos. Como vai funcionar o sistema daqueles que se começa a chamar de "filhos do rei de França" — coroados ou não?

Em compensação, a terceira herança legada por Luís VIII a seu filho foi uma tradição dinástica mais firmemente assentada na continuidade monárquica francesa. Hugo Capeto, em seu tempo e em uma certa tradição historiográfica, teve a reputação de um usurpador. Uma interpretação particularmente hostil

---

[87]Charles T. WOOD, *The French Apanages and the Capetian Monarchy, 1224-1328*, Cambridge, Mass., 1966; A. W. LEWIS, *Le Sang Royal, op. cit.*: ver "apanages" no Índice; J. LE GOFF, artigo "Apanage", em *Encyclopaedia Universalis*, t. II, Paris, 1970, pp. 1.322-1.324.

dessa usurpação da qual Dante se faz eco (*Divina Comédia*, Purgatório, XX, 52) apresentava Hugo como filho de um açougueiro. Mesmo os que aceitavam a legitimidade da seleção pela assembleia de barões e de prelados em 987 consideravam que seu advento marcava a substituição da dinastia carolíngia por uma nova dinastia. Ligar-se aos carolíngios era para os Capeto um objetivo político e ideológico de primeira importância. Era apagar a acusação de usurpação, recuar ao passado a origem da dinastia e, principalmente, ligar-se diretamente a essa personagem de uma história mitificada, Carlos Magno, e tirá-lo do desvio feito pelos alemães em proveito próprio, se bem que a tentativa de canonização do imperador, por pressão de Frederico Barba-Roxa em Aix-la--Chapelle, em 1165, tenha sido um semifracasso porque pronunciada por um antipapa.[88] Entretanto, essa aspiração dos Capeto de serem reconhecidos como descendentes de Carlos Magno só se transformou, segundo as palavras de Bernard Guenée,[89] em verdadeiro "fervor carolíngio" sob Filipe Augusto. A "literatura épica tinha", segundo ele, "preparado o triunfo de Carlos Magno". É verdade que é sob Filipe Augusto que aparece pela primeira vez a instituição dos Doze Pares, e é muito provável que por inspiração das canções de gesta do ciclo de Carlos Magno.[90] O imaginário criava a realidade histórica, a realidade institucional. Encontra-se outra prova disso na paixão pelo espírito profético que, Elizabeth Brown mostrou muito bem, impregnava o reinado de Filipe Augusto.[91] Desde muito tempo a história política da Cristandade era dominada pelas profecias que prometiam seja ao imperador, seja ao rei de França ser o soberano dos últimos tempos. Essas profecias milenaristas que tinham recrutado para a ideologia monárquica cristã as antigas sibilas, em particular a sibila de Tibur, casavam-se com outras que anunciavam a alguns fundadores de dinastias que sua descendência só teria fim com o próprio mundo. Tal tinha sido o caso de Clóvis a quem, em obras como a *História da Igreja de Reims*, de Flodoardo, no século X, no momento de seu batismo, São Remígio, sob o impacto de uma visão milagrosa, tinha predito que sua descendência reinaria sempre. São

---

[88]Seria muito desejável que fosse realizado um estudo sobre a lenda de Carlos Magno na França medieval a exemplo do belo livro de Robert FOLZ, *Le Souvenir et la légende de Charlemagne dans l'Empire germanique médieval*, Paris, 1950.
[89]Bernard GUENÉE, "Les généalogies entre l'histoire et la politique: la fierté d'être Capétien, en France, au Moyen Âge", *Annales. E.S.C.*, 1978, pp. 450-477, reproduzido em *Politique et Histoire au Moyen Âge*, Paris, 1981, pp. 341-368. Ver também Karl Ferdinand WERNER, "Die Legitimität der Kapetinger und die Entstehung des 'Reditus regni Francorum ad Stirpem Karoli'", em *Die Welt als Geschichte*, 1952, pp. 203-225; Gabrielle M. SPIEGEL, "The *Reditus Regni ad Stirpem Karoli Magni*: A New Look", *French Historical Studies*, 1972, pp. 145-174.
[90]Ferdinand LOT, "Quelques mots sur l'origine des pairs de France", *Revue historique*, t. 54, 1894, pp. 34-37
[91]Elizabeth A. R. BROWN, "La notion de la legitimité et la prophétie à la cour de Philippe Auguste", em *La France de Philippe Auguste, op. cit.*, pp. 77-111.

SÃO LUÍS

Luís estará atento para ligar-se, para além dos carolíngios, aos merovíngios, estabelecendo uma continuidade entre essas que mais tarde serão chamadas as três raças, sendo os Capeto a terceira. O prenome real de Luís, aliás, ligava os Capeto não somente aos carolíngios de Luís o Piedoso a Luís V (morto em 987 e a quem Hugo Capeto sucedeu), mas a Clóvis, cujo nome latino (*Hludovicus* ou *Chlodovicus*) era o mesmo que Luís (*Ludovicus*). Mas, na época de Filipe Augusto, uma outra profecia era necessária, "a volta à raça de Carlos Magno" (*reditus ad stirpem Karoli*). A profecia de São Valerico dizia que esse santo tinha prometido a Hugo o Grande que seu filho Hugo Capeto e sua linhagem teriam o reino da França "até a sétima sucessão". Ora, Filipe Augusto era o sétimo rei Capeto. A dinastia iria se extinguir? A volta à raça de Carlos Magno devia permitir-lhe transpor esse cabo perigoso do sétimo reinado. Asseverou- -se a ascendência carolíngia do próprio Filipe Augusto por sua mãe, Adélia de Champagne.[92] Afirma-o a *História dos francos até 1214 (Gesta Francorum usque ad annum 1214).* Em 1208, Filipe Augusto chama um bastardo que lhe acaba de nascer (e que será bispo de Noyon) de Charlot, diminutivo que evidentemente não é nem pejorativo nem desrespeitoso. Depois de 1214, Guillaume le Breton dá ao vencedor de Bouvines o sobrenome de *Carolides.* Mas a referência genealógica que vinga é a referida por André de Marchiennes (abade de quem os condes de Hainaut são os benfeitores), em 1196, em sua *História sucinta dos fatos e da sucessão dos reis de França (Historia succincta de gestis et successione regnum Francorum),* na qual se sublinha a ascendência carolíngia de Isabel (ou Elisabete) de Hainaut, primeira mulher de Filipe Augusto e mãe de seu filho mais velho Luís. Isabel descende do último rei carolíngio, Luís IV, e de seu filho Carlos de Lorena, afastado por Hugo Capeto. Se Luís (que será, de fato, o rei Luís VIII) se tornasse rei, o reino voltaria à raça de Carlos Magno.[93] É o que se dá em 1223, com o advento de Luís VIII, oitavo rei Capeto. Cumpriu-se a profecia de São Valerico. Três anos mais tarde, o menino Luís torna-se por sua vez o rei descendente de Carlos Magno. É sob esse reinado que se acreditará nessa volta a Carlos Magno, primeiro no *Speculum historiale (Espelho da história)* que o dominicano Vincent de Beauvais, protegido do rei, escreve em latim, depois pela reorganização da disposição dos túmulos reais de Saint-Denis,[94] efetuada entre 1263 e 1267 a pedido de São Luís, enfim, em 1274, na versão francesa

---

[92]De fato, todas as esposas dos reis Capeto, com exceção da princesa russa Ana de Kiev, esposa de Henrique I, eram de ascendência carolíngia.
[93]Karl Ferdinand WERNER, "Andrew von Marchiennes und die Geschichtsschreibung von Audouin und Marchiennes am Ende des 12. Jahrhunderts", *Deutsches Archiv*, 1952, pp. 402-463.
[94]Ver *infra*, p. 244.

das *Grandes Chroniques de France* redigida pelo monge Primat, de Saint-Denis, como São Luís no fim da vida lhe tinha pedido.[95]

A morte do pai

Voltemos ao menino que, em 1226, com 12 anos, torna-se rei de França.

Seu pai, Luís VIII, tinha empunhado a cruz contra o conde de Toulouse, protetor dos hereges, em 30 de janeiro de 1226. Decidiu atacar a partir da Provença, tomou o caminho de Lyon e da Provença e, diante da resistência de Avignon, sitiou a cidade e a tomou em agosto. Obteve depois facilmente a submissão do Languedoc (Béziers, Carcassonne, Pamiers) e decidiu voltar a Paris em outubro, através de Auvergne. No fim do mês, foi tomado por uma disenteria e teve de parar em Montpensier.[96] A doença piorou rapidamente e sua morte foi anunciada. Ora, com 38 anos (tinha 39 em 1226), nada tinha previsto no testamento de 1225 para o governo do reino em sua ausência ou em caso de morte.[97] Essa previsão, habitual nos casos de cruzada além-mar dos reis de França, como se viu, não devia parecer necessária no caso de uma cruzada dentro do reino.

Teria sido preciso prevenir. A sucessão automática do jovem Luís tornado *primogenitus*, filho mais velho do rei, não pareceu assegurada. Filipe Augusto, pela primeira vez desde os primórdios da dinastia capetiana, quer dizer, depois de mais de dois séculos, não tinha, em vida, coroado o filho mais velho. A continuidade da dinastia parecia então assegurada e o modelo carolíngio (os soberanos carolíngios de um modo geral ainda durante a vida mandavam coroar rei o seu herdeiro), quanto a esse ponto, perdia a razão de ser. Mas surgiu algum risco. O herdeiro era uma criança. O rei morto tinha um meio-irmão, filho de Filipe Augusto e Inês de Méran, Filipe, dito o Hurepel (o Eriçado), conde de Boulogne, na força da idade (25 anos, na ocasião), e poderosos barões, vassalos do rei, acabavam de mostrar sua falta de zelo para servir o rei. Thibaud, conde de Champagne, Pierre Mauclerc, conde de Bretanha, e Hugues de Lusignan,

---

[95]Assinalou-se que essa descendência carolíngia é transmitida pelas mulheres. Assim como não se invocará a lei sálica para excluir as mulheres e sua descendência da sucessão ao trono da França (no fim do século XIV), essa genealogia contrária à prática sucessória capetiana não parece ter suscitado problema. Depois, um silêncio prudente envolverá essa contradição.

[96]O castelo de Montpensier, na atual Puy-de-Dôme, foi demolido por ordem de Richelieu no século XVII.

[97]Crônicas do fim da Idade Média dizem que "Luís deixa o governo do reino para sua mulher" (LE NAIN DE TILLEMONT, t. I, p. 395). Não trazem nenhuma prova séria e são desmentidas pela sequência dos acontecimentos.

conde de la Marche, tinham deixado o exército real no fim de julho, vencidos os quarenta dias de serviço de campanha, sem esperar o fim do cerco de Avignon. Alguns senhores, enfim, não se conformavam com o fato de que um dos principais barões do reino, o conde de Flandres, Ferrand de Portugal, um dos derrotados de Bouvines, permanecesse sempre rigorosamente preso na torre do Louvre depois de doze anos.

A 3 de novembro, Luís VIII convocou os barões a seu quarto de moribundo, os prelados e as personagens de alguma importância presentes no exército, vinte e seis pessoas, entre as quais os arcebispos de Sens e de Bourges, os bispos de Beauvais, de Noyon e de Chartres, seu meio-irmão Filipe o Hurepel, conde de Boulogne, os condes de Blois, de Monfort, de Soissons e de Sancerre, os senhores de Bourbon e de Coucy e alguns altos dignitários de seu palácio. Fez-lhes prometer, uma vez que ia morrer, que prestariam em pessoa homenagem e fé a seu filho Luís (ou, se ele viesse a desaparacer, ao imediatamente posterior a ele, Roberto) e fazer com que fosse coroado rei o mais rapidamente possível.[98]

É a única decisão de Luís VIII que se apoia sobre um documento irrefutável. Textos menos seguros contêm precisões sobre atos ulteriores do rei moribundo. Segundo o cronista Philippe Mousket (ou Mouskès), bispo de Tournai, morto em 1241, Luís VIII tinha mandado chamar três de seus principais fiéis, velhos conselheiros de seu pai Filipe Augusto, Barthélemy de Roye e Jean de Nesle — aos quais seu pai tinha, entre outros, confiado o controle dos dois principais prisioneiros de Bouvines, o conde de Boulogne [Renaud de Boulogne] e o conde de Flandres — e o bispo de Senlis, aquele frei Guérin que tinha sido uma eminência parda, uma espécie de vice-rei oficioso, no fim do reinado do pai. Tinha-lhes exigido que prestassem juramento de que iriam "assumir a guarda de seus filhos".[99] Não se trata aqui de uma missão oficial mas, como escreveu François Olivier-Martin, "o rei simplesmente quis confiar a pessoa e a vida de seus filhos a amigos muito queridos e a companheiros muito seguros".[100] Reencontraremos esses dois círculos na roda de amigos de São Luís: um é formado dos grandes que compõem o "conselho", ou, antes, que prefiguram esse grupo, saído da *Curia* real, de barões, de prelados e de personagens designadas pelo

---

[98]A. TEULET, *Layettes du Trésor des chartes*, t. II, nº 1.811.

[99]*Chronique rimée* de Philippe MOUSKÈS, ed. F. de Reiffenberg, Bruxelas, t. II, 1838, versos 27251-27258.

[100]François OLIVIER-MARTIN, *Études sur les régences. I. Les régences et la majorité des rois sur les Capétiens directs et les premiers Valois (1060-1375)*, Paris, 1931. Excelente, ainda que dê muita importância ao problema da regência — que só interessava aos grandes — e não ao do rei menino, cuja repercussão simbólica era maior.

favor do rei para assisti-lo nas grandes decisões; o outro círculo é aquele dos amigos beneficiários das confidências mais secretas, encarregados de missões mais pessoais, e às vezes consultados quanto a uma opinião menos interessada e mais amigável.

Mas depois dessa súplica aos amigos mais próximos, Luís VIII ainda não tinha dito nada sobre um problema essencial. Quem, em nome desse rei menino, vai governar o reino? Nenhum texto, nenhuma tradição o prevê. Não se trata mais, agora, de designar responsáveis na ausência de um rei que partiu para a cruzada. Por duas vezes se dera essa situação. Em 1147, quando Luís VII partiu para a segunda cruzada, deixara designado um triunvirato: seu mais próximo conselheiro, Suger, abade de Saint-Denis, o arcebispo de Reims (já a dupla Saint-Denis e Reims!) e um leigo, o conde de Nevers, que se retirou quase imediatamente para um claustro e foi substituído pelo conde de Vermandois, parente do rei. Mas o arcebispo de Reims, longínquo, se apagou. O conde de Vermandois quis fazer um jogo pessoal; Suger o afastou e dirigiu sozinho o governo do reino na ausência do rei.

Filipe Augusto, em 1190, à véspera de partir para a terceira cruzada, tinha confiado o reino a sua mãe, Adélia de Champagne, viúva de Luís VII, e ao irmão dela, tio materno do rei, Guillaume aux Blanches Mains, arcebispo de Reims. A viúva do rei precedente, mãe do rei, podia então exercer uma função que os historiadores desajeitadamente têm chamado de "regência", termo que só aparecerá no século XIV e designará daí em diante uma função mais oficial e mais bem definida juridicamente. Nos séculos XII e XIII, trata-se apenas de "guarda e tutela", ainda que as pessoas convocadas pelo rei se vejam chamadas a governar efetivamente, ou uma delas se veja.

Em um único caso tratou-se de governo do reino durante a minoridade do rei. À morte de seu pai, Henrique I, em 1060, Filipe I, que tinha sido sagrado rei em Reims, no ano anterior, tinha 7 ou 8 anos.[101] Henrique tinha confiado a guarda de seu filho e do reino a seu cunhado, Baudouin V, conde de Flandres. Não havendo o problema da sucessão, essa designação do rei foi sem dúvida ditada, numa época em que se manifestavam sobrevivências "pós-carolíngias", pelo cuidado de assegurar a seu jovem sucessor e ao governo do reino a força e a autoridade de um dos mais poderosos daqueles que um texto de 1067 chama de "príncipes do palácio real" (*principes regalis palatii*).[102]

---

[101]Sabemos que ele nasceu em 1052, mas não conhecemos nem o mês nem o dia de seu nascimento. Henrique I morreu em 4 de agosto de 1060.

[102]Jean-François LEMARIGNIER, *Le Gouvernement royal aux premiers temps capétiens (987-1108)*, Paris, 1965, p. 152.

SÃO LUÍS

Nos dias que se seguem à morte de Luís VIII em Montpensier, a 8 de novembro, e a seus funerais em Saint-Denis, a 15 de novembro, percebe-se que a tutela do jovem rei e do reino tinham passado para as mãos da viúva de Luís VIII, Branca de Castela, então com 38 anos.

Essa situação aparece legalizada por um ato indubitavelmente autêntico, mas insólito. Nesse ato, que foi depositado no Tesouro das Cartas, quer dizer, nos arquivos reais, o arcebispo de Sens, os bispos de Chartres e de Beauvais dirigiram-se a destinatários não especificados. Mas se trata, pode-se acreditar, do conjunto dos prelados do reino aos quais Luís VIII, em seu leito de morte, tinha feito saber que punha seu filho e sucessor, o reino e seus outros filhos sob a "autoridade e tutela" da rainha Branca, mãe do menino, até que ele atingisse a "idade legal".[103] Esse ato é datado do ano de 1226, sem precisão de mês nem de dia. É seguramente posterior a 8 de novembro, data da morte de Luís VIII, citado no ato como defunto, e anterior a 19 de abril de 1227, dia de Páscoa e início do ano de 1227, segundo o costume oficial da época.

É de saída estranho que Luís VIII não tenha citado, nem em seu testamento nem em sua declaração solene feita diante do conjunto de altas personagens presentes em volta dele no dia 3 de novembro de 1226, quem ele designava, ou pelo menos desejava para exercer o que nós chamaríamos de regência. Talvez ele tenha sido paralisado por essa espécie de timidez que parece ter perseguido os Capeto diante de decisões graves que se referissem não somente ao governo do reino, mas a problemas dinásticos, familiais. Uma segunda estranheza vem do fato de que tenha indicado para únicas testemunhas de sua decisão, ou daquilo que é apresentado como tal, três bispos sobre cinco presentes a sua declaração de 3 de novembro e que, tanto quanto sabemos, não tinham deixado Montpensier. Só se impõe a personagem do arcebispo de Sens, superior do bispo de Paris, concorrente do arcebispo de Reims (mas o último titular da sede de Reims tinha morrido havia pouco e não tinha sido substituído ainda) como prelado real por excelência.

Os historiadores têm então levantado diversas hipóteses para explicar esse documento essencial para a vida do futuro São Luís, porque a tutela de sua mãe é o fato que mais marcou sua personalidade. Para uns, o ato diz a verdade, e o arcebispo de Sens e os dois bispos não fizeram mais do que apresentar por escrito as vontades realmente expressas por Luís VIII. Outros têm considerado esse ato uma mentira destinada a dar o peso de uma decisão do rei moribundo a

---

[103] 1. "... *ad etatem legitimam*": texto em A. TEULET, Layettes du Trésor des chartes, t. II, n. 1.828.

uma situação de fato, surgida depois de sua morte e interpretada como resultante de uma espécie de golpe de força de Branca de Castela para assenhorear-se do poder. Uma variante desta segunda hipótese me parece a mais verossímil, mas não pode ser provada. Alguns termos das declarações dos três prelados podem se voltar contra aquilo que eles querem abonar, ou seja, a autenticidade da decisão de Luís VIII. Sublinham eles que o rei, ainda que moribundo, preenchia as condições que tornam legal e executória a expressão das últimas vontades. O rei lhes tinha dado a conhecer o que não pode ser considerado como uma simples intenção ou recomendação mas que é apresentado como uma decisão soberana ("ele quis e decidiu",)[104] e insistem de um modo que tanto provoca a dúvida como pode fazer nascer a persuasão de que o rei tomou sua decisão "depois de madura deliberação"[105] e quando estava ainda "são de espírito".[106] É preciso então supor o seguinte cenário: os fiéis do rei, devotados antes de tudo à dinastia e à continuidade e consolidação do governo monárquico, na ausência de vontades oficiais do rei que morria, acertam-se entre si. Esse acerto se torna necessário em particular pelo fato de que uma parte desses fiéis, Barthélemy de Roye, Jean de Nesle, o chanceler Guérin , bispo de Senlis, estão em Montpensier, enquanto outros permaneceram em Paris. Seu objetivo é assegurar a continuidade do governo que eles próprios assumem desde o reinado de Filipe Augusto e durante o curto reinado de Luís VIII, mas nenhum deles tem uma "situação social" que lhe permita se impor, só ou com outros, como tutor do jovem rei e do reino. Querem, sem nenhuma dúvida, descartar duas possibilidades. A primeira, a mais evidente, e que talvez tenha levado Luís VIII ao silêncio, é confiar a "regência" ao varão adulto mais próximo pelo sangue do jovem rei, seu tio, o meio-irmão do rei defunto, o filho de Filipe Augusto, Filipe o Hurepel, conde de Boulogne, poderoso barão na flor da idade (25 anos), a quem as larguezas do pai e o casamento tinham provido de cinco condados. Isso seria arruinar a tradição pacientemente estabelecida em favor do filho mais velho do rei.

A segunda eventualidade, que, de acordo com um cronista contemporâneo de São Luís, o Menestrel de Reims, e um cavaleiro trovador, Hugues de la Ferté--Bernard,[107] foi efetivamente reivindicada pelos interessados, era a constituição

---

[104]"... *voluit et disposuit*."

[105]"... *in bona deliberatione*."

[106]*Et sana mente*. Esse "atestado"dos três prelados dá à vontade que o rei moribundo teria expressado a eles uma forma muito próxima da de um testamento; a menção de uma deliberação, a afirmação da saúde de espírito e a presença de três testemunhas: uma decretal do papa Alexandre III (1159-1181) tinha decidido que em direito canônico um testamento era válido se feito em presença de duas ou três testemunhas.

[107]MENESTREL DE REIMS, p. 176; para Hugues de la Ferté, ver Fr. OLIVIER-MARTIN, *Études sur les régences*, *op. cit*., p. 60.

SÃO LUÍS

83

de uma assembleia de barões que governaria em nome do jovem rei. Pretendia a "equipe governamental"[108] confiar a tutela do rei e do reino à rainha Branca que, mulher e estrangeira, pensavam eles, seria obrigada a seguir seus conselhos. Teriam persuadido o arcebispo de Sens e os bispos de Chartres e de Beauvais — dispostos, como a maior parte dos prelados que desde Hugo Capeto tinham sustentado a dinastia capetiana, a favorecer a sucessão real segundo o costume que impunha a primogenitura — a enviar a carta na qual afirmavam que tinham sido testemunhas da designação, por Luís VIII, de Branca de Castela como tutora. Mesmo que esse cenário seja verdadeiro, pode-se também pensar que "a equipe governamental", longe de ter escolhido Branca por sua suposta fraqueza, tinha, ao contrário, confiado a ela essa pesada tarefa porque a julgava digna e porque conhecia sua firmeza. Os cronistas mostram Branca, que tinha partido para Montpensier ao anúncio da doença do marido e que não encontrou senão seu caixão a caminho de Saint-Denis, tomada de violenta dor que se manifestou também por ocasião dos funerais. Mas, Luís VIII enterrado, ela se entregou totalmente à defesa e à afirmação do filho, o rei menino, como manutenção e como reforço da pujança da monarquia francesa. O poder que o falecido rei ou a equipe governamental lhe tinha dado para o tempo da minoridade de Luís, ela o agarrou, exerceu-o fortemente e não o largou mais.

Infeliz da terra cujo
príncipe é uma criança

Eis então à cabeça do reino uma criança de 12 anos. Isso não se dava havia um século e meio, e o sentimento que invadiu os habitantes do reino — sem exclusão, é claro, daqueles que desejavam se aproveitar da situação —, foi no mínimo de inquietude e talvez de angústia.[109]

Função essencial do rei é pôr a sociedade de que é chefe em relação com a divindade. O rei medieval — e é particularmente verdade com o rei de França —, ainda que designado por seu nascimento e por uma tradição dinástica, é o eleito de Deus e, por sua sagração, o ungido do Senhor. Mesmo se Deus estiver em cólera

---

[108]A expressão é de Gérard SIVERY, "L'équipe gouvernementale, Blanche de Castille et la sucession de Louis VIII em 1226", *L'Information historique*, 1979, pp.203-211. Foi G. Sivery que formulou a hipótese com a qual concordo no essencial.

[109]Yves SASSIER utilizou o versículo do Eclesiastes "Infelicidade para a terra cujo príncipe é uma criança" em seu excelente *Louis VII* (Paris, 1991, p. 85). Mas quando Luís VII se torna rei, em 1137, tem 17 anos e governa desembaraçando-se logo da mãe e se apoiando em Suger.

84   JACQUES LE GOFF

contra o povo de um reino cristão, o rei é um escudo entre o mal e seu povo e, sobretudo, é por ele que passa a comunicação entre Deus e o povo, o reino. Ora, um menino, seja ele legitimamente rei e mesmo ungido, é um intermediário frágil. A minoridade de um rei é uma provação.

É preciso aqui abrir a documentação sobre a infância na Idade Média, porque isso aclara a entrada de Luís na realeza.

Os historiadores discutem o lugar da criança na sociedade medieval e a imagem da criança no sistema de valores da época. Esse lugar e essa imagem evoluíram, mas penso, com Philippe Ariès, que a criança foi fundamentalmente um não valor na Idade Média. Não, é claro, que as crianças não fossem amadas. Mas, fora da natureza que inclina o pai e a mãe a amarem o filho,[110] amava-se nas crianças o homem ou a mulher que seriam.[111] A infância do homem-modelo da Idade Média, o santo, é negada. Um futuro santo manifesta sua santidade mostrando-se precocemente adulto.

O santo encarna de maneira privilegiada na Idade Média um lugar-comum vindo da Antiguidade tardia, o do *puer-senex*, o menino-velho. Segundo Curtius, "esse *topos* é um reflexo da mentalidade que reinava no fim da Antiguidade. Todas as civilizações em seu início e em seu apogeu cantam louvores à juventude e ao mesmo tempo veneram a velhice. Mas só uma civilização em declínio pode cultivar um ideal de humanidade inclinado a destruir a oposição juventude-velhice

---

[110]"Não há necessidade de recomendar muito a criança [aos pais]", escreve no *Policraticus* (1159, ed. C. Webb, pp. 289-290) João de Salisbury, "porque ninguém detesta sua carne" (*nemo carnem suam odio habuerit*).

[111]Philippe ARIÈS, *L'Enfant et la vie familiale sous l'Ancien Régime*, Paris, 1960, nova ed. 1973, com um importante prefácio; Jacques LE GOFF, "Images de l'enfant léguées par le Moyen Âge", *Les Cahiers franco-polonais*, 1979, pp. 139-155; ID., "Le roi enfant dans l'ideologie monarchique de l'Occident médiéval", em *Historicité de l'enfance et de la jeunesse*, Atenas, 1986, pp. 231-250. Ver também *L'Enfant au Moyen Âge*, colóquio no C.U.E.R.M.A., *Senefiance*, n° 9, Aix-en-Provence, 1980; *Enfants et Sociétés*, número especial dos *Annales de démographie historique*, 1973. B. VADIN, "L'absence de représentation de l'enfant et/ou du sentiment de l'enfance dans la littérature médiévale", em *Exclus et systèmes d'exclusion dans la littérature et la civilisation médiévale*", C.U.E.R.M.A., *Senefiance*, n° 2, 1978, pp. 363-384; Roger COLLIOT, "Perspectives sur la condition familiale de l'enfant dans la littérature médiévale", em *Morale, pratique et vie quotidienne dans la littérature française du Moyen Âge*, *Senefiance*, n° 1, 1976; Silvana VECCHIO, "L'imagine del puer nella letteratura esegatica del Medioevo" (em K. ARNOLD, ed., *Kind und Gesellschaft in Mittelalter und Renaissance. Beiträge und Texte zur Geschichte der Kindheit*, Paderborn e Munique, 1980), peca por falta de espírito crítico. Abordagem psicanalítica interessante em *Hönt ihr die Kinder weinen. Eine psychogenetische Geschichte der Kindheit*, ed. L. de MAUSE, Frankfurt am Main, 1977. Do lado esclarecedor da literatura médica, S. NAGEL, *"Puer e pueritia* nella letteratura medica del XIII secolo. Per una storia del costume educativo (Età classica e Medio Evo)", em *Quaderni della Fondazione G. G. Feltrinelli*, 23, 1993, pp. 87-108. Segundo a iconografia, Danièle ALEXANDRE-BIDON e M. CLASSON, *L'Enfant à l'ombre des cathédrales*, Lyon, 1985. Concepção diferente em Pierre RICHÉ, "L'Enfant au Moyen Âge", em *L'Histoire*, 1994. Esta concepção que valoriza a criança e a infância na Idade Média foi desenvolvida por Pierre RICHÉ e Danièle ALEXANDRE-BIDON em um belo livro: *L'Enfance au Moyen Âge*, Paris, 1994, à margem de uma exposição da Biblioteca Nacional (Paris, outubro de 1994-janeiro de 1995). A bibliografia sobre a criança na história é considerável. Nas obras citadas aqui são mencionados outros estudos.

SÃO LUÍS

para uni-los em uma espécie de compromisso".[112] Esse topos evolui na Idade Média. Cristianiza-se. Passa no fim do século VI pela fase essencial de Gregório Magno, uma das grandes autoridades da Idade Média. Gregório o aplica a uma das personagens que vão dominar o imaginário medieval, São Bento, segundo pai, depois de São Martinho, do monaquismo latino. Em sua biografia de São Bento, Gregório diz: "Esse foi um homem venerável em sua vida (...) desde menino tinha um coração de velho." É o que se dirá de São Luís. Geoffroy de Beaulieu lembra que sendo criança São Luís "se tornava dia a dia um homem perfeito".[113] Henri-Irénée Marrou tinha falado do "homem contra a criança" na Antigüidade, eu falaria por mim mesmo de uma Idade Média em que não há crianças, mas apenas pequenos adultos.[114] A infância é um mau momento para ser vivido. "É infância", sublinhou Jean-Charles Payen, significava: "É agir de maneira despropositada." A atitude dos adultos em relação às crianças dá a impressão de que eles as sentem muito próximas do pecado original. O batismo, nas origens cristãs, era recebido na idade adulta; mas dessa época em diante é administrado o mais rapidamente possível depois do nascimento, como que para dar à criança a força de resistir a Satã e aos maus instintos que parecem ser "naturalmente" as tendências da idade. Um rei que é ou um rei sacerdote, ou um rei guerreiro ou ainda um rei benfeitor — ou os três ao mesmo tempo —, como pode se encarnar em uma criança incapaz de administrar o sagrado, de ser vencedor, de criar riquezas?

Para toda condição, o homem da Idade Média e sua mentora ideológica, a Igreja, buscam, a fim de compreendê-la em profundidade, seu modelo nas Escrituras. Encontraremos nelas alguma coisa que esclareça a condição da criança?

O texto que, no início do século XIII, se torna autoridade junto aos clérigos em matéria de teoria política e que aborda o problema do rei menino é o *Policraticus*, de João de Salisbury (1159). Esse inglês, que foi colaborador de Tomás Becket,* passou grande parte de sua vida na França, nas escolas de Paris, em Reims, junto de seu amigo abade de Saint-Rémi, Pierre de Celle, e finalmente em Chartres, o

---

[112] Ernst Robert CURTIUS, *La Littérature européenne et le Moyen Âge latin*, trad. fr., Paris, 1956, "L'enfant et le vieillard", pp. 122-125. [N. do T.: Há uma edição brasileira, *Literatura européia e Idade Média latina*, tradução do original alemão de Teodoro Cabral, Instituto Nacional do Livro, Rio, 1957. O subtítulo citado, oitavo do capítulo V, está traduzido como "O menino e o ancião", pp. 102-106.]

[113] GREGÓRIO MAGNO, Dialogi, livro II: "Fuit vir vitae venerabilis [...] ab ipso suae pueritiae tempore cor gerens senile"; GEOFFROY DE BEAULIEU, Vita, cap. IV (*Recueil des historiens des Gaules et de la France*, t. XX, p. 4): "de die in diem in virum perfectum crescere".

[114] Henri-Irénée MARROU, *Histoire de l'éducation dans l'Antiquité*, 1948, nova ed. 1965, p. 325.

*Canonizado, Becket passa a ser São Tomás de Cantuária. Ver o subtítulo *Davi e Salomão*, no Capítulo V da Segunda Parte, que aborda longamente a figura desse arcebispo inglês que se tornou santo. (*N. do T.*)

outro grande centro escolar do século XII (ao lado de Paris) do qual ele se tornou bispo até morrer, em 1180.[115] João de Salisbury é um dos grandes representantes do humanismo cristão do século XII, um dos grandes intelectuais que fizeram a síntese entre a ideia de natureza que reinava em Chartres,[116] o pensamento antigo clássico reintegrado à filosofia cristã, e a grande corrente da filosofia cristã em plena renovação.

João de Salisbury trata do rei menino no capítulo consagrado ao rei como cabeça do Estado, porque João introduziu o tema da sociedade como corpo humano no pensamento político-cristão medieval. O fato e o princípio com que João se depara aqui é a sucessão hereditária. A promessa divina e o direito familiar a justificam, mas ela decorre da natureza. O sucessor natural do rei deve responder como o próprio rei à exigência de justiça. A ruptura da legitimidade dinástica se dá quando o pai ou o filho contradizem essa exigência. O erro do pai real injusto é castigado por Deus que lhe recusa uma progenitura. A Bíblia e a história antiga mostram que os maus reis não gozam do benefício sucessoral. Assim, Saul e seus três filhos pereceram na batalha de Gelboé contra os filisteus (1 Samuel 31); assim, Alexandre e César não tiveram descendentes reais.[117]

Aqui se apresenta o processo bíblico sobre o rei menino ou o rei visto entre a juventude e a velhice, uma juventude dificilmente nítida porque a fronteira é filosófica e ideologicamente imprecisa entre elas. Esse processo compreende três peças. O primeiro exemplo é o de Roboão. O filho de Salomão, tendo desprezado o conselho dos anciãos, dos velhos, e seguido o conselho dos jovens, perdeu por castigo de Deus uma grande parte do seu reino. Reinou apenas sobre Judá, enquanto Jeroboão se tornou rei das outras tribos de Israel (1 Reis 12). À moral dessa história, se é lícito dizer, se chega com auxílio da segunda peça do processo, a imprecação do Eclesiastes (10, 16-17): "Infelicidade para ti, terra

---

[115]Sobre João de Salisbury, *The World of John of Salisbury*, ed. M. WILKS, Oxford, 1984; B. MUNK-OLSEN, "L'humanisme de Jean de Salisbury, un cicéronien au XIIe siècle", em *Entretiens sur la Renaissance du XIIe siècle*, ed. M. de GANDILLAC e E. JEAUNEAU, Paris e Haia, 1968, pp. 53-83. H. LIEBESCHÜTZ, *Medieval Humanism in the Life and Writings of John of Salisbury*, Londres, 1950. Robert W. SOUTHERN, "Humanism and the School of Chartres", em *Medieval Humanism and Other Studies*, Oxford, 1970.

[116]Sobre o Renascimento do século XIIe, de uma vasta bibliografia, assinalo os Entretiens citados na nota precedente. Marshall CLAGETT, Gaines POST e R. REYNOLDS (ed.), *Twelfth Century Europe and the Foundations of Modern Society*, The University of Wisconsin Press, 1961; R. L. BENSON e Giles CONSTABLE (ed.), *Renaissance and Renewal in the Twelfth Century*, Cambridge, Mass., 1992, e o grande livro de Marie-Dominique CHENU, *La Théologie du XIIe siècle*, Paris, 1957.

[117]JOÃO DE SALISBURY, *Policraticus*, IV, 11 e 12 (ed. Webb, 533 b, p. 269, e 537 a, b, c, p. 276).

SÃO LUÍS

cujo rei é uma criança."[118] De Roboão passamos à terceira peça do processo e ao exemplo de Jó (Jó 28-29), que se lembra do tempo feliz de seu passado:[119] "Se eu ia à porta da cidade, eles me preparavam um lugar para sentar na praça: quando me viam, os jovens (*juvenes*) iam se esconder e os velhos se levantavam e ficavam de pé."

Geraldo de Gales (ou o Cambriano), em sua *Conquista da Irlanda* (*Expugnatio Hibernica*, II, XXXV) escrita em 1209, explica o declínio da Irlanda e o fracasso do príncipe João, filho de Henrique II, no governo pela pouca idade do príncipe: "Se um país, mesmo que outrora tenha gozado de uma situação próspera, é governado por um príncipe criança, é maldito [alusão a Ecl. 10, 16-17],* principalmente se, primitivo e sem educação, está confiado a um ser primitivo e que precisa ser educado."

Eis o contexto ideológico, feito de maus exemplos e de angústia bíblica, que reina entre os clérigos quando Luís se torna rei aos 12 anos. Não podem adivinhar a futura santidade do rei e lhe aplicam o topos do menino-velho; a única esperança deles é que a mãe de Luís e os mais próximos dela continuarão a lhe dar e mesmo reforçarão a boa educação, única coisa que pode combater as fraquezas e os riscos da infância, em particular da infância dos reis. João de Salisbury já tinha evocado a necessidade, para o rei, de velar pela educação de seu filho herdeiro.[120] Mas é sob São Luís e a pedido da família real que Vincent de Beauvais definirá a educação das crianças reais e será a manifestação de que no meado do século XIII a imagem da criança passa a ter algum valor.[121]

Esse jovem rei Luís, frágil, e cujo advento faz seu reino e seus súditos entrarem em um período perigoso, no qual a função mediadora que o rei exerce entre eles e Deus arrisca-se a ficar enfraquecida, sabe-se quando terminará sua infância? Ou, para falar em termos jurídicos, sua minoridade?

Na decisão que os três prelados atribuem a seu pai moribundo, Luís VIII foi vago quanto a essa parte. A tutela do jovem rei seria confiada a sua mãe até

---

[118]*"Vae, terra, cujus rex puer est."* A Bíblia de Jerusalém sublinha, um pouco inutilmente: "Malheur à toi, pays, dont le roi est un gamin." [*N. do T.* "Infelicidade para ti, país cujo rei é um garoto." A citação não abrange o versículo 17 e, na edição de bolso Desclée de Brouwer, Paris, 1956, da Bíblia de Jerusalém, que reproduz integralmente a edição maior publicada em um volume das Éditions du Cerf, não há vírgula depois de pays.] Pode-se pensar, entre outras, na peça de Montherlant, *La ville dont le prince est un enfant* (1952).

[119]*Policraticus*, ed. Webb, 550 a, p. 300. [*N. do T.* A citação não abrange o capítulo 28, mas apenas o 29, que é o único sobre os dias felizes do passado de Jó. Trata-se dos versículos 7 e 8. Assim, teria de ser "Jó 29, 7-8". Foi impossível verificar se o engano já vem do próprio João de Salisbury, no Policraticus, ou se é do original que traduzo.] *Repete-se o erro de estender a citação do Eclesiastes ao versículo 17, quando ela está toda contida apenas no início do versículo 16. Portanto, o crédito correto seria "Ecl. 10, 16". (*N. do T.*)

[120]*Policraticus*, livro IV, capítulo VII.

[121]*Ver, infra*, p. [352]

que ele atingisse a "idade legal" (*ad aetatem legitimam*). Ora, até onde saibamos, não há idade jurídica de maioridade para os reis de França. Será preciso esperar Carlos V, em 1374, para que ela seja fixada em 14 anos.[122] O direito canônico não tem nenhum edito nesse sentido,[123] nenhum texto do direito romano na ocasião é válido quanto a esse assunto, o direito consuetudinário é inconstante, os exemplos históricos não são claros.[124] A antiga maioridade germânica era aos 14 anos, mas reis carolíngios foram coroados com 13 anos. Vê-se essa maioridade, a partir do século XI, passar a 21 anos entre os nobres na maior parte dos principados, enquanto se mantinha nos 14 anos entre os plebeus. Montesquieu achava que o peso crescente do armamento tinha retardado a idade do serviço militar e, consequentemente, da maioridade. Mas a investidura do jovem nobre como cavaleiro muitas vezes se dava mais cedo, ainda que o pai de São Luís, o futuro Luís VIII, só tenha se tornado cavaleiro, como vimos, aos 21 anos (ou 22), em 1209.

Em 1215, uma carta do futuro Luís VIII lembra que a maioridade está fixada em 21 anos no reino da França. O duque de Borgonha, Hugues IV, o conde de Champagne, Thibaud IV, o conde da Bretanha, Jean le Roux, só tiveram sua maioridade aos 21 anos. Os *Établissements* de Saint Louis (1270), os *Coutumes du Beauvaisis* de Philippe de Beaumanoir (cerca de 1280) indicam que os nobres só se tornam maiores com 21 anos. Mas um documento de 1235 declara que, em Flandres, os filhos da condessa, Jean d'Avesnes e seu irmão Baudouin, com 16 e 15 anos, devem ser considerados maiores ("leur âge est suffisant")* segundo os costumes de Flandres. Os irmãos de São Luís foram feitos cavaleiros e entraram na posse de seus "apanágios" com 21 anos, Roberto em 1237, Afonso em 1241, Carlos em 1247. O filho e sucessor de São Luís, Filipe, o futuro Filipe III, o Ousado, recebeu da mesma forma a condição de cavaleiro em 1267, com 21 anos.

Mas parece que a tendência foi reconhecer a maioridade dos reis Capeto mais cedo, com 14 anos ou pouco depois. Na verdade, quer se limitar tanto quanto possível os períodos em que o rei, fiador do reino e da proteção divina, não está em plena posse de seus poderes. Por isso a sagração tão precoce, antes da morte

---

[122]O assunto é objeto da primeira ordenação de Carlos V, de 1374. Ver Raymond CAZELLES, *Société politique, noblesse et couronne sous Jean le Bon et Charles V*, Genebra, 1982, pp. 579-580.

[123]René METZ, "L'enfant dans le droit canonique médiéval", *Recueils de la société Jean Bodin*, t. XXXVI, 2, *L'Enfant*, Bruxelas, 1976, pp. 9-96.

[124]Fr. OLIVIER-MARTIN, *Études sur la régence, op. cit.*, nota 30, p. 77 e segs., no qual me inspiro. Ver também A. WOLF, "Königtum Minderjährigkeit und die Institution der Regentschaft", *Recueils de la société Jean Bodin*, citação n° 4, pp. 97-106. Para a minoridade, ligeiramente anterior, de Henrique III da Inglaterra, rei em 1216, dez anos antes de Luís, com 7 anos, ver D. A. CARPENTIER, *The Minority of Henri III*, Londres, 1990.

*"A idade deles é suficiente." (*N. do T.*)

do pai, durante mais de dois séculos, e a antecipação da autoridade ao tempo da adolescência. Filipe I governou sozinho com cerca de 14 anos e Filipe Augusto, rei sozinho com 14 anos, também foi considerado maior.

Quanto a São Luís, a situação é obscura e particular. Ignoramos quando foi considerado maior e quando agiu como tal. É certo que não foi com 14 anos. É que o poder desde seu advento foi exercido por uma mulher, sua mãe Branca de Castela, que visivelmente não teve vontade de deixá-lo. E São Luís parece ter-se acomodado à situação. Talvez sua mãe lhe escondesse a verdade. Considero mais provável, porém, que o entendimento foi tal entre a mãe e o filho que à tutela sucedeu quase insensivelmente uma espécie de cogoverno da mãe e do filho, sem que se possa dizer que ele reinava sem governar, porque desde cedo sua autoridade é visível. Pelo menos em três ocasiões, de que voltaremos a falar, a campanha da Bretanha em 1231, a solução do conflito entre a Universidade de Paris e o representante real, no mesmo ano (Luís tinha 17 anos), o conflito com o bispo de Beauvais em 1233, ele parece ter agido por si mesmo como chefe e, no caso da universidade, tomando atitude oposta à da mãe.

É provável, contudo, que depois do casamento aos 20 anos, em 1234, e de seus 21 anos, no ano seguinte, ele tenha governado efetivamente, ainda que ao lado da mãe. Os atos longamente mencionam os dois no mesmo plano e se, depois de 1235, em alguns atos aparece só ele, atos paralelos mostram os correspondentes do rei solicitando por esse tempo sua mãe, na maioria das vezes para que ela use de sua influência junto ao filho. Parece muito claro que não agiam assim apenas por polidez, mas pelo reconhecimento de uma situação particular e o recurso a uma autoridade mantida. Branca é a rainha, e durante o período em que houve três rainhas na França, a viúva de Filipe Augusto, a dinamarquesa Ingeborg, por tanto tempo rejeitada, vivendo mais em seu domínio de Orleãs (onde morreu em 1236), Branca e Margarida de Provença, com quem São Luís se casou em 1234, só Branca foi sempre chamada "a rainha" sem mais nada (*regina*), enquanto Ingeborg era qualificada de "rainha de Orleãs" (*regina Aurelianensis*) e Margarida designada como a "jovem rainha" (*juvenis regina*).

Mas, desde 1227, São Luís, embora menino ainda, recebeu sozinho a homenagem de seus vassalos e a fé dos senhores. E o mais importante, desde o fim de 1226 tinha sido sagrado rei.

A sagração do menino rei

O primeiro ato em favor de seu filho, que Luís VIII tinha reclamado, depois da homenagem dos barões e dos prelados, era a sagração. Tinha pedido que o rito se cumprisse o mais rapidamente. Importava que o menino se tornasse, quanto à sua natureza real, rei completo o mais depressa possível, a um tempo para tornar mais difícil qualquer contestação a sua legitimidade e, mais essencialmente, para acabar logo com aquele tempo de inquietação no qual um rei está morto e o seguinte ainda não se tornou completamente seu sucessor.

Uma miniatura das *Heures de Jeanne de Navarre*,* feita na primeira metade do século XIV, mostra o jovem Luís e sua mãe[125] indo de liteira** a Reims para a sagração. A rainha já está representada como responsável pela tutela do menino rei e detentora do poder, a coroa sobre a cabeça. Mas ele vai para a sacralização. Está representado com auréola, porque a miniatura, executada depois da canonização, é antes destinada a mostrar a eternidade histórica do rei santo, santo desde a infância, do que a respeitar, como se faz hoje, a verdade histórica cronológica. É já São Luís que vai se fazer ungir e coroar. A história acabada está à frente da história que se vai cumprir. Passa-se por cima da infância do rei.[126]

Falarei mais adiante da sagração dos reis de França no século XIII, porque os documentos ligados a São Luís sobre esse assunto são posteriores a sua consagração. Não dispomos de narrativa sobre sua sagração e não estamos seguros quanto à ordenação litúrgica (*ordo*) que a presidiu.

Os cronistas notaram três aspectos na sagração de Luís IX. O primeiro é a pressa com que ela se cumpriu. Vimos por que: a angústia do tempo do interregno (o segundo que o reino da França conhecia, o novo rei não tendo sido ungido em vida de seu pai) cresce por causa da pouca idade do rei, e a dinastia capetiana ainda não é todo-poderosa. O interregno é um momento propício,

---

*Livro de Horas de Jeanne de Navarre, neta de Filipe, o Belo (neto de São Luís), cuja mulher também foi Jeanne de Navarre (Joana de Navarra), esta, porém, mais que de Navarra (onde era Joana I), rainha também da França, é claro, como mulher do rei. É útil lembrar a repetição de nomes para evitar confusão. O famoso livro de horas era da neta, Joana II de Navarra, não da avó. Como neta de Filipe, o Belo, Joana II de Navarra era, portanto, tataraneta de São Luís. (*N. do T.*)

[125]Branca de Castela está grávida de seu último filho, filho póstumo de Luís VIII, que nascerá no início de 1227 e que será Carlos d'Anjou, o futuro rei de Nápoles e da Sicília.

**No caso, liteira tirada a burro, diferente da nossa cadeirinha, com a qual o leitor poderia fazer confusão. (*N. do T.*)

[126]Essa miniatura, que se encontra no fólio 97 do manuscrito Nouvelles Acquisitions latines 3145 da Biblioteca Nacional de Paris, está reproduzida na página 216 do artigo de Marcel THOMAS, "L'iconographie de Saint Louis dans les *Heures de Jeanne de Navarre*", em *Septième centenaire de la mort de Saint Louis... (1970)*, Paris, 1976.

SÃO LUÍS

não para contestar um sucessor, porque o direito do filho mais velho do rei defunto está bem estabelecido, mas para fazer pressão sobre esse rei incompleto e os que o rodeiam. Numa época em que se elabora a noção de crime de lesa--majestade em relação ao rei, o interregno é um momento de vácuo em que a majestade do novo rei ainda não está bem instituída e em que agitar ou se rebelar não é muito grave. Luís VIII morreu a 8 de novembro e foi enterrado no dia 15, a sagração de Luís IX foi a 29. Três semanas, uma proeza nas condições de frágil dominação de espaço e de complexidade por já se viver a organização de uma sagração real.

Um segundo problema, que mostra bem os riscos para o reino de um rei menino, é que Luís IX, com 12 anos, não tinha sido feito cavaleiro. Ora, o rei de França ainda deve, essencialmente, ser um rei cavaleiro. A liturgia da sagração que se estabelecerá sob Luís IX ganhará definitivamente uma primeira fase na própria cerimônia que será uma investidura de cavaleiro. Mas, mesmo se essa parte já existisse em 1226, não substituiria uma investidura específica. A caminho de Reims, o infante real, numa parada em Soissons, aí foi investido cavaleiro.[127]

O terceiro aspecto sobre o qual insistem os cronistas é a ausência da nata da sociedade, tanto eclesiástica como leiga (os arcebispos e os grandes feudais), que teria marcado a sagração de Luís IX. Entretanto, Branca de Castela mais o punhado de grandes que tinham assistido Luís VIII em sua agonia em Montpensier tinham enviado amplamente convites para a sagração de Reims, invocando, para serem mais persuasivos, as prescrições de Luís VIII em seu leito de morte. As listas de presentes e de ausentes organizadas pelos cronistas são contraditórias. Philippe Mousket, por exemplo, inclui entre os presentes o duque de Borgonha e o conde de Bar, que Mateus Paris (tributário, aqui, de seu predecessor Roger de Wendover) exclui. Pouco importa. É evidente que a assistência dos grandes foi esparsa e pouco brilhante. Além disso, como acontecia de modo relativamente frequente nas sagrações dos reis de França, não havia arcebispo em Reims: o sucessor do prelado defunto, se é que já estava designado, pelo menos não tinha se instalado. Um caso, afinal, previsto. O bispo de Soissons, primeiro sufragâneo do arcebispo de Reims, foi o prelado oficiante e isso não tirou nenhuma legitimidade da cerimônia, mas contribuiu sem dúvida para diminuir-lhe o lustre.

Os cronistas ingleses nos dão uma curiosa e interessante precisão sobre as circunstâncias da sagração. Muitos senhores convocados tinham reclamado,

---

[127] Jean RICHARD, "L'adoubement de Saint Louis", *Journal des savants*, 1988, pp. 208-217.

por ocasião dessa iniciação real, a libertação de todos os prisioneiros e, em particular, dos condes de Flandres e de Boulogne, sempre encarcerados na fortaleza real do Louvre, desde a batalha de Bouvines. Quer dizer, estavam lá havia doze anos, a idade do rei.[128] Mais que o lado político dessa reivindicação, é seu aspecto institucional que me impressiona. Trata-se da primeira alusão conhecida a um tipo de anistia ligado à sagração, a uma espécie de direito de graça dos reis de França no momento de sua consagração. Ora, esse direito de graça reconhecido aos monarcas por ocasião de seu advento acaba por se estabelecer regularmente só no século XVII e parece que dificilmente se fez valer. Por muito que fossem sagrados, taumaturgos, todo-poderosos, os reis de França permaneceram sempre submissos a Deus e às leis. O direito de graça que a República concedeu sem dificuldade a seus presidentes só de modo reticente foi concedido aos reis. É que os reis só lentamente chegaram a uma plena soberania. É clara, nesse episódio de 1226, a atitude ambígua dos grandes em relação ao rei. Esforçaram-se para lhe impor a sua vontade, mas reconhecendo-lhe um poder exorbitante.

Antes de examinar os aspectos políticos da sagração, imaginemos, dentro dos limites que os textos e os fatos nos permitem, os primeiros passos do jovem rei.

Ei-lo aos 12 anos empurrado para o primeiro plano da cena pela morte imprevista do pai. Primeiro na estrada de Auvergne indo a cavalo para junto do pai moribundo, mas sendo informado no caminho da notícia fatal pela boca de frei Guérin, que sabiamente o fez voltar a Paris. Sob as abóbadas góticas de Saint--Denis, o menino assiste à impressionante liturgia fúnebre real dos funerais paternos. Retoma, em seguida, num carro que parece com uma carrocinha de vendedor, a estrada poeirenta e sinuosa de Reims, *via* Soissons (a estrada medieval nem é pavimentada nem reta, e o menino rei deve fazer claramente mais do que os 157 quilômetros desse itinerário hoje). Em Soissons, o menino se submete aos ritos que fazem normalmente dos adolescentes homens por excelência, esses guerreiros cristãos que o jovem Percival, no *Conte du Graal*,* encontrava com terror. Em Reims, em uma catedral em construção, durante longas horas há uma liturgia de gestos duros para um menino. Envolto em um grosso manto, carregado de insígnias, sob uma coroa pesada, na vertigem das preces, dos cantos, do incenso, dos ritos incompreensíveis mesmo para um menino inteligente, a quem sem dúvida foi explicado tudo o que era possível explicar para a sua idade. Cerimônia

---

[128]MATEUS PARIS, *Chronica majora*, t. III, p. 118.

*Romance de cavalaria (inacabado) de Chrétien de Troyes, do fim do século XII. (*N. do T.*)

fria, na qual primam pela ausência inquietante os prelados e os grandes senhores que deveriam estar se comprimindo em torno do menino rei. Depois, é a volta a Paris, no silêncio dos cronistas que não nos deixam perceber nenhum carinho das populações nem o mínimo grito de alegria ou de encorajamento. Mas, por toda parte, a todo instante, há uma presença, a da mãe amorosa, protetora e forte, já a mulher forte do Evangelho de que falará o papa Bonifácio VIII quando da canonização de São Luís.

Uma criança, não importa que se trate de um rei, guarda certamente uma lembrança pesada e pungente dessas horas, dessas jornadas em que tantos acontecimentos, paisagens, cenários, figuras, gestos desfilaram à luz de pálidos e curtos dias de um fim de outono, no qual os cronistas não nos dizem que tempo fez. Dependendo da qualidade dos homens, uma tal prova enrijece ou fragiliza. Luís será o digno filho de seu pai, guerreiro sem par, e de seu avô, o vencedor de Bouvines com 50 anos, o digno filho de sua mãe, a Espanhola. Forte, como eles, Luís se inicia assim nos deveres de um rei que a ideologia da época começa a considerar como um duro ofício. E honrará até a morte, e na lembrança, essa mãe onipresente.

Uma difícil minoridade

Para as ausências dos grandes na sagração de Luís IX, os cronistas deram motivos políticos. Talvez tenham exagerado. A cerimônia foi particularmente precipitada. Receber notícias, preparar-se para uma viagem, partir a tempo, tudo isso é demorado no século XIII. E depois, sem dúvida, a sagração de um menino não é particularmente atraente para esses prelados e esses grandes senhores que se habituaram a viver numa sociedade de homens feitos. A interpretação dessas ausências pelos cronistas origina-se em grande parte dos acontecimentos que se seguem à sagração, mas eles os projetam para trás tentando com isso esclarecer as peripécias. Os grandes porém, com toda a segurança, estavam descontentes com a sagração e para alguns deles, pelo menos, as razões de sua ausência foram políticas.

Conto aqui apenas o que permite compreender melhor a vida de Luís IX, o que esclarece a função e a figura do rei. A tutora e seus conselheiros apressaram-se a acertar alguns casos individuais delicados cuja solução, afinal, talvez tivesse começado — segundo alguns — nos últimos meses do reinado de Luís VIII.

A tradição de sucessão na família capetiana e as "vontades" de Luís VIII que tinham assegurado o advento do jovem Luís IX não estavam tão firmemente estabelecidas que tornassem sem sentido as precauções quanto a certos membros da família real. O jovem rei tinha dois tios com 25 e 17 anos em 1226. Este último não representava problema. Era um bastardo, portador, entretanto, através do diminutivo Charlot, do pesado nome de Carlos: Pierre Charlot, para quem seu pai, Filipe Augusto, tinha conseguido, pelo papa Honório III, garantir, apesar da bastardia, os direitos eclesiásticos. Pierre Charlot tinha sido destinado à Igreja. O caso do primeiro, Filipe, dito o Eriçado [Hurepel], era mais ameaçador. Para a Igreja também ele era um bastardo, uma vez que o papa não tinha reconhecido como válido o terceiro casamento de Filipe Augusto — com Inês de Méran, mãe de Filipe — e assim considerava o rei de França sempre casado com Ingeborg da Dinamarca (que só iria morrer em 1236), repudiada no dia seguinte de uma infortunada noite de núpcias. Filipe, o Eriçado, tinha sido legitimado pelo papa Inocêncio III e como sua mãe tinha sido aceita pela aristocracia francesa e, tacitamente, pelos prelados franceses, como rainha da França legítima, a posição dele era muito mais defensável do que a do meio-irmão. Numa primeira impressão, na verdade, sob o ponto de vista legal, o estatuto de Filipe, o Eriçado, era totalmente normal. Pergunto-me se a vaga lembrança da bastardia que pesava sobre ele não terá contribuído para demovê-lo de qualquer intenção séria no sentido de contestar a ascensão do sobrinho ao trono da França.[129]

Filipe, o Eriçado, tinha sido muito ricamente dotado de terras e de feudos por seu pai Filipe Augusto e seu irmão Luís VIII, mas as terras que lhe tinham sido dadas, tendo pertencido a Renaud de Boulogne, um dos traidores de Bouvines aprisionados no Louvre, tinham sido consideradas pelos dois reis como confiscadas pela coroa, a ela devendo voltar se Filipe morresse sem descendência masculina (o que se deu em 1236). Para conquistar Filipe, o Eriçado, o jovem rei (quer dizer, a mãe e os conselheiros em seu nome) deu-lhe logo dois ou três castelos que Luís VIII tinha conservado em suas terras, Mortain e Lillebonne, e a homenagem do condado de Saint-Pol, porém impondo-lhe a cláusula de reversão à coroa. No início do ano seguinte, Filipe ainda recebeu do rei uma renda vitalícia de 6.000 libras tornesas,* desde que ele e seus eventuais herdeiros se comprometessem a nada mais reclamar em terras na sua parte da herança.

---

[129]Em 1316 a pequena Joana, com 2 anos, filha mais velha de Luís X, o Teimoso, acumulará os dois infortúnios, o do sexo feminino e o da suspeita de bastardia (suspeita nascida do caso da torre de Nesle), que a descartavam de uma possível disputa pelo trono. A família capetiana, para se distinguir das outras grandes famílias aristocráticas, parece ter excluído com clareza tanto os bastardos como as mulheres da sucessão real. No início do século XV, esse princípio se voltará contra o futuro Carlos VII.

*Dizia-se das moedas cunhadas na cidade de Tours. (*N. do T.*)

Entre os barões, o caso mais urgente era o de Ferrand de Flandres (ou de Portugal, como referência a sua origem), o traidor de Bouvines, sempre preso no Louvre e que Luís VIII tinha prometido libertar. Ferrand é explicitamente mencionado no pedido dos grandes feito ao jovem rei a respeito da graça aos prisioneiros por ocasião de sua sagração. Ferrand foi solto na Epifania (6 de janeiro) de 1227. Pagou um pesado resgate, deu penhores ao rei, em condições, parece, menos draconianas do que Luís VIII tinha desejado. Daí em diante, foi fiel ao rei. Quanto a Renaud de Boulogne, o outro desleal de Bouvines, morreu na prisão do Louvre por volta da Páscoa de 1227.

Os novos governantes fizeram a seguir um esforço junto aos inquietos donos de grandes feudos, o conde de Bretanha e Hugues de Lusignan (Hugues le Brun, conde de la Marche), sempre prontos a agir em proveito próprio nos conflitos entre os reis de França e Inglaterra, e que tinham abandonado as hostes reais no verão de 1226, quando do cerco de Avignon. Nesse mundo em que o parentesco — com a terra — desempenha um papel tão importante nas fidelidades, desde março de 1227 surgiu um projeto de casamento èntre João, nascido em 1219, segundo irmão de Luís IX (morrerá em 1232), para o qual Luís VIII tinha previsto os territórios de Maine e Anjou como "apanágio", e Yolande, filha do conde de Bretanha, Pierre Mauclerc. Pierre receberá, como penhor do juramento do acordo, Angers, Le Mans, Baugé e Beaufort-en-Vallée. Quando dessas mesmas negociações em Vendôme, na primavera de 1227, Hugues le Brun compromete-se a casar uma de suas filhas com Afonso, terceiro irmão de Luís IX, nascido em 1220, futuro beneficiário de apanágio em Poitou e Auvergne (trata-se do futuro Afonso de Poitiers), e a casar um de seus filhos com Isabel, irmã do rei, nascida em 1225. Devolve ao rei algumas terras que lhe tinham sido dadas por Luís VIII em troca de uma renda de 10.000 libras tornesas durante dez anos, garantidas por terras de Saint-Jean-d'Angély e uma parte de Aunis.

O esforço mais importante referia-se à personagem mais ameaçadora para o reino da França, o rei da Inglaterra, Henrique III, com exatos 25 anos de idade. Despojado de uma grande parte de suas possessões francesas pelo avô de Luís IX, ainda estava presente no Sudoeste e não escondia suas intenções de reconquistar ao menos uma parte das terras perdidas na França. A igreja da abadia de Fontevrault em Maine — reconquistada por Filipe Augusto — abriga o cemitério de seus ancestrais Plantageneta, seu avô Henrique II, sua avó, a famosa Alienor de Aquitânia, a divorciada do rei de França Luís VII, seu tio Ricardo Coração de Leão. Seu representante no continente é o irmão, Ricardo de Cornualha. Em abril de 1227 uma primeira trégua foi concluída entre o rei de França e Ricardo. Em maio, Henrique III pede a Luís IX uma trégua oficial e ela é fixada em junho. Por essa época, Branca de Castela tinha conseguido a paz com um dos mais poderosos senhores descontentes, o conde de Champagne, Thibaud IV.

Assim, no início do verão de 1227, com seis meses de reinado, o jovem rei parece confortável em seu reino.

E, no entanto, cedo tudo se agita. Joinville nos faz viver a angústia do jovem rei. O rei é um menino, sua mãe uma "mulher estrangeira", que "não tinha nem parentes nem amigos no reino da França".[130] Um número importante de barões se reuniu em Corbeil e decidiu se apoderar do jovem rei, não que quisessem fazer dele um prisioneiro ou maltratá-lo, menos ainda destroná-lo, mas queriam separá-lo da mãe e de seus conselheiros, tomá-lo como refém para governar em seu nome e usurpar poderes, terras e riquezas. Dão-se os barões, para revestir sua empresa de uma aparência de legitimidade dinástica, dois chefes prestigiosos que não recusam, Filipe Hurepel, conde de Boulogne, "eriçado" sem malícia nem miolo, que debilmente se deixa envolver e, para comandar a guerra, Pierre Mauclerc, o duque de Bretanha, o mais poderoso e o menos fiel dos vassalos do rei de França, ligado ao ramo de Dreux,* que vai, pelo jogo das solidariedades de linhagem, desempenhar um papel de primeiro plano na revolta contra Luís e sua mãe. O jovem rei, que foi com a mãe a Vendôme para negociar com os barões indefinidos do Oeste, volta a Paris por Orleãs, tomando então a estrada Orleãs–Paris, a grande artéria, desde Hugo Capeto, do domínio real capetiano. Em Montlhéry, fica bloqueado pela proximidade das tropas dos barões reunidos em Corbeil. E eis que, nessa "necessidade", diz-nos Joinville, "o rei teve a ajuda de Deus". Por intermédio de Joinville, ouvimos pela primeira vez falar o jovem rei de 13 anos. Eis onde começa a memória direta de São Luís, tal como nos foi legada.

> E o santo rei me contou que ele e a mãe, que estavam em Montlhéry, não ousaram voltar a Paris até que os habitantes de Paris os fossem buscar, armados. E me contou que de Montlhéri em diante o caminho estava cheio de gente armada e desarmada até Paris e que todos gritavam a Nosso Senhor que lhe desse longa e boa vida, e o defendesse e guardasse de seus inimigos.[131]

---

[130]Joinville, *Histoire de Saint Louis*, pp. 42-43.
*Ramo da família Capeto saído de Robert I de France († 1188), dito Robert le Grand, filho do rei Luís VI o Gordo e conde de Dreux e de Perche. (*N. do T.*)
[131]*Ibid*, p. 44.

SÃO LUÍS

Acaba de nascer a fidelidade popular ao rei.

Novas lembranças se incrustam então na memória do rei menino. Depois da fria viagem de Reims, eis a calorosa cavalgada de Montlhéry a Paris, a lembrança que servirá de conforto a Luís IX em seu dever de merecer a confiança e o amor de seu povo. Neste mundo de dom e de contra dom, o jovem rei viveu com emoção o fato de que esse sistema de reciprocidade não se dá apenas no nível superior dos vassalos (no qual nem sempre se encontra a fidelidade), mas também no nível do povo. Deus ajudou o rei, mas a rainha Branca e seus conselheiros suscitaram essa ajuda primeiramente ajudando-se a si mesmos. Em nome do jovem rei, enviaram mensagens pedindo fidelidade e apoio aos parisienses e aos habitantes de outras cidades do domínio. Uma lembrança de Bouvines terá tido influência? Filipe Augusto aí tinha convocado os soldados de infantaria das comunas que combateram valentemente e, no caminho de volta até Paris, o avô de São Luís tinha ouvido os "bravos" do povo. Assim é que na história da França há alguns momentos de comunhão entre o povo e seus reis.

Entretanto, o jovem rei se beneficiou de dois pontos importantes conseguidos por sua mãe e pelos conselheiros. O conde de Flandres libertado permaneceu de grande fidelidade ao rei e o conde de Champagne, Thibaud IV, reconciliado, mostrou-se de uma atenção que não falharia mais até a morte.

Mas o segundo ano do reinado de Luís IX, 1228, vê reforçar-se, mais resoluta, a coalizão dos barões. Com o apoio de Filipe, o Eriçado, essa coalizão, da qual Enguerran de Coucy parece ser a alma, não visa diretamente ao rei nem à tutora, mas a seu mais poderoso sustentáculo, desde então Thibaud de Champagne. A campanha começa por uma nutrida produção de panfletos, na maior parte das vezes sob forma de anedotas depreciativas ou mesmo francamente injuriosas, circulando por escrito e sobretudo oralmente, contra Branca de Castela. É, parece-me, a primeira aparição de uma opinião pública, de manifestações abertas, de julgamentos populares coletivos, espontâneos ou não, sobre os negócios do reino e o comportamento dos governantes, que uma tal campanha supõe. Essa opinião pública francesa, que também se expressa, como se verá, por canções, chegará ao primeiro plano sob o reinado do neto de São Luís, Filipe, o Belo, nos últimos anos do século XIII e no início do século XIV. Mas não é indiferente, para entender a conduta de São Luís, supor que a opinião pública francesa começou a se manifestar sob seu reinado.

O que se reprova na regente? Esvaziar as caixas da realeza em favor de seus parentes castelhanos, retardar o casamento do jovem rei para melhor dominá-lo e governar, e, sobretudo, há o tradicional ataque de moralidade, a acusação de que ela tem maus costumes: a rainha é acusada sucessivamente de ser a amante do legado pontifício Romano Frangipani, Romano de Sant'Angelo, no qual ela se apoiou para as relações da realeza com o papado e com a Igreja e para a perseguição dos albigenses, cruzada em que seu marido, Luís VIII, teve uma participação tão importante, e depois do conde de Champagne, o solícito cooptado Thibaud IV, grande e delicado poeta que canta uma dama na qual se vê a rainha. Nenhum documento introduz o historiador no leito de Branca de Castela, mas, se ele se fia, como por vezes é preciso, em sua intuição, apoiado em uma familiaridade científica com o período e as personagens, dirá, como acredito, que tudo isso é pura calúnia. A intenção dos caluniadores, afinal, não era tola: a mulher da Idade Média é perigosa e deve ser vigiada e humilhada, porque pode seduzir o homem e se comportar como descendente de Eva. Mas a viúva, que não pode mais ter relações sexuais nem dar à luz, pode, dependendo de seu caráter, tornar-se um homem. É isso que dela dirão os hagiógrafos de São Luís. Os caluniadores querem rebaixá-la a um comportamento de mulher ainda sexuada e lúbrica, portanto indigna de consideração e do poder, uma falsa viúva, uma tutora indigna. O interessante, repito, é que sempre há ouvidos para acreditar nessas calúnias, não ouvidos de gente que ouve uma confidência oral na corte, em uma assembleia, em um bate-papo de senhores ou de clérigos, mas ouvidos, se se pode dizer, coletivos, de gente de uma rede de pessoas informadas por notícias escritas, não no longo termo da crônica destinada à posteridade, mas no curto termo do panfleto, nascido para difusão imediata numa conjuntura limitada. Esses homens da mídia medieval, os pregadores, os menestréis e esse meio de boataria que parece ter formado o estudante parisiense foram particularmente acerbos a respeito da rainha. O Menestrel de Reims narrará mais tarde que Branca seria despida em público para mostrar que não estava grávida.[132]

Felizmente para a realeza os barões eram volúveis (é o jogo do regime feudal fazendo acrobacias com os direitos e os deveres do vassalo) e impressionáveis diante da realeza, ainda que ela estivesse representada por um adolescente e uma mulher, como seus ancestrais tinham ficado impressionados, apesar de tudo, com os frágeis primeiros Capeto. Segundo os interesses e as fantasias dos vassalos, nessa classe senhorial dominada pela paixão, os sentimentos instáveis e a complexa prática da fidelidade vassálica podem transformar bruscamente fiéis do rei em rebeldes, ou, ao contrário, levá-los a uma obediência na qual, sob a capa da mentalidade feudal, reencontrarão o prestígio fundamental do rei e da realeza.

---

[132]Trata-se de um *topos* da hagiografia feminina. Abadessas e monjas injustamente acusadas de maus costumes se despem para mostrar que não estão grávidas. O Menestrel de Reims terá maldosamente aproveitado esse lugar-comum nos ataques contra a rainha-mãe. É uma presunção suplementar de sua inocência, se há necessidade disso.

SÃO LUÍS

Quando Joinville escreve: "E muitos dizem que o conde de Bretanha teria humilhado a rainha e o rei, se nessa necessidade o rei não tivesse tido a ajuda de Deus", pode-se traduzir, sem desrespeito pela divina Providência, que Pierre Mauclerc teve medo do rei, quer dizer, da realeza, quer dizer, de fato, de uma instituição divina e sagrada para os franceses do século XIII.

Seria preciso, entretanto, recorrer às operações militares, e o jovem rei, com 16 anos incompletos, toma a frente das hostes reais em 1230 em três campanhas, duas no Oeste, contra o conde de Bretanha e seus cúmplices, e uma no sentido leste, em Champagne, para proteger o conde local contra seus inimigos. Quando o rei convocava seus vassalos ao serviço militar que lhe era devido em certas épocas (mais comumente na primavera) e durante um tempo fixo segundo o costume, os vassalos eram enfileirados ao pé do muro. Recusar-se a responder à convocação do rei era um ato grave de desobediência que desobrigava o rei de seu dever de proteção em relação a eles, vassalos rebeldes, e os expunha a represálias.

Pierre Mauclerc, conde de Bretanha, retomando seu jogo de gangorra, tinha prestado homenagem ao rei da Inglaterra em outubro de 1229 e recusou-se a atender à convocação do rei de França em Melun, no fim de dezembro. Luís IX levantou-se então contra ele com as hostes reais; os barões, sem faltar a seu dever de vassalos, só enviaram contingentes mínimos, com exceção do conde de Champagne, que permitiu que o exército real fosse vitorioso. Uma campanha em janeiro termina pela retomada das praças fortes de Anjou cedidas ao bretão em 1227: Angers, Baugé, Beaufort, e pela tomada de Bellême. O conde de Bretanha apelou para o rei da Inglaterra e Henrique III desembarcou em Sain-Malo, mas não ousou iniciar as hostilidades e recolheu-se a Nantes sem combater. Luís IX tomou a frente de um novo exército que, por uma vez, graças à ajuda de Hugues de Lusignan, conde de la Marche, tomou Clisson e partiu para sitiar Ancenis. O castelo de Haye-Pesnel, perto de Avranches, pertencendo a um dos chefes dos senhores rebeldes, Fouques Pesnel, foi tomado, arrasado, e dado pelo rei ao irmão do rebelde. Mas o bretão e o inglês permaneceram em suas posições, enquanto os barões deixavam as hostes reais, como tinham anunciado, para se voltar contra o conde de Champagne. Luís IX empreenderia uma nova campanha no Oeste, na primavera de 1231, e impôs a Pierre Mauclerc, em junho de 1231, uma trégua de três anos em Saint-Aubin-du-Cormier.

Nesse meio-tempo, Luís IX, ajudado nesse conflito pelo fiel reconquistado Ferrand de Flandres, que mantinha sob a mira de uma arma Filipe, o Eriçado, postou-se em Champagne e os barões inimigos de Thibaud IV, não ousando combater o rei, abandonaram as hostilidades.

JACQUES LE GOFF

Entretanto, a monarquia francesa tinha obtido um grande sucesso num domínio em que ainda não tinha começado a intervir vigorosamente senão a partir do curto reinado de Luís VIII (1223-1236), o Sul de língua occitana.* Em 1229, o governo real consegue terminar a cruzada contra os albigenses e fazer a paz com o indomável e turbulento conde de Toulouse, Raimond VII (1197-1249), fiel sucessor do pai, Raimond VI (1156-1222), na luta contra os cruzados do norte e a penetração real no sul. Sob a hábil direção do legado pontifício, o cardeal Romano de Sant'Angelo, totalmente devotado não só a Branca de Castela, mas, sobretudo, ao poder real francês, os cruzados, depois da morte de Luís VIII, adotaram a política menos gloriosa, porém mais eficaz, da terra arrasada. Devastaram os campos e as colheitas, entravaram a vida econômica nas possessões de Raimond VII, em particular na região de Toulouse. O conde teve de se resignar a fazer a paz com o governo real que, também lá, negociou um compromisso. As negociações se abiram em Sens, depois se transferiram para Senlis, fixaram-se finalmente em Meaux, possessão do conde de Champagne, o qual serviu de árbitro. Nesse conflito, o jovem rei não tinha participado das operações militares e ignoramos que parte dsempenhou nessa liquidação da cruzada.

O tratado foi firmado sob juramento em Meaux a 11 de abril de 1229 e logo confirmado em Paris. Raimond retomou a maior parte de suas possessões, toda a parte situada nas dioceses de Toulouse, de Cahors e de Agen, e no Albigense** meridional, ao sul do rio Tarn, com exceção de Mirepoix, deixada para Guy de Lévis. O rei de França recebia o Albigense setentrional com a cidade de Albi. O papa adquiriu as terras que a casa condal tolosina de Sain-Gilles tinha a leste do Ródano, no reino de Arles. A filha única de Raimond VII, Joana, casaria com um irmão do rei de França e lhe traria como dote Toulouse e o Tolosino.[133] Joana herdaria outras terras do pai caso ele morresse sem ter tido outro filho. O rei receberia como penhor sete castelos, entre os quais a cidadela de Toulouse, o castelo Narbonnais.

Raimond VII dedicou-se a fundar em Toulouse uma universidade para ajudar a extirpação da heresia e a partir em cruzada. Recolhido como um refém no Louvre, Raimond se reconciliou com a Igreja a 13 de abril. Em hábito de penitente, de camisa e corda no pescoço, fez confissão pública de culpa entre

---

*Num sentido amplo, sem preocupação de aprofundamento linguístico-científico, a língua occitana corresponde ao provençal dos trovadores medievais. (N. do T.)

**Pequeno país (se assim se pode chamar) do Languedoc, correspondente à *Civitas Albigensium* galo-romana. Foi desmembrado através desse tratado de 1229, como se vê. (N. do T.)

[133]O novo papa, Gregório IX, tinha concedido previamente as dispensas necessárias, porque os futuros esposos eram consaguíneos em terceiro e em quarto grau.

SÃO LUÍS

as mãos do cardeal-legado em Notre-Dame, depois, no mesmo dia, prestou *hommage-lige* (exclusiva ou, pelo menos, prioritária em relação a qualquer outro)* a Luís IX. O jovem rei de 15 anos, cavaleiro havia três, armou cavaleiro em seguida seu vassalo Raimond, de 32 anos. Como contrapartida, deu-lhe a terra senhorial de Rouergue.

São outras imagens que se gravam na memória do jovem rei: a infâmia da heresia ou do apoio à heresia que se lava por uma cerimônia humilhante e impressionante; o exercício solene, no quadro da catedral de sua "capital", da suserania real, pelos gestos simbólicos e tocantes da homenagem e da imposição da armadura; com toda a sua glória, um rei feudal, e, talvez, um sonho suscitado pela promessa de cruzada do conde, a imagem da viagem além-mar e de Jerusalém onde todo pecado é finalmente lavado.

De qualquer maneira, ainda que fosse impossível aos protagonistas de 1229 prever que o casamento de Joana de Toulouse e Afonso de Poitiers levaria à inclusão da Occitânia** no domínio real francês menos de cinquenta anos depois, é um salto do poder monárquico capetiano nesse Sul atraente e temido, a cujas perturbadoras seduções até aqui sempre se seguiram decepções. Luís IX é o primeiro rei de França que reina efetivamente sobre essas duas metades de tanto contraste no reino da França, a setentrional e a meridional. Ao grande aumento do espaço sob a dependência efetiva da monarquia francesa que seu avô tinha realizado no Oeste, ele acrescenta uma nova dilatação considerável desse espaço no sentido do Sul. É preciso, sem dúvida, acrescentar às cláusulas do tratado de Meaux-Paris e de suas consequências os artigos do tratado de Melun, concluído em setembro desse mesmo ano de 1229 com um outro rebelde do Sul, Raymond Trencavel, visconde de Béziers e Narbonne. Ainda aqui, um compromisso: Trencavel conserva Béziers, mas cede Carcassone. Esse viscondado forma com Beaucaire, obtido da comuna de Avignon por Luís VIII em 1226, e com os viscondados de Nîmes e de Agde, cedidos por um primo de Trencavel, Bernard Aton, a Simon de Monfort (mas o herdeiro de Simon, seu filho Amaury, acaba de confirmar, nesse mesmo ano de 1229, a cessão de todos os seus direitos e terras no Sul ao rei de França), duas novas senescalias (assim eram chamados os territórios das jurisdições dos bailios no Sul), as de

---

*Pela cerimônia medieval chamada *hommage* o vassalo se declarava "homem de seu senhor" e, ao tempo em que lhe jurava fidelidade até a morte, recebia um feudo. Como a cerimônia se vulgarizasse e vassalos passassem a prestar juramento a vários senhores, criou-se a HOMMAGE-LIGE, diferente da *hommage simple*: pela *hommage-lige* prestava-se juramento sem reserva, apenas ao senhor principal. Pela *hommage simple*, o vassalo só se obrigava a serviços limitados. (*N. do T.*)

**Era o nome dado, na Idade Média, ao conjunto de países da língua d'oc. (*N. do T.*)

Beaucaire e de Carcassone. E, pela primeira vez, o domínio real francês chega ao Mediterrâneo (uma frente estreita, no entanto fundamental). Saint-Gilles, porto muito ativo no século XII, está em pleno declínio, não é mais um porto livre. Luís IX logo irá decidir pela criação de um porto real no Mediterrâneo. Será o porto de Aigues-Mortes. O sonho da cruzada vai dispor de um trampolim material. São Luís é o primeiro rei de França que poderá partir do próprio solo e não de um solo estrangeiro para a cruzada. Desse modo, ainda que vá subsistir por muito tempo a originalidade da França meridional, mais ou menos respeitada, por gosto ou por necessidade, pela monarquia francesa, a unidade das duas Franças realizou-se pela força do Norte. Mas São Luís, que nisso quase não tomou parte, pouco vai se interessar, parece, por essa nova metade de seu reino. Trata-se de uma realidade longínqua para esse rei que a vê de suas residências de Paris e de Île-de-France. É verdade que dela será o senhor direto até a morte de seu irmão Afonso de Poitiers, em quem tem toda a confiança e que reside a maior parte do tempo perto dele. Quanto ao Languedoc oriental, que faz parte diretamente do domínio real, para ele será essencialmente uma rota, de agora em diante capetiana, para ir à cruzada e voltar: depois de sua volta da cruzada e graças a seus conselheiros meridionais, vai se interessar mais por sua administração no quadro da reforma geral do reino.

Os primeiros anos do reinado de São Luís, apresentados em geral de modo incompleto como anos de dificuldades e de riscos — que sem dúvida foram —, foram também para o jovem rei anos de progressos decisivos do poder real e de seu prestígio pessoal. Graças a sua presença nos teatros de operações militares e nas assembleias dos grandes, graças, entenda-se, à hábil e enérgica política de sua mãe e de seus conselheiros, Luís apareceu como um guerreiro e um soberano. O pequeno investido em Soissons na armadura de cavaleiro tornou-se um rei cavaleiro, comandante de guerra. O rei que a aproximação das tropas dos barões bloqueara em Montlhéry agora convocava seus barões e, com a exceção bretã próxima (mas a Bretanha ainda será por muito tempo uma dura espinha no corpo do reino da França), eles vinham e obedeciam.

Além disso, também têm sido insuficientemente sublinhados dois acontecimentos reveladores do progresso do poder real. A guerra entre o conde de Champagne e os barões era uma guerra privada. Luís IX não temeu intervir e o conflito mudou de natureza. Os barões tiveram de abandonar sua presa. O rei intervinha no domínio privado e não figurava aí como um aliado ou um adversário qualquer. Nesse domínio essencial da guerra, o privado recuava diante do real, que o historiador pode começar a chamar de público.

SÃO LUÍS

Por outro lado, fora da assembleia de Melun, em dezembro de 1230, para a qual Luís convocou todos os barões do reino e à qual todos (ou quase, porque não se assinala ausência notória) foram para confirmar e estender as medidas tomadas por seu pai e seu avô contra os judeus, o jovem rei promulgou a primeira ordenação conhecida (quer dizer, o primeiro ato real emitido em função da autoridade soberana, da soberania), *válida para todo o reino* e não somente para o domínio real.

É preciso, na rápida parada que fizemos em 1230-1231 na vida de São Luís, ir além da simples constatação de que "a crise está superada". Frequentemente, se não são seguidos de declínio, os períodos mornos de uma evolução histórica revelam o progresso das forças duras da obra na profundidade e na longa duração das estruturas, e o oco da onda permite um jato, um salto mais forte. Sob as águas turvas dos acontecimentos, surge o ímpeto da areia do fundo.

Durante essa minoridade prolongada em que o jovem rei parecia assumir progressivamente os direitos e deveres de sua função, mas na qual Branca de Castela continuava a aparecer em primeiro plano, com seus conselheiros à sombra — a presença deles raramente é atestada nos documentos —, Luís IX viu desaparecer em torno dele algumas personagens-chave, e começou a mostrar certos traços de seu caráter e de seu comportamento político.

Os três principais conselheiros sobreviventes do governo de Filipe Augusto e de Luís VIII, que desempenharam um papel tão importante no momento da morte deste último e do advento do novo rei, desapareceram mais ou menos rapidamente. O bispo de Senlis, frei Guérin, passou o cargo e morreu em 1227, antes do fim do ano. Barthélemy de Roye, o camarista-mor, que só morreu em 1237, parece ter se apagado pouco a pouco. Jean de Nesle só aparece de modo intermitente. Um dos principais suportes da família real continua no posto: Gautier Cornut, arcebispo de Sens, o prelado que encabeçava as listas hierárquicas de eclesiásticos.

A esse desaparecimento de velhos acompanha o dos jovens príncipes da família real. O segundo irmão do rei, João, que tinha ficado noivo em 1227 (com 9 anos) de uma filha do conde de Bretanha, morreu pouco depois. O quarto, Filipe Dagoberto, morreu em 1235, com quase 12 anos. Carlos, único irmão sobrevivente depois de Roberto e Afonso, receberá, de acordo com as vontades de Luís VIII, Maine e Anjou como "apanágio". O conjunto dos "filhos do rei de França" se estreita.

Outras trocas de pessoas se dão no comando dos grandes feudos. Mais "políticas" são as mortes de Ferrand, conde de Flandres, apoio firme do rei e de sua mãe desde 1227, que morreu em 1233, seguido alguns meses depois, em janeiro de 1234, do tio do jovem rei, aquele Filipe Hurepel, o Eriçado, sem glória nem constância. Essa morte suprime, apesar de tudo, a única hipoteca familiar. Um outro chefe da Fronda do início do reinado,* Robert de Dreux, morre dois meses depois. O caso da sucessão de Champagne também foi resolvido com vantagem para o rei. Os barões inimigos de Thibaud de Champagne, que tinham fracassado redondamente em suas operações militares, foram mais felizes em suas maquinações dinásticas. Thibaud IV tinha de enfrentar a reivindicação de sua prima Alix, rainha de Chipre. Alix sustentava seu direito ao condado de Champagne porque, filha mais velha do conde Henri II, podia receber a sucessão do condado, uma vez que a família real capetiana só excluía as mulheres da sucessão do trono. O conflito entre Thibaud e sua prima tornou-se agudo quando, em 1233, Alix voltou para a França. Finalmente, chegou-se a um acordo em 1234. A rainha de Chipre abria mão de seus direitos pessoais sobre o condado de Champagne mediante uma soma de 40.000 libras tornesas e ainda uma renda de 10.000 libras por ano. Era uma soma enorme e Thibaud IV, apesar de sua riqueza — Champagne era a sede das maiores feiras comerciais da Cristandade e ele se tornara rei de Navarra em 1233, com a morte de seu tio Sancho, irmão de sua mãe —, era incapaz de pagar essa soma. Dirigiu-se ao rei, que tinha se tornado seu amigo, e o governo real pagou por ele à rainha Alix, mas, em troca, Thibaud deixava ao rei de França a renda dos condados de Blois, de Chartres, de Sancerre e do viscondado de Châteaudun. Terminava assim a ameaça que o principado de Blois-Champagne, o qual compreendia a Île-de-France e o Orléanais, coração do domínio real, fazia pesar sobre a dinastia real.

O caso da universidade de Paris

Renovação dos seus homens de confiança, fim das principais ameaças feudais: com a grande exceção da Inglaterra, a posição do jovem rei saía muito reforçada da crise. É também durante os anos 1227-1234 e sobretudo 1231-1234 que o jovem rei manifesta alguns traços de caráter e de comportamento político, ligados daí em diante à imagem e à memória de São Luís. E é em suas relações com a universidade de Paris, com os bispos, com o imperador e, sobretudo, no domínio da devoção que o futuro São Luís começa a se afirmar.

---

*O autor usa em sentido geral o nome do movimento dos nobres e oficiais e do parlamento francês contra Mazarino, no meado do século XVII, a Fronda, que se aproveitou do momento da minoridade de Luís XIV para se sublevar contra a regente Ana d'Áustria e seu homem forte, o cardeal italiano naturalizado francês. (*N. do T.*)

SÃO LUÍS

Em 1229, a universidade de Paris é uma instituição jovem. Saída da fermentação das escolas que mestres abrem, de maneira às vezes efêmera, na colina de Sainte-Geneviève, ao longo do ardente século XII, e que se organizam em corporações na virada do século, a universidade recebe privilégios de Filipe Augusto e estatutos do papado — a corporação universitária é comunidade de clérigos e instituição de cristandade — por todo o início do século. O avô de São Luís sem dúvida pressentiu muito cedo a importância para a monarquia francesa de ter em Paris, praticamente sua capital, um centro de estudos superiores, que pudesse trazer glória, saber e "altos funcionários" clérigos e leigos para a realeza.[134] Mas Filipe Augusto não teve uma "política universitária", e essa será também a atitude habitual de São Luís. Suas intervenções põem em relevo a ordem pública no caso de tumultos, seu papel de "braço secular" se condenações eclesiásticas o reclamam, ainda que tenham consciência da utilidade da universidade de Paris e do prestígio que dá à monarquia. Quando, em 1219, pela bula *Super speculum*, o papa Honório III interdita o ensino do direito romano na universidade de Paris, é preciso não ver nisso somente a intervenção do rei de França, cuidadoso de evitar o ensino em sua capital de um direito fundamentalmente imperial, num momento em que ele aspira a ser reconhecido independente da superioridade do imperador. Trata-se antes do desejo do papa de que, atraente, o direito não faça sombra à teologia, da qual o pontífice queria fazer de Paris a capital para a Cristandade. Afinal de contas, Honório III interdita também o ensino da medicina, outra concorrente possível. Isso obrigará a monarquia a recrutar seus juristas em Toulouse e, sobretudo, cada vez mais, em Orleãs. A importância da universidade de Paris para o poder capetiano pode se medir pela teoria da *translatio studii*, muito cara aos clérigos do século XIII. Assim como tinha havido transferência do poder imperial da Antiguidade para a Idade Média — *translatio imperii* dos Impérios do Oriente ao Império romano, depois ao Sacro Império Romano Germânico —, houve transferência do poder intelectual — *translatio studii* — de Atenas para Roma, depois para Paris. Roma, capital política; Paris, capital intelectual da Cristandade: tais são, ancorados nas realidades institucionais, os mitos do poder herdados pelo jovem rei de França. Perder a universidade de Paris seria liquidar um dos principais fundamentos de seu prestígio e de seu poder. A Itália, diz-se ainda, tem o papa, a Alemanha, o imperador, a França, a universidade. Os dois pontos fortes da universidade de Paris são a faculdade das artes, a propedêutica pelo ensino das sete artes liberais, o lugar de formação

---

[134] J. VERGER indicou que os mestres formados pela universidade de Paris sob Filipe Augusto, mais ou menos entre 1200 e 1220, só se multiplicam pelo alto clero e pelas profissões sob São Luís: "Des écoles à l'Université", artigo citado (p. 53, n° 31), p. 842.

geral, o mais aberto às novidades, o mais fervente de ideias e de discussões, e a faculdade de teologia, topo do saber, centro da nova construção escolástica. Essa reunião de jovens clérigos, protegidos pelos privilégios do clericato (isenção de impostos, exclusividade da competência judiciária da corporação ou da oficialidade episcopal para os assuntos de dogma e de fé), sem serem tolhidos pelas obrigações do presbiterato, constitui um meio agitado, gerador de delitos de costumes — roubos, estupros, violência dos jovens — ou simplesmente de bagunça: bebedeira, cantorias, danças escandalosas.

A agitação se dá sob o olho inquieto do poder real, do bispo-chanceler, dos burgueses. Um tumulto de estudantes na casa de um taberneiro dependente da igreja de Saint-Marcel, no subúrbio do mesmo nome, degenera; os agentes reais e seus arqueiros, os policiais da época, agem brutalmente para restabelecer a ordem matando e ferindo alguns estudantes: é a origem de um conflito agudo entre a universidade, os burgueses, o poder real exercido por Branca de Castela, que se mostra muito firme em relação aos estudantes e que, uma vez mais, é apoiada pelo legado pontifício. É a paralisação dos cursos, é a greve, a primeira grande greve conhecida do Ocidente. À greve segue-se uma secessão, a partida de mestres e estudantes para uma outra cidade, o que não ocorria pela primeira vez. Mas, nas vezes anteriores, as secessões de mestres e estudantes não se ligavam a uma paralisação geral do ensino. É a ocasião para que muitos príncipes ou cidades tentem um verdadeiro *brain drain** da elite intelectual parisiense. O rei da Inglaterra procura atrair os parisienses para a recente universidade de Oxford, o conde de Bretanha sonha fundar com esses parisienses uma universidade em Nantes. As autoridades tolosinas buscam conquistar os parisienses para ajudar a arrancada da universidade que Raimond VII acaba de jurar que vai fundar: invocam tanto o encanto das gentes de Toulouse como a promessa de explicar os livros de Aristóteles, interditados em Paris. Mas a maior parte dos secessionistas não irá longe. Quer mesmo poder voltar a Paris, onde as condições de vida e de formação eram tão favoráveis a eles. O poder universitário nascente tem necessidade de se nutrir de todos os poderes instalados em Paris. A maioria se retira para Angers e, principalmente, para Orleãs.

Serão precisos dois anos, entretanto, para que o conflito se abrande. As duas partes se obstinam. Os riscos eram grandes dos dois lados: para a universidade, tratava-se de sua independência e de seus privilégios jurídicos; para o poder real, de sua autoridade e de seu direito de fazer reinar a ordem pública em Paris. O arrefecimento veio então com a intervenção do papa Gregório IX, cuidadoso

---

*Drenagem de cérebros. (*N. do T.*)

SÃO LUÍS

de que a Igreja possa dispor de um grande centro teológico fora dos territórios diretamente submetidos ao imperador: ele leva à negociação e chama à ordem o bispo de Paris, o legado pontifício e Branca de Castela.

Mas parece que depois de longa obstinação de Branca de Castela Luís IX interveio pessoalmente para que o poder real respondesse favoravelmente à demanda pontifícia e fizesse as concessões necessárias. Digno neto de seu avô, teria ele compreendido melhor o risco que a universidade representava para a monarquia francesa? Guillaume de Nangis, transportando talvez retrospectivamente em 1230 a atitude da monarquia francesa para o fim do século, atribuiu com insistência essa clarividência ao jovem rei. E expôs perfeitamente a ideologia das relações entre a universidade de Paris e o reino da França em um texto que sem dúvida exprime apenas as ideias de um monge de Saint-Denis, mas que, segundo julgo, relata o que realmente se passou e as motivações do jovem São Luís.

> Nesse mesmo ano [1229] houve uma grande dissensão em Paris entre clérigos e burgueses, e os burgueses mataram alguns clérigos; por isso as universidades saíram de Paris e se deslocaram para diversas províncias. Quando o rei viu que acabava em Paris o estudo das letras e da filosofia pelo qual se adquire o tesouro da inteligência (*sens*) e da sabedoria (*sapience*), que vale mais do que todos os outros tesouros, e que esse estudo se ia de Paris, depois de vindo da Grécia e de Roma para a França com o título de cavalaria, o rei doce e indulgente ficou muito inquieto e teve grande medo de que tão grandes e tão ricos tesouros se afastassem de seu reino, porque as riquezas de salvação são cheias de sentido e de saber, e porque ele não queria que o senhor o repreendesse: "Porque puseste fora e afastaste a ciência de teu reino, saiba que tu te afastaste de mim." O rei não tardou em mandar buscar clérigos e burgueses, e agiu tão bem que os burgueses se desculparam com os clérigos pelos malefícios que tinham cometido contra eles. E foi uma ação especial do rei, porque a sapiência é uma joia preciosa e o estudo das letras e da filosofia vem primeiramente da Grécia para Roma e de Roma para a França com o título de cavalaria seguindo São Dionísio, que pregava a fé na França [...].[135]

E o historiógrafo de Saint-Denis inscreve a universidade parisiense no simbolismo real fazendo de sapiência, fé e cavalaria os três símbolos das três flores-de-lis da monarquia. Sem dúvida, o monge de Saint-Denis ainda tem uma concepção

---

[135]Adaptação da versão em francês antigo da *Vie de Saint Louis*, de GUILLAUME DE NANGIS, em *Recueil des historiens des Gaules et de la France*, t. XX, pp. 519-521.

entesouradoura do saber, bastante arcaica em relação às concepções dos mestres seculares e mendicantes da universidade sobre o ensino e a difusão do saber, mas pode-se ver como ele foi bem sucedido ao introduzir Saint-Denis e seu mosteiro na gênese mítica da *translatio studii* [ao citar São Dionísio, no trecho anterior]. Percebe-se aqui o processo de gênese do mito "nacional" francês produzido pela união de Saint-Denis e da realeza, de Saint-Denis e Paris.

O rei pagou uma multa pelas violências sofridas pelos estudantes por parte dos agentes reais, renovou os privilégios da universidade, prometeu fazer com que os proprietários parisienses respeitassem o preço estabelecido pelo aluguel dos quartos de estudantes criando uma comissão de dois professores e de dois burgueses para supervisionar a observância dessa medida. Obrigou os burgueses, por sua vez, a dar uma compensação pelo assassinato ou pelo prejuízo dos estudantes, e os fez jurar, assim como ao bispo de Paris, aos párocos de Sainte-Geneviève e de Saint-Germain-des-Prés e aos cônegos do capítulo de Saint-Marcel, que daí em diante não causariam mais nenhum mal aos membros da universidade.

O papa validou os diplomas obtidos pelos estudantes refugiados em Angers e em Orleãs durante a secessão, com a condição de que voltassem a Paris; reconheceu aos professores e estudantes o direito de greve se, quinze dias depois do assassinato de um deles, os culpados não tivessem dado satisfação de seu ato. Pela bula *Parens scientiarum* de abril de 1231, que foi chamada a *Charte* da universidade de Paris, Gregório assegurava definitivamente à universidade sua autonomia e seus privilégios. Eis uma *Grande Charte* que, ao contrário da Magna Carta inglesa, não ia contra o poder real, mas podia servi-lo. O jovem Luís IX soube reconhecê-lo.

Luís e o imperador Frederico II

Num outro domínio essencial, o das relações do rei de França com o imperador, pressente-se também uma intervenção pessoal precoce do jovem rei.

Os Capeto, desde muito tempo, desde sempre, ainda que Hugo Capeto tivesse desfrutado seu parentesco otoniano,* tinham procurado subtrair seu reino a toda dependência diante do imperador, às vezes com estardalhaço, como Luís VI em 1124, mas na maioria das vezes discretamente. Também souberam tirar proveito dos violentos conflitos que opuseram, muitas e renovadas vezes, papas e imperadores, do século XI ao século XIV.

---

*O autor se refere ao parentesco entre Hugo I Capeto, primeiro rei (987-996) da prolongada dinastia francesa, e Oto I, o Grande, primeiro imperador (962-973) do Sacro Império Romano-Germânico (*N. do T.*).

São Luís continua nesse caminho, e não sem sucesso. Ao mesmo tempo, esforça-se para respeitar a dignidade imperial. Sentia-se membro de um corpo, a Cristandade, que tinha duas cabeças, o papa e o imperador. O papa era mestre das coisas espirituais, e o imperador, fora do Sacro Império Germânico, tinha direito a uma reverência especial. Mas para todas as coisas temporais, nem a Igreja (papa ou bispos) nem o imperador tinham direitos, nem poder jurídico no reino da França. Essa concepção combina muito bem com o desejo de São Luís de ter, se possível, no domínio moral, a balança equilibrada entre o papa e o imperador, para salvaguardar a unidade simbólica da Cristandade bicéfala. À medida que ia amadurecendo, depois envelhecendo, São Luís estará cada vez mais em busca de justiça e de paz. No conflito entre o papa e o imperador, sua conduta será animada por um desejo crescente de objetividade e de reconciliação.

Parece ter existido uma certa simpatia, a distância, entre essas duas grandes figuras políticas do século XIII, tão diferentes uma da outra, tão opostas mesmo, o imperador Frederico II só pensando no seu sonho imperial, o rei de França, Luís IX, no seu sonho escatológico. Todos dois, porém, tinham em comum uma visão total da Cristandade, do extremo oriente da Europa a Jerusalém, um por todos os meios do herói humano, o outro por todos os caminhos do herói cristão.

As iniciativas francesas de 1232 na direção de Frederico II dão a impressão de trazer a marca pessoal do jovem rei de França, porque ele começava, nesse terreno também, a assumir um certo afastamento político em face da mãe e dos conselheiros. Em maio e junho, Luís renovou "tratados" com Frederico e seu filho, Henrique, rei dos romanos. Os Hohenstaufen lhe prometiam vigiar as tentativas antifrancesas do rei da Inglaterra e não permitir guerras privadas entre os vassalos imperiais e os vassalos do rei de França. Frederico II ratificou esse acordo quando presidia uma assembleia de príncipes alemães no Friul. O imperador tratava Luís de irmão, e os dois soberanos se faziam mutuamente as promessas de fidelidade e de assistência que os vassalos faziam habitualmente a seus senhores.

Conflitos com os bispos:
o caso de Beauvais

Em uma outra série de problemas, o jovem rei aparece mais claramente no primeiro plano da cena, e não é nem como figurante nem como simples executante. Trata-se de conflitos de jurisdição com os bispos. Os bispos, de fato, ao lado de seu poder propriamente eclesiástico e espiritual, e frequentemente misturando as coisas, dispunham de um poder temporal, judiciário notadamente, que obtinham de um título senhorial ou alegavam que se originava de sua função episcopal. Nos anos 1230, o poder real teve problemas, por exemplo, com os arcebispos de Rouen e de Reims. O mais grave, porém, e mais longo, refere-se ao bispo de Beauvais.[136]

O problema opôs ao rei uma personagem que devia ter sua confiança. Efetivamente, Milon de Nanteuil, eleito bispo de Beauvais em 1217 e consagrado em Roma pelo papa Honório III em 1222, foi companheiro de Filipe Augusto na cruzada em que ele foi feito prisioneiro, esteve junto de Luís VIII ao acompanhá-lo na cruzada contra os albigenses e ainda o assistiu em Montpensier em sua doença final.

O conflito foi triangular, opondo a comuna burguesa, o bispo, que também era conde, e o rei. Os burgueses estavam repartidos em duas classes, os *populares*, que representavam vinte e um ofícios, e os *majores*, constituídos apenas pelos cambistas, numerosos e poderosos, porque o bispo tinha o direito de cunhar moeda. Um acordo entre Filipe Augusto e a comuna tinha confiado a eleição do prefeito a doze pares, seis nomeados pelos *populares* e seis pelos *majores*, cada grupo designando um candidato, entre os quais o bispo escolheria o prefeito. Em 1232 o acordo não funcionou e o rei, que tinha constatado, o que se repetirá em outros lugares, que os *majores* dominavam a cidade cometendo, sobretudo em matéria fiscal, muitas injustiças, designou, à maneira das comunas italianas apelando para um estrangeiro supostamente neutro entre as facções, um burguês de Senlis como prefeito. Os habitantes de Beauvais se revoltaram contra esse intruso; o motim fez um certo número de mortos.

Numa reunião em Bresles entre o rei, sua mãe e o bispo Milon, o bispo pediu ao rei que não se ocupasse com um caso que, segundo ele, não dizia respeito à justiça real, mas à justiça episcopal. Respondeu-lhe o rei que iria pessoalmente resolver o caso em Beauvais e acrescentou num tom agressivo: "Vereis o que farei." As medidas supervisionadas por ele próprio foram espetaculares. Mandou prender um número considerável de habitantes, que trancafiou primeiro no mercado coberto transformado em prisão, construindo depois novas prisões para eles. Demoliram-se solenemente quinze casas pertencentes aos burgueses mais comprometidos e o rei determinou a residência em Paris para mais de 1.500 pessoas, segundo um documento. Luís IX e seu séquito permaneceram em Beauvais durante quatro

---

[136]O caso foi objeto de um interessante artigo de Odette PONTAL, "Le différend entre Louis IX et les évêques de Beauvais et ses incidences sur les conciles (1232-1248)", *Bibliothèque de l'École des chartes*, 123, 1965, pp. 7-34.

SÃO LUÍS

dias. Segundo um acordo estabelecido com Filipe Augusto, o bispo de Beauvais pagava a cada ano cem libras parisis ao rei, o que correspondia ao direito de hospedagem do rei, quer dizer, a obrigação de pagar as despesas do rei e de seu séquito durante sua temporada. Sob o pretexto de que essa temporada era excepcional, o rei reclamou do bispo oitocentas libras como direito de hospedagem. O bispo, surpreendido, pediu um prazo para pagar. O rei imediatamente sequestrou bens temporais do bispo, quer dizer, suas fontes de renda desligadas de sua função religiosa. Todo o vinho do bispo, por exemplo, foi sequestrado em suas adegas e vendido em praça pública, ato determinado, sem dúvida, pela vontade do rei de mostrar energicamente a determinação de defender seus direitos.

O bispo organizou então a resistência ao rei, apelando para isso ao arcebispo de Reims, seu superior, aos outros bispos da província e até mesmo ao papa. Todos tomaram o partido dele contra o rei. O bispo lançou o interdito, quer dizer, suspendeu a administração dos sacramentos na diocese. Concílios ou, antes, sínodos provinciais de bispos condenaram a atitude do rei; o papa Gregório IX escreveu carta atrás de carta para dobrá-lo e escreveu até à rainha Branca para que ela usasse de sua influência sobre o filho. O conflito estendeu-se, depois da morte de Milon de Nanteuil (setembro de 1234), à província de Reims. Em Reims, pensando conquistar o apoio do rei, os burgueses se sublevaram contra o arcebispo. Em abril de 1235, o papa nomeou um mediador, Pierre de Colmieu, administrador de Saint-Omer, que no ano seguinte iria se tornar arcebispo de Rouen. Nada abalou o rei. Como resposta aos prelados, ele reuniu em Saint-Denis, em setembro de 1235, uma assembleia de toda a nobreza da França, à qual fez assinar uma carta ao papa, protestando contra as pretensões dos bispos em geral e, em particular, do arcebispo de Reims e do bispo de Beauvais, declarando que os bens temporais dos bispos eram da competência apenas da justiça leiga, real e senhorial. O papa protestou com veemência, ameaçou o rei de excomunhão e de interditos pronunciados a torto e a direito.

O caso acabou, entretanto, por se abrandar suave e lentamente. Um novo bispo mais conciliador foi eleito em 1238. Os papas, Gregório IX (morto em 1241) e Inocêncio IV (eleito em 1243), às voltas com um conflito agudo com o imperador Frederico II, pouparam cada vez mais o rei de França e principalmente os direitos do rei em matéria de bens temporais eclesiásticos. A superioridade dos tribunais reais sobre as oficialidades episcopais já nos anos 1240 deixou de ser contestada.[137]

---

[137]Um acordo entre o rei de França e o bispo de Beauvais regulando o direito de hospedagem real só se efetivou, entretanto, em junho de 1248, às vésperas da partida do rei para a cruzada.

O episódio é esclarecedor para a evolução institucional do reino e permite compreender a conduta de São Luís. O respeito do rei em relação ao papado e à Igreja não vai ao ponto de abandonar os direitos da realeza em matéria temporal. Mais ainda do que uma retomada da tradição, trata-se de um avanço do poder real. O caso de Beauvais e de Reims, os textos e declarações que gerou são uma prefiguração — o início? — do conflito que opôs o neto de São Luís, Filipe, o Belo, e o papa Bonifácio VIII, setenta anos mais tarde. Na carta de 22 de março de 1236, o papa escreveu: "Na injustiça feita à Igreja de Beauvais há uma injustiça feita a toda a Igreja 'galicana' [da França], e até à Igreja universal." Se São Luís se mostra inflexível, talvez agressivo, quando estão em jogo os direitos do rei e do reino, é que aos 18 anos o rei cristianíssimo já é determinado quanto às usurpações do papado e dos bispos sobre a justiça real em processo de desenvolvimento e sem complacência diante do abuso eclesiástico em matéria de excomunhão e de interdito.[138] O que é claramente manifesto é que, para além de seu caráter e de sua política, uma irresistível evolução o conduz à consolidação das prerrogativas da justiça real, à afirmação crescente do Estado.

O rei devoto: a fundação de Royaumont

Um outro traço de caráter e de comportamento que anuncia o futuro São Luís se revela nesses anos 1229-1234, entre os 15 e os 20 anos do rei: ele é um rei devoto.

Em seu testamento, seu pai Luís VIII tinha deixado uma alta soma para fundar perto de Paris um mosteiro ao qual a família real estaria particularmente ligada e que, mais que outros, rezaria por ela. Reencontra-se nessa intenção a velha aliança entre o monaquismo e o poder real que, desde Hugo Capeto, continuando a tradição de seus ancestrais robertianos — essa foi uma das principais razões de seu sucesso —, a dinastia capetiana quis estabelecer com alguns grandes mosteiros: Tours, Fleury-sur-Loire (onde foi enterrado Filipe I), Barbeau (que Luís VII escolheu para sepultura) e, sobretudo, claro, Saint-Denis. Luís VIII tinha entregue a fundação do novo mosteiro aos cônegos regulares de Saint-Victor de Paris, mosteiro suburbano instalado na encosta de Sainte-Geneviève que tinha desempenhado um importante papel no movimento escolar e teológico do século

---

[138] Segundo Joinville, o rei mostrou cedo sua firmeza numa assembleia de bispos do reino. Contrariamente ao que se pode pensar no século XX, não havia nisso para São Luís nenhuma contradição entre seu sentimento de grande respeito pela Igreja em tudo aquilo que se refere ao espiritual e sua firmeza no plano temporal.

SÃO LUÍS

XII. Sainte-Geneviève conservava um grande prestígio, mesmo que o historiador possa considerar hoje que já começava seu lento declínio diante da universidade e dos mendicantes. Ora, quando, em 1229, Luís IX e Branca de Castela realizam a fundação determinada pelo falecido rei, entregam-no à ordem de Cîteaux. Transferência tanto mais surpreendente quanto se sabe que o abade de Saint-Victor, Jean, designado no testamento de Luís VIII como fiador da execução de sua fundação, parece ter sido parente do jovem rei e de sua mãe. Mas a atração já assinalada do monaquismo reformado cisterciense sobre Luís foi mais forte. Como para muitos cristãos dessa época, Cîteaux foi para São Luís uma espécie de transição para as ordens mendicantes que ainda não constituíam o essencial entre aqueles de que o rei se fazia cercar.

Com a fundação de Royaumont, mostram-se não apenas o gosto de Luís IX pelos edifícios religiosos, mas também sua piedade, combinada com humildade, e seu autoritarismo em matéria de devoção.

Joinville testemunha seu gosto precoce pelos edifícios religiosos: "Desde os primeiros tempos em que assumiu seu reinado e que se fez conhecer, começou a edificar igrejas e muitas casas religiosas, entre as quais a abadia de Royaumont vence em beleza e grandiosidade."[139] A construção de Royaumont é também para o jovem rei ocasião de humilhação e penitência. De maneira simbólica, Luís se faz operário, na tradição monástica do beneditismo primitivo, cuja honra foi remida por Cîteaux no século XII. Guillaume de Saint-Pathus, em sua biografia escrita seguindo as peças do processo de canonização no fim do século XIII, mostra-nos o trabalho: "E como os monges saíssem, segundo o costume da ordem de Cîteaux, depois da hora terceira, para o trabalho (*labour*) e para carregar as pedras e a argamassa para o local onde se construía o muro, o bendito rei tomava o tabuleiro e o carregava cheio de pedras e ia na frente, e um monge o carregava por trás, e assim fez o bendito rei muitas vezes nessa ocasião."[140] E como Guillaume de Saint-Pathus relata esse comporta-

---

[139]Tradução [aqui vertida para o português, claro] em francês moderno de Natalis de Wailly, na edição de 1874. O texto do manuscrito diz: "dès qu'il se sut *apercevoir*" (por *connaître*), quer dizer, mais ou menos: "desde que soube o que queria" (aperçu significa "sábio, prudente, instruído"), desde que se viu "instruído a respeito de si próprio". Notação interessante para a história do homem São Luís. O manuscrito fala ainda não de igrejas e casas religiosas, mas de "moustiers et maisons de religion", quer dizer, de mosteiros e conventos de religiosos. Entre os membros da Igreja, São Luís é mais atraído por aqueles que seguem uma regra do que pelos seculares, ligados às coisas do século, ainda que eclesiásticos. Enfim, Joinville fala "da honra e da nobreza" ["l'honneur et la hautesse"] da abadia de Royaumont. O vocabulário estético ainda não se desprendeu de outros valores nem de um vocabulário em que as noções artísticas estão misturadas com as noções éticas.

[140]GUILLAUME DE SAINT-PATHUS, *Vie de Saint Louis*, p. 71. Carregam-se as pedras sobre um tabuleiro. O carrinho de mão, invenção do século XIII, só aparecerá um pouco mais tarde nos canteiros das catedrais.

mento piedoso no capítulo consagrado ao amor de São Luís por seus próximos, acrescenta: "E também nessa época o bendito rei fazia seus irmãos meu senhor Afonso, meu senhor Roberto e meu senhor Carlos carregarem o tabuleiro. E com cada um deles havia um dos monges a carregar o tabuleiro do outro lado. E o santo rei fazia com que outros cavaleiros do seu séquito (*compagnie*) também carregassem. E como seus irmãos às vezes quisessem falar, gritar e brincar,[141] o bendito rei lhes dizia: 'Os monges aqui observam o silêncio e nós devemos observá-lo também.' E como os irmãos do bendito rei enchessem muito seus tabuleiros,[142] e quisessem repousar a meio-caminho, ele lhes dizia: 'Os monges não repousam, também vós não deveis repousar.' Assim o santo rei formava os seus [sua *mesnie*: seus parentes e os que o cercavam] para fazer bem--feito." Os próximos de São Luís começavam a saber quanto custa viver em sua proximidade e gozar de sua afeição.

Para construir a abadia desejada por Luís VIII e que entregaram aos cistercienses, o rei e sua mãe tinham escolhido um lugar próximo de Asnières-sur--Oise, na diocese de Beauvais, onde o jovem rei morava de tempos em tempos e que eles tinham comprado com esse objetivo. O lugar se chamava Cuimont, mas o nome foi trocado para Royaumont ("mont royal"), denominação que manifestava a ligação estreita entre o mosteiro e a realeza. Desde 1232, o capítulo geral de Cîteaux, a pedido dos monges de Saint-Denis, decidiu que a festa da abadia de Saint-Denis seria celebrada em todos os mosteiros da ordem com duas missas e outras solenidades das festas de feriados, com a diferença de que os conversos* não parariam o trabalho. Compreende-se melhor, através de uma informação desse gênero, os favores dispensados por São Luís aos cistercienses que acabavam de se ligar a ele por uma espécie de aliança de oração, criando um parentesco espiritual entre os monges da abadia e a dinastia, mas também o poder real. Cîteaux, com Royaumont e com essa aliança, entrava nessa rede real, da qual Saint-Denis era o núcleo.

---

[141] Não se fala de João e Filipe Dagoberto; provavelmente eles estão mortos e a cena se passa sem dúvida entre 1232 e 1234. Em 1233, Luís tinha 19 anos; Roberto, 17; Afonso, 13; e Carlos, 6 anos. [*N. do T.* — João, sim, estaria morto desde 1227. Mas segundo o subtítulo *Uma difícil minoridade*, deste Capítulo I, e os Quadros Genealógicos do fim do volume, Filipe Dagoberto só morreria em 1235. No subtítulo *São Luís e os corpos reais*, do Capítulo IV, também desta primeira parte, é que se diz — contraditoriamente — que Filipe Dagoberto teria morrido "em 1233 ou 1234".]

[142] Sem dúvida para que o castigo acabasse mais rapidamente.

*"Conversos(as)" ou "irmãos conversos" são religiosos que vivem em conventos ou mosteiros fazendo os serviços domésticos ou, sobretudo quanto às irmãs conversas, também trabalhos manuais. Consagram a vida a Deus mas não são sacerdotes, no caso dos irmãos conversos. Isto é, não recebem o sacramento da ordem. (*N. do T.*)

SÃO LUÍS

O rei devoto: a perda do santo cravo

O outro acontecimento devocional desses tempos iniciais foi a perda e o re-encontro de uma insigne relíquia da abadia de Saint-Denis, o santo cravo. Passemos ainda uma vez a palavra a Guillaume de Nangis que, monge de Saint-Denis, deu ao acontecimento — uma miudeza — a dimensão de um drama cósmico:

> No ano seguinte [1232], aconteceu nessa mesma igreja [Saint-Denis] que o santíssimo cravo, um daqueles com os quais nosso senhor foi crucificado, que estava lá desde os tempos de Carlos, o Calvo, rei de França e imperador de Roma que o doou à dita igreja, caiu do vaso onde estava guardado quando o davam a beijar aos peregrinos e perdeu-se entre a multidão de pessoas que o beijavam no terceiro dia das calendas de março [28 de fevereiro], mas depois foi achado por grande milagre e foi levado de volta à dita igreja com grande alegria e grande júbilo no primeiro de abril seguinte.[143] A dor e a compaixão que o santo rei Luís e sua nobre mãe a rainha Branca tiveram com tão grande perda deve ser mencionada. O rei Luís e a rainha sua mãe, quando souberam da perda desse altíssimo tesouro e o que tinha acontecido ao santo cravo sob seu reinado, sentiram grande dor e disseram que notícia mais cruel não podia ter sido levada a eles nem que lhes fizesse sofrer mais cruelmente. O boníssimo e nobilíssimo rei Luís, por causa da grande dor que teve, não pôde se conter mais e se pôs a gritar bem alto que preferiria que a melhor cidade de seu reino fosse destruída e perecesse. Quando soube da dor e do pranto que dominavam o abade e os monges noite e dia sem que se pudessem consolar, enviou-lhes homens sábios e bem-falantes (*bien parlants*)* para reconfortá-los e quis ir em pessoa, mas sua gente impediu que ele fosse. Ordenou, então, que se gritasse por toda Paris, pelas ruas e pelas praças, que se alguém soubesse alguma coisa sobre a perda do santo cravo e se alguém o tivesse achado ou guardado, devia devolvê-lo logo e ganharia cem libras da bolsa do rei. Que mais dizer? A angústia e a tristeza da perda do santo cravo foi tão grande em todos os lugares que mal se pode descrevê-las. Quando as pessoas de Paris ouviram o grito do rei e a notícia da perda do santo cravo, ficaram muito atormentadas e muitos homens, mulheres, crianças, clérigos, escolares

---

[143]Naquele ano foi a Sexta-Feira Santa.

*A expressão entre parênteses indica que está assim, à moda antiga, no original (mas na adaptação para o francês moderno utilizada pelo autor usa-se a expressão atualizada *beaux parleurs*). (N. do T.)

[estudantes] começaram a esganiçar-se e gritar do fundo do coração, em pranto e em lágrimas; correram às igrejas para invocar a ajuda de Deus em tão grande perigo. Não foi somente Paris que chorou, mas todos aqueles que no reino da França souberam da perda do santo e precioso cravo choraram. Muitos homens sábios temiam que por causa dessa cruel perda advinda no início do reinado houvesse grandes infelicidades ou epidemias e que isso pressagiasse a destruição — de que Deus nos guarde — de todo o corpo do reino da França.[144]

Influência de relíquias sobre um povo inteiro, revelação pública da intensa atração exercida por elas sobre o jovem rei, excesso na expressão emotiva de um sentimento religioso bem próximo da magia, orquestração de uma devoção fundada em objetos materiais sacralizados pela Igreja, na qual se distingue ainda a política de longo alcance de Saint-Denis, que religa a França de São Luís a Jesus pelo pseudo-apóstolo Dionísio* e à dinastia carolíngia, esse fato menor projeta uma luz crua sobre a piedade cristã do século XIII, em cujo seio São Luís não é mais uma exceção, mas a sublimação real do âmago religioso de um povo que se podia transtornar com relíquias e milagres. A crença permanece inabalável entre os mais simples e entre os mais sábios e os mais poderosos, crença na virtude sagrada dos objetos que garantiam a prosperidade de um reino e cuja perda ocasional pode levar a uma predição de ruína. Assim como os romanos interrogavam com angústia o fígado das vítimas, o voo e o apetite dos pássaros, os franceses do século XIII investigavam a perda de um

---

[144]GUILLAUME DE NANGIS, *Vie de Saint Louis, op. cit.*, pp. 320-326. Sobre o santo cravo de Saint-Denis, ver o notável estudo (a aparecer) de Anne LOMBARD-JOURDAN. [*N. do T.* — A edição francesa com que trabalhamos, que deve ser tomada como base para esta e para todas as notas e referências desse tipo, foi impressa em fevereiro de 1996.]

*Há várias lendas em torno da vida do primeiro bispo de Paris (c. 250 d. C.), São Dionísio no hagiológio de língua portuguesa, o Saint-Denis dos franceses. Uma delas, embora ele tenha vivido mais de dois séculos depois, o apresenta como contemporâneo dos apóstolos e mesmo como um deles. Essa lenda é que a abadia de Saint--Denis explorava para ligar a França diretamente a Jesus. Mistura-se o São Dionísio bispo de Paris com Dionísio, o Areopagita, um outro São Dionísio, grego convertido por São Paulo no século I (ver início do Capítulo III da Segunda Parte). Tendo esse ateniense vivido no século I, buscou-se dá-lo, por aproximação cronológica, como apóstolo, que nunca foi — daí tratá-lo o autor como "pseudo-apóstolo". O nome igual ajudou a tentativa de confundir. Mas atenção para não aumentar a confusão. Os escritos de um filósofo grego do fim do século IV ou início do V sobre a hierarquia celeste, de que se tratará adiante, no Capítulo VI da Segunda Parte (subtítulo "O *Eruditio regum et principum* de Gilbert de Tournay"), foram tidos inicialmente como de autoria desse Dionísio, o Areopagita. Quando se descobriu que eram escritos posteriores a ele em mais de três séculos e não se descobriu o nome do autor verdadeiro, esse autor desconhecido passou a ser tratado como Pseudo-Areopagita. Há, portanto, São Dionísio bispo de Paris, há outro São Dionísio que é Dionísio, o Areopagita, ou "pseudo-apóstolo", e há o teólogo de nome ignorado cognominado Pseudo-Areopagita, ou também Pseudo-Dionísio. O autor estabelece no original francês uma diferença ortográfica: só o Dionísio bispo de Paris é "Denis". Para os dois gregos (os dois "pseudos"), Le Goff grafa *Denys*. (*N. do T.*)

SÃO LUÍS

cravo santo. O jovem Luís participa da mais profunda religiosidade para nós "primitiva" de seu povo e a excita — e começa a construir sua imagem e sua política sobre a manifestação pública e intensa desses sentimentos. Os que o cercam, porém, consideram essas manifestações piedosas excessivas, indignas de um rei que deve mostrar sua moderação e dar o exemplo da razão. Luís por esse tempo já choca os que se ligam a uma ideia tradicional do comportamento de um rei. Seria a majestade real compatível com esses sinais de uma piedade combinando gestos que exprimem a intensidade da crença em um sagrado tão antigo (culto das relíquias, veneração dos lugares de culto: igrejas e mosteiros) com os de uma devoção individual nova proclamando a humildade, o horror do pecado, a necessidade de penitência? Para Luís, não haverá nisso nenhum problema íntimo: ele se sente, ele se quer ao mesmo tempo e sem contradição rei de França, consciente de seus deveres, que incluem a aparência e o simbólico, e cristão que, para ser exemplar e assegurar sua salvação e a de seu povo, deve manifestar sua fé segundo as antigas e novas práticas, e deve fazê-lo, para usar uma expressão que lhe será cara, não somente "de coração", em sua consciência, mas também "de corpo", em seu comportamento sensível. Mas, em volta dele, estão seus conselheiros, aqueles que o querem solidário com os valores e a atitude dos níveis sociais a que ele pertence (aristrocracia, prelados), e o povo, que vê nele um chefe leigo. Diante disso, em pouco tempo, com essa opinião pública em formação, não estarão esses grupos divididos entre dois sentimentos: a admiração e o constrangimento, talvez até a condenação de uma atitude julgada escandalosa e nociva, indigna da função real e perigosa para o reino e seus súditos? O reinado de Luís vai decorrer nesse desvio entre a conduta do rei confiante na compatibilidade, melhor ainda, na fusão necessária de seus dois cuidados maiores: o bem do reino e de seu povo, sua salvação pessoal que deve, uma vez que ele é rei, se confundir com a do reino e seus súditos — e o choque da opinião pública francesa repartida entre seu deslumbramento diante da piedade do rei e seu temor de que aquele não seja o comportamento exigido de um rei. Luís terá alguns instantes ou mesmo alguns períodos de dúvida, especialmente depois da derrota de sua cruzada, mas sempre se recomporá, persuadido de que está nesse "reto" caminho que define a função real.[145] Contudo, o comportamento do rei de França é inquietante nessa sociedade em que é um grande pecado não ocupar de maneira clara o seu lugar, transgredir o *estado* (*status*) no qual Deus nos situou, não permanecer firme nas fronteiras sociais claras desejadas por Deus e, em particular, aquelas que separam os

---

[145]Ver p. 301 e segs.

clérigos dos leigos; nessa sociedade que não aceitará jamais como chefe um Melquisedeque, um rei sacerdote — o próprio Luís está persuadido da necessidade dessa distinção e se esforçará para permanecer nos limites do estado leigo, ainda que avance ao extremo limite da fronteira além da qual se entra no mundo dos clérigos, dos religiosos. Pois esse híbrido escandaloso não é, no fundo, um rei monge e, mais tarde, quando se cerca de frades das novas ordens mendicantes, um rei frade? Afinal a boa solução será achada pela maioria da opinião pública e sancionada pela Igreja: Luís será um rei *santo*, um rei *leigo* e *santo*. Mas através dos avatares arriscados de um longo reinado e de uma vida que, para o século XIII, é uma longa vida.

II

DO CASAMENTO À CRUZADA
(1234-1248)

Ignora-se quando foi reconhecida a maioridade de Luís. Certamente em 1234, com 20 anos, ou, no mais tardar, em 1235, com 21 anos. A maioridade dos reis de França só foi fixada em 1375 por Carlos V. Foi de 14 anos. O caso de Luís é excepcional. Branca de Castela governou tão bem durante a juventude do filho e tomou, parece, um tal gosto pelo poder, que, na realidade não apenas com o apoio de seus conselheiros, mas com o assentimento dos grandes, prolongou a tutela sobre o filho e sobre o reino. Sem dúvida, o jovem rei, já o vimos, começou a intervir em alguns negócios e manifestou sua vontade, se não seu poder. E provavelmente o fez com uma certa eficácia em algumas ocasiões: greve da universidade de Paris, relacionamento com os bispos. A passagem à maioridade e ao governo pessoal não se deixa entrever nem nas fontes nem nos fatos. Porque uma situação insólita se instalara sem ruptura: uma espécie de "correaleza", de fato, de Luís e de sua mãe. Uma "correaleza" desigual, como veremos, mas tacitamente partilhada.[1]

O casamento de Luís IX (1234)

Em 1233, Luís tem 19 anos e não se casou nem sequer está noivo, o que, na época, é surpreendente para uma personagem dessa importância. Haveria murmúrios

---

[1] Ver *infra*, pp. 458 e 632-633.

no círculo do jovem rei, acusando sua mãe de retardar uma união que poderia diminuir sua ascendência sobre o filho e limitar seu poder nos negócios do reino. Mais tarde, sua conduta em relação à nora dá uma certa verossimilhança a essa suposição. É essencial não esquecer também que o casamento de um rei de França não é um fato menor e que é preciso achar-lhe uma esposa de condição elevada, trazendo vantagens políticas, e — o que era evidentemente mais difícil de adivinhar, mas as pessoas da Idade Média acreditavam poder se entregar, lá nas esferas celestes, a cálculos mais ou menos fundados —, capaz de dar ao marido uma descendência, senão abundante, pelo menos masculina. Na Idade Média, os casamentos dos poderosos são acertados pelos pais por motivos de conveniência familiar (dinástica e política, no caso de um soberano) sem que o futuro casal tenha uma palavra a dizer, nem mesmo, na maior parte das vezes, que um veja o outro antes do casamento.[2] O amor se refugia então no rapto, no concubinato, no adultério e na literatura. Casamento de amor não tem sentido na Idade Média. O amor moderno, o amor do Ocidente, nasceu e durante muito tempo viveu no imaginário ou na ilegalidade, antes de se realizar na prática conjugal. Nasceu do sentimento amoroso contrariado.

Guillaume de Nagis vê o casamento como a consequência de um desejo do rei, mas Luís provavelmente não fez mais do que se conformar ao costume, e a data dos esponsais deve ter resultado de acordo entre o rei, sua mãe, os principais conselheiros e a disponibilidade de uma moça idônea: "No ano da graça de Nosso Senhor de 1234, oitavo ano do reinado do rei São Luís e décimo nono de sua idade, ele desejou ter um fruto de seu corpo que mantivesse o reino depois dele [quer dizer, um herdeiro homem] e quis se casar não por causa da luxúria, mas para procriar uma linhagem."[3]

A escolha recaiu sobre a filha mais velha de Raimond Bérenger V, conde de Provença desde 1209, o primeiro conde da dinastia aragonesa da Provença a morar de modo quase constante em suas terras provençais, com mais frequência em Aix ou em Brignoles. O casamento introduzia o rei numa região triplamente interessante para a coroa da França. Completava a penetração dos Capeto nos antigos domínios do conde de Toulouse, nesse Sul longamente dominado pelos hereges. Acentuava a presença da monarquia francesa nas margens do Mediterrâneo, onde Luís IX acabava de funcionar como mediador, em fevereiro de 1234, entre seu futuro sogro e o conde de Toulouse, Raimond VII, em conflito

---

[2] Gérard Sivery levanta entretanto a hipótese de que São Luís talvez estivesse informado sobre a moça, porque o cronista Guillaume de Puylaurens menciona que Luís IX, no ano anterior, pediu a Gilles de Flagy, seu enviado ao Languedoc, que fizesse uma incursão pela Provença a fim de avistar-se com o conde e sua filha.
[3] GUILLAUME DE NANGIS, *Vie de Saint Louis*, p. 323.

SÃO LUÍS

121

pela guarda de Marselha; fazia sentir sua presença em terras do Império, na margem esquerda do Ródano, aquele reino de Arles cujo vicariato o imperador Henrique VI, no fim do século XII, tinha confiado a Ricardo Coração de Leão. No mesmo lance, o casamento provençal também fazia parte da estratégia anti-inglesa do poder real francês.

Depois de Margarida, que vai casar com o rei de França, Raimond Bérenger V, que perdeu dois filhos pequeninos e não tem herdeiro homem, tem três outras filhas.[4] A segunda, Alienor ou Eleonora, casará em 1236 com o rei da Inglaterra Henrique III — é a resposta inglesa ao casamento de Luís e de Margarida —, a terceira, Sanchie (ou Sancha), casará em 1241 com o irmão de Henrique III, Ricardo de Cornualha, e será coroada ao lado dele rainha dos romanos em Aix-la-Chapelle em 1257, mas não será imperadora, porque o marido fracassou na tentativa de tornar-se imperador; e ela morreu logo em 1261. Para que o condado da Provença não seja absorvido por um dos grandes reinos do Ocidente, a França ou a Inglaterra, Raimond Bérenger V, que morreu em 1245, dita antes da morte um testamento instituindo herdeira do condado sua quarta filha, Beatriz, e, se Beatriz não tivesse filho e Sanchie não tivesse um herdeiro, a Provença voltaria ao rei Jaime de Aragão. Mas, em 1246, Beatriz casa com o irmão caçula do rei de França, Carlos d'Anjou,[5] e quando este, pela graça do papado, torna-se rei de Nápoles e da Sicília, Beatriz é coroada rainha em 1265, e morre menos de um ano depois. A Provença será então anexada ao reino de Nápoles e da Sicília.[6]

É tentador evocar esse conde que teve quatro filhas, todas quatro rainhas, e que se tornou, ainda que parcialmente de maneira póstuma, o sogro da Cristandade. Seria necessário descrever a rede de alianças em que Luís IX entra em 1234, rede que se completará entre 1236 e 1246. Certamente, a rainha Margarida e suas três irmãs não constituíram um grupo compacto, diferentemente de Luís IX e seus três irmãos. Se as duas mais velhas, a rainha da França e a rainha da Inglaterra, quase com a mesma idade, parecem que foram muito ligadas, o mesmo não acontece entre elas duas e as duas mais moças. Separadas por uma boa diferença de idade, não tiveram infância e juventude comuns, e as mais velhas parecem ter desejado que a mais jovem fosse a herdeira de seu pai. As ligações entre a França e a Inglaterra mostram bem ao mesmo tempo a eficácia e os limites desse parentesco por aliança entre as famílias reais medievais. Incapazes de impedir o conflito armado que explodirá entre os dois reis, Luís IX e Henrique III, no início

---

[4]Sobre a família condal da Provença, pode-se consultar Gérard SIVERY, *Marguerite de Provence. Une reine au temps des cathédrales*, Paris, 1987.

[5]Trata-se, segundo G. Sivery, de "uma das obras-primas da grande estratégia matrimonial medieval".

[6]Sabe-se que, com a extinção da casa d'Anjou e da Sicília em 1481, a Provença será reanexada ao reino da França.

dos anos 1240, esses laços de família desempenharão depois um papel positivo, e quando São Luís entrar definitivamente na sua função de pacificador, vai se apoiar sobre esses mesmos laços.

Luís e Margarida são parentes em quarto grau, mas, a 2 de janeiro de 1234, o papa Gregório IX os exclui do impedimento de casamento por consanguinidade por causa da "urgente necessidade e evidente utilidade" de uma união que deve ajudar a trazer a paz a uma região perturbada pela heresia e pela guerra contra os hereges. Margarida é apenas núbil. Tem 13 anos, e sua idade talvez seja também uma razão para o casamento relativamente tardio de Luís que teria esperado que a esposa desejada atingisse o estado fisicamente apto para o matrimônio. O rei decidiu que o casamento teria lugar em Sens, de acesso fácil tanto a partir de Paris como a partir da Provença, sede de um arcebispado prestigioso, do qual dependia o bispo de Paris. Além disso, em Sens está um dos principais conselheiros do poder real, Gautier Cornut, e a cidade tem orgulho de sua catedral, uma das primeiras e mais belas catedrais góticas.

Tudo se precipita em maio. Os dois enviados do jovem rei encarregados de ir buscar a noiva na Provença e de acompanhá-la até o local do casamento, o arcebispo Gautier Cornut e Jean de Nesle, fiel conselheiro herdado de Filipe Augusto e de Luís VIII, fazem redigir em Lyon, por escrito, a promessa de casamento do rei que se compromete a desposar Margarida antes da Ascensão, que naquele ano caía a 1° de junho. O compromisso responde a um ato acertado em Sisteron a 30 de abril, pelo qual o conde e a condessa de Provença prometem pagar ao rei de França uma soma de 8.000 marcos de prata vencíveis em cinco anos como dote de Margarida e de dar-lhe como penhor o castelo de Tarascon. No dia 17 de maio o conde de Provença se compromete a pagar ao rei um suplemento de 2.000 marcos.[7] Margarida, conduzida por seu tio Guillaume de Savoie, bispo de Valencia, passa por Tournus dia 19 de maio e chega a Sens pouco antes de começar o dia 28. Luís, que a 24 de maio ainda está em Fontainebleau, dia 25 está em Pont-sur-Yonne, para na abadia de Sainte-Colombe, perto de Sens, onde passa três dias, 26, 27 e 28 de maio. O casamento é celebrado no sábado, 27 de maio, véspera do domingo anterior à Ascensão.[8]

A assistência é brilhante. O séquito de Luís é formado pela mãe, Branca de Castela, os irmãos Roberto e Afonso, o primo Afonso de Portugal (o futuro rei Afonso III), sobrinho de Branca de Castela, diversos nobres, entre os quais o fiel Barthélemy de Roye, o velho servidor de Filipe Augusto, e muitas damas

---

[7] A maior parte do dote de Margarida não será paga.

[8] A documentação desses acontecimentos está no catálogo *Le Mariage de Saint Louis à Sens en 1234*, Catálogo da esposição organizada em Sens em 1984.

SÃO LUÍS

123

que garantirão o séquito de Margarida. Entre os assistentes que atenderam ao chamado do rei, há o arcebispo de Tours, os bispos de Auxerre, Chartres, Meaux, Orleãs, Paris e Troyes, os abades de Saint-Denis e dos mosteiros de Sens, Saint--Jean, Saint-Rémi e Saint-Pierre-le-Vif, assim como o arquidiácono e os cônegos do capítulo de Sens; a condessa de Flandres e de Hainaut, Jeanne; o conde de la Marche Hugues X, senhor de Lusignan; Archambaud IX, senhor de Bourbon; o duque de Borgonha Hugues IV e sua mulher; Mathilde de Artois, condessa de Courtenay e de Nevers, e seu marido Guigues V, conde de Forez; e, enfim, mas não o menos importante, o conde de Toulouse, Raimond VII. Há ainda prelados mais ou menos ligados à monarquia, entre os quais o bispo de Paris e o abade de Saint-Denis (o arcebispo de Reims está fora da comemoração), os grandes senhores da região e os detentores de três dos maiores feudos, Flandres, Marche e o condado de Toulouse. Dois deles, Hugues de Lusignan e Raimond VII, são dois grandes vassalos frequentemente pouco dispostos a manifestar sua fidelidade ao rei.

A cerimônia do casamento se desenrola em dois tempos.[9] Primeiramente sobre um estrado exterior, diante da igreja, porque durante longo tempo o casamento na Idade Média foi apenas um contrato privado. No século XIII, está a ponto de tornar-se um sacramento e de passar ao controle da Igreja. A celebração externa permite também dar uma última manifestação pública ao casamento (depois da publicação dos banhos tornada obrigatória pelo quarto concílio de Latrão, em 1215) e se pergunta uma última vez aos assistentes se não conhecem impedimento à união; mas a dispensa pontifícia, nesse caso, tinha regulamentado o problema. Em seguida o arcebispo exorta os noivos, depois vem o rito essencial que, nessa sociedade do gesto, se exprime por um gesto simbólico, a junção das mãos direitas (*dextrarum junctio*), que lembra a homenagem do vassalo pousando suas mãos nas do senhor. Esse gesto significa o consentimento mútuo dos esposos porque, na liturgia do casamento, a mulher é igual ao homem, exceto em alguns detalhes. Normalmente, é o pai da noiva que une a mão direita dos esposos. Na ausência do conde de Provença, terá sido provavelmente o tio de Margarida, Guillaume de Savoie, bispo de Valencia, o autor do gesto.

O arcebispo, invocando o Espírito Santo, benze e incensa um anel que a seguir entrega ao rei, que o passa pelos dedos da mão direita de Margarida,

---

[9]Ver Jean-Baptiste MOLIN e Pierre MUTEMBE, *Le Rituel du mariage en France, du XIIᵉ au XVIᵉ siècle*, Paris, 1974; Jean-Baptiste MOLIN, "La liturgie du mariage dans l'ancien diocèse de Sens", *Bulletin de la Société d'histoire et d'art du diocèse de Meaux*, 1968, pp. 9-32, e ID., "L'iconographie des rites nuptiaux", dans *102ᵉ Congrès national des sociétés savantes*, Limoges, 1977, pp. 353-366.

primeiro no polegar (dizendo: *In nomine Patris*, Em nome do Pai), depois no indicador (prosseguindo por: *et filii*, e do Filho), e enfim no dedo médio (terminando por: *et Spiritus Sancti*, *Amen*, e do Espírito Santo, Amém). Luís deu em seguida treze denários,* o trezeno — gesto cujo significado é desconhecido —, a Margarida, que os entrega sem hesitar ao arcebispo, assim como a carta nupcial atestando a conclusão do casamento. O documento escrito, na Idade Média, completa frequentemente o gesto. Preces ditas pelo arcebispo, uma bênção e o incensamento dos esposos encerram essa primeira fase. Casados, os jovens entram então na igreja.

A segunda fase do casamento, essencialmente, é uma missa. Muitos textos adaptados à circunstância nela são lidos ou cantados, uma passagem da primeira Epístola de São Paulo aos Coríntios (6, 15-20)** ("Não sabeis que vossos corpos são membros do Cristo?... Fugi da fornicação!... Não sabeis que vosso corpo é um templo do Espírito Santo?..."), uma do Evangelho de Marcos (10, 1-9)*** ("Ele os fez homem e mulher [...] Assim, eles não são mais dois, mas uma só carne [...] Aquele que repudia sua mulher e se casa com uma outra comete adultério em relação a ela, e se uma mulher repudia seu marido e se casa com um outro comete adultério"), um Prefácio agradecendo a Deus: "Tu que recebeste a aliança nupcial por um jugo suave do amor e uma indissolúvel ligação de paz para que a multiplicação dos filhos de adoção se complete pela casta fecundidade de santos esponsais."

Dois ritos particulares incluídos na missa são significativos. Depois do Prefácio, os dois esposos se prostram aos pés do arcebispo, estende-se um véu nupcial (*velatio nuptialis*) sobre Luís e Margarida "prostrados", enquanto o arcebispo invoca a graça de Deus sobre o casal. Um rito semelhante, que é um rito de iniciação ou de passagem (aqui do celibato ao estado conjugal), existe nas ordenações (passagem de leigo a clérigo, ou de padre a bispo). O rito se conclui depois de uma longa prece na qual se faz o voto de que a esposa seja amável a seu marido como Raquel, sábia como Rebeca, fiel como Sara.

No momento da invocação: "Que a paz do Senhor esteja sempre convosco" (*Pax Domini sit semper vobiscum*), o rei sobe ao altar para receber do arcebispo o beijo da paz, que vai levar a sua esposa. Um contemporâneo, o dominicano Guillaume Peyrot, sublinha a importância desse beijo (outro rito vassálico), pelo qual o marido promete amor e proteção à mulher: "O marido faz promessa de amar sua mulher quando lhe dá na missa, em presença do corpo do Senhor, esse

---

*Moeda francesa antiga. (*N. do T.*)

**Com rigor, "1 Coríntios 6, 15-19". (*N. do T.*)

***Na verdade, "Marcos 10, 6-12". (*N. do T.*)

SÃO LUÍS

beijo que em todo tempo é sinal de amor e de paz." Depois, Luís e Margarida comungam.

Depois da missa, dois ritos que não deixaram traços no casamento de Luís e Margarida, mas que devem ter sido cumpridos, completam a passagem dos esposos ao estado conjugal. Um pão e uma taça de vinho (em vez da comunhão sob as duas espécies que, como os sacerdotes, o rei é o único de todos os leigos a receber, na missa de sua sagração) são bentos pelo oficiante e repartidos simbolicamente pelos esposos. Por fim, há a bênção da câmara nupcial pelo oficiante, depois os esposos se sentam ou se deitam no leito. É, à evidência, um rito de fecundidade, sublinhando a finalidade procriadora do casamento, sua justificação.

Sabemos por uma confidência, muito tempo depois, da rainha Margarida, que o jovem esposo real não tocou em sua mulher durante a noite de núpcias, respeitando, como os esposos cristãos muito devotos e formalistas, as três "noites de Tobias", recomendadas pela Igreja a partir do exemplo de Tobias, no Velho Testamento.

Mas logo no dia seguinte ao casamento, o domingo 28 de maio de 1234, a jovem e nova rainha foi coroada. A inauguração — para usar um termo inglês que infelizmente não existe em francês para as pessoas — das rainhas da França passou por uma evolução declinante na Idade Média. No século XIII, ainda ungidas (mas não com o óleo milagroso da âmbula santa, reservada ao rei) e coroadas quando da sagração do rei, se ele fosse casado, ou então coroadas numa cerimônia especial pouco depois de seu casamento, se seu esposo já fosse rei, elas deixaram de ser sagradas com o rei no século XV e sua coroação se tornou, no correr do século XVI, uma cerimônia menor.[10] O lugar habitual da coroação da rainha é Saint-Denis, nunca Reims, mas Saint-Denis não tem o monopólio dessa cerimônia. A igreja de Sens era suficientemente prestigiosa para que sua catedral fosse o teatro da cerimônia. A proximidade da coroação e do casamento, o dia seguinte, pode ser considerada provavelmente como uma atenção de Luís IX para com sua tão jovem esposa.

A cerimônia sem dúvida seguiu o *ordo* contido num manuscrito de cerca de 1250. Analisarei as duas cerimônias, sagração do rei, coroação da rainha, na terceira parte deste livro. Lembremos ainda que a ela se seguiu um grande festim e que Luís IX armou alguns cavaleiros e talvez tenha tocado doentes

---

[10] Até que Maria de Médicis consegue com dificuldade ser coroada in extremis, uma vez que o foi precisamente na véspera do atentado de Ravaillac, que custou a vida a seu marido Henrique IV, em 1610.

de escrófulas em virtude de seu poder taumatúrgico.[11] Por ocasião da coroação da rainha, o rei teria então retomado os ritos que dão sequência à sua própria sagração e que dela decorrem. Não acredito, por outro lado, como por vezes se escreveu, que Luís IX também tenha criado em Sens "uma nova ordem de cavalaria", a *Coste de Geneste*.[12] Essa ordem não é atestada senão um século mais tarde, sob Carlos VI, que tentou lançá-la sem sucesso e que provavelmente foi criada por ele mesmo. Para dar-lhe mais lustre, inventou-se uma origem na verdade lendária, remontando a São Luís, o "grande homem" (e o santo) da dinastia. A criação de uma tal ordem de cavalaria não corresponde nem ao espírito do século XIII nem ao comportamento de São Luís, ainda que ele tenha sido rei cavaleiro — e desejado sê-lo.[13]

Temos a sorte de possuir as contas das despesas feitas pela realeza por ocasião do casamento de Sens. Essas despesas nos permitem entrever os aspectos materiais, econômicos e simbólicos do acontecimento.[14]

As festividades de Sens custaram, parece, 2.526 libras ao Tesouro real. A soma pagou, principalmente, o transporte do cortejo real e de suas bagagens vindas em carroças ou de barco, o equipamento para os cavalos, os tapetes, os estrados de madeira e a pequena cabana de folhagem na qual Luís esteve sentado sobre um lençol de seda para a cerimônia exterior, as joias, os presentes, entre os quais uma taça de ouro, a toalha de mesa e os guardanapos para o festim e sobretudo as roupas, numerosas e faustosas, muito pano, muita seda, muita pele.[15] Estava lá o grande luxo do vestir da Idade Média. Para o rei e seu séquito, tinham sido confeccionados "chapéus de feltro forrados de pano cor de pavão ou ornados de plumas de pavão, e de algodão", para a jovem rainha escolheu-se "pele de arminho e de marta-zibelina". Margarida trajava um vestido de pluma rosa e sua coroa de

---

[11]O festim e a cerimônia de armação de cavaleiros fazem parte das programações reais. O tocar as escrófulas é talvez uma invenção de Le Nain de Tillemont, que não cita fontes.

[12]*Genette* (gato-de-algália) é um pequeno mamífero carnívoro da família dos viverrídeos (almiscareiro, mangusto etc.).

[13]O erro provém muito provavelmente de uma interpretação errada das expressões *in nova militia sua* nas programações reais das cerimônias de Sens a propósito de Gautier de Ligne e *pro factione robarum regis et fratrum et novarum militium* (provavelmente má leitura por *novorum militum*), "e para a confecção das vestes do rei, de seus irmãos e dos novos cavaleiros". Trata-se dos cavaleiros que acabam de ser armados e recebem nessa ocasião gratificações. Na primeira metade do século XIII, a expressão *nova militia* não pode ter senão dois sentidos: 1) a armação dos cavaleiros; 2) a metáfora empregada por São Bernardo, no século anterior, em um tratado célebre para designar as novas ordens militares (Templários, Hospitalários etc.). E, neste caso, a forma seria *militiarum*.

[14]Essas contas foram publicadas em *Recueil des historiens des Gaules et de la France*, t. XXI, pp. 226-251. Foram analisadas e comentadas por Régine PERNOUD em *La Reine Blanche*, Paris, 1972.

[15]Sobre as peles na Idade Média, ver Robert DELORT, *Le Commerce des fourrures en Occident à la fin du Moyen Âge (vers 1300-vers 1450)*, 2 vols., Roma, 1978. Esse grande livro também traz informações sobre o período anterior.

SÃO LUÍS

ouro custou 58 libras. "O senhor Afonso de Portugal, o sobrinho", estava vestido de púrpura. Com o pão, gastaram-se 98 libras, 307 com o vinho, 667 com os alimentos cozidos, 50 libras com a cera. Margarida tinha levado com ela seis tocadores de clarim e um menestrel do conde de Provença. Outros menestréis vieram animar os jogos e as danças.

Desse modo, o casamento de São Luís realizou-se segundo o fausto dos casamentos reais da época. O jovem rei, sempre cioso de sua condição, mas que depois limitará mais e mais os sinais exteriores da riqueza e do poder, ainda estava mergulhado na tradição do luxo real.

A 8 de junho, Luís e Margarida entraram em Paris em meio a novas festividades.[16]

A "cavalaria" dos irmãos.
Surge Joinville.

Esses hábitos faustosos são vistos em três cerimônias familiais que completarão a unidade e a condição do quarteto de "filhos do rei" que constituíam Luís IX e seus três irmãos sobreviventes. Trata-se da "cavalaria", quer dizer, da cerimônia de armar cavaleiros os irmãos, ocasião de grandes festividades. Para esses jovens, era uma tripla entrada em todos os direitos da maioridade, nesse caso com 20 anos, na sociedade superior dos leigos, na cavalaria e na administração de suas heranças. A solenidade estava de acordo com o testamento de Luís VIII, mas era apresentada como uma decisão pessoal de Luís IX.

Assim vão ser armados em 1237 Roberto, entrando em posse de Artois, em 1241 Afonso, que recebeu Poitou, e, em 1246, Carlos, investido como senhor de Anjou. Uma testemunha excepcional nos deixou a lembrança da investidura como cavaleiro de Afonso de Poitiers em Saumur a 24 de junho de 1241. Nesse dia da festa de São João, cavaleiros cristãos celebravam sua entrada na maturidade cavalheiresca, na própria data em que antigos ritos pagãos, os fogos de São João, conservavam a memória de festas do solstício de verão e da entrada do ano em seu zênite.

Essa testemunha privilegiada é o jovem Joinville. Está com 17 anos, ainda é escudeiro e um dos atores modestos, mas deslumbrado, dessa festa que o introduz na proximidade da família real. Pela primeira vez, provavelmente, vê o rei, dez anos mais velho do que ele, do qual vai se tornar, alguns anos

---

[16]Os ritos das "alegres entradas" reais só foram vistos publicamente no século XIV.

mais tarde, um dos companheiros familiares, íntimos, tocado de admiração e afeição. Disso legará à posteridade a cara memória em uma extraordinária e inestimável biografia.

> O rei realizou uma grande reunião da corte em Saumur, Anjou; e eu fui lá, e vos testemunho que essa foi a melhor cerimônia de investidura de cavaleiro que jamais vi. Porque na mesa do rei comiam, junto dele, o conde de Poitiers, que ele tinha feito novo cavaleiro na festa de São João; e depois do conde de Poitiers comia o conde Jean de Dreux, que ele também tinha feito novo cavaleiro; depois de Jean de Dreux comia o conde de la Marche; depois do conde de la Marche; o bom conde Pierre da Bretanha. E diante da mesa do rei, em face do conde de Dreux, comia meu senhor o rei de Navarra, de cota e manto de cetim, belamente enfeitado por uma correia, uma presilha e uma bandeira de ouro; e eu estava diante dele.
>
> Diante do rei, servia-se de comida o conde d'Artois seu irmão; diante do rei, manejava a faca o bom conde Jean de Soissons. Para vigiar a mesa do rei, havia meu senhor Imbert de Beaujeu, que depois foi condestável de França, e meu senhor Enguerran de Coucy e meu senhor Archambaud de Bourbon. Por trás desses três barões havia bem uns 30 de seus cavaleiros, em cotas de pano de seda, para guardá-los; e por trás desses cavaleiros, havia uma grande quantidade de beleguins, vestidos com as armas do conde de Poitiers, aplicadas sobre tafetá. O rei vestia uma cota de cetim azul, e sobre ela um saiote curto e um manto de cetim vermelho forrado de arminho, e sobre a cabeça um chapéu de algodão, que lhe caía mal porque ele era então um jovem.
>
> O rei deu essa festa no mercado de Saumur; e se dizia que o grande rei Henrique da Inglaterra o tinha construído para dar suas grandes festas. Esses mercados são construídos à maneira dos claustros dos monges brancos,* mas creio que com a diferença de que não há nenhum tão grande como esse porque na divisão do claustro onde comia o rei, envolvido por cavaleiros e beleguins que dispunham de grande espaço, comiam ainda em uma mesa vinte bispos ou arcebispos; e ainda adiante, comia ao lado dessa mesa a rainha Branca, sua mãe, no fim do claustro, do lado onde o rei não comia.[17]

Deslumbramento de um jovem, ainda por cima "provinciano", saído de modesto castelo familiar da região de Champagne, mas também para nós um dos primeiros olhares "verdadeiros" sobre o aspecto exterior de São Luís. Um rei ainda faustoso em relação a tudo que o rodeava e à sua própria

---

*Os cistercienses. (*N. do T.*)

[17] JOINVILLE, *Histoire de Saint Louis, op. cit.*, pp. 55-57.

SÃO LUÍS

pessoa, mas um detalhe nos mostra que se forma, nesse rei de 27 anos, o apelo à humildade e ao afastamento das aparências mundanas: o rei tem a cabeça coberta com certo desleixo, usa um chapéu de algodão que não combina com o resto de suas vestimentas, que o envelhece e o enfeia. A sedução nascente que Luís exerce sobre o jovem Joinville, criado no respeito ao decoro e à elegância cavalheiresca, torna-o clarividente, sensível ao detalhe significativo que atrai o ogro historiador, amador da carne fresca da história que lhe é tão frequentemente recusada.

O rei pai

Eis portanto Luís, desde 27 de maio de 1234, casado com uma mocinha cuja beleza os contemporâneos louvam, assim como a de suas irmãs. Casado para procriar. É o ensinamento da Igreja, a exigência dinástica, a satisfação de um temperamento que, para se manter fiel à moral e às regras da conjugalidade cristã, não aproveitará nem mesmo o que é "concedido" à carne. É bem o esposo santo segundo São Paulo: "Melhor é casar do que abrasar."

Mas o casal não terá fruto antes de 1240, seis anos depois do casamento. Fecundidade tardia da jovem rainha, abortos ou mesmo morte de recém-nascidos (Branca de Castela perdeu muitos filhos assim, nos primeiros anos de seu casamento) de que os documentos e os cronistas da época não falam (só deixam traço os que chegam a uma idade em que haja esperança razoável de vê-los desempenhar um papel, seja a maioridade, seja o noivado no quadro da estratégia matrimonial da dinastia)? Ignoramos.

Para começar, duas meninas, o que não assegura nada ao futuro dinástico. Branca, nascida a 12 de julho de 1240, que morre três anos depois, e Isabel, nascida a 18 de março de 1242, e afinal três meninos, Luís, nascido a 25 de fevereiro de 1244, Filipe, a 1º de maio de 1245, e João, nascido e logo morto, em 1248. Quando o rei partir para a cruzada, em agosto de 1248, dois filhos parecem garantir o futuro. O casal real ainda terá seis filhos, três no Oriente, três depois da volta à França. Dos onze filhos de Luís e Margarida, sete sobreviveram ao pai, dos quais quatro homens. É assim a demografia de uma família real de fecundidade normal, no século XIII.

O rei das relíquias: a coroa de espinhos

Na cristandade do século XIII, uma grande manifestação de devoção, que ao mesmo tempo é fonte de um grande prestígio, é a posse de relíquias insignes. A sorte de uma cidade, de uma terra senhorial, de um reino pode depender disso. Uma relíquia é um tesouro ativo que pode gerar proteção e benefícios. São Luís teve a prova disso com o roubo do santo cravo de Saint-Denis.

Ora, em 1237, o jovem Balduíno, sobrinho de Balduíno IX, de Flandres, que fora o primeiro imperador latino de Constantinopla depois da tomada de Constantinopla pelos cruzados latinos, em 1204, e filho de Pedro de Courtenay, igualmente imperador de Constantinopla (de 1216 a 1219), veio à França pedir ao rei e à Cristandade socorro contra os gregos. Tinha 19 anos e devia, cedo, com a maioridade, cingir o diadema imperial, que lhe era devido por direito de berço, mas, esperando essa maioridade, seu sogro João de Brienne a cingiu. O império latino de Constantinopla, entretanto, continuava levando dentadas dos gregos que só deixavam aos latinos a capital e seus arredores, na verdade um espaço que ia diminuindo.

Durante sua temporada na França, quando foi bem acolhido pelo rei São Luís, seu primo,[18] Balduíno teve duas más notícias: a morte de João de Brienne e a intenção dos barões latinos de Constantinopla, pressionados por uma dramática necessidade de dinheiro, de vender a estrangeiros a mais preciosa das relíquias conservadas em Constantinopla, a coroa de espinhos, símbolo de humildade que Jesus carregou durante sua Paixão. Novo imperador, Balduíno II suplicou a Luís e a Branca de Castela que o ajudassem e não permitissem que a coroa santa caísse em mãos estrangeiras.

O rei e sua mãe logo se inflamam: que maravilhosa perspectiva adquirir essa coroa que exalta sua piedade e afaga sua glória! Coroa de humildade, a relíquia de qualquer maneira é uma coroa, é uma relíquia real. Encarna essa realeza sofredora e humilde que se tornou a imagem do Cristo na devoção dolente do século XIII e que a imaginação transporta para a cabeça do rei, imagem de Jesus na Terra, imagem do reinado do sofrimento e do triunfo sobre a morte pelo sofrimento. Impossível calar, quaisquer que sejam a profundeza e a autenticidade dos sentimentos de Luís nesse caso, que se trata de uma "bela jogada". O jovem rei de França se impõe à Cristandade. O risco político e ideológico evidentemente não escapou ao rei e à sua mãe. Depois da translatio imperii e da *translatio studii* do Oriente para o Ocidente, eis a *Translatio Sacratissimae*

---

[18] A mãe de Balduíno, Iolanda, era a irmã de Isabel, primeira mulher de Filipe Augusto e avó de Luís IX.

SÃO LUÍS

Passionis instrumentorum, a "transferência dos instrumentos da Santíssima Paixão". E a destinação dessa relíquia insigne, seu lugar de eleição, é a França, que aparece mais e mais como a terra querida de Deus e de Jesus. É isso que sublinha Gautier Cornut, o arcebispo de Sens, o amigo e o servidor do rei, a cabeça da Igreja "galicana":

> Ainda que Nosso Senhor Jesus Cristo tenha escolhido a Terra da Promessa [a Terra Santa] para nela mostrar os mistérios de sua redenção, ainda assim parece claro e se acredita que para venerar mais piedosamente o triunfo de sua Paixão ele escolheu especialmente nossa França (*nostram Galliam*) para que do Oriente ao Ocidente seja louvado o nome do Senhor pela transferência operada por Nosso Senhor e Redentor da região (*a climate*) da Grécia dita a mais próxima do Oriente para a França que toca as fronteiras do Ocidente, dos instrumentos de sua Santíssima Paixão.[19]

A França torna-se uma nova Terra Santa. E de Luís afirma o prelado: "Ele se alegra de que o Senhor, para manifestar uma honra dessa importância tenha escolhido *sua* França (*suam Galliam*) na qual a fé em sua clemência é tão forte e onde os mistérios de nossa Salvação são celebrados com tão grande devoção."[20]

Começam então as aventuras da coroa de espinhos, suas tribulações, sua longa e maravilhosa viagem de Constantinopla a Paris.

De Paris, Balduíno II manda um emissário com uma carta ordenando a entrega da coroa de espinhos aos enviados que Luís despacha em seu nome, dois dominicanos, Jacques e André, o primeiro dos quais tinha sido prior da Ordem dos Pregadores em Constantinopla e podia reconhecer a autenticidade da relíquia. É preciso compreender, de fato, a atitude dos cristãos do Ocidente diante das relíquias em geral e dessa, excepcional, em particular. Não duvidam os cristãos ocidentais que a verdadeira coroa de espinhos do Cristo tenha sido conservada em Constantinopla. As viagens à Terra Santa de Santa Helena, mãe do imperador Constantino, no século IV, e inventora da Verdadeira Cruz na tradição cristã, e do imperador Heráclio que, em 630, tinha transportado essa Verdadeira Cruz de Jerusalém a Constantinopla fornecem uma base histórica a essa crença. A "crítica" das relíquias, que se desenvolve no Ocidente nos séculos XI e XII e que inspira ao abade beneditino Guibert de Nogent seu célebre tratado "Das relíquias dos santos" (*De pignoribus sanctorum*), cerca

---

[19] Gautier CORNUT, *Historia susceptionis coronae spineae Iesu Christi*, em *Historiae Francorum Scriptores*, t. V, pp. 407-414.
[20] *Ibid.*, p. 409.

de 1119-1129,[21] leva à tomada de uma grande quantidade de precauções ao longo de todo o percurso da transferência da santíssima relíquia. A cada etapa, verifica-se cuidadosamente se o objeto sagrado transportado em um relicário especial (como o óleo milagroso de Reims foi conservado na santa âmbula) não foi substituído por uma cópia, por uma falsificação.

Quando os enviados do imperador Balduíno II e do rei de França Luís IX chegam a Constantinopla, verificam que a necessidade de dinheiro tornou-se tão urgente naquele entretempo que os barões latinos tinham conseguido empréstimo com os mercadores-banqueiros venezianos e lhes dado como penhor a coroa de espinhos. Se a relíquia não fosse resgatada antes da festa dos santos mártires Gervásio e Protásio (18 de junho), tornar-se-ia posse dos venezianos e seria transferida para a cidade dos canais. Topa-se aqui com os mercadores venezianos a serviço da fabulosa política de relíquias da Sereníssima que conseguiu, desde o início do século IX, um outro negócio sensacional comprando de Alexandria as relíquias de São Marcos que constituirão uma parte importante do prestígio da Repúplica dos Doges. Mas, lance teatral, os enviados de Balduíno e de Luís chegam antes da data fatídica, e o rei de França, que tinha comprado a coroa de espinhos, faz valer a sua autoridade. Entabulam-se negociações e, finalmente, os venezianos aceitam ceder a relíquia insigne ao rei de França com uma condição: que a coroa de espinhos vá primeiro a Veneza e que a Cidade dos Doges recolha os benefícios, ainda que passageiros, da presença material da prodigiosa relíquia em Veneza. Tocada por ela, a República dela tirará uma parte de proteção, de benefícios, de prestígio.

Quando essas negociações chegam ao fim, é a época de Natal de 1238. Será prudente confiar ao mar, nesse tempo de inverno tão hostil à navegação, um bem tão precioso? Além de tudo, sabe-se que os gregos tomaram conhecimento por seus espiões da venda da relíquia e de seu iminente transporte por mar. E coalharam de

---

[21]Os historiadores modernos viram falsamente em Guibert de Nogent um precursor do espírito crítico moderno, mas esse tratado prova que, sobre bases profundamente diferentes (que reconheciam a autenticidade de muitas relíquias), os intelectuais da Idade Média, longe de serem desprovidos de todo espírito crítico, elaboraram técnicas de localização das peças falsas que obrigam não só a moderar a condenada "credulidade" com que os Modernos rotulam os homens da Idade Média, mas sobretudo devem levar o historiador a rever os lugares-comuns tradicionais sobre as mentalidades medievais. A crítica medieval das falsificações coabita sem cerimônia com estruturas de crença muito diferentes de nossos critérios. A verdade da Encarnação e de seus traços terrestres, a verdade da existência do sobrenatural e do milagroso neste mundo engendram técnicas muito particulares de detecção das falsificações, mas não suprimem o falso, ao contrário. O risco é tão grande, uma vez que a salvação individual e coletiva pode depender disso, que uma desconfiança a respeito dos embustes dos desonestos ou das crenças "supersticiosas" dos rústicos e dos simples se impõe. Cf. Klaus SCHREINER, "'Discrimen veri ac falsi'. Ansätze und Formen in Kritikin der Heiligen — und Reliquienverehrung des Mittelalters", *Archiv für Kulturgeschichte*, 48, 1966, pp. 1-53.

SÃO LUÍS

galeras os itinerários possíveis para se apoderar da santa mercadoria. Entretanto, em meio às lágrimas e aos gemidos dos habitantes de Constantinopla, a coroa de espinhos inicia o caminho por mar. Deus a protege, ela chega sem sustos a Veneza onde é exposta na capela do palácio, chamada capela de São Marcos. Frei André fica em Veneza para vigiar a relíquia, enquanto frei Jacques vai anunciar a boa notícia a Luís e sua mãe. Passa rapidamente por Veneza com a enorme soma da compra (ignoramos o montante) e com os enviados de Balduíno II, fiadores da operação e do compromisso com o imperador de Constantinopla. Novas negociações se abrem, nas quais mercadores franceses presentes em Veneza desempenham um papel ativo. Finalmente, os venezianos não ousam se opor à vontade de Balduíno e à insistência do rei de França. Veneza chora por sua vez, deixando a contragosto a coroa partir para seu destino final.

O transporte vai se fazer, desta vez, por terra, mas os temores não são menores. A relíquia, porém, continua a mostrar que é protegida e a provar que o rei de França se beneficia da proteção divina. Para maior segurança, os componentes da escolta estão munidos de um salvo-conduto imperial de Frederico II, a mais alta garantia jurídica da Cristandade em matéria de segurança temporal. O milagre se renova em relação às condições climáticas. Nem uma gota de chuva cai sobre o comboio durante o transporte diurno. Quando a relíquia está ao abrigo nas hospedarias que a acolhem à noite, a chuva cai em abundância. O sinal da proteção divina é, pois, manifesto.

Como, cinco anos antes, tinha chegado antes de sua noiva, Luís acorre a acolher sua santa aquisição. Leva consigo a mãe, os irmãos, o arcebispo de Sens, Gautier Cornut, ativo nessa fase da viagem, o bispo de Auxerre, Bernard, numerosos barões e cavaleiros. O encontro com o santo objeto dá-se em Villeneuve--l'Archevêque.

A emoção é intensa quando se apresenta ao rei o relicário de ouro que contém a relíquia. Verifica-se que o sinete dos barões latinos de Constantinopla, os expedidores, está intacto, assim como o do doge de Veneza, o reexpedidor. Retira-se a tampa e descobre-se a inestimável joia (*inestimabilis margarita*). O rei, a rainha-mãe, seus companheiros são dominados pela emoção, derramam lágrimas abundantes, suspiram seguidamente. "Estão paralisados diante do objeto amorosamente desejado, seus espíritos devotos são tocados de um tal fervor que acreditam ver diante deles o Senhor em pessoa com a coroa de espinhos naquele momento."[22] Paul Rousset, em agudo estudo sobre a mentalidade dos cruzados que acreditavam castigar, na tomada de Jerusalém, em 1099, aqueles mesmos que

---

[22]Gautier CORNUT, *Historia susceptionis, op. cit.*, p. 410. O arcebispo foi testemunha visual da cena.

tinham crucificado Cristo, analisou sutilmente essa abolição do tempo histórico que tal comportamento supunha.[23] Diante da coroa de espinhos, São Luís e seus companheiros também assumem espontaneamente aquele estado de espírito. Tal é a flexibilidade do tempo cristão medieval. Sob o efeito de uma grande emoção, nascida da ressurreição da memória do Cristo, o tempo terrestre para, concentra--se naquela situação do instante que Santo Agostinho tão profundamente evocou como a aproximação extrema do sentimento de eternidade. Nove anos antes de partir para a cruzada, São Luís viveu o êxtase do cruzado. É a véspera da festa de São Lourenço, 9 de agosto de 1239.

Segue-se a procissão de penitência que acompanha a insígnia da realeza humilhada do Cristo, a união do rei e de seus companheiros à Paixão de Jesus, a inserção na Encarnação repetida. O rei e seu irmão imediatamente posterior, Roberto, descalços, só de camisa (vestindo uma única túnica sobre o corpo), trazem o relicário de Villeneuve-l'Archevêque a Sens em meio a cavaleiros de pés no chão. A procissão chega à cidade acompanhada por uma grande multidão que aplaude, escoltada por clérigos vestindo ornamentos de seda, monges e religiosos que trazem todas as relíquias dos santos da cidade e da região, vindos, de todo modo, para saudar o Senhor vivo na relíquia. Avança pelas ruas e praças ornadas de tapetes forrando pisos e casas, entre os sons que retinem de campanários e ór-gãos. Quando cai a noite, o cortejo se torna *marche aux flambeaux*, iluminada por candeias em espirais (*cum candelis tortilibus*). A relíquia é depositada finalmente no meio da noite na catedral de Saint-Étienne. Sente-se, lendo Gautier Cornut, o arcebispo cheio de felicidade. Essas horas que a coroa de espinhos passou em sua cidade, em sua igreja, são a extraordinária recompensa de uma vida a serviço de Deus e da realeza.

No dia seguinte começa a última etapa da viagem: em oito dias, o transporte por barco através do Yonne e do Sena até Vincennes, onde o rei tem seu palácio suburbano. O relicário é exposto sobre um estrado alto, perto da igreja de Saint--Antoine para ser visto por todo o povo vindo de Paris. Aqui, ainda, todo o clero veio com as relíquias dos santos parisienses. Pregadores exaltam a honra que cabe ao reino da França. Depois, como em Sens, é a entrada do relicário nos muros da capital, trazido por Luís e seu irmão Roberto, descalços, só de camisa, seguidos de prelados, clérigos, religiosos, cavaleiros, todos também descalços.

A relíquia fica primeiramente por alguns instantes na catedral de Sainte-Marie (Notre-Dame), onde a devoção à mãe do Cristo se expressa em união com a devoção

---

[23]P. ROUSSET, "La conception de l'histoire à l'époque féodale", em *Mélanges d'histoire du Moyen Âge dédiés à la mémoire de Louis Halphen*, Paris, 1951, pp. 623-633.

ao filho. Enfim, a coroa de espinhos atinge o termo de sua viagem das margens do Bósforo às do Sena, o palácio real. É depositada na capela do palácio, a capela de Saint-Nicolas. Protetora do reino, a coroa é em primeiro lugar uma insigne possessão do rei. Relíquia real, porém privada, ainda que sua proteção deva se estender, através do rei, sobre o reino e seus súditos.

E como as infelicidades e a necessidade de dinheiro do imperador de Constantinopla continuam e aumentam, Luís completa com grandes despesas sua coleção das relíquias da Paixão. Em 1241, adquire uma grande parte da Verdadeira Cruz, a santa esponja, com a qual seus cruéis carrascos deram vinagre de beber a Jesus crucificado, e o ferro da santa lança, com a qual Longino atravessou-lhe o flanco.

A Sainte-Chapelle

A capela palatina de Saint-Nicolas era bem modesta para tais tesouros. Às relíquias da Paixão, à coroa do Cristo, era preciso uma igreja que fosse um relicário glorioso, um palácio digno do Senhor. Luís fez então construir uma nova capela, aquela à qual ficou ligado o nome simples de Sainte-Chapelle, que designa capelas palatinas. Na verdade, a Sainte-Chapelle foi pela vontade de São Luís simultaneamente "um monumental relicário" e um "santuário real" (Louis Grodecki). Luís nunca perdeu uma ocasião de associar a glória do rei à de Deus.

Em maio de 1243, o papa Inocêncio IV concede privilégios à futura capela. Em janeiro de 1246, Luís funda um colégio de cônegos para guarda das relíquias e a celebração dos cultos. Em 1246 e 1248, cartas reais preveem recursos para manter a construção, em particular os vitrais. A consagração solene na presença do rei deu-se a 26 de abril de 1248, dois meses antes da partida de São Luís para a cruzada. A construção da capela, incluídos os vitrais e provavelmente as esculturas, foi, como se vê, realizada em um tempo recorde. A Sainte-Chapelle, segundo a investigação do processo de canonização de São Luís, custou 40.000 libras tornesas e o relicário para as relíquias da Paixão custou 100.000. Ignoramos o nome do arquiteto principal e de seus ajudantes.[24]

Desde a época de Luís IX a Sainte-Chapelle era tida como uma obra-prima. O cronista inglês Mateus Paris chama-a de "uma capela de uma beleza maravilhosa,

---

[24]Jean-Michel LENIAUD e Françoise PERROT, *La Sainte-Chapelle*, Paris, 1991.

digna desse tesouro real".[25] Ninguém definiu melhor do que Henri Focillon o encanto dessa igreja: "As dimensões da Sainte-Chapelle, muito mais vastas do que as de capelas-relicários de Amiens, suas contemporâneas, dão também uma autoridade mais estranha e mais paradoxal a um conjunto que parece desafiar as leis da gravidade, ao menos quando é examinado do interior da nave. A massa mural, eliminada para dar lugar às vidraças, é substituída pela robustez dos contrafortes, como se as paredes laterais tivessem girado para formar um apoio perpendicular. Além disso, a arquivolta das janelas recebe uma carga nova que a impede de ceder às pressões, sob a forma de um triângulo de pedra, a ponta, que, evitando o apoio sobre os lados do arco, mas levando acima dessa chave toda a altura de suas bases, desempenha uma função análoga à da confluência dos esforços. Tudo, afinal, nesse edifício, revela o refinamento das soluções, desde o sistema de equilíbrio que acabamos de analisar sumariamente e que está ajustado ao efeito interior, até a cúpula da capela baixa, que lhe serve de apoio. Há na Sainte-Chapelle uma espécie de rigor na graça que não é medíocre. Esse pensamento encantou o século, que a acolheu como sua obra-prima."[26]

Seja como for, a ousadia e a beleza da Sainte-Chapelle — e de seus vitrais — não inovam verdadeiramente, já sublinhamos. Simplesmente, com ela chega ao ponto máximo a arquitetura das capelas-relicários góticas tradicionais, o alongamento de janelas altas, a arte do vitral do gótico clássico; traz também a marca dos limites que suas funções lhe impuseram: dimensões que permanecem modestas, porque ela não vai além de uma capela palatina, a ruptura de certas linhas e de certos volumes que a apresentação das relíquias exige. É para essas relíquias que constituem, segundo a feliz expressão de Jean Richard, o *palladium* ("escudo sagrado") do reino da França, que se prepara a capela alta.[27] Pode-se definir a vidraça dita "das relíquias" como "a chave de todo o programa iconográfico".[28] Esse monumento também ligado à personalidade de São Luís, aos seus objetivos

---

[25]MATEUS PARIS, *Chronica majora*, t. IV, p. 92.

[26]Henri FOCILLON, *Art d'Occident* (nova edição), Paris, 1938, t. II, *Le Moyen Âge gothique*, p. 104. [*N. do T.* — Agradeço sensibilizado ao arquiteto Ítalo Campofiorito, professor emérito da Universidade de Brasília, pelo auxílio que meu deu na tradução desse trecho de Henri Focillon, cujas referências técnicas me deixariam perdido não fosse seu inestimável auxílio de mestre em arquitetura e em belas-artes. Não bastasse sua alta competência pessoal, o sobrenome já lhe valeria como atestado de saber na área de artes plásticas e de arquitetura. O agradecimento não pode deixar de ser extensivo a sua secretária na Fundação de Artes de Niterói, D. Célia Garcia dos Santos, que tem a arte suprema de não deixar sem jeito quem pede um favor. À sua sensibilidade, deixo aqui também o penhor de uma dívida que não se pode pagar.]

[27]A 19 de maio de 1940, em presença do governo francês e do corpo diplomático quando de uma cerimônia religiosa em Notre-Dame de Paris para proteger Paris e a França do fulminante avanço alemão, conduziu-se em procissão a santa coroa de espinhos. Cf. Jean-Pierre AZÉMA, "1939-1940. L'année terrible", VI, *Le Monde*, 25 de julho de 1989, p. 2.

[28]J.-M. LENIAUD e Fr. PERROT, *La Sainte-Chapelle*, op. cit.

de devoção e de poder, à sua memória, não se parece definitivamente com ele? A modéstia aliada à ousadia e à ostentação, o arrojo supremo da tradição que para no limite da inovação?

Um rei escatológico: o Apocalipse mongol

Viu-se[29] que em escala mundial o grande acontecimento do século XIII foi a constituição do Império Mongol. Com os mongóis, Luís IX não terá mais do que contatos longínquos pela intermediação de legados portadores de vagas proposições fragilizadas pela ignorância mútua e pela ilusão. No momento, o rei de França participa da angústia da Cristandade por ocasião — a Rússia e a Ucrânia devastadas — do avanço dos mongóis sobre a Hungria e o sul da Polônia, chegando, em 1241, a Cracóvia e aos arredores de Viena. Lembremos o essencial do episódio que podemos chamar, ao pé da letra, de apocalíptico: revela a Luís, numa visão, as perspectivas últimas de seu destino ligado à Cristandade e à humanidade. É uma nova experiência religiosa de grande intensidade que vive então São Luís. Essas hordas são talvez as do povo de Gog e Magog que ultrapassaram os muros de seu confinamento no Extremo Oriente e que trazem os massacres e as ruínas anunciadas pelo Apocalipse como prelúdio do fim do mundo. Angustiado mas firme — se é mesmo verdade o que escreveu a sua mãe, como relatou Mateus Paris, em meio a lágrimas que verte todo dia nesses momentos de extrema emoção, de alegria ou de temor: "Coragem, se eles chegam até nós ou devolveremos a suas moradias infernais esses que chamamos tártaros, ou bem são eles que nos enviarão ao céu."

Dois destinos (talvez dois desejos) surgem ao jovem rei de 27 anos: um destino escatológico, o dos últimos tempos, e um destino de mártir.

O rei vencedor:
a guerra contra os ingleses

Porém perigos menos extraordinários ameaçavam o reino.

A realeza inglesa não tinha cessado, durante a infância e a juventude de Luís IX, de ser o grande adversário da monarquia francesa e a principal ameaça que pesava sobre a construção do Estado monárquico francês.

---

[29]Ver *supra* pp. 46-51 .

Henrique III tinha sucedido, com 9 anos, a seu pai João Sem Terra, em 1216. Alcançando a maioridade, não tinha renunciado aos territórios ingleses na França reconquistados por Filipe Augusto e contestava o julgamento da corte dos pares franceses que tinha reconhecido a legitimidade do confisco dos feudos de João Sem Terra na França ocidental pelo rei de França. Mas envolvido pelos barões ingleses, que tinham limitado seu poder arrancando a Magna Carta de seu pai, e pelos barões franceses, como o conde de Bretanha e o conde de la Marche, que contavam com ele para que os emancipasse de sua submissão ao rei de França, e envolvido também por seu prudente conselheiro Hubert de Burgh e seu irrequieto irmão, Ricardo de Cornualha, Henrique III durante muito tempo apenas manifestou veleidades de reconquista. O apoio que os papas Honório III e Gregório IX deram sucessivamente a suas reivindicações não tinha impressionado Branca de Castela, o jovem Luís e seus conselheiros. A pífia campanha inglesa de 1231-1232 terminou, como se sabe, com uma trégua e, em novembro de 1234, o principal aliado de Henrique III na França, o conde de Bretanha, Pierre Mauclerc, ligara-se de novo ao rei de França. Em 1238, o papa Gregório IX, que buscava um equilíbrio entre os dois reinos e que, sobretudo, manobrava cada vez mais o rei de França diante do imperador contra quem começava a se opor em violento conflito, fez Luís IX e Henrique III aceitarem a renovação da trégua por cinco anos.

O rompimento deu-se através de um dos principais atores tradicionais do teatro político da França do Oeste, Hugues X de Lusignan, Hugues le Brun, conde de la Marche, que, a partir de 1238, vê diante de si um novo protagonista na região, o próprio irmão do rei de França, Afonso. Quando, em 1227, Branca de Castela e seus conselheiros tinham conseguido neutralizar Hugues de la Marche, o acordo tinha previsto o casamento de uma filha de Hugues X com um dos irmãos de Luís IX, precisamente Afonso. Ora, em 1229, Afonso estava noivo de Joana, filha do conde de Toulouse, no quadro do Tratado de Meaux--Paris que tinha posto fim à cruzada contra os albigenses. Em compensação, quando da renovação do acordo entre o rei e o conde de la Marche em 1230, a irmã do rei, Isabel, devia casar com Hugues, filho mais velho e herdeiro de Hugues X. Mas, em 1238, o jovem Hugues de la Marche casou com Yolande, filha do conde de Bretanha, Pierre Mauclerc, enquanto entre 1238 e 1241, numa data que ignoramos, Afonso casou efetivamente com Joana de Toulouse. Em 1241, no momento de sua maioridade e de ser armado cavaleiro, recebeu do rei seu irmão o condado de Poitiers e Auvergne, de acordo com o testamento de Luís VIII.

SÃO LUÍS

139

As terras do novo conde cercam como tenazes o condado de la Marche e, principalmente, Hugues X devia transferir sua homenagem de vassalo do rei de França, senhor muito honrado, a Afonso de Poitiers, senhor de menor condição. Depois das festas de Saumur, porém, Hugues X prestou a homenagem a Afonso de Poitiers. A situação desagradava sobretudo a sua mulher, Isabel d'Angoulême, viúva de João Sem Terra que, casada em segundas núpcias com o conde de la Marche, deseja conservar contudo sua condição de rainha. Eis o que vai provocar o rompimento: Luís IX tinha, em 1230, quando da promessa de casamento entre sua irmã Isabel e o jovem Hugues de la Marche, dado como penhor a Hugues X as terras de Aunis e Saint-Jean-d'Angély; agora que Afonso tomou posse de seu condado de Poitou do qual esses penhores dependiam, o rei de França, arguindo o rompimento do casamento previsto (não se sabe quem foi o responsável), reclama a doação a Afonso de Poitiers de Aunis e de Saint-Jean-d'Angély.

Decidido ao rompimento, Hugues X destrói simbolicamente a casa que possui em Poitiers na qual devia prestar homenagem a seu senhor e, quando da assembleia solene dos vassalos do conde de Poitou em Poitiers, no Natal de 1241, denuncia publicamente sua homenagem. Luís, depois de ter tentado inutilmente fazer com que o conde revisse sua decisão, submete o caso à corte dos pares de França, que pronuncia o confisco dos feudos do rebelde.

Sem esperar, o conde de la Marche já constituiu uma liga contra o rei de França. A ela aderiu a maior parte dos barões de Poitiers, o senescal de Guyenne, as cidades de Bordeaux, Bayonne, La Réole e Saint-Émilion, o conde de Toulouse, Raimond VII, e a maior parte dos barões do Languedoc. Formou-se, assim, uma temível aliança que reuniu uma grande parte das terras senhoriais e das cidades ao sul do rio Loire. O rei da Inglaterra desde o início se interessou por essa coalizão, mas inicialmente ficou sem ação por causa do compromisso da trégua de 1238 e pelas reticências dos barões ingleses. Alguns contemporâneos consideraram que o imperador Frederico II encorajou os membros da coalizão e se aproximou de Henrique III da Inglaterra, seu cunhado.[30] Parece que o imperador, com quem Luís continuava envolvido em manobras políticas, foi mais prudente. Nesse mesmo ano de 1241, o papa Gregório IX, que de novo excomungara Frederico II em 1239, ofereceu a Luís IX a coroa de rei dos romanos para seu irmão Roberto d'Artois. Esse gesto supõe, com a autoridade real na Alemanha, a promessa da coroa imperial. O rei de França, que não quer se lançar na aventura e deseja manter boas relações com o imperador, sem abandonar certas intervenções no reino de Arles, rejeita a oferta para seu irmão, autoriza alguns de seus vassalos a

---

[30]Isabel, irmã de Henrique III e mulher de Frederico II, morreu em dezembro de 1241.

se porem a serviço de Frederico II e recusa-se a juntar-se à coalizão que o papa tenta unir contra Frederico.

Ele conforta o imperador ao mesmo tempo em que o humilha. Com efeito, os emissários de Luís declaram a Frederico II: "Queira o Senhor que nós jamais desejemos atacar um cristão sem uma boa razão. A ambição não nos impulsiona. Acreditamos efetivamente que nosso senhor, o rei de França, que uma linhagem de sangue real levou ao governo do reino da França, é superior a todo imperador promovido por uma simples eleição voluntária. Basta ao conde Roberto ser irmão de tão grande rei."[31]

Gregório IX morre a 22 de agosto de 1241, e o trono pontifício vai ficar vago até a eleição de Inocêncio IV, quase dois anos mais tarde, em 25 de junho de 124.[32]

Depois da perda do direito por parte de Hugues de la Marche, o rei da Inglaterra decide juntar-se à coalizão para fazer valer seus direitos na França. Em compensação, o conde de Bretanha, Pierre Mauclerc, que acaba de voltar da Terra Santa onde tinha participado da "cruzada dos barões" (1239-1241) graças a um empréstimo do rei de França, não se mexe.

A guerra durará um ano, de 28 de abril de 1242 a 7 de abril de 1243.[33] Compreende três fases: de 28 de abril a 20 de julho de 1242, o rei de França só teve contra si o conde de la Marche e seus aliados, e foi uma guerra de sítios; de 21 de julho a 4 de agosto de 1242, Luís IX marcha sobre os ingleses, derrota-os diante de Saintes e os faz recuar até Blaye; de 4 de agosto de 1242 até 7 de abril de 1243, a guerra vira contra o conde de Toulouse, Raimond VII, que se submete a 20 de outubro; os ingleses tentam, sem sucesso, o bloqueio de La Rochelle em outubro-novembro, Henrique III fazendo vãs tentativas para reconstituir seu exército e suas alianças.

Só me fixo com algum detalhe sobre as duas primeiras fases, porque foi nelas que Luís adquiriu seu prestígio militar, foi nelas que ele assumiu uma nova dimensão.

Oito dias depois da Páscoa que, em 1242, caiu a 20 de abril, Luís convocou as hostes reais que se reuniram a 28 de abril em Chinon. A 4 de maio, de Poitiers, onde estava com seus irmãos, Luís dá o sinal de campanha. Está à frente de um forte exército: 4.000 cavaleiros, 20.000 escudeiros, soldados e besteiros e 1.000 carros. As cidades fornecerão as provisões necessárias. Esse exército

---

[31]Matthieu Paris, *Chronica majora*, t. II, pp. 626-7
[32]Celestino IV teve um mandato efêmero: foi papa apenas de 25 de outubro a 10 de novembro.
[33]Sigo o estudo de Charles BEMONT, "La campagne de Poitou 1242-1243, Taillebourg et Saintes", *Annales du Midi*, 1893, pp. 289-314.

SÃO LUÍS

entra em campanha em perfeita ordem "como era habitual entre os franceses", diz o beneditino inglês Mateus Paris. Cerca e toma sucessivamente os castelos de Montreuil-Bonin, Béruge, Fontenay, Prez, Saint-Gelais, Tonnay-Boutonne, Matus, Thoré, Saint-Affaire.[34] Os franceses estão bem equipados em matéria de instrumentos para sitiar: torres de madeira, máquinas lança-pedras, "engenhos preparados". Esse equipamento e o ardor dos franceses encorajados por seu rei explicam a sequência de sucessos. Fizeram-se numerosos prisioneiros que o rei manda para Paris e outros lugares do reino. Perto de Taillebourg, o exército francês cruza com o exército inglês.

Henrique III tinha deixado Portsmouth a 9 de maio e desembarcara em Royan no dia 13.[35] Conversações vãs, sem convicção de lado a lado, não chegaram a nada. A 16 de junho, Henrique III declara guerra ao rei de França e faz preparativos às pressas, porque veio com poucas tropas e os franceses terminam a conquista de Poitou.

A 20 de julho, então, os franceses, em busca dos ingleses, chegam diante de Taillebourg, que se entrega a eles. Há duas pontes sobre o rio Charente, uma de pedra prolongada por um aterro e outra de madeira ligando Taillebourg a Saintes. No dia 21 os exércitos estão frente a frente, de um lado e outro do Charente, que não dá vau nesse trecho. Os franceses fazem os ingleses recuarem até a ponte de pedra e eles refluem em disparada sobre Saintes. No dia seguinte, 22 de julho, Luís IX atravessa o rio Charente e a batalha se trava diante de Saintes: "Lá", escreve Guillaume de Nangis, "houve uma maravilhosa e violenta batalha, e grande matança de pessoas e a batalha durou muito tempo, áspera e dura, mas no fim os ingleses não puderam resistir ao assalto dos franceses e se viram em fuga. Quando percebeu isso, o rei da Inglaterra, surpreso, voltou tão rapidamente quanto pôde à cidade de Saintes. Os franceses, vendo-os derrotados, perseguiram-nos em grande correria e os mataram e fizeram prisioneiros um grande número deles [...]. Na noite que se seguiu ao dia dessa batalha, o rei da Inglaterra e o conde de la Marche fugiram com todo o resto de seu pessoal e esvaziaram a cidade e o castelo de Saintes. Na manhã seguinte, 24 de julho, os cidadãos de Saintes vieram entregar ao rei Luís as chaves do castelo e da cidade; o rei Luís deixou ali uma guarnição."[36]

---

[34] Jean RICHARD (*Saint-Louis*, Paris, 1983, p. 116) cita Montreuil-en-Gâtine, Fontenay-le-Comte, Moncontour, Vouvant e Fontenay. A lista que dou provém da *Vie de Saint Louis* de GUILLAUME DE NANGIS, pp. 335-338, e conserva a ortografia da edição francesa do fim do século XIII, *Recueil des historiens des Gaules et de la France*, t. XX, 1940.

[35] Jean RICHARD (*op. cit.*) dá respectivamente 10 e 15 de maio.

[36] GUILLAUME DE NANGIS, *Vie de Saint Louis*, p. 339.

Henrique III retirou-se para Pons, mas, no dia 25 de julho, o senhor de Pons, Renaud, submete-se a Luís IX, que chegou a Colombières. A 26 de julho é Hugues de Lusignan que se submete. Henrique III esteve a pique de ser preso em Barbezieux, onde se refugiou e de onde escapa na noite de 26 para 27 de julho, abandonando as bagagens e sua capela. Chega a Blaye, mas tem de seguir viagem diante da progressão do rei de França, que entra nessa cidade dia 4 de agosto, enquanto Henrique III volta a Bordeaux.

A submissão de Hugues X é espetacular. Com a mulher e os três filhos (dos quais os dois mais jovens acabam de ser feitos cavaleiros pelo rei da Inglaterra), chorando e suspirando, ele se ajoelha diante do rei de França, implorando em alta voz seu perdão. O rei manda que Hugues se levante e lhe concede perdão sob a condição de que ele devolva a Afonso de Poitiers todos os castelos que lhe tomou e que a ele próprio, rei, dê três castelos como penhor. Geoffroy de Rancon, senhor de Taillebourg, que, vingando-se de uma afronta do conde de la Marche, entregou Taillebourg a Luís IX e deixou crescer os cabelos até que estivesse vingado, cortou-os então publicamente. Hugues de la Marche perdeu nesse episódio todo o seu prestígio: mais de um cavaleiro francês jovem e de grande renome militar jogou-lhe a luva* para provocá-lo a um duelo. Companheiros de Hugues le Brun, entretanto, temendo por sua vida, pediam ao rei de França para que interviesse. O rei, apiedado, obtinha do desafiante a renúncia ao combate.

Luís IX, cujas perdas na batalha foram relativamente baixas, teve então de enfrentar uma epidemia de disenteria, que dizima seu exército. O próprio rei foi atingido, e alguns membros de seu grupo se alarmam, lembrando da epidemia semelhante que levou Luís VIII a Montpensier na volta da cruzada contra os albigenses. O guerreiro medieval poupado pela batalha frequentemente sucumbia diante de uma epidemia. Enfraquecido mas curado, Luís pode voltar no fim de agosto a Tours e, de lá, a Paris. Na frente de batalha, a guerra parecia terminada. Henrique III, estacionado na Gasconha, ordenou o bloqueio por mar de La Rochelle, onde as coisas não iam bem. Seu irmão Ricardo de Cornualha tinha voltado para a Inglaterra em outubro de 1242. O rei da Inglaterra, que em junho tinha enviado de Saintes um projeto de aliança contra o rei de França ao imperador Frederico II, escreve-lhe em 8 de janeiro de 1243 para anunciar-lhe o fim de suas esperanças. Em março, pede a Luís IX que lhes conceda sem dificuldade trégua por cinco anos.

---

*Não esquecer a observação do subtítulo *No fim de um avanço*, no capítulo anterior, segundo a qual o duelo por gages de bataille foi a mais resistente das formas de julgamento de Deus, de ordálio, depois da proibição. (*N. do T.*)

SÃO LUÍS

Assim se impõe, mais ainda que nas campanhas do jovem rei adolescente depois de seu advento, mais presente nos campos de batalha, a imagem do rei guerreiro, do rei comandante de guerra, do rei cavaleiro, e, como vai bem a um rei sagrado, do rei vencedor. O rei se afirma nessa segunda função que todos os seus ancestrais tinham exercido mais ou menos brilhantemente. O rei adorador de relíquias sabe se ilustrar nessas batalhas que fazem bater os corações da nobreza medieval e que mesmo um monge como Guillaume de Nangis qualifica de "maravilhosas".

Mas o rei de França teve outro sucesso decisivo no Sul languedociano e sobre o conde de Toulouse, Raimond VII.

Os senhores do Sul parece que se beneficiaram por muito tempo de uma indulgência pessoal de Branca de Castela. O rei permitia que a Igreja promovesse a Inquisição e não tomava parte direta na perseguição aos hereges. Em 1240, porém, o visconde de Béziers, Trencavel, quis reaver as terras tomadas a seu pai em 1209, quando da expedição dos cruzados do Norte contra os hereges meridionais. Essas terras tinham se tornado, pelo Tratado de Meaux-Paris em 1229, possessão definitiva do rei de França, que delas tinha feito a senescalia de Béziers-Carcassone. Trencavel tentou apoderar-se de Carcassone, mas o senescal real, o arcebispo de Narbonne, mais o bispo de Toulouse e nobres da região se fecharam na cidade e resistiram até que um exército real de socorro forçasse Trencavel a levantar o sítio.

Nesse momento, 1242, Raimond VII de Toulouse, que entretanto renovara sua homenagem ao rei de França em 1241, alia-se à coalizão dos barões da região de Poitou e do rei da Inglaterra. Os condes de Foix, de Comminges, d'Armagnac, de Rodez, os viscondes de Narbonne e de Béziers se unem ao conde de Toulouse, enquanto outras linhagens, como os cavaleiros de Carcassès e os senhores de Anduze, ao pé da região de Cevennes, permanecem fiéis ao rei. Um ataque repentino em Montségur acendeu o estopim. Em 29 de maio de 1242, assassinaram dois inquisidores e o arquidiácono de Toulouse na casa do conde de Toulouse, em Avignonet. Raimond VII, que se tinha juntado a Henrique III em Blaye no fim de julho, depois da derrota do rei da Inglaterra em Saintes, reconquistou Narbonne a 17 de agosto através do visconde de Aimery, apoderou-se de Albi e proclamou a volta dessas duas cidades a suas possessões.

Luís, que chamou o Oeste e o rei da Inglaterra à razão, enviou dois exércitos ao Languedoc. O conde de Foix cedo abandona o conde de Toulouse e é desligado pelo rei de seu compromisso de vassalo assumido com Raimond VII, que desafia a 15 de outubro. Raimond VII é logo constrangido a pedir perdão ao rei, solicitando a Branca de Castela que intervenha junto ao filho. O rei concorda e o conde de Toulouse obtém um novo tratado em Lorris, em janeiro de 1243. Renuncia a Narbonne e Albi, promete derrubar alguns castelos e empenhar-se na expulsão de suas terras dos hereges — em processo acelerado de regressão — e cumprir, enfim, seu voto de cruzado.

A "pacificação" do Sul durará alguns anos até que se eliminem alguns focos isolados de resistência. Um episódio se tornou lendário no cerco de Montségur, em 1244. O funcionário da Justiça Hugues d'Arcis sitia a cidadela porque seu senhor, recusando-se a reconhecer o Tratado de Lorris, mantinha sua rebelião contra o rei. Parece que seria garantida a vida dos sitiados depois que se rendessem. Mas só os simplesmente rebeldes é que são perdoados. Os que se confessam hereges morrem na fogueira. São os últimos sobressaltos reais do Sul. São Luís vai deixar para seus oficiais e, depois de 1249, para seu irmão Afonso de Poitiers, tornado sucessor de seu sogro Raimond VII, o cuidado de ajudar a Igreja a combater os últimos hereges, sem deixar explícito, parece, diferentemente de seu pai, o desejo de empenhar-se pessoalmente nessa região à qual jamais virá, com exceção da litorânea e nova Aigues-Mortes.

A *doença do rei e o voto de cruzado*

Em 1244, o rei, que tinha estado seriamente doente dois anos antes no fim da guerra de Poitou, sofreu um novo ataque, provavelmente daquela disenteria que transtornava a vida de homens e mulheres da Idade Média tão frequentemente e cuja volta marca a vida de Luís IX.[37] O rei cai doente em Pontoise, a 10 de dezembro, na aproximação da festa de Santa Luzia.* Muito rapidamente seu estado se agrava e teme-se pelo pior. No dia 14, atento a sua preocupação constante, mais urgente sob perigo de morte, nomeia dois árbitros para tratar das diferenças que tem com o capítulo de Notre-Dame, a fim de se pôr em dia com Deus. Por todo o reino, organizam-se campanhas de coletas, de orações e de procissões solenes. Sua mãe, segundo o que se tornará tradição para os reis de França moribundos, manda levar a Pontoise as preciosas relíquias da capela real, para que Luís as toque. Um dia, acredita-se que ele esteja morto. Joinville, que situa a cena em Paris, conta:

---

[37]Ver *infra*, *O rei doente*, pp. 765-768.

*Santa Luzia, virgem e mártir de Siracusa do fim do século III, citada no cânon da missa, é a Sainte Luce (ou Lucie) dos franceses, festejada a 13 de dezembro, data marcante por sua proximidade com o solstício de inverno no hemisfério norte, quando o dia se estabiliza em sua duração mais curta do ano, para, cerca de uma semana depois, começar lentamente a crescer em seu período de luz. (*N. do T.*)

SÃO LUÍS

Chegou-se a tal extremo, como se dizia, que uma das damas que o vigiavam quis puxar-lhe o lençol sobre o rosto, dizendo que ele estava morto. E uma outra dama, que estava do outro lado do leito, não aguentou isso; pois dizia que ainda havia alma no corpo. E como ele ouvisse o debate entre essas duas damas, Nosso Senhor agiu sobre ele e enviou-lhe em pouco a saúde, porque antes ele estava mudo e não podia falar. E logo que ele conseguiu falar pediu que se lhe desse a cruz [...].[38]

Ao anúncio desse desejo, as reações se dividiram, como dividida estava, nesse meado do século XIII, a Cristandade diante da cruzada.[39] Há uma recaída no entusiasmo do século XII (do qual nem sempre participaram os soberanos cristãos).[40] As derrotas repetidas tinham esfriado o entusiasmo: a da terceira cruzada de Frederico Barba-Roxa, Ricardo Coração de Leão e Filipe Augusto em 1189-1192, a da quarta cruzada dos barões franceses (1199) desviados para Constantinopla (1204), da quinta cruzada (1217-1221). A cruzada das Crianças, em 1212, apenas um episódio comovente, dramático e catastrófico. A sexta cruzada de Frederico II em 1228-1229, o imperador excomungado, a terminar no fato escandaloso da recuperação de Jerusalém pelos cristãos ao preço de um tratado vergonhoso com os muçulmanos.

Um trovador, porém, foi o apologista de São Luís cruzado. O poeta maravilhou-se com o fato de que um homem "leal e íntegro, conselheiro reto", levando "santa vida, clara, pura, sem pecado e sem mancha", se tornasse cruzado, o que

---

[38]JOINVILLE, *Histoire de Saint Louis*, pp. 61-63.

[39]A bibliografia sobre a cruzada é imensa. Dois guias bibliográficos: A. S. ATIYA, *The Crusades, Historiography and Bibliography*, Bloomington, 1962; H. E. MAYER, "Literaturbericht über die Geschichte der Kreuzzüge", *Historische Zeitschrift*, Sonderheft 3, Munique, 1969, pp. 642-736. Balanço anual dos últimos trabalhos aparecidos no *Bulletin* da Society for the Study of the Crusades and the Latin East. As sínteses de René GROUSSET (*Histoire des croisades et du royaume franc de Jérusalem*, Paris, 3 vol., 1934-1936; reed. 1975) e de Steven RUNCIMAN, 3 vol., 1951-1954, envelheceram. A síntese monumental e coletiva dirigida por K. M. SETTON, *A History of the Crusades*, 5 vol., Pennsylvania University Press, 1955-1985, é uma referência. Mais ligeiras, porém bem-feitas, Michel BALARD, *Les Croisades*, Paris, 1988; Cécile MORRISSON, *Les Croisades*, Paris, 1969; James A. BRUNDAGE (ed.), *The Crusades. Motives and Achievements*, Boston, 1964; Hans Eberhard MAYER, *The Crusades*, Oxford, 2ª ed., 1988. Coletânea de ensaios rápidos e desiguais mas frequentemente sugestivos em "Les croisades", *L'Histoire*, número especial, introdução de Robert Delort, Paris, 1988; Fr. CARDINI, *Le crociate tra i mito e la storia*, Roma, 1971. Sobre o direito e a ideologia da cruzada, L. et J. RILEY-SMITH, *The Crusades: Idea and Reality 1095-1274*, Londres, 1981; Paul ALPHANDÉRY et Alphonse DUPRONT, *La Chrétienté et l'idée de croisade*, 2 vol., Paris, 1954-1959; nova ed. (posfácio de M. Balard), Paris, 1995; James A. BRUNDAGE, *Medieval Canon and the Crusader*, Madison, Milwaukee, 1969; Jean RICHARD, *L'Esprit de la croisade*, Paris, 1969; Paul ROUSSET, *Histoire d'une idéologie de la croisade*, Lausanne, 1983; Benjamin Z. KEDAR, *Crusade and Mission. European Approaches toward the Muslims*, Princeton, 1984. Sobre o meio ambiente histórico da cruzada: Claude CAHEN, *Orient et Occident au temps des croisades*, Paris, 1983; P. M. HOLT, *The Age of the Crusades*, Londres, 1986.

[40]Sobre a crítica medieval da cruzada, P. A. THROOP, *Criticism of the Crusade*, Amsterdam, 1940; E. SIBERRY, *Criticism of Crusading*, 1095-1274, Oxford, 1985.

se fazia em geral como uma penitência. Acreditava que durante sua doença o rei tenha tido uma visão que lhe dissera: "Porque longamente meu espírito esteve além-mar, e lá irá este meu Corpo, se Deus o deseja, e conquistará a terra sobre os sarracenos..." e afirma, contrariamente ao que sabemos por outras fontes: "Todos ficaram felizes e jubilosos, quando ouviram o rei..."[41] Esse trovador propagandista exprime sem dúvida o sentimento da maioria popular e idealista. Mas entre os políticos e em alguns meios, há opiniões contrárias. A "razão", que mais e mais governa os meios dirigentes e as camadas cultas, combate o entusiasmo tradicional e irrefletido do povo e dos devotos da cruzada. Alguns argumentos indiretos afinal pesam pouco.

A cruzada às vezes é atingida, como que por ricochete, pela crítica à cobrança de taxa pontifícia e à influência crescente do papado sobre a Cristandade, tanto mais que os papas tendem a estender a ideia de cruzada não apenas à luta contra os hereges no Ocidente — de que é exemplo a cruzada contra os albigenses —, à agressão de 1204 contra os cristãos ortodoxos gregos, mas também ao conflito essencialmente político que os opõe aos Staufen e particularmente a Frederico II (que morrerá em 1250), no fim do pontificado de Gregório IX (1227-1241) e sob Inocêncio IV (1243-1254). O clero, em particular na França, na Inglaterra e na Espanha, não vê com bons olhos os dízimos que Inocêncio IV concede a Luís IX para sua cruzada. Mas a cruzada não é o verdadeiro alvo desses críticos: o alvo é a taxa pontifícia. Afinal, alguns desses críticos acusam o papado de ter enfraquecido e mesmo matado o espírito de cruzada por sua cobiça.

Não se deve também dar muita importância à hostilidade dos hereges, porque, se isso é, para a história, o sinal da existência de uma corrente contestatária, ao mesmo tempo muito voltada para o passado e às vezes de ressonância muito moderna, essa hostilidade quase não ultrapassa a zona de influência restrita desses meios. Os valdenses condenaram a cruzada como contrária ao espírito e à letra do cristianismo, que impede o homicídio. Os cátaros, também hostis à guerra, viam nos pregadores da cruzada assassinos. Mais influente, talvez, o excêntrico Gioacchino da Fiore, morto em 1202, e que inspira a corrente milenarista do século XIII,[42] considera que a cruzada vai contra o desejo de Deus, que quer converter os muçulmanos, não exterminá-los.[43]

---

[41]Fragmento de extrato citado por J. RICHARD, *Saint Louis, op. cit.*, p. 173. O texto integral do poema foi publicado por W. MEYER, "Wie Ludwig IX der Heilige das Kreuz nahm", *Nachrichten der königlichen Gesellschaft der Wissenschaften zu Göttingen*, 1907, pp. 246-257.

[42]Sobre o milenarismo e São Luís, ver infra, pp. 191-193, o encontro entre Luís IX de volta do Egito e o franciscano joaquinista Hugues de Digne, no convento dos frades menores de Hyères.

[43]Ver M. BALARD, *Les Croisades, op. cit.* (p. 145, nº 39), pp. 84-85.

SÃO LUÍS

147

Mas a razão do declínio do espírito de cruzada me parece mais profunda. A frente de combate cristã está muito restrita à Europa, no limite de suas fronteiras geográficas ameaçadas pelos prussianos, os tártaros, os comanos, e sobre os quais a Reconquista marca na península ibérica pontos decisivos; também dentro de suas fronteiras, onde a heresia não está completamente extinta. Modifica profundamente os dados da cruzada, mais ainda, talvez, a revolução interior das consciências, que, depois de cerca de um século, está pronta para brotar nos espíritos e nos corações dos cristãos. A conversão se tornou, mais que uma iluminação exterior, a cristalização interior de um longo processo de educação e de vontade. O cristão "convertido" pode descobrir nele uma Jerusalém que torna menos necessária a reconquista da Jerusalém terrestre, a conversão do Infiel torna-se uma motivação crescente ao lado da vontade de expulsá-lo, de subjugá--lo ou de matá-lo. O espírito missionário insinua-se no espírito de cruzada.[44] Os franciscanos e o próprio São Francisco manifestam na Terra Santa e mesmo em terra infiel essa nova exigência. Luís IX, rodeado de frades mendicantes, deve ter ouvido essa música nova, ainda que não tenha renunciado à expedição armada. No concílio de Lyon de 1245, o papa Inocêncio IV, fazendo claramente de sua luta contra o imperador Frederico II uma cruzada interna, insiste na importância da pregação aos Infiéis. Principalmente, os homens e as mulheres do Ocidente, no meado do século XIII, cada vez mais se ligam aos bens materiais e morais que aumentam no próprio Ocidente: prosperidade econômica, impulso cultural e artístico, progresso da segurança nas terras senhoriais mais bem-governadas e os Estados nascentes. A Cristandade da Europa requer e retém mais as paixões dos cristãos. Um rei cristão tem por função sobretudo, a partir desse tempo, governar bem o seu reino, cuidar tanto de seu corpo físico como de seu corpo político e permanecer entre seus súditos. Branca de Castela e a maioria do grupo dos homens do rei, tanto eclesiásticos como leigos, passaram por essa mudança. Não ele.

Assim, essa brava cristã na qual se encarna a nova política cristã, Branca de Castela, reage mal ao anúncio do voto de cruzado. Joinville testemunha: "Então a rainha sua mãe ouviu dizer que a palavra lhe tinha voltado, e por isso ela mostrou tanta alegria quanto pôde. E quando ela soube que ele era cruzado, assim que ele

---

[44]Steven RUNCIMAN, "The decline of the crusading idea", em *Relazioni del X congresso internazionale di scienze storiche*, Florença, 1955, vol. 3, pp. 637-652. E. SIBERRY, "Missionaries and Crusaders, 1095-1274: opponents or allies?", *Studies in Church History*, 20, 1978, pp. 103-110; Franco CARDINI, "Nella presenza del Soldan superbo: Bernardo, Francesco, Bonaventura e il superamento dell'idea di Crociata", *Studi Francescani*, 71, 1974, pp. 199-250; B. Z. KEDAR, *Crusade and Mission, op. cit.*

mesmo o contou, ela mostrou também grande luto como se o tivesse visto morto." Sem dúvida, também, sua atitude é a de uma mãe apaixonadamente amante, atormentada pela visão de uma longa separação e dos grandes perigos do além--mar. Segundo Mateus Paris, Branca de Castela e mesmo o bispo de Paris, Guillaume d'Auvergne, que recebeu o voto de cruzado do rei, fizeram, quando ele ficou curado da doença, uma última tentativa para que ele renunciasse a seu propósito. Argumentaram que seu juramento não era válido, porque ele o tinha pronunciado doente e sem o domínio de todas as condições mentais. Com essa mistura de rudeza, de jogo teatral e de humor que Luís parecia ter prazer em manifestar, ele arranca violentamente nesse momento a cruz costurada sobre sua roupa e ordena ao bispo de Paris que a devolva "para que não se possa mais dizer que ele a recebeu sem saber o que fazia", uma vez que está, agora, são de corpo e de espírito.

Para Luís, levando ao extremo a fé que lhe foi inculcada, a cruzada é o coroamento do modo de agir de um príncipe cristão. Deixará ele a seus ancestrais, a alguns de seus contemporâneos a glória da presença e do combate na Terra Santa? Para ele, a tradição da cruzada não é coisa ultrapassada. A Jerusalém terrestre é sempre desejável. A Cristandade não é apenas o Ocidente europeu, mas os lugares onde o Cristo viveu e morreu. Luís é um desses cristãos para quem a Paixão de Jesus é um acontecimento sempre contemporâneo e que deve fazer parte da ação no presente, e não somente no qual se busque um passado santo. Quer inscrever no livro do Julgamento seu nome de cruzado depois daqueles de sua família e de seu reino que o precederam. Presente religioso e passado dinástico se unem para lhe fazer aceitar a cruz.[45]

Fazendo voto de cruzado, Luís IX tem primeiramente um comportamento tradicional. Seu bisavô, Luís VII, tinha ido em peregrinação a Jerusalém (1147--1149), numa cruzada tipicamente penitencial, pois o rei ia buscar na Terra Santa a absolvição definitiva para dois graves pecados: o incêndio pelos exércitos reais, em 1142, quando de uma expedição contra o conde de Champagne, da igreja de Vitry, onde cerca de 1.300 pessoas pereceram, e a recusa de deixar Pierre de la Châtre tomar posse na sé episcopal de Bourges. Pierre de la Châtre tinha sido regularmente eleito e a recusa determinou a interdição do reino pelo papa Inocêncio II. Depois São Bernardo e o novo papa, Eugênio III, um cisterciense muito ligado ao abade de Claraval,* fizeram pressão sobre o rei de França.

---

[45] Jacques LE GOFF, "Saint Louis, croisé idéal?", *Notre histoire*, n° 20, fevereiro de 1986, p. 42 e segs.

*O abade de Claraval, o primeiro, como se sabe, é o próprio Bernardo. A tradição do nome do santo no hagiológio português (São Bernardo de Claraval) é que leva a traduzir, melhor, a adaptar, excepcionalmente, o nome da abadia, que de outra forma seria mantido no original, Clairvaux — uma das quatro filhas, como dizem os religiosos da ordem, da abadia-mãe cisterciense de Cîteaux. As outras três são La Ferté, Pontigny e Morimond. (*N. do T.*)

SÃO LUÍS

Junto de Luís IX não há mais São Bernardo e o impulso para a cruzada vem dele mesmo. Filipe Augusto, o avô tão diferente e entretanto amado e admirado, empunhou, ele também, a cruz em 1188, na sequência da retomada de Jerusalém por Saladino em 1187. Pouco motivado, Filipe Augusto desembarcou em Acre em abril de 1191, mas voltou ao Ocidente no início de agosto do mesmo ano. Deixou a lembrança de um rei desertor da cruzada, de um "rei falido". Luís IX terá pretendido também apagar a desonra de seu avô? Seu pai Luís VIII cumpriu uma "cruzada de substituição" contra os albigenses, Branca de Castela deve ter evocado diante de seu filho a Reconquista, as "cruzadas espanholas". E aquele que a propaganda capetiana reivindica como o grande ancestral, Carlos Magno, não está lendariamente associado à peregrinação à Terra Santa?[46] Em 1239, um grupo de barões ligados ao rei — entre os quais Thibaud IV de Champagne e Ricardo de Cornualha, irmão do rei da Inglaterra — empunhou a cruz.[47] Mas Luís IX, sem nenhuma dúvida, tem uma sensibilidade particular, pessoal, para a cruzada, que, se não é seu grande projeto, é pelo menos uma peça essencial desse projeto.[48]

De todo modo, se Luís IX sem dúvida estava a par das ameaças que os turcos caresmianos — expulsos da Mesopotâmia pelos mongóis e convocados contra os cristãos pelo sultão egípcio Aiube — faziam contra os lugares santos, só soube tardiamente da pilhagem de Jerusalém pelos turcos em 23 de agosto de 1244, assim como da derrota catastrófica inflingida no dia 17 de outubro aos francos e a seus aliados muçulmanos da Síria por um exército egípcio reforçado pelos caresmianos, num ponto chamado pelos franceses de La Forbie, perto de Gaza. A decisão de São Luís de se cruzar foi tomada antes do anúncio desses dramas. Não foi ditada por esses acontecimentos. Luís a tomou unicamente por sua vontade.

---

[46]A canção de gesta *Le Pèlerinage de Charlemagne*, que recolhe e dá abonação a essa lenda, é mais ou menos de 1150 (o fim da Chanson de Roland deixava prever uma expedição de Carlos Magno à Terra Santa). Cf. Jules HORRENT, "La chanson du Pèlerinage de Charlemagne et la réalité historique contemporaine", em *Mélanges Frappier*, I, 1970, pp. 411-417.

[47]Sidney PAINTER, "The crusade of Theobald of Champagne and Richard of Cornwall, 1239-1241", em K. M. SETTON, *A History of the Crusades, op. cit.*, vol. II, pp. 463-486.

[48]Discutirei mais adiante (p. 166) as opiniões de W. C. JORDAN e de J. RICHARD sobre a importância da cruzada no pensamento e no reinado de São Luís.

O rei, o papa e o imperador

Por essa época, o renascimento do grande conflito que sacudiu a Cristandade do século XI ao século XIV, a luta entre suas duas cabeças, o papa e o imperador, alcançou o rei de França. Quanto a esses dois superpoderes, a atitude de Luís é constante e paralela. Monarca do reino então mais poderoso da Cristandade, o rei de França sabe das condições dessa política. Trata-se de dar a cada um o que parece lhe ser devido: ao papa, um filial e obediente respeito no domínio espiritual; ao imperador, um reconhecimento formal e cortês de sua preeminência simbólica. Mas, aos dois, o rei de França impede toda intromissão nos negócios temporais pondo em relevo sua autoridade única e impõe o respeito de sua independência temporal. Diante do irrequieto Frederico II, seguro do reconhecimento pelo papa Inocêncio III, no início do século, do fato de que o rei de França "não reconhece superior em seu reino", Luís mantém uma atitude de neutralidade respeitosa mas, como em relação ao papa, sabe, quando é preciso, alternar a firmeza e a deferência. Esse, acha ele, deve ser o bom comportamento entre príncipes cristãos.[49]

Viu-se como Luís IX permitiu que cavaleiros franceses combatessem nas tropas imperiais na Lombardia e como recusou para seu irmão Roberto d'Artois a coroa da Alemanha que o papa lhe oferecia. Mas, em 3 de maio de 1241, uma frota genovesa que conduzia numerosos prelados ao concílio convocado por Gregório IX foi vencida por uma frota de Pisa a serviço do imperador e os dignitários eclesiásticos foram feitos prisioneiros de Frederico II. Entre eles, franceses — e não dos mínimos: os arcebispos de Auch, de Bordeaux e de Rouen, os bispos de Agde, de Carcassone e de Nîmes, os abades de Cîteaux, de Claraval, de Cluny, de Fécamp e de La Merci-Dieu. Assim que foi informado, Luís, que alguns meses antes tinha tido um encontro com Frederico II em Vaucouleurs e acreditava poder contar com a benevolência dele, mandou o abade de Corbie e um dos cavaleiros de sua casa, Gervais d' Escrennes, para reclamarem com o imperador. Mas, como conta Guillaume de Nangis, Frederico II, que previamente tinha pedido ao rei de França para não permitir que os prelados de seu reino saíssem para atender à convocação pontifícia, envia os cativos presos a Nápoles e responde insolentemente ao rei de França: "Que vossa real

---

[49] A propósito do conflito entre Frederico II e o papado e da conduta de São Luís nesse caso é que Ernst Kantorowicz traça um brilhante retrato do rei de França entre os soberanos europeus. Conclui Kantorowicz: "Comparados com Luís IX os outros reis fazem figura pífia" (E. KANTOROWICZ, *L'Empereur Frédéric II*, *op. cit.*, pp. 514-515).

SÃO LUÍS

majestade não se espante se César retém com rigor e angustiados aqueles que vinham para angustiar a César." Estupefato, Luís despacha como portador de uma carta para Frederico o abade de Cluny, que tinha tido sua prisão relaxada em pouco tempo. Declara a carta:

> Nossa fé e nossa esperança têm sido firmemente mantidas até aqui, assim como nenhum assunto de disputa* [querela], ou pendência judiciária** [discussão, processo] ou de rancor foi mantido por longo tempo entre nosso reino e vosso império [notem-se os termos que exprimem a um tempo uma diferença de dignidade e uma igualdade de fato]: porque nossos predecessores que sustentaram nosso reino de França sempre amaram e honraram a solene alteza do império de Roma; e nós que vimos empós deles, nós mantemos firmemente e sem alteração o propósito de nossos antecessores; vós, porém, parece-nos, vós rompestes a amizade e a aliança de paz e de concórdia. Detivestes nossos prelados que iam à sé [pontifícia] de Roma por fé e por obediência, não podendo recusar a ordem do papa, e vós os prendestes no mar, o que suportamos com pesar e dor. Estejais seguro de que sabemos, pelas cartas deles, que não pensavam nada fazer que vos fosse contrário. Então, como nada fizeram em vosso detrimento, cabe a vossa majestade devolvê-los e libertá-los. Refleti e ponde na balança de um reto julgamento nossa mensagem e não retenhais os prelados pela força e por vossa única vontade; porque o reino de França ainda não está tão fraco que se deixe conduzir por vossas esporas.[50]

Soberba declaração que fez Frederico II recuar, porque o cronista nos diz: "Quando o imperador ouviu as palavras contidas nas cartas do rei Luís, devolveu contra seu coração e contra a sua vontade os prelados que estavam em seu reino, porque hesitou diante da possibilidade de enfurecê-lo."[51]

Por esse tempo, Luís tentava pôr em ordem seu reino. A manutenção da paz entre príncipes cristãos exigia, segundo seu modo de ver, que um senhor não pudesse ser vassalo de dois reis reinando em dois reinos diferentes. Desse modo, em 1244, ordena aos senhores — numerosos sobretudo na Normandia

---

*"Noise" no original do rei Luís. (*N. do T.*)
**"Plaid" no original. (*N. do T.*)
[50]Modernizei, mantendo-o tão próximo do original quanto possível, o texto da versão em francês arcaico da *Vie de Saint Louis*, de GUILLAUME DE NANGIS.
[51]O texto do cronista está conforme aos documentos originais: as cartas de Frederico e de Luís foram publicadas — numa ordem cronológica invertida — na *Chronique des ducs de Brabant (Collection de Chroniques belges)*, t. II, pp. 171-172. Ver o comentário de Carlrichard BRÜHL, *Naissance de deux peuples: Français et Allemands (IXe -XIe siècle)*, Paris, 1995, p. 305.

— que eram seus vassalos e o eram do rei da Inglaterra em terras além-Mancha a escolher entre os dois. Henrique III responde retirando suas terras inglesas de todos os senhores franceses. São Luís mostra, assim, o que deve ser a seus olhos uma monarquia feudal: um Estado em que a vassalagem e a pertença ao reino são estreitamente unidas, em que os senhores são a um tempo os vassalos e os súditos do rei.

Pretende em seguida criar ligações estreitas entre a monarquia francesa e a ordem de Cîteaux, pela qual tem tanta veneração como pelas ordens mendicantes. Decide ir a Cîteaux com grande pompa para o capítulo geral do outono de 1244, na véspera da festa de São Miguel.* Como era de seu costume, aproveitou essa viagem para, no caminho, visitar lugares de peregrinação, das relíquias e dos mosteiros. Assim, parou na igreja da Madeleine, em Vézelay, e no mosteiro de Vitteaux-en-Auxois. Acompanha-o sua mãe, a rainha Branca, que tinha obtido do papa o privilégio da autorização para entrar com doze mulheres nos conventos cisterciences, os irmãos Roberto d'Artois e Afonso de Poitiers, o duque de Borgonha e outros seis condes franceses. Chegados à distância de uma flechada do mosteiro, apeiam por deferência e caminham até a igreja rezando em procissão. Como consideração especial ao rei e sua mãe e por causa do cansaço da viagem, os monges lhes permitem comer carne, mas na casa do duque de Borgonha que fica fora da clausura. Concordam em que as mulheres autorizadas pelo papa entrem no mosteiro, mas com a condição de não se deitarem. O capítulo geral decide, principalmente, incluir no memento dos vivos** em todos os mosteiros da ordem na França os nomes de Luís e de sua mãe por uma intenção particular. Semelhantes vínculos de oração unem o rei aos dominicanos, aos franciscanos, premonstratenses e grandmontinos.*** Essas cadeias de orações são destinadas a assegurar a salvação do rei e de sua mãe. Mas, na piedade de um rei medieval, em que quase todo gesto de devoção é também um gesto político, Luís tece vínculos entre as dinastias e as ordens religiosas, esses poderes espirituais e temporais com os quais ele liga essas redes de parentesco "artificial", quase tão sólidas, na Idade Média, como as de parentesco carnal.

---

*A festa de São Miguel, "la Saint-Michel" dos franceses, comemora-se a 29 de setembro, no início do outono europeu. (*N. do T.*)

**O memento dos vivos (a forma verbal latina *memento* quer dizer *lembrai-vos*) é uma oração do cânon da missa, antes da consagração, na qual o celebrante pede os frutos da eucaristia para os vivos em geral e, em especial na Idade Média, para determinados vivos especificamente. (*N. do T.*)

***O ramo beneditino de Grandmont, que deve o nome à abadia onde se instalou em 1125, acabou suprimido no século XVIII. Os premonstratenses também devem o nome ao lugar onde a ordem foi fundada, Prémontré (primitivamente *Prémonstré*), França, em 1120, por São Norberto. Tal como os cistercienses, também são monges brancos. (*N. do T.*)

SÃO LUÍS

153

A Gregório IX, morto em agosto de 1241, e a Celestino IV, falecido com doze dias de pontificado, sucedeu em junho de 1243 Inocêncio IV.[52] O conflito com Frederico imediatamente fica mais grave.

No capítulo geral cisterciense, Luís recebe enviados do papa, portadores de uma carta pedindo ao rei de França para conceder-lhe em seu país asilo que o pusesse ao abrigo dos ataques de Frederico II. Renovaria assim o gesto de seu bisavô Luís VII, que tinha acolhido o papa Alexandre III perseguido pelo avô do imperador, Frederico I Barba-Roxa. Luís IX lhe responde com muita deferência, mas firmemente, que ouviu o conselho de seus barões e que eles tinham desaconselhado que ele permitisse ao papa refugiar-se na França. Decididamente, não quer escolher um campo entre o papa e o Imperador: pelo menos nisso, Inocêncio IV não continuará a contar com o apoio do rei de França. Fugindo da Itália pouco segura, instala-se em Lyon, que em princípio faz parte do Império, mas é quase independente, sob a autoridade de seu arcebispo, com a proximidade imediata da França, que aí exerce sua influência.[53]

Inocêncio IV chega a Lyon a 2 de dezembro e lá soube da grave doença do rei de França, mas logo é tranquilizado. A 27 de dezembro de 1244, anuncia a convocação de um concílio ecumênico em Lyon por ocasião da próxima festa de São João e convoca o imperador a comparecer diante do concílio para lá se justificar e ouvir a sentença.

Segundo o costume, os príncipes leigos também são convidados ao concílio, mas Luís, sempre preocupado em não se engajar muito, não vai a Lyon. O concílio depõe Frederico II em julho de 1245, declarando-o decaído a um tempo do Império e de todos os seus reinos. Luís, que pensa sobretudo em sua cruzada, propõe a Inocêncio IV uma entrevista em Cluny com a esperança de preparar uma reconciliação entre o papa e o imperador e o desejo de que, desse modo, o papa corrobore o apoio que tinha anunciado no concílio a sua cruzada. Acha Mateus Paris que o rei de França impede que o papa entre além de Cluny no reino da França, mas esse gesto descortês é pouco verossímil. Luís IX e

---

[52]Segundo Mateus Paris, os franceses tinham ameaçado os cardeais, se não elegessem um papa para toda a Cristandade, com a promessa de eleger um para a Cristandade ao norte dos Alpes (*citra montes*) em nome de um pretenso privilégio outrora outorgado por São Clemente a São Dionísio [o primeiro bispo de Paris]. Vê-se como isso que se chamará galicanismo teria raízes antigas, mas a maioria dos especialistas não crê na autenticidade dessa carta. Como o documento está nos arquivos de Frederico II (publicado em Jean HUILLARD--BRÉTOLLES, *Historia Diplomatica Frederici secundi*, Paris, 1852-1861, t. VI/1, p. 68), pode-se pensar em uma falsificação da chancelaria imperial querendo comprometer Luís IX, atribuindo-lhe as ideias do imperador. Seria preciso retomar a questão.

[53]Sigo, nesse caso, Élie BERGER, *Saint-Louis et Innocent IV. Étude sur les rapports de la France et du Saint Siège* (Paris, 1893), sempre válido.

154 JACQUES LE GOFF

Inocêncio IV chegam a Cluny[54] com um grande cortejo de membros da família real e de barões de um lado, de cardeais e de prelados do outro. As entrevistas, das quais só participam o papa, o rei de França e sua mãe Branca de Castela, que parece sempre cogovernar o reino da França, permanecem secretas. Pode--se constatar, pelo menos, apesar dos choques às vezes vivos,[55] que as relações entre o papa e o rei de França continuaram amigáveis, que Inocêncio reforçou seu apoio à cruzada de Luís, mas que recusou qualquer gesto de conciliação quanto a Frederico II.

Luís IX obstina-se então em sua atitude de neutralidade, tratando Frederico em suas cartas de "excelentíssimo e caríssimo amigo, imperador sempre augusto, rei da Sicília e de Jerusalém". Tenta sem sucesso, em 1246, nova mediação junto ao papa em favor de Frederico, mas quando sabe, em 1247, que Frederico reúne um importante exército para marchar sobre Lyon onde o papa continua morando, envia tropas consideráveis para defender o pontífice. Frederico II, que avançou até os Alpes, retira-se para Parma. Apesar disso, as relações vão permanecer cordiais entre o imperador e o rei de França. Depois de ter salvo o papa, Luís, fiel a sua política de equilíbrio, apoia com todo vigor uma revolta dos senhores leigos france-ses contra o clero e manda ao papa um memorando protestando vivamente contra o comportamento da cúria pontifícia em relação à Igreja e ao reino da França, violando suas jurisdições e exaurindo uma e o outro com cobranças rigorosas.[56]

São Luís e o Mediterrâneo

Esse jogo político complexo não distrai porém o rei de seu grande objetivo. Deci-dindo partir com a cruzada, ele escreve uma nova página na história das relações entre a monarquia francesa e o Mediterrâneo.[57] O mar interior jamais tinha se

---

[54]Foi durante essa viagem que Luís IX concluiu em Mâcon a compra do Mâconnais para a condessa Alix, que se retirou para a abadia de Maubuisson perto de Pontoise, fundada por Branca de Castela.

[55]Luís ficou impressionado com a arrogância do papa. Ver pp. 673-674.

[56]Luís enviou duas embaixadas sucessivas ao papa. No memorando muito minucioso de reclamações levado pela segunda, o agente real declara: "O rei meu mestre tem suportado há muito tempo com grande sacrifício a injustiça feita à Igreja da França e em consequência a ele mesmo, a seu reino" (documento publicado por Mateus Paris em anexo a sua crônica: MATEUS PARIS, *Chronica majora*, t. VI, pp. 99-112). Cf. Gerard J. CAMPBELL, "The protest of Saint Louis", *Traditio*, 15, 1959, pp. 405-418. Campbell considera que esse memorando exprime bem as ideias de São Luís, mas que a redação é do enviado que deu às ideias originais uma forma abrupta e agressiva que não corresponde às intenções do rei. Ver *infra* pp. 695-696.

[57]Jean RICHARD, "La politique orientale de Saint Louis: la croisade de 1248", em *Septième centenaire de la mort de Saint Louis (1970)*, Paris, 1976, pp. 197-207; J. LE GOFF, "Saint Louis and the Mediterranean", *Mediterranean Historical Review*, 5, 1990, pp. 21-43. Observações fundamentais de Pierre CHAUNU em *L'Expansion européenne du XIIIe au XVe siècle*, Paris, 1969: II parte, cap. I/2, "La Méditerranée", pp. 61-64.

SÃO LUÍS

constituído até então num horizonte da política da Gália, posteriormente da Frância ocidental, ancestrais da França. Conquistada dos ostrogodos pelos merovíngios no século VI, a Provença nunca deixou de se rebelar até que foi brutalmente submetida por Carlos Martel nos anos 730-740. Mas os carolíngios, em seguida, tinham deslocado do Mediterrâneo para o norte o centro de gravidade de seu império e, na partilha de Verdun, a Provença tinha passado para o domínio da Lotaríngia; o Mediterrâneo, entre o Ródano e os Alpes, ia permanecer como o litoral do império até o fim do século XV. Entre o Ródano e os Pireneus, a costa mediterrânea, em compensação, teoricamente faz parte do reino da Frância ocidental e, portanto, do reino capetiano a partir de 987, mas, até o século XIII, os senhores languedocianos não reconhecem senão em teoria a suserania capetiana e a influência de Aragão torna-se forte do Roussillon a Montpellier. Só com o fim da cruzada contra os albigenses e o reinado de Luís IX que o Mediterrâneo entra na realidade territorial e no horizonte político da monarquia francesa. Em 1229, Amaury de Monfort cede ao rei de França todos os seus direitos no Sul, e ao domínio real se incorporam as senescalias de Beaucaire (a cidade tinha sido comprada por Luís VIII em 1226 à comuna de Avignon) e de Carcassone. Pela primeira vez, o domínio real francês chega ao Mediterrâneo mas, como Saint-Gilles, porto muito ativo no século XII, não estava mais em águas livres, Luís IX vai providenciar a construção do porto de Aigues-Mortes.

As expedições de cruzada de Luís VII e Filipe Augusto não tinham sido acompanhadas de nenhuma política mediterrânea. Para o transporte de seus exércitos, os reis dependiam de Marselha e, sobretudo, de Gênova. Entretanto, fora de toda a ação real, há uma presença francesa importante no Mediterrâneo oriental e isso será um dos pontos a serem considerados na situação em que se vai desenvolver a cruzada de Luís IX.

A aristocracia e a cavalaria francesas tiveram uma participação determinante nas primeiras cruzadas — sobretudo na primeira — e na criação do reino latino de Jerusalém e dos principados cristãos da Terra Santa. Disso dão testemunho os títulos das crônicas sobre a tomada de Jerusalém e a conquista da Terra Santa: as *Gesta Francorum Jerusalem expugnantium* ("Feitos heroicos dos franceses conquistadores de Jerusalém"), de um clérigo desconhecido, mesmo que o herói no caso seja o normando Bohémond, e as famosas *Gesta Dei per Francos* ("Feitos heroicos de Deus pela intermediação dos francos") do abade Guibert de Nogent. Desde o início houve a convicção de uma "eleição escatológica dos francos" para a cruzada;[58] São Luís vai colhê-lha, vai vivê-la.

---

[58]P. ALPHANDÉRY e A. DUPRONT, *La Chrétienté et l'idée de croisade, op. cit.*, t. I, p. 113.

Os "francos" (na maioria franceses) foram, com efeito, os principais ocupantes e colonizadores do litoral mediterrâneo do Oriente Próximo. Comparou-se a Síria do século XII — penetrada simultaneamente pela colonização rural e urbana, semeada de "cidades novas" que eram como aldeias francesas — a uma "nova França", como serão mais tarde o Canadá dos séculos XVII e XVIII ou a Argélia do século XIX.[59]

Entre os trunfos dos franceses no Mediterrâneo, é preciso não esquecer a língua. Nesse século XIII em que as línguas locais se expandem decisivamente não apenas na literatura, mas também nos documentos escritos do direito e da administração, e em que o francês aparece, depois do latim e de maneira mais viva, como uma nova língua internacional da Cristandade, fala-se mais e mais francês na região do Mediterrâneo. Sem dúvida, na Itália do Sul e na Sicília, o francês falado pelos normandos declina, mas em Chipre, que Ricardo Coração de Leão conquista em 1191 e onde a família Lusignan instalou sua dinastia em 1192, a classe dirigente fala francês, e a maioria da população, uma *língua franca* formada pelo francês, o italiano e o grego.[60] A língua francesa avança sobretudo nos Estados latinos de além-mar, ao mesmo tempo em que os modos e hábitos franceses deitam raízes nesses lugares, e a segunda geração de "francos" nascida no Levante vive numa verdadeira "França de além-mar".[61] Língua cotidiana, o francês era também a língua de redação dos costumes que, como na Cristandade europeia, passam para a escrita no século XIII, o *Livre au Roi, as Assises de la Cour aux bourgeois, o Livre de Jean d'Ibelin* etc.[62]

O Mediterrâneo que Luís IX vai enfrentar é, no século XIII, ponto de batalhas, de trocas e de luta entre três grandes áreas culturais e políticas: a Cristandade latina, a Cristandade grega bizantina e o mundo muçulmano, que margeia toda a costa meridional (do Egito ao Marrocos) e o sul da Espanha. Durante a maior parte do reinado de Luís IX, Constantinopla, a parte europeia do Império Bizantino e o noroeste da Anatólia são governados por latinos que formaram, quando da quarta cruzada em 1204, o reino latino de Constantinopla que os gregos reconquistaram em 1261. Por essa época, a Reconquista cristã sobre os muçulmanos progride rapidamente na Espanha.[63]

---

[59]Jean RICHARD, *Le Royaume latin de Jérusalem*, Paris, 1953, pp. 120-121.
[60]E. C. FURBER, "The Kingdom of Cyprus, 1191-1291", em K. M. SETTON, *A History of the Crusaders, op. cit.*, vol. II, pp. 599-629.
[61]Josuah PRAWER, *The World of the Crusaders*, Londres e Jerusalém, 1972, p. 83.
[62]ID., *Histoire du royaume latin de Jérusalem*, 2 vol., Paris, 1969-1970; J. RICHARD, *Le Royaume latin de Jérusalem, op. cit.*
[63]Ver *supra*, p. 45

SÃO LUÍS

157

Esse Mediterrâneo é primeiro um espaço *físico*, difícil de dominar tecnológica e psicologicamente. O Ocidente conhece progressos na navegação marítima, no século XIII, mas não se sabe em que medida esses progressos atingiram a área mediterrânea. O leme do cadaste móvel da popa, no eixo do navio, não parece ter penetrado as águas do Norte no Mediterrâneo antes do início do século XIV: os navios venezianos e genoveses fretados por São Luís utilizam como no passado dois lemes laterais. O uso da bússola, conhecido no Ocidente desde 1190, só se expande muito lentamente.[64] Resta considerar que Gênova e Veneza construíram para seu comércio navios de grandes dimensões que facilmente podiam se transformar em transportadores de tropas militares, carregando um número considerável de homens em suas duas cobertas, cavalos, víveres e água potável no porão. Em Marselha, Joinville assistiu com viva admiração ao embarque de cavalos nessas verdadeiras naus de desembarque: "No dia em que entramos em nossas naus, fez-se abrir a porta da nau e enfiaram-se lá dentro todos os nossos cavalos que devíamos levar a além-mar; depois fechou-se a porta e ela foi bem vedada, como quando a gente 'afoga' um tonel porque, quando a nau está em alto-mar, toda a porta fica na água."[65]

A *nave* (nau) veneziana, a *Roccaforte*, fretada por São Luís, tem um comprimento total de 38,19 metros, mede 14,22 metros em sua largura maior, 9,35 metros de altura na parte média do casco e 13,70 metros sob os castelos de popa e de proa. Estima-se sua tonelagem em cerca de 600 toneladas e seu deslocamento (quer dizer, o peso do volume de água deslocado no mar) em quase 1.200 toneladas.[66] O principal defeito dessas grandes naus era sua deriva* acentuada.[67] Por sua vez, a cartografia marítima progride lentamente, e a mais antiga carta náutica da Idade Média de que se tem menção estava a bordo do navio no qual São Luís aportou em Túnis, em 1270, segundo o testemunho do cronista de Saint-Denis, Guillaume de Nangis.[68]

---

[64]Frederick C. LANE, "The Economic Meaning of the Invention of the Compass", *American Historical Review*, LXVIII, 1863, pp. 605-617.

[65]JOINVILLE, *Histoire de Saint Louis*, pp. 70-71.

[66]Jean-Claude HOCQUET, *Le Sel et la Fortune de Venise*, vol. 2, *Voiliers et commerce en Méditerranée, 1200-1650*, Lille, 1959, p. 102.

*"Deriva" é o ângulo formado pelo eixo do navio com a rota seguida. (*N. do T.*)

[67]Sobre os navios mediterrâneos, ver, além de J.-Cl. HOCQUET (nota precedente), R. BASTARD DE PÈRE, "Navires méditerranéens au temps de Saint Louis", *Revue d'histoire économique et sociale*, t. 50, 1972, pp. 327-356; Michel MOLLAT (ed.), *Le Navire et l'économie maritime du Moyen Âge au XIIIe siècle, principalement en Méditerranée* (Actes du 2e colloque international d'histoire maritime, 1957), Paris, 1958; Eugene H. BYRNE, *Geonese Shipping in the XIIth and XIIIth Centuries*, Cambridge, 1930; Ugo TUCCI, "La navigazione veneziana nel Duecento e nel primo Trecento e la sua evoluzione tecnia", em *Venezia e il Levante* (atas do congresso realizado na Fondazione Cini, 1968), 2 vol., Florença, 1973.

[68]Segundo Patrick Gautier-Dalché, historiador do espaço na Idade Média, esse mapa quase não devia dar informações aproveitáveis.

Tempestades e aventuras de mar não faltaram a São Luís. É preciso esperar a boa estação para navegar. São Luís embarca em Aigues-Mortes em 25 de agosto de 1248 e chega ao porto de Limassol, na ilha de Chipre, na noite de 17 para 18 de setembro. Mas o medo do mau tempo levará ao desembarque no Egito na primavera do ano seguinte. O que não impedirá que, em maio de 1249, quando a frota francesa chega ao largo do Egito, um forte vento arraste uma parte dos navios e separe do rei, que fica apenas com 700, a maioria dos 2.800 cavaleiros que tinha levado. Só muito tempo depois eles voltarão.

Na volta, na primavera de 1254, o navio do rei, envolvido pela bruma, encalha num banco de areia diante de Chipre, depois a frota é atingida por uma tempestade tão violenta que a rainha promete a Joinville dar em Saint-Nicolas-de-Varangéville (Saint-Nicolas-du-Port, na Lorena) um ex-voto prestigioso: uma nau de prata de cinco marcos.[69]

Mar perigoso, já se vê, esse Mediterrâneo, ainda mais para os franceses, na grande maioria gente mais dada à terra firme. Frederico Barba-Roxa, ele também, temia o mar e, por isso, tinha escolhido para a terceira cruzada a rota de terra que lhe foi fatal. Filipe Augusto, nessa mesma cruzada, sofreu com o enjoo e em consequência disso parece ter mantido um temor em relação ao mar. Joinville inclui entre as principais provas de coragem de São Luís a intrepidez com que o rei afrontou a incerteza do mar e não perdeu seu sangue-frio nem quando seu navio encalhou nem quando da tempestade que se seguiu.[70] Quando anota suas lembranças, fica maravilhado de ver como o rei se atreveu a desafiar o mar: "Quem ousa se pôr em tal perigo com o bem alheio ou em pecado mortal é muito insensatamente atrevido; porque dorme de noite quando se ignora se não se estará no fundo do mar de manhã."[71]

Que São Luís tenha superado o medo do mar, tão comum no século XIII na peregrinação penitencial da cruzada, será levado em conta nas provas de sua santidade.[72]

---

[69]Quando, depois da morte de São Luís diante de Túnis, a frota francesa voltou para a Sicília, na noite de 15 para 16 de novembro de 1270, uma violenta tempestade destruiu a maior parte dos navios. Essa destruição tornava impossível uma retomada rápida da cruzada, supondo-se que se desejou verdadeiramente essa retomada.

[70]JOINVILLE, *Histoire de Saint Louis*, pp. 72-73.

[71]Jacques MONFRIN, "Joinville et la mer", em *Études offertes à Félix Lecoy*, Paris, 1973, pp. 445-468.

[72]Jean DELUMEAU, *La Peur en Occident (XIVe-XVIIIe siècles)*, *op. cit.* ("La peur de la mer", p. 31 e segs.). Ver *infra*, Terceira Parte, Capítulo. I, pp. 479-483.

SÃO LUÍS

159

O Mediterrâneo do século XIII é também um espaço *econômico*. São as cidades italianas que o dominam, do lado cristão. O tempo de Amalfi passou. O de Pisa, de Gênova, de Veneza chegou. Quando Luís IX manda construir no litoral recentemente unido ao domínio real o porto de Aigues-Mortes, vê nisso primeiro um interesse econômico. Quer desenvolver o comércio aí e atrair mercadores italianos, genoveses no caso; para isso, compra as terras que a abadia de Psalmodi possuía na linha litorânea que fecha então o canal de Aigues-Mortes.[73] Desde 1239, uma parte da "cruzada dos barões", comandada pelo conde Thibaud IV de Champagne, rei de Navarra, e pelo duque Hugues de Borgonha, pôde embarcar no porto ainda rudimentar de Aigues--Mortes, embora a maioria dos cruzados ainda tivesse partido de Marselha. Com Aigues-Mortes, Luís IX faz do Mediterrâneo uma nova fronteira, um novo horizonte da França.

O Mediterrâneo é, para Luís IX, afinal e sobretudo, um espaço *religioso*. Com os homens circulam também religiões diversas. A partir do fim do século XI, as expedições de cruzada acabam por fazer do Mediterrâneo para os cristãos latinos uma frente de reconquista através da força ou da persuasão: cruzada e missão. O espaço desses cristãos, a partir de então, é a Europa latina com a península ibérica que é preciso acabar de reconquistar, mais os lugares santos, a Palestina, Jerusalém. Assim como o crescimento econômico, o Mediterrâneo se tornou um lance fundamental para a expansão religiosa. A peregrinação a Jerusalém, forma tradicional de devoção, penitencial ou não, tomou, a partir do fim do século XI, uma forma violenta, militar, a cruzada.[74] Mas, a partir do início do século XIII, uma série toda de razões, já o vimos, leva os cristãos do Ocidente senão a substituir a cruzada pela missão pacífica, pelo menos à duplicação de esforços de conversão pelas pregações e pelo exemplo.[75] Na primeira fila desses missionários no Levante, na Terra Santa, vemos lá os franciscanos. O próprio Francisco de Assis e seu "segundo", frei Elias, fizeram a viagem. Conventos franciscanos foram criados nos estados latinos da Síria e da Palestina, em Antióquia, em Trípoli, Beirute, Tiro, Sidon, Acre, Jafa e Chipre. Também na África houve tentativas missionárias franciscanas, como na viagem de frei Gilles a Túnis, em 1219, mas terminaram em derrotas, às vezes sangrentas, como no massacre dos mártires de Ceuta em 1220.[76] Depois da morte de São

---

[73]J. RICHARD, *Saint Louis, op. cit.*, p. 100 e p. 200.
[74]P. ALPHANDÉRY e A. DUPRONT, *La Chrétienté et l'idée de croisade, op. cit.*
[75]B. Z. KEDAR, *Crusade and Mission, op. cit.*; E. SIBERRY, "Missionaries and Crusaders", artigo citado.
[76]Jonh MOORMAN, *A History of the Franciscan Order*, Oxford, 1968, p. 46 e 226 e segs.; M. RONCAGLIA, *Saint Francis of Assisi and the Middle East*, Cairo, 1957; F. VAN ORTROY, "Saint François d'Assise et son voyage en Orient", *Analecta Bollandiana*, 31, 1912, pp. 451-462.

160 JACQUES LE GOFF

Luís (1270), novos esforços de conversão serão mais metodicamente preparados pelas ordens mendicantes[77] e alimentarão as esperanças de Raymond Lulle. No século XIV, acabou a frente militar dos cruzados, mas a tradição da peregrinação além-mar prosseguirá.

O Mediterrâneo do século XIII é bem o espaço da grande ilusão para os cristãos latinos, e para São Luís, em particular, o espaço da conversão: conversão dos muçulmanos, conversão dos mongóis, volta dos cristãos ortodoxos gregos à Cristandade romana pela realização da união das Igrejas.[78]

Os preparativos da cruzada

Trata-se inicialmente de resolver o problema: como dominar o espaço mediterrâneo? A primeira questão era a do porto de embarque; Aigues-Mortes foi então escolhido. O novo porto foi preferido a Narbonne e a Montpellier, politicamente pouco seguros (o primeiro por sua ligação com a dinastia condal tolosina, o segundo por causa da influência aragonesa), e aos portos exteriores ao reino: Marselha, onde entretanto embarcam muitos cruzados franceses, entre eles Joinville, e Gênova, antigo porto de cruzada para Filipe Augusto. Na volta da Terra Santa, São Luís, depois de hesitar, desembarcará em Salins d'Hyères, porque a Provença está solidamente dominada então por seu irmão Carlos d'Anjou, que a herdou em 1246, por seu casamento com Beatriz de Provença. Antes de partir, Luís procedeu, na festa de Pentecostes de 1246, à "cavalaria" (imposição das armas de cavaleiro) de seu irmão em Anjou, em grande solenidade, e concedeu-lhe a possessão dos condados de Anjou e de Maine, que lhe tinham sido destinados pelo pai, Luís VIII. O essencial foi então a construção apressada do porto de Aigues-Mortes, uma das mais marcantes realizações urbanas da França medieval, de onde São

---

[77]Em Maiorca, notadamente, um *studium* para o ensino da língua árabe foi fundado a pedido do papa João XXI em 1276. Ver J. MOORMAN, *A History, op. cit.*, p. 170, n° 3.

[78]Esse interesse de Luís IX pelos bizantinos surge principalmente no fim de seu reinado. Em 1269 e 1270 (até em seu acampamento diante de Túnis), ele troca embaixadas com o imperador Miguel VIII Pallogo, autor da reconquista pelos gregos do que restava do império latino de Constantinopla em 1261. São Luís mostrou então — distinguindo-se uma vez mais de seu irmão Carlos d'Anjou — que punha a união dos cristãos (supunha-se que os gregos "se converteriam") à frente dos interesses egoístas dos latinos. Ver M. DABROWSKA, "L'attitude pro-byzantine de Saint Louis", *Byzantinoslavia*, L, 1989, pp. 11-23.

SÃO LUÍS

Luís embarca.[79] Aigues-Mortes está destinado a ser, daí em diante, a cabeça e o ponto final do *iter hierosolymitanum* ("a rota de Jerusalém").

A preparação material consiste a seguir na compra ou locação de navios para o transporte do exército da cruzada. São ainda Gênova e Veneza e, secundariamente, Marselha, que fornecem o maior número de barcos.[80] Compreende também a operação de buscar um abastecimento suficiente: Joinville descreve a "grande abundância de provisão do rei" em Chipre em 1349,* lembra o vinho recolhido em grandes "celeiros" no meio dos campos e em pilhas de tonéis à beira do mar, assim como o trigo comum, o frumento e a cevada formando "montanhas" no campo nas cercanias de Limassol.[81] Uma empresa de tal porte criava enormes problemas logísticos. William Jordan mostrou, a propósito de Aigues-Mortes, o cuidado excepcional e a audácia com que Luís preparou a cruzada. Para levar a Aigues-Mortes a quantidade considerável de matérias-primas exigidas para o equipamento e o abastecimento do exército da cruzada — em particular o sal e sobretudo a madeira —, Luís concedeu grandes vantagens aos habitantes de Montpellier, para que aceitassem a realidade do novo porto que ia concorrer com o deles; mandou remodelar com um misto de "benesses, de concessões e de força" a estrada de Cévennes, suprimindo-lhe todos os pedágios e desmatando a região: até 1253, os jovens casais de Alès, onde o rei tinha requisitado carpinteiros experientes e mandado abater as florestas da redondeza, não conseguiam achar a madeira necessária para a fabricação de tochas para as festividades habituais de núpcias.[82]

A preparação financeira não é menos minuciosa: exige sobretudo a contribuição das cidades e da Igreja na França. As primeiras pagam com doações e sujeitam-se a pedidos de empréstimos forçados por parte do governo, a segunda aceita que a ajuda à cruzada passe do vigésimo ao dízimo (a décima parte).[83] Além disso, atualiza os acordos com os Templários e com os banqueiros italianos que lhe permitem transferir para a Terra Santa

---

[79] J. MORIZE, "Aigues-Mortes au XIII⁀ siècle", *Annales de Midi*, XXVI, 1914, pp. 313-348; Jean COMBES, "Origine et passé d'Aigues-Mortes. Saint Louis et le problème de la fondation d'Aigues-Mortes", em *Hommages à André Dupont*, Montpellier, 1974, pp. 255-265; W. C. JORDAN, "Supplying Aigues-Mortes for the crusade of 1248: the problem of restructuring trade", em *Order and Innovation* (*Mélanges J. Strayer*), Princeton, 1976.

[80] Para os contratos de locações de barcos, ver L. T. BELGRANO, *Documenti inediti riguardanti le due crociate di San Ludovico*, Gênova, 1959.

* Trata-se de um evidente erro de composição da edição francesa: a data certa só pode ser 1249. (*N. do T.*)

[81] JOINVILLE, *Histoire de Saint Louis*, pp. 72-75 e 80-81.

[82] Ver W. C. JORDAN, *Louis IX and the Challenge of the Crusade. A Study in Rulership*, Princeton, 1979, capítulo. IV: "War finance: men, material and money".

[83] W. C. JORDAN, "Supplying Aigues-Mortes...", artigo citado *supra*, no. 79.

somas sacadas antecipadamente sobre o Tesouro real e obter empréstimos.[84] Esse sistema de financiamento, no conjunto, funcionou bem. O pagamento da exigência do rei, desse modo, será efetuado sem grande dificuldade. É verdade que não se trata de um montante excepcionalmente elevado: 200.000 libras, menos de um ano da renda real, enquanto que a de Ricardo Coração de Leão, avaliada em termos equivalentes, elevava-se a 500.000 libras por mês, representando quatro anos da renda da monarquia inglesa.[85] Da mesma forma, as despesas importantes feitas por Luís na Terra Santa para fortificar cidades e castelos serão quitadas sem grande problema. Pode-se discutir se a ausência prolongada do rei foi ou não nefasta para o reino da França. Mas parece claro que, financeiramente falando, a expedição não foi muito gravosa para o reino.[86]

A preparação diplomática da cruzada, ao contrário, não foi um sucesso. O imperador Frederico II e o papa Inocêncio IV fingiram sustentar o projeto de Luís, mas o primeiro advertiu seus amigos muçulmanos no Oriente sobre os projetos do rei de França e o segundo desviou exclusivamente contra Frederico II, na Europa, as medidas de financiamento da cruzada decididas pelo concílio de Lyon em 1245. Os reis de Castela e de Aragão, totalmente aborvidos pela Reconquista na península ibérica, não se mexerão. Apenas alguns contingentes ingleses se juntam ao exército de São Luís. Decididamente, a cruzada volta mais e mais as costas ao Oriente para entregar-se a combates na Europa, como faz na Espanha e em Portugal, como tinha feito contra os albigenses. Os aragoneses em verdade não tinham ainda iniciado sua expansão ao Mediterrâneo. Só as cidades italianas continuam sua empresa de colonização econômica e territorial no Oriente. Mas elas não têm objetivos religiosos. A política mediterrânea de São Luís fica então isolada entre as políticas de cruzada que se afastam do Mediterrâneo e uma política de expansão econômica e territorial da Cristandade (italiana antes de ser também espanhola) que se desliga mais e mais de todo projeto religioso. Luís prolonga um Mediterrâneo da cruzada que, depois dele, será, para o Ocidente, o Mediterrâneo das especiarias.

Nada de espantoso, entretanto, se sua preparação da cruzada é também — e de maneira necessária a seus olhos — uma preparação religiosa. Reveste-se,

---

[84] André SAYOUS, "Les mandats de Saint Louis sur son Trésor pendant la septième croisade", *Revue historique*, 167, 1931.

[85] W. Ch. JORDAN, *Louis IX and the Challenge of the Crusade, op. cit.*, p. 103.

[86] Ver *infra* pp. 122 e segs.

SÃO LUÍS

essa preparação, de três aspectos principais: uma campanha de preces e sermões, na qual se distinguiram os cistercienses e os dominicanos, uma espécie de política penitencial da administração real, marcada pela grande investigação de 1247, confiada principalmente a dominicanos e a franciscanos, com o objetivo de corrigir os pecados dessa administração pela restituição dos impostos exagerados e das denegações de justiça,* e por fim medidas contra os judeus, notadamente os usurários.

Para a pregação em favor da cruzada, Luís IX pede ao papa Inocêncio IV, segundo o costume, que designe um legado pontifício que a dirija. Por ocasião do concílio de Lyon, em 1245, a escolha do papa caiu sobre uma personagem de primeiro plano, conhecida do rei, Eudes de Châteauroux, antigo cônego de Notre-Dame de Paris, chanceler da universidade de Paris de 1238 a 1244, data em que Inocêncio IV o fez cardeal.[87] Ao mesmo tempo, o papa fez com que o concílio retomasse as medidas a favor da cruzada e dos cruzados editadas pelo quarto concílio de Latrão de 1215. São medidas muito diversas, mas todas têm por objetivo assegurar o sucesso da cruzada purificando os cruzados — mas também os cristãos que permanecessem no Ocidente — de seus pecados e concedendo aos que partirão grandes benefícios materiais e espirituais.

O orgulho que se manifesta pelo luxo deverá ser refreado pelos "estados" — as categorias sociais — dos quais é o pecado específico: os nobres e os ricos. Uns e outros deverão alimentar-se e vestir-se modestamente. Os torneios — festas de todos os vícios[88] interditadas sem sucesso pela Igreja desde o quarto concílio de Latrão de 1215 — são proibidos de novo na Cristandade por três anos, assim como as guerras por quatro anos durante os quais serão observadas as prescrições da paz. Os cruzados beneficiar-se-ão da isenção de todo imposto e o juro sobre suas dívidas será abolido; haverá remissão dos pecados para todos aqueles que abastecerem os navios ou favorecerem a pregação da cruzada, e aqueles que se cruzarem [se transformarem em cruzados] poderão dispor durante três anos das rendas

---

*Recusas de pagamentos efetivamente justos. (N. do T.)

[87]Eudes de Châteauroux parece não merecer, como pregador ou como homem de Estado, o desprezo de Barthélemy HAURÉAU (Notices et extraits des manuscrits de la Bibliothèque nationale, t. XXIV/2/2, pp. 204-235, Paris, 1876). Ver a memória de D.E.A. inédito de A. CHARANSONNET que agradeço (Universidade de Paris-I, 1987/1988, sob a direção de Bernard Guenée): Études de quelques sermons d'Eudes de Châteauroux (1190?-1274) sur la croisade et la croix.

[88]Jacques LE GOFF, "Realités sociales et codes idéologiques au début du XIIIe siècle: un exemplum de Jacques de Vitry sur les tournois", em L'Imaginaire médiéval, Paris, 1985, pp. 238-261.

de seus benefícios eclesiásticos; o dízimo para o papa e os cardeais será dado ao subsídio para a Terra Santa. Serão excomungados os piratas que atacarem os navios dos cruzados, os cristãos que comerciarem com os sarracenos e, em particular, os que lhes venderem armas, e os cruzados perjuros de seu juramento de cruzada.[89]

Na França, a medida importante simultaneamente política e religiosa destinada a contribuir para o sucesso da cruzada é, no espírito de Luís, a grande campanha dos inquiridores reais em 1247. Trata-se de uma investigação para corrigir a lista das injustiças cometidas pelos agentes do rei em seu nome. Seu objetivo é fazer com que as injustiças desapareçam e dar uma satisfação aos súditos reais lesados. É na verdade uma medida penitencial seguida de reparação. Assim, o rei deixará um reino em paz, livre dos danos que poderiam levar alguns desses súditos a perturbar a tranquilidade em sua ausência, e, purificado do pecado de ter cumprido mal sua função real deixando seus agentes violarem a justiça, poderá ter esperança de obter de Deus o sucesso em sua empresa.

Pode-se ainda considerar que se somam às restituições reais penitenciais, devidas principalmente aos relatórios dos inquiridores, as esmolas e privilégios concedidos pelo rei a estabelecimentos religiosos em troca de preces pela cruzada, e todas as medidas destinadas a fazer reinar a justiça e a paz no reino: por exemplo, o ajuste da sucessão em Flandres pela arbitragem entre os filhos concorrentes nascidos de dois casamentos sucessivos da condessa e suas famílias, os Avesnes e os Dampierre (1246).

Quanto aos judeus, além do aumento da repressão a suas práticas usurárias, sofreriam novos ataques orquestrados pelo legado pontifício contra o Talmude. Parece, porém, que a esses ataques não se seguiram confiscações e destruição de cópias do Talmude comparáveis às de 1240-1241.[90]

Não parece, por fim, que São Luís tivesse sido bem preparado ou que tenha mesmo pensado seriamente em se preparar para o conhecimento dos muçulmanos que iria enfrentar. Não os tem na conta de pagãos, mas de membros de uma seita má e absurda. Sem dúvida sofreu influência, quanto às ideias que professava a respeito deles, do *De fide et*

---

[89]Lista minuciosa dos artigos em favor da cruzada em É. BERGER, *Saint Louis et Innocent IV, op. cit.*, pp. 134-137.
[90]Ver *infra*, pp. 711-712. M. W. LABARGE, "Saint Louis et les Juifs", em *Le Siècle de Saint Louis*, R. Pernoud, ed., Paris, 1970, pp. 267-273. Trato da atitude ampla de São Luís quanto aos judeus no Capítulo VIII da Terceira Parte.

SÃO LUÍS

legibus, de Guillaume d'Auvergne, bispo de Paris de 1228 a 1249, que foi um dos conselheiros de sua juventude. Havia na lei dos sarracenos, segundo Auvergne, uma mistura do bem e do mal, mas não se deve ter nenhuma fraqueza por essa seita. São Luís, no Egito, terá através da experiência sua própria opinião.[91]

---

[91]Claude CAHEN, "Saint Louis et l'Islam", *Journal asiatique*, t. 258, 1970, pp. 3-12; Marie-Thérèse D'ALVERNY, "La connaissance de l'Islam au temps de Saint Louis", em *Septième centenaire de la mort de Saint Louis, op. cit.*, pp. 235-246; Aryeh GRABOIS, "Islam and Muslims as seen by Christian pilgrims in Palestine in the XIIIth century", *Asian and African Studies. Journal of the Israel Oriental Society*, 20, 1986, pp. 309-327.

III

A CRUZADA E A TEMPORADA NA TERRA SANTA
(1248-1254)

A cruzada, pensamento do reinado?

William Ch. Jordan, em um livro brilhante e sólido,[1] acha que São Luís foi fascinado pela ideia da cruzada e que essa ideia dominou seu reinado e sua política. Jean Richard, autor de outra notável biografia recente do rei, não está longe de compartilhar dessa opinião. Eu a creio exagerada. São Luís quis sobretudo, parece-me, tornar vivo, encarnar o modelo do rei cristão ideal, para cumprir sua salvação servindo a seu reino da França e à Cristandade; a cruzada fazia parte desse alvo, desse programa. Nesse sentido, São Luís terá sido um cruzado tradicional, como tinham sido seu bisavô Luís VII e seu avô Filipe Augusto, ainda que alimentasse sua pulsão de cruzado com uma devoção mais moderna e mais crística, e com um engajamento pessoal mais apaixonado: ele foi "o cruzado à moda antiga, recusando todas as tentativas diplomáticas depois de tratados ou de tréguas em que Frederico II mostrou o caminho e mesmo a orientação de uma política missionária do papado, ensaio de avanço pacífico".[2] Mas São Luís tentou combinar guerra e conversão. A cruzada, sem ser o objetivo último, foi um dos grandes pensamentos de seu reinado.

---

[1] W. Ch. JORDAN, *Louis IX and the Challenge of the Crusade, op. cit.*, 1979.
[2] P. ALPHANDÉRY e A. DUPRONT, *La Chrétienté et l'idée de croisade, op. cit.*, t. II, p. 201.

SÃO LUÍS

São Luís e o Oriente

A cruzada de 1248 responde, porém, a concepções originais.[3] Sem dúvida Luís, escolhendo o Egito para local de desembarque, conforma-se com a tradição de Balduíno I (1118), de Amauri I (1163-1169) e de João de Brienne (1218-1221): o Egito e Damieta aos olhos dos cristãos são a chave militar e política da Palestina.[4] Mas, segundo Mateus Paris, o rei Luís teria ido mais longe e sonhado com o estabelecimento de cristãos no Egito: "Não havia nada que preocupasse mais o rei de França, depois da tomada de Damieta, do que o fato de não ter homens em número suficiente para guardar e povoar os países conquistados e por conquistar. E o rei trouxe consigo charruas, rastelos, enxadas e outros instrumentos para arar a terra." Uma colonização, sem dúvida limitada a Damieta e a alguns setores de importância estratégica no Egito, devia então acompanhar a reconquista de Jerusalém ou, antes, começar ali, para melhor assegurar, em seguida, a proteção da Terra Santa.[5] A criação e a construção de uma igreja cristã em Damieta depois da tomada da cidade confirmam a intenção de instalar no Egito uma povoação cristã.[6]

A esse projeto de estabelecimento no norte do Egito junta-se a provável preparação de São Luís para uma temporada prolongada na Terra Santa, quando a maior parte dos reis cristãos, cruzados antes dele, incluídos os reis de França, tinham, parece, previsto uma volta tão rápida quanto possível a seu reino europeu. É difícil dizer se o rei Luís previu a longa temporada pela qual acabará por decidir em circunstâncias, essas sim, imprevistas, no dia seguinte à sua derrota, seu cativeiro e sua libertação em 1250. Alguns historiadores veem nisso uma decisão improvisada, suscitada pelos acontecimentos e mesmo "uma virada na política oriental dos reis Capeto", a passagem da cruzada ocasional à proteção permanente dos Lugares Santos.[7] Penso, ao contrário, que São Luís tinha previsto permanecer no Oriente, depois do sucesso militar rapidamente saboreado no Egito, para de lá dirigir uma obra de defesa dos territórios cristãos. A derrota no Egito tornou ainda mais necessária, aos seus olhos, tanto do ponto de vista militar como do ponto de vista moral e religioso, uma presença na Terra Santa que só se acabará

---

[3] Sobre São Luís e a cruzada ver *infra*, Terceira Parte, Capítulo. VII, e J. LE GOFF, "Saint Louis, croisé idéal?", artigo citado.

[4] É "l'Égypte charnière" ["a articulação egípcia", ou "a conexão egípcia", numa tradução aproximada bem atual], segundo a expressão de Pierre Chaunu.

[5] Ver J. PRAWER, *Histoire du royaume latin de Jérusalem, op. cit.*, t. II, p. 326, nº 14, e J. RICHARD, "La politique orientale de Saint Louis: la croisade de 1248", artigo citado, pp. 203-205.

[6] Jean RICHARD, "La fondation d'une église latine en Orient par Saint Louis: Damiette", *Bibliothèque de l'École des chartes*, 120, 1962, pp. 44-73.

[7] J. RICHARD, "La politique orientale de Saint Louis...", artigo citado, pp. 205-207.

com o anúncio da morte de Branca de Castela e a volta à França em 1254. A virada da política mediterrânea e oriental de São Luís decidiu-se lentamente, de 1239, mais ou menos, a 1248.

São Luís imprimiu à ideologia da cruzada uma reviravolta maior: mais do que o Santo Sepulcro, do que o túmulo do Cristo, mais do que Jerusalém, memória da paixão do Cristo, é o próprio Cristo que São Luís vai procurar no Oriente. Do símbolo da cruz ele quer chegar até o próprio Crucificado. Rei sofredor que aparecerá pouco a pouco como um rei-hóstia, um rei-Cristo cuja imagem biógrafos e hagiógrafos difundiram, São Luís afirmou, desde 1239, desde o roubo do santo cravo, sua devoção ao Cristo da Paixão, crucificado em Jerusalém. Aquilo foi como que a primeira estação do caminho da cruz do rei, etapa que o conduzirá ao Oriente, ao cativeiro, à África e à morte.

Também em 1239, a fina flor dos barões franceses, sob o comando de Thibaud IV de Champagne, partiu para a Terra Santa. O jovem rei favoreceu os cruzados autorizando sua partida, facilitando o financiamento da expedição. Deu mesmo um caráter "real" ao exército dos barões, permitindo ao condestável Amaury de Montfort que carregasse as flores de lis. O irmão do rei da Inglaterra, Ricardo de Cornualha, juntou-se ao exército dos barões e eles obtiveram em 1241 um acordo pelo qual Jerusalém voltava aos cristãos. São Luís talvez tenha visto no sucesso dessa expedição um motivo de emulação pessoal.

O trovador que contou e louvou o modo pelo qual São Luís tomou a cruz* põe na boca do rei, lembremo-nos, ao recuperar-se da doença: "longamente meu espírito esteve além-mar."[8] Assim, o além-mar também para ele foi um horizonte onírico, um sonho alimentado pelas "imagens e representações coletivas" da cruzada[9] e inicialmente pelo imaginário da dupla Jerusalém, terrestre e celeste, e do túmulo do Cristo, mas também, sem dúvida, pela multidão das visões e profecias que acompanharam tal ou qual episódio das cruzadas.[10] Na vida afetiva de São Luís, em sua vida passional, em seu coração, Jerusalém, princesa longínqua, foi sem dúvida a grande rival de Branca de Castela.

---

*Isto é, tornou-se cruzado. (*N. do T.*)

[8] Ver *supra*, p. 145.

[9] P. ALPHANDÉRY e A. DUPRONT, *La Chrétienté et l'idée de croisade, op. cit.*, t. I, p. 18.

[10] Por exemplo, em 1217, por ocasião da tomada de Damieta por João de Brienne que Luís IX jovem conheceu perfeitamente na corte da França.

SÃO LUÍS

De Paris a Aigues-Mortes

Como no momento da chegada das relíquias da Paixão, mas agora com os ritos da cruzada — partida para a Terra Santa e saída do reino —, recomeça a grande liturgia penitencial. Na sexta-feira depois de Pentecostes, 12 de junho de 1248, Luís vai a Saint-Denis buscar a auriflama,* a faixa e o báculo da mão do cardeal--legado Eudes: associa, desse modo, a insígnia real do rei de França partindo em expedição guerreira e a do peregrino tomando o caminho da peregrinação de cruzada. Depois volta a Paris e vai descalço acompanhado de uma grande procissão do povo à abadia real de Saint-Antoine-des-Champs fundada em 1198 por Foulques, cura de Neuilly, célebre pregador da primeira cruzada. Lá, recomenda-se às preces dos religiosos e sai a cavalo para dormir no palácio real de Corbeil. Fica alguns dias em Corbeil, designa aí oficialmente a mãe como regente do reino em sua ausência e lhe confia vastos poderes, mas, apesar de tudo, definidos.[11] Vê-se aqui a comodidade, para o governo do reino, do papel desempenhado até então por Branca de Castela que, mesmo subordinada ao rei seu filho (como poderia ser de outra forma na monarquia capetiana que excluía as mulheres da sucessão?), continuou, para além da maioridade de Luís, a ocupar o lugar de uma espécie de associada do rei. A suas qualidades de caráter, ela junta um conhecimento dos negócios que dispensava uma atualização. É uma segurança para o rei, que conta também com os conselheiros que deixa para a mãe e aos quais sabe que ela não se curvará com facilidade.[12]

A partida de Paris, naquele 12 de junho de 1248, marca também uma virada na vida de São Luís que muito chocou os de seu círculo e mais além do seu círculo. Trata-se de uma modificação de imagem, mas, como acontece frequentemente, a troca de aparência reflete uma ruptura mais profunda. Viu-se que os regulamentos da cruzada, reiterados pelo concílio de Lyon em 1245, impõem aos cruzados a modéstia nas vestes. Pode-se facilmente imaginar que o severo Luís respeitou e fez respeitar essas medidas. Joinville afirma, de fato, que enquanto esteve no Oriente com o rei jamais viu um bordado sobre a cota d'armas. Mas, por si mesmo, como é de seu hábito, Luís não se contenta em respeitar rigorosamente as prescrições da

---

*Estandarte da abadia de Saint-Denis, que os reis de França usaram como estandarte real do século XI ao século XV. (*N. do T.*)

[11] LE NAIN DE TILLEMONT, *Vie de Saint Louis*, t. III, pp. 180-181. Os termos regência (*régence*) e regente (*régente*, no feminino) não existem no século XIII. Branca recebeu a "guarda" (*garde*, em latim *custodia*) do reino e continua evidentemente com o título de "rainha" (*reine*). MATEUS PARIS (*Chronica majora*, t. V, p. 248) chama Branca de *moderatrix et regina*, "moderadora e rainha" (*modératrice et reine*, mas *moderare*, já no latim clássico, significa "dirigir, governar", em francês *diriger, gouverner*).

[12] Ver *infra* pp. 606-608.

Igreja, vai muito além. Le Nain de Tillemont descreveu bem, segundo as fontes, essa mudança da aparência do rei:

> Desde que partiu de Paris, ele não usou mais roupas nem peliças escarlates, verdes ou de outra cor brilhante, peles de pequenos animais raros ou outras coisas preciosas com as quais os ocidentais faziam então suas cotas d'armas. Quis sempre estar vestido simplesmente com alguns tons de azul,[13] de *camelot*,[14] ou de um preto acastanhado ou de seda preta; e todas as peliças de suas vestes e de suas mantas eram de peles de coelho, de carneiro, de lebre e às vezes de esquilos. Abandonou mesmo todos os ornamentos de ouro e de prata nas suas selas, bridões e outras coisas dessa natureza. Nem quis mesmo que as rédeas e o peitoral de seus cavalos fossem de seda, nem que seus estribos, freios e esporas fossem dourados, aceitando apenas a simplicidade do ferro.[15]

O mais notável, porém, é que São Luís conservará essa aparência na volta da cruzada, salvo em raríssimas circunstâncias excepcionais, até o fim de sua vida. A maioria dos historiadores concorda vendo nessa renúncia ao fausto no vestir o sinal de uma virada na vida do rei, a passagem de um gênero de vida e de governo que simplesmente se conformava com as recomendações da Igreja a um comportamento pessoal e político propriamente religioso, de um simples conformismo a uma verdadeira "ordem moral". Em geral, data-se essa virada da volta da cruzada em 1254. Ora, os sinais exteriores dessa mudança aparecem desde 1248. Creio que houve em 1247-1248 uma primeira virada marcada pelo momento em que ele despachou os inquiridores e uma política de reparação penitencial pelos abusos reais e pelas renúncias quanto às vestes. Essa mudança está estreitamente ligada à cruzada e à sua legislação. Sem dúvida, uma segunda virada, mais decisiva, vai-se dar em 1254. Marcará a interiorização e a generalização, em toda a ação governamental do rei, de uma evolução que em 1247-1248 permanecia mais exterior. Foram esses os dois tempos da caminhada de Luís IX no sentido de uma vida e um reinado purificadores e mesmo escatológicos.

---

[13]Não se deixe de lembrar que o azul era a cor da monarquia francesa. São Luís, como tantas vezes, combinava uma atitude religiosa com uma manifestação de propaganda política.

[14]O *camelot* designa, desde o século XIII, uma imitação de tecido de grande valor e uma imitação local que faria pensar que o *camelot* na origem pertencia por sua contextura à família das sarjas ou dos repes. A matéria-prima do *camelot* era originalmente uma "lã": pelo de cabra angorá ou casimira? Pelo de camelo? Mas etimologicamente esse termo seria derivado do árabe *Khamlat* (superfície felpuda) e não do camelo (Françoise PIPONNIER, "À propos de textiles anciens principalement médiévaux", *Annales*, E.S.C., 1967, pp. 864-880).

[15]LE NAIN DE TILLEMONT, *Vie de Saint Louis*, t. III, pp. 177-178.

SÃO LUÍS

Em Corbeil, Luís deu afinal adeus à mãe e avançou para o Sul, fazendo uma longa parada em Sens, onde se realizava o capítulo geral da ordem franciscana. Uma vez mais, sua chegada foi o fim de uma etapa penitencial, em trajes de peregrino e a pé. Testemunha privilegiada, o cronista franciscano Salimbene de Parme deixou-nos o retrato físico mais comovente do rei.[16] Outra etapa importante é a de Lyon, onde sempre está o papa, com quem o rei tem uma longa entrevista. Luís obtém plena e completa absolvição e a promessa de que o pontífice protegerá o reino da França das eventuais incursões do rei da Inglaterra, com quem as tréguas anteriores ainda não foram renovadas, mas fracassa num último esforço para reconciliar Inocêncio IV e o imperador Frederico II.

De Lyon, Luís desce o Ródano e encontra o poderoso castelo-forte de Roche--de-Glun; Roger de Clérieu, "homem muito malvado", exige um direito de pedágio de todos os passantes, sem exceção dos peregrinos e, se não quiserem pagar, assalta-os e até mesmo os mata. É um desses castelões meio concussionários, meio bandidos, dos quais estão cheias a história e as lendas da Idade Média. O rei se recusa a pagar o pedágio e, como Roger fizesse reféns, Luís sitiou o castelo, tomou-o em poucos dias e o mandou demolir.

Luís IX chega afinal a Aigues-Mortes pelo meado de agosto. No dia 25 de agosto embarca com seu séquito. Ordenou a quase todos os parentes mais próximos que o seguissem, com exceção da mãe, dos irmãos menores e da cunhada, a condessa d'Artois, em fase final de gravidez. Quis que a cruzada fosse também uma expedição da família, mostrando o engajamento de uma parentela que via como uma espécie de entidade: a dos irmãos e suas esposas. A rainha Margarida de Provença, sua mulher, o acompanha, assim como seus irmãos Roberto d'Artois, Carlos d'Anjou com sua mulher Beatriz;[17] seu irmão Afonso de Poitiers deve embarcar em Marselha,[18] como o sogro, o conde de Toulouse Raimond VII, que tinha ido saudar o rei em Aigues-Mortes, mas quer juntar-se à expedição em Marselha, com a bela nau que mandou vir da Inglaterra pelo estreito de Gibraltar.

Se bem que seja difícil avançar números e que os historiadores não estejam de acordo a esse respeito, pode-se estimar que o exército da cruzada reúne um pouco mais de 2.500 cavaleiros e outro tanto de escudeiros e valetes de armas, uma dezena de milhares de soldados de infantaria, 5.000 besteiros, num total

---

[16]Ver Segunda Parte, Capítulo VII.

[17]Ver Terceira Parte, Capítulo VI, "São Luís em família".

[18]Afonso chega muito tarde para poder embarcar antes da chegada do inverno, que impedia a navegação de longo curso. Teve de esperar a primavera de 1249 para lançar-se ao mar.

de quase 25.000 homens e sete ou oito mil cavalos, números consideráveis para a época. A maior parte desse exército, incluindo-se os cavaleiros, está a soldo do rei. A frota real, segundo Le Nain de Tillemont, compreende 38 grandes navios e centenas de embarcações mais modestas. Segundo Mateus Paris, não há barcos suficientes para todos os soldados recrutados. O rei deixa em Aigues--Mortes um milhar de mercenários, na maioria italianos, sobretudo de Gênova e de Pisa, que provocam incidentes. Mas o episódio é mal conhecido. Talvez Luís IX não queira embarcar homens que não lhe inspirem confiança, nos quais não vê cruzados animados pelo espírito religioso como ele deseja. Talvez Mateus Paris tenha exagerado o incidente.

O rei, sua família e o grosso do exército embarcam então em Aigues-Mortes a 25 de agosto de 1248, dia que seria, vinte e dois anos mais tarde, o de sua morte em sua segunda cruzada. A falta de vento retarda a partida da frota real, que acaba por deixar Aigues-Mortes a 28 de agosto.

Não irei a minúcias descritivas quanto à cruzada de Luís IX e sua temporada na Terra Santa. O leitor pode lê-las mais agradavelmente em Joinville. Ater-me--ei aqui a tudo que pode esclarecer direta ou indiretamente a personagem de São Luís, permitir apreciar seu papel e seu peso na história e pôr em relevo o sabor de uma vida.

Digo[19] quanto o domínio deficiente do mar alongou demasiadamente a viagem até o Egito: o medo de viajar durante o inverno imobilizou Luís, sua frota e seu exército em Chipre durante mais de oito meses e, quando do desembarque no Egito, em junho de 1249, o vento levou para longe dele numerosos navios e cavaleiros.

Viagem e campanha do Egito

A viagem da cruzada de 1248-1249 desenvolveu-se, quanto ao essencial, nas formas tradicionais. Se a partida de São Luís de Aigues-Mortes representa uma novidade importante na política mediterrânea dos reis de França e nos trajetos de cruzada, outros cruzados embarcam em portos pouco habituais, como Marselha de onde parte Joinville. Desde que Chipre foi conquistada por Ricardo Coração de Leão, em 1191, e que a dinastia "latina" dos Lusignan aí se estabeleceu, a ilha está destinada a servir de base às operações de cruzada. René Grousset pôde precisamente dizer que o reino latino de Chipre foi essencial no prolongamento da existência dos estados latinos na Terra Santa por um século.

---

[19]Ver *supra*, pp. 155-157.

SÃO LUÍS

O imperador Frederico II tinha desembarcado em Chipre em 1228 para sua *drôle de croisade** e teve a ilha sob seu controle, mas sua suserania deixou de ser efetiva a partir de 1233. O jovem Henrique I de Lusignan, primeiro sob a regência da mãe, depois com sua própria autoridade, reinou sobre a ilha a partir de 1246 (morreu em 1253), mas deixando, como parece, a aristocracia e o clero governarem. Esse rei tão insignificante nem sequer é mencionado por Joinville. Em 1247, porém, o papa Inocêncio IV desobrigou Henrique de seu juramento de rei e tomou seu reino sob a proteção da Santa Sé. Para Luís IX, a ilha desempenha perfeitamente seu papel de base de cruzada. Lá ele acumulou reabastecimento desde 1246 e lá desembarcou em 17 de setembro de 1248, hibernando até 30 de maio de 1249.

Da mesma forma, o desembarque perto de Damieta e a tomada da cidade, a 5 de junho de 1249, não fazem mais do que reproduzir a tomada da cidade por João de Brienne em 1218.[20]

Mas, nos meses que se seguem, a cruzada fica mal. São Luís e seu exército conhecem primeiro a experiência das epidemias. O Mediterrâneo, e especialmente o Mediterrâneo oriental, é o mundo das epidemias: disenterias, tifo, escorbuto — a peste desapareceu das cercanias do Mediterrâneo no correr do século VIII, só voltando no meio do século XIV.[21]

Há também, certamente, a superioridade militar dos muçulmanos em alguns domínios. Por exemplo, a força dos cristãos que se concentrava em suas máquinas de guerra foi quase totalmente anulada pelo fogo greguês.[22] Joinville, que conheceu

---

*"Cruzada engraçada." O autor faz referência implícita ao apelido pelo qual ficou conhecido o primeiro ano da Segunda Guerra Mundial (1939-1945), *la drôle de guerre*, "a guerra engraçada", por causa da calma que reinava na frente de batalha. A rigor, trata-se dos primeiros 10 meses a partir da declaração de guerra da França e da Inglaterra contra a Alemanha, a 3 de setembro de 1939. Só no início de julho de 1940, quando os alemães atravessaram a Linha Maginot (pela Bélgica), começaram de fato os combates. Até então Paris e toda a França levavam uma vida em tudo e por tudo normal, mas, como havia uma guerra oficialmente declarada, os franceses a chamavam *la drôle de guerre*. (*N. do T.*)

[20]Sobre a maneira de Joinville narrar a cruzada, cf. Jacques MONFRIN, "Joinville et la prise de Damiette, 1249", *Comptes rendus de l'Académie des inscriptions et belles-lettres*, 1976, pp. 268-285.

[21]Jean-Noël BIRABEN e Jacques LE GOFF, "La peste du haut Moyen Âge", *Annales*, E.S.C., 1969, pp. 1.484-1.510.

[22]O fogo greguês, cujo segredo os muçulmanos arrancaram dos bizantinos, foi inventado por estes na segunda metade do século VII e lhes valeu grandes sucessos, sobretudo marítimos, contra seus inimigos, muçulmanos e russos, pelo menos até o século XI. Esse *palladium* de Constantinopla foi erigido pelo imperador Constantino VII (morto em 959) como talismã sagrado do Império. Discutiu-se muito sobre sua natureza e seu modo de emprego. Depois de rejeitada a ideia da função do salitre, desconhecido na Alta Idade Média, acredita-se hoje numa mistura de nafta (petróleo bruto) e de cré que se punha em contato com a água. O aquecimento do cré desenvolvia vapores de nafta que, misturados com o ar, explodiam a uma certa temperatura. Transformadas em espécies de tochas que se autoacendiam, essas bolas de fogo eram projetadas por um lança-chamas ou canhão primitivo (na batalha que Joinville descreve, a "pedreira" ou "balestra de giro"). O fogo greguês, essa arma secreta, é ancestral dos mísseis. Ver J. F. PARTINGTON, "A history of problem of greek fire", *Byzantinische Zeitschrift*, 1970, pp. 91-99; J. R. ELLIS DAVIDSON, "The secret weapon of Byzanticum", *ibid.*, 1973, pp. 71-74; E. GABRIEL, artigo "Griechisches Feuer", em *Lexikon des Mittelalters*, IV/8, 1989, col. 1.711-1.712.

o valor desse fogo, mostra com seu habitual poder de evocação Luís e seu exército impotentes diante dos disparos com o fogo greguês:

> Certa vez em que vigiaríamos de noite os *chats-châteaux*,[23] deu-se que nos enviaram um engenho a que chamamos *pedreira*, que nunca antes tinham disparado, e puseram o fogo greguês na forquilha do engenho. Quando meu senhor Gautier d'Ecurey, o bom cavaleiro, que estava comigo, viu isso, disse a nós o seguinte: "Senhores, estamos num perigo tão grande como nunca estivemos antes, porque se eles queimam os nossos castelos e nós lá permanecemos, estamos perdidos e queimados; e se abandonamos nossos postos que nos deram para vigiar estamos desonrados; eis que ninguém pode nos defender desse perigo exceto Deus. Acho então — e isso vos aconselho — que todas as vezes que eles nos lançarem o fogo fiquemos de quatro, e oremos a Nosso Senhor para que nos defenda desse perigo." Logo que eles nos lançaram o primeiro disparo, nós nos pusemos de quatro, como ele tinha nos ensinado. O primeiro disparo que eles lançaram caiu entre nossos dois *chats-châteaux*.

Desse modo os muçulmanos vieram a destruir os dois *chats-châteaux* dos cruzados, depois um terceiro que o rei tinha mandado construir após a destruição dos dois primeiros com a madeira dos navios que tinham trazido as bagagens.[24] A doença veio então agravar a situação e os sofrimentos do rei e do exército:

> Por causa dessa infelicidade e por causa da malignidade da região, onde não cai jamais uma gota d'água, atacou-nos a doença do exército, que era tal que a carne de nossas pernas secou toda, e a pele de nossas pernas tornou-se manchada de preto e de cor de terra, assim como uma velha bota; e a nós que tínhamos tal doença a carne podre atingia até as gengivas; e ninguém escapava dessa doença, que chegava a matar. O sinal da morte era o nariz sangrando: quando o nariz sangrava, morria-se.
>
> Por causa das feridas que tive na véspera da entrada da quaresma, a doença do exército me atacou, na boca e nas pernas, e uma febre terçã dupla, e uma coriza tão violenta que o resfriado me escorria da cabeça pelas narinas; e por essas doenças estive de cama até a terceira semana da quaresma: por isso o padre rezava a missa diante de meu leito, no meu pavilhão; e ele tinha a doença que eu tinha.

---

[23] O *chat* é uma "máquina de guerra rolante com a forma de galeria coberta que, junto das muralhas, protegia os que iam sapá-las e o *chat-château* é um chat guarnecido de torres de vigia para proteger e defender os que trabalhavam na galeria" (Algirdas-Julien GREIMAS, *Dictionnaire de l'ancien français jusq'au milieu du XIVᵉ siècle*, Paris, 1968, p. 108).

[24] O que fez subir consideravelmente o preço da madeira.

SÃO LUÍS

A doença começou a piorar no acampamento de tal maneira, houve tanta carne morta nas gengivas de nossa gente, que era preciso que os barbeiros extraíssem a carne morta, para lhes dar meios de mastigar os alimentos e engoli-los. Era muito penoso ouvir no acampamento o gemido das pessoas às quais se cortara a carne morta; porque gemiam como mulheres que estão com as dores do parto.

Tenta-se então uma retirada por terra e por mar:

O rei, que estava com a doença do exército e disenteria muito forte, podia muito bem salvar-se nas galés, se quisesse; mas ele disse que, se essa era a vontade de Deus, não deixaria seu povo. À noite, desmaiou por várias vezes; e, por causa da forte disenteria que tinha, foi preciso cortar o fundilho de suas ceroulas, tantas vezes ele descia para ir ao banheiro.[25]

Sobreveio a derrota do rei cavaleiro e da "fúria"* da cavalaria francesa. Deu-se depois de uma série de façanhas. A vitória de Mansurá, a 9 de fevereiro de 1250, foi o apogeu de São Luís como rei cavaleiro, segundo o testemunho de Joinville: "O rei chegou com o seu corpo de batalha, aos berros e com grande alarido de clarins e timbales, e fez alto em uma estrada com calçamento. Jamais vi cavaleiro tão belo; porque ele parecia acima de todos, ultrapassando-os por sobre os ombros, um elmo dourado sobre a cabeça, uma espada da Alemanha na mão."[26] Quanto ao combate, "não foi um belíssimo feito de armas, porque ninguém puxava o arco nem a balestra, mas era um combate de clava e espada".[27] Eis o estado de espírito da cavalaria francesa que anuncia os grandes desastres da Guerra dos Cem Anos. Assim, Roberto d'Artois, o mais velho depois de Luís entre os irmãos do rei, apesar do plano de batalha previsto, lançou-se impensadamente sobre um grupo de turcos, arrastando consigo os cavaleiros do Templo, e, por ter perseguido os muçulmanos além de toda a prudência, deixou-se cair numa armadilha e foi massacrado.[28]

---

[25]JOINVILLE, *Histoire de Saint Louis*, pp. 113-115.

*A expressão italiana furia francese, como referência à cavalaria francesa, cuja adaptação o autor usa aqui, nasceria anos mais tarde, em 1495, quando a cavalaria francesa derrotou os italianos na batalha de Fornovo di Taro. (*N. do T.*)

[26]JOINVILLE, *ibid.*, pp. 125-127. Ver *infra* Terceira Parte, Capítulo IV, "O rei das três funções".

[27]*Ibid.*, pp. 124-127.

[28]*Ibid.*, pp. 118-121. Exceto na explosão de paixão do desembarque, São Luís, sempre segundo Joinville, recomendou a prudência. Por exemplo: "No dia da festa de São Nicolau, o rei ordenou que se preparasse a cavalgada, e aconselhou que ninguém fosse tão ousado a não ser para pegar por um atalho esses sarracenos que estavam chegando [...]" (*ibid.*, p. 103).

176 JACQUES LE GOFF

Afinal o exército, enfraquecido por sua própria vitória, extenuado pela epidemia ("a doença das hostes", como a chama Joinville), deve bater-se em retirada porque São Luís e os seus se esqueceram de assegurar o domínio do Nilo como preparação para seu reabastecimento. Os muçulmanos lhes cortam, a partir daí, a rota do grande rio. O exército cruzado em retirada é esmagado a 6 de abril de 1250 em Fariskur. O rei, que demonstrou que era um bom cavaleiro, mas um medíocre estrategista, e uma grande parte de seu exército são feitos prisioneiros. Numerosos feridos ou doentes são massacrados pelos sarracenos, da mesma forma que Ricardo Coração de Leão em 1191 tinha mandado enforcar 2.700 prisioneiros muçulmanos nos arredores de Acre.

O rei prisioneiro

Ser feito prisioneiro é a maior infelicidade que pode acontecer a um rei. Ricardo Coração de Leão soube disso. Mas ser feito prisioneiro pelos Infiéis é a maior infelicidade que pode acontecer a um rei cristão.

São Luís soube, porém, reverter essa situação a seu favor. Primeiramente, a rainha Margarida, tornada chefe do exército de cruzada que permaneceu nos navios da frota no mar, reuniu em um tempo recorde os 400.000 besantes* (duzentas mil libras) que constituíam o primeiro pagamento do resgate e, a 6 de maio, ele foi libertado. Sua prisão só durou um mês. O rei mostrou uma dignidade e uma coragem que seu capelão, Guillaume de Chartres, narrou. O capelão não o deixou durante essa provação. O pensamento de São Luís se volta primeiro para os outros cruzados prisioneiros, o rei se recusa a qualquer declaração que fosse contrária a sua fé cristã e, com isso, desafia a tortura e a morte. Quando soube que os seus tinham conseguido roubar dos muçulmanos 20.000 mil libras quando do pagamento do resgate, ficou irado, considerando que sua palavra tinha de ser respeitada mesmo que tivesse sido dada a infiéis. Esse fato, de que Joinville dará testemunho no processo de canonização, será relacionado entre os mais virtuosos pelos quais Luís IX terá manifestado sua santidade, e será lembrado pelo pregador Jean de Semois quando da encomenda solene do corpo de São Luís em Saint-Denis, depois de sua canonização.[29] Discutindo com seus interlocutores muçulmanos, São Luís, ainda que continuasse detestando a falsa religião deles, aprendeu que era possível o diálogo com eles. Como um emir lhe chamasse a atenção para o

---

*Moeda bizantina criada pelos últimos imperadores cristãos de Constantinopla. Espalhou-se pela Europa no tempo das cruzadas. (*N. do T.*)

[29]*Ibid.*, pp. 408-409. Ver *infra*, pp. 271-272.

SÃO LUÍS

177

fato de que só um louco podia se arriscar no mar como ele tinha feito (os muçulmanos de então também não tinham marinheiros), e como os cristãos temessem o Mediterrâneo, São Luís concordou rindo. Mas, sobretudo, ele se mostra capaz de admirar a biblioteca de obras religiosas do sultão, ainda que ela se compusesse de obras de abominação e de erro. São Luís foi o primeiro dos reis de França a formar para si uma biblioteca de obras religiosas — cristãs, bem entendido — na sua Sainte-Chapelle.[30]

O rei distante

Contrariamente aos outros soberanos cristãos, que nunca ficavam mais de dois anos na Terra Santa, quer fossem vitoriosos ou fracassassem em suas cruzadas, São Luís decide permanecer lá por uma temporada de duração indeterminada. Por uma mensagem, de um caráter totalmente novo,[31] destinada à opinião pública francesa — cuja existência sem dúvida recente é novamente provada pelo cuidado do rei de informá-la —, anuncia a triste notícia a seu povo. É uma carta de Acre escrita em agosto de 1250 de que serão portadores para a França seus irmãos Afonso de Poitiers e Carlos d'Anjou. Na carta, o rei conta de maneira verídica os sucessos e provações da campanha do Egito, a morte de seu irmão, seu próprio cativeiro, as condições da trégua de dez anos com o sultão. Afirma que estava disposto a voltar à França depois de sua libertação, mas renunciou a esse desejo quando viu os muçulmanos logo violarem o acordo concluído. Decidiu então permanecer na Terra Santa depois de consultar os barões da França e do reino de Jerusalém, assim como os cavaleiros das ordens militares. Fica na solução da permanência "alguma coisa de bom, a libertação dos cativos, a conservação dos castelos e fortalezas do reino de Jerusalém, e outras vantagens para a cristandade, sobretudo depois que a discórdia se ergueu entre o sultão de Alepo e aqueles que governavam o Cairo". Apela por fim a seus súditos para que se tornem cruzados e se juntem a ele na Terra Santa.[32] Na verdade, não era a primeira vez que o reino da França ficava órfão de seu rei ausente por causa da

---

[30]Ver Terceira Parte, Capítulo VII, "A religião de São Luís".
[31]Ricardo Coração de Leão também tinha, é certo, enviado uma carta aos súditos depois da vitória sobre Filipe Augusto em Gisors em 1198 (citada por Georges DUBY, em *Histoire de France*, t. I, *Le Moyen Âge de Hugues Capet à Jeanne d'Arc*, 987-1460, *op. cit.*, p. 260). Ver Apêndice 2, p. 801 e segs.
[32]O texto latino original da carta foi publicado por DUCHESNE, *Historiae Francorum Scriptores*, Paris, 1649, t. V, p. 428 e segs.; tradução francesa em David O'CONNELL, *Les Propos de Saint Louis*, Paris, 1974, pp. 163-172. A iniciativa é nova, tratando-se de um rei de França.

cruzada. Mas nenhuma dessas ausências durou tanto quanto a de Luís, quase seis anos (de agosto de 1248 a julho de 1254).

É verdade que a regente Branca tinha, além de suas qualidades e de sua competência, condições para governar; seu filho lhe tinha deixado amplos poderes explicitamente anunciados, excelentes conselheiros habituados aos negócios, tanto eclesiásticos como leigos, meios financeiros suficientes. Quando Luís, em 1250, decidiu demorar-se na Terra Santa, deixou bem claro: "Estou certo de que meu reino não corre perigo algum se eu ficar, porque a senhora rainha tem gente suficiente para defendê-la."[33] E além do mais mandou de volta à França para ajudá-la seus dois irmãos sobreviventes, Afonso de Poitiers, que acaba de receber a herança de seu sogro Raimond VII, conde de Toulouse, morto em 1249, e Carlos d'Anjou, conde de Provença, que na realidade vai se ocupar sobretudo de seus interesses particulares e provocará por vezes a irritação de seu irmão real. Afonso, ao contrário, cumprirá seus deveres e presidirá algumas vezes o conselho real fixado em Paris.

O *caso dos pastorinhos*

Branca de Castela se vê em 1251 às voltas com um acontecimento grave, inesperado e excepcional, o movimento dos pastorinhos. Vale a pena nos determos aqui, porque se trata de um dos mais belos exemplos da função do imaginário na história, e está estreitamente ligado a uma certa imagem de São Luís que existiu entre as massas populares e as animou. O fenômeno aturdiu os clérigos e os intelectuais da época: "um prodígio espantoso e inaudito" (*mirabile prodigium et novitas*), diz Guillaume de Nangis; "um acontecimento espantoso" (*quodduam mirabile*), escreve Mateus Paris.[34]

Ouçamos Guillaume de Nangis:

---

[33] JOINVILLE, *Histoire de Saint Louis*, p. 239.
[34] Das referências ao processo que podem ser achadas em N. COHN (p. 322, n. 14), lembro as duas narrativas mais detalhadas: GUILLAUME DE NANGIS, *Chronicon*, pp. 553-554; MATEUS PARIS, *Chronica majora*, t. V, p. 246 e segs. Esse episódio impressionante e muito revelador ainda não encontrou seu historiador. Esboço de estudo em Norman COHN, *The Pursuit of Millenium*, trad. fr., *Les Fanatiques de l'Apocalypse*, nova ed., 1983, p. 97 e segs. ("Dans le ressac des croisades: le Pseudo-Baudouin et le Maître de Hongrie"); G. FOURQUIN, *Les Soulèvements populaires au Moyen Âge*, Paris, 1972.

SÃO LUÍS

1251. Um prodígio espantoso e inaudito produziu-se no reino da França. Chefes de salteadores, para seduzir as pessoas simples e semear o desejo no povo por falsas imaginações (*falsis adinventionibus*) fingiam ter tido visões de anjos e da bem-aventurada Virgem Maria que lhes teria ordenado empunhar a cruz e com pastores (*pastores*) e as pessoas mais simples do povo que Deus tinha escolhido, formar como que um exército para socorrer a Terra Santa, e lá ir em ajuda ao rei de França e representavam com imagens bordadas o conteúdo dessa visão sobre estandartes que mandavam carregar diante deles. Atravessaram primeiro Flandres e a Picardia e atraíram, como o ímã atrai o ferro, através das aldeias e dos campos com seus apelos enganadores, os pastores e a gente mais simples do povo. Quando chegaram à França [Île-de-France] eram tão numerosos que avançavam agrupados às centenas e aos milhares como um exército e quando iam pelos campos perto dos apriscos e dos rebanhos de carneiros, os pastores abandonavam seus rebanhos e sem avisar suas famílias levados não se sabe por que frenesi juntavam-se à expedição criminosa. Se os pastores e as pessoas simples agiam assim sem ter consciência do que faziam mas com boas intenções, por outro lado havia entre eles bandidos e assassinos em grande número, conscientes da finalidade criminosa que perseguiam secretamente e essas eram as instruções daqueles chefes que dirigiam o bando. Atravessando as aldeias e as cidades brandindo punhais, machados e outros tipos de armas, aterrorizavam tanto a população que ninguém, mesmo dispondo de um poder de justiça, ousava se opor a eles, e eles tinham descambado a um tal nível de desmandos que faziam noivados, distribuíam cruzes, absolviam os pecados apenas pela aparência e, o que é pior, levaram de tal modo o bom povo ao erro que a maior parte afirmava e outros acreditavam que os alimentos e o vinho dados a eles não somente não fariam falta mas seriam substituídos por quantidade maior. O clero, sabendo que esse povo tinha caído em grande erro, encheu-se de tristeza; quis se opor a esse erro e provocou com isso um tal ódio entre os pastores que muitos clérigos descobertos nos campos foram mortos e assim se tornaram mártires. A rainha Branca, que então governava sozinha o reino da França com maravilhosa habilidade, deixou-os agir, não, é claro, porque lhes tivesse esposado o erro, mas porque esperava que eles levariam socorro a seu filho, o santo rei Luís, e à Terra Santa. Depois de ter atravessado Paris, os bandos julgaram não ter mais nada a temer, vangloriando-se de que eram homens de bem e sustentavam com argumentos racionais que quando tinham estado em Paris, onde está a fonte de toda sabedoria, jamais tinham sido contestados.[35] Desenvolveram então seus erros sem medida nem moderação, puseram-se a roubar e a pilhar

---

[35] O Mestre da Hungria, mitra à cabeça, tinha pregado violentamente contra o clero em Saint-Eustache.

JACQUES LE GOFF

sistematicamente. Chegados a Orleãs, atacaram os clérigos da universidade e nela muito mataram, mas muitos deles também foram mortos. Seu chefe,[36] que chamavam de Mestre da Hungria,[37] indo com seus bandos de Orleãs a Bourges, invadiu as sinagogas dos judeus, destruindo seus livros e os despojando injustamente de seus bens. Mas como ele deixasse a cidade com o povo que o acompanhava, os habitantes de Bourges em armas o perseguiram e mataram o Mestre e a maior parte de seus companheiros. Depois de sua ruína, outros que se tinham dispersado por diversos lugares por causa de seus malefícios foram mortos ou enforcados. O resto desapareceu como fumaça.

O beneditino inglês Mateus Paris, que dá outros detalhes, faz do Mestre da Hungria um ancião que já tinha provocado a cruzada das Crianças em 1212, ter-se-ia convertido ao Islam em Toledo e teria sido enviado pelo sultão da Babilônia (sultão do Egito) para entregar aos muçulmanos a França privada de seus cruzados e viúva de seu rei. Segundo ele, os pastorinhos não se teriam evaporado tão rapidamente como afirma Guillaume de Nangis. Ter-se-iam fracionado em pequenos grupos. O chefe de um deles teria sido apanhado e afogado no Garona. Um outro teria ido para a Inglaterra e lá teria sido feito em pedaços em Storeham. Um grupo restante, afinal, teria se arrependido e, como penitência, teria realmente se juntado a São Luís na Terra Santa, pondo--se a serviço dele.

Não analisarei em profundidade um movimento em que se misturam a luta de classes, o anticlericalismo, o antijudaísmo, o milenarismo, a ação de agitadores carismáticos, o destempero das massas, inquietantes acessos recorrentes de bestialidade fanática e criminosa sob as aparências do ideal e da fé. Mas esse episódio, que vai muito além dos limites de uma biografia de São Luís e merece um estudo à parte, deve ser evocado, porque provavelmente foi suscitado em parte pela carta enviada da Terra Santa pelo rei a seu povo. Revela algumas profundezas turvas do reinado de São Luís e as perversões que seu carisma e sua política de cruzada po-diam despertar.

Branca de Castela nesse episódio não soube reagir com presteza. Parece que, desconcertada, ela recebeu o Mestre da Hungria talvez na abadia de Maubuisson. É verdade que, sem ser muito velha (em 1251 tinha 63 anos, o que é certamente

---

[36]A palavra latina empregada, *dux*, deu no século XX, como é bom observar refletindo sobre esse episódio um tanto escondido da história da França medieval, *duce, Führer, caudillo, conducator* etc., *mutatis mutandis*, naturalmente.

[37]Era um monge apóstata que se dizia originário da Hungria.

SÃO LUÍS

velhice na Idade Média), Branca vai declinando e provavelmente começou a ficar seriamente doente.

A atividade governamental da regente e do conselho, além do mais, tem funcionado em câmara lenta. É verdade que o rei continua da Terra Santa a se ocupar do seu reino. Chamou-se a atenção para o fato de que os atos conservados nos arquivos da *Curia* provenientes da Terra Santa são, de fato, bem mais numerosos do que os redigidos em Paris.[38]

A partir de 1253, como se tem revelado, o príncipe Luís parecia exercer o poder segundo atos de arquivos nos quais a impressão dos sinetes desapareceu, o que impede de saber se os documentos tinham o sinete pessoal do rei ou um outro. O título que lhe é dado expressa a afirmação de uma hierarquia dinástica mais marcada: ele é o "primogênito" (*primogenitus*) do rei. É dele que emanam os atos, cartas são endereçadas — por exemplo, em junho de 1253, pelo abade de Cluny "para Luís, pela graça de Deus primogênito de nosso ilustre senhor Luís, e para seu conselho".[39] É claro que esse menino de 8 anos não governa verdadeiramente. E, aqui ainda, o afastamento do rei torna possível uma inovação. O "conselho" que assiste o jovem príncipe não é mais o antigo conselho judiciário (*Curia*), mas um conselho de governo. Fazendo assumir — ou deixando assumir — o conselho que em Paris, em nome de seu filho, garante ao governo o nome de conselho real, até então reservado àquele que tem a presença do rei (entretanto na Terra Santa, no momento), Luís IX acentua a tomada de consciência da existência de um Estado que se desliga da pessoa física do rei. O rei está distante, o Estado continua presente.

Luís IX na Terra Santa

Essa longa temporada, que dura de maio de 1250 a abril de 1254, é marcada por três decisões importantes que revelam novos caminhos na política mediterrânea de cruzada do rei de França. Ficar na Terra Santa, organizar de lá a defesa e consagrar o essencial dos efetivos e das despesas à fortificação dos castelos e das cidades é passar de uma política de conquista ou de reconquista a uma política de resistência.

As declarações feitas por ocasião da renúncia de Luís à peregrinação a Jerusalém deixam, entretanto, a porta aberta ao pensamento da reconquista

---

[38]Gérard SIVERY, *Saint Louis et son siècle*, Paris, 1983, p. 438.

[39]Louis CAROLUS-BARRÉ, "Le prince héritier Louis (1244-1260) et l'interim du pouvoir royal de la mort de Blanche (nov. 1252) au retour du roi (juillet 1254)", *Comptes rendus de l'Académie des inscriptions et belles-lettres*, 1970, pp. 588-596.

da cidade santa. Quando, na verdade, o rei soube em Jafa que o sultão de Damasco está prestes a lhe conceder um salvo-conduto para ir em peregrinação a Jerusalém, foi-lhe lembrado que em 1192 Ricardo Coração de Leão recusou-se a ir a um lugar de onde pudesse avistar Jerusalém, porque não queria ver a santa cidade de Deus sem poder libertá-la de seus inimigos. Seus conselheiros convenceram então São Luís que "se ele, que era o maior rei dos cristãos, fazia sua peregrinação sem libertar a cidade dos inimigos de Deus, todos os outros reis e os outros peregrinos que viessem depois dele se dariam por satisfeitos de fazer sua peregrinação assim como o rei de França a tinha feito, e não se preocupariam com a libertação de Jerusalém". Assim, o rei de França guarda um caráter privilegiado na condução da cruzada cuja potencialidade mantém. É preciso renunciar a ver Jerusalém para conservar a vontade e a esperança de tocá-la, de possuí-la.

Afinal, é no curso de sua temporada na Terra Santa que São Luís vê desvanecer-se a ilusão mongol, a esperança de converter os invasores vindos da Ásia e, de todo modo, agarrar com eles o mundo muçulmano com tenazes. O dominicano André de Longjumeau, que o rei tinha enviado como emissário ao grande Khan, voltou e juntou-se, sem dúvida na primavera de 1251, ao rei que agora está em Cesareia. Os enviados mongóis que o acompanham cobram um pesado tributo em sinal de submissão. O rei, diz Joinville, "arrependeu-se muito de ter enviado" aquela embaixada. Tentará, porém, um novo ensaio de conversão do grande Khan enviando-lhe em 1253 o franciscano Guillaume du Rubrouck que voltará a Nicósia em junho de 1255. Luís já regressou à França nessa data e quando Rubrouck, lhe escreve para dar conta de sua missão, deve reconhecer a derrota: a conversão do Khan não é mais do que um boato falso e uma ilusão.[40]

A cruzada, Luís IX e o Ocidente

Pode-se à luz da sexta cruzada, essa de São Luís, a última dos ocidentais na Terra Santa, e de seus resultados fazer um balanço, não dos efeitos imediatos dessa expedição que, paradoxalmente, favoreceu na própria derrota a imagem de São Luís, porém — com uma base mais ampla no tempo — da empresa ocidental da cruzada? A cruzada de Túnis, com efeito, será apenas um apêndice, um posfácio, cujas consequências estarão restritas a Luís e a sua família. A partir do fato de que depois de 1254 fecharam-se as cortinas sobre esse espetacular fenômeno de

---

[40]Ver supra, Capítulo I, pp. 50-51.

SÃO LUÍS

um século e meio que foi a cruzada cristã, o historiador deve lançar um olhar de conjunto sobre esse longo episódio para pesar melhor o lugar que cabe aí a São Luís e, para sua personagem central, o que significou sua cruzada.[41]

Materialmente, o resultado é nulo. Nenhuma terra foi duravelmente conquistada, com exceção de Chipre: foi conquistada dos bizantinos, que a tinham arrancado dos muçulmanos no século X. Também não houve imigração e instalação significativas dos cristãos no Oriente. A ideia de um excesso de população no Ocidente e, sobretudo, de uma disponibilidade dos filhos de nobres sem terra para a aventura (os "jovens" de Georges Duby, os pós-primogênitos), que talvez tenha desempenhado um papel na movimentação inicial da primeira cruzada (ainda que a motivação essencial do papado tenha sido então a de deslocar e fixar no Oriente, de voltar contra os Infiéis as guerras intestinas entre cristãos), não serve para explicar as cruzadas posteriores. Quanto ao balanço da atividade econômica, é antes negativo, porque, como é normal, a guerra mais contrariou do que favoreceu o comércio, de que é prova o papel insignificante (com exceção dos normandos da Sicília) dos italianos — os grandes protagonistas de uma expansão econômica de alto proveito para o Ocidente. De tanto esforço, restam apenas ruínas de monumentos imponentes, em Jerusalém, em Acre sobretudo. E, mais ainda, na fronteira oriental da Terra Santa, essas impressionantes fortalezas que, como tantas afirmações monumentais das guerras, foram impotentes para deter o curso da história e cujo único destino foi testemunhar com suas ruínas grandiosas a vaidade guerreira.[42]

Será necessário estimar em quanto os cruzados sangraram o Ocidente cristão em homens e em riquezas? Não creio. Não se pode estabelecer um balanço dos mortos cristãos das cruzadas, esses mortos justos e gloriosos para seus contemporâneos, que são na melhor das hipóteses inúteis aos olhos da história, mas é claro que eles não enfraqueceram a Cristandade. O único resultado efetivo das cruzadas, socialmente importante é verdade, terá sido o decapitar ou desenraizar linhagens nobres e acelerar a extinção de algumas delas. Quanto ao preço econômico, é preciso fazer duas observações. Uma, que seu custo foi limitado pela monarquia. O custo da cruzada de 1248-1254 foi avaliado em 1.537.540 libras tornesas, cifra

---

[41]É possível contestar-me com os numerosos projetos ulteriores de cruzada, notadamente nos séculos XIV e XV. Não duvido da sinceridade de seus instigadores, mas considero-os uns fantasmas. Ver o grande livro (a aparecer) de Alphonse DUPRONT sobre a cruzada em sua longa duração. [*N. do T.* — É preciso sempre ter em mente que a edição francesa foi lançada em fevereiro de 1996.]

[42]Paul DESCHAMPS, *Les Châteaux des croisés en Terre sainte*, 2 vol., Paris, 1934-1939; Henri-Paul EYDOUX, *Les Châteaux du soleil. Forteresses et guerres des croisés*, Paris, 1982; Michel BALARD, "Des châteaux forts en Palestine", em *Les Croisades*, segundo um número especial já citado da revista *L'Histoire*, pp. 167-183.

cuja aparente precisão não deve nos iludir.[43] É apenas um número aproximado: os documentos com números que permitem uma aproximação quantitativa das realidades históricas ainda estão balbuciando, pelo meio do século XIII. Se se comparar, no entanto, esse número possível com o número mais verossímil das rendas anuais do rei, 250.000 libras tornesas, pode-se tirar disso a impressão de que Luís IX esvaziou as burras que seu avô Filipe Augusto tinha recheado, pois o breve reinado de seu pai Luís VIII (1223-1226) não tem muita importância sob esse aspecto. A essa hipótese é preciso opor duas constatações. Primeiro, só uma parte das consideráveis despesas da cruzada grava o Tesouro real. O grosso das despesas sai das cidades e sobretudo do clero. Joinville conta que, participando em Acre no verão de 1250, depois da libertação de Luís, de um conselho com o legado e outras altas personagens para saber se o rei devia ficar na Terra Santa ou voltar para a França, declarou — contra os que defendiam sua partida por motivos econômicos — sua suposição de que o rei ainda tinha muito dinheiro, pois a cruzada tinha sido financiada sobretudo pelos clérigos. E dirigindo-se a Luís: "O que se diz, senhor (não sei se é verdade), é que o rei ainda não gastou seu dinheiro, mas só o do clero."[44] O rei não respondeu. É certo que essa opinião em parte é falsa. O rei tinha gasto e gastaria ainda com a cruzada. Inicialmente assegurando a subsistência de alguns cruzados. Joinville pagou para saber. Também ele tinha sido preso — estava em um navio no Nilo; tinha, antes de se render, lançado ao rio seu tesouro pessoal (um escrínio com prata e joias conversíveis em moeda) e mesmo um bem tão precioso como as relíquias que levava consigo. Só teve sua vida salva graças à proteção de um sarraceno que o fez passar por primo do rei. Teve a prisão relaxada junto com os prisioneiros que não foram massacrados quando o rei assinou o tratado com os muçulmanos e pôde reencontrar seu suserano e amigo. Mas tinha perdido tudo. "O rei disse: 'Chamai-me o senescal.' Fui a ele e diante dele me ajoelhei; e ele me fez sentar e me disse: 'Senescal, sabeis que sempre muito vos amei e os meus homens dizem que vos estão achando rude. Como é isso?' 'Senhor, desse jeito não posso mais; sabeis que fui preso no navio, e que logo fui libertado, mas perdi tudo o que tinha.' E ele me perguntou de que eu precisava. E eu lhe disse que precisava de duas mil libras até a Páscoa para os dois terços do ano."[45]

---

[43]Esse cálculo, achado no tomo XXI (p. 513 e segs.) do *Recueil des historiens des Gaules et de la France* é duvidoso: Gérard SIVERY, *Saint Louis et son siècle, op. cit.*, pp. 466-467. Esse número já foi dado por LE NAIN DE TILLEMONT, *Vie de Saint Louis, op. cit.*, t. IV, p. 45.

[44]JOINVILLE, *Histoire de Saint Louis*, p. 233.

[45]*Ibid.*, p. 241.

SÃO LUÍS

Luís IX não era gastador e não gostava que lhe pedissem dinheiro. Ele próprio calcula as necessidades de Joinville. O senescal precisava de três cavaleiros e devia pagar quatrocentas libras a cada um. O rei "contou nos dedos": "Vossos novos cavaleiros custarão, disse, mil e duzentas libras." Restarão oitocentas libras para "montar e se armar e dar de comer a seus cavaleiros". A conta é essa e Luís a achou razoável: "Verdadeiramente, não vejo excesso nisso e vos garantirei."* Em troca, Joinville, que é senescal do conde de Champagne, não do rei, do qual era apenas vassalo de vassalo, tornou-se vassalo direto do rei e deve prestar-lhe homenagem. No fim do contrato, na Páscoa de 1251, Luís lhe pergunta o que quer para ficar ainda um ano com ele. Joinville lhe propõe "um outro ajuste" e, como fala toda a verdade com o rei, disse-lhe: " 'Como vos aborreceis quando se vos pede alguma coisa, quero que acerteis comigo que, se vos pedir alguma coisa durante um ano todo, não vos aborrecereis; e, se ma recusais, também não me aborrecerei.' Quando ouviu isso, começou a rir às gargalhadas (*si commença à rire moult clairement*) e disse que me mantinha com essa condição; e me tomou pela mão e me levou diante do legado para o conselho, e repetiu para os conselheiros o ajuste que tínhamos feito; e eles ficaram muito alegres, porque me tornei o mais rico no acampamento."[46]

As duas outras despesas principais do rei foram a compra de navios e a construção dos castelos-fortes da Terra Santa. Mas aqui é preciso um esforço para pensar o problema em termos diferentes. Não existem, no século XIII, nem as estruturas materiais nem as estruturas mentais correspondentes a isso que chamamos economia.[47] Historiadores contemporâneos — assim como alguns acham que as rendas reais foram malbaratadas na cruzada — têm imaginado que a construção de catedrais teria desviado, engolindo-as, grandes somas em dinheiro dos investimentos produtivos e freado, ou mesmo matado, a prosperidade econômica. Mas a noção de "investimentos produtivos" não corresponde então a nenhuma realidade econômica ou mental. Com as rendas que recebe de seu domínio — na ausência de qualquer imposto regular —, às quais se juntam as rendas excepcionais que tira das cidades ou do clero, num número muito limitado de casos, como a cruzada, o rei deve custear seu ritmo de vida e o de seus imediatos, assim como as empresas militares. Não sendo Luís um homem de fausto e de despesas suntuárias, as somas que despendeu para a cruzada, se não tivesse havido a cruzada, teriam dormido

---

*A alternância de tratamento entre a 2a pessoa do plural e a 3a do singular na fala do rei ("vossos novos cavaleiros", "seus cavaleiros", "vos garantirei") está no original. Parece normal o tratamento menos formal de Luís IX num momento mais íntimo da conversa. Mas também pode se tratar de um cochilo de redação de Joinville. (*N. do T.*)
[46]*Ibid.*, p. 275.
[47]Ver Terceira Parte, Capítulo IV, "O rei das três funções".

em seu Tesouro confiado aos Templários que o guardavam no torreão do Templo de Paris, onde tinham sido destinadas a outras expedições guerreiras. Ora, fora da cruzada, da guerra contra os ingleses e o conde de Toulouse em 1242, e de expedições contra os barões rebelados no início de seu reinado, depois em 1240 no Languedoc, Luís IX fez reinar a paz de maneira excepcional em seu reinado, até a breve, e mais catastrófica ainda, cruzada de 1270. Certamente, ele não recheou o Tesouro real como seu avô, mas entre expedições de cruzada e períodos de paz a balança financeira, parece, é antes nula em matéria de saldo do que negativa.

No plano cultural, a cruzada foi uma recusa ao diálogo e não ocasião de intercâmbio. A guerra impediu qualquer aculturação de um lado e de outro. De um lado, os cristãos quase nada levaram nem nada deixaram no Oriente. O grande historiador americano do Oriente Próximo Bernard Lewis se espanta: "A influência dos cruzados sobre as regiões que dirigiram durante quase dois séculos foi, sob muitos aspectos, espantosamente frágil."[48] De outro, o que os cristãos do Ocidente assimilaram do mundo oriental em geral não passou pelos cruzados. É uma lenda que leva frequentemente a escrever que tal ou qual novidade dos séculos XII e XIII no Ocidente foi trazida do Oriente pelos cruzados. Ou bem se trata de invenções ou de inovações achadas pelos próprios cristãos no Ocidente, ou bem se trata de transferências realmente do Oriente, mas vindas na maioria das vezes através das trocas comerciais ou ainda pela intermediação das zonas de contato mediterrâneas; no Mediterrâneo — na Sicília e sobretudo na Espanha — coexistiam relações guerreiras de hostilidade e intercâmbio cultural. Se foi possível haver uma estima recíproca, limitou-se a uma determina comunidade de ideal de cavalaria que, no século XIII em particular, animava os senhores francos do Oriente e seus homólogos muçulmanos na Síria-Palestina.[49] Estima irrisória aos olhos da história entre duas classes sociais presas ao passado, uma das quais contribuiu grandemente para esterilizar o mundo muçulmano do Oriente Próximo e para estancar seus progressos, enquanto que a outra, no Ocidente, não conseguiu frear uma evolução voltada em grande parte contra ela.

Historiadores bem que andaram querendo retomar a tirada de espírito que lancei tempos atrás: "Não vejo nenhum fruto possivelmente trazido das cruzadas pelos cristãos além do abricó [damasco]."[50] Talvez hoje em dia eu ainda seja mais pessimista. Porque a cruzada cristã alimentou, vivifivou o espírito da guerra

---

[48]Bernard Lewis, *Comment l'Islam a découvert l'Europe* (1982), trad. fr., Paris, 1984, p. 17.

[49]Ver, entre outras, a bela apresentação de André Miquel da autobiografia de um nobre muçulmano na Síria do século XII: *Ousâma, un prince syrien face aux croisés*, Paris, 1986. Pensa-se no filme de Jean Renoir, *La Grande Illusion* [no Brasil, A Grande Ilusão].

[50]Jacques Le Goff, *La Civilisation de l'Occident médiéval* (1964), nova ed., 1984, p. 85.

SÃO LUÍS

santa islâmica, o *jihad*.[51] Mais do que na Idade Média, a reação contra a cruzada medieval se desenvolveu no século XIX e sua ressonância não está ausente da agressividade do despertar "integrista" no Islam contemporâneo. Cruzada (da qual ainda há nostálgicos no Ocidente), ou *jihad*, é a forma pervertida da fé. E compartilho da opinião de Steven Runciman: "Os altos ideais da cruzada se deterioraram na crueza e na cobiça, na audácia e na resistência às provações no sentido de uma devoção cega e estreita, e a Guerra Santa nada mais foi do que um longo ato de intolerância em nome de Deus, o que é o próprio pecado contra o espírito."[52]

Também se viu na cruzada medieval o primeiro ato de colonização do Ocidente.[53] Não deixa de ser verdadeira essa interpretação. Um certo paralelismo existe por exemplo entre os *poulains* e os *pied-noirs** da África do Norte contemporânea. O termo *poulain* designa, por oposição aos cruzados que, por definição, estão "de passagem", os francos nascidos na Terra Santa e que aí moram de modo permanente; são os "filhotes" de cavalos (cavaleiros) da primeira geração que conquistou a Terra Santa e lá se instalou. A partir do fim do século XII, o sentido da palavra se degrada, à medida que diminuem as tensões entre o Ocidente cristão e os estados latinos da Síria-Palestina. Os ocidentais condenam nos "poulains" a adoção dos costumes semelhantes aos dos muçulmanos, da tendência ao entendimento com eles, a não serem mais em pouco tempo os defensores de sua fé e à prática disso que hoje chamaríamos de tolerância, palavra e realidade desconhecidas dos cristãos ocidentais dos séculos XII e XIII, salvo exceções muito raras. No século XIII, o termo *poulains* pouco a pouco se tornou uma injúria na boca dos ocidentais, e o fosso se afunda entre *poulains* e cruzados. Joinville nos fornece um exemplo significativo e simbólico. Na semana em que Luís IX pôs em deliberação entre seus conselheiros a escolha entre a volta à França ou o prolongamento de sua temporada na Terra Santa, Joinville, contra a opinião da maioria, bateu-se

---

[51]"Enquanto os cristãos esqueciam a cruzada, o espírito do *jihad* recomeçava a soprar sobre os muçulmanos, que empreendiam uma nova guerra santa em nome de sua fé, a fim de, num primeiro momento, retomar dos invasores cristãos tudo aquilo que lhes tinha sido arrancado, depois, na esteira da vitória, estender a mensagem e o poder do Islam a nova regiões e novos povos que jamais o conheceram." (B. LEWIS, *Comment l'Islam a découvert l'Europe, op. cit.*, p. 17). Ver Emmanuel SIVAN, *L'Islam et la Croisade. Idéologie et propagande dans les réactions musulmanes aux croisades*, Paris, 1968; N. DANIEL, *Islam and the West. The Making of an Image*, Edimburgo, 1960; ID., *The Arabs and Medieval Europe*, Londres, 1975; Amin MAALOUF, *Les Croisades vues par les Arabes*, Paris, 1983; E. WEBER e G. REYNAUD, *Croisade d'hier et djihad d'aujourd'hui*, Paris, 1990; Franco CARDINI, *Noi e l'Islam. Un incontro possibile?* (com uma bibliografia), Roma, 1994.
[52]S. RUNCIMAN, *A History of the Crusades, op. cit.*, p. 480, opinião retomada em J. A. BRUNDAGE (ed.), *The Croisade Motives and Achievements, op. cit.*, p. 81. Ver *supra* p. 145, nº 39.
[53]Joshua PRAWER, *The Latin Kingdom of Jerusalem. European Colonialism in the Middle Ages*, Londres, 1972.
Poulain, ao pé da letra, quer dizer "potro" e o sentido pejorativo, é claro, teve vida restrita ao contexto específico. Pieds-noirs, termo atual, designa, como se sabe, os descendentes de europeus da África do Norte e especialmente os franco-argelinos. (*N. do T.*)

com ardor pela permanência no Oriente. Foi vivamente atacado e as discussões ficaram tão violentas que, por exemplo, um velho e célebre cavaleiro apressado para voltar à França, *messire* Jean de Beaumont, tratou em pleno conselho, diante do rei, seu sobrinho *messire* Guillaume de Bourbon, marechal de França, que sustentava opinião contrária, de "canalha sujo"! E, de si próprio, Joinville conta: "Chamava-se os naturais do lugar de *poulains*, e *messire* Pierre d'Avalon, que morava em Sur (Tiro), ouviu dizer que me chamavam *poulain*, porque eu tinha aconselhado o rei a ficar com os *poulains*. Meu senhor Pierre d'Avalon também mandou que eu reagisse contra aqueles que me chamavam *poulain*, ao que eu lhe disse que preferia ser *poulain* do que um garanhão cansado, como eles eram."[54]

Tem-se sustentado que as cruzadas teriam ajudado a cristandade ocidental a tomar consciência de si própria e testemunharia uma nova sensibilidade religiosa. Se isso é verdade, então as cruzadas são a resposta transviada do Ocidente ao grande avanço dos séculos XI e XII. Uma resposta que vem atrasada e que contradiz, pelo menos quanto ao século XIII, a evolução interna da Cristandade no momento em que ela, apesar de uma outra perversão, a da Inquisição (da qual São Luís se mantém afastado, salvo no que concerne aos judeus), acha na interiorização da consciência individual uma voz mais pacífica e mais fecunda. São Luís também participou desse movimento.

O rei cruzado é então um nostálgico do passado, testemunha, pela metade de si próprio, da impotência dos ocidentais em fazer com que seu progresso servisse à transformação do Ocidente — transformação em que ele tomou parte através de sua outra metade.

As cruzadas de São Luís são — como *La Mort le roi Artu* ("A morte do rei Artur") marca a apoteose fúnebre da cavalaria — o canto de cisne da cruzada, dessa fase agressiva de uma Cristandade penitencial e autossacrificial. Luís IX encarnou, em seu último e mais alto grau, esse egoísmo da fé que, ao preço do sacrifício do crente, mas para sua salvação em detrimento do "outro", traz a intolerância e a morte.

Contudo, num mundo medieval em que os ideais da cruzada continuam, mesmo entre aqueles que não creem mais (um Rutebeuf, um Joinville testemunham isso), a suscitar uma admiração profunda, a imagem de São Luís sai exaltada dessas cruzadas catastróficas. É iluminada pela "beleza da morte" e introduz um processo de "Morte e transfiguração". Nessa perspectiva, a cruzada de Túnis será, em sua fulgurante e mortal brevidade, uma forma de coroamento.

---

[54] JOINVILLE, *Histoire de Saint Louis*, p. 237.

A morte da mãe

Um acontecimento terrível para Luís põe fim, brutalmente, a sua temporada na Terra Santa. Na primavera de 1253, Luís sabe em Sidon da morte da mãe, falecida em 27 de novembro de 1252. A interrupção das comunicações marítimas durante o inverno é responsável por esse entretempo que aumenta a dor do rei. A essa dor se mistura a inquietude, talvez agravada pelas narrativas dos mensageiros. Como estará sendo dirigido o reino? Desaparecida a tutora, a regente, o jovem príncipe de 10 anos, seus tios mais preocupados com suas terras do que com o reino, seus conselheiros sem dúvida desorientados não estão provavelmente à altura dos problemas que apresenta o governo de um reino entretanto em paz e dotado de uma administração sólida. A conclusão se impõe imediatamente. O rei se abandona por alguns dias a manifestações exageradas de dor,[55] depois decide voltar à França. Luís dá algumas ordens finais para o reforço das defesas cristãs da Terra Santa. Trata-se apenas de resistir tanto tempo quanto for possível. Luís embarca de volta. Afasta-se definitivamente da Jerusalém terrestre que ele não verá.

---

[55]Ver *infra*, p. 633.

IV

DE UMA CRUZADA À OUTRA
E À MORTE
(1254-1270)

Aventuras no mar

Luís embarca em Acre no dia 24 ou 25 de abril de 1254. Alguns dias mais tarde, nas costas de Chipre, a nau do rei se choca contra um banco de areia que avaria a quilha da embarcação. Teme-se pelo naufrágio, e é a ocasião para admirar o sangue-frio e o sentido de dever do rei que se recusa a deixar o navio, porque todos os que estão a bordo não poderiam como ele ser recolhidos por outros navios.

Joinville, em sua vida de São Luís que, como todas as biografias da época, é uma sequência de imagens do rei construídas através de pequenos casos exemplares, que em geral seguem a ordem cronológica, deixa-nos duas imagens de São Luís no caminho da volta.

A primeira é a do rei em passeio e de seu encontro bucólico com um representante da vida eremítica. A segunda ilustra a intransigência de São Luís, severo justiceiro diante da conduta desleixada de um adolescente, duplamente culpado a seus olhos: por ter cometido um pecado que Luís julga capital, mas apenas venial segundo seus conselheiros, e por quase ter posto em perigo a frota francesa. É o rei defensor da moral e do interesse geral, que aprendeu a conhecer a cólera de um Deus que uma conduta faltosa e indisciplinada desafia.

SÃO LUÍS

Chegamos a uma ilha a que chamamos Lampedusa, lá onde pegamos muitíssimos coelhos; e achamos uma velha caverna nas rochas, e achamos o pomar que tinham cultivado os ermitãos que antigamente lá moraram: havia oliveiras, figueiras, troncos de videira e de outras árvores. O riacho da fonte corria pelo pomar. O rei e nós fomos até o fim do pomar, e achamos, sob um primeiro arco, um oratório embranquecido a cal, e uma cruz vermelha de terra.

Entramos sob o segundo arco, e achamos dois corpos humanos cuja carne estava totalmente putrefata; as costelas ainda estavam muito juntas, e os ossos das mãos estavam sobre o peito; e eles estavam deitados no sentido do oriente, da maneira como foram enterrados. No momento de reembarcar em nossa nau, faltou-nos um dos marinheiros; diante de que o mestre da nau pensou que ele tivesse ficado lá para ser ermitão; e por isso, Nicolas de Soisi, que era oficial mestre do rei, deixou três sacos de biscoitos sobre a margem, para que ele os achasse e assim vivesse.[1]

A viagem por mar é um sofrimento: ora é a tempestade e ora a ausência de vento, ora são as ondas e os rochedos que se tem de temer, ora o temível são os homens. Assim, quando a frota chega à altura da Provença, seus conselheiros, "a rainha [Margarida] e todo o conselho" pedem a Luís que desembarque sem tardança: a terra é do Império, mas pertence a seu irmão, Carlos d'Anjou, conde de Provença. Mas Luís IX quer ir até "seu" porto, Aigues-Mortes, "que era sua terra".[2] O rei acaba por se deixar convencer e desembarca em Salins d'Hyères no dia 10 de julho. Para essa decisão resignada deve ter contribuído a possibilidade com que se lhe tinha acenado de encontrar um franciscano famoso que morava então no convento de Hyères.

O encontro com Hugues de Digne

Hugues de Digne (ou de Barjols) pertencia à corrente rigorista dos franciscanos Espirituais, era mesmo adepto das ideias milenaristas de Gioacchino da Fiore, morto em 1202, que propagava a instauração na terra de um Evangelho eterno. Essas ideias eram suspeitas nos meios dos defensores da ortodoxia na ordem franciscana e na Igreja. A ordem franciscana estava então em plena efervescência joaquinista. Seu chefe, o ministro geral João de Parma, eleito em 1247, era um ar-

---

[1] JOINVILLE, *Histoire de Saint Louis*, pp. 351-353. Ver uma outra aventura *infra*, pp. 435.
[2] *Ibid.*, p. 359.

doroso joaquinista. Nesse ano de 1254 em que o futuro São Luís encontra Hugues de Digne,[3] um outro franciscano joaquinista, Gerardo da Borgo San Donnino, escreve uma *Introdução ao Evangelho Eterno (Liber Introductorius ad Evangelium Eternum)* destinada a dar a conhecer e expandir as ideias do abade Da Fiore. Suscita imediatamente violentas reações, em particular na universidade de Paris, onde um áspero conflito nascido de rivalidades entre estudantes opõe os mestres mendicantes em teologia (dominicanos e franciscanos) a alguns mestres seculares. Em 1256, o papa Alexandre IV condena as teses de Giocchino da Fiore e o livro de Gerardo da Borgo San Donnino. Hugues de Digne morre nesse ano ou de todo modo antes de 2 de fevereiro de 1257. Escapa a qualquer condenação, mas ainda que seus admiradores propaguem sobre seu túmulo, em Marselha, numerosos milagres realizados, Hugues de Digne não será proclamado santo. Mais feliz será sua irmã Douceline, da qual ele foi diretor espiritual, joaquinista ela também, fundadora de uma comunidade de beguinas perto de Hyères (1240) e mais tarde uma em Marselha (1255), onde morreu em 1274, depois de ter recebido a graça de visões e de êxtases.[4] Em 1257, João de Parma se demite de suas funções, cedendo o ministério geral dos franciscanos ao jovem futuro São Boaventura. Sofrerá um julgamento por heresia e só escapará de uma severa condenação graças à firme defesa do cardeal Ottobono Fieschi, o próximo e efêmero papa Adriano V (1276). Hugues de Digne conservará um grande prestígio na ordem franciscana, apesar de suas imprudências. São Boaventura retomará por vontade própria, muitas vezes literalmente, uma grande parte do comentário de Hugues de Digne sobre a regra de São Francisco, e um confrade, Salimbene de Parma, o mesmo que viu São Luís partindo para a cruzada no capítulo geral de Sens, em 1248, consagrará a Hugues páginas de deslumbramento em sua crônica. O talento de pregador de Hugues fascinou particularmente: sua voz soava como um clarim e agitava os ouvintes como trombas-d'água.[5]

Tal é o guru franciscano que também encanta o rei de França no verão de 1254. Joinville estava lá:

---

[3]A. Sisto, *Figure del primo Francescanesimo in Provenza: Ugo e Douceline di Digne*, Florença, 1971; P. Peano, em *Archivum Franciscanum Historicum*, 79, 1986, pp. 14-19.

[4]Tradução francesa da biografia escrita em provençal cerca de 1300: R. Gout, *La Vie de sainte Douceline*, Paris, 1927; Claude Carozzi, "Une béguine joachimite, Douceline soeur d'Hugues de Digne", *Cahiers de Fanjeaux*, 10, 1975, pp. 169-201, e "Douceline et les autres", *ibid.*, 11, 1976, pp. 251-267.

[5]Salimbene de Adam, *Cronica*, in *Monumenta Germaniae Historica, Scriptores*, t. XXXII (ed. O. Holder--Egger, Hanover, 1905-1913), especialmente pp. 226-254; nova edição por Giuseppe Scalia, Bari, 1966; tradução francesa parcial em Marie-Thérèse Laureilhe, *Sur les routes d'Europe au XIIIe siècle*, Paris, 1954.

SÃO LUÍS

193

O rei ouviu falar de um franciscano que tinha o nome de frei Hugues; e pelo grande renome que ele tinha, o rei mandou buscar esse franciscano para vê-lo e ouvi-lo falar. No dia em que ele veio a Hyères, nós olhamos o caminho por onde ele vinha, e vimos que uma grande multidão de homens e mulheres o seguia a pé. O rei o mandou pregar. O começo do sermão foi sobre os religiosos, e ele disse isto: "Senhores, vejo muitos religiosos na corte do rei, em sua companhia." E a essas palavras acrescentou: "Eu em primeiro lugar."[6]

Mas o sermão dirigia-se sobretudo ao rei:

Ele ensinou ao rei em seu sermão como ele devia se conduzir de acordo com seu povo; e no fim de seu sermão disse assim, que tinha lido a Bíblia e os livros que andam junto com a Bíblia, e que nunca tinha visto, nem no livro dos crentes nem no livro dos incréus, que um reino ou um domínio senho-rial se tivesse perdido alguma vez, ou passado de um senhor a um outro, ou de um rei a um outro, a não ser por vício da justiça. Ora, que atente o rei, continuou, uma vez que vai para a França, que faça tanta justiça a seu povo que o povo assim conserve o amor de Deus, de tal maneira que Deus não lhe tire o reino da França com a vida.[7]

Enfeitiçado pelo franciscano, o rei o quer ligado a si, sem levar em conta aquilo que ele disse em seu sermão. Hugues recusa. Mas Joinville insiste com Luís, que volta à carga: que o frade o acompanhe tão longe e por tanto tempo quanto possa. Hugues de Digne irado reitera sua recusa. O mais que consente é em permanecer um dia com o rei.

Premeditado ou improvisado, esse encontro com Hugues de Digne me parece ter tido uma grande importância na vida do santo rei. Luís, acabrunhado pela derrota da cruzada, procura as causas da derrota e se pergunta o que deve fazer para rezar a Deus, conseguir sua salvação e a de seu povo e servir a Cristandade. Hugues lhe mostra um caminho: fazer reinar aqui na terra a justiça na perspectiva do cumprimento dos "últimos tempos", da promoção de uma cidade terrestre evan-gélica; em uma palavra, tornar-se um rei escatológico. Creio que esse programa religioso, que corresponde ao pensamento e aos desejos profundos de Luís, vai se tornar o programa político do último período de seu reinado. Hugues de Digne, substituído pelos mendicantes menos místicos do círculo do rei (Boaventura pre-

---

[6]JOINVILLE, *Histoire de Saint Louis*, p. 361.
[7]*Ibid.*, p. 363.

gará muitas vezes diante do rei), será o inspirador — cuja influência persistirá depois do encontro impressionante e depois de sua própria morte — do último pensamento político-religioso de Luís IX, assim como Guillaume d'Auvergne, os cistercienses de Royaumont e os dominicanos de Saint-Jacques tinham sido inspiradores do rei antes da cruzada.

Pode-se assim ligar a influência de Hugues de Digne a um episódio que ocorrerá pouco depois da morte do franciscano? A briga entre seculares e mendicantes se exaspera em 1255 com o violento panfleto do mestre secular Guillaume de Saint-Amour contra os mendicantes: o *Tractatus brevis de periculis novissimorum temporum* ("Breve tratado sobre os perigos dos tempos mais recentes"). Em 1257, o papa Alexandre IV condena Guillaume de Saint-Amour e pede a Luís IX que o expulse da França. O rei busca primeiro a conciliação, recebe Guillaume, mas este, não contente de obstinar-se, agrava suas críticas contra os frades e até as estende ao rei de França, acusado de se comportar como um frade mendicante, não como um rei. Luís IX, em sua qualidade de braço secular da Igreja, executa então o pedido do papa. Permanecerá surdo a todo pedido de perdão até a morte, à qual se seguirá pouco depois, em 1272, a de Guillaume, sempre exilado em sua cidade natal de Saint-Amour.[8]

A VOLTA DE UM CRUZADO ACABRUNHADO

Partindo de Hyères, Joinville acompanha o rei a Aix-en-Provence, de onde fazem uma peregrinação a Sainte-Marie-Madeleine na gruta de Sainte-Baume, na montanha do mesmo nome ("estivemos sob uma abóbada de rocha altíssima lá onde se dizia que Madalena tinha estado em retiro durante dezessete anos"), depois até Beaucaire onde Luís IX volta a pisar em território do reino da França. Joinville o deixa então para voltar a Champagne. Luís passa em seguida por Aigues-Mortes, Saint-Gilles, Nîmes, Alès, Le Puy, Brioude, Issoire, Clermont , Saint-Pourçain, Sain-Benoît-sur-Loire, seu castelo real de Vincennes, Saint-Denis, onde deposita a auriflama e a cruz que tinha guardado consigo durante toda a viagem de volta, e afinal Paris, onde faz sua entrada a 7 de setembro de 1254.

Segundo Mateus Paris, Luís é bem acolhido por seu povo, mas se mostra acabrunhado de tristeza:

---

[8]Michel-Marie DUFEIL, *Guillaume de Saint-Amour et la polémique universitaire parisienne*, 1250-1259, Paris, 1972.

SÃO LUÍS

195

O rei de França, espírito e expressão consternados, não quis aceitar qualquer consolação. Nem a música nem as palavras agradáveis ou consoladoras conseguiram fazer com que ele risse ou se alegrasse. Nem a viagem a sua região natal e por seu próprio reino, nem a saudação respeitosa da multidão que foi a seu encontro, nem quando se prestou homenagem acompanhada de presentes à senhoria do rei o consolaram; os olhos baixos, suspirando frequentemente, por sua imaginação iam sua captura e a confusão geral da Cristandade que disso tinha resultado. Um bispo piedoso e cheio de tato disse-lhe para consolá-lo: "Saiba, meu caríssimo Senhor e rei, que cair num desgosto de vida e uma tristeza que matam a alegria espiritual e são as madrastas da alma é o maior pecado, porque contraria o Espírito Santo. Medite para vossa vida e vossa reflexão na paciência de Jó, no sofrimento de Eustáquio." E contou-lhe sua história até a consideração final que Deus lhe concedeu. Então o rei, o mais piedoso dos reis da terra, respondeu: "Se eu estivesse sozinho a suportar a vergonha e a adversidade e se meus pecados não caíssem sobre a Igreja universal, eu os suportaria com serenidade. Mas infelizmente para mim foi toda a Cristandade que conheceu por minha causa a confusão." Cantou-se a missa em louvor do Espírito Santo para que nesse momento o rei recebesse a consolação, que é mais forte do que tudo. E daí em diante pela graça de Deus ele aceitou os salutares conselhos da consolação.[9]

Mateus Paris sem dúvida exagera e cede à retórica do luto. Mas todos os testemunhos estão de acordo em reconhecer uma profunda mudança em Luís, uma espécie de conversão depois da cruzada a uma austeridade maior. Só excepcionalmente ele deixa as severas vestes que tinha assumido como bom cruzado, mas que não abandonou com a cruz em Saint-Denis.

Joinville de novo o testemunha:

> Depois que o rei voltou de além-mar, viveu tão devotamente que nunca mais desde então vestiu peles de qualquer tipo de esquilo, nem escarlate, nem estribos nem esporas douradas. Suas vestes eram de *camelin** e de um tom de azul suave; as peles de seus mantos e de suas vestes eram de uma espécie de camurça, ou de pernas de lebres, ou de cordeiros. Era tão sóbrio no comer que não exigia absolutamente nada quanto a seus pratos, além daquilo que seu cozinheiro lhe apresentava; punha-se o prato diante dele e ele o comia. Temperava seu vinho e o tomava num copinho de vidro, e

---

[9]MATEUS PARIS, *Chronica majora*, t. V, pp. 465-466. A tradução francesa [do latim] é minha. Achar-se-á *infra* p. 625 a tradução de D. O'Connell para a parte do texto que utilizo de novo em uma outra perspectiva.
*Tecido de uma lã grosseira como a de camelo — daí o nome — muito usado na Idade Média. (*N. do T.*)

punha água em proporção que dependia da qualidade do vinho, e mantinha o copinho à mão, enquanto que se temperava seu vinho por trás da mesa. Dava sempre de comer aos pobres, e depois da refeição mandava que se lhes dessem seus denários.[10]

E seu confessor, Geoffroy de Beaulieu, não deixa por menos:

Depois de seu feliz regresso à França as testemunhas de sua vida e os confidentes de sua consciência viram a que ponto ele se esforçou para ser devoto para com Deus, justo para com seus súditos, misericordioso para com os infelizes, humilde para consigo próprio e para buscar com todas as suas forças aprimorar-se em todo gênero de virtudes. Assim como o ouro supera a prata em valor, assim a sua nova maneira de viver, com que veio da Terra Santa, superava em santidade sua vida anterior; e, entretanto, em sua juventude tinha sido sempre bom, inocente e exemplar.[11]

Da simplicidade que sempre apregoou, Luís passou à austeridade. E dessa austeridade fez também o princípio de sua política, que corresponderia daí em diante a um programa de penitência, de purificação, de ordem moral e religiosa nas dimensões do reino e de seus súditos. De novo se entremisturam inextrincavelmente o esforço para atingir seus objetivos religiosos e a ação para reforçar o poder monárquico.

O reformador do reino

O principal instrumento da política real consistirá numa série de ordenações, quer dizer, de textos saídos da *potestas* real e tendo força de lei. A multiplicação desses atos expressa os progressos do poder monárquico na medida em que essas ordenações têm um espaço de validade limitado aos territórios gozando de uma situação particular (a Normandia,[12] os territórios da língua d'oc), tendendo mais e mais a se aplicar ao conjunto do reino.

Em dezembro de 1254, Luís promulga um texto que os historiadores frequentemente denominam de a "grande ordenação" por causa da amplitude

---

[10]JOINVILLE, *Histoire de Saint Louis*, pp. 367-369.

[11]GEOFFROY DE BEAULIEU, *Vita*, em *Recueil des historiens des Gaules et de la France*, t. XX, pp. 18-19.

[12]A Normandia, desde sua reconquista por Filipe Augusto, vitorioso sobre os ingleses, tinha privilégios especiais. Ver Joseph R. STRAYER, *The Administration of Normandy under Saint Louis*, Cambridge, Mas, 1932, e Lucien MUSSET, "Saint Louis et la Normandie", *Annales de Basse-Normandie*, 1972, pp. 8-18.

SÃO LUÍS

e da importância das medidas que edita. Essa ordenação objetiva reformar aquilo que conta mais no governo real e a reformá-lo em profundidade. Aquilo que, durante dois séculos, foi a palavra de ordem do papado e dos clérigos, a reforma da Igreja, parece transferido para o reino da França em um programa de conjunto.

No entanto, como perfeitamente se demonstrou,[13] a "grande ordenação" de dezembro de 1254 é, de fato, a reunião de muitos textos emanados da autoridade de Luís IX entre o fim de julho e dezembro de 1254. O conjunto é tão imponente que constitui por sua amplitude uma novidade, a tal ponto que essa foi considerada a "primeira ordenação real"[14] e "a carta das liberdades francesas".[15] Na Idade Média foi chamada de *statutum generale* ("estatuto geral") ou, no plural, *statuta sancti Ludovici* ("estatutos de São Luís") e, em francês, *"establissement le roi".*[*16]

Desde sua chegada ao território do domínio real, Luís tomou medidas de reformulação do reino concernentes ao Sul: duas ordens datadas de Saint-Gilles e de Nîmes, de caráter local e regional, referentes às cidades de Beaucaire e de Nîmes e à senescalia de Beaucaire. Essas medidas imediatas foram provavelmente tomadas como resposta a petições dos habitantes: Luís ordena que suas decisões tenham grande publicidade, que sejam proclamadas em *praça* pública. Levam em conta os primeiros resultados trazidos a seu conhecimento dos inquéritos de 1247. Esses textos aboliam as medidas tomadas pelos senescais reais que violavam antigos "costumes locais". O rei se adapta a um hábito capetiano que contribuiu muito para o fortalecimento do poder monárquico. É uma curiosa aliança de tradição e de progresso. A ideia de inovação em geral era malvista pelas populações ligadas à manutenção dos costumes tidos como privilégios, realçados pelo prestígio da antiguidade. De fato, a afirmação de uma volta ao passado é muito comumente, na Idade Média, o meio de legitimar e de corroborar uma evolução administrativa e política. Isso é particularmente verdadeiro no Sul, onde a gestão real direta é recente e onde o rei tem como questão de honra marcar não apenas uma continuidade, mas um progresso no respeito às tradições locais e regionais. Os oficiais (funcionários) reais devem a partir de agora "distribuir a justiça sem

---

[13]Louis CAROLUS-BARRÉ, "La grande ordonnance de 1254 sur la réforme de l'administration et la police du royaume", em *Septième centenaire de la mort de Saint Louis, op. cit.*, pp. 85-96.

[14]Charles PETIT-DUTAILLIS, "L'essor des États d'Occident", em *Histoire générale* (fondée par Gustave Glotz), t. IV, *Histoire du Moyen Âge*, Paris, 1937, p. 273.

[15]Edgar BOUTARIC, *Saint Louis et Alphonse de Poitiers. Étude sur la réunion des provinces du Midi et de L'Ouest à la couronne et sur les origines de la centralisation administrative*, Paris, 1870, p. 150.

*"Coleção de leis do rei" (a forma establissement le roi, já se vê, é do francês medieval). (*N. do T.*)

[16]L. CAROLUS-BARRÉ, "La grande ordonnance...", artigo citado *supra*, p. 91.

distinção de pessoas", não aceitar nenhum presente (pão, vinho ou fruta) superior a dez soldos [mais ou menos meia libra], recusar todo presente para suas mulheres e seus filhos, não dar nenhum aos encarregados dos exames de suas contas nem a seus superiores, suas mulheres e seus filhos. É uma moralização da administração real.

A grande ordenação de dezembro acrescenta aí uma série de medidas referentes à pura moralidade. A blasfêmia, toda "palavra ímpia contra Deus, a Virgem e os santos", a prática do jogo de dados, frequentar bordéis[17] e tavernas são coisas interditadas aos funcionários reais. Praticar usura é, entre esses mesmos funcionários, um delito comparado a um roubo. A grande ordenação traz também outras medidas de reforma da prática administrativa dos oficiais reais. Não poderão eles comprar imóveis no território em que exercem suas funções, nem nele casar seus filhos, nem permitir que entrem para um convento ou mosteiro. Não poderão prender ninguém por dívidas, exceto as dívidas para com o rei. Não poderão cancelar nenhuma multa sem que os culpados presumidos passem por julgamento, e considerarão que todo acusado ainda não condenado é presumivelmente inocente. Não venderão seus serviços. Não impedirão o transporte dos trigos, medida condenada a combater as fomes e impedir a estocagem dos cereais. Deverão permanecer afastados ou nomear procuradores, deixando a eles suas funções durante 40 dias, para, desse modo, poder responder às queixas de que eventualmente forem objeto. Um artigo adicional proíbe as requisições abusivas de cavalos.

Mas não só os funcionários reais estão em causa: o jogo de dados e a própria fabricação dos dados estão proibidos para todos em todo o reino, assim como os jogos de "mesa" (gamão ou dama) e xadrez, duplamente condenáveis como jogos de azar e de dinheiro. As prostitutas[18] são expulsas das "boas cidades" e particularmente das ruas do centro ("ruas que estão no coração das ditas boas cidades") e relegadas aos espaços fora dos muros, longe das igrejas e dos cemitérios.[19] Os que lhes alugassem casas teriam o aluguel de um ano confiscado. À população estável que mora nas cidades, o acesso às tavernas é desde então interditado e só os viajantes (os *trespassants*) podem frequentá-las.

---

[17] Onde o texto original fala em "bordels" (*bordeaux*), o resumo da edição das ordenações reais por E. de Laurière, de 1723, traz pudicamente "maus lugares". A Idade Média, sem exceção da administração, não tinha medo das palavras.

[18] O texto original diz "loucas mulheres e debochadas comuns", o resumo do século XVIII também aqui adoça as coisas falando em "mulheres públicas".

[19] A Terceira República proibirá a venda de bebida na proximidade das escolas. A natureza dos vícios públicos e dos lugares sagrados evolui com a história.

SÃO LUÍS

Essa legislação, que sem dúvida nenhuma expressa as ideias e a vontade de São Luís, pode nos parecer curiosa por sua mistura de prescrições morais, de regras de boa administração e de princípios modernos de justiça. As medidas reprimindo a blasfêmia, o jogo, a prostituição, a frequência às tavernas têm um aspecto arcaico, ligado à concepção cristã da função real e à maneira particularmente severa com que Luís IX, de volta da cruzada infeliz, as define na prática. As prescrições contra os judeus manifestam a evolução da Cristandade medieval do antijudaísmo para o antissemitismo, e nossas sociedades antirracistas reconhecem, nisso, tudo aquilo que devemos recusar de um desvio do cristianismo medieval no sentido das perseguições e dos crimes que culminaram nos crimes anti-semitas do nosso século XX e dos quais devemos denunciar as raízes históricas. A necessidade para os suspeitos de delinquência e de crime de passar por julgamento regular e público e a afirmação da presunção de inocência são princípios modernos de justiça que marcam uma virada das ideias e das práticas numa comparação com a justiça "feudal". Sabemos que a presunção de inocência dos suspeitos e dos indiciados é sempre difícil de se fazer respeitada. Afinal, o que constitui o coração dessa legislação — o código de boa conduta dos "funcionários" destinado tanto ao bom andamento da administração pública (real) como ao desejo de passar uma boa imagem — poderia parecer a nós uma preocupação de uma outra idade e de uma outra sociedade se a luta contra a corrupção dos representantes do povo não surgisse de novo como uma das principais necessidades e deveres das sociedades contemporâneas. Idade Média, passado presente. Se o século XXI revelar-se, entre outras coisas, um século da exigência ética, deverá extrair da permanência das coisas uma parte de sua inspiração. As grandes épocas da história foram épocas de moralização.

São Luís voltando da cruzada é então levado por uma das tendências de seu século e os diferentes textos que formam a grande ordenação de 1254 são uma obra coletiva, mas é fora de dúvida que esse grande texto carrega fortemente a marca das ideias e da vontade do rei. Luís quer realizar essa política cristã ideal, que não inventou, cuja execução lhe parece um imperativo de sua função. Será o resgate da derrota na cruzada. Seu reino deve ser salvo, também de corpo e alma, e sua própria salvação depende senão do sucesso desse programa político pelo menos de seu engajamento sem reservas em sua execução.

A Grande Ordenação, que estende ao conjunto do reino medidas primeiro editadas para alguns lugares do Sul, é enfim completada pela convocação e a retomada de ordenações antigas: em particular um ato do início do reinado (dezembro de 1230), pelo qual o rei homologava medidas tomadas por uma assembleia de barões contra os judeus e seus empréstimos usurários, assim como uma ordenação perdida de 1240, renovando a condenação dos usurários judeus e proscrevendo o Talmude por conter passagens blasfemas a respeito de Deus e da Virgem.[20]

Os novos homens do rei

Luís decide, mas também sabe escutar as opiniões de conselheiros de qualidade, aos quais soube ligar os serviços, quer se trate dos clérigos de sua chancelaria, quer se trate dos "grandes oficiais" que administram seu "hôtel",* dos membros de seu Parlamento ou dos membros do Conselho.

Alguns formam um grupo de íntimos às vezes chamados ao Conselho, mas são mais frequentemente simples hóspedes com os quais o rei gosta de se distrair familiarmente à mesa, depois das refeições, ou em outros momentos do dia. Uma dupla é célebre, com ela São Luís se divertia a aguçar um ciúme não exclusivo de estima e amizade, o senhor de Joinville, senescal de Champagne,[21] e Robert de Sorbon, cônego de Notre-Dame de Paris. Um outro desses íntimos é o jovem conde de Champagne, Thibaud V, rei de Navarra, que se torna genro do rei casando-se com sua filha Isabel em 1255. Há entre eles, como é da tradição da corte capetiana, homens da Igreja e senhores leigos, em geral de modesta nobreza, sobre os quais estamos menos informados, com exceção de Joinville, que, falando do rei, muito falou de si mesmo e sem dúvida exagerou seu papel.

Entre os primeiros, há inicialmente Guy Foulcois (ou Foulques), ordenado depois de enviuvar, tornado clérigo de Afonso de Poitiers, que Luís encontra logo que volta à França, em Saint-Gilles, e que passa a seu serviço. Teve sem dúvida uma certa influência sobre os dois primeiros textos integrados à grande ordenação de 1254. Em 1257 tornar-se-á bispo de Puy, depois arcebispo de Narbonne, cardeal bispo de Sabine, será finalmente eleito papa sob o nome de Clemente IV (1265-1268) e vai se mostrar evidentemente um aliado do rei de França. Dois outros conselheiros de Luís IX serão cardeais por ocasião da mesma fornada de 1261. Raoul Grosparmi, chanceler do rei durante a cruzada, e Simon Monpris de Brie, um franciscano, que sucedeu a Raoul como chanceler e que também se tornará papa, assumindo o nome de Martinho IV (1281-1285). Sob seu pontificado é que o processo de canonização de Luís IX fará progressos decisivos. Mais próximo ainda do rei está um outro franciscano, Eudes Rigaud, um dos "Quatro Mestres" que tinham redigido o comentário oficial da regra franciscana em 1242, tornado

---

[20]Sobre São Luís e os judeus, ver *infra*, pp. 704 e segs.
*Palácio. (*N. do T.*)
[21]Sobre Joinville, ver *infra*, Segunda Parte, Capítulo IX.

SÃO LUÍS

depois mestre regente do convento dos franciscanos de Paris, mestre em teologia na universidade e, finalmente, arcebispo de Rouen.[22]

Há, enfim, os frades mendicantes que são os conselheiros espirituais do rei, e em primeiro lugar entre eles o dominicano Geoffroy de Beaulieu, seu confessor, que depois de sua morte será seu primeiro biógrafo na perspectiva hagiográfica de sua canonização.

Também é importante anotar o esboço de uma troca de perfil na composição do conselho real e do Parlamento depois do regresso do rei e, sem dúvida, como se viu, desde o período do "governo" do príncipe herdeiro Luís, em 1252-1254. Um certo número de "parlamentares" é de "mestres" qualificados. Parece claramente tratar-se de portadores de títulos universitários, essencialmente mestres em direito, em direito civil. Criam eles um direito monárquico que se manifesta por uma injeção de direito romano no direito consuetudinário, que mais e mais se torna um direito escrito e que pouco a pouco realiza uma síntese eficaz entre o direito romano, arrancado do monopólio imperial, e o direito feudal, uma síntese a serviço da construção do Estado monárquico.[23] Esses "mestres" aos quais os contemporâneos chamam "legistas" conhecerão o apogeu sob o reinado do neto de São Luís, Filipe IV, o Belo. A universidade de Paris não os forma, uma vez que o papado tinha recusado à nova universidade uma faculdade de direito civil (romano) — e a tinha recusado talvez por pressão do rei de França, que não gostaria de ver ensinar em sua capital um direito que levava a autoridade imperial a seu ponto culminante. Na maioria dos casos, passam pela universidade de Orleãs, porque a invasão dos legistas meridionais formados em Toulouse ainda não começou, embora uma certa cultura jurídica, que Guy Foulcois tinha sem dúvida adquirido e posto sucessivamente a serviço de Afonso de Poitiers, de Luís IX e da Igreja sobre o trono pontifício, venha indiscutivelmente do Sul. Antes que verdadeiros "legistas" como Jacques de Révigny, professor em Orleãs de 1260 a 1280,[24] são práticos como Pierre de Fontaines, que apela para sua experiência de

---

[22]Conserva-se o registro de suas visitas pastorais que fornece a descrição mais concreta da vida de uma diocese no século XIII: P. ANDRIEU-GUITRANCOURT, *L'Archevêque Eudes Rigaud et la vie de l'église au XIIIe siècle*, Paris, 1938. Sobre São Luís e Eudes Rigaud, ver *infra*, p. 664.

[23]Q. GRIFFITHS, "New men among the lay counselors of Saint Louis Parliament", *Medieval Studies*, t. 32-33, 1970, 1971, pp. 234-272; Fred CHEYETTE, "Custom, Case Law and medieval constitutionalism: a reexamination", *Political Science Quarterly*, 78, 1963, pp. 362-390.

[24]Marguerite BOULET-SAUTEL, "Le concept de souveraineté chez Jacques de Révigny", em *Actes du congrès sur l'ancienne université d'Orleans*, Orleãs, 1962, p. 22 e segs. Além de tudo, Jacques de Révigny é um universitário que se limita aos textos e guarda distância em face das realidades, ainda que fossem jurídicas, e ainda mais se ligadas à política. A propósito das relações rei de França-imperador, escreve: "Alguns dizem que a França é independente do Império: é impossível em direito. Botem de uma vez na cabeça que a França está submetida ao Império", e acrescenta: "Que o rei de França não o reconheça, pouco se me dá" (de *hoc non curo*, quer dizer, "não é problema meu").

202 JACQUES LE GOFF

bailio de Vermandois para conciliar direito romano e direito consuetudinário. A pedido do rei, ele escreve para o herdeiro do trono entre 1254 e 1258 o *Conselho a um amigo*, mostrando, com exemplos precisos da administração de um bailiado, que não se pode seguir inteira e unicamente nem o direito escrito, a lei, nem o costume, o *direito* propriamente dito.[25]

Enfim, os novos homens do rei são precisamente esses bailios e esses senescais que representam a autoridade real nas circunscrições do domínio e do reino, a um tempo o instrumento e a encarnação da justiça real. Para evitar a tentação de corrupção ou simples favorecimento nascido de uma longa convivência suscetível de encorajar uma amizade sem cumplicidade consciente, as trocas de nomeação ou as substituições são frequentes entre eles. O reinado de Luís IX conhece dois "tempos fortes" quanto a isso: durante o período 1254-1256 e nos anos 1264-1266. Os motivos das substituições e dos deslocamentos, estes menos numerosos do que aquelas no segundo período, são difíceis de distinguir. Quanto ao primeiro período, são evidentemente consequência dos inquéritos e da volta do rei.[26]

A justiça nas cidades

A Grande Ordenação é retomada em 1256. Essa nova produção apresenta algumas diferenças significativas em relação aos textos de 1254. As medidas agora promulgadas pelo rei o são sob quatro formas diferentes (e mesmo uma quinta, em fevereiro de 1255), e em dois idiomas: francês e latim, especialmente para as regiões da língua d'oïl ou para as da língua d'oc, e afinal para o conjunto do reino.

A ordenação de 1256 resulta da transformação dos textos de 1254, que a rigor eram instruções aos bailios e senescais, em uma verdadeira ordenação geral para o reino. O texto não tem mais do que 26 artigos em vez de 30. Os que dizem respeito aos juízes e ao comércio não foram repetidos. Os primeiros se integram em uma legislação antijudaica que constitui daí em diante um capítulo à parte na ação da realeza. As medidas regulamentando a circulação dos trigos são antes medidas de circunstância do que regra geral. Os artigos instituindo a ordem religiosa e

---

[25]Ed. A. MARNIER, *Le Conseil de Pierre de Fontaines*, Paris, 1846; Q. GRIFFITHS, "Les origines et la carrière de Pierre de Fontaines", em *Revue historique de droit français et étranger*, 1970; Pierre PETOT, "Pierre de Fontaines et le droit romain", em *Études d'histoire du droit. Mélanges Gabriel Le Bras*, t. II, Paris, 1965, pp. 955-964.
[26]Roland FIETIER, "Le choix des baillis et sénéchaux aux XIIIᵉ et XIVᵉ siècles (1250-1350)", *Mémoires de la Société pour l'histoire du droit et des institutions des anciens pays bourguignons, comtois et romands*, 29e fasc., 1968-1969, pp. 255-274.

SÃO LUÍS

moral contra os jogos, as blasfêmias e a prostituição ficam organizados num todo coerente, o que reflete melhor, talvez, a política de Luís, mas o rei deve consentir em atenuar algumas medidas, em particular as que reprimem a prostituição. As prostitutas são expulsas do centro das cidades e das proximidades dos lugares sagrados, mas toleradas aqui e ali. É o esboço de guetos da prostituição. Luís teve, sem dúvida, que resignar-se aos conselhos de seu círculo em favor mais de um controle do que da proibição da prostituição, dreno necessário para o que se pensava da fraqueza carnal dos filhos de Adão. Em compensação, vê-se desaparecer a alusão à tortura — pela primeira vez em uma ordenação real francesa —, que figurava no único texto de 1254 dirigido aos bailios e senescais do Sul.[27] Esse ponto é importante, lembra-nos que o emprego da tortura que vai se expandir mais tarde vem da Inquisição, da Igreja e do Sul, região onde se conjugaram a luta contra a heresia por todos os meios e o renascimento do direito romano. Todavia, o direito romano inspira a vontade do rei de que se reconheça como um princípio jurídico fundamental a presunção de inocência: "Que ninguém seja privado de seu direito sem falta reconhecida e sem processo" (*nemo sine culpa vel causa privandus est jure suo*).

Apresentamos aqui o que em Luís é propósito firme, engajamento profundo — a vontade de justiça, o esforço para purificar o reino (a ordenação de 1256 estende as instruções de 1254 para toda a hierarquia dos agentes reais, até os últimos escalões: prepostos,* viscondes, juízes locais, prefeitos, guardas florestais, oficiais de justiça e "outros") — e as técnicas jurídicas, a adaptação do programa às condições concretas da vida social, o que escapa em parte à sua competência ou a seu interesse.

O rei inquiridor

O próprio rei quase se transforma em inquiridor. Mostra a seus súditos dois aspectos de sua função: o justiceiro, que se torna itinerante e escuta, julga em sua caminhada; e o rei em sua majestade, que, à maneira da Majestade divina, sublima todas as formas de direito e de soberania, de *potestas* e de *auctoritas*, e se

---

[27]Esse texto está redigido em latim: excluindo o uso da língua d'oc — provavelmente mal conhecida da chancelaria real e dos agentes reais, quase todos saídos da França da língua d'oïl —, o governo real evitava impor a língua d'oïl às populações do Sul.

*Espécie de autoridade tributária com poder de polícia, como se verá pouco mais adiante, ainda neste Capítulo IV. Preferi o termo "preposto", embora a tradução habitual para *prévôt* seja "preboste", para evitar confusão com a designação eclesiástica (preboste era o mais graduado cônego do cabido de uma catedral: a função não existe mais). (*N. do T.*)

oferece à pura contemplação. Depois de ter percorrido uma parte do Languedoc em sua volta da Terra Santa, visita em 1255 Chartres, Tours, grandes lugares de peregrinação (a Virgem e São Martinho são os protetores da dinastia), a Picardia, Artois, Flandres e Champagne, as ricas regiões da prosperidade rural e urbana ao longo da grande fronteira com o Império e, em 1256, a Normandia, a joia arrancada dos ingleses por seu avô Filipe Augusto.

O rei e os inquéritos no Languedoc

O Languedoc constitui entretanto uma terra de eleição dos inquéritos, onde a monarquia capetiana pode, muito particularmente, tentar apagar e tentar fazer esquecer as exações que depois de 1229 e depois de 1240-1242 os oficiais reais cometeram sem reserva nem escrúpulo, aproveitando-se da distância de Paris e do contexto repressivo em relação à heresia — em prejuízo das populações, tratadas como vencidos em terra conquistada.

Joseph Strayer situou judiciosamente sob a proteção da "consciência do rei" os inquéritos minuciosos feitos de 1258 a 1262 na senescalia de Carcassonne--Béziers,[28] depois dos executados de 1254 a 1257 na de Beaucaire. Em Beaucaire os problemas não eram tão graves nem tão difíceis, porque havia poucos hereges na região e seus habitantes não tinham participado das revoltas de 1240 e 1242.[29] Esses inquéritos permitem uma compreensão perfeita do pensamento e da ação do rei. É interessante observá-los em seus pormenores.

Desde o início de sua missão, os inquiridores encontraram problemas difíceis sobre os quais consultaram o rei. Luís responde por uma longa carta em abril de 1259.[30] Recomenda que tenham uma certa indulgência naquele trabalho, não como princípio jurídico, mas de um ponto de vista moral, lembrando-lhes que a misericórdia deve temperar a justiça estrita. Reconhece que, mais jovem, tinha sido mais severo, mas agora inclina-se a um rigor menor. A afirmação pode parecer estranha, porque ele está mais preocupado com a ordem moral depois de ter voltado da cruzada. Mas não há contradição nisso. Seu programa é de fazer reinar verdadeiramente justiça e paz. Ora, se justiça e paz devem ser buscadas com mais zelo, reinarão melhor se a justiça for moderada e será mais bem aceita

---

[28]Joseph R. STRAYER, "La conscience du roi: les enquêtes de 1258-1262 dans la sénéchaussée de Carcassonne--Béziers", em *Mélanges Roger Aubenas*, Montpellier, 1974, pp. 725-736.
[29]*Layettes du Trésor des chartes*, n° 4.207, 4.269, 4.272, 4.320, 4.367; *Recueil des historiens des Gaules et de la France*, t. XXIV, pp. 530-541; R. MICHEL, *L'Administration royale dans la sénéchaussée de Beaucaire au temps de Saint Louis*, Paris, 1910.
[30]*Recueil des historiens des Gaules et de la France*, t. XXIV, pp. 619-621.

SÃO LUÍS

a paz realizada na reconciliação, assim como a punição. O rei escatológico quer purificar os comportamentos transgressores através do consentimento.

A presunção de inocência do acusado que não fugiu, ou que não foi julgado e condenado, é reafirmada. É preciso em especial assegurar que os suspeitos de heresia sejam realmente hereges. Os direitos das mulheres sobre suas heranças e seus dotes devem ser particularmente respeitados. A mulher é um ser frágil, e é próprio da justiça real proteger especialmente os fracos: as mulheres, as viúvas, os pobres. O rei recusa, em particular, que a mulher possa ser punida pelas faltas do marido. Não aceita a responsabilidade coletiva quando não há cumplicidade.[31] A respeito do clero, Luís é mais ambíguo: é preciso "fazer-lhe justiça", o que pode ser entendido de formas diferentes. Sabe-se que Luís obedece em relação à gente da Igreja a duas convicções que, sem que sejam contraditórias, redundam em atitudes contrastantes. Respeita profundamente e quer que se respeite a "Santa Igreja" e seus membros, mas é hostil — Hugues de Digne reforçou essa atitude dele — às formas materiais do poder eclesial. Em 1247, sustentou a nobreza leiga da França contra a Igreja. Considera, de qualquer modo, que a Igreja não deve ser rica.[32]

As sentenças dos inquiridores estão de acordo com essas instruções reais. Sua compreensão para com os suplicantes é muito grande. Para 145 suplicantes nomeados individualmente em 130 sentenças, 75 receberam um julgamento completamente ou quase completamente favorável, 33 um julgamento parcialmente favorável e só 33 um julgamento desfavorável. Eram, na maioria, hereges ou cúmplices de hereges declarados. Em quatro casos, os inquiridores se julgaram incompetentes. Em 61 demandas feitas por homens, 37 receberam um julgamento positivo, em 55 feitas por mulheres, os julgamentos favoráveis chegaram a 45.

As sentenças favoráveis são mais numerosas nas aldeias do que nas cidades. As cidades foram vistas com menos simpatia durante a luta contra a heresia porque foram centros de resistência. Muitas dessas cidades meridionais estavam encarapitadas numa colina ou no flanco de uma colina. Destruíram-se esses *habitats* próprios para a resistência transportando seus habitantes para sítios planos. As cidades altas foram obrigatoriamente abandonadas em benefício das cidades baixas. Os habitantes lesados muito frequentemente recebiam uma indenização se não fossem hereges. O rei intervém pessoalmente, em sua carta de abril de

---

[31] Toma assim uma posição "liberal", de justiça individual, num grande debate do século XIII, proposto sobretudo em relação às mulheres de usurários, das quais se perguntava se seriam ou não corresponsáveis pelas restituições impostas a seus maridos, durante a vida ou depois da morte deles.

[32] Ver *infra*, p. 694.

1259, para que sejam indenizados os proprietários das terras desapropriadas para a construção do novo burgo de Carcassonne, mas a maior parte das comunidades urbanas tem suas petições indeferidas. Os mais duramente tratados são os bispos. O rei ficou impressionado e até escandalizado com a quase independência e com o poder dos bispos meridionais. Apesar de uma carta de São Luís em favor do bispo de Béziers, os inquiridores não lhe devolveram os bens cuja restituição ele reclamava e o rei não parece ter chamado à ordem seus agentes. O mesmo se deu com o bispo e o capítulo de Lodève, ainda que o bispo tenha apresentado quatro cartas de Filipe Augusto confirmando-lhe os direitos de alta justiça. Os inquiridores alegaram que só uma decisão geral (*ordinatio generalis*) do rei poderia regulamentar uma questão dessa importância, e a decisão real não veio, deixando o bispo despojado de seu antigo direito.

Joseph Strayer faz um julgamento globalmente favorável sobre a atividade e os julgamentos dos inquiridores: "Trabalhava-se cuidadosa e inteligentemente; buscavam-se todos os depoimentos; as sentenças só eram dadas depois de um exame atento." Mas, acrescenta o historiador americano: "Não se era muito indulgente, salvo talvez para as mulheres, e nada se fazia que pudesse enfraquecer o poder real." A justiça do rei no Languedoc terá sido conforme à atitude geral de São Luís: a submissão à moral e à religião caminha ao lado do interesse do rei, quer dizer, do Estado nascente.

O rei e as cidades

O reinado de Luís IX representa um momento essencial na história das cidades francesas e a importância do rei parece ter sido grande. O meado do século XIII foi, particularmente na França, o ponto culminante do importante movimento de urbanização do Ocidente. A urbanização vinha se afirmando até então de maneira mais ou menos anárquica, ainda que se note por toda parte uma dupla evolução coordenada: evolução econômica — as cidades se afirmam como mercados e centros de produção artesanal —, evolução social e política — os "burgueses" ou "cidadãos", camadas superiores e médias dos citadinos, arrancam mais ou menos facilmente, mais ou menos completamente, o poder nos negócios urbanos das mãos dos senhores das cidades, senhores leigos ou eclesiásticos (bispos) e, no domínio real, do rei.[33]

---

[33]Sobre o movimento de conjunto, Jacques LE GOFF, "La monarchie et les villes", em *Histoire de la France urbaine* (sob a direção de Georges Duby), t. II, *La Ville médiévale*, Paris, 1980, pp. 303-310. Sobre a evolução sob Luís IX: Jean SCHNEIDER, "Les villes du royaume de France au temps de Saint Louis", *Comptes rendus de l'Académie des inscriptions et belles-lettres*, 1981; W. Ch. JORDAN, "Communal administration in France, 1257-1270: problems discovered and solutions imposed", *Revue belge de philologie et d'histoire*, 59, 1971, pp. 292-313.

SÃO LUÍS

No século XII, os Capeto tiveram uma política urbana dominada por três preocupações nem sempre convergentes: sustentar a atividade econômica que dependia mais e mais das cidades, o desejo de obter o apoio das comunidades urbanas contra os senhores, pequenos e grandes, do domínio, e o cuidado de não se afastar da Igreja. O reinado de Filipe Augusto marca, a esse respeito, uma virada. É primeiramente o fim ou quase do movimento comunal, da conquista da autonomia administrativa pelas cidades. A última série importante de criação de comunas data do decênio que precede a batalha de Bouvines (1214), na qual os contingentes militares das cidades tomaram parte marcante. Filipe Augusto reclama das cidades o serviço, e sobretudo o serviço militar, *tropa* e *cavalgada*, e exige delas *fidelidade*. Por trás desse vocabulário feudal se esconde uma realidade nova, o poder do monarca, o qual se comporta antes como rei de França do que como senhor feudal do domínio e suserano no reino. Filipe Augusto quis integrar as cidades no sistema monárquico "estatal" explorando as duas funções que se tem o direito de esperar dos grupos leigos, a função militar e a função econômica.

Uma nova etapa, decisiva, se produz com Luís IX. As cidades mais importantes do reino se constituem, em parte espontaneamente, em parte sob pressão do poder real, numa espécie de comunidades objetivas. É a rede das "boas cidades", expressão surgida na virada do século XII para o XIII e cujo uso se torna corrente nos atos da chancelaria real e nos textos do próprio rei sob Luís IX. "É boa cidade", como com toda a clareza se formulou, "aquela que apresenta um interesse para o rei".[34] Luís foi o primeiro rei das "boas cidades". Como ainda disse o mesmo historiador com razão, ele "vê simultaneamente, em suas boas cidades, um verdadeiro agente administrativo, uma comunidade que convém desde sempre controlar e também uma força política incomparável, que deve, em todas as circunstâncias, ser tratada com atenção [...]. São Luís as considera como um dos elementos essenciais do pacto que tenciona ajustar com o país. As cidades são, a seus olhos, comunidades privilegiadas às quais convém dar a palavra. mas que é preciso também [...] submeter a seu controle". São Luís, rei das cidades, elemento da modernidade. Essas cidades, conservou-as para si firme, mas também amigavelmente. Em seus *Ensinamentos* ao filho, segundo uma versão que não é a original escrita por ele ou ditada mas que foi mexida aqui e ali por muitos de seus biógrafos, de Geoffroy

---

[34]Bernard CHEVALIER, *Les Bonnes Villes de France du XIV* au XVI* siècle*, Paris, 1982; G. MAUDUECH, "La 'bonne' ville: origine et sens de l'expression", *Annales. E.S.C.*, 1972, pp. 1.441-1.448; M. FRANÇOIS, "Les bonnes villes", *Comptes rendus de l'Académie des inscriptions et belles-lettres*, 1975; Albert RIGAUDIÈRE, "Qu'est-ce qu'une bonne ville dans la France du Moyen Âge?", em *La Charte de Beaumont et les franchises municipales entre Loire et Rhin* (colloque), Nancy, 1988, pp. 59-105.

de Beaulieu a Guillaume de Nangis, lê-se, em trecho que, parece-me, não trai o pensamento do rei, muito menos alguns de seus propósitos:[35] "Lembro-me bem de Paris e das boas cidades de meu reino que me ajudaram contra os barões quando fui novamente coroado."[36] E ainda: "Sobretudo mantém para com as boas cidades e as comunas de teu reino as condições e a franqueza que teus predecessores mantiveram; e se há alguma coisa a emendar, emenda-a e corrige, e conserve-as com consideração e com amor, porque a força e a riqueza das grandes ("grosses", no original do rei) cidades é que farão teus súditos e os estrangeiros hesitarem antes de fazer alguma coisa contra ti, especialmente teus pares e teus barões." A ocasião de reformar a administração das cidades e suas relações com o governo real foi-lhe dada pela cobrança, nas cidades do norte da França, de um imposto destinado a pagar a pesada soma prometida ao rei da Inglaterra Henrique III em 1257, quando das negociações que resultaram no Tratado de Paris em 1258.[37] Era uma compensação dos territórios sem dinheiro abandonados pelos ingleses: cerca de 134.000 libras tornesas, o que, segundo William Chester Jordan, devia representar pelo menos meio ano das rendas da coroa da França. Muitas cidades opuseram ao pagamento desse imposto o argumento de sua pobreza e de sua incapacidade para pagá-lo. O rei fez então um levantamento sobre as finanças dessas cidades e ficou constatada a incapacidade da maior parte delas de apresentar as contas de maneira aceitável. O resultado desse levantamento foi consignado num conjunto de *rationes* (ou contas) municipais em 1259-1260.[38] O rei, provavelmente chocado, como supõe Jordan, pela constatação de tal desordem, determina uma reorganização fundamental das finanças urbanas, que serão objeto, em 1262, de duas ordenações: uma para a Normandia, outra para a *Francia*, quer dizer, uma grande Île-de-France.[39]

Pode-se também pensar que uma consideração de ordem social e moral interveio no espírito de Luís IX. O rei é sempre cuidadoso em proteger os fracos, como recomenda ao filho em seus *Ensinamentos*: "Se ocorrer uma disputa entre um pobre e um rico, apoia de preferência o pobre contra o rico até que saibas a

---

[35] A versão original foi achada e entregue por D. O'Connell, *The teachings of Saint Louis, op. cit.*, trad. fr. citada, *Les Propos de Saint Louis*, pp. 183-191. Os dois trechos citados aqui e por A. Rigaudière são tirados da versão retocada por Geoffroy de Beaulieu que Joinville inseriu em sua *Histoire de Saint Louis: Joinville et les Enseignements de Saint Louis à son fils*, Natalis de Wailly (ed.), Paris, 1872, p. 52.

[36] Ver *supra*, pp. 95-96.

[37] Ver *infra*, p. 232.

[38] Os documentos foram publicados em *Layettes du Trésor des chartes*, volumes II, III e IV.

[39] Essas ordenações foram publicadas por Eusèbe de Laurière, *Ordonnances des rois de France*, t. I, 1723, pp. 82-83; Augustin Thierry, *Recueil des monuments inédits de l'histoire du tiers état*, t. I, 1850, p. 219; Arthur Giry (ed.), *Documents sur les relations de la royauté avec les villes en France*, Paris, 1885, pp. 85 e 88, e em apêndice de seu artigo citado, p. 179, no 1, por W. Ch. Jordan, pp. 312-313, em tradução inglesa.

SÃO LUÍS

verdade, e, quando tu a conheceres, faze justiça." Também deve ter se chocado com a frequente atitude dos ricos que governam em relação aos pobres. Pouco depois da morte de Luís IX, o bailio real Philippe de Beaumanoir escreve, no capítulo L de seus célebres *Costumes de Beauvaisis** (cuja redação termina em 1283), observações que parecem diretamente inspiradas no rei defunto: "É preciso vigiar para que não se cometa injustiça com as cidades e com seu povinho (*li communs peuples*) e respeitar e fazer respeitar suas cartas e privilégios. O senhor das cidades deve a cada ano verificar 'as condições da cidade' e controlar a ação dos prefeitos e daqueles que governam a cidade para que os ricos sejam advertidos de que serão severamente punidos se cometerem malefícios e não deixarem o pobre ganhar seu pão em paz. Se há conflitos nas cidades, pobres contra os ricos e ricos entre si e eles não venham a eleger o prefeito, os procuradores e os advogados, o senhor da cidade deve nomear por um ano uma pessoa capaz de governar a cidade. Se os conflitos influírem sobre as contas, o senhor deve convocar todo aquele que teve receitas e despesas e eles devem prestar-lhe contas. Há cidades em que a administração é confiscada pelos ricos e suas famílias, excluindo-se os pobres e os remediados. O senhor deve exigir deles contas em público, na presença de delegados comunitários."[40]

O que grava as finanças urbanas, segundo os levantamentos, são as viagens abusivas dos oficiais municipais, a falta de formação de empregados entretanto bem pagos, a prodigalidade para com os visitantes de prestígio e o peso do endividamento que está na origem das práticas usurárias, um dos pesadelos do rei. A principal medida decidida pelas ordenações de 1262 é a obrigação do prefeito de toda boa cidade, acompanhado de três ou quatro pessoas, ir a Paris na festa de São Martinho (18 de novembro) prestar conta à administração real da gestão financeira da cidade no ano que se está vencendo. As doações, despesas e salários são estritamente limitados, as operações usurárias proibidas e o dinheiro da cidade deve ser mantido no tesouro comunal.

Essas ordenações parece que não foram muito respeitadas, mas a intervenção real nas cidades aumentou consideravelmente nessa ocasião, e a administração das cidades reais surge no fim do reinado, apesar de suas deficiências, como um modelo a ser imitado.

---

*Beauvaisis é o nome de um região no vale do rio Thérain, nas proximidades de Beauvais, ao norte de Paris (departamento de Oise). (*N. do T.*)

[40] J. LE GOFF, "La monarchie et les villes", em *Histoire de la France urbaine, op. cit.*, t. II, p. 308. O texto de PHILIPPE DE BEAUMANOIR acha-se no tomo II, parágrafos 1.516 e 1.520, da edição de A. SALMON dos *Coutumes du Beauvaisis*, 1970 (reed.).

Da intervenção real que se dá até no fato mais trivial, William Jordan cita como exemplo a ordem que dá o rei à cidade de Bourges, substituindo-se ao conselho municipal, de "expulsar da cidade os porcos errantes que inteiramente a poluem". Do sucesso da intervenção real dá testemunho a consulta feita em 1264 pela municipalidade de Beaune, vizinha da comuna real de Soissons, sobre um ponto de sua carta de comuna em que havia desacordo com o duque de Borgonha. Na resposta, a municipalidade de Soissons sublinha a superioridade da administração real sobre a ducal. Eis o exemplo de ao menos uma boa cidade que o rei tinha tornado orgulhosa e feliz de sua tutela.[41]

É do reinado de São Luís que data o reconhecimento, ao menos teórico, da superioridade das "leis do rei", quer dizer, da "lei do Estado". Mas as cidades são chamadas pelo rei a se congregar sob a expressão da "lei do Estado" e, em matéria econômica, a colaborar com sua elaboração. Sobretudo, devem se tornar pontos indispensáveis para a difusão e a aplicação da legislação real, cuja eficácia depende em grande parte dessa colaboração das cidades. Isso foi verdade sobretudo no Sul, unido havia pouco tempo ao resto do reino.[42]

Luís e Paris

Desde que os Capeto, no século XII, fizeram de Paris sua principal residência, sem que se possa dar-lhe com propriedade o nome de capital,[43] e lá instalaram os organismos centrais do reino, desde que Filipe Augusto a cercou com uma muralha e nela construiu o castelo-forte do Louvre, um laço particular une o rei à cidade. Luís IX acrescenta os sentimentos de reconhecimento em relação aos parisienses que os sustentaram, a ele e a sua mãe, nos tempos difíceis do início do reinado. Ajustando-se a essa situação excepcional, Paris não tem bailio, uma vez que o rei, que aí mora amiúde com sua corte, aí não deve ser representado. O

---

[41]Jean RICHARD, "Une consultation donné par la commune de Soissons à celle de Beaune (1264)", *Annales de Bourgogne*, XXI, 1949.

[42]Albert RIGAUDIÈRE, "Reglementation urbaine et 'législation d'État' dans les villes du Midi français aux XIIIe e XIVe siècles", em *La Ville, la bourgeoisie et la genèse de l'État moderne (XIIe-XVIIIe siècles)*, Paris, 1988, pp. 35-70; André GOURON, *La Science du droit dans le Midi de la France au Moyen Âge*, Londres, 1984.

[43]Sobre Paris, "capital inacabada" até a Revolução, ver Jacques LE GOFF, "La genèse de l'État français au Moyen Âge", artigo citado, pp. 26-28; Raymond CAZELLES, "Paris, de la fin du règne de Philippe Auguste à la mort de Charles V", em *Nouvelle Histoire de Paris*, Paris, t. III, 1972; Robert-Henri BAUTIER, "Quand et comment Paris devint capitale", *Bulletin de la Société historique de Paris et de l'Île-de-France*, 105, 1978, pp. 17-46; Anne LOMBARD-JOURDAN, *Paris, genèse de la ville. La rive droite de la Seine des origines à 1223*, Paris, 1976; "*Montjoie et Saint-Denis!" Le centre de la Gaule aux origines de Paris et de Saint-Denis*, Paris, 1989.

SÃO LUÍS

principal oficial real é o preposto, cuja autoridade se estende da área específica sob seu comando a todo o viscondado de Paris, que engloba diversas castelanias em volta de Paris. As origens da municipalidade parisiense são obscuras, mas parece que os mercadores ligados ao comércio sobre o Sena, os "mercadores da água", tinham exercido, talvez desde o reinado de Filipe Augusto, uma certa jurisdição em matéria comercial e que tinham sido representados por um preposto. Mas o primeiro preposto dos mercadores de Paris cujo nome tenha chegado até nós é um certo Evrouin de Valenciennes, mencionado em um documento datado de abril de 1263.[44]

Na metade do século XIII, a administração parisiense traz grandes problemas ao rei. A criminalidade, numa cidade cuja população não cessa de aumentar por imigração, para chegar sem dúvida a 160.000 habitantes aí por 1250,[45] atinge proporções inquietantes. A inexistência de uma municipalidade e de uma representação dos burgueses bem definida, a incerteza sobre as atribuições do preposto real e sobretudo, talvez, o fato de que negociasse os impostos com particulares em sua área de comando, assim confiada a quem desse mais, todos esses elementos fazem paradoxalmente da residência principal do rei a menos segura entre as cidades do reino e aquela que é administrada da maneira mais duvidosa. Em sua volta da cruzada, Luís enfrentou pessoalmente o problema e procedeu a uma correção que culminou com a nomeação, em 1261, de uma forte personalidade, Étienne Boileau, como preposto real estipendiado pelo rei.

A "reforma" parisiense de Luís IX e a personagem que Étienne Boileau representa impressionaram fortemente os contemporâneos. Guillaume de Nangis escreve em sua crônica: "Nessa época, a área de jurisdição do preposto de Paris era negociada; em consequência, os indigentes eram oprimidos, permitia-se tudo aos ricos, os estrangeiros podiam fazer tudo impunemente. O rei proibiu que se negociasse com o imposto e instituiu uma remuneração anual para quem fosse o preposto e nomeou Étienne Boileau que tomou posse de seu cargo e em poucos dias deu condições muito mais tranquilas à cidade."[46] Tal é a narrativa edificante da mudança quase milagrosa de Paris por São Luís e Étienne Boileau.

Ouvimos a mesma música, mais pormenorizadamente, em Joinville, que aqui é tributário não só de Guillaume de Nangis como das *Grandes Chroniques de France*, mais de trinta anos depois da morte de São Luís.

---

[44]Arié SERPER, "L'administration royale de Paris au temps de Louis IX", *Francia*, 7, 1979, p. 124.
[45]Esse número é excepcional para a Cristandade. As maiores cidades depois de Paris, Milão ou Florença não ultrapassam os 100.000 habitantes. Uma cidade é "grosse" (grande) a partir de mais ou menos 20.000 habitantes.
[46]*Recueil des historiens des Gaules et de la France, op. cit.*, t. XXI, 1855, pp. 117-118.

A área do preposto de Paris era então vendida aos burgueses de Paris, ou a alguns; e quando acontecia que alguns a tinham comprado, eles sustentavam seus filhos e seus sobrinhos com seus malefícios; porque os jovens se fiavam em seus pais e em seus amigos que tinham o direito sobre os impostos. Por isso o povinho miúdo era altamente explorado, e não podia dar razão aos ricos, por causa dos grandes presentes e das doações que faziam aos prepostos.

Quem, naquele tempo, dizia a verdade diante do preposto, ou queria honrar seu juramento para não ser perjuro, a respeito de qualquer dívida ou de qualquer coisa sobre a qual fosse forçado a responder, o preposto cobrava dele a multa, e ele era punido. Por causa das grandes injustiças e das grandes rapinas feitas então na jurisdição do preposto, o povinho miúdo não ousava morar na terra do rei e ia morar em outras jurisdições e em outros senhorios. E a terra do rei estava tão deserta, que quando o preposto tinha suas audiências a elas não compareciam mais de dez pessoas ou doze.

Com isso, havia tantos malfeitores e ladrões em Paris e arredores que toda a região estava cheia deles. O rei, que tinha grande preocupação com a defesa do povinho miúdo, soube de toda a verdade; então, não quis mais que a área de Paris fosse arrendada e deu grandes e boas garantias àqueles que daí em diante fossem os responsáveis por ela. E aboliu todas os impostos maléficos que pudessem gravar o povo; e verificou por todo o reino e por toda a região onde poderia achar um homem que estabelecesse boa e rígida justiça, e que não poupasse o homem rico nem o pobre.

Foi indicado então Étienne Boileau, o qual manteve e guardou tão bem a condição de preposto que nenhum malfeitor, nenhum ladrão, nenhum assassino ousou permanecer em Paris, que não fosse logo enforcado ou exterminado: nem parentesco, nem linhagem, nem ouro, nem prata podiam garanti-lo. A terra do rei começou a se emendar, e o povo veio a ela por causa do bom direito que aí se fazia. A cidade então povoou-se tanto e se corrigiu que as vendas, os bens pessoais, as compras e as outras coisas valiam o dobro daquilo que o rei antes recebia por elas.[47]

Uma observação inicial. Pode-se entender a última afirmação da frase de duas maneiras. Ou bem ela significa que a vida econômica parisiense produz duas vezes mais do que antes, e esse me parece que deve ser o sentido: há uma explosão econômica em Paris depois da tranquilidade que o rei e o novo pre-

---

[47]JOINVILLE, *Histoire de Saint Louis*, pp. 390-393.

SÃO LUÍS

posto, Étienne Boileau, trouxeram de volta. Ou bem, se se adota a tradução de Natalis de Wailly, Joinville teria estabelecido relação entre dois acontecimentos sem ligação real entre si e interpretaria como um sinal de progresso o fato de terem dobrado de preço os objetos da atividade econômica parisiense, o que seria ao contrário um sinal de crise. A hipótese não pode ser totalmente excluída, porque sabemos que a grande crise do século XIV dá sinais precursores nos últimos anos do reinado de Luís IX.

De toda maneira, fica o fato de que nos anos 1260 o rei regulou, no essencial, os problemas da administração parisiense.

Luís permite que os burgueses se organizem ou, de modo mais verossímil, ele os incita. Uma hierarquia de eleitores escolhe a cada dois anos entre os "mercadores da água" ou "mercadores associados [*hansés*] de Paris" quatro almotacéis e o preposto dos mercadores que, segundo a expressão de Arié Serper, "assumia a direção dos negócios municipais". Almotacéis e preposto devem ser parisienses natos. Têm sede na casa municipal chamada "parlatório dos burgueses". O preposto preside um tribunal composto por um certo número de burgueses, que decide sobre as medidas necessárias para a boa administração da cidade em uma instância que não depende diretamente do rei nem dos diversos senhores. Tinha direitos assegurados em tal ou qual parte da cidade. Esse tribunal exerce também uma jurisdição senhorial sobre um certo número de ruas das quais a *hanse* (corporação) dos mercadores da água é proprietária. Mas o essencial de suas prerrogativas é de ordem econômica. Julga causas relativas ao comércio e à navegação, é o guardião dos privilégios da corporação e julga os processos em que estão envolvidos os mercadores da água. Tem direito de prender os contraventores e de confiscar suas mercadorias, porque só os mercadores da água podem transportar gêneros alimentícios pelo Sena, desde a ponte de Mantes a jusante até as pontes de Paris. A patrulha dos burgueses, chamada ainda de "patrulha sentada" ou de "patrulha dormindo", instala-se com posto fixo e faz respeitar a jurisdição da autoridade municipal sobre os cais, os chafarizes, os esgotos, os rios afluentes e os portos. O preposto dos mercadores detém ainda a justiça sobre as medidas das mercadorias, os pregoeiros de vinho e os aferidores. As denominações dos agentes que dependiam dos burgueses indicam bem a natureza do domínio confiado a sua jurisdição municipal: *re-cebedores* ou *corretores, medidores, aferidores, pregoeiros, taverneiros* e *carregadores de sal*.

Como se verá, o rei não está ausente daquilo a que chamamos "econômico", mas isso não é o que mais interessa a ele. A terceira função, a que concerne à prosperidade material (inferior, pela ordem, às duas outras, a religiosa, a primeira, e a jurídica e guerreira), é aquela em que a presença do rei menos aparece, se bem que Luís IX nela se insinue mais e mais.[48]

O preposto de Paris se transforma de "funcionário local sob o ponto de vista dominial e judiciário em um funcionário com as competências de um bailio". Na segunda metade do século XIII, distribui a justiça, recebe os impostos, supervisiona as corporações de ofício e assegura os privilégios da universidade de Paris. Há a administração militar, financeira e a polícia em torno daquilo que concerne ao preposto dos mercadores e dos senhores de "burgos e terras", que ocupam territórios restritos. A *patrulha* constitui uma parte importante da atividade policial. A *patrulha real*, instituída por Luís IX em 1254, tem competências mais extensas e é mais poderosa do que a patrulha dos burgueses. Não é fixa, mas se desloca de acordo com as necessidades. Em 1254, compõe-se de vinte agentes a cavalo e quarenta a pé, todos a soldo do rei. São comandados pelo cavaleiro da patrulha, funcionário real trabalhando sob a autoridade do preposto real. A sede do preposto era um importante castelo-forte, o Châtelet, a dois passos do palácio real, à margem direita do Sena.

Nomeado preposto em 1261, Étienne Boileau cedo aparece como bom administrador e como um homem de pulso. Mas se a tomada do poder não se dá como num passe de mágica, como queria Guillaume de Nangis, ele restabelece de modo sensível a segurança e reorganiza os *ofícios*, quer dizer, as corporações de um modo bem de acordo com os princípios do rei, combinando proteção e controle para o conjunto das cidades. O instrumento dessa política é a redação das regras ou estatutos da centena de corporações parisienses. Conservamos esse documento excepcional, O *Livro dos ofícios*, dito de Étienne Boileau, redigido por volta de 1268. Situa-se no grande movimento de passar a registrar por escrito os costumes. O rei se preocupa com a sorte dos simples trabalhadores, mas homologa uma estrutura hierárquica que confere um poder quase discricionário aos mestres dos ofícios. O *Livro dos ofícios* é, no fundo, um regulamento de polícia em sua primeira parte, completada por uma lista fiscal que inclui uma nota das diversas imposições estabelecidas não apenas para as corporações, mas para o conjunto dos parisienses.

Em benefício de sua organização, Luís IX pôs a municipalidade parisiense sob controle real. O preposto real pode rever as decisões do preposto dos

---

[48]Quanto ao resto, a narrativa edificante da "reforma parisiense" de São Luís, contada por Guillaume de Nangis e Joinville, foi vigorosamente criticada pelo erudito Borelli de Serres no fim do século XIX numa obra importante. Não entrarei em pormenores um tanto inúteis dessa polêmica que, além de tudo, nos afasta da pessoa de São Luís: BORELLI DE SERRES, *Recherches sur divers services publics du XIIIᵉ au XVIIᵉ siècle*, vol. I, Paris, 1895. Ver, adiante, Terceira Parte, Capítulo IV.

SÃO LUÍS

215

mercadores. Estes, por sua vez, reclamam eles próprios a intervenção real por diversas vezes no fim do reinado. No fim dos anos 1260, reclamaram o apoio do rei contra os mercadores estrangeiros e, em 1269, a pedido deles, o rei confirma seus privilégios, reforçando assim "a ascendência do poder real sobre as instituições municipais".[49]

O poder em Paris, tal como Luís IX, sem criá-lo, o ajustou, mostra bem o caráter excepcional da quase capital entre as cidades da França e essa estrutura vai permanecer a mesma para além do parêntese da Revolução Francesa, quase até hoje.[50] A cidade não terá bailio, quer dizer, chefe de polícia, mas um preposto com as atribuições de bailio, quer dizer, um prefeito de polícia. Também não terá prefeito administrativo, mas um quase prefeito, o preposto dos mercadores. Essa bicefalia deixa, a rigor, o poder a um único chefe, o rei.

O justiceiro sem indulgência:
dois casos espetaculares

Luís IX não se contentou em definir os princípios de justiça pelas ordenações e em distribuí-la através de seus bailios, seus senescais, seus inquiridores e seu preposto parisiense. Gostava de fazer justiça ele próprio, em alguns casos exemplares. Nos anos de 1254-1260, nem sempre mostrou a indulgência que evocava em sua carta de 1259 aos inquiridores do Languedoc, nem aquela misericórdia que os tratados políticos reclamavam do príncipe para atenuar o rigor da justiça, à maneira do Juiz supremo, Deus de justiça e de misericórdia.

Dois casos que abalaram os contemporâneos o atestam. No ano de 1255, conta Guillaume de Nangis em sua *Vie de Saint Louis*:

Depois que o rei Luís estabeleceu as leis acima [a Grande Ordenação] e as publicou para o reino da França, deu-se que um homem de Paris, de condição média, praguejou vergonhosamente contra o nome de Nosso Senhor e disse grande blasfêmia.[51] Por causa disso, o bom rei Luís, que era muito exigente em matéria de retidão, mandou prendê-lo e marcá-lo com um ferro em brasa nos lábios, a fim de que ele tivesse para sempre memória de seu pecado e para que os outros hesitassem quando pensassem

---

[49]Para comerciar em Paris, um mercador estrangeiro deve obrigatoriamente ter um mercador parisiense como sócio.
[50]Paris tem um prefeito administrativo desde 1977.
[51]Sobre São Luís e a blasfêmia, ver *infra*, p. 571 e, no Índice Temático, ver "blasfêmia".

em praguejar vergonhosamente contra o seu criador. Numerosas pessoas ["sábios segundo o século", diz o texto latino] , quando o souberam e viram amaldiçoaram o rei e murmuraram desabridamente contra ele. Mas o bom rei, lembrando-se da Escritura que diz: "Sereis felizes quando os homens vos amaldiçoarem por causa de mim"[52] e também: "Senhor Deus, eles me amaldiçoarão e tu os abençoarás", disse uma palavra bem cristã: a saber que ele queria ser marcado com um ferro em brasa desde que todas as pragas vergonhosas fossem eliminadas de seu reino. Depois disso sucedeu que o rei fez um novo benefício ao povo de Paris, do qual recebeu muitas bênçãos, mas quando o rei o soube, disse publicamente que acreditava receber mais louvores de Nosso Senhor pelas maldições que lhe tinham sido endereçadas por causa daquele que ele tinha mandado marcar com ferro em brasa por ter desprezado a Deus do que esperava receber de bênçãos que as pessoas lhe mandavam por aquilo que tinha feito pelo bem comum em Paris.[53]

Quando se trata de blasfêmia, um de seus piores pesadelos, a justiça para Luís se confunde com a severidade — alguns de seus contemporâneos dirão mesmo "com a crueldade".

E nosso cronista-biógrafo, o monge de Saint-Denis Guillaume de Nangis, emenda com o segundo exemplo:

E porque o sábio diz que o trono dos reis é ornado e consolidado pela justiça, nós, para louvar o fervor de justiça que ele tinha, vamos contar aqui o caso do senhor de Coucy. Deu-se naquele tempo[54] que na abadia de Saint-Nicolas, no bosque perto da cidade de Laon, moravam três nobres jovens [crianças] nativos de Flandres, vindos para aprender a linguagem da França.[55] Esses jovens iam brincar no bosque da abadia com arcos e flechas ferradas para atirar e matar os coelhos. Seguindo a presa que tinham levantado no bosque da abadia, entraram num bosque pertencente a Enguerran, o senhor de Coucy. Foram apanhados e ficaram retidos pelos guardas que vigiavam o bosque. Quando Enguerran soube por seus guardas florestais o que aqueles jovens tinham feito, esse homem cruel e sem piedade imediatamente mandou enforcar os jovens. Mas quando o

---

[52] Mateus, 5, 11.

[53] GUILLAUME DE NANGIS, *Vie de Saint Louis*, p. 399.

[54] O caso é de 1259.

[55] A época de São Luís é a do apogeu do francês como língua internacional de cultura, ao lado do latim, "a mais agradável que possa existir no mundo", disse o florentino Brunetto Latini, o mestre de Dante.

SÃO LUÍS

abade de Saint-Nicolas que os tinha sob sua guarda soube, assim como *messire* Gilles le Brun, condestável de França da linhagem a que pertenciam os jovens,[56] procuraram o rei Luís e lhe pediram que lhes fizesse justiça quanto ao senhor de Coucy. O bom rei cioso de retidão, desde que soube da crueldade do senhor de Coucy mandou chamá-lo e convocá-lo a sua corte para responder sobre esse vergonhoso caso. Quando o senhor de Coucy ouviu a ordem do rei, foi à corte e disse que não era obrigado a responder sem conselho; mas queria ser julgado pelos pares de França, segundo costume da baronia. Mas foi provado contra o senhor de Coucy pelo registro da corte da França que ele não tinha sua terra em condição de baronia porque a terra de Bove e a terra de Gournay que introduziam o senhorio e a dignidade de baronia foram separadas da terra de Coucy por partilha entre irmãos; por isso foi dito ao senhor de Coucy que não tinha sua terra em condição de baronia. Esses fatos tendo sido estabelecidos diante do rei Luís, ele mandou capturar e agarrar o senhor de Coucy, não por seus barões ou por seus cavaleiros, mas por seus agentes de armas [gendarmes] e o mandou encarcerar na prisão da torre do Louvre e fixou o dia em que devia responder em presença dos barões. No dia determinado, os barões de França foram ao palácio do rei e quando se reuniram o rei mandou vir o senhor de Coucy e o obrigou a responder sobre o caso acima descrito. O senhor de Coucy, pela vontade do rei, chamou então todos os barões que eram de sua linhagem para seu conselho e quase todos atenderam a seu chamado e se recolheram à parte, tanto que o rei ficou quase sozinho, salvo alguns membros de seu conselho. Mas a intenção do rei era manter-se inflexível e pronunciar um justo julgamento (*justum judicium judicare*), quer dizer, punir o dito senhor segundo a lei de talião e condená-lo a uma morte semelhante [à dos jovens]. Quando os barões perceberam a vontade do rei, pediram e solicitaram muito docemente que houvesse piedade para com o senhor de Coucy e que lhe fosse inflingida uma multa a ser decidida pelo rei. O rei, que ardia por fazer justiça ("qui moult fut échaffé de justice faire"), respondeu diante de todos os barões que se acreditasse que Nosso Senhor considerasse melhor enforcá-lo do que abrandar a pena, ele o enforcaria, sem se importar com os barões de sua linhagem. Finalmente, o rei cedeu diante dos humildes pedidos dos barões e decidiu que o senhor de Coucy resgataria sua vida com uma multa de dez mil libras e mandaria construir duas capelas onde todos os dias se fariam preces cantadas pela

---

[56]Gilles le Brun, senhor de Trazegnies em Hainaut, não era francês. Luís IX o tinha feito condestável de França, provavelmente ao voltar da cruzada, por causa de sua piedade e de sua coragem. Ainda não há nação na França. Os altos cargos podem ser ocupados por estrangeiros ligados por fidelidade ao rei. Gilles le Brun desempenhará um papel importante na conquista do reino de Nápoles pelo irmão de Luís IX, Carlos d'Anjou.

alma dos três jovens. Doaria à abadia a madeira onde os jovens tinham sido enforcados e prometeria passar três anos na Terra Santa.[57] O bom rei amante da retidão recebeu o dinheiro da multa, mas não o pôs em seu tesouro, e sim o converteu em boas obras [...]. A qual coisa foi e deve ser um grande exemplo para todos aqueles que fazem respeitar a justiça, porque um homem muito nobre e de tão alta linhagem, acusado apenas por delito contra gente simples, teve toda dificuldade para resgatar sua vida diante daquele que mantinha e observava justiça.[58]

Caso exemplar e comentário significativo de um monge de Saint-Denis, amplificador da política real, que não temeu exagerar opondo a condição de nobreza de Enguerran de Coucy e seus barões às vítimas apresentadas como "gente simples", quando se tratava de jovens nobres aparentados com o condestável de França, íntimo do rei. Mas é verdade que esse caso, que teve repercussão na memória histórica dos cronistas e iluminuristas, é característico dos príncipes e das atitudes de São Luís justiceiro: reduzir ao mínimo o processo judiciário feudal em benefício da justiça real (a prisão por agentes policiais reais e não por cavaleiros é significativa), equilibrar o respeito aos costumes com o poder real superior de decisão, identificar a justiça com o rigor, depois moderá-la através de uma indulgência correspondente tanto ao ideal real de misericórdia como à benevolência do rei para com seus barões. Sente-se que São Luís desempenhou uma comédia de inflexibilidade para melhor forçar os barões à humildade e melhor fazer prevalecer a sua bondade.

Mas dois sistemas de valores — sociais e jurídicos — se afirmam aqui e se opõem: a justiça feudal, arbitrária, a partir do princípio de que o crime viola, ainda que em si mesmo fosse diminuto, a potestas, o poder do senhor, dispondo ou acreditando dispor da alta justiça sobre suas terras, e a justiça real, em definitivo arbitraríssima, mas que se impõe em virtude do poder superior de justiça do soberano, *a fortiori* no caso de Enguerran, uma vez que nele o rei se mostra pessoalmente de uma fidelidade rigorosa a esse ideal de justiça. É um rei amante da retidão, que encarna a ideia da igualdade da justiça para os poderosos e os miseráveis, ainda que a propaganda monárquica dê uma ajudazinha à realidade. Progresso na justiça que pode, afinal, estar carregado de ameaças. Em nome de uma acusação mais ou menos falaciosa de lesa-majestade (cuja noção se torna mais

---

[57]Estando o texto da versão francesa desfigurado nesta passagem, fiz a recomposição com a ajuda da versão latina (pp. 398-400) e da narrativa de Le Nain de Tillemont (IV, 188-192), que dispôs de outras fontes. Enguerran de Coucy resgatou seu voto de cruzado em 1261 por 12.000 libras.

[58]GUILLAUME DE NANGIS, *Vie de Saint Louis*, pp. 399-401.

SÃO LUÍS

precisa durante o reinado de São Luís),[59] a justiça real pode ser até duplamente arbitrária. Sob São Luís descobre-se seu neto Filipe, o Belo, o rei dos processos de lesa-majestade em nome da razão de Estado. Ainda não chegamos lá. Visivelmente, o que chocou São Luís e desencadeou sua cólera não foi só a desproporção e a crueldade do castigo, mas o fato de que os jovens foram enforcados *sem julgamento*. O rei se vê verdadeiramente como o fiador da justiça em seu reino. Além disso, contrariamente ao que alguns historiadores avançaram, o processo de Enguerran de Coucy não resulta do novo processo inquisitorial, tomado de empréstimo ao direito romano-católico[60] e que a realeza utilizará depois da Inquisição eclesiástica para convocar um acusado sem que haja contra ele acusação da vítima ou de um próximo. Foi, ao contrário, o processo acusatório tradicional que provocou a intervenção real, uma vez que o abade de Saint-Nicolas-au-Bois e o condestável Gilles le Brun apelaram ao rei.

Novas medidas de purificação:
contra os ordálios e a usura,
contra judeus e lombardos

A investigação inquisitória, introduzida pelo direito romano-canônico, opõe-se também a outras tradições judiciárias: os ordálios ou julgamentos de Deus. Proibidos pelo quarto concílio de Latrão (1215), os ordálios — provas pelo fogo ou pela água das quais o acusado devia sair sem danos, combates singulares (*gages de bataille*) dos quais o acusado ou seu campeão* tinha de sair vencedor — continuaram a ser praticados, em particular no meio nobre.[61] A Igreja os substitui por provas "racionais" e, em particular, provas com testemunha(s). O Estado, por sua vez, adere a esse caminho com Luís IX. Uma ordenação real de 1261

---

[59] É o que vão mostrar em um importante estudo sobre o crime de lesa-majestade Jacques Chiffoleau e Yann Thomas.

[60] Essa expressão, empregada por exemplo por J. RICHARD (*Saint Louis, op. cit.*, p. 310), sublinha que o número de princípios e de práticas jurídicas novas no século XIII provinha de contaminações entre o direito romano renascente e o direito canônico (eclesiástico) que se desenvolvia rapidamente depois do Decreto de Graciano (Bolonha, 1140), primeiro elemento do Código de Direito Canônico, o qual se constituiu até o século XIV.

*Campeão, ou campeador, era uma verdadeira profissão medieval, que no século XIII deixou de ser tolerada: alguém exímio na especialidade fazia as vezes de um cavaleiro em combate de campo fechado, podendo até morrer por seu patrono. (*N. do T.*)

[61] Sobre os ordálios, J. W. BALDWIN, "The intellectual preparation for the canon of 1215 against ordeals", artigo citado; Dominique BARTHÉLEMY, "Présence de l'aveu dans le déroulement des ordalies (IXe -XIIIe siècles)", em *L'Aveu, op. cit.*, pp. 191-214; Robert BARTLETT, *Trial by Fire and Water. The Medieval Judicial Ordeal*, Oxford, 1986; Jean GAUDEMET, "Les ordalies au Moyen Âge: doctrine, législation et pratique canonique", em *La Preuve* (*Recueils de la société Jean Bodin*), XVII/2, Bruxelas, 1965, pp. 99-135; Charles RADDING, "Superstition to science: nature, fortune and the passing of the medieval ordeal", *American Historical Review*, 84, 1979, pp. 945-969.

proíbe os *gages de bataille* e os substitui pelo processo de investigação e a prova com testemunha(s). Como disse do rei um cronista anônimo do fim do século XIII: "E sabei vós que enquanto viveu não tolerou que houvesse batalha de campeões ou de cavaleiros do reino de França para acerto de assassinato, traição, herança ou dívida; mas determinava que tudo se fizesse por inquérito de membros da corte ou pessoas leais sob juramento."[62]

Racionalizando a prática judiciária, Luís busca a correção das práticas usurárias.

Uma ordenação de 1257 ou 1258 nomeia uma comissão encarregada de corrigir a aplicação excessiva das medidas tomadas anteriormente contra os judeus.[63]

As palavras designando usurários, sem outra indicação que as precisem, parecem marcar uma importante evolução da política real que não ataca apenas os usurários judeus, considerados os principais especialistas nessas práticas, mas os usurários cristãos mais e mais numerosos e cujos empréstimos usurários representam em geral somas muito mais elevadas que os empréstimos dos judeus e que, em consequência, descontam antecipadamente juros maiores em valor absoluto e às vezes em percentual do que os juros exigidos pelos judeus. Estes se limitam em geral a empréstimos para pequenos gastos, mas acompanhados de medidas de implicações muito vexatórias: tomadas de penhores como roupas, mobília ou arrendamento de gado.

Essa extensão aos não judeus das medidas tomadas contra os usurários parece entretanto limitar-se principalmente aos usurários cristãos mas estrangeiros. Uma ordenação de 1268 expulsa do reino os usurários lombardos (quer dizer, italianos), caorsinos,[64] e os demais usurários estrangeiros. Devem ser expulsos em um prazo de três meses durante os quais seus devedores poderão obter a restituição de seus penhores reembolsando os empréstimos diminuídos das usuras. Esses mercadores ficam todavia autorizados a comerciar na França com a condição de não exercer a usura nem qualquer prática proibida. A motivação dada para legitimar essa ordenação não é de ordem moral, mas econômica ou política: a extorsão usurária "empobrece grandemente nosso reino", acha o rei, e também é preciso pôr um fim aos malefícios que esses estrangeiros praticam,

---

[62] P. GUILHIERMOZ, "Saint Louis, les gages de bataille et la procédure civile", *Bibliothèque de l'École des chartes*, 48, 1887, pp. 11-120. O texto do cronista anônimo se encontra em *Recueil des historiens des Gaules et de la France*, *op. cit.*, t. XXI, 1855, p. 84.

[63] *Ordonnances des rois de France*, t. I, p. 85.

[64] O termo se refere, em geral, à cidade de Cahors, apresentada como um grande centro de homens de negócios. Cahors era uma terra de senhorio episcopal: ver supra, p. 53. Vejo mal, entretanto, a assimilação dos habitantes de Cahors a estrangeiros, como está dito, sem contestação possível, na ordenação de 1268. Ver Philippe WOLFF, "Le problème des Cahorsins", *Annales du Midi*, 1950, pp. 229-238; Yves RENOUARD, "Les Cahorsins, hommes d'affaires français du XIIIe siècle", *Transactions of the Royal Historical Society*, XI, 1961, pp. 43-67.

SÃO LUÍS

segundo a voz pública, em suas casas e oficinas.[65] A primeira expressão parece revelar o início da tomada de consciência de um patrimônio econômico "nacional" e de que o reino tem fronteiras econômicas, o que levará o neto de São Luís a instituir alfândegas e a proibir a exportação de alguns bens coletivos como os metais preciosos. A segunda expressão é inquietante, pois, em nome do interesse do Estado, o rei convida a transformar rumores em acusação. Em pouco, a razão de Estado já se revela.[66] O que importa, de todo modo, nessas duas ordenações, parece ser o fato de que a usura é que está sendo condenada, não o comerciante, nem o estrangeiro, nem mesmo o judeu.

A "boa" moeda

O fim do reinado de Luís IX é marcado por importantes reformas monetárias. São, primeiramente, consequência da evolução econômica e da difusão da economia monetária. Não tratarei em detalhe desses aspectos que nos afastam da pessoa do rei. Analisarei os aspectos psicológicos, morais e ideológicos dessas medidas, que fazem parte do programa de saneamento do reino numa perspectiva religiosa. Remeto ao momento em que tratarei do conjunto das ideias e da ação de São Luís como "rei da terceira função"[67] o problema de saber como os franceses de meados do século XIII — rei, governantes e intelectuais — conceberam o que hoje chamamos de "economia".

As reformas monetárias[68] do rei se escalonam de 1262 a 1270. Compreendem: uma ordenação de 1262, que proíbe a contrafação da moeda real e institui o monopólio da circulação no reino da moeda real, com exceção das moedas dos senhores autorizados a cunhá-las, que só podem circular em suas terras; duas ordenações que proíbem o uso, no reino da França, de uma moeda inglesa, os "esterlinos" (*sterlings*) — a primeira, perdida, publicada entre 1262 e 1265, que exige dos súditos do rei, sem exclusão dos homens da Igreja, o juramento de não utilizar esterlinos, e a de 1265, que fixa para meados de agosto de 1266 a data final de sua circulação; uma outra ordenação de 1265, que retoma as medidas de 1262 proibindo a imitação das moedas reais e reserva à moeda real o privilégio de circular em todo o reino, desta vez com uma exceção em favor das moedas

---

[65] *Ordonnances des rois de France*, t. I, p. 96.
[66] Essa atitude se explica todavia pelo valor jurídico que então se dá à fama, a "reputação".
[67] Ver *infra*, pp. 683 e segs.
[68] Falou-se mesmo de "a reforma monetária do rei". Se essas medidas formam um conjunto, não constituem, entretanto, "uma" reforma coerente, um programa monetário sistemático.

regionais, os *nantois* (Nantes), os *angevins* (Angers, em Anjou) e os *mançois* (Le Mans, em Maine), toleradas pelo motivo explícito de que "o povo não crê que haja bastante moeda [real] tornesa e parisis"; uma ordenação de julho de 1266 (da qual só se possui um fragmento), que determina a retomada da cunhagem do denário parisis, em novas condições de peso e de teor de metal fino, e de um tornês de maior espessura; afinal, uma ordenação perdida, editada entre 1266 e 1270, que criou uma moeda de ouro, o escudo.[69]

Vistas sob um ângulo "econômico" moderno, essas medidas têm uma tripla importância.

A retomada da cunhagem de parisis com um peso superior ao dos parisis anteriores (1,2881 g contra 1,2237 g do parisis de Filipe Augusto), mas com um teor de metal fino (ou toque) inferior (0,4791 g de prata fina contra 0,5009 g para o parisis de Filipe Agusto), corresponde, na verdade, a uma desvalorização. É uma resposta mais ou menos consciente a isso que nós chamamos in-flação, à deterioração contínua, ao menos desde o século XII, da moeda. Essa evolução se deve à necessidade crescente de espécies monetárias para responder aos progressos da economia monetária e ao aumento da cunhagem de moeda pelo rei e pelos senhores que tinham direito a isso. Esse crescimento da massa monetária provém simultaneamente da procura econômica em alta e do desejo de aumentar os benefícios da senhoriagem, direito recebido diretamente pelo senhor sobre a cunhagem das moedas.[70] No curso do século XIII, a parte da senhoriagem nas receitas do Tesouro real não cessou de crescer.[71] A proibição da imitação das moedas reais e a limitação da circulação das moedas senhoriais responde também parcialmente àquela vontade de reduzir, ou mesmo de fazer desaparecer, a inflação.

Duas outras medidas, principalmente, marcam uma data na história monetária da França. A mais espetacular é a retomada, depois de cinco séculos, da cunhagem do ouro, a volta ao bimetalismo da Antiguidade e da alta Idade Média, que fazia a Cristandade latina entrar para o clube restrito dos impérios econômicos e políticos bimetalistas: Bizâncio e o Islam. O rei Afonso VIII de Castela, desde 1175, os últimos reis normandos da Sicília e o imperador Frederico II na Itália do Sul com seus *augustales*, em 1231, tinham tido em primeiro lugar

---

[69]L. BLANCHARD, "La réforme monétaire de Saint Louis", *Mémoires de l'Académie des sciences, lettres et arts de Marseille*, 1883; Jean LAFAURIE, *Les Monnaies des rois de France. De Hugues Capet à Louis XII*, Paris e Bâle, 1951; E. FOURNIAL, *Histoire monétaire de l'Occident médiéval*, Paris, 1970; Marc BLOCH, *Esquisse d'une histoire monétaire de l'Europe*, Paris, 1954 (póstuma).

[70]Sobre a inflação, ver Thomas N. BISSON, *Conservation of Coinage. Monetary Exploitation and its Restraint in France, Catalonia and Aragon* (c. 1000-1225 A.D.), Oxford, 1979.

[71]Jean FAVIER, "Les finances de Saint Louis", *Septième centenaire, op. cit.*, p. 135.

SÃO LUÍS

preocupações de prestígio; a importância econômica dessas moedas era muito pequena. Nesse ponto, as coisas eram bem diferentes em relação às grandes cidades mercadoras italianas. Lucca, pouco antes de 1246, Gênova, em 1252 (*genovino*), sobretudo Florença, a partir de 1253, com o *florim*, e Veneza, a partir de 1284, com o *ducado*, fazem uma entrada estrondosa e durável no emprego da moeda de ouro no grande comércio internacional e na coleta de impostos públicos das monarquias ocidentais. As duas maiores dessas monarquias, a inglesa e a francesa, tentam entrar nesse grupo de poderio comercial e bancário, principalmente por motivos políticos de prestígio monárquico. Henrique III cunhou, em 1257, um "*penny* de ouro", mas a jogada foi um fracasso. Sua cunhagem e sua circulação cessaram aí por 1270 e foi preciso esperar até 1334 para que a Inglaterra tivesse de novo uma moeda de ouro, um florim. São Luís criou o escudo de ouro em 1266, mas também nesse caso não houve sucesso. O escudo será substituído, no fim do século, por diferentes peças de ouro, cujo sucesso será medíocre, com um novo avanço em 1330.

O denário parisis e o escudo de ouro são, portanto, fracassos, e o pequeníssimo número dessas peças que foi conservado testemunha isso. Ao contrário, o espesso tornês é uma grande vitória não só na França, mas no mercado internacional. Seu sucesso de longa duração prosseguirá no século XIV, mesmo nas ocasiões de grandes perturbações monetárias. O tornês se situa com felicidade numa fortaleza monetária correspondente a importantes necessidades.

É claro que a política monetária de São Luís está também estreitamente ligada às finalidades econômicas e financeiras, a objetivos políticos. Aquilo que às vezes se chamou, desprezando-se uma realidade mais complexa, de um campo de ação privilegiado para a luta da monarquia estatal contra o regime feudal. São Luís retoma a ideia tradicional da moeda como instrumento régio, como objeto de um monopólio estatal. Diante dos barões e da Igreja, ele deve se contentar em proclamar a superioridade da moeda real sobre as senhoriais e preparar a eliminação destas últimas — e nesse sentido ele dá um passo decisivo. O monopólio monetário da monarquia começa a tomar força. Uma vez mais, o Estado monárquico em formação se aproveita de um triplo impulso: do direito canônico em curso de constituição, do direito romano renascente, impulso muito ligado ao rei, e de uma opinião que, como bem mostrou Thomas Bisson em relação ao período anterior, procurava desde muito tempo assegurar aos poderes políticos a estabilidade e a boa qualidade de uma moeda que um número crescente de pessoas utilizava mais e mais frequentemente. A "conservação" (*conservatio monetae*) da moeda era uma reivindicação que se tornava insistente. Como no caso da justiça, o rei, lá onde era forte ou se reforçava, só podia ser o principal beneficiário, uma vez que o poder monetário acompanhava o sentido dessa imagem suprema do poder com a qual a realeza, notadamente na França, se identificava sempre mais estreitamente, a *majestas*, a majestade. Logo a contrafação da moeda real entra na lista dos crimes de lesa-majestade e os moedeiros falsos figurarão, como na Antiguidade, em primeiro plano entre os criminosos.

A política real, em matéria de moeda, põe em relevo seu dever de justiça. A ação monetária real se situa no campo do combate da "boa" moeda contra a "má", dos dinheiros "puros" (como diziam as ordenações de São Luís) contra os dinheiros "descascados", usados, falsos ou de má qualidade. O combate por uma "boa" moeda (como se dirá no século XIV) São Luís e seus conselheiros sabem muito bem que constitui um elemento importante na formação dos preços, esses preços que a ideologia da época quer "justos". "Justo preço", "justo salário", "boa moeda" são os três aspectos de uma mesma concepção moral da vida sócioeconômica da qual os canonistas e os teólogos do tempo de São Luís se fazem teóricos. Por isso, medidas monetárias como essas de São Luís se situam na perspectiva disso que antes já se chamava a *renovatio monetae*. Renovação que, para aqueles homens da Idade Média marcados pela ideologia romana e carolíngia, tem uma ressonância religiosa, sagrada, quase escatológica. A reforma monetária é uma obra pia, de certa forma é mesmo sagrada. Os cunhadores de moedas, em particular de moedas de ouro, tanto sabem disso que representam no florim florentino São João, padroeiro da cidade, e no ducado veneziano a glória de Cristo no anverso e no verso São Marcos entregando o estandarte ao doge ajoelhado.

São Luís entendeu bem isso. Sobre as grandes moedas tornesas, fez figurar uma cruz e seu nome real (*Ludovicus rex*) com a legenda: "Abençoado seja o nome de Deus nosso Senhor Jesus Cristo" (*Benedictus sit nomen Domini nostri Dei Jesu Christi*). Mas sobretudo o escudo proclama a glória do Cristo e do rei. No anverso, vê-se o símbolo capetiano, um escudo com as flores-de-lis, e a legenda: "Luís pela graça de Deus rei de França" (*Ludovicus Dei gracia Francorum rex*), e no verso uma cruz com florão acantonada por quatro flores-de-lis e a proclamação solene: "Cristo triunfa, Cristo reina, Cristo domina" (*Christus vincit, Christus regnat, Christus imperat*).

Uma luz muito interessante projetou-se sobre a política monetária de Luís IX através de um documento inesperado. Imaginamos com toda a boa vontade que os teólogos universitários da Idade Média passassem seu tempo a discutir problemas abstratos e intemporais. Ora, na Páscoa de 1265, o célebre mestre parisiense Gérard d'Abbeville deve responder no debate de *quodlibet*, exercício imposto aos mestres da universidade duas vezes por ano, no Natal e na Páscoa, a uma pergunta dos membros da faculdade de teologia: o rei tinha o direito, segundo sua ordenação recente, de impor a seus súditos, que são também os súditos dos bispos e alguns dos quais também são homens da Igreja, a exigência, por juramento, de que não mais utilizassem esterlinos (a moeda inglesa) em suas transações? O rei não cometeu com isso "violência" — a questão se tornando, afinal, objeto de um processo diante do papa?[72]

Essa questão de quente atualidade, pelo viés de uma formulação que deixa o problema sob a competência da Faculdade, é um convite a examinar a fundo o direito do rei em matéria monetária. Mestre Gérard respondeu que a fabricação de moedas é bem uma prerrogativa real e baseia essa afirmação numa tríplice autoridade: primeiro, a da Bíblia, pela boca de Jesus ("Dai a César o que é de César", Mateus, 22, 21), a propósito da moeda de prata sobre a qual figurava a efígie imperial, e esta de São Paulo prescrevendo "que cada um seja submetido às autoridades mais elevadas" (Romanos, 13, 1); depois, a de Aristóteles quanto ao bem comum de que o rei é guardião supremo; afinal, esta do direito canônico retomando a noção de "utilidade pública" (*utilitas publica*) do direito romano, tal como foi formulada em 1140 pelo Decreto de Graciano (C. 7, q. 1, c. 35) e expressa na bula *Per venerabilem* de Inocêncio III (1203) homologando a afirmação de que o rei de França não reconhece superioridade no temporal — como está na carta, enviada pelo mesmo Inocêncio III ao rei de Aragão, reconhecendo-lhe o direito e o dever de velar para que a moeda seja "sã e leal" e inserida na coletânea das *Decretais* inscrita no Código de Direito Canônico. Pouco importa que Gérard sublinhe logo a seguir que "a volta dos esterlinos é útil a todo o povo e que em consequência o abandono das medidas tomadas é útil e deve sobrevir no momento desejado", o essencial é que ele corroborou o direito real em matéria monetária. Parece que, afinal de contas, diante da hostilidade de uma grande parte dos clérigos e dos intelectuais Luís IX suprimira o juramento de boicote aos esterlinos, entretanto reafirmando a proibição de sua utilização no reino. Pierre Michaud-Quantin faz uma observação interessante: à luz da argumentação de Gérard, "os próprios clérigos da universidade, o auditório imediato do professor, parecem totalmente desprovidos de equipamento intelectual para conceber uma política sobre a questão da moeda". Contrariamente ao que alguns historiadores chegaram a afirmar, os escolásticos, pelo menos no século XIII, continuam incapazes de estabelecer teorias econômicas adaptadas às realidades e aos problemas da época.

---

[72]Pierre MICHAUD-QUANTIN, "La politique monétaire royale à la Faculté de théologie de Paris en 1265", *Le Moyen Âge*, 17, 1962, pp. 137-151.

O rei e os clérigos de seu círculo não têm, então, conselheiros em matéria econômica e, especialmente, monetária? Sim, os burgueses, e mais particularmente, entre eles, os grandes mercadores, habituados ao manuseio do dinheiro. Já em 1254 e 1259, Luís IX tinha instituído para as senescalias do Sul conselhos destinados a esclarecer os senescais sobre a proibição das exportações de trigo e outros gêneros alimentícios em caso de penúria na região. Prelados, barões, cavaleiros e burgueses de boas cidades compõem esses conselhos. A ordenação de 1265 promulgada em Chartres sobre a questão das moedas foi redigida depois de consulta do rei a burgueses de Paris, Orleãs, Sens e Laon que prestaram juramento e cujos nomes figuram no próprio texto da ordenação.[73] Os problemas econômicos e especialmente os problemas monetários estão na origem da formação das três ordens. Assim, a moeda introduziu a burguesia na máquina do Estado. A burguesia tornou-se verdadeiramente a representação da terceira função indo-europeia.[74]

O PACIFICADOR

Dois grandes deveres se impõem ao rei cristão, dois ideais cuja realização deve trazer a salvação eterna do rei e de seus súditos: a justiça primeiro, a paz em segundo lugar.[75] Aqui a ação de Luís IX é dupla. De um lado, ele se esforça para fazer reinar a paz nos negócios em que o rei está implicado, dando exemplo e moldando suas preferências para a solução das grandes disputas de longa duração que a história lhe legou. Pretendeu eliminar os assuntos de conflito, estabelecer a paz, senão para sempre, pelo menos duradoura. Entre o presente e a eternidade, trabalha também para o futuro. De um outro lado, seu prestígio faz com recorram preferencialmente a ele os adversários que buscam soluções através desse procedimento caro aos homens da Idade Média: a arbitragem. O raio de ação de Luís ultrapassa as fronteiras do reino. Ele vai ser o árbitro, o pacificador da Cristandade.

Dos tratados de paz que ele selou e das numerosas arbitragens em que atuou, eis os casos mais importantes, os mais espetaculares.

---

[73]*Ordonnances des rois de France*, t. I, p. 94.
[74]Ver *infra*, pp. 592 e segs.
[75]Ver *infra*, pp. 573-576

SÃO LUÍS

A *herança flamenga*

Em Flandres, um dos maiores feudos do reino e provavelmente o mais rico, as mulheres, segundo o costume feudal e contrariamente às tradições reais capetianas de sucessão unicamente masculina, herdavam o condado se existisse o direito de primogenitura em favor delas. Mas, havia cerca de trinta anos, perdurava um imbróglio devido à situação matrimonial da condessa Marguerite, em consequência e a despeito de numerosas e importantes reviravoltas. Desse imbróglio, falo apenas do que permite compreender a intervenção de Luís IX.[76]

A condessa Jeanne, viúva de Ferrand de Portugal, o derrotado de Bouvines, morre em 1244. Não tendo filhos, deixou o condado a sua irmã mais moça, Marguerite, que se tinha casado em primeiras núpcias com Bouchard d'Avesnes, bailio de Hainaut. Mas esse casamento não era válido, porque Bouchard, inicialmente destinado à carreira eclesiástica, tinha sido ordenado subdiácono, e Jeanne obteve a anulação do casamento de sua irmã na corte de Roma desde 1216. Marguerite e Bouchard d'Avesnes não se separaram imediatamente e tiveram dois filhos. Em 1233, Marguerite se casou com Guillaume de Dampierre de quem teve três filhos. Assim começou o conflito entre os Avesnes, que apelavam para o seu direito de primogenitura, e os Dampierre, que negavam o direito de herança a seus meio-irmãos, filhos ilegítimos, para os quais iam as preferências de sua mãe.

Luís IX foi chamado repetidamente a intervir, seja por iniciativa de uma ou de outra das partes, seja por iniciativa própria na qualidade de suserano que não podia se desinteressar por um de seus principais feudos. Em 1235, ele garantiu um acordo entre Jeanne e Marguerite prevendo uma partilha desigual entre os herdeiros: dois sétimos para os Avesnes, cinco sétimos para os Dampierre. O caso era ainda mais complexo porque a herança estava situada em parte no reino da França (condado de Flandres) e em parte no Império (ducado de Flandres, ao qual se juntou, em 1245, o marquesado de Namur no qual o imperador Frederico II tinha investido a condessa Marguerite, mas que o rei de França tinha como penhor pelo substancial empréstimo que tinha feito ao imperador latino de Constantinopla, Balduíno II de Flandres). A ausência de Frederico II, morto em 1250, deixou um campo mais livre ao rei de França, de resto cuidadoso de permanecer imparcial entre os diversos pretendentes que, mesmo reconhecidos reis dos romanos (sem que entretanto fossem coroados imperadores), só gozavam de autoridade limitada.

---

[76]Encontrar-se-á uma clara e excelente narrativa do caso em J. RICHARD, *Saint Louis, op. cit.*, pp. 329-337.

Em 1246, no quadro das ações de pacificação com vistas à cruzada, Luís IX e o legado pontifício, Eudes de Châteauroux, tinham conseguido um acordo basicamente contemplando Hainaut para os Avesnes e Flandres para os Dampierre. Marguerite reconheceu o título de conde de Flandres para seu filho Guillaume de Dampierre, que partiu com Luís IX para a cruzada, voltou com os principais barões em 1250 e morreu acidentalmente no ano seguinte. Reconheceu então como sucessor dele, para o condado de Flandres, o irmão mais moço, Guy, que, na ausência de São Luís ainda na Terra Santa, foi prestar homenagem a Branca de Castela em fevereiro de 1252. Mas a corte de Roma tinha finalmente reconhecido a legitimidade dos Avesnes em 1249.

A condessa Marguerite, porém, recusou a Jean d'Avesnes o título de conde de Hainaut, restringindo-se a deixar-lhe o marquesado de Namur, cujo direito de homenagem lhe tinha cedido em 1249. E ainda mais: incentivou seus filhos Dampierre, o conde de Flandres e seu irmão, e um número de barões franceses a se apoderarem das ilhas da Zelândia* que reivindicava para o condado de Flandres. O desembarque em Walcheren foi um desastre e, em julho de 1253, o conde de Holanda, irmão do rei dos romanos, prendeu os Dampierre e muitos barões franceses. A condessa Marguerite apelou então para o irmão caçula de Luís IX, Carlos d'Anjou, ao qual prometeu Hainaut de presente. Carlos aceitou e foi ocupar Valenciennes e Mons, mas seus conselheiros conseguiram evitar um conflito armado com o rei dos romanos, que mantinha excelentes relações com o rei de França.

Luís IX, de volta da cruzada, decidiu intervir. Tinha para isso três boas razões: o conde de Flandres e o irmão, seus vassalos, eram prisioneiros (o conde de Holanda tinha libertado os outros barões franceses), seu próprio irmão estava metido no caso, e Luís queria ver respeitado o acordo de 1246. Fortemente irritado com as iniciativas imprudentes de Carlos d'Anjou, começou por chamar o irmão a Paris.

Agindo com prudência, foi primeiro encontrar em Gand a condessa Marguerite para manifestar o apoio que lhe dava e para expor-lhe suas intenções. A condessa e seus filhos d'Avesnes aceitaram a arbitragem de Luís IX e o rei entregou, pelo "documento de Péronne" (24 de setembro de 1256), o essencial do tratado de 1246, Hainaut aos d'Avesnes, Flandres aos Dampierre. Mas Hainaut tinha sido dado a seu irmão. O rei de França fez-lhe ceder tudo, salvando-lhe as aparências: a condessa Marguerite resgatou Hainaut pagando a Luís altíssimo

---

*Zelândia, província meridional da Holanda constituída de duas partes, uma continental e uma insular. Uma das ilhas era a de Walcheren, hoje unida ao continente. (N. do T.)

SÃO LUÍS

preço. Precisou pagar também pesado resgate ao conde de Holanda pela libertação dos Dampierre, mas, pouco depois, seu filho de Avesnes sobrevivendo, Balduíno, conde de Hainaut, reconciliou-se com ela. A paz tinha voltado à fronteira nordeste do reino da França.

A atitude de São Luís neste caso é típica. Conciliar a justiça e a paz com os interesses do reino e as relações de família, que tem em alta conta. No texto do "documento de Péronne", ele lembra que não quer favorecer nem os Avesnes nem os Dampierre em prejuízo de uns ou de outros, porque são seus parentes do mesmo sangue (*consanguinei nostri*). Manifesta justiça e sentido de parentesco bem equilibrados em sua atitude a respeito do irmão, Carlos. Enfim, recusa--se a intervir em Namur e encaminha a regulamentação definitiva que determina a cessão do marquesado ao conde de Flandres (1263). A paz valia bem a renúncia a um penhor. A opinião pública de Flandres permanecia, entretanto, hostil ao rei de França, os burgueses condenando-o sempre como a origem das pesadas cargas que pesavam sobre eles. Luís foi vaiado quando esteve em Gand em 1255. O prestígio do rei não pesou suficientemente diante do arraigado hábito de oposição.

A paz com Aragão:
o tratado de Corbeil (1258)

Os Pireneus, no nordeste do reino de Aragão e da Catalunha, não eram um marco divisório entre a França e a Espanha. Os Capeto teoricamente tinham herdado a região desde a velha marcha da Espanha carolíngia, se bem que Hugo Capeto não tivesse conseguido atender ao pedido de socorro dos cristãos contra os muçulmanos no fim do século X e que, ratificando a tensão e depois destruindo os laços, o concílio de Tarragona tenha determinado que daí em diante os atos escritos seriam datados segundo o ano da era cristã e não segundo o ano do reinado dos reis de França, hábito que estava mais ou menos bem disseminado nos condados de Barcelona, de Roussillon, da Cerdanha, de Conflent, de Besalú, de Ampurdán, de Urgel, de Gerona e de Osona. Tornados reis de Aragão em 1162, os condes de Barcelona já não prestavam homenagem ao rei de França. Além disso, os condes de Barcelona, antes e depois de sua promoção a reis de Aragão, iam pouco a pouco penetrando no Sul francês.

Esse Sul, ainda que parte do reino capetiano, às vezes parecia próximo do desligamento para formar um reino independente em volta de três centros políticos surgidos com força para impor-lhe sua predominância: Poitiers, com os duques de

Aquitânia; Toulouse, com seus condes; e Barcelona com seus condes, depois reis. Mas o Estado Meridional, de um lado e de outro dos Pireneus, tinha abortado. De todo modo, os condes de Barcelona pretendiam a suserania sobre o viscondado de Carcassonne, os Trencavel tendo de lhes prestar homenagem, e sobre todos os domínios dos condes de Toulouse da casa de Saint-Gilles. Além disso, do período durante o qual, no fim do século XII, os reis de Aragão tinham sido condes de Provença, tinham guardado o direito de herança de Douce de Sarlat, mulher de Raimond Bérenger III: uma parte do Maciço Central com o Gévaudan, Sarlat e Millau. A cruzada dos albigenses tinha invertido a situação, sem que os aragoneses, entretanto, abandonassem todas as suas pretensões. Simon de Monfort, o primeiro a reconhecer a suserania de Pedro II de Aragão sobre Carcassonne, considerou, depois da vitória de Muret, em 1213, que o rei de Aragão tinha perdido todos os seus direitos e todos os seus domínios no reino da França. O conflito entre os dois reinos cristalizara-se em torno de três cidades: Millau, Carcassonne e Montpellier. Millau, militarmente ocupada uma ocasião, em 1237, pelos aragoneses, quase tinha desencadeado uma guerra franco-aragonesa em 1234 e em 1240-1242. Para defender Carcassonne, Luís IX a fortificara poderosamente e a rodeara com uma coroa de castelos-fortes reais (Peyrepertuse, Quéribus), ocupados, com autorização dos senhores da cidade, por uma guarnição real. O problema de Montpellier era delicado. A última herdeira tinha-lhe passado o senhorio, no fim do século XII, a seu esposo, o rei de Aragão, mas o bispo de Maguelonne a tinha assumido como feudo e, em 1252, o bispo reivindicava a suserania do rei de França para se proteger do aragonês.

A tensão subiu de novo quando o rei de Aragão Jaime I reacendeu suas reivindicações sobre Millau, o condado de Foix, o Gévaudan e Fenouilledès. Os infantes de Aragão tentaram incursões à região de Carcassonne e os trovadores a soldo de Jaime I incentivavam à guerra contra o rei de França. O senescal de Beaucaire reagiu embargando os víveres destinados a Montpellier e terras aragonesas.

Mas venceu o interesse dos dois reis em liquidar essas velhas disputas. Luís agiu por ideal e para melhor estabelecer seu poder sobre um Sul ainda mal integrado ao reino. Jaime I olhava mais longe: para o sul e a Reconquista sobre os muçulmanos, para oeste e a dominação do Mediterrâneo ocidental. Jaime I, o Conquistador, tinha se apoderado das Baleares de 1229 a 1235, de Valencia em 1238, depois de Alcira e de Játiva. Os dois reis designaram em 1255 dois árbitros eclesiásticos, um francês e um catalão, com cujas propostas concordaram. Enviados de Jaime I vieram assinar o tratado em Corbeil em 11 de maio de 1258 e o ratificaram em Barcelona no 16 de julho seguinte. O rei de França renunciava à

SÃO LUÍS

marcha da Espanha, o rei de Aragão às regiões de Carcassonne, Peyrepertuse e a Lauragais, Razès, Minervois, ao Gévaudan, a Millau e a Grizes, aos condados de Toulouse e de Saint-Gilles, e, quando da confirmação, a Agenais e ao Comtat Venaissin. O rei de França recebia Fenouilledès em troca de Roussillon e de Besalú. A questão de Montpellier não foi regulamentada e, em 1264, Luís IX retomou pela força seus direitos sobre a cidade. Roussillon permaneceu um pomo de discórdia entre a França e a Espanha até Luís XIV, que obteve a cidade pelo Tratado dos Pireneus (1659).

A paz franco-inglesa: o tratado de Paris (1259)

A maior ação de paz de Luís IX abrangendo o reino da França foi a regulamentação do conflito secular com a Inglaterra. As possessões inglesas na França e na Gasconha eram as mais graves ameaças à unidade e independência do reino francês. No meio do século XII tinha-se constituído na França um vasto conjunto territorial — muito maior do que o domínio real capetiano — pela ascensão ao trono da Inglaterra em 1154 do conde d'Anjou Henrique Plantageneta. Duque da Normandia em 1150, conde d'Anjou, de Maine e da Touraine em 1151, Henrique II tinha casado em 1152 com a famosa Alienor de Aquitânia, esposa frívola e divorciada do rei de França Luís VII de quem recebeu a Aquitânia (Poitou, Limousin, Périgord, Quercy, Saintonge, Guyenne)[77] e a Gasconha que, apesar das pretensões dos Capeto, tinha permanecido independente do reino da França. Em 1202, Filipe Augusto, baseando-se na condenação pela corte da França do rei da Inglaterra João Sem Terra por violação de vassalagem, declarou rompidos os laços de vassalagem entre o rei de França e o da Inglaterra. Em 1204-1205, Filipe Augusto tinha conquistado Anjou, Maine, a Touraine e a Normandia reunidos ao domínio real, ainda que a Normandia sob um regime especial. Em 1246, Luís IX, quando seu irmão mais jovem Carlos foi armado cavaleiro, entregou-lhe Anjou e Maine como apanágio, substituindo um irmão mais velho para quem Luís VIII tinha destinado esse apanágio e que morrera jovem. Viu-se que em 1242 o rei da Inglaterra Henrique III lançou-se à luta para recuperar as terras sobre as quais mantinha direito no oeste da França e acabou derrotado. A trégua concluída em 12 de março de 1243 entre os dois reis deixava as coisas nessa situação por cinco anos. A cruzada prolongaria o *status quo*.

---

[77]O termo "Guyenne" designou, a partir do século XIII, o conjunto das possessões inglesas no continente, incluída aí a Gasconha. [*N. do T.* Etimologicamente *Guyenne* é uma deformação fonética de *Aquitaine*.]

Em 1253 e 1254, Henrique III demorou-se em Bordeaux para liquidar com uma revolta dos barões gascões. Resolvido o caso, quis voltar para a Inglaterra passando pelo reino da França para visitar a abadia de Fontevrault, em Anjou, necrópole de seus ancestrais, a abadia de Pontigny, onde estavam as relíquias de Santo Edmundo Rich, arcebispo de Cantuária, com quem tivera um desentendimento e que tinha morrido no exílio, e a catedral de Chartres, santuário marial. Luís concedeu voluntariamente autorização para isso e o convidou a ir a Paris, onde passaram o Natal juntos em 1254, com as quatro irmãs, filhas do falecido conde de Provença: Margarida, rainha da França, Eleonora, rainha da Inglaterra, Sanchie, mulher de Ricardo de Cornualha, irmão de Henrique III, e Beatriz, mulher de Carlos d'Anjou, irmão de Luís IX. Uma viva simpatia nasceu entre os dois reis e Luís empenhou--se em aprofundar seu constante desejo de promover os laços de família em sua política. Acompanhou seu concunhado até Boulogne, onde o rei da Inglaterra reembarcou. Pouco depois Luís IX mandava-lhe de presente um elefante que lhe tinha sido dado pelo sultão do Egito.[78]

Desde esse ano, Henrique III pediu a renovação da trégua e Luís IX concordou voluntariamente. Em 1257, Luís não deu mais do que um frouxo apoio ao rei Afonso de Castela, concorrente do irmão de Henrique III ao Império, e este, Ricardo de Cornualha, foi eleito rei dos romanos e coroado com sua mulher Sanchie em Aix-la-Chapelle a 17 de maio de 1257. Mas não obteve a coroa imperial e o grande interregno continuou.

Foi em 1257 que Henrique III enviou a Luís IX o bispo de Winchester, cuja missão teve sem dúvida a dupla intenção de tranquilizar o rei de França quanto à política inglesa no Império e de propor a substituição da trégua que mantinha uma paz precária entre os dois reinos por um verdadeiro tratado. Se Luís IX era um especialista da paz, dela não tinha o monopólio, e Henrique III se esforçava em cuidar de sua imagem de rei cristão diante da de Luís IX. Mas não renunciara às pretensões sobre os territórios que seus ancestrais tinham possuído na França, sustentando que os sucessores de seu pai, João Sem Terra, não eram responsáveis pelos erros de seu ancestral. Os dois reis tinham visivelmente a intenção de chegar à paz, mas Henrique III estava excessivamente envolvido com os barões ingleses que lhe impuseram em 1258 novas limitações a seu poder através das "Provisões de Oxford". As negociações foram longas e trabalhosas.[79] O tratado foi afinal concluído em Paris em 28 de maio de 1258.

---

[78]Segundo Mateus Paris, de quem um manuscrito contemporâneo mostra o desenho do elefante com seu condutor indiano munido de uma escada para subir às costas do animal, esse foi o primeiro elefante visto na Inglaterra.

[79]M. GAVRILOVITCH, *Étude sur le traité de Paris de 1259 entre Louis IX, roi de France, et Henri III, roi d'Angleterre*, Paris, 1899.

SÃO LUÍS

Foi jurado, segundo o costume, sobre os Santos Evangelhos, pelos procuradores do rei da Inglaterra e do rei de França, em presença deste e de seus dois filhos mais velhos, Luís e Filipe, de 14 e 13 anos.

O rei da Inglaterra renunciava definitivamente à Normandia, a Anjou, à Touraine, Maine e Poitou, mas mantinha direitos sobre Agenais e Quercy, e devia obter a renúncia de seu irmão Ricardo de Cornualha e de sua irmã, Eleanor, condessa de Leicester, a todos os direitos no reino da França. Do rei de França, facilmente capaz de pagar suas prodigalidades através das cidades do reino, prósperas e dóceis, o rei da Inglaterra, com escassez de dinheiro, receberia a soma necessária para manter quinhentos cavaleiros durante dois anos e, a cada ano, as rendas de Agenais até que se regulamentasse a situação dessa terra. O rei de França, além disso, dava ao rei da Inglaterra seus domínios nas dioceses de Limoges, Cahors e Périgueux, com exceção das terras mantidas pelos bispos de Limoges, de Cahors e de Périgueux, e dos feudos mantidos por seus irmãos Afonso de Poitiers e Carlos d'Anjou. Prometia dar ao rei da Inglaterra, depois da morte de Afonso de Poitiers, a parte de Saintonge situada ao sul de Charente. Mas o rei de França conservava seu senescal em Périgord e podia construir ali novas cidades diante das aldeias inglesas. Principalmente, Bordeaux, Bayonne e a Gasconha voltavam ao domínio francês, o rei da Inglaterra reconhecia-lhes a condição de feudos do rei de França e, a esse título, tornava-se par de França, mas com a obrigação de prestar ao Capeto a homenagem do vassalo.

Ricardo de Cornualha e seu filho ratificaram o tratado em 10 de fevereiro de 1259. A 17 de fevereiro ele foi ratificado em Westminster por procuradores em nome do rei da Inglaterra. O conde e a condessa de Leicester — Simon de Monfort e sua mulher Eleanor — fizeram-se de rogados durante longo tempo. Só ratificaram o tratado *in extremis*, a 4 de dezembro de 1259. Convidado por Luís IX, Henrique III tinha desembarcado no continente a 14 de novembro, acompanhado por sua mulher, seu segundo filho Edmundo e um numeroso e magnífico séquito. Luís IX o acolheu a 25 de novembro em Saint-Denis e o hospedou em Paris em seu próprio palácio da Cité. No dia 4 de dezembro de 1259, no jardim do palácio, em presença de numerosos prelados e barões ingleses e franceses e do povo atraído em multidão, o rei da Inglaterra prestou homenagem ao rei de França, pondo, ajoelhado, suas mãos entre as de Luís. Essa cerimônia tinha sido precedida da leitura solene do tratado pelo chanceler da França, o franciscano Eudes Rigaud, arcebispo de Rouen.

O tratado suscitou vivas discussões entre os conselheiros dos dois reis. Joinville dá um bom depoimento do que foi dito do lado francês:

Deu-se que o santo rei negociou de tal modo que o rei da Inglaterra, sua mulher e seus filhos vieram à França para tratar da paz entre Luís e eles. Os integrantes do conselho de Luís foram muito contrários a essa paz, e diziam assim: "Senhor, nós nos espantamos muito que vossa vontade seja essa, que queirais dar ao rei da Inglaterra uma tão grande parte de vossa terra, que vós e vossos predecessores conquistastes dele por sua violação de vassalagem. Pois nos parece que, se credes que não tendes direito, não fazeis boa restituição ao rei da Inglaterra, porque deveis devolver-lhe toda a conquista que vós e vossos predecessores fizeram; e se credes que tendes direitos na questão, a nós nos parece que perdeis tudo o que lhe estais devolvendo."

A isso o santo rei respondeu da seguinte maneira: "Senhores, estou certo de que os predecessores do rei da Inglaterra perderam sem contestação justamente a conquista que mantenho; e a terra que dou, não a dou como coisa que eu tenha retido para ele ou para seus herdeiros, mas para que haja amor entre meus filhos e os deles, que são primos germanos. E a mim me parece que o que lhe dou está bem-empregado, porque ele não era meu homem, e por causa disso passa a ser um dos que me prestam homenagem."*[80]

Joinville, que aprova a decisão do rei, conclui:

Luís foi quem mais trabalhou para estabelecer a paz entre seus súditos, e especialmente entre os ricos homens vizinhos e os príncipes do reino.[81]

Joiville dá a seguir numerosos exemplos de conflitos que São Luís pacificou no reino da França e em volta dele, e termina essa passagem consagrada ao rei pacificador com interessantes propósitos de São Luís.

Quanto a esses estrangeiros que o rei tinha reconciliado, alguns de seu conselho lhe diziam que ele não agia bem não os deixando guerrear; porque, se os deixasse empobrecer bastante, não o perseguiriam com más intenções assim que estivessem bem ricos. E a isso o rei respondia dizendo que erravam naquilo que estavam afirmando: "Porque se os príncipes vizinhos percebessem que eu os estava deixando guerrear, poderiam advertir um ao outro e dizer: 'É por maldade que o rei nos deixa guerrear.' Ocorreria que, por causa do

---

*Pela cerimônia medieval da homenagem, quem a prestava se tornava exatamente isso: *homem* (palavra a partir da qual se formou "homenagem", já se vê) do rei, ou de um outro senhor. Isto é, passava a ser dependente do rei, ou do senhor a que homenageara. (*N. do T.*)

[80] JOINVILLE, *Histoire de Saint Louis, op. cit.*, p. 375. Ver *infra*, p. 727.

[81] *Ibid.*

ódio que teriam contra mim, viriam a mim com intenções hostis, e nesse caso eu poderia perfeitamente perder, sem contar que ganharia o ódio de Deus, que diz: 'Abençoados sejam todos os pacíficos'."

Deu-se assim que os povos da Borgonha e da Lorena, que ele tinha pacificado, o amavam e lhe obedeciam de tal modo que os vi vindo suplicar que corressem perante o rei processos que tinham entre si nas cortes de Reims, Paris e Orleãs.

Nada esclarece melhor do que essas duas páginas de Joinville e as declarações do rei que se relacionam não apenas com as motivações de São Luís em sua ação de paz, mas com os princípios gerais de sua política. É uma inextrincável ligação entre o interesse do reino e o cumprimento do ideal cristão que constitui seu fundamento. Devolver terras ao rei da Inglaterra ele devolve, mas em compensação o torna seu vassalo. Ora, nesse tempo não se rompia impunemente uma homenagem. Desde 1274, Primat, monge de Saint-Denis, em sua redação feita em francês a pedido de São Luís pouco antes da viagem na qual morreria [1270], do "Roman des rois", que se transformou em *Les Grandes Chroniques de France*, sublinha o significado da homenagem para a Gasconha e os historiadores modernos aprovam esse julgamento: "Antes de 1259, como diz Primat, a Gasconha não estava na dependência dos reis de França nem de seu reino" e, em consequência, Henrique III não era, nem de direito nem de fato, "homem" do rei de França. Em 4 de dezembro de 1259, prestando homenagem a Luís pela Gasconha, (...Luís pela Gasconha,) "o que nenhum de seus predecessores havia feito, Henrique III transformava em feudo uma terra até então independente, um *alleu*. Em vez de parar na Gasconha, (o reino da França se estendia a partir de então...) o reino da França se estendia a partir de então até os Pireneus".[82]

Outra motivação de São Luís, esta já abordada, é o sentimento de família. Ainda aqui, o argumento está a serviço de uma política cujas causas são outras, ou essa política é que é determinada pelo imperativo familial? São ambos os sentidos, sem que se possa, como é comum em São Luís, distinguir as pulsões afetivas do realismo político.

É o ódio de seus inimigos que São Luís teme por seu realismo político, ou ele teme o ódio de Deus por sua fé religiosa? Embaralhando as pistas, ele deixa que um se perfile atrás do outro. O dever do cristão é dobrado e serve ao interesse do rei.

---

[82]Pierre CHAPLAIS, "Le traité de Paris de 1259", *Le Moyen Âge*, 1955, pp. 121-137.

O Tratado de Paris de 1259 pôs realmente fim ao antagonismo franco-inglês no continente? Em 1271, Afonso de Poitiers e sua mulher Joana morreram sem filhos, caso previsto pelo tratado de 1259, mas o rei de França mostrou pouco interesse em devolver Agenais e o sul de Saintonge ao rei da Inglaterra, e essa restituição, quando finalmente se deu, em 1286, eliminou ambiguidades tanto sobre o traçado de fronteiras como sobre os direitos dos dois soberanos. Dois incidentes serviram de pretexto a Filipe, o Belo, em 1294 e a Carlos, o Belo, em 1324 para intervir militarmente em Guyenne e pronunciar o confisco do feudo. Nos dois casos, a mediação pontifícia levou sem dificuldade à retrocessão do ducado ao rei da Inglaterra pelo rei de França (em 1297 e em 1325). Mas a fácil ocupação do ducado tinha dado aos franceses a impressão de que uma eventual reconquista das possessões inglesas na França seria tranquila. O mais grave não é isso. Os sucessores de Henrique III prestavam homenagem ao rei de França cada vez com mais má vontade. Eduardo I o fez em 1274 e 1286; Eduardo II em nome de seu pai, em 1304 e, já rei da Inglaterra, em 1308; Eduardo III por seu pai em 1325 e em seu próprio nome em 1329. Esta última homenagem ocorreu numa situação nova. Na verdade, o rei de França não era mais um Capeto direto, mas o Valois Filipe VI, saído de um ramo de segundo grau. Os grandes da França o tinham preferido em prejuízo precisamente daquele jovem rei da Inglaterra, neto de Filipe, o Belo, mas neto através de uma mulher, sua mãe Isabel, viúva de Eduardo II. Este tinha reivindicado em vão para seu filho a coroa da França que a tradição capetiana reservava aos herdeiros de uma filiação masculina. O jovem Eduardo só foi prestar homenagem a Filipe VI em Amiens em 1329 porque era muito frágil para recusar-se a fazê-lo. Esse reconhecimento da condição de vassalo pelo rei da Inglaterra em relação ao rei de França era desde logo problemático por três razões pelo menos: a situação territorial e jurídica em Guyenne não tinha sido, de fato, definitivamente regulada pelo acordo de 31 de março de 1327 entre Eduardo III e Carlos IV, o Belo, ainda que esse acordo tenha sido apresentado como uma "paz final"; a troca dinástica na França tinha criado uma nova situação entre os dois reis, o inglês se apresentando como um pretendente à coroa da França; e, sobretudo, talvez, porque a evolução das monarquias inglesa e francesa no sentido de Estados "modernos" e "nacionais" tornava mais contestável e frágil a subordinação de um rei ao outro numa base de regime feudal. A cláusula que Luís IX tinha desejado para resolver definitivamente o problema da presença inglesa na França revelava-se agora o principal obstáculo à paz franco-inglesa. Se evoco essa série de acontecimentos bem adiante do reinado de Luís IX é porque isso permite avaliar as ideias de São Luís e sua influência sobre a evolução dos problemas franceses e o andar dos acontecimentos. O tratado de 1259 foi realmente um sucesso para São

SÃO LUÍS

Luís em sua dupla e complementar intenção: construir a paz entre a Inglaterra e a França pela ligação mais forte existente então, a vassalagem, que, além de tudo, manifestava a preeminência do rei de França. Uma evolução de estruturas e dos acontecimentos dificilmente previsíveis transformarão o Tratado de Paris num instrumento de guerra: a Guerra dos Cem Anos. Mas o santo rei não era nem um profeta nem um adivinho.

A "posição" de Amiens

Do conjunto dessas arbitragens, importa-me uma que mexeu com os historiadores: aquela que São Luís prestou entre o rei da Inglaterra Henrique III e seus barões. Todo o século XIII inglês tinha sido marcado pelo esforço da aristocracia para restringir e controlar o poder real. Esse esforço desembocou na Magna Carta (1215) e nas Provisões de Oxford (1258). A oposição era conduzida pelo próprio cunhado de Henrique III, Simon de Monfort, conde de Leicester. O rei tinha conseguido que dois papas o liberassem de seu juramento de observar as Provisões de Oxford, Alexandre IV (1254-1261) e seu sucessor Urbano IV. Mas os barões não aceitaram a decisão pontifícia. Em dezembro de 1263, Henrique III, de um lado, e os barões, de outro, pediram a arbitragem de Luís IX, comprometendo-se a respeitar sua "posição", sua decisão arbitral.

Luís a emitiu em janeiro de 1264 em Amiens. Essa posição era, no essencial, favorável ao rei da Inglaterra. Inicialmente, ratificava a bula pontifícia anulando as Provisões de Oxford. Declarava a seguir que o rei devia ter a plenitude do poder e a soberania de que gozava antes sem restrição. Mas acrescentava que era preciso respeitar "os privilégios reais, os documentos, as liberdades, as leis e os bons costumes do reino da Inglaterra existentes antes dessas provisões".

Tentou-se provar que a "posição" de Amiens não é uma verdadeira arbitragem, mas um julgamento dado pelo rei de França na qualidade de senhor do rei da Inglaterra e portanto suserano dos barões ingleses considerados seus vassalos de vassal. É num quadro puramente feudal, e não no sentido de uma concepção moderna da monarquia, que será preciso situar o veredicto de Amiens.[83] Segundo outros, ao contrário, Luís IX teria recusado aos barões o direito de limitar os poderes do rei por considerar que o rei era a fonte de todo poder. Creio que Luís IX se pronunciou em razão de dois princípios convergentes: um é o respeito da

---

[83]Charles T. Wood, "The Mise of Amiens and Saint Louis' Theory of Kingship", *French Historical Studies*, 6, 1979/1970, pp. 300-310.

função real, que só pode ser limitado pelo respeito à justiça. Quando ele, rei de França, constata, através de seus investigadores, que seus agentes cometeram uma injustiça agindo em seu nome, a injustiça deve ser reparada. Mas não se podia acusar Henrique III de nenhuma injustiça. O outro princípio é que o rei não pode seguir os "maus costumes". E com um espírito, é verdade, tradicional — mas Luís IX, rei feudal, combina o sentimento novo da soberania real inspirada pelo direito romano-canônico com o direito consuetudinário —, ele inclui as Provisões de Oxford entre os "maus costumes", lembrando que o rei da Inglaterra deve, em troca, respeitar os bons. Quanto à autoridade que funda sua decisão, não é a de rei de França nem de senhor e suserano do rei da Inglaterra e seus barões, mas a que lhe conferem as duas partes, dirigindo-se a ele para comprometer-se a observar sua decisão. Luís IX, rei justo e pacificador, apoia-se sobre todas as práticas jurídicas ao seu alcance, incluindo a arbitragem, para impor sua autoridade, dando-lhe como fundamento comum o ideal religioso e moral do rei cristão.

As circunstâncias, seguramente, favorecem a ele. Depois da morte de Frederico II (1250), vem o grande interregno, não há mais imperador, o rei da Inglaterra é contestado em seu reino, os reis espanhóis estão absorvidos com a Reconquista sobre os muçulmanos. Mas a seu poder material ele acrescenta seu prestígio moral. Impõe-se a toda a Cristandade por dentro e também se impõe fora dela. É ele que o Khan mongol Hulegu considera "o mais eminente dos reis cristãos do Ocidente".[84] E não é somente "o maior rei do Ocidente", na verdade ele é o chefe moral dessa Cristandade imaginária da qual durante alguns anos Luís deu a ilusória impressão de que existia, porque nela era respeitado por toda parte e encarnava o ideal de governo dela.

O rei pacificador quis ir ainda mais longe e precisou regulamentar estritamente a guerra e a paz em seu reino. Uma circular, dada em Saint-Germain-en-Laye em janeiro de 1258, declara que o rei, depois de deliberação do Conselho, proibiu qualquer guerra dentro do reino, os incêndios, os atentados contra as terras lavradas e ameaça os infratores com a ação de seus oficiais.[85] Contestou-se o alcance desse texto e recusou-se-lhe o caráter de ordenação que lhe tinha sido tradicionalmente atribuído.[86] Endereçado ao bispo de Puy, Guy Foulcois, conselheiro íntimo do rei, sem dúvida por iniciativa desse prelado jurista,[87] essa ordem circular não seria

---

[84]Ver *infra*, pp. 244 e 495.
[85]*Ordonnances des rois de France*, t. I, p. 84.
[86]Raymond CAZELLES, "La guerre privée, de Saint Louis à Charles V", *Revue historique de droit français et étranger*, 1960, pp. 530-548.
[87]Ferdinand LOT e Robert FAWTIER, *Histoire des institutions françaises au Moyen Âge*, t. II, *Les Institutions royales*, Paris, 1958, pp. 425-426.

SÃO LUÍS

mais do que uma medida de circunstância para reforçar a autoridade do bispo e ajudá-lo a manter a paz em sua jurisdição. Sem dúvida: é certo que Luís IX e seus sucessores renovarão muitas vezes seus esforços para pôr fim às guerras privadas no reino da França. Mas esse texto não deixa de ser muito interessante. Mostra como o rei de França foi minucioso na construção do poder monárquico. O sonho da monarquia francesa ganha força com ele: um rei mestre da guerra e da paz. Luís IX pensa como um rei pacífico, uma das funções do qual é decidir o que é guerra justa e o que não é. Seus conselheiros juristas imaginam um poder real que retome um dos grandes atributos da soberania: o direito de decidir entre a guerra e a paz. Os dois sonhos se confundem.

Luís IX também tentou determinar os casos de infração contra a paz. O texto dessa ordem se perdeu. Faz-se referência a ele numa ordenação de Filipe III de 1275.[88] Luís IX procurou sobretudo dar preferência aos *consentimentos* mais do que às tréguas, quer dizer, o juramento de jamais usar de violência em relação a tal ou qual pessoa. Uma vez feito o juramento, era impossível voltar atrás. A trégua era então provisória e o *consentimento* (teoricamente) perpétuo. O Parlamento garantia cada vez mais os *consentimentos*.

LUÍS IX E O FUTURO DA DINASTIA CAPETIANA E DA FAMÍLIA REAL

A vontade escatológica de Luís IX na última fase de seu reinado impõe-lhe cumprir com um máximo de zelo o dever de todo soberano: alcançar sua salvação e a de seu reinado assegurando em primeiro lugar o futuro de sua dinastia e de sua família.

Mortes e nascimentos

É preciso inicialmente dar a relação dos lutos. Quando Luís IX volta à França em 1254, duas mortes o mergulham no luto: a de seu irmão imediatamente mais moço Roberto d'Artois na cruzada (1250), e a de sua mãe na França (1252).

Roberto d'Artois, vítima de seu ímpeto cavalheiresco e de sua imprudência, foi morto na batalha de Mansurá, a 9 de fevereiro de 1250. Luís, que tinha uma

---

[88]*Ordonnances des rois de France, op. cit.*, t. I, p. 344, e F. Lot e R. Fawtier, *Histoire des institutions françaises, op. cit.*, p. 426.

afeição especial por seus irmãos, ficou muito abalado. Mas nesse caso não houve problema de sucessão. Roberto deixava um filhinho,[89] também chamado Roberto, que lhe sucedeu e que Luís IX armou cavaleiro em 1267. Luís tentou fazer com que seu irmão fosse reconhecido como mártir por ter morrido na cruzada, mas o papado fez ouvidos moucos, como fará em relação ao próprio Luís, que reconhecerá como santo mas não como mártir. Para o papado, de um lado a cruzada abria o acesso à salvação, mas não ao martírio e, de outro lado, era preciso evitar qualquer tendência a uma santidade dinástica.

A morte de Branca de Castela foi a grande dor de Luís IX. Joinville e muitos contemporâneos condenaram no rei os excessos de sua reação afetiva. São Luís carregou dois grandes lutos na vida: sua mãe e Jerusalém. Mas Branca era o passado, e tinha ido, segundo a vontade dela, esperar a ressurreição fora das necrópoles reais de Saint-Denis e de Royaumont. Foi enterrada na abadia cisterciense de Maubuisson, que tinha fundado e que era a sua Royaumont.

Uma morte inesperada também foi cruel para Luís IX e carregada das mais graves consequências: a de seu filho mais velho, o príncipe herdeiro Luís, que morreu inopinadamente em janeiro de 1260. O rei sentiu profundamente essa morte, que ele próprio anunciou em termos comovidos, parece, a seu principal conselheiro, o chanceler Eudes Rigaud, arcebispo de Rouen, que a anotou em seu diário. O rei da Inglaterra, que tinha passado o Natal em Paris com a família real e o jovem príncipe, e que estava a caminho da Inglaterra, voltou para assistir aos funerais. O jovem príncipe foi enterrado em Royaumont, porque o rei decidiu que Saint-Denis seria reservada aos reis e rainhas da dinastia que tivessem usado a coroa, tornando-se Royaumont a necrópole dos filhos reais que não tivessem reinado. Sua morte foi ainda mais chocante porque ele já parecia muito perto do poder, uma vez que, além de sua situação de herdeiro da coroa, tinha exercido o cargo, durante o último período da temporada de seu pai na Terra Santa, teórica mas explicitamente, de uma espécie de imediato do rei no governo do reino, com o título de "primogênito" (*primogenitus*). Além disso, os cronistas estão de acordo ao descrevê-lo como já radiante de virtudes e de capacidade real, digno filho de seu pai. Ora, o problema dos sucessores do rei tem um peso muito importante nos Espelhos dos Príncipes da época. A última graça que Deus concedia aos bons reis era dar-lhes um bom sucessor. São Luís deve ter sentido essa morte como uma advertência divina. Ainda não teria merecido sua salvação e a de seus súditos. Julgou necessário então intensificar ainda mais a reforma moral do reino, o que fará, como vimos.

---

[89]Deixava também uma filha, Branca, que se casou em 1259 com Henri, filho de Thibaud V de Champagne e de Isabel, filha de Luís IX, o que estreitava mais os laços entre a família real e a família condal de Champagne.

SÃO LUÍS

A morte do jovem Luís surge como um fato tão sentido pelo rei que ele recebe testemunhos excepcionais de simpatia e de consolação. O papa Alexandre VI lhe escreve. O principal intelectual de seu círculo, o dominicano Vincent de Beauvais, compõe em sua intenção uma "epístola de consolação" que os historiadores da "consolação cristã" tradicional consideram a obra-prima medieval do gênero com o sermão de consolação de São Bernardo sobre a morte de seu próprio irmão.[90] Mas Luís IX tem outros filhos, em especial Filipe, que só tem um ano a menos do que o irmão defunto e que o rei já tinha, em certas ocasiões — o juramento do Tratado de Paris, por exemplo —, associado ao mais velho. A sucessão dinástica não parece ter sido posta em perigo pela morte do jovem príncipe. Vincent de Beauvais o sublinha lembrando ao rei que já tinha havido o caso na história da dinastia capetiana sem ter causado consequências graves.

Luís e a rainha Margarida terminam então a constituição de uma abundante prole, segundo a tradição de uma monarquia cristã, quando Deus dá aos esposos reais a graça de fazê-los naturalmente fecundos. O casal real teve onze filhos. Uma primeira filha, Branca, nascida em 1240, morreu em 1243. Vieram a seguir Isabel (nascida em 1242), Luís (nascido em 1244, morto em 1260), Filipe (nascido em 1245), um filho nascido e morto logo depois, João, em 1248, três filhos nascidos durante a cruzada e a temporada na Terra Santa, João Tristão, nascido em abril de 1250 durante o cativeiro de seu pai e cujo nome lembrava a tristeza das circunstâncias, Pedro, nascido em 1251, uma nova Branca, nascida no início de 1253, e três filhos nascidos depois da volta à França, Margarida (fim de 1254 ou início de 1255), Roberto (1256) e Inês (1260). Numerosa descendência, portanto, fonte de prestígio e de poder tanto mais que Luís IX, diferentemente de seu pai Luís VIII, não concedeu terras muito importantes a seus filhos mais moços. Em 1269, quando, na véspera de sua partida para Túnis, Luís regulou sua sucessão, só lhes concede pequenos condados, mas os casa com ricas herdeiras de terras.[91] Mas, por intermédio de seus filhos, Luís seria o ancestral de todos os reis de França. Todos poderiam se dizer — e o padre que o assiste o dirá a Luís XVI sobre o cadafalso — "filhos de São Luís".

Os filhos mais moços bem-casados, os filhos mais velhos e as filhas também o foram segundo o costume do tempo: noivos muito jovens, casados jovens com cônjuges que a política real designava.[92]

---

[90]Peter von MOOS, "Die Trotschrift des Vincenz von Beauvais für Ludwig IX. Vorstudie zur Motiv und Gattungsgeschichte der *consolatio*", *Mittellateinisches Jahrbuch*, 4, 1967, pp. 173-219.

[91]Ver *infra*, p. 646.

[92]Ver *infra*, pp. 646-647.

Um jovem nobre só se tornava homem, no século XIII, depois que se tornava cavaleiro. Numa família real em que o rei, seus irmãos e seus filhos deviam ser cavaleiros para adquirir plenamente seu estatuto e assumir suas funções, armar jovens cavaleiros reveste-se de uma importância particular. O austero Luís IX sacrifica seu sentimento nesses casos pelo estardalhaço de cerimônias solenes. O mais magnífico desses atos foi o de Filipe, já herdeiro da coroa, o futuro Filipe III. Sua ascensão a cavaleiro, a 5 de junho de 1267, dia de Pentecostes que o regime feudal cristão tinha feito, sucedendo à tradicional festa da primavera, o grande dia festivo da monarquia e da aristocracia, foi celebrada no jardim do palácio de Paris em meio a uma enorme afluência dos grandes e de povo, ao mesmo tempo que se armavam numerosos jovens. A festa impressionou ainda mais porque Luís IX acabava de se cruzar pela segunda vez e muitos prediziam que sua má saúde não lhe permitiria sobreviver à cruzada. O novo cavaleiro não era apenas o herdeiro da coroa, mas um próximo rei.

A *irmã e os irmãos*

O pio Luís IX tinha desejado que, a exemplo do que acontecia nas grandes famílias, alguns de seus filhos entrassem para a Igreja. Teria visto alegremente João Tristão tornar-se dominicano, Pedro franciscano e Branca consagrar-se cisterciense em Maubisson, o mosteiro da avó. Os três filhos resistiram vitoriosamente à pressão de um pai entretanto autoritário. A mais resistente foi sem dúvida Branca, modelo inverso de um comportamento tão comum nas grandes famílias cristãs reais, senhoriais e até burguesas: a revolta de filhas desejosas de entrar para um convento contra a vontade dos pais, vontade hostil sobretudo a uma vocação que os privava da vantagem das alianças matrimoniais de suas filhas. Branca ousou apelar ao papa Urbano VI, que lhe concedeu, porque ela ainda não tinha 11 anos (ignoramos quem foi o intermediário), o privilégio de ser dispensada de seus votos se ela tivesse de ceder à vontade paterna. Até um papa às vezes achava excessivo o zelo religioso de São Luís. Mas o rei não impôs seu desejo aos filhos.

Em compensação, certamente ele ficou muito feliz com a conduta de sua irmã Isabel, nascida em 1225, que teve uma vida comparável à sua, independentemente das diferenças do sexo e da função. Isabel fez voto de castidade e recusou especialmente, depois de ter sido prometida ao filho mais velho do conde de la Marche, casar-se com o filho do imperador Frederico II, Conrado de Hohenstaufen. Viveu na corte modestamente vestida e praticando notáveis serviços de piedade. Fundou o convento das clarissas de Longchamp para onde se retirou em 1263 e morreu em fevereiro de 1270, pouco antes da partida de Luís para a cruzada. O rei assistiu muito devotamente aos funerais de sua irmã que a Igreja beatificou, mas só em

SÃO LUÍS

1521. O convento de Longchamp foi talvez centro de uma tentativa de culto monástico da figura de Isabel: Filipe V, o Alto, por exemplo, morreu lá em 1322, mas, ao contrário do que se passou na Europa central, a Igreja parece ter bloqueado o desenvolvimento de uma religião real em torno de princesas reconhecidas como bem-aventuradas ou santas.[93] Branca de Castela tinha tido, segundo Joinville,[94] uma devoção particular por Santa Isabel da Hungria (ou da Turíngia), cujo filho a servia quando do grande festim oferecido por Luís IX em Saumur, em 1241, para armar cavaleiro seu irmão Afonso. Branca beijava, parece, o rapaz na fronte, no ponto em que imaginava que a mãe dele o tinha beijado. Isabel teve de esperar o século XVI para que sua piedade excepcional fosse reconhecida.

Dos dois irmãos do rei sobreviventes à cruzada, ao mais velho, Afonso, Luís concedeu a posse de Poitou, de uma parte de Saintonge e de Auvergne, em 1241, segundo as vontades de seu pai Luís VIII. Em 1249, de acordo com as condições do Tratado de Paris de 1229 que pôs fim à cruzada contra os albigenses, Afonso tornou-se conde de Toulouse. Recebeu assim uma grande parte da herança de sua mulher, Joana, filha do conde de Toulouse, Raimond VII. De saúde frágil, seguiu entretanto seu real irmão, do qual esteve muito próximo nas duas cruzadas. Morou pouco em suas terras, ficando mais tempo na Île-de-France e em Paris mesmo, onde mandou construir um palácio perto do Louvre. De qualquer modo administrou notavelmente seus vastos domínios da França do Sul e do Oeste, no modelo do domínio real, graças a bons bailios e senescais, e talvez produzindo mesmo alguns modelos para a administração real. As ligações entre os irmãos aqui mostradas acompanham uma evolução correspondente do governo que contribui fortemente para explicar que, depois da morte de Afonso e Joana sem filhos em 1271 — quando, de acordo com o regulamento da sucessão dos apanágios reais, os domínios de Afonso reverteram ao domínio real —, a integração se fez muito harmoniosamente.[95]

O segundo irmão, Carlos, foi o *enfant terrible* da família.[96] Entrado em posse, em 1246, de seu apanágio de Anjou-Maine-Touraine, recebeu de sua mulher Beatriz o condado de Provença herdado do pai dela Raimond Bérenger, morto em 1245. Mas a rainha Margarida, filha mais velha de Raimond Bérenger, mantinha pretensões sobre a Provença. As terras de Carlos estavam não apenas separadas em duas partes, mas uma ficava no reino da França, a outra no Império. Essa situação alimentava as ambições e as imprudências de Carlos, que se entendia mal com seus súditos provençais, especialmente nas cidades, em particular Marselha,

---

[93]Ver *infra*, p. 645.
[94]JOINVILLE, *Vie de Saint Louis*, p. 57.
[95]E. BOUTARIC, *Saint Louis et Alphonse de Poitiers*, *op. cit.*
[96]Ver *infra*, pp. 643-644.

onde o consideravam um estrangeiro. Luís IX segurou seu irmão durante muito tempo. Viu-se isso no caso de Hainaut, em que Carlos se intrometeu enquanto seu real irmão ainda estava na Terra Santa. Mas Luís acabou por aceitar para seu irmão, a um apelo do papado, a herança italiana de Frederico II, Itália do Sul e Sicília. Pelas vitórias de Benevento (fevereiro de 1266) e de Tagliacozzo (agosto), Carlos conquistou seu reino. Assim a dinastia capetiana reinava no Mezzogiorno italiano, independente do reino da França de Luís IX, porém fraternal.

Desde 1261, o imperador latino de Constantinopla, deposto por Miguel VIII Paleólogo e pelos gregos, tinha tentado obter o apoio de Carlos d'Anjou para a reconquista de Constantinopla. Depois de numerosas peripécias, por um tratado concluído em 27 de maio de 1267, em Viterbo, sob os auspícios de Clemente IV,* Carlos aceitou. Receberia a suserania sobre a Moreia, as ilhas do mar Egeu, o Epiro e Corfu, mais o terço das terras que seriam reconquistadas em comum. No início de 1270, Carlos enviou algumas tropas à Moreia. Luís IX não via com bons olhos a nova aventura do irmão. Tinha apenas um objetivo: sua nova cruzada. Achava que o caso de Constantinopla podia ser resolvido por um compromisso pacífico. Habilmente, Miguel Paleólogo tinha pedido sua mediação e alimentava a esperança do fim do cisma entre cristãos gregos e latinos. A Carlos d'Anjou não restou outra solução senão participar primeiro da cruzada de seu irmão, um irmão que ele amava e cuja autoridade respeitava.

Desse modo Luís IX tinha arrumado segundo seus princípios e os interesses do reino da França e da Cristandade seus negócios de família. Negócios que não diziam respeito apenas aos vivos. Exigiam a paz, a ordem e a solidarie-dade com os mortos. Georges Duby mostrou brilhantemente que a linhagem é um lugar de memória, que a paixão genealógica exige o cuidado da memória dinástica.[97] O encontro dos vivos e dos mortos no seio das grandes famílias se dá nos cemitérios.

São Luís e os corpos reais

No fim de seu reinado, provavelmente em 1263-1264, São Luís mandou rearrumar os túmulos da necrópole real de Saint-Denis e executar o maior

---

*Cidade italiana do Lácio, Viterbo era território pontifício desde o século VIII e em 1257 se tornou residência do papa — por isso o tratado foi concluído lá. Quando, no início do século seguinte, a residência papal se mudou para a francesa Avignon, Viterbo entrou em decadência. (*N. do T.*)

[97]Georges DUBY, "Le lignage", em P. NORA (ed.), *Les Lieux de mémoire*, t. II, *La Nation*, vol. 1, Paris, 1986, pp. 31-56.

SÃO LUÍS

programa funerário da Idade Média: dezesseis túmulos de reis e de rainhas mortos do século VII ao século XII, representados por igual número de estátuas jacentes — conjunto completado pelo túmulo de seu avô Filipe Augusto (morto em 1223) e de seu pai Luís VIII (morto em 1226). Ao mesmo tempo, empenhou-se em reservar, daí em diante, sepultura em Saint-Denis só às pessoas da família real, homens e mulheres, que tivessem efetivamente usado a coroa.

Esse ambicioso e impressionante programa não se restringe apenas à política funerária dos Capeto. Só se esclarece no contexto de uma revolução de longa duração — a atitude do cristianismo a respeito dos mortos — e de uma mudança profunda dessa atitude entre o século XI e o século XIII, que testemunha um novo tipo da escultura: a jacente. Ao fundo, um fenômeno fundamental: o lugar do corpo na ideologia cristã medieval. Ou, antes, de um corpo particular: o corpo real.

Na origem, um paradoxo do cristianismo: o estatuto ambíguo do corpo.[98] Por um lado, o corpo é condenado como a má parte do homem: "Porque se viveis segundo a carne morrereis. Mas se pelo Espírito fazeis morrer as obras do corpo, vivereis" (Paulo, Epístola aos Romanos, 8, 13), e, na maniqueização bárbara da alta Idade Média, o corpo se torna "a abominável veste da alma" (Gregório Magno). Entretanto, o corpo está prometido à ressurreição, e o dos santos e o dos que se vão reunir a eles depois da purificação pelo fogo do purgatório, à glória eterna. É ainda São Paulo que afirma: "Para nós, nossa cidade está nos céus, de onde esperamos ardentemente, como salvador, o Senhor Jesus Cristo, que transfigurará nosso corpo de miséria conformando-o a seu corpo de glória" (Epístola aos Filipenses, 3, 20-21). O corpo do cristão, vivo ou morto, está à espera do corpo de glória que revestirá se não se deleita no corpo de miséria. Toda a ideologia funerária cristã balança entre o corpo de miséria e o corpo de glória, e se compõe em torno do resgate de um pelo outro.

A ideologia funerária dos Antigos era toda orientada no sentido da memória dos mortos.[99] Claro, surgia com muito mais evidência no caso dos mortos mais importantes. Na Mesopotâmia, são os mortos reais que continuam a garantir a ordem e a prosperidade de sua sociedade — com o céu, por intermédio de suas

---

[98] Ver o primeiro número da revista *Dialogus. I discorsi dei corpi*, 1993, e o belo livro de Agostino PARAVICINI BAGLIANI, *Il corpo del Papa*, Turim, 1994. Ver também S. BERTELLI, *Il corpo del re*, Florença, 1990; M.-Ch. POUCHELLE, *Corps et chirurgie à l'apogée du Moyen Âge*, Paris, 1983, e o de Peter BROWN, *Le Renoncement à la chair. Virginité, célibat et continence dans le christianisme primitif*, trad. fr., Paris, 1955.

[99] *La Mort, les morts dans les sociétés anciennes* (sob a direção de G. GNOLI e J.-P. VERNANT), Cambridge e Paris, 1982.

estátuas erguidas verticalmente; com a terra, pela mediação de suas ossadas enterradas horizontalmente.[100] Na Grécia, são os mortos gloriosos, os heróis cuja comemoração lembra mais "a singularidade de um destino pessoal", a coesão de um grupo militar — o exército da idade épica — ou, na época cívica, da própria cidade.[101] Ou ainda os evérgetas* mortos cuja grandiosidade funerária é dedicada antes a perpetuar sua "ostentação" do que a satisfazer "a virada para o além1".[102] A ostentação destinava-se a perenizar, através de sua própria memória, o poder de sua categoria social, a dos "notáveis".[103] No caso, enfim, das estátuas reais, convém sublinhar que na Mesopotâmia antiga, como o rei é "o mediador em relação ao céu, em vez de deitar seus despojos no fundo da tumba, ele próprio é mantido de pé, depois da morte, sob a forma de uma estátua que se levanta no palácio ou nos templos", e a estátua é *"o próprio morto feito estátua".*[104] Na época helenística, o rei torna-se objeto cultural e seu túmulo um *hierothysion,*** um túmulo-santuário.[105] Mas, ao mesmo tempo — e eis a ambiguidade da maior parte das sociedades antigas, especialmente da greco--romana —, o cadáver é um objeto abominável.[106] O cadáver é excluído do espaço cívico, expulso para os confins exteriores da cidade, mas os túmulos — ao menos os das famílias importantes — são de bom grado construídos ao longo das estradas suburbanas e nos lugares frequentados, para melhor permitir a lembrança, senão o culto dos mortos.

Com o cristianismo tudo muda. Se a dialética do corpo de miséria e do corpo de glória parece fundamental no comportamento cristão a respeito dos mortos, de qualquer modo, na prática, a revolução cristã na ideologia funerária nasceu

---

[100]Jean-Pierre VERNANT, "Introduction", em *La Mort, les morts, op. cit.*, p. 10; Elena CASSIN, "Le mort: valeur et réprésentation en Mésopotamie ancienne", *ibid.*, p. 366.

[101]J.-P. VERNANT, "Introduction" citada, pp. 5-15; ID., "La belle mort et le cadavre outragé", em *La Mort, les morts, op. cit.*, pp. 45-76, e, sobretudo, Nicole LORAUX, "Mourir devant Troie, tomber pour Athènes: de la gloire du héros à l'idée de la cité", *ibid.*, pp. 2-43, e *L'invention d'Athènes. Histoire de l'oraison funèbre dans la cité classique*, Paris e Haia, 1981; reed., Paris, 1994.

*Evérgeta ou evérgete, "benfeitor", em grego, era um título dado na Grécia antiga a alguém que tivesse prestado serviço ao Estado. Foi também o título dado — esta a referência do autor — a dois Ptolomeus da dinastia lágida (do nome próprio Lagos), ou lágide, de cultura grega, que reinou no Egito nos últimos séculos antes da era cristã. Neste caso, o título imprimia também caráter de divindade. (*N. do T.*)

[102]Paul VEYNE, *Le Pain et le Cirque*, Paris, 1976, especialmente pp. 245-251.

[103]Pauline SCHMITT-PANTEL, "Evergétisme et mémoire du mort", em *La Mort, les morts, op. cit.* (*supra*), pp. 177-188.

[104]E. CASSIN, "Le mort: valeur et représentation en Mésopotamie ancienne", artigo citado, p. 366.

**Hierothysion*, que no original o autor afrancesa para *hierothesion*, é "lugar sagrado", "altar de sacrifícios", em grego. (*N. do T.*)

[105]Erwin PANOFSKY (*Tomb Sculpture. Its Changing Aspects from Ancient Egypt to Bernini*, Londres, 1964, p. 45) lembra que Artêmis abandona Hipólito morrendo, que Apolo se afasta da casa de Admeto antes que Alceste [a mulher de Admeto] morra e que, quando se dedicou a ilha de Delos a Apolo, todas as tumbas de Delos foram esvaziadas de suas ossadas, transportadas para uma ilha vizinha.

[106]J.-P. VERNANT, "Introduction" citada, p. 10.

SÃO LUÍS

de uma das grandes novidades do cristianismo: o culto dos santos.[107] Esse culto é esencialmente um culto dos mortos, o único que subsiste no mundo cristão, mas rompendo com o que existia na Antiguidade pagã. O túmulo dos santos torna-se o centro de atração das comunidades cristãs. Assim como os túmulos dos santos são os lugares por excelência das curas milagrosas — para a Igreja, o único poder dos santos é a intercessão junto a Deus, mas a massa, sem dúvida, dota-os de um poder mágico próprio e imediato —, da mesma maneira as sepulturas *ad sanctos*, "perto dos túmulos de santos", são para aqueles que podem se beneficiar disso uma espécie de seguro de salvação para a vida futura. Quando chegar a Ressurreição, esses privilégios terão influência para receber a assistência desses eleitos excepcionais. Como diz Peter Brown, o túmulo do santo é "o lugar onde se tocam ou se juntam o céu e a terra", enquanto que para os Antigos, os gregos especialmente, os mortos eram a grande linha de divisão entre os homens e os deuses: quando um homem vai morrer, os deuses devem se afastar dele.[108]

A grande revolução da ideologia funerária cristã ligada à atração dos túmulos dos santos é a urbanização (*inurbamento*, dizem os italianos) dos mortos, a inserção do espaço dos mortos no espaço dos vivos, a instalação dos cemitérios nas cidades perto dos corpos santos se possível, perto das igrejas, em todo caso.[109]

Viu-se uma segunda revolução na ideologia funerária cristã com o fim do caráter comemorativo do túmulo e de sua personalização. Erwin Panofsky sublinhou que a arte funerária cristã exclui o princípio "restrospectivo" ou "comemorativo" e é dominada pelo princípio "escatológico": o túmulo deve anunciar a ressurreição e lembrar a vida eterna.[110] Philippe Ariès insistiu sobre o fato de que a partir do século V mais ou menos o túmulo cristão se torna anônimo, não comporta mais inscrição nem retrato. Não se deve, portanto, exagerar a ruptura com a ideologia funerária antiga. A sepultura cristã mantém uma certa ideia de lembrança. O monumento ou a parte do monumento onde é depositado o corpo do santo é em geral designado pela palavra latina *memoria*. Mas é verdade que o monumento funerário cristão tem principalmente como função lembrar ao vivo que o corpo é pó e ao pó retornará. A memória que o túmulo desperta é de modo claro uma memória voltada para os fins últimos do homem mais do que para seu passado ou para aquilo que ele foi na terra.

---

[107] Peter BROWN, *Le Culte des saints. Son essor et sa fonction dans la chrétienté latine*, trad. fr., Paris, 1984.

[108] *Ibid.*, p. 3.

[109] "O levantamento da proibição religiosa sobre a sepultura *intra muros*, velha de um milênio [...] é o sinal de uma verdadeira mutação histórica" (Jean GUYON, "La vente des tombes à travers l'épigraphie de la Rome chrétienne", *Mélanges d'archéologie et d'histoire: Antiquité*, 86, 1974, p. 594).

[110] E. PANOFSKY, *Tomb Sculpture, op. cit. (supra* p. 246, n° 105).

Entre os mortos ilustres aos quais se dá um tratamento particular, ainda que inferior ao reservado aos corpos dos santos e dele diferente, há os poderosos e, em primeiro lugar entre esses *potentes*, aqueles mortos que depois da alta Antiguidade não são mais como os outros: os mortos reais.[111] Eles chegam para ocupar o espaço onde se encontra a grande fenda entre os clérigos e os leigos: o espaço eclesial. Enterrados *in sacrario*, quer dizer, no coro ou num santuário anexo, os reis têm tendência, desde a Idade Média, de considerar certas igrejas como a necrópole, o "panteon" de suas dinastias.

Na Gália, a tendência de escolha de igrejas funerárias reais se desenhou desde os inícios da dinastia merovíngia.[112] Os francos, antes de sua conversão ao cristianismo, seguiam para seus chefes costumes funerários muito parecidos com os dos romanos. Assim, Childerico I, pai de Clóvis, foi enterrado sob um túmulo à beira de uma estrada antiga perto de Tournai. Tumba solitária, extraurbana e, bem entendido, sem ligação com nenhum monumento de culto cristão. Clóvis muda brutalmente esse costume. Daí em diante, todos os reis merovíngios serão inumados em basílicas cristãs, porém basílicas suburbanas, *extra muros*. Haveria nessa escolha (que reencontraremos mais tarde — e durante séculos — em Saint--Denis) uma relação mais ou menos latente entre o rei e o espaço, a consequência da ausência de uma verdadeira capital, a atração dos mosteiros suburbanos?[113]

Clóvis escolhe ser enterrado na igreja dos Santos Apóstolos que mandou construir na colina que domina Paris sobre a margem esquerda do Sena, sem dúvida para abrigar as relíquias de Santa Genoveva, morta provavelmente pouco depois do ano 500. A rainha Clotilde foi juntar-se a ele ao morrer, em 544.

Mas aquele dos filhos de Clóvis que tinha ficado com Paris em seu reino, Childeberto, quis ser enterrado, em 558, num outro mosteiro suburbano, Saint--Vincent-et-Sainte-Croix, que ele mesmo tinha fundado para aí depositar as relíquias que tinha trazido de volta da Espanha (principalmente a túnica de São Vicente) e, sem dúvida, para ser sua necrópole e a de sua família. O bispo de Paris, São Germano, também foi enterrado aí em 576 e deu mais tarde

---

[111]Sobre um outro caso de mortos excepcionais que têm, desde a alta Idade Média, se beneficiado de condições particulares de lugar de sepultura e de monumentos funerários, os papas, ver Jean-Charles PICARD, "Étude sur l'emplacement des tombes des papes du IIIe au Xe siècle", *Mélanges d'archéologie et d'histoire*, 81, 1969, pp. 735-782. Em seu estudo "Sacred corpse, profane carrion: social ideals and death rituals in the later Middle Ages" (em *Mirrors of Mortality. Studies in the Social History of Death*, Joachim Whaley ed., Londres, 1981, pp. 40-60), Ronald C. FINUCANE estuda as atitudes medievais quanto às quatro categorias de mortos: os reis, os criminosos e os traidores, os santos, os hereges e os filhos natimortos.

[112]Sigo Alain ERLANDE-BRANDENBURG, *Le roi est mort, op. cit.*, ao qual o presente desenvolvimento deve muito.

[113]François HARTOG liga a inumação dos reis citas nas extremidades do território às tradições nômades (*Le Miroir d'Hérodote*, Paris, 1980; o Capítulo IV da Primeira Parte: "O corpo do rei: espaço e poder", é muito sugestivo).

SÃO LUÍS

seu nome à igreja, rebatizada de Saint-Germain-des-Prés. A maior parte dos soberanos merovíngios de Paris foi enterrada, de fato, em Saint-Vincent-et--Sainte-Croix, assim como suas esposas e seus filhos. Mas nem essa igreja nem a dos Saints-Apôtres (mais tarde Sainte-Geneviève) tiveram o monópolio dos túmulos reais e, em definitivo, não houve verdadeiramente uma necrópole real merovíngia.

A escolha de uma sepultura original por um dos reis merovíngios devia se revelar pesada de consequências para o futuro. Existia em Saint-Denis, desde o fim do século V, sobre os lugares onde teriam sido enterrados Dionísio [Denis], primeiro bispo de Paris martirizado em 250, depois os mártires Rústico e Eleutério, um mosteiro e uma igreja pela qual se interessou Santa Genoveva. Os reis merovíngios de Paris se ligaram pouco a pouco a essa abadia e, por volta de 565-570, a rainha Arnegunda, filha de Clotário I, foi enterrada lá. Mas seu túmulo, no qual foram descobertas recentemente magníficas joias, ficou anonimamente no meio de outros e Saint-Denis não parecia destinada a ser uma necrópole real. Mas pareceu o contrário quando Dagoberto I, que tinha mandado reconstruir a igreja, foi enterrado lá em 639; no curso de sua última doença, pediu Dagoberto que o transportassem para Saint-Denis, caracterizando assim sua vontade de ter o túmulo lá.

Com os carolíngios, Saint-Denis aparentemente estava a ponto de ser transformada na necrópole da nova dinastia. Carlos Martel, verdadeiro fundador da dinastia, se bem que não tivesse tido o título real, escolheu por sepultura Saint--Denis, onde foi enterrado em 741. Escolha que sem dúvida se deve a uma devoção particular pelo santo, mas também, rigorosamente, a uma ideia política: ligar uma das abadias antes destinadas aos merovíngios ao desejo de ser inumado — na impossibilidade de fazê-lo em Paris, em Saint-Vincent —* junto aos reis da dinastia cujo fim ele tinha preparado para que seus descendentes a substituíssem. Assim, a escolha da necrópole se politizaria ainda mais. O lugar de inumação seria uma reivindicação de legitimidade e de continuidade. De fato, o filho de Carlos Martel, Pepino, o Breve, escolheu Saint-Denis primeiro para lá ser coroado pelo papa Estêvão II, em 755, e depois para ser enterrado em 768. Sua viúva uniu-se a ele em 783, reconstituindo na morte um casal real, como Clóvis e Clotilde, Dagoberto e Nantilde. Mas o filho de Pepino rompe de novo

---

*Embora seja hoje em rigor um subúrbio de Paris, Saint-Denis é considerada uma outra cidade. Paul Eluard, por exemplo, poeta que se tornou amigo do nosso Manuel Bandeira num sanatório próximo a Davos, na Suíça, em 1913, não consta em suas biografias como parisiense, mas como "Dionysien", que é como se diz dos que lá nasceram. Num tempo em que vencer mesmo pequenas distâncias era uma coisa complicadíssima, com muito mais razão Saint-Denis era tida então como outra cidade. E até um tanto distante, talvez. (*N. do T.*)

a continuidade funerária real de Saint-Denis. Carlos Magno, que fez do reino merovíngio reunificado por seu avô e seu pai um império, escolheu para si uma nova capital, que seria também sua necrópole, Aix-la-Chapelle. Outra tentativa que não tem futuro. A maior parte dos descendentes de Carlos Magno escolhe outras igrejas. Houve uma retomada da tradição de sepultuta em Saint-Denis com Carlos o Calvo, muito ligado à abadia que o considerou quase como seu segundo fundador, depois de Dagoberto, e onde ele foi enterrado em 884, sete anos depois de sua morte.

Mas é com uma nova dinastia, os Capeto, que Saint-Denis vai se tornar definitivamente o "cemitério dos reis". Aqui também a ambição de substituição e de continuidade logo se anuncia, através da escolha do lugar funerário. Eudes, rei dos francos, em 888, toma sob sua dependência a abadia de Saint-Denis e nela quis ser e foi enterrado em 898. Seu sobrinho Hugo I o Grande também foi enterrado lá em 956. Mas é com o filho de Hugo I, Hugo II, dito Hugo Capeto, com quem os robertianos passam a ser capetianos e se tornam reis dos francos, depois da França durante séculos, que Saint-Denis vem a ser definitivamente a necrópole real. Até Luís XI, no fim do século XV, só dois reis não irão repousar em Saint-Denis: Filipe I, enterrado em 1108 no mosteiro de Fleury (Saint-Benoît--sur-Loire), e Luís VII, inumado em 1180 na abadia cisterciense de Barbeau, perto de Melun, fundada por ele.

Essa longa digressão permite compreender como a política funerária real se manifestou através de numerosas hesitações e a que ponto a escolha de um "cemitério dos reis" foi lenta e submetida a numerosos avatares. O instrumento ideológico e político que a necrópole real oferecia à monarquia francesa São Luís é que vai utilizar plenamente. Com ele, Saint-Denis vai se tornar um lugar de imortalidade monárquica.

Dois textos nos informam sobre a política funerária de São Luís em Saint--Denis. O primeiro se acha na crônica oficial que a abadia fazia redigir para si própria, os *Annales de Saint-Denis*: "1263. Neste ano, operou-se a transferência, no dia da festa de São Gregório, dos reis Eudes, Hugo Capeto, Roberto, sua mulher Constança, Henrique, Luís o Gordo, Filipe, filho de Luís o Gordo, a rainha Constança, que veio da Espanha. 1264. Transferiu-se para o coro direito o rei Luís, filho de Dagoberto, o rei Carlos Martel, a rainha Berta, mulher de Pepino, o rei Pepino, a rainha Ermentrudes [ou Ermentruda], mulher de Carlos o Calvo, o rei Carlomano, filho de Pepino, o rei Carlomano, filho de Luís o Gago, o rei Luís, filho de Luís o Gago." Em sua Chronique, redigida imediatamente depois de 1300, Guillaume de Nangis anota para o ano de 1267: "Para Saint-Denis na

França o santo rei de França Luís e o abade Mathieu providenciam também a transferência simultânea dos reis dos francos que repousavam em diversos pontos desse mosteiro; os reis e as rainhas que descendiam da raça de Carlos Magno ficaram a uma altura de dois pés e meio sobre a terra e estão, com suas imagens esculpidas, na par-te direita do mosteiro, e os que descendem da raça do rei Hugo Capeto na parte esquerda." As diferenças de datas têm pouca importância para o que nos interessa. As de 1263-1264 dadas pelos *Annales de Saint-Denis* me parecem mais verossimilhantes do que a de 1267, indicada por Guillaume de Nangis. Só Guillaume de Nangis menciona o papel eminente — junto com o do abade Mathieu de Vendôme — de São Luís nessa operação. A concordância do abade, com o qual, de resto, o rei se entendia muito bem, era evidentemente necessária, mas para mim não há dúvida de que se trata de uma decisão, de um ato da vontade de São Luís.

Essa decisão é política. E tem um duplo aspecto. A necrópole real de Saint--Denis deve primordialmente manifestar a continuidade entre as raças dos reis que reinaram na França desde os princípios da monarquia franca. Faz-se uma única distinção, ao operar-se a mudança: a dos carolíngios e dos capetianos. Não se trata apenas, sem dúvida, de respeitar uma simetria da direita e da esquerda pois os reis e rainhas estão repartidos só entre duas dinastias, mas a descontinuidade biológica entre merovíngios e carolíngios é, intencionalmente ou por indiferença a essa mudança, apagada. E afinal a representação merovíngia em Saint-Denis era bem fraca. Uma vez que, como se verá, Dagoberto e Nantilde recebiam um tratamento à parte, o único merovíngio que se achava em Saint-Denis era o filho de Dagoberto, Clóvis II, ao qual os Anais dão o nome errôneo de Luís. É compreensível — ao menos em parte — essa fragilidade da presença merovíngia que, levando a ignorar o corte entre merovíngios e carolíngios, contribuiu para fazer de Carlos Martel um rei.[114] De todo modo, o essencial, para Luís IX, é afirmar a continuidade entre carolíngios e capetianos. Nesse elo é que está a articulação principal da monarquia francesa, a ambição de se ligar à figura mais impressionante da ideologia monárquica medieval, Carlos Magno, o desejo de legitimar a monarquia capetiana por muito tempo vilipendiada na pessoa de seu fundador Hugo Capeto — que Dante ainda em

---

[114]Há três erros na lista dos *Annales de Saint-Denis* (em *Monumenta Germaniae Historica, Scriptores*, t. XIV): o filho de Dagoberto não se chama Luís, mas Clóvis II; Carlos Martel não foi rei; Carlomano, filho de Pepino, o Breve, e irmão de Carlos Magno, não tinha sido enterrado em Saint-Denis, mas em Saint-Rémi de Reims. Esses erros se explicam (com exceção do referente a Carlos Martel, que é talvez proposital) pela dificuldade de reconhecer os túmulos e os corpos e pelos limites da memória histórica dos monges de Saint-Denis, entretanto especialistas nessa memória.

pouco tempo evocaria com desprezo —, em resumo, isso que Bernard Guenée chamou "o orgulho de ser Capeto".[115]

A segunda decisão é fazer de Saint-Denis uma necrópole real no sentido estrito: só as pessoas que reinaram — ou pelo menos que tenham sido coroadas ou supostamente tenham sido coroadas —, reis e rainhas, terão direito a um lugar lá. É o caso das dezesseis personagens lembradas pelo programa de São Luís.

À direita, indo de oeste para leste, da nave para o coro, Carlos Martel (morto em 741), transformado em rei, e Clóvis II (sob o nome suposto de Luís), rei desde 635 (na Borgonha e em Neustrie), rei dos francos em 657, ano de sua morte; Pepino III o Breve, rei de 751 a 768, e sua mulher Berta (morta em 783), Ermentrudes (morta em 869), mulher de Carlos o Calvo, e Carlomano (na verdade enterrado em Saint-Rémi de Reims), irmão de Carlos Magno, rei da Alemânia (ou Alamânia), da Borgonha e da Provença de 768 a 771; Luís III, rei de 879 a 882, e seu irmão Carlomano III, correi de 879 a 882, e rei só dos francos de 882 a 884.

À esquerda, Eudes, rei de 888 a 898, e seu sobrinho-neto (Hugo Capeto), rei de 987 a 996; Roberto o Piedoso, correi com seu pai Hugo Capeto, depois rei único de 996 a 1031, e sua terceira mulher, Constança de Arles, morta em 1032; Henrique I, correi a partir de 1027 e rei único de 1031 a 1060, e seu neto Luís VI, correi de 1108 a 1137; Filipe, filho de Luís VI, correi de 1129 a 1131, e Constança de Castela, segunda mulher de Luís VI, morta em 1160.

O que confirma a vontade de São Luís de reservar a necrópole de Saint-Denis unicamente aos reis e rainhas são as disposições que ele tomou para a sepultura de Royaumont consagrada em 1235, que ele tinha fundado com sua mãe Branca de Castela e que foi, se se pode dizer, seu domínio religioso preferido, a necrópole dos filhos reais. Já havia sido transferido para Royaumont, antes mesmo da consagração da Igreja, o corpo de seu jovem irmão Filipe Dagoberto, morto em 1233 ou 1234.* Depois, Luís mandou depositar lá sua filha Branca (1240-1243), seu filho João (1247-1248) e o mais velho de seus filhos homens, Luís, morto com 16 anos em 1260. O mais impressionante é que São Luís, sabendo em seu leito de morte diante de Túnis, em agosto de 1270, da morte de seu filho bem-amado João Tristão, conde de Nevers, nascido vinte anos antes em Damieta, quando da primeira cruzada de seu pai e levado pela epidemia

---

[115]B. Guenée, "Les généalogies entre l'histoire et la politique", artigo citado.

*Segundo os Quadros Genealógicos do fim do volume, Filipe Dagoberto morreu em 1235, como está também no subtítulo *O rei devoto: a fundação de Royaumont*, no Capítulo I da Primeira Parte. (*N. do T.*)

SÃO LUÍS

de disenteria que também ia matar o rei, ordenou que ele fosse inumado em Royaumont, excluindo-o assim de Saint-Denis.[116]

Mas o que é impressionante é que com São Luís se cumpre um programa preciso e grandioso. O que se afirma não é só o rei, ou a família real, é a dinastia ou, antes, de novo a ficção da continuidade monástica, do ofício monárquico, da coroa. Um ofício monárquico ao qual a rainha, porque a Igreja faz triunfar seu modelo monogâmico de casamento,[117] está associada. A organização dos túmulos de Saint-Denis por São Luís aponta, quando isso é possível, para a importância dos casais Pepino e Berta, Roberto e Constança. A ideologia monárquica, que com São Luís ganha uma força nova, exibe-se, torna-se ostensiva, seja em suas expressões teóricas, seja, sobretudo, em seu cerimonial, paralelamente ao novo cerimonial da festa de *Corpus Christi* (Corpo de Deus), instituída por Urbano IV em 1264 (Deus é mais do que nunca o grande modelo do rei). Os novos *ordines* regulam minuciosamente[118] da coroação aos funerais e à ostentação mortuária. Os reis mortos vão de agora em diante mostrar a perenidade do ofício monárquico. São convocados para a eternidade na propaganda da monarquia e da nação, uma nação que por enquanto só sabe se afirmar através do *regnum*, o reino.

A novidade é que São Luís não se contenta em reagrupar os corpos reais, mas os exalta e os exibe. Faz com que saiam do solo da basílica e os "eleva" nos túmulos, a dois pés e meio acima do nível da terra. Melhor ainda, oferece-os aos olhos sob a aparência de estátuas esculpidas postas sobre esses túmulos. Um programa artístico reforça e expressa o programa ideológico.

Expressa-se primeiro em um espaço. Na origem, como era em geral o caso para as sepulturas de grandes personagens nas igrejas, os reis de Saint-Denis eram enterrados no coro na proximidade do grande altar (ou altar da Santíssima Trindade) e do altar das relíquias (de São Dionísio, Rústico e Eleutério), situado no fundo do coro. Quando Suger mandou reconstruir o coro entre 1140 e 1144, sem dúvida deslocou o altar da Trindade sem tocar nas sepulturas reais porque, escreve ele em sua *Vida de Luís VI*, quando foi preciso enterrar o rei em 1137, pensou-se primeiro que seria preciso deslocar o túmulo do imperador Carlos, o

---

[116]Essa informação provém da carta de uma testemunha, Pierre de Condé (Luc d'ACHERY, *Spicilegium sive collectio veterum aliquot scriptorum*, nova ed., 3 vol., Paris, 1723, t. III, p. 667).

[117]Ver Georges DUBY, *Le Chevalier, la Femme et le Prêtre. Le mariage dans la France féodale*, Paris, 1981.

[118]Sobre os *ordines*, manuais litúrgicos para os reis de França, redigidos na época de São Luís, ver Richard A. JACKSON, "Les manuscrits des *ordines* de couronnement de la bibliothèque de Charles V, roi de France", *Le Moyen Âge*, 1976, pp. 67-88, particularmente p. 73, que corrige Percy Ernst SCHRAMM, "Ordines-Studien II: Die Krönung bei den Westfranken und den Franzosen", *Archiv für Urkundenforschung*, XV, 1938. De particular interesse é o *ordo* de mais ou menos 1250, anexo ao manuscrito latino de 1246 da Biblioteca Nacional de Paris por causa da série de miniaturas que enfeixa.

Calvo[119] — o que o chocava, porque "nem o direito nem o costume permitem exumar os reis".[120] Um século mais tarde, a atitude a respeito dos corpos reais tinha mudado. A ideia monárquica era mais importante então do que o respeito aos cadáveres reais. Ora, sob São Luís, o coro foi remanejado e, sobretudo, um novo transepto de dimensão excepcional foi construído. Os especialistas discutem a data desse transepto. Parece-me mais aceitável que ele tenha sido, de todo modo, destinado a receber os túmulos reais.[121]

Juntar num lugar determinado e segundo uma ordem racional dezesseis corpos de reis e de rainhas pertencentes a três dinastias sucessivas cuja continuidade se quer sublinhar já é um programa impressionante. Esse programa beira o extraordinário quando São Luís o completa com a execução simultânea de dezesseis estátuas jacentes sobre os túmulos já glorificados. É preciso então examinar o lugar, na ideologia funerária real, dessa grande personagem criada pelo cristianismo medieval: a estátua jacente.[122] Mas primeiro é preciso remontar outra vez às origens.

Philippe Ariès analisou magnificamente a revolução do túmulo da Antiguidade à cristandade medieval. Para as famílias ricas (porque esses programas funerários, na Antiguidade como na Idade Média, só abrangem as categorias superiores da sociedade), o túmulo é um monumento, um memorial, com o retrato do morto, uma inscrição e, para os mais ricos, esculturas. Com o cristianismo, a tumba se torna anônima; retrato, inscrição, escultura desaparecem. O sarcófago, pouco a pouco, cede lugar ao caixão de chumbo, depois de madeira. O túmulo se cava no raso do chão e o monumento funerário cristão típico é a laje tumular. A partir do fim do século XI, há uma volta ao túmulo comemorativo, renascimento da identidade do morto. Essa mutação é um aspecto do grande avanço do Ocidente cristão do século XI ao meio do século XIII. O aparente renascimento da Antiguidade é só um modo dos clérigos de formular a poderosa renovação desse desenvolvimento. Um de seus aspectos mais significativos é a volta ao uso do túmulo visível e, como disse Phlippe Ariès, "frequentemente dissociado do corpo". O cristianismo, na

---

[119]A ausência de Carlos o Calvo entre os corpos do programa de São Luís é singular.
[120]"Quia nec fas nec consuetudo permittit reges exhospitari" (SUGER, *Vie de Louis VI le Gros*, H. Waquet ed., p. 285).
[121]Ver um resumo da discussão em A. ERLANDE-BRANDENBURG, *Le roi est mort, op. cit.*, p. 81. Os *Annales de Saint-Denis (op. cit.*, p. 721) assinalam que em 1259, quatro anos portanto antes da transferência dos corpos reais, os corpos de sete abades de Saint-Denis foram transferidos para o braço sul do transepto.
[122]Sobre a estátua jacente, ver, para a ideologia, Philippe ARIÈS, *L'Homme devant la mort*, Paris, 1977; para a iconografia, E. PANOFSKY, *Tomb Sculpture, op. cit.*, p. 55 e segs.; Willibald SAUERLÄNDER, *Gotische Skulptur in Frankreich, 1140-1270*, Munique, 1970 (trad. fr., *La Sculpture gothique en France*, Paris, 1977), pp. 18-20; A. ERLANDE-BRANDENBURG, *Le roi est mort, op. cit.*, pp. 109-117.

SÃO LUÍS

verdade, guarda em face do corpo uma atitude ambígua que oscila entre a indiferença e a reverência polida. O corpo é só um pretexto para ensinamento, o qual, sendo muito mais importante, é inteiramente independente de sua origem perecível. Mas, ao mesmo tempo, os homens da Cristandade em expansão investem cada vez mais nesta vida terrena que transformam. O *contemptus mundi*, o "desprezo do mundo", grande *slogan* do espírito monástico, recua diante dos valores terrestres. Nessa recuperação do terrestre, a escultura retoma os caminhos da figuração e do tridimensional. É a explosão da estatuária. Tanto em relação aos mortos como quanto aos vivos. A estátua viva e de pé se desprende da coluna, a estátua do morto deitado se liberta da superfície plana da laje.

Aqui é preciso marcar a diversidade de caminhos e soluções. Se o morto de pé ou sentado pouco volta a figurar, o túmulo vertical e mural, o grande monumento retomam o sentido da verticalidade na comemoração funerária. A laje conhece um grande avanço na Inglaterra. A placa de esmalte ornou os túmulos de Godofredo Plantageneta (segunda metade do século XII), de João e de Branca, filhos de São Luís em Royaumont.[123]

Mas a criação mais original é a da estátuta jacente. É preciso aqui sublinhar, com Erwin Panofsky, um dos grandes desnivelamentos culturais e ideológicos do Ocidente medieval. Na Cristandade meridional, na Itália e na Espanha, é a solução do túmulo vertical,[124] do grande monumento, que vence e, sobretudo, quando há estátuas jacentes, essas estátuas são de mortos: os panos das vestes são dobras de sudários, não estão com eles os atributos de seu poder, depositados por perto, esses mortos não fazem gestos e, principalmente, seus olhos estão fechados ou semifechados. Ao contrário, no gótico nórdico, a estátua jacente ou é mantida viva, ou pelo menos há a encenação de uma visão escatológica: seus olhos estão abertos para a vida eterna. Erwin Panofsky avaliou bem o equilíbrio que existe nessas estátuas jacentes entre a vontade de nelas expressar a força dos valores terrestres, a exaltação da memória desses mortos poderosos e o desejo de representá-los na perspectiva escatológica em que devem ser vistos: "A escultura funerária da Idade Média nórdica sendo toda, em suas motivações, essencialmente "prospectiva" ou

---

[123]De maneira enigmática, João, morto ainda bebê, está representado com um cetro na mão esquerda.

[124]É sem dúvida o contexto italiano que explica a originalidade do túmulo das "carnes" (entranhas) da rainha Isabel de Aragão, primeira mulher de Filipe III, na catedral de Cosenza, na Calábria. A nora de São Luís morreu acidentalmente em janeiro de 1271, quando da volta da cruzada de Túnis. A interpretação do monumento que representa Isabel e Filipe, ajoelhados de um lado e do outro da Virgem de pé, e que é sem dúvida obra de um artista francês, é difícil. Cf. Émile BERTAUX, "Le tombeau d'une reine de France à Cosenza en Calabre", *Gazette des beaux-arts*, 1898, pp. 265-276 e 369-378; G. MARTELLI, "Il monumento funerario della regina Isabella nella cattedrale di Cosenza", *Calabria nobilissima*, 1950, pp. 9-22; A. ERLANDE-BRANDENBURG, "Le tombeau de Saint Louis", *Bulletin monumental*, 126, 1968, pp. 16-17.

anticipatory difere da escultura das primeiras idades cristãs por não ignorar mais os valores terrestres."[125]

O tema da estátua jacente, a partir do século XI, conheceu um avanço em benefício de duas figuras do poder que caracterizam a Idade Média: os bispos e os reis. A mais antiga estátua jacente conservada na França do Norte é a de Childeberto, executada pouco antes de 1163 para Saint-Germain-des-Prés. O primeiro programa funerário de estátuas jacentes realizado no Ocidente medieval parece ser aquele referente aos reis Plantageneta em Fontevrault nos primeiros anos do século XIII. Não é impossível que o exemplo de Fontevrault — as monarquias inglesa e francesa estavam, no correr da Idade Média, entregues a uma verdadeira competição não só quanto ao domínio do poder, mas dos instrumentos e símbolos do poder,[126] e Henrique III e São Luís mantinham relações estreitas — tenha inspirado o programa funerário real de São Luís em Saint-Denis. Mas o de São Luís era de uma outra amplitude.

Philippe Ariès situou o problema da relação entre a moda escultural da estátua jacente e o ritual da exposição do morto entre sua morte e seus funerais. Para acentuar a invenção ideológica, sustentou que a estátua jacente não era a cópia do morto exposto mas que, ao contrário, a exposição do morto se fazia sobre o modelo da estátua jacente. Direi, mais prudentemente, que entre o meio do século XII e o meio do século XIII, para o cerimonial dos funerais das grandes personagens, surgiu o hábito — através da descrição da morte dos heróis nas obras literárias e na representação das estátuas jacentes pela arte — de mostrar os mortos ilustres em poses novas e idênticas, alongadas, a cabeça sobre uma almofada e os pés sobre objetos simbólicos, munidos de insígnias de seu poder do tempo em que eram vivos. Filipe Augusto foi o primeiro rei de França cujo corpo foi exposto, dizem os documentos, com cetro e coroa, desde sua morte em Mantes, em 14 de julho de 1223, até sua inumação, no dia seguinte em Saint-Denis.[127]

Qual o lugar, nessa linhagem de mortos literários ou "reais", das estátuas jacentes dos túmulos reais de Saint-Denis?

Preliminarmente, a estátua jacente permanece uma personagem cristã, uma criação que não é senão uma criatura, qualquer que seja a sua glorificação. Como

---

[125]E. PANOFSKY, *Tomb Sculpture, op. cit.*, p. 62.

[126]Ver o livro célebre de Marc Bloch, *Les Rois thaumaturges* [1924], Paris, 3 ed., 1983.

[127]A. ERLANDE-BRANDENBURG, *Le roi est mort, op. cit.*, p. 15 e segs. Ver o belo livro de Ralph E. GIESEY, *Le roi ne meurt jamais. Les obsèques royales dans la France de la renaissance* [1960], trad. fr., Paris, 1987, que remonta à Idade Média. Para todo o segundo plano dessa ideologia, o livro clássico de Ernst H. KANTOROWICZ, *The King's Two Bodies*, Princeton, 1957; trad. fr., *Les Deux Corps du roi*, Paris, 1989.

bem disse Willibald Sauerländer, diferentemente da estátua antiga, a estátua medieval, deitada ou de pé, "não é cultuada ou venerada, não é objeto de uma devoção, é sempre só a representação, o reflexo de uma figura da história da salvação: imagem (*imago*) e não estátua (*statua*)". Imagem, cópia, arquétipo, *imago* no sentido da psicanálise, próxima do complexo, esquema imaginário instituindo, entre a personagem representada e aquela que a olha, relações que, fugindo do domínio da dominação pelo sagrado, são relações de dominação pelo poder. A estátua jacente recupera também uma velha aspiração dos cristãos em face da morte, muito presente nas inscrições funerárias e na liturgia dos mortos dos primeiros séculos do cristianismo. A estátua jacente é um *requiem* de pedra. O escultor apenas representa a ideia dos contemporâneos da transferência dos corpos. Guillaume de Nangis, já o vimos, fala da "translação dos reis de França que *repousavam* em diversos lugares desse mosteiro". Longe dos mortos assaltados pelos demônios, como ainda Dagoberto no monumento do coro da igreja abacial, os dezesseis reis da necrópole real vivem na calma o tempo que os separa da ressurreição. O corpo dos reis e das rainhas é subtraído à ameaça do inferno.

As estátuas jacentes são representadas na força da idade. A escultura funerária da época negligencia a idade em que se foram os mortos. Sobre suas lajes funerárias de Royaumont, os filhos de São Luís, Branca e João, mortos respectivamente com 3 anos e com 1 ano, estão representados como crianças grandes, quase adolescentes. A velhice está excluída dessas representações idealizadas e só restam duas categorias abstratas: a infância em marcha para a idade adulta e a *bela idade*, a única à qual a Idade Média concedeu um valor verdadeiramente positivo, a idade adulta. Talvez tenha inspirado os escultores a ideia de que os mortos ressuscitariam com o corpo de seus 30 ou 33 anos, a idade do Cristo. Mas creio que o ideal da bela idade seja suficiente para explicar o aspecto das estátuas jacentes do século XIII.

Semelhantes às estátuas góticas representando as personagens positivas (Deus, a Virgem, os anjos, as virtudes, os reis e as rainhas bíblicas), as estátuas jacentes, ainda que se queira distinguir variações de estilo atribuídas a três artistas diferentes em seus traços, são todas calmas e belas. Assim, é inútil procurar na expressão dessas estátuas jacentes — de resto de personagens mortas havia muito tempo no fim do reinado de São Luís — o desejo de um realismo que desse individualidade física aos mortos reais. Creio, com Alain Erlande-Brandenburg, que mesmo São Luís não foi representado com seus próprios traços pelos artistas que puderam conhecê-lo ou puderam conversar com vivos que o tivessem conhecido. Há, certamente, nas estátuas jacentes do programa de Saint-Denis, um esforço para restituir a individualidade das fisionomias, mas isso ainda não é o realismo. As estátuas jacentes põem em relevo uma ideologia da realeza, não uma busca da aparência singular dos reis.

Afinal e principalmente, as estátuas jacentes de Saint-Denis têm os olhos abertos, abertos para a eternidade. Já Suger, falando dos funerais de Luís VI, insistindo sobre a função de Saint-Denis, sobre a importância da proximidade do corpo do rei com as relíquias do santo, evocava a expectativa da ressurreição: "É lá [entre o altar da Santíssima Trindade e o altar das relíquias] que ele espera o momento de participar da ressurreição futura, tanto mais próximo em espírito da comunidade dos santos espíritos quanto mais perto seu corpo se ache enterrado dos santos mártires para se beneficiar do socorro deles." E o sábio abade recorre a Lucano (*Pharsalia*, IV, 393), alterando e até deformando a citação:

> *Felix qui potuit, mundi mutante ruina,*
> *Quo jaceat preacisse loco.*

> Feliz aquele que pôde saber antes
> quando o mundo se transformará em ruína
> em que ponto se achará enterrado!

Em definitivo, o programa funerário real de São Luís em Saint-Denis assegura à monarquia, à dinastia capetiana, o poder absoluto sobre o tempo. A continuidade, que lá é afirmada, dos merovíngios até a época de Luís IX dá à monarquia o passado. Desde que há reis francos, o poder pertence à dinastia. A reunião simultânea de todos esses reis e rainhas cuja vida se encadeou por seis séculos, cada um dos quais não terá conhecido a maior parte dos outros, faz com que de agora em diante se encontrem juntos num eterno presente.

A posição estirada, horizontal,[128] de repouso, dessas estátuas jacentes, seus olhos abertos que falam da expectativa e da esperança da ressurreição os une no futuro e no porvir. Um futuro tranquilo, o futuro do tempo que se escoará entre sua morte e o Juízo Final, cada vez menos próximo,[129] o futuro, afinal, da eternidade

---

[128] Jean-Claude SCHMITT sublinhou, a partir de exemplos iconográficos, que só a posição vertical permite a entrada no Inferno ("Le suicide au Moyen Âge", *Annales*, E.S.C., 1975, p. 13).

[129] Ver J. LE GOFF, *La Naissance du Purgatoire, op. cit.*, p. 311 e segs.

SÃO LUÍS

que buscam conhecer com suas pupilas vazias, mas abertas, esses mortos vivos, prestes a converter sua glória terrestre sempre presente em uma glória celeste.[130]

LUÍS IX SE CRUZA PELA SEGUNDA VEZ

Em 1267, Luís IX decide por uma nova cruzada. Comunicou a decisão numa assembleia de prelados e de barões, no dia da Anunciação, 25 de março de 1267. Em uma nova assembleia, a 9 de fevereiro de 1268, fixa a partida para o mês de maio de 1270. Não há dúvida de que sua decisão foi tomada no verão de 1266, porque ele a informou secretamente ao papa em outubro desse ano. Jean Richard mostrou de modo preciso como a evolução da situação militar e política no Mediterrâneo oriental explicava essa decisão. É o que ele chama "a volta para o Mediterrâneo e o Oriente".[131]

Esperou primeiro que seu irmão Carlos d'Anjou se estabelecesse na Itália do Sul e na Sicília. A Sicília pode se tornar uma base de operações mais segura do que sob o caprichoso Frederico II e seus herdeiros e menos longínqua do que Chipre.

Houve, em seguida, a renúncia definitiva à aliança mongol. Entretanto, uma carta do Khan Hulegu a São Luís, redigida em 1262, ofereceu uma aliança estrita contra os muçulmanos e a promessa de deixar aos cristãos Jerusalém e os lugares santos. Mas a conquista muito recente da Síria pelos mongóis vitoriosos sobre os muçulmanos deixava pairar uma séria dúvida sobre suas intenções na Terra Santa. A observação, na carta de Hulegu, do necessário reconhecimento pelos cristãos da suserania mongol forneceu a razão ou o pretexto para a recusa.[132]

Há, em terceiro lugar, a situação política e militar. Os gregos reconquistaram Constantinopla em 1261 e pôs-se fim ao império latino de Bizâncio. O caminho por terra e a porção das costas setentrionais do Mediterrâneo oriental estão em suas mãos e, num lance só, tornaram-se incertos.

Afinal e principalmente, as vitórias do sultão mameluco Baibars na Palestina, a perda de uma parte do litoral da Terra Santa pelos latinos agravam e aceleram a ameaça muçulmana sobre os lugares santos.

---

[130]Ver Elizabeth A. Brown, "Burying and unburying the kings of France", em Richard C. Trexler (ed.), *Persons in Groups. Social Behavior as Identity Formation in Medieval and Renaissance Europe*, Binghampton, 1985, pp. 241-266.
[131]J. Richard, *Saint Louis, op. cit.*, p. 455 e segs.
[132]Id., "Une ambassade mongole à Paris en 1262", artigo citado, e P. Meyvaert, "An unknown letter of Hulagu, il Khan of Persia to King Louis IX of France", artigo citado (*supra*, p. 50, nº 25)

De que modo se pode compreender a escolha de Túnis como destino inicial da cruzada? Frequentemente se tem invocado a pressão exercida sobre seu irmão por Carlos d'Anjou, agora rei da Sicília e preocupado em controlar as duas margens do estreito da Sicília e a passagem do Mediterrâneo ocidental para o Mediterrâneo oriental. Parece-me que o que houve foi antes a comodidade da utilização da Sicília do que uma pressão direta de Carlos, que estava sobretudo interessado no Império Bizantino. Na hipótese que tenho formulado de uma cruzada que seria tanto uma cruzada de expiação e de conversão como uma cruzada de conquista, o sultão de Túnis podia aparecer como um alvo religioso favorável, porque as ilusões da conversão de um grande chefe muçulmano parecem ter se deslocado, no fim dos anos 1260, dos sultões e emires do Oriente para o mestre de Túnis. Por fim, pode ter influído, como se supõe, a ignorância da geografia que São Luís e os franceses dividiam com todos os seus contemporâneos: teriam eles acreditado que a Tunísia era muito mais perto do Egito do que realmente era e que então constituiria uma boa base terrestre para um ataque posterior ao sultão.[133]

Últimas purificações antes da cruzada

Ao aproximar-se a partida fixada para 1270, as iniciativas de medidas purificadoras se multiplicam.

Uma ordenação de 1268 ou 1269 proíbe e reprime de novo o "juramento vergonhoso", quer dizer, a blasfêmia, ato de lesa-majestade divina, ao qual o rei é particularmente sensível pela importância que, como seu século, dá à palavra, e pela ideia, mais e mais difundida, de lesa-majestade para a construção do Estado monárquico. O rei define que a ordenação deve ser observada "nas terras do rei, nas dos senhores e nas cidades de comuna", quer dizer, no conjunto do reino.[134]

Em 1269 uma ordenação obriga os judeus a assistir aos sermões para conversões e a trazer a rodela de feltro ou de pano escarlate. Essa marca infamante, na linha das práticas medievais de signos de infâmia características de uma sociedade da denunciação simbólica, é ancestral da estrela amarela. Luís IX tinha obedecido a uma convocação do papado pedindo aos

---

[133]Michel MOLLAT, "Le 'passage' de Saint Louis à Tunis. Sa place dans l'histoire des croisades", *Revue d'histoire économique et sociale*, 50, 1972, pp. 289-303.
[134]*Ordonnances des rois de France*, t. I, pp. 99-102.

SÃO LUÍS

príncipes cristãos que aplicassem essa medida, decidida pelo quarto concílio de Latrão (1215), e à incitação de um dominicano, provavelmente um judeu convertido.[135]

Por último, uma semana antes de embarcar, Luís envia de Aigues-Mortes, a 25 de junho de 1269, aos "lugares-tenentes" aos quais tinha confiado o reino em sua ausência, o abade de Saint-Denis, Mathieu de Vendôme, e Simon de Nesle, uma carta recomendando-lhes rigor com os poluidores do reino: blasfemadores, prostitutas, malfeitores e outros celerados.

A campanha de pregação da cruzada foi igualmente muito ativa.[136] Essa encenação sem dúvida foi tanto mais necessária porque crescia o sentimento de hostilidade contra a cruzada.[137] O próprio Joinville recusou-se a participar dela. Alegou que, durante a cruzada no Egito, os agentes do rei de França e o do rei de Navarra, conde de Champagne, tinham "destruído e empobrecido seus homens" e que, se ele cruzasse de novo, iria contra a vontade de Deus que lhe tinha dado por ofício proteger e "salvar seu povo".[138] Assim, a Cristandade dobrava-se sobre si mesma. O serviço de Deus não estava mais no além-mar, mas dentro da Europa cristã. A Terra Santa extrapolava os limites da Cristandade, e eram raros então aqueles que, como São Luís, viam no Mediterrâneo um mar interno em relação à Cristandade. O poeta Rutebeuf, partidário da cruzada, louva a atitude de São Luís, em quem criticava, entretanto, a paixão pelos frades mendicantes, mas seus poemas, especialmente "A peleja do cruzado e do descruzado", exprimem bem o debate que agita a Cristandade.[139]

A preparação material para a cruzada foi tão minuciosa como para a cruzada do Egito. A preparação financeira se apoiou de novo sobre o levantamento de "derramas" urbanas e dízimos eclesiásticos. O rei também recorreu a empréstimos com a intermediação dos Templários. Seus irmãos, em particular Afonso de Poitiers, também se prepararam com muito cuidado.[140]

A preparação diplomática teve ainda menos sucesso do que no caso da cruzada do Egito. Depois da morte do papa Clemente IV, a 29 de novembro de 1268, a vacância do trono pontifício prolongou-se até 1271. No momento da cruzada de

---

[135]Ver esse texto *infra*, p. 716

[136]Franco CARDINI, "Gilberto di Tournai: un francescano predicatore della crociata", em *Studi francescani*, 72, 1975, pp. 31-48.

[137]Ver *supra*, pp. 144 e 148

[138]JOINVILLE, *Histoire de Saint Louis*, pp. 397-398.

[139]Julia BASTIN e Edmond FARAL, Onze poèmes *de Rutebeuf concernant la croisade*, Paris, 1946; Jean DUFOURNET, *Rutebeuf. Poèmes de l'infortune et poèmes de la croisade*, Paris, 1979.

[140]Yves DOSSAT, "Alphonse de Poitiers et la préparation financière de la croisade de Tunis: les ventes de forêts (1268-1270)", em *Septième centenaire, op. cit.*, pp. 121-132.

Túnis, a Cristandade não tinha papa. O rei Jaime I de Aragão quis partir como o primeiro em 1269, mas com destino a Acre. Sua frota foi castigada por uma tempestade e ele renunciou. Só o filho mais velho do rei da Inglaterra, Eduardo, tomou a cruz, mas ele só iria embarcar em Aigues-Mortes três meses depois de São Luís.

A cruzada de Túnis, porém, foi ocasião para uma grande inovação. Irritado com as condições dos venezianos, São Luís tratou essencialmente com os genoveses para a constituição de uma frota e, ao lado de navios alugados como antes, mandou construir barcos que seriam propriedade sua. Em lugar de dar, como em 1248, o comando da frota a dois genoveses, nomeou um francês almirante pela primeira vez na história da França, o senhor picardo Florent de Verennes. Mas, sob Filipe, o Belo, nos mares do Norte é que nasceria a marinha militar francesa a serviço das guerras contra os ingleses e os flamengos.

No tempo da cruzada de Túnis houve também um esforço para organizar melhor a continuidade da administração real na ausência do rei de França. Criou-se um sinete real especial: *Si(gillum) Ludovici Dei G(ratia) Francor(um) reg(is) in partibus transmarinis agentis* ("Sinete de Luís, pela graça de Deus rei dos franceses em expedição além-mar"). O anverso mostrava a representação da coroa da qual se sublinhou com pertinência a importância simbólica que adquiriu: "O modelo adotado fala longamente sobre a significação que tinha tomado o símbolo da coroa, graças ao trabalho dos legistas do círculo real."[141] De novo, ele quis pôr o mais das coisas em ordem no reino antes de sua partida. Faz seu testamento no início de 1270. É essencialmente uma lista de legados a casas religiosas. Em uma data indeterminada redige seus conselhos (*Ensinamentos*) para o filho Filipe e para a filha Isabel. Tinha feito, no ano precedente, uma viagem pelo domínio real como antes da cruzada de 1248: pedia o favor de preces em troca da distribuição de relíquias, por exemplo ao bispo de Clermont, aos dominicanos de Rouen, a um convento de Dijon. Criava oportunidades para reparar injustiças nos lugares que tinha freqüentado pouco. Com esse objetivo visita Ham, na Picardia, Meaux, Vendôme, Tours. Em março, regulamentou o problema do governo em sua ausência. Confia "a guarda, a defesa e a administração do reino", com o sinete real particular, ao abade de Saint-Denis, Mathieu de Vendôme, e a Simon de Nesle, seu mais antigo e próximo conselheiro. Se a ausência da rainha Margarida e de altos prelados surpreende,

---

[141]J. RICHARD, *Saint Louis, op. cit.*, p. 554.

SÃO LUÍS

263

é preciso pensar, acredito, com Jean Richard, que "o rei de França fez questão de deixar o governo com aqueles que eram mais intimamente ligados a seu exercício, para assegurar a continuidade da ação governamental; e isso seria um sinal da dimensão que tinha tomado o sentido do Estado no tempo de São Luís".[142] Ao recentíssimo bispo de Paris, Étienne Tempier, confia por fim o direito de conferir os benefícios, prebendas e dignidades eclesiásticas que estão à disposição do rei depois de passar pelo conselho do chanceler da Igreja de Paris, do prior dos dominicanos e do guardião dos franciscanos de Paris, isto é, o capítulo de Notre-Dame, os frades pregadores e os frades menores — o trio religioso mestre de São Luís em Paris.

A partida reproduziu a de 1248. No dia 14 de março de 1270, o rei vai a Saint-Denis tomar o báculo de peregrino e a auriflama, cujo recebimento significa a entrada em campanha do exército real; dia 15, vai descalço do palácio da Cité a Notre-Dame de Paris. Dá adeus à rainha Margarida no castelo de Vincennes, de onde parte. As etapas de viagem têm escalas nos grandes santuários, Villeneuve-Saint-Georges, Melun, Sens, Auxerre, Vézelay, Cluny, Mâcon, Vienne e Beaucaire. Em Aigues-Mortes, o rei e os três filhos se juntam a outros cruzados, especialmente seu genro, Thibaud de Navarra. É preciso esperar os navios e uma verdadeira batalha explode entre catalães e provençais de um lado, franceses do outro. A consequência é uma centena de mortos. Luís manda prender os apontados como responsáveis. Embarca afinal dia 1º de julho de 1270 na nave *Montjoie*.

O "caminho de Túnis" será, como se sabe, um caminho de cruz para São Luís. O pesadelo do Egito se reproduz em piores condições. Depois de uma breve escala na Sardenha, e não na Sicília como se esperava (o segredo foi guardado até o último momento),[143] o rei desembarcou perto de Túnis, em Goleta, a 17 de julho. O desembarque é bem-sucedido,[144] mas a esperança de uma conversão do emir muçulmano rapidamente se revela mais uma vez ilusória, salvo para São Luís, que não quer renunciar à esperança. De novo, o flagelo mediterrâneo, a epidemia de disenteria ou de tifo, cai sobre o exército

---

[142] *Ibid.*, p. 553.

[143] Durante a escala em Cagliari, Luís ditou um codicilo para seu testamento: pedia a seu filho mais velho Filipe que se comportasse "como um pai" no trato com os dois irmãos mais moços, João Tristão e Pedro; aumentava a soma em dinheiro destinada a Pedro e pedia a Filipe que conservasse seus empregados.

[144] De Cartago, Luís IX enviou uma carta para a França contando o desembarque e a tomada de Cartago. Assinalava entre os cruzados a presença do filho e herdeiro Filipe, também presente em Cartago (*primogeniti nostri Philippi*). Depois da morte de Luís, Filipe se tornara o "primogênito", título equivalente ao de herdeiro. Ver L. D'ACHERY, *Spicilegium, op. cit.*, t. II, 4, *Miscellanea, Epistularum...*, p. 549.

dos cruzados. Depois do filho João Tristão, morto a 3 de agosto, é a vez de São Luís, morto a 25 de agosto.

Das numerosas narrativas mais ou menos oficiais da morte de Luís, conservo esta de seu confessor Geoffroy de Beaulieu, testemunha ocular:

> Pouco depois [da morte, a 3 de agosto, do filho João Tristão, que se esforçaram para esconder dele, mas de que ele veio a saber com grande dor][145] a vontade de Deus quis acabar felizmente com suas tribulações e lhe dar o fruto glorioso dessas boas tribulações, e precisou ficar de cama sob o golpe de uma febre contínua e, como a doença se agravasse, recebeu de espírito lúcido, em plena consciência muito cristãmente e muito devotamente, os últimos sacramentos da Igreja. Quando lhe ministramos o sacramento da extrema-unção recitando os sete salmos com a litania, ele mesmo recitava os versículos dos salmos e nomeava os santos na litania, invocando muito devotamente seus sufrágios. Quando por sinais manifestos se aproximava do fim, o único cuidado que teve foram as coisas de Deus e a exaltação da fé cristã. Como não podia mais falar, a não ser em voz baixa e com sacrifício, para nós, de pé diante dele e de ouvido aberto para suas palavras, esse homem cheio de Deus e verdadeiramente católico dizia: "Tentemos, pelo amor de Deus, pregar e implantar a fé católica em Túnis. Ó, como poderíamos enviar um pregador capaz a Túnis!" E citou um frade pregador, que tinha ido em outras circunstâncias e tinha se tornado conhecido do rei de Túnis. Foi assim que esse verdadeiro fiel de Deus, esse constante e zeloso praticante da fé cristã, acabou sua santa vida na confissão da verdadeira fé. Embora a força de seu corpo e de sua voz declinasse pouco a pouco, ele não cessava de pedir os sufrágios dos santos de que era especialmente devoto, tanto quanto seus esforços lhe permitiam falar, e sobretudo São Dionísio [Denis], padroeiro particular de seu reino. Nesse estado, ouvimo-lo repetir muitas vezes em um murmúrio o fim da prece que se dizia em Saint--Denis: "Nós te imploramos Senhor, por teu amor, dá-nos a graça de desprezar a prosperidade terrestre e de não temer a adversidade." Repetiu muitas vezes essas palavras. Repetiu também muitas vezes o início da prece a São Tiago apóstolo: "Seja, Senhor, o santificador e o guardião de teu povo",[146] e lembrou rapidamente a memória de outros santos. O servidor de Deus, estirado sobre um leito de cinzas espalhadas

---

[145] *Super cuius morte pii patris viscera non modicum sunt commota* ("por essa morte suas entranhas de pai piedoso ficaram não pouco abaladas").

[146] São Luís também repetiu, segundo Guillaume de Nangis: "Entrarei em tua casa, irei te adorar em teu santo templo, e me confessarei a ti, Senhor."

em forma de cruz, entregou seu sopro bem-aventurado ao Criador; e foi na hora precisa em que o filho de Deus para a salvação do mundo expirou morrendo sobre a cruz.[147]

Assim o rei-Cristo morreu no eterno presente da morte salvadora de Jesus. Segundo uma tradição, ele teria murmurado na noite que precedeu a sua morte: "Iremos a Jerusalém."

---

[147]Traduzido do texto latino de GEOFFROY DE BEAULIEU, em *Recueil des historiens des Gaules et de la France, op. cit.*, t. XX, p. 23. O Recueil traz em apêndice a tradução da carta que Filipe III enviou ao clero francês sobre a morte do pai.

V

RUMO À SANTIDADE:
DA MORTE À CANONIZAÇÃO
(1270-1297)

As tribulações do corpo real

Eis o rei Luís IX morto em terra infiel. Não se cogita da hipótese de deixar seus restos nesses lugares hostis, fora da Cristandade e longe de seu reino da França. É preciso repatriar seu cadáver. Isso exige recursos para o procedimento repetido desde Carlos, o Calvo, no século IX, quando o soberano morreu longe da necrópole real e não se quis ou não se pôde enterrá-lo perto do lugar onde morreu: conservar o corpo. Como não se domina a técnica do embalsamamento, ferve-se o corpo num vinho misturado com água de tal forma que as carnes se separem dos ossos, que são a parte preciosa do corpo a conservar.

O problema técnico se multiplica com um problema político bem mais grave. Chegado pouco depois da morte do irmão com sua frota e seu exército (uma tradição provavelmente lendária quer que ele tenha desembarcado no exato momento da morte do rei), Carlos d'Anjou, rei da Sicília, tenta se impor como chefe do exército diante de seu jovem sobrinho inexperiente, Filipe III. Incitado, sem dúvida, pelos conselheiros do pai presentes na Tunísia, o jovem rei afirma, entretanto, sem tardança, sua autoridade. Da mesma forma que não se podia enterrar rapidamente seu pai em Saint-Denis, o novo rei só poderia ser sagrado em Reims em alguns meses. Fez-se então com que prestassem, em 27 de agosto, um juramento de fidelidade os barões e chefes militares que o cercavam. No dia 12 de setembro, Filipe enviou mensageiros confirmando para Mathieu de Vendôme

SÃO LUÍS

os poderes que seu pai tinha confiado a ele e a Simon de Nesle. Expediu-lhes igualmente o testamento de Luís IX e sua prescrição de que continuassem a utilizar o sinete de ausência que o defunto rei lhes deixara, mas substituindo na inscrição o nome de Luís pelo seu. De fato, começar-se-á a datar os atos de seu reinado a partir da morte do pai, 25 de agosto de 1270. Desse modo ficou resolvido o delicado problema do interregno segundo as decisões de Luís IX e segundo as modalidades próprias para assegurar a continuidade que a monarquia francesa tinha pouco a pouco ajustado.

O destino do cadáver real tornou-se desde logo uma disputa política entre Carlos d'Anjou e seu sobrinho, o jovem Filipe III. Cada um propôs por sua vez uma solução, que parecia corresponder a uma óptica de razão diferente. Filipe quer que os restos mortais do pai sejam repatriados para a França o mais rapidamente possível. Mas a viagem de um tal "cadáver" não se improvisa. Carlos propõe que os restos mortais do irmão fossem repousar em seu reino na Sicília. O argumento da facilidade parece inspirá-lo: a ilha fica perto, a viagem será rápida. Ele e seus imediatos velarão pelos restos mortais do rei. Mas, fique bem claro, por trás desse argumento de bom senso há um cálculo político. Segundo o rumor político, Luís IX tem possibilidades de se tornar um santo oficial. Que fonte de prestígio e de benefícios materiais para a dinastia angevina da Sicília o fato de ter sobre seu solo essas relíquias! Finalmente, dizem-nos os cronistas, os dois reis, o tio e o sobrinho, chegam a uma solução mais "sábia" (mais "sadia", *sanior*). É preliminarmente um compromisso entre as duas monarquias: as entranhas e as carnes serão dadas ao rei da Sicília, as ossadas irão para Saint-Denis, a necrópole real. O jovem rei, sem dúvida com apoio amplo dos prelados e dos grandes franceses, resistiu muito. Ganhou o essencial, os ossos, a parte dura do cadáver contra a moleza das carnes e das entranhas, nessa dialética corporal do duro e do mole, que é, simbolicamente, uma dialética do poder. Quanto ao coração, fica uma dúvida. Para alguns dos testemunhos, como o de Geoffroy de Beaulieu, Filipe III teria aceitado que seu tio o carregasse com as entranhas para Monreale.* Para outros, mais acreditáveis, ele o levou com os ossos para Saint-Denis. Sabe-se, na verdade, que os monges de Saint-Denis achavam que o coração dos reis devia permanecer com suas ossadas,[1] e uma inscrição do século XVII sobre o túmulo de São Luís em Saint-Denis atestará a presença do coração em seu interior. Segundo Louis Carolus-Barré, que interpreta os textos de um modo que me parece querer tirar muito deles, "o exército exigiu que seu 'coração'

---

*Cidade da província siciliana de Palermo. (*N. do T.*)
[1] A. ERLANDE-BRANDENBURG, *Le roi est mort, op. cit.*, p. 96.

ficasse na África entre os combatentes e não se sabe mais o que veio a acontecer".[2] Uma outra hipótese, muito contestável também, dá a Sainte-Chapelle como o lugar onde foi depositado o coração do santo rei.[3]

Filipe está também ligado à ideia de não enviar antes do momento certo o cadáver do pai, exposto a todos os perigos, mas esperar que possa ele próprio acompanhá-lo em comboio, com o exército para o qual esse corpo que se pressente ser de um "santo" será uma proteção, não ouso dizer um amuleto.

Procede-se então ao despedaçamento do cadáver real. Os textos das testemunhas convergem, com algumas diferenças menores. Segundo Geoffroy de Beaulieu: "As carnes de seu corpo foram fervidas e separadas de seus ossos."[4] Segundo Primat: "Os criados de quarto do rei e todos os servidores (*ministros*) e aqueles próprios do ofício tomaram o corpo do rei e o cortaram (*partiram*) membro a membro e o deixaram cozinhar tão longamente em água e vinho que os ossos, com isso, quedaram totalmente brancos e totalmente límpidos da carne e se podia perfeitamente tirá-los sem empregar a força."[5]

Depois de algumas escaramuças militares e diplomáticas, os cristãos assinam um acordo com o emir de Túnis no dia 30 de outubro. O emir obtém dos cristãos que os cruzados deixem sua terra e devolvam o terreno ocupado; ele pagará, diante disso, uma indenização de guerra, e concederá liberdade de comércio na Tunísia para os mercadores cristãos e o direito aos padres cristãos de pregar e de rezar em suas igrejas.

A volta à França

No dia 11 de novembro, o exército cristão reembarca e, dia 14, a frota joga a âncora no porto de Trapani, na Sicília. O rei e a rainha da França desembarcam no dia 15, mas muita gente fica a bordo. Ora, na noite de 15 para 16 de maio uma terrível tempestade se desencadeia e a maior parte da frota é destruída. A viagem de volta é entregue à proteção das ossadas de Luís IX e de seu filho João Tristão cujo corpo tinha sido fervido como o dele; as ossadas de ambos tinham sido guardadas em pequenos caixões. O de Luís IX, erguido sobre duas

---

[2] Louis CAROLUS-BARRÉ, "Les enquêtes pour la canonisation de Saint Louis, de Grégoire X à Boniface VIII, et la bulle *Gloria, laus* du 11 août 1287", *Revue d'histoire de l'Église de France*, 57, 1971, p. 20.

[3] Ver *infra*, p. 375

[4] GEOFFROY DE BEAULIEU, *Vita*, p. 24.

[5] PRIMAT, em *Recueil des historiens des Gaules et de la France*, t. XXIII, pp. 87-88.

SÃO LUÍS

barras, repousava sobre o dorso de dois cavalos. Um terceiro continha o corpo do capelão do rei defunto, Pierre de Villebéon. Um novo luto abala a família real em Trapani: o genro de Luís IX, Thibaud de Champagne, rei de Navarra, morre também. Acrescenta-se um caixão ao cortejo. Cedo seria preciso preparar um quinto para a nova rainha da França: a jovem Isabel de Aragão, mulher de Filipe III, cai do cavalo no dia 11 de janeiro de 1271 atravessando um riacho numa enchente na Calábria, dá prematuramente à luz um filho natimorto e morre dia 30 de janeiro.

Eis o jovem rei armado com seus caixões de defuntos, voltando lentamente da Itália, atravessando Roma, Viterbo onde os cardeais ainda não conseguiram eleger um papa, Montefiascone, Orvieto, Florença, Bolonha, Módena, Parma, Cremona, Milão, Vercelli, transpondo os Alpes no Monte Cenis, no passo de Susa; subindo o vale de Maurienne, o cortejo atravessa Lyon, Mâcon, Cluny, Châlons, Troyes e chega finalmente a Paris, no dia 12 de maio de 1271. O novo rei ainda deixou mais dois caixões atrás de si, os de seu tio Afonso de Poitiers e da mulher dele, Joana, mortos num dia de parada na Itália e enterrados na catedral de Savona. O caixão de Luís IX fica exposto em Notre-Dame de Paris e os funerais se realizam em Saint-Denis a 22 de maio, quase nove meses depois da morte do rei, em meio a vivos incidentes entre o clero parisiense e os monges de Saint-Denis.

Rumo à canonização

Começa então um período de sobrevida para o rei morto e enterrado. Seu corpo já fez milagres. As entranhas realizaram numerosos na devota Sicília, terra fértil em milagres populares. A Igreja reconhecerá dois deles. Aceitará dois outros sobrevindos quando da passagem do esquife na Itália do Norte, em Parma e em Reggio nell'Emilia, e um terceiro acontecido às portas de Paris, em Bonneuil-sur--Marne. Logo, os milagres se multiplicam em Saint-Denis, é o caso tradicional dos milagres consumados no túmulo de um santo.

Mas, há um século, já, a fama deixou de ser suficiente para fazer santos reconhecidos de modo duradouro na Cristandade. A cúria romana reservou-se o direito de fazer santos, tornou-se, segundo a palavra de Jean-Claude Schmitt, "a fábrica de santos"; fabrica esses santos (ou os recusa) ao fim de um longo desenvolvimento, o processo de canonização. É um procedimento jurídico de inquérito, que assume frequentemente um aspecto político, porque a cúria romana é uma potência para o qual a decisão da canonização é um instrumento de poder. Para fazer com que se abra e se conclua um processo de canonização é preciso, afinal, dispor, além de uma boa documentação, de bons grupos de pressão. Três deles vão agir em favor da canonização de Luís IX: a fama (*bona fama, vox populi*), a casa capetiana, a Igreja da França. Acrescentem-se aí as ordens religiosas às quais favoreceu e das quais era íntimo: cistercienses, dominicanos, franciscanos. É muito e, entretanto, Luís IX vai esperar vinte e sete anos depois da morte antes de ser canonizado. O que marca esse longo período são as mortes de papas que ficam pouco tempo no trono pontifício (é preciso muitas vezes retomar o processo desde as fases anteriores, às vezes muito distantes, depois da morte de um papa) e a alternância de papas favoráveis e de papas mais mornos, que deixam a documentação dormir.[6]

A primeira iniciativa cabe ao novo papa, Gregório X, eleito a 1º de setembro de 1271 depois de uma longa vacância. Thebaldo Visconti de Plaisance, que não era cardeal, achava-se então na Terra Santa. Chegado a Viterbo, seu primeiro ato pontifício foi escrever a 4 de março de 1272 ao dominicano Geoffroy de Beaulieu, confessor de Luís IX, para solicitar que lhe mandasse o máximo possível de informações sobre seu real penitente, por quem ele tem viva admiração e que considera um "verdadeiro modelo para todos os príncipes cristãos". Pontífice com obsessão pela cruzada, Gregório X é fascinado pela cruzada real. Geoffroy de Beaulieu escreve em algumas semanas ou alguns meses uma notificação de 52 capítulos sobre a vida e o comportamento de Luís, na qual conclui que considera o defunto rei digno de ser oficialmente reconhecido como santo.[7] Gregório X sem dúvida falou com Filipe III, que o foi saudar em março de 1274 em Lyon, antes da abertura do segundo concílio ecumênico de Lyon (7 de maio-17 de julho de 1274), do processo do falecido pai dele que pretende abrir. Mas o concílio monopoliza a atenção do papa. No ano seguinte ativam-se os grupos de pressão. Possuímos três textos enviados ao papa para lhe pedir que apresse a abertura do processo de canonização de Luís IX: um do arcebispo de Reims e de seus bispos sufragâneos (junho de 1275), um do arcebispo de Sens e de seus sufragâneos (julho de 1275), e o último do prior dos dominicanos da "província" da França (setembro de 1275). O caso toma uma

---

[6] Há agora a excelente publicação de Louis CAROLUS-BARRÉ, *Le Procès de canonisation de Saint Louis* (1272-1297). *Essai de reconstitution* (Roma, 1995), que reuniu tudo aquilo que uma tentativa de reconstituição dos documentos perdidos do processo permite. Esses textos tinham sido editados, mas sua reunião e sua tradução assim como sua apresentação trarão grandes serviços. É preciso acrescentar o texto inédito recentemente publicado por Peter LINEHAN e Francisco J. HERNÁNDEZ, "*Animadverto*: a recently discovered *consilium* concerning the sanctity of king Louis IX", *Revue Mobillon*, nova série, 5 (t. 66), 1994, pp. 83-105.

[7] Trata-se da *Vita et sancta conservatio et miracula sancti Ludovici quondam regis Francorum*, *op. cit.*, pp. 3-27. Ver *infra*, pp. 297-299.

SÃO LUÍS

271

dimensão "nacional" que vai se acentuar. Gregório pede então a seu cardeal legado na França, Simon de Brie, antigo conselheiro e chanceler de Luís IX, que proceda a uma investigação *secreta* sobre o rei defunto. Simon de Brie age rapidamente, muito rapidamente, tanto que será criticado por ter feito de modo precipitado um trabalho que exige exame minucioso. E eis que Gregório X morre a 10 de janeiro de 1276.

Três papas se sucedem no trono pontifício em menos de um ano e meio. No fim de 1277, Nicolau III solicita uma documentação sobre os milagres e responde a Filipe III, que o pressionou mandando-lhe uma comitiva: havia necessidade de uma documentação mais aprofundada, ainda que estivesse persuadido da santidade do pai dele. Encarregou Simon de Brie de uma investigação suplementar, desta vez *pública*; Simon se fez assistir por dois priores, um dominicano e outro franciscano, pelo superior de Saint-Denis e por mais dois religiosos. Os resultados são enviados ao papa, que os confia a dois cardeais para exame. Mas chega a sua vez de morrer a 22 de agosto de 1280. É Simon de Brie que o sucede. Torna-se o papa Martinho IV, e dá um impulso decisivo ao processo. Uma nova assembleia da Igreja da França remete-lhe uma súplica urgente. Martinho responde assegurando aos prelados sua boa vontade, mas lembrando a necessidade de fazer as coisas dentro da boa ordem e com tranquilidade. A santidade de Luís IX apenas estará mais bem fundamentada. No dia 23 de dezembro de 1281, Martinho IV confia ao arcebispo de Rouen, aos bispos de Auxerre e de Spoleto* a investigação final (*solenelle*) abrangendo a vida, os costumes (*conversatio*) e os milagres de Luís. Pede-lhes a ida ao local, Saint-Denis, para investigar sobre os milagres que, diz-se, se produzem no túmulo de São Luís e lhes fornece um esquema de questionamento para interrogar as testemunhas. As audições duraram de maio de 1282 a março de 1283. Os inquiridores ouviram trezentas e trinta testemunhas sobre os *milagres*, em geral pessoas humildes, e trinta e oito sobre a *vida*, gente importante, a começar pelo irmão de Luís, o rei Carlos d'Anjou (cujo depoimento é ouvido em Nápoles), os dois filhos, o rei Filipe III e o conde Pierre d'Alençon, os dois "regentes" do reino durante a cruzada de Túnis, Mathieu de Vendôme e Simon de Nesle, cavaleiros (entre os quais o amigo e futuro biógrafo Joinville), religiosos e até três irmãs de caridade.

O conjunto de documentos é enviado a Roma, mas o caso ainda segue seu curso quando Martinho IV morre, no dia 28 de março de 1285. Seu sucessor, Honório IV, manda ler e discutir muitos milagres em consistório, mas morre a 3 de abril de 1287. Nicolau IV (1288-1292), um franciscano, designa uma nova comissão de três cardeais (os anteriores estavam mortos) para continuar o

---

*Cidade italiana da Úmbria, Spoleto na época era território da Santa Sé. (*N. do T.*)

exame minucioso dos milagres, mas esse exame não estava terminado quando ele morreu. O trono pontifício permaneceu vazio durante um ano e meio e o beneditino Celestino V, eleito por um equívoco e que logo se deu conta de que não tinha sido feito para a função, renuncia e volta a seu eremitério depois de alguns meses, em 1294. Para o inquérito de canonização, esse caso único que Dante chamou de "a grande recusa" representa a perda de alguns meses suplementares.

As coisas mudam definitivamente com a eleição, a 24 de dezembro de 1294, do cardeal Benedetto Caetani, que toma o nome de Bonifácio VIII. Novo papa, ele resolveu levar o processo ao fim. Como cardeal, colhera o depoimento do rei Carlos d'Anjou e tinha feito parte da comissão que examinou os milagres. Parece que estava sinceramente convencido da santidade de Luís. Mas a motivação essencial de sua decisão é política. Quer estabelecer boas relações com o rei de França Filipe IV, o Belo, neto de Luís IX, que se vai tornar, alguns anos mais tarde, seu pior inimigo.

A 4 de agosto de 1297, em Orvieto, uma das residências do papa — como seus predecessores, ele reduz, ao se afastar, a insegurança criada pelas rivalidades das grandes famílias e pelo acesso do populacho em Roma —, Bonifácio VIII anuncia sua decisão de canonizar o rei. Uma semana depois, a 11 de agosto, consagra-lhe um segundo sermão e a bula *Gloria, laus* pronuncia a canonização solene de Luís IX cuja festa é fixada para o dia do aniversário de sua morte, 25 de agosto. Eis que afinal os esforços individuais de uma vida e todas as esperanças alimentadas pela dinastia capetiana em mais de dois séculos são coroados de sucesso. O reino da França tem um rei santo.

O rei, nascido sob o signo do luto, morto em terra estrangeira e infiel, entrava na glória.

Em 25 de agosto de 1298, numa cerimônia solene em Saint-Denis com a presença do rei, neto do novo santo, Filipe IV, o Belo, de numerosas testemunhas do processo de canonização — entre elas Joinville — e um mundo de prelados, barões, clérigos, cavaleiros, burgueses e gente do povo, tanto quanto a basílica pode conter, a ossada de São Luís é "elevada" e depositada num relicário atrás do altar.

História das relíquias

Não tenho a intenção de seguir os passos da memória e da imagem de São Luís de 1297 aos nossos dias. Vasto e belo assunto que iluminará a história de uma

SÃO LUÍS

outra memória — ativa, esta —, a da nação chamada França.[8] Mas quero ainda evocar o dramático e curioso destino dos restos corporais de São Luís.

A ossada do santo rei está então no relicário onde foi depositada a 25 de agosto de 1298, atrás do altar-mor de Saint-Denis. Segundo o costume do tempo, os reis de França sucessores de São Luís fizeram dessas relíquias presentes oferecendo a tal igreja ou a tal personagem um osso de seu ancestral. Essa verdadeira política das relíquias foi praticada de maneira quase maníaca por Filipe, o Belo. O neto de São Luís quis transferir as relíquias de seu avô de Saint-Denis para a Sainte- -Chapelle para melhor possuí-las em seu palácio real, que agora ele aumentava magnificamente.

As relíquias dos santos são, na Idade Média, objeto de um culto apaixonado.[9] Durante muito tempo, pelo menos desde o fim do século XI, uma crítica sobre as "falsas" relíquias se disseminou na Igreja. Isso não impediu que a crença na virtude das "verdadeiras" permanecesse fervorosa e generalizada, quaisquer que fossem a classe social e o nível de cultura. As relíquias curam. Sua ação se exerce pelo toque do túmulo ou do relicário que as contém. São Luís vivo não curou, tocando-as, mais do que as escrófulas. De agora em diante, tocar as relíquias pode teoricamente curar tudo. Seu poder não é apenas taumatúrgico, mas propriamente milagroso. E Saint-Denis tinha visto seu prestígio crescer sendo o lugar desse milagre real renovado, ampliado, perenizado. Mas Filipe, o Belo quis confiscar em benefício do rei e de sua capela privada essas relíquias insignes. A monarquia francesa, desde o início de sua marcha para o absolutismo, quis afastar o povo das virtudes das relíquias de São Luís. O papa Bonifácio VIII, que buscava sempre manter boas relações com o rei de França, autorizou o rei a realizar a transferên- cia, desde que deixasse um braço ou uma tíbia aos monges de Saint-Denis. Mas os monges reagiram. Filipe, o Belo, devia renunciar a esse projeto. O rei obteve, entretanto, uma satisfação parcial. Depois de um violento conflito com Bonifácio VIII, as relações com o novo papa, Clemente V, o francês Bertrand le Got, foram pacíficas. Depois da coroação do papa, em novembro de 1305 em Lyon, Filipe, o Belo, que tinha ido assistir à cerimônia, conseguiu a aprovação de Clemente V a fim de transferir para a Sainte-Chapelle a cabeça de São Luís, com exceção

---

[8] O assunto apenas aflorou. De meu conhecimento: Colette BEAUNE, *Naissance de la nation France*, Paris, 1985, pp. 126-184; Alain BOUREAU, "Les enseignements absolutistes de Saint Louis, 1610-1630", em *La Monarchie absolutiste et l'histoire en France* (Atas do colóquio), Paris, 1986, pp. 79-97; Christian AMALVI, *De l'art et la manière d'accommoder les héros de l'histoire de France. De Vercingétorix à la Révolution. Essais de mythologie nationale*, Paris, 1988; J. BUISSON, *La Représentation de Saint Louis dans les manuels d'histoire des écoles élémentaires (du XVIe siècle à nos jours)*, Memória de diploma da É.H.É.S.S., inédito, 1990 (diretor M. Ferro).

[9] Patrick J. GEARY, *Furta Sacra. Thefts of Relics in the Central Middle Ages*, Princeton University Press.

do queixo, dos dentes e do maxilar inferior, que seriam deixados aos monges de Saint-Denis como lote de consolação. E talvez o coração também fosse dado à Sainte-Chapelle.

Elizabeth Brown notou judiciosamente que a cabeça é considerada a parte mais nobre do corpo de um indivíduo entre muitos povos, o centro de sua força e de sua identidade, e que o maxilar inferior é, para muitos desses mesmos povos, a segunda entre as melhores partes desse corpo humano. Por um macabro jogo de palavras, a operação foi, desde o século XIV, justificada pela consideração segundo a qual seria legítimo e mesmo bom que a cabeça do santo rei fosse transportada para o lugar (a capela santa do palácio real) que era considerado por si próprio como "a cabeça do reino" (*caput regni*). Traindo sua intenção bem determinada, Filipe, o Belo, tinha encomendado desde 1299 a um reputado ourives parisiense, Guillaume Julien, um magnífico relicário para o crânio destinado à Saint-Chapelle. A transferência solene de Saint-Denis para Paris teve lugar a 17 de maio de 1306. Notre-Dame de Paris teve também seu lote de consolação com uma costela do santo rei.

Os monges de Saint-Denis conseguiram algumas compensações. Em 1300, Bonifácio VIII permitiu-lhes celebrar todo ano uma festa solene no aniversário da morte do santo, 25 de agosto, e Filipe, o Belo, se esforçou para ir assisti-la regularmente. Em 1306, depois da transferência do crânio para a Sainte-Chapelle, aquele que para os monges de Saint-Denis foi a alma danada do rei nesse caso todo, o bispo de Auxerre Pierre de Monay, morreu subitamente no dia 29 de maio e Filipe, o Belo, foi impedido de participar da cerimônia do 25 de agosto por causa de uma ferida numa perna sofrida numa excursão de caça. Os dionisianos viram nisso o sinal de uma punição divina. Confeccionaram eles próprios um soberbo relicário para aquilo que lhes tinha restado da cabeça de São Luís, e o inauguraram solenemente a 25 de agosto de 1307 na presença de Filipe, o Belo, e de uma multidão de prelados e de barões.

Mas o fracionamento do esqueleto de São Luís continuava. Filipe, o Belo, e seus sucessores deram falanges de dedos ao rei da Noruega, Haakon Magnusson, para a igreja dedicada ao santo rei que ele mandou construir na ilha de Tysoen, perto de Bergen. Entre os primeiros beneficiários estiveram os cônegos de Notre--Dame de Paris, os dominicanos de Paris e de Reims, os abades de Royaumont e de Pontoise. Quando de uma viagem a Paris entre 1330 e 1340, a rainha Branca da Suécia recebeu um relicário contendo alguns fragmentos destinado ao mosteiro de Santa Brígida em Vadstena. O imperador Carlos IV, em sua viagem a Paris em 1378, ganhou outros fragmentos, que enviou à catedral de Praga. Em 1392 arrumou-se o que restava dos ossos de São Luís num novo relicário e, nessa ocasião, Carlos VI deu uma costela a mestre Pierre d'Ailly para o papa,

SÃO LUÍS

duas costelas para os duques de Berry e de Borgonha e um osso aos prelados que assistiam à cerimônia para que o repartissem entre si. Aí por 1430, o duque da Baviera Luís VII recebeu um osso para a igreja de sua capital, Ingolstadt. Em 1568, o conjunto dos ossos foi reunido em Paris por ocasião de uma procissão solene contra os protestantes. Em setembro de 1610, Maria de Médicis recebeu um osso, mas, tomada de remorsos, devolveu-o quando da sagração de Luís XIII. Ana d'Áustria só recebeu um pequeno pedaço de costela em 1616 e, insatisfeita, conseguiu uma costela inteira no ano seguinte. Um pouco mais tarde, interferiu junto ao cardeal de Guise a fim de obter para os jesuítas de Paris e de Roma uma outra costela e um osso de um braço. Por ocasião da exumação dos cadáveres reais de Saint-Denis e das destruições de seus restos mortais, encontrou-se o túmulo de São Luís evidentemente vazio, uma vez que a ossada tinha sido transferida para o relicário em 1298.[10] Esse relicário então foi destruído e o que restava da ossada dispersou-se ou foi reduzido a nada.

Que resta das relíquias de São Luís? Do relicário da cabeça de São Luís na Sainte-Chapelle, só um pequeno fragmento de esmalte da caixa que está conservado no Gabinete das Medalhas da Biblioteca Nacional de Paris. O maxilar inferior e a costela conservados em Notre-Dame de Paris não têm escapado à fragmentação das relíquias: em 1926 o arcebispo de Paris ofereceu um pedaço da costela à igreja de Saint-Louis-de-France em Montreal. A basílica de Saint-Denis expõe um osso de São Luís na capela da Virgem na abside. A data e as condições da aquisição são desconhecidas: em 1941, a Sociedade do Memorial de Saint-Denis encomendou um novo relicário para abrigá-lo e a transferência da relíquia para a nova caixa deu lugar a uma cerimônia solene em 1956.[11]

O destino do coração de São Luís perturbou os eruditos do século XIX. Durante obras na Sainte-Chapelle, em 1843, descobriram-se fragmentos de um coração perto do altar. Levantou-se a hipótese de que se tratava do coração do santo rei, e uma viva polêmica opôs muitos dos principais eruditos da época.[12] Faço minha a opinião de Alain Erlande-Brandenburg: "A ausência de qualquer

---

[10]O beneditino Dom Poirier, testemunha dessa operação em nome da Comissão dos Monumentos da Convenção, escreveu num seco relatório: "Sábado, 19 de outubro de 1793 [...]. Continuando a busca no coro, encontrou-se, ao lado do túmulo de Luís VIII, aquele onde tinha sido depositado São Luís, morto em 1270. Era mais curto e mais estreito do que os outros: a ossada tinha sido retirada quando de sua canonização em 1297. *Nota*. A razão pela qual seu caixão era mais estreito e mais curto que os outros é o fato de que, segundo os historiadores, suas carnes foram para a Sicília: assim, só os ossos chegaram a Saint-Denis, para os quais bastou um caixão menor do que o necessário para o corpo inteiro" (Alain BOUREAU, *Le Simple Corps du roi*, Paris, 1988, p. 86).
[11]Elizabeth A. R. BROWN, "Philippe le Bel and the remains of Saint Louis", *Gazette des beaux-arts*, 1980/1981, pp. 175-182; *Acta Sanctorum*, mês de agosto, vol. V, pp. 536-537; Robert FOLZ, *Les Saints Rois du Moyen Âge en Occident (VIᵉ-XIIIᵉ siècles)*, Bruxelas, 1984, pp. 179-180.
[12]Ver Auguste MOLINIER, *Les Sources de l'histoire de France des origines aux guerres d'Italie (1494)*, vol. II, *Les Capétiens (1180-1328)*, Paris, 1903, n° 2.542.

inscrição, o fato de que as crônicas jamais tenham mencionado esse depósito, o esquecimento em que teria caído essa preciosa relíquia são suficientes para descartar tal identificação."[13] Acrescento que não há como pôr em dúvida a inscrição que ainda no século XVIII se podia ler sobre o túmulo de São Luís em Saint-Denis: "Aqui estão guardadas as vísceras de São Luís rei de França",[14] e como as entranhas estavam em Monreale na Sicília só pode ser o coração que, vimos acima, Filipe III, na Tunísia, tinha decidido enviar a Saint-Denis com os ossos. Não transferido com os ossos para o relicário em 1298, deve ter se dissolvido no túmulo antes da Revolução, quando os fragmentos que dele restavam talvez tenham escapado à atenção dos destruidores de 1793 e de Dom Poirier.

Por fim, o destino das estranhas é espantoso demais. Ficaram em Monreale na Sicília até 1860. Carregou-as consigo para o exílio o último rei Bourbon da Sicília, Francisco II, quando foi expulso pelos Mil de Garibaldi.* Francisco levou as preciosas entranhas para Gaeta,** onde esteve retirado, e depois para Roma. Quando deixou Roma rumo a Paris, acabou parando para uma temporada no castelo que o imperador Francisco José tinha posto à sua disposição na Áustria, e depositou as relíquias na capela desse castelo. Em seu testamento, redigido em 1894, legou o relicário das entranhas ao cardeal Lavigerie e aos Padres Brancos*** para sua catedral de Cartago. Desse modo, as entranhas de São Luís voltaram para os lugares da morte do santo rei.[15]

Repartiu-se o cadáver de São Luís em 1270. Em 1299, pela bula *Detestandae feritatis*, o papa Bonifácio VIII proibiu para o futuro tais práticas que qualifica de bárbaras e de monstruosas.[16] Um novo sentimento de respeito da integridade do corpo humano, ainda que reduzido ao estado de cadáver, surgia, mas ainda enfrentou, especialmente na França, um outro sentimento crescente a respeito dos corpos dos reis e das grandes personagens: o desejo da pluralidade das sepulturas (túmulos do corpo, túmulos do coração, túmulos das entranhas em diferentes

---

[13]A. ERLANDE-BRANDENBURG, *Le roi est mort, op. cit.*, p. 96.

[14]*Ibid.*, p. 96, n. 103.

*A expedição com que o herói da unificação italiana partiu para dominar a Sicília, em 1860, ficou conhecida como a expedição dos Mil de Garibaldi ou dos Camisas Vermelhas. (*N. do T.*)

**Pequena cidade italiana no golfo do mesmo nome, ao norte de Nápoles. (*N. do T.*)

***São os Missionários de Nossa Senhora da África, também conhecidos como Padres Brancos dada a cor de seu hábito. A congregação foi fundada pelo cardeal Lavigerie, em 1868, com a missão de evangelizar a África. (*N. do T.*)

[15]Sobre o desenvolvimento de uma curiosa lenda tunisiana de São Luís, ver A. DEMEERSEMAN, *La légende tunisienne de Saint Louis*, Túnis, 1986. Vimos em 1990 um túmulo contendo, segundo uma inscrição, os restos mortais de São Luís na catedral (destituída de suas funções de igreja) de Cartago.

[16]A. ERLANDE-BRANDENBURG, *Le roi est mort, op. cit.*, p. 30; Elizabeth A. R. BROWN, "Death and human body in the later Middle Ages: the legislation of Boniface VIII on the division of the corpse", *Viator*, 12, 1981, pp. 221-270; A PARAVICINI BAGLIANI, *Il corpo del Papa, op. cit.*, (*supra* p. 245, n⁰ 98)

lugares) que multiplicava a presença de sua memória física. O desejo de prestígio da sociedade do *Ancien Régime* alimentado pelo gosto do macabro e pelo gosto da arte funerária exagerada, continuando uma tradição pagã, derrotou durante muito tempo uma concepção de respeito ao corpo humano que a Igreja não conseguiu impor à cúpula da sociedade. Esse costume monárquico permitiu a divisão da ossada de São Luís quando ela se tornou relíquia.

SEGUNDA PARTE

A PRODUÇÃO
DA MEMÓRIA REAL:
SÃO LUÍS EXISTIU?

Eis-nos chegados ao momento em que, depois de termos visto São Luís viver e morrer, devemos nos perguntar se podemos ir mais longe, tentar saber quem ele era. Como deve fazer o historiador, não contei a vida dele senão com os documentos originais, os da época. Mas a memória das testemunhas é, em graus diversos, incerta, modelada por interesses individuais e coletivos, e mesmo a história que se quer verdadeira, senão já "científica", ainda balbuciante no século XIII, é, voluntária ou involuntariamente, dependente da situação e dos objetivos daqueles que a escreveram, e que, para escrevê-la, e ao escrevê-la, construíram-na, produziram-na. Como se trata de um rei e, mais que rei, de um santo, de um rei que queriam muito ver reconhecido como santo, a força e a amplitude das manipulações devem ter sido consideráveis. Para saber se podemos esperar chegar ao indivíduo (santo) Luís IX, é-nos preciso estudar cuidadosamente como e por que se produziu sua memória.

A empresa que proponho ao leitor vai além disso que se chama tradicional-mente no ofício de historiador de "a crítica das fontes". O objetivo dessa crítica é saber se, por meio dos documentos, único material autêntico do trabalho de historiador, este pode conhecer alguma coisa mais do que a expressão dos interes-ses dos ambientes e indivíduos produtores de memória na Cristandade do século XIII e os meios dessa produção nessa época. É mesmo com São Luís que nos deparamos no fim desse exame, ou apenas vamos informar como aqueles que, tendo razões e recursos materiais e intelectuais para legá-lo à nossa memória, não tinham nem o desejo nem a possibilidade da nos dar a conhecer o indivíduo São Luís que hoje temos a vontade legítima de encontrar, de compreender? É o modelo de um rei, um tipo de santo que se construiu, ou esse rei, esse santo, é alguém que existiu? É preciso, então, para prosseguir a investigação sobre São Luís, que nos envolvamos radicalmente com a empresa. O São Luís de nossos documentos existiu? E como esse é o único São Luís que se nos oferece, São Luís existiu?

Qualquer que seja, para tentar atingir e explicar São Luís, meu esforço para abordá-lo como historiador, e como historiador que se beneficia dos progressos consideráveis que seu ofício obteve da Idade Média para cá, não tento esconder de mim mesmo que esse São Luís é também o "meu" São Luís. Não que esta obra tenha como objetivo propor uma imagem subjetiva de São Luís. Não discutirei aqui o problema da verdade histórica. Mas creio que o ofício de historiador é um ofício sobre a verdade, que trabalha com métodos "científicos", quer dizer, demonstráveis e verificáveis. Não sou, entretanto, nem tão ingênuo nem tão vaidoso para crer que o "meu" São Luís é o "verdadeiro" São Luís. Do começo ao fim desta obra me esforço, sem aborrecer o leitor com essa autocrítica subjacente, para levar em consideração minha própria situação, minha própria formação, meus *hábitos pessoais* na produção do "meu São Luís".

Esta segunda parte do livro comporta também, na base, a aplicação que fiz a mim mesmo neste trabalho da palavra de Marc Bloch: "O historiador nada tem de um homem livre."[1]

Então é preciso agora responder a uma série de questões. Que documentos nos informam involuntariamente sobre São Luís? Que documentos foram produzidos, ao contrário, com uma vontade de legar uma certa ideia, uma certa imagem dele para a posteridade? Que foi que os contemporâneos acharam "memorável" nele, digno de entrar na memória coletiva? Quais foram os principais centros de produção da memória real, quais eram seus interesses conscientes ou inconscientes? Em que redes de tradições a memória de São Luís foi colhida? E de que não nos falam esses documentos e que gostaríamos de conhecer, quem faz parte hoje do questionário normal sobre uma personagem de primeiro plano, ou, mais simplesmente, sobre um indivíduo? Em que conjunto de propaganda e de silêncios a memória de São Luís nos foi legada?

---

[1] Marc BLOCH, *La Société féodale*, Paris, nova ed., 1968, p. 16.

I

O REI DOS DOCUMENTOS OFICIAIS

Essa abordagem dos soberanos e dos governos com a ajuda dos testemunhos administrativos foi por longo tempo relegada aos bastidores da história, confinada no registro menor das ciências ditas "auxiliares" da história: a cronologia, a diplomática, a sigilografia.* É, entretanto, sem jogo de palavras, um caminho real para chegar às realidades do poder através de sua prática rotineira. A relação dos reis com a escrita, com os usos de chancelaria, com as regras de estabelecimento e utilização das expressões de sua soberania ou de sua vontade, com a conservação dos arquivos que são um dos principais fundamentos de seu poder, faz parte de sua personalidade e de sua biografia. A pessoa de São Luís se manifestou através dessa atividade administrativa, ele existiu também por essa atividade e, graças a ela, pelo menos em parte, continua a existir para nós. São Luís não aparece, através desses testemunhos, como um rei igual a seu avô Filipe Augusto ou seu neto Filipe, o Belo.[2]

---

*Cronologia é a ciência da fixação das datas dos acontecimentos históricos; a diplomática é a ciência que tem por objeto os diplomas (atos oficiais dos governos estabelecendo leis, direitos, privilégios etc.), o estudo de sua idade, autenticidade, valor etc.; sigilografia é o estudo científico dos sinetes (ou chancelas, ou selos, marcas de lacre) e, especialmente, dos sinetes de cartas medievais (cartas, aqui, com o sentido de documentos como títulos de propriedades, de vendas, de privilégios outorgados pela coroa etc.). (*N. do T.*)

[2]Grandes progressos foram feitos pela historiografia francesa a esse respeito graças a Jean-François Lemarignier e a seus alunos. Ver, em particular, LEMARIGNIER, *Le Gouvernement royal aux premiers temps capétiens, op. cit.*, *supra* p. 80, nº 102; ID., La France médiévale. Institutions et société, Paris, 1970; E. BOURNAZEL, *Le Gouvernement capétien au XIIᵉ siècle, 1108-1180. Structures sociales et mutations institutionelles*, Paris, 1975. Sobre a contribuição do método prosopográfico, ver *Genèse de l'État moderne: prosopographie et histoire de l'État* (mesa-redonda, Paris, 1984), Paris, 1986. [*N. do T.* — Literalmente, prosopografia é a descrição da face de alguém e, por extensão, a descrição de uma figura, o perfil de alguém. Palavra científica criada modernamente, tem a formá-la os elementos gregos "face" (*prósopon*) e "descrição" (*graphé* + sufixo *ia*)].

O primeiro conjunto de informações sobre São Luís é constituído por documentos oficiais que trazem sua marca ou seu nome. Hoje, os governos escrevem ou, pelo menos, assinam alguns documentos oficiais importantes e, para os menos importantes, delegam sua assinatura. No século XIII, não se assina, um rei não tem assinatura, que é substituída por um sinete.[3] Ainda que o rei seja o único soberano, o grande sinete real é o único a conferir plena autoridade aos atos que ele chancela. Existe só um de cada vez. Mesmo que o rei reutilize a matriz do sinete do rei precedente — porque a fabricação da matriz de um tal sinete era "um trabalho longo, custoso e delicado" (M. Pastoureau) —, a inscrição com o nome do soberano aparece com a ascensão ao poder do novo rei e só desaparece com a sua morte, a menos que, durante o reinado, excepcionalmente, o rei a mude. Quando não é mais utilizado, um grande sinete (dito "sinete de majestade" porque o soberano nele aparece sentado numa pose que os historiadores da arte assimilaram à majestade — esse poder supremo e misterioso do rei único) é destruído. Será destruído, de qualquer maneira, com a morte do soberano. São Luís foi o primeiro a mandar fabricar um sinete de ausência, destinado a servir enquanto ele estava na cruzada. É o sinete do rei distante que manifesta a continuidade de seu poder e só pode ser utilizado por aqueles aos quais ele delegou poder. O sinete fica sob a guarda do chanceler que, normalmente, acompanha o rei em suas viagens dentro do reino. Um oficial subalterno mais importante, o esquenta-cera,* segue sempre o rei, o chanceler e o grande sinete quando das viagens do soberano.

A multiplicação dos atos de chancelaria, a necessidade de acelerar o trabalho burocrático levaram, precisamente sob São Luís, a novos usos, por volta de 1250. Organiza-se uma hierarquia dos atos da chancelaria real que são reconhecidos à medida que vão sendo chancelados. Os decretos, ou cartas régias em forma de decreto, são atos chancelados com cera verde sobre superfícies de seda vermelha e verde.[4] Menos solenes são as cartas patentes chanceladas com cera amarela sobre dupla haste. Aí por 1250, as cartas régias chanceladas com cera amarela sobre haste simples, mais informais e chamadas, em geral, "*mandados*", por causa da

---

[3]Michel PASTOUREAU, *Les Sceaux*, Turnhout, 1981; Brigitte BEDOS REZAK, "Signes et insignes du pouvoir royal et seigneurial au Moyen Âge: le témoignage des sceaux", em *Actes du 105e Congrès national des sociétés savantes (Caen, 1980)*, Comité des travaux historiques, Philologie et histoire, t. I, 1984, pp. 47-82.

*Foi impossível esclarecer se havia ou não cargo correspondente na monarquia portuguesa, para uma tradução correspondente. À falta de nomenclatura específica na língua, restou-nos o recurso de traduzir *chauffe-cire* ao pé da letra, o que pode dar em nossa língua uma primeira impressão cômica. O esquenta-cera, entretanto, mesmo sendo um oficial subalterno era realmente importante na monarquia medieval francesa. Encarregado de aquecer a cera para preparar o lacre com o qual se chancelavam os documentos, estava sempre ao lado dos reis. E gozava de todos os privilégios dos secretários do rei. (*N. do T.*)

[4]Gaston TESSIER, *La Diplomatique royale française*, Paris, 1962, p. 237 e segs.

SÃO LUÍS

palavra [latina] *mandamus* ["Ordenamos"] que marca, no dispositivo inicial do ato, a decisão real, constituem uma categoria diplomática.[5] Por último, no finzinho do reinado, começa a surgir a necessidade de acrescentar menções de serviço que são classificadas como "extrassinete" (*sic signatum extra sigillum*)* e que os especialistas em diplomática chamam de "menções fora do teor". O mais antigo exemplo conservado data de 30 de dezembro de 1269. É uma carta chancelada sobre haste simples na qual São Luís anuncia ao bispo de Clermont a remessa de relíquias que manda "por Frei Guillaume de Chartres", esta indicação figurando como "fora do teor".[6]

Evidentemente é muito difícil precisar se a produção de atos reais resulta de um simples funcionamento das instituições ou de uma vontade declarada, de uma ação pessoal do soberano. O máximo que se pode dizer é que Luís IX estava efetivamente presente nos lugares onde os atos reais eram datados, o que não será mais o caso a partir de Filipe, o Belo.[7] Pode-se deduzir disso que o rei muito provavelmente estava pelo menos a par do teor desses atos — e os atos permitem que se conheça, como se verá, as viagens e temporadas do rei.

O que é certo é que a burocracia real conhece com São Luís uma nova fa- se de crescimento. São Luís é um rei da escrita. Esse crescimento não está ligado apenas ao desenvolvimento das instituições reais, mas exprime também a concepção que se faz São Luís de sua função, de seu dever de intervenção no reino, de sua confiança na eficácia do ato escrito, testemunho da vontade real oficial.[8]

Um salto quantitativo marcando um progresso qualitativo da administração real teve lugar sob Filipe Augusto. Pode-se ver nesse caso o efeito de uma melhor conservação dos arquivos reais, depois da desventura da batalha de Fréteval, em 1194, na qual os arquivos do rei de França caíram nas mãos de Ricardo Coração de Leão, mas também, sem dúvida, há uma forte progressão da redação de atos devida ao crescimento do domínio real. Há 701 atos originais de Filipe Augusto conservados (para quarenta e três anos de reinado) contra 96 de seu avô Luís VI (vinte e nove anos de reinado) e 197 de seu pai Luís VII (também quarenta e três anos de reinado) e cerca de 1.900 atos de toda natureza, o que significa o dobro do que tinha deixado Luís VII. E não se pode esquecer que

---

[5] *Ibid.*, pp. 244-246.

*"Assim marcada fora do sinete." (*N. do T.*)

[6] *Ibid.*, pp. 246-247.

[7] Natalis de WAILLY, em *Recueil des historiens des Gaules et de la France*, pp. XXVIII-XLIV, e 407-512 (regnum mansiones et itinera); G. TESSIER, *La Diplomatique royale française*, *op. cit.*, p. 293.

[8] O caso da monarquia inglesa foi admiravelmente estudado por M. CLANCHY, *From Memory to Written Record. England, 1066-1307*, Londres, 1979; nova ed., 1993.

os atos conservados representam só uma pequena parte dos atos produzidos. A realeza francesa ainda está atrasada a esse respeito em relação à monarquia pontifícia, a maior e mais precoce produtora de atos escritos, e em relação à monarquia inglesa, melhor conservadora de seus arquivos, mas que continua a utilizar o rolo (*roll*), pouco prático. Será preciso esperar Filipe, o Belo, para que esse atraso seja recuperado. O reinado de São Luís está na metade do caminho da recuperação.

Publicaram-se de modo não sistemático os catálogos dos atos de Henrique I e de Luís, e, de forma exaustiva, os registros de Filipe Augusto e de Filipe, o Belo. A época de São Luís infelizmente e a de seu filho Filipe III correspondem a uma lacuna. Não era minha intenção, de qualquer maneira, estudar esses documentos que informam mais sobre as instituições do que sobre o rei, mas convém buscar ainda nesses atos oficiais, dados em seu nome e marcados com o seu sinete, algumas informações sobre São Luís.

O essencial dos atos de chancelaria está num registro chamado *registrum Guarini*, do nome [latinizado] do chanceler Guérin, principal conselheiro de Filipe Augusto, morto no início do reinado de São Luís, que decidiu, quanto a isso, em 1220, refundir e completar os dois primeiros registros precedentes.[9]

Os atos transcritos em um registro constituem uma série cronológica. Deles consta a atividade no tempo da personagem ou da instituição, aqui a chancelaria real. O registro Guérin, dividido em 17 capítulos com fólios deixados em branco para complementos (o que testemunha um sentido de futuro na administração real), serviu até 1276, portanto durante todo o reinado de São Luís. Sente-se a ligação, que se pode dizer pessoal, entre o rei e esse livro da memória administrativa real quando se vê o soberano levar consigo o registro para a cruzada, depois de mandar fazer prudentemente uma cópia, terminada mais de um ano antes de sua partida, em 1247. Sinal de sua vontade de continuidade governamental (o que obriga a matizar a imagem do rei distante), ele manda anotar ali, de 1248 a 1255, os atos das decisões que tomou no Egito, na Terra Santa e nos primeiros meses depois de sua volta à França. Gérard Sivery supõe que São Luís pôde carregar de novo esse registro para a cruzada de Túnis, porque nele se descobriram atos datados de 1270.[10] Sivery localizou as testemunhas desse vaivém que por longo tempo representou o pragmatismo

---

[9]Esse registro [*registrum Guarini*] está conservado nos arquivos nacionais sob a cota TJ 26. Georges Tessier definiu um registro como "um livro manuscrito no qual uma pessoa física ou moral transcreve ou faz transcrever os atos por ela expedidos, ou recebidos, ou que lhe são comunicados à medida que os vai expedindo, ou recebendo, ou que deles lhe chega a comunicação". Vale o registro da transcrição.

[10]G. Tessier, *La Diplomatique, op. cit.*

SÃO LUÍS

real. Descobriu "adições, correções, inovações", porém, mais frequentemente, ensaios apenas esboçados de adaptação da política real à evolução das estruturas, como o testemunham, por exemplo, as tentações de substituição da avaliação dos rendimentos em dinheiro dos feudos à simples enumeração dos encargos cavalheirescos. São Luís é o rei da irresistível abertura da economia monetária. Os esforços inacabados do cadastramento dos recursos reais são uma outra constatação desses esforços que não resultaram em nada. As listas permanecem inacabadas, deve-se ter recorrido a listas velhas.[11] O rei corre atrás do tempo cuja aceleração não domina.

A par dos registros em que São Luís, apesar das veleidades de inovação, continua, *grosso modo*, Filipe Augusto, há cofres chamados *layettes* em que são conservados os documentos cujo conjunto forma o que se chama significativamente, desde o século XIII, o "Tesouro" das cartas. Nesse domínio, São Luís cumpre um gesto essencial. Felipe Augusto, depois de Fréteval, tinha deixado estacionários os arquivos reais. São Luís lhes dá uma residência sagrada, na Sainte-Chapelle de seu palácio, por cima do Tesouro da sacristia.

Esses cofres ou *layettes* contêm as relações do rei com os príncipes estrangeiros, os grandes feudatários do reino e seus outros vassalos, sob a forma de tratados, homenagens, promessas, despachos, quer dizer, todos os títulos que inventariam e autenticam os bens da coroa, a correspondência ativa e passiva do rei (cartas enviadas e recebidas), as cópias, atos devolvidos e reintegrados ao tesouro sob o nome de *littera redditae* ou *recuperatae*, os atos ligados a grandes acontecimentos políticos como, mais tarde, a canonização de São Luís, as aquisições feitas pelo rei.[12]

Parece difícil tirar desses documentos informações sobre a pessoa de São Luís.[13]

Pode-se, todavia, notar conjuntos de atos relativos a um problema que sugerem a constituição de arquivos ou, pelo menos, um esforço especial de arquivamento de questões de interesse particular em relação a São Luís, sobre

---

[11] G. SIVERY, *Saint Louis et son siècle, op. cit.*

[12] A. TEULET, *Layettes du Trésor des chartes*, t. I, Paris, 1863, p. VI.

[13] Ver, entretanto, Robert-Henri BAUTIER, "Critique diplomatique, commandement des actes et psychologie des souverains du Moyen Âge", *Comptes rendus de l'Académie des inscriptions et belles-lettres*, 1978, pp. 8-26. Élie Berger dirigiu uma investigação sobre "os últimos anos de São Luís segundo as layettes do Tesouro das Cartas" (*Layettes du Trésor des chartes*, t. IV, Paris, 1902). Podia-se esperar sob esse título, precisamente, um estudo do conteúdo dos arquivos reais para o conhecimento daquele que as fez reunir durante o último decênio de sua vida e de seu reinado (1261-1270). Infelizmente, Élie Berger, apesar das referências das layettes do Tesouro das Cartas, fez desses documentos sobretudo pretexto para esboçar em termos gerais a política real dos dez últimos anos, com uma atenção particular para aquilo que chama, de maneira muito anacrônica, a "política estrangeira" de São Luís, e com a vontade de julgar, de um modo muito característico da história positivista do fim do século XIX, essa política de São Luís.

o que quase se poderia chamar de suas obsessões: assim, o que diz respeito à Terra Santa e aos preparativos de sua segunda cruzada, pensamento privilegiado; o que é relativo às arbitragens do rei e, em particular, à sua mediação entre o rei da Inglaterra e seus barões, entre os barões de seu próprio reino, cuidado do rei pacificador de esclarecer e de sustentar suas decisões; interesse, enfim, por sua família, que ocupa um lugar tão grande, apesar de algumas extravagâncias, em suas preocupações de homem e de soberano. É quase o eco de um pressentimento na véspera de uma nova ausência e da morte. O rei quer resolver, especialmente, o problema dos apanágios de seus últimos filhos na difícil conciliação de seus interesses com os interesses do reino. Há nele, nessa época dominada pela moral e pela escatologia, como que uma burocracia do escrúpulo — dinástico e monárquico.

Mas a inovação mais importante do reinado, em matéria de conservação de atos reais, é a constituição, a partir de 1254, dos atos do Parlamento de Paris. Os registros contendo esses atos receberam, no século XIV, o nome de *olim* ("outrora") porque um dos registros começava por: "Olim *homines de Baiona*" ("Outrora os homens de Bayonne..."), e a palavra foi aplicada aos sete registros mais antigos. A data do início desses registros é significativa: 1254, é a volta de São Luís da Terra Santa, as entrevistas depois do desembarque na Provença com o franciscano Hugues de Digne, que atrai a atenção do rei para seu dever de justiça, é o ano da grande ordenação de 1254, que inaugura o período da ordem moral. É também o que se chama "a abertura de uma época de melhoria na atividade do Parlamento". Este se distingue definitivamente do conjunto da Cúria Real (*Curia regis*) para se especializar nos negócios de justiça.

Certamente, o Parlamento funciona mais ou menos independentemente do rei. Mas o rei assiste quase sempre às três ou quatro reuniões gerais que preside anualmente no dia seguinte à oitava de Pentecostes, de Todos os Santos ou da festa de São Martinho de inverno (11 de novembro), da Candelária e da Natividade da Virgem. A aparição desses registros corresponde perfeitamente às vontades profundas de São Luís e à guinada decisiva de sua conduta e de sua política depois que voltou da cruzada. É a afirmação mais e mais frequente da primazia da justiça real sobre as justiças senhoriais ou outras (urbanas, por exemplo) pelo processo do *apelo* ao Parlamento (Corte de Apelação), quer dizer, à justiça real. É também o momento de progressos decisivos no recurso ao processo escrito. Os *olim* são a face burocrática de São Luís justiceiro.[14] É a inscrição na escrita, na memória

---

[14]Arthur BEUGNOT (ed.), *Olim ou registres des arrêts rendus par la cour du roi sous les règnes de Saint Louis, Philippe le Hardi, etc.*, t. I, 1254-1273, Paris, 1839; Edgar BOUTARIC, *Actes du Parlement de Paris*, t. I, 1254-1299, Paris, 1863, em particular pp. LXIV-LXVI.

SÃO LUÍS

registrada, da vontade e da presença do rei nessa nova peça na engrenagem do Estado monárquico. Para cumprir sua função, ele precisa de continuidade. O primeiro redator oficial dos olim em quem se viu um "escrivão" do Parlamento, Jean de Montluçon, exerceu sua profissão de 1257 a 1273.

Poder-se-á supor que houve intervenção particular do rei quando aparece a menção *de mandato regis* ("por ordem do rei"). Se bem que, na maior parte do tempo, os oficiais reais, especialmente os bailios, pudessem tomar uma decisão em nome do rei, encontra-se às vezes a distinção entre *quantum ad consilium* ("no que diz respeito ao conselho") e *quantum ad regem* ("no que diz respeito ao rei"). Por exemplo, há um ato relativo ao inquérito de 1260 sobre o caso do palafrém que os camaristas reais pediram ao abade de Colombe quando ele tomou posse no qual se nota que a expedição do inquérito foi feita no Parlamento *quantum ad concilium*, mas não *quantum ad regem*, porque alguém devia lhe "falar".[15] O interesse particular que São Luís traz a esses arquivos aparece quando, em 1260, ele ordena o depósito de peças originais no Tesouro de sua Sainte-Chapelle. Aqui também, colecionam-se documentações sobre um assunto que, em dado momento, suscita a atenção do rei. Assim, São Luís, que ora parece se interessar pelos negócios do Languedoc, ora parece indiferente à França meridional, despeja em 1269 nos arquivos do Parlamento as peças relativas à conquista do Languedoc e, em particular, as cartas e atos chancelados sobre os antigos feudos e direitos de Simon de Monfort.

Desde o fim do reinado de São Luís, os arquivos do Parlamento estão transbordando pelo afluxo de documentos. O acúmulo impede que reine a ordem que, de qualquer modo, a burocracia real nascente tenta, tateando, estabelecer. Por exemplo, não se faz uma boa triagem entre os arquivos do Parlamento e o Tesouro das Cartas. Os inquéritos do Parlamento se misturam com a documentação do Tesouro. São Luís já desaparece por trás dos documentos dos arquivos.

A grande lacuna que os documentos reais de São Luís dividem com os de outros reis provém da perda dos registros e das peças contábeis destruídos no incêndio do Tribunal de Contas de Paris, em 1737. Restaram apenas, quanto ao reinado de São Luís, uns poucos destroços "significativos", como as contas do palácio, quer dizer, o conjunto dos serviços domésticos do soberano, sobre tabuínhas de cera. Por exemplo, as tabuínhas sobre as quais o contador do palácio Jean Sarrasin anotou a despesa cotidiana no período da festa da Candelária em 1256 até Todos os Santos

---

[15] *Olim*, t. I, p. 131, nº 75.

em 1257, ou seja, 638 dias.[16] Conservaram-se as contas dos anos de 1231, 1234, 1238, 1248 e 1267. Vimos mais atrás[17] dados numéricos relativos às despesas do casamento de São Luís, em 1234, e a recapitulação das despesas da cruzada. Dos números referentes ao serviço das tropas foram conservados também[18] e sobretudo os atos dos inquiridores, especialmente os dos inquéritos de 1247.[19] Desse modo, os arquivos nos revelam a imagem de um São Luís que escreve (quer dizer, faz escrever) muito, que conserva mais e mais, mas que calcula pouco. Não está cercado de números. Sem dúvida como consequência das perdas da contabilidade real, porque a monarquia se põe a contar cada vez mais nesse século XIII, que pode ser descrito como o século da aritmética e do cálculo.[20]

Com os inquéritos, as ordenações são de particular importância. Lembro que o termo é posterior à Idade Média e que a denominação desse tipo de ato e sua forma diplomática resultando de sua natureza jurídica estão ainda mal fixados sob São Luís. Trata-se de atos de alcance legislativo e regulamentar que só o rei tem o direito de editar. Chamamo-los ora "leis" ("estabelecimentos", *stabilimenta*), "estatutos" (*statuta*), "defesas" (*inhibitiones*), ou ainda, para as moedas, "atraimento", "ordenamento", "estabelecimento". São textos importantes, de alcance geral, válidos para o domínio real ou uma parte do reino e, sob São Luís, cada vez mais para o conjunto do reino.[21] A primeira "ordenação" aplicada a todo o reino foi editada durante a minoridade de São Luís.[22]

À falta de uma edição apta das ordenações dos reis de França, é preciso recorrer à impressão, certamente satisfatória, que dá uma lista aproximativa.[23]

---

[16]*Recueil des historiens des Gaules et de la France*, t. XXI, pp. 284-392. O que sobrou da contabilidade real foi publicado por Natalis DE WAILLY nos tomos XXI e XXII desse *Recueil*, 1855 e 1865. Para o palácio, ver F. LOT et R. FAWTIER, *Histoire des institutions françaises au Moyen Âge*, t. II, *Les Institutions royales, op. cit.*, "L'Hôtel du roi", p. 66 e segs.

[17]Ver *supra*, pp. 123 a 126.

[18]*Recueil des historiens des Gaules et de la France*, t. XXIII.

[19]Os inquéritos de São Luís foram publicados por Léopold DELISLE, *ibid.*, t. XXIV, 1904.

[20]Sobre os progressos do cálculo no século XIII, ver o belo livro de Alexander MURRAY, *Reason and Society in the Middle Ages*, Oxford, 1978.

[21]Sobre as ordenações, ver *infra*, pp. 605-606

[22]Ver *supra*, p. 102.

[23]A pedido de Luís XV, quer dizer, do Regente, Eusèbe de LAURIÈRE publicou em 1723 as *Ordonnances des rois de France* em uma edição muito falha que seria importante substituir (op. cit; reimpr. Farnbororugh, 1967). Gérard GIORDANENGO tomou a defesa dessa edição assim como do *Recueil général des anciennes lois françaises depuis 420 jusqu'à la Révolution de 1789* (Paris, 1822-1833) porque "uma visão [...] mais próxima [do que a dos medievalistas atuais] da realidade medieval presidiu a essa compilação" ("Le pouvoir législatif du roi de France, XIᵉ -XIIIᵉ siècles: travaux récents et hypothèses de recherche", *Bibliothèque de l'École des chartes*, t. 147, 1989, pp. 285-286). Parece-me que uma edição verdadeiramente "científica" traria melhores textos das ordenações permitindo sua utilização pelos historiadores de hoje, respeitando rigorosamente a prática e a mentalidade administrativas medievais. Sobre a evolução do poder legislativo de São Luís, ver Albert RIGAUDIÈRE, "Législation royale et construction de l'État dans la France du XIIIe siècle", em André GOUDRON e Albert RIGAUDIÈRE (ed.), *Renaissance du pouvoir législatif et genèse de l'État*, Montpellier, 1988.

SÃO LUÍS

Contra seis ordenações de Filipe Augusto, encontram-se vinte e cinco para São Luís, sem contar oito regulamentações que foram misturadas com as ordenações. Esses atos de autoridade de soberania referem-se aos domínios-chave do poder real e às questões que obsedam São Luís: o Languedoc, as moedas, as cidades, no primeiro caso, os judeus e os usurários, a reforma dos costumes, no segundo, assim como as guerras privadas e os julgamentos de Deus, que também põem em relevo a autoridade real.

Quaisquer que sejam as incertezas que envolvam esses atos, está evidente que, dentro de uma certa confusão, mas com uma vontade sempre mais clara, o reinado de São Luís está marcado pela afirmação nova (ou reencontrada, depois de abandonada desde os carolíngios) de um "poder legislativo" do rei. São Luís quis ser e foi, num certo sentido, o primeiro rei capetiano legislador.

Conservaram-se, enfim, algumas cartas de São Luís, seja na edição das publicações eruditas do *Ancien Régime*, seja em instituições estrangeiras. É o caso da carta enviada da Terra Santa, em 1250, a seus súditos depois de seu cativeiro[24] e da carta expedida de Cartago, depois de seu desembarque, para a Igreja da França.[25] O Public Record Office, em Londres, possui treze cartas de São Luís endereçadas a Henrique III.[26]

Apesar de alguns toques pessoais, os atos reais oficiais de São Luís, provindo sobretudo da memória monárquica coletiva, relativamente a "objetivos" e na maior parte das vezes despidos de caráter pessoal, oferecem-nos a imagem de um rei abstrato, porém cada vez mais presente em seu reino e em sua história.

---

[24] Ver *supra*, p. 177, n° 32.
[25] Ver *supra*, p. 263, n° 144
[26] G. TESSIER, *La Diplomatique royale française, op. cit.*

II

O REI
DOS HAGIÓGRAFOS MENDICANTES:
UM SANTO REI DO
CRISTIANISMO RENOVADO

A vida de São Luís está intimamente ligada ao primeiro meio século de uma nova instituição da Igreja: as ordens mendicantes. Desde a metade do século XI, a Igreja se esforça para reagir diante das mudanças profundas da sociedade ocidental. Os traços mais marcantes nesse sentido são um prodigioso impulso econômico, que culmina com a difusão da moeda, da qual São Luís foi um grande ator; o formidável movimento urbano no qual o rei desempenhou seu papel controlando o governo das "boas" cidades assim como aumentando a função de capital de Paris; a soberba floração artística romana e gótica em que as igrejas forneceram a São Luís, da Sainte-Chapelle a Notre-Dame de Paris e à catedral de Amiens, o quadro de suas devoções; enfim, as mudanças das mentalidades e de práticas em um novo equilíbrio de valores que reajusta, por exemplo, a atração mais forte aqui da terra e o temor sempre vivo do além, o novo chamariz do ganho e o apelo renovado do espírito de pobreza, a emergência do indivíduo dentro de uma remodelação dos enquadramentos comunitários. A esses desafios, a Igreja respondeu através de um primeiro movimento de reforma, entre a metade do século XI e a metade do século XII: a reforma dita gregoriana (do papa Gregório VII, 1073-1085). Essa reforma separou mais estritamente clérigos e leigos entre os quais passa, a partir de agora, o fosso da sexualidade: virgindade, castidade, celibato, de um lado, casamento mono- gâmico e indissolúvel, do outro, e definiu novas relações entre o espiritual e o

SÃO LUÍS

293

temporal. Um segundo movimento de reforma aparece no início do século XIII. Estimulados pelos movimentos heréticos que discutem o enriquecimento e o enraizamento da Igreja no século, seu afastamento dos simples leigos, a cortina que ela interpõe entre o Evangelho e os fiéis, sua impotência em articular uma palavra que seja recebida como evangélica pela massa cristã — estimulados por tudo isso, dizíamos, clérigos e leigos reagiram para voltar à letra e ao espírito do Evangelho, praticar e dar como exemplo a humildade e a pobreza, fazer ouvir a palavra de Deus.

As ordens mendicantes

Em 1215, o quarto concílio de Latrão tinha proibido a criação de novas ordens fora das regras já existentes — as duas principais eram a de São Bento e a de Santo Agostinho. À convocação de duas personalidades excepcionais, o cônego regular espanhol Domingos de Gusmão e o leigo italiano Francisco de Assis, deu-se o nascimento dos frades pregadores, cujo nome revela a importância que dão à pregação, e dos frades menores, assim chamados por que se voltam para a humildade. Os pregadores, chamados popularmente na França de "jacobinos" (do nome de seu convento parisiense que tem São Tiago* como pa-droeiro) ou dominicanos (do nome de seu fundador), adotaram uma regra de cônegos regulares próxima da regra dos premonstratenses, com constituições particulares em 1216 e 1220, codificadas em "regra" em 1226. Os menores, chamados ainda *Cordeliers* [na França], por causa do cordão com nós que trazem na cintura, ou franciscanos, do nome de seu fundador, recebem do papa a autorização excepcional de obedecer a uma nova regra que São Francisco, reticente quanto à transformação de sua comunidade em ordem, redigiu em 1221, e que só foi aceita pela cúria pontifícia sob uma forma corrigida em 1223. Recusando toda propriedade, toda renda de bens de raiz, as duas ordens viviam do produto de suas coletas e de doações e foram por isso chamadas ordens mendicantes. Francisco de Assis, morto em 1226, o ano em que São Luís se tornou rei, foi canonizado desde 1228, e Domingos, morto em 1221, o foi em 1233. Sob a pressão do papado, outros religiosos, os carmelitas, juntaram-se às ordens mendicantes por etapas em 1229, 1247 e 1250. Para formar uma quarta ordem

---

*Tiago — assim como seu correspondente Jacques em francês, que dava nome ao convento — vem do hebraico Jacó: daí a denominação de jacobinos. (*N. do T.*)

mendicante, os eremitas de Santo Agostinho, o papa reuniu em 1256 várias congregações de anacoretas.[1]

As ordens mendicantes, que instalam seus conventos nas cidades, no meio dos homens, e não na solidão, cujos membros são frades* e não monges, que se expandem por uma segunda ordem (as freiras) e uma terceira (os leigos), colhem assim o conjunto da sociedade nas malhas de suas redes, são os instrumentos da Igreja para realizar a cristianização da nova sociedade saída do grande avanço dos séculos XI, XII e XIII. Em particular, aqueles que nasceram de uma reação do espírito de pobreza diante do avanço econômico, na difusão do dinheiro, no desenvolvimento da busca do ganho, inventaram, não sem paradoxo, soluções éticas e religiosas que justificam o mercantil, legitimaram algumas operações financeiras, permitiram, em suma, o desenvolvimento do capitalismo. Foi no século XIII e sob seu impulso, tanto na teoria quanto na prática, que teve lugar o grande debate sobre dinheiro e religião que Max Weber[2] localizou sob o signo do protestantismo. O que os mendicantes propuseram e parcialmente conseguiram impor foi uma moralização da vida econômica, e sobretudo do uso do dinheiro.[3] Principais conselheiros de São Luís, os mendicantes, com ele, apoiando-se nele e beneficiando-se de seu apoio, marcaram a mentalidade francesa com essa legitimação moralista e desconfiada do dinheiro e dos negócios, que a caracteriza até hoje. É a marca comum de São Luís e dos mendicantes que está no comportamento econômico da maioria dos franceses e, em particular, de seus dirigentes mais marcantes no século XX, de De Gaulle a Mitterrand.[4]

O sucesso das ordens mendicantes e, sobretudo, das duas primeiras e principais, os dominicanos e os franciscanos, foi fulgurante. A França foi

---

[1] Muitas pequenas ordens mendicantes e uma muito importante, os Sachets ou frades do Sac, foram suprimidas pelo segundo concílio de Lyon, em 1274, depois do qual só restaram as quatro grandes ordens mendicantes: dominicanos, franciscanos, carmelitas e agostinianos.

*No original francês *frère* fica explícito o sentido que o autor pretende pôr em relevo aqui, de "irmão" — é a mesma palavra. Em português só o étimo (o latim *fratre*) da palavra "frade" indica esse sentido. No feminino as coisas se repetem, *soeur* e freira, valendo o original francês *soeur* como "irmã" de sangue ou religiosa. Tudo se simplifica quando passamos às expressões de tratamento femininas, repetindo-se *soeur*, em francês, enquanto em português o tratamento para uma freira passa a ser, também, "irmã". Já para o masculino ainda uma vez temos *frère*, em francês, mas ficamos com "frei" em português. As expressões de tratamento, como se sabe, são as que se ligam diretamente ao prenome — e só a ele. (*N. do T.*)

[2] Permito-me remeter o leitor ao meu prefácio de uma nova edição de Max WEBER, *L'Éthique protestante et l'esprit du capitalisme*, Paris, 1954; nova ed., 1990, pp. 7-24.

[3] Lester K. LITTLE, *Religious Poverty and the Profit Economy in Medieval Europe*, Londres, 1978: obra essencial.

[4] Jean DANIEL, *Les Religions d'un Président: regards sur les aventures du mitterrandisme*, Paris, 1988.

SÃO LUÍS

um dos países em que eles se estabeleceram muito cedo. Os primeiros ensaios parecem datar de 1217 para os franciscanos, em Vézelay, em Auxerre e Paris em 1219, e mais cedo para São Domingos (mosteiro feminino em Prouille em 1206,* convento de Toulouse em 1215, estabelecimento em Paris em 1217). Mas o grande período de implantação dos conventos de pregadores e de menores na França foi o período de 1230-1260, o essencial do reinado de São Luís.[5] Quando da morte de São Luís, havia na França perto de duzentos conventos franciscanos, mais de cem conventos dominicanos. Os pregadores geralmente se estabeleciam em cidades mais importantes do que as escolhidas pelos menores.

São Luís muito cedo cercou-se de frades mendicantes. O primeiro frade que ele encontrou foi sem dúvida Jourdain de Saxe, sucessor de São Domingos e mestre geral dos pregadores de 1222 a 1237, que, por ocasião de suas passagens por Paris, parece ter tido estreitas relações com Branca de Castela. Em 1226, quando da morte de São Francisco, os frades menores teriam enviado ao jovem rei e à rainha-mãe o travesseiro que São Francisco teria usado até a morte.[6] O rei menino, que iria se tornar um excepcional apreciador de relíquias, deve tê-lo guardado, se o fato é autêntico, com profunda emoção.

Desde antes da partida para a primeira cruzada, São Luís deixou clara sua predileção pelos mendicantes. Foi essencialmente a eles que o rei confiou as duas empresas que tocavam mais fundo seu coração: primeiro, a Sainte--Chapelle e o culto das relíquias excepcionais que lá tinha depositado para os três ofícios divinos especiais que lhes eram anualmente consagrados, um a cargo do convento dominicano de Paris, um a cargo do convento francis-cano, e o terceiro ficando reservado para uma das outras ordens parisienses;[7]

---

*Como se viu pouco atrás a primeira constituição particular dos dominicanos é de 1216, pode parecer estranho ao leitor que em 1206 já houvesse um convento de dominicanas no sul da França. Mas é que São Domingos, dez anos antes dessa primeira constituição particular de sua ordem, já tinha realmente um grupo feminino organizado em Prouille, centro material e espiritual de sua pregação para converter os hereges albigenses — pregação que foi a origem de toda a sua obra futura.(*N. do T.*)

[5] Richard W. EMERY, *The Friars in Medieval France. A Catalogue of French Mendicant Couvents (1200-1550)*, Nova York e Londres, 1962; Jacques LE GOFF, "Ordres mendiants et urbanisation dans la France médievale", *Annales*, E.S.C., 1970, pp. 924-943.

[6] L. WADDING, *Annales Minorum*, 3ª ed., Quarrachi, 1931, t. II, p. 182.

[7] Ver *infra*, pp. 661-664. Colette Beaune formula a hipótese verossímil de que "as estreitas relações entre São Luís e os franciscanos são uma lenda" (eu diria um exagero) "nascida da corte angevina de Nápoles na segunda metade do século XIII" para aproximar São Luís de seu sobrinho-neto Luís, bispo de Toulouse, franciscano, canonizado em 1317. Giotto, ligado à corte angevina, representa, aí por 1330, na capela Bardi da igreja de Santa Croce, em Florença, São Luís com o manto e o cordão dos terceiros franciscanos dando assistência a seu sobrinho-neto. Em 1547, uma bula do papa Paulo IV faz de São Luís oficialmente um terceiro franciscano e o ofício dos terceiros de 1550 afirma: "Luís se associou a São Francisco porque a regra da penitência dirige seus passos" (C. BEAUNE, *Naissance de la nation France, op. cit.*, pp. 138-139).

depois, o rei confiou os inquéritos no reino preparatórios para a cruzada, em 1247, em sua maior parte aos frades mendicantes. Foi também graças à generosidade real que numerosos conventos mendicantes foram construídos em Paris, Rouen, Jaffa e Compiègne para os franciscanos, em Rouen, Mâcon, Jaffa, Compiègne, Béziers, Carcassonne e Caen para os dominicanos, sem contar o aumento do convento de Saint-Jacques, em Paris, assim como do convento dos dominicanos de Rouen. Depois de sua volta da Terra Santa, em 1254, seu mais próximo conselheiro e amigo foi o franciscano Eudes Rigaud, arcebispo de Rouen.

Não creio, em contrapartida, contrariamente ao que disse Geoffroy de Beaulieu, seu confessor dominicano, que São Luís tenha pensado seriamente em tornar-se ele próprio um frade mendicante (sua incapacidade de escolher entre os dominicanos e os franciscanos era, segundo Geoffroy, a única razão pela qual não chegou a realizar esse desejo). São Luís era muito imbuído de seu dever de rei e de sua vocação de leigo pio para desertar do lugar em que Deus o tinha posto, ainda que para escolher um lugar mais honroso, porém com menos responsabilidade. É muito verossímil, por outro lado, que ele tivesse desejado que seu segundo e seu terceiro filhos vestissem o hábito, um dos dominicanos, outro dos franciscanos.

São Luís e os mendicantes têm, no fundo, os mesmos objetivos e frequentemente os mesmos métodos: servir-se do poder para uma reforma religiosa e moral da sociedade, que toma na maior parte do tempo o aspecto disso que chamamos de reforma política. São Luís utiliza os mendicantes para seus inquéritos, os mendicantes que se põem às vezes diretamente à frente lá onde, nas cidades italianas, por exemplo, não há poder forte como em uma monarquia e o que devem empreender é a própria reforma dos estatutos da cidade,[8] investindo-se do poder real que lhes inspira sua ação e suas reformas.

Os mendicantes elaboram, afinal, um novo modelo de santidade.[9] É então normal que o papado, do qual eles se tornaram os agentes mais zelosos, lhes confie um papel de primeiro plano na canonização de São Luís, e a memória do rei, antes e depois da canonização, é primeiro aquela que dele nos dá a visão dos mendicantes, que não se contentam em seus escritos consagrados a Luís, antes ou depois de ser santo, em exprimir seu reconhecimento para com o ben-

---

[8] A. VAUCHEZ, "Une campagne de pacification en Lombardie autour de 1233", artigo citado, *supra*, p. 65, n° 65
[9] Ver *infra*, pp. 739 e segs. e particularmente p. 746.

SÃO LUÍS

feitor, mas se aproveitam dessa ocasião para afirmar, através dele, os ideais de suas ordens. O santo que descrevem é um frade mendicante que teria sido rei. Três mendicantes tiveram para a memória de São Luís importância particular. Dois deles porque escreveram, antes da canonização, biografias destinadas, precisamente, a mostrá-lo como santo, o terceiro por ter redigido sua *Vida*, de certa forma oficial, servindo-se especialmente da documentação do processo de canonização, aliás perdido.

Geoffroy de Beaulieu

O primeiro é o dominicano Geoffroy de Beaulieu, confessor do rei durante "mais ou menos os vinte últimos anos de sua vida", segundo seus próprios termos, que o acompanhou a Túnis e o assistiu em seus últimos momentos. É a ele que o novo papa Gregório X, desde 4 de março de 1272, pede "que o informe o mais cedo possível sobre a maneira pela qual o rei Luís se comportava em todos e cada um de seus atos e sobre sua prática das coisas da religião".[10] O que Geoffroy vai redigir então e enviar ao papa, provavelmente no fim de 1272 ou no início de 1273, é uma exposição (*libellus*) de 52 capítulos intitulada *Vita et sancta*[11] *conversatio piae memoriae Ludovici quondam regis Francorum*, "Vida e santo comportamento de Luís de piedosa memória, em outro tempo rei de França".[12] É, na verdade, uma hagiografia sucinta, uma vez que destinada a dar a partida no processo que deve levar à canonização de Luís IX. O que Geoffroy conta é precisamente que Deus se dignou "inspirar sua memória". Conta aquilo que se lembra de memorável sobre o "falecido rei". Trabalhou não apenas por ordem do papa, mas por obediência a seus superiores — sem dúvida os da ordem dominicana, como primeira cabeça. A empresa emana então do papa e da ordem dos pregadores.

O elogio (pois quase que só há elogios ao rei) se desenvolve de um modo um tanto desordenado, mas nele é possível, de todo modo, reconhecer algumas linhas gerais. Luís é comparado a Josias (capítulos de I a IV, o que permite introduzir no capítulo IV um elogio agregado de Branca de Castela

---

[10] L. CAROLUS-BARRÉ, *Le Procès de canonisation de Saint Louis, op. cit.*
[11] *Sancta* não quer dizer santo(a) no sentido oficial, jurídico da palavra, mas significa "muito piedoso". Ainda hoje se diz "uma santa mulher, um santo homem" para designar pessoas que absolutamente não são canonizadas.
[12] *Recueil des historiens des Gaules et de la France*, t. XX, pp. 3-27. Achar-se-á uma tradução de Geoffroy de Beaulieu em L. CAROLUS-BARRÉ, *Le Procès de canonisation de Saint Louis, op. cit.*, p. 29 e segs.

a propósito da mãe de Josias citada no Antigo Testamento). Suas virtudes e sua piedade constituem o essencial do tratado (capítulos de V a XXIV), do qual dois capítulos, o doze e o catorze, consagrados a seu desejo de abdicar e se tornar frade mendicante e a sua vontade de ver dois de seus filhos entrarem para os mendicantes e sua filha Branca em um convento de religiosas; o capítulo quinze representa o essencial dos *Ensinamentos* de Luís a seu filho e herdeiro apresentados como seu "testamento", e um outro capítulo conta sua peregrinação a Nazaré. Uma parte relativamente cronológica evoca em seguida sua primeira cruzada (capítulos de XXV a XXVIII com uma longa descrição de seu luto, do anúncio da morte da mãe, trecho em que seria preciso, para seguir a ordem cronológica, inserir a peregrinação a Nazaré), depois seu retorno à França (capítulos de XXXI a XXXVI), a preparação de sua segunda cruzada (capítulos de XXXVII a XLI), a cruzada de Túnis, a morte do rei, o destino dos restos mortais, o enterro dos ossos em Saint-Denis (capítulos de XLII a L) e dois capítulos de conclusão: uma volta ao ponto de partida, a comparação pertinente com Josias, a conclusão sem rodeios: "Ele é digno de ser inscrito entre os santos."[13]

Não há, segundo o hábito das *Vitae* de santos, nenhuma data. Geoffroy justapõe uma parte temática a uma parte grosso modo cronológica que corresponde, de um lado, ao período durante o qual ele foi confessor do rei e, de outro lado, à parte da vida e do reinado de São Luís que se situa depois da virada que representa para quase todos os seus biógrafos sua primeira cruzada e sua temporada na Terra Santa. Esse corte contribui para justificar a comparação, como para um processo de canonização. O reinado de Josias, segundo o Antigo Testamento, conheceu também dois períodos contrastantes.[14] O texto de Geoffroy é antes de tudo um testemunho que, querendo fazer com que Luís entre para uma categoria, a dos santos, pinta-o como que talhado pelos modelos que definem os santos.

Sobre a ação de São Luís como rei, não há mais do que um curto capítulo de algumas linhas, o Capítulo VI, sobre sua conduta em relação aos súditos.[15] Poder-se-ia resumir o *libellus* de Geoffroy de Beaulieu nestes termos: "Costumes piedosos de um leigo devotíssimo que amava muito as ordens mendicantes e amava muito sua mãe e que foi duas vezes à cruzada, tendo

---

[13]A edição do tomo XX do *Recueil des historiens des Gaules et de la France* termina por uma versão em francês dos *Enseignements* [*Ensinamentos*] de São Luís a seus filhos.

[14]Ver *infra*, pp. 350 e 352 e segs.

[15]"De statu ejus, quantum ad regimen subditorum."

SÃO LUÍS

sido feito prisioneiro, da primeira vez, e que da segunda vez morreu muito cristãmente."

Guillaume de Chartres

O segundo biógrafo e hagiógrafo mendicante, pelo que conhecemos dele, duplica e continua o primeiro. Dominicano também, Guillaume de Chartres foi o capelão de São Luís na primeira cruzada e com ele partilhou o cativeiro, dando-lhe o conforto dos serviços religiosos autorizados pelos muçulmanos. De volta à França, entrou ao fim de cinco anos e meio, em 1259 ou então 1260, para os dominicanos, mas permaneceu no círculo real. Assistiu, quando da cruzada de Túnis, à morte do rei, e fez parte do cortejo que acompanhou sua ossada através da Itália e da França até Saint-Denis. Quis fazer de sua obra um complemento ao tratado de Geoffroy de Beaulieu depois da morte deste, mas pouco depois morreu também, pois em 1282 não aparece entre as testemunhas do processo de canonização, e sua presença junto ao rei em ocasiões excepcionais lhe garantia condições para testemunhar.

Seu *libellus*, que é curto,[16] é composto, como é habitual entre as hagiografias do século XIII, de duas partes, uma, chamada a "vida" (Vita), porém mais frequentemente consagrada às virtudes do santo do que a sua biografia, e outra dedicada aos milagres. Como, de fato, viveu um pouco mais do que Geoffroy de Beaulieu, houve mais milagres para contar, acontecidos seja no túmulo de São Luís seja alhures, e ele ainda quis cobrir algumas omissões de Geoffroy.

Antigo capelão, evoca a construção da Sainte-Chapelle e as práticas devocionais de São Luís, recorda lembranças da cruzada do Egito e da Terra Santa, conta historinhas significativas quanto às virtudes do rei. Mais do que Geoffroy de Beaulieu, fala do governo do reino na perspectiva de um reforço de autoridade e de uma preocupação particular do rei em servir à Igreja, à justiça e à paz (respeito pela Igreja, apoio aos inquisidores, abolição dos "maus" costumes e punições aos oficiais desonestos, medidas contra os judeus e os usurários, lutas contra as guerras particulares e a substituição do procedimento "por *gages de bataille*" pelo procedimento "por testemunhas" e

---

[16]Treze páginas do tomo XX in fólio do *Recueil des historiens des Gaules et de la France*, pp. 28-41, contra vinte e três para Geoffroy de Beaulieu.

"por argumentos", *per testes e per rationes*), insiste tanto quanto Geoffroy sobre a humildade de São Luís, sua caridade e sua prática de "obras de misericórdia", sobre sua frugalidade e também sobre seu ascetismo. Seu *libellus* se aproxima de um "Espelho dos Príncipes".[17]

Dominicano também, Guillaume de Chartres sublinha, como Geoffroy, a predileção de Luís pelos frades das ordens mendicantes e pelos benefícios excepcionais outorgados a seus conventos. Uma de suas raras contribuições mais pessoais é a maneira pela qual conta, longamente, com detalhes às vezes diferentes, a morte do rei, à qual também assistiu.

Morto o rei, louva-o como um rei cristão ideal, um rei modelo para os outros reis, um rei-sol.[18]

Mas sua principal originalidade é contar milagres circunstanciados por quase cinco páginas (de 37 a 41), exatamente dezessete milagres, devidamente verificados e autentificados. Esses milagres ocorreram durante os anos de 1271 e 1272. São datados. São, verdadeiramente, os únicos acontecimentos sobre os quais se pode edificar a santidade de Luís IX. Sua vida só vale pelas virtudes cujo valor vem do exercício habitual e a santidade do rei não depende de uma cronologia humana.

Guillaume de Saint-Pathus

Um terceiro hagiógrafo de São Luís é um franciscano, Guillaume de Saint-Pathus, o confessor da rainha Margarida de mais ou menos 1277 até a morte dela, em 1297, depois de sua filha Branca, viúva do infante Fernando de Castela. Parece *a priori* o menos confiável, senão o menos interessante. Escreveu depois da canonização, provavelmente em 1303, mais de trinta anos depois da morte de São Luís, que não conheceu. Entretanto, é provavelmente ele que nos dá as informações que nos mostram o melhor da imagem de São Luís aos olhos de seus contemporâneos e sobre o que tornou o rei memorável. Na verdade, ele utilizou e, parece, seguiu de perto a documentação do processo de canonização de Luís IX, que não chegou até nós, com exceção de fragmentos que nos permitem justamente apreciar a fidelidade de Guillaume a esse documento

---

[17]Ver *infra*, pp. 450 e segs.

[18]"Sol *et decus regum ac principum orbis terrae*" (*Recueil des historiens des Gaules et de la France, op. cit.*, p. 37).

SÃO LUÍS

301

essencial.[19] É então mais uma imagem em vias de ser fabricada do que uma imagem já composta que ele nos dá de São Luís. Como é habitual no século XIII, Guillaume de Saint-Pathus redigiu essa *Vita* e, ao mesmo tempo, um catálogo, completamente dispensável, dos milagres oficiais levados em consideração pela comissão de canonização.[20]

De fato, o franciscano deve ter utilizado não o texto completo dos depoimentos das trezentas e trinta testemunhas, mas um resumo que constituía a *Vida* oficial, aprovada pela cúria (*Vita per curiam approbata*) e que se perdeu. O confessor da rainha organizou depois, em limites muito reduzidos, esse resumo oficial, e um tradutor desconhecido traduziu para o francês o original latino da *Vida* e dos *Milagres*: é essa tradução que temos.[21] Os *Milagres*, que formam uma coletânea separada, são então mantidos em número de sessenta e cinco, o que significa que a hagiografia de São Luís atingiu daqui para a frente um equilíbrio entre vida e milagres. É evidente que São Luís, de acordo com o que desejava a Igreja desde Inocêncio III, não consumou milagres antes da morte: por isso há um desequilíbrio a favor da vida (quer dizer, das virtudes e da piedade) nos testemunhos anteriores ao processo de canonização. No entanto, pode-se dizer que a canonização passou a imagem de São Luís do prestígio espiritual e moral para a taumaturgia: e entretanto os mendicantes que compuseram a *Vida* de São Luís eram eles próprios muito sensíveis aos milagres, e a Cúria pontifícia ia levar em alta conta essa *Vida*. O "suplemento de vida", entre 1270 e 1297, privilegiou um fazedor de milagres.

É preciso voltar às testemunhas do processo, porque Guillaume de Saint--Pathus transmite mais ainda a sua imagem de São Luís do que aquela que poderia ter feito para si ao lê-las ou ao ouvir alguns testemunhos. O São Luís de Guillaume de Saint-Pathus é a criação coletiva das testemunhas do pro-

---

[19]Das peças originais do processo só subsistem raros vestígios nos Arquivos do Vaticano. Foram publicados por Henri-François DELABORDE, "Fragments de l'enquête faite à Saint-Denis en 1282 en vue de la canonisation de Saint-Louis", *Mémoires de la Société de l'histoire de Paris et de l'Île-de-France*, t. XXIII, 1896, pp. 1-71, e Louis CAROLUS-BARRÉ, "Consultation du cardinal Pietro Colonna sur le deuxième miracle de Saint Louis", *Bibliothèque de l'École des chartes*, t. 118, 1959, pp. 57-72. Uma cópia reencontrada do depoimento de Carlos d'Anjou foi publicada pelo conde P. E. RIANT: "1282: déposition de Charles d'Anjou pour la canonisation de Saint Louis", em *Notices et documents publiés pour la Société de l'histoire de France à l'occasion de son cinquantième anniversaire*, Paris, 1884, pp. 155-176.

[20]Para os *Milagres*, ver *infra*, pp. 747-755.

[21]GUILLAUME DE SAINT-PATHUS, *Vie de Saint Louis*, Paris, 1899. Tenho quanto a essa obra o ponto de vista de Delaborde. L. CAROLUS-BARRÉ, em seu *Essai de reconstitution* do processo (*op. cit.*) acha que ficou em débito com cada uma das testemunhas que depuseram no processo. Apesar da engenhosidade, da erudição e do interesse dessa tentativa, não concordo com essa demolição da *Vida* de Guillaume de Saint-Pathus e lastimo que Carolus-Barré destrua a unidade dessa *Vida* que constitui afinal um texto coerente, obra do franciscano, ainda que nela eu veja também "a criação coletiva das testemunhas do processo".

cesso. Trata-se, evidentemente, só de testemunhas sobre a *Vida*, em número de trinta e oito.[22]

A ordem hierárquica na qual Guillaume cita as testemunhas é interessante. Primeiro, os dois reis próximos do santo, o filho e sucessor Filipe III, o irmão Carlos d'Anjou, rei da Sicília; depois dois bispos, o de Évreux e o de Senlis; depois, os três abades das abadias favoritas do santo, o abade de Saint-Denis, beneditino, regente do reino durante a cruzada de Túnis, e os dois abades cistercienses de Royaumont e de Chaalis; depois deles, nove barões, a começar por Pedro de Alençon, filho do santo, Jean d'Acre, filho do rei de Jerusalém, primo do santo e *bouteiller de France*,* Simon de Nesle, segundo regente durante a cruzada de Túnis, Pierre de Chamblis, condestável de Filipe III, Jean de Joinville, senescal de Champagne, íntimo do santo, do qual escreveu mais tarde uma vida famosa. Seguem-se dois clérigos do rei, cinco frades pregadores, um cisterciense, sete domésticos do santo, dois dos quais cozinheiros, três burgueses, três monjas, o cirurgião do rei. Se todos foram chegados ao rei, contamos vinte e quatro leigos em três grupos principais (parentes do rei, barões e domésticos, mais alguns burgueses) contra apenas catorze clérigos, dos quais dois prelados, três abades, dois clérigos da Cúria real, cinco frades pregadores, três monjas.**

Esse santo é um santo leigo e um rei. A parcela dos leigos e dos conselheiros do rei na lista é preponderante, mas é preciso notar que aquilo que sabemos da mentalidade e da piedade desses leigos deixa-os muito próximos da espiritualidade e da prática devocional dos clérigos com que convivem. Finalmente, esse santo foi apresentado como santo por um número desproporcional de dominicanos, a terça parte das testemunhas eclesiásticas, mais o redator francês da *Vida*, e se beneficiou do testemunho de três religiosas: nenhuma das mulheres de sua família foi chamada a testemunhar.

Também é interessante notar de onde são originárias e onde viveram essas testemunhas, que assim vão indicar também o espaço no qual o rei vivia. Se muitos estão na lista por terem convivido com o rei em suas duas grandes provas, as duas cruzadas, e se excetuarmos os membros da família, as testemunhas vêm das dioceses de Évreux, Senlis, Rouen, Reims, Soissons, Compiègne, Chartres, e dois criados eram bretões da diocese de Nantes. Luís é um santo de Île-de-France e regiões vizinhas e da cruzada.

---

[22] GUILLAUME DE SAINT-PATHUS, *Vie de Saint Louis*, pp. 7-11.

*Grande oficial da Coroa, responsável pela intendência dos vinhos e dos vinhedos, supervisionava os plantadores de vinhas e os mercadores de vinho. (*N. do T.*)

**A frase fala em "catorze" (incluindo as monjas entre o clero, embora elas não recebam ordenação sacerdotal, mas vá lá que assim seja). Vê-se, porém, que a soma dos citados perfaz quinze. (*N. do T.*)

SÃO LUÍS

Guillaume de Saint-Pathus ordenou cuidadosamente as informações tiradas dos documentos de canonização.[23] A *Vida* é enquadrada por três capítulos propriamente biográficos, em ordem cronológica. Os dois primeiros apresentam a infância e a juventude do santo, de resto sem grandes detalhes, insistindo sobre sua mãe — a dupla Luís e Branca é decididamente indissociável — e sobre sua boa educação. O último narra a morte e dá crédito à versão segundo a qual o rei morrendo disse: "Ó Jerusalém! Ó Jerusalém!"

Dezoito capítulos falam do exercício das três virtudes teologais por São Luís (fé, esperança, caridade, quer dizer, amor), da tripla forma de sua piedade (devoção, estudo das Escrituras, oração), das duas maneiras de se ocupar do próximo (amor e compaixão) e de sua prática das obras de misericórdia (piedade), das cinco principais virtudes de sua conduta (humildade, paciência, penitência, "beleza de consciência")* e de suas três maiores virtudes de rei (justiça, honestidade, clemência) e de seu traço mais constante de caráter: sua "longa" perseverança. O décimo oitavo vai dar na morte do santo.

O essencial disso a que os hagiógrafos chamam *Vida* dos santos é então a prática habitual da devoção e das virtudes. Essa concepção da *Vida*, que é, de fato, um gênero literário, se afasta muito de nossa concepção de uma biografia. Se há acontecimentos na vida de um santo, eles não formam uma sequência cronológica. O hagiógrafo, em cada capítulo, dá precisões sobre a conduta habitual do santo e, mais raramente, conta uma pequena história exemplar ilustrando seus propósitos.

---

[23]Encontrar-se-á o plano de sua obra, que tem 155 páginas, na edição Delaborde, pp. XXIX-XXXII. Eis os títulos dos 21 capítulos tais como lhes dá o manuscrito e que Guillaume muito provavelmente terá aproveitado: "O primeiro capítulo é da santa nutrição na infância; o segundo de sua maravilhosa conversação no crescimento; o terceiro de sua firme crença; o quarto de sua reta esperança; o quinto de seu amor ardente; o sexto de sua devoção fervente; o sétimo de a sagrada escritura estudar; o oitavo de devotamente a Deus rezar; o nono do amor a seus próximos fervoroso; o décimo de compaixão a eles desvelando-se (*decorant*); o décimo primeiro de suas obras de piedade; o décimo segundo de sua profunda humildade; o décimo terceiro de vigor de paciência; o décimo quarto de rigidez de penitência; o décimo quinto de beleza de consciência; o décimo sexto de santidade de penitência; o décimo sétimo de reta justiça; o décimo oitavo de sua honestidade simples; o décimo nono de sua indulgente clemência; o vigésimo de sua longa perseverança.

Et du trépas bienheureux
Dont il alla d'ici aux cieux."
(E da morte bem-aventurada
da qual irá daqui aos céus.)

*Enumeram-se realmente apenas essas quatro, no original, depois de anunciar-se que eram "cinco" as principais virtudes da conduta do rei. (*N. do T.*)

Assim, no oitavo capítulo, no qual volta a falar dos hábitos de oração do rei, Guillaume de Saint-Pathus conta:

> [...] e em mais outras orações, o rei se ajoelhava todas as noites cinquenta vezes e a cada vez se levantava esticadinho e voltava a se ajoelhar, e a cada vez que se ajoelhava dizia muito lentamente uma Ave Maria; e depois disso não bebia nada[24] e deitava na cama.[25]

E eis uma pequena história que tem por teatro a abadia cisterciense de Chaalis:

> E o bendito rei tinha os santos homens em tão grande reverência que estava uma vez em Chaalis na igreja, que é da ordem de Cîteaux, na diocese de Senlis, e ouviu dizer que os corpos dos monges que ali morriam eram lavados sobre uma pedra que havia lá. E o bendito rei beijou essa pedra e disse: "Ah, Deus! Tantos santos homens foram aqui lavados!"[26]

Claro, o franciscano insiste na afeição especial que o santo tinha pelas ordens mendicantes. Lembra que cada vez que ele ia a uma cidade em que havia conventos mendicantes mandava distribuir esmolas e alimentos aos frades.[27] Sua generosidade a respeito deles se manifestava mesmo em Paris onde o rei estava frequentemente e onde os frades eram numerosos — generosidade que se estendia aos frades das ordens mendicantes secundárias, aqueles "que não tinham posses".

É preciso acrescentar a essa documentação de São Luís, santo dos mendicantes,[28] um documento que lhe é muito ligado. Trata-se de um sermão do mesmo Guillaume de Saint-Pathus, escrito depois de sua *Vida* e de seus *Milagres* de São Luís, isto é, depois de 1303 e sempre depois dessa *Vita approbata* perdida, resumo da documentação de canonização. Depois de ter sido o confessor da rainha Margarida, morta em 1295, Guillaume o foi de sua filha Branca, viúva do infante Fernando de Castela: função que exercia ainda em 1314-1315 — Branca iria morrer em 1323. Esse sermão é um panegírico de São Luís. Corresponde perfei-

---

[24]"Tinha-se o hábito, nas camadas superiores da sociedade, de beber, antes de ir para a cama, aquele que se chamava o "vinho de deitar".

[25]GUILLAUME DE SAIN-PATHUS, *Vie de Saint Louis*, pp. 54-55.

[26]*Ibid.*, p. 50.

[27]*Ibid.*, p. 83. Dou, na Terceira Parte, detalhes sobre essa generosidade.

[28]Mostrarei mais adiante a influência dos mendicantes e de seu ideal sobre a santidade de São Luís (Terceira Parte, Capítulo IX).

SÃO LUÍS

tamente ao gênero de sermão escolástico tal como foi definido e praticado no fim do século XIII e no século XIV. O texto parece "insípido" até a seu erudito editor, o mesmo que editou a *Vie de Saint Louis* de Guillaume de Saint-Pathus, Henri--François Delaborde.[29] Do sermão, Delaborde só publicou o que chama de "passagens históricas", além "da introdução e da peroração". É dar uma imagem falsa — mal compensada pela apresentação do conjunto — do sermão de Guillaume de Saint-Pathus. O autor não buscou responder à curiosidade dos homens do século XIX e do século XX. Compôs um sermão hagiográfico a partir de um *tema*. Esse tema é, segundo as leis da época, forçosamente tirado da Bíblia e escolhido por sua pertinência em relação ao objetivo do sermão. Como o sermão faria o elogio de São Luís, o tema escolhido foi uma expressão do primeiro livro dos Macabeus (2, 17): *Princeps clarissimus et magnus es* ("És um príncipe ilustríssimo e grande"). Fica então claro que o trabalho do pregador consistirá em fazer São Luís entrar no quadro do desenvolvimento escolástico desse tema e não o inverso. A definição de São Luís como o *generosus, famosus, virtuosus* ("de origem nobre, de boa reputação, de grande virtude") conduz a uma série de subdivisões escolásticas aplicadas às virtudes de São Luís e articuladas em torno da "dignidade de sua preeminência real", da "sinceridade de seu comportamento moral" e da "sublimidade de sua perfeição integral" que justificam que lhe sejam aplicadas as três palavras, *princeps, clarissimus, magnus*, caracterizando-o.

Depois cada uma dessas qualidades é por sua vez subdividida em outras, definidas seja pelas "autoridades" (de outros versículos bíblicos), seja pelas "razões" (dos argumentos racionais). Por exemplo, "a dignidade de sua preeminência real" se decompõe em quatro virtudes: "o brilho da sabedoria" (ilustrado pelo versículo dos Reis *David sedeus in cathedra sapientissimus princeps*, "Davi sentado sobre o trono, príncipe sapientíssimo"), a "doçura de sua compaixão" (ilustrada pelo versículo de Ezequiel *Servus meus David erit princeps in medio erram*, "Meu servidor Davi será seu príncipe"), o "esplendor de sua continência" e o "fervor de sua devoção" demonstrados por provas e não por autoridades.

A rigor, esse sermão é um verdadeiro "Espelho dos Príncipes" sob uma forma homilética. Guillaume de Saint-Pathus tem um modelo do príncipe ideal na cabeça, e antes acomoda a *Vida* (quer dizer, o exercício espiritual de suas virtudes) de São

---

[29]Henri-François DELABORDE, "Une oeuvre nouvelle de Guillaume de Saint-Pathus", *Bibliothèque de l'École des chartes*, 63, 1902, pp. 267-288.

Luís a esse modelo do que o inverso.[30] O *gênero* do sermão se entrecruza aqui e ali com o gênero do "Espelho dos Príncipes" no caso de São Luís, pois o que interessa aos "memorialistas" do século XIII é nos impor primeiro um modelo do príncipe cristão ideal e nos mostrar, secundariamente, que a vida de São Luís se conforma a esse modelo. Em São Luís, não é o homem, mas o modelo que lhes interessa. E a maior parte da documentação da memorização de São Luís por seus contemporâneos forma um conjunto estruturado de textos que se remetem uns aos outros porque são produtos dos mesmos fabricantes de memórias: clérigos nos mesmos centros de produção (abadias, conventos), segundo *gêneros* que fazem eco: "vidas", "espelhos", "sermões", etc. Desse modo, estamos presos numa massa de memória dentro da qual é imposta a nós uma imagem, em grande parte estereotipada, de São Luís.

As historietas da vida de São Luís que o sermão menciona são quase nada. Trata-se de episódios que em geral figuram na *Vida* e nos *Milagres*. Só quatro passagens do sermão não têm equivalente na *Vida*.[31]

A primeira, para a qual Guillaume dá a própria rainha Margarida como fonte, mostra São Luís na intimidade da família, com a mulher e os filhos.[32] A segunda, igualmente por informação de Margarida, conta que a rainha jogava um agasalho nas costas do marido quando ele se levantava à noite para rezar. Uma terceira relata que São Luís permanecia em oração, depois das matinas, um tempo igual ao de duração desse ofício. A quarta historinha que descreve as disciplinas pelas quais ele se açoitava e que ele gostava de oferecer como sacrifício não figura, na verdade, na *Vida* de Guillaume de Saint-Pathus, mas corresponde a uma passagem da *Vida* de Geoffroy de Beaulieu.[33]

Guillaume aplica a São Luís a etimologia de rei: *rex a recte regendo* ("rei vem de governar retamente"),[34] e a de príncipe (*princeps qui primus capiat*, "aquele que se apossa primeiro"). Ele "se apossa primeiro porque, em razão da primogenitura (*ratione primogeniture*), chega à dignidade da majestade real".

O sermão é bem um "Espelho dos Príncipes" adaptado a São Luís e à monarquia francesa. Se obedece em sua forma aos métodos escolásticos,

---

[30]Se insisto nesse problema de *gêneros literários* através dos quais clérigos da Idade Média forjaram a memória dos santos e homens ilustres que julgavam memoráveis e no-los entregaram é porque através dessas formas captamos os mecanismos de produção dessa memória.

[31]H.-Fr. DELABORDE, "Une oeuvre nouvelle...", artigo citado, p. 268.

[32]A rainha contou a um confessor que o rei, em período de continência sexual, se procurava a mulher e os filhos para repousar de suas obrigações, abstinha-se de olhar a rainha por castidade.

[33]Ver *infra*, p. 672.

[34]Ver *infra*, p. 358.

SÃO LUÍS

por eles não foi influenciado quanto ao fundo. Os mendicantes do círculo real ignoram os grandes doutores mendicantes, Alexandre de Hales, São Boaventura, Santo Alberto Magno, Santo Tomás de Aquino. São Luís é o santo da devoção, mas não da teologia mendicante. São Luís é um santo pré-escolástico.[35]

---

[35]Pode-se acrescentar a esses três legatários mendicantes da memória de São Luís o dominicano Thomas de Cantimpré, que entrou no convento dos pregadores de Louvain provavelmente em 1232 e morreu na mesma época em que morreu São Luís, 1270-1272. Em seu *Bonum universale de apibus* ("O bem universal segundo as abelhas"), redigido entre 1256 e 1263 (com adições posteriores), "espécie de moral prática num quadro de desenvolvimento alegórico sobre as abelhas", Thomas evoca repetidas vezes seu contemporâneo o rei de França Luís como exemplo ilustrativo de tal ou qual virtude. Habitualmente severo em relação aos senhores e são príncipes, quanto a Luís IX exprime sua admiração nestes termos: "Dá graças ao rei do céu, dá graças ao Cristo, príncipe da salvação, ó Igreja; dá graças sobretudo tu, pregador e menor; demos todos solenes ações de graças a Deus que deu um tal rei a este tempo, um rei que mantém seu reino com mão forte e que entretanto é para todos exemplo de paz, de caridade, de humildade" (THOMAS DE CANTIMPRÉ, *Bonum universale de apibus*, ed. G. Colvenere, Douai, 1617, pp. 588-590, traduzido para o francês por L. CAROLUS-BARRÉ, *Le Procès de canonisation, op. cit.*, pp. 247-248).

III

O REI DE SAINT-DENIS:
UM SANTO REI DINÁSTICO
E "NACIONAL"

Na imagem real que os clérigos aplicaram a São Luís, há duas faces: a modelada pelos frades das ordens mendicantes, que põe em evidência sobretudo o santo, e a desenhada pelos monges da abadia beneditina de Saint-Denis, e neste caso a tônica está no rei. Para os primeiros, trata-se de um santo rei e Guillaume de Saint-Pathus fez desse santo o tema de seu sermão. Para os segundos, São Luís é um rei santo e sua santidade vem enriquecer a imagem real. Se o grupo de pressão dos mendicantes representa uma força nova, nascida ao mesmo tempo que São Luís, o lugar de memória de Saint-Denis remonta quase às origens da monarquia francesa. Seu santo padroeiro é o primeiro bispo de Paris, Dionísio, martirizado no século III, e que a tradição difundida no século IX pelo abade Hilduin confundiu com Dionísio o Areopagita,* o ateniense convertido por São Paulo; sua origem é uma igreja construída sobre os lugares onde, acreditava-se na Idade Média, São Dionísio tinha sido enterrado. Anne Lombard-Jourdan pensa, com argumentos convincentes, que esse lugar tem uma tradição muito longa. Seria a praça central onde se reuniam os gauleses para um culto comum: situado na rota do estanho (das Ilhas Britânicas à Itália da Idade Média), muito cedo ligou-se esse lugar à cidade galo-romana de Lutécia tornada Paris, com a qual Saint-Denis formou um par destinado a ser a dupla e indissociável capital da França.[1]

---

*Ver minha nota no último parágrafo do Capítulo I da Primeira Parte (subtítulo *O rei devoto: a perda do santo cravo*). (*N. do T.*)

[1] *Caput regni*, que designa tanto Saint-Denis como Paris: Anne LOMBARD-JOURDAN, "*Montjoie et Saint-Denis!*", *op. cit.*, (*supra*, p. 210, nº 43).

SÃO LUÍS

Três homens fizeram a glória de Saint-Denis e lhe deram a função de memória "nacional" que Saint-Denis depois prolongou, confirmou e enriqueceu.[2] O primeiro é o merovíngio Dagoberto que, no século VII, transformou a igreja em abadia beneditina, mandou reconstruí-la e aí se fez enterrar, inaugurando o que se vai tornar com os Capeto, depois de um tempo em que funcionou assim de modo intermitente, o "cemitério dos reis". O segundo é o carolíngio Carlos o Calvo que, restabelecendo a ação de seus ancestrais Carlos Martel e Pepino, o Breve, favoreceu magnificamente a abadia, onde, segundo sua vontade, foi enterrado em 884, sete anos depois de sua morte nos Alpes. O terceiro é Suger, abade de Saint-Denis de 1122 a 1151, que ligou definitivamente a abadia, à qual deu o toque da arte gótica mandando reconstruir a igreja, à dinastia capetiana. Tornou-se o principal conselheiro dos reis Luís VI e Luís VII e fez do estandarte da abadia a auriflama do exército real. Suger também mandou recompor uma *História de Carlos Magno* que se tornou "um dos livros mais lidos do Ocidente" (Colette Beaune). Formou uma biblioteca que permitiu a Saint-Denis retomar e assegurar-se plenamente o papel historiográfico de Fleury (Saint-Benoît-sur--Loire), que pretendeu ser, no século XI, o lugar de memória da monarquia capetiana.[3] Saint-Denis arrebatou-lhe a honra, no século XII, para manter o papel e assumi-lo plenamente.[4]

Esse papel foi reforçado sob o reinado de Filipe Augusto (1179-1223), que confiou à abadia a guarda das insígnias reais utilizadas para a sagração em Reims, e que também foi o herói de uma vida redigida pelo monge Rigord, autor de uma curta crônica dos reis de França, destinada a ser um guia para os visitantes da abadia. Em suas *Gesta Philippi Augusti*, Rigord envolve o soberano com uma aura milagrosa que o círculo real buscou utilizar depois da morte do soberano para dar sequência ao projeto de um reconhecimento da santidade de Filipe Augusto. Mas o projeto se chocou com a imagem negativa que a Igreja tinha espalhado aqui e ali de um rei bígamo que se negou, desafiando as censuras pontificais, a honrar seu casamento com Ingeborg da Dinamarca.[5]

---

[2] Ver *supra*, pp. 69 e 244 *passim*.

[3] Bernard GUENÉE, "Chancelleries et monastères. La mémoire de la France au Moyen Âge", em P. NORA (ed.), *Les lieux de mémoire*, t. II, *La Nation*, vol. 1, Paris, 1986, pp. 15-21; Alexandre VERDIER, *L'Historiographie à Saint--Benoît-sur-Loire et les miracles de Saint Benoît*, Paris, 1965.

[4] Colette BEAUNE, "Les sanctuaires royaux", em P. NORA (ed.), *op. cit.*, t. II, *La Nation*, vol. 1, p. 58 e segs.; Gabrielle M. SPIEGEL, no resumo de sua tese *The Chronicle Tradition of Saint-Denis* (Brooklin, Mass. e Leyde, 1978), não elucida plenamente os problemas complexos dos manuscritos historiográficos de Saint-Denis.

[5] J. LE GOFF, "Le dossier de sainteté de Philippe Auguste", artigo citado (*supra*, p. 41, nº 10).

JACQUES LE GOFF

Viu-se como São Luís — muito cioso de manter ligações estreitas com a abadia, sobretudo no fim de seu reinado, no tempo do abadado de Mathieu de Vendôme, a quem ele fez um dos dois regentes do reino antes de partir para Túnis — mandou recompor a necrópole real de modo a tornar visível o grande objetivo da monarquia capetiana, alcançado com seu pai, Luís VIII. Esse grande objetivo, para o qual Saint-Denis tinha colaborado com brilho, era o de impor a imagem de uma continuidade dinástica dos merovíngios aos carolíngios e aos capetianos, basicamente reivindicando a volta dos Capeto à "raça" de Carlos Magno, personagem prestigiosa e central, referência original que a monarquia francesa disputava com o Império alemão (*reditus ad stirpem Karoli*).*

Primat

O reinado de São Luís assistiu ao prolongamento, para além de 1180, das *Gesta Francorum usque 1180* ("História dos francos até 1180"), conjunto de crônicas latinas. O rei Luís tomou uma iniciativa capital encomendando a Saint-Denis a redação, a partir de crônicas latinas anteriores, de uma Crônica dos Reis de França em francês, decisão de grande alcance por duas razões: era um passo decisivo para a organização de uma história da França quase oficial, reagrupando e racionalizando em um único corpo as crônicas anteriores; era o aparecimento de uma memória em francês, ultrapassando o meio clerical e se tornando acessível a pelo menos uma minoria de leigos cultos e interessados na história dos reis, embrião de uma história "nacional".

Essa obra foi confiada pelo abade de Saint-Denis ao monge Primat, que só acabou a tarefa em 1274 e entregou solenemente seu livro a Filipe III, filho de São Luís, cena imortalizada por uma miniatura.

O "Romance dos reis"[6] não chega até o reinado de São Luís. Mas traz tão fortemente a marca de quem o patrocinou e dá à tradição real francesa que produziu São Luís uma expressão de tão grande e longo alcance que é preciso abrir aqui um lugar para Primat.

Bernard Guenée lembrou que a erudição moderna acreditou inicialmente que Primat fosse apenas o copista de um manuscrito entregue em 1274 a Filipe III, uma vez que o monge era um simples tradutor de obras latinas cristãs. Vê-se hoje

---

* "Reintegrado ao tronco de Carlos." (*N. do T.*)
[6] Lembro que *Romance* significa obra escrita em francês.

SÃO LUÍS

em Primat, com Bernard Guenée, um dos melhores historiadores da grande escola historiográfica dionisiana,[7] um "grande historiador".[8] Certamente, um historiador do tipo da Idade Média, quer dizer, um compilador que se esforça para integrar, respeitando ao pé da letra, tudo o que há de importante a seus olhos nas fontes que utiliza. Historiador "sério", Primat utilizou muitas fontes, todas as que lhe pareciam suscetíveis de contribuir para a imagem da história da França que queria dar. Seus temas essencias são a continuidade, do batismo de Clóvis a Filipe Augusto, a glória carolíngia, que recai sobre toda a continuação da monarquia francesa, o favor que Deus sempre manifestou para com a França, por exemplo o nascimento "milagroso" de Filipe Augusto, filho tardio de um rei, Luís VII, a quem esposas sucessivas só tinham dado filhas. Ao lado dos reis, aparece a França, "dama famosa sobre [quer dizer por cima de] as outras nações", herdeira não só da fé católica, com Clóvis transmitida a ela em primeiro lugar, mas também da cultura antiga, porque "instrução [saber] e cavalaria chegaram à França vindas da Grécia e de Roma". Aliás, Primat retoma e difunde a lenda das origens troianas da monarquia francesa. Primat só fica pouco à vontade depois de 1196, com a conduta matrimonial de Filipe Augusto. Realizador de uma ideia de São Luís, Primat deu ao "Romance dos reis" a coerência e o tom patriótico de uma história da França. A história da França de Primat construiu as bases de uma grandeza francesa que São Luís veio coroar. A história de Primat parece que só faz esperar por ele.[9]

Guillaume de Nangis e a Vida de São Luís

A principal fonte dionisiana para o conhecimento de São Luís é a obra do monge Guillaume de Nangis, grande historiador.[10] A ele foram endereçados elogios ambíguos: reconhecendo-lhe sempre uma "irrepreensível objetividade", sublinhando-se

---

[7]Bernard GUENÉE, "Histoire d'un succès", em Fr. AVRIL, M.-Th. GOUSSET, B. GUENÉE, *Les Grandes Chroniques de France*, Paris, 1987, p. 93.

[8]B. GUENÉE, "Chancelleries et monastères. La mémoire de la France au Moyen Âge", artigo citado (*supra*, p. 309, nº 3), p. 25.

[9]Atribuiu-se a Primat uma crônica em latim estendendo-se de 1250 a 1285, da qual só resta uma tradução francesa de Jean de Vignay do século XIV. Essa atribuição não me parece estar comprovada. Cf. G. SPIEGEL, *The Chronicle Tradition of Saint-Denis, op. cit.*, pp. 89-92.

[10]J.-B. LA CURNE DE SAINTE-PALAYE, "Mémoire sur la vie et les ouvrages de Guillaume de Nagis et de ses continuateurs", *Mémoires de l'Académie royale des inscriptions et belles-lettres*, 8, 1733, pp. 560-579; H. GÉRAUD, "De Guillaume de Nangis et de ses continuateurs", *Bibliothèque de l'École des chartes*, 3, 1841, pp. 17-46; Léopold DELISLE, "Mémoire sur les ouvrages de Guillaume de Nangis", *Mémoires de l'Académie des inscriptions et belles-lettres*, 27, 2ª parte, 1873, pp. 287-372; H.-F. DELABORDE, "Notes sur Guillaume de Nangis", *Bibliothèque de l'École des chartes*, 44, 1883, pp. 192-201; G. M. SPIEGEL, *The Chronicle of Saint-Denis, op. cit.*, pp. 98-108.

que ele não julgava, fosse para louvar ou censurar, pretendeu-se que buscar-se-ia em vão em sua obra "uma outra ideia geral além daquela da submissão aos poderes civil e eclesiástico" e que ele relatava "os maiores erros dos reis de França sem comentário".[11] Creio que é preciso distinguir entre o Guillaume de Nangis biógrafo de São Luís e de Filipe III, o Ousado, e o Guillaume de Nangis autor de uma *crônica universal* em que o reinado de São Luís tem um lugar importante. Esse descompasso provém essencialmente da diferença entre gêneros literários, regidos na Idade Média por regras estritas.

Guillaume, nascido sem dúvida por volta de 1250, entrou jovem para Saint--Denis, e lá desempenhou, a partir de uma data desconhecida, as funções de arquivista. Foi lá que ele escreveu, provavelmente depois de 1285, uma *Vida* de Luís IX (terminada antes da canonização, de 1297) e uma *Vida* de Filipe III, assim como uma *Crônica universal*, na qual continua a obra do cronista do século XII Sigebert de Gembloux. Não tem originalidade até 1113, depois é mais pessoal. O São Luís é de segunda mão, mas Guillaume é a fonte original e essencial para Filipe III e para os primeiros anos do reinado de Filipe IV, o Belo.[12] Morreu com toda a certeza em 1300.

A Crônica universal de *Guillaume de Nangis*

A *Crônica* é de fato "objetiva". Apresenta-se sob a forma tradicional de "Annales", indicando de modo seco os principais acontecimentos, ano a ano. Os desenvolvimentos narrativos, as ideias gerais, os julgamentos, os acontecimentos tidos como secundários são excluídos. Assim, para o ano de 1231, o episódio da perda do santo cravo, sobre o qual Guillaume de Nangis se deteve longamente na *Vida* de São Luís e a propósito do qual tem observações tão interessantes sobre as manifestações de piedade do jovem rei e sobre o modo pelo qual elas foram recebidas pelos que o cercavam,[13] desapareceu completamente na *Crônica*, que entretanto retoma a *Vida*, mas reduzindo-a a um esquema de acontecimentos. A parte de São Luís se torna contudo mais

---

[11]H. GÉRAUD, artigo citado, p. 46, retomado por G. M. SPIEGEL, *op. cit.*, p. 101.
[12]A *Vida* de São Luís e a *Vida* de Filipe III foram editadas por M. DAUNOU em *Recueil des historiens des Gaules et de la France*, t. XX, pp. 310-465 (texto latino) e tradução francesa do fim do século XIII. A *Crônica* latina também foi editada nesse tomo XX (p. 544 e segs.) e por H. GÉRAUD com as *Continuations* da *Crônica* (2 vol., Paris, 1843). GUILLAUME DE NANGIS escreveu também uma *Crônica resumida* editada por M. DAUNOU no *Recueil des historiens des Gaules et de la France*, t. XX, pp. 645-653.
[13]Ver *supra*, pp. 115-117.

SÃO LUÍS

importante em uma crônica *universal* em que aparecem outras situações e outras personagens. Uma certa ideia de história, entretanto, transparece na estrutura da *Crônica*. Guillaume de Nangis se interessa sobretudo pelos homens e, em particular, pelas grandes personagens que são, senão os motores da história (o único verdadeiro motor é Deus), pelo menos os heróis dessa história humana. Mas esses homens podem ser também atores coletivos. Enfim, Guillaume põe por vezes a tônica sobre o lugar de determinado acontecimento. Porque tem o sentido dos "lugares" onde se faz a história e onde se constrói a memória.

Eis dois exemplos significativos dessa concepção de história-crônica e do espaço que nela São Luís ocupa.

Quatro acontecimentos são mencionados para o ano de 1229 aos quais Guillaume consagra quatro parágrafos.[14]

O primeiro conta a revolta do conde de Bretanha e como o jovem Luís IX a reprimiu. Começa assim: "O conde de Bretanha" (*Comes Britanniae*) e faz rapidamente o rei de França intervir: "O conde de Bretanha, incomodado pela perda do castelo de Bellène [Bellême], pôs-se de novo a invadir a terra do rei de França Luís." E Luís arrebata desde então o primeiro plano do conde de Bretanha, iniciador da guerra. "O rei, não suportando essa atitude, reuniu de novo um exército [...]." E o parágrafo termina com o rei de França vitorioso: "e durante quatro anos e até mais o rei de França Luís governou em paz seu reino" (*Ludovicus Franciae rex regnum gubernavit*). Guillaume, do qual se diz que é "objetivo", que "não julga", condena, na verdade, o conde de Bretanha só pela ordenação da narrativa e pela escolha das palavras. Para dizer que o conde invadiu a terra real, utiliza a palavra *infestare*, cujo sentido primitivo, "infestar", é altamente pejorativo. O conde é um malvado, é punido não apenas sendo vencido, mas "humilhado" (*Et sic, Petro Britanniae comite humiliato*, "E, assim, o conde de Bretanha Pedro tendo sido humilhado"). A rebelião do conde contra o rei é muito severamente condenada, para além da revolta do vassalo contra seu senhor que aqui não está em questão, é a injúria feita ao *rei* que é condenada.[15]

Guillaume de Nangis, que escreveu no início do reinado de Filipe, o Belo, uma vintena de anos depois da morte de São Luís, teve a tendência de dar ao rei de França uma imagem ainda mais poderosa: "O rei aí esteve mais

---

[14]Crônica latina de GUILLAUME DE NANGIS, em *Recueil des historiens des Gaules et de la France*, t. XX, pp. 545-546 (uma página e meia da edição M. Daunou, pp. 180-181).
[15]Como notou com precisão Bernard Guenée.

presente do que nunca."[16] O Luís IX de Guillaume de Nangis é um Filipe, o Belo precoce, não pelo caráter (Filipe, o Belo, afinal, já era um enigma para os cronistas de sua época), mas pelo poder que exerceu. Assim, depois de Primat, Guillaume de Nangis faz do São Luís de Saint-Denis um rei, se ouso dizer, sempre mais real.

O segundo parágrafo do ano de 1229 — e ele é menos da metade do precedente em tamanho — é dedicado ao rei de Aragão, Jaime I, o Conquistador. O parágrafo se abre com o rei: "O rei de Aragão..." Guillaume lembra suas conquistas sobre os sarracenos: as Baleares e Valencia, lugar do martírio de São Vicente. O cronista aumenta a Cristandade. Porque sua crônica é a crônica da Cristandade e o lugar maior que São Luís nela ocupa é precisamente o que faz dele o soberano mais poderoso da Cristandade.

O terceiro parágrafo (três linhas) é dedicado a duas outras grandes personagens da Cristandade cuja fama de santidade se impôs naquele ano: Santa Isabel, "filha do rei da Hungria, esposa do landgrave da Turíngia" e Santo Antônio de Pádua, "da ordem dos frades menores". Guillaume introduz o seu leitor numa atmosfera de santidade.

O último parágrafo (catorze linhas) é consagrado ao grande envolvimento da Cristandade, no qual São Luís teria mais tarde uma participação tão grande, a cruzada. Os primeiros heróis são coletivos, é a multidão dos cruzados. Guillaume também tem o sentido do papel das massas na história: "Uma grande multidão de cruzados" (*multitudine magna peregrinorum crusesignatorum*). Depois chegam as duas principais personagens "oficiais" da Cristandade, o papa e o Imperador. O imperador não parece muito bem aí. Desde a partida da cruzada, Frederico II abandona "às escondidas" (*furtive*) os cruzados e volta a Brindisi. O papa o excomunga. Uma última grande personagem é o sultão muçulmano. Guillaume, muito atento ao que se passa no Oriente, partilhando ainda da concepção tradicional da Cristandade compreendendo a Cristandade latina europeia *mais* a Terra Santa, contenta--se em anotar sua morte.

O ano seguinte, 1230, é mais interessante ainda do ponto de vista do que se escreve de São Luís.

O ano começa pelo rei: *Ludovicus rex Franciae*. Luís funda a abadia de Royaumont, no bispado de Beauvais, perto de Beaumont-sur-Oise. Guillaume o mostra assim em uma de suas atividades mais memoráveis, como fundador e benfeitor de

---

[16] B. GUÉNÉE, "Chancelleries et monastères", artigo citado (*supra*, p. 309, nº 3), p. 25.

SÃO LUÍS

igrejas, de abadias e sobretudo de conventos. E é sabido, no fim do século XIII, que Royaumont foi a abadia querida do rei, seu *lugar* de predileção.

O segundo parágrafo, de três linhas (como o primeiro), reintroduz o Imperador, cuja imagem continua a se deteriorar. "O imperador romano Frederico enviou embaixadores ao sultão da Babilônia e fez com ele, ao que se disse, um pacto de amizade suspeito à Cristandade."[17] Segue-se um longo desenvolvimento (trinta e sete linhas, das quais, na verdade, vinte de adições posteriores de Guillaume) do mais alto interesse para a memória de São Luís.

De saída, é um lugar que está na abertura, mas não importa que lugar seja esse, importa é que é a capital do jovem rei. Os atores do acontecimento são os dois grupos dominantes em Paris, os burgueses e os clérigos da jovem universidade.

> Em Paris entre escolares [*scholares*, que designa simultaneamente os mestres e os estudantes] e burgueses levantou-se uma grande disputa; de fato, os burgueses tinham matado clérigos e por essa razão os clérigos, deixando Paris, tinham se dispersado por todas as regiões do mundo.[18]

Aparece logo o jovem rei, então com 16 anos.

> O rei Luís vendo que o estudo das letras e da filosofia, pelo qual se adquire o tesouro da ciência que supera todos os outros[19] [tesouro que tinha vindo primeiro de Atenas para Roma, em seguida de Roma para a Gália, sob o nome de cavalaria, depois de Dionísio o Areopagita], tinha deixado Paris ficou profundamente desolado. E o rei muito piedoso temendo que um tão grande e tão bom tesouro se afastasse de seu reino, porque "a sabedoria e a ciência são as riquezas da salvação",[20] e porque não queria que Deus pudesse lhe dizer um dia: "Tu rejeitaste a ciência e eu te rejeitarei",[21] ordenou aos clérigos supracitados que voltassem a Paris, acolheu-os com uma extrema clemência em sua volta e mandou rapidamente que os burgueses que tinham cometido crimes contra eles os indenizassem.

---

[17]*"Fredericus imperator Romanus misit nuntios ad soldanum Babyloniae et contrapit cum eo, ut dicitur, amicitias Christianitati suspectas" (ibid.*, p. 181).

[18]É, relembro, a primeira greve conhecida da história europeia.

[19]*"Studium litterarum et philosophiae, per quod thesaurus scientiae qui cunctis aliis praeminet et praevalet acquisitur"* (p. 182).

[20]*"Divitiae salutas sapientia et scientia"*: é uma citação de Isaías, 33, 6.

[21]*"Quia repulisti scientiam, repellam te"*: é uma citação de Oseias, 4, 6.

O texto seguinte é uma adição que não figura no mais antigo manuscrito conservado da *Crônica*. Quanto a essa adição, o sábio editor não pôde decidir se é do próprio Guillaume de Nangis ou de um continuador. De qualquer maneira, trata-se de uma passagem interessante para conhecer a imagem de São Luís que se cultivava no meio de Saint-Denis.

> Com efeito, se o tesouro tão precioso da sabedoria salvadora tinha sido expulso do reino da França, o emblema da flor de lis dos reis de França ficaria extremamente danificado. Porque, como Deus e Nosso Senhor Jesus Cristo quis* ornar o reino da França mais particularmente do que todos os outros reinos pela fé, a sabedoria e a cavalaria, os reis de França têm tradicionalmente feito pintar sobre suas armas e suas bandeiras uma flor de lis trifoliada, como se quisessem dizer ao universo: a fé, a sabedoria e a proeza cavalheiresca servem, de par com a providência e a graça de Deus, a nosso reino mais abundantemente do que a todos os outros. As duas folhas semelhantes significam, de fato, a sabedoria e a cavalaria que guardam e defendem a terceira folha, situada em plano mais alto entre elas, que significa a fé. Porque a fé é governada e regida pela sabedoria e defendida pela cavalaria. Tão longo tempo em que essas três virtudes estejam bem ligadas entre si (*sibi invicem cohaerentia*) no reino da França na paz, na força e na ordem (*pacifice, fortiter et ordinatim*), o reino estará solidamente de pé (*stabit*). Se elas estiverem separadas ou lhe forem arrancadas, todo o reino dividido contra si mesmo seria devastado e desmoronaria.[22]

Esse texto resume, com um relevo excepcional, a filosofia da história "nacional" que emergiu progressivamente na França a partir do século XII. Três temas essenciais aí se entremisturam. O primeiro é aquele da translatio studii, da transferência da ciência, do saber, de Atenas para Roma e para a França. Assim como a Alemanha foi a beneficiária da *translatio imperii*, da transferência do poder, a França recebeu a herança do saber. À França, indissoluvelmente unidos, o cristianismo trouxe o prestígio do sábio e a glória do guerreiro. Já no século XII, a dupla da instrução e da cavalaria abençoada pela Igreja manifestou o lugar eminente do reino na Cristandade. Em seus romances de

---

*O autor medieval, apesar da conjunção aditiva unindo os dois nomes, mantém realmente o verbo no singular, no original, num efeito de estilo que parece definir a intenção clara de fazer de Deus e de Nosso Senhor Jesus Cristo uma única pessoa. (*N. do T.*)

[22]"*Si autem de eodem separata fuerint vel aversa, omne regnum in seipsum divisum desolabitur atque cadet*" (p. 183).

SÃO LUÍS

cavalaria, Chrétien de Troyes louvou essa dupla prestigiosa em nenhuma parte tão brilhante como na França. No século XIII, um terceiro poder, o do saber universitário, afirmou-se em Paris, foco da mais alta ciência, a teologia. O saber universitário veio fortalecer o poder leigo, encarnado na monarquia, e o poder espiritual, representado pelos sacerdotes. Uma nova tríade trifuncional: *sacerdotium, regnum, studium*, expressou essa nova figura do poder.[23] Foi sob São Luís que esse sistema de valores encontrou na França sua mais alta encarnação. Luís IX favoreceu a ascensão do poder dos sacerdotes, do poder do rei e do poder dos homens de ciência. Enquanto sua mãe era insensível ao novo poder dos intelectuais, e não tinha sabido reter mestres e estudantes em Paris, uma intuição de juventude permitiu-lhe pôr fim à greve e à secessão que podia causar a morte da instituição. São Luís, estabilizando a universidade de Paris, assegurou ao reino da França a preeminência. Uma vez que também foi ele que elevou ao mais alto nível o prestígio das flores de lis, como emblema da monarquia francesa, pode-se, segundo o método de interpretação alegórica tão em moda, interpretar as três folhas das flores de lis como o símbolo desses três poderes. A fé aí está ancorada na sabedoria e no saber, em conformidade com o grande movimento intelectual que, de Santo Anselmo a Tomás de Aquino, dos centros de saber monástico ao centro urbano parisiense, caldeirão da ciência política, procurou torná-la inteligível: *fides quaerens intellectum.** A essa trilogia ético-social corresponde uma trilogia político-ideológica: a da paz, da força e da ordem que São Luís também encarna. Tal é, na virada do século XIII para o XIV, a imagem que Saint-Denis dá de São Luís, e pouco importa que o desenvolvimento da crônica seja do próprio Guillaume de Nangis ou de um continuador dionisiano.[24] É ele o rei das flores de lis, cujo mérito particular é que com as duas folhas da instrução e da cavalaria, da fé e da força, manteve a terceira folha que dá coerência ao conjunto: a ciência. É ele o rei do saber que estrutura o sistema político e social.[25]

Nessa grande escalada da França em matéria de poderio, acha-se na origem o papel essencial de São Dionísio, pois graças a ele é que sabedoria e cavalaria passaram da Grécia à França. Compreende-se melhor então o furor dos monges dionisianos contra Abelardo no século anterior. Diante do intelectual crítico,

---

[23]H. GRUNDMANN, "*Sacerdotium-Regnum-Studium*. Zur Wertung der Wissenschaft im 13. Jahrhundert", *Archiv für Kulturgeschichte*, 34, 1951.
*"A fé busca o conhecimento." (*N. do T.*)
[24]Inclino-me por Guillaume de Nangis, porque o desenvolvimento está integralmente na *Vida*, publicada segundo um manuscrito que se supõe dar o texto de Guillaume (pp. 318-320).
[25]É bem o resultado da nova concepção do rei que, como se viu, João de Salisbury exprimiu no meio do século XII: "Um rei iletrado é apenas um asno coroado" (*Rex illiteratus quasi asinus coronatus*).

que estava à procura da verdade histórica e científica, que queria e podia provar que o santo padroeiro da abadia nunca foi o Areopagita, é um outro sistema que a grande abadia ajuda a monarquia francesa a pôr de pé, um sistema de poder estável ancorado na história tradicional e no imaginário simbólico.[26] Abelardo provavelmente não se deu conta de que sua obstinação em procurar a verdade histórica, tal como a entendemos hoje, minava esse sistema em seus fundamentos. Assim chega-se à paz, à força e à ordem. Se a noção gramsciana do "intelectual orgânico" encontrou uma aplicação pertinente é bem na Cristandade do século XIII que ela está, e são eles, os monges de Saint-Denis, esses grandes ideólogos, que fizeram de São Luís o rei do Estado monárquico francês.

Além dessa explicitação do papel histórico de Saint-Denis, Guillaume de Nangis, membro do *lobby* dionisiano, não deixa de sublinhar os laços privilegiados de São Luís com a abadia exatamente como os hagiógrafos mendicantes insistiam sobre seus favores em relação aos frades. Para o ano de 1231, ele observa que "por determinação do rei de França Luís e de religiosos, a igreja de Saint-Denis na França[27] foi renovada sendo abade Eudes Clément; coisa que os monges não ousavam fazer antes por causa do caráter sagrado (*mysterium*) da consagração que essa igreja, como se sabe, recebeu de Deus".[28] Observemos, de passagem, que Guillaume aproveita para dizer que Deus não faz milagres só em favor da abadia rival de Saint-Rémi de Reims, que não cita nominalmente, mas também em favor de Saint-Denis. Consideremos sobretudo a notável dialética que Guillaume de Nangis, acusado por alguns de ser desprovido de qualquer concepção original da história, institui entre a tradição e a renovação e, mais ainda, seu senso de historicidade do sagrado, que se enriquece no tempo.

Percebe-se aqui como o São Luís de Saint-Denis usa o São Luís dos mendicantes.

O São Luís da *Crônica* de Guillaume de Nangis é como se vê um rei de uma França preeminente, mergulhada na história universal, como o quer o gênero. Se a Crônica, que retoma muitas vezes palavra por palavra a *Vida* de São Luís, é podada de detalhes que podem parecer importantes numa biografia individual, mas supérfluos numa crônica universal obrigada a ir a um essencial mais geral, comporta, em compensação, a relação de fatos que o monge omitiu na *Vida*. São notações a respeito de singularidades climáticas, sinais simbólicos, presságios e prodígios. Eis, para o ano de 1235, o primeiro acontecimento assinalado: "Uma grande fome (*fames valde magna*) ocorreu na

---

[26]Ver J. Le Goff, "La France monarchique. I. Le Moyen Âge", em A. Burguière e J. Revel (ed.), *Histoire de la France*, t. II (*op. cit.*, *supra*, p. 66, n° 70), pp. 83-85.

[27]França (*Francia*) tem aqui o sentido restrito de Île-de-France.

[28]*Ibid.*, p. 183.

SÃO LUÍS

França, principalmente na Aquitânia, em tal grau que os homens comiam as hervas dos campos, à semelhança dos animais. O sesteiro* de trigo valia de fato cem *sous*** em Poitou e nessa região muitos morriam de fome e sofriam de erisipela gangrenosa" (p. 187). O mesmo para o ano de 1266: "No reino da França, em agosto, antes da aurora, um cometa (*cometes horribilis*) apareceu, que dirigia seus raios para o Oriente" (p. 230). Esses dois acontecimentos, que afetam o reino da França, não aparecem na *Vida* de São Luís, sob cujo reinado se deram. Guillaume de Nangis isolou São Luís do maravilhoso. Banhou-o no religioso e o guardou do prodigioso.

A Vida *de São Luís de Guillaume de Nangis*

A *Vida* de São Luís, que foi escrita antes da canonização, responde melhor ao título de *Vita et Gesta*. O primeiro termo se aplica essencialmente à vida dos santos e, eventualmente, de personagens que estiveram próximas deles através de funções que se revestem de um certo caráter sagrado — reis, por exemplo —, sobretudo se tiveram, oficialmente ou não, auréolas de uma reputação de santidade. A particularidade dessa *Vida* é de ter sido escrita antes da canonização, mas sem que o autor tivesse conhecido pessoalmente o rei. O autor explica que simplesmente assistiu, jovem monge sem dúvida, à chegada e ao enterro da ossada a Saint-Denis. O termo *Gesta* designa os fatos e feitos, ou gestas, do herói, é uma história. Guillaume aí se apresenta como um simples monge desprovido de cultura literária — o que é um excesso de humildade — e reconhece ter trabalhado de segunda mão. Chamou-se a atenção para o fato de que, ao contrário da maior parte dos biógrafos do tempo, ele não diz ter sido testemunha ocular do que conta. Não afirma: *vidi* ("eu vi"). A razão é que sem dúvida ele não conheceu São Luís, mas também se prende ao fato de que se pretende "historiador" e não "memorialista". Compila, organiza, busca explicar. Serve-se de duas fontes principais: a *Vida* de Geoffroy de Beaulieu e uma *Vida* de Luís IX hoje perdida, obra de Gilon de Reims. Como se pode verificar a fidelidade de Guillaume de Nangis ao primeiro, pode-se supor o mesmo em relação ao segundo e que assim ele salvou o essencial dessa obra. Mas um compilador — Bernard Guenée pertinentemente observou — torna-se um autor, na Idade Média, pela organização de suas fontes e pelas interpretações que sugere.

---

*Antiga medida de capacidade para os grãos, que variava mais ou menos de 150 a 300 litros. (*N. do T.*)
**Cerca de cinco libras, porque o *sou* valia a vigésima parte da libra. (*N. do T.*)

Guillaume distingue os acontecimentos maiores, que formam a trama contínua da *Vida* e da *História* de Luís IX, dos acontecimentos secundários, que dela não fazem parte senão indiretamente e que ele anota como *incidentia* ("digressões").

Seu texto abunda em detalhes sobre as complicações da minoridade, sobre as operações militares (seu São Luís é um guerreiro e a *militia* uma das forças principais do reino — Guillaume sublinha mesmo que os tártaros ouviram dizer que os "franceses eram maravilhosamente fortes batalhadores"), sobre o nascimento dos filhos do rei suscetíveis de garantir a herança (ele compreendeu a lógica dos prenomes: para o mais velho, o nome do pai do futuro rei, ao segundo o do avô, por isso Luís para o primogênito, que morreu em 1260, e Filipe para o segundo, que será Filipe III). Sobre as cruzadas, principalmente — em particular a de Túnis, cronologicamente mais próxima. Dá também grande atenção a Carlos d'Anjou, já como conde de Provença e, sobretudo, como rei de Nápoles e da Sicília. É que uma das principais motivações desses historiadores, senão a principal, é o elogio dos franceses. Por sua brilhante carreira política e militar, Carlos é digno de aparecer em boa situação ao lado do irmão. Chega mesmo a pôr na boca de Carlos antes da batalha de Tagliacozzo (1268) um apelo ao orgulho francês: "Senhores cavaleiros de França nascidos, famosos pela força e pela proeza..."[29]

Deus é, certamente, o mestre da história. Os barões revoltados contra o jovem Luís renunciam à rebelião quando percebem que a "mão de Deus" está com ele. Em 1239, o rei vê que o Senhor afinal o poupou das ameaças dos inimigos. Mas, quando Guillaume fica maravilhado com a facilidade pela qual Luís feito prisioneiro pelos muçulmanos foi rapidamente libertado por um resgate de montante modesto, reparte a responsabilidade do acontecido entre Deus, que fez um "milagre", e o "bom rei", cujos méritos contribuíram para esse resultado. Nessa história em que os conflitos e as guerras têm um lugar privilegiado, a causa principal disso é a psicologia dos grandes. É o orgulho (a *superbia*) de tal ou qual grande que rompe a paz e a tranquilidade.[30] Entre as manifestações desse orgulho, dessa "presunção" (o conde de Bretanha e o conde de la Marche, os mais infiéis dos grandes vassalos do rei são, o primeiro, "orgulhoso e altivo", o segundo "imbuído de vaidade e de uma odiosa presunção"), a pior é aquela que se volta contra o rei. Guillaume se fixa nessas razões de caráter porque discerne mal que esses procedimentos devem

---

[29]*Ibid.*, p. 433.
[30]*Recueil des historiens des Gaules et de la France, op. cit.*, t. XX, p. 343.

SÃO LUÍS

ser julgados sobretudo em função do código que rege as relações entre reis e vassalos. Falta-lhe intimidade com o vocabulário jurídico e, afinal de contas, as concepções do direito público, em particular as que se aplicam ao poder real, estão em plena evolução na segunda metade do século XIII. A impressão é que ele não distingue bem entre a *majestas* real, essa misteriosa e suprema sacralidade, e a *potestas*, que é a soberania. Também julga São Luís em termos psicológicos e distingue mal em sua conduta, ambígua, é verdade, o que põe em relevo os sentimentos e o que se relaciona com a política institucional. Observa também que São Luís voltou mudado de sua primeira cruzada. Vê que o rei, cheio de remorsos e de má consciência, não só começou a levar uma vida mais penitente, mais ascética, mas que endureceu seu poder. Não parece notar que o remorso verdadeiro do rei o leva a fortalecer seu poder por motivos políticos. A grande ordenação de 1254, da qual Guillaume dá uma versão, fez com que a ordem moral imperasse: "Os barões e os cavaleiros e todos os outros, grandes e pequenos, que viram, conheceram e ouviram a sabedoria divina que estava e reinava nos fatos e atos do rei Luís, quando ele distribuía uma reta justiça, temiam-no e o honravam mais e mais dia após dia, porque viam e sabiam que ele era santo homem e julgador; daí em diante não houve mais ninguém que ousasse ir contra ele em seu reino e, se alguém se rebelou, foi logo humilhado" (p. 401). A paz que ele impôs à França e ao estrangeiro (é o período de Luís "o pacificador"), Deus a fez reinar durante o reinado de seu filho Filipe (III) por causa dos méritos do pai. "Também o trono do reino da França no tempo do rei Luís foi resplandecente, como o sol que espalha os raios de sua luz por toda parte, em comparação com todos os outros reinos" (*ibid.*).[31]

Eis portanto o São Luís de Saint-Denis como um rei-sol. Ou, antes, o trono como sol que dali difunde os raios e os benefícios. O rei é absorvido pelas insígnias reais: quanto ao símbolo, pela coroa; na historiografia, pelo trono. A metamorfose de São Luís depois da volta da Terra Santa é também a ocasião, para Guillaume de Nangis, de inserir em sua *Gesta* o essencial da *Vita* de Geoffroy de Beaulieu, porque essa metamorfose traz a prova da santidade. Um rei mendicante aparece à sombra do rei-sol e Guillaume acrescenta sua contribuição à próxima canonização de seu herói. Fala de seus méritos, narra-lhe os primeiros milagres. Para promover a França através de seus reis, Saint-Denis faz fogo com qualquer madeira.

---

[31] A metáfora solar não me parece pertencer à tradição da simbologia real do cristianismo latino. Mereceria uma pesquisa. Ver *infra*, pp. 469, 581 e *supra*, p. 300, n° 18.

Há em São Luís um santo que pode, à maneira dos mendicantes, desestabilizar a sociedade cristã ao exaltar a pobreza, a humildade e essa paz que é justiça escatológica. Também há nele, segundo a visão de Saint-Denis, um rei cristão que ajuda a estabilizar a Cristandade através da coesão da fé, da força e da ordem. Um santo rei *bifrons*.* Mas os universitários mendicantes, encontrando um compromisso para as duas tendências, pouparam a São Luís a esquizofrenia, e os monges de Saint-Denis ancoraram o rei mendicante na trajetória do poder real e do sentimento nacional.

Na síntese da monarquia cristã que Guillaume de Nangis realiza através do retrato de Luís IX, outras imagens do rei tinham aparecido durante o primeiro período de seu reinado que o Rei-Sol do fim integra, sem aboli-las. Porque o rei do fim do século XIII não é um monarca absoluto. Das obrigações recíprocas do sistema feudal entre senhor e vassalo, ele guardou o dever de dar a seus súditos a proteção que lhes vale a sua fidelidade. Desde o início de seu reinado, São Luís "pensou em seu coração que a lealdade que os súditos devem a seu senhor" (Guillaume mistura o vocabulário da soberania — "súdito"— com o do regime feudal — "senhor"), "essa lealdade exige uma proteção correspondente do senhor ao súdito".[32] Já é ele o rei "boníssimo e nobilíssimo" e leva "vida santa", o que explica que Deus lhe dê "prosperidade", a ele e a seu reino. São Luís é o oposto do modelo dos maus príncipes, como os barões que se rebelaram contra ele ou mesmo o imperador Frederico II, que, sem poder ser chamado propriamente de mal, é "duvidoso". Mas existe também um modelo contrário suscitado pelo "diabo, que é sempre ciumento dos bons" (p. 325).

Guillaume, em sua *Vida* como em sua *Crônica*, é muito interessado no Oriente, essa dimensão essencial que não pode ser esquecida na vida e nas preocupações de São Luís. É no Oriente que Guillaume encontra o rei antibom, o anti-São Luís. Não se trata de um sultão muçulmano, sarraceno ou turco, mas do Velho da Montanha, rei de uma seita xiita extremista, os Assassinos, com o qual São Luís teve contatos na Terra Santa. Esse rei "muito mau e muito malvado" a quem o diabo aconselhava tornou-se bom, na verdade, com a intervenção de Deus.[33] Guillaume de Nangis quereria com isso justificar as

---

* "Que tem duas faces." (*N. do T.*)

[32] *Ibid.*, pp. 315-317.

[33] Ver a narrativa desse episódio adiante, pp.484-489. Bernard Lewis (*Les Assassins. Terrorisme et politique dans l'Islam médiéval* [1967], trad. fr., Paris, 1982; nova ed., Bruxelas, 1984) indica que não está documentado, mas confirma que São Luís manteve contatos com os Assassinos durante sua temporada na Terra Santa (p. 163 e segs.). Um enviado de Frederico Barba-Roxa, em 1175, dá a etimologia *Heyssessini*, quer dizer, "senhor da montanha" (*ibid.*, p. 37).

relações diplomáticas de São Luís com os príncipes infiéis? Se sua intenção era essa, ele se encontra de novo com os mendicantes, intermediários privilegiados do rei no Oriente. As duas historiografias, a mendicante e a dionisiana, sublinham o horizonte oriental de São Luís.

IV

O REI DOS *EXEMPLA*

O século XIII, na falta de uma história que à época ainda não se isolou bem nem como uma forma do tempo dos homens, nem como um gênero literário, menos ainda como uma disciplina do saber, é ávido de histórias, de anedotas.[1] Também parece desejoso de aprender. A Igreja sabe disso e seu esforço didático é grande. A seus principais pedagogos, os pregadores, ela fornece anedotas. Essas historietas edificantes, com as quais os pregadores enchem seus sermões, os *exempla*.

O *exemplum* medieval é "uma narrativa breve dada como verídica e destinada a ser inserida num discurso (em geral um sermão) para convencer o auditório através de uma lição salutar".[2] Essa narrativa se esforça também para captar a atenção dos ouvintes por seu caráter engraçado ou surpreendente. É um artifício retórico, uma historinha destinada a transmitir uma lição. Como as lições dos *exempla* têm por finalidade a salvação do auditório, pode-se chamar o *exemplum* medieval de "um artifício escatológico".[3] "O *exemplum* introduz no sermão a nota realista e agradável de uma narrativa que rompe o modo de enunciação geral do sermão e parece estabelecer entre o pregador e seu público uma furtiva coninvên-

---

[1] No século XIX, o erudito Albert Lecoy de la Marche intitula uma coletânea de *exempla* medievais que reuniu de *Anecdotes historiques* (ver *infra*, pp. 326 e n⁰ 5).
[2] Cl. BRÉMOND, J. LE GOFF, J.-Cl. SCHMITT, L' *"Exemplum"*, Turnhout, 1982; J.-Th. WELTER, *L'Exemplum dans la littérature religieuse et didactique du Moyen Âge*, Toulouse, 1927; Jacques BERLIOZ e Marie-Anne POLO DE BEAULIEU, *Les Exempla médiévaux. Introduction à la recherche*, seguida de Tables critiques e de *Index exemplorum* de F. C. Tubach, Carcassonne, 1992; C. DELCORNO, "Nuovi studi sull' 'exemplum'. Rassegna", em *Lettere italiane*, 1994, pp. 459-497. Um colóquio sobre "Les *exempla* médiévaux: nouvelles perspectives" teve lugar em Saint-Cloud no outono de 1994 sob a direção de M. Brossard, J. Berlioz e M. A. Polo de Beaulieu.
[3] Cl. BRÉMOND, J. LE GOFF, J.-Cl. SCHMITT, L' *"Exemplum"*, p. 37.

cia. Mas que ninguém se engane: longe de ser um corpo estranho, uma unidade isolada no sermão, o *exemplum* se liga a todos os outros argumentos, e a ruptura momentânea que introduz ainda reforça a função ideológica do sermão, palavra de autoridade."[4] Frequentemente próximo do conto popular, que é uma de suas fontes ou de sua formas de desfecho, o *exemplum*, ele próprio, também mostra um herói, que pode ser um animal, como na fábula. O exemplum antigo tirava muitas vezes seu poder de sedução do fato de que o sujeito da história era na maioria dos casos precisamente um herói, ele próprio um exemplo vivo cujas palavras e atos tinham um valor exemplar. Quando os cristãos assimilaram o *exemplum* com a maior parte das outras formas da cultura antiga, tenderam a ligá-lo aos grandes modelos cristãos da história sagrada, ao próprio Jesus, modelo por excelência, à Virgem, às personagens do Antigo Testamento. Esse tipo de *exemplum* não foi conservado pela Idade Média, que separou a literatura dos *exempla* da História Sagrada, e manteve as pessoas sagradas e as personagens bíblicas à parte dessas historietas.

O *exemplum* medieval não é naturalmente predisposto a acolher as personagens históricas. Preliminarmente, por ser dedicado a todo cristão, tende a pôr em cena o homem "comum", aquele que não vai além do ordinário em seus feitos e gestos habituais, e se pode dizer, das coletâneas de *exempla*, que formam "a bíblia da vida cotidiana". Depois, porque o *exemplum* tende a objetivar a historieta, isto é, retirar do herói seu estatuto de sujeito para fazer dele um objeto, um simples instrumento da lição proposta através da narrativa, tornando-se essa lição, ela própria, o sujeito da história. A personagem histórica, num *exemplum* medieval, não é mais do que um testa de ferro, fica grudada na "função ideológica do sermão", é absorvida pelo uso que dela se faz.

Entretanto, como as *Vidas* de santos e das grandes personagens têm tendência a serem compostas como rosários de historietas edificantes e, mais particularmente, de milagres (mas é preciso distinguir expressamente os milagres dos *exempla*, pois os milagres formam um gênero totalmente distinto), o coletor de *exempla* ou o pregador têm por vezes sido tentados a fazer passar um trecho de *vita* ao estatuto de *exemplum*. E a tentação pode ser maior se o herói da *vita* é uma personagem prestigiosa. Há, nesse caso, uma escorregadela do *exemplum*, que põe em cena um cristão anônimo ou insignificante num *exemplum* heróico ou pessoal. Acreditou-se mesmo poder definir um *exempla* "biográfico": teria por origem uma *vita* e "calcaria sua estrutura

---

[4] *Ibid.*, p. 164.

sobre a da *vita* de origem", mas a anedota no caso seria extraída da biografia da personagem histórica.[5]

Acrescentemos que, como o *exemplum* recorre na maior parte das vezes a *exemplos* negativos para afastar o cristão do pecado, as personagens históricas que mais podem figurar nos *exempla* são os malvados. Os reis maus, Teodorico ou Carlos Martel (assimilado a um rei), que perseguiram os católicos e a Igreja e que foram, segundo a tradição, precipitados no Inferno, são os melhores heróis dos *exempla*. No século XIII, porém, os reis de França aqui e ali são tomados como heróis de historietas que circulam e acabam algumas vezes ecoando nas coletâneas de *exempla*. É um rei ambíguo, Filipe Augusto,[6] que parece ter sido o primeiro — e figura nos *exempla* mais do que qualquer outro.

Se São Luís, por suas virtudes e pelas historinhas edificantes que correm a seu respeito, é um fornecedor potencial de *exempla*, acontece paradoxalmente, por sua própria santidade, suposta, depois oficialmente sancionada, que é um mau herói de *exempla*. Julgado santo, não mostra condutas condenáveis que pudessem ser dadas negativamente como "exemplo". Tornado santo, escapa ao gênero para ser enquadrado nas "Vidas" e nos milagres.

O testemunho limitado dos exempla

Conhecemos, entretanto, alguns *exempla* que têm São Luís como herói. São pouco numerosos, se se descontar, como é preciso, os casos em que ele só aparece como referência para datar uma historinha — "no tempo do rei Luís"— e para dar-lhe um indício suplementar de autenticidade. Mas são muito esclarecedores, em geral, sobre a imagem de São Luís, sobre o processo de memorização de que ele foi objeto.

Vamos a dois deles, tirados de um tratado para uso dos pregadores, obra do dominicano Étienne de Bourbon, cuja vida e cuja atividade, depois dos estudos em Paris, tiveram por centro o convento dos pregadores de Lyon: esse tratado foi redigido entre 1250, mais ou menos, e sua morte, em 1261.[7] Morto antes de São Luís, testemunha a transformação rápida, durante a própria vida dos heróis, das pequenas histórias correntes como *exempla*. O primeiro, nessa obra que trata dos

---

[5] Marie-Anne POLO DE BEAULIEU, "L'Anedocte biographique dans les *exempla* médiévaux", *Sources. Travaux Historiques*, n° 3-4, *La Biographie*, 1985, pp. 13-22.
[6] J. LE GOFF, "Philippe Auguste nos *exempla*", artigo citado (*supra*, p. 41, n° 10), pp. 145-154.
[7] Sobre Étienne de Bourbon, consultar-se-á a introdução da edição de Jacques BERLIOZ do *Tractatus de diversis materiis praedicabilibus* (no prelo).

SÃO LUÍS

Dons do Espírito Santo, vem ilustrar o "terceiro título" da quinta parte consagrada ao dom de conselho (*donum consilii*). Trata-se da força (*de fortitudine*) que sustenta o dom de bom julgamento (*consilium*) através do qual o homem pode escolher as virtudes que o conduzem à salvação. Entre os auxílios dessa força está a esmola, dada pelo amor de Deus (*elemosina data pro Deo*). É um *exemplum* "positivo", cujo herói é o jovem São Luís.

> O rei Luís de França, o que reina atualmente, disse um dia uma frase de extraordinário espírito, a qual foi repetida por um religioso que lá estava e que a ouviu de sua boca. Certa manhã, quando esse príncipe ainda era jovenzinho, uma quantidade de pobres estava reunida no pátio de seu palácio e esperava a esmola. Aproveitando a hora em que todos ainda dormiam, ele saiu de seu quarto, só com um servidor carregado com uma grande soma em denários e vestido de escudeiro; em seguida se pôs a distribuir o total com sua própria mão, dando mais largamente àqueles que lhe pareciam os mais miseráveis. Feito isso, ele se retirava para seu apartamento, quando um religioso, que tinha visto a cena pelo vão de uma janela, de onde conversava com a mãe do rei, foi a seu encontro e lhe disse: "Senhor, vi perfeitamente vossas más ações. "Meu queridíssimo frade", respondeu o príncipe todo confuso, "esses homens são meus assoldados [assalariados]; combatem por mim contra meus adversários e mantêm o reino em paz. Ainda não lhes paguei todo soldo que lhes é devido."[8]

Esse *exemplum* ilustra o valor da esmola. Recorre à reputação de São Luís, já estabelecida em vida, de generoso esmoler. Também faz eco à imagem da precocidade das virtudes e das práticas caritativas do rei. Mas põe a lição do *exemplum*, que é simultaneamente uma máxima moral e uma frase de espírito, na boca de um homem muito jovem, e com isso a lição não fica muito verossímil. São Luís serve para pôr em cena um *topos*, um lugar-comum. O *exemplum* utiliza uma imagem do rei e a reforça por uma historinha consagrada ao sucesso. Ajuda, assim, a dar crédito à lembrança de um soberano excepcionalmente piedoso. Serve para combater a imagem de um rei criança frágil e recorre, para construir a memória de um homem excepcional, ao processo habitual dos hagiógrafos: os homens excepcionais, os santos têm, desde a infância, uma mentalidade e uma

---

[8] ÉTIENNE DE BOURBON, *Anedoctes historiques* (*Tractatus de diversis materiis praedicabilibus*), A. Lecoy de la Marche (ed.), Paris, 1877, p. 443; tradução de A. LECOY DE LA MARCHE, em *L'Esprit de nos aïeux. Anedoctes et bons mots tirés des manuscrits du XIIIᵉ siècle*, Paris, 1888, pp. 95-96.

conduta de adulto. São Luís não teve infância, porque foi um menino prodígio, desde cedo semelhante a um adulto.[9]

O segundo *exemplum* de Étienne de Bourbon refere-se ao episódio da grave doença do rei, em 1244, e de seu voto de cruzado:

> O rei de França estava doente, à morte, desenganado pelos médicos. Fez-se deitar sobre cinza, chamou todos os que estavam lá e lhes disse: "Vede! Eu que era o mais rico e o mais nobre senhor do universo, eu que era mais poderoso do que todos os outros homens, que os dominei pela linhagem, pela fortuna, pelo número de meus amigos, não posso arrancar da morte o mínimo prazo, nem da doença uma única hora de tolerância! Que valem então todas essa coisas?" Ouvindo-o falar assim, os ouvintes soluçavam. Mas, contra toda expectativa, o Senhor o curou no momento em que já se acreditava que ele estivesse morto. Ele se levantou, deu graças a Deus e foi depois disso que tomou a cruz.[10]

O *exemplum* ilustra o sétimo "título" do primeiro livro, que trata *Do dom do temor* (*De dono timoris*) e, mais particularmente, da nona das razões pelas quais um cristão deve temer a morte, a saber, o fato de ser vítima de uma doença gravíssima.

A partir de um fato histórico real — a doença e o voto de cruzado de São Luís —, o autor do exemplo aproveita para introduzir de novo um lugar-comum, um *topos*, a impotência do poderoso e do rico diante da morte. Esse discurso, assim como a precisão segundo a qual São Luís ter-se-ia feito deitar num leito de cinzas, não se acham em nenhum outro testemunho sobre esse episódio. Lecoy de la Marche nele vê "detalhes novos" "trazidos em primeira mão". Não é impossível. Vejo antes, no caso, uma invenção forjada ou simplesmente recolhida pelo autor que dela se aproveitou — na lógica da ideologia do *exemplum* fora de toda autenticidade histórica — para introduzir uma alusão a uma prática habitual entre as grandes personagens: o depositar do corpo *in articulo mortis* sobre um leito de cinzas como penitência *in extremis*, e para utilizar um *topos* tradicional desde a Antiguidade. Meu ceticismo quanto à verdade histórica do discurso de São Luís não vem só da vulgaridade desse lugar-comum, mas é que a ideia e a formulação me parecem muito afastadas do que conhecemos do pensamento e do vocabulário do rei. A alusão excessiva a seu poder e a sua

---

[9] Ver *supra*, p. 83-84.
[10] Texto latino na edição de trechos do *Tractatus* por Lecoy de la Marche citado pouco acima (p. 327), p. 63; tradução do mesmo erudito, *L'Esprit de nos aïeux*, *op. cit.*, p. 97.

SÃO LUÍS

329

riqueza, a personificação da morte e a ausência de qualquer referência cristã me levam a considerar apócrifo esse discurso. Ainda uma vez, um fato conhecido, a doença e a tomada da cruz por São Luís, serve para dar um falso ar autêntico a uma simples encenação histórica de um lugar-comum. Étienne de Bourbon não cuida do que São Luís "verdadeiramente disse", mas do que poderia ter dito de acordo com a vontade didática e com a cultura clássica do dominicano. São Luís não está mais nesse *exemplum* do que no precedente. Essas historinhas são apenas subprodutos da imagem precocemente estereotipada do futuro rei santo.

O rei está mais ausente ainda num manuscrito de Tours do século XIII,[11] no qual encontramos — entre outros *exempla* envolvendo Guillaume d'Auvergne, bispo de Paris de 1228 a 1248 e que foi, de verdade, seu íntimo e seu conselheiro —, um *exemplum* evocando São Luís. A cena se passa por ocasião do nascimento do primeiro filho do rei (tratar-se-ia então de Branca, nascida em 1241 e morta muito jovem).

> A rainha de França Margarida, mulher do rei Luís, teve primeiro uma filha e não ousou anunciar isso ao rei. Chamou-se o bispo Guillaume para que ele o anunciasse. O bispo foi para junto do rei e deu-lhe a notícia nestes termos: "Senhor, alegrai-vos, pois eu lhe trouxe uns boizinhos, porque hoje a coroa da França ganhou um rei; na verdade, tendes uma filha cujo casamento vos dará um reino enquanto que se tivésseis tido um filho teríeis a obrigação de lhe dar um grande condado." E assim ele o deixou alegre.[12]

Deixemos de lado a elegância duvidosa com que o bispo evoca a filha do rei como uma futura novilha e a inexatidão que lhe faz dizer que o rei teria de dar ao filho uma grande terra senhorial, uma vez que esse suposto filho, sendo o mais velho,[13] teria de receber a coroa real pela morte do pai, e não um grande feudo reservado aos filhos seguintes. Além disso, Luís VII tinha sido muito infeliz por só ter tido filhas durante muito tempo e o nascimento relativamente tardio do futuro Filipe Augusto foi considerado um milagre. Mas, ainda que São Luís se preocupasse em ter herdeiros masculinos (depois ele teria seis filhos), não é concebível vê-lo reagir mal ao anúncio do nascimento de uma filha a ponto de ter sido preciso recorrer a um venerável anunciador da notícia e ao viés de uma frase de espírito. É claro que essa história é uma invenção para fazer graça e lembra, mais que os hábitos de sucessão da monarquia francesa, a maneira pela qual as

---

[11]Tours, Biblioteca Municipal, Ms. 205.

[12]A. LECOY DE LA MARCHE, *Anedoctes historiques, op. cit.*, p. 388, n° 1.

[13]Não está dito expressamente, mas, se não for o filho mais velho, o *exemplum* não tem muito sentido.

filhas são desprezadas numa sociedade tradicional. São Luís, aqui, está apenas emprestando seu nome para as necessidades do *exemplum*.

Um outro *exemplum*, que me parece mais interessante, poderia figurar no capítulo da justiça de São Luís:[14]

> O rei São Luís tinha adquirido o hábito de ler, todas as Sextas-Feiras Santas, o saltério inteirinho, desde o começo até o fim. Ora, um ano, uma certa personagem, de nobre família, estava detida no Châtelet, em razão de numerosos crimes que cometera. A grande Sexta-Feira chegou, o rei se retirou para sua capela e se absorveu em seu piedoso exercício. Mas os parentes e amigos do prisioneiro foram importuná-lo até no santuário, conduzidos por seu próprio filho e pelos príncipes seus irmãos. Vendo-os, ele pousou o dedo sobre o versículo em que tinha parado, a fim de recomeçar desse lugar a leitura interrompida. Um dos senhores, que tinha recebido a missão de falar em nome dos outros, disse-lhe, abordando-o: "Ilustríssimo senhor, hoje é um dia de graça e de misericórdia. Num dia como hoje, nosso Salvador nos remiu, e do alto da cruz perdoou o ladrão; morreu rezando por seus carrascos. Ora, todos nós, aqui presentes, nos lançamos a vossos joelhos, ilustríssimo senhor, e vos suplicamos humildemente que sigais o exemplo de Jesus Cristo, tendo piedade desse nobre cativo que geme nas masmorras do Châtelet." O piedoso rei escutou-os com bondade; preparava-se para fazer brilhar sua clemência, quando, levantando o dedo que tinha pousado sobre o saltério, leu por baixo o seguinte versículo: "Felizes aqueles que guardam a justiça e se rendem a seus argumentos todos os dias da vida." Refletiu um momento; depois, como única resposta, disse aos suplicantes que mandassem vir o preposto responsável pela jurisdição de Paris, e recomeçou a ler. Aqueles, persuadidos de que iam obter o perdão do culpado e sua libertação, correram rapidamente atrás do preposto. O magistrado logo chegou à presença de seu soberano. Luís ordenou-lhe então que lhe enumerasse os crimes cometidos pelo prisioneiro, se os conhecia minuciosamente. Diante dessa intimação, o preposto, não ousando encobrir a verdade, violentou-se e contou uma série de enormidades de fazer tremer. O rei, depois de ter ouvido, ordenou-lhe que desse livre curso à justiça e levasse o criminoso à forca naquele dia mesmo, sem guardar a solenidade que se celebrava.[15]

Ainda aqui, nada garante a autenticidade da historieta. O gênero do *exemplum* repete, na maioria das vezes, seja o "diz-se" anunciando o verdadeiro ou o falso, seja a pura e simples invenção. Mas a historieta ilustra bem aquilo que adivinha-

---

[14]Ver *infra*, pp. 570 e segs.
[15]A. Lecoy de La Marche, *L'Esprit de nos aïeux, op. cit.*, pp. 98-100.

SÃO LUÍS

mos por outras fontes, o conflito em São Luís entre a severidade e a misericórdia, conflito estreitamente ligado à ideologia real dos "Espelhos dos Príncipes", que pregam o equilíbrio entre as duas atitudes, e que parece ter dividido os que cercavam São Luís e a opinião do tempo entre um grupo da indulgência e um grupo do rigor. O *exemplum* poderia bem ter sido forjado pela corrente antitolerância. A inclinação do temperamento violento do rei leva à repressão, a misericórdia resulta de seu esforço para pôr em prática um cristianismo mais doce, fundamentalmente o da espiritualidade dos mendicantes, que entretanto não impediu esses frades, através da Inquisição, de agirem como justiceiros impiedosos. O *exemplum* ilustra também os casos de consciência do rei diante do desrespeito eventual à carta das prescrições eclesiásticas. Essas prescrições não são sagradas para São Luís. Uma urgência moral pode levar a transgredir um tabu ritual. Uma sentença de morte pode mudar as regras de uma Sexta-Feira Santa, assim como o jejum da Sexta-Feira pode ser quebrado pelo banquete com Henrique III.[16]

Dois outros *exempla* me parecem ilustrar essa utilização de São Luís por grandes correntes ideológicas do século XIII que exploram de maneira verossímil fatos de sua vida. O primeiro situa São Luís na promoção de leigos em matéria religiosa:[17]

Um sábio clérigo pregava diante de São Luís, e, em seu sermão, teve ocasião de pronunciar estas palavras: "No momento da Paixão, todos os apóstolos abandonaram o Cristo, e a fé se extinguiu nos corações deles. Só a Virgem Maria a conservou do dia da Paixão até a Ressurreição; em memória disso, na semana da penitência, nas matinas, apagamos uma após outra todas as velas, salvo uma única, que se reserva para reacendê-las na Páscoa." A essas palavras, um outro clérigo, de uma condição mais eminente, levantou-se para repreender o orador: "Eu vos exorto, disse ele, a afirmar apenas o que está escrito; os apóstolos, de fato, abandonaram Jesus Cristo de corpo, mas não de coração." O infeliz pregador ia ser obrigado a se retratar em pleno púlpito, quando o rei, levantando-se por sua vez, interveio: "A proposição enunciada em absoluto não é falsa, disse; achamo-la efetivamente escrita nos Padres. Tragam-me o livro de Santo Agostinho." Apressaram-se em obedecê-lo; veio o livro e, diante da confusão do desastrado aparteante, o rei mostra a quem queira ver um texto do *Comentário do Evangelho de São João*, pelo doutor ilustre, nestes termos: "*Fugerunt, relicto eo corde et corpore*. Fugiram, abandonando-o de coração e de corpo."[18]

---

[16]Ver *infra*, p. 564-565.
[17]A. VAUCHEZ, *Les Laïcs au Moyen Âge, op. cit. (supra*, p. 65, n° 65); G. LOBRICHON, *La Religion des laïcs en Occident, op. cit. (supra*, p. 65, n° 65).
[18]A. LECOY DE LA MARCHE, *L'Esprit de nos aïeux, op. cit.*, pp. 100-101.

332 JACQUES LE GOFF

Uma primeira leitura mostra o gosto de São Luís pela intervenção em matéria de fé e a cultura das Escrituras e patrística do rei.[19] Respeitador da separação das competências entre clérigos e leigos, São Luís não hesitava entretanto em avançar no domínio religioso tão longe quanto fosse permitido a um leigo (excepcional, é verdade, mas de qualquer forma leigo) fazê-lo. A pregação no século XIII era separada da liturgia da missa. Isso autoriza o rei a intervir no meio do sermão. Sem garantia de autenticidade, a historinha não é inverossímil. O *exemplum* é destinado principalmente a pôr em relevo a erudição patrística do rei.

O segundo *exemplum* parece de origem italiana.[20]

> O rei Luís fez um dia a seguinte pergunta a frei Boaventura: "Que é que o homem deveria preferir, se pudesse escolher, ou absolutamente não existir, ou existir para ser condenado aos tormentos eternos?" Boaventura respondeu-lhe: "Meu senhor, essa questão supõe dois pontos: de um lado, a ofensa perpétua a Deus, sem a qual o juiz supremo não inflingiria um castigo eterno, e, de outro lado, um sofrimento sem fim. Como ninguém poderia aceitar permanecer em estado de hostilidade perpétua com Deus, penso que seria melhor escolher não existir." Então esse piíssimo adorador da Majestade divina e príncipe cristianíssimo acrescentou, voltando-se para os ouvintes: "Estou com a decisão de meu irmão Boaventura e vos asseguro que amaria mil vezes mais ser reduzido ao nada do que viver eternamente neste mundo, ainda que aqui desfrutando da realeza todo-poderosa, ofendendo meu Criador."

A historinha, que vem dos meios franciscanos e é antes de tudo destinada a sublinhar o prestígio de São Boaventura, toca também no sentido das ideias e da conduta de São Luís tais como as conhecemos por testemunhos mais seguros. É o apreço em que o rei tinha os frades mendicantes e, mais particularmente, a sedução que Boaventura exerce sobre ele como teólogo (o termo "decisão" evoca a autoridade de um mestre universitário) e sobretudo como pregador. O ilustre franciscano, um dos grandes teólogos da universidade de Paris, eleito ministro geral de sua ordem em 1256, pregou muitas vezes diante de São Luís e da família real.[21] Quanto ao fundo, encontra-se a convicção, muitas vezes formulada por São Luís, especialmente segundo Joinville,[22] de que a morte é preferível à vida em pecado mortal.

---

[19]Ver *infra*, pp. 668-671.

[20]A. LECOY DE LA MARCHE, que o traduziu, apresenta-o assim: "Esse diálogo entre São Luís e São Boaventura, que o próprio São Boaventura relatou, é tirado de um manuscrito da Itália recentemente descoberto pelo padre Fedele da Fanna e citado por ele na Introdução escrita para a nova edição das obras do doutor Seráfico" (*L'Esprit de nos aïeux*, *op. cit.*, pp. 102-103).

[21]Ver *infra*, pp. 663 e 670.

[22]Ver *infra*, 671 e Índice Temático, "pecado".

SÃO LUÍS

Afinal reservei, para encerrar, dois *exempla* tirados de uma coletânea situada um pouco fora dos limites cronológicos que estabeleci para este livro. Compilada por um dominicano, faz parte de um conjunto de tratados para uso dos pregadores reunidos num manuscrito redigido em Bolonha em 1326.[23]

O primeiro, número 59 da coletânea, intitula-se "Um juramento irrefletido" (*De iuramento improviso*).

No tempo do bem-aventurado Luís, rei de França, um grande bispo veio da Alemanha a Paris para fazer uma visita ao rei. Levava consigo para servi-lo dois jovens, filhos de seu irmão. Um dia em que o bispo estava ocupado com seus negócios, os jovens, caçando pássaros para se divertir, entraram no pomar de um grande nobre. Este os viu de seu palácio, perguntou quem eram eles e como ninguém soubesse informar enforcou-os nas árvores. O bispo contou o caso ao rei. O rei ficou muito chocado e jurou sobre os santos Evangelhos mandar enforcar o nobre. Expôs o caso a seu conselho e a maioria o dissuadiu de executar seu juramento, alegando que isso causaria uma grande polêmica no reino. O rei convocou numerosos religiosos sábios e lhes indagou se poderia dispensar-se de cumprir seu juramento. Responderam-lhe que essa renúncia seria uma boa coisa considerando-se o bem comum de todo o reino, argumentando que Herodes não estava comprometido com seu juramento de mandar decapitar [São] João [Batista], porque o pedido da jovem [Salomé] era despropositado e iníquo. Também, ainda que esse bispo tivesse pedido a justo título justiça pela morte de seus sobrinhos, como em consequência disso haveria grande perturbação para o reino, o rei não estava obrigado a executar o juramento que tinha feito sem refletir. E, se bem que não pudesse realizar sua intenção, fez executar o sentido de seu juramento. Mandou suspender o nobre vivo e nu fechado num saco durante algumas horas no patíbulo e quando o baixaram mandou que ele pagasse seu peso em florins como satisfação. Mas para não parecer que estava possuído pela cobiça, dividiu esse dinheiro em três partes e deu uma aos pregadores [dominicanos] com a qual construímos um dormitório e um refeitório e as duas outras aos menores [franciscanos] e aos monges de Saint-Germain [des Prés] com a qual eles mandaram construir igrejas.[24]

---

[23]*Tractatus de diversis historiis Romanorum et quibusdam aliis verfangt in Bologna im Jahre 1326*, S. HERZSTEIN (ed.), Erlanger Beiträge, Helft XIV, 1893. Ver J.-Th. WELTER, em *L'Exemplum, op. cit.*, p. 358, n° 54.
[24]*Tractatus de diversis historiis Romanorum, op. cit.*, pp. 29-30.

334 JACQUES LE GOFF

Essa história lembra estranhamente o caso do senhor de Coucy e do enforcamento dos três jovens nobres flamengos que tinham caçado em sua floresta.[25] Nela reencontramos a mesma severidade de São Luís em relação à justiça arbitrária dos nobres, a mesma reação de hostilidade de uma parte do reino (essencialmente a nobreza), a mesma obrigação para o rei de dar marcha à ré e de aceitar um compromisso, à base pecuniária. A essa lição política, o *exemplum* acrescenta um caso destinado a fazer jurisprudência de não execução de um juramento (São Luís, na verdade, detestava juramentos; o *exemplum*, pelo menos nesse ponto, se afasta da verossimilhança). O fato é duplamente interessante: ilustra a importância do desenvolvimento da casuística — sob a ação dos escolásticos — no tempo de São Luís e, como no caso da Sexta-Feira Santa, a aceitação do desrespeito a uma regra tradicional e aparentemente sagrada (trata-se de um juramento sobre os Evangelhos). O mais interessante é sem dúvida que a palavra de ordem política que se torna preponderante sob São Luís é *bem comum*. Há enfim o testemunho, reforçado pelo grupo de pressão mendicante, do interesse privilegiado, mas não exclusivo, de São Luís pelos frades. São Luís aparece aqui não só como um rei limitado pela razão de Estado e pela opinião, mas, ainda uma vez, como o rei dos mendicantes.

O último *exempla* se intitula muito simplesmente: "Sobre São Luís" (*De beato Lodewico*). E entretanto...

> Diz-se de São Luís que um dia em que ele comia em Paris com mestres e frades na casa dos hóspedes [de nosso convento dos pregadores] enviou um donzel* à extremidade alta da mesa para ver o que faziam os frades no refeitório. Quando voltou, o jovem lhe disse: "Estão bem. Cada um está atento à leitura e àquilo que tem diante de si." O rei respondeu: "Não estão bem." Uma hora depois, enviou de novo o donzel que ao voltar disse ao rei: "Estão pior do que antes, porque murmuram entre si e não ouvem o leitor com a mesma atenção anterior." O rei respondeu: "Estão melhor." Enviou-o uma terceira vez e, quando rapaz voltou, disse que se comportavam da pior maneira possível, porque gritavam de tal forma que ninguém podia ouvir o leitor. O rei respondeu: "Agora estão perfeitamente bem. Quando os frades comem bem, estão contentes; mas quando comem mal é que apenas um deles abra a boca para cantar, como se vê bem na Sexta-Feira Santa."[26]

---

[25]Ver *supra*, pp. 216-218 e *infra*, pp. 536 e 572-573

*Donzel (*damoiseau*, em francês) é o jovem aspirante à cavalaria, mas que ainda não é cavaleiro. (*N. do T.*)

[26]*Tractatus de diversis historiis Romanorum*, op. cit., p. 27.

SÃO LUÍS

Salvo a familiaridade com os frades mendicantes, a conduta de São Luís é totalmente inverossímil nesta anedota. O piedoso rei, adepto da frugalidade, não teria jamais assumido essa "história engraçada de frades", semelhante aos "ditos espirituosos dos monges" da alta Idade Média e a nossas "histórias de padres". O gênero do *exemplum* não pede a seu herói mais do que um nome-símbolo para nele pendurar uma história. Temos aqui um caso limite, antípoda do que poderia ter sido um verdadeiro *exemplum* biográfico do qual algumas historietas, já o vimos, se aproximam.

Enfim, os *exempla* veiculam mais ou menos, ainda que à revelia porque essa não é sua finalidade, informações sobre a imagem estereotipada de São Luís tal como existiu em seu tempo e, às vezes mesmo, ampliam certos traços, oscilando entre a autenticidade e o lugar-comum. É uma imagem manipulada, simplificada, para obedecer às leis de um gênero narrativo curto com fins edificantes, às necessidades pouco exigentes dos pregadores, em geral triviais, e talvez do público ouvinte. É um produto da pobreza da comunicação, na medida dos meios de comunicação do século XIII. Através dos *exempla*, a própria memória de São Luís criou lugares-comuns enraizados nas realidades ideológicas e mentais do século XIII. O rei e seu tempo produzem e reproduzem sua imagem nesse jogo de espelhos refletido pelos *exempla*.

As histórias do Menestrel de Reims

Depois desses *exempla* propriamente ditos, passo a narrativas colhidas em um autor anônimo do século XIII cuja obra parece ter sido muito pouco conhecida na Idade Média: o Menestrel de Reims. O interesse da obra se prende à sua natureza e sua destinação. É um repertório de histórias, compiladas por um desses comediantes ambulantes que iam de castelo em castelo divertir auditórios basicamente nobres, mas também burgueses nas cidades, como os de Reims, cuja defesa o menestrel assume quando evoca o conflito deles com o arcebispo Henri de Braine, morto em 1240. Tudo que se sabe dele é que era de Reims e que escreveu por volta de 1260. Seu livro é uma história universal a partir de 1150 mais ou menos, constituída sobretudo de anedotas ou historietas que alguns aproximaram dos *exempla*, mas que com estes só têm em comum seu caráter de narrativas breves. O autor tinha claramente uma dupla finalidade: instruir e divertir, mas seu talento (sem dúvida ele era melhor contador de histórias) é limitado. Entremeia de apólogos e de lendas uma narrativa seguida mais ou menos cronologicamente. Na maioria das vezes recolheu intrigas e boatos.

336 JACQUES LE GOFF

Pretende-se satírico, invade os limites do licencioso, abunda em erros de toda espécie, cronológicos mais que todos.[27] Seus temas mais comuns são a história da França e as cruzadas. Só tem interesse do ponto de vista das mentalidades e do consumo cultural. Enquanto os autores ou coletores de *exempla* os transcreviam em geral em latim, as historietas do Menestrel de Reims eram narradas e escritas em língua vulgar, mais próxima da linguagem habitual de São Luís. O Menestrel permite-nos percorrer de novo alguns episódios da vida de São Luís, não como os apresentei aqui na Primeira Parte, tais como a crítica histórica nos permite estabelecê-los hoje e situá-los em perspectiva histórica, mas do modo como um "comunicador" do tempo os apresentou a públicos contemporâneos, com os erros de informação e de parcialidade, sem dúvida destinados a agradar aos gostos do público.

O Menestrel, por exemplo, não se contenta em recolher as calúnias espalhadas sobre as pretensas relações íntimas entre Branca de Castela e o cardeal-legado Romano de Sant'Angelo, acrescenta que, o bispo de Beauvais tendo-a acusado de estar grávida do prelado, ela ficou nua sob um manto em uma assembleia de barões e de bispos — entre os quais o de Beauvais — e que, subindo a uma mesa, teria tirado o manto e se desnudado dizendo: "Olhem-me todos, alguns dizem que estou grávida de uma criança", e, mostrando-se bem, "pela frente e por trás", deixou claro que "não trazia criança no ventre".[28] O Menestrel, ou sua fonte, pinta e borda sobre o disse me disse a respeito de Branca de Castela destilado por um meio de barões voltados contra a "estrangeira" e a criança real,[29] aplicando-lhe um conto de tipo muito conhecido encontrado por exemplo nos *Milagres de Notre-Dame*, de Gautier de Coincy, um best-seller da época: uma monja (frequentemente uma abadessa) é acusada de estar grávida e se desnuda em pleno capítulo para provar sua inocência. No caso da rainha, é uma história inventada a partir de boatos e, se bem que no fim se afirme a pureza de Branca, o Menestrel de Reims a difundiu num meio perfeitamente disposto a acolhê-la e ao qual ele busca agradar oferecendo-lhe essa cena licenciosa. Mas também é um testemunho sobre a difícil atmosfera da minoridade de Luís: um rei menino, uma rainha estrangeira. A juventude de Luís passou-se num meio senhorial masculino misógino e xenófobo.

---

[27] LE MÉNESTREL DE REIMS, ed. Natalis de Wailly citada. Seu sábio editor do fim do século XIX elaborou um "sumário crítico da obra" que reúne seus principais erros e se exibe por muitas páginas.

[28] *Ibid.*, p. 98.

[29] Está em LE MÉNESTREL DE REIMS: "A rainha Branca carregava luto fechado [...] seu filho era pequeno e ela era uma mulher sozinha de região estranha [...]" (p. 174). "Os barões pensavam muito mal sobre a rainha da França. Reuniam-se muitas vezes e diziam que não havia ninguém na França que pudesse governá-los, viam que o rei e seus irmãos eram meninos e prezavam pouco a mãe" (p. 176).

SÃO LUÍS   337

O Menestrel se estende sobre as agitações da minoridade e finge sentir pena do "menino". Trata-o sempre assim, ainda que lhe dê, por ocasião da morte do pai, 14 anos: era a idade tradicional (porém mal-fixada) da maioridade, na maior parte dos grandes feudos e na família real. Representa-o, mas sem qualquer pormenor interessante, na sagração e nas guerras da juventude. Depois, no momento do casamento de Luís, traça descrições da família real e da família da rainha, em seguida do casal para informação de seu auditório.

> Aqui falamos do rei de França que tinha a idade de 20 anos. A rainha teve conselho de [decidiu] casá-lo e ele tomou como mulher a filha do conde de Provença, a mais velha, que o conde tinha quatro. O rei Henrique da Inglaterra tomou a segunda; e o conde Ricardo seu irmão que é agora o rei da Alemanha tomou a terceira e o conde d'Anjou irmão do rei de França tomou a última e teve o condado de Provença; porque é o costume local que o último filho tenha tudo se não tem herdeiro masculino.[30] [...] E sabei que essa senhorita que o rei de França tomou por mulher teve o nome de Margarida e que ela é excelente dama e muito sábia. Teve do rei oito filhos, cinco homens e três mulheres, o mais velho dos filhos teve o nome de Luís,[31] o segundo Filipe, o terceiro Pedro, o quarto João e o quinto Roberto. E a mais velha das moças o nome de Isabel e é casada com o rei de Navarra e a segunda tem o nome de Margarida e está prometida ao duque de Brabante e a terceira tem o nome de Branca.[32]

Eis, para um auditório ávido de conhecimentos das grandes famílias, um modo de situar São Luís e a rainha na rede familiar íntima. O Menestrel ignora ou silencia sobre os filhos mortos pequeninos: a filha mais velha Branca (1240-1244), João morto em 1248, pouco tempo depois de nascido e antes da partida de Luís e Margarida para a cruzada; e desconhece a última, Inês, nascida em 1260. Inverteu a ordem quanto ao terceiro e o quarto filhos, João Tristão, nascido em Damieta em 1250 durante o cativeiro do pai, e Pedro, nascido na Terra Santa no ano seguinte, 1251. Pouco exato, em geral, em matéria de datas, o Menestrel é naturalmente mais atento à cronologia da família real. O século XIII começa a anotar melhor as datas de nascimento e esse cuidado se inicia evidentemente pelos filhos das grandes personagens.

---

[30]*Ibid.*, pp. 182-183.

[31]Parece que o herdeiro inicial Luís então tinha morrido e que o Menestrel teria escrito essa passagem depois de 1260.

[32]O que permite datar o texto de 1261 provavelmente, ou mesmo do fim de 1260.

Quando se refere ao conflito com o conde de la Marche e o rei da Ingla-terra — bom assunto também para o auditório ávido de fatos guerreiros —, o Menestrel apresenta um Luís decidido, porém prudente. Assim, quando sabe da vinda de Henrique a Bordeaux, "não ficou pasmo, mas foi-lhe ao encontro". Não se desconcerta e se prepara cuidadosamente, tanto que o conde de la Marche viu que o rei "era sábio".

O terceiro episódio da vida de Luís que fornece matéria a uma narrativa do Menestrel é a cruzada. Descreve-a através de uma série de cenas breves, de pequenos quadros. O voto de cruzado: "Veio então um tempo depois que teve uma grande doença, e ele ficou doente a ponto de quase morrer e nessa hora cruzou-se para ir além-mar e se restabeleceu e preparou sua viagem, e mandou que anunciassem a cruzada. E muitos homens importantes se cruzaram." Segue-se uma lista de cruzados de alto coturno, de nomes mais ou menos célebres para informar e deleitar o auditório: "[...] e tantos outros grandes senhores que a França ficou vaziinha e essa falta se faz sentir ainda hoje."[33] O Menestrel se faz eco de uma certa hostilidade à cruzada, sobretudo no meio nobre que foi sangrado e empobrecido.

A crítica se torna mais franca, aproxima-se daquela do beneditino inglês Ma-teus Paris sobre o financiamento da cruzada, mas de um outro ponto de vista.

> Mas o rei fez uma coisa da qual não se saiu nada bem; porque ficou de acor-do com o prazo de três anos que os cavaleiros pediram ao legado para uma moratória das dívidas que deviam aos burgueses com a garantia do legado. E foi nessas condições que partiram para além-mar. Mas não foi isso que fez Godofredo de Bulhões, que vendeu para sempre seu ducado, e foi para além-mar unicamente com seus próprios bens e não levou consigo nada dos bens de outrem. Assim fez ele e a Escritura diz que Deus não quer nunca em nada se servir de rapina.[34]

Topamos de novo aqui com um grande problema dos homens do século XIII e mais que todos dos reis, um problema que São Luís resolveu, mas de-sencadeando críticas e deixando perceber que a questão das finanças, tratando--se de guerras e de empresas excepcionais, constituía-se num problema quase insolúvel para a nobreza e, principalmente, para a monarquia, que não podia mais se satisfazer com simples rendimentos do domínio e com as prestações dos

---

[33] LE MÉNESTREL DE REIMS, ed. citada, pp. 189-190: "et encore i pert" no original medieval.
[34] *Ibid.*, p. 190. Para Mateus Paris, ver *infra* pp. 382-397.

SÃO LUÍS

vassalos. De uma maneira evidente, São Luís foi o primeiro rei do endividamento. Da primeira cruzada, na qual um Godofredo de Bulhões partiu para a Terra Santa sem esperança de retorno e era suficientemente amoroso da Terra Santa para nela investir tudo e toda a sua vida, como os tempos mudaram! Agora, como Joinville, que não quer se voltar para seu castelo partindo para a cruzada de medo de muito se comover, mas que o faz em seu coração,[35] os cavaleiros cruzados partem com o espírito voltado para o que deixam: família, castelo, pátria, interesses, pensando com angústia na volta. São Luís é o rei cruzado dessa nostalgia.

Depois vem uma cena de multidão e de grande espetáculo: "Quando o rei tinha preparado sua viagem, recebeu sua faixa e seu bordão em Notre-Dame em Paris e os bispos cantaram a missa. E ele partiu de Notre-Dame, ele e a rainha e seus irmãos e irmãs sem sapatos e de pés nus, e todas as congregações e o povo de Paris os acompanharam até Saint-Denis em lágrimas e choros. E lá o rei despediu-se deles e os mandou de volta a Paris e chorou muito quando partiram."[36] Ei-lo, a emoção da partida para a cruzada, o grande abalo coletivo da peregrinação militar a Jerusalém. Mas agora o rei e os seus partem, o povo fica. Para o povo, a viagem se reduz à participação em uma cerimônia e em uma procissão. Mas aqueles que partem se vão em borbotões de lágrimas: Idade Média máscula, mas lacrimosa. São Luís, rei das lágrimas, é também, como se verá, rei da dor das lágrimas impossíveis.[37]

No texto do Menestrel, há mesmo a emoção individual, a cena íntima, como no diálogo face a face de mãe e filho:

> Mas a rainha sua mãe ficou com ele e o acompanhou por três dias, contra a vontade do rei. Então ele lhe disse: "Querida mãe dulcíssima, se confiais em mim, voltai imediatamente. Deixo-vos meus três filhos para olhar, Luís, Filipe e Isabel, e vos deixo o reino da França para governar, e sei bem que eles estarão bem-cuidados e a França bem-governada." Então a rainha respondeu chorando: "Querido filho dulcíssimo, como poderá meu coração suportar a separação entre mim e vós? Será duro como pedra se não se partir em dois; porque tendes sido o melhor filho que já houve para

---

[35] JOINVILLE, *Histoire de Saint Louis, op. cit.*, p. 69. Joinville, nobre tradicional, busca se aproximar do modelo de Godofredo de Bulhões, ainda que tenha muita esperança de voltar. Hipoteca suas terras em vez de se endividar em dinheiro. "Uma vez que eu não queria carregar nenhuns denários sem motivo, fui a Metz na Lorena deixar como penhor grande porção da minha terra. E saibam que, no dia em que parti de minha região a fim de ir para a Terra Santa, não tinha mil libras de renda em terras, porque a senhora minha mãe vivia ainda, e entretanto ia com minha décima parte de cavaleiros e minha terça parte de vexilários" (*ibid.*, p. 65).
[36] LE MÉNESTREL DE REIMS, ed. citada, pp. 190-191.
[37] Ver *infra*, p. 673, e o grande texto de Michelet, pp. 775-776.

uma mãe." A essas palavras, caiu desmaiada, o rei a reergueu, beijou-a e se despediu chorando; e os irmãos do rei e suas mulheres despediram-se da rainha chorando. E a rainha desmaiou de novo e quando voltou a si disse: "Querido filho amado, não vos verei jamais, meu coração me diz." E disse a verdade, porque ele morreu antes de voltar.[38]

Não é possível reproduzir aqui todos os episódios dessa *História de São Luís* em pílulas. Passo então à narrativa resumida da viagem a Aigues-Mortes, da travessia marítima e da temporada em Chipre. Vamos a um episódio interessante, que parece autêntico se fizermos alguns cortes, mas que só o Menestrel exprime com precisão.[39] Estamos na primavera de 1249, na partida de Chipre para o Egito. "E o rei quis então que entrassem todos para os navios e isso se fez quando o ordenou. E enviou a cada comandante de navio as cartas fechadas, e os proibiu de lê-las antes da saída do porto. E quando partiram cada um quebrou o lacre da carta do rei e viram que o rei lhes ordenava que fossem todos a Damieta e então cada um ordenou aos marinheiros que para lá se dirigissem."[40]

O episódio nos introduz no coração dos segredos que desde logo a estratégia impõe. São Luís recomeçará em 1270 esse jogo do sigilo quanto ao destino. Em 1249, pode-se hesitar entre dois objetivos: o Egito ou a Palestina. Em 1270, o suspense será ainda maior: havia a previsão de desembarcar a leste, ter-se-á escolhido Cartago ou Túnis. Sente-se que São Luís no Mediterrâneo caminhava entre um mundo de espiões e que, de modo geral, na guerra como na paz, o segredo, que não é certamente uma invenção do século XIII, torna-se, apesar de tudo, uma arma dos chefes.

A cena seguinte é a do desembarque. Joinville a narrou e o Menestrel estava bem-informado. Eis as narrativas paralelas, testemunho vivo num caso, criação do outro sobre uma informação, desta vez séria, como passagem histórica.

O Menestrel conta que o porto de Damieta foi de aproximação difícil e que os muçulmanos atiraram tantas flechas sobre os barcos cristãos que chegavam que "os cristãos deram uma parada".

---

[38]LE MÉNESTREL DE REIMS, ed. citada, pp. 191-192.

[39]Na primeira parte, não levei isso em conta, pois o testemunho do Menestrel está sujeito a confirmação. Mas quanto às condutas, mentalidades e interesses dos homens do século XIII, trata-se de uma fonte interessante.

[40]*Ibid.*, pp. 192-193.

SÃO LUÍS

341

E quando o rei viu que os cristãos paravam, teve uma raiva violenta. Juntou os pés e saltou no mar com todo o exército, escudo ao pescoço e espada em punho; e o mar lhe batia na cintura e ele chegou à margem graças a Deus. E se pôs entre os sarracenos e contra eles batalhou às mil maravilhas. E vê--lo era maravilhar-se. E quando os cristãos viram o rei agir dessa maneira, saltaram no mar por navios, e conquistaram terra e gritaram *Monjoie** e combateram e mataram tantos [inimigos] que não se pode contar e saíam sem parar dos navios.[41]

Joinville também conta a cena, mas com muito mais talento.

Quando o rei ouviu dizer que a bandeira de São Dionísio estava na terra, atravessou a grandes passos o convés e, embora o legado estivesse com ele e o rei jamais o quisesse deixar, saltou no mar, onde a água o cobriu até as axilas. E foi, de escudo ao pescoço e elmo na cabeça e lança na mão, até seus homens que estavam na beira do mar. Quando chegou à terra e viu os sarracenos, perguntou a alguns homens se eram, e lhe foi dito que eram os sarracenos, e enfiou a lança debaixo do braço e pôs o escudo diante de si, e teria corrido aos sarracenos se seus homens que estavam com ele o tivessem permitido.[42]

Joinville, testemunha ocular, traz mais detalhes expressos com precisão, mas o Menestrel guarda o que lhe parece essencial do episódio. Através desses artesãos leigos da memória de São Luís, vê-se aparecer claramente o rei cavaleiro.[43]

Vêm a seguir a tomada de Damieta e os principais episódios da campanha do Egito, segundo um modelo que é também o de Mateus Paris: ao lado do rei sábio (apesar de ter-lhe o sangue subido à cabeça no desembarque), há entre os cruzados um louco, malvado, seu irmão o conde Roberto d'Artois. Por erro dele, deu-se a derrota, a captura do rei, seu aprisionamento sobre o qual o Menestrel não insiste e que encolheu para dez dias. Reduz também a quase nada a temporada na Terra Santa, a doença e a morte de Branca de Castela, a volta do rei para a França. Como Mateus Paris, o Menestrel se estende sobre os negócios de Flandres, mas principalmente sobre a reconciliação franco-inglesa. É então que insiste sobre um traço do caráter de São Luís que impressionou seus contem-

---

*Era o grito de guerra dos franceses, na Idade Média. (*N. do T.*)
[41]LE MÉNESTREL DE REIMS, pp. 193-194.
[42]JOINVILLE, *Histoire de Saint Louis*, pp. 89-91.
[43]Ver *infra*, pp. 576-577.

porâneos e que desempenhou um papel importante no comportamento político do rei: a "consciência",[44] e, para qualificar Luís, recorre ao rótulo que o próprio rei reivindicava: o *prud'homme*:*[45] "Falaremos agora do rei Luís o *prud'homme* que reina no presente; sua consciência pesou-lhe quanto à terra da Normandia que o rei Filipe tinha conquistado do rei João da Inglaterra, o rei ruim [...]."[46] O Menestrel mistura em seguida dois acontecimentos, a visita de Henrique III a Paris em 1254[47] e o tratado franco-inglês de 1259. Para ele, o tratado está concluído desde 1254. Diz o Menestrel que São Luís, que estava em "dúvida" sobre a correção de seu direito,[48] foi libertado dessa dúvida pelo tratado e restabelecimento da "amizade" com seu concunhado Henrique III: "e a consciência do rei de França foi aplacada". De todo modo, o Menestrel confunde em uma única as duas temporadas do rei da Inglaterra em Paris em 1254 e 1259. Não foi em 1254, mas em 1259 que "o rei inglês prestou homenagem em Paris, na casa [do rei de França], em presença do povo".[49] Dando razão a São Luís, que atribuía grande importância a essa homenagem do rei da Inglaterra, o Menestrel assinala o acontecimento e qualifica o acordo de "bom".[50]

Aqui o Menestrel é interessante porque falando da *consciência* do rei não assinala apenas um traço psicológico do escrupuloso São Luís, mas abre seu repertório, cujas preocupações habituais são bem superficiais, para uma noção muito importante na mutação dos valores do século XIII. O padre Chenu pôde falar de "nascimento da consciência" nos séculos XII e XIII,[51] de uma abertura dos indivíduos à busca interior da intenção, à introspecção, à interiorização da vida moral que estimula definitivamente a obrigação da confissão pelo menos anual prescrita a todos os cristãos pelo quarto concílio de Latrão em 1215, confissão que deve ser precedida de um exame de consciência que

---

[44]Ver *supra*, p. 204, nº 28 e *infra*, pp. 617 e 673-676.

*Uma tradução aproximada seria "valoroso", "bravo", "leal", "valente", enfim um termo próprio dos ideais de cavalaria medievais. Mas nenhum desses termos seria uma tradução exata (se é que tradução exata existe), motivo pelo qual preferimos manter a palavra original. O autor se demora em longas considerações sobre o significado de *prud'homme* no subtítulo O rei *'prud'homme'*, do Capítulo III da Terceira Parte, capítulo em cujo título geral também se encontra a expressão: *As palavras e os gestos: o rei 'prud'homme'* (as páginas estão indicadas na nota imediatamente abaixo). Como introdução a essa explicação é interessante conhecer a etimologia do primeiro elemento da palavra composta: *prud*, vem do francês arcaico *preu* (posteriormente *preux*, do linguajar de cavalaria, "bravo", valente"). *Preu*, por sua vez, como explica o *Robert*, liga-se ao baixo latim *prode*, do verbo clássico *prodesse*, "ser útil". No francês contemporâneo a palavra é apenas o título de um magistrado de um tribunal especial da França que tem um "conselho de *prud'hommes*". (*N. do T.*)

[45]Ver *infra*, pp. 550-551 e p. 746.

[46]LE MÉNESTREL DE REIMS, pp. 234-235. O "rei João da Inglaterra, o rei ruim" é João Sem Terra.

[47]Ver, a propósito de Mateus Paris, *infra*, p. 395 e segs.

[48]LE MÉNESTREL DE REIMS, p. 235.

[49]*Ibid.*, p. 236.

[50]*Ibid.*, p. 235.

[51]Marie-Dominique CHENU, *L'Éveil de la conscience dans la civilisation médiévale*, Montreal e Paris, 1969.

SÃO LUÍS

343

se torna uma especialidade dos frades mendicantes — sempre eles — e para o qual eles formam seus fiéis. O despertar da consciência não apenas muda as condutas e as mentalidades, mas se torna, como se vê com São Luís e o tratado franco-inglês de 1259, um dado político. A última historinha do Menestrel de Reims que diz respeito a São Luís está ligada à morte do filho mais velho do rei, Luís, em 1260, um jovem de 16 anos do qual se dizia ser "maravilhosamente sábio e bom". A dor do rei parece-se com aquela que sentiu quando morreu-lhe a mãe: "Carregava tal luto que ninguém podia consolá-lo [...] assim carregava o rei o luto pelo filho que mais amava e era um luto tão triste que ninguém podia arrancar-lhe uma palavra."[52] O arcebispo de Reims Eudes Rigaud,* um franciscano amigo e conselheiro do rei, veio "vê-lo e confortá-lo": "Dizia-lhe muitas palavras sábias da Escritura e da paciência santa de Jó." Reencontramos aqui o tema da paciência de São Luís. A essa assimilação de São Luís com Jó, Mateus Paris deu todo significado, toda força.[53] Para consolar o rei, o arcebispo "lhe contou um *essemple (exemplum)* de um passarinho conhecido como chapim apanhado num alçapão num jardim por um camponês: quando o camponês o prendeu, disse-lhe que o comeria".[54]

Vale a pena reproduzir o conto que o Menestrel, encantado com a oportunidade de poder distrair seu auditório, narra minuciosamente. O chapim responde ao camponês que, se o comesse, não mataria a fome, porque ele era bem pequenininho. Em compensação, se o soltasse, ele lhe daria três bons conselhos que seriam muito úteis. O camponês, convencido, soltou-o e ouviu os três conselhos seguintes: "O que tens nas mãos, não o jogues a teus pés; não acredites em tudo o que ouves; não carregues grande luto por aquilo que não poderás ter nem recuperar." A lição, quanto ao camponês, é clara: o chapim zomba de sua credulidade e de sua ingenuidade. O que o arcebispo pretende que a atenção de São Luís retenha é evidentemente o terceiro conselho: "Senhor, diz o arcebispo, vedes bem que não podeis recuperar vosso filho e deveis crer que ele está no paraíso e vos deveis consolar." Conta-se que São Luís viu que o arcebispo dizia a verdade, que se

---

[52] LE MÉNESTREL DE REIMS, p. 237. Sobre a morte do jovem Luís e o luto de São Luís, ver *supra*, p. 240, e *infra*, p. 653.

*Tantas e tantas vezes Reims é citada, seguidamente, neste capítulo, por causa do Menestrel de Reims, que isso acabou levando a uma distração comum nessas circunstâncias, que entretanto a editoração original do livro poderia e deveria ter observado: Eudes Rigaud não é o arcebispo "de Reims", mas de Rouen, como se vê desde a primeira vez em que é citado, no subtítulo *Os novos homens do rei*, no Capítulo IV da Primeira Parte, até a citação mais importante, a do subtítulo *Modelo cisterciense, modelo mendicante* (Capítulo VII da Terceira Parte), quando se fala da íntima ligação de São Luís com esse conhecido franciscano. Também nas outras várias e várias citações por todo o livro ele aparece corretamente como arcebispo de Rouen. (*N. do T.*)

[53] Ver *infra*, p. 393.

[54] LE MÉNESTREL DE REIMS, p. 237 e segs.

consolou "e esqueceu seu luto".[55] Mais uma vez, São Luís e a morte do filho são apenas pretexto para encaixar uma história divertida e edificante, pouco adaptada, é verdade, à personagem e à situação.

Mas esse último exemplo nos lembra que São Luís viveu num tempo em que o folclore ainda chegava à cultura das classes superiores da sociedade. Um tempo em que o que era bom para um camponês podia ser bom para um rei. E em que os pássaros não se contentavam em escutar São Francisco, mas falavam eles próprios e podiam dar lições aos príncipes. Idade Média rural, nobre e camponesa. São Luís podia pôr-se a ouvir um chapim.

O Menestrel de Reims nos dá assim um último testemunho sobre a memória de São Luís. Ouvimo-lo a contar sobre São Luís as mesmas historietas que o beneditino inglês Mateus Paris e, mais tarde, o senhor Joinville, do condado de Champagne. Examinada a produção da memória de São Luís, é vão buscar uma filiação das fontes entre essas três testemunhas. Joinville viu e ouviu o rei, mas também recolheu os "diz-se que". São Luís está no coração de uma grande rede de informações, de narrativas, de rumores que circularam através desse vasto conjunto cultural que foi a Cristandade do século XIII. Sua imagem também se formou e deformou nesse jogo de espelhos múltiplos. O Menestrel é um deles.

---

[55] *Ibid.*, p. 239.

V

PREFIGURAÇÃO
DE SÃO LUÍS
NO ANTIGO TESTAMENTO

A fonte que agora se nos oferece para a construção de uma imagem típica de São Luís teve um peso bem maior do que as precedentes.

Quando, a partir do século V, o Ocidente cristão nasceu da decomposição do Império Romano sob o efeito da instalação dos "bárbaros", fragmentou-se em conjuntos territoriais tendo, à cabeça, um chefe que recebeu o nome de rei.[1] O regime monárquico medieval é o resultado de uma situação histórica que recebeu várias heranças de realezas antigas. Mas, do ponto de vista ideológico, a herança dominante foi a da Bíblia, sobretudo desde que, em 752, Pepino, o Breve, recebeu a unção real à maneira de Saul e de Davi. O ideal monárquico se inspira sobretudo no Antigo Testamento. Os ideólogos cristãos da Idade Média nele encontraram simultaneamente modelos reais individuais e uma teoria do "bom rei".

O único e verdadeiro rei é Javé. O rei terrestre deve ser eleito por ele, ser-lhe fiel e servi-lo, e, no limite possível, ser sua imagem. O que torna o rei legítimo e santifica sua função e seu poder é a unção. Em seus deveres, o rei tem, depois do serviço de Deus, obrigações em relação a seus súditos: deve fazer respeitar as leis, proteger seus súditos e, sobretudo, fazer reinar a justiça e a paz. Entre os reis, haverá, finalmente, um para possuir o governo do mundo, um rei messias.

---

[1] Marc REYDELLET, *La Royauté dans la littérature latine, de Sidoine Apollinaire à Isidore de Séville*, Roma, 1981. Sobre a Bíblia como "Espelho dos Príncipes", ver o capítulo seguinte.

São essas as características que o Antigo Testamento legou aos reis da Idade Média ocidental. Mas há também bons e maus reis. Na Bíblia, estes últimos são evidentemente reis estrangeiros, idólatras, perseguidores dos judeus. Os dois mais célebres são, sem nome individual, Faraó o Egípcio, e, personalizado, Nabucodonosor, o Babilônio. Mas entre os reis judeus do Antigo Testamento também existiram bons e maus. O modelo do bom rei, sempre fiel a Javé, é Davi, que entretanto não foi perfeito. O caso de Salomão é mais ambíguo. O Antigo Testamento lhe é largamente favorável. Mas sente-se já aí a existência de uma corrente hostil.[2] Ora, na Idade Média, "o rei Salomão foi escolhido como o protótipo do rei malvado".[3] A lenda que o envolveu e que o comparou a Alexandre, o Grande, transformou o rei sábio e construtor do Templo em monarca luxurioso, idólatra e feiticeiro. Vítima da concupiscência carnal, Salomão acaba por consagrar-se aos demônios, que inicialmente tinha subjugado, para mandar construir-lhes o Templo. Seguindo uma tradição talmúdica, um desses demônios, Asmodeu, zomba particularmente dele. Oscilando entre magia branca e magia negra, Salomão acaba endemoniado. É o Fausto da Idade Média.[4]

Nos Espelhos dos Príncipes medievais, nas cerimônias reais oficiais, é evidentemente o modelo de Davi que é evocado. Primeiro no Oriente, onde o imperador Marciano é aclamado em 451, no concílio de Calcedônia, sob o título de *novus David*, "novo Davi"; no Ocidente a invocação só chega em 626-627 em favor de Clotário II.[5] Mas é sobretudo com os carolíngios que se desenvolve o gênero dos "Espelhos dos Príncipes" propriamente dito.[6] A referência a Davi, seja como modelo ideal, seja como inspirador de um monarca

---

[2]F. LANGLAMET, "Pour ou contre Salomon? La rédaction pro-salomonienne de 1 Reis 1-2", *Revue biblique*, 83, 1976, pp. 321-379 e 481-528.

[3]Aryeh GRABOIS, "L'idéal de la royauté biblique dans la pensée de Thomas Becket", em *Thomas Becket* (Actes du colloque international de Sédières, de 19 a 24 de agosto de 1973), publicado por R. FOREVILLE, Paris, 1975, p. 107.

[4]Alexandre CISEK, "La rencontre des deux 'sages': Salomon le 'Pacifique' et Alexandre le Grand dans la légende hellénistique médiévale", em *Images et signes de l'Orient dans l'Occident médiéval*, Senefiance, nº 11, 1982, pp. 75-100. Cf. Marc BLOCH, "La vie d'outre-tombe du roi Salomon", *Revue belge de philosophie et d'histoire*, 4, 1925, reproduzido em *Mélanges historiques*, t. II, Paris, 1963, pp. 920-938. Houve, entretanto, no século XIII, uma reabilitação de Salomão como modelo do rei sábio. Ver Philippe BUC, *L'Ambigüité du livre. Prince, pouvoir et peuple dans les commentaires de la Bible au Moyen Âge*, Paris, 1994, pp. 28-29.

[5]Eugen EWIG, "Zum christlichen Königsgedanken im Frühmittelalter", em *Das Königstum. Seine geistigen und rechtlichen Grundlagen*, Mainauvorträge, 1954 (Vorträge und Forschungen, ed. Th. Mayer, t. III), Lindau et Constance, 1956, pp. 11 e 21; Frantisek FRAUS, *Folk, Herrscher und Heiliger im Reich der Merowinger*, Praga, 1965, p. 344, nº 223.

[6]L. K. BORN, "The Specula Principis of the Carolingian Renaissance", *Revue belge de philosophie et d'histoire*, 12, 1933, pp. 583-612; H. H. ANTON, *Fürstenspiegel und Herrscherethos in der Karolingerzeit*, Bonn, 1969; Walter ULLMANN, *The Carolingian Renaissance and the Idea of Kingship*, Londres, 1969. Ver o capítulo seguinte.

SÃO LUÍS

real apresentado como um "novo Davi", é, de longe, a mais importante.[7] Carlos Magno, é claro, beneficia-se dela:[8] seu círculo mais próximo o chamava habitualmente de Davi. Mas o uso parece ter-se expandido principalmente depois de Luís o Piedoso. Quando da unção da sagração, esse título evoca a ideia de um segundo nascimento ou, antes, de um segundo batismo do soberano. De um modo geral, essa assimilação do soberano a Davi retoma um amplo uso da Bíblia e, sobretudo, do Antigo Testamento, na ideologia política medieval.[9] Encontra-se principalmente essa atitude na alta Idade Média e, em particular, na época carolíngia. Vai-se ver que essa tradição se perpetua e que, por exemplo, está muito viva no século XIII. Sem qualquer dúvida Davi é, de todos os reis bíblicos, o que teve maior sucesso. Smaragdo, em um dos mais importantes Espelhos dos Príncipes carolíngios, o *Via Regia* (*Caminho real*), escrito entre 819 e 830, propunha como modelos para os príncipes cristãos, entre outros, Josué, Davi, Ezequias, Salomão e Ozias.[10] Nesses reis bíblicos Smaragdo reconhecia a maioria das virtudes necessárias a um rei: *timor domine, sapientia, prudentia, simplicitas, patientia, iustitia, iudicium, misericordia, humilitas, zelum rectitudinis, clementia, consilium.*[11]

Há mesmo o caso em que o modelo veterotestamentário de um monarca medieval não foi um rei, mas um patriarca ou um profeta. Uma crônica alemã evoca Frederico Barba-Roxa partindo em 1188 para a cruzada *quasi alter Moyses* ("como um outro Moisés").[12] Da mesma forma, Guillaume de Chartres compara Luís a Moisés: "E, assim como o Senhor disse a Moisés: 'Age segundo o modelo que te foi revelado na montanha', assim a cada um de nós foi indicado e mostrado o que era preciso fazer sobre essa alta montanha, ou seja, a excelência da dignidade e da nobreza desse ilustre rei, a evidência de sua bondade e a eminência de sua vida."[13]

---

[7] H. STEGER, *David rex et propheta. König David als vorbidliche Verkörperung des Herrschers und Dichters im Mittelalter*, Nuremberg, 1961.

[8] Ernst H. KANTOROWICZ, *Laudes regiae. A Study in Liturgical Acclamations and Mediaeval Ruler Worship*, Berkeley e Los Angeles, 1946, pp. 53-54; Robert FOLZ, *Le Couronnement impérial de Charlemagne*, Paris, 1964, pp. 97-98 e 118-120.

[9] Percy Ernst SCHRAMM, "Das Alte und das Neue Testament in der Staatslehre und der Staatssymbolik des Mittelalters", em *Settimane di studio del Centro italiano di studi sull'Alto Medioevo*, 10, Spoleto, 1963, pp. 229-255.

[10] *Patrologie latine*, vol. 102, col. 934 e segs.

[11] "O temor de Deus, a sabedoria, a prudência, a simplicidade, a paciência, a justiça, o julgamento [reto], a misericórdia, a humildade, o zelo pela retidão, a clemência, o [bom] conselho."

[12] *Gesta Treverorum Continuatio*, em *Monumenta Germaniae Historica. Scriptores*, t. XXIV, Leipzig, 1879, pp. 388-389, citado por E. A. R. BROWN, "La notion de la légitimité et la prophetie à la cour de Philippe Auguste", artigo citado (*supra*, p. 76, nº 91), p. 87.

[13] GUILLAUME DE CHARTRES, *De Vita et de Miraculis*, p. 30.

É a Abraão que Geoffroy de Beaulieu compara Luís, para situá-lo bem acima do patriarca: "Se se louvou Abraão por sua justiça, porque ele quis um dia oferecer seu filho único, a mando do Senhor, quanto não amará o Senhor esse fiel real bem mais digno da justiça eterna e da recompensa definitiva que, não uma única vez mas duas, expôs-se piedosissimamente à morte, ele próprio e seus irmãos, e a flor do exército de todo seu reino, para servir o Salvador; sobretudo nesta última piedosa e infeliz cruzada de Túnis, na qual, com seus próprios filhos, e todo seu exército, para o zelo e a exaltação da fé cristã, mereceu tornar-se aí a hóstia do Cristo e onde, como um mártir e um campeão infatigável do Senhor, consumiu no Senhor o feliz fim de sua vida."[14] Indo até o ponto de evocar a hóstia e o martírio, Geoffroy faz de Luís um "*super Abraão*". Bonifácio VIII recusará esses exageros, mas do mesmo modo fará de Luís um "super-homem".[15] No sermão que pronuncia no dia da canonização de São Luís, o domingo 11 de agosto de 1297, o papa Bonifácio VIII compara o santo rei a Samuel cujo nome significa *obediens Deo*, "obediente a Deus". Porque Luís "obedece a Deus até a morte".[16]

Davi e Salomão

As referências essenciais para um rei ideal ou um rei idealizado são bem essas de reis bíblicos. Em sua *Vida de Roberto o Piedoso*, provavelmente escrita logo depois da morte do rei, em 1031-1033, o beneditino Helgaud de Fleury evoca oito vezes Davi e afirma, desde o início da obra, depois repete no finzinho, que nenhum rei mostrou tantas virtudes nem consumou tão boas obras desde "o santo rei e profeta Davi".[17] O século XII viu intensificar-se a comparação entre reis bíblicos e reis contemporâneos. Trata-se, de fato, de fazer da história sagrada um alicerce da monarquia que se afirma, sobretudo na Inglaterra, na Espanha e mais ainda na França. A nova arte gótica, arte real, introduz e desenvolve dois grandes temas iconográficos para a glória da realeza: os retratos reais e a árvore de Jessé.* O grande ideólogo e ministro da realeza gótica

---

[14]GEOFFROY DE BEAULIEU, *Vita*, pp. 3-4.
[15]Ver *infra*, p. 732.
[16]*Recueil des historiens des Gaules et de la France*, t. XXIII, p. 153.
[17]HELGAUD DE FLEURY, *Vie de Robert le Pieux*, texto editado, traduzido e anotado por R.-H. BAUTIER e G. LABORY, Paris, 1965, *sub verbo* e especialmente p. 58 e p. 138.
*A árvore de Jessé é a árvore genealógica de Jesus Cristo, que, segundo uma visão do profeta Isaías, saiu do corpo de Jessé (pai de Davi) adormecido e em cada ramo apresenta um antepassado de Jesus até chegar a Maria e a seu filho. (*N. do T.*)

SÃO LUÍS

349

francesa, Suger, exibe, na cultura do vitral, os dois temas que são apenas duas expressões de uma mesma ideologia monárquica. O simbolismo tipológico, que faz corresponder a cada personagem ou acontecimento do Novo Testamento ou do mundo contemporâneo uma personagem ou um acontecimento modelo no Antigo Testamento, favorece esse programa ideológico. Reis e rainhas bíblicos vêm testemunhar para os reis e rainhas de hoje. E a filiação que leva de Jessé a Davi, depois a Maria e a Jesus, dá à monarquia uma genealogia sagrada num tempo em que se afirmam irresistivelmente os valores e as maneiras de pensamento da cultura genealógica.[18] Afinal, o rei não é mais apenas o eleito de Deus, o ungido de Deus, mas a imagem dele. *Rex imago Dei*: "O rei imagem de Deus." O rei é Deus na terra.[19]

Nessa promoção do rei, o destino de Salomão, modelo ambíguo como se viu, sofre avatares contraditórios.

Tomás Becket, o célebre arcebispo de Cantuária no século XII,* professou, como ficou bem comprovado, um "ideal da realeza bíblica".[20] Becket é central no conflito que opôs a Igreja ao rei da Inglaterra Henrique II. É impossível comparar Henrique a Davi porque se este, a par de seus grandes méritos, pecou pesadamente em sua vida privada, cometendo adultério e homicídio, ao menos não é obstinado e foi humilhado diante do profeta Natã. Javé, depois de ter feito perecer o filho de Davi e Betsabé, perdoou Davi e permitiu que ele tivesse um segundo filho com Betsabé, Salomão (2 Samuel, 12). Em compensação, Becket via no malvado Salomão a prefiguração de Henrique II. Ao contrário de Davi, Salomão, luxurioso também, e finalmente idólatra, não se arrependeu, e Javé o puniu cindindo em dois o reino de Israel depois de sua morte (1 Reis, 11). As brigas de Henrique II da Inglaterra com a Igreja e afinal o assassinato de Tomás Becket levaram os clérigos ingleses a satanizar a família dos Plantageneta, que fizeram descender de uma Melusina diabólica. Em um espelho dos príncipes, o *De principis instructione* ("Sobre a instrução do príncipe"), escrito mais ou menos de 1190 a 1217, Geraldo de Gales, que foi um conselheiro de Henrique II, traça um retrato muito sombrio do rei defunto e, recusando-se a compará-lo com Davi e com Augusto, evoca a propósito dele Herodes e Nero.[21] Levado por sua hostilidade à dinastia inglesa, Geraldo faz um vibrante elogio da monarquia

---

[18]G. DUBY, "Le lignage", artigo citado (*supra*, p. 244, nº 97), pp. 31-56.
[19]Wilhelm BERGES, *Die Fürstenspiegel des hohen und späten Mittelalters*, Leipzig, 1938, p. 24 e segs.
*Trata-se de São Tomás de Cantuária, do hagiológio católico, festejado a 29 de dezembro. Chanceler de Henrique II, Tomás foi assassinado em 1170. (*N. do T.*)
[20]A. GRABOIS, "L'idéal de la royauté biblique dans la pensée de Thomas Becket", artigo citado.
[21]Robert BARTLETT, *Gerald of Wales, 1146-1223*, Oxford, 1982, p. 712.

francesa, de seu rei vivo, Filipe Augusto, e de seu filho e herdeiro Luís, o futuro Luís VIII. O desentendimento entre a realeza inglesa e a Igreja da Inglaterra, hostilidade que o cadáver de Tomás Becket, amplamente explorado pela Igreja romana, transformou em ódio duradouro, virou-se todo em benefício da monarquia francesa. O que o rei da Inglaterra perdeu em prestígio, com base na monarquia veterotestamentária, o rei de França, obediente a Deus e à Igreja, ganhou. Vai tornar-se, no século XIII, ajudado pela propaganda artística que multiplica nos pórticos das igrejas e em seus vitrais as imagens e as figuras de reis e rainhas de Israel e de Judá, assim como as pinturas brilhantes da árvore de Jessé, o rei de França vai se tornar, dizíamos, o grande beneficiário do simbolismo tipológico herdado da Bíblia. O soberano francês se beneficia assim de uma dupla promoção no domínio da ideologia monárquica fundada sobre o Antigo Testamento. A primeira é a do modelo de Salomão. O filho de Davi tinha gozado até então de uma reputação contraditória. De um lado sofria a satanização crescente de que falamos, de outro permanecia o construtor do Templo, exemplo da riqueza e da sabedoria. É esse segundo aspecto de sua imagem que vai sendo mais e mais imposto aos príncipes da época sob a influência do *Policraticus sive de nugis curialium* ("Policrático, ou a futilidade dos cortesãos"), um espelho dos príncipes apresentando um novo ideal monárquico, no qual João de Salisbury tinha proposto uma nova imagem do bom rei, um rei instruído, senão intelectual.[22] Ora, o rei sábio (*sapiens*) do Antigo Testamento é Salomão. Essa imagem da sabedoria revaloriza seu modelo, que se afirma paralelamente com sua satanização e e em contradição com ela.

O segundo rei em questão é Josias. Entre os monarcas bíblicos, Josias não aparece muitas vezes como modelo de referência para os reis do Ocidente medieval.[23] Ora, é a ele que São Luís parece ter sido de preferência comparado.

Certamente, o rei bíblico por excelência, Davi, foi evocado pelos contemporâneos de São Luís em comparações com seu rei. É o caso de um sermão pronunciado por Guillaume de Saint-Pathus.[24] Das quatro principais virtudes que

---

[22]Ver *infra*, p. 360-361.

[23]Mas, "no prefácio da *Admonitio generalis* de 787, Carlos Magno se compara ao rei Josias que tentava reconduzir ao verdadeiro culto divino o reino que lhe tinha sido confiado por Deus" (Pierre RICHÉ, *Les Carolingiens*, Paris, 1983, p. 123). Espero a próxima publicação da tese de Dominique ALIBERT, *Les Carolingiens et leurs images. Iconographie et idéologie* (Université de Paris IV, 1994). Retomo aqui o essencial de meu estudo "Royauté biblique et idéal monarchique médiéval: Saint Louis et Josias", em *Les Juifs au regard de l'histoire. Mélanges Bernhard Blumenkrantz*, Paris, 1985, pp. 157-168.

[24]Ver *supra*, p. 305, nº 29. É difícil saber se esse sermão foi escrito antes ou depois da redação da *Vida*. Mas ele contém detalhes quase certamente tirados da *Vita* perdida, redigida para a Cúria romana. O plano do sermão publicado por H.-F. Delaborde permite descobrir que Guillaume de Saint-Pathus tomou pelo menos por duas vezes Davi como modelo de São Luís.

SÃO LUÍS

ele reconhece em São Luís, (*splendor sapientie, dulcor compassionis, nitor continentie, fervor devotionis*),[25] as duas primeiras se referem ao rei bíblico: *David sedens in cathedra sapientissimus princeps*[26] (2 Samuel 23, 8) e *Servus meus David erit princeps in medio eorum*[27] (Ezequiel 34, 24). O paralelo com Davi se acha por fim no quarto ofício litúrgico para a festa de São Luís, 25 de agosto, ofício que parece ser obra de beneditinos e aparece pela primeira vez num manuscrito de Saint--Germain-des-Prés, pouco depois da canonização de 1297.[28] O tema do sermão de Guillaume de Saint-Pathus sobre São Luís permite uma comparação com Matatias, o pai dos Macabeus, uma vez que se trata de palavras endereçadas pelos enviados de Antíoco a esse príncipe: *Princeps clarissimus et magnus es*[29] (1 Macabeus 2, 17). Porém mais significativa é a aparição, ao lado do modelo de Davi, do de Salomão em um *ordo* da sagração e coroação dos reis de França, que data certamente das proximidades do reinado de Luís IX.[30] Marc Bloch anotou que "o exemplo de Davi e de Salomão permitia restituir aos reis, cristãmente, seu caráter sagrado".[31] Também os dois nomes voltam regularmente nos *ordines* da sagração real. No *ordo* de que se acabou de falar, depois de ter o rei prestado juramento pela segunda vez, um dos bispos presentes pede numa prece a Deus que o visite como fez com Moisés, Josué, Gedeão e Samuel, e que derrame sobre ele o mesmo orvalho de sua sabedoria que fez correr sobre o bem-aventurado Davi e sobre seu filho Salomão. Depois, quando o arcebispo de Reims procede à unção das mãos do rei, evoca a unção de Davi por Samuel. Enfim, no prefácio da prece dita depois da unção do rei, faz-se alusão à elevação de Davi ao poder real supremo e ao dom de sabedoria e de paz concedido por Deus a Salomão. E se suplica a Deus que dote o rei de fidelidade como a de Abraão, mansuetude como a de Moisés, coragem como a de Samuel, humildade como a de Davi e de sabedoria como a de Salomão.

Finalmente, em seu sermão de 11 agosto de 1297 para a canonização de São Luís, Bonifácio VIII toma por tema: *Magnificatus est ergo rex Salomon, super omnes reges terrae, divitiis et sapientia* (1 Reis 10, 23). Ou antes, sem mencionar o nome de Salomão e sem citar o poder, a riqueza e a sabedoria de Salomão exaltadas pelo Livro santo, modifica a citação introduzindo-lhe um epíteto

---

[25]"Esplendor de sabedoria, doçura de compaixão, pureza de continência, fervor de devoção."

[26]"Davi sentado sobre a cátedra, príncipe sapientíssimo."

[27]"Meu servidor Davi será príncipe no meio de vós."

[28]Robert FOLZ, "La sainteté de Louis IX d'après les textes liturgiques de sa fête", *Revue d'histoire de l'Église de France*, 57, 1971, p. 36.

[29]"És um príncipe ilustríssimo e grande."

[30]Thédore et Denis GODEFROY, *Le Cérémonial français*, Paris, 1649, t. I, p. 17. Um *ordo* é um manual litúrgico para a consagração de uma personagem sagrada, bispo ou rei por exemplo.

[31]M. BLOCH, *Les Rois thaumaturges, op. cit.* (*supra*, p. 256, nº 126), p. 68.

mais de acordo com o novo santo do que com o monarca bíblico: *pacificus* (*Rex pacificus magnificatus est*).[32]

Luís e Josias

Josias só aparece furtivamente em um Espelho dos Príncipes do tempo de São Luís, o *De eruditione filiorum nobilium* ("Sobre a educação dos filhos dos nobres"), escrito pelo dominicano Vincent de Beauvais para um clérigo, chamado Simon, que era o mestre-escola do filho do rei, Filipe, o futuro Filipe III, o Ousado.[33] O pregador, que faz um elogio fundamentado da infância — no momento em que a criança parecia mais e mais valorizada numa sociedade que, até então, dela não tinha feito grande caso —, afirma que, graças à eleição divina, os "primeiros e melhores" reis de Israel foram crianças.[34] Dá como exemplos Davi (*iunior inter fratres suos*),* (1 Samuel 16, 11) e Josias, que tinha 8 anos quando começou a reinar (2 Reis 22, 1).[35] Vincent de Beauvais quer, sem nenhuma dúvida, fazer aqui uma aproximação com Luís IX sagrado rei com 12 anos. Mas não pensa na política capetiana de sucessão segundo a primogenitura, porque essa política dinástica mostra-se então mais masculina na realidade do que na teoria.

Josias aparece ainda nos ofícios litúrgicos para São Luís canonizado. No terceiro deles (primeiro responso do terceiro noturno), volta o tema da infância: "Desde a infância, São Luís buscou Deus de todo seu coração como o rei Josias."[36] Em outra passagem (no hino de *Laudes* do segundo ofício), diz-se que São Luís, como Josias, "prestava a Deus um culto zeloso, em palavras e em atos".[37] Ainda aqui, o que os hagiógrafos nos dizem da devoção concreta de São Luís coincide com o que o Antigo Testamento diz de Josias:[38] "Não houve antes dele rei semelhante que se voltasse para o Senhor de todo seu coração, de toda sua alma e de todas as suas forças"(2 Reis 23, 25).

---

[32]*Recueil des historiens des Gaules et de la France*, t. XXIII, p. 152 ("O rei pacífico foi exaltado", sendo a seguinte a passagem bíblica original que serviu de tema ao papa: "O rei Salomão foi exaltado mais que todos os reis da terra por suas riquezas e sua sabedoria").

[33]VINCENT DE BEAUVAIS, *De eruditione filiorum nobilium*, ed. A. Steiner, Cambridge (Mass.), 1938, reed. Nova York, 1970.

[34]Ver *supra*, pp. 83 e segs., sobre o rei menino. Sobre a valorização da criança, ver P. RICHÉ e D. ALEXANDRE--BIDON (*L'Enfance au Moyen Âge, op. cit.*, *supra*, p. 84, nº 111), um pouco mais otimistas.

*"O mais moço entre seus irmãos." (*N. do T.*)

[35]VINCENT DE BEAUVAIS, *De eruditione filiorum nobilium, op. cit.*, ed. citada, p. 87.

[36]R. FOLZ, artigo citado, p. 34, nº 22: "Toto corde cum rege Josia quaesivit Deum ab infantia."

[37]*Ibid.*, p. 38: "culta colebat sedula Deum verbis et actibus."

[38]*Similis illi non fuit ante eum rex, qui reverteretur ad Dominum in omni corde suo, et in tota anima sua, et in universa virtute sua.*

SÃO LUÍS

353

Mas a comparação entre Luís IX e Josias parece mesmo ter sido o grande achado de seu primeiro biógrafo, seu confessor durante os vinte últimos anos de sua vida, o dominicano Geoffroy de Beaulieu. Escreveu ele a vida de São Luís a pedido do papa Gregório X, que já entre 1273 e 1275 pensava na canonização do rei de França, morto havia pouco.[39] Desde o começo, Geoffroy anuncia que, para fazer o elogio de Luís IX, vai se servir do elogio do rei Josias feito na Bíblia. Utiliza três passagens do Antigo Testamento, uma do Eclesiástico (capítulo 49), uma do segundo livro dos Reis (capítulo 22) e a última do segundo livro das Crônicas (*Paralipômenos*, capítulo 34).

O capítulo 49 do Eclesiástico diz:

> A lembrança de Josias é uma mistura de incenso
> preparada pelos cuidados do perfumista;
> como o mel, é doce para todas as bocas,
> é como música no meio de um banquete.
> Ele próprio tomou o bom caminho, o de converter o povo,
> extirpou a impiedade abominável;
> dirigiu seu coração para o Senhor,
> em tempos ímpios fez prevalecer a piedade.[40]

Da história de Josias, tal como se acha em termos muito próximos no capítulo 22 do segundo livro dos Reis e no capítulo 24 do segundo livro das Crônicas, Geoffroy de Beaulieu fez o seguinte resumo: "Quando Josias ainda era criança começou a procurar o Senhor e fez o que era reto e agradável aos olhos do Senhor e percorreu todos os caminhos de Davi seu pai.[41] Não se desviou nem para a direita nem para a esquerda. O nome de sua mãe era Idida. Ele mandou restaurar o templo e a casa do Senhor. Não houve antes dele rei semelhante a ele para entregar-se ao Senhor de todo seu coração, de toda a sua alma e de toda a sua força; e depois dele, não apareceu ninguém como ele. Ele foi, na verdade, uma páscoa, como não houve semelhante antes e como nenhum rei posterior foi semelhante." E Geoffroy acrescenta: "Tudo isso, vou mostrar, se aplica bem ao nosso glorioso rei."

Dessas homologias, Geoffroy conserva explicitamente três. Segundo a primeira delas, o *nome* de Josias convém a Luís; ambos levaram uma vida santa, cristianíssima e pura.

---

[39]GEOFFROY DE BEAULIEU, *Vita*, pp. 3-26.

[40]Tradução da Bíblia de Jerusalém. [*N. do T.* O autor, é claro, refere-se à tradução da edição francesa da Bíblia de Jerusalém, que segui aqui de modo literal.]

[41]Davi, realmente, foi apenas seu ancestral.

Sabe-se da importância do *nome* na Idade Média; o nome é a essência, a verdade da pessoa que o traz. O jogo das etimologias falsamente sábias permite encontrar seu sentido profundo. Ora, o nome de Josias pode ser interpretado de quatro maneiras diferentes que, todas, convêm a Luís IX. Pode, de fato, significar *Salus Dominis, Elevatio Domini, Incensum Domini, Sacrificium*. Com efeito, quem, mais que Luís, trabalhou pela salvação da Cristandade, pela elevação e exaltação da fé cristã, por incensar uma devoção nascida na infância e, finalmente, quem levou sua vida ao sacrifício na cruzada? Hóstia real, como dirá Joinville, São Luís, como Cristo, morreu diante de Túnis às três horas da tarde.

Depois, Luís foi, como Josias, inocente e reto. Como Josias, seguiu nisso o exemplo do pai. Esse pai é, para Josias, Davi, que Geoffroy de Beaulieu, tomando o termo *pater* ao pé da letra, interpreta assim (e não como antepassado, o que conviria melhor), e, para Luís IX, é seu pai verdadeiro, Luís VIII, que mostrou a fé e a retidão indo conduzir a cruzada contra os albigenses e que, ele também, ou, antes, ele já, morreu na volta da cruzada. Assim, prolongando no tempo as duas sequências semelhantes, Geoffroy relaciona as duas duplas de pai e filho, Davi e Josias, Luís VIII e Luís IX. Ou ainda Luís IX tem dois pais, um pai terrestre, que é também um modelo, e um pai simbólico, que foi ele próprio, numa história anterior, o filho de um pai modelo. Além disso, retomando a expressão *non declinavit ad dexteram neque ad sinistram* ("não se desviou para a direita nem para a esquerda"), retoma também a definição de rei por Isidoro de Sevilha: *rex a recte regendo.*

Por fim, o mais notável é talvez o fato de que Geoffroy de Beaulieu valoriza uma frase do segundo livro dos Reis que apenas nomeia a mãe de Josias, Idida. O dominicano aproveita para fazer o elogio da mãe de Luís, Branca de Castela, e propor assim como que uma Sagrada Família real: o pai, Luís VIII, a mãe Branca, o filho Luís IX, que assim tem fortalecida a sua *imago* de Jesus.

O resto da *Vita* se desenvolve segundo os usos da hagiografia da época, misturando habilmente sequências históricas (nas quais Geoffroy encaixa de tempos em tempos seu próprio testemunho) e desdobramentos sobre as virtudes do rei. O modelo de Josias está sempre subjacente, mas raramente aflora. O nome do rei bíblico ressurge a propósito da penitência e da confissão e, sobretudo, a propósito da legislação religiosa, das medidas contra os praguejadores e os blasfemadores, dos esforços de Luís para restaurar a observância religiosa em seu reino. Nesse ponto, Luís merece plenamente o nome de Josias, porque, como o rei bíblico, *tulit*

SÃO LUÍS

abominationes impietatis, et gubernavit ad Dominium cor suum et in diebus peccatorum corroboravit pietatem in cultum divinum.[42]

Como bom pregador e literato, Geoffroy de Beaulieu termina sua Vita voltando a Josias e a sua primeira citação bíblica: "Que mais nos resta, se não nos resta perpetuamente a memória tão perfumada, tão doce como o mel, tão melodiosa na Igreja de Deus do *nosso Josias?*" Luís IX não é somente um "segundo", um "outro" Josias, é o nosso Josias. Com isso se quer dizer que Josias não é apenas o Josias de nossa época, é o nosso Josias para nós, aquele que nos permite reviver uma "história sagrada".

O continuador de Geoffroy de Beaulieu, Guillaume de Chartres, também um dominicano, que foi capelão do rei, mas que escreveu depois de sua canonização, depois de 1297, ainda retoma o paralelo com Josias, porém mais brevemente. Lembra — mas condensa o texto bíblico sobre a *memoria Josiae* — a alusão ao nome de Josias, mas essa memória se evapora rapidamente no perfume e na música. Josias não é mais do que uma "olorosa lembrança".[43]

A motivação profunda da comparação entre São Luís e Josias a mim parece residir, em definitivo, na passagem mais acima evocada em que Geoffroy de Beaulieu compara os últimos anos do reinado de São Luís com os de Josias. Os biógrafos e hagiógrafos de São Luís estão de acordo em que há em sua vida e seu reinado duas grandes fases: antes e depois da cruzada de 1248. O rei é, certamente, desde a infância, virtuoso e piedoso, mas de um modo normal, salvo talvez seu gosto por essa aventura fora de moda: a cruzada. Veste-se e come segundo sua condição, brinca frequentemente. Apaixona-se pela justiça, cria os inquiridores reais, mas legisla pouco. Depois de 1254, leva uma vida ascética, quer impor a seus súditos leis de ordem moral e religiosa: contra o jogo, a prostituição, a blasfêmia, força doentiamente seus inquiridores a serem verdadeiros inquisidores dos agentes reais. Quer, na sua própria pessoa e na de seus súditos, extirpar o pecado que causou a derrota da cruzada do Egito. É preciso que restaure a religião para merecer a vitória numa nova cruzada ou, pelo menos, nela encontrar o martírio.

---

[42]"Acabou com as abominações da impiedade, e governou seu coração no sentido do Senhor e em dias de pecados reafirmou a piedade no culto divino." [*N. do T.* No original latino acima transcrito leia-se *Dominum* onde está *Dominium*. Há um engano evidente, certamente um erro de digitação (pois o autor sabe latim — e muito bem). O acusativo do neutro *dominium* ("domínio", "propriedade", na língua jurídica) está inteiramente deslocado no contexto, de cunho religioso, nem a inicial maiúscula teria razão de ser. Já o acusativo *Dominum* ("o Senhor", "Deus"), com a inicial maiúscula de direito, dá sentido perfeito à frase, como mostra, aliás, a própria tradução francesa do autor.]

[43]GUILLAUME DE CHARTRES, *De vita et de Miraculis*, p. 29. Essas metáforas aromáticas são mais importantes do que se possa crer. Jean-Pierre ALBERT mostrou que elas participam da ideologia real e do modelo crístico, *Odeurs de sainteté. La mythologie chrétienne des aromates*, Paris, 1990.

Ora, que nos diz de Josias a Bíblia (2 Reis 22, 23)? Durante os dezoito primeiros anos de seu reinado, "ele fez o que é agradável a Javé e imitou em tudo a conduta de seu ancestral Davi, sem se desviar nem à direita nem à esquerda". Nada de mais, porém. Depois, no décimo oitavo ano de seu reinado, mandou restaurar o templo e nele achou o livro da Lei, quer dizer, o Deuteronômio. Josias e seu povo sobem em procissão solene ao templo de Javé. Josias renovou a aliança, destruiu todos os restos do paganismo no reino de Judá, incluída aí a permanência das prostitutas sagradas no templo de Javé e, depois de ter tido sucesso sua reforma religiosa, celebrou uma páscoa extraordinária em honra de Javé em Jerusalém. Mais tarde, morreu em Megido lutando contra o Faraó que se preparava para invadir seu reino. Seu corpo foi reconduzido a Jerusalém.

Quem não vê a similitude entre os dois reis e entre os dois reinados? Então fica claro o novo sentido dessa comparação tradicional entre os reis da Cristandade medieval e os do Antigo Testamento. No século XIII, é preciso alguma coisa mais do que uma comparação abstrata, situada em um nível puramente ideológico, entre os dois reis que não têm outra semelhança além da de ter ou de querer encarnar o modelo do príncipe agradável a Deus. A partir daí, há necessidade também de uma certa *semelhança histórica*. Desde então, mais do que mobilizar o melhor modelo real do Antigo Testamento, Davi, o importante é aproximar São Luís e um rei, um bom rei certamente, mas cujo reinado, fundamentalmente, tenha de algum modo prefigurado o do rei de França.

Assim situam-se os dois reis até se confundirem sobre três trajetórias semelhantes do tempo: um tempo simbólico da história, no qual a história presente é apenas a imagem do tempo do grande passado bíblico; sobretudo um tempo escatológico, em que cada soberano se esforça para levar consigo seu povo até seu Deus para sua salvação eterna; mas também um tempo histórico, no qual segmentos se repetem, mas no qual os reis e os reinados não são mais intercambiáveis. É preciso que sejam semelhantes, como a arte vai ser com o mundo, o retrato com o indivíduo, porque isso que São Luís procura para assumir como um empréstimo, paradoxalmente, e com um êxito talvez imperfeito, para Josias é uma originalidade *histórica* e uma *individualidade*. Mas paremos por aqui nessa fronteira em que a dupla São Luís e Josias parece cair do simbolismo intemporal na história. Com Josias, os produtores de memória ainda não conseguiram arrancar São Luís da abstração tipológica. O rei de França não é mais do que um Josias bis, um avatar de Josias.

VI

O REI DOS
"ESPELHOS DOS PRÍNCIPES"

Na organização das sociedades mais antigas, o historiador pode muitas vezes identificar uma forma hierárquica que culmina em um chefe. Chamamos monárquica a uma tal sociedade, e àquele que nela está à cabeça, "rei". Na origem, o chefe-rei não só apresenta um caráter sagrado, mas concentra todos os poderes em sua pessoa. Quase ao mesmo tempo que se impõe esse tipo de chefe, tenta-se limitar seu campo de ação. São primeiramente os detentores do poder militar, do poderio econômico — de resto frequentemente confundidos nessas sociedades —, guerreiros e ricos proprietários que se esforçam para monopolizar ou partilhar os poderes do rei. Os romanos, muito cedo, aboliram a monarquia para substituí-la por uma oligarquia, batizada de "república", e odiaram por muito tempo até mesmo o nome de rei.

Parece mesmo que o nascimento da monarquia nessas sociedades antigas marcou a passagem de uma simples memória mantida por documentos esparsos (inscrições, tábulas etc.), mitos (o de Gilgameche, rei de Uruque, por exemplo) ou monumentos, para a concepção e para a construção de uma verdadeira história, muitas vezes lendária em suas origens tradicionais, mas capaz de constituir em torno do rei uma trama coerente e contínua, a favor de um sistema que reduz tudo ao monarca e à sucessão dos reis, sucessão que frequentemente tem o reforço de um príncipe dinástico. A monarquia oferece ao mesmo tempo uma explicação e uma narração, as duas faces complementares da história. Pierre Gibert deu desse nascimento conjunto da monarquia e da história uma forte e sutil demonstração em relação à Israel antiga, em torno dos primeiros reis, Saul, Davi e Salomão.[1]

---

[1]Pierre GIBERT, *La Bible à la naissance de l'histoire*, Paris, 1979.

Outras personagens, em compensação, trabalharam, com mais ardor ainda, para controlar as prerrogativas reais no domínio religioso. Esse foi o cuidado dos sacerdotes. No início do século VII, o arcebispo e enciclopedista Isidoro de Sevilha, retomando a etimologia latina (*rex*, "rei"; *regere*, "dirigir"; *recte*, "retamente"), afirmava que um rei deve governar "retamente" (*rex a recte regendo*), fazer caminhar "retamente" os grandes, os funcionários e os súditos. Já vimos essa definição aplicada a São Luís. O rei não se contenta em ser aquele que concentra em sua pessoa todos os poderes, deve concentrar todas as virtudes. A esse modelo foram consagradas, do século IX ao século XIII, obras particulares especializadas, os "Espelhos dos Príncipes".[2]

Os clérigos, autores desses tratados, tinham por primeiro objetivo evitar que o caráter "sagrado" dos reis desembocasse num caráter divino ou sacerdotal da função real. O rei não devia ser mais do que o eleito designado por Deus, aquele que recebe a unção da sagração na tradição judeu-cristã (o septenário dos sacramentos, constituído no Ocidente do século XII, exclui a sagração real da lista dos sacramentos). O esforço de alguns clérigos para fazer do rei, nos séculos XII e XIII, a "imagem de Deus" teve sucesso apenas relativo. A tentativa deles de criar um "rei sacerdote" (*rex et sacerdos*) e de lhe dar por modelo bíblico Melquisedeque, "rei de Salém"* e "sacerdote do Deus Altíssimo" (Gênesis 14, 18), não teve vida longa na Bíblia, nem no cristianismo nem na ideologia cristã do Ocidente medieval, apesar dos esforços de alguns clérigos a serviço de imperadores.

Nessa vontade dos sacerdotes de afastar o rei da condição sacerdotal, vê-se que o clero judeu antigo e a Igreja do Ocidente medieval tinham empenho em obter o compromisso solene do rei de professar e de defender a fé ortodoxa e, muito particularmente, de pôr seu poder a serviço da Igreja. Foi esse o principal objeto das promessas e em seguida dos juramentos que os reis do Ocidente tiveram de pronunciar a partir da época carolíngia. Em uma palavra, a limitação dos poderes do rei devia impedi-lo de se tornar um tirano e se passar para o lado do mal, do Diabo. Os reis tinham então, também eles, deveres quanto a Deus primeiro, depois quanto aos sacerdotes e à Igreja, quanto a seus súditos, quanto a seu povo.

Os escritos nos quais, desde a mais remota época das monarquias orientais, os clérigos expressavam desse modo os deveres dos reis abordavam seja o res-

---

[2] Sobre os ancestrais dos "Espelhos dos Príncipes", ver Pierre HADOT, s.v. "Fürstenspiegel", em *Reallexikon für Antike und Christentum*, t. VIII, 1972, col. 555-632.

*Salém (ou Salem, há discordâncias entre os foneticistas de língua portuguesa) era uma cidade de Canaã governada por Melquisedeque no tempo de Abraão sempre identificada com Jerusalém. O apóstolo Paulo lembra na Epístola aos Hebreus (7, 2) que Salém significa "da paz", "pacífica". (*N. do T.*)

peito a alguns ritos (como na lei de Moisés), seja, principalmente e cada vez mais, o exercício das virtudes, pessoais e públicas. Para evocar apenas a Bíblia — referência ideológica obrigatória no Ocidente medieval —, insistirei sobre o pequeno tratado de ética real encaixado no Deuteronômio (17, 14-20). Esse texto, de influência que se observará na época de São Luís, apresenta, apesar das proibições aos reis aí expressas, uma imagem otimista da realeza e da pessoa real. Por outro lado, no momento da instituição real, quando Javé responde "ao povo que lhe pedia um rei", o Antigo Testamento dá da realeza uma imagem muito pessimista, vê no rei um inevitável tirano que fará dos hebreus "seus escravos" (1 Samuel 8, 10-18). Assim, como tantas vezes, a Bíblia dá argumentos a favor e contra a realeza. Mas dela definiu um critério: a realeza vale o que vale o rei. De modo que instruir o rei, propor-lhe uma ética real é uma das funções mais importantes do sacerdócio.

No século IV, quando o príncipe se tornou cristão, houve necessidade de precisar a doutrina. Agostinho o fez sobretudo no livro V, capítulo 24 de *A Cidade de Deus* que H. H. Anton chamou de "O primeiro espelho dos príncipes cristãos". O bispo de Hipona insiste aí sobre "a Paz, a Ordem, a Justiça" (*Pax, Ordo, Justicia*) como fundamentos da monarquia e, segundo a tradição romana, do "imperador feliz" (*imperator felix*), define as virtudes que fazem do príncipe cristão um bom príncipe. Depois, na virada do século VI para o século VII, o papa Gregório Magno, preocupado, ele também, com o problema da realeza e do rei, pôs em relevo principalmente a importância da justiça como ideal da monarquia e virtude essencial do rei.

Espelhos carolíngios

É na época carolíngia que aparecem opúsculos inteiramente destinados a lembrar ao rei as virtudes inerentes a sua "função" (*officium*) ou a seu "ministério" (*ministerium*) e sobretudo necessárias para justificar sua elevação ao trono, ou, antes, a cerimônia religiosa que tornava a partir desse momento efetiva a escolha que Deus tinha feito daquela pessoa. Se a escolha de Deus estava no mais das vezes de acordo com aquela que os homens faziam dentro de uma família real, também podia homologar o desvio de uma família para uma outra, como a substituição dos merovíngios pelos carolíngios no meio do século VIII. Mas, pouco a pouco, na França, por exemplo, fixou-se um direito hereditário em favor do primeiro ou do mais próximo herdeiro varão do rei defunto. Foi em Reims, em 816, que as duas cerimônias, a da unção e a da coroação, fundiram-

-se para a sagração de Luís o Piedoso. Pode-se, também, considerar que os textos utilizados para as sagrações dos reis cristãos da Idade Média, os ordines, textos propriamente litúrgicos ou documentos, memorandos destinados a ajudar a execução da cerimônia, constituem uma categoria particular de "Espelhos dos Príncipes".

O sistema cultural da Idade Média utilizou muito a imagem do "espelho" (*speculum*). Mais do que exprimir com isso a teoria, fundamental desde Santo Agostinho, do sinal ou do reflexo, cada realidade terrestre sendo apenas a réplica, mais ou menos bem sucedida, de um tipo ideal, trata-se de mostrar que, ao contrário, a imagem vista no espelho é que é de fato a imagem *ideal* da realidade terrestre. Todo espelho é instrumento de *verdade* e nos conduz então ao mais profundo do imaginário medieval. Mas, na maioria das vezes, o espelho renuncia à sua função metafísica, teológica, para tornar-se um gênero normativo ligado ao processo de *moralização*, de ilustração ética, que se desenvolve no século XII e se generaliza durante a Idade Média tardia, a partir do século XIII. Todo espelho se torna *exemplar.*

Os autores dos "Espelhos dos Príncipes" carolíngios do século IX, eclesiásticos ilustres, propuseram aos reis contemporâneos o modelo de alguns reis do Antigo Testamento, tais como Davi, principalmente, Salomão, Ezequias, Josias etc. Dedicam-se com mais empenho às virtudes que convêm especialmente aos reis (antes de tudo a *justiça*, mas também a *sabedoria*, a *prudência*, a *paciência*, a *misericórdia*, a *humildade*, o *zelo pela retidão*, a *clemência*, a *piedade* etc.). Insistem por fim no dever imperioso que o rei tem de proteger as Igrejas e os clérigos. Afirma-se assim o papel político e ideológico crescente da Igreja na época carolíngia. Mas esses "Espelhos" não são tratados políticos.[3] Nenhum deles — salvo talvez numa certa medida o de Hincmar.

O Policraticus *de João de Salisbury*

Há uma virada no meio do século XII com o *Policraticus* de João de Salisbury. É de 1159 esse primeiro grande tratado político da Idade Média. Foi escrito na Inglaterra por um clérigo de altíssima estatura intelectual, formado nas escolas

---

[3] H. H. ANTON, *Fürstenspiegel und Herrscherethos in der Karolingerzeit, op. cit.* (supra, p. 346, nº 6). Michel ROUCHE propôs recentemente a questão de saber se esses "Espelhos" não refletiam sobretudo seus autores eclesiásticos: "Miroir des princes ou miroir du clergé?", em *Commitenti e produzione artistico-letteraria nell'alto medioevo occidentale*, Spoleto Centro italiano di studi sull'Alto Medioevo, 1992, pp. 341-367. É um aspecto do problema sobre o qual também me interrogo aqui.

SÃO LUÍS

361

de Paris. Alto funcionário eclesiástico na cúria pontifícia, depois secretário de Theobald, arcebispo de Cantuária, João de Salisbury se tornou amigo de Tomás Becket, refugiou-se algum tempo em Reims sob a proteção de seu amigo íntimo Pierre de Celle, abade beneditino da célebre abadia de Saint-Rémi (na qual se guardava a santa âmbula utilizada na sagração dos reis de França) e terminou sua carreira como bispo de Chartres, de 1176 a sua morte, em 1180.

A contribuição do *Policraticus* para a ideologia real da Idade Média é considerável. João de Salisbury utiliza em sua obra um opúsculo falsamente atribuído a Plutarco, mas verossimilmente forjado em Roma cerca de 400 d.C., o *Institutio Traiani*. Esse pseudo-manual de educação de Trajano é, de fato, um "Espelho dos Príncipes". Nele se acha, especialmente, pela primeira vez no Ocidente cristão (no século XII), a metáfora organicista que faz da sociedade política um corpo humano do qual a cabeça é o rei. Mas, além do *Institutio Traiani*, o *Policraticus* lançou também a máxima do príncipe sábio, intelectual (*rex illiteratus quasi asinus coronatus*, "um rei iletrado é apenas um asno coroado") e sobretudo deu à ideologia monárquica (que João tinha visto na prática na burocracia nascente das cortes inglesa e pontifícia) bases muito sólidas. João de Salisbury foi um dos homens mais cultos de seu tempo, talvez o melhor representante do renascimento humanista do século XII. Marcado pelo "naturalismo" próprio das escolas de Paris e de Chartres, concebeu a sociedade — e o rei que lhe está à cabeça — como um conjunto organizado. Também lançou na discussão teológica e filosófica o tema do tiranicídio que ia desempenhar um papel tão importante na ciência política (e nas realidades políticas) do fim da Idade Média e da época moderna. Enfim, analisou o fenômeno da corte em ato de constituir-se e destinado a um tão grande desdobramento, do século XII ao século XVIII, com um olhar particularmente crítico. O subtítulo (que será retomado) do *Policraticus é: sive de nugis curialium* ("ou da futilidade dos cortesãos").[4]

Espelhos do século XIII

Renovados pelo modelo do Policraticus e pela evolução rápida das monarquias no sentido de formas de estado, de burocracia, os espelhos de príncipes desabrocham em nova floração no século XIII.[5] Ninguém, sem dúvida, viveu mais fortemente

---

[4]J. DICKINSON, "The medieval conception of Kingship and some of its limitations as developped in the 'Policraticus' of John of Salisbury", *Speculum*, 1926, pp. 308-337. Ver *supra*, p. 350.

[5]L. K. BORN, "The perfect Prince: a study in 13th and 14th century ideal", *Speculum*, 1928, pp. 470-504. Para o período anterior, Georges DUBY, "L'image des princes en France au début du XIe siècle", *Cahiers d'histoire*, 1982, pp. 211-216. De maneira geral, D. M. BELL, *L'idéal éthique de la monarchie en France d'après quelques moralistes de ce temps*, Paris e Genebra, 1962.

esse enriquecimento do que o rei de França Luís IX, que suscitou indiretamente e favoreceu diretamente a redação de muitos desses textos, assim como manuais para a sagração (*ordines*) que deviam ajudá-lo nessa tarefa apaixonada.

Pode-se então falar de uma "academia política" de São Luís cujo coração foi o convento dos jacobinos, o célebre convento de Saint-Jacques [São Tiago] dos dominicanos parisienses. Surge de novo aqui o *lobby* mendicante e, mais particularmente, dominicano, que já vimos funcionando na produção do dossiê hagiográfico de São Luís. Foi por convocação de Humbert de Romans, grande mestre da ordem de 1234 a 1263, solicitado por São Luís, que o convento dos jacobinos teria confiado a uma equipe a redação de "Espelhos dos Príncipes" ou, antes, de um vasto tratado de política. A esse tratado pertenceria o *De eruditione filiorum regalium* (ou *nobilium*), "Sobre a educação dos filhos reais" (ou "nobres"), que o dominicano Vincent de Beauvais, depois leitor na abadia cisterciense de Royaumont e já ligado ao rei, oferece à rainha Margarida, numa primeira edição, para servir à educação do jovem Filipe, o futuro Filipe III, na ocasião filho do casal real ainda sem a condição de herdeiro imediato da coroa.[6] Uma outra parte daquele tratado seria o *De moralis principis institutione* ("Sobre a instituição moral do príncipe"), escrito entre 1260 e 1263 pelo mesmo Vincent de Beauvais, então leitor na abadia cisterciense de Royaumont e que dedicou a obra conjuntamente a Luís IX e a seu genro Thibaud, rei de Navarra e conde de Champagne. Por fim, uma terceira etapa seria constituída pelo *De eruditione principum* ("Sobre a educação dos príncipes"), falsamente atribuído mais tarde a Tomás de Aquino (daí o nome de Pseudo-Tomás dado pela edição moderna ao autor) e talvez redigido por Vincent de Beauvais, ou por um outro dominicano notório, Guillaume Peyrot.[7]

A esses três tratados dominicanos é preciso acrescentar o *Morale somnium Pharaonis sive de regia disciplina* (o "Sonho moralizado de Faraó ou sobre a ciência real"), composto provavelmente entre 1255 e 1260 pelo cisterciense Jean de Limoges para Thibaud de Navarra, e o "Espelho" que mais me interessa aqui, o *Eruditio regum et principum* ("Educação dos reis e dos príncipes"), do franciscano Gilbert de Tournai, escrito em 1259 para São Luís. Por último, é preciso ver nos *Ensinamentos* redigidos no fim da vida por São Luís para seu filho Filipe, o futuro Filipe III, o Ousado, um verdadeiro "Espelho dos Príncipes" escrito pelo próprio rei.

---

[6] No *De eruditione filiorum regalium*, Vincent de Beauvais retoma as ideias de João de Salisbury sobre a educação a ser dada aos filhos, mas manifesta uma concepção claramente mais positiva da criança.

[7] Sobre Vicent de Beauvais e essa empresa, ver *infra*, pp. 524 e 743. Robert J. SCHNEIDER acaba de publicar o *De morali principis institutione* (Corpus Christianorum, Continuatio Mediaevalis, vol. 137), Turnhout, 1995.

SÃO LUÍS

O Eruditio regum et principum
de Gilbert de Tournai

De Gilbert (ou Guibert) de Tournai não se sabe quase nada, senão que foi estudante e mestre na universidade de Paris, que foi considerado ao tempo uma das glórias intelectuais de sua ordem e que ao lado de diversos tratados de educação e de moral redigiu sermões destinados especialmente aos cruzados. Provavelmente terá tomado parte na cruzada de São Luís no Egito e na Terra Santa (1248-1254), e da amizade então criada com o rei teria nascido o *Eruditio*.

O *Eruditio regum et principum*[8] se compõe de três cartas endereçadas a São Luís, a última das quais indica ter sido terminada em Paris, no dia da oitava da festa de São Francisco, quer dizer, 11 de outubro de 1259. As três cartas tratam dos quatro princípios "necessários aos príncipes" segundo o *Institutio Traiani*: a reverência em relação a Deus (*reverentia Dei*), a autodisciplina (*diligentia sui*), a disciplina em relação aos poderosos e aos oficiais (*disciplina potestatum et officialium*), a afeição e a proteção devidas aos súditos (*affectus et protectio subditorum*).

A primeira carta compreende duas partes, a primeira das quais (quatro capítulos), consagrada à reverência devida a Deus (*reverentia Dei*), põe em valor estruturas intelectuais e culturais dos clérigos do início do século XIII. Gilbert recorreu ao raciocínio por oposição: a demonstração se faz preliminarmente por um argumento positivo, a *reverentia Dei*, depois pela análise do argumento negativo oposto, a *irreverentia Dei*; também recorreu ao duplo sistema de referências culturais: o cristão (sobretudo veterotestamentário) e o pagão. O método é tradicional: consiste em acumular *autoridades* em favor da tese que se quer sustentar. Nesse caso, as referências tomadas de empréstimo à literatura pagã são quase tão numerosas quanto as tiradas da Bíblia e dos Padres da Igreja.[9] O "renascimento" do século XII não está longe.

O autor lembra de saída "exemplos do Novo e do Antigo Testamento em que a irreverência em relação a Deus entre os príncipes arruína os reinados e os principados". Mostra a seguir "a mesma coisa com a ajuda das histórias dos reis pagãos". Notemos, todavia, a oposição: os exemplos bíblicos são testemunhos de verdades eternas, os exemplos pagãos não são mais do que testemunhos "históricos". A história é o domínio do incerto, do versátil, tem por símbolo a roda da fortuna. O terceiro capítulo faz referência a Saul, morto ignominiosamente com os filhos, aos reis Ela, Zimri, Nadab, Joás, Jeroboão etc., todos mortos de morte

---

[8] *Education des rois et des princes*, editada por A. DE PORTER, em *Les Philosophes belges*, t. IX, Louvain, 1914.
[9] Se fizermos as contas, teremos 45 referências tomadas à literatura pagã (ou 46%), 41 (ou 42%) da Bíblia e 12 (ou 12%) dos Padres da Igreja.

violenta. Em compensação, os imperadores cristãos Constantino e Teodósio mostraram sua reverência a Deus, o primeiro se recusando a assumir o lugar de honra no concílio de Niceia, o segundo expiando seu crime pela execução paciente e pública da penitência ordenada por Santo Ambrósio. O autor lembra enfim a morte de César, usurpador do Império, o envenenamento de Tibério e de Cláudio, o assassinato de Calígula, as mortes violentas de Vitélio, Galba e Otão e, principalmente, o fim miserável dos imperadores perseguidores de cristãos desde Nero. De modo que o Império romano tudo que teve foi uma longa sequência de mortes violentas, castigo divino de imperadores indignos, uma longa mas inelutável marcha para a ruína e a desaparição, ou, antes, para a transferência de seu poder a outros.

Os doze capítulos da segunda parte da primeira carta, parte consagrada à disciplina do rei em relação a si próprio (*diligentia sui*), constituem, dentro do conjunto do tratado, um "Espelho do Príncipe" particular, mais pessoal e mais centrado na pessoa real. O desenvolvimento do tema da *diligentia sui*, dos deveres pessoais do rei, apresenta-se como um comentário do "Espelho dos Príncipes" contido no capítulo 17 do Deuteronômio. Seguindo os hábitos da exegese bíblica medieval, Gilbert de Tournai dá aí uma interpretação desprovida de qualquer base exegética científica e histórica. Torce citações bíblicas que têm um "nariz de cera" (segundo a palavra de Alain de Lille, nos derradeiros anos do século XII) no sentido que lhe convém.

As doze estipulações: "O rei não multiplicará seus cavalos", "não tornará a conduzir seu povo ao Egito", "não terá várias (ou muitas) esposas", "não terá grandes tesouros de dinheiro e de ouro", "instalado no trono, lerá e meditará sobre o Deuteronômio", "receberá o texto da lei dos sacerdotes", "aprenderá a temer o Senhor seu Deus", "respeitará os termos da Lei", "seu coração não o fará encher-se de orgulho para cima de seus irmãos", "não se desviará nem para a direita nem para a esquerda", "que viva longamente" e finalmente "que deseje a vida eterna" são pretextos para tantos desdobramentos em que aparecem ora lugares-comuns do pensamento cristão, ora preocupações contemporâneas.

"O rei não multiplicará seus cavalos." A recomendação se transforma em dura crítica contra a caça. Texto surpreendente em que, a partir de condenações anteriores à caça destinadas aos bispos e aos clérigos, e de raras alusões à inutilidade ou à nocividade da caça entre os reis (em Jonas d'Orleãs no século IX, em João de Salisbury, fonte de Gilbert de Tournai no XII), desenvolve-se uma antropologia real na qual a caça aparece como um jogo pueril para um rei. No mais, a condenação tradicional aos jogos de azar que se segue (dados e outros) é exigência mais

SÃO LUÍS

de um sistema social de valores do que de razões religiosas e morais. Tudo que é pueril, tudo que aproxima o rei de uma criança deve ser evitado. Resta dizer que essa crítica está em total desencontro com a prática da caça na Idade Média. Os reis tentaram fazer da caça seu monopólio; constituíram para si várias reservas de caça criando a noção jurídico-geográfica da "floresta", entregaram-se com paixão a esse esporte, concebido como o esporte real por excelência. Curiosamente, São Luís é o único rei de França em relação ao qual não se conservou nenhum documento provando que alguma vez ele tenha praticado a caça.[10] E sabe-se que ele detestava os jogos de azar, que às vezes se encolerizou com os jogadores e que legislou a propósito disso quando voltou da Terra Santa.

"O rei não terá várias esposas." Sem que haja sobre isso a menor alusão contemporânea ou recente, tem-se a nítida impressão que Gilbert de Tournai quer se referir aos reis capetianos que, até Filipe Augusto, tiveram uma vida matrimonial e amorosa agitada, chocando-se com a Igreja quanto a problemas de divórcio, de concubinagem e de incesto (no sentido das proibições eclesiásticas de casamento entre parentes até o quarto grau, ou mesmo até o sétimo grau e, talvez, no sentido atual no caso anterior de Carlos Magno). É mesmo precisamente de poligamia que é necessário falar, e Georges Duby mostrou como só no século XII a Igreja começou a fazer com que seu modelo matrimonial, monogâmico e indissolúvel, superasse o modelo aristocrático poligâmico e revogável para os esposos.[11]

"Não terá grandes tesouros de dinheiro e de ouro." O comentário é a ocasião para abordar o que chamaríamos de "domínio econômico". A economia monetária, as práticas — do entesouramento às manipulações da moeda — foram um dos caminhos da tomada de consciência de um domínio específico do poder e do governo: a moeda. Em 1259, sem que houvesse ligação direta entre as coisas, as decisões monetárias de São Luís não vão tardar — cunhagem de dinheiro de alto valor, retomada da cunhagem de moedas de ouro, luta contra a cunhagem de moedas por parte dos barões.[12]

"Instalado no trono, lerá e meditará sobre o Deuteronômio." Gilbert de Tournai retomará e desenvolverá o adágio de João de Salisbury: "Um rei iletrado é apenas um asno coroado." Na França de São Luís, na Cristandade dos universitários, não basta que o rei seja sábio, há que tê-lo "culto". Seria desejável que fosse também um intelectual.

"Receberá o texto da lei dos sacerdotes." O rei deve honrar, proteger, ouvir a Igreja. O juramento que presta na sagração é em primeiro lugar destinado

---

[10]Sobre São Luís e a caça, ver *infra*, pp. 612-613.
[11]G. DUBY, *Le Chevalier, la Femme et le Prêtre, op. cit.*, (*supra*, p. 253, n° 117)
[12]Ver *supra*, pp. 221-226 e *infra*, pp. 591-592.

a satisfazer aos bispos e aos sacerdotes. A lógica do crescimento do poder real deságua na diminuição da influência eclesiástica. Na França de 1259, o tempo é ainda da busca de um equilíbrio entre o rei e a Igreja. O rei é o braço secular de Deus e da Igreja, garante a fé, é ele próprio o rei cristianíssimo, mas não se deixa conduzir pela Igreja, sobretudo nos negócios temporais. Para Gilbert de Tournai, nessas altas esferas do poder, o pecado mortal número um continua sendo a superbia, a soberba, o orgulho. A *avaritia*, a cobiça, que tem tendência a suplantá-la na hierarquia dos vícios, apesar da lição sobre o desprezo aos tesouros, não ameaça o rei tanto quanto a soberba.[13] A hipervalorização do fisco real ainda não era insuportável.

Enfim, três preocupações devem dominar o espírito e a ação do rei: 1) deve caminhar retamente, não se desviar, seguir pelos caminhos da retidão; 2) deve merecer ter uma prole e viver vida longa — herdeiros, uma longa vida, eis os penhores da estabilidade para um bom governo; 3) o rei não deve ater-se à eleição divina que a unção sagrada confirma. Tanto quanto com a origem, deve se preocupar com o fim. Deve assegurar sua salvação e a de seu povo. O horizonte monárquico é o paraíso. Um verdadeiro rei deve ser um rei escatológico. E São Luís será cada vez mais obsedado por essa vocação real.

A segunda carta que compõe o opúsculo trata da disciplina dos poderosos e dos oficiais (círculo de relações e funcionários reais). Também se funda sobre uma oposição: a disciplina negativa, aquela que o rei deve impor aos maus pendores dos que o cercam, e a disciplina positiva, o dever daqueles que agem em nome do rei. Preliminarmente, os reis devem corrigir, devem exercer seu dever de braço secular. O príncipe, depois, deve ser um modelo para os que dependem dele. Gilbert de Tournai retoma aqui a metáfora organicista lançada por João de Salisbury. O rei deve agir como a cabeça em relação aos membros. Dele devem partir as ondas positivas que se espalham pelo corpo todo da monarquia. Mas também deve saber refletir para assim contemplar o espetáculo da sociedade "no espelho de seu espírito". Aí descobrirá as profundezas do mal. Gilbert, na verdade, dá grande importância a desvendar o que está escondido, particularmente o mal. O rei deve ser um investigador do mal, um inquisidor.

Entre os males a detectar e a corrigir, há em primeiro lugar os males urbanos e os abusos do povo. Numa época em que, como resultado de uma grande onda de urbanização, as cidades são louvadas e admiradas, Gilbert é entretanto

---

[13]Lester K. LITTLE, "Pride goes before Avarice: Social Change and the Vices in Latin Christendom", *American Historical Review*, LXXVI, 1971.

SÃO LUÍS

pessimista quanto ao fenômeno urbano. Nas cidades, os pecados são piores do que em outro lugar. O ministro geral de sua ordem, São Boaventura, quase ao mesmo tempo, também o afirma com vigor e tira daí o argumento de que os franciscanos devem se instalar principalmente nos pontos onde os males a combater são os mais graves. O príncipe também deve reformar as leis. Há leis boas e más. Gilbert de Tournai prescreve para os príncipes o caminho do *topos* que vai desabrochar no século XIV, principalmente na Itália: a oposição entre o Bom e o Mau Governo, como nos afrescos que Ambrogio Lorenzetti pintará nas paredes do palácio comunal de Sena.

Esses onze últimos capítulos dessa primeira parte são consagrados às personagens mais execráveis do círculo íntimo real, os *curiais*, os homens da *Cúria*, a corte. Não é preciso aqui tomar "cúria" no sentido senhorial e cerimonial que a palavra assumirá a partir do século XVI. A *Cúria* é o lugar do aparelho governamental e administrativo de um rei feudal no ato de desenvolver a ideia e os órgãos de um Estado centralizado e burocrático. Nessa descrição crítica dos *curiais*, Gilbert de Tournai recorre às vezes a um dos grandes processos de "moralização" do século XIII: a comparação animalista. Aqui, ao lado da Bíblia, dos padres e dos autores pagãos antigos, aparece um quarto domínio de referência: a natureza. Seus animais, suas plantas e flores, suas pedras são a prefiguração e o símbolo das virtudes e dos vícios dos humanos. Em primeiro lugar a lisonja e a hipocrisia, encarnadas pelo camaleão e a lacraia, as serpentes e os animais venenosos, o leopardo.

A segunda parte dessa segunda carta expõe de modo positivo a disciplina dos poderosos e dos oficiais. A origem da boa reputação (*bona fama*), elemento muito importante na Idade Média, incluindo-se aí o plano jurídico. Esse desejo faz nascer no príncipe a justiça e a disciplina. A justiça aqui é o motivo principal. Gilbert de Tournai lembra que ela deve ser a mesma para todos, que o gládio do juiz está a serviço da justiça. O príncipe justo deve proibir os juramentos ilícitos, reprimir a injustiça dos cidadãos, dos burgueses no trato com o clero e com os fracos (é uma das chaves da política dos reis de França na relação com as cidades, no século XIII). Deve sobretudo fiscalizar e punir, quando for preciso, seus "prefeitos" e seus bailios (é o sentido de numerosos inquéritos ordenados por São Luís para corrigir os erros de seus representantes). Por fim, o rei deve refrear-se a si próprio, evitar os abusos da justiça real no trato com o pobre, assegurar-lhe essa justiça sem deixar a sentença tardar durante anos.

A terceira carta do tratado de Gilbert de Tournai, composta só de sete capítulos, refere-se à conduta do rei em relação aos súditos. Deve-lhes o rei afeição e proteção. O franciscano o demonstra primeiro pelos exemplos tomados à natureza.

Aos répteis, aos animais que voam (essencialmente as abelhas), aos mamíferos marinhos (golfinhos, focas). A galinha, afinal, é uma mãe modelo que se sacrifica por seus pintinhos. Nesses assuntos, o rei deve ter a virtude da clemência (os lugares-comuns da moderação e da misericórdia estão no centro da ética principesca do século XIII), porque a clemência não fragiliza a justiça. Também deve ser mais severo quanto às injustiças feitas aos outros do que quanto àquelas de que é vítima. Se quiser ser bom com o seu povo, o rei nada perderá, ao contrário. A maior fortaleza de um rei é o amor de seu povo. Esse amor é o melhor fiador da mais alta finalidade da política: a paz.

Os estratos históricos e culturais que constituem o alicerce e grande parte da matéria do tratado de Gilbert de Tournai são evidentes: a Bíblia — principalmente o Antigo Testamento, muito presente, muito vivo no século XIII; a tradição dos "Espelhos dos Príncipes", renovada por João de Salisbury, e o *Institutio Traiani*; uma certa cultura folclórica aceita pela cultura cristã, particular e profundamente enriquecida pelo "renascimento do século XII". Mas o fundo ideológico desse tratado é a teologia hierárquica do Pseudo-Dionísio.* Depois de ter profundamente penetrado no pensamento teológico cultural e político da alta Idade Média, os escritos desse teólogo grego, que datam do fim do século IV ou do início do século V, traduzidos em latim no século IX e mais tarde, conservam uma grande influência no século XIII. São lidos e comentados na universidade de Paris. Esse pensamento, que toma a hierarquia celeste como modelo para a hierarquia terrestre, é assumido pela reflexão teológico-política sobre a monarquia. O tratado de Gilbert de Tournai, que dá como última referência os Serafins e as Dominações, é uma das melhores referências disso.

Em resumo, o *Eruditio regum et principum*, através de suas autoridades, seus exemplos, esboça uma história da realeza. Duas séries de modelos históricos fundem, positiva e negativamente, a monarquia medieval: a série bíblica e a série antiga, sobretudo romana, imperial, depois cristã nos seus primórdios. Da Idade Média anterior a São Luís, não se citam exemplos, salvo um. No capítulo V da segunda parte da primeira carta, no comentário do Deuteronômio a propósito dos reis "letrados", depois de ter citado Davi, Ezequias e Josias de um lado, Constantino, Teodoro, Justiniano e Leão de outro, Gilbert de Tournai escreve: "Acrescentemos aqui o piedoso e sempre augusto príncipe cristianíssimo e invencível Carlos Magno, vosso predecessor de bendita memória." Que testemunho sobre a força da imagem de Carlos Magno, sobre a

---

*É importante que também aqui se releia a nota do tradutor do último parágrafo do Capítulo I da Primeira Parte (subtítulo *O rei devoto: a perda do santo cravo*). (*N. do T.*)

SÃO LUÍS

importância da campanha capetiana para reclamar a continuidade do grande imperador até Luís! Carlos Magno é, assim, a ligação entre a Antiguidade e o presente. Mas existe esse presente no tratado, para além das dedicatórias e das referências subjacentes a algumas situações contemporâneas? Em geral, os "Espelhos dos Príncipes" são um gênero fora da história. Se, no início do século XIII, Geraldo de Gales tinha vilipendiado, em seu *De principum institutione*, o rei da Inglaterra Henrique II, seus filhos e sucessores, sua dinastia, é porque seu tratado era mais uma obra polêmica contra os Plantagenetas do que um verdadeiro "Espelho dos Príncipes".

O tratado de Gilbert de Tournai contém um capítulo surpreendente e sem paralelo em nenhum outro "Espelho dos Príncipes", o segundo capítulo da segunda parte da primeira carta. A frase do Deuteronômio (capítulo 17), "E ele [o rei] não tornará a conduzir seu povo ao Egito", é totalmente comentada através do cativeiro de São Luís no Egito, um acontecimento que remonta a dez anos somente antes da redação do tratado, um acontecimento *contemporâneo*. O conteúdo não é o mais interessante: apesar da referência, o rei aí é, na verdade, louvado por seu zelo religioso, mas a derrota da cruzada é imputada aos vícios do povo e, em particular, do exército francês. Novo Moisés, vítima como ele de seu povo, Luís não entrou na Terra Prometida. Quando o Cristo quiser libertar a Terra Santa, ele mesmo o fará. Esse texto soa, contudo, como um adeus à cruzada. São Luís não o ouvirá, contentar-se-á em substituir o Egito pela Tunísia. Mas o mais importante fica sendo, aos meus olhos, essa entrada da história contemporânea no domínio dos exemplos. Nas coletâneas de *exempla* do século XIII, nota-se essa mesma tendência de dar cada vez mais importância àquilo que se passa *nostris temporibus*, "em nosso tempo". O príncipe pode daí em diante ver-se a si próprio no espelho.

A sagração, espelho do príncipe

A cerimônia da sagração do rei constitui, a sua maneira, um "Espelho dos Príncipes" em ação, em gestos e em palavras. Voltarei a isso mais pormenorizadamente a propósito da sacralização real de São Luís.[14] A sagração obedece a um ritual destinado a reinserir, a cada troca de reinado, o poder real em sua origem divina, a assegurar-lhe a continuidade da proteção de Deus, e, em função

---

[14]Ver *infra*, pp. 734-737.

de um contrato a um tempo explícito e simbólico, o apoio da Igreja em troca de um estatuto privilegiado do clero, reproduzindo os reinados precedentes para confirmar a estabilidade do reino, em todos os seus membros, de alto a baixo na hierarquia social. Para ser eficaz, a sagração deve ser uma cerimônia profundamente conservadora, o arcaísmo a garantir-lhe a validade. As inovações num caso desses têm de ser raras e reforçar os ritos originais, fazendo com que avancem no mesmo sentido.[15]

Antes da sagração de Carlos V, no século XIV (1364), possuíamos apenas uma descrição muito sucinta da sagração de Filipe I em 1059. Os *ordines* são mais modelos, instruções para sagrações futuras do que descrições de sagrações reais. Em geral, são difíceis de datar. É complicado saber se foram utilizados e em que sagrações, porque em Reims existe uma coleção de *ordines* na qual o clero e o círculo do novo rei podiam escolher. Ignora-se que *ordo* serviu para a sagração de Luís. Mas é praticamente seguro que três *ordines* novos entraram na coleção sob seu reinado: no início do reinado, o assim chamado "*ordo* de Reims", um outro no fim do reinado, chamado "último *ordo* capetiano" porque não houve outro novo antes do surgimento dos Valois (1328); e principalmente o "*ordo* de 1250" do qual voltarei a falar.[16] Não há nada de extraordinário nisso se se pensa, de um lado, no aumento de prestígio simbólico conseguido pela realeza francesa com Luís IX e, de outro lado, no interesse que ele próprio mostrou quanto a essa cerimônia depois que recomendou a seu filho e sucessor que fosse "digno de receber a unção com a qual os reis de França são sagrados".[17] O mais interessante desses *ordines*, esse dito "de 1250", aquele que com mais certeza se pode dizer que tenha sido composto sob seu reinado, determina o aparecimento de uma nova insígnia real, a *mão de justiça*,* segura na mão esquerda, que se tornará o apanágio da monarquia francesa. A justiça não está apenas na ideologia monárquica, mas está especialmente na ideologia monárquica cristã. Trata-se da principal função real, uma função fundamentalmente ancorada no sagrado. É muito particularmente, com a paz, a virtude em pensamento e em ato mais

---

[15]Richard A. JACKSON insistiu nas inovações introduzidas na sagração da sequência dos reis de França em sua obra notável: *Vivat rex. Histoire des sacres et courounnements en France*, 1634-1825 (Estrasburgo, 1984). Insisti mais no conservadorismo em meu estudo "Reims, ville du sacre" (em P. NORA [ed.], *Les Lieux de mémoire, op. cit.*, t. II, *La Nation*, vol. 1, pp. 89-184) e sublinhei as forças de resistência à inovação diante das pressões das Luzes e da Revolução no momento das sagrações de Luís XVI (1775), de Carlos X (1825) e da sagração frustrada de Luís XVIII (entre 1815 e 1824).

[16]Ver *infra*, pp. 517-518.

[17]D. O'CONNELL, *Les Propos de Saint Louis, op. cit.*, p. 187.

*Símbolo da autoridade judiciária do rei sobre as pessoas e sobre os bens, era uma mão esculpida em marfim com os dedos erguidos e encaixada na extremidade de um bastão de madeira. Há uma conhecida miniatura do século XIV em que São Luís aparece carregando a mão de justiça, obrigatoriamente na mão esquerda, e o cetro (com a flor de lis) na direita. O original está nos Arquivos Nacionais franceses. (*N. do T.*)

SÃO LUÍS

371

associada à imagem de São Luís, desde que se soube de sua vida. Pode-se considerar que essa é direta ou indiretamente sua contribuição pessoal à imagística real, expressa pela sagração (e pelo sinete) e por ela difundida, e anotada no *ordo* da sagração como em um programa de "Espelho dos Príncipes". Pode-se também pensar que esse reinado é aquele em que os *ordines* da sagração dos reis de França refletem mais plenamente do que antes as características essenciais da monarquia francesa e testemunham que com ele a construção da religião real atingiu quase seu ponto mais alto.[18]

Se a coleção dos "Espelhos dos Príncipes" concernentes de perto ou de longe a São Luís ficasse nisso, o santo rei se apagaria quase que completamente por trás das generalidades dos "Espelhos dos Príncipes".

Os Ensinamentos *ao filho e à filha*

Mas São Luís, fato excepcional,[19] compôs ele próprio um "Espelho dos Príncipes": são seus *Ensinamentos* que redigiu para o filho Filipe, o futuro Filipe III, que lhe sucederá diante de Túnis, quando de sua morte. Lendas e pouca clareza envolvem esse texto ou, talvez, esses textos, porque São Luís duplicou esses *Ensinamentos* com outros, destinados a sua filha Isabel, rainha de Navarra. Romanticamente pretendeu-se que o rei os tinha ditado em Cartago em seu leito de morte. Com toda a certeza é uma fábula. A data da composição foi, ao contrário, dada como precoce: os *Ensinamentos* teriam sido compostos desde 1267, no dia seguinte da decisão sobre a cruzada. O mais verossímil é datá-los de 1270, pouco antes da partida para a Tunísia. Por outro lado, alguns avançaram que São Luís não os teria ditado a um escriba, mas que, dado seu caráter íntimo, ele próprio os teria escrito. Isso seria contrário ao hábito dos leigos, incluídos aí e até principalmente os leigos importantes. Mas, como está fora de dúvida que São Luís sabia escrever e que esses textos são de natureza muito pessoal (São Luís pede a Isabel para não mostrar os *Ensinamentos* que compôs para ela a ninguém sem a sua permissão, salvo a seu irmão, Filipe), pode-se acreditar quando ele diz à filha que "escreveu com a própria mão esses ensinamentos" e se pode supor que fez o mesmo quanto aos ensinamentos dedicados ao filho, mesmo que a Filipe não tenha pedido segredo. O futuro rei torna-se uma pessoa pública enquanto a rainha de Navarra permanece uma pessoa privada. Mais importante é o pro-

---

[18]Ver *infra*, pp. 738-739.

[19]Robert Folz comparou pertinentemente os *Ensinamentos* de São Luís aos de Santo Estêvão, primeiro rei cristão da Hungria, nos primeiros anos do século XI, precedente único.

blema dos manuscritos desses textos que foram conservados. Não são autógrafos e não datam de um período muito próximo daquele em que foram compostos. Seus textos foram integrados no fim das *Vidas* de São Luís de Guillaume de Chartres, de Guillaume de Saint-Pathus, de Guillaume de Nangis e de Joinville. Sem dúvida, os *Ensinamentos* foram catalogados como peças da documentação do processo de canonização. A versão dada por Joinville foi considerada a melhor até o momento em que o medievalista americano David O'Connell, a partir de traduções latinas, reconstitui o texto original.[20] Claro, esse texto é que é preciso tomar como autêntico, exprimindo as ideias de São Luís. Falta-nos um estudo, difícil, sobre os manuscritos que os textos manipulados nos legaram. Mas se pode pensar que as versões diferentes, as adições especialmente, representam o ponto de vista de pessoas que conheceram São Luís ou recolheram suas declarações em boa fonte e que, ao lado de modificações destinadas a servir os interesses de tal ou qual meio, sobretudo eclesiástico, "ensinamentos" verdadeiros de São Luís foram acrescentados, como, por exemplo, sua recomendação para cuidar das "boas cidades".[21]

São Luís exprime primeiramente — e o tema retorna no texto — sua afeição pela sua família e sublinha os laços afetivos que devem existir entre pais e filhos. Fala de sua "amizade de pai" (parágrafo 1), deseja "de todo coração" que seu filho "aprenda bem" (22), incentiva-o também a "amar e honrar" sua mãe e a seguir-lhe os "bons ensinamentos" e os "bons conselhos" (21), dá-lhe toda bênção que um pai pode e deve dar a um filho (31). O primeiro ensinamento, vê-se, põe em valor a célula primordial fundada sobre a afeição e o respeito da família restrita aos pais e aos filhos. Mas essas recomendações quase falam por si. A verdadeira lição vem em outro ponto. Nenhuma afeição terrestre deve ultrapassar o amor do bem e o senso do dever: "Mas estejas atento para que, por maior que seja o amor, não descuides de fazer o bem, nem faças o que não devas." São Luís se lembra sem dúvida das declarações de Branca de Castela afirmando que preferiria ver seu filho morto do que em estado de pecado mortal e repete o que, segundo Joinville, ele próprio disse ao filho mais velho Luís durante uma doença grave: "Querido filho, peço que tu te faças amar pelo povo do teu reino; porque em verdade eu preferiria que um escocês viesse da Escócia e governasse o povo do reino bem e lealmente do que se tu o governasses mal aos olhos de todos."[22]

---

[20]D. O'CONNELL, *The Teachings of Saint Louis, op. cit.*, texto francês em D. O'CONNELL, *Les Propos de Saint Louis, op. cit.*, pp. 29 a 55.

[21]Ver *infra*, p. 588.

[22]JOINVILLE, *Histoire de Saint Louis*, pp. 11-13.

Assim, toda ligação terrestre deve se apagar diante do amor de Deus e dos valores que dele procedem.

Mas sente-se Luís sensível à estima e à confiança que o filho tem nele, pois o motivo final que o levou a decidir escrever esse texto para o filho é este: "Ouvi muitas vezes dizeres que guardarias mais o que eu disser do que o que disser qualquer outro." Seu carisma se exerce primeiro através das palavras e porque ele gosta de "ensinar"; e porque ser bem ensinado, como ele próprio o foi, é essencial; ensinar é mesmo uma satisfação incomparável, mais ainda quando se trata de fazê-lo a um futuro rei, o filho e sucessor natural depois da morte do mais velho. Filipe é um discípulo privilegiado. Mas nada é válido sem a virtude essencial, a fé: "Ama a Deus de todo o teu coração e de todo o teu poder", e seu corolário, detestar o pecado, que é antes de tudo ofensa pessoal a Deus. Nesse mundo feudal em que as relações pessoais têm mais importância que tudo, pecar é "desagradar" a Deus, e para Luís, como para sua mãe, o pecado mortal consciente é tão tenebroso que imaginá-lo destrava a imaginação mais excessiva: "Deves ter essa vontade [...] que antes de cometer conscientemente um pecado mortal, melhor seria que te fossem cortadas as pernas e os braços e que te fosse tirada a vida pelo martírio mais cruel." A Joinville ele já tinha dito:

"Ora, pergunto-vos — disse — se gostaríeis mais de ser leproso ou de ter feito um pecado mortal." E eu, que jamais lhe menti, respondi-lhe que preferiria ter feito trinta deles do que ser leproso. Quando os frades partiram ele me chamou particularmente, fez-me sentar a seus pés e me disse: "Como você me disse aquilo ontem?" E eu lhe disse que ainda o dizia. Disse-me ele: "Falastes como um basbaque apressado [um estouvado que fala sem refletir] e como um louco; porque deveis saber que não há lepra tão feia como estar em pecado mortal, porque a alma que está em pecado mortal é semelhante ao diabo: eis por que não pode haver lepra tão feia."

"E é bem verdade que, quando o homem morre, está ferido pela lepra do corpo; mas quando o homem que comete pecado mortal morre, não sabe nem é certo que tenha tido na vida arrependimento suficiente para que Deus o perdoasse: eis por que muito deve temer que essa lepra lhe dure tanto tempo quanto Deus estará no paraíso. De modo que vos peço, disse, com toda a força que tenho, que habitueis vosso coração para o amor de Deus e de mim digo que gostaria mais que todo mal adviesse a vosso corpo pela lepra e qualquer outra doença do que se o pecado mortal viesse para vossa alma."

A fé se transformando em fidelidade pessoal no sentido de Deus, convém agradecer-lhe sempre, mesmo que ele envie provações ("perseguição, doença ou outro sofrimento"), "porque é preciso compreender que ele o faz por teu bem". E é preciso refletir sobre o fato de que foram merecidas essas punições, porque o motivo delas é que "se amou pouco e pouco se serviu" a Deus e que se fizeram "muitas coisas contra a sua vontade". Ainda aqui, Luís pensa em si próprio e em suas provações na cruzada. E o rei sofredor meditou sobre as causas dessas infelicidades e as encontrou em suas insuficiências e a partir daí procurou se emendar. Com mais forte razão deve-se mostrar reconhecimento a Deus se dele se recebem benefícios ("prosperidade, saúde do corpo ou outra coisa") e, para evitar a infelicidade, é preciso não cometer falhas e, em particular, para todo cristão, mais ainda para um rei, não cair no pecado feudal por excelência, o "orgulho". Entre as guerras injustas, a mais grave é aquela que consiste em combater os dons de Deus, "guerrear Nosso Senhor com seus dons".

Eis agora os ensinamentos de devoção. O primeiro é a prática da confissão frequente (que não acompanha a da comunhão frequente). Desde o quarto concílio de Latrão (1215), a confissão fundada sobre o reconhecimento* está no centro da devoção cristã e reforça o controle da Igreja sobre a sociedade cristã. A escolha do confessor nesse contexto é essencial — sobretudo para um rei.[23] É assim que surgem essas personagens que vão assumir importância tão grande, os confessores reais: no tempo do absolutismo, na medida de sua coragem, representarão um dos raros poderes a contrabalançar a onipotência do príncipe. São Luís, que acredita na necessidade e no benefício da instrução, recomenda ao filho escolher confessores "que sejam não somente piedosos, mas também suficientemente bem instruídos". E o cristão poderoso, o rei mais que qualquer outro, deve permitir ao confessor, para que ele seja eficiente, que não lhe poupe repreensões, o que se deve esperar também dos amigos. "Quem ama bem castiga bem": o cristianismo retomou o adágio antigo. Um confessor cortesão e timorato é uma infelicidade para seu penitente. O confessor, para além de sua função religiosa e oficial, deve ser um amigo e pode, como todo amigo "leal", fiel, escutando-o, dar ao penitente que tem o "espírito atormentado" o remédio de apaziguá--lo. Toda uma concepção quase sagrada da palavra se revela aí.[24] Para um confessor e para um

---

*"Reconhecimento" (*aveu*) é um conceito que — é preciso estar atento a isso — tem na Idade Média uma força incomparavelmente maior do que hoje. Basta lembrar, no sistema feudal, *l'aveu* do vassalo a seu senhor: o reconhecimento sincero e absoluto de uma pessoa de que alguém é seu senhor, de que pertence a outra pessoa, por assim dizer. De que está sob domínio total e inelutável de outra pessoa e de que tudo tem de ser assim mesmo. (*N. do T.*)

[23] Groupe de la Bussière, *Pratiques de la confession*, Paris, 1983.

[24] Carla CASAGRANDE, Silvana VECCHIO, *Les Péchés de la langue. Discipline et éthique de la parole dans la culture médiévale*, trad. fr., Paris, 1991.

SÃO LUÍS

amigo leal se pode confiar um "segredo". A intensificação da confissão (e do reconhecimento) cria ou, pelo menos, amplia um espaço do segredo confessado, mas não pode forçar a fortaleza do inefável:[25] "a não ser, claro, que se trate de uma coisa de que possas falar." Desse modo, no coração dos cristãos do século XIII, organiza-se um espaço do segredo que desemboca numa dialética do inefável e do reconheci-mento.

Depois da confissão vem, em ordem de importância, a assistência à missa e a oração. É bom ouvir missa frequentemente. São Luís achou, nessa devoção, um terrível concorrente no rei da Inglaterra Henrique III que, por ocasião das negociações do tratado de Paris em 1259, chegava várias vezes atrasado às sessões porque entrava para ouvir missa em todas as igrejas que encontrava pelo caminho.[26] Conseguiu assim agastar São Luís. A construção eclesial é, no século XIII, um lugar de sociabilidade onde o ouvir missa fervoroso é bombardeado por numerosas distrações. Luís recomenda a seu filho evitá-las: "Quando estiveres na igreja, guarda-te de perder tempo e de falar vãs palavras." A oração na missa deve ser muito contrita, seja oral ou interior (pela boca ou pelo pensamento). No século XIII, começa, parece, a prática da leitura silenciosa que revoluciona o hábito tradicional da leitura em voz alta.[27] A oração, mais ainda, se aprofunda no silêncio, ocupa o espaço interior do indivíduo.[28] Mas há um momento em que a tensão interna do cristão na missa é extrema. É o momento da consagração e da elevação da hóstia: "e especialmente esteja mais recolhido e mais atento à oração quando o corpo de Nosso Senhor Jesus Cristo estiver presente na missa e assim permaneça ainda durante um pequeno tempo". O século XIII é um período de atenção ao corpo. O primeiro corpo dignificado é o do Cristo encarnado na hóstia.[29] Nesse século eucarístico, a liturgia, os gestos da missa mudam para se ordenar em torno da eucaristia, da eucaristia presente e visível.[30]

---

[25]Jacques CHIFFOLEAU, "Dire l'indicible. Remarques sur la catégorie du *nefandum* du XIIe au XVe siècle", *Annales*. E.S.C., 1990, pp. 289-324.

[26]Esse caminho, do palácio onde estava hospedado na ponta sul da Cité ao palácio real, parece-nos curto, mas as igrejas eram muito numerosas na Île de la Cité no século XIII.

[27]P. SAENGER, "Silent Reading: Its Impact on Late Medieval Script and Society", Viator, 13, 1982, pp. 367-414; ID. "Prier de bouche et prier de coeur", em *Les Usages de l'imprimé*, Roger CHARTIER (ed.), Paris, 1987, pp. 191-227.

[28]Ver *infra*, pp. 678 e 685 e Nicole BÉRIOU, Jacques BERLIOZ et Jean LONGÈRE, (ed.), *Prier au Moyen Âge*, Turnhout, 1991; C.U.E.R.M.A. *La Prière au Moyen Âge, Senefiance*, nº 10, Aix-en-Provence, 1991.

[29]A. PARAVICINI-BAGLIANI, *Il corpo del papa, op. cit.* (*supra*, p. 245, nº 98).

[30]Jean-Claude SCHMITT, "Entre le texte et l'image: les gestes de la prière de saint Dominique", em *Persons in Groups. Behaviour as Identity Formation in Medieval and Renaissance Europe*, Nova York, 1985, pp. 195-214; ID., *La Raison des gestes dans l'Occident médiéval*, Paris, 1990; Miri RUBIN, *Corpus Christi. The Eucharist in Late Medieval Culture*, Cambridge, 1991; Pierre Marie GY, *La Liturgie dans l'histoire*, Paris, 1990 (especialmente sobre a festa de *Corpus Christi*).

Depois de ter pedido ao filho que procurasse a companhia dos bons e fugisse da dos maus, que amasse o bem e odiasse o mal — o que está de acordo com a mentalidade fundamentalmente maniqueísta da Idade Média —, o rei volta à palavra, uma de suas obsessões,[31] e ao combate necessário contra a "má palavra": a incitação ao pecado, a maledicência e, sobretudo, a blasfêmia. São Luís a essa altura está animado por um tal ardor que recomenda ao filho, para o caso em que o culpado não dependa da justiça real, mas da justiça eclesiástica ou de uma justiça senhorial, que o mande perseguir pelo responsável da justiça competente. E define a esse propósito quem são, a seus olhos, as pessoas sagradas contra quem a "má palavra" significa blasfêmia. São Deus, Nossa Senhora — o que nada tem de surpreendente, pois desde o século XI o fulgurante impulso no Ocidente do culto marial fez da Virgem quase uma quarta pessoa da Santíssima Trindade —, mas também, mais inesperado, os santos. Aqui como em outros domínios, São Luís é um maximalista, um extremista de algumas devoções e, no caso presente, um campeão da repressão moral.

Os artigos seguintes destinam-se mais particularmente ao futuro rei. Compõem um pequeno "Espelho dos Príncipes" dentro do maior que o conjunto dos Ensinamentos constitui.

O primeiro preceito é ser digno do dom de Deus, da eleição divina que a função real representa, mais particularmente na França, por causa da unção da sagração, que deve ser aplicada com um óleo milagroso.[32] A "bondade em todas as coisas" que disso deve resultar não se contentará em ser uma realidade para o rei, mas vai se mostrar e se fazer "evidente". A moral real de São Luís quer acrescentar a aparência à existência. O rei deve ser um símbolo vivo, visível e manifesto para seus súditos. A realidade sagrada se exprime às vezes no registro do secreto, do oculto, pela ausência, pelo trono vazio ou a cortina dian-te do trono. Mas a realeza de Luís, em conformidade com as novas teorias e os costumes políticos, é sobretudo uma realeza que se mostra, que se exibirá ao máximo.[33]

A primeira virtude do rei é a justiça. Luís insiste nisso e valoriza o caso em que o rei estaria enfrentando um adversário na justiça. O rei não deve influenciar o conselho que só deverá se pronunciar com base na verdade. Aqui, ainda uma vez, os ideais, os valores estão acima de qualquer pessoa humana, por mais poderosa

---

[31]Jacques LE GOFF, "Saint Louis et la parole royale", em *Le Nombre du temps. En hommage à Paul Zumthor*, Paris, 1988, pp. 127-136; ver *infra*, pp. 528 e segs.

[32]São Luís não diz, mas é claro que pensa, falando da "unção com a qual os reis de França são sagrados", na santa âmbula contendo o óleo de batismo de Clóvis milagrosamente trazido pelo Espírito Santo. É sob São Luís que a santa âmbula assume definitivamente o lugar essencial na primeira parte da sagração real. Ver *infra*, p. 738.

[33]Ver *infra*, pp. 618-620.

SÃO LUÍS

ou mais amada que ela seja (parágrafo 17). São Luís trabalhou para reforçar o poder real, mas o manteve longe do absolutismo no qual cairão finalmente os reis de França.[34] Não só a verdade (e a lei destinada a fazê-la respeitar) está acima do rei, mas o rei deve aceitar as decisões dos organismos estabelecidos para ditar a justiça, aqueles "membros do [seu] conselho" que constituem o Parlamento que ele acaba de criar.

Uma outra obsessão de São Luís aparece sobretudo a partir de 1247: o remorso político, porque a política é negócio de moralidade. O rei deve reparar todo erro feito a seus súditos, em particular toda a apropriação injusta, "de terras ou de dinheiro". Tal foi o objeto dos inquéritos que tão diligentemente empreendeu. Um dos grandes cuidados da Igreja, no século XIII, é obrigar os mercadores e usurários ou seus herdeiros a restituir benefícios ilícitos, juros proibidos. Numerosos são os manuais que tratam dessas restituições e os testamentos que exprimem, pelo desejo de restituição, o remorso dos beneficiários de aquisições abusivas. Mais rara e mais difícil ainda de conseguir é a restituição desse bem fundamental, a terra. E São Luís sabe bem que essa palavra "devolver" que recomenda ao filho é dura de pronunciar, pois designa uma ação ainda mais dura de se consumar. Mas ele a disse a seus parentes mais próximos, como Joinville o ouviu dizer.[35] Define a seguir a atitude a tomar em relação à Igreja, aos clérigos e aos religiosos.

Pode-se perguntar se não há uma nota de ironia — sabemos por Joinville que São Luís era capaz disso — nos conselhos que o rei dá quanto às pessoas da Santa Igreja referindo-se a uma palavra de seu avô Filipe Augusto. Membros de seu conselho foram observar-lhe "que os clérigos lhe faziam grande mal e que se perguntava com espanto como ele suportava isso", e Filipe Augusto respondeu que bem o sabia, mas que em razão do respeito a Nosso Senhor não queria que se chegasse a um "escândalo entre mim e a Santa Igreja". Não pensa Luís numa outra observação de Filipe Augusto ensinando ao filho, pai dele, Luís, que era necessário, por interesse, permanecer sempre em boas relações com as pessoas da Igreja?[36] Entre essas pessoas, é preciso amar os religiosos — monges e frades — mais do que os outros, quer dizer, os seculares. Porque por aqueles é "que Nosso Senhor é mais honrado e servido". É preciso, então, "socorrê-los voluntariamente" em suas necessidades.

---

[34]Jacques KRYNEN acredita em uma marcha, senão deliberada, pelo menos constante, ou quase, da monarquia francesa medieval para o absolutismo; cf. seu belo livro *L'Empire du roi. Idées et croyances politiques en France, XIII*e *-XV*e *siècles*, Paris, 1993.

[35]JOINVILLE, *Vie de Saint Louis*, pp. 18-19, ver *infra*, p. 762.

[36]Ver *infra*, pp. 602 e 626.

Enfim, o rei deve se mostrar muito atento na prática dos direitos que detém em matéria eclesiástica, isto é, a colação de certos benefícios (São Luís tinha sido muito prudente na delegação desses direitos durante suas cruzadas). Só deve conferi-los a "pessoas boas" e privilegiar os clérigos sem prebendas, em lugar de acumular esses benefícios todos sobre as mesmas cabeças: conselhos ditados por seu senso de justiça e sua atenção para com a pobreza. Por serem os problemas não poucas vezes muito "espinhosos", como no caso há pouco citado das restituições, Luís recomenda ao filho recorrer nessas matérias a um conselho de magistrados. Ainda uma vez tem-se aqui um tema essencial dos "Espelhos dos Príncipes" cristãos. O rei deve consultar, escolher bons conselheiros e escutá-los.

Esse conjunto de recomendações é coroado pelo ensinamento de ser "devotado à Igreja de Roma e a nosso santo padre o papa" para com o qual é preciso "manter respeito e honra como tu o deves a teu pai espiritual". Na prática, já foi visto e ver-se-á mais adiante o que se deve pensar disso.[37]

Uma das partes mais originais desses ensinamentos é aquela consagrada à guerra e à paz. É um verdadeiro pequeno tratado sobre a guerra justa e a injusta, também uma das obsessões da Cristandade dos séculos XII e XIII[38] e de São Luís pessoalmente. A guerra é fundamentalmente má, porque nela fatalmente se cometem "pecados" e "os pobres" nela são quase inelutavelmente as vítimas. Também Luís recomenda constranger o adversário (não apenas não fala de inimigo, mas emprega apenas a palavra "malfeitor", porque a guerra para ele só pode ser uma operação de justiça), não devastando sua terra segundo o costume da época, que lesa principalmente "os pobres", mas "tomando suas possessões, suas cidades ou seus castelos por força de sítio". É preciso cuidar para poupar igrejas e pobres. E, antes de declarar guerra, deve-se tomar um grande número de precauções: garantir-se com bons conselhos (para saber se se deve ou não declará-la), estar seguro de que "a causa é totalmente sensata", ter esgotado os esforços para convencer o "malfeitor" e tê-lo "bem advertido" e, por fim, ter "esperado bastante". A guerra é a pior coisa que pode acontecer para um rei.

Essa moralização da guerra é completada por uma segunda etapa da paixão de Luís pela paz, a pacificação dos conflitos existentes, sobretudo se abrangem gente "da terra" do rei ou alguns de seus vassalos, de "seus homens". E o rei que, pouco antes, tinha dado um *exemplum* referindo-se a seu pai, propõe um aqui

---

[37]Ver *supra*, pp. 109-112, e *infra*, pp. 570-616.

[38]Philippe CONTAMINE, *La Guerre au Moyen Âge*, Paris, 3ª ed., 1912 (capítulo X, "La guerre: aspects juridiques, éthiques et religieux", pp. 419-477); F. H. RUSSELL, *The Just War in the Middle Age*, Cambridge, 1975.

SÃO LUÍS

no qual intervém São Martinho. O santo, no momento em que sabia por Nosso Senhor que ia morrer, promoveu a paz entre os clérigos de seu arcebispado e lhe pareceu, fazendo-o, que dava bom fim a sua vida".[39] E Luís sublinha que se trata de "um grandíssimo exemplo".

Essa ação pela justiça não deve ser empreendida só contra a guerra e em tempo de guerra, mas também no tempo dito "de paz". Requer cuidados particulares: a supervisão dos oficiais reais, a purgação dos pecados do reino, uma gestão justa e parcimoniosa dos dinheiros reais.

O rei é responsável pelos homens que nomeou e dos quais faz seus representantes ou seus funcionários domésticos. Deve cuidar para ter bons prepostos, bons membros de seu *hôtel*, quer dizer, de sua casa. Chamados a fazer reinar a justiça, eles próprios têm de ser justos. A purgação dos pecados tem como objetivo principal os pecados que São Luís perseguiu depois que voltou da Terra Santa: "os juramentos vergonhosos e tudo aquilo que se diz ou se faz contra Deus ou Nossa Senhora ou os santos: pecados de corpo, jogos de dados, tavernas ou outros pecados". É preciso "abatê-los". Quanto aos "hereges e outras pessoas ruins da terra" — pensa certamente nos usurários caorsinos e lombardos e nos judeus —, também é preciso purgá-los, mas neste caso destruindo-os, caçando-os. O essencial é essa purgação, essa purificação, não a repressão física. Mesmo os blasfemadores serão, já o vimos, severamente punidos. Enfim, esse rei que foi acusado e que se acusa ainda hoje de ter, para suas cruzadas, dilapidado o tesouro acumulado pelo avô Filipe Augusto convida os filhos a só dar "bom uso" ao dinheiro "e que esse dinheiro seja recebido justamente". Pede mesmo a Filipe que tenha o "sentido" da economia, que evite as "despesas frívolas", as "percepções (impostos) injustas" e para "cobrar com justiça e empregar bem" o dinheiro real.

Uma frase resume todo esse programa moral e político: "Faze o bem a todo o povo." É o programa de governo de São Luís desde sempre e mais ainda depois de 1254.

Alguns conceitos, algumas obsessões podem resumir a visão que São Luís tem de estruturas e de pessoas essenciais para a ação de um homem, mais particularmente de um rei.

Em primeiro lugar, a oposição complementar entre o *coração* e o *corpo* que reencontramos em diversas passagens, duplamente interessante porque une uma atenção ao corpo, ao qual os homens da Idade Média na maioria das vezes mani-

---

[39] SULPÍCIO SEVERO, *Vie de saint Martin*, XI, 2, ed. e trad. fr. de Jacques Fontaine, Paris, t. I, 1967, pp. 336-339.

festaram desprezo, a uma localização do espiritual no *coração*, elevado a tão grande dignidade no fim da Idade Média. Por aí se revelam uma nova fascinação pelo sangue e a invasão da espiritualidade pela afeição.

A oposição que se segue é a tradicional entre clérigos e leigos. Mas agora se apresenta com duas características originais ligadas, também elas, às novas correntes do século XIII: a preferência que se passou a dar, entre os sacerdotes, aos religiosos e mais ainda aos novos frades mendicantes do que aos monges, mas também a frequente referência aos leigos. O rei, do qual se dizia estar exclusivamente nas mãos dos dominicanos e dos franciscanos, recomenda ao filho que se aconselhe tanto com os "bons" leigos como com os "bons" religiosos.

É a dupla "boca" e "pensamento", que sublinha a importância da palavra, nesse século de "nova palavra", mas que lembra a necessária ligação entre o que se diz e o que se pensa. A palavra não deve ter autonomia, deve ser submetida ao pensamento, o que se diz deve vir do coração e da razão, deve traduzir fielmente o coração e a razão.[40]

A dupla recomendação de assistir aos sermões e cumprir as práticas religiosas "na intimidade" exprime a complementaridade da devoção pública e oral e da piedade privada e muda. A expressão homologa a um tempo o impulso da pregação e a construção de uma esfera do privado que caracterizam ambos o século XIII.

Enfim, entre as pessoas que devem merecer muito especialmente a atenção do futuro rei, há, além da gente da Igreja e dos religiosos, os pobres de um lado — os irmãos sofredores do cristão —, os ancestrais de outro, sendo São Luís particularmente sensível ao pensamento voltado para os mortos da família, pensamento aristocrático e de casta, e sobretudo pensamento real e dinástico.

Os ensinamentos a sua filha Isabel retomam no essencial, muitas vezes mesmo palavra a palavra, os que o rei deixou para o filho. Sem dúvida toda a parte propriamente "Espelho dos Príncipes", no que se refere ao príncipe e ao governo, desapareceu, mas encontramos de novo a fé, o ódio ao pecado mortal, a importância da confissão, da missa e da oração, a paciência diante do sofrimento, a rejeição ao orgulho, a piedade para com os infelizes e os pobres, a escolha de um "bom" círculo de amizades. Só alguns ensinamentos são adaptados à condição feminina. De acordo com o que se pensa na época, Luís acredita na necessidade de ensinar tanto às filhas como aos filhos, às mulheres e aos homens. Como recomenda ao filho economia em matéria de dinheiro, indica para a filha a modéstia no vestir e

---

[40] J. LE GOFF e J.-Cl. SCHMITT, "Au XIIIe siècle: une parole nouvelle", artigo citado (*supra*, p. 60, n. 47), pp. 257-280.

no enfeitar-se: "Não tenhais* grande acúmulo de roupas ao mesmo tempo nem de joias", "não consagreis nunca muito tempo nem muito estudo a vos enfeitardes e a vos retocardes", "não vades ao extremo com seus adereços e inclinai-vos antes pelo mínimo do que pelo máximo". Resta dizer que a mulher foi criada para obedecer ao homem: "Obedecei humildemente a seu marido, a seu pai e a sua mãe segundo os mandamentos de Deus; devei fazer-lhes a vontade pelo amor que tendes a eles e sobretudo por amor a Nosso Senhor que ordenou essas coisas assim como convém." Mas, assim como a Filipe, ensina-lhe que nenhuma afeição terrestre deve prevalecer sobre o cumprimento da justiça e do dever desejados por Deus: "Contra Deus, não devais obedecer a ninguém." A sujeição da filha aos pais e da mulher ao marido tem como limite a obediência a Deus e aos valores dados por ele aos homens.

Por fim, a devoção feminina em relação a Deus deve ser alguma coisa mais extrema, mais absoluta do que a de um homem. Para "agradar a Nosso Senhor", "tende em vós um desejo que jamais vos deixe". Escrevendo para Isabel, Luís fala mais do amor de Deus do que dissera a Filipe sobre esse assunto: "A medida pela qual devemos amá-lo é amá-lo sem medida."

---

*Note-se que, ao contrário do tratamento mais íntimo dado ao filho, de 2ª pessoa do singular (veja pouco atrás, neste mesmo subtítulo, "como tu o deves a teu pai espiritual" e "faze o bem") , São Luís trata a filha mais cerimoniosamente, na 2ª do plural. (*N. do T.*)

VII

O REI DOS
CRONISTAS ESTRANGEIROS

A cultura do século XIII é antes de tudo cristã, europeia. A consciência coletiva, o sentimento de identidade ocidental se fundam sobre a vinculação à Cristandade. Esse sentimento ainda é mais forte em alguém que participe das instituições e da cultura comuns. Os clérigos pensam em geral em termos de Cristandade. A Cristandade é seu horizonte, ainda são crônicas universais que eles escrevem mais frequentemente.[1] Ora, São Luís se impõe duplamente aos autores dessas crônicas, inicialmente por ser uma personagem primeira da Cristandade, depois porque sua imagem de piedade excepcional muito cedo se propagou. Os dois principais cronistas estrangeiros quase contemporâneos de São Luís — não franceses, mas cristãos — falaram dele, mas seus testemunhos se distinguem claramente um do outro. Na *Crônica* (*Chronica majora*) do beneditino inglês Mateus Paris, se o rei aparece como uma das personagens de total primeiro plano, porque o autor redigiu verdadeiramente uma crônica da Cristandade, ocupa o lugar que teve na história: é um rei como os outros, simplesmente mais piedoso do que eles, e se Mateus ouviu falar muito dele por pessoas que o conheceram um pouco mais ou um pouco menos, ele próprio parece que nunca o encontrou pessoalmente. A atmosfera também é aquela de uma Cristandade tradicional, em que o papa e o Imperador, os reis, os grandes, a sociedade feudal do norte da Europa ocupam a vanguarda da cena. Muito diferente é a *Crônica* de frei Salimbene de Parma. Trata-se da obra de um

---

[1] B. Guenée, *Histoire et culture historique dans l'Occident médiéval, op. cit.* (*supra* p. 35, nº 1), pp. 20-22: "L' espace et le temps".

SÃO LUÍS

franciscano, que conhecia novas fórmulas de religiosidade cristã, repartindo sua existência entre temporadas nos conventos urbanos e temporadas itinerantes, mais cuidadoso de contar o que viu e ouviu, quase como em um diário pessoal ou como Memórias, não como uma história geral da Cristandade. É um homem que se banha na cultura meridional, essencialmente italiana e urbana. Fala pouco de São Luís, mas esteve com ele uma vez e tirou desse breve encontro a mais comovedora visão que o século XIII nos deu do santo rei.

Mateus Paris, beneditino inglês

Mateus Paris passou quase toda a sua vida no mosteiro aristocrático de Saint Albans, no sul da Inglaterra, fundado por Ofa II, rei da Mércia, na segunda metade do século VIII.[2] Tomou o hábito monástico em 1217. Como, em geral, ninguém se tornava noviço beneditino com menos de 15 anos, deve ter nascido por volta de 1200. Fez um certo número de viagens pela Inglaterra, esteve sobretudo junto do rei Henrique III, em Londres (ficava então na abadia de Westminster), e parece ter cumprido uma única missão no exterior. Em 1247, o rei da Noruega Haakon IV obteve do papa uma bula pela qual se enviava Mateus para reformar a abadia de Saint Benet Holm, na ilha de Nidarholm, perto de Bergen, que passava por graves dificuldades com os financistas ("usurários") caorsinos. Mateus foi também portador de uma mensagem de Luís IX para Haakon pedindo-lhe que se tornasse cruzado com ele. Ignora-se por que e como o rei de França confiou essa missão ao beneditino inglês. É o único contato, muito provavelmente indireto, que se conhece entre as duas personagens. Chegado a Bergen em junho de 1248, Mateus voltou da Noruega provavelmente no ano seguinte. Reinstalado em Saint Albans, lá estava sem dúvida em 1259.

A *Chronica majora* ("Grande crônica", em geral chamada simplesmente de *Crônica*) é a sua obra principal para a historiografia moderna. Mas as pessoas da Idade Média estavam mais interessadas em uma coletânea de pequenos casos históricos, as *Flores historiarum* ("Flores das histórias"), em suas obras biográficas, hagiográficas: a *Vida dos dois reis Ofa* e, em versos anglo-saxônicos, as quatro vidas de grandes santos "ingleses", Santo Albano, Santo Eduardo o Confessor, São Tomás Becket* e Santo Edmundo Rich, arcebispo

---

[2]Sobre Mateus Paris, ver R. VAUGHAN, *Matthew Paris*, Cambridge, 1958, 2ª ed., 1979.
*São Tomás de Cantuária, como é tratado no hagiológio católico, já o vimos. (*N. do T.*)

de Cantuária como o precedente, e, em grau menor, em sua "História dos Ingleses" (*Historia Anglorum*) e em obras consagradas a seu mosteiro. Algumas particularidades das obras de Mateus Paris e da sua tradição conferem a elas um caráter original: muitas foram conservadas em manuscritos autógrafos, algumas das quais ilustradas com desenhos de próprio punho do autor.[3] Para desfazer qualquer possível dúvida sobre seu nome, esclareçamos que Mateus Paris é um inglês e que o nome Paris era um patronímico muito comum na Inglaterra do século XIII que não supõe nem origem francesa nem que ele tenha frequentado a universidade de Paris. Mateus não teve nenhuma formação universitária.

A *Chronica majora*, na qual aparece São Luís, é a continuação da crônica de um predecessor de Mateus em Saint Albans, Roger Wendover, que a obra de Mateus copia muito de perto até 1236 para tornar-se original a partir dessa data.[4] Se é universal, tem entretanto como centro o mosteiro de Saint Albans, bom receptor de informações sobre a Cristandade, principalmente sobre a França e a Inglaterra, o papado e o Império. Mateus, porém, não submete as notícias que recebe a nenhuma verificação, a nenhum exame crítico, seus erros são frequentes (por exemplo, chama de Afonso — prenome frequente, é verdade, entre os reis de Castela — o rei Fernando III, que elogia muito), sua cronologia está muito sujeita a confirmação. É sobretudo um coletor e um anunciador de rumores, de conversas vazias. Não se vai procurar nele a verdade dos fatos, dos acontecimentos e das personagens, mas o eco daquilo que no seu tempo se espalha pela Cristandade.

Mateus se sente inglês, mas não gosta do rei da Inglaterra Henrique III (e ainda menos do pai dele, João Sem Terra, de má memória), ainda que pareça ter estado muito próximo dele. Chama-o sempre "o rei da Inglaterra" (*rex Anglia*), enquanto quase não cita Luís IX sem dotá-lo de um epíteto louvaminheiro. Tem consciência da superioridade dos clérigos, mas é um monge à antiga, não gosta dos frades mendicantes, esses inovadores. Detesta, afinal, toda inovação e, especialmente, toda taxação nova, todo imposto. Alimenta por isso a mais viva hostilidade ao papado cuja avidez fiscal não cessa então de crescer. É pessimista quanto ao mundo contemporâneo e sua evolução. No fim de cada ano, anota em sua crônica os acontecimentos marcantes do ano como fazem atualmente alguns jornais. Mas, no caso dele, são sobretudo sinais celestes, cometas, aparições de monstros, secas, inundações, colheitas ruins. Não tem concepção precisa

---

[3] M. R. JAMES, "The Drawings of Matthew Paris", *Walpole Society*, 14, 1925-1926.
[4] A crônica de Roger Wendover se intitula *Flores historiarum*, que não deve ser confundida com a obra do mesmo título de Mateus Paris.

da história, a não ser a afirmação da vontade de Deus, voltada sobretudo para punir os vícios dos homens. Alguns entretanto se lhe impõem, como o imperador Frederico II, cuja personalidade o fascina, ainda que veja nele um tirano. Seduzido pelas figuras fortes, deixa-se impressionar por tal ou qual príncipe oriental, ainda que muçulmano. Interessante é a maneira pela qual encara a oposição entre ocidentais e orientais (é nesses termos que os designa): uma certa imparcialidade, relativa, faz com que reconheça as qualidades de algum sultão muçulmano ou mesmo, entre os orientais, virtudes às vezes superiores às dos ocidentais cristãos. Junta-se por isso a São Luís, que rende homenagem, na ocasião, a seus adversários orientais, salvo no que se refere à devoção ao terrível Maomé. Mateus sabe observar, narrar e, coisa mais rara, como vimos, desenhar. É uma testemunha engajada, sem espírito crítico, sem uma visão mais alta, voltado para o passado, mas que sabe dar repercussão aos rumores e sabe refletir as imagens da Cristandade com talento.

Parece ter mudado de opinião quanto a São Luís e sua mãe que lhe é tão frequentemente associada, uma vez que Luís e Branca formam mesmo uma dupla — e considerava-se que a França foi governada pela dupla até a morte de Branca, no fim de 1252. Quando desaparece a mãe de São Luís, Mateus Paris aproveita a ocasião para prestar-lhe homenagem, para louvar como foi piedosa sua morte sob o hábito de monja em Maubuisson e para pintá-la nestes termos elogiosos: "Branca foi magnânima, mulher pelo sexo, mas máscula pelo caráter, uma nova Semíramis, uma bênção para o século, e deixou o reino da França inconsolável."[5] Sua vida não foi mais do que uma coleção de grandes dores: a morte prematura do marido Luís VIII, o cuidado do governo do reino, a saúde frágil do filho, a partida dele para a cruzada, seu cativeiro, a morte vergonhosa na cruzada de seu segundo filho, Roberto, o conde d'Artois, que empreendeu a fuga diante dos muçulmanos antes de ser morto, a doença incurável de seu terceiro filho, Afonso, que ficou paralítico, o boato, enfim, que lhe foi contado, de que seu filho mais velho, o rei Luís, queria passar o resto de seus dias na Terra Santa e lá morrer, trocando seu reino terrestre pelo reino dos Céus. É um método típico de Mateus Paris, louvar, pôr em evidência, insistindo muito, sem denegrir, sobre as infelicidades e as fraquezas. Não sem alguma perversidade, às vezes tem-se a impressão de que ele queria dar a entender de que se trata de punições para pecados inconfessados. Faz o mesmo com São Luís.

---

[5] MATEUS PARIS, *Chronica majora*, t. V, p. 354.

386   JACQUES LE GOFF

Mateus Paris se interessa pelo rei de França antes da primeira cruzada sobretudo em três domínios: as complicações políticas e militares de sua minoridade e de sua juventude, as manifestações de sua piedade na aquisição de relíquias insignes e as relações com o rei da Inglaterra. Diante do testemunho dos contemporâneos franceses, sua escolha nada tem de original. O jovem Luís IX parece a ele antes de tudo um rei fisicamente frágil, de compleição e de saúde. No ano de 1242, quando Luís tem 28 anos e uma epidemia sacode o exército francês depois da vitória de Taillebourg, anota os temores que essa fragilidade inspira: "O rei era com efeito jovem, tenro e frágil."[6] Deixa assim entrever a imagem que se tem de Luís na Cristandade. Reencontra-se esse medo persistente a respeito dos reis infantes.[7] Luís mal saiu da infância, é *iuvenis*. Sobre ele pesa a lembrança da morte prematura do pai, Luís VIII, com 39 anos: "Os franceses temiam terrivelmente perder seu rei, como tinham perdido de modo imprevisível seu pai Luís diante de Avignon."[8] Ora, o princípio da hereditariedade é particularmente forte entre os reis: tal pai, tal filho; para o destino como para o resto. Deus e a natureza que ele criou combinam seus esforços nesse sentido.

Até 1236, Mateus Paris, tributário de Roger Wendover, vê Luís nas mãos da mãe e não mostra quase nenhuma simpatia por Branca de Castela. Faz-se de bom grado eco das calúnias que o baronato francês espalha sobre Branca, que com essa conduta ainda iria agravar a fragilidade da minoridade real: "A alta nobreza acusava o conde[9] de traição e de lesa-majestade por ter matado, pelo amor da rainha, seu senhor, o rei Luís, no cerco de Avignon, envenenando-o, segundo diziam. E como essa nobreza tentou por diversas vezes complicar as coisas para o conde através de um duelo judiciário,[10] a rainha, que se ocupava de todos os negócios do reino por causa da simplicidade e da idade pueril do rei, recusou-se a escutá-los. Por isso, renunciando a sua fidelidade para com o rei e a rainha, puseram-se a devastar o reino dos francos pela guerra. Indignavam--se na verdade por ter como dama e senhor uma mulher que, ao que se dizia, era maculada pelo esperma tanto do conde como do legado e que transgredia

---

[6]Ibid., t. IV, p. 225: "*Erat namque rex juvenis, tener et delicatus.*"

[7]Ver *supra*, pp. 83 e segs.

[8]É um dos numerosos erros de Mateus Paris. Viu-se que Luís VIII morreu em Montpensier, Auvergne, e não no cerco de Avignon. O erro é mais impressionante porque o inconsequente beneditino esquece que acreditou que Luís VIII foi envenenado pelo conde de Champagne: esse gênero de morte dificilmente pode ser hereditário.

[9]Thibaud de Champagne apresentado como seu amante.

[10]O "julgamento de Deus". [Sobre duelo judiciário, ver única *NT* do subtítulo *No fim de um avanço*, da Primeira Parte.]

os limites do pudor da viuvez."[11] Eis de parte da dupla monástica Roger Wendover e Mateus Paris uma explicação que lhes parece séria dos problemas que marcaram a minoridade de São Luís.

A propósito dos negócios da Bretanha, acusa o jovem rei de dissimular a verdade sobre os direitos do rei da Inglaterra "seguindo mais o conselho de uma mulher [Branca de Castela] do que a lei da justiça".[12] Em 1236, os dois cronistas ingleses mencionam novos problemas e uma nova insurreição dos nobres franceses: "Indignavam-se de fato que o reino dos reinos, a França,[13] fosse governado pelos desígnios de uma mulher."[14] Por ocasião de um encontro dos príncipes cristãos convocados pelo imperador Frederico II em Vaucouleurs, Mateus diz ainda que o rei de França "deu um mau exemplo amedrontador e pernicioso para os outros, vindo com um exército completo para uma reunião de paz", enquanto que o rei da Inglaterra, dando desculpas justas por sua ausência, contentou-se em enviar seu irmão Ricardo de Cornualha e alguns nobres, sob a conduta do arcebispo de York e do bispo de Ely, para dar um ar de pacificação à conferência.[15] O tom muda a partir de 1239-1240[16] com a aquisição das relíquias da paixão e a construção da Sainte-Chapelle para abrigá-las, ato altamente louvável. Mateus admira também a resposta do rei a sua mãe[17] sobre os tártaros[18] e faz o elogio das "palavras nobres e louváveis que fortificaram a coragem não só da nobreza francesa, mas dos habitantes das fronteiras".[19]

Sobre a guerra franco-inglesa de 1242, Mateus mantém a balança relativamente equilibrada entre os dois reis. Em 1241, entretanto, quando Luís investiu seu irmão Afonso no condado de Poitiers que seu pai Luís VIII lhe tinha destinado como apanágio, Mateus protesta vivamente contra a injustiça cometida pelo rei de França com o irmão do rei da Inglaterra, Ricardo de Cornualha, a quem, segundo os ingleses, cabia de direito o condado, que lhes tinha sido injustamente arrebatado pela corte dos pares franceses e por

---

[11]MATEUS PARIS, *Chronica majora*, t. II, p. 196.

[12]*Ibid.*, p. 325.

[13]O texto latino diz: *regnum regnorum, scilicet Gallia* ["o reino dos reinos, a saber, a França"], o que mostra o prestígio da França na Cristandade. *Gallia* era empregado para designar a França, *Francia* designava habitualmente, então, o coração da França, que no fim da Idade Média chamar-se-á "Île-de-France".

[14]MATEUS PARIS, *Chronica majora*, t. II, p. 366.

[15]*Ibid.*, p. 393.

[16]É também o momento em que sua crônica não depende mais da de Roger Wendover.

[17]Branca de Castela tornou-se, em 1241, *venerabilis ac Deo dilecta matrona* ("uma matrona venerável e amada por Deus")!

[18]Ver *supra*, p. 137.

[19]MATEUS PARIS, *Chronica majora*, t. IV, p. 112.

Filipe Augusto — depois por seu filho Luís VIII. Diz-se então do rei de França que "seguiu o conselho daqueles que odiavam o reino da Inglaterra".[20] Quando estoura a guerra interna e Henrique III veio apoiar, contra São Luís, os grandes vassalos, Hugues de la Marche e Raimond de Toulouse, revoltados com o rei de França, Mateus ficou indignado com a atitude de Luís que mandou prender os mercadores ingleses que estavam em território francês e embargou-lhes as mercadorias. Por esse ato de extorsão, "cometeu enorme aberração quanto à antiga dignidade da França; o país, na verdade, ofereceu tradicionalmente asilo seguro e proteção a todos os refugiados, e exilados, sobretudo aos pacíficos, acolhendo-os em seu regaço para defendê--los, de onde a origem do nome de França na língua do país".[21] Esse monge inglês tem perfeita consciência de que a Inglaterra já é um país de comércio, no qual os mercadores têm peso.

O que completa, contudo, o que se pode chamar de a conversão de Mateus a Luís, é que, antes mesmo da abertura das hostilidades, Luís teria reconhecido os direitos do rei da Inglaterra sobre suas antigas possessões na França e teria anunciado sua intenção de lhe devolver a província de Poitou e uma grande parte da Normandia.[22] Essa afirmação daqui para a frente voltará como um *leitmotiv* na *Crônica* de Mateus Paris e Luís será "aquele que vai devolver, que vai restituir". Será verdade? A esta altura, nada permite pensar que sim, e é quase certo que o rei de França jamais pensou em devolver ao rei da Inglaterra a Normandia conquistada por seu avô Filipe Augusto. O que parece mesmo é que, quando Luís, segundo Mateus Paris, viu que era insuperável a hostilida-de de seus barões quanto a essa restituição, usou isso mais como um pretexto, como uma "astúcia", por trás da qual se abrigou, do que como uma realidade. Luís era bem capaz disso. Mas permanece perturbador constatar que — não a respeito da Normandia e de Poitou, mas quanto a outros territórios do Oeste e do Sudoeste francês — é isso que ele fará quando do tratado de 1259, apesar da oposição declarada de uma parte de seus barões e de seus conselheiros.[23] De tal modo que se pode supor que Mateus não apenas tomou os desejos de Luís como realidades, mas que os rumores de uma atitude conciliadora de São Luís quanto às antigas possessões inglesas na França correram bem antes de 1259. É preciso acrescentar a referência, que será de fato muito importante para Luís, a

---

[20] *Ibid.*, p. 137.

[21] *Ibid.*, p. 198. *Francus*, "franco", "livre".

[22] *Ibid.*, pp. 203-204.

[23] Ver *supra*, pp. 233 e segs. e *infra*, pp. 728.

SÃO LUÍS

seu parentesco com o rei da Inglaterra que ele chama de *consanguineus*, se bem que fossem só concunhados, casados com duas irmãs. Mateus Paris renova-lhe os louvores quando, na véspera de partir para a cruzada de 1247, Luís nomeia os inquiridores para proceder a eventuais restituições de taxações e de apropriações reais indevidas. No caso das restituições territoriais, é seu "patriotismo" de inglês que se alegra. No caso dos inquéritos, alegra-se por sua hostilidade a qualquer taxação, sobretudo real (feudal ou "pública"), e porque também o irrita a extensão da intervenção dos oficiais do rei em um reino.

O cronista está definitivamente conquistado por São Luís quando ele se cruza. Totalmente imbuído da espiritualidade feudal tradicional, mesmo que não tenha ilusão sobre os defeitos dos grandes, Mateus Paris é um devoto da cruzada. Só deplora que São Luís, para realizá-la, tenha obtido do papa a cobrança de um pesado imposto atingindo sobretudo o clero. Dá como exemplo contrário um senhor feudal inglês que, para se cruzar, vendeu suas terras e seus bens. Essa extorsão de fundos para a cruzada é, afinal, aos olhos de Mateus, a causa e a explicação da derrota de São Luís: "O rei de França deu um exemplo pernicioso arrancando de seu reino uma quantidade infinita de dinheiro que, por punição de Deus, esteve longe de aproveitar para realizar sua cruzada. Veremos em seguida os frutos que recolheu disso."[24] Em compensação, louva-o grandemente por ter tentado, antes de partir, restabelecer em seu reino a boa moeda. O próprio rei da Inglaterra tinha mandado procurar com cuidado os "falsos moedeiros" (*falsarii*) que aparavam as peças de moedas até seu círculo interior, fazendo desaparecer ou danificando o círculo exterior com as inscrições. Decretara que só as peças com o peso legal (*pondus legitimum*) e de forma perfeitamente circular teriam curso daquele momento em diante, e mandara punir os judeus, os caorsinos e alguns mercadores flamengos culpados desses crimes. Luís seguiu esse exemplo com mais severidade: "Meu senhor o rei de França ordenou que também fossem procurados esses criminosos em seu reino e que fossem pendurados ao vento no patíbulo."[25]

Não se repetem, em outras passagens, as medidas citadas por Mateus Paris em 1248, mas elas concordam com o que sabemos da conduta de Luís nos últimos anos de seu reinado: esforço para sanear a situação monetária e medidas contra os usurários e manipuladores de moedas. Ainda aqui, um longo pensamento do rei e do reinado, uma imagem cedo formada por São

---

[24] *Ibid.*, t. V, p. 102. Para uma lista das extorsões de São Luís na França para a cruzada: *ibid.*, t. V, pp. 171-172.
[25] *Ibid.*, p. 16.

Luís: a moeda restabelece a moral, o rei tem o dever de fazer circular uma "boa" moeda e os homens do dinheiro — judeus e usurários à frente de todos — são odiosos.

Mateus Paris louva também o rei de França por sua atitude em uma curiosa ocasião surgida quando de sua viagem de Paris a Aigues-Mortes, rumo ao embarque para a cruzada em 1248. Luís passou pela abadia cisterciense de Pontigny-en-Bourgogne para nela honrar o corpo de Santo Edmundo Rich (ou antes Santo Edmundo de Abingdon), antigo arcebispo de Cantuária, canonizado em 1246. Para agradar o rei e também, diz bizarramente Mateus Paris, para diminuir a afluência dos peregrinos que os perturbavam, ou por cobiça, os cistercienses cortaram um braço do santo e quiseram dá-lo como presente ao rei de França. Como monge negro, o beneditino Mateus Paris aproveita para falar mal dos concorrentes, os monges brancos: "Assim multiplicou-se a vergonha dos monges de Pontigny — que digo? de todos os cistercienses, e muitos se lamentaram que um corpo tão venerável repousasse em uma igreja dos cistercienses, uma vez que os corpos dos santos são conservados tão piedosamente nas igrejas dos monges da ordem Negra. Ó temerária presunção! O que Deus tinha conservado intacto e incorrupto,[26] o homem ousou mutilar.[27] A caminho da cruzada, o piedoso rei de França, a quem se ofereceu uma parte do corpo, respondeu: 'Praza a Deus que não seja retalhado para mim o que Deus conservou intacto.' Ó falta de fé! O que o Senhor tinha conservado incorrupto e belo, os próprios monges, que se esforçaram para perfumar e melhorar o estado desse corpo por essa unção, fazem, assim, com que a cor da carne volte a se tornar terrestre. Desse modo é justo que o Senhor em cólera de agora em diante só raramente realize nesse lugar os milagres que antes aí se repetiam. Assim, aos olhos dos grandes da corte, dos prelados e dos clérigos se deteriora a ordem venerável dos cistercienses. E, além da reputação da ordem, esse comportamento aparece como um triste presságio para toda a Cristandade." Texto espantoso se se pensa no fracionamento que sofreram o corpo de São Luís à sua morte e seu esqueleto depois da canonização,[28] texto precursor se se pensa no sentimento que inspirarão os cadáveres e o corpo humano em seguida e que esse sentimento irá crescendo até o fim do século; texto notável pela luz que lança

---

[26]Sabe-se que os homens da Idade Média acreditavam na incorruptibilidade do corpo dos santos assim como no bom "cheiro de santidade" que deviam espalhar. Era mesmo um dos critérios de reconhecimento da santidade.

[27]Em 1297, ano da canonização de São Luís, o papa Bonifácio VIII, pela bula *Detestande feritatis*, proíbe o desmembramento de cadáveres (E. A. R. BROWN, "Death and Human Body in the Later Middle Ages", artigo citado, *supra*, p. 275, nº 11); A. PARAVICINI-BAGLIANI, *Il Corpo del Papa, op. cit. (supra*, p. 245).

[28]Ver *supra*, pp. 267-268.

SÃO LUÍS

391

sobre a mentalidade do beneditino, sempre em busca de presságios na história e que conseguiu anunciar a derrota futura da cruzada glorificando São Luís e vilipendiando os cistercienses...

Depois disso, Luís recebeu do beneditino inglês dois louvores sob a forma de epítetos: o primeiro é *christianissimus*, "cristianíssimo". Quer dizer, ele é o mais cristão dos reis cristãos. Mateus reconhece essa preeminência da monarquia francesa devida à unção da sagração de Reims completada com o óleo milagroso do batismo de Clóvis, o primeiro rei católico. Já o havia reconhecido com expressões tais como *regnum regnorum*, "o reino dos reinos" para falar da França[29] ou com a aceitação da superioridade de Saint-Denis na Cristandade. Por ocasião da difícil eleição do papa em 1243, os franceses pressionam os cardeais a não tardarem em eleger um pontífice. Mateus Paris justifica essa atitude "por seu antigo privilégio, outorgado por São Clemente a São Dionísio, concedendo a Dionísio o apostolado sobre todos os ocidentais".[30] Quando, a caminho da cruzada, São Luís encontrou em Lyon o papa Inocêncio IV, Mateus, com uma evidente aprovação, manda dizer ao rei de França que condene a intransigência do papa a respeito de Frederico II, porque ele põe em perigo o sucesso da cruzada: "A França, a França,[31] guarda-a como a pupila dos teus olhos, porque de seu estado depende a tua prosperidade e a de toda a Cristandade."[32]

Mateus chama uma outra vez Luís de *rex magnanimus*[33] e, sobretudo, lembrando ainda uma vez sua preeminência sobre os reis terrestres, chama-o de "sucessor do invencível Carlos Magno",[34] insinuando talvez, com sua habitual perversidade, o contraste entre o ancestral vitorioso e o descendente vencido, mas reconhecendo a pretensão reivindicada desde Luís VIII pelos reis de França de descenderem de Carlos Magno.[35] Consagração suprema, é na boca de um sultão que ele põe o mais belo elogio a São Luís. Aos muçulmanos, que o criticavam por estar prestes a soltar o rei contra resgate em vez de matá-lo, o sultão teria respondido: "Amigos, sabei que de todos os cristãos esse é o mais nobre [...] eu não ousei matar com veneno uma pessoa tão digna."[36] Luís é o primeiro dos cristãos porque alia a posição preeminente do rei de França na Cristandade a qualidades pessoais excepcionais.

---

[29]Ver *supra*, pp. 387-388

[30]*Chronica majora*, *op. cit.*, t. IV, p. 249: "apostolatum super gentem Occidentalem."

[31]O texto traz Francia: a palavra toma pouco a pouco o lugar de Gallia para designar a França toda.

[32]*Chronica majora*, *op. cit.*, t. V, p. 23.

[33]*Ibid.*, t. V, p. 239.

[34]*Ibid.*, t. V, p. 307.

[35]Ver *supra*, pp. 76-77.

[36]*Ibid.*, t. V, p. 202.

Mas se a cruzada confirma a melhora definitiva da imagem do rei de França aos olhos de Mateus Paris, a que ele tem dos franceses, negativa, só piora. O grande defeito dos franceses, para ele, é o orgulho, a jactância, a *superbia* que se exprime grosseira e indecentemente. Jactância de mata-mouros que a realidade da cruzada veio cruelmente desmentir.[37]

A encarnação do francês odioso é o irmão nascido logo depois de São Luís, Roberto, conde d'Artois, que teria acrescentado à desonra a presunção, pois foi ele que, desobedecendo ao irmão, lançou-se inconsequentemente ao ataque contra os sarracenos, depois, fracassando, teria fugido e provocado a derrota da cruzada. Mateus o mostra "fanfarronando e jurando indecentemente à maneira dos franceses".[38] Há coisa pior. Ao contato com os muçulmanos, a fé em muitos dos cruzados franceses dissolveu-se. Mateus Paris lembra numerosas defecções de cruzados que se passaram para o inimigo, traição facilitada pela tolerância dos muçulmanos à qual involuntariamente rende homenagem.

> Numerosos cristãos [o contexto mostra que se trata essencialmente de franceses], na época de infelicidade tão grande, saíram clandestinamente dos acampamentos e da cidade e foram engrossar as fileiras inimigas graças à brandura das condições dos sarracenos e resistiram eficazmente aos nossos. Os sarracenos os acolheram e, felicitando-os, alimentaram esses famintos. E é verdade que muitos cristãos, graças à "tolerância" dos sarracenos,[39] puderam conservar sua religião.[40]

Muitos cruzados teriam mesmo dito: "De que nos servem nossa devoção, as preces dos religiosos, as esmolas de nossos amigos? Não é a lei de Maomé melhor do que a lei de Cristo?"[41]

Sublinhando a comparação que se impõe, segundo ele, com as infelicidades da cruzada, Mateus Paris anota que quase no mesmo momento, no ano seguinte, em 1251, semelhante reversão de interesse ocorreu na França. Sob o impacto do movimento dos pastorinhos, ao qual ele dá grande atenção,[42] muitos franceses, a começar pela rainha Branca de Castela, teriam sofrido um verdadeiro traumatismo e perdido a fé:

---

[37]*Ibid.*, t. V, p. 247: "na verdade, a jactância militar dos franceses desagradou a Deus" (*non enim complacuit Deo Francorum superbia militaris*).
[38]*Ibid.*, t. V, p. 151: "*more Gallico reboans et indecenter inhians.*"
[39]A palavra é explícita: "*ex Sarracenorum tolerantia.*"
[40]*Ibid.*, t. V, pp. 106-107.
[41]*Ibid.*, t. V, p. 108.
[42]Ver *supra*, pp. 178-180.

SÃO LUÍS

Homens sérios e de qualidade e prelados de grande senso diziam que nunca desde a época de Maomé houvera peste tão perigosa na Igreja do Cristo, surgida no momento em que, por causa da infelicidade sobrevinda ao rei de França, a fé no reino da França entrou a vacilar.[43]

Assim é Mateus Paris, que sopra alternativamente o calor e o frio. Ao mesmo tempo que o rei cruzado cresce em sua admiração e sua estima, ele insiste com uma complacência hipócrita, que dissimula mal uma satisfação discreta, sobre a humilhação de Luís.

Não se acha em nenhuma narrativa histórica que o rei de França tenha sido preso e vencido pelos infiéis, exceto no episódio em que os cristãos teriam tido ao menos algum motivo para respirar e evitar a vergonha, se o rei foi — ainda que sozinho — salvo da morte e da desonra mesmo que todos os outros tenham perecido. É por isso que Davi nos Salmos reza especialmente para que a pessoa real seja salva, porque dela depende a salvação de todo o exército, quando diz: "Deus salve o rei" (*Domine, salvum fac regem*).[44]

Todo o símbolo da pessoa real está aqui sublinhado. Para Mateus, Luís vencido e prisioneiro perdeu essa aura simbólica. De agora em diante ele é *rex ingloriosus*, o "rei sem glória".[45] Seu infortúnio implica o descrédito na França: "Então o nome do rei de França muito se deixa avíltar no reino da França tanto entre os nobres como entre o povo antes de tudo por ter sido tão vergonhosamente vencido pelos infiéis no Egito[46] [...]" Pode-se medir a seriedade de Mateus Paris nesse texto em que, entre numerosos outros, ele situa no mesmo plano a derrota da cruzada e o fato de que Luís vencido teria oferecido ao rei da Inglaterra devolver-lhe a Normandia e suas outras antigas possessões no continente. O beneditino vive de fantasias e são fantasias, mais que informações sérias, que veícula em sua *Crônica*. Não há só hipocrisia nisso que escreve sobre o rei vencido, o que há é que ele não chega a resolver esta aparente contradição: Luís deveria estar desonrado por sua derrota mas ela lhe vale mais prestígio. Para sair-se dessa, dá como um fato aquilo que imagina (mas é provável que São Luís tenha tido, de certa forma, esse sentido de humilhação e de remorso) e

---

[43] *Ibid.*, t. V, pp. 254.
[44] *Ibid.*, t. V, p. 158.
[45] *Ibid.*, t. V, p. 385: "*dominus rex Francorum tempore tribulationis in Terra Sancta inglorios.*"
[46] *Ibid.*, t. V, p. 280.

quer equilibrar a difamação do rei de França com seu elogio. Mateus não chega a compreender e explicar essa ambiguidade da imagem de São Luís vencido e entretanto aureolado em sua derrota. O monge vive sob a ideia feudal da vergonha de ter sido vencido e não pode vislumbrar a nova virtude da imitação do Cristo da Paixão.

O *rex ingloriosus* será o *rex tristis*, o rei triste. Depois de sua captura, teme-se que ele morra dessa tristeza.[47] Quando volta a ser livre, ainda fica em Acre: "O rei permanecerá em Acre, triste e inglório, jurando na extrema amargura de seu coração que não poderia nunca voltar à doce França nesse abatimento."[48] A razão disso é que sua humilhação pessoal foi a humilhação de toda a Cristandade. A um bispo que pretendia consolá-lo Luís respondeu: "Se eu tivesse de sofrer sozinho a vergonha e a adversidade e se meus pecados não recaíssem sobre a Igreja universal, eu os suportaria com uma alma despreocupada. Mas, ah!, é toda a Cristandade que mergulhei na confusão."[49] Para o resto da vida ele será, como se já estivesse em face da morte, o rei triste para sempre: "E como presa de uma dor prematura, antecipando miseravelmente o momento da morte, não pôde mais alegrar-se nem aceitar a consolação de respirar."[50] Sua única virtude, daí em diante, é a paciência (patientia), a força de "sofrer a adversidade em silêncio".[51] E vem a lembrança do impressionante retrato do rei triste, gemendo e chorando no caminho de volta de Hyères a Paris.[52]

Que São Luís tenha a partir daí acentuado suas práticas penitenciais é uma certeza, e um traço fundamental de sua vida é que a cruzada a cortou em dois. A renúncia definitiva de Luís a toda a alegria, porém, é uma fantasia de Mateus Paris que todas as fontes desmentem: não só Joinville, mas o próprio Mateus Paris, quando evoca o rei entre 1254 e 1259.

Para os monges de Saint-Denis e os frades mendicantes, homens da virada do século XII para o XIII, a imagem de São Luís oscila entre o simbolismo tipológico, o *aggiornamento** veterotestamentário de um novo Josias e a imitação moderna bem-sucedida de Jesus, do Cristo da Paixão. Para o beneditino inglês tradicional, o rei é uma nova encarnação do modelo da alta Idade Média do homem

---

[47]*Ibid.*, t. V, p. 160: *ne forte rex moreretur prae tristitia*. Lembremo-nos que dá ao filho nascido durante seu breve cativeiro o prenome de João Tristão. O menino morrerá diante de Túnis alguns dias antes do pai.

[48]*Ibid.*, t. V, p. 175.

[49]*Ibid.*, t. V, p. 466.

[50]*Ibid.*, t. V, p. 312.

[51]*Ibid.*, t. V, p. 203.

[52]Ver *supra*, p. 195.

*Em italiano no original, sem grifo. (*N. do T.*)

SÃO LUÍS

inteiramente fiel a Deus, mas esmagado por ele, Jó: "Pode-se verdadeiramente tomá-lo por um segundo Jó."[53]

Mateus encontra enfim um último prazer nessa imagem de um São Luís humilhado e prostrado. Vê nisso ocasião para dar uma lição suplementar a seu próprio rei, esse Henrique III a quem ele se submete e mesmo corteja, que deve aceitar como seu rei e dos ingleses, com o qual deve ser solidário, mas que despreza. Rei vencido, ele também, e precisamente por São Luís, não na cruzada, mas numa guerra para recuperar as possessões inglesas. Rei que não teve a coragem nem a piedade de se cruzar. Rei que não tiraniza menos seus nobres, clérigos e súditos, com seus métodos de governo e cobranças de taxas. Um anti-São Luís naquilo em que São Luís devia ser admirado e imitado, mas um São Luís, como exceção, precisamente por essa cobiça financeira que maculou a dignidade da cruzada: "O exemplo do rei de França que Deus vos dá como um espelho deveria aterrorizar-vos. Extorquindo dinheiro de seu reino, alimentou nossos inimigos sarracenos e sua derrota que atestou essa cobiça trouxe aos cristãos uma vergonha indelével."[54]

Depois da volta à França, Luís não interessa mais a Mateus Paris senão em três domínios: os negócios de Flandres, os problemas da universidade de Paris e, sobretudo, a melhoria das relações franco-inglesas.

Mateus Paris não faz qualquer menção da política de ordem moral decidida pelo rei a partir de 1254, a não ser pelas medidas contra os judeus. Em compensação, uma vez que eles interessam aos ingleses, estende-se sobre os negócios de Flandres porque vê nesse particular uma grave ameaça à monarquia francesa[55] e a causa principal da volta de Luís da Terra Santa: perspectiva falsa, ou pelo menos muito redutora, porque o anúncio da morte da mãe e a ausência de fortes personalidades para dirigir o reino durante a minoridade do herdeiro é que decidiram a volta de Luís à França. Falando da condessa Marguerite, Mateus dá livre curso a sua misoginia: "A coroa da França balança por causa do orgulho de uma mulher, a condessa de Flandres."[56]

Na disputa entre mestres seculares e mestres regulares mendicantes na universidade de Paris, em 1255, na qual o rei Luís se põe ao lado dos mendicantes e aceita ser o braço secular do papado contra o chefe dos mestres seculares, Guillaume

---

[53] *Chronica majora*, t. V, p. 331.

[54] *Ibid.*, t. V, p. 239; é a propósito de um incidente em que mostra sua aceitação dos golpes de Deus: *ut secundus Job vere posset censeri*. O bispo que quer consolar Luís na volta da cruzada (ver *supra*, p. 195) também lhe dá Jó como exemplo, o que não consola de todo o rei, cuja espiritualidade é diferente, mais moderna.

[55] Ver *supra*, pp. 227-229.

[56] *Chronica majora*, t. V, p. 433: *"per superbiam muliebrem."*

de Saint-Amour,[57] o cronista inglês atribui, ao contrário, a Luís, tanto detesta dominicanos, franciscanos e o papa que os apoia, o desejo de apoiar os mestres seculares e a autonomia (a "liberdade") da Universidade: "Se bem que o rei de França deseje salvar a liberdade dos mestres e estudantes da Universidade assim como os cidadãos de Paris", os frades pregadores agem de modo mais calculado fazendo-se servidores do papa.[58]

Porém o que mais importa a Mateus Paris é a melhoria das relações entre os reis de França e Inglaterra.[59] Mateus conhece um primeiro episódio essencialmente simbólico e sentimental de 1254. Henrique III veio para transferir o corpo da mãe para a necrópole real dos Plantageneta na abadia de Fontevrault, em Anjou, e meditar diante do corpo de Santo Edmundo Rich, em Pontigny, que, nessa ocasião, parece ter reencontrado seu poder de intercessão milagrosa e curado o rei da Inglaterra doente. Depois, Henrique querendo voltar à Inglaterra atravessando o que então era a França propriamente dita, Luís apressa-se a autorizá-lo e, sublinhando seus laços familiares, convida-o a ser seu hóspede em Paris e a participar no palácio de uma reunião familiar das quatro irmãs da Provença, suas esposas Margarida, rainha da França, e Eleonora, rainha da Inglaterra, e as irmãs delas, Sanchie, esposa do conde Ricardo de Cornualha, irmão de Henrique III, e Beatriz, esposa do conde Carlos d'Anjou, irmão de São Luís. Para que a festa fosse completa, São Luís convidou até a sogra, a mãe das quatro princesas, a condessa viúva da velha aristocracia da Provença. Luís foi ao encontro de Henrique em Chartres e, quando o viu, precipitou-se para beijá-lo (*ruit in oscula*) e tudo foram "abraços e saudações mútuas e conversas afáveis entre eles".

Chegados a Paris, os dois reis visitam a cidade e aí tomam repetidamente banhos de multidão ("multidões compactas se aglomeravam fazendo fila e se precipitavam num empurra-empurra para ver o rei da Inglaterra em Paris"),[60] porque a monarquia, no meio do século XIII, dá-se gostosamente a ver.

Luís propõe a Henrique escolher onde ficar: ou em seu próprio palácio real, no coração da cidade, ou, além dos muros de seu avô Filipe Augusto, na vasta residência dos Templários. Acompanhado de numeroso séquito e de uma verdadeira tropa de cavalos, o rei da Inglaterra escolhe o velho Templo. Em companhia de seu anfitrião, visita Paris como turista, admira a Sainte-Chapelle, o bairro de

---

[57]Ver *infra*, p. 525.
[58]*Chronica majora*, t. V, pp. 506-507.
[59]Ver *supra*, pp. 251 e segs.
[60]*Chronica majora*, t. V, p. 481.

SÃO LUÍS

Grève, as pontes e, sobretudo, as casas de Paris bem construídas em gipsita, tendo três quartos e até quatro apartamentos ou mais. Em suas janelas se debruça uma infinita multidão de homens e mulheres cheios de curiosidade.[61]

Henrique fica oito dias em Paris. Uma noite, ele dá na grande sala do Templo o mais esplêndido banquete de todos os tempos, um banquete como nunca se viu nem na corte de Assuero,* nem na de Artur, nem na de Carlos Magno.[62] A etiqueta é rigorosa, entre comensais tão ilustres, duques, bispos, barões, dezoito condessas com as rainhas-irmãs. Luís quer dar a Henrique o lugar de honra, mas o rei da Inglaterra insiste: "Não, meu senhor rei, deveis estar mais decente e dignamente sentado, vós sois e sereis meu Senhor." Luís se resigna e Mateus Paris aprova essa hierarquia: "No centro, meu senhor o rei de França que é o rei dos reis terrestres por causa de sua unção celeste, de seu poderio e de sua superioridade militar; à sua direita meu senhor o rei da Inglaterra, à sua esquerda meu senhor o rei de Navarra."[63]

Ao fim da refeição, Luís impôs ao rei da Inglaterra que fosse dormir naquela noite em seu palácio. O rei de França, que parece ter esquecido sua tristeza, disse, espirituoso (*jocose dicens*), parodiando o Evangelho de Mateus: "Deixa estar por enquanto, convém assim cumprir 'facécia' (*facetiam*) e 'justiça' (*iustitia*)."[64] E acrescentou rindo: "Sou senhor e rei em meu reino. Quero que todos me obedeçam." E o rei da Inglaterra aquiesceu.[65]

Os reis aproveitam esse encontro para conversas íntimas. São Luís reafirma na ocasião seu vivo desejo de devolver ao rei da Inglaterra seus territórios na França, sem exclusão da Normandia, mas fala também da posição totalmente contrária de seus barões. Confidencia a seu novo amigo que sofreu grande amargura com a derrota na cruzada, mas que se recompôs, agora que recolhera aquilo "em seu coração" e que "se alegrava mais com o sofrimento — *patientia*

---

[61]*Ibid.*, t. V, pp. 478-479.

*Rei persa (chamado Xerxes pelos gregos) de formidável poder e reino riquíssimo que se casou com a judia Ester. Como está na Bíblia (Livro de Ester), a rainha convenceu o rei a sustar um morticínio programado do povo judeu.(*N. do T.*)

[62]*Ibid.*, t. V, p. 479.

[63]*Ibid.*, t. V, pp. 480-481.

[64]O texto de Mateus Paris é a resposta de Jesus a João Batista que quer ser batizado por Jesus e não o inverso: "sine modo, sic enim dicet omnem adimplere justitiam [...]" (Mateus 3, 15). Luís, como *rex facetus* [*N. do T.* "rei faceto", isto é, alegre, chistoso, brincalhão], insere *facetiam* que dá, sobretudo no contexto, um sentido divertido, de paródia, à frase muito séria de Jesus.

[65]*Chronica majora*, t. V, p. 481. Volto com mais detalhes a esse festim na Terceira Parte, pp. 564-566. Uma outra festa é organizada pelos universitários, entre os quais os mestres e estudantes ingleses são numerosos. Suspendem eles seus cursos para fazer procissões em trajes de festa, cantar levando ramos e flores, coroas na cabeça e tocando diversos instrumentos de música. A festa dura dois dias e uma noite por toda Paris, maravilhosamente enfeitada e iluminada. É a mais bela festa de que jamais se ouviu falar na França (*ibid.*, t. V, p. 477).

— que a graça de Deus lhe tem enviado do que se o mundo inteiro lhe fosse submisso".[66]

A partir de 1258, o diálogo é entabulado seriamente. São Luís parece decidido a impor sua vontade aos seus barões e a devolver os territórios usurpados ao rei da Inglaterra. Mas do lado deste é que agora há obstáculos. Quando Mateus Paris anota o ponto mais recente das negociações franco-inglesas, em 1259, provavelmente pouco tempo antes de morrer, é a condessa de Leicester, a mulher de Simon de Monfort, que se está opondo à assinatura do tratado de paz.[67] Sem dúvida alguma Mateus não terá tomado conhecimento da assinatura do tratado de Paris, não terá tido a satisfação de saber que algumas terras da França seriam devolvidas ao rei da Inglaterra nem a decepção de ver que Luís conservou a Normandia para a França. No fundo, qualquer que tenha sido a forte impressão que Luís IX exerceu sobre ele, Mateus Paris nele viu sobretudo um exemplo (em geral positivo, mas também negativo, e quanto a um ponto importante, o da taxação) a propor ao rei da Inglaterra. Nesse folhetim seletivo da vida de Luís IX, a escolha dos episódios, a interpretação da personagem, as lições tiradas das historietas antes exprimem as ideias de um beneditino inglês do que traduzem o esforço de um historiador imparcial. Mateus Paris parece, falando de Luís IX, pensar mais em Henrique III.

Salimbene de Parma, *franciscano italiano*

O franciscano Fra* Salimbene de Parma é o autor de uma crônica em latim da qual a parte conservada vai de 1168 a 1287, pouco antes de sua morte, ocorrida provavelmente em 1288. Pertence ao gênero da crônica universal, mas conta principalmente, a partir de 1229, os acontecimentos de que Salimbene foi contemporâneo e que testemunhou ou recolheu por ouvir dizer de uma fonte bem informada. Seu campo de interesse cobre sobretudo as regiões onde viveu ou que visitou: a Itália urbana do Norte e do Centro, a França onde cumpriu duas viagens. Seu ponto de vista fundamental é o da ordem franciscana a que pertence.[68]

---

[66] *Ibid.*, t. V, p. 482.
[67] *Ibid.*, t. V, p. 745.
*Em italiano no original, sem grifo.(*N. do T.*)
[68] SALIMBENE DE ADAM, *Cronica*, nova ed. citada G. Scalia, 2 vol.

SÃO LUÍS

Salimbene nasceu a 9 de outubro de 1221 numa família de ricos burgueses de Parma. Ficou fortemente impressionado na juventude pelo movimento político-religioso da reforma das comunas na Itália do Norte, o *Alleluia*, que agitava as multidões urbanas à convocação de alguns dominicanos e franciscanos em 1233: uma espécie de Maio de 68 medieval.[69] Com 16 anos, decidiu entrar para a Ordem dos Frades Menores. Apesar da violenta reação contrária do pai, Guido de Adam, no modelo da ruptura entre São Francisco de Assis e o próprio pai, entrou para o convento franciscano de Parma em 4 de fevereiro de 1238. Faz parte daqueles frades do primeiro meio século da ordem que não tinham pouso fixo, iam de um convento a outro. Cumpre o noviciado em Fano, passa dois anos em Lucca, dois em Sena, quatro em Pisa, antes de receber autorização para pregar, em 1248, e de ser ordenado padre em Gênova em 1249. Faz duas longas viagens pela França, em 1247-1248, depois em 1249. Passa em seguida pelos conventos de Gênova, Bolonha, Ferrara e Reggio, diz ter passado cinco anos em Faenza, cinco em Imola e cinco em Ravena. É provavelmente no convento de Montefalcone, na Emília, que morre em 1286.

Seu editor, Giuseppe Scalia, dele diz que é "consciente de seu valor, de inspiração guelfa* e de tendências aristocráticas". Interessa-nos por duas razões. Foi durante muito tempo um adepto das ideias joaquinistas: até 1260, diz ele, até o movimento dos Flagelantes,** do qual participa, mas que o inquieta e o leva a romper com os discípulos do abade calabrês, então numerosos na ordem franciscana. Salimbene nos ajuda a compreender melhor a atração que, na minha opinião, essas ideias exerceram sobre São Luís.[70] Foi muito ligado ao franciscano joaquinista Hugues de Digne, que o rei encontrou em Hyères em 1254, ao voltar da cruzada, e que tentou em vão atrair para sua corte parisiense. Conversou por muito tempo em Provins, na França, e em Mântua, na Lombardia, em 1253, com outro grande joaquinista, Gerardo da Borgo San Donnino, que publica em Paris, em 1254, uma *Introdução ao Evangelho Eterno de Gioacchino da Fiore*, que se

---

[69]Narrativa na *Cronica*, op. cit., vol. 1, p. 99 e segs. Ver o excelente estudo de A. VAUCHEZ, "Une campagne de pacification en Lombardie autour de 1233", artigo citado (supra, p. 65, nº 65).

*Ver, uns poucos parágrafos adiante, a explicação para o adjetivo. (*N. do T.*)

**Grupo de fanáticos que se açoitavam publicamente. O movimento persistiu até o século XIV. (*N. do T.*)

[70]Ver *supra*, pp. 191-194. Sobre as ideias de Gioacchino, ver H. MOTTU, *La Manifestation de l'Esprit selon Joachim de Fiore, op. cit.* (*supra*, p. 62, nº 54); D. C. WEST (ed.), *Joachim of Fiore in Christian Thought*, Nova York, 1957. Sobre o profetismo no século XIII: Marjorie REEVES, *The Influence of Prophecy in the Later Middle Ages. A Study in Joachimism*, Oxford, 1969. Sobre o milenarismo: Bernhard TÖPFER, *Das Kommende Reich des Friedens*, Berlim, 1964; Ernst BENZ, *Ecclesia Spiritualis. Kirchenidee und Geschichtstheologie der Franziskanischen Reformation*, Stuttgart, 1934. J. LE GOFF, *s. v.* "Millénarisme", artigo citado (*supra*, p. 62, nº 54).

vendia no adro de Notre-Dame, mas que foi proibido pelo papado e pela ordem franciscana. Gerardo foi preso e preso ficou pelo resto de seus dias, privado de livros, de amigos e dos sacramentos.

A segunda razão do nosso interesse é que Frei Salimbene esteve duas vezes em presença do rei: São Luís vivo, em 1248, no capítulo geral dos franciscanos, em Sens, quando o rei parte para sua primeira cruzada; depois, o rei já morto, em 1271, quando o féretro contendo os restos mortais passa por Reggio nell'Emilia, onde São Luís morto faz seu primeiro milagre oficial. A descrição do encontro de 1248 é um documento extraordinário e as outras breves notícias que dizem respeito a Luís na *Cronica* nos dão uma imagem do rei visto por um religioso muito diferente de Mateus Paris e, na verdade, um pouco deslocado cronologicamente em relação ao santo rei. Mateus é de quinze a vinte anos mais velho que Luís e morreu onze anos antes dele; Salimbene tinha sete anos a menos e morreu dezoito anos depois dele.

Um era beneditino, outro, franciscano; um inglês, outro italiano; o primeiro jamais se encontrou com ele, o segundo o viu. Mateus escreveu de um convento tradicional e viveu em uma sociedade feudal tradicional; Salimbene saiu do borbulhante mundo comunal, passando de um convento a outro; Mateus escreveu sua crônica fora de todo contexto intelectual, apesar de algumas alusões à universidade de Paris; Salimbene participa de grandes disputas em torno do joaquinismo, recheio mesmo de sua crônica, e o próprio Luís viveu parcialmente nesses debates.

Salimbene chama quase sempre o rei de França de "São" Luís, se bem que tenha morrido uma dezena de anos antes da canonização. William Jordan anota a justo título que não se pode esquecer que "santo" (*sanctus*) no século XIII não era tratamento reservado a um santo oficialmente reconhecido, objeto de um culto por parte da Igreja, mas se aplicava a uma personagem que gozasse de reputação de santidade, e que Salimbene, perfeitamente a par do desenvolvimento do processo de canonização, com base nisso dá-lhe esse qualificativo por antecipação.[71] De modo igualmente habitual, confere-lhe o epíteto "de feliz memória", expressão que comumente designa uma personagem cujas boas recordações se gosta de lembrar. Fórmula tópica que tem a vantagem de evocar o papel dessas receitas de memorização na produção da imagem histórica de uma grande personagem.

---

[71] W. Ch. JORDAN, *Louis IX and the Challenge of the Crusade, op. cit.*, p. 182.

SÃO LUÍS

É com a cruzada que Luís aparece na *Cronica*. De tendência guelfa, portanto antes favorável ao partido imperial do que ao partido pontifical,* Salimbene acentua a resistência do rei de França ao papa Inocêncio IV, obsedado por seu conflito com o Imperador e que queria retardar a ida de Luís para a cruzada a fim de que o rei de França o ajudasse a repor Frederico II no caminho da razão. Depois da conversa entre Luís e o papa em Cluny, em 1245,[72] o rei se recusa a adiar sua partida para a cruzada em função do conflito entre Inocêncio IV e Frederico II. O franciscano insiste em seu empenho e sua teimosia: "O rei de França Luís se obstinava então a cumprir seu irrevogável projeto e se preparava com resolução e devoção para realizar até o fim sua travessia e para levar o mais rapidamente possível socorro à Terra Santa."[73]

E vejamos a famosa narrativa da chegada e da temporada em Sens do rei de França viajando como cruzado penitente para Aigues-Mortes e assistindo na passagem por lá ao capítulo geral dos franciscanos.

Salimbene, que está na França há muitos meses e que viajou no ano anterior pela região de Auxerre com um frade que pregava a cruzada do rei, está lá, em Sens. É uma testemunha ocular. E Salimbene sabe ver e contar.

> Como o rei de França tinha deixado Paris e vinha ao capítulo, quando se aproximou do convento todos os frades menores foram ao seu encontro para recebê-lo com honras. Frei Rigaud,[74] da ordem dos menores, titular de uma cátedra magistral em Paris e arcebispo de Rouen, saiu do convento revestido de ornamentos pontifícios e correu ao encontro do rei perguntando e dizendo: "Onde está o rei? Onde está o rei?" E eu o seguia. Porque, só e perdido, ele ia de mitra à cabeça e cajado pastoral à mão. Na verdade, ele tinha se atrasado, preparando-se tanto que os frades já tinham saído e esperavam aqui e ali na estrada, rosto voltado para a direção de onde o rei devia vir, desejando vê-lo chegar [...].[75]

---

*Essa explicação para guelfo(a) diverge de toda a classificação tradicional (p. ex., *Grand Larousse Encyclopédique*, ed. de 1962), segundo a qual formaram-se na Florença do século XIII dois partidos: os guelfos apoiando o papa e os gibelinos apoiando o Imperador. Se apoiava o Imperador, Salimbene teria, assim, ao contrário, tendências gibelinas. Mas, como vimos alguns parágrafos atrás, o próprio editor de Salimbene, Scalia, dá o franciscano como simpatizante dos guelfos ("de inspiração guelfa"). (*N. do T.*)

[72] SALIMBENE, *Cronica*, vol. I, p. 256.
[73] *Ibid.*, p. 304.
[74] Trata-se de Eudes Rigaud de quem já falei numerosas vezes, um amigo e conselheiro de São Luís.
[75] *Cronica*, p. 318.

E eis a aparição real:

> O rei era esguio e magro (*subtilis et gracilis*), de uma magreza harmoniosa e alta (*macilentus convenienter et longus*). Sua face era angélica e seus traços graciosos. E não vinha à igreja dos frades menores com pompa real, mas sob a aparência de um peregrino, o alforje no pescoço e o bordão, perfeitos ornamentos para os ombros reais. E não vinha a cavalo, mas a pé, e seus irmãos, três condes [...] seguiam-no com a mesma humildade e os mesmos trajes [...]. E o rei não se preocupava em ter um séquito de nobres, preferia estar acompanhado pelas preces e sufrágios dos pobres [...]. E, na verdade, dir-se-ia antes um monge, a devoção no coração, do que um cavaleiro armado para a guerra. Entrado na igreja dos frades, fez muito piedosamente uma genuflexão diante do altar e se pôs a rezar. Quando saiu da igreja e parou na soleira, eu estava ao lado dele. Ofereceu-se-lhe da parte do tesoureiro da igreja de Sens uma grande solha que lhe foi mostrada viva na água de uma bacia de madeira de pinho, que os toscanos chamam "bigonca", na qual se lavam ou banham os bebês de berço, porque na França a solha é um peixe caro e precioso. O rei agradeceu tanto ao entregador como ao doador. Depois disse em voz alta que só os cavaleiros deviam entrar na sala capitular, com exceção dos frades, aos quais queria falar.
>
> Quando nos reunimos no capítulo, o rei pôs-se a falar de suas empresas pedindo proteção para si, seus irmãos, a senhora rainha, sua mãe e toda sua comitiva e, dobrando piedosamente o joelho, pediu as preces e os sufrágios dos frades. Alguns frades da França que estavam ao meu lado, por devoção e piedade choravam como se estivessem inconsoláveis [...].[76]

O cardeal legado Eudes de Châteauroux que acompanha o rei à cruzada toma em seguida a palavra, depois o ministro geral dos franciscanos, João de Parma, faz o elogio do rei que, por sua humildade e generosidade, é a um tempo "o rei (*rex noster*), o senhor, o pai e o benfeitor dos frades aos quais tão bem falou. Não veio para lhes pedir ouro e prata ("porque graças a Deus quanto a isso seus cofres abundam" — interessante testemunho sobre a reputação de riqueza do rei de França), mas para solicitar-lhes suas preces e sufrágios. Faz o elogio da cruzada e do espírito de cruzado que os franciscanos franceses mostram mais do que os frades de outras províncias e decide pedir a todos os frades sacerdotes que rezem quatro missas para o rei e sua comitiva. E se o rei viesse a morrer, os frades deveriam aumentar o número dessas missas. Se o rei considera esses benefícios insuficientes, que diga, os frades obedecerão. Luís, encantado, agradece ao ministro geral e pede que as palavras de João de Parma sejam tomadas por escrito, e que

---

[76]*Ibid.*, pp. 319-320.

SÃO LUÍS

se aponha o sinete de ordem nesse escrito e que ele lhe fosse dado, o que foi feito. Luís é um homem de arquivos, para quem o escrito oficializado é o complemento e o cumprimento necessário da palavra.[77]

Para festejar o acontecimento, o rei, apesar de sua humildade, oferece aos frades uma boa refeição, repartindo com eles o refeitório. No cardápio, cerejas e pão branquíssimo, e os franceses, segundo seu costume, regam abundantemente a refeição de vinho e forçam os frades reticentes a beber com eles. Depois, são favas frescas cozidas no leite, peixes e camarões de água doce, pastas de enguia, arroz com leite de amêndoa e pó de canela, enguias assadas com excelente tempero, tortas, queijos e frutas em abundância. E tudo isso servido com cortesia e gentileza.[78] Abstiveram-se de carne, mas foi um regabofe. Apesar de tudo, foi uma refeição real.

A devoção e a humildade de Luís são, em geral, contagiosas e suscitam emulação. Vimo-lo com Henrique III em Paris. Em Sens, foi o ministro geral dos franciscanos, João de Parma, que tomou suas distâncias em relação ao convívio real. Deserta da mesa real, fugindo desse grupo de nobres e de dignitários: três condes, um cardeal, um arcebispo, e vai comer numa outra mesa com os mais humildes.[79] Da mesma forma, no convento dos franciscanos de Auxerre, Salimbene viu com admiração o irmão mais jovem do rei, Carlos, conde de Provença, atrasar-se rezando na igreja, enquanto o rei o esperava pacientemente diante da porta.[80]

Salimbene, que tinha bicho-carpinteiro, conseguiu licença para seguir o rei de França até o Sul. Assim, testemunhou sua devoção. "O rei se desviava sem cessar da estrada principal (*strata publica*) para ir aos eremitérios dos frades menores e de outros religiosos, à direita e à esquerda, para recomendar-se a suas preces."[81] Em Auxerre, os franciscanos lhe ofereceram, assim como a seu séquito, cadeiras e troncos de madeira para que se sentassem, mas, uma vez que a igreja não tinha pavimento, ele se sentou na terra, na poeira, e fez com que também se sentassem na terra, em volta dele, seus irmãos e os religiosos, e lhes pediu que o escutassem.[82]

Salimbene deixa o rei em Lyon, descendo o Ródano até Arles, ganha Marselha por mar, depois vai a Hyères para encontrar o famoso franciscano

---

[77]*Ibid.*, pp. 320-321.
[78]*Ibid.*, p. 322. Desenvolvo a parte "gastronômica" da etapa de Luís em Sens nas páginas 563-564.
[79]*Ibid.*, pp. 321-322.
[80]*Ibid.*, p. 323.
[81]*Ibid.*, pp. 322-323
[82]*Ibid.*, p. 323.

404　　　　　　　　　　JACQUES LE GOFF

joaquinista Hugues de Digne, um homenzinho negro, "um dos maiores padres do mundo", voz tonitruante e tumultuosa, grande pregador que, falando maravilhosamente do Paraíso e terrivelmente do Inferno, fazia os ouvintes tremerem como caniços. Foi esse mesmo Hugues de Digne que, seis anos mais tarde, São Luís, de volta da cruzada, irá ver e se esforçará inutilmente para ligá-lo a si.[83]

Da cruzada Salimbene relata — como os outros cronistas, porque suas fontes são as mesmas — os acontecimentos principais e os pequenos casos que mais tarde alimentarão a história e a lenda de São Luís. São a tomada de Damieta, depois a morte de Roberto d'Artois e a derrota causada simultaneamente pelos pecados dos franceses e pelo erro tático do irmão de São Luís, o alvo preferido dos cronistas. São o cativeiro do rei e a morte de uma grande parte de seu exército sob os golpes dos sarracenos, da epidemia e da fome. Luís, libertado, deve devolver Damieta e fortificar posições na Terra Santa. Lá se situa, na *Cronica*, um episódio que impressionou até Joinville. Os sarracenos surpreenderam um grupo de franceses sem armas trabalhando nas fortificações de Cesareia e os mataram todos. São Luís mandou cavar uma fossa comum e os enterrou com suas próprias mãos, não temendo nem o cansaço nem o cheiro fétido.[84]

Qualquer que seja a admiração que Salimbene tenha por São Luís vencido e cativo, seu julgamento sobre a cruzada é matizado. Dá ênfase ao fato de que a cruzada não consegue unanimidade. Conta que em 1248, quando residia em Provins, encontrou dois franciscanos, "joaquinistas extremados" (totaliter Ioachimite), um dos quais era Gerardo da Borgo San Donnino, de quem muito se falaria. Os dois caçoavam e zombavam do rei de França, que se preparava para partir para a cruzada, predizendo que a aventura acabaria mal para ele. E citavam uma profecia de Gioacchino da Fiore, em seu comentário sobre Jeremias, anunciando que "o rei de França seria preso, os franceses vencidos e que uma epidemia faria perecer muitos deles".[85]

Como Mateus Paris, Salimbene dá grande importância ao movimento dos pastorinhos[86] e dele tem também uma visão apocalíptica. É muito hostil ao movimento, porque o padre que ele é tem só medo, desprezo e ódio por esses grosseiros sublevados. Mas insiste sobre a vontade deles de ir vingar o rei de França dos

---

[83]Ver *supra*, pp. 191-194.
[84]*Ibid.*, p. 486. Ver *infra*, p. 782 e Apêndice II.
[85]*Ibid.*, p. 340.
[86]Ver *supra*, pp. 178-181.

SÃO LUÍS

405

sarracenos. Os pastorinhos com suas ideias conquistaram muitos franceses que se insurgiram contra os frades mendicantes culpados da pregação dessa cruzada desastrosa e responsáveis pelo fato de que muitos perderam a fé.[87] É um novo testemunho sobre o aparecimento de uma forma de falta de crença religiosa na França de São Luís. Uma face toda de irreligião se deixa adivinhar sob o manto de piedade com que o santo rei cobre a França e a Cristandade. A crise econômica e social que se anuncia no fim de seu reinado é talvez também uma crise religiosa mais profunda do que as rejeições tradicionais: a heresia ou a hostilidade ao papado. A frase célebre do salmista: "O insensato diz em seu coração: não há Deus", corresponde talvez, naquele momento, a uma realidade nascente.[88] Assim São Luís seria mais ainda um rei da derrota. Mas os tempos de falta de fé, de ateísmo ainda não chegaram.

À impaciência dos pastorinhos, Salimbene opõe a paciência de Luís.[89] Mas se o rei sai engrandecido da prova, a cruzada permanece uma derrota naquele mundo em que a vitória é sinal de aprovação divina. Um irmão de Luís, Roberto d'Artois, foi em parte responsável pela derrota da cruzada e pela vergonha que disso resultou para os franceses.

Um dia, um outro, Carlos, elevado a rei de Nápoles e da Sicília, apagará essa mancha com suas vitórias sobre os descendentes de Frederico II. Quando morreu, em 1285,* Salimbene lembra que sempre o chamara apenas de "irmão do rei de França" ou "irmão do rei Luís": "Esse foi um excelente guerreiro e fez desaparecer a vergonha a que os franceses se expuseram na cruzada de São Luís."[90]

Da segunda parte do reinado de São Luís, depois de sua volta da cruzada, Salimbene, que estava de novo na Itália, quase nada diz. Mas menciona em duas repetições[91] a expulsão[92] da França por São Luís, a pedido do papa, do

---

[87]*Cronica*, pp. 645-646.
[88]É um argumento a favor da tese de R. E. LERNER sobre a existência de formas de incredulidade no século XIII, se bem que a ideia de uma proteção dos hereges e desses incréus pela monarquia capetiana me parece sem fundamento: "The Uses of Heterodoxy: the French Monarchy and Unbelief in the XIIIth Century", *French Historical Studies*, IV, 1965. Ver *infra*, p. 696, n° 8.
[89]*Cronica*, p. 646.
*Há um engano de data, aqui, porque se disse no início do capítulo que "a parte conservada" da crônica de Salimbene "vai de 1168 a 1287" e que ele morreu "provavelmente em 1288". Pouco depois se afirma que ele morreu "dezoito anos depois de São Luís", o que confirma a data de 1288. Nem o franciscano poderia escrever uma crônica que fosse até dois anos além de sua morte, claro: isso elimina em definitivo a data de 1285. (*N. do T.*)
[90]*Ibid.*, p. 821.
[91]*Ibid.*, pp. 438 e 659.
[92]Que Salimbene data de maneira errada como 1253 em vez de 1256.

mestre secular parisiense Guillaume de Saint-Amour, que tinha atacado violentamente as ordens mendicantes, as quais "queria expulsar da universidade". O rei vingou na medida os frades desse furioso. Salimbene relata então em uma página a cruzada de Túnis e a morte do rei que chama, enfim, como Mateus Paris, de *cristianíssimo* (*christianissimus*). Dá uma explicação para a escolha de Túnis como objetivo da primeira fase do projeto: "Para reconquistar mais facilmente a Terra Santa, Luís e os chefes da cruzada tiveram a ideia de submeter primeiro aos cristãos o reino de Túnis, situado no meio da rota e que representa um obstáculo não negligenciável para os cruzados."[93] Esse julgamento parece justificar perfeitamente a hipótese segundo a qual a escolha de Túnis resultava da ignorância geográfica, dos erros dos cristãos quanto a distância que separava a Tunísia do Egito e da Palestina.

Coube enfim a Frei Salimbene ter um último encontro com São Luís e ser testemunha de um acontecimento considerável na vida póstuma do rei. Em abril de 1271, Filipe, o novo rei de França, levando para a França o corpo do pai "perfumado com aromas em um caixão",[94] passou pelas cidades de Reggio nell'Emilia e de Parma, a pátria de Salimbene. E eis que em cada uma dessas cidades os restos mortais do santo rei fazem um milagre, os primeiros de uma longa série que se dará sobretudo no túmulo de Saint-Denis. Em Reggio, cura-se a perna doente de um notável da cidade; em Parma, uma moça que tinha uma úlcera no braço havia muitos anos.[95] São Luís, filho obediente da Igreja, sabiamente esperou ser morto para fazer milagres, como tinha pedido no início do século o papa Inocêncio III. E Salimbene, testemunha excepcional, estava em Reggio. Mais tarde, interessa-se pelo processo de canonização daquele em quem tinha admirado a humildade e a piedade antes de constatar-lhe o poder milagroso. Mas não lhe viu a conclusão, que só se deu uma dezena de anos depois de sua morte.

Conta, no entanto, que o futuro papa, Martinho IV, voltando da França, onde foi investigar pessoalmente os milagres do falecido rei, confidenciou-lhe em Reggio que Deus tinha feito por amor de Luís setenta e quatro milagres devidamente controlados e registrados. Queria, então, que o rei fosse canonizado, mas, como se vê, Salimbene morreu em 1285* com visí-

---

[93]*Cronica*, pp. 702-703.

[94]Na verdade, o caixão só continha a ossada do defunto: ver *supra*, pp. 268-269.

[95]*Cronica*, p. 707.

*Repete-se aqui o engano de três parágrafos atrás quanto à data. E 1288 foi data ainda uma vez confirmada na última frase do parágrafo anterior, quando se fala que o processo de canonização foi concluído "uma dezena de anos depois de sua morte". Ou seja, os 10 anos que se passam de 1288 até a declaração de santidade de Luís, em 1297. (*N. do T.*)

SÃO LUÍS

vel desgosto por não ter realizado seu desejo. O cronista deixa São Luís com uma esperança que, naquele momento, não é muito arriscada: "Talvez essa canonização esteja reservada a um outro soberano pontífice."[96] Que foi Bonifácio VIII, em 1297.

---

[96]*Ibid.*, p. 865.

VIII

O REI DOS LUGARES-COMUNS:
SÃO LUÍS EXISTIU?

De sua vida, conhecemos os acontecimentos, os nomes de pessoas e de lugares, mas Luís IX parece nos esconder sua personalidade. Os produtores da memória como que a dissolvem em lugares-comuns, dos quais tinham necessidade para sua demonstração. Era-lhes preciso construir um modelo do rei: o da santidade e mais particularmente da santidade real, "reduzindo-o" assim a sua santidade. Para esse desconhecimento em que estamos de seu foro interior, alguns historiadores contemporâneos quiseram achar uma explicação que nos levaria à própria personalidade de São Luís: repugnaria a ele se exteriorizar, ele seria dissimulado por pudor, por discrição. Étienne Delaruelle escreve o seguinte: "É preciso lamentar a reserva de que o rei sempre deu prova; se não é desconhecido para nós, escapa entretanto muito frequentemente ao historiador que tenta penetrar em seu pensamento íntimo e em evolução de sua personalidade."[1] E Edmond-René Labande sublinha: "Esse termo 'reserva' me parece fundamental para definir o homem de que os franceses em 1970 celebraram a memória; e sem dúvida isso está de acordo com o que foi seu temperamento."[2] Citemos ainda Jacques Madaule: "Suas obras mais altas e mais difíceis, ele as realizou em *segredo*, porque devia incessantemente cuidar para que seu gosto da humildade não contradissesse sua majestade real. Esse

---

[1] Étienne DELARUELLE, "L'idée de la croisade chez Saint Louis", *Bulletin de littérature ecclésiastique*, 1960, p. 242.
[2] Edomond-René LABANDE, "Saint Louis pèlerin", *Revue d'histoire de l'Église de France*, 57, 1971, pp. 5-17.

SÃO LUÍS

segredo não pode ser revelado. Devemos nos resignar a não saber grande coisa da vida interior de São Luís."[3]

Desconfiaremos entretanto dessas livres interpretações psicológicas. Antes de tentar definir o temperamento ou o caráter individual de uma personagem histórica, é preciso confrontar o que os contemporâneos nos dizem de seu comportamento com as categorias éticas de sua época e o arsenal conceitual dos autores de retratos literários.

Mais do que de "reserva" se vai falar aqui de medida e de temperança, nos termos do código ético elaborado no século XIII contra os excessos do comportamento guerreiro, do "furor", combatidos pelo ideal de *prud'homie** que dá nessa época uma forma cristã à moral antiga de Cícero e de Sêneca, posta em moda pelo "renascimento" do século XII. Essa medida, que se exprime pelo controle do corpo e sobretudo pelo controle dos gestos que, na primeira metade do século XII, um Hugues de Saint-Victor definiu para os noviços monásticos, logo acha sua aplicação entre os leigos.[4] Luís se pretende antes de tudo um *prud'homme*,[5] como o atesta uma lista do início do século XIV que desfia os cognomes dos três últimos reis de França: Luís o *Prud'homme*, depois Filipe, o Ousado, e Filipe, o Belo.[6]

Longe de nos escapar, o pensamento íntimo, a vida interior e a evolução da personalidade de Luís IX nos são revelados por seu confessor, por seus biógrafos e hagiógrafos. Todos nos falam de sua busca da humildade, da justiça, da renúncia, de acordo com o ideal pregado pelos frades mendicantes; sublinham a grande linha divisória que há em seu pensamento e em sua conduta e disso fazem mesmo a causa da separação do reinado em duas partes — antes e depois da cruzada: um período de simples piedade e de um governo normalmente cristão, depois um período de penitência e de ordem moral.

---

[3] Jacques MADAULE, *Saint Louis, roi de France*, Paris, 1943, p. 23.

*Por coerência com a decisão tomada quanto a *prud'homme* (ver NT no subtítulo *As histórias do Menestrel de Reims*, do Capítulo IV, O rei dos 'exempla', desta mesma Segunda Parte), resolvemos manter também para o substantivo o original francês. Uma tradução aproximada seria "bravura", talvez "valor". (*N. do T.*)

[4] Ver J.-Cl. SCHMITT, *La Raison des gestes, op. cit.*

[5] Ver *infra*, pp. 585 e segs.

[6] Trata-se de uma genealogia dos reis de França extraída de uma crônica do menestrel do condado de Poitiers escrita entre 1293 e 1297; aproximativa, quanto a idades e datas: "Luís o *Prud'homme* foi coroado com XIII anos e VII meses [...]. Morreu em Cartago depois de ter reinado durante (Morreu em Cartago depois de ter reinado durante) XLIII anos e tinha LVIII anos de idade. Teve a paz no reino em seu tempo. Amou a Deus e a Santa Igreja, e se diz que é Santo" (*Recueil des historiens des Gaules et de la France*, t. XXIII, p. 146). Escrito antes da canonização, esse texto é interessante pelo que diz e pelo que cala (a derrota e a prisão no Egito), assim como por seu testemunho sobre o equipamento dos clérigos da Idade Média em matéria de cronologia: idades de personagens e durações (de prisões e de reinados) e ausência de datas.

JACQUES LE GOFF

E é essa separação que caracteriza ainda mais a semelhança com Josias antes e depois da descoberta do Pentateuco.[7] Luís não faz mais do que se integrar aos ideais de seu século, nessas coisas. Mas Jacques Madaule viu com clareza o conflito fundamental que o rei viveu entre o ideal cristão dos mendicantes e um código de conduta monárquica elaborado segundo uma tradição do trono, independente da religião cristã e mesmo anterior a ela.[8] Deparamo-nos aqui com a inteligente e sutil hipótese de William Jordan sobre o fato perturbador que há de ter sido para São Luís enfrentar as críticas suscitadas por sua conduta devota e moralista, de um lado, e o conflito que teria interiorizado, sem que o superasse, entre seu ideal de cristão e sua função de rei, de outro lado.[9]

O historiador americano tem certamente razão de reagir contra a ausência de espírito crítico da maior parte dos biógrafos modernos de São Luís que os faz aceitar a imagem ideal e intrépida construída por seus hagiógrafos. Esforço-me aqui para desmontar essa construção. Mostrarei as fissuras que nossa documentação deixa entrever nessa bela estátua. Mas pretenderia deixar claro de início que as contradições com razão percebidas por William Jordan pertencem elas próprias aos lugares-comuns da época e não servem como testemunho do caráter individual de São Luís. Jordan, de resto, suspeita disso, tanto que, a propósito da sensibilidade do rei às críticas, observa: "Podemos ver essas [historietas] como divertidos pequenos *topoi*, elas também deliberadamente narradas para criar em nós a imagem de um santo rei."

Que um governante fosse exposto a críticas fazia parte, com efeito, de sua imagem tradicional, sem que se tratasse necessariamente de um santo. Da mesma forma, o *segredo* que Luís, segundo Jacques Madaule, teria guardado sobre suas boas ações põe em relevo um lugar-comum que em sua época assume uma importância particular, porque é então que aparece, por exemplo, o tipo do pobre envergonhado: cala sua miséria ou sua caridade não traduz um traço individual de caráter, mas se liga a um código social e ético compartilhado. Assim a dissimulação das chagas em São Francisco de Assis, assim a prática secreta da prece em São Domingos.

---

[7] Ver *supra*, pp. 352-356. [*N. do T.* Atenção para o fato de que, no trecho correspondente às páginas às quais aqui se remete o leitor (subtítulo *Luís e Josias* do Capítulo V desta Segunda Parte, intitulado *Prefiguração de São Luís no Antigo Testamento*), o autor fala especificamente em "Deuteronômio", que é um dos cinco livros do Pentateuco, o último deles. Desta vez, generalizou a citação bíblica falando em "Pentateuco". Nada contra a generalização, claro, se a parte é intrinsecamente ligada ao conjunto. Chama-se a atenção apenas para evitar confusão por parte de possíveis leitores menos atentos.]

[8] Ver-se-á mais adiante a maneira pela qual Luís achou, quanto às refeições, um compromisso entre esses dois códigos: *infra*, pp. 552 e segs.

[9] William Ch. JORDAN, "*Persona et gesta*: the Image and Deeds of the Thirteenth Century Capetians. The Case of Saint Louis", *Viator*, vol. 19, 1988, 2, pp. 209-218.

SÃO LUÍS

As manifestações excessivas de dor quando das mortes de pessoas próximas, a abundância das lágrimas vertidas, a que William Jordan com pertinência dá importância, também fazem parte dos lugares-comuns sobre as grandes personagens, das quais se mostra assim a humanidade e o sentido da linhagem, ou, antes, para São Luís, da família. Se não é uma fórmula estereotipada no estilo dos cronistas e dos biógrafos, esse luto ruidoso e esses choros abundantes são as expressões rituais das grandes dores das altas personagens por trás das quais é difícil distinguir, senão uma sinceridade verdadeira, pelo menos uma emoção muito pessoal. Por isso não se pode considerar a diferença exata entre São Luís carregando grande luto e a exteriorização dos sentimentos habituais nos príncipes de seu tempo. Acaso não é o Carlos Magno de *La Chanson de Roland* o modelo desses soberanos lacrimejantes?

Que São Luís mostre uma aflição exagerada aos olhos de Joinville e do seu círculo íntimo ao anúncio da morte da mãe na primavera de 1252 na Terra Santa, é, na verdade, o sinal das ligações afetivas excepcionais que uniam filho e mãe.[10] Quando, em 1260, morre, aos 16 anos, seu filho mais velho e herdeiro, e São Luís mergulha na expressão de dor que lhe reprova desta vez Vincent de Beauvais em seu poema consolatório,[11] pode-se procurar ver aí, mais que as lamentações rituais de um rei por seu herdeiro morto antes dele, o grande sofrimento de um pai ou de um rei para quem esse morto é talvez o efeito da cólera divina. Esse excesso de dor também foi criticado em Luís VI em 1131, quando da morte acidental de seu filho mais velho Filipe já coroado rei.[12] E Pierre de Blois tinha censurado o rei da Inglaterra Henrique II quando ele se abandonou à dor e às lágrimas depois da morte do príncipe herdeiro.[13] Que pensar da extrema aflição manifestada por São Luís quando da morte em combate, no Egito, de seu irmão Roberto d'Artois, em 1250? E de seu último luto familiar (sem contar o anúncio *in extremis* em Túnis da morte, alguns dias antes da sua própria, de seu filho João Tristão), a morte de sua irmã Isabel em fevereiro de 1270? Diante do cadáver vestido com hábito de freira e deitado no leito de palha em que ela morreu, o rei, vencido pela emoção, vergou sobre os joelhos.[14] Ou já se deveria ver aí uma sensibilidade macabra em relação ao cadáver que prefiguraria o outono da Idade Média?

---

[10]Ver *infra*, p. 634

[11]Ver *supra*, p. 243

[12]Suger, *Vie de Louis VI le Gros*, ed. citada (*supra*, p. 254, nº 120), p. 267. O adolescente real, com 15 anos, sofreu uma queda mortal de seu cavalo com o qual se chocou um porco errante num subúrbio de Paris.

[13]Pierre de Blois, *Epistola 2*, em *Patrologie latine*, t. 207.

[14]Ver Le Nain de Tillemont, *Vie de Saint Louis*, *op. cit.*, t. V, p. 117. Sobre a dupla irmão-irmã, Luís-Isabel, ver W. Ch. Jordan, *Louis IX and the Challenge of the Croisade*, *op. cit.*, pp. 9-12.

412   JACQUES LE GOFF

Eis assim São Luís e Henrique II reis chorosos, reis do luto ostentatório. Mas eis também, na mesma atitude, o irmão de Luís, Carlos d'Anjou, conde de Provença e, a partir de 1266, rei de Nápoles e da Sicília, que para os cronistas não era uma alma sensível e cujas relações com Luís foram na maior parte das vezes conflituosas. Quando o rei, tendo resolvido ficar na Terra Santa, decide que seus irmãos Afonso de Poitiers e Carlos d'Anjou voltarão imediatamente para a França para ajudar a mãe a se ocupar do reino, Joinville testemunha: "Quando o conde d'Anjou viu que teria de embarcar na nau, caiu em tal tristeza que todos se admiraram; e contudo veio para a França."[15] Por ocasião da fatal cruzada de 1270, Carlos, que já era rei da Sicília, chega tarde a Túnis. O rei acaba de morrer. Quando descobre sob a tenda real o cadáver do irmão, lança-se em lágrimas a seus pés. Estamos claramente diante de um modelo de conduta que ultrapassa a pessoa.

As atitudes que o mito historiográfico de Luís apresenta como as mais características de sua santidade pessoal, muito frequentemente as encontramos em determinados contemporâneos ou predecessores seus.

A devoção do rei da Inglaterra Henrique III não parece ter sido menos viva que a de Luís, mesmo que às vezes se exprima de modo diferente: Luís é um fanático pelos sermões, Henrique pela missa.[16] Uma verdadeira emulação, uma rivalidade mesmo, parece ter existido entre os dois soberanos em matéria de piedade como de política e de guerra, antes da aproximação espetaculosa dos anos 1250. Mas essa concorrência vai além. Em 1259, quando Henrique III vem negociar a paz em Paris, Luís não esconde sua irritação por ter de esperar o inglês, sempre atrasado, para as reuniões em seu palácio. Henrique, entretanto, hospedado na île de la Cité, não para em todas as igrejas de seu caminho para assistir a todas as missas que pudesse ouvir? Em 1271, quando se enterram os restos do rei de França em Saint-Denis, à passagem do cortejo fúnebre que quer deixar claro que o defunto é um santo, um inglês protestará que seu próprio rei não o é menos.

E quando se tem a impressão de que a carta a seus súditos sobre sua derrota e seu cativeiro no Egito é iniciativa nova de um soberano que, em sua busca de verdade e de confissão, não quer esconder nada de suas infelicidades a seu povo e que inaugura com ele uma relação única de confidência e de confiança, não vem ao espírito que Ricardo Coração de Leão tinha endereçado ele também uma carta

---

[15] JOINVILLE, *Histoire de Saint Louis*, p. 243.
[16] L. K. LITTLE, "Saint Louis' Involvement with the Friars", artigo citado (*supra*, p. 61, n° 50), p. 5.

SÃO LUÍS

a seus súditos para lhes anunciar, é verdade, uma vitória, a de Gisors, que acabara de conseguir sobre Filipe Augusto em 1198?[17]

Na tradição capetiana francesa é que é preciso buscar a prefiguração de São Luís.

O primeiro e melhor esboço do modelo que encarna perfeitamente São Luís foi Roberto o Piedoso tal como o pinta o monge Helgaud. Esse monge pertencia à abadia beneditina de Fleury (Saint-Benoît-sur-Loire), que se esforçou para desempenhar para os primeiros Capeto a função de centro historiográfico e ideológico, assim como a de agente publicitário, papel que Saint-Denis conseguiu preencher a partir do século XII. Helgaud escreveu sua *Vida de Roberto* o Piedoso[18] entre a morte do rei (1031) e 1041. É um panegírico, uma obra "quase historiográfica", para retomar a expressão de Robert-Henri Bautier, com a qual o autor esperava ajudar no reconhecimento de que o filho e sucessor de Hugo Capeto era santo. Essa *Vida*, para a qual o autor pediu a invocação de Deus e de Santo Aniano, anuncia-se como uma glorificação das "obras de caridade, de humildade e de misericórdia, sem as quais ninguém poderá chegar aos reinos dos céus", domínios nos quais "o dulcíssimo e piedosíssimo Roberto, rei dos francos [...] brilhou com tal esplendor que, desde o santíssimo rei e profeta Davi ninguém o igualou". Helgaud traça então um retrato físico e moral de Roberto, esquadrinha sua misericórdia, sua humildade, sua piedade, seu respeito pelas relíquias, seu gosto pela prece. Enumera a seguir as fundações de mosteiros e as doações às igrejas feitas pelo rei e sua família, e os milagres de Roberto. Apresenta-o, enfim, como um novo Davi.

Se se fizer abstração do retrato do rei, se se der um lugar à parte aos milagres muito mais numerosos (e verificados pela comissão de canonização) e se substituir Davi por Josias, reconhecer-se-á aqui, no essencial, a estrutura das "Vidas" de São Luís redigidas por Geoffroy de Beaulieu e Guillaume de Saint-Pathus. Só o hábito de mendicante com que eles vestem Luís o distingue da aparência beneditina que Helgaud dá a Roberto.

Eis a passagem mais significativa dessa *Vida* de Roberto o Piedoso pelo monge de Fleury do século XI:

---

[17]Citada por Georges DUBY, *Le Moyen Âge, de Hugues Capet à Jeanne d'Arc, op. cit.* (*supra*, p. 66, n° 70), p. 260. Ver *supra*, p. 177, n° 31.

[18]HELGAUD DE FLEURY, *Vie de Robert le Pieux*, ed. citada (*supra*, p. 348, n° 17).

Porque essa terra tendo muitos doentes e sobretudo leprosos, esse homem de Deus não se desviou com horror, porque nas Sagradas Escrituras tinha lido que muito freqüentemente o Cristo nosso Senhor tinha recebido, sob seu aspecto humano, a hospitalidade dos leprosos. Aproximou-se deles com solicitude e a alma cheia de desejo, entrava na casa deles e, com sua própria mão, dava-lhes uma soma de denários, e com sua própria boca, beijava-lhes as mãos, louvando a Deus em todas as coisas e lembrando as palavras do Senhor que disse: "Lembra-te de que és pó e que ao pó retornarás." A outros com piedade mandava socorros, por amor do Deus todo-poderoso que fez grandes coisas lá onde ele está. Melhor ainda, a virtude divina concedeu a esse homem perfeito uma tal graça para curar os corpos que, quando ele tocava com sua piedosíssima mão a chaga dos doentes e lhes deixava a marca do sinal da Santa Cruz, livrava-os de toda a dor do seu mal.[19]

Quem, lendo esse texto hoje, não veria instintivamente a evocação de São Luís? Salvo que essa tentativa, a mais antiga conhecida, para atribuir aos reis de França um poder geral de cura pelo toque tornar-se-ia específica e se restringiria, entre o século XI e o século XIII, ao toque das escrófulas.[20]

Não é ainda em São Luís que faz pensar hoje esta outra passagem da *Vida de Roberto o Piedoso* de Helgaud, bastando substituir Davi por Josias?

> [...] porque certamente não há desde o santo [rei] Davi entre os reis da terra, um único que lhe seja semelhante por suas santas virtudes, por sua humildade, por sua misericórdia, por sua piedade e por sua caridade — essa virtude que está acima de todas as outras e sem a qual ninguém verá a Deus — porque ele sempre foi ligado ao Senhor e porque, na perfeição de seu coração, não se afastou jamais de seus preceitos.[21]

Depois dessa primeira construção abortada de um santo rei Capeto que Helgaud de Fleury tentou com Roberto o Piedoso, uma outra prefiguração de São Luís, um século depois de Roberto e um século antes de Luís IX, aparece com Luís VII, seu bisavô. Algumas fontes, que parecem mais verídicas do que Helgaud em relação a Roberto, no-lo apresentam primeiro como excepcional-mente devoto e, principalmente, com uma piedade que não é a de um leigo,

---

[19] HELGAUD DE FLEURY, *Vie de Robert le Pieux*, ed. citada, pp. 127-129.
[20] M. BLOCH, *Les Rois thaumaturges, op. cit.* (*supra*, p. 256, nº 126). Jacques LE GOFF, "Le miracle royal", em *Actes du colloque de Paris pour le centenaire de la naissance de Marc Bloch*, Paris, 1986.
[21] HELGAUD DE FLEURY, *Vie de Robert le Pieux, op. cit.*, pp. 138-139.

SÃO LUÍS

mas de um religioso. Sua esposa, Alienor de Aquitânia, reclamava: "Não foi com um homem, foi com um monge que me casei." E Luís VII foi designado, antes de São Luís, árbitro em duas oportunidades pelo rei contemporâneo da Inglaterra, Henrique II. Uma primeira vez nos conflitos que opuseram o rei da Inglaterra a seus filhos e ao arcebispo de Cantuária, Tomás Becket; uma segunda vez na luta que se exacerbou entre o rei e o prelado. Foram derrotas, mas evidentemente não foi essa a razão pela qual o prestígio político de Luís VII não se transformou em reputação de santidade moral. Esse rei não se beneficiou de biógrafos convincentes e do apoio de um grupo capaz de convencer a Igreja a levá-lo aos altares. Sua piedade, que foi em parte a ruptura do casamento com Alienor, que depois se casou com Henrique II, sem dúvida não apareceu como suficientemente radiosa, e as arbitragens entre ingleses foram tidas na conta de manobras políticas ligadas à rivalidade entre o rei de França e o da Inglaterra, que resultou do segundo casamento de Alienor.

Mais impressionante será uma segunda prefiguração de São Luís na pessoa de seu avô Filipe Augusto, um rei guerreiro, que o século XIII não chama de Augusto, mas de Filipe, o Conquistador,[22] um rei voltado para o beber e o comer, para as mulheres — aos olhos da Igreja, durante longo tempo passou por bígamo e foi excomungado por se ter negado a cumprir seu dever conjugal com sua segunda esposa legítima, Ingeborg da Dinamarca —, um rei de cóleras furiosas. Entretanto, quando morreu, existia um verdadeiro "arquivo de santidade" de Filipe Augusto que seu círculo mais próximo tentou explorar.[23] Tudo em sua vida arrumada com esse objetivo respirava a milagre. Seu nascimento, em 1165, de um pai, Luís VII, com 45 anos e então considerado velho, a quem as duas primeiras mulheres só tinham dado filhas, assim como a terceira, até o quinto ano do casamento. Durante a gravidez da rainha, Luís VII viu em sonho um herdeiro varão dando de beber a seus barões sangue humano em um cálice de ouro — rei pelicano,* rei-Cristo dando o próprio sangue a seus

---

[22] O nome "Augusto", dado muito cedo a Filipe II por ter ele "aumentado" o domínio real, apagou-se por todo o século XIII diante do cognome "Conquistador". Mas se tornou habitual a partir do século XIV. [*N. do T.* O nome Augusto, dado ao imperador romano Otávio, etimologicamente está ligado ao adjetivo *auctus* — "aumentado", "acrescentado", "amplificado" —, que é particípio passado do verbo *augere*, "aumentar", "acrescentar", "fazer crescer", "engrandecer".]

[23] J. LE GOFF, "Le dossier de sainteté de Philippe Auguste", artigo citado (*supra*, p. 41, nº 10).

* Rei "pelicano" por causa da lenda segundo a qual o pelicano fura o próprio peito para alimentar os filhotes com seu sangue. Essa lenda inspirou a imagem simbólica cristã do pelicano no ninho curvando o pescoço para rasgar o peito sobre o qual os filhotes avançam. O pelicano, assim, seria a representação de Cristo dando seu sangue pela salvação da humanidade, ou alimentando o homem com seu próprio sangue na eucaristia. Na verdade, o movimento do pelicano de curvar o pescoço sobre o peito é um movimento de regurgitação, pela qual trará de volta ao bico alimentos semidigeridos para alimentar os frágeis filhotes. (*N. do T.*)

grandes vassalos. Seu primeiro biógrafo, Rigord, atribui três milagres a Filipe quando de suas expedições militares: fez desabrocharem os frutos da terra, surgir água milagrosa em meio à seca, achou uma passagem a vau igualmente milagrosa no rio Loire. Segundo seu segundo biógrafo, Guillaume le Breton, Filipe teve o privilégio de duas visões. Assistindo à missa, viu, único em toda a assistência, no momento em que o padre erguia a hóstia, o Cristo menino em todo seu esplendor. Visão que lhe valeu sua "virtude mística". Sobre o barco que o levava à cruzada com seu exército, em agosto de 1190, à mercê de violenta tempestade entre Gênova e a Sicília, Filipe viu Deus descer do céu para visitá--los e tranquilizar seus companheiros. De Bouvines fez-se uma vitória sagrada em que o rei teria sido conduzido pelo Cristo. Na véspera de sua morte, enfim, em 1223, um cometa anunciou seu fim próximo, e São Dionísio advertiu sobre isso um cavaleiro italiano, ao mesmo tempo em que o curava. O cavaleiro contou isso ao papa.

Filipe Augusto, sabe-se, não se tornou santo. Sua conduta sexual e as questões que se seguiram com a Igreja fecharam-lhe o caminho da canonização. E os promotores de sua canonização, afinal, sem dúvida erraram ao insistir com milagres suspeitos aos olhos de uma Igreja que em nada simpatizava com os leigos taumaturgos, num momento a partir do qual a santidade de vida e os costumes falavam mais alto do que os milagres, que não eram mais do que um carimbo, certamente necessário, aposto sobre a perfeição religiosa e moral. Seus biógrafos, entretanto, absolutamente não neglicenciaram quanto a esse aspecto de sua personalidade e é nesse ponto que Filipe Augusto faz notavelmente a ligação entre Roberto o Piedoso e São Luís. Filipe Augusto não participava das caçadas nem dos torneios, era "o domador dos soberbos, o defensor da Igreja e o alimentador dos pobres", fez doações de roupas aos pobres, criou uma esmolaria no palácio do Rei,[24] fez da capela real uma instituição maior que compunha a devoção do soberano, tomou, como em 1195 em Paris, parte pessoal na luta contra as consequências das fomes e das inundações, seguindo as procissões expiatórias e distribuindo vinho; confiou missões de justiça aos bailios que tinha designado, nomeou inquiridores encarregados de supervisioná-los. Detestava as blasfêmias e as reprimiu. São Luís não aparece então como o produto acabado da longa paciência capetiana para fazer do rei de França a

---

[24]Robert-Henri BAUTIER, "Les aumônes du roi aux maladreries, maisons-Dieu et pauvres établissements du royaume. Contribution à l'étude du réseau hospitalier... de Philippe Auguste à Charles VII", em *Actes du 97ᵉ congrès national des sociétés savantes* (Nantes, 1972), *Bulletin philologique et historique*, Paris, 1979, pp. 37 a 105.

SÃO LUÍS

encarnação do rei cristão ideal, um rei santo? São Luís não é um Roberto o Piedoso, um Filipe Augusto que deu certo?

Não repete São Luís modelos ainda mais antigos? Não foi na época dele que a dinastia capetiana conseguiu realizar a ligação com os carolíngios, o *reditus ad stirpem Karoli* (a "volta à raça de Carlos"), um novo Carlos Magno? O Espelho dos Príncipes que Gilles de Paris ofereceu em 1201 a seu pai Luís, jovem príncipe herdeiro a quem ele dava Carlos Magno como modelo — o *Karolinus* —, não estabelece um laço entre o grande imperador e São Luís?[25] Sobre um ponto preciso e exemplar, a conduta alimentar, não parece que São Luís à mesa não é mais do que um novo Carlos Magno no comer e no beber?[26]

Também não é ele, como um texto o nomeia, "um novo Constantino" ancorado ainda mais profundamente no tempo cristão? Não é ele, como seus hagiógrafos e o papa Bonifácio VIII em sua bula de canonização o chamam, segundo o simbolismo tipológico que faz das personagens da história e do Novo Testamento as duplicatas de um modelo veterotestamentário, o Josias da nova lei?[27] É que, desde o século XII, como disse Caroline Bynum, a personalidade não existe a não ser moldada em um repertório de "tipos" e se definindo segundo o princípio da similitude.[28]

Um indivíduo não existe então e não se realiza a não ser através de uma "identificação coletiva", uma categoria. Isso é que São Luís foi, o "rei cristão".[29] Uma personagem só se caracteriza pela semelhança com um modelo. Ser santo é ser "como Deus". Se o homem, segundo o Gênesis, foi feito à imagem de Deus, o homem decaído só se torna uma imagem de Deus se for capaz, imitando-o, de tornar-se um santo, ou de atingir a perfeição real, porque essa é a vocação do rei: ser aqui na terra uma *imago* Dei, uma imagem de Deus.[30]

Quanto aos milagres que Deus faz através da ossada do rei morto, seja quando de seu cortejo fúnebre, seja principalmente através do contato com seu túmulo em

---

[25]M. M. COLKER (ed.), *"The Karolinus of Egidius Parisiensis"*, *Traditio*, 34, 1973, pp. 99-325. Cf. Andrew W. LEWIS, "Dynastic structures and Capetian throne-right: One View of Giles of Paris", *Traditio*, 33, 1977.

[26]Ver *infra*, pp. 566-567

[27]Ver *supra*, pp. 352-356

[28]Caroline BYNUM, "Did the Twelfth Century discover the individual?", *Journal of Ecclesiastical History*, 31, 1980, repetido em *Jesus as Mother. Studies in the Spirituality of the High Middle Ages*, Berkeley, 1982, pp. 82-109. Sobre o indivíduo no século XIII, ver *infra*, pp. 442 e segs.

[29]Sobre o modelo do rei cristão, ver *supra*, o capítulo sobre os Espelhos dos Príncipes, pp. 357-381, e a Terceira Parte.

[30]Cf. W. BERGES, *Die Fürstenspiegel des hohen und späten Mittelalters, op. cit.* (supra, p. 349, nº 19).

Saint-Denis, são milagres tradicionais, corriqueiros. São Luís cura como qualquer santo de seu tempo.[31]

Assim, é a personagem São Luís construída por seus biógrafos e hagiógrafos alguma coisa além de uma imagem ideal, de um retrato-robô de um modelo extraterrestre? São Luís existiu?

---

[31]Ver os milagres de São Luís, *infra*, pp. 747-759.

IX

O "VERDADEIRO" LUÍS IX DE JOINVILLE

Quando tudo parece terminado para a produção da memória de São Luís, quando ele foi canonizado e Bonifácio VIII em sua bula e seus dois sermões traçou sua imagem oficial que se pretende definitiva, quando os hagiógrafos que o conhece-ram ou recolheram os testemunhos dos que estiveram próximos dele escreveram, depois que Guillaume de Saint-Pathus redigiu, utilizando os depoimentos das testemunhas do processo de canonização, a vida e os milagres autênticos do santo rei, um homem de 80 anos se pôs a ditar "um livro das santas palavras e dos bons feitos de nosso rei São Luís". E esse livro, se não muda tudo, modifica fundamentalmente nossas possibilidades de aproximação com a "verdadeira" personalidade de São Luís.

Jean, senhor de Joinville, senescal de Champagne, foi, segundo sua própria declaração, solicitado pela rainha Joana de Navarra, mulher de Filipe, o Belo, neto de Luís IX, morta a 2 de abril de 1305, pouco antes de sua morte, parece, a escrever esse livro. Acabou-o em 1309 e o dedicou então ao filho de Joana, Luís, rei de Navarra, conde de Champagne e de Brie, o futuro rei de França Luís X o Teimoso (1314-1316). Nascido em 1224, dez anos depois de São Luís, Joinville é octogenário quando compõe essa obra.

Uma testemunha excepcional

Duas circunstâncias fazem dele uma testemunha excepcional. Primeiro, ele co-nheceu bem o rei. Joinville foi, sobretudo durante quase todo o tempo da cruzada do Egito, um de seus próximos mais íntimos, mas também viveu na intimidade de Luís por diversos períodos no palácio real de Paris; e se informou, quanto a outras circunstâncias daquela vida, através de bem situadas testemunhas. Por exemplo, para a cruzada de Túnis e a morte do rei, com o filho dele, Pedro, conde de Alençon, que viu o fim do pai. Pedro foi uma das testemunhas interrogadas quando da investigação levada a efeito para a canonização do rei em 1282 e é ele que nos informa sobre um dos traços de santidade moral de Luís que mais impressionaram seus contemporâneos: a grande sensibilidade do santo rei quanto à mentira. Durante seu cativeiro, de fato, recusou-se a faltar com a palavra aos sarracenos, quando enganar um Infiel, se não era considerado um ato virtuoso, pelo menos não era um pecado. Essa extrema delicadeza moral foi considerada por Bonifácio VIII no momento da canonização e mencionada pelo frade dominicano que pronunciou o sermão em Saint-Denis, no dia 25 de agosto de 1298, na ocasião da elevação do corpo do novo santo em presença do rei Filipe, o Belo. Joinville estava presente e o pregador, citando-o, mostrou-o ao auditório. Que doce desforra para Joinville com quem nem o filho nem o neto de seu amigo São Luís, os reis Filipe III, o Ousado, e Filipe IV, o Belo, tiveram consideração!

A segunda originalidade de Joinville é ser um leigo. Um leigo piedoso, sem dúvida, mas um leigo. Não se limita, então, como os hagiógrafos mendicantes, a mostrar o rei em sua devoção. Permite que se veja também o guerreiro, o rei cavaleiro que Luís IX foi e que sem Joinville não conheceríamos. A esse aspecto ele consagra mesmo uma das duas divisões de seu livro: "A segunda parte do livro fala de suas grandes proezas e de seus grandes feitos d'armas." Ei-lo em 1242 em Taillebourg, contra os ingleses. Quando a batalha começa, Luís não fica de fora mas "se lança ao perigo com os outros". E ei-lo sobretudo em 1249-1250 no Egito. Foi lá que Joinville teve diante de si, por ocasião da marcha rumo a um combate, o mais "belo cavaleiro" que jamais viu.[1]

Joinville também insiste no fato de que o rei foi canonizado apesar de leigo, e que ele foi realmente um santo leigo: "Nunca um homem leigo de nosso tempo viveu tão santamente durante todo o seu tempo, desde o começo de seu reinado até o fim de sua vida." Esse século XIII em que se afirma a promoção dos leigos merece mais do que qualquer outro fazer com que o reconhecimento de uma santidade chegue ao laicato, uma santidade geralmente reservada aos religiosos e aos clérigos.[2]

---

[1]Ver *supra*, pp. 175-176

[2]A. VAUCHEZ, *Les Laïcs au Moyen Âge, op. cit.* (*supra*, p. 65, n⁰ 65); G. LOBRICHON, *La Religion des laïcs en Occident, op. cit.* (*supra*, p. 65, n⁰ 65).

SÃO LUÍS

Tudo é excepcional nesse testemunho de Joinville. É a primeira vez que um leigo escreve uma vida de santo. Mas essa exceção não é inexplicável. A nobreza chegara, através de alguns de seus membros, a um grau de instrução que permitia fazer uma obra literária. Joinville é com toda a certeza um leigo especialmente culto. Michel Zink notou com perspicácia que no segundo plano da passagem em que ele mostra Luís IX chorando a morte do irmão Roberto d'Artois está a retórica dos lamentos de São Bernardo chorando seu irmão um século antes.[3] Mas Joinville não se limita ao plano convencional do gênero que segue a vida e os milagres.

Esse leigo piedosíssimo não fez entretanto milagres que escapassem a Joinville. Mas o biógrafo se contenta em mencioná-los numa frase: "E seus ossos foram guardados em um cofre e levados e enterrados em Saint-Denis na França, lá onde tinha escolhido sua sepultura, lugar em que foi enterrado; lá onde Deus depois fez muitos belos milagres para ele, por seus méritos." Mesmo que recorra, quando isso lhe parece necessário, ao testemunho de outro, Joinville dá primeiro seu testemunho. Se completa suas lembranças com uma narração da morte do rei à qual não assistiu, é que, na vida de um cristão, a morte é consumação, o momento em que se ganha ou se perde deinitivamente a vida eterna, quando alguém se revela no último ato do papel terrestre que desempenhou. No caso de Luís, a morte tem ainda mais importância porque vem confirmar o presságio do nascimento, como se viu.[4] A morte do rei é então a consumação de um destino. Manifesta também a vitória definitiva de sua imitação de Jesus: "Ele imitou nosso Senhor na verdade da cruz, porque se Deus teve morte de cruz, também ele; porque ele era cruzado quando morreu em Túnis", às 3 horas da tarde, "nessa mesma hora em que o Filho de Deus morreu na cruz para a salvação do mundo".

Uma testemunha crível

Mas o livro de Joinville é uma obra tão singular que é necessário, antes de utilizá-lo como caminho de acesso a São Luís, levantar algumas questões. É preciso primeiro interrogar-se, quanto à parte essencial que relata a cruzada, sobre a credibilidade de lembranças escritas mais de meio século depois dos

---

[3]M. ZINK, "Joinville ne pleure pas mais il rêve", *Poétique*, 33, 1978, p. 34.
[4]Ver *supra*, p. 38.

JACQUES LE GOFF

acontecimentos. Lembremo-nos inicialmente que a sociedade medieval, na qual escrever é raro, é uma sociedade da memória. Nela, por isso, a memória é mais forte, dura mais, é mais precisa do que numa sociedade das coisas escritas como a nossa. É por outro lado possível — estudos filológicos e linguísticos como os de Jacques Monfrin ou de Michèle Perret trarão talvez a prova — que Joinville tenha redigido Memórias mais cedo (talvez desde a morte do rei, cuja lembrança se tornou o centro de seu ser e de sua vida). Em todo caso, o senescal evocou, quando da investigação do processo de canonização, em 1282, alguns traços de São Luís dados como provas de sua santidade que foram consignados no processo. Essas lembranças constituem também um marco para a *Vida*.[5] Enfim, o modo caloroso pelo qual permaneceu nele essa memória do rei deve ter mantido vivas as suas lembranças. Joinville, como bem percebeu Michel Zink, tem uma memória afetiva que conserva a lembrança das imagens comovedoras e os sentimentos que nele não se desligam. Essa memória afetiva chega a transbordar da pessoa do rei, ainda que pareça como que nascer no primeiro encontro do jovem Joinville, 16 anos de idade, com Luís, em 1241, por ocasião do grande banquete dado pelo rei em Saumur no qual toda a corte estava reunida para a sagração de seu irmão Afonso como cavaleiro. Desse episódio, aliás, Joinville guarda a recordação que relata em uma notável descrição.[6] Mas essa sua memória do rei se cristaliza sobretudo em torno da cruzada, o grande momento da vida de Joinville, preliminarmente porque essa experiência representou para a maior parte dos cruzados um tempo forte; depois porque a cruzada introduziu o senescal na intimidade do soberano. E também foi uma grande dor para Joinville cujo coração oscilou entre Deus e o rei de um lado, a família, sua terra e seu castelo de outro. Está aí toda a contradição dramática de uma mentalidade feudal. "O dia em que parti de Joinville..." A narrativa é célebre:

> Esse abade de Cheminon deu-me minha faixa e meu bordão; e então parti de Joinville, sem poder estar de novo no castelo até minha volta, a pé, sem culote e em mangas de camisa; e assim eu ia para Blécourt e para Saint-Urbain, e para outras relíquias que há por lá. E indo para Blécourt e Saint-

---

[5] Louis Carolus-Barré cita trechos da Vida de São Luís de Guillaume de Saint-Pathus que transcrevem, segundo ele, a declaração de Joinville no processo e os confronta com as passagens correspondentes da própria obra de Joinville (L. CAROLUS-BARRÉ, *Le Procès de canonisation, op. cit.*, pp. 78-87, e a apresentação da testemunha Jean de Joinville — que dá como nascido em 1225 e não 1224, sem que se trate de uma transcrição no estilo cronológico moderno, acrescentando um ano à datação medieval para os meses de janeiro e fevereiro [o ano começava então em março], uma vez que levanta a hipótese do 1º de maio como data de nascimento de Joinville — pp. 152-158).

[6] *Histoire de Saint-Louis*, p. 69. Ver *supra*, pp. 128-129.

SÃO LUÍS

-Urbain não quis nem sequer voltar meus olhos para Joinville, de medo que meu coração se enternecesse com o lindo castelo que eu deixava e com os meus dois filhos.[7]

A memória de Joinville tem frescor, é visual e auditiva.

Joinville se lembra da imagem da frota de São Luís aprestando-se em Chipre para o Egito:

No sábado o rei fez-se ao mar, e todos os outros navios também, o que foi bonita coisa de se ver; porque parecia que todo o mar, até onde os olhos pudessem ver, estivesse coberto pela tela das velas dos navios, calculados em mil e oitocentos, contando-se os grandes e os pequenos.[8]

E se lembra do fogo greguês lançado pelos muçulmanos sobre o exército dos cruzados:

O fogo greguês vinha bem pela frente, tão grande como um tonel de vinho, e o rabo do fogo que dele saía era grande assim como uma lança grande. Fazia um tal barulho, vindo, que parecia um raio do céu; parecia um dragão que voasse pelos ares. Lançava tão grande luz que víamos o acampamento tão claro como se fosse dia, pela grande quantidade de fogo que lançava a grande claridade.[9]

Lembra-se de São Luís batalhando no Egito contra os sarracenos, "o mais belo cavaleiro" que jamais viu.[10]

Joinville é especialmente sensível às vestes e às cores. É um São Luís vestido e colorido que ele nos restitui com precisão. Já em Saumur, no primeiro encontro: "O rei vestia uma cota de cetim azul, e sobre ela um saiote curto e um manto de cetim vermelho forrado de arminho, e sobre a cabeça um chapéu de algodão, que lhe caía mal porque ele era então um jovem."[11] E depois da volta da cruzada perdida é o tempo da penitência quanto às vestes.[12] E, enfim, quando Joinville vê, no primeiro dos dois sonhos que teve sobre São Luís, o rei que se prepara para cruzar-se pela segunda vez, é em roupas coloridas que

---

[7] *Ibid.*, pp. 54-57.
[8] *Ibid.*, pp. 82-83.
[9] *Ibid.*, pp. 112-113.
[10] *Ibid.*, pp. 124-127.
[11] *Ibid.*, pp. 54-55. Ver *supra*, p. 129.
[12] Ver *supra*, p. 195.

424 JACQUES LE GOFF

o vê: "E me parecia que muitos prelados em hábitos de igreja revestiam-no com uma casula vermelha de sarja de Reims." A cor aqui é profundamente simbólica, como no sonho de sangue e ouro que Luís VII teve com seu filho que ia nascer, Filipe Augusto:

> Chamei depois dessa visão monsenhor Guillaume, meu padre, que era muito sábio, e lhe contei tal visão. Disse-me ele o seguinte: "Senhor, vereis que o rei se cruzará amanhã." Perguntei-lhe por que achava isso; e ele me disse que por causa do sonho que eu tinha sonhado; porque a casula de sarja vermelha significava a cruz, que ficou vermelha com o sangue de seu lado que Deus nela espalhou, e de suas mãos e de seus pés. "Quanto ao fato de ser a casula de sarja de Reims, significa que a cruzada pouco proveito terá, como vereis se Deus vos der vida."[13]

Biografia ou autobiografia?

Mas, lendo Joinville, pergunta-se qual foi — consciente ou inconscientemente — seu objeto: o rei ou ele próprio? Trata-se de uma biografia ou de uma auto-biografia? Se Joinville mandou redigi-la antes das espécies de Memórias, mesmo que então se tratasse de evocar principalmente a lembrança de Luís, essa hesitação quanto ao herói pode ser explicada. A nova redação, para satisfazer ao pedido da rainha Joana, não teria feito desaparecer inteiramente o caráter provavelmente autobiográfico da versão precedente. Mas até agora nenhum argumento decisivo contempla essa hipótese. Por último, é preciso analisar a presença anormalmente insistente de Joinville em uma obra que, ainda que se fundamente em grande parte sobre o testemunho pessoal do senescal, tem por título, segundo os termos da encomenda, "as santas palavras e os bons feitos de nosso rei São Luís". Michèle Perret calculou que "Joinville intervém em 73 por cento dos parágrafos cortados pelos editores modernos em seu texto" e mostrou "que ele privilegia de tal forma a relação entre o rei e ele e se instala ao mesmo tempo com um tal vigor no centro de sua narrativa que esta às vezes fica obscura; não se sabe mais se ele realmente assistiu a tal episódio nem qual é seu modo exato de inclusão em um nós englobando o rei ou situado em relação a ele".[14]

---

[13] *Ibid.*, pp. 396-399.

[14] Michèle PERRET, "À la fin de sa vie ne fuz je mie", *Revue des sciences humaines*, 183, 1981-1983, pp. 17-37. Agradeço por suas preciosas análises apresentadas em meu seminário da École des hautes études en sciences sociales a Michèle PERRET ("Le statut du narrateur dans l'*Histoire de Saint Louis* de Joinville") e a Christiane MARCHELLO-NIZIA ("Formes verbales et stratégie discursive dans l'*Histoire de Saint Louis* de Joinville").

SÃO LUÍS

Diferentemente dos clérigos biógrafos, Joinville escreve em francês e faz o rei falar na língua na qual realmente ele se expressava: em francês também. Assim, se as palavras foram fielmente guardadas por Joinville ou se ele pôs na boca do rei o que acreditava — ou queria acreditar — ter ouvido, só em Joinville se tem o falar que parece "verdadeiro" do rei, se não contarmos os *Ensinamentos*, texto normativo em que São Luís fala pessoalmente ao filho e à filha.

Quanto à situação de imbróglio "auto-/exobiográfica"* muito sutilmente analisada por Michel Zink, provém primeiro do fato de que Joiville "é o primeiro, escrevendo em francês, a falar de si próprio na primeira pessoa",[15] sinal dos tempos, porque o século XIII é a época da "passagem da poesia lírica para a poesia pessoal". Nessa Vida, a autobiografia e a biografia do "outro" estão indissoluvelmente misturadas. São Luís parece prestar-se estranhamente à formação de duplas "siamesas": num caso é ele que se une à mãe, no outro é Joinville que busca fundir-se com ele.

Com essa novidade de escrita, proclamando a junção do *eu* e do *nós*, Joinville parece encantado desde o início de seu livro:

> Em nome do Deus todo-poderoso, *eu*, Jehan, senhor de Joinville, senescal de Champagne, faço escrever[16] a vida de nosso santo rei Luís, o que *eu* vi e ouvi pelo espaço de seis anos, em que eu estive em sua companhia na peregrinação d'além-mar, e desde que *nos* revimos. E antes que *eu* vos conte seus grandes feitos e suas proezas, *eu* vos contarei aquilo que *eu* vi e ouvi de suas santas palavras e de seus bons ensinamentos[17] [...].

Uma vez que procuramos São Luís através dos jogos de espelhos, esse que o senescal imagina não é o mais perturbador, o mais sutilmente arranjado para produzir uma ilusão da qual Joinville quer fazer, para ele próprio e para seus leitores, uma realidade? "Joinville mistura o testemunho autobiográfico, o olhar retrospectivo do eu sobre o santo rei e o olhar retrospectivo do eu sobre o eu [...]. Joinville permite supor que a imagem que dá do rei, fruto de sua própria emoção, remete à sua própria imagem e que seu texto todo funciona à maneira das passagens

---

*Lembremos que o prefixo grego *exo* significa "para fora". Por exemplo: exógeno = que cresce para fora. (*N. do T.*)
[15] Michel ZINK, *La Subjectivité littéraire. Autour du siècle de Saint Louis*, Paris, 1985, p. 219. Ver também o notável artigo já citado: "Joinville ne pleure pas, mais il rêve."
[16] Quer dizer, "dito", como faz a maior parte dos "autores", sem exceção para os clérigos, que também ditavam seus textos.
[17] *Histoire de Saint Louis*, pp. 10-11.

muito numerosas em que, de modo explícito, a personalidade do rei se revela ao mesmo tempo que a sua própria, através de uma conversação familiar dos dois que sobre ambos lança luz."[18]

Levar-nos-á essa simbiose a uma outra, a uma nova ilusão, engendrada pela subjetividade e afetividade literária? O São Luís de Joinville que nos parece tão próximo, que graças a ele acreditamos ver, ouvir, tocar, não é apenas o fantasma criado pela emoção do senescal? Sem dúvida, "Joinville amava o rei" e os detalhes "verdadeiros" de sua narrativa pintam o rei, porém mais ainda o amor que Joinville tinha por ele. Construiu então uma tela entre o rei e o que sabemos dele.

O São Luís concreto de Joinville

De tudo isso o que fica é que o texto nos introduz no coração de uma relação autêntica, mostra-nos um "verdadeiro" São Luís que Joinville conheceu, e não o de um modelo ideal transmitido pela cultura. Mesmo deformados ou enfeitados, os detalhes concretos de que se alimenta a memória amorosa do senescal são detalhes "verdadeiros".

Joinville não se contentou em ver e ouvir Luís, mas o tocou, e parece que essa necessidade de proximidade e de contato corresponde a uma necessidade que o próprio rei sentia. Será possível, certamente, ver nessa atitude ainda uma imitação do Cristo, reunindo os discípulos em volta dele, perto dele. Mas convém fazer uma releitura dessas cenas que não são tiradas nem de um Espelho dos Príncipes, nem de um código literário, nem de um manual do gestual, nem mesmo do Novo Testamento. Se o Jesus dos Evangelhos foi, consciente ou inconscientemente, um modelo para Luís, os Evangelhos não foram um modelo para Joinville. O que ele quis dizer vem de sua experiência e da memória do vivido. Se ele quis, em seu livro, reencontrar o amigo, recorrendo a uma mentira, ainda que fosse uma bela mentira literária, arruinaria seu projeto. Porque o senescal — e nisso está sua modernidade — não escreveu para os outros, não escreveu para a rainha defunta ou para o filho dela. Escreveu para si próprio.

Qual é então o São Luís que ele nos entrega. Primeiro, um São Luís vivo, tocado de perto.

---

[18] M. ZINK, *La Subjectivité littéraire, op. cit.*, pp. 220 e 226.

SÃO LUÍS

A primeira dessas cenas de "tocar" teve lugar no palácio de Paris e os atores são o rei, seu filho Filipe (o futuro Filipe III), seu genro Thibaud de Champagne, rei de Navarra, e Joinville:

> Depois disso, meu senhor o rei chamou meu senhor Filipe, seu filho, o pai do rei atual, e o rei Thibaud; sentou-se à entrada de seu oratório, pôs a mão na terra e disse: "Sentai-vos aqui bem perto de mim, para que não nos ouçam." "Ah!, Senhor, não ousaríamos nos sentar tão perto de vós." E ele me disse: "Senescal, sentai-vos aqui." Foi o que fiz, tão perto dele que nossas roupas se tocavam.[19]

Uma segunda cena, à qual o contexto, grave, dá uma dimensão maior ainda, se passa em Acre, no dia em que o rei reuniu o conselho para perguntar se devia permanecer na Terra Santa ou voltar para a França. Joinville foi quase o único a aconselhá-lo a ficar e, na refeição que se seguiu, Luís não lhe dirigiu a palavra. Joinville acreditou que o rei estivesse aborrecido com ele.

> Enquanto o rei ouvia as amabilidades deles, eu ia a uma janela gradeada, situada numa cavidade ao lado da cabeceira da cama do rei; e mantinha meus braços entre as barras da janela [...]. Quando estava lá, o rei veio se apoiar em minhas costas, e pôs as duas mãos sobre minha cabeça. Pensei que fosse meu senhor Philippe de Nemours, que muito me tinha atormentado naquele dia por causa do conselho que eu tinha dado ao rei; e eu lhe disse: "Deixe-me em paz, meu senhor Philippe." Por um infeliz acaso, voltando a cabeça, fiz com que a mão do rei, caindo, passasse diante de meu rosto; e reconheci tratar-se do rei por uma esmeralda que ele tinha no dedo.[20]

Michel Zink construiu uma sedutora hipótese freudiana sobre esses contatos. A felicidade de ter em algumas ocasiões "tocado" o rei é um aspecto, uma prova do amor que Joinville tinha por São Luís.[21]

É difícil afirmar se essa necessidade de contato que Luís parece ter partilhado com Joinville é um traço individual ou põe em relevo um gestual mais geral em que o tocar teria uma função particular. Pode-se supor que o exemplo de Jesus que manda Tomé tocar as chagas de seu lado depois da Paixão e da Ressurreição impressionou fortemente os homens e as mulheres da Idade Média, sobretudo

---

[19]*Histoire de Saint Louis*, pp. 20-21.
[20]*Ibid.*, pp. 234-237.
[21]M. ZINK, "Joinville ne pleure pas...", artigo citado, pp. 42-44.

naquele tempo em que a paixão do Cristo era uma representação quase obsedante. Mais genericamente, numa sociedade em busca de provas materiais dos sentimentos interiores, de seus sinais visíveis e tangíveis e que espera que o próprio sobrenatural se produza em visões, em aparições, é plausível que tocar tenha sido um valor particular. Os milagres, em particular os milagres da cura pelo toque, são numerosos e edificantes. São Luís vivo curou as escrófulas tocando-as e, imediatamente depois de sua morte, o caixão de sua ossada na Itália e, depois do enterro em Saint-Denis, seu túmulo curaram os doentes e os inválidos que os tocaram. Sem haver, acredito, necessidade de levantar outras hipóteses, Joinville busca o contato físico com o rei porque pressente claramente o santo que ele se tornará. Toca um corpo que já é uma relíquia viva. De qualquer maneira, ele sabe disso quando compõe a Vida do santo rei e a lembrança se enriquece com essa confirmação objetiva, aproveitando o tempo corrido entre o fato vivido e a redação.

Uma historinha que Joinville situa na Terra Santa revela bem, de modo engraçado — uma das formas pudicas de dizer —, esses pensamentos secretos do senescal. Um dia, Luís estava acampado perto de Acre. Passou uma tropa de peregrinos armênios cristãos que iam a Jerusalém pagando um tributo aos sarracenos que os cercavam:

> Eu ia ao rei que estava sentado em um pavilhão, apoiado no mastro do pavilhão; e ele estava sentado sobre a areia, sem tapete e sem qualquer outra coisa debaixo de si. Eu lhe disse: "Senhor, está lá fora uma grande multidão da Grande Armênia que vai para Jerusalém; e eles me pediram, senhor, que eu lhes deixe ver o santo rei, mas eu ainda não desejo beijar os vossos ossos."[22]

Eis um exemplo que Joinville é o único a nos mostrar a respeito do rei, de um de seus hábitos, de suas atitudes costumeiras, ordinariamente negligenciadas por seus hagiógrafos, e que, entretanto, evocam mais de perto a personalidade concreta de Luís: seu gosto por esse jeito de sentar-se na terra.

Já mostramos um exemplo.[23] Aqui estão outros: Luís deixava normalmente seus conselheiros tratarem dos problemas dos queixosos ou dos requerentes que se dirigiam — cada vez em número maior — à justiça real. Mas também gostava de "livrá-los" do assalto dos pedinchões e ia ajudá-los acolhendo pessoalmente

---

[22]*Histoire de Saint Louis*, pp. 308-311.
[23]Ver *supra*, p. 427.

SÃO LUÍS

alguns dentre eles, fosse para distribuí-los entre seus assistentes, fosse para decidir ele próprio a causa deles.

> E quando ele voltava da Igreja, mandava nos chamar, e se sentava perto de sua cama, e nos mandava a todos que sentássemos em volta dele, e nos perguntava se ali não havia nenhum caso a resolver que só ele pudesse resolver; e nós o indicávamos, e ele ordenava que mandassem buscá-los [...].[24]

É aqui que se insere a famosa cena do carvalho de Vincennes.

> Muitas vezes aconteceu que ele ia se sentar no bosque de Vincennes depois da missa, e se encostava num carvalho, e nos mandava sentar em volta dele. E todos aqueles que tinham algum caso vinham lhe falar, sem que os barrassem os serviçais ou qualquer outra pessoa [...].[25]

Mas o que ficou lendário em Vincennes também se deu no jardim do palácio real de Paris e Joinville lá encontrou outro de seus motivos favoritos: as vestes reais.

> Vi algumas vezes, no verão, que para despachar seu pessoal ele vinha ao jardim de Paris, vestindo uma cota de *camelot* e por cima uma cota curta de tiritana sem mangas, um pano de tafetá preto em volta do pescoço, muito bem-penteado e sem touca, com um chapéu de pavão branco sobre a cabeça. E mandava estender tapetes para nós sentarmos em volta dele, e todo mundo que levava caso a ele ficava de pé junto dele. E então ele os atendia do modo como contei antes no bosque de Vincennes.[26]

Joinville é o único a nos revelar esse traço de humildade que é também e talvez sobretudo um gosto físico por uma atitude corporal: a postura de sentar--se no chão com um grupo reunido em volta dele. E o historiador tem o sentimento raro e sem dúvida enganador (não é uma atitude do Cristo entre os apóstolos?), mas ao qual finalmente, exercido todo o seu dever crítico,

---

[24] *Histoire de Saint Louis*, p. 35.
[25] *Ibid.*, pp. 34-35. A cena, é claro, é feita para acentuar a oposição entre o livre acesso à justiça pessoal do rei e as barreiras que se interpõem entre os queixosos e o aparelho judiciário cada vez mais lento, já um pouco sob Luís IX e muito mais sob Filipe, o Belo, reinado sob o qual Joinville compôs a *Vida* de Luís. É o modelo idealizado de um governo monárquico direto, pessoal, que o jovem Joinville conheceu e que opõe ao modelo contemporâneo de uma monarquia burocrática cujo funcionamento ele critica, em sua velhice e sua nostalgia, e por trás da qual vê o rei dissimulado.
[26] *Ibid.*, pp. 34-35.

fica reduzido, de confiar para julgar sobre a autenticidade de um testemunho, de estar diante do "verdadeiro" São Luís. Fica tentado a confessar a si próprio: "Isso Joinville não podia inventar, sente-se que isso é mesmo a verdade, assim mesmo é que São Luís deve ter sido..." O leitor de Joinville sente frequentemente essa impressão. Tanto mais que, procurando apaixonadamente encontrar em sua memória São Luís como ele verdadeiramente conheceu, sem mentira nem disfarce, o senescal é levado a não poupar nem a si próprio nem ao rei.

Muitas vezes surge a situação em que São Luís ralha com ele, implica com ele (que prazer para ele!). Luís gosta de dar lições e se compraz em zombar, mais ou menos gentilmente, do ingênuo senescal que teme desagradá-lo, não por interesse, mas porque teme ver aquela amizade ferida. Joinville, de acordo com suas lembranças, formou junto do rei uma dupla pitoresca com um outro íntimo do rei, o cônego Robert de Sorbon, o fundador do colégio para pobres estudantes parisienses de teologia que se tornou a Sorbonne. Dupla de inseparáveis, unidos por uma mesma admiração afetuosa e apaixonada pelo rei, mas rivais nesse amor, observando enciumados as reações de estima e de amizade dadas mais a um do que a outro. Luís parece ter brincado maliciosamente com essa ciumeira e chegado a sentir prazer, como diversão de corte, em atiçar a rivalidade dos dois cortesãos.

As relações entre São Luís e Joinville assumiram por vezes uma forma afetada, na qual o ingênuo senescal, apaixonado tímido, não parece ter entendido sempre a ironia do rei a seu respeito. Mas talvez se trate apenas de uma forma de ironia sutil que finge considerar com boa fé maledicências cujo teor literal o arrasa. O senescal nos mostra um Luís malicioso e irônico que brinca cruelmente com ele, numa espécie de disputa escolástica para rir que o próprio rei arbitra: porque Joinville também está pronto a derreter-se de felicidade quando o rei lhe confia que acha de verdade que ele fica desesperado quando publicamente dá razão a mestre Robert contra ele. E ele parece acreditar com deleite no rei quando Luís o trata com ironia: "Uma vez ele me chamou e me disse: 'Não ouso vos falar, sutil como sois, das coisas de Deus [...]'."[27]

Desse modo Joinville nos revela um São Luís como rei de uma corte que mistura com os prelados e barões — membros tradicionais e conselheiros obrigatórios de um rei feudal — personagens mais modestas, eleitas de seu coração e criaturas de seu bem-querer. Esses confidentes e conselheiros antecipam os

---

[27] *Ibid.*, pp. 14-15.

SÃO LUÍS

favoritos das épocas seguintes no curso das quais o rei de França tomará ainda mais distância da hierarquia propriamente feudal gerada pela política tradicional dos reis capetos. E Luís torna essas novas figuras mais domésticas ao usar a ironia e a brincadeira.

Joinville nos mostra assim um rei que ilustra, em certa medida, as novas maneiras de corte, um rei que deve divertir e fazer rir por suas brincadeiras com os que o cercam, *rex facetus*.[28] Mas também um rei que sabe fugir do devoto sério em que o mergulharam seus hagiógrafos, um rei que faz questão de estar no mundo e lhe diz então que não hesita em desafiar o perigo para não abandonar os seus. Quando o apressam a deixar seu navio que ameaça afundar diante de Chipre não confessa ele: "Não há ninguém que ame tanto sua vida como eu amo a minha"?[29]

São Luís não hesita em dizer alto e bom som aquilo que muitos cristãos do século XIII pensam em silêncio naquele tempo em que, sem deixar de serem bons cristãos, fazem descer sobre a terra os valores do céu, acham que a vida terrestre vale a pena de ser vivida e que a salvação eterna começa aqui na terra não só negativamente — na penitência e no desprezo do mundo —, mas também no gozo comedido desta vida terrestre.[30]

O rei ri

Graças a Joinville, vemos São Luís rir e às vezes rir às gargalhadas.[31] Quando Joinville diz a frase de espírito a que me referi pouco acima[32] sobre os ossos-relíquias do rei que ainda não quer beijar, o rei dá uma gargalhada: "E ele riu muito claramente."[33]

Joinville perdeu tudo o que tinha consigo quando, ele também, foi preso. Quando São Luís decidiu, como lhe tinha aconselhado Joinville, ficar na Terra Santa, o senescal lhe foi pedir, para que ele próprio também ficasse, duas mil libras que o mantivessem durante dois terços do ano, até a Páscoa de 1251: ele e três

---

[28]J.S.P. TATLOCK, "Medieval Laughter", *Speculum*, 21, 1946, pp. 290-294; Henrique II da Inglaterra (1154-1189) é chamado *rex facetus*.

[29]*Histoire de Saint Louis*, pp. 8-9 e 344-345.

[30]Ver Jacques LE GOFF, "Du ciel sur la terre: la mutation des valeurs du XIIe au XIIIe siècle dans l'Occident chrétien", em *Odysseus. Man in History. Anthropology History Today*, Moscou, 1991, pp. 25-47 (em russo).

[31]Isso foi bem observado por Edmond-René LABANDE, "Quelques traits de caractère du roi Saint Louis", *Revue d'histoire de la spiritualité*, 50, 1974, pp. 143-146; ver *supra*, p. 185.

[32]*Supra*, p. 428.

[33]*Histoire de Saint Louis*, p. 310.

cavaleiros. E o rei lhes deu o dinheiro. Como a Páscoa se aproximasse, Joinville, que sabia que o rei não gostava desses pedidos, recorreu a uma astúcia.

> Enquanto o rei fortificava Cesareia, eu ia a seu pavilhão para vê-lo. Logo que me viu entrar em seu quarto, onde falava com o legado, levantou-se, puxou-me para um canto e me disse: "Sabeis que só vos mantenho até a Páscoa; assim, peço-vos que me digais que devo dar-vos para que estejais comigo por um ano." E eu lhe disse que não queria que me desse de seus denários mais do que tinha dado; mas que eu queria fazer um outro ajuste com ele.
>
> "Como, disse eu, vos aborreceis quando se vos pede alguma coisa, quero que acerteis comigo que, se vos pedir alguma coisa durante todo este ano,* não vos aborrecereis; e, se ma recusais, também não me aborrecerei." Quando ouviu isso, começou a rir às gargalhadas, e disse que me mantinha com essa condição; e me tomou pela mão e me levou diante do legado para o conselho, e repetiu para os conselheiros o ajuste que tínhamos feito; e eles ficaram muito alegres, porque me tornei o mais rico no acampamento.[34]

E o rei ainda dessa vez explodiu de rir: "Quando ouviu isso, pôs-se a rir às gargalhadas."[35] Quando, um dia, o rei se aborrece com um pedido de Joinville, o senescal lembra-lhe o ajuste e ele ri de novo.[36] Em outra ocasião, quando de uma assembleia, os prelados pediram ao rei que fosse lhes falar sozinho. Uma vez mais, considerou seus pedidos despropositados e os repeliu.

> Quando acabou de falar aos prelados, veio a nós que o esperávamos na sala dos mantos e nos contou rindo o tormento que acabava de impor aos prelados. E reproduziu, arremedando-os e caçoando deles, seu diálogo com o arcebispo de Reims, o bispo de Chartres e o bispo de Châlons.[37]

Uma parte do testemunho de Joinville confirma o que dizem os hagiógrafos. Essencialmente, trata-se do mesmo homem. Aqui estamos diante do mesmo horror

---

*"... toute cette année", é como está aqui. Entretanto, no subtítulo *A cruzada, Luís IX e o Ocidente*, no capítulo III da primeira parte, quando se cita o mesmo trecho, temos "toute une année". Daí a pequena diferença de tradução na citação inicial dessa passagem e nesta repetição. Há ainda algumas divergências de pontuação, mas essas sem maior importância. (*N. do T.*)

[34]*Ibid.*, p. 275

[35]*Ibid.*, pp. 274-275.

[36]*Ibid.*, pp. 278-279.

[37]*Ibid.*, pp. 370-373.

SÃO LUÍS

pelo pecado ("não há pior lepra do que estar em pecado mortal"), o mesmo amor pelos pobres — chegou a pedir a Joinville que lhes lavasse os pés na Quinta-Feira Santa como ele próprio o fazia. Incita a conservar uma fé firme e a se guardar da tentação do diabo, do qual desejaria que nem o próprio nome se pronunciasse em seu reino, como ele mesmo conseguia fazê--lo.[38] Quer que em todo tempo se respeite a justiça. Faz os bispos esperarem e se recusa a permitir que seus oficiais embarguem os bens dos excomungados, cuja condenação frequentemente lhe parece injusta. Durante seu cativeiro, guardou a dignidade e manteve a palavra, até quanto aos muçulmanos. É um grande amante da paz: "Foi o homem que mais trabalhou no mundo para estabelecer a paz entre seus súditos...", mas também entre os estrangeiros, por exemplo, os borgonheses e os lorenos,* que gostavam dele e levavam seus processos à sua corte.

Sua caridade é universal.

> O rei foi esmoler tão generoso que a todo ponto de seu reino onde ia fazia doações às igrejas pobres, hospitais de misericórdia, hospitais de leprosos, hospitais em geral, e aos fidalgos pobres e fidalgas. Todos os dias dava de comer a uma multidão de pobres, sem contar aqueles que comiam em seu aposento; e muitas vezes vi o próprio rei partir-lhes o pão e dar-lhes de beber.[39]

Joinville conta também — mas neste caso servindo-se de uma Crônica que utilizava para os fatos que não tinha testemunhado em pessoa — com que cuidado Luís fez as investigações em seu reino para corrigir as injustiças de seus bailios e dos senescais e como as supervisionou, assim como reformou os prepostos de Paris. Luís, enfim, favoreceu as ordens religiosas, particularmente as ordens mendicantes.

Os defeitos do rei

Porém há mais. Além das observações vivas e concretas que é o único a trazer, Joinville é um informador único quanto aos defeitos do rei. Essa franqueza lhe vem de duas intenções profundas de suas Memórias. A primeira é a vontade

---

[38]"Jamais o ovi nomear o diabo, a não ser que o encontrasse em algum livro onde convinha nomeá-lo, ou na vida dos santos quando o livro falasse dele" (*Histoire de Saint Louis*, pp. 378-379).

*Como o autor tem chamado a atenção, a França de São Luís, com esse nome, a rigor era apenas a Île-de-France, pouco mais ou menos. Daí o tratamento de "estrangeiros" para borgonheses e lorenos. (*N. do T.*)

[39]*Ibid.*, pp. 380-381.

absoluta de dizer "verdadeiro". Com orgulho, escreve de seu relacionamento com o rei: "Eu que nunca lhe menti..." Quer continuar a não lhe mentir depois da morte dele. A segunda se prende ao fato de que, como já vimos, sua obra fala tanto dele quanto do rei; é um livro sobre os dois, sobre essa amizade excepcional, mas feita de lucidez e de franquezas mútuas. Joinville não tem uma concepção idealista, asséptica da santidade. Mesmo um grande santo não é um homem perfeito.

Que condena ele, então, em Luís? Primeiro, não ter guardado a medida que convinha ao *prud'homme* que se vangloriava de querer ser. Diante do guerreiro mata-mouros que não dominava seu furor, o rei *prud'homme* deveria, mesmo na ação guerreira, conservar sua razão. Ora, que fez ele no momento de desembarcar na terra do Egito? Jogou-se impulsivamente na água e, vendo os sarracenos, quis se lançar contra eles sem refletir.[40]

Joinville não censura explicitamente o rei, mas é evidente que seu silêncio é reprovador, diante de um temperamento fogoso e até colérico. O senescal se contenta em mostrar a raiva dele, mas a narrativa é uma crítica implícita.

Durante a travessia entre o Egito e Acre, depois de posto em liberdade, o rei ainda confidenciou a Joinville.

> Queixava-se também a mim do conde de Anjou, que estava em sua nau, de que nunca lhe fazia companhia. Um dia, perguntou o que fazia o conde de Anjou e lhe foi dito que jogava nas mesas[41] com meu senhor Gautier de Nemours. E lá foi cambaleante pela fraqueza causada por sua doença; e pegou os dados e as mesas e jogou-os no mar; e muito se enfureceu com seu irmão que estava logo cedo a jogar os dados.[42]

Piedosa cólera, sem dúvida, nascida do louvável horror do rei pelos jogos de azar e pelo esquecimento da penitência, mas que mostra uma falta de domínio e um exagero.

Joinville desaprova mais ainda o excesso das manifestações de luto de São Luís quando do anúncio da morte da mãe. É normal na Idade Média, viu-se, que um homem, que um guerreiro, que um rei chore publicamente em certas circunstâncias, mas é preciso fazê-lo com medida.[43]

---

[40] *Ibid.*, pp. 89-91. Ver *supra*, p. 340-341.
[41] Jogo de gamão.
[42] *Histoire de Saint Louis*, pp. 220-221.
[43] *Ibid.*, p. 331. Ver *infra*, p. 633.

SÃO LUÍS

Às vezes, o ódio do rei por determinados pecados faz com que cometa atos de uma justiça tão exagerada que se torna injusta. Justiceiro maníaco e patológico, dá mostras de dureza e até de crueldade, em particular no castigo a blasfemadores. É verdade que desejaria ele próprio ser submetido a tal tratamento: "Eu quereria ser marcado com um ferro em brasa desde que todos os juramentos vergonhosos fossem banidos de meu reino." Declaração que é difícil não taxar de hipocrisia. Luís bem sabia não haver o risco de que tal hipótese se concretizasse.[44]

Joinville também é a testemunha reticente de um outro traço de inclemência do rei, durante a viagem marítima de volta da cruzada.

Vimos uma grande ilha no mar, chamada Panteneleia, e era povoada de sarracenos que estavam sob a sujeição do rei da Sicília e do rei de Túnis. A rainha pediu ao rei que mandasse três galés para apanhar frutas para seus filhos; e o rei a atendeu, e mandou que os mestres das galés estivessem prontos a ir ter com ele quando a nave do rei passasse diante da ilha. As galés entraram na ilha através de um porto que lá estava; e aconteceu que quando a nave do rei passou diante do porto não ouvimos nenhuma notícia de nossas galés.

Os marinheiros começaram a murmurar entre si. O rei mandou chamá-los e perguntou o que lhes parecia aquela aventura; e os marinheiros lhe disseram que lhes parecia que os sarracenos tinham tomado seu pessoal e as galés. "Mas vos damos nossa opinião e conselho, Senhor, de que não os espere; porque estais entre o reino da Sicília e o reino de Túnis que em nada vos amam, nem um nem outro; e se vós nos deixais navegar nós vos livraremos do perigo ainda de noite; porque nós vos faremos ultrapassar esse estreito." "Em verdade", disse o rei, "não estarei convencido da necessidade disso que dizeis, de deixar minha gente nas mãos dos sarracenos, sem que ao menos faça todo o possível ao meu alcance para livrá-la. E vos ordeno, voltai vossas velas e vamos correr sobre eles." E quando a rainha ouviu isso começou a ter uma grande dor e disse: "Ah! eu é que fiz tudo isso." Enquanto que se voltavam as velas da nave do rei e das outras, vimos as galés saindo da ilha. Quando chegaram perto do rei, o rei perguntou aos marinheiros por que tinham feito aquilo; e eles lhe responderam que não aguentavam mais, que os filhos dos burgueses de Paris é que tinham feito aquilo, seis dos quais estavam comendo frutas dos pomares; é que os marinheiros não podiam ter as frutas, e eles não as queriam deixar. Então o rei mandou que os

---

[44] Joinville, que também detesta a blasfêmia, é mais moderado: "No palácio de Joinville quem diz tal palavra recebe uma bofetada (*bafe*) ou um tapa (*paumelle*)."

pusessem na chalupa; e então eles começaram a gritar e a urrar: "Senhor, por Deus, tirai-nos tudo o que temos, mas não nos ponha lá junto com os assassinos e ladrões; porque isso nos seria lançado ao rosto para sempre." A rainha e nós todos fizemos o possível para que o rei desistisse disso; mas o rei nunca quis escutar ninguém: lá foram postos eles e lá ficaram até que estivéssemos em terra. E correram tal perigo que quando o mar se tornou grosso as ondas lhes voavam sobre as cabeças, e eles sentavam de medo que o vento os jogasse no mar.

Mas o senescal, que apesar de tudo tem pena de assim condenar seu real amigo, conclui:

> E isso com toda a razão; porque a gula deles nos causou tal perigo que atrasamos bem oito dias, porque o rei mandou os navios andarem para trás.[45]

Às vezes, ao contrário, o rei parece esquecer a incorruptibilidade de que fez regra para si próprio e para seus funcionários. Depois de seu desembarque na Provença, esperou em Hyères que lhe fossem trazidos os cavalos necessários para sua viagem de volta à França. O abade de Cluny dá-lhe dois bonitos palafréns, um para ele e um para a rainha. No dia seguinte, apresenta-lhe um certo número de petições e o rei "o ouviu muito atenta e muito longamente". Joinville diz então ao rei: "Quero vos perguntar se ouvistes pacientemente o abade de Cluny porque ele vos deu ontem esses dois palafréns." O rei refletiu e confessou que sim. Por uma vez, então, Joinville dá lição ao rei:

> "Senhor, dou-vos opinião e conselho que proibais a todos os conselheiros jurados, quando chegardes à França, de aceitar qualquer coisa daqueles que têm negócio convosco; porque, esteja certo, se aceitarem, escutarão mais indulgente e mais atentamente aqueles que lhes presentearão assim como fizestes com o abade de Cluny." Então o rei chamou todo o seu conselho e logo lhes contou o que eu lhe tinha dito; e eles disseram que eu lhe tinha dado um bom conselho.[46]

Sem ser inventada, a história provavelmente foi mexida pelo bom Joinville, muito feliz de mostrar que a amizade existente entre o rei e ele o autorizava aqui e ali a ditar-lhe por sua vez a moral e a fazer seu próprio elogio ao mesmo tempo

---

[45] *Histoire de Saint Louis*, pp. 353-355.
[46] *Ibid.*, pp. 358-361.

SÃO LUÍS

que o de Luís. Boa ocasião para sublinhar que ninguém é perfeito e, para nós, de apreciar essa ligação com um São Luís que tinha suas fraquezas: esse retrato tem mais possibilidades de ser "verdadeiro". Do conselho de Joinville, achar-se-á eco na grande ordenação de 1254, algumas semanas mais tarde. Se se quiser ser hipercrítico, poder-se-á perguntar se não foi a Ordenação que inspirou a Joinville essa historinha retrospectiva totalmente em seu louvor, em vez do contrário. Parece-me que uma mentira assim arruinaria todo o projeto de Joinville. Enfeitar, torcer um pouco em proveito de si, talvez, inventar não.

Mais grave, aos olhos do senescal, é a indiferença do rei em relação a sua esposa. Joinville tem quase tanta admiração pela rainha Margarida quanto pelo rei. Não parece, em compensação, ter a rainha-mãe no coração. Mostra o comportamento odioso dela em relação à nora.[47] É visivelmente hostil quanto à obediência excessiva do filho para com Branca de Castela. Desejaria que o rei fosse tão firme diante da mãe quanto era diante dos outros membros da família, dos conselheiros, dos prelados e dos barões. Provavelmente era ciumento dessa afeição que o rei tinha para com a mãe, mas seu ciúme o torna lúcido.

A rainha que ele estima foi admirável na cruzada, depois que deu à luz João Tristão. Heroica, tinha determinado que um cavaleiro fiel a decapitasse antes de cair nas mãos dos sarracenos.[48] Mostrou sua grandeza de alma e sua generosidade manifestando dor ao anúncio da morte de sua terrível e detestável sogra.[49] É verdade, esclarece ela a Joinville, que não chorou a rainha morta, mas a tristeza do rei. E a piedosa rainha Margarida não esqueceu de agradecer a Deus que salvou a frota real da destruição pela tempestade na viagem de volta. Por sugestão de Joinville, não mandou ela fazer em Paris, para servir de ex-voto, uma nave de prata que o bom senescal teve de levar a Saint-Nicolas-du-Port, a grande igreja de peregrinação do santo, protetor dos viajantes marítimos?[50]

Em 1253, a rainha deu à luz pela terceira vez na Terra Santa. Pôs no mundo uma menina que recebeu o nome da avó paterna, Branca, já dado ao primeiro filho do casal real, uma menina nascida em 1240 e morta pequenina. Algum tempo depois do parto, Margarida foi encontrar o rei em Saida (Sidon). Joinville foi ao encontro dela.

---

[47]Ver *infra*, pp. 624-659, um tratamento mais aprofundado das relações de São Luís com a família, vistas de um outro ponto de vista, o do próprio São Luís.
[48]*Histoire de Saint Louis*, pp. 216-219.
[49]*Ibid.*, pp. 330-333.
[50]*Ibid.*, p. 347.

E quando voltei ao rei, que estava em sua capela, ele me perguntou se a rainha e as crianças estavam bem de saúde; e eu lhe disse que sim. E ele me disse: "Se estou certo, quando vos levantastes de diante de mim, fostes ter com a rainha; e por causa disso fiz o sermão esperar por vós." E lembro essas coisas porque eu já estava há cinco anos junto dele e ele ainda não tinha falado da rainha nem dos filhos a mim e, que eu soubesse, nem aos outros; e não era uma boa coisa essa, assim me parece, de ser estranho à mulher e aos filhos.[51]

Diante dessa atitude, Joinville não pode calar — desta vez sim — sua reprovação e não encontra desculpas para o rei. Cinco anos sem falar aos que o cercavam da rainha que, grávida, reuniu dinheiro para pagamento de seu resgate, do resgate do exército e de seus filhos, três dos quais nascidos além-mar! Que homem estranho, que santo bizarro!

A rainha, de resto, também pensou isso, constrangida diante de seu real esposo. E é sem dúvida a confidência mais desconcertante, a mais inquietante de Joinville sobre São Luís.

Na já citada tempestade, a rainha foi ao quarto do rei no navio, mas obrigaram-na a sair dali, porque havia o risco de naufrágio e só estavam deitados lá o condestável Gilles le Brun e Joinville. Joinville perguntou à rainha o que a levara lá. Ela lhe respondeu "que tinha ido falar com o rei, porque ele prometeu a Deus uma peregrinação, ou a seus santos, para que Deus nos livrasse do perigo em que estávamos". Foi então que Joinville aconselhou a ela uma peregrinação a Saint-Nicolas-de-Varangéville (Saint-Nicolas-du-Port). Mas a rainha não quis se comprometer: "Senescal, verdadeiramente eu o faria com alegria; mas o rei é tão *diferente* que se souber que eu o prometi sem ele, jamais me deixaria ir."[52] *Diferente*, que quer dizer isso? Não é fácil entender a palavra. Natalis de Wailly traduziu-a como bizarro. Diz-se de uma criança que é *diferente*, instável, imprevisível. O *Roman de la Rose** diz que a mulher é *diferente* e *volúvel* (*donna mobile!*). Será preciso tentar distinguir o significado desse epíteto de boa fonte: Joinville, decididamente revelador de um São Luís singular, dando vez à rainha...[53]

---

[51]*Histoire de Saint Louis*, pp. 326-327.

[52]*Ibid.*, pp. 346-347.

*Poema alegórico e didático escrito por volta de 1236 por Guillaume de Lorris. (*N. do T.*)

[53]Ver *infra*, pp. 647-648.

SÃO LUÍS

Um sonho de Joinville

O relacionamento entre São Luís e Joinville acaba, segundo o testemunho do senescal, num episódio surpreendente, a sublimação de um sonho.

Esse sonho é o segundo no qual Luís aparece ao senescal. O primeiro tinha sido este sonho de sangue, na véspera do dia em que São Luís se cruzou pela segunda vez:[54]

> Eu ia para Paris. Quando cheguei, na noite da vigília de Notre-Dame, em março, não achei ninguém, nem a rainha nem qualquer outra pessoa que me soubesse dizer por que o rei tinha me chamado. Ora, acontece — assim Deus quis — que peguei no sono nas matinas;* e me pareceu, dormindo, que eu via o rei diante de um altar, de joelhos; e me parecia que muitos prelados em hábitos de igreja revestiam-no com uma casula vermelha de sarja de Reims.

O segundo foi quando tudo acabou. São Luís está morto. Tornou-se oficialmente santo. Joinville depôs no processo de canonização. Seu testemunho foi levado em consideração e o pregador da cerimônia solene em Saint-Denis, em 1298, mostrou ao rei Filipe, o Belo, e a toda a assembléia o ancião de 74 anos ali presente.

Mas Joinville está infeliz. Primeiro, tem a consciência pesada. Não seguiu o rei a Túnis. Recusou-se — até com violência — a acompanhá-lo. Respondeu-lhe que em sua primeira cruzada, quando estava no além-mar, os agentes do rei de França e do rei de Navarra "tinham destruído e empobrecido seus homens" e que desta vez ele quer ficar "para ajudar e defender seu povo". Se se cruzasse, despertaria a cólera de Deus "que entregou seu corpo para salvar seu povo". Vê-se que é uma crítica indireta, mas clara e dura, ao rei que não teme abandonar seu povo "ao mal e às perdas". Mas, agora, tem remorso disso. Teria o santo rei aprovado essa deserção, essa infidelidade? Teria morrido negando-lhe a amizade? Que restaria então a ele, Jean de Joinville, cuja vida, se tem um sentido, é essa amizade com o santo rei? Se perdeu essa amizade — e, se for o caso, é para sempre — que será dele?

---

[54] *Histoire de Saint Louis*, pp. 397-399. Ver *supra*, p. 421.

*É a primeira e a mais importante das horas do Ofício Divino diário. Como o nome indica, as matinas eram rezadas na madrugada, primitivamente, mas uma antecipação progressiva acabou fixando essa oração para o fim da noite. Se no século XIII já vigorava a antecipação, nosso Joinville deve ter adormecido por volta de meia-noite. (*N. do T.*)

E depois Joinville está infeliz porque o rei atual, o neto de Luís, que acaba de fazer uma grande distribuição dos ossos-relíquias de seu santo avô, esse rei que não gosta dele, que o despreza, esqueceu dele, não lhe deu nada. Uma relíquia em seu coração seria suficiente? Numa época em que, para um cristão, o sobrenatural tem necessidade de um suporte material, é preciso que Joinville tenha uma lembrança tangível de seu santo amigo.

Aparece o grande mensageiro do céu, o informador do além, o sonho.

> Desejo ainda a seguir contar de nosso santo rei coisas que virão em sua honra, que sobre ele vi dormindo: é, digo, que me parecia em meu sonho que eu o via diante de minha capela em Joinville; e ele estava, assim me parecia, maravilhosamente alegre e de coração feliz; e eu próprio estava bem feliz por vê-lo em meu castelo, e lhe dizia: "Senhor, quando partirdes daqui, eu o hospedarei em uma casa minha situada em um lugarejo meu que se chama Chevillon." E ele me respondeu rindo, e me disse: "Senhor de Joinville, pela fé que vos mereço, não quero de modo algum sair daqui tão cedo."
>
> Quando acordei, pus-me a pensar; e me pareceu que agradaria a Deus e a ele que eu o hospedasse em minha capela, e assim o fiz; porque ergui um altar em honra de Deus e dele e lá celebrar-se-á para sempre em honra dele; e há uma renda estabelecida perpetuamente a fim de que assim se faça. E contei essas coisas a meu senhor o rei Luís, que é herdeiro de seu nome;* e me parece que faria os desejos de Deus e de nosso santo rei se conseguisse relíquias do verdadeiro corpo do santo e as enviasse à dita capela de Saint-Laurent em Joinville, para que os que viessem a seu altar aí tivessem maior devoção.[55]

Joinville ainda espera as verdadeiras relíquias que o novo rei, Luís X (o Teimoso), esse, vai-lhe dar talvez.

Mas o essencial foi alcançado. São Luís aparecendo alegre a Joinville, em casa dele, no castelo dele, dizendo-lhe: "Não quero de modo algum sair daqui tão cedo", assegurou-lhe que sua amizade não está morta, que, como ele assim quis, ele agora o perdoou e a dupla de amigos poderá se refazer.

Pela fundação desse altar, é em casa dele, é em sua capela que Joinville tem o santo rei — e o tem inteiramente e para sempre, uma vez que estabeleceu para seu

---

*Luís X, bisneto de São Luís, ainda não é rei, uma vez que Joinville terminou sua obra em 1309, como informa o autor na abertura deste capítulo. Só o será em 1314 (como está no mesmo parágrafo), mas o velho Joinville já o trata de rei. (N. do T.)

[55] JOINVILLE, *Histoire de Saint Louis*, pp. 411-413.

culto uma renda perpétua. E é nesse castelo, nesse lugar simbólico de sua pessoa que São Luís vai viver para sempre. O que o senescal não nos diz é que, à falta de relíquia, vai completar essa conquista do santo rei para a eternidade fazendo-o representar por uma imagem em seu altar ou junto dele. A imagem do rei seria sua encarnação, sua cópia, para sempre possuída.[56] O testemunho de Joinville acaba monumento imaginário.

---

[56]Sobre o significado das "imagens" para os homens da Idade Média, ver J. WIRTH, *L'Image médiévale. Naissance et développement (VIᵉ -XVᵉ siècles)*, Paris, 1989, et Jean-Claude SCHMITT, "L'historien et les images aujourd'hui", *Xoana*, 1, 1993. pp. 131-137.

X

SÃO LUÍS ENTRE O MODELO E O INDIVÍDUO

A produção da memória de São Luís nos reduz então, se queremos nos aproximar do indivíduo São Luís, a esse de Joinville? Reduz-nos a isso se queremos nos afastar da massa de lugares-comuns hagiográficos e de informações manipuladas pelo círculo clerical e oficial do soberano e privilegiar um testemunho excepcional que revelaria aspectos pelo menos do "verdadeiro" São Luís?

As coisas não são tão simples. É preciso, afinal, perguntar-se se a sociedade de que fazia parte o santo rei, se o equipamento mental dos biógrafos e das testemunhas do processo de canonização, se a sensibilidade da época e seus modos de memorização foram indiferentes ao indivíduo — sem excluir aquele que estava no cume da sociedade — ou se, ao contrário, a consideração da personalidade individual era um dos modos de percepção, de definição e de explicação de si mesmo e dos outros e, em particular, dos heróis das biografias, das *Vitae*.

História e indivíduo

É um hábito comumente irritante entre os historiadores ver em numerosos períodos da história a emergência ou a afirmação do indivíduo. Essa afirmação repetitiva acaba por lançar o descrédito sobre a busca do surgimento do indivíduo na história. Trata-se entretanto de um problema real que exige numerosas, precisas e delicadas pesquisas. Contentemo-nos, primeiro, com duas ou três proposições da experiência e do bom senso.

SÃO LUÍS

Como muitos fenômenos históricos de longa duração, a afirmação do indivíduo não segue uma linha única e constante de evolução. É diferente o que em uma dada época corresponde, numa sociedade particular, à nossa ideia de indivíduo.[1] O indivíduo socrático imaginado pela filosofia grega antiga, o cristão dotado de uma alma individual, o homem do Renascimento animado por sua *virtù*, o herói rousseauniano ou romântico, para não sair da cultura ocidental, são não apenas tipos distintos de indivíduos, mas não correspondem ao mesmo conceito de indivíduo e, em particular, não têm a mesma relação com a sociedade à qual pertencem. Há um modelo de indivíduo na cidade antiga, na Cidade de Deus agostiniana, na abadia de Thélème de Rabelais ou na utopia de Thomas Morus, na Genebra de Calvino, em Port-Royal ou na Companhia de Jesus, para abranger as sociedades reais ou imaginárias. E cada vez é um modelo específico e diferente dos outros.

Não se pode, porém, falar verdadeiramente de indivíduo e de individualismo na sociedade ocidental a não ser no período contemporâneo. E o indivíduo — para balizar um fenômeno, gerado por uma longa, múltipla e frequentemente subterrânea preparação — só se afirma com a Constituição americana e a Revolução Francesa. Mas existiu, sem dúvida, desde o começo da história, em torno de noções diferentes do indivíduo, de avanços mais ou menos longos, mais fortes ou menos fortes, mais ou menos duráveis de individualismo, seguidos de estiagens ou mesmo de refluxo. Se há uma história descontínua e multiforme, é bem essa do espaço e da noção do indivíduo.

Mas também é preciso dar importância a determinadas séries de produção da história precisamente destinadas a fixar a memória do indivíduo, e que marcam indubitavelmente um interesse mais particular, uma afirmação mais clara: é o caso da autobiografia, do retrato. Muitos historiadores, e não dos menores, concluíram recentemente que o período que precede ou mesmo que engloba a vida de São Luís foi um desses momentos de avanço do indivíduo.

O inglês Walter Ullmann, historiador do direito e das instituições eclesiásticas, considera em O *Indivíduo e a Sociedade na Idade Média* que a noção medieval do indivíduo como súdito começou a evoluir para a de indivíduo--cidadão desde o coração da Idade Média, embora só tenha encontrado seu

---

[1] E. H. WEBER em *La Personne humaine au XIII e siècle* (Paris, 1991, p. 496, nº 6) fala igualmente da "história agitada da noção de 'pessoa'" Deixei de lado essa noção porque ela me parece confinada, na Idade Média, ao domínio da filosofia e da teologia. É preciso resistir à tentação de fazer extravasar na mentalidade comum conceitos que permanecem limitados ao mundo dos teólogos. Creio que, de modo geral, o universo da teologia escolástica do século XII não informa os apetrechos mentais da grande maioria dos leigos e mesmo dos clérigos da época. Só, sem dúvida, o pensamento político de um Tomás de Aquino vai se difundir (mas depois de São Luís), assim como certas formas de pensamento "racional".

pleno desenvolvimento no fim do século XVIII. Na sociedade cristã medieval, o indivíduo não podia aparecer por causa do constrangimento de duas representações fundamentais: a da superioridade da lei e a da sociedade como corpo orgânico. A primeira supõe a imagem de uma sociedade hierárquica e inigualitária em que o indivíduo é um inferior e deve obedecer a um superior encarregado de aplicar a lei. Não existia regra de maioria dando um valor igual a cada indivíduo, mas a *sanior pars*, a minoria mais "sadia", era a dos "melhores", que se impunha aos menos "bons". O indivíduo era apenas um súdito (*subjectus*, "submetido", ou "submisso"). E Walter Ullmann acentua que disso resulta, entre outras coisas, o caráter tão impessoal, aos nossos olhos, do historiógrafo medieval.[2]

A virada do século XII para o XIII

A outra representação dominante, vinda de São Paulo e revivificada no século XII por João de Salisbury com a concepção organicista da sociedade semelhante a um ser humano, na qual os membros devem obedecer à cabeça (ou ao coração), levava o indivíduo a fundir-se nas comunidades às quais pertencia: a ordem ou o estado social (*ordo, status*), a paróquia, a corporação e, logo, o Estado em gestação.

Entretanto, segundo Walter Ullmann, a própria supremacia da lei favoreceu a transformação do indivíduo-súdito em indivíduo-cidadão, combinando-se com outros elementos evolutivos. Para ele, a essência do sistema feudal é "o contrato individual entre o senhor e o vassalo".[3] No artigo 39 da Magna Carta (1215) imposta pelos barões ao rei da Inglaterra, ele vê a expressão mais notável dessa tendência que vai unir primado da lei e consideração do indivíduo: "Nenhum homem livre será detido ou aprisionado, ou sofrerá embargos, ou será posto fora da lei, ou exilado, ou lesado no que quer que seja, salvo por um julgamento de seus pares (*judicium parium suorum*) ou pela lei do país (*per legem terrae*)." Essa interpretação me parece contestável: é necessário constatar, com efeito, que a longa e lenta marcha dos países ocidentais cristãos no sentido da democracia seguiu dois caminhos principais. O caminho inglês repousa sobre a garantia dos direitos do indivíduo através da lei do país e do julgamento dos pares; o francês passa pela afirmação da lei do Estado igual para todos, cuja formulação e cuja aplicação

---

[2] Walter ULLMANN, *The Individual and Society in the Middle Ages*, Baltimore, 1966, p. 45.
[3] *Ibid.*, p. 73.

SÃO LUÍS

foram asseguradas pelo rei no tempo do Estado monárquico. É precisamente isso que faz São Luís no caso do senhor de Coucy.[4] O sistema "feudal" pode então ser considerado um instrumento de proteção do indivíduo (caso inglês) ou um entrave a essa proteção, favorecendo a um sistema hierárquico em que não existe a igualdade a não ser no conjunto de uma camada superior privilegiada (caso francês). Cada sistema pode se perverter, e foi isso que houve na Idade Média: num caso, é a dominação dos privilegiados; no outro, a tirania estatal, cujo advento na França se deu com Filipe, o Belo, talvez desde Filipe III, e que pelo menos uma parte da nobreza já via em alguns atos de Luís IX.

Voltemos à concepção de Walter Ullmann: ele revela um terceiro caminho pelo qual a noção de indivíduo surge no Ocidente medieval, que intitula "humanista". Esse caminho resulta da convergência da evolução em campos muito diversos, mas muito significativos do pensamento, da mentalidade e da conduta humanas. Da mesma forma invoca aqui a preparação filosófica e teológica para o aristotelismo como a formação de uma literatura em língua vulgar, o desenvolvimento do "naturalismo" nas artes visuais, o pensamento humanista de Dante, a filosofia política de Marsílio* de Pádua, o pensamento jurídico de Bartolo de Sassoferrato. Essas considerações nos levam para além da época de São Luís. Mas, em compensação, seu reinado se situa no coração do período em que Ullmann situa o movimento decisivo da transformação do indivíduo-súdito em indivíduo--cidadão. "A ciência histórica acabou reconhecendo que no Ocidente a virada do século XII para o XIII foi o período em que se semearam os germes do futuro desenvolvimento constitucional assim como se deu o erguimento do indivíduo."[5] E como o exprime sobretudo a literatura vernacular, opera-se uma inversão fundamental de mentalidade e de sensibilidade, no coração da qual o indivíduo emerge: "Enquanto na alta Idade Média o *Memento mori* ["Lembra-te de que morrerás"] dava o tom à literatura, desde o fim do século XII impôs-se o *Memento vivere* ["Lembra-te de viver"]. O antigo tom de resignação e de fuga do mundo para a eternidade era substituído por uma *joie de vivre*,[6] um apelo otimista à capacidade pessoal do homem de conduzir sua vida terrestre a um completo prazer.[7] Lembremo-nos do admirável "Não há ninguém que ame tanto sua vida como eu amo a minha" de

---

[4] Ver *supra*, pp. 217-219, e *infra*, pp. 573.

*O leitor brasileiro pode estranhar a grafia do nome, uma vez que por aqui é absoluto o domínio da forma Marcílio. Mas existem os dois nomes: Marsílio liga-se a *Marsilia*, nome da cidade de Marselha no latim medieval (Massilia no latim clássico), enquanto que Marcílio deriva de *Marcus*. (*N. do T.*)

[5] W. ULLMANN, *The Individual and Society, op. cit.*, p. 69.

[6] Em francês no texto de Ullmann.

[7] W. ULLMANN, *The Individual and Society, op. cit.*, p. 109.

Luís,[8] ele próprio tocado por essa "descida dos valores do céu sobre a terra".[9] São Luís navega entre esta vida terrestre valorizada e individualizada e o céu coletivo da comunhão dos santos.

Um outro historiador britânico, Colin Morris, vai mais longe. Fazendo da Antiguidade greco-romana um dos fulcros prováveis do conceito de indivíduo e realçando as origens cristãs da noção, reserva à Idade Média um papel de verdadeira "descoberta do indivíduo", segundo o título de seu livro.[10] Sua segunda originalidade é designar o meado do século XI como o tempo do início do fenômeno — a área cronológica de seu estudo vai de 1050 a 1200. Mas a época decisiva, para ele, é o século XII e, chamando a atenção para o fato de que não existe então uma palavra para "indivíduo" (os termos *individuum*, *individualis* e *singularis* estão inteiramente circunscritos à linguagem técnica da lógica), ele insiste sobre "a busca de si", isso que se chamou o socratismo cristão. Foi o beneditino Guillaume de Saint-Thierry (1085-1148), amigo de São Bernardo, que nesse caso forneceu a dupla fonte, em seu tratado sobre a "natureza do corpo e da alma" (*De natura corporis et animae*): "A resposta de Apolo de Delfos era famosa entre os gregos: Homem, conhece-te a ti mesmo"; e Salomão, ou antes o Cristo, disse a mesma coisa no Cântico dos Cânticos (1, 7): "Se tu te ignoras, tu te desvias" (*Si te ignoras... egredere*). Esse socratismo cristão inspirou muito diversamente tanto um Abelardo como um São Bernardo. A busca do eu prossegue na intensificação da confissão privada, auricular, na qual se procura descobrir as intenções do pecador em vez de simplesmente punir a falta objetiva. A autobiografia, inspirada pelas *Confissões* de Santo Agostinho, nasce com o monge de Ratisbona Otló de Saint-Emmeran (morto por volta de 1070) e continua com o beneditino da França do Norte Guibert de Nogent (morto por volta de 1123). Otló busca "o homem interior" e Guibert descobre "o mistério interior".[11]

Esse eu vai à procura de outros "eu". O século XII é o século do elogio da amiza-de. O cisterciense inglês Aelred de Rievaulx redescobre o tratado da amizade (*De amicitia*) de Cícero e coroa sua carreira com um livro sobre

---

[8]Ver *supra*, p. 431.

[9]Ver *ibid.*

[10]Colin MORRIS, *The Discovery of the Individual*, 1050-1200, Londres, 1972. Morris acrescentou complementos a seu livro no artigo "Individualism in XII thcentury religion: some further reflexions", *Journal of Ecclesiastical History*, 31, 1980, pp. 195-206. Ver também o livro recente de Aaron GOUREVITCH, *La Naissance de l'individu au Moyen Âge* (versão francesa), Paris, 1995.

[11]Georg MISCH, *Geschichte der Autobiographie*, 2ª ed., 4 vol. em 8 tomos, Frankfurt, 1949, 1969; K. J. WEINSTRAUB, *The Value of the Individual. Self and Circumstance in Autobiographie*, Chicago, 1978, 1982 (2ª ed.); Sverre BAGGE, "The Autobiography of Abelard and Medieval Individualism", *Journal of Medieval History*, 19, 1993, pp. 327-350. Bagge empreendeu uma pesquisa sobre "O indivíduo na cultura europeia".

A *Amizade Espiritual*, entre 1150 e 1165. Afirma que "Deus é amizade" e, mais adiante, que a amizade é o verdadeiro amor. Amor sagrado, amor profano, com todas as ambiguidades que contém em si o livro bíblico mais comentado do século XII, o Cântico dos Cânticos. São Bernardo e Guillaume de Thierry são os cantores do amor de Deus. Guillaume afirma: aquele que procuras, se está em teu amor, está em ti e não quer apenas ver Deus, quer também "tocá-lo" e até "entrar totalmente dentro dele até seu coração".[12] São Bernardo, viu-se, chora seu irmão com a intensidade que porá São Luís a chorar sua mãe, seu filho, seu irmão, sua irmã. Entre Joinville e São Luís, no coração da devoção de São Luís, existiu essa intensidade de amizade e de amor entre indivíduos que levará, no século XVI, ao modelo de Montaigne e La Boétie, "porque era ele porque era eu", na qual se encontra essa fascinação pelo "homem interior".

Enfim, o indivíduo novo explora novos caminhos religiosos, o culto da Paixão de Cristo, a escatologia, a teologia mística. A Paixão de Jesus, a nova Jerusalém, a busca de Deus através da amizade e o amor dos homens, essa será a religião de São Luís.

O medievalista russo Aaron J. Gourevitch é, também ele, um defensor da aparição do indivíduo no século XIII. Depois de ter chamado a atenção para o fato de que o indivíduo é absorvido, na Idade Média, pelas coletividades de que faz parte, e para o fato de que o que contava, naquele tempo em que se dizia *individuum est ineffabile* ("o individual é inexprimível"), não era a parte, mas o *todo*, o *universitas*, conclui seu grande livro *As Categorias da Cultura Medieval* pelo ensaio "Em busca da personalidade".[13]

Para ele, na verdade é antes a "personalidade" do que a "individualidade" que busca se afirmar na Idade Média. A noção de *persona*, que, no mundo romano, designava inicialmente a máscara de teatro, lá mesmo se transformou, no domínio do direito, em conceito de personalidade. Mas o sistema feudal impediu por muito tempo o indivíduo de se tornar independente. Quanto ao pensamento, permanecia englobado no universal; no tipo e na realidade social, estava subordinado à comunidade social a que pertencia. O século XIII, enfim, marcou uma virada na qual se manifestaram "sintomas que testemunham pretensões crescentes, na pessoa humana, de ser ser reconhecida".[14]

---

[12] Claudio LEONARDI, Introdução à edição com tradução italiana de GUILLAUME DE SAINT-THIERRY, *La lettera d'Oro* ("A carta de ouro"), Florença, 1983, p. 25.
[13] 1972; trad. fr., Paris, 1983.
[14] Sobre o que penso da noção de "pessoa", ver *supra*, p. 443, n° 1.

448 JACQUES LE GOFF

Gourevitch, depois, foi mais longe, datando da Idade Média não só o nascimento da pessoa moral, mas do indivíduo propriamente dito. Com a ajuda das narrativas de viagens ao além, sustenta a hipótese de que a imagem de uma biografia individual concebida como "o destino de uma alma" e a noção de uma personalidade humana acabada, no momento da morte, num julgamento individual à cabeceira do moribundo aparecem desde o século VIII no cristianismo.[15]

O "eu"

Essas concepções foram objeto de críticas de diversos matizes. Primeiramente, da parte da historiadora americana Caroline Bynum, que propôs estabelecer uma distinção inicial entre o indivíduo (*individual*), para o qual se viu que a Idade Média não tinha palavra realmente correspondente, e o eu (*self*), que corresponde aos termos "alma" (*anima*), "si" (*seipsum*), "homem interior" (*homo interior*).[16] Segundo ela, a Idade Média ignorava, mesmo depois do século XII, o *indivíduo* como ser *único* e *separável* (e separado) de qualquer grupo. O que o século XII e o século XIII descobriram e redescobriram foi o homem interior, o eu. Mas esse eu não existiria fora dos grupos de que a pessoa fazia parte. A novidade desses séculos seria ter substituído ou duplicado as velhas concepções unitárias, binárias ou ternárias da sociedade por uma multiplicidade de grupos. Ao lado da Igreja, da Cristandade, do corpo místico do Cristo, das duplas clérigos e leigos, poderosos e pobres, povo graúdo e povo miúdo (*popolo grasso/popolo minuto*), e dos sistemas ternários mais recentes — as três ordens (clérigos, guerreiros, trabalhadores, *oratores, bellatores, laboratores*) ou os grandes, os médios,

---

[15] Aaron J. GUREVIC, "Conscience individuelle et image de l'au-delà au Moyen Âge", *Annales*. E.S.C., 1982, pp. 255-275; repetido sob o título "Perceptions of the Individual and the Hereafter in the Middle Ages", em *Historical Anthropology of the Middle Ages*, Polity Press, 1992, pp. 65-89. Discuto essa tese *infra*, p. 453. [*N. do T.* — O leitor há de ter notado que diferentes edições francesas grafam diferentemente o sobrenome do medievalista russo.]

[16] C. BYNUM, "Did the XII thCentury Discover the individual?", artigo citado (*supra*, p. 417, n° 28). Ver também sobre o tema do surgimento do indivíduo nos séculos XII e XIII, John BENTON, *Self and Society in Medieval France. The Memoirs of Abbot Guibert of Nogent*, Nova Iorque, 1970; "Individualism and Conformity in Mediaeval Western Europe", em A. BANANI e S. VRYONIS Junior (ed.), *Individualism and Conformity in Classical Islam*, Wiesbaden, 1977, pp. 148-158, e John BENTON, "Consciousness of Self and Perceptions of 'Personality'", em *Culture, Power and Personality in Medieval France*, Th. N. BISSON (ed.), Londres, 1991, pp. 327-356, assim como o artigo muito sugestivo de Peter BROWN, "Society and the Supernatural: a Medieval Change", *Daedalus*, 104, 1975, e dois estudos de história literária: Peter DRONKE, *Poetic Individuality in the Middle Ages*, Oxford, 1970, e R. W. HANNING, *The Individual in Twelfth Century Romance*, New Haven, 1977. Um colóquio sobre o tema *Individuum und Individualität im Mittelalter* desenvolveu-se no Thomas-Institut da universidade de Colônia em setembro de 1994.

SÃO LUÍS

os pequenos (*maiores, mediocres, minores*) —,[17] desenvolvem-se novas tipologias sociais e socioprofissionais tanto no interior da Igreja (monges, cônegos, seculares, ordens de todo gênero),[18] como entre os leigos classificados por "estados" (*status*) para os quais, por exemplo, os pregadores do século XII compõem sermões específicos, adaptados à sua profissão ou à sua situação na sociedade (provavelmente as viúvas, os casados, os jovens; ou os juízes, os comerciantes, os artesãos, os camponeses, os pobres, os leprosos, os peregrinos etc.). Esses estados seriam definidos segundo modelos ou tipos que evoluiriam em função da evolução da sociedade. A autobiografia atribuída a Abelardo, a "História de minhas desventuras" (*Historia calamitatum*), seja ela uma obra autêntica ou um documento falso do século XIII, é, na realidade, a "história da ascensão e da queda de um tipo: 'o filósofo'". Francisco de Assis, visto como "o indivíduo que se revolta contra o mundo", tornar-se-ia "um modelo para o mundo".

É preciso afinal perguntar que consciência São Luís poderia ter tido de seu "eu". A distinção estabelecida por Marcel Mauss entre "sentido do eu" e conceito de indivíduo aqui é pertinente.

Luís tem um claro "sentido do eu", pensa como um "indivíduo"? Nada menos seguro.[19]

Assim, à falta de um conceito acabado do indivíduo, ir à procura do indivíduo São Luís, do qual Caroline Bynum não fala, seria uma quimera. O único São Luís a que poderíamos chegar seria ou o modelo do santo rei pela Igreja do fim do século XIII, ou o modelo do rei segundo os mendicantes, segundo Saint-Denis ou segundo um piedoso cavaleiro.

O julgamento de Jean-Claude Schmitt ainda é mais matizado. Remontando às origens disso que chama a "ficção" historiográfica da "descoberta do indivíduo", que atribui à tradição germânica instaurada no fim do século XIX por Jacob Burckhardt e Otto von Gierke, nega a existência na Idade Média de uma noção de indivíduo, no sentido contemporâneo do termo, de resto cheio de ambiguidades, para reconhecer apenas a aparição tardia de uma concepção da pessoa tomada ela própria em tensões contraditórias, porque "longe de exaltar primeiro a consciência individual, tende a abolir o assunto na divindade da qual é imagem e na humanidade cujo destino partilha". Entretanto, na esteira de Santo Agostinho, desde o século XI, clérigos da Idade Média viveram uma volta imprevista

---

[17]Jacques LE GOFF, "Le vocabulaire des catégories sociales chez saint François d'Assise et ses biographes au XIII e siècle", em *Ordres et classes. Colloque d'histoire sociale* (Saint-Cloud, 1967), Paris e Haia, 1973, pp. 93-123.
[18]Às quais foi consagrado um tratado anônimo do século XII: *Libellus de diversis ordinibus quae sunt in ecclesia* ("Livrinho sobre as diferentes ordens que existem na Igreja").
[19]Ver Introdução, p. 19.

dessa contradição da pessoa cristã: "A abolição do eu supõe paradoxalmente um aprofundamento da consciência individual."

Essa concepção me parece explicar a tensão interior que William Jordan acreditou descobrir em São Luís, tensão que acredito tenha sido harmoniosamente superada pelo rei, em vez de ser dolorosamente vivida. Por sua fé em Deus, São Luís transformou suas fraquezas individuais em poder pessoal e fez com que moral e política coincidissem em sua conduta. Sua personalidade foi construída adaptando seu indivíduo àquilo que ele acreditava ser a vontade divina.

Por fim, Jean-Claude Schmitt pensa que é preciso ir em busca daquilo que corresponde a um processo, ainda subjacente, de gênese do indivíduo, não apenas como faz Caroline Bynum, na perspectiva da história da espiritualidade, mas segundo os caminhos convergentes, a partir dos séculos XII e XIII, do desenvolvimento da autobiografia, da interiorização da vida moral, da transformação das técnicas intelectuais que fazem recuar as "autoridades" em benefício das "razões" e das mutações da afetividade e da espiritualidade, sensíveis sobretudo nos domínios do amor e da morte.[20]

O caso de São Luís

O lento caminhar que empreendi através das teses desses historiadores permite-me agora abordar o indivíduo São Luís tal como ele me parece emergir das fontes destinadas a imergi-lo nos modelos e nos lugares-comuns. De seus biógrafos resulta uma autobiografia do rei por si próprio, de sua vida interior sai uma pessoa, de suas palavras nasce um indivíduo que exprime suas razões pessoais, de seus comportamentos afetivos e de suas atitudes diante da morte sai um rei cristão singular. Um rei de que acredito poder me aproximar não na ficção, não na ilusão, mas na realidade.

Mas, se é verdade que a noção de indivíduo é diferente no século XII da noção posterior à Revolução Francesa, se é verdade que, sobretudo a partir do século XII, o *eu* se afirma, assimilado ao homem interior que a busca da intenção do pecador e a prática da confissão individual avivam, e se é verdade que o indiví-

---

[20] Jean-Claude SCHMITT, "La 'découverte de l'individu': une fiction historiographique?", em P. MENGAL e F. PAROT (ed.), *La Fabrique, la Figure et la Feinte. Fictions et statut des fictions en psychologie*, Paris, 1984, pp. 213-236. J.-Cl. Schmitt se refere especialmente a Jacob BURCKHARDT, *La Civilisation en Italie au temps de la Renaissance* (1860), Paris, 1885, II parte, "Développement de l'individu"; Otto von GIERKE, *Deutsches Genossenschaftrecht* (1891), trad. parcial em francês: *Les Théories politiques au Moyen Âge*, Paris, 1914; Louis DUMONT, *Essais sur l'individualisme. Une perspective anthropologique sur l'idéologie moderne*, Paris, 1983; Charles M. RADDING, *A World Made by Men: Cognition and Society. 400-1200*, Chapel Hill, 1985.

SÃO LUÍS

duo não existe fora da comunidade de que faz parte ou, antes, vive numa relação dialética constante entre seu eu e o grupo — se tudo isso é verdade, não é menos verdade que esse eu fala cada vez mais fortemente e que os indivíduos no século XIII se apresentam como um misto do *eu*, do homem interior e do indivíduo no sentido mais moderno.

São Luís é um rei santo mais "pessoal" do que seus predecessores.[21] No *Espelho dos Príncipes* que lhe dedica, o franciscano Gilbert de Tournai insere num retrato impessoal do rei ideal, inspirado no Deuteronômio, um capítulo pessoal, histórico no sentido evenemencial,* sobre o cativeiro de Luís no Egito. Existe nesse gênero literário, um dos mais apreciados do século XIII, o *exemplum*, historieta introduzida nos sermões, dos quais São Luís era guloso, uma tendência a privilegiar os fatos contemporâneos, ocorridos "em nossa época" (*nostris temporibus*), "verdadeiros", e não reduzidos aos modelos e aos lugares-comuns. Deles o pregador ou sua fonte podiam dizer "eu vi" (*vidi*), "ouvi dizer" (*audivi*), mais do que "li" (*lege*).[22] É exatamente isso que faz e diz Joinville de São Luís. Reconhece o que deve a outros, a Roberto de Clermont, por exemplo — que lhe contou a morte do pai, São Luís, à qual o próprio Joinville não pôde assistir —, ou ao que achou numa obra em francês da qual nada sabemos.

> Faço saber a todos que trago aqui grande parte dos fatos do nosso santo rei anteriormente citado, que vi e ouvi, e uma grande parte dos seus fatos que achei estão numa obra em francês, os quais fiz escrever neste livro. E lhes lembro estas coisas para que aqueles que conhecerem este livro creiam firmemente no que este livro diz que eu vi e ouvi; e as outras coisas que aqui estão escritas, não atesto que sejam verdadeiras, porque não as vi nem ouvi.[23]

Acontece com São Luís o que acontece com um grande santo contemporâneo[24] do qual o sentimos às vezes muito próximo, ainda que tão diferente de personalidade, de condição e de vida.

---

[21]Ver *infra*, pp. 739 e segs. Robert FOLZ analisou bem a diferença que havia entre os *Ensinamentos* de São Luís e o manual escrito no séc. XI pelo santo rei Estêvão da Hungria para o filho em seu belo livro *Les Saints Rois du Moyen Âge, op. cit.*

*O galicismo pode ser um tanto rebarbativo — e é —, mas é também um termo técnico-didático de História. Refere-se à história que se limita exclusivamente à descrição dos acontecimentos. (*N. do T.*)

[22]Cl. BRÉMONT, J. LE GOFF, J.-Cl. SCHMITT, *L'Exemplum, op. cit.* Ver *supra*, Capítulo IV desta Segunda Parte.

[23]*Histoire de Saint Louis*, p. 413.

[24]Francisco de Assis morreu em 1226, ano em que o menino Luís se tornou rei. Foi canonizado em 1228, sessenta e nove anos antes de São Luís.

Pode-se observar no caso de São Francisco de Assis essa luta entre o indivíduo e o modelo. Mostrou-se, na verdade, como a partir de um retrato feito pouco tempo depois de sua vida e a partir de testemunhos bastante espontâneos passou-se a um retrato que foge da singularidade e busca a similitude com os modelos.[25] É o que se pode ver comparando a primeira "Vida" que Tomás de Celano consagrou ao santo (*Vita prima*) escrita em 1229, três anos depois da morte de Francisco, com a segunda, que ele reescreveu em 1246 (*Vita secunda*), para obedecer à evolução da ordem e mostrar um Francisco obediente aos modelos. A *Vita prima* o apresentava como "um homem diferente de todos os outros" (*vir dissimilens omnibus*: I, 57, 19). A *Vita secunda* o descreve "fugindo da singularidade em tudo" (*singularitatem in omnibus fugiens*: II, 14, 4). A Igreja, que cada vez mais faz sentir seu peso sobre a ordem, faz Tomás reduzir Francisco à obediência aos modelos tradicionais. É a mesma pressão exercida sobre Luís, mas que, sobretudo graças a Joinville, às vezes falha: a vivacidade do indivíduo quebra a harmonia do modelo de rei ideal de que o revestiram. É que a época permite esses afloramentos, esses balbucios do indivíduo (no sentido moderno de indivíduo).

Alguns tipos de documentos, algumas modalidades de enunciação me permitem matizar as teses daqueles que negam a possibilidade de perceber um indivíduo no século XIII. Por exemplo, as fontes literárias em língua vernácula nas quais se mostrou não a aparição do *eu* objeto (me, mim), mas do *eu* sujeito, o desabrochar de uma *subjetividade literária*, índice de uma subjetividade mais geral. Joinville e seu São Luís estão na categoria dessa série de textos.[26] Outro exemplo são as novas práticas judiciárias. É sob o reinado de São Luís que se começa a substituir o antigo procedimento acusatório, segundo o qual um culpado só seria processado se houvesse um acusador. De acordo com o novo procedimento inquisitorial, um magistrado competente, eclesiástico ou leigo, busca meios de acusar validamente um suspeito. A melhor prova que agora se procura é a *declaração*, em caso de necessidade sob tortura. A obsessão inquisitorial da Igreja, levando-a a não deixar escapar nenhum herege, mas também a só condenar os culpados, distinguindo heresia daquilo que não é heresia, favoreceu o tratamento do suspeito e do acusado como caso individual. Os conceitos jurídicos tendem a separar cada vez mais o privado do público. Há nisso uma distinção essencial que é preciso aplicar ao rei, como mostra Gilbert de Tournai em seu *Espelho dos Príncipes* dedicado a São Luís. O privado se si-

---

[25]Francis DE BEER, *La Conversion de saint François selon Thomas de Celano*, Paris, 1963, em particular pp. 240-243.
[26]M. ZINK, *La Subjectivité littéraire, op. cit.*

SÃO LUÍS

tua ao lado do particular, torna-se um atributo do indivíduo, ou pelo menos de alguns indivíduos, os mais poderosos.[27] Acrescentemos a isso o renascimento do testamento, que individualiza cada autor de testamento.

É principalmente, sem dúvida, a remodelagem da geografia do além e a consequente modificação das crenças e das práticas ligadas à morte que favorecem da maneira mais clara a afirmação do indivíduo. Deus decidirá, no momento mesmo da morte, se o defunto deve sofrer uma passagem pelo Purgatório, esse novo lugar do além ao qual se atribui agora um território. O Purgatório só existirá até o fim dos tempos e Deus não pode mais esperar o Juízo Final para enviar o defunto para o Inferno ou para o Paraíso, mas deve decidir quanto ao lugar de passagem, eventualmente temporária, para a alma do morto. O momento decisivo para a salvação eterna ou a danação é o próprio momento da morte, da morte individual.[28] Mas não seguirei Aaron Gourevitch até o fim, uma vez que ele sustenta que a crença no Purgatório separa o indivíduo de qualquer comunidade.[29] O encurtamento da temporada no Purgatório depende dos sufrágios que os vivos ligados ao morto no Purgatório lhe assegurem, através de orações, de missas, de esmolas. Assim se criam novas ligações entre vivos e mortos e se reforça a importância, a par da família carnal, das famílias espirituais ou artificiais: ordens religiosas, confrarias etc. Um novo equilíbrio se estabelece entre o indivíduo e os grupos aos quais está ligado. Foi nesse equilíbrio que São Luís viveu.

A consciência

A melhor palavra que caracteriza esse despertar simultâneo do eu (objeto) e do eu (sujeito) é sem dúvida a *consciência*.[30] O exame de consciência, os casos de consciência tornam-se realidades prenhes de sentido no século XIII. Viu--se a importância dada pelos governos, por exemplo, ao fato de enviarem inquiridores. Ao fazer isso, os reis de França dos séculos XIII e XIV escutaram sua consciência e quiseram ficar em paz com ela — a consciência

---

[27] Paul OURLIAC e Jean-Louis GAZZANIGA, *Histoire du droit privé français de l'an mil au Code civil*, Paris, 1985.
[28] J. LE GOFF, *La Naissance du Purgatoire, op. cit.*
[29] A. GOUREVIC, "Conscience individuelle et image de l'au-delà au Moyen Âge", artigo citado (*supra* p. 448, n° 15). Propus nesse mesmo número dos *Annales* (nota da p. 255) que se matizasse essa tese.
[30] M.-D. CHENU, *L'Éveil de la conscience dans la civilisation médiévale, op. cit.* (*supra*, p. 342, n° 51); Joseph R. STRAYER, "La conscience du roi", *Mélanges R. Aubenas*, Montpellier, 1974; Elizabeth A.R. BROWN, "Taxation and Morality in the XIIIth and XIVth centuries: conscience and political power and the kings of France", *French Historical Studies*, 8, 1973, pp. 1-28.

devia assegurar sua salvação pessoal e a de seu povo. De novo o encontro do indivíduo com a comunidade. Entre todos esses reis, a mais alta consciência teve-a São Luís.

Essa pressão do indivíduo sobre o modelo, sobre aquilo que Tomás de Celano chama a propósito de São Francisco de Assis a *forma*, o "molde", exerceu-se também sobre os hagiógrafos, que às vezes podem ter cedido a ela, ainda que tenham conhecido o rei (e seu confessor, Geoffroy de Beaulieu, o conheceu simultaneamente como próximo e como confidente do "homem interior") ou que dele tenham ouvido falar por intermédio de seus íntimos (como é o caso de Guillaume de Saint--Pathus, confessor da rainha, que teve acesso aos documentos de canonização e aos testemunhos dos depoentes).

São Luís, mesmo entre esses testemunhos, se afasta às vezes do modelo. Primeiro, porque um santo também tem de lutar contra si mesmo e contra o diabo — ninguém, nem mesmo um santo, é perfeito cá na terra e não se pode idealizá-lo sempre. Mas, principalmente, essas testemunhas não podem escapar do conhecimento direto que têm da personalidade de seu herói. Sua experiência concreta os constrange, como quer que a tenham tido, a pintar às vezes o rei real e não o rei típico, ideal.

Eis um traço pessoal dado à conta da resistência do santo rei à tentação. Luís respeitava escrupulosamente as proibições da Igreja em matéria de relações sexuais conjugais. Mas às vezes precisou lutar. É um lugar-comum da hagiografia mostrar o santo superando as tentações da carne, e a imagem estereotipada dessa vitória — em particular depois da *Vida de São Bento* por Gregório Magno — era a extinção do fogo carnal no fogo material das urtigas sobre as quais o santo tentado ia rolar. Mas em Geoffroy de Beaulieu o lugar-comum se traduz por uma atitude realista. "Se nesses dias de continência acontecia-lhe por uma razão qualquer visitar sua esposa a rainha e ficar com ela e às vezes de sentir ao contato com sua esposa, em razão da fragilidade humana, os movimentos desordenados da carne, punha-se a passear pelo quarto (*per cameram deambulans*) de um lado para o outro até que a rebelião da carne se acalmasse.[31] Quem duvidaria da justeza da realidade da imagem de Luís indo e vindo a passos largos pelo quarto conjugal?

Às vezes, o pito dado pelo confessor hagiógrafo é provocado pelo excesso de piedade de Luís. O rei tinha desenvolvido o hábito de uma devoção noturna do tipo monástico. No meio da noite, levantava-se para ouvir cantar matinas, depois

---

[31]GEOFFROY DE BEAULIEU, *Vita*, p. 7.

SÃO LUÍS

rezava um momento ao pé de sua cama, bom exemplo de prece individual particular. Mas de manhã se levantava muito cedo, à prima.* "Como essas vigílias podiam enfraquecer e afetar grandemente seu corpo e em particular sua cabeça, acabou por curvar-se ao conselho e às instâncias de algumas pessoas discretas [de seu círculo íntimo] e se levantou para matinas a uma hora [mais tardia] que lhe permitiu ouvir na sequência, quase imediatamente depois, prima, as missas, e as horas."[32]

A mesma advertência a propósito do cilício que ele usava no Advento e na Quaresma e nas quatro vigílias da Virgem: "Seu confessor [quer dizer, ele próprio, Geoffroy de Beaulieu] disse-lhe entretanto que isso não convinha a alguém de sua condição (*status*) e ele devia em vez disso dar esmolas generosas aos pobres e buscar uma justiça acelerada (*festinata*) para seus súditos."[33] E ainda a propósito de seus jejuns: aos jejuns completos de sexta-feira e parciais (carne e gorduras) de quarta-feira quis acrescentar um jejum suplementar na segunda-feira, "mas por causa de sua fraqueza física renunciou a ele, a conselho das pessoas discretas [de seu círculo íntimo]"[34].

A impressão de real também pode provir não de um afastamento em relação ao modelo, mas de um detalhe concreto que parece não ter condições de ter sido inventado nem de ter vindo de outra fonte que não a experiência direta.

Às vezes o confessor hagiógrafo introduz um detalhe só dele conhecido e que, mais uma vez, evoca a conduta muito pessoal do rei, ainda que com o sentido de ampliar a imagem muito laudatória que quer construir: "Tratava sempre seus confessores com grande respeito, se bem que alguma vez, quando já estava sentado diante do confessor para se confessar, se este queria fechar ou abrir uma porta ou uma janela, apressava-se a levantar-se em seu lugar e avisá-lo, e ia humildemente fechar [...]."[35]

Guillaume de Saint-Pathus conta sobre seu hábito de tratar todos por *vós*, mesmo os criados domésticos.[36] A renúncia ao *tu* tradicional, que igualava como

---

*Apesar do nome, na origem é a segunda das quatro horas menores do Ofício Divino (a primeira é laudes, mais solene). Provavelmente lhe coube a denominação por ser a primeira rezada à luz do dia. Nas comunidades monásticas em que é cantada em coro, é rezada às 6 horas. (*N. do T.*)

[32] *Ibid.*, p. 13. [*N. do T.* — As "horas" a que se refere o fim da citação de Geoffroy de Beaulieu são com toda a certeza as outras orações do Ofício Divino, sempre chamadas de "as horas".]

[33] *Ibid.*, p. 10.

[34] *Ibid.*

[35] *Ibid.*, p. 6.

[36] GUILLAUME DE SAINT-PATHUS, *Vie*, p. 19.

num rebanho todos aqueles a que se dirigia assim, denota como Luís era atento à dignidade individual, mais respeitada por um vós de polidez.

Um rei falando francês

O que ainda aumenta para nós a impressão de aproximar e até de ouvir o "verdadeiro" São Luís é que uma parte das fontes de sua biografia o põe a falar francês.

É sob Luís IX, com efeito, que o francês progride de maneira decisiva. O número de cartas redigidas em francês aumenta de modo importante. Quando Luís lança seus inquiridores em 1247, as primeiras petições endereçadas ao rei ainda são redigidas em latim. No fim do reinado, são em francês. Quando o rei redige de próprio punho antes de 1270 seus *Ensinamentos* ao filho mais velho e à filha, escreve em francês, como conta Guillaume de Nangis.[37] É também uma versão francesa das Crônicas de Saint--Denis que ele pede ao monge Primat. Se, em seu leito de morte, retoma o latim, língua dos pais, promoveu o francês, língua materna,[38] e quando fez de sua tumba em Saint-Denis um milagre linguístico, foi no francês da Île-de-France que fez o beneficiado pelo milagre falar, entretanto um borgonhês.[39] O primeiro rei de França que ouvimos falar se exprime em francês.[40]

O retrato do rei

A história do retrato nos fornece um elemento decisivo para descobrir o nascimento da atenção pelo indivíduo. No caso, São Luís se liga apenas à pré-história.[41]

---

[37] GUILLAUME DE NANGIS, *Vie de Saint Louis*, p. 456: "manu sua in gallico scripserat".

[38] Jean BATANY, "L'amère maternité du français médiéval", *Langue française*, n° 54, maio de 1982, p. 37.

[39] Da mesma forma, a rainha Margarida escreveu antes de 1270 suas cartas em latim e depois em francês: G. SIVERY, *Marguerite de Provence, op. cit.* [*N. do T.* — "... entretanto um borgonhês", diz o autor, porque o homem falou o "francês da Île-de-France" e na Borgonha, região a sudeste de Paris, falava-se — e algumas comunidades ainda falam — um dialeto da *langue d'oïl*.]

[40] D. O'CONNELL, *Les Propos de Saint Louis, op. cit.*

[41] Eis os documentos que consultei quanto à iconografia do santo: Gaston LE BRETON, *Essai iconographique sur Saint Louis*, Paris, 1980; Auguste LONGNON, *Documents parisiens sur l'iconographie de Saint Louis*, Paris, 1982; Émile MÂLE, "La vie de Saint Louis dans l'art français au commencement du XIV siècle", em *Mélanges Bertaux*, Paris, 1924, pp. 193-204; Émile VAN MOE, *Un vrai portrait de Saint Louis*, Paris, 1940; P. M. AUZAS, "Essai d'un répertoire iconographique de Saint Louis", em *Septième centenaire de la mort de Saint Louis, op. cit.*, pp. 3-56. Os dois estudos que achei mais interessantes são os de Meredith PARSONS LILICH, "An Early Image of Saint Louis", *Gazette des beaux-arts*, 1970-1971, pp. 251-256, e sobretudo A. ERLANDE-BRANDENBURG, "Le tombeau de Saint Louis", artigo citado.

SÃO LUÍS

Roland Recht lembrou recentemente[42] que o realismo é um código. A expressão que lhe parece a melhor para definir esse interesse pelo mundo e pelos seres "reais" é "princípio de realidade", que define como "a descoberta do mundo real pelo mundo da arte". Considera, com justeza, que esse princípio "é necessariamente um princípio de individuação" que localiza na escultura "por volta de 1300". A escultura funerária é um domínio privilegiado de observação desse princípio, e é a partir dos anos 1320-1330 que se manifesta a "tentação do retrato", desfecho das pesquisas do século XIII, especialmente em matéria de fisionomia. Essas preocupações são inspiradas por um tratado atribuído a Aristóteles e por uma obra de um dos sábios da corte de Frederico II Hohenstaufen, Michael Scot, consagrado à astrologia, mas que em parte também se dedica à fisiognomonia,* como estudo da fisionomia individual. Esse interesse cresceu com a escolástica, na segunda metade do século XIII, por exemplo no *De animalibus* ("Sobre os animais") de Alberto Magno e em um *De physiognomonia* atribuído a Santo Tomás de Aquino. Mas a escultura funerária fica nos retratos idealizados, como se pode ver entre as estátuas jacentes de Saint--Denis, por ocasião da reorganização dos túmulos reais, em 1263-1264, provocada por São Luís e por seu conselheiro próximo, o abade Mathieu de Vendôme.[43]

As imagens de São Luís consideradas antigas, até mesmo contemporâneas do rei, permitem entrever sua face real?

O estudo da documentação iconográfica de São Luís me leva à mesma conclusão de Alain Erlande-Brandenburg: "Não conhecemos nenhum retrato verdadeiro de São Luís." Uma miniatura de uma Bíblia moralizada pintada

---

[42]Roland RECHT, "Le portrait et le principe de réalité dans la sculpture: Philippe le Bel et l'image royale", em *Europäische Kunst um 1300* (XXV Congresso Internacional de História da Arte, Viena, 1984), 6, pp.189-201, no qual poderão ser consultados outros artigos sobre o tema do retrato. R. Recht se apoia especialmente sobre um trabalho antigo, mas notável, de F. SIEBERT, *Der Mensch um Dreizehnhundert im Spiegel deutscher Quellen. Studien über Geisteshaltung und Geistesentwicklung* (Historische Studien CCVI), Berlim, 1931, importante pelo estudo do nascimento do indivíduo no século XIII. Sobre os primórdios da história do retrato, ver, especialmente, Pierre et Galienne FRANCASTEL, *Le Portrait. Cinquante siècles d'humanisme en peinture*, Paris, 1969, e Enrico CASTELNUOVO, *Portrait et société dans la peinture italienne*, Paris, 1993; Jean-Baptiste GIARD, "L'illusion du portrait", *Bulletin de la Bibliothèque nationale*, 1978, pp. 29-34; Percy Ernst SCRAMM, *Die deutschen Kaiser und König in Bildern ihrer Zeit, 751-1152*, 2 vol., Leipzig e Berlim, 1928; Gerhard B. LADNER, *Papstbildnisse des Altertums und des Mittelalters Bd II. Von Innocenz II zu Benedikt XI*, Cidade do Vaticano, 1970; Jean-Claude BONNE, "L'image de soi au Moyen Âge (IX-XII siècle): Raban Maur et Godefroy de Saint-Victor", em Br. GENTILI, Ph. MOREL, Cl. CIERI VIA (ed.), *Il ritratto e la memoria*, 1993, pp. 37-60.

*A fisiognomonia é a arte de conhecer o temperamento humano pela interpretação dos traços fisionômicos. Michael Scot (c. 1175-c. 1232), como o nome indica, era escocês, embora vivesse na corte de Frederico II. Sua vida está cercada de lendas e Dante o põe no *Inferno*, onde expia seus atos de feitiçaria. (*N. do T.*)

[43]Ver *supra*, pp. 244 e segs.

em Paris com uma data que os especialistas acreditam próxima a 1235 — quer dizer, no momento em que Luís IX tinha por volta de 20 anos — representa o rei sentado com uma cara convencional. O documento é interessante porque apresenta em dois quadros simétricos, no mesmo nível, Branca de Castela e Louis IX, e essa imagem me parece definir perfeitamente a estranha dupla real que eles, na verdade, formaram.[44] Todos dois estão sentados coroados sobre um trono e, à primeira vista, uma impressão de igualdade, de correinado se desprende da imagem. Porém um olhar mais atento revela que São Luís está sentado sobre um verdadeiro trono, enquanto sua mãe está sentada sobre uma espécie de cadeira curul, do tipo de cadeira de braços que se chamou "trono de Dagoberto". Se se for comparar os tronos com os que aparecem nos sinetes dos reis de França, o de Branca lembra aqueles em que estão sentados os reis de França nos seus sinetes de majestade e o de Luís um trono mais "moderno". Os pés da rainha--mãe estão escondidos sob as dobras de seu vestido longo e os de Luís estão visíveis, pousados sobre pequeno tapete vermelho, símbolo do poder real; e Branca tem um manto duplo de arminho, mas nada tem nas mãos, enquanto que Luís segura as insígnias do poder real, na mão direita o cetro com a flor de lis na extremidade — sinal distintivo dos reis de França — e na mão esquerda um pequeno globo que lhe confere, mas em formato reduzido, um poder simbólico do tipo imperial, de natureza suprema.[45] Foram assim mesmo as relações entre Luís e sua mãe, caso extraordinário de dupla real. Por trás de uma igualdade de fachada, uma desigualdade beneficia o rei, que sempre foi o único a possuir todos os atributos do poder real supremo. Não houve diarquia à cabeça do poder real na França. Se há aqui realismo, trata-se de um realismo institucional, é a representação da função real e das relações existentes verda-deiramente entre o rei e a mãe.

Uma outra imagem é de natureza diferente. É um desenho a bico de pena e com tintas dissolvidas n'água sobre pergaminho, provavelmente executado no século XVII por um copista parisiense para o erudito provençal Fabri de Peiresc, representando um fragmento de uma das pinturas da Sainte-Chapelle de Paris do início do século XIV. Essas pinturas se inspiravam sem dúvida num ciclo de afrescos sobre a vida de São Luís, executados entre 1304 e 1320 na igreja das clarissas de Lourcine e sob a orientação de Branca, a filha de São Luís, a mesma que pediu a Guillaume de Saint-Pathus que escrevesse a vida do

---

[44]Ver *supra*, p. 119, e *infra*, pp. 631.
[45]Essa miniatura está no fólio 8 do manuscrito 240 da Biblioteca Pierpont Morgan, em Nova York.

SÃO LUÍS

pai.[46] O documento apresentaria a cabeça de São Luís na cena do lava-pés dos pobres. Essa imagem, executada por freiras mendicantes a pedido de uma filha ligada à imagem do pai, que conheceu, e num momento em que os primeiros retratos realistas de grandes personagens aparecem, está próxima, sem dúvida, dos traços reais de São Luís em postura de humildade, o penitente barbado na volta de sua primeira cruzada.

Essas duas imagens antigas me parecem definir bem o lugar de São Luís na série que leva ao retrato individual propriamente dito. O desenho de Peiresc evoca essa "tentação do retrato" que Roland Recht assinalava na virada do século XIII para o XIV. A miniatura da Bíblia moralizada mantém o retrato do rei na tradição do retrato idealizado simbólico e estereotipado, ainda que adaptado a uma situação de poder singular e real.[47]

Tentou-se desde o fim da Idade Média identificar Luís como o modelo de uma estátua que se acha na igreja de Mainneville, no departamento do Eure, que data dos primeiros anos do século XIV.[48] Pode-se afirmar hoje que essa estátua não é de São Luís, mas de seu neto Filipe, o Belo. O que, aliás, nada tem de estranho na igreja de um feudo de Enguerran de Marigny, poderoso conselheiro de Filipe, o Belo. A confusão testemunha, contudo, o sentimento que se teve muito cedo de que São Luís viveu na época em que se começou a encarar a possibilidade dos retratos individualizados. Explica-se também pelo fato de que São Luís, assim como Filipe, o Belo, tinha a reputação de beleza de que gozaram todos os últimos capetos diretos. Essa qualidade sem dúvida permitiu que a transição se fizesse mais facilmente da estátua idealizada para a estátua realista. A estátua de São Luís que se ergue no início do século XIV sobre o túmulo de Saint-Denis era simbólica: o rei sem barba, vestindo um manto decorado com flores-de-lis, apresenta-se com os três cravos da Paixão e uma cruz com duas barras que é sem dúvida a imagem do relicário da verdadeira cruz da Sainte-Chapelle. Essa estátua une a simbologia da monarquia francesa à da devoção da Paixão de Cristo, da Cruz e das relíquias.[49]

---

[46]Catálogo da exposição "São Luís" organizada na Sainte-Chapelle de maio a agosto de 1960, pela Direção Geral dos Arquivos da França, nº 117. Giles CONSTABLE estudou o simbolismo da barba na Idade Média em sua longa introdução à edição de BURCHARD DE BELLEVAUX, *Apologia de barbis*, ed. R.B.C. Huygens, Corpus Christianorum, Continuatio Mediaevalis, vol. 62, Turnhout, 1985, e em seu artigo "Beards in History: Symbols, Modes, Perceptions" (em russo), *Ulisses. Revista da Academia Russa das Ciências*, 1994, pp. 165-181.

[47]Roland RECHT (artigo citado, p. 190) define com felicidade a situação do retrato por volta de 1300: "Estão então face a face duas concepções distintas da efígie real: uma trabalhando sobre um princípio geral de idealização — o retrato retrospectivo —, a outra tendendo a integrar a observação *ad vivum*."

[48]Paul DESCHAMPS, "À propos de la statue de Saint Louis à Mainneville (Eure)", *Bulletin monumental*, 1969, pp. 35-40.

[49]Georgia SOMMERS WRIGHT, "The Tomb of Saint Louis", *Journal of the Warburg and Courtauld Institute*, XX-XIV, 1971, pp. 65-82.

JACQUES LE GOFF

Alain Erlande-Brandenburg observa que, assim como não conhecemos nenhum retrato verdadeiro de São Luís, "nenhum cronista se deu o trabalho de nos descrever seus traços". Uma Vida do santo rei, destinada em parte a leituras conventuais, em parte à pregação, e redigida pouco depois de sua canonização, dá-nos um esboço interessante do físico do rei.[50]

> Por sua estatura ele ultrapassava todo mundo dos ombros para cima, a beleza de seu corpo tinha a harmonia de suas proporções, sua cabeça era redonda como convém à sede da sabedoria, seu rosto plácido e sereno exteriormente tinha qualquer coisa de angélico, seus olhos de pomba emitiam raios graciosos, sua face era simultaneamente branca e brilhante, a brancura precoce de seus cabelos (e de sua barba) pressagiava sua maturidade interior e mesmo a venerável sabedoria da velhice. Tudo isso é talvez superficial de ser louvado porque é apenas ornamento do homem exterior. As qualidades interiores vêm da santidade, e a elas é que é preciso ligar-se e venerar. É a isso que se é compelido a mais amar no rei, e interiormente somos movidos no sentido da alegria só pelo aspecto exterior do rei.

Essa é a imagem do rei que se fixou muito cedo logo depois de sua morte e de sua canonização. É uma imagem idealizada, fundada sobre a harmonia tradicional — sobretudo depois do século XII — entre o homem interior e o homem exterior. Mas em parte é corroborada pelas impressões ao natural de Joinville quanto à sua estatura e de Salimbene de Parma quanto aos olhos de pomba. E a barba e o cabelo brancos de seus últimos anos são bem característicos do rei penitencial da segunda parte do reinado. Um último traço também é marca de época: a referência à alegria que raiava do rosto do rei. É bem um rei franciscano de feição sorridente que transmite uma mensagem não de tristeza, mas de alegria.

Decididamente, o modelo e a realidade se confundem em Luís, e seu físico é o primeiro testemunho disso. Resumamos. O que permite, na verdade, afirmar a probabilidade de uma aproximação no sentido do "verdadeiro" São Luís é primeiro a vontade muito cedo manifestada — vontade de sua mãe e de seus educadores, depois a sua própria, assistido pelos religiosos de seu círculo e confortado por sua própria imagem que lhe chegava de seus contemporâneos — de concretizar, de encarnar o rei cristão ideal e de seu inegável sucesso nessa empresa. O rei ideal de

---

[50]*Beati Ludovici vita, partim ad lectiones, partim ad sacrum sermonem parata*, em *Recueil des historiens des Gaules e de la France*, t. XXIII, pp. 167-176.

SÃO LUÍS

461

seus hagiógrafos é bem ele. Em um sentido um pouco diferente daquele proposto por Louis Marin para o monarca absoluto do século XVII, "o retrato do rei é o rei". Longe de obliterar a personalidade de Luís sob os lugares--comuns monárquicos, os Espelhos dos Príncipes e as hagiografias reais descrevem um São Luís que quis ser a encarnação viva desses lugares-comuns. Aí está a originalidade profunda de São Luís e, por consequência, de sua biografia. O caso é raro para as grandes personagens da história, sem exceção dos santos. Desde os primeiros séculos da Idade Média até o século XII, a personalidade dos protagonistas da história nos escapa, seja nos silêncios que dissimulam sua individualidade, seja pela absorção dessa individualidade pelo modelo que se lhe impôs. A *História de São Luís* de Joinville, íntimo do rei, acrescenta a essas estruturas objetivas, porém particulares, da personalidade do rei o pormenor anedótico que lhe restitui a parte que torna impossível reduzi-lo a um outro. E nossos documentos, tanto hagiográficos como "realistas", por admiração ou reserva crítica, nos falam dele suficientemente para que pressintamos e mesmo, frequentemente, saibamos em que se afasta ele de seu modelo, no mais das vezes por excesso, por zelo moral ou por temperamento. O conhecimento que dele tiveram certos contemporâneos — por proximidade com ele ou graças à simples fama — desses "defeitos" e das críticas a que deram lugar enquanto era vivo nos permite acrescentar uma terceira dimensão à percepção do São Luís. Em vida ele foi uma personalidade controvertida; conclui-se, daí, uma espessura humana mais "verdadeira". São Luís existiu e é possível, através dos documentos, reencontrá-lo. O que confere, enfim, uma realidade própria a sua imagem é que ele viveu num momento em que começava a se afirmar um interesse geral pelo indivíduo como tal. De acordo com o velho esforço do cristianismo para construir e atingir "o homem interior" e fazer com que as manifestações exteriores de suas personagens estejam em conformação com seu ser interior, por uma adequação das palavras, dos gestos[51] e das atitudes com os movimentos da alma e do coração, cada vez mais se veio considerando o parecer como a expressão do ser. O conhecimento dos indivíduos, por muito tempo baseado na consideração de seus antecedentes familiais, de seu estatuto social, de sua função profissional passou então para a análise dos sinais exteriores individuais. Já se viu como o nome próprio era um meio de identificação. O retrato "realista" logo aparecerá. São Luís é o primeiro rei de França do qual se imaginou desde a Idade Média representar visualmente os traços individuais. E do qual, parece, se procuraram produzir retratos "parecidos". O santo rei ainda pertence ao tempo em que as insígnias do poder e os instrumentos simbólicos como os sinetes é que identificam a pessoa

---

[51] J.-Cl. SCHMITT, *La Raison des gestes dans l'Occident médiéval, op. cit. (infra,* p. 480, nº 40).

real. É preciso esperar que o século XIV encontre os autógrafos, as assinaturas e os retratos realistas dos reis da França. Mas, desde a época de São Luís, a singularidade do rei sofreu a tendência de se traduzir nas formas exteriores. Dois movimentos contraditórios parecem agir em sentido contrário: a imagem de um rei excepcional, que se espalhou rápida e largamente, acelerou o interesse por sua personalidade, mas, por outro lado, a gênese do Estado, de um sistema político que tendia a privilegiar a coroa em prejuízo da pessoa que a usava, retardou a aparição de uma representação individual do rei. Para retomar os termos de Kantorowicz, a tensão entre o corpo político e o corpo natural do rei deixava adivinhar seus traços singulares, sem permitir que se afirmassem totalmente.[52]

---

[52] E. H. KANTOROWICZ, *Les Deux Corps du roi, op. cit.* (*supra*, p. 256, nº 127).

TERCEIRA PARTE

SÃO LUÍS,
REI IDEAL E ÚNICO

É preciso recompor agora os elementos de um São Luís a um tempo exemplar e único, ajustá-lo ao retrato de um rei cristão ideal e histórico, dar conta, em relação a seu modelo, do São Luís que existiu. Para fazer isso, será preciso, nessa nova perspectiva, retomar às vezes textos já utilizados.

Do exterior para o interior

Tento agora, sabendo em que medida posso me fiar nas fontes, aproximar-me de São Luís em suas relações com o mundo e a sociedade em que vive, através de sua vida e sua atividade.

Vou olhá-lo primeiro no espaço e no tempo, objetivos e vividos, sofridos e marcados por suas preferências e por sua ação, depois nas redes das realidades materiais, da organização cultural e social, de seus atos e de seus sonhos. Depois eu o observarei no meio ambiente sensível e significativo das imagens e das obras, dos textos que ele teve sob os olhos ou sobre os quais pôde meditar, quer os tenha suscitado ou não. Em seguida porei ele próprio em cena, exteriorizando-se, exprimindo-se por palavras e gestos, por condutas espontâneas ou refletidas, no uso dos códigos de comunicação de seu tempo, linguagem das palavras, linguagem do corpo, código alimentar. Num capítulo central, buscarei defini-lo em sua tríplice função real, sagrada e portanto justiceira, guerreira, benfeitora e portanto econômica, segundo uma organização intelectual, social e política diferente da nossa.

Vou me esforçar em seguida para reunir algumas proposições sintéticas para responder às preocupações dos historiadores e dos leitores que pretenderão situar São Luís sobre a trajetória à qual ainda se tem forte tendência para reduzir o século XIII, aquela que transforma uma monarquia batizada de "feudal" em um estado monárquico dito "moderno".

Depois retomarei minha busca do homem interior, seguindo o movimento intelectual e moral dominante da época que dá uma importância crescente ao ser sobre o parecer ou, antes, que tenta subordinar o parecer ao ser, a exteriorizar, assim, a verdade interior. É portanto a religião de São Luís que perscrutarei, entre a fé e as obras e sua atitude a respeito dos que recusam essa fé: hereges, judeus, muçulmanos.

A seguir, será preciso, em face dos membros de sua família e tendo como referência o modelo da família cristã — real, é verdade —, observar o homem em sua família carnal: sua mulher, seus filhos, sua mãe, seus irmãos e irmãs, a dinastia à qual ele pertence e aqueles mortos privilegiados que são seus ancestrais. Será então o momento de interrogar sobre o que conduziu Luís à santidade, distinguir nele seu modo pessoal de encarnar personagens coletivas, mas não inseparáveis: o rei sagrado, o rei religioso, o rei taumaturgo e essa personagem que deve seu título apenas a suas virtudes e a suas obras individuais, o rei santo.

Encerrarei com aquilo que leva ao coração da personagem e à imagem que São Luís deu de si a seus contemporâneos e legou à posteridade: o rei sofredor em seu corpo e em seu coração, e que, se falha como mártir, consegue ainda assim ser um rei Cristo.

I

SÃO LUÍS
NO ESPAÇO E NO TEMPO

O MUNDO DE SÃO LUÍS

Um cristão empenha primeiro sua salvação na gestão do espaço e do tempo. *Homo viator*, "homem da estrada", soube ele conduzir sua peregrinação terrestre seguindo os caminhos materiais e espirituais próprios de sua vocação, escolhendo nessa caminhada bons momentos de parar, boas pousadas? Rei de um reino que é um território, soube ele fazer bom uso do espaço de *sua terra*?

São Luís e o espaço

Comecemos com o espaço tal como ele existiu para São Luís no século XIII. Nessa mistura de realidades materiais e de ideologia, de experiências e de representações, tentemos discernir aquilo que, para além da concepção cristã de homo viator, pode pôr São Luís em contato com o espaço e levá-lo a pensar e a agir em relação a ele como indivíduo e como rei: suas habitações, sua "terra", o domínio real, o reino, seu reino, o conjunto do qual ele faz parte, a Cristandade e o mundo fora da Cristandade. Até os limites da Cristandade, o que sobretudo o preocupa é defender sua terra, um conjunto de direitos mais que um conjunto territorial único, é dela retirar todos os proveitos lícitos e necessários, de fazer reinar nesse território a justiça e a paz, de estender a ele seus benefícios. Donde

468 JACQUES LE GOFF

a atenção, crescente em sua época, quanto às fronteiras, limites de direitos.[1] Os deslocamentos de Luís se situam na maioria das vezes aquém dessas fronteiras, muito perto delas: assim, em Cluny para o encontro com o papa, em Clermont em 1262 para o casamento de seu filho Filipe. Dentro dessas fronteiras, ele se movimenta principalmente em seu território, ao longo das estradas, terrestres ou fluviais, muito raramente marítimas, apesar das vastas extensões das costas do reino. As razões para percorrer esse espaço são muitas: passar de uma residência a outra, ir em peregrinação, encontrar com uma pessoa importante: em 1248 Luís vai ao encontro de Inocêncio IV em Lyon, em seu caminho para a cruzada, recebe o rei da Inglaterra por três vezes, em 1254 em Chartres, em 1259 em Abbeville, em 1263 em Boulogne-sur-Mer; a entrevista marcada com o rei Jaime I de Aragão em Puy, em julho de 1243, provavelmente não se realizou. É em Sens que São Luís vai em busca dos momentos mais importantes de sua vida: encontrar sua mulher Margarida de Provença, em 1234, e a coroa de espinhos do Cristo em 1239. Viaja também para armar cavaleiro alguém que lhe seja querido: o irmão Roberto em 1237 em Compiègne, o imperador latino de Constantinopla Balduíno II de Courtenay em Melun em 1239, o irmão Afonso em Saumur em 1241, o irmão Carlos em Melun em 1246;[2] para providenciar uma arbitragem (em Péronne em 1256, em Amiens em 1264), mais raramente para uma expedição militar, na França do Oeste no primeiro período de seu reinado, ou para se ocupar de um caso que deva examinar pessoalmente no local, por exemplo, em novembro de 1255 em Gand, para os problemas de Flandres e de Hainaut.

Às vezes São Luís empreende grandes circuitos pela Île-de-France ou nas províncias vizinhas (Normandia, Berry), que são também viagens de correção de erros. São Luís se apresenta nessas ocasiões como o superinquiridor, o mestre dos inquiridores que ele próprio enviava ao domínio real e ao reino desde 1247. São ao mesmo tempo viagens de caridade, marcadas por distribuições de esmolas e viagens que eu diria, *mutatis mutandis*, "publicitárias". O rei se mostra. A realeza se acha então no cruzamento dos caminhos, entre mais ostentação[3] e mais segredo. São os dois pólos de manifestação do poder: a surtida ostentatória em público e a retirada sigilosa. Os imperadores orientais da Antigui-

---

[1] *Histoire de la France, op. cit.* (*supra* p. 66, n° 70), dirigida por A. BURGUIÈRE et J. REVEL, t. I, *L'Espace français*, Paris, 1989. Interessantes observações de P. GAUTIER-DALCHÉ em "Un problème d'histoire culturelle: perception et représentation de l'espace au Moyen Âge", *Médiévales*, número especial, *Espaces du Moyen Âge*, n° 18, 1990, p. 7. Ver também Charles HIGOUNET, "À propos de la perception de l'espace au Moyen Âge", em *Media in Francia. Mélanges Karl Ferdinand Werner*, 1988.
[2] É em Paris que ele armará cavaleiro o filho e sucessor Filipe, no jardim no coração de seu palácio real, em 1267.
[3] Ver *infra*, pp. 618-620.

SÃO LUÍS

dade dissimulavam-se, quando das cerimônias, por trás de uma cortina. Os imperadores romanos do Baixo Império e os imperadores bizantinos faziam o mesmo, mas praticavam a ostentação no circo. Com São Luís, o rei se mostra, se mostra mais e mais, quanto mais o Estado se esconde. Poder radioso de um lado (São Luís é um rei-sol), poder misterioso do outro. Sob Luís XIV, os dois se reunirão. O rei tendo se tornado o Estado, o rei-sol se mostra e se esconde simultaneamente. É a encenação de Versalhes. O Sol só se mostrará à corte. São Luís ama se mostrar, para personalizar o poder, a justiça — abre as portas dos jardins do palácio em Paris e do bosque de Vincennes, com a mesma mistura de caridade, de humildade e de encenação política. Mas tende a sumir em seu palácio, que purifica,[4] e a outra face de sua humildade também o leva a fazer o bem, a caridade *em segredo*.[5]

Quando sai da Cristandade, concretamente, a fim de ir para a cruzada, ou em pensamento, em sonho, Luís se evade freqüentemente pelo espaço imaginário. Pois se trata do Oriente, território por excelência do imaginário medieval,[6] da Terra Santa, lugar por excelência do imaginário cristão, uma vez que os cristãos do Ocidente conhecem muito mal essas regiões.

Como São Luís conhece o espaço? Trata-se de um rei sem mapa. É pouco provável que tenha visto um daqueles, muito úteis materialmente, realizados antes ou mesmo durante seu tempo. O mapa que teria tido em seu barco indo para Túnis em 1270 devia ser muito rudimentar.[7] Seu saber espacial livresco vinha da Bíblia e do que lhe comunicavam os clérigos de seu círculo, em particular o dominicano enciclopedista Vincent de Beauvais.[8]

Em relação ao que é de seu reino,[9] beneficia-se do saber acumulado lá mesmo em volta dele pelos clérigos de sua chancelaria e da administração, pelos eclesiásticos e religiosos ligados a redes viandantes e bem informadas pelos leigos de seu conselho e de seus parentes e amigos íntimos de diversos lugares do domínio e do reino. E ele próprio se mexia muito.

Observemos primeiro um mapa e nele vemos São Luís morando e se deslocando.

---

[4]Ver *infra*, pp. 658.

[5]Jacques MADAULE, *Saint Louis de France, op. cit.*, p. 23.

[6]Jacques LE GOFF, "L'Occident médiéval et l'ocean Indien: un horizon onirique", em *Mediterraneo e Oceano Indiano*, Florença, 1970, pp. 243, 263, repetido em *Pour un autre Moyen Âge, op. cit.* (*supra*, p. 54, n° 32), pp. 280-298.

[7]Ver P. GAUTIER-DALCHÉ, em *L'Uomo e il mare nella civiltà occidentale*, cf. *infra*, p. 479, n° 35.

[8]Ver *infra*, pp. 520-521.

[9]Robert FAWTIER, "Comment le roi de France, au début du XIVe siècle, pouvait-il se représenter son royaume?", em *Mélanges P. E. Martin*, Genebra, 1961, pp. 65-77.

470   JACQUES LE GOFF

Paris capital

Desde o século XI e, sobretudo, do século XII, mais ainda sob São Luís, Paris
é a residência habitual do rei e consequentemente de seu conselho, a *Cúria*, que
pouco a pouco se transforma de corte feudal itinerante em organismo de governo
tendendo à estabilidade. Paris tornou-se *caput regni*, a capital do reino.[10] Mas
Saint--Denis, onde o rei vai buscar a auriflama antes de partir para a guerra ou
os símbolos de peregrino antes de partir para a cruzada, sobre cujo altar paga
um tributo de quatro besantes de ouro cuidadosamente depositados a cada ano,
onde são guardadas, entre uma sagração e outra, as insígnias do poder real, onde
repousam seus predecessores à espera da Ressurreição, Saint-Denis também é
chamada *caput regni*.[11]

O reino da França tem uma capital bicéfala, Paris e Saint-Denis, cuja estrada,
cedo salpicada de "montjoies",[12] é a verdadeira via real. E o triângulo sagrado do
espaço monárquico é Reims onde o rei recebe o poder real, na catedral da sagração, Paris onde ele o exerce habitualmente em seu palácio e Saint-Denis onde ele
o abandona no "cemitério dos reis" da abadia "nacional".

Em Paris, a residência habitual do rei é o palácio da Cité (no local do atual
Palácio da Justiça), residência do conde na época carolíngia, que Roberto o Piedoso tinha recuperado no início do século XI, restaurando-o e nele construindo
a capela dedicada a São Nicolau.[13] Um século mais tarde, Luís VI o fortificou
com uma torre, tão bem que o palácio se torna uma verdadeira fortaleza e os
reis, sobretudo naquele século XIII em que Paris não estava mais ameaçada, não
precisavam mais se refugiar na fortaleza do Louvre, que Filipe Augusto tinha
construído no comecinho do século XIII, à frente do cinturão com que cercou
Paris. O palácio compreendia um jardim que Filipe Augusto tinha amurado

---

[10] Sobre a transformação de Paris em capital, ver, além da obra de A. LOMBARD-JOURDAN, "*Montjoie et Saint-
-Denis!*", *op. cit.* (p. 211, nº 43), R.-H. BAUTIER, "Quand et comment Paris devint capitale", artigo citado (*supra*,
p. 210, nº 43).

[11] Sobre a dupla Paris/Saint-Denis, ver A. LOMBARD-JOURDAN, "*Montjoie et Saint-Denis!*", *op. cit.*

[12] Preferir-se-á Anne LOMBARD-JOURDAN, "Montjoies et Monjoie dans la plaine Saint-Denis", *Paris et Île-
-de-France*, 25, 1974, pp. 141-181, a Robert BRANNER, "The Montjoies of Saint Louis", em *Essays presented to
Rudolf Wittkover*, t. I, Oxford, pp. 13-16. O primeiro "montjoie" (no sentido de "protege-país") foi o *tumulus*
onde se supõe tenha repousado um ancestral patriarcal divinizado, transformado pelo cristianismo em tumba
do santo tutelar Dionísio. Os *montjoies* eram pequenos monumentos compreendendo um pedestal, uma cruz alta
com flores-de-lis e três grandes estátuas de reis que se alinhavam à beira da estrada de Paris a Saint-Denis.
Foram construídos no século XIII. O grito de guerra "Montjoie et Saint-Denis!" foi adotado pelos cavaleiros
franceses do século XII.

[13] Jean GUÉROUT, "Le palais de la Cité, à Paris, des origines à 1417", *Fédération des sociétés historiques et archéologiques
de Paris et de l'Île-de-France. Mémoires*, 1949, 1950 e 1951, t. I, II e III.

SÃO LUÍS

e onde se realizavam muitas cerimônias solenes do reino, como o ato em que o rei da Inglaterra Henrique III teve de prestar homenagem a Luís IX, em 4 de dezembro de 1259, e o ato que armou cavaleiro o futuro Filipe III, o Ousado em 5 de junho de 1267, dia de Pentecostes. São Luís introduziu apenas uma novidade, mas considerável. Mandou construir, no lugar da capela de Saint--Nicolas, a Sainte--Chapelle, para abrigar as relíquias da Paixão de Cristo, que tinha comprado,[14] cujo poder milagroso se tornou, afinal, uma proteção para o rei, sua família e o reino, e um objeto de devoção pessoal ao alcance da piedade freqüente do soberano.

Muito perto da Sainte-Chapelle, mandou construir um edifício menor, de dois andares, cujo primeiro nível tinha a altura do primeiro nível da igreja, mas a altura dos dois andares não alcançava a altura da capela alta da Sainte--Chapelle. O rés do chão e o primeiro andar serviam de sacristias para a capela alta e para a capela baixa da Sainte-Chapelle. No último andar serão instalados os arquivos reais aos quais se deu, em razão do caráter quase sagrado que lhes era atribuído, o nome de "Tesouro das Cartas" que lhe ficou na nomenclatura erudita e que será estendido a toda a construção. Chegava--se a esse andar por uma escada de caracol (escada em espiral), particular, apoiada num contraforte da Sainte-Chapelle. Com esse acesso especial, reservava-se ao rei o uso exclusivo dos arquivos. Assim se manifestam simultaneamente a sedentarização da memória jurídica e administrativa do reino e sua sacralização, ligada à pessoa sagrada do soberano. Com as cartas [documentos], instalou-se também a Biblioteca Real, cujo acervo essencial se formou depois da cruzada do Egito, durante a qual São Luís pôde ver a biblioteca religiosa do emir e ficou vivamente impressionado. Fez também uma biblioteca religiosa, cujas obras às vezes empresta a seus íntimos e que será dispersada depois de sua morte, seja por doações de seu próprio testamento, seja por doações de seus sucessores.

Mas Luís IX continua um rei itinerante, de múltiplas residências. São residências de três espécies: os "palácios" reais, as abadias "reais", as residências dos senhores e das igrejas que lhe devem o direito de hospedagem.[15]

---

[14]Ver *supra*, pp. 135 e segs. e *infra*, pp. 509-510.
[15]Carlrichard BRÜHL, *Fodrum, Gistum, Servitium Regis*, Colônia (Alemanha) e Graz (Áustria), 1986, 2 vol.

472 JACQUES LE GOFF

Pousos fixos e trajetos de São Luís

Como saber onde São Luís morou e em que data?

Os dados que utilizo aqui foram reunidos no século XIX. Estão sujeitos a caução. Primeiro porque os documentos medievais não são sistemáticos. Depois, porque o historiador não dispõe de elementos que lhe permitiriam fazer-lhes a crítica. Resta a segurança de que, sob o reinado de São Luís, a aposição do sinete ou a menção da vontade real, um dia determinado, em um local determinado, tal como está expressa em um ato, importava na presença efetiva do rei nesse dia, nesse lugar. É um traço arcaico da administração que se liga ao caráter ainda pessoal do poder real sob São Luís, mas é útil a quem se interessa pela pessoa do rei. Na ausência de uma publicação científica recente dos atos de São Luís,[16] é preciso recorrer aos documentos publicados pelos eruditos do século XIX no *Recueil des historiens des Gaules et de la France.*[17]

Disso resulta, de maneira muito aproximativa, que as temporadas mais freqüentes tiveram lugar na Île-de-France. Três residências, fora o palácio da Cité em Paris, receberam mais freqüentemente a visita do rei: a leste de Paris, Vincennes (sessenta citações),[18] a oeste, Saint-Germain-en-Laye (cinquenta citações), a noroeste, Pontoise (quarenta e oito citações). Vincennes, a que o rei parece afeiçoar--se, entretanto não lhe dá senão um solar modesto, por essa época. Parece que algumas vezes ele se foi hospedar com os monges grã-montinos que lá tinham um priorado no bosque. O lugar em geral é chamado de "bosque de Vincennes". São Luís, que não parece ter caçado aí (como em lugar algum),[19] gostava de estar em Vincennes, apreciando sem dúvida a pequena distância de Paris e a modéstia das construções. É também, graças à proximidade da via fluvial, um ponto de partida e de chegada cômodo para suas viagens no reino. Vincennes também foi, antes

---

[16]Há uma lacuna na publicação dos atos reais da Idade Média entre a morte de Filipe Augusto, em 1223, e o advento de Filipe, o Belo, em 1285.

[17]No tomo XXI do *Recueil des historiens des Gaules et de la France*, encontram-se: 1) nas "Temporadas e itinerários dos reis" (*Regnum Mansiones et Itinera*), as "Temporadas e itinerários de Luís IX" (*Ludovi Noni Mansiones et Itinera*), pp. 408-423; 2) a maior parte dos "Complementos às temporadas e itinerários dos reis" (*Addenda mansionibus et itineribus regum*), pp. 498-499, diz respeito a Luís IX; 3) um outro "Complemento às temporadas e itinerários dos reis" (*Additum regum mansionibus et itineribus alterum supplementum*), pp. L-LI, diz respeito também em grande parte a Luís IX; 4) as "Hospedagens tomadas por Luís IX de 1254 a 1269" (*Gisa quae Ludovicus IX cepit ab anno MCCLIIII ad annum MCCLIX*), pp. 397-403. No tomo XXII (pp. XXV-XXXVI) encontram-se "Extratos de contas referentes às temporadas e itinerários dos reis" (*Excerpta e rationibus ad mansiones et itinera regum spectantia*) de fevereiro a maio de 1234 e de maio a outubro de 1239, que repetem apenas parcialmente os lugares mencionados nas listas supracitadas do tomo XXI. Ver também *Mapa 3*.

[18]A partir de Filipe Augusto deu-se um salto que resultou simultaneamente no aumento da burocracia real e nas maiores graças concedidas a Vincennes por São Luís. Filipe Augusto não assinou, de acordo com o que conservamos, mais do que seis atos em Vincennes.

[19]Ver *infra*, pp. 612-613.

SÃO LUÍS

de Paris, sua última etapa na volta da viagem que o levou ao encontro da coroa de espinhos, em Sens, em 1239. Foi de lá que ele partiu para a segunda cruzada, sua última viagem, em 1270, e foi lá que ele se despediu da rainha Margarida com um adeus que seria o último.[20]

Saint-Germain-en-Laye tem um "palácio" mais importante e São Luís nele mandou construir em 1238, provavelmente pelo arquiteto que estava renovando Saint-Denis, uma capela santa maior e mais bonita do que a edificada por Filipe Augusto.[21] Próxima do Sena, Saint-Germain desempenha para o oeste o papel que Vincennes desempenha para o leste e o sudeste.

O "palácio" real de Pontoise exerce sobre São Luís uma atração particular porque fica perto da abadia cisterciense de Maubuisson que ele fundou em 1236 a pedido da mãe. Também gosta de passar alguns tempos lá, como a mãe, que para lá se retirou para morrer, em 1252. A Pontoise também se vai facilmente por via fluvial.

Tantas vezes quantas possa, São Luís viaja para suas residências da Île-de-France de barco. Os itinerários mostram isso muitas vezes. Por exemplo, em 15 de maio de 1239, "de barco de Melun a Paris", em 18 de junho, "de barco de Pontoise a Mantes", em 5 de julho, "de barco de Vernon a Rueil" etc. O rei *viator* é, certamente, muitas vezes um "cavalgador", mas, por toda parte onde é possível — e a Île-de-France tem uma boa rede capilar de rios navegáveis por barcos de pequena cabotagem —, é um viajante de barco. É tão mais simples para as orações...

Agrupo os outros pontos de parada mais ou menos freqüentes ao longo das vias fluviais. Há o grupo do Sena subindo o rio a partir de Paris, do qual Vincennes poderia ser a cabeça de ponte e cujas etapas são Corbeil (dezenove ocorrências), Melun (trinta e cinco) e Fontainebleau (vinte e duas), residências reais. O grupo do Sena a jusante compreende os pontos de embarque de Auteuil (nove) e de Neully (sete). O mais importante talvez seja o grupo do Oise, onde São Luís continua a tradição merovingiana e carolingiana e onde o atraem os dois mosteiros de monjas e de monges cistercienses que mandou construir: Maubuisson e Royaumont, perto de Asnières-sur-Oise, como um centro de edificação para ele próprio e para os seus e para a sepultura de seus filhos. Se se sobe o Oise, esse grupo começa em Conflans, na confluência com o Sena (oito), e tem como pontos de ligação Pontoise (quarenta e oito) (e Maubuisson), Beaumont-sur-Oise (sete), Asnières-sur-Oise

---

[20]Ver Jean CHAPELOT, *Le Château de Vincennes*, Paris, 1994. J. Chapelot dirigiu no sítio interessantes escavações arqueológicas e organizou (com Élisabeth Lalou) um colóquio, em 1994, cujas atas esperamos com interesse.

[21]Robert Branner vê nessa capela uma etapa decisiva na constituição do estilo que os ingleses chamam de *court style*, do qual vê nela o padrão.

JACQUES LE GOFF

(vinte e nove) e Royaumont (dezoito), Senlis (onze), residência real desde Clóvis e onde Hugo Capeto foi eleito rei em 987, um pouco a leste de Oise às margens do rio Nonette e, afinal, Compiègne (vinte e três), onde prendem São Luís não apenas o "palácio" herdado dos merovíngios e dos carolíngios, mas um convento de dominicanos cuja construção ele financiou e onde gosta de ouvir missa e os sermões. Mandou construir um hospital em Compiègne, como também em Pontoise e em Vernon.

Há, enfim, isolada, no fim do curto "caminho real"[22] por excelência que a liga a Paris, Saint-Denis (onze menções).

O rei da Île-de-France

Assim, apesar da evolução, sob seu reinado, do sentido de Francia que acabou por designar não mais apenas a Île-de-France,[23] mas todo o reino da França, São Luís é em primeiro lugar um rei da Île-de-France. De uma Île-de-France na qual se nota o relativo enfraquecimento da antiga grande via capetiana de Paris a Orleãs. São Luís só raramente foi a Orleãs e a Fleury (Saint-Benoît-sur-Loire), ainda que sua presença seja assinalada oito vezes em Étampes, o castelo real onde seu bisavô Luís VII soube em 1165 do nascimento do filho Filipe (Augusto), o "filho do milagre". Resta dizer que São Luís faz viagens de promoção, de investigação e de obras de misericórdia para além da Île-de-France, a Gâtinais (Montargis, Lorris), a Berry (Bourges) e principalmente à Normandia, a bela província que goza de direitos particulares e que deve ser, desde que Filipe Augusto a recuperou, defendida sem cessar, militar e psicologicamente, contra os ingleses. É a isso que Guillaume de Saint-Pathus chama de visitar "muitas partes de seu reino".[24]

Visitar o reino

Na volta da cruzada, São Luís desperta para a necessidade de "visitar seu reino" do qual ficou tanto tempo ausente.[25] Perturbado, como se sabe, pela lembrança da derrota no Oriente, o rei se entrega a uma atividade febril naquela segunda

---

[22]A. LOMBARD-JOURDAN, "Montjoie et Saint-Denis", *op. cit.*

[23]Sabe-se que o termo Île-de-France só aparece no século XV e se torna uma divisão administrativa só no início do século XVI.

[24]GUILLAUME DE SAINT-PATHUS, *Vie de Saint Louis*, p. 90.

[25]Ver "O rei inquiridor", *supra*, pp. 203 e segs.

SÃO LUÍS

475

metade do ano de 1254. Demorou-se em suas senescalias languedocianas. De volta a Paris em setembro, viaja para nordeste do reino, certamente em Soissons, onde com muita alegria reencontra Joinville, que o tinha deixado em Beaucaire, e o leva talvez até Tournai e Vervins. Em novembro está em Orleãs, onde recebe o rei da Inglaterra Henrique III na estrada de Fontevrault, à beira da qual o inglês se recolhe à necrópole dinástica dos Plantageneta, depois à abadia cisterciense de Pontigny-en-Bourgogne onde vai rezar sobre o corpo de Santo Edmundo Rich, que forçou a se exilar e acaba de ser canonizado. Luís volta a Paris onde o espera uma assembléia para tratar dos problemas da sucessão de Navarra depois da morte de Thibaud IV de Champagne, rei de Navarra, morto em Pamplona em 1253. Foi então, provavelmente, que promulgou a famosa "grande ordenação", datada de dezembro de 1254. Depois parte para Chartres ao encontro de Henrique III, que escolta até Paris onde os dois reis vão passar o Natal em família.

Indo e vindo da cruzada

As estradas para e desde os portos de embarque e de desembarque da cruzada são marcadas por etapas que se afastam frequentemente do caminho normal para permitir ao rei a visita a um lugar de peregrinação.[26]

Peregrino de cruzada, Luís cumpre os gestos rituais prescritos pela jurisdição da cruzada. A 12 de junho de 1248 ele está em Saint-Denis, onde o legado Eudes de Châteauroux lhe entrega o báculo e a faixa e onde ele levanta a auriflama,[27] que dá o sinal de partida para o exército real. De novo em Paris, ouve missa em Notre-Dame, vai processionalmente descalço e vestido como peregrino à abadia de Saint-Antoine para rezar e segue para fazer escala no castelo de Corbeil, onde se despede da mãe.

Passa por Sens para saudar o capítulo geral dos franciscanos e lá Frei Salimbene de Parma o vê. Entre as igrejas que visita a leste e a oeste de seu caminho, faz uma parada especial em Vézelay para rezar para Santa Maria Madalena. Em Lyon, encontra o papa Inocêncio IV. Depois da descida do Ródano de barco, entre o reino e o império, porque o rio é marco fronteiriço, enfrenta os incidentes do castelo de la Roche-de-Glun onde, sendo peregrino, recusa-se a pagar um pedágio ao senhor,

---

[26]Ver *supra*, pp. 169 e segs. e p. 194.
[27]Philippe CONTAMINE, "L'oriflamme de Saint-Denis aux XIVe et XVe siècles. Études de symbolique religieuse et royale", *Annales de l'Est*, 1973, pp. 179-244.

toma o castelo e manda desmantelá-lo; também em Avignon teve problemas: lá, segundo Mateus Paris, habitantes da cidade atacam os peregrinos. Chega enfim a Aigues-Mortes onde recebe seu vassalo o conde de Toulouse, Raimond VII, e embarca a 25 de agosto.

Na volta, São Luís, que não quer atravessar terras que não sejam as de seu reino e deseja desembarcar em seu próprio porto de Aigues-Mortes, que mandou construir com objetivo específico, aceita relutantemente descer nas terras de seu irmão Carlos, conde de Provença, em território do império. Em Salins d'Hyères, onde chega a 3 de julho, visita o célebre frei Hugues de Digne no convento franciscano de Hyères, depois chega ao reino em Beaucaire.[28] De passagem, cumpre a peregrinação de Maria Madalena, num dos dois lugares em que a santa é venerada: a gruta de Sainte-Baume (o outro é Vézelay). O lugar impressionou Joinville, que acompanhava o rei: "O rei chega pelo condado de Provença a uma cidade a que chamam Aix-en-Provence, onde diziam que jazia o corpo de Madalena; e estivemos sob uma abóbada de rocha altíssima lá onde se dizia que Madalena tinha estado em retiro durante dezessete anos."[29] Depois de se ter informado sobre os procedimentos suspeitos de seus agentes nas senescalias do Sul, volta a subir através de Auvergne para visitar os grandes santuários de peregrinação de Puy (santuário da Virgem Maria) e de Brioude (de São Juliano), passa por Issoire, Clermont, Saint-Pourçain, Saint-Benoît-sur-Loire e chega enfim a Vincennes a 5 de setembro. Uma última etapa o leva a Saint-Denis, para aí depositar a auriflama, e só entra em Paris a 7 de setembro.

Em 1270 recomeça o ritual: visita a Saint-Denis no dia 14 de março, procissão descalço do palácio da Cité a Notre-Dame em 15 de junho, depois partida para Vincennes onde dá seu adeus (e seria mesmo um adeus, desta vez) à rainha Margarida e, outra vez, o roteiro de Sens, Vézelay, Cluny, Lyon e o Ródano. Esperando em Aigues-Mortes, faz no dia de Pentecostes a peregrinação a Saint--Gilles, que será a última.

São Luís, portanto, visitou pouco o Sul e, apesar dos circuitos pela Normandia e Berry, e da parada nas senescalias languedocianas em 1254, não teve como prática fazer os circuitos de inspeção e de promoção do poder, que se tornariam habituais no fim da Idade Média e no Renascimento. Também não empreendeu qualquer viagem especial à França meridional. O início dessas viagens políticas do rei do Estado moderno será o grande circuito de Filipe, o Belo em 1303-1304.[30]

---

[28] Ver *supra*, p. 189.
[29] JOINVILLE, *Histoire de Saint Louis*, p. 365.
[30] Jean FAVIER, *Philippe le Bel*, Paris, 1978, p. 335 e segs.

SÃO LUÍS

O rei peregrino

São Luís aproveita as viagens para fazer suas devoções em um centro de peregrinação. Mas a peregrinação é às vezes o único objetivo de uma viagem.[31]

Tinha uma devoção particular pela Virgem, que veio a ser, no século XIII, objeto de um culto em plena expansão — devoção muito mais fervorosa quando se tratava de um rei do qual era a medianeira suprema junto de seu filho Jesus, a melhor auxiliadora para seu reino, para seus súditos e para ele próprio.[32] São Luís foi rezar muitas vezes em Notre-Dame de Chartres, em Notre-Dame de Sées, em Notre-Dame de la Couture em Bernay.

A mais notável dessas peregrinações a um santuário mariano é sem dúvida a que faz, em 2 de maio de 1244, a Rocamadour[33] com a mãe e os três irmãos. Peregrinação de família, portanto, no melhor estilo de Luís, peregrinação real também, porque o iniciador da peregrinação a Rocamadour foi Henrique II da Inglaterra, que lá esteve por duas vezes, uma das quais depois da descoberta do corpo de Santo Amador. O próprio pai de Branca de Castela, o rei Afonso VIII (1158-1214), estivera lá. Ora, como disse com profundidade Alphonse Dupront, "além da aura taumatúrgica que a pessoa do rei de França carrega no encontro com as multidões, o peregrino real confere ao lugar de peregrinação a que vai uma marca particular".[34] Peregrinação de propiciação, feita para obter a proteção marial. Peregrinação de ação de graças para a cura do rei depois da batalha de Taillebourg e do nascimento de um primeiro filho. Alphonse Dupront acredita ainda que São Luís, como os outros peregrinos, deve ter sido sensível (como será mais tarde na caverna da montanha de Sainte-Baume) à espiritualidade do vertical que o rochedo sugere e à maternidade do refúgio na rocha, asilo de uma virgem mãe, de uma virgem negra, a qual ainda uma vez evoca o Oriente. Peregrinação política, afinal, que — uma ocasião rara — manifesta a intenção do rei de França de buscar "um equilíbrio entre o Norte e o Sul".

Luís foi ao monte de Saint-Michel em março de 1256, peregrinação ao arcanjo dos lugares altos que ainda não é o grande protetor dos reis e do reino da França, que não somente se levanta diante do perigo do mar, mas diante dos ingleses, com os quais a paz ainda não está concluída. Sacralidade de uma outra verticalidade

---

[31]Interessante artigo de E.-R. LABANDE, "Saint Louis pèlerin", artigo citado (*supra*, p. 408, n° 1).

[32]Afonso X o Sábio, rei de Castela, contemporâneo de São Luís, tinha profunda devoção pela Virgem, para a qual compôs as *Cantigas de Santa Maria*.

[33]Agradeço a Marie-Claire Grasnault pela documentação que reuniu para mim sobre essa peregrinação; Jacques JUILLET, "Saint Louis à Rocamadour", *Bulletin de la Société des études littéraires, scientifiques et artistiques du Lot*, t. 92, 1971, pp. 19-30.

[34]Alphonse DUPRONT, Du sacré. Croisades et pèlerinages. Images et langages, Paris, 1987, pp. 317-318.

que significa essa predominância do alto sobre o baixo, tão fortemente afirmada no cristianismo, e que São Luís corrige para uma sacralidade ao nível da terra, a da humildade.

A não ser para ir ao Oriente na cruzada, São Luís, na Cristandade, não saiu do reino da França. É o seu espaço. Não faz a guerra, a não ser que venham trazê-la a sua terra, como os grandes vassalos em sua juventude e o rei da Inglaterra. Torna a França cada vez mais independente do Império, como tinha começado a fazer, de modo decisivo, seu avô Filipe Augusto. São Luís não quer se meter com os negócios do Império. Que se tornaram, para ele, negócios estrangeiros.

Acrescente-se que, para um cristão do século XIII, há três grandes peregrinações, duas das quais na Cristandade: Roma e São Tiago de Compostela. Luís nunca as fez nem nunca sonhou com elas. Roma, sem dúvida, não era de total confiança, no momento em que o papado se choca primeiro na Itália do Sul com Frederico II, depois com Manfredo.* Porém razões mais profundas sem dúvida afastaram Luís da peregrinação ao túmulo dos apóstolos. Roma é um lugar de viagem *ad limina*** para alguém da Igreja. Luís é leigo. Venera a Santa Igreja e "o apóstolo de Roma", mas os deixa quietos lá. E depois Roma é a cidade do Imperador. Se o rei de França respeita tanto o Imperador, não lhe deve nenhuma homenagem. Deixar só para ele entre os príncipes leigos o solo de Roma é respeitá-lo, sem ter de lhe manifestar nenhum reconhecimento hierárquico.

A indiferença a respeito de Compostela é mais intrigante. Seu amigo Joinville tinha estado lá — e ficado orgulhoso e feliz com isso. São Tiago, ainda que alguns textos descrevam São Luís a invocá-lo, em seu leito de morte, não parece ter sido um dos santos de sua predileção.

A grande trilogia de suas orações é: São Dionísio, o santo de seu reino e de sua dinastia, com a vantagem de que Saint-Denis está a uma curta cavalgada de seu palácio de Paris; a Virgem, presente em tantos lugares, alguns dos quais, entre os mais eminentes, estão em seu reino; por último e principalmente, há o Cristo, e o Cristo é Jerusalém. Jerusalém, seu grande desejo, sua grande dor. Porque ele chegará pertinho do lugar santo, mas, não tendo podido libertá-lo, seguirá o conselho de seus barões: é impossível ao rei cristianíssimo contentar-se em ver Jerusalém reconhecendo que o Infiel tem todo poder sobre a cidade e que é preciso

---

*Rei da Sicília de 1258 a 1266, era filho natural, porém legitimado, de Frederico II. (*N. do T.*)

**Forma abreviada da expressão latina referente a Roma *ad limina apostolorum*, que se pode traduzir por "ao templo dos apóstolos". Modernamente, *ad limina* é o nome da visita obrigatória que os bispos — e sobretudo os arcebispos — católicos devem fazer periodicamente a Roma para um encontro pessoal com o papa. (*N. do T.*)

SÃO LUÍS

pedir-lhe um salvo-conduto. Deixará a Frederico II a tarefa de tirar ou não dos muçulmanos a Cidade Santa: na impossibilidade de ter conseguido conquistá-la, não a verá mais. Mas que Jerusalém invoca ele antes de morrer? A terrestre ou a celeste? Dessa grande confusão nasceu a cruzada.

Para São Luís o espaço da Cristandade é a Cristandade romana europeia mais que a Terra Santa. A cruzada não é uma conquista, mas uma reconquista. Nesse espaço espiritual que desafia a geografia, pouco importa o que separa geograficamente o coração original da Cristandade no Oriente e seu corpo ocidental. Terra Santa e Cristandade — é tudo uma coisa só. Sua missão é recriar essa unidade.

Mas, no meio dessa Cristandade separada, há um espaço de provação, o mar.

São Luís e o mar

De 1248 a 1254, a presença do mar foi quase cotidiana na atividade e no pensamento de São Luís;[35] o rei passou muitas semanas no mar, no mar tomou decisões importantes, e morreu, em 1270, à beira-mar depois de uma nova viagem marítima. Esse mar é, como se sabe, o Mediterrâneo.

Tempestades e "aventuras no mar" não faltaram, já se viu, para São Luís.[36] Os contemporâneos dele é que usavam a expressão "aventuras no mar", quando estaríamos tentados a dizer "infortúnios no mar", expressão que logo terá grande sucesso. De uma a outra, há verdadeiramente a passagem de uma mentalidade de homens de espírito cavalheiresco lançados ao mar para a de homens que conhecem melhor os proveitos do comércio marítimo e a maneira pela qual esse comércio pode ser ameaçado por aquilo que chamarão de infortúnio.

As tribulações marítimas são mesmo para os homens da Idade Média uma provação característica da paixão dos santos, e o *topos*, o lugar-comum hagiográfico do perigo do mar, aplica-se particularmente aos cruzados, esses heróis penitenciais que empreenderam a mais perigosa das peregrinações, aquela que, através da "travessia" marítima, leva às regiões que o termo "além-mar" (*partes ultramarinae*) definiu tão bem. O papa Bonifácio VIII, no sermão pronunciado a 6 de agosto de 1297 em Orvieto, por ocasião da canonização de São Luís,

---

[35] Ver Jacques LE GOFF, "Saint Louis et la mer", em *L'Uomo e il mare nella civiltà occidentale: da Ulisse a Cristoforo Colombo*, Gênova, 1992, pp. 13-24, e na Primeira Parte, Capítulo II, São Luís e o Mediterrâneo, artigo citado, pp. 154-160.
[36] Ver *supra*, p. 158.

dará como uma das provas de sua santidade a maneira pela qual ele afrontou o mar para a cruzada: "Ele expôs seu corpo e sua vida para o Cristo atravessando o mar."[37]

Depois, o mar é para São Luís um lugar de experiências pessoais e coletivas. São Luís também foi um nômade no mar, com as perturbações que isso poderia trazer para um cristão bem regrado. Essas perturbações ele procurou remediar tanto quanto possível. Conseguiu com a Igreja ter em sua nau um altar consagrado e hóstias. Nela era possível dizer missa e comungar. O tempo das orações podia, em geral, ser respeitado nos navios e o rei neles estava, como era costume dele, rodeado de eclesiásticos e de religiosos, assim como de senhores leigos, como Joinville. Mas sobreveio outra perturbação para os marinheiros, raça selvagem e pecadora. O mundo dos marinheiros é, para esses homens da terra que são muito majoritariamente os homens da Idade Média, um mundo pouco conhecido, um mundo inquietante de nômades marinhos, que se transformam de tempos em tempos em sedentários provisórios, estrangeiros, frequentemente de maus costumes, em seus pontos de escala. Quando São Luís embarca em sua nau fica, conta-nos Geoffroy de Beaulieu, surpreso e entristecido com a conduta pouco devota desses marujos.[38] Impõe-lhes, não sem resmungos desses semisselvagens, assistir aos ofícios e às orações cujo ritmo marca a partir de então o tempo da viagem. A reação de São Luís não apenas põe em relevo surpresa e inexperiência, mas também alimenta a imagem predominantemente negativa que a Igreja tem desses marginais. Um sermão ou, mais exatamente, um modelo de sermão inédito de um contemporâneo da juventude de São Luís, Jacques de Vitry, pregador célebre, que foi à Terra Santa, dirigiu-se *ad marinarios* ("aos marinheiros e aos marujos")[39], tendo como tema o salmo 106 que fala a um tempo dos perigos e das maravilhas do mar. O mar é o mar do "século", quer dizer, da sociedade humana, do universo terrestre. É *tenebrosa et lubrica*, tenebroso e pecador. É múltiplo, diverso, *multiplex*.[40]

---

[37]"*Corpus suum et vitam suam exposuit pro Christo, mar transfretando.*"

[38]*Recueil des historiens des Gaules et de la France, op. cit.*, t. XX, pp. 14-15.

[39]Agradeço a Marie-Claire Gasnault pela transcrição desse sermão segundo o manuscrito latino 17.509 da Biblioteca Nacional de Paris (fólio 128 v -130).

[40]É preciso distinguir um mar inferior e um mar superior, um mar interior e um mar exterior. O mar inferior é o inferno e é *amarissimum*, amaríssimo. O mar superior é este mundo, que, como uma prostituta, é um reservatório de pecados e de perigos. Uma interessantíssima descrição enumera os diferentes perigos do mar e a maneira pela qual os agrava o vento. Jacques de Vitry insiste na importância dos estreitos: *Bitalassum* é o lugar onde dois mares se encontram, lugar muito perigoso, e o perigo inverso é *bonatium*, a "bonança", a ausência de vento, que imobiliza os barcos.

SÃO LUÍS

Jacques de Vitry, que conhece a linguagem dos marinheiros, também emprega termos da língua vulgar. Enumera os vícios, os pecados dos marujos e dos marinheiros. O exagero é um traço genérico desses sermões, mas a imagem é realmente muito negra. Tal é o tipo de literatura que, seguramente, alimentava as percepções de São Luís.

Que fazem os marinheiros? Ora abandonam os peregrinos nas ilhas, onde os deixam morrer de fome, para roubá-los, ou, pior, vendem-nos como escravos aos sarracenos, ou bem fazem naufragar o navio com os peregrinos e mercadores que conduzem, aproveitando-se da inexperiência deles no mar, e fogem nas chalupas e nos botes que carregaram com os bens e as mercadorias. Para não falar daqueles que provocam naufrágios e despojam os náufragos: aqui entra uma alusão a um episódio real tornado quase lendário no cristianismo medieval, o naufrágio de São Paulo apóstolo. Também são inquietantes os vícios dos marinheiros nas escalas: habituados às tavernas e aos bordéis, gastam todo dinheiro que puderam ganhar no mar nesses prazeres duvidosos. No mar, o rei contorna então o perigo, físico e moral.

Para São Luís o mar é, enfim e principalmente, um espaço religioso e simbólico. A imagem do mar, muito presente na Bíblia, é uma imagem terrível, vinda do abismo caótico das origens. No Gênesis, quando Deus criou o mundo, o mar aparece como o mundo do caos, o lugar onde habitam e agem as potências demoníacas, os monstros e os mortos, que se vão sublevar contra Deus e contra os homens. A terra se civiliza, o mar permanece selvagem. Na outra versão do Gênesis que se encontra no livro de Jó, há de novo uma evocação dos monstros que vivem no mar e que dele às vezes saem para maior terror dos homens. É em particular o caso do Leviatã. Daniel, contra o qual se voltam animais monstruosos, vê sobretudo animais marinhos. E esses monstros reaparecem em primeiro plano no Apocalipse: "Então vi surgir do mar um animal de sete cabeças, com diademas sobre os chifres e com nomes blasfematórios nas cabeças." Outra imagem também perigosa do mar aparece no Novo Testamento. O lago de Tiberíades é nessa passagem assimilado ao mar. É um lago de tempestades representando física e simbolicamente o mar.[41]

O medo do mar, a onipresença da tempestade, do naufrágio, São Luís vai reencontrar nas Vidas dos santos que lhe são contadas ou que ele lê e, em particular, num livro quase contemporâneo composto por um genovês, a célebre coletânea de

---

[41]Trata-se do episódio muito conhecido da tempestade que se levanta e ameaça o barco de Pedro e de seus companheiros do mar no qual o Cristo dorme. Pedro e seus companheiros têm medo e gritam: "Socorro, Senhor, que afundamos", e Jesus aplaca a tempestade como Javé a tinha aplacado no Velho Testamento.

A Lenda Dourada, compilada por Jacopo da Varazze (Tiago de Varazze). Madalena, São Maurício, São Clemente e alguns outros são santos que salvam do naufrágio.

Mundo do medo porém, na Idade Média, mais ainda um mundo flutuante em que o símbolo da Igreja é o *topos* iconográfico da barca de São Pedro. Os poderosos também, se não são conduzidos pela roda da Fortuna, são abalados pelo mar. A nau concreta de São Luís é uma outra encarnação do mesmo símbolo, como presa dos caprichos das vagas, na aventura do mar.

Mas também é o mundo em que Jesus domina as ondas desencadeadas e caminha sobre as águas, enquanto São Pedro, por falta de fé, arrisca-se a se afogar. Um mar do qual finalmente não é preciso ter medo, porque, no fim do mundo, Deus o destruirá como prioridade para trazer a tranquilidade antes do Juízo e da eternidade. "E mar não há mais" (Apocalipse, 21, 1). "E morte não haverá mais" (Apocalipse, 21, 4). Porque o mar é a morte. Isaías já tinha dito: "Nesse dia, Javé matará o dragão que habita o mar" (27, 1).

Porém o mar também é espaço para a cruzada, espaço de penitência, de provação, mas por outro lado de desejo e de esperança, esperança que também é achar no fim da rota líquida príncipes muçulmanos prontos para a conversão, esse desejo permanente de São Luís. A miragem da conversão funciona para o Egito como para Túnis.

São Luís não desconhece as imagens mais positivas do mar, legadas também pela tradição bíblica e cristã. A primeira dessas imagens é a de um mundo de maravilhas, em particular as ilhas, ilhotas de felicidade, destroços preciosos da idade de ouro, ilhas afortunadas, segundo uma tradição da Antiguidade que o cristianismo retomou, quer se trate das ilhas dos mares do Norte, nas quais São Brandão faz sua navegação, quer se trate das do Atlântico, pelo qual a Idade Média começa a se interessar, ou das ilhas do Mediterrâneo. Há, em Joinville, dois episódios insulares maravilhosos nas viagens marítimas de São Luís.[42] O primeiro conta a parada numa ilha, parada prolongada porque os jovens de uma das naus descem para colher frutas e não voltam a bordo; o outro, o mais significativo, põe em cena São Luís, Joinville e alguns senhores desembarcados numa ilha onde acham flores, relva, árvores e um velhíssimo eremitério com ossadas que evocam não a ideia — pois eles são cristãos — da idade de ouro pagã, mas uma imagem da Igreja primitiva, a dos primeiros eremitas cristãos mergulhados na natureza, na solidão maravilhosa de uma ilha. O mar é também

---

[42]Ver *supra*, pp. 190-191 e 438.

SÃO LUÍS

483

um espaço de milagres, e Joinville nos conta aquele que salvou um companheiro de São Luís caído no mar.[43]

Mas o mar é sobretudo o caminho que ele escolheu e que quis dominar para chegar ao Oriente.

O Oriente de São Luís

O Oriente real de São Luís[44] foi primeiro Chipre, essa impressionante plataforma da Cristandade latina no coração do Mediterrâneo oriental, bizantino e muçulmano; Chipre, ponto estratégico do comércio do Levante, base avançada dos mercadores e dos cruzados cristãos. A ilha, depois de numerosas vicissitudes, era governada como reino pela família francesa dos Lusignan que em 1247 tinha sido desligada pelo papa de sua vassalagem em relação ao Imperador. Numerosas famílias nobres de origem francesa ali tinham se instalado. São Luís lá se achou como num pedaço da França. Sim, a Cristandade podia estar em casa no Oriente.

Que sabe o rei sobre o Oriente no momento de atracar no Egito? As narrativas, orais no essencial, dos cruzados que voltaram ao Ocidente marcaram a passagem de uma "geografia santa" à "palestinografia", segundo a bela expressão de Aryeh Grabois.[45] Mas essa passagem de um saber bíblico e paleocristão para os conhecimentos mais contemporâneos só vale para a Palestina cristã. As descrições continuam interessadas principalmente nos sítios e monumentos cristãos, embora se tornem mais exatas. Entretanto, sob o impulso, ainda aqui, das ordens mendicantes, adquire-se melhor conhecimento da população muçulmana, em particular sob uma perspectiva de sua conversão ao cristianismo. Dominicanos e franciscanos aprendem o "sarracenês", quer dizer, o árabe (numa ocasião São Luís recorreu a um dominicano arabófono). Se a ideia e a realidade da cruzada estão em plena mutação no século XIII, assiste-se em particular a sua evolução para uma forma pacífica à qual São Francisco, depois de sua viagem à Terra Santa, parece ter dado um certo impulso, isso a que se chamou a "cruzada

---

[43]JOINVILLE, *Histoire de Saint Louis*, p. 357.

[44]Evoquei no Capítulo I da Primeira Parte o mundo e, em particular, o Oriente, tais como existiam em volta de São Luís. Falo aqui do *seu* Oriente, o Oriente tal como o conheceu, real e imaginário, simultaneamente.

[45]Aryeh GRABOIS, "From 'Holy Geography' to 'Palestinography'", *Cathedra*, 31 (1984), pp. 43-66; "Islam and Muslims as seen by Christian Pilgrims in Palestine in the XIII century", artigo citado (*supra* p. 165, n° 91). A obra clássica e útil continua sendo J. K. WRIGHT, *Geographical Hore in the Times of the Crusades*, Nova York, 1925. Sobre a imagem do Islam entre os cristãos da Idade Média, Robert W. SOUTHERN, *Western Views of Islam in the Middle Ages*, Cambridge, Mass., 1962; Claude CAHEN, "Saint Louis et l'Islam", artigo citado (*supra*, p. 165, n° 91).

espiritual".[46] São Luís está na confluência da cruzada militar tradicional e da nova cruzada espiritual.[47]

Mas, no plano dos conhecimentos geográficos, a ignorância do rei e de seus auxiliares continua muito grande. Vimo-lo a propósito da cruzada de Túnis. Da cruzada de 1270, Mohamed Talbi pôde escrever: "A direção que a ela São Luís imprimiu procede de uma série de erros geográficos — falsa apreciação das distâncias —, estratégicos, ecológicos, políticos, diplomáticos e humanos."[48]

Sarracenos, beduínos, assassinos

Entre as aquisições da islamologia cristã do século XIII é preciso, no entanto, notar a distinção recente entre "sarracenos", termo genérico, único empregado até então e que de resto continua a sê-lo, "beduínos" e "assassinos". São Luís aprende na Palestina a fazer concretamente essa diferença. Joinville nos dá três preciosas informações sobre essa experiência.

Para São Luís e Joinville, os sarracenos (que Joinville também chama de turcos) são, por um lado, o conjunto dos muçulmanos, daqueles que seguem a lei de Maomé — mas nem por isso são menos "pagãos" —, e, por outro lado, os súditos dos príncipes dirigentes dos Estados organizados com os quais principalmente eles se chocam, quer dizer, os sunitas.[49] A volta com força do sunismo no Oriente Próximo se deu com o curdo Saladino, que pôs fim à dinastia xiita fatímida do Cairo em 1171.

São Luís e Joinville aprendem a conhecer de perto os beduínos no Egito em 1250 por ocasião de um episódio guerreiro que opôs cristãos e sarracenos. Depois da batalha, os beduínos foram pilhar o acampamento sarraceno e Joinville, sem dúvida mais curioso do que São Luís, mas que, informando-se, quer também instruir o rei, faz longa digressão sobre esses saqueadores, diferentes dos sarracenos e mais rudes do que eles.

São pastores nômades, saqueadores, armados só com espadas, que roubam os mais fracos: não são verdadeiros guerreiros. São fatalistas e não temem a morte,

---

[46]F. Van Ortroy, "Saint François d'Assise et son voyage en Orient", artigo citado, (*supra*, p. 159, nº 76).
[47]Ver *infra*, pp. 690-692.
[48]Mohamed Talbi, "Saint Louis à Tunis", em *Les Croisades* (obra coletiva publicada pela revista *L'Histoire*), Paris, 1988, p. 78.
[49]Sobre a gênese da grande divisão dos muçulmanos entre sunitas e xiitas, ver Hichem Djaït, *La Grande Discorde. Religion et politique dans l'Islam des origines*, Paris, 1989.

SÃO LUÍS

que chega na hora marcada independente da própria vontade de Deus. Desprezam os francos e suas armaduras. Quando maldizem os filhos, dizem-lhes: "Maldito sejas, como os francos que se armam com medo da morte." São temíveis, porque sua fé, que explicam ser a de Ali,* não a de Maomé (são portanto xiitas), é a de bárbaros que acreditam na metempsicose. Desse modo, Joinville e sem dúvida o rei limitam-se a uma reação de rejeição. Esses beduínos de cabelos e barbas negras, com uma espécie de guardanapo na cabeça (toalha), são "feios e hediondos". E são tanto mais perigosos porque obedecem ao Velho da Montanha, o mestre da seita dos assassinos.[50]

Essa experiência da diversidade desses povos, que os cristãos tinham o hábito de nomear em bloco como "sarracenos", culmina no contato com os assassinos, a seita seguidora do Velho da Montanha.[51]

Os assassinos saem de um grupo de muçulmanos partidários de Ali que, na segunda metade do século VII, tinham formado a seita, longamente secreta, dos ismailianos.** Esperavam a volta do verdadeiro imam*** por longo tempo desconhecido e escondido. Existiam, na doutrina ismailiana, tendências muito parecidas com as tendências milenaristas do cristianismo. Em 909, o imam escondido reapareceu e se proclamou califa da África do Norte, com o título de "al-Mahdi". Fundou a nova dinastia dos fatímidas, que se instalou no Cairo, no Egito. No século XI, enquanto o Império fatímida começava uma

---

*Primo e genro de Maomé, com cuja filha Fátima se casou, Ali, o quarto califa, foi eleito sucessor do profeta, mas teve que enfrentar uma rebelião liderada pela viúva de Maomé, durante a qual acabou assassinado (661). Sumariamente pode-se dizer que desde então os maometanos se dividem em sunitas, que seriam os maometanos ortodoxos, e xiitas. Assim, por exemplo, a dinastia xiita *fatímida* do Cairo, citada acima, que teve fim em 1171, tinha esse nome por ter sido fundada, duzentos anos antes, por um descendente de Ali e de Fátima, do qual o autor falará logo a seguir. (*N. do T.*)

[50]INVILLE, *Histoire de Saint Louis*, pp. 136-141.

[51]LEWIS, *Les Assassins, op. cit.* (*supra*, p. 322, n° 33).

**Há historiadores brasileiros e até mesmo obras de referência e consulta que não fazem diferença entre "ismaelitas"e "ismailianos", usando sempre o primeiro termo, "ismaelitas". É bom que se faça a diferença, ou se cria a possibilidade de grande confusão. Ainda que — para os árabes — o nome próprio de origem num caso e noutro seja *Isma'il*, para a tradição de língua portuguesa o filho de Abraão e de sua serva Agar, do Gênesis, há muitos séculos é *Ismael*, enquanto se mantém a forma árabe *Ismail*, ou até mesmo *Isma'il* quando se cita aquele que dá nome à nova seita xiita dos ismailianos, então desligada dos xiitas tradicionais. Assim, *ismaelitas* são todos os descendentes de Ismael, cujos doze filhos se espalharam pela imensa região que se estende da fronteira do Egito ao golfo Pérsico, a parte conhecida historicamente como Arábia do Norte, onde grande número de tribos reivindicava a ascendência ismaelita. E até existe quem use ismaelitas como sinônimo geral de maometanos, uma vez que Maomé considerava o Ismael bíblico como tronco de sua árvore genealógica. Já *ismailianos* são apenas os membros de uma seita de fanáticos, ou seja, um pequeno grupo dos ismaelitas. [Segundo o *Grand Larousse Encyclopédique* (ed. de 1962, verbetes *Ismaéliens* ou *Ismaïliens* e *Isma'il*), Ismail morreu em 762. Portanto os partidários de Ali não poderiam ter fundado a seita ismailiana em meados do século VII, como está acima, provavelmente por um erro de digitação. Em meados do século VII Ismail nem era nascido: embora não se saiba o ano exato de seu nascimento, sabe-se que o pai dele, Dja'far al-Sadiq, nasceu no ano de 700, segundo o mesmo *Grand Larousse*. A fundação da seita, assim, só pode ser de meados do século VIII.] (*N. do T.*)

***Sacerdote. Título dado primeiro unicamente aos sucessores do Profeta, os califas. (*N. do T.*)

fase de declínio, o império dos turcos seldjúquidas restaurou poderosamente o sunismo. Os numerosos descontentes do Império seldjúquida juntaram-se ao ismailismo, que foi reorganizado por um "revolucionário de gênio", Hasan-i--Sabá, nativo de Qum, um dos grandes focos do xiismo no Irã. Hasan-i-Sabá se instalou no maciço de Elbruz, no castelo forte de Alamute, onde ficou até a morte, em 1124.[52]

Hasan-i-Sabá fundou uma ordem de *fida'i* (os "devotados") que prometiam executar sem fraqueza as ordens do *imam*. O *imam* queria estabelecer o reino de Alá e da justiça promovendo o assassinato de todos aqueles que representavam uma injúria ou um perigo.

Os ismailianos da Síria se organizaram, e suas relações com os cristãos dos principados latinos foram diversas. Houve às vezes alianças entre eles, mas chefes cristãos também caíram sob os golpes dos ismailianos. Sua vítima cristã mais espetacular foi o marquês Conrado de Montferrat, rei de Jerusalém, que assassinaram em Tiro, a 28 de abril de 1192. O grande inimigo deles tinha sido Saladino, que lhes escapou, mas que, depois de 1176, estabeleceu como domicílio uma torre de madeira especialmente preparada, na qual ficava protegido por uma guarda que não deixava nenhum desconhecido se aproximar.

Atribuíram-se à seita assassinatos cometidos fora da área oriental na Cristandade. Uma psicose de assassinato expandiu-se pelo Ocidente. Espalhou-se o boato de que Ricardo Coração de Leão tinha armado o braço dos assassinos de Conrado de Montferrat, cujo trono seu protegido Henri de Champagne cobiçava — e que de fato obteve depois do assassinato de Conrado. Contou--se então que membros da seita "os assassinos" tinham ido secretamente ao Ocidente para matar o próprio Ricardo. Alguns anos mais tarde, repetiu-se a mesma história em relação a Filipe Augusto. E até quanto a São Luís se disse isso. No ano de 1236 de sua *Vida*, Guillaume de Nangis escreve: "O diabo, de quem é próprio sempre invejar os melhores, vendo a santidade do rei Luís e seu sucesso no governo de seu reino, pôs-se a preparar, conspirador oculto e detestável, um incrível perigo e quase inevitável em detrimento do rei." O Velho da Montanha, acossado pelo diabo, pôs-se a maquinar a morte do rei de França Luís.

Esse rei, o Velho da Montanha, muito ruim e muito malvado, morava nos confins de Antioquia e de Damasco, defendido por fortalezas poderosíssimas no pico das montanhas. Temia muito os cristãos e os sarracenos da vizinhança

---

[52] B. LEWIS, *Les Assassins, op. cit.*, p. 63.

SÃO LUÍS

e mesmo de mais longe, porque numerosas vezes tinha mandado matar indiferentemente seus príncipes através de enviados. Realmente, criava em seus palácios adolescentes de seu país, os quais lá aprendiam todas as línguas e lhe votavam obediência até a morte, própria para lhes assegurar as alegrias do Paraíso. Enviou então emissários à França com a ordem de matar o rei de França Luís de qualquer maneira.

> Felizmente Deus, que sabe fazer prevalecer seus planos sobre os dos príncipes, mudou os sentimentos do velho rei e de seus projetos de homicídio fez projetos de paz. O velho Rei enviou ao rei de França outros emissários que deviam chegar antes dos primeiros e prevenir o rei.

Foi o que se passou, e os segundos emissários prenderam os primeiros e os entregaram ao rei de França. Luís, encantado, teria coberto uns e outros de prêmios e teria enviado ao Velho da Montanha presentes reais em sinal de paz e de amizade.[53]

Essa lenda mostra a que ponto a imagem dos assassinos foi apresentada no Ocidente no fim do século XIII e no início do século XIV,[54] e provém sem nenhuma dúvida da narrativa enfeitada do episódio da recepção real por São Luís em Acre de uma embaixada do Velho da Montanha, o chefe dos ismailianos da Síria.

Vale a pena reproduzir no essencial a narrativa que Joinville faz desses duelos.

> Enquanto o rei permanecia em Acre, os mensageiros do Velho da Montanha foram a ele. Quando o rei voltou da missa, mandou que fossem conduzidos à sua presença. Mandou-os sentar em disposição tal que ficasse à frente um emir, bem-vestido e bem-equipado; e atrás do emir ficou um jovem bem-equipado, que trazia à mão três facões, cada um dos

---

[53]GUILLAUME DE NANGIS, *Gesta Ludovici* IX, p. 324.

[54]Guilherme de Tiro, morto em 1185, menciona "os assassinos". Na narrativa de viagem do dominicano Guillaume de Rubrouck, enviado à Ásia por São Luís, eles também aparecem, mas é sobretudo por volta de 1300 que se fala deles, quando escrevem Guillaume de Nangis e Joinville. Marco Polo assinala a presença deles e, em 1332, o padre alemão Brocardus escreve um tratado sobre os assassinos para uso de Filipe de Valois que sonha com uma nova cruzada e a quem Brocardus quer prevenir. Mateus Paris tinha acusado não os assassinos, mas de maneira geral os "sarracenos", de, em 1245, tentar envenenar maciçamente os Cristãos enviando ao Ocidente pimenta envenenada. Depois de alguns acidentes alimentares, percebe-se o que havia e previnem-se as pessoas através de avisos dos arautos públicos nas grandes cidades. Mas não chegou a haver penúria de pimenta porque os mercadores cristãos dispunham de grandes estoques que não se esgotaram (IV, 490). Dante, no canto XIX do Inferno, faz uma breve alusão ao "pérfido assassino" (*lo perfido assissin*). Desde a época de São Luís a palavra "assassino" espalhou-se pela Europa com o sentido de "matador profissional".

quais entrava pela bainha do outro; porque se o emir fosse repelido, apresentaria ao rei esses três facões para desafiá-lo. Por trás daquele que tinha os três facões, havia um outro que tinha um bocaxim[55] enrolado no braço, que teria apresentado ao rei para servir-lhe de mortalha, se ele recusasse o pedido do Velho da Montanha.[56]

O emir apresenta cartas de crédito ao rei e lhe pede que pague ao Velho da Montanha um tributo anual como fazem o imperador da Alemanha, o rei da Hungria e o sultão de Babilônia, para que o deixe viver. A essas ameaças de morte veladas, acrescentam que Luís deve mandar suprimir o tributo que o Velho da Montanha paga às ordens do Templo e do Hospital, porque sabe que se mandar assassinar os mestres dessas duas ordens eles serão substituídos por outros igualmente exigentes. O rei providencia para que se repita ao emir sua mensagem na presença dos dois mestres. Estes ordenam ao emir em "sarracenês" que vá vê-los no dia seguinte no Hospital. Dizem-lhe então que se a honra do rei não fosse respeitada — porque se trata de mensageiros oficiais — eles mandariam jogá--lo no mar, e que ele devia voltar em uma quinzena com presentes do Velho da Montanha para o rei, a fim de que ele esquecesse as ameaças inconsideradas que lhe tinham sido feitas.

Na quinzena, os mensageiros do Velho da Montanha voltaram a Acre e trouxeram ao rei a camisa do Velho; e disseram ao rei, da parte do Velho, que, como a camisa está mais junto do corpo do que qualquer outra veste, aquilo significava que o Velho queria ter o rei mais perto de seu amor que qualquer outro. E lhe enviou seu anel, que era de ouro muito fino, e onde seu nome estava escrito; e mandou dizer que por seu anel ele desposava o rei; porque queria que doravante fossem um único.

Entre outras joias que enviou para o rei, enviou-lhe um elefante de cristal muito bem-feito, e um animal que se chama girafa, também em cristal, frutas de diversos tipos em cristal, e jogos de gamão e de xadrez; e todas essas coisas vinham acompanhadas de flores de âmbar, e o âmbar estava ligado ao cristal por belas vinhetas de bom ouro fino. E saibam que logo que os mensageiros abriram seus escrínios onde essas coisas estavam foi como se todo o salão ficasse perfumado, de tal modo elas agradavelmente recendiam.

---

[55]O "bocaxim" (*bougran*, no original, do nome da cidade de Bucara) é uma tela grossa forte e engomada.
[56]JOINVILLE, *Histoire de Saint Louis*, p. 247.

SÃO LUÍS

O rei enviou seus mensageiros ao Velho, e lhe mandou uma grande quantidade de joias, tecidos de escarlate, taças de ouro e freios de prata; e, com os mensageiros, enviou Frei Yves le Breton, que sabia sarracenês.[57]

Joinville dá em seguida particularidades sobre o Velho da Montanha que Frei Yves, que não pôde convencê-lo, relatou a Luís.[58] Assim se aperfeiçoam os conhecimentos de São Luís e dos seus sobre a diversidade do mundo muçulmano do Oriente Próximo. A reação deles é a habitual entre os cristãos, divididos entre um sentimento de horror e de admiração. Mesmo que sua missão fosse terrível, esses terroristas fiéis até a morte ao Velho da Montanha eram heróis desse sentimento que os cristãos feudais admiravam mais do que qualquer outro: a fé, a fidelidade. Oriente, detestável e maravilhoso.

A ilusão mongol

Durante sua temporada na Palestina, São Luís recebeu em Cesareia uma outra embaixada, esta asiática, vinda de bem mais longe, uma embaixada "tártara", que dizer, mongol. Seria a concretização das esperanças do rei e da Cristandade de ver o grande Khan se converter ao cristianismo ou, pelo menos, aliar-se aos cristãos contra os muçulmanos? Até então, essas esperanças tinham decepcionado.[59]

O papado tinha manifestado primeiro a curiosidade da Cristandade. Em 1245, Inocêncio IV enviou três missões à procura do grande Khan. Dois dominicanos, André de Longjumeau, que mais tarde se tornará um dos íntimos de São Luís, e Anselmo de Cremona, assistido pelo dominicano francês Simon de Saint-Quentin, partiram da Terra Santa, e um franciscano, Giovanni de Piano di Carpino (Piancarpino), que, com Bento da Polônia, passou pela Boêmia, pela Polônia, Kiev e o baixo Volga.[60]

Piancarpino chegou até o grande Khan e assistiu à entronização de Guiuk, os outros chegaram até chefes importantes. Todos voltaram com a mesma resposta que, na formulação dada por Piancarpino, foi: "Vem tu em pessoa, à frente de todos os reis juntos, oferecer-nos serviços e homenagem."

---

[57]*Ibid.*, p. 251.
[58]Ler-se-ão essas particularidades nas páginas 251-255 da *Histoire de Saint Louis*, de Joinville.
[59]Sobre os mongóis e a Cristandade, ver *supra*, pp. 46-50.
[60]J. RICHARD, *La Papauté et les missions d'Orient au Moyen Âge, XIII-XVe siècles, op. cit.* (*supra*, p. 49, n° 23).

São Luís soube dessas respostas e das narrativas das viagens deles pelos frades. No início de 1248, recebeu Piancarpino. Vincent de Beauvais transcreve em seu *Speculum historiale* longos trechos das narrativas de Simon de Saint-Quentin e de Piancarpino.

Durante sua temporada em Chipre, São Luís tinha tido a surpresa de receber mensageiros do "grande rei dos tártaros", que lhe enviava "muito boas e honestas palavras" e lhe mandava dizer "que estava pronto a ajudá-lo a conquistar a Terra Santa e a livrar Jerusalém das mãos dos sarracenos".[61] Luís, admirado, tinha despachado para Guiuk dois pregadores que falavam árabe (língua supostamente mais conhecida do que o latim) com uma tenda escarlate de alto preço à maneira de capela, com "imagens" em seu interior mostrando o essencial da fé cristã.

Foi em 1251 que André de Longjumeau voltou a São Luís com mensageiros mongóis, em Cesareia. Traziam sempre a mesma resposta.

> E te mandamos isto para te advertir: porque não podes ter a paz se não a fazes conosco. Porque o Preste João se levantou contra nós, e tal rei e tal (e enumeravam muitos); e a todos passamos no fio da espada. Assim te ordenamos que a cada ano nos envies tanto de teu ouro e de tua prata que nos conserves como amigos; e, se não o fazes, destruiremos a ti e a tuas gentes, assim como fizemos com aqueles que mais acima nomeamos.

São Luís tira a triste conclusão do episódio: "E saibam que o rei se arrependeu muito de ter enviado emissários."[62]

Não terminara, entretanto, a história de São Luís com os mongóis. Em 1249 chega a notícia de que um Khan importante, Sartak, um dos descendentes de Gêngis Khan, converteu-se ao cristianismo e se fez batizar. São Luís envia um novo mensageiro, um franciscano flamengo que vive na Terra Santa e que é seu súdito, Guillaume de Rubrouck. Não vai como embaixador titulado, porque São Luís quer evitar as rejeições anteriores. Mas leva uma carta de felicitações do rei de França que põe o franciscano à disposição dele. Rubrouck encontra Sartak que de cristão só tem o nome, mas que o remete ao novo Khan dos khans, Mongke, em Karakorum, a capital no coração da Mongólia. Rubrouck voltará

---

[61] JOINVILLE, *Histoire de Saint Louis*, p. 75.
[62] *Ibid.*, pp. 259-271. André de Longjumeau, porém, relatou novas informações muito interessantes das quais Joinville reproduz uma parte. Pode-se ver aí como os próprios mongóis tiram partido disso para suas glórias da história imaginária. Dão-se um título de glória por terem vencido e matado o lendário Preste João e o imperador da Pérsia.

SÃO LUÍS

491

sem mais sucesso do que os predecessores. Quando chega de volta a Chipre em 1255, São Luís já voltou à França. Rubrouck lhe enviará a narrativa de sua viagem, a mais bela de todas, uma obra-prima.[63]

Haveria enfim uma reviravolta nas relações entre cristãos e mongóis no início dos anos 1260. Os cristãos de Acre, cada vez mais pressionados pelos muçulmanos, enviam em 1260 embaixadores ao novo grande Khan Hulegu para lhe pedir paz e ajuda. Hulegu liberta cativos cristãos, promete aos cristãos deixá-los em paz e fazer com que fosse restituído a eles o reino de Jerusalém.

São Luís só sabe disso quando recebe uma carta que Hulegu mandou traduzir para o latim em Maraga,* perto do lago de Urmiá, a 10 de abril do ano do Cão (1262), levada por seu embaixador, um húngaro, "para o rei Luís e todos os príncipes, duques, condes, barões, cavaleiros e outros súditos do reino da França".[64]

Depois da proclamação da soberania do grande Khan sobre o mundo inteiro e das vitórias que seus ancestrais e ele próprio conseguiram sobre os povos que lhes ofereceram resistência, Hulegu, que se gaba do título de "destruidor das pérfidas nações sarracenas, dedicado zelador da fé cristã", insiste quanto à sua benevolência a respeito dos cristãos em seu império e nas regiões em que guerreou, e anuncia ao rei de França a libertação de todos os cristãos feitos prisioneiros e reduzidos à escravidão nos países que dominou. Em Karakorum a bela tenda escarlate levada por André de Longjumeau foi recebida com grande satisfação, mas os mongóis se enganaram quanto à hierarquia na Cristandade. Pensavam que nela o papa era o único chefe supremo. Só mais tarde compreenderam que ele era só um chefe espiritual e que o rei cristão mais poderoso era o rei de França, um amigo. Depois de ter tomado Alepo e Damasco dos mamelucos, Hulegu teve a intenção de atacá-los no Egito e destruí-los. Para isso precisava de navios. Não os tinha. Pediu-os ao rei de França, que deve ter falado de sua promessa de restituir o reino de Jerusalém aos cristãos.

Atrapalhados, Luís e seu conselho não vão querer levar em consideração o preâmbulo e a proclamação de suserania do Khan, que o rei de França não saberia aceitar, ainda que se tratasse de uma formalidade, de ordem puramente teórica. São

---

[63]Soberba edição de Claude e René KAPPLER: ver *supra*, p. 50, nº 24.

*Atualmente, cidade da província iraniana do Azerbaijão (a província é fronteiriça com a República do Azerbaijão, que foi uma das repúblicas ligadas à antiga União Soviética). Hulegu, ou Hulagu, como também se usa na transcrição para o português, fez dela sua capital. (*N. do T.*)

[64]J. RICHARD, *Saint Louis, op. cit.*, p. 509. A carta foi reencontrada e publicada por P. MEYVAERT, "An unknown letter of Hulagu, il-Khan of Persia, to King Louis IX of France", artigo citado (*supra*, p. 51, nº 26).

492 JACQUES LE GOFF

Luís agradeceu e remeteu a embaixada mongol a Roma, onde o papado manterá por muitos anos conversações que não levarão a nada.

São Luís deixou passar a ocasião. Assim se fechou para ele o espaço mongol.

O Oriente imaginário e maravilhoso

Qualquer que seja o conhecimento concreto, autêntico, que São Luís adquiriu no Egito e na Palestina, não abandona nesse caso a geografia mítica, imaginária, base da imagem que os cristãos têm do Oriente. Nada mostra melhor a persistência em seu espírito de um Oriente fabuloso do que a passagem que Joinville escreveu sobre o Nilo.

Vejamos primeiro o Nilo real, tal como o viram São Luís e Joinville, depois dos gregos, dos romanos da Antiguidade, depois dos bizantinos. O Nilo que eles viram e de que ouviram falar no baixo Egito através de testemunhas oculares:

> Inicialmente temos de falar do rio que vem pelo Egito e do Paraíso terrestre. Esse rio é diferente de todos os rios menores; porque mais os outros rios vêm correnteza abaixo, mais neles deságuam riozinhos e riachinhos; esse rio não recebe nenhum: o que há é que ele vem por um único leito até o Egito, e então se abre em sete ramos, que se espalham pelo Egito.
>
> E depois do dia de São Remígio,* os sete rios se derramam pelo país e cobrem as planícies; e quando voltam a seus leitos os trabalhadores vão trabalhar cada um em sua terra com um arado sem rodas com o qual lançam à terra os trigos, as cevadas, os cominhos, o arroz; e tudo isso é tão perfeito que ninguém saberia que adubo lançar lá. E não se sabe de onde vem essa enchente a não ser da vontade de Deus; não houvesse ela e nenhum bem teria o país, por causa do grande calor do sol que queimaria tudo, porque não chove jamais nesse país. O rio está sempre turvo; de modo que os habitantes da região que querem beber recolhem água no início da noite, e esmagam quatro amêndoas ou quatro favas; e no dia seguinte está tão boa de beber que lá não falta nada.[65]

---

*A festa de São Remígio (*la Saint-Rémi* dos franceses) é a 1º de outubro. (*N. do T.*)

[65]JOINVILLE, *Historie de Saint Louis*, pp. 103-105.

SÃO LUÍS

Depois, subindo contra a corrente, o saber geográfico descamba para o maravilhoso:

> Antes que o rio entre no Egito, as pessoas que estão acostumadas a fazê-lo jogam suas redes desdobradas no rio à noitinha; e quando chega a manhã acham em suas redes essas mercadorias que se vendem a peso e que são trazidas desse país, a saber o gengibre, o ruibarbo, o bálsamo de aloés e a canela. E se diz que essas coisas vêm do Paraíso terrestre; porque o vento derruba as árvores que estão no Paraíso, assim como derruba nas florestas desse país a madeira seca; e o que cai de madeira seca no rio os mercadores nos vendem nesse país. A água do rio é de tal natureza que, quando a pendurávamos (em potes de argila brancos feitos no país) nas cordas de nossos pavilhões, ela se tornava, ao calor do dia, tão fria como água de fonte.
>
> Diziam no país que o sultão de Babilônia tinha muitas vezes tentado saber de onde vinha o rio; e despachava gente que levava consigo uma espécie de pão a que chamam biscoitos porque são cozidos duas vezes; e viviam desse pão até que voltassem para junto do sultão. E contavam que tinham subido o rio e chegado a uma grande colina de rochas a pique, de tal modo que ninguém podia escalá-las. Dessa colina descia o rio; e lhes parecia que havia uma grande quantidade de árvores no alto da montanha; e diziam que tinham encontrado maravilhas de muitos animais selvagens e de muitos tipos, leões, serpentes, elefantes, que vinham olhar de cima a margem do rio enquanto eles iam subindo.[66]

Nesse texto notável vê-se que se articulam o mítico — ligado às crenças nos rios do Paraíso, à geografia bíblica —, a dúvida racional no caso do "diz-se" tradicional ("e se diz que..."), a experimentação (a água suspensa nos potes especiais) e a exploração científica, preocupação comum aos dirigentes de Estados muçulmanos e cristãos: foi o sultão de Babilônia que enviou exploradores para cumprir uma busca experimental científica de nascentes do rio. Ainda aqui, São Luís se descobre vivendo em uma época que se desdobra entre o saber enraizado no mito e um desejo de conhecimento experimental. Mas a atitude diante do Nilo se situa como característica desse maravilhoso científico que supõe não haver contradição nem ruptura entre a natureza e o mito, entre o Egito e o Paraíso. Passa-se de um a outro subindo o rio. Talvez haja apenas um lugar, um fenômeno natural que preencha a função simul-

---

[66]*Ibid.*, p. 105.

taneamente de limite e de ruptura entre os dois mundos: a catarata, aquela "grande colina de rochas a pique, de tal modo que ninguém podia escalá-las", de onde "descia o rio".[67]

No meio do século XIII, para conhecer a geografia, o melhor lugar para um cristão era a Terra Santa, porque era o encontro dos cristãos vindos de toda parte.

Em Cesaréia, São Luís recebe também um senhor norueguês, e com isso seu horizonte se estendia até o país das "noites brancas".

> Ora, voltemos a nossa matéria, e digamos também que enquanto o rei fortificava Cesareia chegou ao acampamento um nobre senhor Alernardo de Senengã, que nos contou que tinha construído sua nau no reino da Noruega, que está nos confins do mundo do Ocidente; e que na viagem que fez até o rei, deu a volta completa em torno da Espanha, e precisou passar pelos estreitos do Marrocos. Atravessou grandes perigos antes que chegasse a nós. O rei reservou-lhe uma dezena de cavaleiros. E ele nos contou que na terra da Noruega as noites eram tão curtas no verão que não havia uma única noite em que não se visse a claridade do dia que acabava e a claridade do dia que se levantava.

A Cesareia, ainda, chegou um certo Philippe de Toucy que era aparentado e que estava a serviço do imperador latino de Constantinopla. O imperador latino tinha se aliado, contra o imperador grego ortodoxo refugiado em Niceia, aos comanos (ou cumanos),[68] povo turco pagão que ameaça a Hungria. Philippe de Toucy descreve para São Luís seus costumes bárbaros: fraternidade selada no sangue e no esquartejamento de um cão, enterro de um rico cavalo morto sentado num fosso com um cavalo e um servo vivos e uma grande quantidade de ouro e prata.

Assim São Luís estende e povoa em pensamento o espaço, sempre entre o medo e o assombro. Dando graças a Deus por essa grande diversidade que ele desejou ou pelo menos aceitou sobre a terra, aprende a conhecê-la na perspectiva que é a sua: a conversão dos povos ao cristianismo. Seu espaço era um mundo de conversão.

No fim da vida, São Luís quis acrescentar a isso também um continente que tinha negligenciado, a África, quer dizer, a África do Norte.

---

[67]J. LE GOFF, "Le merveilleux scientifique au Moyen Âge", em *Zwischen Wahn Glaube und Wissenschaft*, J.-F. Bergier (ed.), Zurique, 1988, pp. 87-113.

[68]São chamados "kiptchaks" pelas fontes árabes e orientais em geral, "polovtsy" pelos russos. Conhecem-se as danças polovtsianas do *Príncipe Igor*, de Borodin. Ver JOINVILLE, *Histoire de Saint Louis*, p. 273.

SÃO LUÍS

Guillaume de Chartres diz com propriedade: "Ele incentivou os seus a que se esforçassem para pensar na propagação e na multiplicação da fé nessas regiões africanas."[69] Alargar o espaço da fé cristã até a África, enganar-se quanto à distância de Túnis ao Egito: é a cruzada de São Luís.

Assim foi o espaço de São Luís, parcial, fragmentado, mas unificado pelo senso da universalidade do cristianismo e pela soberania de seu Deus, que devia exercê--la também em todos os lugares. Essa captação pela fé é ainda mais forte na experiência do tempo.

OS TEMPOS DE SÃO LUÍS

Na época de Luís, a medida do tempo continuava vaga porque a duração vivida era múltipla, fragmentada. Foi só no fim do século XIII que apareceram os primeiros relógios mecânicos. Em muitos casos ignoram-se as datas de nascimento mesmo de grandes personagens, e portanto suas idades exatas. A numeração dos reis, dos príncipes, dos membros de grandes linhagens ainda é pouco usada e as incertezas são numerosas. São Luís, enquanto viveu, não foi chamado Luís IX. Só na crônica de Primat, encomendada por ele e terminada em 1275, depois de sua morte, portanto, a numeração dos reis de França pela primeira vez seria sistematizada. Os dias continuam mais bem designados pelo santo que se festeja do que pela sequência do mês. São Luís vivia numa multiplicidade de tempos incertos.

O bom uso do tempo

O rei Luís IX soube fazer um bom uso do espaço de *sua terra*, de seu reino. Teria ele sabido, como cristão e como rei, tirar o melhor partido dos tempos, cujo entrelaçamento forma, no século XIII, a duração de uma vida, de um reinado: tempo cotidiano, o da alternância irregular dos dias e das noites, no ritmo dos sinos buscando impor uma ordem cristã até no coração da noite; tempo circular do ano litúrgico, marcado pelo calendário que revive para os cristãos a vida do Salvador do Natal à Páscoa, depois à Ascensão e Pentecostes,

---

[69]GUILLAUME DE CHARTRES, *De Vita et de Miraculis*, p. 36.

prolongando-se até que venha a espera do advento; tempo linear dos anos de uma vida, breve fração no caminho que, da Criação, depois de sua segunda origem, a Encarnação de Jesus, segue inexoravelmente no rumo dos últimos tempos para decolar, através da última peneirada do Juízo Final, em direção à eternidade, paradisíaca ou infernal; tempo escatológico de espera e de temor, de esperança e de pavor, mais terrível ainda para um rei que deve se apresentar digno da graça divina não apenas pessoalmente, mas deve apresentar também o maior número de súditos em situação de salvação; tempos múltiplos de uma sociedade e de uma época que não unificou o tempo nem sua medida (são o neto Filipe, o Belo, e os reis seguintes que dispuseram pouco a pouco do relógio mecânico, instrumento de um melhor domínio do tempo que se esforçaram para fazer o Estado monárquico controlar, tanto quanto a moeda, impondo a hora do relógio do palácio como referência do novo sistema de medida do tempo); tempo natural dos trabalhos dos campos, essencial num mundo rural, tempo urbano em que comunas e mercadores instalam os sinos do tempo de trabalho, tempo das expedições militares do fim do verão ou das cruzadas plurianuais, tempo do exercício real da justiça, tempo da prece e do pedido a Deus, tempo da mesa, do lazer e do bate-papo com a família e os amigos, tempos longos e desiguais para a chegada das notícias a um rei — São Luís na Terra Santa sabe da morte da mãe muitos meses depois...

Velas, de altura variável ou igual, medem unidades de duração, sinos marcam o tempo do cristão. E, nos mosteiros, nos castelos, o tempo se lê no quadrante solar. O tempo de São Luís, como o de seus contemporâneos, está portanto estreitamente ligado à natureza e à experiência cotidiana da duração: tempo longo do caminho a cavalo na dependência de estradas em geral de má qualidade, imobilização dos navios no mar causada por longos invernos em que não se sai para navegar e pelos caprichos do vento. Longas esperas e grandes atrasos no encaminhamento das notícias.

A duração que sem dúvida pareceu a São Luís *a posteriori* a mais dolorosamente longa foi o tempo que levou para chegar a ele o anúncio da morte da mãe.

Algumas sequências de sua própria vida impressionaram os contemporâneos pelo tempo de duração que tiveram. A duração de seu reinado primeiro: quase quarenta e quatro anos. Guillaume de Saint-Pathus sublinha isso no começo de sua *Vida*: "O bendito São Luís governou seu reino da França por longo espaço de tempo." Mais méritos ele teve por viver tanto tempo sem pecado. Sua santidade foi uma santidade de longa duração. O outro tempo longo do reinado foi o que passou no Oriente. Joinville conheceu-lhe a extensão por tê-lo vivido

SÃO LUÍS

com o rei: "Durante um tempo tão longo como o espaço de seis anos em que fiquei na Terra Santa..."[70]

O tempo circular e litúrgico

Seu tempo habitual é o do calendário litúrgico. Conjuga um ciclo anual e um ciclo cotidiano. Guillaume de Saint-Pathus disso nos dá o essencial em seu capítulo sobre a "fervorosa devoção" do rei.

> O santo rei dizia suas horas canônicas muito devotamente com um de seus capelães nas horas exigidas ou as dizia um pouco antes da hora mas o mínimo possível [respeito monástico do tempo litúrgico]. No entanto, mandava cantar solenemente todas as horas canônicas nas horas exigidas sem antecipar-lhes o horário, ou antecipando o mínimo possível, por seus capelães e por seus clérigos e as ouvia muito devotamente [...] O costume do santo rei quanto ao serviço de Deus era o seguinte: o santo rei se levantava à meia-noite e mandava chamar clérigos e capelães e então eles entravam na capela na presença do rei todas as noites: cantavam então em voz alta com acompanhamento as matinas do dia e depois as de Notre-Dame e durante esse tempo o santo rei dizia umas e outras matinas nessa mesma capela em voz baixa com um de seus capelães e, matinas ditas, os capelães voltavam para a cama se quisessem. Passado um pouco de tempo, e às vezes tão pouco que eles não tinham tempo de dormir antes de voltar, mandava chamá-los para rezar a hora prima, e eles cantavam prima na capela em voz alta e com acompanhamento e prima de Notre-Dame, e o santo rei presente dizia uma e outra com um de seus capelães. Mas no inverno prima era dita pouco antes do nascer do dia; depois da Páscoa matinas é que eram ditas pouco antes ou pouco depois de se levantar o dia [...] E, terminada prima, o santo rei ouvia todos os dias uma primeira missa pelos mortos, frequentemente rezada sem música, mas nos aniversários ou se tivesse morrido alguém de sua intimidade mandava cantar a missa com acompanhamento. Todas as segundas-feiras o rei mandava cantar a missa dos Anjos em voz alta e com acompanhamento, todas as terças a da Santa Virgem Maria, todas as quintas a missa do Espírito Santo, todas as sextas a missa da Cruz e todos os sábados ainda missa de Notre-Dame. E nessas missas mandava

---

[70]JOINVILLE, *Historie de Saint Louis*, p. 65.

todos os dias cantar a missa do dia em voz alta e com acompanhamento. Na Quaresma ouvia todos os dias três missas, uma das quais ao meio-dia ou por volta de meio-dia [...]

Na hora do jantar, antes de comer ele entrava em sua capela e os capelães rezavam a hora tércia diante dele com música e as preces de meio-dia e de Notre-Dame, mas ele rezava essas mesmas horas em voz baixa com um de seus capelães [...] Todos os dias, ouvia vésperas com música e as rezava em voz baixa com um capelão. Depois de cear, os capelães entravam na capela do rei e cantavam completas em voz alta e com música do dia e de Notre-Dame. E o santo rei, quando estava em seu oratório, ajoelhava-se habitualmente enquanto duravam as completas e passava todo esse tempo em orações. Todos os dias, ditas as completas da Mãe de Deus, os capelães cantavam no mesmo lugar uma das antífonas de Notre-Dame muito solenemente e com música, às vezes *Salve regina*, às vezes uma outra. Depois, o santo rei entrava em seu quarto e então ia lá um de seus sacerdotes levando água benta com a qual aspergia o quarto dizendo *Asperges me* e a oração que se diz em sequência. E quando chegava a hora de recolher-se ao leito, dizia uma e outra completa com o capelão.[71]

Programa de devoção monástica em que se afirmavam duas piedades particulares: aquela pelos mortos e aquela pela Virgem. Esse emprego do tempo tão bem-regulado como o de um monge, São Luís por numerosas vezes viu perturbado. Quatro circunstâncias em particular introduziram trocas nessa programação, trocas que São Luís se esforçava para limitar ao mínimo possível.

A primeira, que se repetiu frequentemente, foi a viagem a cavalo. O tempo da cavalgada foi cuidadosamente anotado pelos biógrafos, em particular por Guillaume de Saint-Pathus, também atingidos pela alteração. O rei reduzia então o número de eclesiásticos que o acompanhavam e cantavam em volta dele a cavalo, enquanto ele dizia os cânticos e preces em voz baixa com seu capelão ou um outro clérigo.

A segunda causa a atrapalhar a ordem da devoção foi a doença. São Luís nesse caso acompanhava as preces e ofícios de seu leito e participava na medida em que seu estado o permitia.

Outra perturbação acontecia quando o lugar em que o rei ficava não comportava a instalação de uma capela. Nesse caso, seu quarto a substituía, mas essa situação era rara, porque "em todos os lugares do reino havia capela".

---

[71] GUILLAUME DE SAINT-PATHUS, *Vie de Saint Louis*, pp. 33-35.

SÃO LUÍS

Houve, por fim, o mês durante o qual ele foi prisioneiro dos muçulmanos no Egito tendo como único companheiro de seu círculo seu cozinheiro cristão. São Luís fez o que pôde e sua devoção impressionou tão fortemente seus carcereiros que eles providenciaram um breviário trazido do campo de batalha.

O rei dá uma grande importância aos tempos de exceção marcados seja pela tristeza e restrições, seja pela alegria. Tempos de penitência e tempos de festas.

É, já se vê, o caso da Quaresma.

> Em todas as sextas-feiras do ano ele jejuava, abstinha-se de carne e de gordura na quarta-feira. Queria fazê-lo também na segunda-feira, mas disso o dissuadiram. Jejuava a pão e água na véspera das quatro grandes festas da Virgem, assim como na Sexta-Feira santa, na véspera de Todos os Santos, e por ocasião de alguns dias solenes do ano. Nas sextas-feiras da Quaresma e do Advento, abstinha-se de peixes e de frutas. Mas algumas vezes, com permissão do confessor, comia apenas uma espécie de peixe e um tipo de fruta.[72]

Da mesma forma, sabe-se que se abstinha de todo comércio carnal com a mulher durante todo o Advento e toda a Quaresma, alguns dias de cada semana, nas vésperas e dias de grandes festas, muitos dias antes dos dias em que devia comungar.

A piedade mendicante, fortemente influenciada pela casuística teológica e canônica, prescreve voluntariamente um calendário disciplinar de conduta. Assim Luís, que busca conciliar um temperamento naturalmente alegre com o velho tabu cristão sobre o riso, temperado pelas novas atitudes mais liberais,[73] foi avisado pelo confessor para acalmar a consciência contentando-se em se abster de rir só na sexta-feira.

Quanto às festas importantes, gostava, ao contrário, que fossem marcadas por uma grande solenidade litúrgica: ornamentos, círios, cantos, presença de bispos — e tudo isso comportava um ofício de grande duração que provocava murmúrios.[74]

Instituiu na Sainte-Chapelle festas solenes em honra das relíquias sagradas ali depositadas, 11 de agosto para a coroa de espinhos, 30 de setembro para as

---

[72]GEOFFROY DE BEAULIEU, *Vita*, pp. 10-11. São Luís gostava muito dos peixes grandes e das frutas frescas. Ver o caso contado *infra*, pp. 558-559.

[73]J. LE GOFF, "Rire au Moyen Âge", *Cahiers du Centre de recherches historiques*, abril de 1989, n° 3, pp. 1-14.

[74]GUILLAUME DE SAINT-PATHUS, *Vie de Saint Louis*: "Aborrecia todos os outros pela duração do ofício" (p. 37).

outras relíquias. Os cofres e relicários preciosos são, nessa ocasião, carregados em procissão. Há uma multidão de eclesiásticos vestindo paramentos de seda, cantando em voz alta, o próprio rei, os grandes do reino e uma multidão de povo. São Luís é o grande encenador de um tempo religioso festivo. Também a Páscoa dá lugar a grandes festividades.[75]

Guillaume de Saint-Pathus conta com que solenidade ele celebra a festa de São Miguel a 29 de setembro — narra como em um ano ele foi festejá-la em Royaumont — e a festa de São Dionísio, padroeiro da dinastia real e da França, a 19 de outubro.* Nesse dia, acompanhado do filho mais velho, ele deposita sobre o altar do santo os quatro besantes de ouro do pagamento ao santo senhor do reino.

A Quinta-Feira Santa é o dia de lavar os pés dos pobres. São Luís dava grande valor a esse rito de humildade, mas que, também, reforça sua imagem crística.[76]

Da mesma forma, segundo a tradição aristocrática e real — mas com um cuidado todo particular —, ele celebra as grandes festas profanas à sombra das grandes festas religiosas. As festas profanas continuam as tradições pagãs, retomadas sob uma forma cristianizada por uma classe de guerreiros não inteiramente desligados de sua selvageria primitiva. Assim se dá no encontro com o rei e a rainha da Inglaterra, entre cunhados e irmãs, em 1254, por ocasião das festas de Natal. Ao armar cavaleiros seus irmãos Roberto e Carlos, e o filho e sucessor Filipe as solenidades foram num dia de Pentecostes, como foi também o casamento de Filipe com Isabel de Aragão, e o do irmão Afonso num 24 de junho, dia de São João, rico em ritos folclóricos. São Luís utiliza todas as riquezas do inesgotável calendário cristão.

Mas o emprego do tempo cotidiano, com exceção das grandes festas, das modificações provocadas pela viagem ou a doença, permanece quase sempre regulado por um ritmo combinando ritmos religiosos e ritmos corporais.

> O governo de sua terra foi regulado de tal modo que todos os dias ele ouvia suas horas com canto, e uma missa de *Requiem* sem canto, e depois, se houvesse tempo, a missa do dia ou do santo com canto. Todos os dias, descansava em sua cama depois de ter comido; e quando tinha dormido

---

[75]GUILLAUME DE CHARTRES, *De Vita et de Miraculis*, p. 24.

*No hagiológio católico, entretanto, mesmo em missais franceses que consultei, a festa de São Dionísio (Saint--Denis) é a 9 de outubro. Possivelmente se trata de um erro de digitação do original. (*N. do T.*)

[76]GUILLAUME DE SAINT-PATHUS, *Vie de Saint Louis*, pp. 42-44.

SÃO LUÍS

501

e descansado, rezava em seu quarto em intenção particular o ofício dos mortos, ele e um de seus capelães, antes que fosse ouvir vésperas. À noite, ouvia completas [...].[77]

São Luís não parece ter observado o emprego do tempo que será geralmente reservado ao dia de um rei. Essa obrigação real só terá sua ordem temporal fixada quando da existência de uma corte regular em torno de um monarca. Isso e o funcionamento de tarefas reais igualmente regulares prenderão o soberano em uma dupla rede. Foi Christine de Pisan que descreveu pela primeira vez um dia real na segunda metade do século XIV, pormenorizando o dia de Carlos V. É verdade que os biógrafos religiosos de São Luís sem dúvida ainda acentuaram seu emprego do tempo quase monacal. As tarefas leigas vinham se inserir nesse emprego do tempo. Assim, o dever de justiça — dever sagrado, é verdade — ocupava lugar regularmente nos dias do rei e de seus assistentes.

Viu-se que Hugues de Digne confortou São Luís quanto a esse dever cotidiano de justiça.[78] Mas São Luís se preocupou também com o tempo na longa duração da história.

São Luís e o tempo da história

São Luís desempenha um papel importante em duas das principais empresas históricas do século XIII. Encomenda ao dominicano Vincent de Beauvais[79] uma enciclopédia histórica, o *Speculum historiale* (o "Espelho Histórico"), e confia a um monge de Saint-Denis, Primat, a redação em francês da história dos reis de França, elaborada a partir das crônicas históricas em latim conservadas ou redigidas em Saint-Denis, o "Romance dos Reis".[80] Não chega a conhecer a obra, terminada depois de sua morte e que Primat dedicou a seu filho Filipe III, em 1275.

Primat pára sua história na morte de Filipe Augusto, em 1223. Depois dele, outros cronistas continuaram seu "romance", seja em Saint-Denis seja em outros

---

[77]JOINVILLE, *Histoire de Saint Louis*, p. 33.
[78]Ver *supra*, pp. 192-193.
[79]Ver *infra*, p. 521.
[80]"Romance" quer dizer "obra escrita em língua romana", ou seja, neste caso, em francês.

lugares, e a parte referente a São Luís, acrescentada depois de sua canonização, retoma outras fontes, principalmente Guillaume de Nangis. Nada nos ensina sobre o santo rei.

Mas a crônica escrita por Primat a pedido de São Luís reflete uma concepção do tempo da história que é em grande parte aquela segundo a qual seu tempo foi regulado durante sua vida e seu reinado.[81]

A primeira característica da crônica é ser histórica, no sentido quase moderno. Apoia-se ela primeiro sobre uma pesquisa das fontes. Primat escreve: "Será esta história escrita segundo a carta e a ordenação das crônicas da abadia de Saint-Denis na França, onde os historiadores e os fatos de todos os reis estão escritos, porque lá se deve tomar e de lá se deve extrair o original da história e se se puder achar nas crônicas de outras igrejas coisa que valha a pena poder-se-á acrescentá-la aí segundo a pura verdade da carta." Nessa busca de uma história mais "científica", Primat, segundo Bernard Guenée, não faz diretamente apelo à Providência e ao sobrenatural. Acredita, certamente, como os cronistas anteriores, que "a proteção divina nunca tinha faltado aos reis de França". Mas "foi constrangido pela insistência com que Suger ou Rigord tinham constantemente falado da intervenção de Deus e do Diabo". E, traduzindo-os, suprime as expressões: "a mão de Deus estava com ele", "o diabo o favorecendo", "por instigação do Diabo" etc. Mas Primat acredita que a história é primeiramente "uma grande lição de moral" (Bernard Guenée) e insiste em que "todo príncipe deve tomar como exemplo" alguma personagem histórica. Desse modo, o tempo da história, se se trata de história documentada, verdadeira, é um tempo instrutivo, exemplar. É o que convém a São Luís. Como o sermão ou o Espelho dos Príncipes, a historiografia é um gênero útil para os príncipes. Faz com que o tempo do passado sirva para a instrução e a ação do rei.

A *História* de Primat, por outro lado, é real (dos reis) e, mais precisamente, dinástica. É Primat que institui a periodização da história dos reis de França em três dinastias ou "raças" ou, como ele diz, "gerações", porque sua história é também, segundo sua declaração, uma "genealogia" dos reis de França. A monarquia francesa é bem essa árvore de Jessé que Suger tinha mandado representar primeiro num vitral da abadia real de Saint-Denis. É uma árvore de Jessé

---

[81]B. Guenée, *Histoire et culture historique dans l'Occident médiéval, op. cit. (supra,* p. 35); "Les Grandes Chroniques de France. Le Roman aux roys (1274-1518)", em P. Nora (ed.), *Les Lieux de mémoire,* t. II, *La Nation,* vol. 1, Paris, 1986, pp. 189-214; G. M. Spiegel, *The Chronicle Tradition of Saint Denis, op. cit. (supra,* p. 309, nº 4). Sobre Primat, ver também *supra,* pp. 310-311.

SÃO LUÍS

em três estágios: o merovíngio, o carolíngio, o capetiano. Nesse cruzamento, houve um acidente. Hugo Capeto foi um "usurpador". Seria preciso enxertar a nova árvore sobre o precedente. Porque havia, nessa árvore real francesa, um refundador central: Carlos Magno. O casamento de Filipe Augusto com uma descendente autêntica de Carlos Magno cumpriu essa "volta à raça de Carlos", que concretiza a legitimidade definitiva dos Capetos na linhagem contínua da monarquia francesa. São Luís, tão atento a sua situação nesse tempo real e dinástico, viveu nesse tempo histórico particular e essencial cuja construção Primat mostrou tão bem.

Enfim, o "Romance dos Reis" de Primat, ritmado pela ação historiográfica de Saint-Denis e pela invenção de um tempo real e dinástico, desemboca num tempo do qual a abadia e a monarquia, em acordo estreito, foram as realizadoras: o tempo da França. São Luís é o primeiro rei que, chegando justamente depois do tempo da *História* de Primat, mergulha em um tempo nacional. E, como ele pediu a Primat ao encomendar o livro, esse tempo nacional se escreve em francês.

O *Speculum historiale* de Vincent de Beauvais é uma crônica universal que começa com a Criação, ou seja, a história bíblica, depois vem a sucessão dos impérios e dos imperadores. Só começa a se interessar verdadeiramente pela História da França com Luís VII e sobretudo com Filipe Augusto, menciona a ligação da dinastia capetiana a Carlos Magno (*reditus regni ad stirpem Karoli*), mas se torna muito aproximativo depois de 1244. Vincent, que vê principalmente em São Luís um rei sagrado e sábio, reflexo de Davi, o rei ungido, e de Salomão, o rei sábio, faz dele o ponto de desfecho dessa transferência de saber (*translatio studii*) que levou as ciências, as "artes" de Atenas a Roma e a Paris. São Luís para ele encarna a "cavalaria", que favorece a "instrução", que, mais de meio século antes, Chrétien de Troyes já apresentava como um ideal ético e social.

Serge Lusignan[82] notou de modo pertinente que no texto de seus hagiógrafos São Luís reuniu dois tempos diferentes da história, dois tempos de duas linhagens diferentes: a "linhagem humana", desde Adão e Eva, à qual ele pertence, e a dos *Franci*, encargo de seus predecessores, dele próprio e de seus sucessores, uma linhagem cuja origem é troiana. Assim como ele, Luís, nasceu

---

[82]Serge LUSIGNAN, "Le temps de l'homme au temps de monseigneur Saint Louis: le Speculum historiale et les Grandes Chroniques de France", em *Vincent de Beauvais. Intentions et réceptions d'une oeuvre encyclopédique au Moyen Âge* (sob a direção de Serge Lusignan, Monique Paulmier-Foucart e Alain Nadeau), Saint-Laurent e Paris, 1990, pp. 495-505.

por seu batismo em Poissy, essa linhagem verdadeiramente nasceu pelo batismo de Clóvis. Pode-se ir mais longe, porque São Luís pensava que o rei de França, como cristianíssimo, *christianissimus*, tinha uma responsabilidade especial não apenas, como é bastante evidente, em relação à linhagem dos franceses, mas também em relação à linhagem humana, que deve se identificar, no fim dos tempos, com a linhagem cristã, cuja vocação é unir todos os homens e todas as mulheres, desde Adão e Eva.

Mas o rei de França deve, de um outro ponto de vista, inscrever-se de modo responsável no tempo terrestre como no tempo escatológico.

O tempo terrestre, o homem o domina dividindo-o em passado, presente e futuro, o que requer memória, atenção e previdência. Foi o que Vincent de Beauvais pedagogo escreveu no Espelho dos Príncipes para uso de Filipe, filho de São Luís: o *De eruditione filiorum nobilium*.[83] O rei deve, em particular, conservar a memória do passado, mandar escrever a história, deve agir no presente, prever e preparar o futuro. É o programa que São Luís apresenta ao filho nos *Ensinamentos*.

Mas o próprio tempo terrestre se inscreve numa história que começa e acaba em Deus. Saído do Paraíso, o homem deve ocupar seu tempo presente buscando merecer voltar a ele. O tempo aqui na terra, tempo de penitência, de provação, de paciência, tem de se transformar em tempo de salvação. O rei de França tem um dever particular na utilização desse tempo. Destinado a um estado eminente por sua origem histórica troiana, tornou-se, por seu nascimento espiritual, capaz, graças à unção da sagração, de salvar os outros e em primeiro lugar seus súditos ("que sejas digno de receber a unção com a qual os reis de França são sagrados"). Sua missão escatológica é levar seu povo à salvação: daí seu dever de retirar desse mesmo povo toda impureza ("tem grande cuidado para que os pecados sejam suprimidos na terra: juramentos vergonhosos, pecados de corpo, jogos de dados, tavernas ou outros pecados"). Essa política escatológica se liga também à duração de seu reinado: uma grande virada se desenha depois da volta do Oriente, quando São Luís liga definitivamente o presente de que dispõe a um futuro orientado para o tempo da eternidade feliz, da salvação eterna, do Paraíso reencontrado ("que depois desta vida mortal possamos vê-lo, amar e louvar sem fim"): esse é o objetivo da "grande ordenação" de dezembro de 1254.

---

[83]Capítulo XL: "*Quod vir praeterita debet recolere et presentia attendere*"; capítulo XLI: "*Quodliter eciam futura debet providere*" (*De eruditione*, ed. A Steiner, pp. 159-166 e 166-172).

SÃO LUÍS

Claude Kappler levantou a hipótese de que Vincent de Beauvois, seguindo uma tradição que remonta aos merovíngios, que conferia aos reis de França uma missão escatológica expressa, em sua significação mais profunda, pelo epíteto *christianissimus*, talvez tenha visto em São Luís esse rei dos últimos tempos: seria Luís IX o rei capaz de fazer a síntese dos tempos e dos espaços — Oriente e Ocidente — e, na mesma linha, o rei suscetível de abrir a última fase da História e conduzi-la a sua realização final? Não ouso ir tão longe. Quanto ao próprio São Luís, de todo modo, parece-me que ele quis, em sua duração terrestre pessoal, ancorar o tempo da história terrestre, de uma história cuja memória — a de Saint-Denis e das bibliotecas dos conventos —, uma historiografia sábia devia conservar e desenvolver no tempo divino, da Criação ao Juízo Final e à eternidade, não permitindo que se perca antes que chegue a hora.[84]

---

[84]Cl. KAPPLER, em *Vincent de Beauvais, op. cit.* (*supra*, p. 503, n. 82), p. 238.

II

AS IMAGENS E AS PALAVRAS

No ambiente de um rei do século XIII as imagens e as palavras contam muito. As palavras ainda são sobretudo as palavras faladas, o oral. Mais adiante ouvir-se-á São Luís falar. Porém, em razão dos progressos consideráveis da escrita nesse século, estaremos, claro, atentos aos textos.

A Cristandade e, particularmente, a França, que vive o primeiro "Grande Século", conhecem sob São Luís uma excepcional floração no domínio da arte e das imagens, como nos domínios da literatura, da filosofia e da teologia. É o grande momento da edificação das catedrais góticas com seus vitrais, das miniaturas do novo estilo, da teologia escolástica na universidade de Paris, do romance arturiano em prosa, da "Alta Escritura do Santo Graal", cerca de 1240 (São Luís tem 26 anos), do *Roman de Renart* e do *Roman de la Rose*, é o momento do primeiro grande poeta lírico francês: Rutebeuf,* que evoca o rei (de quem ele não gosta) em seus poemas.[1] Que ligações tinha São Luís com essas obras, com esses movimentos de ideias? É grande a tentação de aproximar, como a história o faz, esse grande momento da cultura e da criação na França e o maior rei da França medieval, seu contemporâneo.

Um rei, mais ainda na Idade Média, deve ser agradável a Deus e manifestar seu prestígio favorecendo e financiando a atividade artística e intelectual. Se, cada vez mais, o que é essencial no homem e na sociedade é aquilo que se tem no coração, na cabeça e na alma, demonstrá-lo é fundamental tanto no sistema de valores

---

*Rutebeuf, morto mais ou menos em 1285, é autor, entre outras obras, de um adendo ao citado poema *Roman de Renart*, a que chamou *Renart le Bestourné* (cerca de 1270). (*N. do T.*)

[1] Ver *infra*, pp. 525 e 728-729.

SÃO LUÍS

feudais como no sistema, em construção, do Estado monárquico moderno. Nessa sociedade que produz um mundo ordenado de sinais, os monumentos e as obras são sinais eminentes. São Luís desejou, orientou, ou, ao contrário, submeteu-se à manifestação e à significação?

Um rei em tempo de música

Declaro de saída minha lástima, devida à minha ignorância e à falta de estudos de síntese e de análise em profundidade,[2] pela quase ausência da música neste capítulo. Não há, entretanto, civilização sem música. E o século XIII foi um grande século musical. Em Paris, em particular, desenvolve-se a grande escola de polifonia de Notre-Dame que nasceu com a construção da catedral gótica a partir de 1165 e que o grande nome de Léonin ilustrou. Seu discípulo mais considerado, Pérotin, provavelmente ainda vive no tempo de São Luís. É significativo que a Île-de-France se torne um grande centro musical na virada do século XII para o século XIII,[3] ao mesmo tempo em que nascia a arte gótica e que Paris se tornava a capital dos reis capetianos. De certa maneira, então, a música é uma arte real. Pérotin é organista e compositor de *conducti* (ou "cantos de *conduta*") processionais a muitas vozes, que rompem com a tradição "gregoriana". Por oposição à *ars nova* do século XIV, chamar-se-á a essa fase polifônica *ars antica*;* mas ela inova.

O jovem São Luís banhou-se nesse ambiente musical. Sua ligação com a música, ainda que modesta, não é menos real, estreita, profunda.

O rei manda cantar todos os dias a missa e as horas canônicas por seus capelães e por seus clérigos. A capela real, que ele torna uma instituição essencial,[4] envolve-o dia e noite de cantos, mesmo em viagem:

---

[2] Muitos grupos de músicos e de eruditos proporcionaram grandes progressos em relação ao conhecimento dos manuscritos musicais da Idade Média e à sua interpretação. Citarei o grupo Organum sob a direção de Marcel Pérès, no centro de Royaumont, lugar impregnado pela lembrança de São Luís. Ver Mark EVERIST, *Polyphonic Music in XIII Century France. Aspects of Sources and Distribution*, Nova York e Londres, 1989.

[3] Jacques CHAILLEY, *Histoire musicale du Moyen Âge*, 3ª ed., 1984 (capítulo XII: "Le primat de l'Île-de--France: fin XIIᵉ -début XIIIᵉ siècle"; cap. XIII, "Le Grand Siècle: siècle de Saint Louis").

*Numa definição talvez um pouco simplista, mas útil a um leigo no assunto, pode-se dizer, de certa forma, que essa *ars antica* é o que se poderia chamar de origem, de passo inicial, do que se entende hoje como "música clássica", ou "música erudita". Devo a informação ao crítico e historiador de música Luís Paulo Horta, a quem deixo aqui meu melhor agradecimento. Se há alguma imprecisão no que transmito, que seja debitada à minha formulação, não à informação de Luís Paulo Horta, cuja competência no assunto é incomparável. (*N. do T.*)

[4] Claudine BILLOT, "Les saintes chapelles de Saint Louis", em *Les capétiens et Vincennes au Moyen Âge* (colóquio de 1994, atas a publicar).

JACQUES LE GOFF

> O santo rei se levantava à meia-noite e mandava chamar clérigos e capelães, de modo que eles entravam na capela em presença do rei todas as noites; e então cantavam em voz alta e à nota [com música] as matinas do dia e depois as de Notre-Dame [...] e mesmo quando ele cavalgava mandava rezar as horas canônicas em voz alta e à nota por seus capelães a cavalo.[5]

A Sainte-Chapelle assegura o ambiente de sacralidade musical que o prestígio de um rei medieval exige. Luís teve mais que qualquer outro monarca ou príncipe o sentimento de banhar-se nessa aura musical. Sua vida real e pessoal desenvolveu--se na música, uma música que ele considerava uma prece e uma homenagem a Deus, mas também um instrumento de edificação individual e um acompanhamento transfigurador da função real. Pessoalmente, apenas ouvia, não cantava com seus capelães mas rezava com palavras.

Em compensação, quase não apreciava as canções profanas e não gostava que as cantassem perto dele. Para incentivar seus amigos a só cantar música religiosa, chegou a cantá-la com eles.[6]

> Não cantava as canções do mundo e não permitia aos de sua mesnie [círculo íntimo] que as cantassem: mandou um escudeiro seu que quando jovem cantava essas canções que se abstivesse de cantá-las e fez com que aprendesse as antífonas de Nossa Senhora e o hino *Ave Maria Stella*, pois se tratava de coisa muito boa de aprender; e o próprio santo rei às vezes cantava essas [canções religiosas] com aquele escudeiro.[7]

A arquitetura: um estilo curial?

Luís não parece ter mantido regularmente menestréis junto de si. Mas às vezes se sentiu obrigado a sacrificar-se em favor dessa música profana, principalmente quando nobres mandavam tocá-la para ele. Assim, menestréis aparecem num fragmento das contas reais de 1234, recrutados para o casamento do rei em Sens. Em ocasiões menos solenes, o rei concordava em ouvi-los: "Quando os músicos ambulantes dos homens ricos entravam e cantavam suas velhas músicas depois da refeição, esperava que os músicos acabassem de cantar para ouvir sua ação de graças; depois se levantava [...]."[8]

---

[5] GUILLAUME DE SAINT-PATHUS *Vie de Saint Louis*, p. 33.
[6] Robert BRANNER, "The Sainte-Chapelle and the *Capella Regis* in the XIIIth century", *Gesta*, 10/1, 1971, pp. 19-22.
[7] GUILLAUME DE SAINT-PATHUS, *Vie de Saint Louis*, p. 19.
[8] JOINVILLE, *Histoire de Saint Louis*, p. 369.

SÃO LUÍS

Rei em tempo de música, São Luís também é um rei rodeado de monumentos e de imagens. É muito tentador e muito fácil ceder aos enlevos líricos sobre São Luís e a arte gótica. Mas a verdade é que São Luís viveu e agiu enquanto as catedrais estavam em construção, recém-acabadas ou ainda inacabadas ou em profundas reformas.

A catedral de Chartres, onde ele vai encontrar Henrique III da Inglaterra em 1254, só será definitivamente consagrada em 1260. A de Amiens, onde, em janeiro de 1264, ele pronuncia sua célebre "posição de Amiens", ainda está inacabada em suas partes altas e na cobertura do coro; Notre-Dame de Paris, terminada quanto ao essencial em 1245, tem os dois braços de seu transepto consideravelmente alongados a partir de 1250, mais ou menos. O interior da igreja abacial de Saint-Denis, obra-prima do primeiro gótico do século precedente, é profundamente alterado a partir de 1231, até a reorganização da necrópole real no centro do transepto em 1262-1263 (na qual Luís interveio). Quanto a Reims, a catedral da sagração, sua construção, começada pouco antes do advento de Luís IX, só estará terminada depois de sua morte. Acompanha portanto o rei durante todo o seu reinado.

São Luís financiou ou mesmo ordenou a construção de muitas igrejas, mas ignoramos se teve alguma parte na concepção delas. Nada sabemos de seus gostos estéticos. Luís não é o inspirador de um estilo ou de um pensamento em arquitetura, como o tinha sido, na primeira parte do século XII, o abade de Saint-Denis, Suger, todo-poderoso conselheiro de Luís VI e do jovem Luís VII. Será que podemos nos fiar no testemunho tardio, e a meus olhos artificial, de Gilles Colonna, arcebispo de Bourges, o qual declara que quando São Luís pretendia erguer uma construção, começava por falar com seus amigos, conselheiros e oficiais, que deviam discutir o projeto com ele e ajudá-lo a formulá-lo de maneira mais precisa? Esses homens discutiriam por sua vez com outras pessoas: o arquiteto que desenhava a obra, os auxiliares do projeto, e com os que se encarregavam da compra do terreno e se ocupavam com o financiamento da construção.[9]

É um elogio bem vago, ainda que de admiração, este que lhe faz Joinville escrevendo: "Assim como o escritor que fez seu livro o ornamenta com iluminuras de ouro e azul, o dito rei ornamentou seu reino com belas abadias que mandou fazer e com a grande quantidade de hospitais e conventos de pregadores, de franciscanos e de outras ordens religiosas".[10] Entretanto, num livro em

---

[9] R. BRANNER, ver nota no parágrafo seguinte.
[10] JOINVILLE, *Histoire de Saint Louis*, p. 407.

que "toma partido apaixonadamente",[11] o excelente historiador Robert Branner sustentou que durante o reinado de São Luís a arquitetura em Paris "tornou-se uma arte sofisticada", trazendo a marca do rei e de seu círculo próximo, a que ele denomina "estilo curial". Essa arte se desenvolve depois da volta de São Luís da cruzada, em 1254, mas se formou antes da cruzada num grupo de construções da Île-de-France quando o rei esteve muito presente: a abadia cisterciense de Royaumont, o mosteiro de Saint-Denis e, principalmente, a Sainte-Chapelle. Essa arte manifesta o prestígio e a riqueza do reino da França e de seu soberano. Testemunha-o Mateus Paris, o inglês, que vê em Luís IX "o rei dos reis terrestres, tanto por sua unção celeste como por seu poder e sua superioridade militar".[12] Paris se torna então uma capital artística com o canteiro de Notre-Dame, mas também com as oficinas de arte de luxo, que produzem manuscritos com iluminuras, marfins, bordados, tapeçarias, joias e objetos litúrgicos, camafeus e pedras preciosas à antiga.

Além da arquitetura civil, o rei favoreceu mais três gêneros de arquitetura: a militar em Aigues-Mortes e em Jafa na Terra Santa, por exemplo; a doméstica, com o novo castelo real de Tours (só conhecido através dos textos); e sobretudo a religiosa. Não parece ter tido nesses casos um mestre de obras real. Luís se entendia com diversos arquitetos. É verossímil que ele financiava sobretudo a construção da obra cuja direção o beneficiário dirigia, como a abadia cisterciense de Royaumont ou a abadia beneditina de Saint-Denis. Mas em Royaumont Luís estava em casa e lá ia (simbolicamente) ajudar os monges, com os irmãos e os filhos mais velhos a transportar as pedras. Saint-Denis é a abadia real por excelência. E a Sainte-Chapelle não foi só sua capela privada, mas o relicário de sua mais bela aquisição, as relíquias da Paixão de Cristo, a concretização de um dos lugares mais ardentes — o mais ardente mesmo —, o lugar de sua devoção mais profunda. Se o próprio rei não guiou os arquitetos, seguramente deu a conhecer aquilo que desejava que fosse uma maravilha e desde que ficou pronta, em 1248, na véspera da partida para a cruzada, aparece como tal.[13] Quando de sua visita a Paris em 1254, o turista excepcional que é Henrique III da Inglaterra fará da Sainte-Chapelle o ponto alto artístico de sua visita.[14]

Qualquer que tenha sido a influência de São Luís no estilo dessa arquitetura, ela forma, é verdade, um quadro no qual sua imagem evolui com harmoniosa cumplicidade. É, como bem a definiu Robert Branner, uma arte de "elegância

---

[11]Robert Branner, *Saint Louis and the Court Style in Gothic Architecture*, Londres, 1965.
[12]Mateus Paris, *Chronica*, p. 480.
[13]Ver *supra*, pp. 135-137.
[14]Ver *supra*, pp. 232 e 395.

SÃO LUÍS

e de gosto". Uma arte ascética também: "Ligeira e esbelta ao extremo, ela foi a vitória absoluta do vazio sobre o cheio, um esqueleto do qual foram tiradas todas as partes inúteis, uma especulação sobre a natureza da geometria plana utilizando a linha reta, o círculo, o arco e o quadrado, uma arte que inovava pouco, mas elevava a um alto grau raro tendências latentes no gótico clássico do início do século XIII, que combinava de modo evidente a coordenação dos efeitos de superfície e a dissolução das massas, uma unidade que parecia partir do traçado das janelas para levantar voo livremente ao longo do trifório e do rodapé, da coluna, do portal e da empena [...]. E apesar de toda sua fineza nos detalhes, essas construções não eram desprovidas de monumentalidade."[15] Essa aparência é a do próprio São Luís, "uma elegância comedida". O nome que os historiadores da arte deram a essa arte, o gótico radiante, também está em perfeita harmonia com a personalidade do santo rei.

Lições em imagens

Afinal acabei por ceder à tentação de falar das relações de São Luís com o gótico quanto à conivência estética e moral. Pode-se evitá-lo quando se está reduzido às aparências e às formas através das quais se busca, talvez em vão, uma relação mais profunda entre as criações coletivas e uma sensibilidade singular? Pode-se ir, sem textos, além dessa noção de ambiente?

Donna L. Sadler tentou explicar alguns programas iconográficos dos quais São Luís seria antes o autor do que o motivo. Mas não pode demonstrar que o rei definiu mesmo pessoalmente esses programas e sabe bem que, quando o imagina caminhando com o arquiteto Pierre de Montreuil, braços dados, debatendo as virtudes estéticas da fachada do transepto sul de Notre--Dame de Paris, como Alexandre o Grande fazia com Apeles e Filipe IV da Espanha com Velázquez, isso não passa de um sonho.[16] Mas como encontrou nessa iconografia os princípios que inspiraram São Luís em sua conduta e em sua política, e como sabe que São Luís, como os clérigos e os príncipes de seu tempo, julgava que as imagens são programas de educação religiosa e às vezes manifestos políticos, ela buscou através dessas imagens explicar de

---

[15] R. BRANNER, *Saint Louis and the Court Style, op. cit.*, p. 12.
[16] Donna L. SADLER, "The King as Subject, the King as Author. Art and politics of Louis IX", 1990 (agradeço a Donna Sadler pela comunicação desse belo texto). Donna Sadler acaba de publicar um outro estudo sobre as relações entre o rei e as esculturas de Notre-Dame de Villeneuve-l'Archevêque, cidade onde São Luís tinha ido receber as relíquias da Paixão ("Courting Louis IX in the Sculptural Program of Villeneuve-l'Archevêque", *Majestas*, 2, 1994, pp. 3-16).

que maneira São Luís pôs a arte a serviço de sua política. São os Espelhos dos Príncipes em imagens.

Essa historiadora já tinha dado uma interessante interpretação da escultura da parte interna da fachada ocidental da catedral de Reims, executada por volta de 1244 a 1250: "O batismo de Cristo figura aí como referência do batismo de Clóvis e da unção real. Dá-se aí aos reis a lição do 'caminho real' (*via regia*), que pode ser bom ou mau. Nessa escultura Herodes representa o rei mau, surdo às advertências de João Batista e seduzido pela diabólica Herodíade. Davi de um lado, Melquisedeque (aqui representado como sacerdote, mais do que como rei--sacerdote) e Abraão do outro manifestam aqui o que devem ser as relações entre a igreja e a realeza. A comunhão do cavaleiro encarna a investidura dos guerreiros pela religião no seio da cavalaria, da qual a Igreja é a inspiradora e o rei a cabeça."[17]

A escultura pretende sublinhar a importância dada por São Luís à linhagem real.[18] Já no portal, a linhagem do Cristo é apresentada desde Davi através da Virgem. É o tema da árvore de Jessé, que Suger tinha mandado figurar em Saint--Denis. O Cristo disse: "Se sois os filhos de Abraão, cumpri as obras de Abraão." Donde a justaposição vertical da comunhão de Abraão por Melquisedeque e da pregação de São João Batista. Nessa perspectiva, o Batista não é só o precursor do Cristo, mas o descendente de Melquisedeque e o herdeiro de Abraão. Herodes, em compensação, é a encarnação da linhagem má.

Outro exemplo: a partir de São Luís, o rei de França é representado como "o monarca dos últimos tempos", e sua sagração lhe dava uma co-realeza com o Cristo, que culminaria no Juízo Final. O portal do transepto norte de Reims está ornado de "um Juízo Final raro: a separação dos Eleitos e dos Danados põe em cena um rei governando no céu e seu real *alter ego* conduzindo a procissão dos danados para o caldeirão do Inferno".

A representação de cenas de cura física e espiritual no portal interior norte, que dava acesso à capela de onde se trazia a santa âmbula e por onde Luís IX passou para ir "tocar" as escrófulas, podia ser uma alusão ao fato de que o poder taumatúrgico do rei decorria de sua unção.

Quanto aos vitrais da Sainte-Chapelle, punham em evidência a parte do rei de França no processo de Redenção contínuo que vai do Gênesis ao Apocalipse

---

[17] J. LE GOFF, "Reims, ville du sacre", artigo citado (supra, p. 370, n° 15), p. 127, de acordo com a comunicação apresentada por Donna Sadler no colóquio de Toronto sobre as coroações reais na Idade Média e no Renascimento e que não foi publicada nas Atas do congresso, *Coronations, Medieval and Early Modern Monarchic Ritual*, Janos M. BAK (ed.), University of California Press, 1990.

[18] Ver *infra*, p. 656.

SÃO LUÍS

513

através de Jó, do Cristo e de São Luís, detentor das relíquias da Paixão de Cristo. Nesses vitrais, Davi evocaria Luís; e Ester, Branca de Castela.[19]

Afinal, o programa dinástico expresso pela reorganização da necrópole de Saint-Denis em 1262-1263 seria "a culminância do desejo de Luís IX de evocar o reino cristão sobre a terra através da dinastia capetiana".[20] Aí estão hipóteses engenhosas, verossímeis, mas que nenhum texto vai corroborar.

Livros de imagens

O estudo das relações de São Luís com a pintura, quer dizer, com os manuscritos de iluminuras, é ainda mais delicado. Não se trata somente de saber se São Luís encomendou essas obras, nem se as miniaturas correspondem a diretrizes ou intenções do rei, mas também se elas nos informam sobre ele. É-nos mesmo impossível responder a uma questão prévia: a noção de envolvimento com as imagens corresponde, neste caso, à simples posse das iluminuras, ou o rei tinha o hábito de contemplá-las, ou ainda apenas as viu? É preciso que joguemos com a hipótese de que o rei apreciou bastante essas obras de que falarei agora.

Não chegara ainda o tempo em que os reis possuem uma biblioteca não só pessoal, mas dinástica, que legam ao sucessor. Será preciso esperar Carlos V para que ganhe corpo essa instituição do Estado monárquico, que corresponde também às preferências do descendente de São Luís. Mas Luís IX tem livros e, depois da cruzada, já vimos, impressionado com a biblioteca do emir muçulmano, formou para si uma biblioteca de livros cristãos fundamentais, especialmente dos padres da Igreja, que empresta aos seus íntimos ou aos visitantes a que dispensa honras especiais ou ainda àqueles que pensa terem necessidade de uma formação religiosa mais segura.[21] Mas essas obras parece que não eram ilustradas.

O rei possui, sobretudo, manuscritos de luxo com iluminuras. Assim fazem, há muito tempo e cada vez mais, os grandes leigos. Livro precioso significa um livro escrito sobre pergaminho de qualidade, com uma bela escrita, magnificamente encadernado e principalmente contendo ricas iluminuras assinadas, quer dizer, títulos em vermelho, com iniciais em cores ou ornadas com gravuras e, melhor ainda, com miniaturas. Um rei de França no século XIII ainda é mais sensível à

---

[19]Françoise Perrot deu uma interpretação renovada no sentido de um programa real dos vitrais da Sainte-Chapelle em J.-M. LENIAUD-Fr. PERROT, *La Sainte-Chapelle, op. cit. (supra*, p. 136, n° 28).
[20]Ver *supra*, pp. 244-259.
[21]Ver *infra*, p. 669. Günter HASELOFF, "Die Psalterillustration", em *Jahrundert. Studien zur Geschichte der Buchmalerei in England, Frankreich und den Niederlanden*, Florença, 1983; Victor LEROQUAIS, *Les Psautiers manuscrits latins des bibliothèques publiques en France*, 2 vol. e 1 álbum, Mâcon, 1940-1941.

posse desses livros de grande prestígio se eles tiverem, além de um alto nível de qualidade, um caráter *imperial*. No século em que o rei de França — de Filipe Augusto a Filipe, o Belo — reivindica um estatuto de imperador,[22] a posse de livros com magníficas iluminuras caracteriza o domínio das relações da arte e do político.

De todas as obras que interessam aos leigos e que eles têm condições de possuir, mais ainda do que a Bíblia, a mais importante é o saltério — quer dizer, o Livro dos Salmos, parte do Antigo Testamento. Era o texto no qual as crianças escolarizadas ou pertencentes a famílias nobres aprendiam a ler. Os mais poderosos, os mais ricos tinham, depois de adultos, um saltério pessoal que de algum modo lhes serve — com uma periodicidade de leitura que depende do grau de devoção de cada um — de breviário. Mulheres leigas de alta linha podem possuir e até encomendar saltérios. Foi o caso de uma mulher de condição ilustre, identificada como Branca de Castela. Tinha-se dado o mesmo caso com a segunda esposa de Filipe Augusto, Ingeborg da Dinamarca, que o avô de Luís tinha afastado e confinado num mosteiro desde o dia seguinte ao do casamento.[23] No curso do século XIII, sob o efeito do desenvolvimento do culto marial, as mulheres dessa classe substituíam pouco a pouco o saltério pelo livro de horas como livro devocional de cabeceira. Um dos primeiros livros de horas de ricas iluminuras foi feito para Isabel, filha de São Luís, provavelmente por ocasião de seu casamento com Thibaud, conde de Champagne e rei de Navarra, em 1258.[24]

Sabemos que São Luís possuiu um saltério dado como tendo pertencido a sua mãe e sabemos ainda que teve pelo menos dois saltérios executados para ele.

O saltério de Ingeborg era obra realizada no norte da França, numa oficina monástica. Com Branca de Castela, a produção se desloca para as oficinas parisienses. É durante o reinado de São Luís que Paris se torna a capital europeia da iluminura.[25] O saltério de Branca de Castela[26] compreende primeiro um calendário com vinte e quatro medalhões representando as ocupações dos meses e os signos do zodíaco. A decoração se compõe de 22 miniaturas de página

---

[22] Ver J. KRYNEN, *L'Empire du roi, op. cit.* (*supra*, p. 377, nº 34).

[23] Florens DEUCHLER, *Der Ingeborg Psalter*, Berlim, 1967; François AVRIL, "Der Ingeborg Psalter", *Bulletin monumental*, 1969, pp. 58-60; Louis GRODECKI, "Le psautier de la reine Ingeburg et ses problèmes", artigo citado.

[24] Esse manuscrito está em Cambridge (Fitzwilliam 300) e é habitualmente designado pelo nome de "Saltério de Isabel", porque não se trata ainda totalmente de um livro de horas.

[25] R. BRANNER, *Manuscript Painting in Paris during the Reign of Saint Louis, op. cit.* (*supra*, p. 68, nº 75).

[26] Paris, Biblioteca do Arsenal, Ms. 1186.

SÃO LUÍS

inteira sobre fundo de ouro, dezessete das quais formadas por dois medalhões circulares superpostos, num total de trinta e nove quadrinhos.[27] A primeira miniatura, notável, representa um astrônomo tendo na mão um astrolábio, entre um copista e um computista.* Os motivos das outras miniaturas vão da queda dos anjos rebeldes, da criação de Eva e da queda original até a Ressurreição e o Juízo Final. É uma representação excepcional pelo pensamento, o programa e a realização do tempo cristão da história.[28] Há, por fim, ornando o texto dos salmos, dez iniciais ilustradas sobre fundo de ouro. Em sua maioria representam Davi, tema real por excelência.

Luís não foi um colecionador de manuscritos. Não tinha nem artista nem ateliê preferido.[29] O primeiro dos saltérios em seu nome seria aquele em que Luís IX teria aprendido a ler.[30] Uma nota datando do fim do século XIV afirma: "Este saltério foi de meu senhor São Luís que foi rei de França, no qual ele aprendeu em sua infância." Obra feita na Inglaterra no início do século XIII, foi comprado para o futuro Luís VIII, pai de São Luís. Além de um calendário, compreende vinte e três miniaturas de página inteira representando a Criação e a Queda, o sacrifício de Abel e de Caim, o assassinato de Abel, a arca de Noé, a história de Abraão, a de Sansão e a vida de Cristo da Anunciação ao Pentecostes. Em comparação com o saltério de Branca de Castela, é desprovido de perspectiva escatológica, omitindo tanto a queda dos anjos rebeldes como o Anticristo e o Juízo Final.

O segundo saltério, o mais célebre, traz uma nota do século XIV: "Este saltério foi de São Luís." Nele, o calendário indica o aniversário das mortes de Filipe Augusto (14 de julho de 1223), de Luís VIII (8 de novembro de 1226), de Roberto d'Artois (9 de fevereiro de 1250) e de Branca de Castela (27 de novembro de 1252).[31] Em seguida, o manuscrito compreende setenta e oito miniaturas de página inteira, consideradas a obra-prima da iluminura parisiense do século XIII. Trazem uma legenda explicativa. Os elementos arquiteturais das miniaturas "reproduzem fielmente as séries de pequenas arcadas, os perfis, as rosáceas da Sainte-Chapelle e parece certo que neste

---

[27]V. LEROQUAIS, *Les Psautiers manuscrits latins, op. cit.*, t. II, p. 16.

*Computista era o organizador do calendário eclesiástico, o sacerdote encarregado de prepará-lo. Dizia-se que seu trabalho era o de "computar" o calendário da Igreja. Daí, "computista". (*N. do T.*)

[28]Ver *supra*, pp. 495, segs.

[29]Robert BRANNER, "Saint Louis et l'enluminure parisienne au XIIIᵉ siècle", em *Septième centenaire de la mort de Saint Louis* (Actes des colloques de Royaumont et de Paris, mai 1970), Paris, 1970, pp. 69-84.

[30]Leyde (Holanda), Biblioteca da Universidade, Ms. BPL (76A).

[31]Vê-se aqui a atenção dedicada por São Luís aos aniversários dinásticos. Ver *infra*, p. 657.

516   JACQUES LE GOFF

caso é preciso reconhecer as diretrizes do arquiteto de São Luís, Pierre de
Montreuil, talvez até uma ação pessoal do rei".[32] O saltério foi feito para ser
usado na Sainte-Chapelle.

As cenas são todas tomadas de empréstimo ao Antigo Testamento e vão do
sacrifício de Abel e de Caim à unção de Saul. São dominadas pela ideia da missão
providencial da realeza confiada ao rei pela unção da sagração.

As cenas militares são numerosas nesse manuscrito e Harvey Stahl já sublinhou a importância delas estudando as miniaturas de um outro manuscrito de
iluminuras, um Antigo Testamento conservado na Biblioteca Pierpont Morgan
de Nova York (M 638) e datando dos anos 1240, provavelmente antes da primeira
partida de São Luís para a cruzada. Mostra Harvey que neste caso a ilustração
"marca uma importante mudança na história da ilustração do Antigo Testamento".
Antes do século XIII, essa ilustração estava "em relação com os textos bíblicos
e os programas tipológicos estabelecendo uma simetria entre o Antigo e o Novo
Testamento". Com esse manuscrito, o Antigo Testamento se torna uma "história"
— "quer dizer, uma crônica narrativa longa e contínua, rica em detalhes pitores-
cos, mostrando uma ação em andamento e aparentemente não tendo significação
cristológica nem tipológica".[33]

Essa virada iconográfica corresponde a uma evolução cultural e mental fundamental do século XIII, na qual se situa São Luís. É a promoção e o triunfo do
narrativo. Sobre o modelo da vida das personagens do Antigo Testamento e da
vida de Cristo, as vidas individuais se tornam uma forma histórica primordial,
na história e na criação artística e literária. Assim, Gérard de Frachet escreve as
vidas dos dominicanos cumprindo uma decisão do capítulo geral da ordem de
Paris em 1256.[34] Ainda aqui, os mendicantes estão na vanguarda. Para além do
modelo tradicional da vida de santo, da hagiografia, a ideia de uma vida como
crônica se impõe então aos contemporâ-neos. São Luís imaginou sua existência
como uma história de vida, e seus contemporâneos o viram sob esse ângulo.

---

[32]Catálogo da exposição "São Luís", na Sainte-Chapelle (maio-agosto de 1960), p. 95. Sobre esse manuscrito,
esperando o livro de Harvey Stahl, prestes a terminar um estudo de conjunto desse saltério que se anuncia de
interesse excepcional, ver Arthur HASELOFF, "Les Psautiers de Saint Louis", *Mémoires de la Société des antiquaires
de France*, t. I, 59, 1898, pp. 18-42; H. AUMONT, *Le Psautier de Saint Louis*, Graz [Áustria], 1972; William Ch.
JORDAN, "The Psalter of Saint Louis. The Program of the 78 full pages illustrations", *Acta. The High Middle
Ages*, 7, 1980, pp. 65-91. Um fac-símile do saltério de São Luís (Paris, Biblioteca Nacional, Ms. latino 10525) foi
publicado pela Akademische Druck und Verlagsanstalt, Áustria, 1972.
[33]Harvey STAHL, "Old Testament Illustration during the Reign of St Louis: The Morgan picture book and the
new biblical cycle", em *Il Medio oriente e l'Occidente nell'Arte del XIII secolo*, Hans Belting (ed.), Atti del XXIV
Congresso Internazionale di storia dell'Arte (1979), Bolonha, 1982, pp. 85-86.
[34]Gérard de FRACHET, *Vitae Fratrum ordinis Praedicatorum necnon Cronica ordinis ab anno MCCIII usque ad MC-
CLIV*, Louvain, 1896.

SÃO LUÍS

Esse desabrochar de uma nova con- cepção biográfica é, afinal, a justificação mais profunda de uma biografia de São Luís.

Por outro lado, a importância dada às cenas de batalha e o caráter realista do equipamento guerreiro (armas, armaduras, máquinas de guerra) que se vê no saltério de São Luís fazem pensar numa atualização das cenas de guerra do Antigo Testamento. Essa evolução se deve sem dúvida ao interesse despertado pela luta entre cristãos e sarracenos antes mesmo da cruzada de São Luís. Esse interesse serviu de modo verossímil a essa cruzada, mais popular do que pensava uma oposição em vias de se reforçar, mas ainda minoritária. Vive-se o auge da era dos ícones.

Fica-se nessa perspectiva com um outro manuscrito que certamente não foi encomendado pelo rei e que, quase com toda a segurança, São Luís nunca viu: trata-se do texto da liturgia da sagração dos reis de França executado cerca de 1250 e que por isso se chama o *ordo* de 1250. Seu caráter excepcional vem de sua ilustração: dezoito miniaturas formam como que um filme da cerimônia da sagração. Esse documento destinava-se provavelmente ao bispo de Châlons- -sur-Marne, sufragâneo do arcebispo de Reims, principal ator eclesiástico da sagração.[35]

Essa narrativa em imagens da cerimônia põe em relevo a importância da santa âmbula (sublinhando o caráter único e milagroso da unção do rei de França) e das insígnias reais, o caráter insubstituível do rito de passagem dessa cerimônia para o rei de França, o papel honorífico dos pares de França, o equilíbrio sutil entre a Igreja e a realeza, característica da política de São Luís e das relações entre o poder sacerdotal e o poder real na metade do século XIII.[36]

Essas miniaturas não descrevem uma sagração precisa, nem há como dar nome a suas personagens, a começar pelo rei anônimo aí representado. Mas confirmam e difundem, ainda que de modo muito limitado, a imagem que São Luís queria dar do rei de França, rei sagrado. Nunca antes essas cenas de sagração tinham sido reproduzidas em imagens, e só voltarão a sê-lo no *ordo* da

---

[35]Apresentamos e comentamos essas miniaturas, Jean-Claude Bonne e eu, em 1985, no colóquio de Toronto sobre as coroações cujas atas foram publicadas por Janos M. BAK em *Coronations, op. cit.*: J. LE GOFF, "A Coronation Program for the Age of Saint Louis", pp. 46-57; J.-Ch. BONNE, "The Manuscript of the *ordo* of 1250 and its illuminations", pp. 58-71. Temos a intenção de publicar integralmente (com comentários) esse manuscrito e suas ilustrações com a colaboração de Eric Palazzo para a parte litúrgica.

[36]É também o contexto assinado por Philippe Buc para uma "Bíblia moralizada", isto é, munida de comentários e de glosas, que teria sido confeccionada no segundo quartel do século XIII e oferecida a São Luís e que hoje está dividida em três partes em Paris (Biblioteca Nacional, Ms. lat. 11560), em Oxford (Bodleian 270 B) e em Londres (Museu Britânico, Harley 1526 e 1527). Algumas dessas miniaturas teriam sugerido a São Luís imagens da realeza bíblica segundo as interpretações dos autores das glosas do século XIII. Ver Ph. BUC, *L'Ambiguïté du livre, op. cit.*, p. 189 e segs.

sagração de Carlos V em 1364, no qual o descendente de São Luís figurará com sua identidade, num retrato realista. Essas miniaturas ilustram mais uma vez as relações entre a arte e a política. Mais precisamente, mostram a que ponto São Luís fortaleceu senão a "religião real", pelo menos o caráter sagrado da monarquia francesa e sua manifestação.[37]

O rei e seus intelectuais

São Luís também viveu num ambiente intelectual excepcional. O século XIII é o grande momento do desabrochar da universidade de Paris nas faculdades das artes e da teologia. É o momento em que se afirma profunda renovação intelectual devida às novas ordens mendicantes e sobretudo às duas mais importantes entre elas: os dominicanos (chamados em Paris de "jacobinos", por causa de seu convento situado no caminho dos peregrinos de Compostela), aos quais seu fundador São Domingos (morto em 1221) mostrou o caminho dos estudos; e os franciscanos, ou *Cordeliers*,* que finalmente conquistaram seu lugar nos estudos superiores de teologia, a respeito dos quais São Francisco de Assis (morto em 1226, ano das ascensão ao trono de São Luís) longamente, senão até a morte, guardou desconfiança.

Se se quer fugir das lendas, das fórmulas ocas sobre o "século de São Luís" e às aproximações puramente retóricas entre o santo rei, a prestigiosa universidade de Paris e os grandes intelectuais que nela ensinam, é preciso preliminarmente reconhecer que São Luís só frequentou dois mestres de reputação em seu tempo e que não são de primeira grandeza: o cônego parisiense Robert de Sorbon e o dominicano Vincent de Beauvais.

A obra de Robert de Sorbon, nascido nas Ardennes em 1201, morto em Paris em 1274, não está completamente editada e nem foi toda estudada, ainda.[38] Seguramente, seus sermões são a parte mais considerável. Que agradam a esse ouvinte apaixonado de pregações que foi São Luís. Conhecemos o cônego

---

[37]Cf. *infra*, p. 738.

*As explicações a respeito dos nomes sob os quais essas duas ordens se tornaram popularmente conhecidas na França estão no subtítulo *As ordens mendicantes*, no capítulo II da segunda parte. Quanto aos dominicanos, porém, lá não se diz que seu convento parisiense está situado no caminho de São Tiago, mas apenas que São Tiago (para os franceses Saint Jacques, de Jacó, donde "jacobinos") é o padroeiro do convento. (*N. do T.*)

[38]Palémon GLORIEUX, *Aux origines de la Sorbonne*, t. I, *Robert de Sorbon*, Paris, 1966; Nicole BÉRIOU, "Robert de Sorbon", em *Dictionnaire de spiritualité*, 13, Paris, 1988, col. 816-824; "Robert de Sorbon. Le prud'homme et le béguin", *Comptes rendus de l'Académie des inscriptions et belles-lettres*, abril-junho de 1994, pp. 469-510; A. L. GABRIEL, "Robert de Sorbon at the University of Paris", *The American Ecclesiastical Review*, t. 134, 1956, pp. 73-86.

SÃO LUÍS

519

e temos a impressão de conhecê-lo bem, porque dele Joinville falou, com sua vivacidade habitual, em várias passagens da *História de São Luís*. Foram ambos, frequentemente ao mesmo tempo, da intimidade do rei. Tal como os vemos em Joinville, parecem mesmo ter sido inseparáveis como os bancos dessas bicicletas de duplo assento, muito diferentes — o clérigo e o leigo, o velho e o jovem —, sempre em pequenas discussões, sempre ciumentos um do outro no desejo de ser o preferido de seu santo e real companheiro e, entretanto, verdadeiros amigos, ligados por uma estima e uma afeição mútuas. São Luís se divertia — elegantemente? — a provocar-lhes briguinhas e a deixá-los em dúvida sobre sua preferência íntima.

Joinville, o cavaleiro, o nobre, o senescal, não teme lembrar a Robert de Sorbon sua modesta origem camponesa. E o faz abertamente diante do rei: "Vós, que sois filhos de plebeu e plebeia...", e lhe reprova o fato de vestir-se com muita elegância em face da modéstia de sua origem. Robert de Sorbon é um exemplo de ascensão social graças aos estudos superiores: a universidade nascente pode ser criadora de reputação e de fortuna, se se sabe tirar proveito do estado clerical dos universitários e colher algumas boas prebendas. Prova- velmente Robert foi notado por um eclesiástico de sua região e por ele indicado para fazer estudos, uma vez que se beneficiou de uma bolsa na universidade de Paris. Não esquecerá essa juventude sem dúvida difícil nem esse favor obtido, muito excepcional e propiciador de oportunidade, apesar de tudo. Funda um colégio para os mestres-em-artes pobres estudantes de teologia. Por isso o colégio tomou seu nome e, desenvolvendo-se, acabou por designar toda a faculdade de teologia, toda a universidade. Robert se tornou na história quase tão célebre quanto seu real amigo. É o fundador da Sorbonne. Mas só pôde fazê-lo graças ao apoio do amigo, porque São Luís foi, de fato, o cofundador da Sorbonne com ele. É uma dupla impressionante.

Depois de ter obtido em Paris o mestrado em artes, depois o mestrado em teologia, Robert se tornou cônego em Cambrai, mais tarde em Paris, em 1258. É principalmente mestre em teologia dirigindo escola em Paris, e um depoimento muito generoso indica que era considerado um dos mais ilustres mestres da Universidade ao lado de Tomás de Aquino, de Boaventura e de Gérard d'Abbeville. A posteridade o desbancou desse lugar prestigioso e talvez o tenha feito cair muito baixo. Como consequência, ele acabou completamente obscurecido em benefício da própria entidade que fundou, tornada, ela sim, cada vez mais célebre.

Robert de Sorbon foi um dos confessores de São Luís. Essa condição é também uma explicação para sua familiaridade com o rei e foi provavelmente isso que lhe deu influência sobre ele. Robert é um homem da consciência, como São Luís.[39] Entre seus breves tratados, há manuais que são, segundo Nicole Bériou, "modelos de exame de consciência". Eis um homem útil para São Luís, um homem que pode ajudá-lo no caminho da salvação, o que é bem mais importante para o rei do que a alta teologia universitária. E mais: o bom cônego "se indigna com o entusiasmo de alguns clérigos pelo estudo dos astros e da metafísica ou pelas sutilezas da teologia especulativa". Interessa-se por Aristóteles, coqueluche da moda dos mestres e estudantes. Mas o cita bem menos do que cita Sêneca ou Catão. É um produto e um discípulo retardatário do Renascimento do século XII. Tem predileção pela ação pastoral e pela caridade. Ainda que padre secular, tem simpatia pelos frades mendicantes e seu espírito de penitência, sua humildade. Admira-os por andarem descalços o tempo todo.

Nada de espantoso no fato de que São Luís tenha tido simpatia por ele, embora dele guardasse, apesar de tudo, como de resto em relação a Joinville, uma certa distância, temperada com humor, mas sem arrogância.[40]

Mas o "intelectual" mais próximo de São Luís, aquele que compôs, provavelmente a seu pedido, dialogando com ele e, de algum modo, sob seu controle, uma obra científica e intelectual, foi o dominicano Vincent de Beauvais.[41] Nascido por volta de 1190, Vincent estudou em Paris no fim do reinado de Filipe Augusto e entrou para os dominicanos sem dúvida pouco depois que eles se instalaram no convento de Saint-Jacques, em 1218. Provavelmente tomou parte na fundação do convento dos pregadores em Beauvais em 1255, tornando-se seu subprior. Por intermédio de Radulfus, provavelmente um dos primeiros abades da nova abadia cisterciense de Royaumont, na diocese de Beauvais, é

---

[39]Ver *supra*, pp. 344, 453 e *infra*, p. 617.

[40]O bom cônego não era sempre terno em sua religião. Eis como seu sábio editor de 1902, Félix Chambon (que era bibliotecário na Sorbonne), resume o pequeno tratado de Robert sobre a consciência (*De conscientia*) que editou: "Esse tratado tem por assunto o Juízo Final que o autor compara ao exame de licenciatura; o chanceler é Deus; os anjos são seus assessores, mas o exame celeste é mais minucioso do que o exame universitário, porque, se não se responde a uma questão, a uma única, imediatamente se é recusado, quer dizer, condenado ao inferno, não por um ano, como a reprovação nos exames, mas para sempre. Importa então conhecer a fundo o livro sobre o qual se vai ser interrogado, o livro de consciência...". Robert ignora o Purgatório — no qual São Luís crê (ROBERT DE SORBON, *De conscientia*, F. Chambon [ed.], Paris, 1902).

[41]Serge LUSIGNAN, *Préface au "Speculum maius" de Vincent de Beauvais: réfraction et diffraction*, Montreal e Paris, 1979; *Vincent de Beauvais, op. cit.* (*supra*, p. 503, nº 82). O centro Vincent de Beauvais em Nancy, animado por M. Paulmier-Foucart sob a direção de J. Schneider, prossegue com importantes pesquisas e publica cadernos especializados: *Spicae*. O centro de pesquisas sobre os textos medievais de Nancy, a fundação Royaumont e a universidade de Montreal organizaram em junho de 1995 em Royaumont uma mesa-redonda sobre "Vincent de Beauvais, frade pregador: um dominicano e seu meio intelectual".

SÃO LUÍS

que Vincent, aí por 1243-1245, encontrou São Luís, fundador da abadia que visita frequentemente. E, em 1246, Vincent foi chamado a Royaumont como leitor (docente).

Um enciclopedista a serviço do rei: Vincent de Beauvais

O rei encomendou uma enciclopédia ou se interessou por uma enciclopédia na qual Vincent já trabalhava. Está aí o tipo de obra que seduz São Luís, uma soma do saber de que um *prud'homme* tem necessidade, não uma obra de alta teologia como as sumas dos grandes universitários contemporâneos, Alexandre de Hales ou Guillaume d'Auvergne, o bispo de Paris (de 1228 a 1249) que entretanto foi seu conselheiro e amigo, Alberto Magno ou Tomás de Aquino. O século XIII não é só um grande século teológico, de uma teologia inovadora, porém ainda, mais modestamente, um grande século enciclopédico,[42] porque recebe a enorme massa de fatos e de ideias produzidas durante os dois séculos precedentes, em particular pelo fervilhante e criativo século XII,[43] e desse saber novo tenta fazer um repertório, classificá-lo, ordená-lo. O século XII é um século de ordenar o pensamento e dar-lhe classificações, em todos os domínios, científico e tecnológico, intelectual, social, político, religioso: um século de dar ordem às coisas, universidades, corporações, códigos jurídicos, regulamentação conciliar, ordenações (a palavra é significativa, nos dois sentidos de "ordenar"), enciclopédias e sumas. Ainda aqui, Luís é perfeitamente o homem de seu tempo, porque também está profundamente imbuído do senso da ordem. A justiça, a paz,[44] são princípios e virtudes da ordem. São Luís constata, além disso, segundo o que vê e em virtude de sua própria experiência, que os cristãos são frequentemente postos em dificuldade no domínio do saber pelos interlocutores que os contradizem, hereges, judeus, muçulmanos. Essa enciclopédia deve ser, para o rei e para os cristãos, um arsenal de conhecimentos, de ideias, de armas para a controvérsia.

---

[42]J. LE GOFF, "Pourquoi le XIIIe siècle est-il un grand siècle encyclopédique?", em *L'enciclopedismo medievale*, sob a supervisão de M. Picone, Ravena, 1994, pp. 23-40.

[43]Numa abundante bibliografia sobre o século XII e sobre o que se chama de Renascimento do século XII, assinalo sobretudo o grande livro do padre CHENU *La Théologie aux XIIe et XIIIe siècles* (*op. cit.*, *supra*, p. 86, n° 116), que aborda o pensamento teológico nesses dois séculos em todas as dimensões e com um profundo espírito histórico.

[44]Cf. *infra*, pp. 570-576.

JACQUES LE GOFF

Vincent de Beauvais, que é um intelectual médio — entre os "grandes intelectuais" dominicanos do século XIII — e que foi muito influenciado pelos cistercienses, especialmente no domínio histórico no qual a crônica de Hélimond de Froimont serviu-lhe de modelo e de fonte, compôs então, de acordo com pelo menos dois planos sucessivos, o *Speculum maius* (o "Grande Espelho"),[45] dividido em três partes principais: o Espelho da Natureza (*Speculum naturale*), o Espelho das Ciências (*Speculum doctrinale*) e o Espelho da História (*Speculum historiale*). É uma compilação que dá testemunho de vastos conhecimentos, ainda mais extensos porque Vincent foi auxiliado por duas equipes, uma de cistercienses, em Royaumont, outra de dominicanos, no convento de Saint--Jacques, de Paris, e porque São Luís o auxiliou a reunir uma biblioteca de documentação.[46]

O "Grande Espelho" foi muitas vezes alterado pelo próprio Vincent de Beauvais e se considera que essas alterações foram inspiradas ou até mesmo solicitadas por São Luís no *Speculum historiale*, porque o rei se interessava muito por história e queria que a dinastia capetiana aí fosse apresentada sob o enfoque mais favorável.

São Luís teria sido, portanto, em Royaumont, o estudante eventual de Vincent de Beauvais. No início do *Liber consolatorius*, composto para o rei por ocasião da morte de seu filho mais velho em 1260, Vincent escreve: "Quando eu morava no mosteiro de Royaumont exercendo lá a função de leitor, ouvistes de minha boca humildemente, com respeito por Deus, a palavra divina."[47] E Guillaume de Saint--Pathus afirma: "Quando um mestre de divindade [teologia] lia o saltério na abadia de Royaumont nos dias em que o rei estava presente, quando ele ouvia soar o sino, que era tocado quando os monges deviam se reunir para ir às escolas [para ouvir as lições], ele às vezes ia à escola e lá se sentava entre os monges, como um monge, junto ao mestre que lia [dava a lição], e ouvia atentamente, e o santo rei agia assim muitas vezes."[48]

A cultura de Vincent de Beauvais é a de um clérigo do século XIII, tributário do renascimento do século XII, como o próprio São Luís. Serge Lusignan o

---

[45]Sobre o sentido de "espelho", *speculum*, ver Einar MAR JONSSON, "Le sens du titre *Speculum* aux XIIᵉ et XIIIᵉ siècles et son utilisation par Vincent de Beauvais", em *Vincent de Beauvais, op. cit.*, pp. 11-32.

[46]Sobre o trabalho de equipe, particularmente desenvolvido pelos dominicanos no século XIII, ver Yves CONGAR, "*In dulcedine societatis quaerere veritatem*. Notes sur le travail en équipe chez S. Albert et chez les Prêcheurs au XIIIᵉ siècle", em *Albertus Magnus Doctor Universalis 1280-1980*, G. Meyer e A. Zimmerman (ed.), Mainz, 1980.

[47]S. LUSIGNAN, *Préface au "Speculum maius", op. cit.*, p. 57.

[48]GUILLAUME DE SAINT-PATHUS, *Vie de saint Louis*, p. 79.

SÃO LUÍS

mostrou para a lógica[49] e Jacqueline Hamesse para a filosofia.[50] No fecho de um minucioso estudo do *Speculum doctrinale*, Jacqueline conclui que Aristóteles, no domínio da ética, primeira parte da filosofia prática, "é apenas uma fonte entre outras, e se pode mesmo observar que é um dos autores menos citados". Como São Luís, Vincent pertence à fase pré-aristotélica do século XIII. Mais precisamente: "Vincent de Beauvais não se situa totalmente, sob o ponto de vista filosófico, na linha escolástica de seu tempo. A moral para ele não constitui uma doutrina filosófica, porém antes uma das *artes*, um componente do saber do século XII [...]. Vincent é bem mais discípulo da escola do século XII do que da Universidade do século XIII."[51] Mais impressionante ainda é sua impermeabilidade — como a de São Luís — à história intelectual contemporânea: e, entretanto, essa história é brilhante e efervescente. "Não se constata evolução filosófica nas diferentes etapas do *Speculum*. Apesar da atualidade febril da universidade de Paris, Vincent de Beauvais não retoca sua obra em função dos acontecimentos."[52]

Vincent de Beauvais publicou, além disso, alguns tratados e algumas obras breves, entre as quais muitas dedicadas a São Luís ou aos conselheiros do rei. À morte do filho mais velho de Luís, em 1260, escreveu uma carta de consolação, segundo a tradição do gênero: o *Liber consolatorius pro morte amici*.[53] Falei do *De morali principis institutione*, dedicado ao rei e a seu genro Thibaud de Navarra, e do *De eruditione filiorum nobilium*, oferecido à rainha Margarida.[54] Lembro que alguns historiadores acham que esses dois Espelhos dos Príncipes eram trechos destinados a inserir-se mais tarde em uma obra mais ampla, que constituiria uma espécie de "Espelho Político", formando um conjunto com o *Speculum maius* que seria uma *Opus universale de statu principis* ("Tratado Universal da condição real"), que se tornaria o grande Espelho dos Príncipes francês do século XIII. Vincent teria anunciado seu projeto — nunca completado — no prólogo do *De eruditione filiorum nobilium*, onde declara desejar, por amor do "ilustríssimo meu senhor nosso rei", compor "uma *Opus universale* sobre a condição do príncipe

---

[49]Le "Speculum doctrinale", livre III. *Études de la logique dans le Miroir des sciences de Vincent de Beauvais*. Tese de doutorado em Montreal, 1971.

[50]J. HAMESSE, "Le dossier Aristote dans l'oeuvre de Vincent de Beauvais. À propos de *l'Éthique*", em *Vincent de Beauvais, op. cit.*, pp. 197-218.

[51]*Ibid.*, pp. 213-215.

[52]*Ibid.*, p. 216.

[53]Ver *supra*, p. 240, e Peter von MOOS, "Die Trotschrift des Vincenz von Beauvais für Ludwig IX", artigo citado (*supra*, p. 241, n 90).

[54]Ver *supra*, p. 362.

e de toda a corte ou família real, sobre a administração pública e o governo de todo o reino".

São Luís comandou ou inspirou esse projeto grandioso? Não se sabe. Mas Vincent de Beauvais parece não ter estado à altura de tão grande desígnio.[55]

Vincent deixou Royaumont pouco antes de 1259 e voltou para o convento de Saint-Jascques, em Paris, o que lhe permitiu continuar suas relações com o rei. Morreu em 1264.

O novo Salomão

Como Vincent de Beauvais, São Luís ignora "a atividade febril da universidade de Paris" no século XIII.[56] A tradição segundo a qual o rei teria convidado Tomás de Aquino para sua mesa,[57] parece-me quase certamente uma lenda. E se ele convida Boaventura à corte é para lá pregar sermões de caráter pastoral.[58] Sem dúvida é necessário evocar aqui um outro grande clérigo do século XIII: Eudes de Châteauroux, feito cardeal por Inocêncio IV em 1244. Como legado pontifício para a preparação de sua cruzada, entrou em contato estreito com o rei, que acompanhou ao Egito, e redigiu sobre a cruzada um relatório endereçado ao papa.

---

[55] Robert J. Schneider que estudou esse conjunto de modo notável, acha que a obra não seria uma verdadeira síntese de doutrina política, mas um conjunto de quatro tratados justapostos, do qual Vincent só teve tempo de escrever os dois Espelhos citados. Essa obra e esses tratados não constituiriam uma suma e permaneceriam ajustados ao princípio de compilação. E Vincent teria realizado uma obra pessoal e teria atingido "sua maioridade como sábio e como pensador". Acho que Schneider enfeita um pouco a realidade. Vincent de Beauvais em sua obra teria permanecido (pode-se dizer com base na parte realizada) fiel ao cisterciense Hélinand de Froidmont, do qual inseriu no *Speculum historiale* o *De constituendo rege* (sob o título *De bono regimine principis*). A *Opus universale* teria sido uma obra fora de moda já em seu tempo, comparada com os dois grandes tratados políticos inovadores da Idade Média central: o *Policraticus*, de João de Salisbury (1159), escrito em Chartres, e o *De regimine principum* de Gilles de Rome, ou, para os italianos, Egidio Romano (1280, escrito para o futuro Filipe, o Belo). Robert J. SCHNEIDER, "Vincent of Beauvais, *Opus universale de statu principis*: a reconstruction of its history and contents", em *Vincent de Beauvais, op. cit.*, pp. 285-299. Michel SENELLART retomou (*Les Arts de gouverner. Du regimen médiéval au concept de gouvernement*, Paris, 1995, p. 147) a hipótese que eu tinha formulado sobre o projeto de São Luís "de fundar uma academia com a missão de desenvolver uma vasta suma política" ("Portrait du roi idéal", *L'Histoire*, n° 81, setembro de 1985, pp. 72-73).

[56] Marie-Christine DUCHENNE, "Autour de 1254, une révision capétienne du *Speculum historiale*", em *Vincent de Beauvais, op. cit.*, pp. 141-166.

[57] LE NAIN DE TILLEMONT (t. V, p. 337), incapaz de citar uma fonte escrita, contentou-se em declarar: "*Ouvi dizer* que São Tomás, comendo uma vez na mesa de São Luís, ficou algum tempo sem falar e depois gritou de repente: 'Eu convenci os maniqueus', o que São Luís achou muito bom."

[58] A edição e o estudo dos sermões foram objeto de excelentes trabalhos. Citarei principalmente, para o século XIII, o de Nicole BÉRIOU, *La Prédication de Ranulphe de la Houblonnière, op. cit.* (*supra*, p. 60 n° 46) e o de David D'AVRAY, *The Preaching of the, Friars, op. cit.* (*supra*, p. 60, n° 47).

SÃO LUÍS

As obras de Eudes ainda são pouco conhecidas, mas foram objeto de importantes trabalhos. Parece que ele foi sobretudo um pregador célebre. Caímos outra vez no domínio que mais interessa a São Luís, o sermão.

Defendo a hipótese de que uma das primeiras intervenções do jovem rei foi no sentido de buscar a reconciliação da realeza com a universidade de Paris quando da greve de 1229-1231, apesar da intransigência inicial de sua mãe. Se é esse o caso, é sem dúvida porque ele tinha compreendido a vantagem para um soberano cristão de ter essa fonte de saber e prestígio em sua capital. Suas duas principais intervenções na história da universidade de Paris testemunham preocupações que completam essa visão política.

A primeira se refere, como se viu,[59] à disputa entre os mestres seculares e os mestres mendicantes. Se o rei manda executar as medidas requeridas pelo papa Alexandre IV, é por simpatia para com os mendicantes e, sobretudo, porque se trata de um caso da Igreja no qual ele só intervém como representante do braço secular; é também porque a expulsão de Guillaume de Saint-Amour, que não é seu súdito, uma vez que Saint-Amour é o diretor dos mestres seculares no Império, deve reinstaurar na Universidade a ordem que para São Luís vale mais que tudo. Atrai contra si, desse modo, a hostilidade de mestres como Gérard d'Abbeville, um dos mais famosos teólogos da Universidade no último período de seu reinado, e de outros discípulos ou partidários de Guillaume de Saint-Amour, como o poeta Rutebeuf.[60]

O segundo acontecimento que requer a intervenção de São Luís é a fundação de um colégio para seu amigo Robert de Sorbon. Para isso, faz de Robert dono de muitas casas que lhe pertenciam no bairro Latino, em particular na rua Coupe--Gueule, e assegurará a manutenção de muitos estudantes nesse colégio. Tal gesto prova, certamente, o interesse de Luís em relação ao estudo da teologia, florão da universidade de Paris, mas é antes de tudo um ato caridoso, uma doação para obras e uma liberalidade feita a um amigo.[61]

Seus intelectuais são espíritos médios, Robert de Sorbon e Vincent de Beauvais. A alta especulação teológica e filosófica não interessa a ele. O saber que deseja adquirir e quer ver difundido é aquele que é *útil*, útil para a salvação. Essa preferência privilegia três gêneros, o sermão, o tratado espiritual e o tratado pedagógico, três gêneros intelectual e literariamente menores, ainda que tenham

---

[59]Ver *supra*, pp. 394-395.
[60]*Le Dit de Maître Guillaume de Saint-Amour e La Complainte de Maître Guillaume*, em RUTEBEUF, *Oeuvres complètes*, M. Zink (ed.), t. I, Paris, 1989, pp. 137-157.
[61]P. GLORIEUX, *Aux origines de la Sorbonne, op. cit.*, t. II, *Le cartulaire*, Paris, 1965.

uma importância considerável na cultura e na mentalidade medievais. De resto, os clérigos não lhe reconhecem nenhuma atividade intelectual superior, em especial a razão, que reservam para si.[62] Salomão era um sábio, não um intelectual. Assim foi São Luís, o novo Salomão.

[62]Ver Ph. Buc, *L'Ambiguïté du livre, op. cit.*, p. 176 e, segs.

III

AS PALAVRAS E OS GESTOS:
O REI *PRUD'HOMME*

A PALAVRA DO REI

O século XIII é a época em que as instituições, as coletividades, os próprios indivíduos dão cada vez mais importância à escrita e em que a memória fundada sobre a oralidade recua diante do documento fixado por escrito.[1] O documento escrito se torna cada vez mais um instrumento do governo. A monarquia, desde Filipe Augusto, conserva cuidadosamente seus arquivos cujo acervo não para de crescer ao longo de todo o século.[2] Novo poder, o saber que encarna o *studium* (a universidade) também produz sempre mais sob a forma escrita. Os estudantes tomam notas, os livreiros e escribas universitários, pelo sistema da *pecia*,[3] reproduzem os cursos, multiplicam os manuais. Os mercadores começam a recorrer aos escritos.[4] O direito consuetudinário, como o direito romano e o direito canônico, fixa-se por escrito.[5]

---

[1]Michael T. Clanchy, *From Memory to Written Record, op. cit. (supra*, p. [285, n° 8]). Sobre os progressos e as consequências de práticas culturais ligadas à escrita: Brian Stock, *The Implications of Literacy: Written Language and Models of Interpretation in the XIth and XIIth Centuries*, Princeton, 1983.

[2]J. W. Baldwin, *Philippe Auguste, op. cit. (supra*, p. 63, n° 61).

[3]Jean Destrez, *La Pecia dans les manuscrits universitaires des XIIIᵉ et XIVᵉ siècles*, Paris, 1935: envelhecido, mas pioneiro.

[4]Remeto aos artigos clássicos de Henri Pirenne: "L'Instruction des marchands au Moyen Âge", *Annales d'histoire économique et sociale*, 1, 1929, pp. 13-28, e Armando Sapori, "La cultura del mercante medievale italiano", *Rivista di storia economica*, II, 1937, pp. 89-125, repetido em *Studi di storia economica, sec. XIII-XV*, vol. 1, Florença, 1985, pp. 53-93.

[5]Na França do século XIII redigem-se quatro grandes coleções de normas ou leis locais ou nacionais: *Le Conseil à un ami*, de Pierre de Fontaines, bailio de Vermandois (anterior a 1258); *Jostice et Plait* (entre 1255 e 1260); *Les Établissements de Saint Louis* (um pouco anterior a 1273), e os *Coutumes de Beauvaisis*, de Philippe de Beaumanoir (1283). Cf. P. Ourliac e J.-L. Gazzaniga, *Histoire du droit privé, op. cit. (supra*, p. 453, n° 27), p. 99 e segs.

E entretanto esse século é também o século de uma renovação da palavra, de uma nova palavra.[6] Restauração da palavra divina, através do novo desenvolvimento da pregação, representado pelos mendicantes.[7] Difusão da palavra cochichada, a da confissão auricular imposta pelo quarto concílio de Latrão (1215), a da oração, a da leitura, que não se faz ainda em silêncio.[8] Os espaços da palavra se alargam, das igrejas dos mendicantes à cidade, ao "Parlamento", ao teatro renascente. Espaço literário, enfim, da palavra. Paul Zumthor vê o século XIII como o século do "triunfo da palavra",[9] define o "dito" em relação ao "canto": como "um lirismo de persuasão" que se opõe ao "lirismo de celebração". Depende "do discurso demonstrativo ou deliberativo".

A palavra real

Então, desse "movimento geral da palavra",[10] emerge também a palavra real.

Das duas principais tradições herdadas pelo rei cristão medieval, o exercício pela palavra é uma característica, melhor, um dever da função real. No sistema indo-europeu, a autoridade do rei, expressa pelo verbo grego *krainein*, "executar" (de kara, "cabeça", "sinal de cabeça"), "procede do gesto pelo qual o deus dá existência àquilo que de outro modo seria apenas *palavra*".[11] A autoridade real "permite a uma palavra realizar-se em ato".[12] Na Bíblia, a eficácia e o dever do rei são afirmados com uma clareza particular por aquele Lemuel, rei de Massá, que repete o que a mãe lhe ensinou:

---

[6]J. LE GOFF et J.-Cl. SCHMITT, "Au XIIIe siècle: une parole nouvelle", artigo citado (*supra*, p. 60, n° 47). De um ponto de vista filosófico e linguístico: Irène ROSIER, *La Parole comme acte. Sur la grammaire et la sémantique au XIIIe siècle*, Paris, 1994.

[7]D. L. D'AVRAY, *The Preaching of the Friars, op. cit.*

[8]P. SAENGER, "Silent Reading", artigo citado (*supra*, p. 375, n° 27).

[9]Paul ZUMTHOR é, uma vez mais, pioneiro em seu *Essai de poétique médiévale* (Paris, 1972, pp. 405-428), no qual explica que esse novo discurso se inscreve em "um universo de palavra, tomando consistência de modo frequentemente incoerente em torno de alguns tipos de origem clerical, e que encontra no citado 'lírico' um princípio de organização: em função ou a propósito de um eu ou de um vós ficticiamente identificados com o poeta ou com seu público".

[10]P. ZUMTHOR, *ibid.*, p. 419; J. LE GOFF, "Saint Louis et la parole royale", artigo citado (*supra*, p. 376, n° 31).

[11]Émile BENVENISTE, *Le Vocabulaire des institutions indo-européennes*, t. II, Paris, 1969, p. 42.

[12]*Ibid.*, p. 35.

SÃO LUÍS

Abre a boca em benefício do mudo,
pela causa de todos os abandonados;
abre a boca, julga com justiça,
defende a causa do pobre e do infeliz.

(Provérbios 31, 8-9)

Os reis capetianos herdam mais precisamente retratos idealizados dos im-peradores romanos como foram legados por Suetônio e mais ainda por Aurélio Vítor, autor, no século IV, de um *Liber de Caesaribus*, de onde tirou um *Epitome de Caesaribus* conhecido e utilizado na Idade Média. Aurélio Vítor retrata um Pértinax* muito sociável e mantendo com os seus auxiliares relações marcadas pela conversação, as refeições, os passeios em comum (*communi affatu, convivio, incessu prebebat*), esse traço que faz da palavra, com o convívio e a caminhada, expressão e cimento do grupo real. Helgaud de Fleury toma a palavra de em-préstimo a Aurélio Vítor e a repete textualmente em seu retrato de Roberto, o Piedoso (cerca de 1033).[13] Rigord de Saint-Denis, no finzinho do século XII, traça em suas *Gesta Philippi Augusti* um retrato ainda mais estereotipado de Filipe Augusto. Dele diz que é *in sermone subtilis*, "sutil na conversação".[14] Aqui se percebe bem a tradição de um modelo que com São Luís será levado a uma quase perfeição.

São Luís fala

Porque o primeiro rei que, na história da França, fala verdadeiramente é São Luís. Certamente não se trata de "recolher as migalhas de um *falado* arcaico, dessa voz morta, da qual não ouvimos os ecos, mas a representação".[15] No en-tanto, a palavra de São Luís exerceu sobre seus biógrafos e hagiógrafos uma fascinação singular, e frequentemente eles fizeram o rei falar em estilo direto. As

---

*Pértinax ou Pertinace (Públio Hélvio), imperador romano por três meses no fim do século II (193), sucedeu a Cômodo e foi assassinado pelos pretorianos. Era filho de um escravo liberto e se tornara cônsul em 192. (*N. do T.*)

[13]HELGAUD DE FLEURY, *Vie de Robert le Pieux*, ed. cit. (*supra*, p. 348, n° 17), p. 60.

[14]Henry-François DELABORDE (ed.), *Oeuvres de Rigord et de Guillaume le Breton, historiens de Philippe Auguste*, Paris, t. I, 1882, p. 31.

[15]B. CERQUIGLINI, *La Parole médiévale. Discours, syntaxe, texte*, Paris, 1981, p. 247. Sobre a importância do fato de que as fontes nos apresentam um São Luís falando francês, ver *supra*, p. 456. Para um estudo aprofundado das relações entre um santo do século XIII e as línguas que fala, ver I. BALDELLI, "La 'Parola' di Francesco e le nuove lingue d'Europa", em *Francesco, il francescanesimo e la cultura della nuova Europa*, I. BALDELLI e A. M. ROMANINI (ed.), Roma, 1986, pp. 13-35.

palavras atribuídas a ele sem dúvida se integram no código tradicional do falar dos santos. Mas, no fim do século XIII, desde que a santidade recebeu a forte marca de um santo muito personalizado, Francisco de Assis, os processos de canonização também se esforçam para, no capítulo da vida, não dos milagres,[16] não se afastar do santo real,[17] do "verdadeiro santo". Sobretudo, o leigo Joinville, que ditou sua obra em francês, na língua do rei, e que se esforçou tão apaixonadamente para estar sempre colado a sua personagem, quando a acompanhava em vida, lembra, em sua narrativa póstuma em relação a São Luís, que o leitor pode estar seguro de que ele "bebia" as palavras, anotadas sem dúvida pouco depois da morte de São Luís, bem antes da redação da *Vida*, do século XIV, a tal ponto que se pode frequentemente encontrar o *falado* mesmo do rei.[18] Joinville definiu assim a encomenda da rainha Joana de Navarra: "fazer um livro das santas *palavras* e dos bons fatos do nosso rei São Luís". É possível então estabelecer, a justo título, "os propósitos de São Luís", considerando-se que um *corpus* de textos do século XIII (ou do comecinho do século XIV) "nos aproxima [...] da voz jamais extinta de São Luís [...], reflete grosso modo a maneira pela qual ele falava".[19] O autor dessa seleção de textos, David O'Connell foi, aliás, quem conseguiu reconstituir a versão autêntica, original, dos *Ensinamentos* de São Luís ao filho e à filha.[20]

A palavra real de São Luís se insere portanto em uma tradição e São Luís nos leva de volta especialmente a algumas das palavras de seu avô Filipe Augusto. Mas tem sobretudo a marca do século XIII, confirmando assim o que disse Marc Bloch, segundo o qual os homens se parecem mais com sua época do que com seu pai.

A palavra de São Luís é moral e didática, nesse século didático e moralizador. É uma palavra de pregação, nessa época de pregação, e sai da boca de um rei rodeado de pregadores, dominicanos e franciscanos principalmente. Prega

---

[16]Os milagres atribuídos a São Luís, todos póstumos, são milagres tradicionais, "ordinários"; Sarah CHENNAF, Odile REDON, "Les miracles de Saint Louis", em Jacques GELIS e Odile REDON (ed.), *Les Miracles, miroirs des corps*, Paris, 1983, pp. 53-85; Jacques LE GOFF, "Saint de l'Église et saint du peuple: les miracles officiels de Saint Louis entre sa mort et sa canonisation", em *Histoire sociale, sensibilités collectives et mentalités. Mélanges R. Mandrou*, Paris, 1985, pp. 169-180. Ver *infra*, pp. 739-741.

[17]Sobre a evolução da concepção da santidade no século XIII: A. VAUCHEZ, *La Sainteté en Occident, op. cit.* (*supra*, p. 41, nº 10). Sobre a construção de um "princípio de realidade" no fim do século XIII, Roland RECHT, "Le portrait et le principe de réalité dans la sculpture", artigo citado (*supra*, p. 457, nº 42).

[18]Sobre as relações entre São Luís e Joinville, Michel ZINK, "Joinville ne pleure pas, mais il rêve", artigo citado, e *La Subjectivité littéraire, op. cit.*, 219-239 ("o balanço entre hagiografia e autobiografia em Joinville e suas causas: o enternecimento como motivação da escrita").

[19]D. O' CONNELL, *Les Propos de Saint Louis, op. cit.*, p. 30.

[20]ID., *The Teachings of Saint Louis, op. cit.*

SÃO LUÍS

através de *exempla*, num momento em que o *exemplum*, historieta encaixada nos sermões, prolifera. É devotada segundo a nova moda, expressando-se através da prece e ainda mais da confissão. É justiceira, o rei exercendo ele próprio, pela palavra, o mais alto dever real — distribuir a justiça —, ou a delegando a representantes bem formados e fiscalizados. É também — sendo a paz o outro grande ideal real, ao lado da justiça — pacificadora, expressando-se através das arbitragens conduzidas pelo rei. É moderada, como é normal num rei apaixonado pela medida, que quis substituir o ideal descomedido do cavaleiro pelo ideal de moderação do *prud'homme*. Mas é também repressão da palavra má, da praga, da blasfêmia.

Palavra familiar

A palavra real em estado direto se dirige essencialmente a um pequeno grupo da família, de interlocutores habituais do rei, de convidados por ele a responder-lhe. Mas no seio desse grupo Luís tem sempre a iniciativa de tomar a palavra. Esse grupo, do qual a conversação real é o centro, o lugar e a função, desempenha no governo do reino um papel muito negligenciado pelos historiadores. É diferente da *Curia*, órgão feudal dos conselheiros do soberano. É formado por pessoas que dominam bem o espaço íntimo do rei, como dominam bem seu espaço público. Conhecemos esse grupo principalmente graças a Joinville e sua composição é muito heterogênea. Há a dupla Joinville e Robert de Sorbon, cúmplices inseparáveis. Há o jovem rei de Navarra, Thibaud II, genro de Luís e, nos últimos anos, Filipe, o filho, o futuro Filipe III. Há frades mendicantes, seus religiosos preferidos. Quando evoca esse grupo, Joinville escreve "nós". Assim:

> Quando estávamos particularmente lá dentro [na corte], ele se sentava ao pé de sua cama, e quando os pregadores e os *Cordeliers* providenciavam um livro que ele teria ouvido com muito prazer, ele lhes dizia: "Não me lereis, porque não há melhor livro depois do jantar do que um dito espirituoso."[21]

O "dito espirituoso" ("quolibet") significa o desejo de que a conversa corra *ad libitum*,* desordenadamente. O rei quer dizer: "Que cada um diga o que quer."

---

[21]JOINVILLE, *Histoire de Saint Louis*, pp. 3468-3469 (sic). Ver *infra*, p. 659.
*Ao pé da letra, a expressão latina significa "à vontade". Por extensão, "ao sabor da correnteza", "improvisada-mente" etc. (*N. do T.*)

532 JACQUES LE GOFF

Guillaume de Saint-Pathus definiu esse grupo de íntimos como "pessoas estimadas e dignas de fé que conversavam longamente com ele".[22] Intimidade (*conversatio*) que melhor se exprime pela conversação, no sentido moderno da palavra. Joinville nunca está mais feliz do que quando relata a palavra real como dirigida exclusivamente a ele, numa espécie de aparte.

> Uma vez ele me chamou e me disse: "Não ouso vos falar, espírito sutil que sois, das coisas que tocam a Deus, e por isso chamei estes dois frades que aqui estão, porque quero vos fazer uma pergunta." A pergunta foi esta: "Senescal", perguntou-me, "que é Deus?" E eu lhe disse: "Senhor, é coisa tão boa que melhor não pode ser." Verdadeiramente, disse ele, está bem respondido, porque a resposta que destes está escrita neste livro que tenho na mão.
>
> "Ora, pergunto-vos — disse —, de que gostaríeis mais, ser leproso ou cometer um pecado mortal?" E eu, que jamais lhe menti, respondi que gostaria mais de cometer trinta deles do que ser leproso. Quando os frades se foram, ele me chamou à parte, mandou-me sentar a seus pés e me disse: "Como me dissestes aquilo ontem?" E eu lhe disse que ainda o dizia. E ele me disse: "Falastes como um basbaque apressado [um estouvado que fala sem refletir[23] [...]."*

Um grupo no qual a palavra se faz ainda mais íntima é o dos filhos do rei: "Antes que se deitasse em sua cama, mandava vir os filhos diante dele e lhes relatava os casos dos bons reis e dos bons imperadores, e lhes dizia que deviam tomar essas pessoas como exemplos."[24]

Palavra de ensinamento

O termo que vem ao espírito de Joinville para designar essa palavra didática e moral é *ensinar, ensinamento*. O rei tem uma palavra parecida com a desses frades mendicantes de que se rodeia,[25] didática e doutrinadora. Não creio que alguma vez ele tenha sonhado seriamente, como disse seu confessor Geoffroy de Beaulieu, em se tornar ele próprio dominicano ou franciscano. Mas no domínio da palavra

---

[22] GUILLAUME DE SAINT-PATHUS, *Vie de Saint Louis*, p. 123.
[23] JOINVILLE, *Histoire de Saint Louis*, pp. 14-15.
*Parece útil lembrar que o mesmo diálogo já foi citado a propósito do horror do rei ao pecado mortal (no subtítulo *Os Ensinamentos ao filho e à filha*, no capítulo VI da segunda parte). (*N. do T.*)
[24] *Ibid.*, pp. 380-381.
[25] L. K. LITTLE, "Saint Louis' Involvement with the Friars", artigo citado.

SÃO LUÍS

tornada justamente mais próxima, mais simples pelos frades mendicantes, ele vai tão longe quanto um leigo pode fazê-lo. Aproveita-se da condição, ainda que particular, de que goza o leigo excepcional que é o rei para fazer com que a palavra real seja uma palavra muito próxima daquela desses novos pregadores que são os que ensinam pela palavra.

"Eu vos contarei, diz Joinville, o que vi e ouvi dessas santas palavras e desses santos ensinamentos."[26] E eis o rei pregador que se aventura pelo terreno da doutrina e mesmo da teologia: "O santo rei se esforçou através de todo seu poder, por suas palavras, para me fazer crer firmemente na lei cristã que Deus nos deu [...]."[27] Essa paixão pela palavra ensinadora não o abandona no mar durante a "travessia" para a cruzada ou na volta: "Ouvireis em seguida um ensinamento que dele tive no mar, quando voltávamos de além-mar."[28]

Essa propensão ao ensinamento ele a satisfaz plenamente no fim da vida ditando ou redigindo talvez com a própria mão os *Ensinamentos* ao filho Filipe e aqueles à filha Isabel: "Querido filho, eu te ensino...". A expressão volta por dez vezes no texto a Filipe. "Querida filha, eu vos ensino [...]": é menos frequente no texto a Isabel, porque, em relação à filha, o rei é a um tempo mais cortês — trata-a de "vós" — [29] e mais direto. Dá ordens, no imperativo: ouvi, escutai, amai, tomai cuidado, obedecei etc.[30]

Rei da época em que triunfa, na universidade de Paris, a escolástica, adota, tanto quanto se pode fazer quando não se é do clero e quando se está situado num nível intelectual sem pretensão,[31] alguns dos novos métodos do meio universitário: vimo-lo acima suscitar a palavra livre do *quolibet* ["dito espirituoso"], como referência sem dúvida ao *quodlibet** universitário. Adora organizar "disputas" (*disputatio*) entre Joinville e Robert de Sorbon, sobre o modelo de um exercício universitário e, como um "mestre", pronunciava a conclusão: "Quando tínhamos disputado um bocado de tempo, aí ele dava sua sentença e dizia[...].[32]

---

[26]JOINVILLE, *Histoire de Saint Louis*, pp. 10-11.

[27]*Ibid.*, pp. 24-25.

[28]*Ibid.*, pp. 22-23.

[29]GUILLAUME DE SAINT-PATHUS falou do emprego habitual de "vós" por São Luís: "... e a cada um falava sempre no plural" (*Vie de Saint Louis*, p. 19).

[30]Remeto à tradução do texto "original" achado por David O'CONNELL nos manuscritos franceses 12814 e 25462 da Biblioteca Nacional de Paris: *Les Propos de Saint Louis, op. cit.*, pp. 183-194.

[31]Ver o capítulo precedente.

*Lembramos a curiosa passagem em que o mestre Gérard d'Abbeville se vê envolvido com esse exercício universitário, o *quodlibet* (subtítulo A "*boa*" *moeda*, no Capítulo IV da Primeira Parte). (*N. do T.*)

[32]JOINVILLE, *Histoire de Saint Louis*, pp. 16-19.

Das novas técnicas de pregação, há uma que São Luís pratica com particular deleite, o *exemplum*.[33] São Luís ponteia sua conversação com *exempla*. Às vezes, é uma lembrança de seu avô Filipe Augusto. A palavra real é então a da memória dinástica: "O rei Filipe, meu avô, disse-me que se deve recompensar o seu pessoal dando a um mais, a outro menos, segundo o valor de seu serviço; e dizia ainda que ninguém podia governar bem sua terra se não soubesse também, corajosa e duramente, recusar, como saberia dar." E é a palavra de tirada moral: "E essas coisas, disse o rei, eu vos ensino porque o século é tão ávido de solicitações que poucas pessoas olham para a salvação de suas almas ou para a honra de seus corpos, desde que possam atrair o bem de outra pessoa para si, seja para o erro, seja para a razão."[34]

O governo da palavra

Rei de palavra, rei que governa pela palavra, São Luís exerce pela palavra as duas mais altas funções reais, exaltadas pelos Espelhos dos Príncipes, a justiça e a paz.

O rei justiceiro questiona e dá as sentenças ele próprio nas célebres "audiências da porta", chamadas depois de "queixas", como anota Joinville, no palácio ou, mais célebres ainda, as "partes" que mandava julgar em sua presença, sentado debaixo de um carvalho no bosque de Vincennes: "E então ele lhes perguntava com sua própria boca [...]. E então ele lhes dizia [...]."[35] Se preciso fosse, sua palavra tomava o lugar da palavra daqueles aos quais a tinha delegado: "E quando via alguma coisa a emendar nas palavras daqueles que falavam por ele, ou nas palavras daqueles que falavam por algum outro, ele próprio a emendava com sua boca."[36]

O rei pacificador faz a arbitragem com sua palavra. Sua palavra restabelece a paz não só no reino, mas na Cristandade. Quando se lhe censura o fato de não permitir que os estrangeiros combatam entre si, a fim de que se enfraqueçam em seu proveito, lembra a palavra de Deus: "Benditos sejam todos os pacificadores."[37]

---

[33]Cl. Brémont, J. Le Goff, J.-Cl. Schmitt, *L'"Exemplum"*, op. cit. (*supra*, p. 324, nº 2); *Prêcher d'exemples. Récits de prédicateurs du Moyen Âge*, apresentação de Jean-Claude Schmitt, Paris, 1985. Ver *supra*, p. 324 e segs. e p. 599.
[34]Joinville, *Histoire de Saint Louis*, pp. 364-365.
[35]*Ibid.*, pp. 34-35.
[36]*Ibid.*
[37]*Ibid.*, pp. 376-377.

SÃO LUÍS

Palavras de fé

Mas ele é também o rei da devoção nova, da qual os frades mendicantes são os propagandistas. É um rei da prece, silenciosa ou em voz alta, "de boca ou de pensamento".[38] Palavra de oração que não esquece nem quando está sedentário nem quando está nas estradas: "Mesmo quando cavalgava mandava rezar as horas canônicas em voz alta e em cânticos por seus capelães a cavalo."[39] Palavra de oração que recomenda ao filho: "Dize tuas orações com recolhimento pela boca ou com o pensamento",[40] antes de lhe aconselhar as outras práticas da palavra: a conversação com o pequeno grupo de íntimos ("Querido filho, busca sempre a companhia de pessoas boas, sejam religiosos, sejam leigos [...]. Fala sempre com os bons") e a audição da pregação pública ou privada ("e ouve com prazer falar de Nosso Senhor nos sermões e em particular").[41]

Palavra de confissão, essa palavra de boca a ouvido com o padre, que o quarto concílio de Latrão em 1215 tinha tornado obrigatória ao menos uma vez por ano. São Luís praticou assídua e piedosamente a confissão — como lhe louva seu confessor Geoffroy de Beaulieu — e a recomenda vivamente ao filho e à filha: "Se tens o coração apertado, dize-o a teu confessor ou a qualquer outro que tenhas na conta de um homem leal capaz de guardar bem teu segredo, porque assim estarás mais em paz, desde que se trate, é claro, de uma coisa de que possas falar."[42]

Sua palavra é essencialmente de verdade, porque ele odeia a mentira, de modo tão profundo que vai se recusar mesmo a mentir aos sarracenos quando se tornar prisioneiro deles. Isso ser-lhe-á louvado quando do processo de canonização e na bula pontifícia de canonização.

Esse amor pela palavra de verdade também o faz odiar a palavra má e descompromissada, sobretudo depois de sua volta da Terra Santa, em 1254, para reprimir severamente o "pecado da língua".[43] Pessoalmente, evita com todo cuidado as pragas, as blasfêmias, qualquer palavra que se refira ao diabo. "Nunca o ouvi nomear o diabo", afirma Joinville, acrescentando: "Nome bem expandido pelo reino, o que, creio, não agrada a Deus."[44]

---

[38]Sobre a devoção de São Luís em oração, ver *infra*, pp. 676-679.
[39]JOINVILLE, *Histoire de Saint Louis*, p. 33.
[40]D. O'CONNELL, *Les Propos de Saint Louis, op. cit.*, p. 186.
[41]*Ibid.*, p. 187.
[42]*Ibid.*, p. 187 e p. 193.
[43]C. CASAGRANDE e S. VECCHIO, *Les Péchés de la langue, op. cit.* (*supra*, p. 374, nº 24).
[44]JOINVILLE, *Histoire de Saint Louis*, pp. 12-13, de novo nas pp. 378-379.

JACQUES LE GOFF

Contra a blasfêmia, São Luís recorreu à violência:

O rei amava tanto a Deus e sua doce Mãe que mandava punir gravemente todos aqueles que falavam coisas indecentes ou proferiam pragas vergonhosas de Deus ou de sua mãe, se estivessem ao seu alcance. Desse modo, vi quando mandou enforcar um ourives [que tinha blasfemado] em Cesareia, de ceroulas e camisa, as tripas e as vísceras de um porco em volta do pescoço em tão grande volume que lhe chegavam até o nariz. Ouvi dizer que desde que voltei de além--mar ele mandou queimar por esse motivo [a blasfêmia] o nariz e o lábio inferior de um burguês de Paris, mas isso eu não vi. E o santo rei dizia: "Gostaria de ser marcado com um ferro quente, com a condição de que todos os juramentos vergonhosos fossem banidos de meu reino."[45]

No fim da vida, a aversão de São Luís pela "má linguagem" se exaspera. O papa Clemente IV aprova isso, mas pede moderação: o castigo não deve ir até a mutilação ou a pena de morte. A ordenação de São Luís de 1269, um ano antes da morte, manda que o blasfemador seja punido com um castigo ou de pelourinho ou de chicote.[46]

Um texto, pelo menos, além da palavra de São Luís, evoca sua voz.[47] É Joinville, ainda, que conta: "Ele dizia que era ruim apropriar-se do bem do próximo: 'porque restituir [*rendre*] era tão duro que nada arranhava a garganta como pronunciar essa palavra, pelos dois rr (*erres*) que aí estão, os quais significam os dentes do ancinho do diabo, que sempre puxa para trás aqueles que querem restituir o bem do próximo'."[48] Esse texto nos faz voltar, assim, à característica fundamental da palavra de São Luís. É o primeiro rei de França que nos é dado ouvir falando a língua vulgar, falando francês.

Resta evocar dois traços dessa palavra real. O primeiro é marcado pelo selo da modernidade. O segundo, ao contrário, exprime uma certa aproximação da palavra de São Luís com a grande tradição medieval.

O traço novo é que essa palavra foge à retórica habitual das menções do falar real na alta Idade Média. São Luís se esforçou por uma palavra simples, e seus biógrafos ou hagiógrafos buscaram traduzir essa simplicidade que punha em relevo a espiritualidade mendicante e o ideal de medida herdado pelo humanismo

---

[45]*Ibid.*, pp. 378-379. Joinville anota ainda: "Estive bons vinte e dois anos em sua companhia, sem que jamais o tivesse ouvido jurar por Deus, pela Mãe de Deus ou pelos santos; quando ele queria afirmar qualquer coisa, dizia: 'Verdadeiramente, isso foi assim' ou 'verdadeiramente aquilo é assim'. Sobre o castigo a um burguês parisiense blasfemador, ver *supra*, pp. 215-216, e sobre esse castigo a um ourives em Cesareia ver *infra*, p. 571.

[46]J. RICHARD, *Saint Louis, op. cit.*, pp. 286-287.

[47]Sobre "palavra" e "voz" ver os dois belos livros de Paul ZUMTHOR, *Introduction à la poésie orale*, Paris, 1983, e *La Poésie et la Voix dans la civilisation médiévale*, Paris, 1984.

[48]JOINVILLE, *Histoire de Saint Louis*, pp. 18-19. Ver *supra*, p. 377, e *infra*, p. 762.

SÃO LUÍS

do século XII. Joinville encontrou um modo perfeito para caracterizar isso: "Em suas palavras ele foi temperado", quer dizer, "o moderado".[49]

Últimas palavras

No fim extremo da vida, entretanto, é a palavra real tradicional que volta e que seus hagiógrafos nos legaram. Fizeram São Luís, morrendo, dizer diversas coisas, mas o que Guillaume de Saint-Pathus nos relata corresponde ao essencial de todas as narrativas da agonia e da morte de São Luís.

Primeiro, o rei perde a palavra com a aproximação da morte: "No fim, durante quatro dias ele não falou." Só se expressa por sinais. É a derradeira investida do diabo que tenta impedir a última confissão do que está morrendo, mas nada pode contra sua contrição interior. Depois, na véspera de sua morte, volta-lhe a palavra e ele diz: "Ó Jerusalém! Ó Jerusalém", repetindo a palavra escatológica dos cruzados. Enfim, no dia da morte, ele pronuncia primeiro as palavras tradicionais do rei cristão — recomendando seu povo a Deus —, adaptadas à situação de seu exército em terra sarracena: "Doce senhor Deus, tem piedade desse povo que aqui fica e a seu país conduze-o, que ele não caia na mão dos inimigos e que não seja forçado a renegar teu Santo nome."

E as últimas palavras são: "Pai, confio meu espírito a tua guarda", mas "esse abençoado rei disse essas palavras em latim".[50] No limiar da morte, Luís abandona a língua materna para retomar a língua sagrada, a língua dos pais.

OS GESTOS BEM TEMPERADOS

Sabemos que, numa sociedade, os gestos constituem uma linguagem. Como todas as linguagens, a gestual é codificada e controlada pelas instâncias ideológicas e políticas. No estado atual de nossa investigação, parece-nos que sobretudo a Igreja cristã tem procurado fazer com que desapareçam os sistemas de gestos pagãos, em especial num domínio particularmente odioso ao cristianismo, o teatro, e a refreá-los na manifestação mais assustadora da gesticulação, a possessão diabólica. O gesto, meio de expressão privilegiado do paganismo e de

---

[49] *Ibid.*, pp. 12-13.
[50] GUILLAUME DE SAINT-PATHUS, *Vie de Saint Louis*, pp. 154-155.

Satã, sempre pronto a puxar para o lado do mal, muito ligado ao corpo, "essa abominável vestimenta da alma", era, assim como o sonho, perigoso e suspeito aos olhos da Igreja dos primeiros séculos da Idade Média. A palavra *gestus*, tão comum nos textos antigos e, com maior razão, a palavra *gesticulatio*, desaparecem, censuradas, ou assumem sentidos técnicos e em parte novos, sobretudo num domínio em que o cristianismo utiliza o corpo para submetê-lo à alma e modelar o homem novo, a música.[51] Desde o orador cristão Martianus Capella, no século V, o gesto é considerado de maneira "harmoniosa", e lícito se for parte integrante da liturgia.

A partir do século XII, a repressão cede pouco a pouco lugar ao controle. A repressão aparece primeiro na regulamentação monástica. Os gestos estavam ausentes das regras e dos costumes monásticos da alta Idade Média. Ocupam um lugar importante num texto que é o primeiro do gênero, o *De institutione novitiorum*, que Hugues de Saint-Victor redige na primeira metade do século XII. Fazem parte da *disciplina*, que é imposta aos noviços e, para além do meio monástico, modela a sociedade humana, clérigos e leigos, com as modificações apropriadas.[52]

Entre a metade do século XII e a do século XIII, a normalidade dos gestos, a fronteira entre os gestos lícitos e os ilícitos, são definidas pelos códigos que regulamentam a nova sociedade saída do avanço e da mutação do Ocidente cristão desde o ano mil: a regulamentação eclesiástica, retificada pelas novas ordens religiosas e pelo direito canônico, a legislação monárquica, que enquadra o conjunto da sociedade, os códigos de cortesia e de *prud'homie* se impõem à elite do mundo leigo. De agora em diante, mesmo que sempre haja censura da gestualidade e desconfiaça a respeito do corpo, o humanismo cristão, constituído essencialmente no século XII, exige que o cristão se realize em seu estado terrestre e na perspectiva de sua salvação eterna, "corpo e alma". Há então uma dimensão não apenas ética, mas escatológica da gestualidade.

São Luís está, no século XIII, no coração, no centro da rede desses regulamentos. As novas ordens mendicantes, no caminho aberto por Hugues de Saint-Victor, definem o bom sistema de gestos, e especialmente São Boaventura, em sua *Regula novitiorum*, Humbert de Romans, no *De officiis ordonis*, e Gilbert de

---

[51]Sobre o papel dos gestos no sistema feudal, ver J.-Cl. SCHMITT, *La Raison des gestes dans l'Occident médiéval, op. cit. (supra*, p. 375, nº 30); Jacques LE GOFF, "Le rituel symbolique de la vassalité" (Spoleto, 1976), repetido em *Pour un autre Moyen Âge, op. cit.*, pp. 349-420.

[52]HUGUES DE SAINT-VICTOR, *De institutione novitiorum*, em *Patrologie latine*, t. 176, col. 925-952, capítulo XII: "De disciplina servanda in gestu"; capítulo XVIII: *"De disciplina in mensa et primo in habitu et gestu."*

SÃO LUÍS

Tournai, em seus *Sermones ad status*.[53] O rei, que toma como modelo os frades e monges, regula os seus pelos gestos deles. Seus ha-giógrafos, ver-se-á, nunca são tão precisos na descrição de sua gestualidade como quando o mostram nas suas práticas de devoção. Seu capelão dominicano, Guillaume de Chartres, sublinha que seu comportamento, em seus costumes, seus atos, seus gestos, mais do que o de um rei, era o comportamento de um regular: *Mores enim ejus, actus, et gestus, non solum regales, sed etiam regulares*.[54]

Gestos de rei: os gestos de São Luís se situam na linha dos Espelhos dos Príncipes, culminam nos gestos da sagração e nos gestos das curas realizadas pelos reis taumaturgos. Os dois termos essenciais aqui são *marcar* (por causa do sinal da cruz feito pelo rei sobre os doentes) e, principalmente, *tocar*, uma vez que a cura exige o contato.[55]

Gestos, afinal, do maior dos leigos: aqui São Luís é o modelo da forma tomada pela cortesia no século XIII. O bravo se tornou *prud'homme*.

Onde procurar os gestos de São Luís?

Reabramos por um instante a questão da possibilidade de atingir a realidade de São Luís. Duvidou-se da possibilidade de conhecer a realidade dos gestos antes da época da fotografia, até mesmo do cinema. Tentou-se privilegiar a iconografia como documentação do gesto. É esquecer que a arte e até mesmo a simples figuração obedecem a códigos particulares e que esse código, que se chamou o realismo, só aparece tardiamente na Idade Média. Além disso, quando se trata dos gestos de uma personagem histórica como São Luís, con-vém lembrar que não conservamos nenhuma imagem contemporânea do rei. Os afrescos das clarissas da rua de Lourcine e os da Sainte-Chapelle, executados nos primeiros anos do século XIV e que poderiam guardar alguma coisa dos

---

[53] BOAVENTURA, *Regula novitiorum*, em *Opera omnia*, t. XII, Paris, 1968, pp. 313-325; HUMBERT DE ROMANS, *De officiis ordinis*, cf. V: "De officio magistri noviciorum", em B. HUMBERTI DE ROMANIS, *Opera*, ed. J. Berthier, Roma, 1888, II, 213 e segs.; GUIBERT DE TOURNAI, *Sermones ad status*, Lyon, 1511: "*Ad virgines et puellas sermo primus*", fólio CXLVI.

[54] "*De vita et actibus [...] regis Francorum Ludovici auctore fratre Guillelmo Carnotensi*", em *Recueil des historiens des Gaules et de la France*, t. XX, p. 29. Ver *infra*, Capítulo VI.

[55] Sobre os gestos da cura das escrófulas pelos reis de França, cf. M. BLOCH, *Les Rois thaumaturges, op. cit.*, passim, e, especialmente, p. 90 e segs. Testemunha GEOFFROY DE BEAULIEU, no capítulo XXXV de sua *Vita* ["que tocando os doentes acrescentava sobre (o toque) o sinal da santa cruz"]: "*quod in tangendo infirmos signum sanctae crucis super addidit*" (p. 20). Na verdade, já Roberto, o Piedoso, fazia o sinal da cruz. Cf. GUILLAUME DE SAINT--PATHUS, *Vie de Saint Louis*, p. 99 ("mandava os doentes apontarem suas escrófulas e as tocava") e p. 142 ("tinha tocado os doentes com o mal das escrófulas").

traços e das atitudes do rei — algumas pessoas que conheceram o rei ainda estariam vivas nessa época —, desapareceram.[56] Restou então a alternativa de valorizar os gestos do rei tal como podem estar representados nas obras de arte contemporâneas de São Luís, em particular miniaturas. Esse cuidado levou Henri Martin no princípio deste século a se interessar pela "atitude real" nas miniaturas medievais, mais particularmente por um gesto que parece ter sido característico da gesticulação real na Idade Média: a posição sentada com as pernas cruzadas, gesto de superioridade e de cólera do soberano. Essa atitude está figurada de maneira esquemática num documento contemporâneo de São Luís de um valor inestimável, o álbum de Villard de Honnecourt. Um outro documento excepcional nos mostra gestos "reais" verossímeis e que foram sem dúvida gestos dos reis. Talvez não de São Luís, afinal coroado num remoto 1226, mas de seu filho Filipe III, quando de sua sagração em 1271, segundo os modelos estabelecidos durante o reinado do pai: são as miniaturas, como já vimos,[57] que ilustram o *ordo* de Reims, escrito e trabalhado em suas iluminuras sem dúvida pouco antes de 1250. Mas se trata de gestos executados só uma vez pelo rei fora de sua sagração e que são representativos de uma cerimônia real, certamente essencial, mas única.[58]

Quanto ao resto, é preciso que nos resignemos a ir procurar os gestos de São Luís essencialmente nos textos. O problema aqui é o da escolha desses gestos pelos biógrafos e de suas modalidades de evocação, que vão da simples alusão até a descrição pormenorizada de um gesto ou de um conjunto de gestos. Neste ponto, duas observações prévias se impõem.

A primeira é que os biógrafos de São Luís são todos, em graus diversos, não apenas panegiristas, porém, mais precisamente, hagiógrafos. Não somente a gestualidade de São Luís por eles é representada como fundamentalmente exemplar e conformada aos modelos cristãos mais elevados, mas é desequilibrada em benefício dos gestos religiosos. Esse cuidado hagiográfico, entretanto, por vezes permitiu sublinhar, na gestualidade, algumas tensões entre os modelos encarnados por São Luís, o leigo que era, e o clérigo, o regular que ele talvez tenha querido ser, o rei que ele devia e quis ser, exposto por sua função senão a cair no orgulho, a *superbia*, no mínimo a se mostrar mais ou menos freqüentemente "como majestade", e o santo que ele também quis ser, e mais ainda, um santo fortemente marcado pelos ideais de santidade do século XIII e antes de

---

[56]É o que pensa Henri MARTIN, "Les enseignements des miniatures. Attitude royale", *Gazette des beaux-arts*, março de 1913, p. 174. O artigo é notável para a época — e pioneiro.
[57]Ver *supra*, p. 517.
[58]Ver *infra*, pp. 734-737.

SÃO LUÍS

tudo pela humildade. Uma passagem de Geoffroy de Beaulieu mostra como a humildade de São Luís o levou a cumprir gestos tidos como incompatíveis com a dignidade real.

Num sábado, quando estava na abadia de Claraval entre os cistercienses, o rei "quis assistir à lavagem de pés [...], por humildade, ele quis por várias vezes tirar seu manto e, de joelhos, estender as mãos até os pés dos servos de Deus para humildemente lavá-los: mas lá estavam os grandes (*magnates*) que não eram seus íntimos e a conselho deles ele se absteve desse dever de humildade".[59]

Joinville tem a vantagem de, sendo um leigo, não se deixar absorver por uma visão muito eclesiástica de seu herói, e parece que escreveu Memórias pessoais, das quais, sem dúvida, uma primeira redação foi ditada pouco depois da morte do rei e bem antes de sua canonização; a vantagem de não se limitar a descrever o santo, mas também as outras personagens de São Luís que conheceu: o rei, o rei feudal em suas funções essenciais de cavaleiro, de senhor e de soberano deliberante em seu conselho, de justiceiro e de pacificador, e também o amigo. Joinville é testemunha da tensão entre duas gestualidades, a do cavaleiro, do bravo, homem de impetuosidade e de violência, e a do *prud'homme*, homem de reflexão e de medida. Assim, quando São Luís desembarca no Egito, cede à tentação da proeza e esquece a sabedoria. Sua gesticulação, viu-se, é reprovada pelos *prud'hommes* que estão com ele.[60]

A segunda observação concerne às fronteiras a serem traçadas no interior do domínio dos gestos, em função da natureza das fontes e dos códigos normativos da época. Assim, fui levado a distinguir três tipos de gestos, cuja definição como gestos — e gestos de São Luís — não era evidente *a priori*.

O primeiro tipo é aquele dos gestos *implícitos*, contidos nas ações nas quais os biógrafos não os descrevem e nem mesmo os nomeiam. Por exemplo, as ações de comer, dormir, comandar, cavalgar. Os conjuntos gestuais associados a esses atos são, porém, importantes. Primeiro, o fato de que são, eles, os gestos, frequentemente mencionados pelos biógrafos, prova que se trata de uma gestualidade quantitativa e qualitativamente significativa em sua globalidade não detalhada. Todos esses atos trouxeram, de fato, problemas a São Luís por causa dos gestos que pediam e que sua função real impunha e, muitas vezes contraditoriamente, que seu ideal religioso exigia. Comer e dormir supõem uma disciplina do corpo em que seu ideal ascético está em oposição com o luxo alimentar ligado a seu estado e com os

---

[59]GEOFFROY DE BEAULIEU, *Vita*, *op. cit.*, p. 6
[60]JOINVILLE, *Histoire de Saint Louis*, pp. 89-91. Ver *supra*, p. 342.

hábitos de sono de um leigo que, além do mais, é um leigo coroado.[61] Comandar torna-se particularmente delicado quando os destinatários das ordens são eclesiásticos, uma vez que por eles São Luís tem uma reverência particular.[62] Cavalgar perturba o emprego do tempo normal das devoções de um rei cuja prática religiosa parece requerer o estado sedentário e a regularidade de uma vida de convento.[63] Contrariamente a W. Ch. Jordan, penso que São Luís resolveu facilmente essas dificuldades, mas as tensões existiram.

O segundo tipo é o dos gestos *passivos*. Num mundo fortemente hierarquizado como o do Ocidente medieval, a posição social e a qualidade ética de uma pessoa se reconhecem especialmente pelo balanço entre os gestos através dos quais a pessoa se afirma, impõe sua vontade, e os gestos que sofre.[64] Ora, São Luís foi, se ouso dizer, positivamente passivo em dois aspectos de sua vida. Primeiro em sua juventude, na qual ele só existe por sua submissão, por sua obediência, de acordo com a imagem da criança tal como se situa no sistema de valores da Idade Média, espécie de não ser que só se tornará alguém saindo o mais rápido possível da infância; sua característica, então, é deixar sua formação por conta da mãe e do mestre, ainda que a primeira não seja a mãe do tipo cheio de ternura[65] e que o segundo não hesite em corrigi-lo pelo castigo físico.[66] Mas deixá-la também por conta de Deus, nas práticas de devoção e na busca do martírio.[67]

A terceira categoria de gestos que creio útil de identificar em São Luís é a dos gestos *negativos*. Um cristão, na Idade Média, mesmo nesse século XIII que

---

[61]Sobre os hábitos alimentares de São Luís e as tensões que revelam, ver mais adiante, p. 552 e segs.

[62]Sobre os sinais de respeito manifestados por São Luís aos clérigos, ver GUILLAUME DE SAINT-PATHUS, *Vie de Saint Louis*, pp. 50-51 e 53-54.

[63]Sobre as perturbações que a cavalgada ocasiona às práticas devocionais de São Luís, ver GUILLAUME DE SAINT-PATHUS, *ibid.*, pp. 34-35, e *supra*, p. 498, e *infra*, pp. 546, 680 e 693.

[64]Quanto a um caso extremo, o dos mortos do Purgatório, que não podem conseguir mais méritos, que estão entregues às penas expiatórias e purificadoras e cujos gestos são passivos, ver J. LE GOFF, "Les gestes du Purgatoire", em *Mélanges offerts à Maurice de Gandillac*, Paris, 1985, pp. 457-464.

[65]Entre os biógrafos, cada qual quer relatar melhor o episódio em que Branca de Castela teria declarado preferir antes ver o filho morto do que culpado de um pecado mortal (GUILLAUME DE SAINT-PATHUS, *Vie de Saint Louis*, p. 13), ou um outro em que disse que preferia ver o reino da França governado por um escocês do que por seu filho se o filho se revelasse um mau rei (JOINVILLE, *Histoire de Saint Louis*, ed. Corbett, pp. 86-87).

[66]"O citado mestre às vezes batia nele por questões de disciplina" (GUILLAUME DE SAINT-PATHUS, *Vie de Saint Louis*, p. 18).

[67]Por exemplo, *ibid.*: "Sobre sua devoção de receber no corpo o sofrimento de Nosso Senhor" (p. 39); JOINVILLE acha que já na primeira cruzada a conduta de São Luís era equivalente à do martírio ("e, parece-me, não se lhe faz justiça ao não incluí-lo entre o número de mártires, pelas grandes penas que sofreu na peregrinação da cruzada, depois do espaço de seis anos em que estive em sua companhia") (ed. Corbett, p. 84). E GUILLAUME DE CHARTRES: "Depois do fim do combate, da chegada do assalto ao inimigo, do governo cumprido gloriosamente, o rei deve ter ido para o reino celeste para lá receber como prêmio a seu sofrimento a coroa incomparável do martírio" (*De Vita et Miraculis, op. cit.*, p. 36).

SÃO LUÍS

parece mais decidido a deixar aos homens a possibilidade de desabrochar — oásis entre o cristianismo do desprezo do mundo da alta Idade Média e o cristianismo do medo dos últimos séculos medievais —, ganha sua salvação tanto à medida que se abstém, por aquilo que não faz, por sua resistência (mesmo passiva) a Satã, como por seus atos e gestos positivos. Os gestos evocados por seus biógrafos são, em parte, aqueles que São Luís não consuma. Guillaume de Saint-Pathus, por exemplo, observa: "Evitava todos os gestos inconvenientes e se guardava de todas as desonestidades e todas as fealdades, também não cometia injúria com ninguém por ato ou palavras nem desprezava ou censurava ninguém de modo algum, mas repreendia docemente aqueles que às vezes faziam alguma coisa com a qual pudesse se enfurecer [...]. Também não cantava as canções do mundo e não permitia que aqueles de sua intimidade as cantassem [...]."[68]

Das biografias, as mais ricas como *corpus* de gestos de São Luís são a *História*, de Joinville,[69] e a de Guillaume de Saint-Pathus. A esta última faltam as imagens concretas, as lembranças encontradas em outros biógrafos que se aproximaram do rei e que foram, por motivos diferentes, íntimos dele. Mas, sem dúvida, sobre o fundo das informações fornecidas pelo círculo mais próximo de São Luís, de um lado, e a partir da documentação do processo de canonização, de outro, é que está o texto normativo mais completo, o melhor "Espelho do Rei Santo".

Os gestos de um rei santo

O confessor da rainha Margarida anuncia na introdução que não seguiu em sua obra a ordem em que depuseram as testemunhas do processo, a "ordenação do tempo", quer dizer, a ordem cronológica, mas a "ordenação da dignidade" dos fatos relatados, a "ordenação que junta as coisas de modo mais conveniente". Por exemplo, depois de dois capítulos sobre a "infância" e o "crescimento" — tempos frágeis da vida, que só valem pela preparação para a vida adulta —, uma exposição das virtudes segundo a hierarquia de uma ordem temática. Podem-se descobrir aí os gestos de um rei santo, do mais importante ao mais exterior. São primeiro aqueles que se ligam às virtudes teologais (capítulos de

---

[68]GUILLAUME DE SAINT-PATHUS, *Vie de Saint Louis*, pp. 18-19.
[69]Estudei, no Capítulo IX da Segunda Parte, a imagem que Joinville dá de São Luís. Cf. Maureen DURLAY SLATTERY, *Joinville's Portrait of a King* (tese de doutorado no Institut d'études médiévales, da Universidade de Montreal, 1971), que não pude consultar.

III a V): "crença firme", "reta esperança", "amor ardente", que definem os gestos da fé, da esperança e da caridade. São em seguida as práticas piedosas: "devoção fervorosa", "a sagrada escritura estudar", "devotamente a Deus orar" (capítulos de VI a VIII), que evocam os gestos de devoção, de leitura bíblica e de oração. Vêm depois as virtudes: "amor fervoroso pelos próximos" — o que, quanto a São Luís, deixa à parte a ligação com a mãe, Branca de Castela, um caso especial, assim como a pouca solicitude além da de procriador que parece manifestar a respeito da mulher, Margarida de Provença —, querendo indicar seus gestos de pai e de irmão mais velho: "compaixão", "obras de piedade" (quer dizer, misericórdia), "profunda humildade", "vigor de paciência", "firmeza de penitência", "beleza de consciência", "santidade de continência" (capítulos de IX a XVI); depois as virtudes reais: "reta justiça", "honestidade simples", "clemência indulgente" (capítulos de XVII a XIX) e, enfim, no termo daquilo que foi o grande valor de sua vida, a continuidade na santidade, o ponto culminante dessa vida, a morte na cruzada, equivalente do martírio: "sua longa perseverança e sua morte bem-aventurada".

A apoteose: os gestos da santa morte

No vigésimo e último capítulo, Guillaume de Saint-Pathus descreve os gestos da morte real e cristã de São Luís diante de Túnis, uma apoteose de gestos.

> Durante três semanas mais ou menos ele ficou doente e, no começo da doença, se bem que estivesse em estado gravíssimo, rezava, deitado em sua cama, as matinas e todas as outras horas com um de seus capelães. E, além disso, a missa e todas as horas canônicas eram cantadas em sua tenda em voz alta e uma missa em voz baixa também era dita em sua presença a cada dia. Punha-se a cruz diante de seu leito e diante de seus olhos. Foi posta ali por ordem do próprio santo rei, quando começou a passar mal, e olhava muito frequentemente e dirigia seus olhares para ela e a adorava de mãos postas e fazia com que a levassem até ele de manhã, quando estava em jejum, e a beijava com grande devoção e com grande reverência a abraçava. Dava frequentemente graças a Deus, seu criador, pela doença e rezava numerosas vezes e repetia o *Pater Noster*, o *Miserere* e o *Credo*. Desde que o santo rei começou a ficar doente e a estar acamado por causa da doença de que morreu, falava consigo mesmo, dizendo, parece, salmos e orações, enxugava muitas vezes os olhos e louvava e bendizia a Deus

SÃO LUÍS

a todo momento. Durante a doença, confessou-se várias vezes com frei Geoffroy de Beaulieu, da ordem dos pregadores. E, além disso, durante a doença o santo rei pediu o corpo de Jesus Cristo e o teve e o recebeu muitas vezes. Uma vez, quando devia receber o corpo de Jesus Cristo e como ele lhe era carregado, quando aquele que o carregava entrou em seu quarto, o santo rei, se bem que estivesse doente e fraco, jogou-se de sua cama para a terra, mas os que o assistiam puseram logo o manto sobre ele. O santo rei ficou muito longamente curvado sobre a terra em oração antes de receber o corpo de Jesus Cristo, e o recebeu depois de joelhos sobre a terra com grande devoção. Não pôde voltar sozinho para a cama, mas os assistentes o puseram sobre ela. O santo rei pediu a extrema-unção e foi ungido antes de perder a palavra.

No fim, não falou durante quatro dias, mas ainda tinha boa memória e levantava as mãos unidas para o céu e bateu algumas vezes no peito e reconhecia as pessoas, como parecia pelos sinais que fazia, e comia e bebia, ainda que pouco, e fazia sinais com as mãos como se faz habitualmente seja para recusar alguma coisa seja para pedi-la.

Seu estado se agravava e ele falava muito baixo, mas quando os outros diziam os salmos, o bom rei movia os lábios.

No domingo que precedeu a sua morte, frei Geoffroy de Beaulieu levou-lhe o corpo de Jesus e entrando no quarto em que o rei estava deitado ele o achou fora da cama, de joelhos, na terra, mãos postas, ao lado da cama [...].[70]

Gestos de um doente que reza, comunga, substitui os gestos por sinais de face, de olhos, de mãos. Gestos de um cristão acamado que deixa seu leito, apesar da extrema fraqueza, na presença do corpo de seu Senhor. Gestos de um moribundo que não pode mais falar e substitui as palavras por sinais. Até a agonia, São Luís exprime sua fé com todas as forças gestuais que lhe restam.

Os gestos da devoção

No sistema cristão, os gestos devem ser a expressão, o prolongamento dos movimentos do coração, das virtudes do homem interior. Ora, sua devoção, São Luís não podia "retê-la no coração". Ao contrário, "mostrava-a através de muitos

---

[70]GUILLAUME DE SAINT-PATHUS, *Vie de Saint Louis*, pp. 153-155.

546   JACQUES LE GOFF

determinados sinais".[71] Os gestos são sinais, quer dizer, no sentido agostiniano do termo *signum*, símbolos. Devem também ser compreendidos como um elemento essencial do grande sistema simbólico medieval.

Os gestos se definem primeiro em relação ao espaço em que se move o rei. Aqui, duas grandes divisões se apresentam, já o vimos, quando o rei está em seu palácio ou quando está estacionado, *en l'ostel* ["campanha militar", na linguagem medieval], e quando está nas estradas, quando "cavalgava". No primeiro caso, Luís modela suas práticas piedosas pelas dos regulares, e seus movimentos o levam a cantar as horas entre seu quarto e sua capela ou seu oratório ("ele voltava para seu quarto", "quando chegava a hora em que o bendito rei devia recolher-se ao leito"). Seu gesto mais significativo, durante suas devoções, é ajoelhar-se ("ajoelhava-se muito frequentemente"), mas, principalmente, jamais se senta (salvo sobre a terra) durante esses exercícios ("quando estava na igreja ou na capela, estava sempre *en estant* [de pé], erguido sobre seus pés ou ajoelhado na terra ou sobre o calçamento, ou apoiado sobre um dos lados do banco à frente, e quando estava sentado sobre a terra não tinha debaixo de si nenhuma almofada, mas tinha apenas um tapete estendido na terra sob ele"). Nessas circunstâncias — porque o gesto depende também do ambiente humano, dos interlocutores e dos espectadores —, o rei nunca está sozinho. Seus capelães estão em volta dele, "diante dele", e ele está sempre acompanhado em suas devoções por um eclesiástico que é uma espécie de duplicata: cumpre cada um desses gestos de devoção "com um de seus capelães". Quando cavalga, busca reencontrar o estado sedentário em que pode cumprir melhor os gestos de devoção.

É preciso acrescentar a esses dois grandes tipos um terceiro caso. Luís IX é de saúde frágil, e suas práticas ascéticas não combinam com o seu estado. Nos dias em que "o rei estava doente", em que "jazia sobre seu leito", seu quarto se transformava em capela. Os gestos eram reduzidos à palavra e "quando ele estava tão fraco que não podia falar", o eclesiástico que funcionava como duplicata o substituía: "Havia um clérigo perto dele que dizia os salmos por ele."[72]

Suas outras práticas religiosas eram a comunhão, a devoção à cruz e às relíquias, ouvir a pregação, suas marcas de respeito aos clérigos. O gosto pela audição de sermões o levava a dois tipos de gestos: "sentar-se sobre a terra" para

---

[71]Não levo em conta aqui os gestos evocados no mais longo dos vinte capítulos da *Vida*, de Guillaume de Saint-Pathus, o sexto, consagrado à "devoção fervorosa" de Luís IX. Esse capítulo enche vinte páginas das cento e quarenta e três que tem a edição Delaborde, fora as treze páginas de introdução.
[72]GUILLAUME DE SAINT-PATHUS, *Vie de Saint Louis*, pp. 32-52.

SÃO LUÍS

ouvi-los com humildade e, nesse mesmo espírito de humildade, às vezes "andava *a pé* um quarto de légua duas vezes em um dia para ouvir o sermão".[73] Os gestos da comunhão (pouco frequente para o rei que normalmente só comunga seis vezes por ano, na Páscoa, em Pentecostes, na Assunção da Virgem, em Todos os Santos, no Natal e na Purificação da Virgem) são de "enorme devoção": "Antes ele lavava as mãos e a boca e tirava o capuz e o barrete"; quando chegava ao coração da igreja, "não ia andando com os pés até o altar, mas ia de joelhos", e, diante do altar, "dizia o Confiteor para si próprio de mãos postas com muitos suspiros e gemidos".[74]

Sua devoção à Cruz, especialmente na Sexta-Feira Santa, marcava-se pela visita às igrejas "próximas do lugar onde estava". Ia para lá e lá ouvia missa "descalço", depois, para adorar a cruz, tirava a capa e o barrete e ia, cabeça descoberta, de joelhos, até a Cruz que "beijava" e por fim "inclinava-se para a terra à maneira de cruz durante todo o tempo em que a beijava e pensa-se que derramava lágrimas ao fazê-lo".[75]

Com a devoção às relíquias surgiam outros gestos, os da procissão e transporte das relíquias sobre os ombros: "E nessa procissão o abençoado rei trazia sobre seus próprios ombros, com os bispos, as relíquias acima citadas." Nessas ocasiões, o rei não fazia suas devoções apenas diante de seus capelães ou de alguns clérigos mas diante do clero de Paris e do povo".[76] São os gestos da devoção pública. Por fim, diante dos clérigos e em particular dos mon-ges, os gestos punham em relevo alguns valores expressos pelo comportamento: a hierarquia em relação à situação no espaço, a observação admirativa, a imitação.

O rei dispunha seus capelães para as refeições situando-os em uma mesa "mais alta do que a mesa do abençoado rei ou ao menos no mesmo plano" e, diante dos *prud'hommes*, "o dito santo rei se levantava".[77] Luís "visitava muitas vezes e muito familiarmente as igrejas e os lugares religiosos", quer dizer, as igrejas e os mosteiros. Observava apaixonadamente os atos e gestos dos monges, especialmente os cistercienses de Chaalis. Quando do lava-pés, no sábado depois das vésperas, "olhava com enorme devoção o que os monges acima citados faziam". Acompanhava o abade à porta do dormitório para vê-lo dar a água benta a cada um dos monges que iam se deitar: "olhava com grande devoção o

---

[73]*Ibid.*, pp. 38-39.
[74]*Ibid.*, p. 39.
[75]*Ibid.*, p. 40.
[76]*Ibid.*, p. 42.
[77]*Ibid.*, p. 50.

que se fazia".[78] Imitava os gestos dos monges: "e recebia a água benta do dito abade como um dos monges e, cabeça inclinada, saía do claustro e ia para onde estava hospedado".[79]

O luxo de detalhes gestuais que neste ponto Guillaume de Saint-Pathus dá destina-se a mostrar em São Luís um homem que se aproximava, tanto quanto era possível para um leigo, da conduta dos monges e dos frades. Os gestos são o código de ajuste do estado, do estatuto, do valor do cristão. Assim como os gestos permitem identificar o herege,[80] o leigo piedoso, o santo é reconhecido pelos gestos.

Modelos e personalidade

No fim do século XIII, os gestos permitiam exprimir ao mesmo tempo tanto um modelo como uma personalidade? Os gestos que os biógrafos revivem para nós apenas nos informam sobre um modelo da realeza e da santidade ou permitem que se tenha acesso à individualidade do homem São Luís?

É certo que seus biógrafos através dele nos dão a conformação de modelos. Porém há mais. Segundo os termos de Bonifácio VIII, talvez não tão excepcionais como se tem dito, mas de qualquer modo espantosos, seus contemporâneos parece que viram nele mais que um homem, um super-homem.[81] Não se disse que sua personalidade lhes escapava? Joinville, segundo Guillaume de Saint-Pathus, exprime de maneira mais tradicional a mesma ideia: "Jamais vi homem mais harmonioso nem de maior perfeição em tudo aquilo que pode ser visto num homem".[82]

---

[78] *Ibid.*, p. 51.

[79] *Ibid.*

[80] Sobre os gestos do herege, cf. Jean-Claude Schmitt, "Gestus, gesticulatio. Contribution à l'étude du vocabulaire latin médiéval des gestes", em *La Lexicographie du latin médiéval et ses rapports avec les recherches actuelles sur la civilisation du Moyen Âge*, Paris, 1981, p. 386 e n° 45; Emmanuel Le Roy Ladurie, *Montaillou, village occitan de 1294 à 1324*, Paris, 1975, "Le geste et le sexe", pp. 200-219.

[81] "*Et sicut nos in parte vidimus et per probata audivimus et scimus, vita ejus non fuit solum vita hominis, sed super hominem*" (*Recueil des historiens des Gaules et de la France*, t. XXIII, p. 149); "*Et hoc possumus secure asserere quod facies sua benigna et plena gratiarum docebat eum esse supra hominem*" (*ibid.*, p. 153). Até agora julgava-se que essas expressões eram únicas na literatura medieval. Na verdade, J.-Cl. Schmitt observou-me que Tiago de Varazze emprega em *A Lenda Dourada* (ed. Graesse, p. 449) a propósito de Germano de Auxerre a seguinte frase: "*super hominem siquidem fuit omne, quod gessit*". A expressão não se encontra na vida original de São Germano de Auxerre por Constance de Lyon, no século V. A expressão *super hominem* parece então pertencer ao vocabulário da hagiografia da Idade Média central, como referência a santos que operavam uma certa categoria de milagres. Porém uma expressão próxima empregada por Dante a propósito do místico do século XII Richard de Saint-Victor, do qual diz ele que era "mais que um homem (*più che viro*) quando contemplava" (*Divina Comédia, Paraíso*, X, v. 132), convida a estender a ideia para além do domínio da santidade.

[82] Guillaume de Saint-Pathus, *Vie de Saint Louis*, p. 133.

SÃO LUÍS

A impressão que se tem é que quando São Luís é mostrado com os pobres seus gestos parecem se pôr no nível deles e surgem como mais "verdadeiros". Assim, quando dá de comer aos cegos:

> E se havia entre esses pobres um cego ou alguém que enxergasse mal, o abençoado rei punha-lhe uma porção na tigela e o ensinava como devia pôr a mão na tigela: e mais ainda quando havia um que enxergasse mal ou um incapacitado e havia peixe diante dele, o abençoado rei pegava o pedaço de peixe e lhe retirava as espinhas diligentemente com as próprias mãos, mergulhava-o no molho e o punha na boca do doente.[83]

Creio principalmente que os gestos evocados ou descritos por seus biógrafos permitem que nos aproximemos não apenas de um São Luís ajustado a modelos e como padrão exemplar, mas em sua personalidade histórica. Há três razões, pelo menos, que me autorizam, a propósito dos gestos, a reafirmar minha convicção de que é possível chegar a um "verdadeiro" São Luís.

A primeira é que aqueles de seus biógrafos que o conheceram e o aproximaram de nós tentaram persuadir os leitores e os ouvintes de sua biografia que foram verdadeiramente íntimos e às vezes amigos desse grande rei, desse homem extraordinário, desse santo, e querem justificar o orgulho ou a felicidade, ou os dois ao mesmo tempo, que esse privilégio lhes dá, pela evocação de uma experiência vivida, que, nesse fim de século XIII em que se expande na arte o "realismo" e no qual portanto o retrato está prestes a nascer, é a prova que se espera. Um Joinville, sobretudo, tem essa ambição. Joinville relembra São Luís vindo por trás, apoiando-se em seus ombros e pousando as duas mãos sobre sua cabeça, quando ele está numa janela da nau real.* Acreditando tratar-se de Philippe de Nemours, grita: "Deixe-me em paz, meu senhor Philippe", depois uma das mãos do rei tendo escorregado sobre seu rosto, reconhece através de uma esmeralda que vê num dos dedos o autor desse gesto familiar. Nessa historinha, é bem Luís que nos é resgatado, na simplicidade e na familiaridade de sua gestualidade.[84]

Quando seus biógrafos nos pintam tão frequentemente o rei se sentando na terra para conversar com seus amigos mais íntimos ao pé de sua cama, para

---

[83] *Ibid.*, pp. 79-80.

*No subtítulo *O São Luís concreto de Joinville*, no Capítulo IX da Segunda Parte, o episódio é descrito com todos os detalhes, mas lá não se diz que a cena se passa na "nau real", informação surgida apenas aqui. (*N. do T.*)

[84] JOINVILLE, *Histoire de Saint Louis*, ed. Corbett, p. 172. Torno a chamar a atenção para a interpretação desse episódio por M. ZINK, "Joinville ne pleure pas, mais il rêve", artigo citado.

distribuir a justiça no jardim do palácio de Paris ou em Vincennes, para ouvir um sermão, não ligamos esses gestos apenas às normas da humildade, como sublinha Bonifácio VIII,[85] mas ao gosto do homem São Luís por uma postura corporal.

Enfim, e principalmente, a personalidade de São Luís não se expressa essencialmente na sua vontade de conformar todos os seus gestos ao modelo cristão? No Egito, na Palestina, por toda parte, ele declara que é preciso pregar pelo exemplo. A adequação dos gestos de São Luís relatados por seus biógrafos ao modelo da gestualidade cristã não traduz o fato de que a personalidade de São Luís se identifica com o esforço para traduzir seus ideais em gestos? O rei e o retrato do rei não estão historicamente unidos?

O rei prud'homme

Em suas palavras como em seus gestos, São Luís quer sobretudo realizar o ideal humano que lhe parece o mais alto, aquele que, no século XIII, tende a substituir os ideais do bravo e do cortês, reunindo-os e domesticando-os: o ideal do *prud'homme*.

A Idade Média gostava de dar apelidos aos grandes e, particularmente, aos reis, num momento em que ainda não estava estabelecido o hábito de numerar a ordem dinástica. Em uma crônica do menestrel do conde de Poitiers, redigida entre 1293 e 1297, que inclui uma genealogia dos reis de França, Luís (IX), seu filho Filipe (III) e seu neto Filipe (IV) são designados assim: Luís "o *prud'homme*", Filipe, o Ousado, e Filipe, o Belo.[86]

O *prud'homme* se define por sua prudência, sua sabedoria, sua moderação. Joinville dá o duque Hugues de Borgonha como exemplo de um cavaleiro que foi *preux* ["bravo"] mas não foi *prud'homme*,[87] e atribui a Filipe Augusto esse julgamento sobre Hugues "porque há grande diferença entre *preuhomme* (*preux*) e *preudomme* (*prud'homme*)".

Em Lyon, em 1244, o imperador Frederico II propõe ao papa Inocêncio IV a arbitragem de São Luís quanto ao título de sua *prud'homie*: "E estava

---

[85]"Sedebat enim quasi continue in terra super lectum..." (*Recueil des historiens des Gaules et de la France*, t. XXIII, p. 149).

[86]Um fragmento da genealogia existente nessa crônica que está no manuscrito francês 4961 da Biblioteca Nacional de Paris foi publicado no *Recueil des historiens des Gaules et de la France*, t. XXIII, p. 146.

[87]JOINVILLE, *Histoire de Saint Louis*, pp. 115-116 e 200. Sobre a definição de *prud'homme* e a evolução da noção que pouco a pouco substitui *sábio* no século XIII, cf. Ch. BRUCKER, *Sage et sagesse au Moyen Âge (XII* et XIII* siècles)*, Genebra, 1987, *passim*, cf. Índice, s.v. "Prudom/prodome/preudom/preudome."

SÃO LUÍS

disposto a confiar no rei de França que *prud'homme* era."[88] Quanto a si, o próprio rei reivindicou essa qualidade. A Robert de Sorbon, segundo Joinville, Luís teria feito esta confidência: "Mestre Robert, eu queria muito ser chamado de *prud'homme*, desde que o fosse, e tudo mais eu deixaria à sua decisão; porque *prud'homme* é coisa tão grande e tão boa que ninguém pronuncia essa palavra que não encha a boca."[89]

A *prud'homie* une "cavalaria" e "instrução", no prolongamento do ideal de Chrétien de Troyes, ou ainda *fortitudo* e *sapientia*, força e sabedoria. O *prud'homme* exprime a evolução dos valores morais na virada do século XII para o século XIII. O termo qualifica aquele "que tem autoridade moral", que é "cheio de mérito" e poderia, segundo Charles Brucker, ser traduzido por "homem de valor", homem de bem. É de certa forma o equivalente medieval do *honnête homme* da época clássica. Designa um homem que se comporta segundo "valores morais com conotação religiosa". Ou ainda é o "justo", comparável àqueles do Antigo Testamento que Jesus libertou quando desceu ao Limbo.[90]

Se, entre os guerreiros, o *prud'homme* se distingue do *preux* (bravo) e tempera a valentia com a sabedoria e a piedade, entre os clérigos ele se distingue do *béguin* [carola, beato], do devoto afetado. Robert de Sorbon, se bem que chamado de *prud'homme* por Joinville, defendeu diante do rei o beato contra o senescal que interpelava o rei: "Senescal, dizei as razões pelas quais *prud'homme* vale mais do que beato."[91] E São Luís conclui por uma profissão de fé da *prud'homie*. Assim se situava, entre belicismo e beatice, o rei *prud'homme*. Mas *prud'homie* não é tibieza. É também combate e sabedoria.

Trata-se portanto de um ideal *leigo* que Luís pôs acima de tudo. Sabemos que a esse ideal nem sempre ele foi fiel. Seja quando tomado pela "fúria" cavalheiresca esqueceu toda a prudência, como por ocasião do desembarque no Egito, seja quando sua irritabilidade o leva a encolerizar-se contra seus assessores ou os interlocutores. Deu-se conta disso. Mas apesar de algumas erupções impulsivas, São Luís conseguiu de um modo geral observar aquela moderação, aquela justa medida que lhe parecia a regra de uma boa conduta. Traduziu essa opção de modo significativo na maneira de se vestir.

---

[88]MENESTREL DE REIMS, p. 126.

[89]JOINVILLE, *Histoire de Saint Louis*, pp. 16-19.

[90]Em seu *credo*, Joinville fala dos favos de mel que Sansão arrancou da goela do leão: "pelos favos que são doces e úteis, quer-se significar os santos e os *prud'hommes* que Deus tirou do Inferno" (*Ibid.*, p. 427).

[91]JOINVILLE, *Histoire de Saint Louis*, p. 217. Agradeço a Nicole BÉRIOU por me ter comunicado o texto de um sermão inédito de Robert de Sorbon com interessante comentário de sua parte: "Robert de Sorbon, le prud'homme et le béguin", artigo citado (*supra*, p. 519).

Numa daquelas disputas amigáveis entre o cônego e o senescal diante do rei, São Luís dá seu julgamento sobre os trajes: "Porque, como disse o senescal, deveis vestir-vos bem e decentemente, porque assim nossas mulheres vos amarão melhor, e vossas gentes vos estimarão mais. Porque, diz o sábio, devemos caprichar nas vestes e armaduras de tal modo que os *prud'hommes* deste século não digam que exageramos nisso, nem digam os jovens deste século que disso fizemos pouco."[92] Como fica essa moderação, essa *prud'homie* quando o rei está à mesa? Biógrafos e cronistas foram prolixos sobre os modos do rei à mesa: esses modos são um bom ponto de observação de seu comportamento.

SÃO LUÍS À MESA: ENTRE COMENSALIDADE REAL E HUMILDADE ALIMENTAR

Essa vontade de moderação contra a tentação do excesso São Luís também manifestou, de maneira exemplar, à mesa.[93] A refeição de um rei cristão no século XIII obedece a vários rituais, mas essencialmente a dois. O primeiro é aquele que se impõe a todo cristão. Trata-se de um código alimentar que consiste fundamentalmente em jejuar ou abster-se de carne ou de outros alimentos em determinados dias e em determinados períodos — em essencial na sexta-feira e no tempo da Quaresma. O segundo ritual é aquele que se impõe às grandes personagens. A alimentação como a vestimenta sendo um sinal de distinção, de condição social, os grandes devem mostrar sua condição manifestando um certo luxo alimentar. Tratando-se de um rei, essa distinção se marca no domínio alimentar seja por alguns tabus — pratos reservados ou interditados ao rei (mas não é o caso dos reis cristãos) —, seja por alguns cerimoniais. Há sociedades monárquicas em que o rei deve comer sozinho (foi o caso na Europa absolutista ou para o papa); e outras, ao contrário, mais numerosas, em que ele deve marcar sua distinção social seja por um cerimonial alimentar particular, que o situa, pelo lugar, a cadeira, o talher, a apresentação dos pratos, acima e de algum modo além dos outros convivas, seja por obrigação de comer em companhia numerosa ou escolhida, ou as duas coisas. Algumas dessas obrigações exigem uma etiqueta

---

[92] *Ibid.*, pp. 20-23. Esse traço de modéstia no trajar também foi atribuído a Filipe Augusto e a Luís VIII. Ainda uma vez um lugar-comum real. Ver Le Nain de Tillemont, *Vie de Saint Louis*, t. III, pp. 178-179.
[93] J. Le Goff, "Saint Louis à table: entre commensalité royale et humilité alimentaire", em *La Sociabilité à table. Commensalité et convivialité à travers les âges* (Actes du coloque de Rouen, 1990), Rouen, 1992, pp. 132-144.

SÃO LUÍS

553

ritualizada e obrigatória, outras, as mais numerosas, são exigências do simples hábito e da *fama*, da reputação.

Nos dois rituais, o religioso e o leigo, algumas ocasiões impõem uma re-crudescência do fausto alimentar: as grandes festas religiosas, as grandes festas cavalheirescas, como as cerimônias de armar cavaleiros, os festins das grandes assembleias feudais (especialmente as de Pentecostes) e os banquetes oferecidos a grandes personagens.

Mas, no caso de São Luís, a esses rituais gerais acrescentam-se outros. Os clérigos — e mais particularmente o meio monástico e em uma certa medida o meio conventual dos frades mendicantes, que seguem com menor austeridade as tradições monásticas — observam hábitos alimentares (de caráter regulamentar, editados pelos "costumes", *consuetudines*) mais rigorosos do que os dos leigos. Ora, São Luís se esforça para se aproximar da conduta dos monges e dos frades e busca costumes alimentares e comportamento à mesa semelhantes aos deles. Tem, aliás, como regra, ultrapassar, por espírito de penitência, as restrições prescritas aos simples leigos. É o que faz, já se viu, em matéria de abstenção de relações conjugais.

De outro lado, porém, Luís quer se enquadrar em um modelo de conduta leigo cujo elogio faz em termos calorosos: a *prud'homie*. Ora, a *prud'homie* se caracteriza por uma disciplina de moderação, de temperança, de sabedoria, de senso de medida em todas as coisas. Está preocupado em respeitar o que chamarei de uma *prud'homie* alimentar, que não se confunde com a discrição monástica ou religiosa.

Enfim, e essa atitude se acentua depois da volta da cruzada e com a idade, neste como em outros domínios, São Luís se esforça para imitar o Cristo. Cuida, mais ainda, de servir os pobres, os doentes e os leprosos à mesa, e, sobretudo, pratica antes da refeição a lavagem dos pés dos pobres ou de monges ou frades, num desejo de renovar a Ceia.

Está claro que se esses modelos de conduta alimentar podem coexistir na mesma personagem, hierarquizando-se ou se dividindo de acordo com os mo-mentos e as ocasiões, alguns conflitos parecem inevitáveis. Convivialidade real ou humildade alimentar?

Agrupo aqui o conjunto dos textos de contemporâneos que nos apresentam o santo rei à mesa. Vejamos esses textos numa ordem crescente de verossimilhança, indo dos hagiógrafos para os cronistas.

A moderação

Minha primeira testemunha é Geoffroy de Beaulieu, o dominicano, confessor do rei "durante mais ou menos os últimos vinte anos de sua vida", na *Vida* redigida, acredita-se, em 1272-1273. É um tratado sobre os costumes de Luís composto a partir de lembranças pessoais de Geoffroy, segundo o modelo corrente de hagiografia, fortemente marcado pelo caráter da devoção mendicante, e redigido na perspectiva de uma canonização do soberano.

> Durante todo o ano ele tinha o hábito de jejuar na sexta-feira e, na quarta--feira, de se abster de carne e de gordura. Às vezes também se abstinha de carne na segunda-feira. Mas por causa da fragilidade de seu corpo renunciou à abstinência nesse dia por conselho de pessoas da família. Além disso, jejuava a pão e água nas quatro vigílias das principais festas da Santa Virgem. Da mesma forma, submetia-se a jejum de pão e água na Sexta-Feira Santa e na véspera de Todos os Santos e em alguns outros jejuns solenes no ano. Durante a Quaresma e o Advento, abstinha--se de peixe e de fruta na sexta-feira. Entretanto, com a permissão de seu confessor, consumia nessas sextas-feiras uma única espécie de peixe e uma única espécie de fruta. Tinha ouvido falar de um religioso que se abstinha completamente de comer qualquer espécie de fruta; salvo quando se lhe oferecia o primeiro fruto do ano, um fruto que se antecipou à sua época: ele o degustava como forma de ação de graças, depois se abstinha de frutas durante todo o resto do ano. O santo rei relatava esse fato a seu confessor suspirando por não ter coragem de atingir a essa perfeição, mas planejava pelo menos a ideia de fazer o contrário, quer dizer, que quando lhe oferecessem um fruto novo, um fruto temporão, ele dessa vez não o comeria e ofereceria ao Senhor o sacrifício de abster-se dessa novidade, mas daí em diante comeria frutas sem que isso lhe pesasse na consciência. E, creio, esse propósito ele observou daí em diante. Não me lembro de ter visto ninguém — ou quase ninguém — que temperasse seu vinho com uma tal quantidade de água como ele.[94]

Há aqui uma casuística completa do jejum e da abstinência. O jejum completo só é observado na sexta-feira; jejuns menos severos, quando são permitidos o pão e a água, são os das vigílias das quatro grandes festas da Virgem — sinal de sua devoção marial —, a Sexta-Feira Santa, a véspera de Todos os Santos e alguns outros jejuns solenes. Um outro caso é o da abstinência de

---

[94]Traduzido de GEOFFROY DE BEAULIEU, *Vita*, pp. 10-11.

SÃO LUÍS

alguns alimentos de qualidade, a carne e a gordura na quarta-feira, a carne na segunda-feira, o peixe e as frutas na Quaresma e no Advento. Uma outra casuística supõe um ascetismo alimentar e se refere à regularidade dos jejuns e das abstinências: ora esses jejuns não conhecem exceção, ora são seguidos apenas "algumas vezes". O ideal de ascetismo alimentar de São Luís, em princípio muito rigoroso, sofre atenuações: a renúncia à abstinência de carne de segunda-feira, a substituição da abstinência total de peixe e de fruta pelo consumo de uma única qualidade de peixe e de fruta nas sextas-feiras da Quaresma e do Advento.

Três fatores entram em jogo nessa (relativa) moderação no ascetismo alimentar: sua saúde precária (a "fragilidade de seu corpo", *debilitas corporis*), a influência moderadora de seu confessor e de todos que o cercam, sua própria vontade de moderação, inspirada, percebe-se, no cuidado de evitar o orgulho de um ascetismo excessivo (ele não quer rivalizar com o religioso que se abstém de frutas, salvo uma vez por ano), de observar também no ascetismo alimentar a moderação do *prud'homme*, enfim, sem dúvida, algumas concessões às comidas de que gosta. A história de seu consumo de frutas todos os dias do ano exceto um, ao contrário do religioso — provavelmente não isenta de uma certa ironia —, explica a conduta do rei em função de seu gosto pronunciado pelas frutas para o qual seus biógrafos chamam a atenção, até mesmo os hagiógrafos. O São Luís que eles nos mostram é sem dúvida, segundo o desejo deles, um homem que tem inclinação por alguns prazeres (além das frutas, ele adora bons peixes, como a solha), paixões mesmo, e o mérito de refreá-las então é maior. O santo: um atleta que luta. Quanto ao exemplo da proporção da água no vinho, Luís é apresentado como um verdadeiro campeão. O modelo alimentar que o inspira é claramente monástico, o que se pode ver nos conselhos de moderação de que o fazem pródigo, para além do cuidado da saúde, da preocupação de seu confessor e de seus próximos de vê-lo conservar na prática alimentar a dignidade que sua condição reclama. O modelo aristocrático e real nesse ponto é precisamente o oposto do modelo monástico.

Através de São Luís, o texto de Geoffroy de Beaulieu permite, afinal, identificar os alimentos em torno dos quais se faz a oposição de um modelo rico e de um modelo pobre: as carnes e as matérias gordas, o peixe, as frutas, o vinho. Sobre o grau zero do jejum, o pão e a água definem a pobreza — voluntária — da alimentação.

A *humildade e a ascese*

Minha segunda testemunha é Guillaume de Saint-Pathus, o franciscano, confessor da rainha Margarida, encarregado, depois da canonização de 1297, de escrever uma vida oficial — uma *Vita*, para falar no sentido exato de um hagiógrafo. Só possuímos a tradução francesa dessa vida que data dos anos do finalzinho do século XIII.[95]

Guillaume relata que Luís gostava de ter em sua mesa "pessoas de reverência", religiosos, aos quais podia "falar de Deus", em vez do texto edificante que se lê no convento "durante as refeições". O escritor chama a atenção para o fato de que quando o rei vai a Vernon, ao hospital, serve os pobres com suas próprias mãos "em presença de seus filhos", que ele quer "formar e instruir em obras de piedade". E manda preparar para servi-los "pratos de carne ou de peixe adequados a suas doenças".[96]

A mesa não se reduz, porém, à alimentação. É lugar e ocasião de tratar da salvação. É o lugar da preocupação com o corpo (a nutrição, nutrir-se) e lugar de prazeres (prazer da alimentação e prazeres ligados à alimentação: a conversação, os divertimentos), suscetíveis de descambar para os comportamentos viciosos: o excesso de alimentação e de bebida, a indigestão e a embriaguez, ditos exagerados ou obscenos, atos luxuriosos no caso em que haja pessoas dos dois sexos (é a dupla *gula*, *luxuria*). A mesa pode e deve ser um instrumento de perfeição e de edificação, através da conversação edificante e do serviço aos pobres. São Luís aparece aqui como o rei alimentador, o rei da terceira função dumeziliana.*

Essa preocupação está presente em todo o capítulo XI, consagrado às obras de "piedade" (misericórdia). Nele se encontra um calendário completo do serviço de mesa dos pobres pelo rei:

> [Primeiramente cada dia] de quarta-feira, de sexta-feira e de sábado na quaresma e durante o advento, ele servia pessoalmente a treze pobres que levava para comer em seu quarto ou no quarto de vestir e lhes administrava [a alimentação] pondo diante deles uma sopa e dois pares de pratos de peixe ou de outras coisas. E partia ele próprio dois pães dos quais punha [os pedaços] diante de cada um deles, e os criados de quarto do rei partiam os outros pães

---

[95] Ver *supra*, p. 300 e segs.

[96] GUILLAUME DE SAINT-PATHUS, p. 64. Nota-se o cuidado dietético de São Luís para a saúde dos pobres (saúde do corpo, saúde da alma).

*O autor se refere a uma classificação criada pelo historiador e lingüista francês Georges Edmond Raoul Dumézil (1898-1986). Logo adiante, no capítulo IV, *O rei das três funções*, tudo se explica. (*N. do T.*)

SÃO LUÍS

tantos quantos fossem necessários diante dos pobres acima citados. E além disso o rei punha diante de cada um dos pobres anteriormente citados dois pães que eles levavam com eles.

Aqui se situa o episódio do pobre cego.[97] O rei acompanha seu gesto com uma esmola:

> E, antes que comessem, deu a cada um doze dinheiros parisis, e dava mais àqueles desses pobres que via que tinham maior necessidade; e quando o pobre tinha uma mulher com um bebê com ela, aumentava sua doação.[98]
>
> [...] o abençoado rei habitualmente mandava trazer diante dele três tigelas de caldo nas quais punha ele próprio pedaços de pão que tinha diante de si e aprontava a sopa nessas tigelas e mandava pôr as tigelas de sopa diante dos citados pobres. E mandava chamar para serem servidos os pobres mais deploráveis que pudessem ser encontrados e servia mais prazerosa e mais frequentemente diante de tais [pobres] do que diante de outros. Cada um desses dez pobres recebia doze dinheiros parisis como esmola do santo rei.[99]

Age da mesma forma num lugar onde vai sempre: a abadia cisterciense de Royaumont. Às vezes come no refeitório, na mesa do abade. Quase sempre vai lá para tomar lugar entre os monges que estavam funcionando no serviço de mesa para os outros (cerca de cem, e perto de quarenta conversos):

> Vinha à janela de comunicação com a cozinha e ali apanhava as travessas cheias de alimentos ("carne") e as carregava e as punha diante dos monges sentados à mesa [...]. E quando as travessas estavam muito quentes, envolvia às vezes as mãos com sua capa por causa do calor dos alimentos e das travessas e às vezes derrubava comida sobre sua capa. O abade lhe dizia que ele sujava sua capa e o bendito rei respondia: "Não tem importância, eu tenho outras" e ele próprio ia por entre as mesas e às vezes enchia os vasos dos monges de vinho e elogiava o vinho quando era bom, ou, se estava acre ou se sabia ao tonel, mandava que se trouxesse bom vinho [...].[100]

---

[97]Ver *supra*, p. 549.

[98]*Ibid.*, pp. 79-80.

[99]*Ibid.*, p. 81. O rei mantém a mesma caridade alimentar além-mar.

[100]*Ibid.*, pp. 85-86. No convento dos dominicanos de Compiègne ele entrava frequentemente na cozinha para providenciar a comida e ia ao refeitório assistir à refeição dos frades que tinha mandado preparar em sua cozinha pessoal.

558 JACQUES LE GOFF

Em Vernon uma religiosa chegou mesmo a se recusar a comer por outras mãos que não fossem as do rei. São Luís "aproximou-se de seu leito e pôs-lhe na boca os bocados com suas próprias mãos".[101]

A mesa volta a ser posta no capítulo XII de Guillaume de Saint-Pathus, que trata da "grande humildade" do rei. Aí temos outros exemplos do rei servindo pobres e doentes à mesa. Luís então come com as mãos na mesma tigela que os pobres[102] e, em particular, dos leprosos. Prepara uma pera e, de joelhos diante dele, mete-a na boca do leproso, de quem o sangue e o pus que correm pelas narinas enxovalham as mãos do rei.[103]

Em Chaalis, onde se lhe dá alimentação melhor do que a dos monges, entrega sua tigela de prata a um monge do qual recebe em troca a tigela de madeira com uma alimentação não tão boa.[104]

Enfim, a humildade do rei que cresce depois de sua volta da cruzada[105] se caracteriza por mais modéstia na roupa que usa à mesa (o manto habitual, incômodo para a refeição, é trocado por uma cota curta). A partir de 1254, já o vimos, não veste mais pele de esquilo, só de coelho ou de carneiro, mas às vezes põe para jantar uma cota curta forrada de lã branca de carneiro — um meio luxo.[106]

O capítulo XIV insiste grandemente sobre o "rigor da penitência" que se manifestou sobretudo depois da volta da Terra Santa:

> Se bem que o abençoado rei comesse com prazer grandes peixes, frequentemente deixava [de lado] os grandes que lhe eram trazidos e mandava vir para sua boca pequenos peixes que comia. Às vezes mandava cortar em pedaços ("postas") os peixes grandes que eram trazidos para ele, para que se acreditasse que tinha comido daquele grande, e no entanto não comia esses peixes grandes nem outros peixes, mas se contentava só com uma sopa e dava esses peixes como esmola [entregava-os para o serviço de esmola]. E se acredita que o fazia por abstinência. Depois de sua volta de além-mar, se bem que gostasse muito das grandes solhas e de outros peixes deliciosos que eram comprados e postos à mesa diante dele, não

---

[101] *Ibid.*, pp. 98-99.
[102] *Ibid.*, p. 105. O rei, chama-se a atenção para isso, ao agir assim tem uma conduta de "verdadeira humildade" e vê no pobre cujos restos come o próprio "Nosso Senhor Jesus Cristo".
[103] *Ibid.*, p. 107.
[104] *Ibid.*, p. 109.
[105] Um certo nível alimentar tinha sido mantido durante o mês de cativeiro de São Luís nas mãos dos muçulmanos no Egito. Único entre os empregados domésticos do rei a ter escapado à doença, um certo Ysembart cozinhava para o rei doente e preparava pão com carne que trazia da corte do sultão.
[106] GUILLAUME DE SAINT-PATHUS, *Vie de Saint Louis*, p. 111. Ver também JOINVILLE, *Histoire de Saint Louis*, pp. 367-369, e *supra*, p. 195.

SÃO LUÍS

os comia, porém, e os enviava para esmola e comia os restantes peixes pequenos. E muitas vezes ocorreu, quando se trazia diante dele o assado e outros alimentos e molhos deliciosos, que ele punha água no tempero (*sabor*) para acabar com o gosto bom do molho. E quando aquele que o servia lhe dizia "Senhor, estragastes o vosso sabor", ele lhe respondia: "Não vos preocupeis, gosto mais assim." Acredita-se que ele o fazia para refrear seu próprio apetite. Tomava muitas vezes sopa de gosto ruim, "mal temperada", que ninguém mais comeria com boa vontade, porque não era saborosa. O bendito rei comia pratos ("carnes") grosseiros, assim como ervilhas e outros semelhantes. E quando se lhe trazia um caldo delicioso ou um outro prato [delicioso], misturava-lhe água fria e tirava o deleite do sabor desse prato. Quando chegavam as primeiras lampreias a Paris e uma era trazida à mesa diante do abençoado rei e de outras pessoas, ele não a comia, mas dava-a aos pobres ou a mandava para a esmola comum [...]. Assim, esse pratos eram tão aviltados que não valiam mais do que cinco *sous* ou quatro libras. E o mesmo ele fazia com as frutas frescas, se bem que as comesse com muito gosto. E assim fazia com todas as outras coisas que eram postas diante dele como novidade que lhe apresentavam. E fazia isso só por abstinência, como verdadeiramente se acredita, para refrear o apetite que naturalmente tinha por essas coisas.

Sua *prud'homie* alimentar, que está ligada a um verdadeiro ascetismo à mesa, depois de 1254 se manifesta até no consumo do pão e do vinho:

> Nunca teve o costume do excesso ("ultraje") no beber e no comer e cortava seu pão à mesa de tal modo que, quando estava bem de saúde, não cortava mais num dia do que no outro. Tinha diante de si uma taça de ouro[107] e um copo de vidro, e no copo havia um traço ("um risco"), limite além do qual não ia o vinho; e sobre o vinho mandava deitar água em tão grande quantidade que um quarto era de vinho e uns três quartos de água. E entretanto não usava vinho forte, mas bem fraco. E depois bebia ora no copo, depois de assim ter sido a bebida medida, ora a punha na taça de ouro e bebia na taça. E depois temperava tanto seu vinho com água que sobrava muito pouco sabor de vinho.

---

[107]Essa taça de ouro tornou-se uma espécie de relíquia na família real. No inventário dos objetos que pertenceram a Luís X depois de sua morte lê-se: "Item, a taça de ouro [de] São Luís na qual absolutamente não se bebe" (segundo Delaborde, p. 120, nº 1).

Essa abstinência alimentar atinge seu ponto culminante com a prática do jejum.

> Jejuava durante toda a quaresma a cada ano. De novo jejuava durante o advento, quarenta dias antes do Natal, só comendo pratos de quaresma; e jejuava nas vigílias em que a Igreja manda jejuar e nos Quatro Tempos e nos outros jejuns da Santa Igreja, mas nas quatro vigílias das festas de Nossa Senhora e no dia da sexta-feira santa e da vigília da Natividade de Nosso Senhor jejuava somente a pão e água. Mas nos dias em que jejuava a pão e água mandava arrumar a mesa alta como em todos os outros dias e se alguns de seus cavaleiros também queriam jejuar a pão e água, comiam com ele à mesa. Às sextas-feiras, durante a quaresma, não comia peixe e nas outras sextas-feiras o abençoado rei se abstinha também muito frequentemente de peixe, e nas sextas-feiras do advento não comia nenhum peixe. E além disso, durante todo o ano, na sexta-feira não comia nenhuma fruta, coisa de que gostava muito. Às segundas e quartas-feiras da quaresma comia muito menos do que se considerava conveniente. Na sexta-feira, temperava de tal modo seu vinho com água que parecia beber apenas água. E ainda que o abençoado rei não gostasse de cerveja ("cerveja de cevada"), o que transparecia em sua expressão quando a bebia, apesar disso a bebia muitas vezes na quaresma para refrear o apetite. Mais uma vez o bendito rei antes de ir a além-mar e depois de sua volta jejuava sempre na sexta-feira durante todo o ano salvo quando o dia de Natal caía numa sexta-feira porque então ele comia carne por causa da grandeza ("alteza") da festa. Jejuava sempre a cada semana na segunda, na quarta-feira e no sábado. Quando o bendito rei estava no além--mar no tempo de sua primeira cruzada ("travessia"), começava a jejuar quinze dias antes da festa de Pentecostes e esse jejum ele observou até a morte. De novo, não comia de todos os pratos postos diante dele e acredita-se que o fazia por abstinência e por Deus.[108]

Luís estabeleceu então uma ascese completa quanto à alimentação. Seu sistema alimentar consiste em comer o que não é tão bom (por exemplo, mais os pequenos peixes do que os grandes), em depreciar o que é bom (por exemplo, pôr água fria nos molhos, nas sopas, no vinho), em se abster de comer o que é delicado (lampreias, frutas frescas), em comer e beber moderadamente, comer e beber sempre a mesma quantidade medida (por exemplo, quanto ao pão e o vinho), praticar frequentemente o jejum. Compensa o caráter real da baixela — sua taça de ouro — pela mediocridade do conteúdo de alimentação ou de

---

[108]GUILLAUME DE SAINT-PATHUS, *Vie de Saint Louis*, pp. 119-122.

SÃO LUÍS

561

bebida. Por essa ascese, renuncia aos prazeres da mesa, para os quais tem uma tendência natural, e, inversamente, obriga-se a consumir o que não lhe agrada, como por exemplo a cerveja. Sua conduta é a mesma que tem diante do perigo que desafia, se bem que "amo a vida", segundo seus próprios termos. A mesma, ainda, de sua prática de sexualidade, na qual sua observação ultraescrupulosa da regulamentação eclesiástica da sexualidade conjugal refreia um temperamento que parece ter sido ardente.

Preso entre seu desejo de moderação e sua paixão pela excelência devota e moral, São Luís quer ser um campeão da ascese alimentar, mas aceita atenuações, com base em razões nas quais se misturam seu estado físico, seu ideal de *prud'homme* comedido e a vontade de manter, apesar de tudo, sua condição.

Joinville: o autodomínio

Minha terceira testemunha será Joinville. O senescal quer mostrar em São Luís um rei ajustado ao ideal de santidade do século XIII, mas é de longe o biógrafo mais sincero e o mais autêntico, o mais próximo e o admirador mais afetivo, e não está tão envolvido como um clérigo com os lugares-comuns do comportamento piedoso.

Desde a introdução, Joinville anota, entre as virtudes do rei, a sobriedade:

> Da boca ele foi tão sóbrio que nunca em minha vida o ouvi exigir algumas comidas, como muitos homens ricos o fazem; ao contrário, ele comia contente aquilo que seu cozinheiro lhe preparava e que se punha diante dele [...]. Temperava seu vinho com medida, de acordo com o que achava até que ponto o vinho podia ser misturado. Perguntou-me em Chipre por que eu não punha água no meu vinho; e eu lhe disse que o motivo eram os médicos, que me diziam que eu tinha uma cabeça dura e um estômago frio e que não havia como me embriagar. E ele me disse que eles me enganavam; porque eu tinha de aprender isso na juventude para temperar o vinho na velhice, ou as gotas e as doenças de estômago me assaltariam, se bem que eu sempre tivesse saúde; e se eu bebesse o vinho totalmente puro em minha velhice eu me embriagaria todas as noites; e era muito feia coisa para um homem valoroso embriagar-se.[109]

---

[109]JOINVILLE, *Vie de Saint Louis*, p. 13.

Três traços, como se vê: o comedimento de São Luís na alimentação e mesmo a busca da indiferença em relação ao beber e ao comer, uma espécie de ataraxia alimentar; a prática do vinho temperado com água e a condenação da embriaguez; as considerações dietéticas sobre o uso da bebida.[110]

Vimos que a primeira vez em que Joinville apresenta Luís é na mesa, numa circunstância memorável para ele. É no grande festim dado pelo rei, com 27 anos, quando da corte plena realizada em Saumur em 1241, depois de elevado à condição de cavaleiro seu irmão Afonso de Poitiers. Joinville participa como jovem escudeiro trinchante.*[111]

Não temos detalhes sobre o que comeu Luís, mas, nessa ocasião, tudo leva a crer que a alimentação deve ter sido na medida do fausto de um banquete real excepcional.

Mas, em seguida, Joinville testemunhará principalmente, ele também, em primeiro lugar a caridade alimentar de São Luís: "Todos os dias dava de comer a uma grande quantidade de pobres, sem contar aqueles que comiam em seu quarto; e muitas vezes eu vi que ele próprio lhes partia o pão e lhes dava de beber."[112]

Chama a atenção, por sua vez, para a moderação alimentar do rei, que depois de 1254 se torna uma verdadeira penitência de mesa.[113] No entanto, não esquece sua condição e seus deveres. Viu-se que aceita ouvir os músicos dos "ricos homens" e obedece a seus deveres de hospitalidade: "Quando alguns ricos homens estrangeiros comiam com ele, o rei lhes fazia boa companhia."[114]

Esse depoimento é precioso. Porque, se Luís se torna um asceta, continua a manter sua condição nessa questão de modos à mesa que não se referem exatamente à alimentação: a audição da música depois da refeição, a sociabilidade da mesa.

---

[110]Quando da cruzada, Joinville anota que, ao contrário do rei, "os barões que deveriam guardar o seu [seus bens, seu dinheiro] para bem empregá-lo no tempo e no lugar certos, dedicaram-se a dar grandes refeições, com excesso de carnes" (*ibid.*, p. 95).

*Como o nome indica — mas o leitor pode estranhar, pois o título é pouco conhecido —, era o oficial encarregado de cortar as carnes e trinchar as aves nas mesas de reis e príncipes. Jovens escudeiros também eram designados para a função. (*N. do T.*)

[111]Ver *supra*, pp. 128.

[112]*Ibid.*, p. 381.

[113]*Ibid.*, pp. 367-369. Ver *supra*, pp. 195-196.

[114]JOINVILLE, *Histoire de Saint Louis*, p. 369. Ver *supra*, p. 508.

SÃO LUÍS

Os deveres do rei

Restam os depoimentos, não de biógrafos-hagiógrafos, mas de dois cronistas. Ambos são estrangeiros e religiosos.

O mais jovem é o franciscano italiano *Fra** Salimbene de Parma. Nós o vimos assistindo à chegada do rei — a caminho da cruzada — a Sens, onde se realiza o capítulo geral dos franciscanos, em 1248.[115] Salimbene chama a atenção para o episódio da oferta ao rei de uma grande solha.[116]

É apenas um presente e não se vê o rei comê-la, mas sabemo-lo apreciador de solhas e o episódio introduz uma nota gastronômica nessa chegada devota. Porque o rei não escapa à festa alimentar. Em honra do rei e de seus companheiros, os bons franciscanos amigos da alegria não olharam as despesas para homenagear os ilustres visitantes. Entretanto:

> Nesse dia, o rei assumiu as despesas, foi tudo por sua conta, e comeu com os frades, lá comeram também os três frades do rei, o cardeal da cúria romana, o ministro geral e frei Eudes Rigaud, arcebispo de Rouen, o ministro provincial da França, os custódios, definidores e discretos,** todos que fazem parte do capítulo e os frades albergados, que chamamos de forasteiros. O ministro geral, vendo que estava ali com o rei uma sociedade nobre e digna [...] não quis agir com ostentação [...] e, se bem que tivesse sido convidado a se sentar ao lado do rei, preferiu mostrar o que o Senhor ensinou pela palavra e mostrou pelo exemplo, ou seja, a cortesia (*curialitas*) e a humildade [...]. Frei João [de Parma] escolheu então para se sentar a mesa dos humildes, que foi enobrecida por sua presença e na qual ele deu a muitos o bom exemplo [...].[117]

Aqui, então, não é São Luís que dá o exemplo de humildade à mesa, mas o mestre geral João de Parma, um joaquinista, é verdade, um "esquerdista". E eis o *menu*:

---

* Em italiano no original. (*N. do T.*)

[115]SALIMBENE DE ADAM, *Cronica*, t. I, p. 318.

[116]*Ibid.*, p. 319.

**"Custódios" eram os frades aptos a substituir o ministro geral, entre os franciscanos, "definidores" eram os conselheiros gerais da ordem (ou do superior de um convento), e "discretos" eram os frades que faziam parte do discretório, assembleia que formava o conselho superior de um convento, espécie de assessoria do prior. (*N. do T.*)

[117]*Ibid.*, pp. 321-322.

Primeiro tivemos cerejas, depois pão muito branco e vinho digno da munificência real, abundante e excelente. E, segundo o hábito dos franceses, muitos deles convidavam a beber aqueles que não queriam, e os forçavam. Depois houve favas frescas com leite de amêndoa e canela em pó, enguias assadas com um excelente tempero, tortas e queijos [em pequenas cestas de vime] e frutas em abundância. E tudo isso foi servido cortesmente e com cuidado.[118]

Menu que concilia a abundância da festa e a qualidade dos pratos com uma moderação franciscana (não há carne). Comeu São Luís de tudo, comeu muito? Fra Salimbene não nos diz. Mas São Luís, na narrativa do frade, está associado antes a um luxo de mesa real do que à abstinência alimentar.

Eis enfim minha última testemunha, o cronista beneditino inglês Mateus Paris.

Mateus foi bem informado sobre a temporada em Paris, no fim de 1254, do rei da Inglaterra Henrique III, convidado pelo rei de França. A culminância da visita foi o banquete que São Luís ofereceu a seu hóspede real:

No mesmo dia, Meu senhor o rei de França, como havia prometido, jantou com Meu senhor o rei da Inglaterra no chamado Velho Templo, na grande sala real do Templo, com o numeroso círculo (*familia*) dos dois reis. E todos os cômodos estavam cheios de convivas. Não havia porteiro nem controlador na porta central nem em qualquer entrada, o acesso estava largamente aberto a todos e lhe tinha sido dada uma suntuosa restauração, o único aborrecimento poderia vir da superabundância de comida. Jamais se viu no passado banquete tão nobre, tão brilhante, tão bem-frequentado, nem no tempo de Assuero, nem no tempo de Artur, nem no de Carlos Magno. A inesgotável variedade de pratos foi magnífica. A abundância das bebidas, deliciosa. A qualidade do serviço, agradável. A ordenação dos convivas, bem-regulada. A largueza dos presentes, superabundante [...]. Comeram nesta disposição: Meu senhor o rei de França que é o rei dos reis do mundo, no lugar central, eminente, com Meu senhor o rei da Inglaterra à sua direita e à sua esquerda Meu senhor o rei de Navarra [...]. Depois se sentaram os duques segundo sua dignidade e sua condição, e vinte e cinco pessoas sentaram sobre um lugar mais elevado, misturados com os duques. Havia doze bispos que alguns achavam superiores aos duques, mas eles foram misturados aos barões. Quanto ao número de cavaleiros ilustres, não se pôde contá-los. As condessas eram

---

[118] *Ibid.*, p. 322. Ver *supra*, p. 403.

SÃO LUÍS

dezoito, três das quais eram irmãs das rainhas acima citadas, a saber a condessa de Cornualha, a condessa de Anjou e de Provença com a condessa Beatriz, sua mãe, que estavam comparáveis às rainhas. Depois do jantar suntuoso e esplêndido, se bem que fosse um dia de peixe,[119] o rei da Inglaterra passou a noite no principal palácio de Meu senhor o rei de França que está no centro de Paris.[120]

Eis-nos então em novembro de 1254 numa data em que, segundo os outros biógrafos, o rei está acabrunhado de tristeza com a derrota na cruzada e foi quando ele começou uma ascese alimentar mais e mais séria. Ora, ele ofereceu o grande banquete servindo-se carnes num dia de comer peixe, a pompa real aí se soltou, incluindo-se nisso os brindes com caráter político, e o rei, ainda que se tenha mostrado um conviva moderado (Mateus Paris não nos diz nada no texto acima), saiu rindo e brincando.

Luís respeitou quando foi preciso sua posição à mesa e soube abrir mão das maneiras reais de mesa, como o fausto alimentar e a gastronomia principesca.

Aqui, ainda, matizo a opinião de William Chester Jordan, que descreve São Luís como vítima de um conflito entre suas tendências ao ascetismo e as obrigações faustosas de sua função, entre o modelo monástico e conventual para o qual ele se inclinava e o modelo real superaristocrático que a tradição e a opinião pública queriam lhe impor. Conflito entre dois modelos exteriores que ele teria interiorizado e teria suportado mal. Não creio que São Luís, se teve tendências masoquistas à mesa, tenha tido comportamentos esquizo-frênicos. Assim como ele harmonizava em sua personalidade o cavaleiro e o pacificador, a guerra e a paz, o respeito à Igreja, aos religiosos e clérigos e a resistência aos bispos e ao papado, os inquéritos sobre os abusos dos oficiais reais e a busca da construção de um Estado monárquico centralizado, a ética e a política, ele equilibrou em sua conduta e na consciência sua moral à mesa e o cumprimento do dever real à mesa. Alguns de seus súditos e contempo-râneos, em compensação, viram nisso uma forma de hipocrisia que se lhe censurou, como lhe censuravam o fato de ter os frades mendicantes como conselheiros e modelos.

---

[119] *Ad piscem*: "um dia magro" [isto é, um dia de não comer carne].
[120] MATEUS PARIS, *Chronica majora*, t. V, pp. 480-481.

Um modelo real

Mas enquanto temos a impressão de que os testemunhos reunidos aqui permitem que nos aproximemos da verdadeira personalidade de São Luís à mesa, pelo menos um texto nos devolve o São Luís do coletivo, do normativo, do lugar-comum.

No *Carolinum*, o Espelho dos Príncipes em versos que Gilles de Paris dedica no ano de 1200 ao príncipe Luís, filho mais velho e futuro sucessor de Filipe Augusto e pai de São Luís, propõe-se Carlos Magno como modelo ao jovem príncipe. O imperador é descrito assim à mesa:

Fugindo de toda tentação da comilança,
Da pressa de comer, da agitação, boca ansiosa,
Adepto de um modo de viver moderado, salvo numa hora justa
Em que o palácio real brilhasse com um luxo abundante, só muito
Raramente era um bom conviva, permitindo apenas quatro pratos
À mesa, preferindo as carnes assadas
Que elegia como sua alimentação preferida
Pedindo que lhe pusessem no espeto porções de caça
E mesmo de caça se servindo só moderadamente, ficando aquém da saciedade
E nunca bebendo vinho mais de quatro vezes durante as refeições.[121]

Por trás desses versos está evidentemente a *Vita Caroli*, a *Vida de Carlos Magno*, de Eginardo, do século IX.

No comer e no beber era moderado (*temperans*), porém mais moderado ainda no beber, porque detestava a embriaguez não apenas para si e para os seus, mas para quem quer que fosse. Tinha mais dificuldade em se abster de comida e se queixava frequentemente que os jejuns eram prejudiciais a seu corpo. Só muito raramente participava de banquetes, apenas nos dias de grandes festas, mas então no meio de uma multidão de gente. No almoço habitualmente só tinha quatro pratos em torno da carne assada que os caçadores tinham o hábito de preparar no espeto e que era sua alimentação preferida. Comendo, ouvia com prazer um cantor ou leitor [...]. Era tão modesto no vinho e em qualquer outra bebida que raramente chegava a beber mais de três vezes durante uma refeição. No verão, depois da refeição do meio-dia, comia uma fruta e só bebia uma vez, e em seguida, vestido com roupa de dormir, fazia uma sesta de duas ou três horas.[122]

---

[121]"The 'Karolinus' of Egidius Parisiensis", ed. M. L. Colker, *Traditio*, 29, 1973, p. 290 (livro IV, versos 11-20).
[122]EGINARDO, *Vita Caroli Imperatoris*, ed. Claudio Leonardi, parágrafo 24, p. 100.

SÃO LUÍS

Substituamos os assados pelos peixes, temperemos o vinho com água, suprimamos a sesta, e Carlos Magno à mesa vira São Luís à mesa. É no início do século XIII que os Capetos realizam seu sonho de tornar efetivo, manifesto, que descendem de Carlos Magno, o *reditus ad stirpem Karoli*, e que se comportam como ele. São Luís à mesa, no fundo, não é mais do que, com algum exagero, um Capeto imitando Carlos Magno à mesa. É bem difícil, quando se cerca o individual e se acredita poder surpreendê-lo em seu particular, escapar do coletivo, dos modelos, dos lugares-comuns. São Luís comeu?

IV

O REI DAS TRÊS FUNÇÕES

As três funções

Há uns trinta anos, alguns medievalistas reconheceram que as hipóteses de Georges Dumézil sobre a existência nas sociedades indo-europeias de um princípio geral de organização do pensamento segundo três funções essenciais podiam se aplicar à sociedade medieval ocidental.[1] Desde o século X (e já no século IX com o rei anglo-saxão Alfredo em sua tradução da *Consolação da Filosofia*, de Boécio), segundo caminhos e em condições ainda obscuras — a Irlanda poderia ter desempenhado um papel importante nesse processo, se houvesse difusão —, essa ideologia trifuncional aparece no pensamento cristão latino. E se afirma em uma fórmula célebre do *Poema* dirigido ao rei capetiano Roberto o Piedoso pelo bispo Adalbéron de Laon, cerca de 1027, segundo o qual a sociedade se compõe de três ordens, os que rezam (*oratores*), os que lutam (*bellatores*) e os que trabalham (*laboratores*).[2]

---

[1] Georges DUMÉZIL, *L'Idéologie tripartite des Indo-Européens*, Bruxelas, 1958. Última atualização: "À propos des trois ordres", em *Apollon sonore et autres essais: vingt-cinq esquisses de mythologie*, Paris, 1982, pp. 205-259; Jean BATANY, "Des 'trois functions' aux 'trois états'", *Annales. E.S.C.*, 1963, pp. 933-938; J. LE GOFF, *La Civilisation de l'Occident médiéval, op. cit. (supra*, p. 186 n° 50), pp. 290-295; ID., "Note sur société tripartite, idéologie monarchique et renouveau économique dans la Chrétienté du IXe au XIIe siècle", (1965), repetido em *Pour un autre Moyen Âge, op. cit.*, pp. 80-90. Sobre a ideologia trifuncional: Michel ROUCHE, "De l'Orient à l'Occident. Les origines de la tripartition fonctionelle et les causes de son adoption par l'Europe chrétienne à la fin du Xe siècle", em *Occident et Orient au Xe siècle*, Paris, 1979, pp. 321-355; Otto Gerhard OEXLE, "Deutungsschemata der sozialen Wirklichkeit im frühen und hohen Mittelalter. Ein Beitrag zur Geschichte des Wissens", em Frantisek GRAUS (ed.), *Mentalitäten im Mittelalter*, Sigmaringen (Alemanha), 1987, pp. 65-117.

[2] ADALBÉRON DE LAON, *Poème au roi Robert*, introdução, edição e tradução de Claude CAROZZI, Paris, 1979.

SÃO LUÍS

Georges Duby mostrou que esse princípio de organização podia ser encontrado em uma grande parte das estruturas intelectuais e institucionais da sociedade ocidental nos séculos XI e XII e que, além disso, permanecia vivo no século XVII, por exemplo, através do teórico político Loyseau, e se prolongou até o início da Revolução Francesa que dele representava, de algum modo, o triunfo e o fim.[3]

O rei cristão, rei das três funções

Parece-me que esse modelo ajuda a compreender a natureza e a imagem da realeza encarnada por São Luís. Lembremos primeiro que a grande característica da aplicação à realeza, pelo pensamento cristão medieval, da trifuncionalidade, é que, ao contrário da Índia antiga e da Roma das origens, os reis medievais não apareciam, à semelhança dos deuses, caracterizados por uma ou outra das três funções — rei essencialmente legislador ou guerreiro, ou fiador da prosperidade —, mas cada rei as reunia todas em si.[4]

Sublinhemos por fim, sem entrar na minúcia dos problemas complexos da difusão da ideologia trifuncional, que ela se limitou ao Ocidente medieval: pela existência de esquemas concorrentes, primeiro e mais frequentemente binários (clérigos e leigos, poderosos e pobres, etc.), depois ternários (homens virgens e continentes casados e, para as mulheres, esposas virgens continentes) e, afinal, múltiplos (os diferentes "estados" do mundo, jogo de categorias socio-profissionais, muito em voga no século XIII, sendo o rei, com o bispo, depois do imperador e do papa, a cabeça da cadeia desses estados), mas também pelo fato, demonstrado por Georges Dumézil, de que o pensamento trifuncional é estranho ao grande livro de referência da Cristandade, a Bíblia. Os clérigos da Idade Média se esforçaram para introduzir a trifuncionalidade na Bíblia segundo um lento processo que chega, por exemplo, no século XII, a identificar Noé, Sem, Jafé e Cam com as três funções ou, antes, com os três grupos sociais que eles encarnam, os clérigos, os guerreiros e os servos, este subordinado aos dois primeiros.

No fim do século XIII, o esquema das três ordens continua a existir, mais ou menos explícito, mais ou menos claro no olhar que os clérigos lançam sobre

---

[3]Georges DUBY, *Les Trois Ordres ou l'imaginaire du féodalisme*, Paris, 1974; J. LE GOFF, "Les trois fonctions indo-européennes, l'historien et l'Europe féodale", *Annales*. E.S.C., 1979, pp. 1.184-1.215.

[4]Ver J. LE GOFF, "Note sur société tripartite", artigo citado, *supra*, 568, nº 1. Daniel DUBUISSON, "Le roi indo-européen et la synthèse des trois fonctions", *Annales*. E.S.C., 1978, pp. 21-34.

a sociedade do tempo, e o papa Bonifácio VIII a ele se refere em sua bula de canonização de 1297. Desejando associar todos os franceses à alegria da canonização de "um príncipe de tal qualidade e de tal grandeza" saído de "ilustre casa da França",[5] conclama-os a que se alegrem, incluindo a massa dos trabalhadores que encarna a terceira função no conjunto dos franceses, "o povo devotíssimo da França", depois "os prelados e o clero" (que representam a primeira função), e "os grandes, os magnatas, os nobres e os cavaleiros", homens da segunda função. Não é essa a ordem habitual do esquema e a terceira função se estende ao conjunto do povo, mas é o modelo perfeito de classificação.

Primeira função:
o rei sagrado justiceiro e pacífico

Rei sagrado, São Luís encarna e pratica até o ponto mais alto os valores e os papéis através dos quais se manifesta a primeira função numa sociedade cristã.[6]

O primeiro atributo sagrado é a justiça.[7]

Desde o preâmbulo de sua biografia, Guillaume de Saint-Pathus afirma que o rei "com ninguém cometeu injustiça nem violência e soberanamente guardou justiça". A expressão é plenamente adequada. Sua justiça é "soberana", simultaneamente por sua perfeição moral e pela autoridade jurídica daquele que a produz.

Bonifácio VIII diz isso em um de seus sermões de Orvieto: "Como sua justiça foi grande, apareceu manifestamente não apenas pelos exemplos, mas podia-se tocá-la com as mãos. Sentava-se, mesmo, quase que continuamente na terra sobre um tapete para ouvir as causas judiciárias, sobretudo as dos pobres e dos órfãos, e lhes proporcionava justiça completa."[8] E na bula de canonização, desde as primeiras frases, louva em São Luís "um juiz justo e um homem que remunera de modo louvável".[9] Nessa função de remunerar, o rei se mostrou a imagem de Deus na terra, remunerador por excelência e para a eternidade.

E testemunhas contemporâneas sustentam o mesmo julgamento. Na volta da cruzada de 1254, chegando a Hyères, o franciscano joaquinista Hugues de

---

[5] BONIFÁCIO VIII, p. 159.
[6] Sobre a sagração, ver *infra*, pp. 734-739.
[7] Ver o notável livro de Ludwig BUISSON, *Ludwig IX, der Heilige, und das Recht*, Friburgo, 1954, capítulo III, "Der König und die iustitia", pp. 87-130.
[8] BONIFÁCIO VIII, p. 149.
[9] *Ibid.*, p. 154.

SÃO LUÍS

Digne, que o impressionou tão fortemente,[10] "ensinou ao rei em seu sermão como conduzir-se em favor de seu povo; no fim do sermão, disse também [...] que nunca tinha visto nem no livro dos crentes, nem no livro dos incréus, que um reino ou um domínio senhorial se tivesse perdido alguma vez, ou passado de um senhor a um outro, ou de um rei a um outro, a não ser por vício da justiça. Ora, atente o rei, continuou, uma vez que vai para a França, que faça tanta justiça a seu povo que o povo assim conserve o amor de Deus, de tal maneira que Deus não lhe tire o reino da França com a vida."[11]

O rei não é justiceiro só na França, em Paris ou em Vincennes, mas também no além-mar. Joinville menciona aqui e ali algumas "condenações ou julgamentos" pronunciados em Cesareia na Palestina "enquanto o rei lá esteve estacionado".[12]

Luís era capaz de clemência também à imitação de Deus. Num dia de audiência de causas de gente do povo, uma mulher, ao pé da escada do palácio, injuria o rei e lhe diz: "É uma grande pena que sejas rei de França e é um grande prodígio que não te tenham posto fora do reino." Os agentes reais quiseram espancá-la e expulsá-la, mas Luís ordenou-lhes que não tocassem nela nem a expulsassem. E depois de tê-la escutado diligentemente, respondeu-lhe: "Certamente dizeis a verdade, eu não sou digno de ser rei. E se isso agradasse a Nosso Senhor, teria sido melhor que um outro tivesse sido rei em meu lugar se soubesse governar melhor o reino." E mandou que um de seus camaristas lhe desse dinheiro, "quarenta sous, ao que se comenta".[13]

Guillaume de Saint-Pathus conta também que travessas de prata e outros objetos eram roubados dos aposentos do rei. Luís o tolerava e dava mesmo dinheiro aos ladrões, depois os enviava para além-mar.[14] Clemência e deportação: são as duas faces da justiça de São Luís, justiça real.

Porque ele podia ser também muito rigoroso e mesmo cruel em seus julgamentos. Puniu impiedosamente os blasfemadores. Em Cesaréia, mandou expor no pelourinho um ourives blasfemador. Em Paris, "mandou queimar o nariz e o lábio de um burguês", culpado do mesmo crime.[15] Mas o episódio em que a severidade justiceira lhe foi mais reprovada foi o famoso caso do senhor de Coucy, Enguerran, que tinha enforcado sem julgamento três nobres mocinhos perdidos num bosque em suas terras senhoriais, acusando-os de terem ido caçar

---

[10]Ver *supra*, pp. 191-194.
[11]JOINVILLE, *Histoire de Saint Louis*, p. 363.
[12]*Ibid.*, pp. 277-283.
[13]GUILLAUME DE SAINT-PATHUS, *Vie de Saint Louis*, pp. 118-119. Ver *infra*, p. 729.
[14]*Ibid.*, pp. 151-152.
[15]Para o contexto, ver *supra*, pp. 215 e 536.

em suas terras quando não tinham nem armas nem cães. Lembremos a reação e a conduta de Luís. Mandou deter Enguerran, seus cavaleiros e seus agentes em seu conselho e lhe recusou a "batalha" judiciária que o nobre lhe solicitou. Os barões que formavam o conselho pediram-lhe a libertação de Coucy. Luís a recusou secamente e se levantou, deixando os barões "pasmos e confusos". Finalmente, "a conselho de seus conselheiros", libertou-o, mas condenando-o pesadamente: ele deve pagar uma multa de doze mil libras parisis que seriam enviadas a Acre para a defesa da Terra Santa, o bosque em que tinha enforcado os jovens é confiscado, fica obrigado a criar três capelanias para rezar em favor das almas dos enforcados e perde toda a soberania de justiça quanto a bosques e viveiros.

A severidade de São Luís não se explica só pelo fato de que o tio de um dos rapazes, o queixoso naquele caso, é um abade, nem pela vontade do rei de recusar o direito à "batalha" em matéria judiciária. Trata-se, para ele, de mostrar que a justiça é a mesma para todos e que os poderosos senhores dela não escapam. E como só a justiça real é capaz de fazer respeitar esse princípio, o rei a justifica agindo assim, em relação aos barões e aos nobres. Em seu conselho, ele "repreendeu" vivamente o conde da Bretanha, Jean I, le Roux, que negava ao rei o direito de conduzir inquéritos contra os barões nas matérias relativas a "suas pessoas, suas heranças e suas honras". Os nobres não se enganavam nesse ponto. A justiça real de São Luís não é mais uma justiça diferente segundo a condição social. O caso teve grande repercussão, apesar do relativo recuo do rei.[16]

Seria entretanto falso e anacrônico ver em São Luís o projeto de uma espécie de nivelamento social. Seu espírito era perfeitamente hierárquico como o dos homens da Idade Média. Mas, diante do pecado, todos os homens são iguais. Na verdade, para ele, a justiça tem sempre um horizonte escatológico. Prefigura a igualdade dos escolhidos e dos condenados na eternidade.[17] A esse respeito, Luís estava predisposto a entender o joaquinista Hugues de Digne. E talvez tenha sido exposto a visões mais radicais. O milenarismo alimentou a Idade Média e — depois — as ideias e as pulsões mais "revolucionárias".[18] Mas São Luís, espírito voltado para a eternidade, teve sempre os pés na terra.

---

[16]GUILLAUME DE SAINT-PATHUS, *Vie de Saint Louis*, p. 135 e segs. Ver *supra*, pp. 216-219, onde conto com detalhes esse caso exemplar que teve tanta repercussão.
[17]Sobre o enfrentamento entre uma tendência hierárquica e uma tendência igualitária no século XIII, ver Ph. BUC, *L'Ambiguïté du livre, op. cit.*
[18]J. LE GOFF, s.v. "Millénarisme", citado (*supra*, p. 62, nº 54).

SÃO LUÍS

573

A Paz

Com a justiça vem a segunda grande função real sagrada exercida por São Luís, a *paz*.[19]

Paz e justiça estão associadas no juramento da sagração que São Luís prestou.[20] A justiça deve restabelecer a paz e a paz deve inspirar a justiça. Bonifácio VIII diz, por sua vez: "A justiça e a paz andam juntas e ele funcionou tão bem na justiça que seu reino repousou na paz."[21]

Nesse mundo medieval belicoso, Luís teme a guerra porque ela é inevitavelmente fonte de injustiça e de pecado. Em seus *Ensinamentos* ao filho, ele escreve:

> Caro filho, aconselho-te que evites, tanto quanto possas, a guerra com algum cristão; e, se fores prejudicado, tente vários caminhos para saber se não poderás achar meios de recobrar teu direito antes de iniciar a guerra, e preste atenção no fato de que isso seja para evitar os pecados que se cometem na guerra [...]. E que saibas estar bem aconselhado antes de declarar guerra, que a causa para isso seja totalmente razoável, que tenhas bem advertido o malfeitor e que tenhas esperado muito, como deverás esperar.[22]

São Luís é o grande "pacificador" de sua época. Primeiramente em seu reino. Nos conselhos ao filho, prossegue:

> Caro filho, aconselho-te que te esforces tanto quanto possas para apaziguar as guerras e as lutas que vão se desenvolver em tua terra, porque isso é coisa que agrada muito a Nosso Senhor.[23]

Mas é pacificador também fora do reino, sobretudo nos confins, como que para criar uma zona de paz nas fronteiras da França. Guillaume de Saint-Pathus faz alusão a isso no fim do capítulo sobre o amor do rei pelo próximo, evocando a instável e belicosa fronteira do Leste:

---

[19] Ver L. BUISSON, *Ludwig IX, op. cit.*, capítulo V, "Der König und der Fried", pp. 183-248.
[20] Ver *infra*, p. 736 e L. BUISSON, Ludwig IX, *op. cit.*, p. 131.
[21] BONIFÁCIO VIII, p. 149.
[22] *Enseignements* (ed. D. O'Connell), p. 189.
[23] *Ibid.*, p. 189.

Quando ouvia dizer que havia guerra entre nobres fora de seu reino, enviava mensagens solenes para pacificá-los, e não sem grandes despesas. Assim fez quando o conde de Bar e monsenhor Henri, conde de Luxemburgo, guerreavam um contra o outro. E assim fez com o duque de Lorena e com o supracitado conde de Bar e com muitos outros. E assim se vê que não tencionava só formar seu próximo no bem, mas também reformá-lo no bem.[24]

Joinville também conta, como se viu, os episódios marcantes da política de pacificador de Luís. O termo se repete de maneira obsessiva nessas páginas.[25]

Essa política não é unânime, sabe-se, entre os conselheiros do rei. Ao idealismo dele, opõem o cinismo de uma tradição feudal, que, longe de extinguir as guerras, atiça-as para delas tirar proveito. Mas, como a ação do rei deixa claro, Joinville chama atenção para o fato de que São Luís também retira benefícios de sua política de pacificador.[26] Como quase sempre, obtém dupla recompensa: no céu, agradando a Deus, e aqui na terra sobram-lhe sempre, com essa política, um ou muitos devedores. É a sua maneira de contribuir para essa "descida dos valores do céu sobre a terra" que me parece caracterizar a virada do século XII para o XIII.[27]

Essa política de paz São Luís pôs em execução sobretudo quando o reino da França e sua própria função real estavam em jogo. Nesses momentos principalmente é que ele mostrou como as concessões pela paz podem ser ao mesmo tempo atos piedosos e habilidades políticas. Foi assim quando do tratado de paz com Aragão em 1258 e, sobretudo, no tratado com a Inglaterra em 1259.[28]

Vê-se bem, aqui, o choque entre dois sistemas de valores, um inspirado pela nova religiosidade — com, já se sabe, longínquas e profundas raízes no cristianismo —, o outro, herdeiro da tradição feudal. Luís os combina, momento talvez único na história da França medieval.

O resultado disso é, para o reino da França, o benefício excepcional de um longo período de paz. Guillaume de Nangis, em suas *Gesta*, consagra a isso um

---

[24]GUILLAUME DE SAINT-PATHUS, *Vie de Saint Louis*, pp. 73-74.
[25]JOINVILLE, *Histoire de Saint Louis*, pp. 375-377.
[26]*Ibid.*, pp. 377-379.
[27]J. LE GOFF, "Du ciel sur la terre: la mutation des valeurs", artigo citado (*supra*, p. 431, n° 30). Ver minha crítica disso a que se chama "laicização" e que é uma colaboração da terra com o céu na conduta dos negócios do mundo. Hierarquia e parceria: a Idade Média central tirou grande partido dessas práticas igualitárias dentro de uma estrutura inigualitária. Ver o caso das relações feudo-vassálicas: J. LE GOFF, "Le rituel symbolique de la vassalité", artigo citado (*supra*, p. 538, n° 51).
[28]Ver *supra*, pp. 229-237.

SÃO LUÍS

longo parágrafo, considerando a paz um dos principais méritos do santo rei à semelhança de "Salomão, o rei pacífico". Deus concedeu a São Luís, segundo Guillaume, que houvesse paz no reino da França a partir de sua volta da Terra Santa, em 1254, até sua morte, em 1270. E até prolongou esse favor em benefício do filho e herdeiro Filipe III, pelo menos durante o "tão longo tempo em que ele reinou segundo os méritos do santo rei" — quer dizer, até a guerra contra Aragão (1284-1285), hipocritamente batizada, é verdade, de "cruzada" pelo papado, que já tinha feito o mesmo contra Frederico II.[29]

Bonifácio VIII, retomando o tema em seu segundo sermão de Orvieto, a 11 de agosto de 1297, dá todo o sentido escatológico aos termos *pax* e *rex pacificus*, expressão com a qual qualifica Salomão e que aplica a São Luís — é o tema do sermão tirado do Antigo Testamento: *Magnificatus est Salomon* (1Reis 10, 23).

> Quando se chama [São Luís] de "pacífico" e "construtor da paz" (*pax faciens*), designam-se, por esse dom e essa virtude, todos os dons e todas as virtudes. Foi pacífico em si mesmo e para com todos, não apenas seus súditos, mas também os estrangeiros. Foi em si mesmo pacífico. Teve de fato a paz temporal, a paz do coração e assim chega à paz da eternidade. Todos os contemporâneos viram como conservou em paz seu reino. Essa paz não existe sem justiça. E é porque foi justo para consigo mesmo, para com Deus e para com o próximo que teve a paz.[30]

Trata-se então não apenas de uma ausência de guerra, de uma tranquilidade terrestre, mas de uma paz essencial, escatológica, que esboça nesta vida a paz do Paraíso, da eternidade. Assim, trata-se precisamente, como a justiça, de uma função do sagrado.

O prestígio de Luís, seu renome de pacificador, é tão grande que já no momento do concílio de Lyon, em 1244-1245, o imperador Frederico II, então às turras com o papa Inocêncio IV, propôs a arbitragem do rei de França *"prud'homme* que era", jurando-lhe que faria tudo que Luís lhe ordenasse.[31] São Luís, assim, aparece como figura de árbitro da Cristandade.

---

[29]GUILLAUME DE NANGIS, *Gesta Ludovici IX*, p. 400.

[30]BONIFÁCIO VIII, pp. 152-153. Yves SASSIER, em seu *Louis VII* (*op. cit.*, *supra*, p. 83 n° 109), p. 347, também aplica a expressão *rex pacificus* ao bisavô de São Luís, mas só com São Luís esse lugar-comum real toma um sentido explicitamente escatológico.

[31]LE MÉNESTREL DE REIMS, p. 126.

Entretanto, não teve sucesso sempre. Quando se lhe pediu a arbitragem entre o rei da Inglaterra e seus barões revoltados, deu razão ao rei procedendo de modo parcial. Seus laços de parentesco com o soberano, seu desconhecimento das estruturas sociais e políticas da Inglaterra, e da história desse país, sua convicção da eminente superioridade da função real o levaram a uma decisão que não pacificou nada e fez com que, por uma vez, o condenassem por parcialidade.[32]

Segunda função: um rei guerreiro

São Luís teme a guerra e suas injustiças. A guerra é fonte de pecado. Nem sempre. Não o é contra o infiel, donde a cruzada. Não o é para repelir príncipes cristãos agressores, que violam seu juramento de fidelidade ou se sublevam injustamente. Donde a guerra contra os vassalos revoltados no início de seu reinado, a expedição de 1242 contra o rei da Inglaterra e seus aliados franceses, a repressão das sequelas occitanas da guerra contra os hereges albigenses e seus protetores gloriosamente conduzida por seu pai Luís VIII. Quando se engaja numa guerra civil que crê justa, Luís o faz sem disposição de espírito. Mas, como seus ancestrais, participa do combate, luta muito. É um rei cavaleiro, um rei da segunda função.

As crônicas nos dão conta das guerras do rei, mas nos falam pouco do rei na guerra. Os biógrafos e os hagiógrafos que são clérigos e, na maioria das vezes, mendicantes mais voltados para a paz do que para a guerra, silenciam, em geral, sobre esse aspecto do rei.

Só Joinville, porque é leigo e cavaleiro ele próprio, e porque estava ao lado do rei na cruzada e na Terra Santa, insiste sob esse aspecto do rei guerreiro. Evoca as "grandes proezas" e as "grandes ousadias" do rei. Quando o combate começou "forte e pesado" em Taillebourg[33] entre ingleses e franceses, "o rei se expôs ao perigo com os outros quando viu isso".[34] E, sobretudo, na batalha de Mansurá, quando o desastre não tinha se consumado, Joinville dá a imagem visual emblemática, exemplar de São Luís rei cavaleiro.[35]

---

[32]Ch. T. Wood, "The Mise of Amiens and Saint Louis' Theory of Kingship", artigo citado (*supra*, p. 237, nº 83).

[33]Ver *supra*, p. 141.

[34]Joinville, *Histoire de Saint Louis*, p. 59.

[35]Ver *supra*, p. 175.

SÃO LUÍS

Luís cumpre seu dever militar real. E se adivinha que combate mesmo com o ímpeto do guerreiro feudal. Sem alegria, talvez, mas não sem uma certa exaltação viril.

A função real guerreira, ele a assume em todas as dimensões no mais alto nível que a guerra atingiu no século XIII.[36] Preparou cuidadosamente a logística material de suas expedições, sobretudo das cruzadas. Levou para o Egito um importante parque de máquinas de guerra, sobretudo de *chats-châteaux*.[37] Teve o cuidado, onde havia guerra ou risco de guerra, de manter, restaurar ou construir castelos-fortes e fortificações. Foi essa a ocupação essencial de sua temporada na Terra Santa, onde mandou armar ou reforçar, entre outras, as fortificações de Saida (Sidon), Sur (Tiro), Acre, Castelo Peregrino, Cesareia e Jafa. Na própria França, buscando a paz, preparava a guerra. Mateus Paris conta em duas oportunidades como, ainda em 1257, São Luís conduziu uma campanha de fortificações na Normandia.[38]

O próprio São Luís foi armado cavaleiro aos 12 anos, em dezembro de 1229, em Soissons, no caminho para a sagração em Reims. E, como rei, mandou celebrar com grande solenidade a admissão na cavalaria dos jovens da família real. Em 1237, a 7 de junho, dia de Pentecostes, efeméride religiosa na qual se comemoram habitualmente grandes festas nobiliárias inseridas num calendário festivo tradicional, deu-se a promoção a cavaleiro de Roberto d'Artois, seu irmão de idade imediatamente inferior, no palácio de Compiègne por ocasião de uma grande cerimônia em que Luís armaria, na presença de dois mil cavaleiros, numerosos outros jovens nobres. Em 24 de junho de 1241, dia de São João, festa sagrada pagã recuperada pela nobreza cristã, dá-se a cerimônia de cavaleiro não menos solene do segundo irmão, Afonso de Poitiers, em Saumur.[39] Em 1246, ainda no dia de Pentecostes, foi em Melun que o terceiro e mais jovem, Carlos d'Anjou, tornou-se cavaleiro. Os irmãos se tornam cavaleiros atingindo a maioridade, com 20 anos, quando o rei determina que assumam o apanágio que lhes tinha sido outorgado pelo pai Luís VIII e quando eles prestam ao real irmão a *hommage-lige*. Por fim, é armado cavaleiro solenemente o filho e dali em diante herdeiro Filipe, no Pentecostes de 5 de junho de 1267, no jardim do palácio real da Cité, em Paris, com numerosos outros jovens da nobreza. São Luís mostra-se claramente o rei cavaleiro de uma família de cavaleiros, o rei guerreiro de uma família de guerreiros.

---

[36] Ver Ph. CONTAMINE, *La Guerre au Moyen Âge, op. cit.* (*supra*, p. 378).
[37] Ver *supra*, p. 174.
[38] MATEUS PARIS, *Chronica majora*, t. V, p. 626 e p. 636.
[39] JOINVILLE, *Histoire de Saint Louis*. Ver *supra*, p. 128.

São Luís e a terceira função

A terceira função, o próprio Georges Dumézil o sublinhou, é a mais delicada de ser definida, função Proteu,* sob muitos aspectos, às vezes desconcertantes. É como rei da terceira função, a da "produção dos bens materiais", que São Luís é mais difícil de ser compreendido. Tanto mais que essa função parece particularmente dissimular-se no Ocidente cristão medieval por trás dos casos em que se aplica aos objetos mágicos, roçando o maravilhoso. Só aparece mais claramente quando designa produtores específicos, porém dominados, dos mais importantes desses bens: camponeses ou artesãos e trabalhadores braçais, "operários manuais" — os *laboratores* do esquema de Adalbéron de Laon.

A realeza tem uma eficácia declinante no cumprimento da terceira função. Apesar do apelo a Deus, quando da cerimônia da sagração, para assegurar ao novo rei a *abundantia*, a abundante prosperidade, observa-se um enfraquecimento e quase o desaparecimento do poder mágico do rei em matéria econômica. Carlos Magno era *summus agricola*, o agricultor por excelência, Dagoberto fazia a messe crescer à sua passagem e, segundo a documentação reunida imediatamente após a morte de Filipe Augusto para tentar fazer dele um santo, três milagres, que se afirma terem sido realizados nos primeiros anos de seu reinado, ligam-se à terceira função.[40]

Não existe nada de semelhante em relação a São Luís. Entre os sessenta milagres da documentação oficial há exatamente um, modesto, que lhe reconhece um poder sobre a natureza: o rei seca os três celeiros parisienses inundados da viúva de um de seus escudeiros. Sem dúvida insiste-se sobre sua beleza física, que é uma das faces da terceira função. É louvada por seus contemporâneos em termos que evocam os lugares-comuns da retórica sobre o físico humano, mas nos quais se percebe um reflexo da realidade.[41] Viu-se o choque, de certo modo em estado "bruto", que a visão do rosto real produziu no franciscano Salimbene de Parma, em Sens, em 1248.[42] No que se insiste, principalmente, é no fato, ajustado à concepção cristã medieval do exterior como imagem do interior, de que a beleza de seu corpo

---

*Proteu era o deus da mitologia grega que guardava os rebanhos de Posídão (Netuno para os romanos) no fundo do mar, conhecia o passado, o presente e o futuro e tinha a capacidade de metamorfosear-se, isto é, dissimulava-se sob diversas formas. (*N. do T.*)

[40]J. LE GOFF, "Le dossier de sainteté de Philippe Auguste", artigo citado (*supra*, p. 41, nº 10).

[41]A beleza de São Luís foi suficientemente decantada pelos biógrafos a ponto de se tornar objeto de uma entrada no índice do tomo XXIII do *Recueil des historiens des Gaules et de la France*, p. 1.025: "Qua forma fuerit Ludovicus IX."

[42]Ver *supra*, pp. 401-402.

SÃO LUÍS

e de seu rosto exprimia a beleza de seu coração e de seu espírito. Bonifácio VIII não deixa de fazer uma alusão sobre isso: "A santidade de sua vida era manifesta para todos aqueles que viam seu rosto: Ele estava cheio de graça (Ester 15)."*[43] Viu-se como uma *Vida* para uso litúrgico, composta sem dúvida pouco depois de sua canonização, detalha sua beleza física.[44]

Mas, principalmente, São Luís leva a um ponto máximo benefícios de ordem material já atribuídos a seus predecessores e a outros príncipes cristãos. É um grande esmoler, provê largamente em alimentação e em esmolas os pobres, seja diretamente, seja por intermédio do clero secular e dos religiosos. Dá comida ele próprio aos monges, aos frades, aos doentes e aos pobres. É um alimentador que gasta de modo visível sem medir até nos legados de seu testamento. Nele se unem três traços da terceira função real: a prodigalidade, característica da moral principesca e aristocrática; a esmola, central no sistema das obras de misericórdia que vigoram no século XIII; a munificência das construções — sobretudo religiosas —, que se hipertrofia nesse século de desabrochar do gótico.[45]

O rei esmoler impressionou particularmente seus contemporâneos num século em que a caridade através da moeda é entretanto exercida em larga escala pelos príncipes e os nobres — pelos burgueses também, que já se inserem melhor na alta sociedade com as novas "obras de misericórdia" preconizadas pelos mendicantes e alimentadas pela moeda cujo uso se expande.

"Pelas obras", diz Bonifácio VIII em seu sermão de Orvieto de 6 de agosto de 1297, "a santidade de sua vida se manifestou sobretudo nas esmolas aos pobres, as construções de asilos e de igrejas e todas as outras obras de misericórdia cuja lista seria muito longa".[46] E se se quer calcular a quantidade de suas esmolas, acrescenta o papa, pode-se medir isso com o exemplo de uma única das novas medidas caridosas que tomou: decidiu que a cada uma de suas "entradas" em Paris dar-se-iam esmolas suplementares aos religiosos e principalmente aos frades mendicantes.[47] Guillaume de Saint-Pathus consagra um longo capítulo

---

*Há um engano na notação bíblica (não se sabe se de Bonifácio VIII, há setecentos anos, ou da edição original deste livro), pois o livro de Ester só tem 10 capítulos. Se por algum motivo se esqueceu a indicação de capítulo e o número se refere a um versículo, o engano permanece: nem todos os capítulos chegam a ter quinze versículos e, nos que têm quinze ou mais (capítulos 1, 2, 3, 4, 8 e 9), não há essa citação no versículo 15. (*N. do T.*)

[43]BONIFÁCIO VIII, p. 149.

[44]*Recueil des historiens des Gaules et de la France*, t. XXIII, p. 173. Ver *supra*, p. 460.

[45]Cf. *supra*, p. 508.

[46]BONIFÁCIO VIII, p. 149. Sobre os pobres e a pobreza na Idade Média, ver os trabalhos fundamentais de M. MOLLAT: *Les Pauvres au Moyen Âge*, Paris, 1978; M. MOLLAT (ed.), *Études sur l'histoire de la pauvreté*, 2 vol., Paris, 1974.

[47]*Ibid.*, p. 150.

a suas "obras de piedade" e acentua — o que sabemos por outras fontes — que as cavalgadas de Luís em seu reino eram antes de tudo jornadas de distribuição de esmolas.[48] Joinville também chama a atenção: "O rei foi tão pródigo esmoler que por toda parte onde ia em seu reino mandava dar às igrejas pobres, aos hospitais de leprosos, aos hospitais de caridade, aos hospitais em geral, e aos pobres gentis-homens e gentis-donas."[49] E também Joinville consagra um capítulo completo às "grandes e pródigas esmolas" do rei, para a construção de asilos, entre os quais a casa dos Quinze-Vingts em Paris para trezentos cegos, a construção de igrejas e de conventos.[50] São Luís não se contentou em aumentar consideravelmente o montante das esmolas reais. Organizou-as em um diploma de 1260 que deu um estatuto e um chefe, o esmoler, às medidas tomadas por seu avô Filipe Augusto, cerca de 1190, à imitação do que já fazia o rei da Inglaterra. Por esse documento, Luís institucionaliza as esmolas distribuídas por seus predecessores e que suas contas avaliaram em 2.119 libras parisis, 63 moios de trigo (um moio vale cerca de 1.500 litros em Paris) e 68 milhares de arenques que o esmoler e os bailios deviam distribuir. Um exemplar desse diploma fica depositado no hospital, para servir de memória e referência. Esse texto fixa os detalhes da caridade real "com uma minúcia tal que seria suficiente para nos mostrar seu espírito tão generoso quanto escrupuloso, senão minucioso".[51] Por fim a esmolaria é integrada, sob São Luís, ao palácio do rei, lugar que une a primeira função, administrativa e sagrada, à terceira, econômica, financeira e caritativa.[52]

Em seu testamento redigido em fevereiro de 1270, São Luís manifesta os grandes princípios de sua generosidade e de sua caridade. Destina todos os seus bens móveis e a renda dos bosques do domínio real a três espécies de destinatários: as vítimas das cobranças reais excessivas às quais a restituição é necessária; aqueles de seus funcionários sobre os quais se concluir que devam ser recompensados; e uma longa lista de hospitais e de ordens religiosas — à frente de todas as de mendicantes, que empregarão o produto em esmolas para os pobres e para a construção de igrejas. Em troca, os beneficiários deverão rezar por ele, por sua família e pelo reino. Se, depois dessas restituições e dessas

---

[48] GUILLAUME DE SAINT-PATHUS, *Vie de Saint Louis*, capítulo XI, pp. 79-90, especialmente p. 89.
[49] JOINVILLE, *Histoire de Saint Louis*, p. 381.
[50] *Ibid.*, pp. 391-395.
[51] R.-H. BAUTIER, "Les aumônes du roi aux maladreries, maisons-Dieu et pauvres établissements du royaume", artigo citado (*supra*, p. 416, n° 24), p. 44.
[52] Xavier DE LA SELLE, "L'aumônerie royale aux XIIIᵉ-XIVᵉ siècles", comunicação ao colóquio "Les Capétiens et Vincennes au Moyen Âge", cujas atas estão para sair. Para o palácio real ver *infra*, pp. 657-659.

SÃO LUÍS

doações, ainda restar dinheiro, seu sucessor deverá empregá-lo "para a honra de Deus e a utilidade do reino".[53]

Entretanto, São Luís não foi tão gastador como se diz. Assimilando, nesse ponto, os novos valores de uma conduta econômica, de poupança, assim como modera em si o ímpeto do bravo pela sabedoria do *prud'homme*, participa dessa tendência de contar com mais justeza, mais moderadamente, tendência que, Alexander Murray mostrou, foi a característica nova de uma sociedade que começa, nos atos públicos e privados, a *calcular*, segundo o duplo sentido de *ratio*, "cálculo e razão".[54] Nos *Ensinamentos* ao filho, enuncia:

> Querido filho, recomendo-te que tenhas uma sólida intenção de que o dinheiro que gastarás seja gasto no bom uso e que tenha sido conseguido de modo justo. Esse é um sentido que eu gostaria muito que tivesses, quer dizer, que evitasses despesas frívolas e recebimentos injustos e que teu dinheiro fosse justamente conseguido e bem-empregado [...].

Mas, sobretudo, o que com São Luís assume o primeiro plano, na terceira função real, é a função de terapia milagrosa. O rei de França compensa tudo aquilo que abandonou de sua função de agricultor mágico com a aquisição do prestígio de tocador e curador de escrófulas.[55]

Esse dom da cura milagrosa, que se liga à primeira função, à sacralidade do rei, evolui, parece-me, para a terceira função, através da dimensão de saúde, de cura, de caridade que assume com São Luís, essencialmente. O rei benfeitor eclipsa aos olhos dos contemporâneos o rei taumaturgo. Curar é obra de misericórdia. No século XIII, doente e pobre é tudo uma coisa só. São Luís não os distingue.

Parece-me que o tema do rei-sol, apenas aflorado entre os hagiógrafos de São Luís e que vem sem dúvida de uma tradição real helenística e imperial romana, talvez passando por Bizâncio, tem uma tendência, na perspectiva do perfeito rei cristão ocidental, a deslizar da função do sagrado para a de benfeitoria.

Os raios do sol real de São Luís iluminam e aquecem seus súditos.[56]

---

[53]André DUCHESNE, *Historiae Francorum scriptores*, Paris, t. V, 1649, pp. 438-440. Mais recentemente, nas *Layettes du Trésor des chartes*, t. IV, 1902, n° 5.638. Os executores testamentários são os bispos de Paris e de Évreux, os abades de Saint-Denis e de Royaumont e dois de seus capelães.

[54]A. MURRAY, *Reason and Society in the Middle Ages, op. cit.* (*supra*, p. 290, n° 20).

[55]Ver *infra*, p. 737.

[56]Ver *supra*, pp. 321 e 469.

A nossos olhos modernos, o que caracteriza sobretudo a terceira função, definida por sua ligação com a prosperidade e com a reprodução material da sociedade, é o econômico. É preciso agora olhar São Luís em face da economia. Sua conduta não é clara.

São Luís e a economia

Como um rei de França do século XIII vê, concebe a economia? Como se interessa por ela, que domínio pode ter sobre ela, e que caminho a economia pode nos oferecer para o conhecimento e a compreensão da personagem em questão? Não é fácil conduzir essa investigação, tanto mais que não existem — ou pelo menos não são de meu conhecimento — precedentes que possam nos ajudar. E, mais ainda, é difícil por uma razão fundamental: aquilo a que chamamos economia não constitui, no Ocidente do século XIII, um domínio que se perceba como específico, nem como realidade material, nem como categoria mental. Há nisso um problema importante para o estudo das economias do passado e raramente historiadores e economistas o discutem. Único entre os economistas, Karl Polanyi[57] deu-me algum socorro com a noção de economia *embutida* (*embedded*), quer dizer, uma economia que não se apresenta como tal, de maneira específica, mas sempre embutida num conjunto, englobada sem autonomia de natureza nem de representação — sem nome próprio —, e sem que dê a esse conjunto sua cor principal ou particular.

Vou entretanto tentar esboçar as relações entre São Luís e a economia, primeiro buscando compreender como ele percebia — com mais frequência fragmentariamente — o que chamamos hoje de economia, depois o aparato ideológico e os conceitos não-econômicos que lhe forneceram mediações, grades de leitura e quadros de ação no domínio "econômico". No primeiro caso, a economia está embutida na administração e nas finanças; no segundo, está na religião, na moral e na teoria política.

---

[57]Lucette VALENSI, "Anthropologie économique et histoire: l'oeuvre de Karl Polanyi", *Annales. E.S.C.*, 1974, pp. 1.311-1.319; S.C. HUMPHREY, "History, Economics and Anthropology. The Work of Karl Polanyi", *History and Theory*, 1969, vol. 8, pp. 165-212.

SÃO LUÍS

Economia e administração

São Luís não teve consciência econômica, nem política econômica, nem mesmo uma conduta econômica consciente: como pôde então obter formação nesse setor? Contrariamente a alguns historiadores, não creio na existência de uma doutrina econômica da Igreja no século XIII. Simplesmente, alguns escolásticos, à frente dos quais Tomás de Aquino, e frades mendicantes que se inspiraram neles lembraram, a propósito do comércio ou da usura — em particular nos tratados sobre as "restituições" (*De restitutionibus*) exigidas dos usurários —, alguns princípios teológicos ou morais que tiveram consequências no domínio que hoje chamamos de econômico. Mas o rei encontrou o econômico em muitos setores importantes da administração real e dele tratou segundo critérios outros que não os econômicos. Sem entrar num detalhe que nos desviaria muito de sua pessoa, evocarei cinco atividades administrativas reais com componentes econômico-financeiros: a gestão do domínio real; a atitude a respeito das cidades e especialmente de Paris; o financiamento da guerra e da cruzada; a luta contra a usura; e os problemas monetários.

As rendas do domínio real tornam-se, no século XIII, o essencial dos recursos do rei. Ele "vive do que é seu". Esses recursos são fundamentalmente de natureza agrícola. Luís é um rei da terra. Da terra e da floresta, porque as contas que restaram de 1234, 1238 e 1248 mostram que as florestas valeram ao rei uma quarta parte da receita de seus domínios.[58] O domínio quadruplicou de superfície sob Filipe Augusto. Luís é portanto um rico herdeiro. Mas não tem gestão específica do domínio. Bailios e senescais e, abaixo deles, os prepostos, têm atribuições judiciárias, financeiras, militares e administrativas simultaneamente. Não têm especialização. São factótuns da realeza.

Sem dúvida, uma certa ordem financeira e administrativa se entremostra, na continuidade do empreendido por Filipe Augusto.[59] Em 1238, é fixada uma nova classificação de despesas. Distinguem-se a partir daí as despesas de natureza "feudal", aquelas que se referem à autoridade pública do rei, como os ordenados dos oficiais reais. As primeiras se chamam "feudos e esmolas" (*feoda et elemosynae*). *Feodum* tem aqui o sentido de *beneficium*, "benefício", e isso pode ser um feudo representado não por uma terra, mas também por uma soma de dinheiro, uma espécie de pensão que se chama "feudo de bolsa". Esses feudos de bolsa começam a se expandir porque o rei não quer mais desmembrar a terra do domínio e porque

---

[58] Philippe CONTAMINE *et alii*, *L'Économie médiévale*, Paris, 1993, p. 222.
[59] J. BALDWIN, *Philippe Auguste, op. cit.* (*supra*, p. 63, nº 61); Gérard SIVERY, *L'Économie du royaume de France au siècle de Saint Louis*, Lille, 1984.

a circulação do dinheiro se acelera, respondendo às necessidades crescentes dos nobres, enquanto Luís é rico em espécies. Joinville foi na Terra Santa um dos beneficiários desses feudos de bolsas. Sob essa rubrica podem aparecer as compras de feudos que vêm engrossar o domínio real, como, por exemplo, a compra de Mâconnais em 1240. As despesas do segundo tipo são chamadas "obras" (*opera*) e compreendem a construção e conservação dos edifícios, a manutenção e o desenvolvimento da infraestrutura das estradas — a grande estrada é responsabilidade da autoridade pública — e, de um modo mais geral, o que chamaríamos hoje "o equipamento" ou os "trabalhos públicos". E os salários dos agentes reais aparecem sob a rubrica "liberalidades" (*liberationes*).

A conta dos prepostos e bailios da Ascensão de 1248 é tida como uma obra--prima de apresentação e por longo tempo servirá como modelo. Os agentes de Luís IX também supervisionam melhor o Tesouro real depositado no Templo. A função deles está reduzida a uma prestação de contas.

Se o campo das despesas é objeto apenas de ajustes limitados, o das receitas apresenta ainda menos alterações.

Servos reais podem individual ou coletivamente comprar sua alforria. É uma fonte suplementar para a realeza, testemunho da saúde crescente de alguns meios rurais e um fenômeno que caminha no sentido do recuo social e moral da servidão. Estimou-se frequentemente que o reinado de São Luís tinha sido um período de melhoria da condição camponesa na França.[60] O rei alforriou os servos de Villeneuve-le-Roi em 1246 e, no mais tardar em 1263, os de Thiais, de Val-d'Arcueil, de Grauchet, Orly, Paray, Issy, Meudon, Fleury, Villeneuve--Saint-Georges e Valenton. Foi o domínio real um modelo para as alforrias de servos nos feudos? Pode-se pensar nisso, de acordo com o modo de agir de alguns senhores.[61]

Afirmou-se que o "olhar" que São Luís mantém sobre a economia do reino é antes de tudo fiscal.[62] Sem negar a importância do cuidado fiscal do rei, é preciso entretanto sublinhar que no espírito do rei os problemas de fiscalização são primeiro problemas de moralidade e de justiça mais que de rendimento. Sobre o direito do rei de cobrar o imposto — direito que alguns comentaristas da Bíblia contestam no século XIII —, Luís não tem dúvida, mas acha que esse direito só se justifica se o imposto for exigido de maneira justa e moderada.[63]

---

[60] Guy FOURQUIN, *Les Campagnes de la région parisienne à la fin du Moyen Âge*, Paris, 1964.
[61] Marc BLOCH, *Rois et serfs. Un chapitre d'histoire capétienne*, Paris, 1920.
[62] G. SIVERY, *L'Économie du royaume de France, op. cit.*, p. 33.
[63] Ph. BUC, *L'Ambiguité du livre, op. cit.*, p. 239 e segs.

SÃO LUÍS

O que coroa, à véspera da cruzada, essa ação de ajuste do domínio é a missão confiada em 1247 aos inquiridores reais. Mas a finalidade da operação não é de natureza econômica. Seu objetivo é o restabelecimento da ordem e da justiça, a restituição das exações ilegítimas, a punição dos maus oficiais reais com uma vontade certa de repor as coisas em ordem antes de partir para a cruzada. Na mistura característica do moralismo e da busca de seus interesses materiais, porém, o rei não sai como perdedor ao tomar essas medidas. Se restitui, recupera também. Acumula a um tempo benefício moral e benefício material.

De maneira geral, no domínio, seja nos feudos, seja no reino, Luís buscou tirar o melhor partido das rendas feudais e realengas, mas sem inovar. Neste caso ele é bem o neto de Filipe Augusto em quem Thomas Bisson[64] viu o primeiro rei de França verdadeiramente feudal, porque tirava partido do crescimento de seu poder real para melhor exercer suas prerrogativas feudais. Assim, Luís usa estritamente seu "direito de hospedagem"— direito que os vassalos tinham de hospedá-lo —, cobra minuciosamente a contribuição — a taxa — que lhe devem por terem filhos cavaleiros, exige exatidão no pagamento da licença sobre o direito de circulação das mercadorias —, pedágios e impostos sobre a ocupação de espaços nos mercados. Busca mais, porém, o respeito a sua autoridade política do que os proveitos do poder econômico. Chamou-se a atenção para o fato de que em Flandres e nos grandes feudos "o rei não recuperou o poder econômico, mas voltou a exigir as sujeições não econômicas durante tão longo tempo monopolizadas pelos feudais".[65]

Também geralmente, se está atento aos interesses materiais da realeza em nome de princípios religiosos e morais, é ainda mais hostil, em nome desses mesmos princípios, ao enriquecimento temporal da Igreja. Luís, neste caso, é herdeiro de uma tradição que no século XIII centralizou-se nas ordens mendicantes cujos membros são numerosos no seu círculo. É muito exigente quanto aos direitos reais nas terras episcopais, como muito cedo mostrou nos conflitos com o bispo de Beauvais e com o arcebispo de Reims nos anos 1230,[66] e essa motivação se combina com a condenação da cobiça eclesiástica. Isso é ainda mais verdadeiro quando se trata da cúria romana: Luís então se irrita, como fez quando produziu seu "Protesto" de 1247 dirigido à Santa Sé.[67]

---

[64]Th. BISSON, "The Problem of Feudal Monarchy: Aragon, Catalonia and France", artigo citado (*supra*, p. 63, nº 62).

[65]G. SIVERY, *L'Économie du royaume de France, op. cit.*, p. 32.

[66]Ver *supra*, p. 109 e segs.

[67]Ver *infra*, p. 695.

O rei e suas boas cidades

As cidades ainda são um poder ascendente na França do século XIII: do ponto de vista econômico, com a intensificação do comércio e ampliação dos mercados, o desenvolvimento do artesanato e o papel crescente do dinheiro; do ponto de vista social, com o peso crescente dos "burgueses"; sob o ângulo político, com o progresso dos conselhos urbanos; no domínio cultural, a cópia dos manuscritos e sua ilustração passam dos *scriptoria* monásticos rurais aos ateliês urbanos, e a poesia e o teatro renascente são animados por sociedades reunindo clérigos e burgueses; no próprio domínio militar, em que os contingentes de milícias urbanas — como se viu em Bouvines — podem desempenhar um importante papel.

Em relação às cidades, a monarquia, sob São Luís, busca um poder matizado.[68] As intervenções reais nos negócios das cidades tornam-se numerosas. Ordenações definem um quadro de ação das autoridades urbanas.[69] A tendência é submeter as cidades ao controle real. Como bem disse William Chester Jordan, o governo real manifesta "de maneira contínua um vigoroso interesse moral a respeito da administração comunal".[70] Ainda aqui, as motivações essenciais são religiosas e éticas. Trata-se de fazer reinar a ordem e a justiça nas cidades. Luís e seus conselheiros estão escandalizados com a gestão financeira dos ricos que governam as cidades em proveito próprio explorando os pobres. Em páginas tornadas clássicas, o bailio Philippe de Beaumanoir denuncia a desigualdade e a injustiça que os ricos impõem às classes urbanas inferiores.[71] Mas ainda aqui o interesse real se confunde com os imperativos morais.

Surgem duas novidades importantes no reinado de São Luís quanto ao controle real sobre as cidades.

A primeira se refere a Paris. Paris se torna esse monstro demográfico de talvez duzentos mil habitantes, quando nenhuma outra cidade da Cristandade passa dos cem mil habitantes. Os camponeses recentemente imigrados, os jovens a quem os estudantes dão o mau exemplo (aos olhos da realeza) da violência, do jogo e de freqüentar as prostitutas, finalmente os mendigos e os marginais

---

[68]Charles Petit-Dutaillis, *Les Communes françaises. Caractères et évolution des origines ao XVIIIe siècle*, Paris, 1947. J. Schneider, "Les villes du royaume de France au temps de Saint Louis", artigo. citado (*supra*, p. 206, n° 33).

[69]A. Giry (ed.), *Documents sur les relations de la royauté avec les villes en France, op. cit.* (*supra*, p. 208, n° 39), pp. 85-88.

[70]W. Ch. Jordan, "Communal Administration in France 1257-1270", artigo citado (*supra*, p. 206, n° 33).

[71]Philippe de Beaumanoir, *Coutumes du Beauvaisis*, A. Salmon (ed.), t. II, 1970 (reed.), pp. 266-270.

SÃO LUÍS

sempre mais numerosos fazem com que cresçam esses dois males insuportáveis para São Luís: a desordem e o pecado, no momento em que Paris se torna a capital da monarquia.[72]

A Paris Luís dá um estatuto especial que, sob formas diversas, perpetuou-se até nossos dias. Em 1261, o rei determina que seja feita uma reforma administrativa que concede praticamente plenos poderes à manutenção da ordem — noção muito extensiva — ao preposto, que se torna o que chamaríamos de "prefeito de polícia". Confia o cargo a um homem de confiança, um homem de pulso: Étienne Boileau. A ação que lhe é atribuída comporta três objetivos: fazer com que se respeite a ordem, favorecer o desenvolvimento da prosperidade e fazer com que cheguem ao Tesouro real contribuições financeiras correspondentes ao enriquecimento da cidade e de seus habitantes abastados. Tem portanto um aspecto propriamente "econômico" sob a capa de medida policial e fiscal.

Um setor particularmente importante da vida parisiense — e, em consequência, da função do preposto — é a atividade dos ofícios agrupados em corporações. Em 1269, um ano antes da morte do rei, Étienne Boileau manda redigir para documentar e esclarecer sua ação um livro que se tornou célebre. Com base no conteúdo de sua primeira parte, é conhecido como *Livro dos ofícios*.[73] Reúne primeiro, de fato, o texto dos estatutos das cento e uma corporações parisienses recenseadas. A obra mostra precisamente que se essa regulamentação é feita pelos próprios representantes dos ofícios, o governo real se apresenta como o fiador supremo dessa ordem profissional e cria os meios de intervir, em caso de necessidade, com todo conhecimento de causa. Esse texto, que é nossa principal fonte sobre a vida econômica parisiense no século XIII, é, na verdade, um documento de polícia e pode ser generalizado para o conjunto das cidades do reino.

A segunda parte, da qual os historiadores falam pouco, é a lista das imposições determinadas pelo poder real em Paris. Sob o título "Retidão e costumes", faz-se um inventário dos pedágios e encargos reunindo dois tipos de impostos reais: as contribuições civis comuns a todos — impostos pagos pelos plebeus, taxas diversas, pedágios — e as contribuições especificamente comerciais — atracação, impostos por espaços nas feiras ou mercados etc. Corresponde, para o comércio, ao que na primeira parte do *Livro dos ofícios* se relaciona com o artesanato.

---

[72]A. SERPER, "L'administration royale de Paris au temps de Louis IX", artigo citado (*supra*, p. 211, nº 44).

[73]*Le livre des métiers d'Étienne Boileau*, R. de Lespinasse et F. Bonnardot (ed.), Paris, 1879.

588 JACQUES LE GOFF

Mas Paris não é a única preocupação da monarquia, que, sob São Luís, dá incentivos a uma série de cidades importantes. As assim chamadas "boas cidades", capazes, graças à força de suas muralhas, de ser, se for preciso, centro de refúgio e de resistência a ataques inimigos e, graças a sua atividade econômica, de constituir núcleos de prosperidade. A expressão "boas" aqui deve ser tomada no sentido de "fortes e ricas". Para o rei, as cidades são reservatórios de riqueza a serviço da monarquia. Nos *Ensinamentos* ao filho, o rei lembra: "Em caso de necessidade, poderás defender-te pela força e as riquezas de tuas boas cidades."[74]

Na história urbana da França medieval, a época de São Luís parece "se impor como uma verdadeira época de ligação".[75] São Luís associa as grandes decisões dos representantes das cidades e as dos barões, até então os únicos que consultava no quadro do conselho feudal.[76]

A atitude de Luís a respeito das cidades deixa supor que o rei tinha uma certa percepção do econômico. As cidades se tornam uma encarnação da terceira função.

O financiamento da guerra e da cruzada

O reinado de São Luís foi, para a Idade Média, um reinado antes de tudo pacífico e Bonifácio VIII o assinala na bula de canonização do rei. As únicas operações militares foram as expedições "feudais" dos primeiros anos do reinado, a campanha contra os ingleses de 1241-1242, as expedições no Languedoc em 1240 e em 1242, e as duas cruzadas, sobretudo a de 1248-1254. O reino da França está em paz de 1254 a 1270.

Até 1253, quando o afrouxamento do poder real entre a morte de Branca de Castela e a volta de Luís IX provoca dificuldades quanto às provisões em dinheiro de São Luís e de seu exército na Terra Santa, a cruzada, a grande despesa do reinado, não individuou as finanças reais. As cidades e sobretudo o clero forneceram o essencial do financiamento, e a transferência de dinheiro, a partir de Paris, sob os cuidados do Templo e da *Curia* real, para o Egito e a Palestina, efetua-se regularmente e sem dificuldade.

---

[74]N. de Wailly (ed.), *Joinville et les Enseignements à son fils*, Paris, 1872, pp. 26-28 e 52.
[75]Albert Rigaudière, *Gouverner la ville au Moyen Âge*, Paris, 1993, pp. 7-8.
[76]*Ibid.*, p. 60, na excelente explicação: "Qu'est-ce qu'une bonne ville dans la France du Moyen Âge?" (pp. 53-112).

SÃO LUÍS

589

É curioso constatar que a cruzada, ato religioso por excelência, é provavelmente o fenômeno que mais levou São Luís e o poder real a aperfeiçoarem (mas é preciso não exagerar) as técnicas financeiras.[77]

A usura

A luta contra a usura[78] (ou antes as usuras, como se dizia no século XIII) está intimamente ligada às medidas contra os judeus. De 1230 (ordenação de Melun) a 1269, uma série de medidas contra os judeus usurários é tomada por São Luís ou em seu nome.[79] A legislação antiusurária de São Luís explica-se em vista do florescimento de textos e de tratados em que ela se insere.

É o período no curso do qual, sobre as bases muito antigas da condenação da usura, decidiu-se o essencial das disposições contra a usura e os usurários, e foram elaborados os mais eficazes textos teóricos ou práticos contra a usura. São estes os textos dos cânones conciliares: Latrão III em 1179; Latrão IV em 1215 que ordena restituições; Lyon II em 1274; decretais pontifícias, da decretal *Consuluit* de Urbano III (1187) ao título *De usuris* com vinte e nove capítulos nas decretais de Gregório IX; tratados teológicos como o *De usura* de Robert de Courson nos primeiros anos do século XIII; a exposição de Guillaume d'Auxerre (é o tratado XXVI do livro) na sua *Suma* (*Summa in IV libros sententiarium*);* a de Tomás de Aquino na *Suma Teológica* (IIa, IIae q. 78); a de Vincent de Beauvais, um amigo íntimo de São Luís, no livro X do *Speculum doctrinale*; e, finalmente, depois da morte de São Luís, o tratado mais completo, o *De usura* de Gilles de Lessines, discípulo de Tomás de Aquino de 1276 a 1285. Numerosos *exempla* apresentam histórias de usurários destinados, em geral, ao Inferno e excepcional, mas significativamente, ao Purgatório. Paralelamente, os canonistas elaboram as "escusas" que permitem legitimar a cobrança de juros sobre um número crescente de ope-

---

[77]A. SAYOUS, "Les mandats de Saint Louis sur son trésor pendant la septième croisade", artigo citado.

[78]A bibliografia sobre a usura é abundante. O verbete "Usure" de Gabriel LE BRAS no *Dictionnaire de théologie catholique* (t. XV, 1950, col. 2336-2372) é essencial. Permito-me remeter o leitor à bibliografia de meu ensaio *La Bourse et la Vie. Économie et religion au Moyen Âge*, Paris, 1986. (*N. do T.* — Há uma edição brasileira, *A Bolsa e a Vida. A usura na Idade Média*, tradução de Rogério Silveira Muoio, revisão técnica de Hilário Franco Júnior, São Paulo, 1989.)

[79]Ver *infra*, pp. 706 e segs.

*Do mesmo modo que a forma latina de acusativo *Dominum* apareceu indevidamente como *Dominium* numa citação de Geoffroy de Beaulieu (subtítulo *Luís e Josias*, Capítulo V da Segunda Parte), há equívoco semelhante nessa forma *sententiarium* do título do livro IV da *Suma* de Guillaume d'Auxerre: o correto é *sententiarum*. Trata-se de forma simples, um genitivo plural da primeira declinação, como *rosarum, poetarum, terrarum* etc. (*N. do T.*)

rações financeiras e recomendam antes a limitação das taxas usurárias do que a repressão da usura "*moderada*".

Os usurários cristãos são só da alçada dos tribunais eclesiásticos, enquanto os usurários judeus e estrangeiros (italianos: lombardos, caorsinos)* são objeto de uma legislação repressiva leiga monárquica. Enquanto o grande fenômeno do século XIII é a multiplicação dos usurários cristãos, a repressão pública, monárquica (ordenações de São Luís) só atingem os judeus e estrangeiros que estão fora da justiça da Igreja. Muito mais que uma medida econômica (confiscação pelo rei das usuras judias, anulação das dívidas que cristãos tivessem feito com usurários judeus), é um elemento do processo de acusação dos judeus. Mas num preâmbulo da ordenação de 1258, São Luís diz das usuras dos judeus que "elas empobrecem o nosso reino". É a parte do econômico em um processo de exclusão essencialmente religioso, ideológico e político.[80] Enquanto a usura era tolerada do lado cristão, como do lado judeu quando dizia respeito à comunidade estrangeira, há sob São Luís, por uma reversão de prática, senão de doutrina, uma tendência a tolerar mais facilmente a usura no quadro da comunidade "fraternal". É, na verdade, uma proteção dos cristãos contra os judeus. Pode-se ver uma prova de que a motivação econômica é relativamente secundária no fato de que a usura é designada e condenada como um *vício*, não como um crime ou um delito.

Em 1247, aconselha-se a São Luís confiscar as usuras dos judeus para ajudar no financiamento da cruzada. São Luís se recusa a utilizar para um fim tão santo bens tão vergonhosamente adquiridos.

---

*Convém lembrar que o autor — com todos os motivos para isso — estranha que caorsinos sejam considerados estrangeiros, em nota de pé de página no subtítulo *Novas medidas de purificação: contra os ordálios e a usura, contra judeus e lombardos*, no cap. IV da primeira parte. E manifesta sua estranheza exatamente porque um texto oficial, a ordenação de 1268, é que não os considerou franceses. (*N. do T.*)

[80]Ver *infra*, p. 706 e segs.. Os dois textos essenciais são estes do Deuteronômio 23, 19-20: *Non foenerabis fratri tuo ad usuram pecuniam* [...] *sed alieno...* (Não emprestarás a juros a teu irmão dinheiro usurário [...], mas ao estrangeiro [podes emprestar]) e do Evangelho de Lucas 6, 34-35: *Mutuum date, nil inde sperantes* (Emprestai sem nada esperar). Em seu belo livro, *The Idea of Usury. From Tribal Brotherhood to Universal Otherhood* (Princeton, 1949; 2ª ed., 1969), Benjamin N. NELSON vê a evolução das atitudes a respeito da usura como uma passagem da "fraternidade tribal" a um "altruísmo universal". Em 1268, São Luís fala de "usurários estrangeiros" (*alienigene usurari*). Quer dizer, aqueles que são reprimidos. O problema da usura é tomado em um processo geral de integração e exclusão dentro da Cristandade. Ver R. I. MOORE, *La Persécution, op. cit.* (*supra*, p. 57, nº 40). Sobre as medidas monetárias de São Luís, ver *supra*, pp. 223-226. [*N. do T.*— Pequenas correções quanto às notações bíblicas: o trecho do Deuteronômio citado é 23, 20, não 23, 19-20, como está, pois a citação não contém nada do versículo 19; o de São Lucas é 6, 35, não 6, 34-35, como está, pois não há nada do versículo 34.]

SÃO LUÍS

A moeda

Sabe-se que no fim de seu reinado, de 1262 a 1270, São Luís edita uma série de ordenações sobre a moeda.[81] Guardemos o essencial das medidas tomadas: interdição da circulação dos esterlinos ingleses no reino, condenação das moedas reais falsificadas, monopólio da circulação em todo reino reservado à moeda real (as moedas dos senhores daí em diante só poderiam circular na terra de cada um deles). E mais ainda: retomou-se a cunhagem de uma moeda de ouro, o escudo, do qual vai-se produzir uma pequena quantidade antes do século XIV, como se retomou a cunhagem da moeda de prata mais espessa (o grande tornês). Essas medidas correspondem a evidentes motivos econômicos e políticos: lutar contra a inflação e assegurar a irrigação monetária das trocas no reino, ajudar o desenvolvimento do comércio num longo raio de ação incidindo sobre quantidades e valores elevados (não a moeda de ouro — que convém às grandes cidades comerciais italianas, mas a espessa moeda de prata que está adaptada à praça comercial da França nesse mercado), conquistar enfim no quadro da construção do Estado monárquico o monopólio realengo da moeda.

Mas há também razões morais e religiosas para essas medidas, porque se trata de decisões de justiça, "a moeda forte garantindo aos olhos de São Luís a justiça nas trocas comerciais".[82] É preciso não esquecer a definição sempre presente da moeda por Isidoro de Sevilha: *moneta* vem de *monere*, "advertir", "porque ela põe em guarda contra toda espécie de fraude no metal ou no peso". É uma luta contra a *má* moeda, a moeda *falsa* ("falsa") ou *defraudata* ("falsificada"), um esforço no sentido da *boa* moeda, a moeda "sã e leal".

Essa política de São Luís perturba os meios senhoriais e eclesiásticos. Em 1265, na faculdade de teologia da universidade de Paris, o mestre Gérard d'Abbeville deve responder à questão: "O rei tem o direito em sua ordenação recente de impor a seus súditos, que eram também os súditos dos bispos e dos quais alguns eram homens de Igreja, que se comprometam sob juramento a não mais utilizar esterlinos?" É um pretexto para tratar dos problemas monetários e para examinar a noção de utilidade pública (*utilitas publica*).[83] Mas o debate aborta, à falta de meios intelectuais apropriados. Se os teólogos são desprovidos deles, muito mais ainda o é o rei! Então ele recorre aos práticos. Reúne assembleias, conselhos ou apela para a competência dos burgueses. A incompetência real em matéria monetária

---

[81]Ver *supra*, pp. 223-226.

[82]R. Folz, *Les Saints Rois du Moyen Âge en Occident, op. cit.* (*supra*, p. 275, nº 11).

[83]P. Michaud-Quantin, "La politique monétaire royale à la Faculté de théologie de Paris en 1265", artigo citado.

faz do econômico o precursor da ascensão política burguesa e de sua penetração na política real. É preciso notar ainda os aspectos simbólicos da moeda para além de seus aspectos morais. Trata-se da *conservatio monetae*, "salvaguarda da moeda", da qual Thomas Bisson mostrou o caráter fetichista, e da *renovatio monetae* sob o signo de Cristo. Sobre o escudo de São Luís vê-se na face da moeda as flores de lis e a legenda: *Ludovicus Dei gracia Francorum rex* ("Luís pela graça de Deus rei dos francos") e, no verso, uma cruz e a proclamação: *Christus vivat, Christus regnat, Christus imperat*[84] ("Viva o Cristo, reina o Cristo, comanda soberanamente o Cristo").

A salvação e a necessidade

É difícil desentranhar os quadros conceituais e ideológicos da terceira função, porque os documentos que emanam diretamente do poder e do governo real raramente expressam alguma coisa nesse sentido.

A exposição de motivos, tão esclarecedora, em geral, mesmo que nela seja preciso saber decifrar os termos para os atos públicos e as leis, é inexistente ou muito lacônica nas ordenações de São Luís. Só pude restabelecer duas expressões: *anime nostra cupientes providere saluti* ("desejando prover a salvação de nossa alma"), que marca bem o primado não apenas do religioso na administração real, mas a maneira pela qual a salvação do rei aí é posta em jogo (na sagração o rei assumiu diante de Deus, do clero e de seu povo o compromisso de governar "retamente" que faz de sua salvação pessoal o penhor de sua ação), e *pro communi utilitate* ("para o proveito comum") que será comentada mais adiante. É preciso ir procurar entre alguns textos jurídicos, atos administrativos e escritos morais para descobrir as noções que parecem inspirar a conduta real nas matérias que incluem o econômico. Uma parte das decisões reais nesse domínio vem da

---

[84] Th. Bisson, *Conservation of Coinage, op. cit. (supra*, p. 222, nº 70). [*N. do T.* — Há diferenças entre as legendas da cara e da coroa dessa moeda e suas traduções, em relação à primeira vez que o autor as citou, no subtítulo A *"boa" moeda*, Capítulo IV da Primeira Parte. Quanto à primeira legenda, lá se traduziu "rei de França", quando aqui está, mais apropriadamente, "rei dos francos", para *Francorum rex*. Na segunda legenda muda-se o verbo latino da primeira frase de *vincit* para *vivat*, com consequente alteração na tradução de "triunfa" para "viva". Mas o pior é que se trocou um indicativo por um subjuntivo, em total desacordo com os verbos das duas outras frases. Ao menos seria uma troca dentro da lógica se se trocasse *vincit* por *vivit* ("vence" ou "triunfa" por "vive"). Quanto à última frase da legenda do verso, *Christus imperat*, lá traduzida pela simplicidade de "Cristo domina", aqui passou a ser "comanda soberanamente o Cristo". Em resumo, no primeiro caso ficamos coerentemente com três indicativos: "triunfa, reina e domina". No segundo, com "viva, reina e comanda", um subjuntivo e dois indicativos, quando o coerente seria, claro, "vive, reina e comanda". Sem dúvida, a citação com *vivat* deve estar errada. A legenda, na moeda, deve trazer *vincit*, como está na primeira citação, ou *vivit*, nunca *vivat*.]

SÃO LUÍS

natureza suprema de seu poder, dos mais altos princípios que o fundamentam, daquilo que é propriamente realengo.

O que permite a São Luís, por exemplo, legislar sobre a moeda não é só a *potestas* (o poder supremo), a *auctoritas* (o direito de legitimação e poder de decisão), é a indefinível *majestas* que exprime a sacralidade do soberano. Para São Luís diz-se, não apenas oralmente, mas por escrito: "sua Majestade", "Vossa Majestade".

É também, viu-se, uma das duas grandes virtudes, das duas grandes funções reais com a paz, a *justiça*, que justifica sua ação.

Mas as medidas que se referem principalmente ao econômico são indissociáveis de outras finalidades. Aquelas a respeito das cidades, gestão do domínio, direito de hospedagem, luta contra a usura, e aquelas em favor de uma "boa" moeda ligam-se sobretudo a princípios menos eminentes, de um nível subalterno, do qual emergem três noções: a *utilitas*, a *necessitas*,[85] a *commoditas*, todas marcadas com o selo da servidão do homem em relação à matéria e ao corpo.

Sem dúvida, trata-se de uma forma de bem para o povo, para os súditos do rei: *necessitas populi*, como já o dizia, em 1199, Inocêncio III ao rei Pedro de Aragão a propósito da "má moeda". Mas, aqui, não é o bem de sua alma que está em causa, é a subsistência material do reino. Essa palavra de ordem vai se impor na regulamentação urbana no século XIV[86] e tem sua origem entre os especialistas em leis do século XIII, que criam a teoria do poder legislativo real, e entre os exegetas da Bíblia. O poder urbano deve sempre ser exercido *pro communi utilitate*, *pro commodo et utilitate communi*, *pro necessitate et utilitate*, "em proveito comum". Aplica-se às situações que englobam interesses materiais.

Na maioria das vezes, precisa-se que se trata da *necessitas corporis* ou *necessitates corporales* ("necessidade do corpo", "necessidades corporais") ou ainda *bonum corporis* ("o bem do corpo") (com uma referência bíblica: *nemo carnem suam odio habuit*, "ninguém odeia a própria carne"). É o que se refere às *res corporales* ("as coisas corporais"), designando os produtos das *artes mecânicas*, a começar pela agricultura e as exigências vitais naturais.

Esses bens são exercitados senão no desprezo do corpo que restauram, pelo menos na menor valorização do que toca a ele. São bens naturais afinal mais ou menos ameaçados pela *fragilitas carnis*, a "fragilidade da carne". Isso é verdadeiro sobretudo para a moeda. Mas onde há o econômico, há também

---

[85]Sobre a necessitas como princípio político, ver Ph. Buc, *L'Ambiguïté du livre, op. cit.*, pp. 260-271.
[86]A. Rigaudière, "Réglementation urbaine et législation d'État dans les villes du Midi français aux XIIIᵉ e XIVᵉ siècles", em *Gouverner la ville, op. cit.*, pp. 113-159.

grande risco para o rei e seus súditos de cair em dois grandes pecados: a cobiça e a fraude, *avaritia* e *fraus*. Em todo caso, não parece que aos olhos de São Luís esses bens dependam disso que Tomás de Aquino, com base em Aristóteles, chama de "bem comum", conceito que vai se situar num plano mais elevado e que só penetrará na engrenagem da monarquia francesa depois do *De regimine principum*, de Gilles de Rome, dedicado em 1280 ao futuro Filipe, o Belo. Para Luís, que não despreza o corpo, mas que o considera coisa subalterna, isso a que chamamos o econômico está ligado a ele, mas se situa em um estado inferior, particularmente ameaçado pelo pecado.

São Luís não tem portanto relações conscientes com a economia e parece ter sido — tanto pessoalmente como através dos que governaram em seu nome — não intervencionista. Entretanto, em julho e agosto de 1254, duas ordenações instituem nas senescalias de Beaucaire, Carcassonne e Nîmes verdadeiros conselhos para decidir com o senescal sobre eventuais interdições de exportação dos trigos e de outros gêneros alimentícios, em caso de penúria na região. Em 1259, o senescal de Beaucaire e de Nîmes organiza uma reunião para discutir a possibilidade de outras interdições de exportação de trigos para Aragão. Essas medidas econômicas têm um aspecto social e político importante. Os cônsules e os representantes das boas cidades estão fartamente representados nessas reuniões ao lado de barões, prelados, juízes, juízes-delegados e bailios. Os burgueses surgem decididamente como os homens da terceira função ao lado dos oficiais reais e como tal penetram nas assembleias de administração real. Cedo constituirão a elite do terceiro estado — até 1789.

Resta situar a conduta de Luís na evolução econômica que entrevemos segundo o conjunto dos documentos que se referem à França e à Cristandade do século XIII. Tudo nos permite pensar que esse reinado se situa no fim do grande avanço econômico dos séculos X-XIII e que o início da inversão de tendência a que chamamos crise do século XIV começa no fim do reinado, por volta de 1260.[87] As últimas medidas de São Luís (em particular no domínio monetário) refletem em parte esse início de crise. Mas São Luís e os contemporâneos não têm consciência disso.

Se, do ponto de vista da conjuntura econômica de longa duração, o fenômeno essencial parece ser precisamente a situação de São Luís entre o ponto mais alto do grande avanço dos séculos X-XIII e o início de uma crise maior, um outro fenômeno me parece muito importante: os progressos de uma economia de mer-

---

[87] Os primeiros conflitos no mundo do trabalho parisiense surgem nos anos 1250. Bronislaw GEREMEK assinala o conflito que opõe então donos e empregados nos lanifícios como o primeiro localizado: *Le Salariat dans l'artisanat parisien aux XIIIe-XVe siècles*, Paris e Haia, 1968, p. 102.

SÃO LUÍS

cado que as ordens mendicantes, nas quais estão os grandes amigos e conselheiros de São Luís, contentam-se vagamente em moralizar e represar. Na verdade, sob uma capa religiosa e moral, há sobretudo uma justificação do funcionamento autônomo do mercado.[88]

O enfraquecimento da terceira função real (em torno da caridade): a abundância de dinheiro que Luís acumulou com a prosperidade plurissecular do reino, com a herança de Filipe Augusto, com o que extraiu da riqueza das cidades e principalmente do clero; sua indiferença em relação a um conjunto de realidades materiais às quais votava um desprezo ideológico tanto quanto a maior parte da nobreza e do clero (as obras "econômicas" são "servis", incluindo as artes mecânicas, e são empurradas para um estatuto inferior); o direito romano renascente, o pensamento teológico de um Tomás de Aquino acentuando esse rebaixamento, em parte devido à ausência de um aparato conceitual adequado, tudo isso faz com que São Luís tenha praticado sobretudo um *laissez-faire* econômico — fora intervenções afinal marginais quando a moral e o prestígio da realeza podiam tolerá-lo.

O choque entre São Luís e a economia não existiu.[89] O rei não participou pessoalmente dos grandes debates carregados de implicações de sua época e não se percebe em seu espírito nem em sua ação o eco dessas controvérsias presentes na universidade de Paris e nos manuais dos confessores, ou nas ordens religiosas, sobretudo na ordem franciscana: o debate sobre o valor do trabalho, a justificação do comércio e dos mercados. Da mesma forma, ele ficou fora do grande debate do século XIII sobre o dinheiro, diabólico, como pensava São Francisco de Assis, ou apreciável em função das intenções de sua aquisição e de sua utilização, como julgavam os escolásticos. Como domesticar, moralizar o dinheiro? Esse problema não parece ter interessado a ele.[90] Luís se conformou, sem maiores preocupações, com os mecanismos impressentidos de que se aproveitavam seu reino aparentemente próspero e a administração real bem provida de dinheiro. Sua consciência está tranquila: a satisfação que lhe trazem sua ação em favor dos pobres e a repressão da usura judaica evita que aflorem

---

[88]John BALDWIN mostrou com clareza que o "justo preço" dos escolásticos outra coisa não é do que o preço de mercado: *The Mediaeval Theories of the Just Price. Romanists, Canonists, and Theologians in the XIth and XIIIth Centuries*, Filadélfia, 1959.

[89]G. SIVERY, na citada obra *L'Économie du royaume de France au siècle de Saint Louis* levantou a hipótese de que a França de São Luís teria conhecido uma economia de dois estágios, um tradicional, ameaçado pelas fomes e frágil, o outro "novo", reagindo ao desenvolvimento das grandes mudanças e ao dinamismo urbano através dos "ciclos". São Luís teria "descoberto" essa economia nova. Henri DUBOIS judiciosamente criticou essa hipótese na *Revue historique*, 109, 1985, pp. 472-473.

[90]Aparece entretanto em filigrana em Gilbert de Tournai.

em seu espírito questões incômodas. Ainda aqui, ele é discípulo desses frades mendicantes que elaboram, na teoria e na prática, o compromisso que mais tarde facilitará a eclosão do capitalismo.[91]

É preciso, creio, concluir com um paradoxo. Esse rei, que jogou tudo nos valores imateriais, deixou no imaginário dos franceses, desde o fim do século XIII, mais ainda do que a lembrança de suas virtudes e de seus milagres, a visão da prosperidade material do reino em seu tempo, prosperidade que lhe foi atribuída depois da morte. Porque é exatamente isso que significa "o bom tempo de Meu Senhor São Luís", tão frequentemente invocado como lamento: um tempo sem mutações monetárias, sem fomes gerais, sem alta significativa dos preços. O São Luís da memória e da nostalgia será um São Luís da prosperidade econômica. Em boa parte imaginário.

---

[91]Ver J. LE GOFF, *A Bolsa e a Vida, op. cit.*

V

SÃO LUÍS, REI FEUDAL OU REI MODERNO?

Muitas vezes neste livro evoquei o tipo de rei que foi São Luís em relação à trajetória da monarquia francesa medieval. Que marca foi a sua, voluntária ou involuntária, nessa estrada cortada por tantas transversais e à qual o historiador dá posteriormente uma coerência? Aqui, afasto-me um pouco da pessoa do rei, corpo e alma, que está no coração de minha abordagem. Mas São Luís foi um rei tão pessoal que felizmente não conseguirei escapar dele. O leitor que conhece um pouco de história da França não pode impedir que lhe venham à cabeça duas ideias ao mesmo tempo, assimiladas desde a escola: por um lado, que o núcleo central da Idade Média — e nesse núcleo estamos, no século XIII — é o regime feudal. São Luís deve ser então um rei feudal. Mas o século XIII, por outro lado, é também o nascimento do Estado moderno. Já seu avô Filipe Augusto tinha sido um rei quase estatal e logo seu neto Filipe, o Belo, será abertamente um rei estatal. Então São Luís foi um rei moderno? Alguns historiadores insistiram sobre o primeiro aspecto, considerando a monarquia do século XIII, em uma palavra, uma monarquia verdadeiramente feudal.[1] Outros estiveram atentos sobretudo ao processo de construção do Estado moderno, e as notáveis pesquisas coletivas sobre o nascimento do Estado europeu moderno efetuadas há algum tempo na Europa e na América do Norte [Canadá e Estados Unidos][2] aceleram um pouco

---

[1] Por exemplo, Th. BISSON, "The problem of the feudal monarchy", citado *supra*, p. 583, nº 64.
[2] Jean-Philippe GENET (ed.), *État moderne: genèse, bilan et perspectives*, Paris, 1990. A excelente obra de J. KRYNEN (*L'Empire du roi, op. cit.*) precipita um pouco a marcha para o absolutismo real na França e minimiza o freio a essa evolução. Excelente apresentação equilibrada de Albert RIGAUDIÈRE, *Pouvoirs et institutions dans la France médiévale. Des temps féodaux aux temps de l'État*, t. II, Paris, 1994.

a máquina da história. Empurram São Luís no sentido de Filipe, o Belo. Vou me esforçar para unir algumas observações esparsas deste livro tentando definir o ambiente *político* de São Luís. É claro que o movimento que ele viveu e para o qual contribuiu não é linear, não foi ditado por uma finalidade providencial ou racional, o que frequentemente vem a dar no mesmo. Como se disse, mas é preciso relembrar, a realidade é muito mais complexa do que esse esquema problemático: feudal ou moderno? Os filósofos, os sociólogos, os politólogos têm o grande mérito, entre outros, de obrigar os historiadores a *pensar* a história. Mas muito frequentemente o induzem a trair a complexidade da estrutura e dos acontecimentos da história em benefício de esquemas simplificadores, senão simplistas. Certamente, a ciência histórica, como as outras, progride por abstrações. Só que as abstrações da história são carnudas e hesitantes. Como aquelas em que São Luís esteve envolvido e que contribuiu para alimentar. No fim deste livro, quase no termo de minha caminhada rumo ao coração de São Luís e da realeza que ele encarnou, falarei do próprio fundamento desse tipo de realeza, a sacralidade, à qual São Luís acrescentará a santidade.

Regime feudal e Estado moderno

Na França do século XIII, como na historiografia da França medieval, o reinado de São Luís ocupa um lugar à parte. Nele se reconhece geralmente o apogeu da França medieval, mas raramente ele é situado em relação aos dois processos que acabo de evocar e que caracterizam a maior parte do Ocidente medieval: a afirmação do regime feudal e da gênese do Estado moderno.

A personalidade do rei, a atmosfera religiosa que envolve seu reinado, a explosão da civilização em seu tempo encobriram as infraestruturas desse meio século de história da França. Só mais recentemente a imagem de prosperidade que o envolvia com um halo enganador se deteriorou um pouco, depois de estudos que descobriram nos domínios da economia, das classes sociais e da vida intelectual a partir de 1260 os sintomas anunciadores da grande crise do século XIV.[3] Mas os historiadores modernos compartilharam a nostalgia dos franceses do início do século XIV do "bom tempo de meu senhor São Luís".

Para poder definir o tipo de monarquia encarnado por São Luís, é preciso, então, primeiro retificar a questão que, situando-me em relação à historiografia,

---

[3] É a posição de G. DUBY em sua grande síntese *Le Moyen Âge* (987-1460), em *Histoire de France*, t. I, *op. cit.*, (*supra*, p. 66, nº 70).

SÃO LUÍS

599

pus no título deste capítulo. Não há oposição histórica clara entre um rei feudal e um rei moderno. A evolução que leva do regime feudal ao Estado moderno passa no século XIII por uma fase essencial de "monarquia feudal" intermediária, na qual São Luís ocupa um lugar central.

Sistema feudal e sistema monárquico, ainda que correspondam a duas lógicas teoricamente distintas, não são opostos, mas combinados na realidade histórica. A diminuição da servidão e o avanço da economia monetária sob São Luís não enfraqueceram o regime feudal, mas o reforçaram, as cidades que se tornaram suas "boas cidades" foram elementos desse sistema feudal — e São Luís foi o rei de França que melhor encarnou essa integração original.[4]

Sob seu reinado, a monarquia feudal continuou de modo decisivo sua transformação em um Estado monárquico moderno.[5]

Sobre o uso real do sistema feudal

É com São Luís que as prerrogativas da *suserania*, atribuída ao rei como cabeça da pirâmide feudal das homenagens e dos feudos, mais se aproximam daquilo que os juristas tratando de direito romano e os historiadores modernos chamam de *soberania*. O rei multiplica o número dos senhores que lhe são diretamente ligados por *hommage-lige*. Assim, quando, durante a cruzada, Joinville, que não era até então mais do que vassalo de vassalo do rei, tendo perdido tudo que lhe pertencia, recebeu uma subvenção regular do rei (*feudo-rendimento* ou *feudo de bolsa*), torna-se seu *homme-lige*. Só o rei não pode ser vassalo de ninguém. O *Livre de justice et de plet*, cerca de 1260, afirma, no capítulo "Sobre o ofício de rei": "O rei não deve depender de ninguém", de pessoa alguma. Essa convergência entre as noções e

---

[4] Medievalistas americanos afirmaram recentemente que o rei capeto não se apoiou primeiro sobre o sistema feudal para depois fazer triunfar sobre ele o sistema monárquico estatal, mas que começou, ao contrário, por assentar seu poder real e a seguir apoiou-se nesse poderio para tirar partido do sistema feudal e pô-lo a serviço do reforço do poder: Th. BISSON ("The problem of the feudal monarchy", artigo citado) e J. BALDWIN (*Philippe Auguste, op. cit.*) situaram esse momento decisivo sob o reinado de Filipe Augusto no qual Th. Bisson viu "o primeiro rei feudal da França". Ch. PETIT-DUTAILLIS, em sua *Monarchie féodale en France et en Angleterre* (*op. cit.*), já tinha afirmado, sem prová-lo suficientemente, que o reinado de São Luís foi "o apogeu da monarquia feudal". Dois historiadores alemães, H. KOLLER e B. TÖPFER (*Frankreich, ein historischer Abriss*, Berlin, 1985), retomaram, também sem demonstrá-lo de modo suficiente, esta afirmação: "São Luís contribuiu de maneira essencial para a busca do reforço da monarquia." J. RICHARD intitulou um dos capítulos de seu *Saint Louis* (*op. cit.*): "A transformação das estruturas da realeza feudal". Roger FÉDOU escreveu a propósito da "política feudal" dos grandes Capetos: "Um dos 'segredos' de seu sucesso consistiu em utilizar a fundo os recursos do direito feudal para preparar ou legitimar suas conquistas à custa dos principais feudatários" (*L'État au Moyen Âge*, Paris, 1971, p. 64).

[5] Permito-me remeter a J. LE GOFF, "Le Moyen Âge", em A. BURGUIÈRE e J. REVEL (ed.), *Histoire de la France*, t. II, *op. cit.* (*supra*, p. 66, n° 70).

as realidades de suserania e soberania é atestada pelo emprego, na época de São Luís, da expressão "soberano senhor de um feudo" como sinônimo de suserano. Uma dupla nomenclatura testemunha esse amálgama entre sistema feudal e sistema monárquico. O rei é "senhor" (*sire*), "meu senhor" (*messire, monseigneur*), ou, quando o tratamento é em latim, *dominus*, mais cerimoniosamente *Vestra Serenitas*, "Vossa Serenidade", e já *Vestra Majestas*, "Vossa Majestade". *Majestas* é o termo que exprime melhor a soberania.

Nessa sociedade em que, se bem que cresçam o uso e o prestígio da escrita, o peso da palavra e do gesto, o valor do simbólico continuam consideráveis, o rei se apropria das palavras e dos ritos do regime feudal. Na véspera de partir para a cruzada, Luís IX manda todos os seus barões a Paris e os obriga a um *juramento*, conta Joinville, segundo o qual "guardariam fé e lealdade aos filhos dele, se alguma coisa lhe acontecesse na viagem". Juramento, fé, lealdade, as próprias bases — com o feudo — das relações feudais.

Os *ordines* compostos sob seu reinado e que descrevem ou regulam o ritual da sagração real integram os ritos de armar cavaleiro (*adoubement*), ritos essenciais de ingresso no sistema feudal, com a entrega das insígnias reais (*regalia*) e a coroação que marcam o ingresso na realeza.

Além das rendas do domínio, Luís não pôde ter recorrido sempre senão à ajuda feudal.[6] Esforça-se para obter o máximo, mas se choca com as regras e mentalidades ainda vivas. Entretanto, obtém muito frequentemente de seus vassalos, sobre os quais exerce forte pressão, autorização para reclamar ajuda dos vassalos deles próprios, quer dizer, seus vassalos de vassalos, aos quais, em princípio, não pode pedir nada. Deve respeitar o costume, mas cada vez que se vê diante de um caso previsto pelo costume exige ajuda feudal com muito rigor. Limita ao mínimo possível os privilégios de isenção e reduz os que foram concedidos por seus antecessores. É particularmente exigente quanto às cidades, cuja maior parte está sob sua vassalagem. Mas dificilmente escapa às garras feudais ainda que possa, em um número crescente de casos, em virtude de seu poder realengo, criar, como disse o bailio Philippe de Beaumanoir em seus *Coutumes de Beauvaisis*,[7] "normas para proveito comum" aplicáveis a seus vassalos e vassalos de vassalos, para ajuda feudal, fonte decisiva para suas finanças. Enfim, é impotente contra a lentidão do recolhimento das ajudas. No início de seu reinado, em 1270, o filho sucessor Filipe III reclamou ajuda não

---

[6]Jean-Marie Augustin, "L'aide féodale levée par Saint Louis et Philippe le Bel", *Mémoires de la Société pour l'histoire du droit*, 6, 37, 1980, pp. 59-81.
[7]*Coutumes du Beauvaisis*, A. Salmon (ed.), t. II, 1900, nº 1.499.

SÃO LUÍS

601

só para sua própria elevação a cavaleiro em 1267, mas para o casamento de sua irmã Isabel, quinze anos antes, em 1255.

Em compensação, na sua ação de pacificador, Luís usa com muita habilidade o instrumento de dominação que representa para um rei a vassalagem obtida de um poderoso senhor e até de um outro rei. É uma das vantagens que busca diante do rei da Inglaterra no tratado de Paris de 1259, e é a concepção que anima sua arbitragem, a "posição de Amiens" de 1260 entre Henrique e seus barões. Charles T. Wood viu bem isso: "Foi um precedente que demonstrou a todos os seus ambiciosos sucessores como a vassalagem podia fornecer um instrumento para um incrível crescimento da competência real em matéria de justiça."[8] É nesse domínio, já se viu, que a justiça real faz progressos decisivos sob o reinado de São Luís: o processo do apelo multiplicou os recursos diretos para o rei.

De um modo mais geral, a partir dos anos 1250 multiplicam-se as reuniões de conselheiros reais tornadas necessárias pela inchação do volume dos "casos e negócios" que chegam até o rei.[9] Esses "parlamentos" não podem funcionar na ausência do rei e de seus conselheiros. As sessões se prolongam, o caráter burocrático dessa organização se acentua e logo seus membros estabelecem divisões. No fim do reinado de São Luís, esses parlamentos se ocupam especialmente dos negócios das cidades e dos problemas monetários. O funcionamento das "boas cidades" foi reorganizado por São Luís em 1262. As eleições anuais dos novos prefeitos devem se realizar a 29 de outubro e, no dia 18 de novembro, três eleitos entre os quais o rei escolherá o próximo prefeito e os tesoureiros das cidades devem ir em "parlamento" a Paris com os prefeitos em fim de mandato (a centralização do reino progredia).

As grandes decisões são sempre tomadas ou de todo modo anunciadas nas reuniões da *corte* real, composta em sua maioria de prelados e de leigos importantes, alguns dos quais são os conselheiros mais particulares e mais regulares do rei — e essas reuniões podem tomar também o nome de "parlamentos". Nesses "parlamentos", de um tipo mais ou menos novo, são tomadas decisões mais especializadas.

O caso de Enguerran de Coucy foi, já o vimos, levado a um parlamento: "Em tais casos, o peso pessoal de São Luís dificilmente pode ser exagerado."[10]

---

[8] Ch. T. WOOD, "The Mise of Amiens and Saint Louis' Theory of Kingship", artigo citado.
[9] Thomas N. BISSON, "Consultative Functions in the King's Parlements (1250-1314)", *Speculum*, vol. XLIV, 1969, pp. 353-373.
[10] *Ibid.*, p. 361.

Nesse período de transição, Luís, uma vez mais, combina evolução, que em grande parte vai adiante dele, dos órgãos de governo com suas ideias pessoais.

Agrada a Luís, enfim, rodear-se de um círculo restrito de amigos íntimos, de extração social a mais compósita, que compreende tanto um príncipe como Thibaud, conde de Champagne e rei de Navarra, seu genro, como o cônego Robert de Sorbon, aqueles que Joinville chama de "nós que estávamos em volta dele".[11] É o "círculo" propriamente dito, um grupo com o qual São Luís gosta de discutir desordenadamente, de brincar, aos quais aprecia particularmente passar sua mensagem religiosa e moral, e com os quais testa as decisões que pretende tomar. É uma versão pessoal da *família*, da *mesnie* feudal.[12]

Mas essa dominação do sistema feudal por São Luís só foi possível porque, mais ainda do que seu avô Filipe Augusto, ele foi um *rei* muito poderoso, em razão das características e das prerrogativas da monarquia, de sua riqueza e de sua força militar. Graças ainda a sua estreita aliança com a Igreja.

A grande aliança do trono e do altar

Por sua piedade, por sua conduta, que recusa às vezes alguns excessos da Igreja e do papado — especialmente em matéria de excomunhão e de fiscalização —, São Luís levou ao ponto máximo a aliança entre a monarquia e a Igreja, aliança que foi uma força da monarquia capetiana desde seus primórdios e por toda a sua longa duração. Luís IX agiu por convicção e também por desígnio político.

Contou-se a São Luís que em seu leito de morte seu avô Filipe Augusto disse ao filho, o futuro Luís VIII: "Peço-te que honres a Deus e à Santa Igreja como eu o fiz. Isso foi altamente útil para mim e para ti terá também grande utilidade." E em seus *Ensinamentos* ao filho, lembrou ele que Filipe Augusto, segundo lhe contara um membro do conselho do avô, sobre isso teria dito um dia: "Prefiro suportar meu prejuízo do que provocar um escândalo entre mim e a Santa Igreja."[13] E São Luís acrescenta por sua própria conta: "Lembro-te isso para que não te disponhas a acreditar em outros contra as pessoas da Santa Igreja. Deves, assim, honrá-las e protegê-las, a fim de que elas possam prestar seu serviço a Nosso Senhor em paz."

---

[11]Sobre o horizonte cristológico dessa expressão, ver *infra*, pp. 658-659. Ver também *supra*, pp. 531-532.
[12]GUILLAUME DE SAINT-PATHUS, *Vie de Saint Louis*, p. 71: "E assim o santo rei formava seu círculo íntimo (*mesnie*) para bem proceder." Ver *infra*, pp. 657-659.
[13]Ver *supra*, pp. 42-43 e *infra*, p. 626.

SÃO LUÍS

Ora, a Igreja é a peça mestra do sistema feudal não só porque, mesmo depois da reforma gregoriana e a partir de então livre da ascendência da aristocracia leiga, é por sua condição social e por suas riquezas um dos beneficiários da ordem feudal, mas principalmente por ser a justificadora ideológica do sistema.

Ainda que a criança de 12 anos não tenha entendido bem as palavras dos juramentos que pronunciou na cerimônia de sagração,[14] Luís IX adulto, se bem que não gostasse de juramentos, considera-se ligado a esses compromissos. A assistência mútua entre a monarquia e a Igreja está na base deles. Cada um, a seu modo, representa Deus nessa aliança. O rei herda sua função ao nascer e diretamente de Deus, do qual é representante em seu reino, a "imagem", mas só entra de posse dessa graça por intermédio da Igreja, representada pelo prelado que o unge e coroa. A Igreja é que o faz definitivamente rei e se compromete a protegê-lo. O rei vai se beneficiar de seu poder sacralizante, será o braço secular da Igreja. Essa aliança do trono e do altar — da qual São Luís tem uma consciência particularmente aguda — é a pedra angular da monarquia francesa em sua longa duração, desde o batismo de Clóvis.

Essa aliança e o respeito da Igreja não impedem o rei de combater as pretensões dos bispos em matéria temporal e judiciária — o que se viu desde sua juventude —[15] e de protestar vigorosamente contra o comportamento do papado no trato com a Igreja da França.[16] Luís não se comporta como o braço direito da Igreja nas causas que não considera justas.[17] Exerce rigorosamente as prerrogativas reais em matéria eclesiástica e aplica na colação [concessão] dos benefícios eclesiásticos que lhe cabem de direito os princípios morais que acusa o papado de nem sempre respeitar.

A essas prerrogativas Luís está muito atento. Nos Ensinamentos, recomenda ao filho:

> Caro filho, recomendo-te que os benefícios da Santa Igreja que terás de dar, que os dês a boas pessoas através de um grande conselho de *prud'hommes*; e me parece que mais vale dar àquelas pessoas que nenhumas prebendas possuem do que àquelas que já as têm; porque se as procurares bem acharás bastantes daquelas que nada têm e com as quais a doação será bem empregada.[18]

---

[14]Ver *infra*, p. 736 e *supra*, pp. 92-93.

[15]Ver *supra*, p. 109 e segs.

[16]G. CAMPBELL, "The Protest of St. Louis", artigo citado (*supra*, p. 154, nº 56).

[17]Ver sua crítica das excomunhões episcopais inconsideradas e vãs, *infra*, pp. 694-696.

[18]*Enseignements* (ed. D. O'Connell), p. 189.

604 JACQUES LE GOFF

Desse modo, Geoffroy de Beaulieu louva a conduta de São Luís na colação de benefícios eclesiásticos: escolha de pessoas de excelente reputação, recurso ao conselho de *prud'hommes*, como o chanceler da Igreja de Paris e sobretudo os frades mendicantes, cuidado de não permitir acumulação de benefícios, e colação de benefícios só em caso de certeza de necessidade dos benefícios a conceder.[19]

Administração local e poder legislativo

Filipe Augusto tinha sido o grande ampliador[20] do domínio real, que multiplicou por quatro. Também tinha posto para funcionar uma administração aperfeiçoada — especialmente sob o ponto de vista financeiro — do domínio. À imitação do rei, a maior parte dos vassalos procurou melhorar, no século XIII, o rendimento da administração feudal, ou antes senhorial, através de técnicas financeiras aperfeiçoadas e de um melhor funcionamento da *terra senhorial vulgar*[21] e característica disso que Marc Bloch chamou de segunda idade feudal.[22] Foi São Luís que tirou melhor proveito da exploração e da administração do reino. A nomeação de *inquiridores* encarregados de informar ao rei sobre a gestão de seus representantes, bailios e senascais e de corrigir as injustiças que tivessem cometido tem por objetivo e como consequência assegurar uma administração real mais perfeita, torná-la mais eficaz e mais bem aceita. Observou-se precisamente que "a habilidade com a qual os soberanos" — e isso é particularmente verdadeiro em relação a Luís IX — "souberam respeitar os usos locais e conquistar os notáveis explica o sucesso dos agentes reais".[23]

Mas as medidas que só o rei está habilitado a tomar apresentam-se sob a forma de textos expeciais.

Chamam-se *ordenações* esses textos expressando decisões reais tomadas em razão da *soberania* e diversamente designadas, em particular como *leis* ou às vezes, mais simplesmente, *cartas*. São expressões daquilo que chamaríamos o "poder legislativo" do rei. Essas ordenações, raras entre os antecessores de Luís IX, cujo poder legislativo quase não ultrapassava o domínio real, tornam-se numerosas pela primeira vez com Luís IX. Enumeram-se vinte e cinco para São Luís, contra

---

[19]GEOFFROY DE BEAULIEU, *Vita*, p. 12.
[20]É o sentido original de "augusto", "aquele que aumenta".
[21]Georges DUBY, *La Société aux XIe et XIIe siècles dans la région mâconnaise*, Paris, 1953; *L'Économie rurale et la vie des campagnes dans l'Occident médiéval*, 2 vol., Paris, 1962.
[22]M. BLOCH, *La Société féodale, op. cit. (supra*, p. 282, n° 1).
[23]J. SCHNEIDER, "Les villes du royaume de France...", artigo citado.

SÃO LUÍS

seis para Filipe Augusto, mas neste caso é preciso acrescentar oito regulamentos, "que não se ousou incluir no número de suas ordenações", segundo seu editor do século XVIII, Eusèbe de Laurière.

Entretanto, por vezes as ordenações têm um caráter limitado, seja quanto à área de aplicação, seja quanto às pessoas envolvidas. A limitação a áreas restritas se explica pelos privilégios de algumas regiões recentemente submetidas à soberania real. É o caso sobretudo da Normandia reconquistada dos ingleses por Filipe Augusto. Uma ordenação datada de maio de 1246 em Orleãs refere-se aos problemas de arrendamento e de resgate nos costumes de Anjou e de Maine no momento em que Carlos d'Anjou vai entrar de posse de seu apanágio. Vê-se que um certo número desses textos legisla no domínio consuetudinário propriamente "feudal", mas o rei, intervindo no sistema feudal, respeita esse quadro: assim, uma ordenação de maio de 1235 regulamenta a "qualidade e resgate dos feudos" e fixa a parte dos "frutos" que tocam ao Senhor (todos os anos, para as terras agricultáveis e as vinhas, a cada cinco anos para as reservas florestais de coelhos e a cada sete anos para os bosques). Algumas dessas regulamentações aboliam as "más regras" —* reivindicação essencial das populações submetidas ao regime "feudal". São Luís continua a respeitar os direitos dos senhores eminentes em seus feudos: como disse o código de leis de Touraine-Anjou, "Barão de todas as justiças" — quer dizer, poder público — "em sua terra, o rei não pode estabelecer proclamações na terra do barão sem seu assentimento".

As ordenações que se aplicam a uma única categoria de pessoas referem-se sobretudo a judeus.[24]

A ordenação de Melun de dezembro de 1230, que retoma as medidas editadas por Filipe Augusto contra os judeus e suas usuras, é a primeira ordenação válida em todo o reino (*in toto regno nostro*). É um marco na história do poder real. As ordenações, além daquelas que se referem aos judeus, têm por objeto interesses obsessivos de Luís, aqueles que lhe parecem mais particularmente requerer a seu tempo a intervenção do poder real e são de sua alçada exclusiva.

O primeiro domínio de ação legal é o da guerra e da paz: o rei deve ser o único responsável para declarar ou terminar a guerra e não permitir que estoure senão depois de esgotados todos os esforços de paz. É o objetivo das ordenações de 1245, 1257 e 1260 que instituem a "quarentena do rei", trégua de quarenta dias imposta aos "amigos carnais" dos adversários desde o início do

---

*Assim eram chamadas (*mauvaises coutumes*) as utilizações abusivas das regulamentações legais (*chartes de coutume*) por parte dos senhores. (*N. do T.*)

[24] Ver *infra*, p. 704 e segs.

conflito armado, proíbem as guerras particulares e os "julgamentos de Deus", os desafios ou *gages de bataille* e substituem os "duelos judiciários" por "provas de testemunhas".

O segundo domínio é o da moeda (ordenações de 1262 e 1265) que, por motivos de justiça, deve ser "boa", "forte" e nesse domínio o rei deve gozar do monopólio de circulação só da moeda real em todo o reino.[25]

As ordenações que, aos olhos de São Luís, são as mais importantes têm objetivos de moralidade (contra a prostituição, a blasfêmia, a maleficência, a perversidade) e de justiça (contra as exações, injustiças e abusos de poder dos agentes reais e dos dirigentes das boas cidades). Têm esse sentido a "grande ordenação" de 1254, a ordenação "para a utilidade do reino" de 1256 e a carta escrita de Aigues-Mortes em 25 de junho de 1270 para o abade Mathieu de Vendôme, abade de Saint--Denis, e a Simon de Nesle, regentes do reino na ausência do rei que partia para a cruzada de Túnis.

Nesse conjunto, um texto apresenta um interesse muito particular: foi considerado uma ordenação. Engloba as cartas escritas em junho de 1248 em Corbeil nas quais São Luís confia a sua mãe o governo — diríamos nós a regência — do reino. Definem a natureza e o conteúdo do poder real que lhe é confiado.

Preliminarmente é o pleno poder para tratar dos negócios do reino, sejam aqueles que lhe estivessem sendo submetidos, sejam aqueles que ela tivesse decidido assumir:

> A nossa querida Senhora e mãe a rainha concedemos e queremos que em nossa ausência durante a cruzada ela tenha pleno poder de se encarregar e assumir os negócios de nosso reino, segundo aquilo que lhe agrade e pareça bom de assumir.[26]

Concede-lhe também pleno poder para "abolir o que julgar que deve ser abolido, segundo o que lhe parecer bom".[27] Branca de Castela tem então pleno poder para tratar de todos os negócios do reino, sem exceção daqueles através dos quais ela entraria, em termos jurídicos, de *posse do direito de herança*, e pleno poder de abolição. Eis um aspecto particularmente importante do poder, não só porque, sob o ponto de vista do direito, esse poder deva ser especialmente mencionado,

---

[25] Sobre as reformas monetárias de São Luís, ver *supra*, pp. 221-229 e pp. 591-592.

[26] "Carissimae Dominae et matri reginae concessimus et voluimus quod ipsa in hac nostrae peregrinationis absentia plenariam habeat potestatem recipiendi et attrahendi ad regni nostri negotia, quod sibi placuerit et visum fuerit attrahere [...]" (Fr. OLIVIER-MARTIN, *Études sur les régences*, I, *op. cit.*, p. 87, nº. 1; ver *supra*, p. 79, nº 100).

[27] "[...] removendi etiam quos viderit removendos, secundum quod ipsi videbitur bonum esse" (*ibid.*).

SÃO LUÍS

mas também porque a mentalidade feudal considera particularmente grave toda abolição, porque o que existe tem a vocação de perdurar. Esse pleno poder real confina com o bel-prazer, contudo deve estar subordinado ao bem, um bem deixado sem dúvida à apreciação do rei, mas que deve se submeter a critérios objetivos: os do "bem comum", tal como o definiu o pensamento grego antigo e o redefiniu a doutrina cristã.

Como bem se observou, se Luís IX parece conceder o poder supremo (*plena potestas*) à regente, sua mãe, permitindo-lhe tratar de todos os negócios que, segundo seu parecer, devessem ser tratados (usa a fórmula *quod sibi placuerit*, "o que lhe agradar", característica do pleno poder), afinal corrige essa delegação de poder acrescentando "segundo o que lhe parecer estar de acordo com o bem"* (*secundum quod ipsi videbitur bonum esse*). Trata-se menos do exercício de um poder pessoal que do reconhecimento de um sistema administrativo e de governo dominado pela noção de bem comum ou de utilidade comum, noção derivada da confluência de um direito consuetudinário reinterpretado, de um direito romano adaptado e de uma concepção ético-política antiga, reelaborada pelos teólogos escolásticos da época, noção que agrada a Luís por sua conotação moral e religiosa.[28]

O poder confiado à regente compreende a seguir o domínio sobre todos aqueles que administram o reino a serviço do rei, mas também do reino — diríamos nós do Estado, e, acrescentamos, que se trata de nomeações, deslocamentos ou destituições:

> Que ela tenha o poder de instituir os bailios, de nomear e demitir os cas-
> -telões, os agentes florestais e todos os outros a nosso serviço, segundo o que
> lhe parecer justo fazer.[29]

---

*As pequenas diferenças dos trechos finais das citações da carta de São Luís em relação aos parágrafos imediatamente anteriores estão na tradução francesa do autor para o latim do documento de São Luís ("segundo o que lhe parecer bom", por exemplo, e depois "segundo o que lhe parecer estar de acordo com o bem", em português). Através dessas diferenças, o autor, parece, quis realçar de maneira mais ampla o verdadeiro alcance dos poderes concedidos a Branca — os trechos finais das citações já vinham em destaque gráfico na transcrição latina, como se viu. (*N. do T.*)

[28] Albert RIGAUDIÈRE, "'*Princeps legibus solutus est*' (Dig. I, 3, 31) e '*Quod principi placuit legis habet vigorem*' (Dig. I, 4, 1) através de três códigos de leis do século XIII", em *Hommages à Gérard Boulvert*, Nice, 1987, pp. 438-439. Do direito consuetudinário, esse texto retém a ideia do gozo coletivo de um bem por uma comunidade segundo o costume local, mas a ideia assume um valor abstrato e geral se levada ao conjunto dos súditos do reino. Do direito romano, guarda a ideia de utilidade pública, mas adapta-a à sociedade de uma monarquia cristã. Refere-se enfim à concepção aristotélica do bem comum, mas sob a forma dada pelos teólogos escolásticos do século XIII (especialmente Tomás de Aquino, mas depois de 1248) que a reelaboram na perspectiva de *A Cidade de Deus*, de Santo Agostinho.

[29] "*Baillivos etiam instituere valeat, castellanos, forestarios et alios in servitium nostrum vel regni nostri ponere et amovere, prout viderit expedire*" (em Fr. OLIVIER-MARTIN, *Études sur les régences, op. cit.*).

Por fim, confia-lhe os poderes de intervenção nos negócios eclesiásticos que são da competência do rei de França:

> Que ela tenha também o poder de conferir as dignidades e os benefícios eclesiásticos vacantes, de receber a fidelidade dos bispos e dos abades e de lhes restituir a regalia [o rei recebia as rendas eclesiásticas durante as vacâncias episcopais e abaciais], de dar aos capítulos e aos conventos a autorização de eleger por nós [bispos e abades].[30]

Vê-se como São Luís definiu e praticou o poder real: um poder totalmente discricionário, mas que permanece subordinado ao bem, a uma atenção particular pela qualidade das pessoas pertencentes às duas classes que dependem do rei: uma, nova, dos oficiais que levam o poder real a todo o reino e são seus representantes diretos, outra, tradicional, dos titulares de dignidades eclesiásticas, em relação aos quais o rei exerce minuciosamente, mas em função de critérios morais, os direitos realengos.

As medidas assumidas por muitos dos grandes feudais em seus principados, em particular pelos irmãos do rei — e principalmente Afonso de Poitiers — em seus apanágios, imitam as medidas tomadas pelo rei no domínio, mas às vezes talvez as precedam. Conduzem a uma uniformização das estruturas feudais do poder e da administração no reino. Na verdade, de modo decisivo, no reinado de São Luís o domínio real se torna o molde pelo qual se modela todo o reino.

São Luís e o direito

Não é a difusão do direito romano que vem a ser o grande acontecimento jurídico do reinado de São Luís. Trata-se de uma difusão ainda limitada e que deixa marca sobretudo na França meridional, a França da língua d'oc, onde São Luís favorece a penetração do poder real. É no Sul e, especialmente, na nova universidade de Toulouse, a qual fracassa na luta contra os hereges mas tem sucesso no ensino jurídico, que começam a se formar os legistas — antes que a universidade de Orleãs assuma esse papel — que serão as figuras importantes do governo real sob Filipe, o Belo. Na França setentrional, onde a universidade de Orleãs continua modesta, o direito romano não é ensinado na universidade de

---

[30]"*Dignitates etiam et beneficia ecclesiastica vacantia conferre, fidelitates episcoparum et abbatum recipere et eis regalia restituere, et eligendi licentiam dar capitulis et conventibus vice nostra*" (*Ibid.*).

SÃO LUÍS

Paris: segundo alguns, por causa do pedido de Filipe Augusto ao papa Honório III para que não se permita o ensino na sua capital de um direito que, no século XIII, ainda é considerado essencialmente um direito imperial, num momento em que o rei de França busca subtrair-se à superioridade do Imperador. Acham outros que o papado é que quis assegurar, em Paris, o primado da teologia sem a concorrência do direito.[31]

O grande acontecimento do reinado em matéria jurídica é, já se viu, o fato de que passa para o domínio da escrita a maior parte dos princípios consuetudinários regionais: *Grand coutumier* da Normandia, *Conseil à un ami* de Pierre de Fontaines, bailio de Vermandois, *Livre de justice et de plet* para os orleaneses, *Établissements de Saint Louis* em Touraine e Anjou e, pouco depois da morte de São Luís, os célebres *Coutumes du Beauvaisis* de Philippe de Beaumanoir. O direito consuetudinário, característico do direito feudal, passava da fase oral à fase escrita; mas nem por isso perdia sua condição de direito feudal, até reforçada pela redação escrita.

Quanto aos inquiridores de São Luís, uma de suas primeiras missões foi reformar ou suprimir as "más regras", na mais pura tradição feudal.

Sem dúvida o apelo cada vez mais frequente ao rei, que às vezes, espetacular e simbolicamente, julga ele próprio sob o famoso carvalho de Vincennes e, na maior parte das vezes, manda que seus conselheiros julguem, contribui para aumentar o poder real e para a unificação judiciária do reino. Não se trata, porém, de substituir uma justiça de outra ordem por justiças senhoriais, mas de impor a superioridade da justiça do suserano-soberano sobre a dos vassalos. Como dirão logo depois da morte de São Luís os advogados de seu filho Filipe III diante daqueles de seu irmão Carlos d'Anjou, tio do novo rei, que reclamavam o respeito à norma estabelecida: trata-se de fazer reconhecer a superioridade das "regulamentações do reino" sobre as dos feudos, dos principados feudais. Essa evolução não é inteiramente alcançada.

Um jurista fortemente marcado pelo direito romano como Jacques de Révigny, célebre mestre da universidade de Orleãs e partidário firme do poder real,[32] ainda afirmava que é preciso preferir "sua própria pátria", quer dizer, a senhoria onde se vive, à "pátria comum", quer dizer, o reino.

---

[31] É a hipótese de Jacques Krynen. J. VERGER também não crê numa intervenção de Filipe Augusto nesse sentido: "Des écoles à l'université: la mutation institutionelle", artigo citado (*supra*, p. 53, nº 31), p. 844.
[32] M. BOULET-SAUTEL, "Le concept de souveraineté chez Jacques de Révigny", artigo citado.

Uma sociedade feudal e burguesa

O reino da França no tempo de São Luís permanece fundado sobre a terra e a economia rural. Os camponeses continuam a constituir pelo menos 90% da população do reino. É certo que São Luís multiplica as alforrias, recomenda a seus agentes que deem preferência aos interesses dos fracos diante dos interesses dos poderosos e que protejam os camponeses. Mas não muda nada quanto ao modo de produção que repousa sobre a exploração do camponês alforriado, cujo lugar na hierarquia social São Luís não modifica. A evolução econômica, com a difusão da economia monetária e dos métodos de exploração da terra senhorial, transforma a natureza das obrigações camponesas; as exações monetárias, os pagamentos de foros anuais sobrepujam a partir de agora os dias de trabalho gratuito e as dívidas a serem pagas em frutos da terra, a renda feudal muda, mas a parte assumida pelo dinheiro, se agrava algumas diferenciações sociais na massa camponesa, apenas reforça globalmente o sistema senhorial. É o apogeu desse sistema.

Se se olhar pelo lado da nobreza, certamente se vai ficar impressionado com os casos em que a justiça real sancionou decisões dos nobres e até mesmo dos barões. O caso de Enguerran de Coucy, que causou na época de São Luís agitação no seio do baronato, ficou célebre. Mas não se pode deixar de observar que todos esses casos opõem nobres a outros nobres, no máximo cavaleiros a barões. Não há burgueses no relacionamento de São Luís. Se há clérigos modestos, como Robert de Sorbon, filho de camponês, e cavaleiros de uma condição média, como Joinville, isso realça uma tradição capetiana que não pode mascarar a presença majoritária de prelados e de barões. São Luís permanece ligado, como ligada estará a monarquia francesa até 1789, à nobreza e mesmo à aristocracia. Mas é particularmente preocupado em ajudar os nobres pobres, os nobres arruinados pela cruzada ou pelo desenvolvimento da economia monetária, e que fazem parte daqueles "pobres envergonhados", uma categoria que comove particularmente esse discípulo dos frades mendicantes. Ajuda-os, seja fazendo deles vassalos que recebem uma pensão assimilável a um "feudo de bolsa", seja contratando-os para a administração real em plena expansão, na qual, segundo Guy Fourquin, eles entrariam sob esse reinado "de forma maciça". Mas hesito em ver nisso, com Fourquin, uma "nobreza de Estado", produto da cruzada.[33] Não é preciso puxar São Luís e a sociedade francesa sob seu reinado nem muito para trás nem muito para frente. O ideal

---

[33]G. Fourquin, *Les Campagnes de la région parisienne à la fin du Moyen Âge, op. cit. (supra,* p. 584, nº 60), p. 152.

SÃO LUÍS

do leigo *prud'homme*, que o rei opõe ao preux [bravo], não deixa de ser um ideal nobiliário. E ao *prud'homme* se opõem a um tempo o burguês e o camponês alforriado.

São Luís não foi o rei dos burgueses. Afinal, as cidades não são os organismos antifeudais que uma certa historiografia imaginou. A economia urbana se situa, como se viu, dentro do modo de produção feudal. As cidades, assim, como se disse com justeza, captam e se conduzem como "senhorias coletivas". Não se poderia falar de pré-capitalismo. Os próprios feudos de artesão não são raros na França de São Luís. Certamente, evoluções não desprezíveis aparecem: o espírito de crescimento e de aproveitamento se afirma, os comerciantes, pela usura, põem-se a vender o tempo, e os universitários, a ciência, coisas que, num e noutro caso, só pertencem a Deus. Mas São Luís detesta os usurários, quer se trate de judeus ou de cristãos e, como se tem dito, desconfia dos intelectuais. Prefiro, observando a economia e a sociedade urbana e comerciante de seu tempo, falar, com José Luis Romero, de sociedade feudal-burguesa.[34]

Rei sofredor, rei humilde, amigo dos pobres, rei dos frades mendicantes, São Luís só é um rei de um novo tipo na medida que o Deus, o Cristo do século XIII se tornou ele próprio um rei crucificado, um rei-Deus da paixão.[35] Ora, se o Senhor se fez humilde, não se fez plebeu. Amar os pobres e os fracos ("raquíticos")[36] é mais uma obra de misericórdia que de justiça para São Luís.

São Luís não foi um rei revolucionário, nem mesmo reformista, no sentido moderno. Foi amoldado pelos "Espelhos dos Príncipes" aparecidos na época carolíngia, modificados pelo renascimento do século XII e o espírito das ordens mendicantes do século XIII. Permanece, ou mesmo se tornou, um rei feudal, tirando todo o partido possível do sistema feudal. Foi, em compensação, um rei utópico. Rex pacificus, como o chama o papa Bonifácio VIII na bula de canonização, quer dizer, um rei dos últimos tempos que deseja conduzir seu povo para a salvação no além, não para a felicidade na terra — ideia que ainda não existe no século XIII —, se bem que as gerações seguintes façam de seu reinado um tempo de paz e de prosperidade aqui na terra. Certamente, sob seu reinado acelera-se o grande movimento de descida dos valores do céu sobre a terra,[37] mas esses valores permanecem religiosos, e se o modelo feudal que reinava no céu do Pseudo-Dionísio com a hierarquia

---

[34]José Luis ROMERO, *La Revolución burguesa en el mondo feudal*, Buenos Aires, 1969.
[35]Ver *infra*, *O rei sofredor, o rei Cristo*, pp. 760 e segs.
[36]GUILLAUME DE SAINT-PATHUS, *Vie de saint Louis*, p. 79.
[37]Ver nosso ensaio citado na p. 431, nº 29.

612   JACQUES LE GOFF

da sociedade celeste, dos arcanjos e dos anjos desce sobre a terra, é para aqui se implantar mais firmemente.

São Luís não caça

De Clóvis a Luís XIV, se há uma atividade que todos os reis de França praticaram mais ou menos apaixonadamente é a caça. A caça real leva à criação de numerosas florestas reais e à construção de numerosas residências no coração ou na proximidade imediata dessas florestas, que inicialmente são residências da França. A Île-de-France primeiro foi um vasto espaço de caça para os reis. Filipe Augusto quis fazer sobretudo do "bosque de Vincennes", essencialmente lugar de distensão e de justiça para São Luís, uma área de caça. O rei nunca afirma melhor sua imagem e seus privilégios do que caçando.[38]

Ora, nenhum texto, nenhum documento permite surpreender São Luís na caça. É provável que ele jamais tenha caçado.[39]

Fazendo-o, ou, antes, não o fazendo, também afirmou sua condição excepcional entre os leigos. Abster-se de caçar deixa-o muito próximo dos bispos; aos quais os mais antigos concílios, desde o quarto concílio, proibiram essa atividade, divertimento que é também e principalmente um sinal de nobreza, da nobreza leiga. Além disso, uma longa tradição dá uma conotação negativa aos caçadores (não era Nemrod, o rei tirano, que desafia Javé construindo a torre de Babel, também um grande caçador?) e particularmente aos príncipes caçadores. Na Bíblia, os príncipes dos povos (*principes gentium*) "que brincam com os pássaros do céu" (*qui in avibus celi ludunt*) "têm sido exterminados e descem aos infernos" (Baruc 3, 16-10).* Um texto atribuído a São Jerônimo afirma: "Nunca vi um caçador que tenha sido santo."[40] Num de seus tratados, o bispo Jonas d'Orléans,

---

[38]Luís XI, ao saber da morte de seu pai Carlos VII, partirá logo para a caça.

[39]Devo observar que essa afirmação, que muito provavelmente corresponde à realidade, permanece sendo uma hipótese. Também não conheço documento declarando ou mostrando que São Luís jamais caçou. Em compensação, testemunhas oculares afirmam que ele nunca foi visto participando de "jogos de azar ou semelhantes", nem "em nenhum jogo desonesto" (GUILLAUME DE SAINT-PATHUS, *Vie de Saint Louis*, p. 133).

*Ainda que a numeração dos versículos fosse exata, esse não seria um modo correto de indicação bíblica, com os versículos em ordem decrescente. Mas a numeração de ambos os versículos está errada (estes são os versículos: 17 e 19, não 16 e 10) e, de todo modo, estando excluído o versículo 18, a notação teria de ser *Baruc 3, 17 e 19* (jamais Baruc 3, 17-19). Ou separadamente: *Baruc 3, 17* para a primeira citação; e *Baruc 3, 19* para a segunda. (*N. do T.*)

[40]Ver Ph. BUC, *L'Ambiguïté du livre, op. cit.*, p. 113. Achar-se-á, nessa obra, notável documentação sobre a caça, risco ideológico do poder. Sobre a caça na Idade Média, ver o artigo "Chasse", de Alain GUERREAU, a aparecer em *Les Caractères originaux de la civilisation de l'Occident médiéval*, sob a direção de Jacques LE GOFF e J.-Cl. SCHMITT (com a bibliografia essencial). Para Bizâncio, ver Évelyne PATLAGEAN, "De la chasse et du souverain", em *Homo Byzantinus. Papers in Honor of Alexander Kazhdan*, Dumbarton Oaks Papers, nº 46, 1992, pp. 257-263. A caça real em Bizâncio é uma proeza e substitui a vitória guerreira, como na Antiguidade.

SÃO LUÍS 613

autor de um dos principais Espelhos dos Príncipes carolíngios do século IX, consagra um capítulo (*De institutione laicali*, "Sobre as instituições leigas", livro II, capítulo XXIII) "àqueles que pela caça e o amor aos cachorros negligenciam a causa dos pobres" (isto não parece ter sido escrito especialmente para São Luís, servidor dos pobres?.)[41]

O grande canonista Yves de Chartres, no início do século XII, tinha reunido em seu *Decreto* uma impressionante documentação contra a caça que compreende sete títulos, ao lado de cânones conciliares que proíbem a caça para os bispos, os padres e os diáconos. E textos patrísticos condenam os caçadores de qualquer condição. Santo Agostinho declara que dar alguma coisa a um caçador é tão condenável como dar a um histrião ou a uma prostituta: "Aquele que dá alguma coisa a um caçador não dá ao homem, mas a uma atividade perversíssima, pois se o caçador for apenas um homem não se lhe dará nada; o que se homenageia então é seu vício e não sua natureza." O mesmo Santo Agostinho diz em outra parte: "Infelizes daqueles que se deleitam com a visão de um caçador! Que se arrependam. Senão, quando virem o Salvador [no Juízo Final], estarão mergulhados na tristeza." São Jerônimo lembra que Esaú era caçador porque era pecador, um homem do pecado, e que "não se acha caçador santo nas Escrituras, os únicos santos aí são pescadores". São Pedro e seus companheiros se tornam, ao chamado de Jesus, pescadores e não caçadores de homens. Por último, Santo Ambósio estigmatiza o homem que, na aurora, levanta-se não para ir à Igreja rezar, mas que reúne seus servos, prepara suas redes, solta seus cachorros e percorre sarças e florestas.[42]

O sistema real

Os elementos de uma teoria política que define a natureza da realeza de São Luís podem ser tirados de dois textos diretamente ligados a ele. O primeiro é uma carta do papa Gregório IX, de 26 de novembro de 1229, dirigida a Luís IX e Branca de Castela.[43] Nela o papa sublinha que, entre os dois atributos

---

[41] O texto de Jonas d'Orléans pode ser encontrado na *Patrologie latine* de MIGNE, t. 106, col. 215-228.

[42] YVES DE CHARTRES, *Décret*, em MIGNE, *Patrologie latine*, t. 16/1, col. 808-810.

[43] Texto publicado por Denifle e Chatelain no *Chartularium Universitatis Parisiensis*, nº 71, t. I, pp. 128-129, citado por H. GRUNDMANN em seu artigo *"Sacerdotium-Regnum-Studium"*, (*supra*, p. 317, nº 23), citado e comentado por Ph. BUC em *L'Ambiguïté du livre* (*op. cit.*, p. 178 e segs.) que sigo aqui. Ver também, do mesmo autor, "Pouvoir royal et commentaires de la Bible (1150-1350)", *Annales*. E.S.C., 1989, pp. 691-713.

principais, a *potentia*, a "autoridade", que dá o poder de punir, e a *benignitas*, a "bondade", da qual decorre o poder de misericórdia, de perdão, o rei tem de ter a *sapientia*, a "sabedoria" que impede a *potentia* de virar arrogância e a *benignitas* de degenerar em "laxismo" (*dissolutio*). Viu-se que a *sapientia* é uma virtude particularmente louvada em São Luís, novo Salomão. Essa tríade de atributos permite reunir outras faculdades reais que também são atributos do Cristo-rei: a *potestas*,* que introduz a terminologia do direito romano no sistema, a *majestas*, velha concepção romana também, que o rei cristão está recuperando no século XIII na perspectiva da teologia cristã,[44] e o *timor*, temor positivo, diferente do medo negativo". Assim se elabora uma teoria da soberania do rei cristão. Mediadora, vem a seguir a *sapientia*, a "sabedoria", que, em Cristo, não se desliga da *veritas*. Há portanto no rei cristão, imagem de Deus, do Cristo, a potencialidade de pensar e agir segundo a verdade. Do mesmo modo que ao *timor* corresponde a *potentia*, à *sapientia* responde a *honor*, a honra, termo que tem complexas conotações no sistema feudal-cristão. Enfim, a *benignitas* do rei é a *bonitas* do Cristo. É a bondade que deita raízes para a santidade (*sanctitas*) do Cristo. Existe então uma espécie de vocação do rei cristão para a santidade. Mas essa santidade de função é diferente daquela que será a santidade pessoal de São Luís.[45] Enfim, a *bonitas* se une ao *amor*, o que produz a *compaixão* e a *piedade* que São Luís manifesta em relação ao próximo. São Luís ama seus súditos e a propaganda monárquica da qual ele é o primeiro grande modelo se esforça para fazê-lo amado reciprocamente por seus súditos, durante a vida e depois da morte.

O segundo texto é o *De morali principis institutione* de Vincent de Beauvais, misto de Espelho dos Príncipes e de tratado de ciência política concebido por incentivo de São Luís.[46] O tema do rei imagem de Deus aí assume a forma muito interessante, do ponto de vista do sucesso dos esquemas ternários, do rei "imagem da Trindade" (*rex imago trinitatis*). O primeiro aspecto neste caso é a

---

*"Poder", "força". *Majestas*, logo a seguir, atributo também não traduzido, é de tradução óbvia, "majestade", assim como pouco adiante *veritas*, "verdade". (*N. do T.*)

[44] O tema da *majestas* também se exprime, e talvez principalmente, no século XIII na arte e na literatura, ainda que segundo modalidades próprias a essas artes do imaginário. Ver Alain LABBÉ, *L'Architecture des palais et jardins dans les chansons de geste. Essai sur le thème du roi en majesté*, Paris e Genebra, 1987. Sobre o rei na literatura dos séculos XII e XIII, ver o belo livro de Dominique BOUTET, *Charlemagne et Arthur ou le roi imaginaire*, Paris, 1993. Sobre a *majestas* de um ponto de vista teológico-jurídico, ver os trabalhos em andamento de Jacques Chiffoleau e Yann Thomas: J. CHIFFOLEAU, "Sur le crime de majesté médiéval", em *Genèse de l'État moderne en Méditerranée*, Roma, 1993, pp. 183-213.

[45] Ver *infra*, pp. 739 e segs.

[46] Esse texto foi fundamente analisado por Robert J. SCHNEIDER numa conferência pronunciada na universidade de Groningen [Holanda] em 1987, cujo teor ele me comunicou: "*Rex imago trinitatis*: Power, Wisdom and Goodness in the *De morali principis institutione* of Vincent de Beauvais". Sigo sua análise aqui.

SÃO LUÍS

potentia regalis. Essa *potentia*, essa autoridade real, é lícita quando o rei evita o "amor de dominar" (*amor dominandi*) e a tirania, e se lembra da palavra de Santo Agostinho: "Os grandes impérios são grandes roubalheiras".[47] E ainda quando o nascimento torna o rei legítimo. E Vincent lembra que Luís IX descende de Carlos Magno[48] e que a longa duração da dinastia capetiana (duzentos e trinta e seis anos desde o advento de Hugo Capeto ao de Luís VIII, pai de São Luís) é uma prova do favor da Providência. O segundo aspecto é a sabedoria do príncipe (*sapientia principis*). Consiste essa sabedoria no domínio do caráter e da conduta, no bom governo de todo o corpo social que lhe está submetido, na aptidão para dar e receber opiniões e conselhos, na administração pessoal da justiça, no estabelecimento de leis e de regras, na escolha de bons amigos, conselheiros e agentes, na boa administração financeira de sua casa e do reino, na reflexão que se impõe antes de entrar numa guerra, na instrução adquirida tanto nas letras sagradas como nas profanas. Reconhece-se aqui o tema lançado por João de Salisbury um século antes: "Um rei ignorante é apenas um asno coroado" (*rex illiteratus quasi asinus coronatus*),* o lugar central destinado à sabedoria (*sapientia*) por Gregório IX em sua carta, e a prática corrente de São Luís tal como é descrita e louvada por seus biógrafos. Enfim, Vincent descreve o terceiro componente da trindade real, a bondade (*bonitas*). Insiste na necessidade do rei de mantê-la contra a maledicência e a lisonja, grande tema da moral política nos sistemas monárquicos.

No século XIII, ao lado dos juristas romanistas, é preciso contar com os canonistas. É do mundo eclesiástico que vem um conceito que tende a resumir a função real: a *dignitas*. Designando os ofícios eclesiásticos nos quais a "dignidade" é independente da pessoa que detém o título, o termo veio a ser aplicado dessa maneira a diversos ofícios seculares. Isso teve para os Capeto uma grande importância, porque implicava a perpetuidade da função através de seus titulares sucessivos. Satisfazia ao cuidado maior dos príncipes e de seus conselheiros de reduzir tanto quanto possível o período de vacância do poder entre dois reinados. Ora, o adágio jurídico afirma que "a dignidade não morre nunca" (*dignitas nunquam moritur*). Mas a prática dinástica com a sucessão automática através do filho mais velho (*primogenitus*), afirmada no *ordo* da sagração

---

[47] "Magna regna, magna latrocinia."

[48] É o tema da "volta à linhagem de Carlos Magno" (*reditus ad stirpem Karoli*), ver p. 77.

*As duas traduções são perfeitamente corretas, porém vale lembrar que o autor citou várias vezes o tema de João de Salisbury, desde o primeiro subtítulo do primeiro capítulo da primeira parte do livro, sempre traduzindo o latim illiteratus por "iletrado" (illetré), e preferiu agora traduzi-lo por "ignorante" (ignorant) — solução talvez até mais expressiva. (N. do T.)

e manifestada pela chancelaria, que data o reinado de um novo rei do dia da morte de seu predecessor, tende, sob São Luís, a esvaziar o conceito de *dignitas* de sua principal utilidade e a fazer com que se apagasse diante da *majestas*, que exprimia melhor a plenitude da soberania.

Limites do poder real

Outras fórmulas se manifestam em benefício dessa soberania do rei de França.

Há inicialmente a concessão feita ao rei de França pelo papa Inocêncio III em sua bula *Per venerabilem*, em 1205, através da qual se proclama que "o rei não reconhece superior no temporal". De um modo geral, segundo alguns historiadores do direito e da teoria política,[49] os canonistas mais que os romanistas teriam contribuído para essa afirmação da soberania real. As fórmulas mais características dessa soberania são bem conhecidas: "O príncipe não está submetido às leis" (*princeps legibus solutus: Digesta*, I, 3, 31) e: "O que agrada ao príncipe tem força de lei" (*quod principi placuit legis habet vigorem: Digesta*, I, 4, 1, e *Institutiones*, I, 2, 6).[50]

Mas, como ficou bem demonstrado, a fórmula *quod principi placuit*, aplicada ao rei no século XIII, de modo algum iria dar-lhe a possibilidade de agir apenas segundo sua vontade. Inscreve-se, ao contrário, no quadro de uma estrita legalidade. Vê-se que São Luís, ao indicar a fórmula em favor da mãe para a segunda regência, subordina o exercício desse bom prazer à submissão do bem.[51] É precisamente uma das virtudes da *sabedoria do príncipe*: saber ouvir bons conselhos e obedecer a princípios esclarecidos que evitarão apelar para seu bel-prazer de maneira arbitrária.[52]

Da mesma forma, o rei não está verdadeiramente "desligado das leis" (*legibus solutus*) porque, estando "acima da lei", mas também "sob a lei" (*supra et infra legem*), "sendo, ao mesmo tempo, filho e pai da lei, acha-se numa situação que o impede de violá-la".[53]

---

[49]Ralph E. GIESEY, *The Juristic Basis of Dynastic Right to the French Throne*, Baltimore, 1961, p. 7. E o grande livro de E. H. KANTOROWICZ, *Les Deux Corps du roi, op. cit.*

[50]S. MOCHY ONORY, *Fonti canonistiche dell'idea moderna dello stato*, Milão, 1951.

[51]A. RIGAUDIÈRE, "Princeps legibus solutus est' e 'quod principi placuit legis habet vigorem", artigo citado (*supra*, p. 686, n° 1).

[52]Ver supra, p. 289.

[53]A. RIGAUDIÈRE, artigo citado (*supra*, p. 616, n° 51), p. 441.

SÃO LUÍS

Professor de direito em Orleãs no fim do reinado, Jacques de Révigny, ainda que partidário do poder real, opõe-lhe duas limitações essenciais. No exterior do reino, o poder permanece submisso senão ao Imperador, pelo menos ao Império, o que não é muito diferente: "Alguns dizem que a França goza de isenção em relação ao Império; isso é impossível em direito. Donde resulta que a França está submetida ao Império."[54] No interior do reino, enquanto "alguns dizem que, assim como Roma é a pátria comum, também a coroa real é a pátria comum, porque ela está à frente", Révigny, já ficou visto, acha também que "o dever do vassalo é defender sua própria pátria — quer dizer, a baronia à qual deve homenagem — antes da pátria comum, quer dizer, o rei".[55] Joinville, o fiel ao rei por excelência, não diz outra coisa quando se recusa a seguir São Luís à cruzada de Túnis para se ocupar de seu dever primordial, o bem de sua senhoria de Champagne, que muito sofrera com sua ausência.

Assim, as fórmulas *"Quod principi placuit e Princeps legibus* não parecem ter tido mais do que um efeito limitado na França do século XIII. São conhecidas e consagradas, mas sempre de maneira extremamente formal".[56] São Luís está longe de ter sido um rei absoluto. Três obrigações o impediam de sê-lo. A primeira é a exigência, que se sobrepõe a tudo, de obediência a Deus. Beaumanoir traduz isso bem quando afirma que cada um, o rei e os súditos, "deve fazer sobre todas as coisas o que se refere ao mandamento de Nosso Senhor".[57] E creio, como Charles Petit-Dutaillis, que para São Luís "a obrigação essencial [...] foi guiar seus súditos no sentido de assegurar-lhes a salvação das almas".[58] Mas creio também, com Rigaudière, que Petit-Dutaillis exagera quando submete a essa obrigação uma segunda, a do bem comum: para São Luís, "o comum proveito não podia ser senão a extinção do pecado, a expulsão do diabo". Para o santo rei, o comum proveito não se esgotava, na verdade, nesse sentido escatológico, ainda que esse sentido lhe fosse essencial. O "comum proveito" era também o princípio que inspirava o bom governo aqui na terra, nos domínios mais e mais técnicos sobre os quais deviam ser exercidas novas formas de ação real ligadas a essa construção do Estado monárquico moderno: em primeiro lugar, a justiça, as finanças e a moeda, que não

---

[54] M. BOULET-SAUTEL, "Le concept de souveraineté chez Jacques de Révigny", artigo citado, p. 25. Ver também, do mesmo autor, "Jean de Blanot et la conception du pouvoir royal au temps de Saint Louis", em *Septième centenaire de la mort de Saint Louis, op. cit.,* pp. 57-68.

[55] M. BOULET-SAUTEL, artigo citado, p. 23. Ver *supra,* pp. 609-610.

[56] A. RIGAUDIÈRE, artigo citado (*supra,* nota pouco acima sobre o mesmo artigo), p. 444.

[57] PHILIPPE DE BEAUMANOIR, *Coutumes de Beauvaisis, op. cit.,* capítulo XLIX, parágrafo 1515. Ver A. RIGAUDIÈRE, artigo citado na nota imediatamente precedente, p. 449 e n° 70.

[58] Charles PETIT-DUTAILLIS, "L'établissement pour le commun profit au temps de Saint Louis", *Annuario de Historia del Derecho español,* 1933, pp. 199-201.

618 JACQUES LE GOFF

estavam fora de uma visão religiosa e moral, da qual a *Cidade de Deus* agostiniana era sempre a referência última. Os homens da Idade Média concebiam lugares, uma lógica das relações entre o céu e a terra lá onde só vemos incompatibilidade e necessidade de separação. A ideia tentadora de uma "secularização", de uma "laicização" do político me parece anacrônica.[59]

Em compensação, estou de acordo com Strayer e seus discípulos, como Elizabeth Brown,[60] quando sublinham a importância, entre os sucessores dele, de uma atitude que constitui a terceira limitação ao poder absoluto de um rei cristão a partir de São Luís, a *consciência*.[61] Essa limitação se encarna no exame de consciência, ligado à nova prática da confissão, mediador entre a vontade de Deus e o exercício da soberania real. Em matéria de fiscalização de moeda, especialmente, a consciência explica em parte as hesitações, o tatear, até mesmo as aparentes contradições da legislação e da ação do rei de França. Interrogando a consciência, São Luís é contido no caminho do absolutismo que só vai se impor mais tarde.[62]

São Luís se mostra a seus súditos

Viu-se que entre a ocultação da pessoa real sagrada e a ostentação — fiquei tentado a dizer a "ostensão" —* São Luís escolheu a segunda atitude.[63] Usa mais essa "vitrine" da pessoa real do que seus antecessores, mas envolve essa "ostensão" real na humildade das procissões ou das jornadas de esmolas aos pobres. Viu-se em Salimbene de Parma São Luís chegando de pé no chão na poeira da estrada, a caminho da cruzada, para o capítulo geral dos franciscanos, em Sens, 1248. Essa aparência de humildade penitente faz a pessoa real brilhar mais.[64]

---

[59]Joseph R. STRAYER, "The Laicization of French and English Society in the Thirteenth Century" (1940), repetido em *Medieval Statecraft and the Perspectives of History*, Princeton, 1971, pp. 251-265. A impressionante obra de Georges LAGARDE, *La Naissance de l'esprit laïque au déclin du Moyen Âge* (1934-1946), 3ª ed., Louvain e Paris, 1956-1970, sustenta pontos de vista que me parecem igualmente contestáveis.

[60]Elizabeth A. R. BROWN, "Taxation and Morality in the XIIIth and XIVth Centuries: Conscience and Political Power and the Kings of France", *French Historical Studies*, VIII, 1973, pp. 1-28, repetido em E. LITES (ed.), *Conscience and Casuistry in Early Medieval Europe*, Cambridge e Paris, 1988.

[61]Ver *supra*, pp. 342 e 453-454, e *infra*, pp. 673-676.

[62]Se o processo "absolutista" notavelmente estudado por J. Krynen continua sob São Luís, só se acelera depois dele.

*"Ostensão", o ato de mostrar(-se), não deixa de ser, nesse sentido, um sinônimo de *ostentação*. Mas a palavra, hoje desusada no vocabulário geral, só sobrevive no léxico litúrgico, no qual para a exposição de relíquias aos fiéis, por exemplo, a Igreja fala em "ostensão das relíquias" (também em francês, *ostension des reliques*). Com a mesma raiz, o vocabulário litúrgico tem ainda o nome da peça em que a hóstia sagrada é exibida aos fiéis, o "ostensório" ou custódia (em francês *ostensoir* ou *monstrance*). De modo que o autor foi extremamente feliz ao jogar com a palavra num contexto religioso como é o de São Luís: sua ostentação, sua *ostensão*. (*N. do T.*)

[63]Ver *supra*, p. 496.

[64]Ver *supra*, pp. 401-402.

SÃO LUÍS

Dois textos de Guillaume de Saint-Pathus mostram bem esse jeito de São Luís de tomar um banho de multidão numa atmosfera de humilde devoção mas não isenta de ostentação.

O primeiro relata a procissão organizada publicamente em 1262 para transferir para Senlis, onde lhes seria construída uma igreja, os vinte e quatro corpos dos santos mártires da legião de São Maurício, retirados da abadia de Saint-Maurice d'Agaune.* Providenciou para que fossem transportados em muitos relicários, cobertos de mortalhas de seda, reuniu muitos bispos e abades, diante de numerosos barões e de uma "grande multidão de povo". "Organizou uma procissão em boa ordem, com todo o clero da cidade de Senlis", e mandou carregar os caixões com as relíquias "em grande procissão através da cidade", até a capela do palácio real onde elas são depositadas à espera do término da construção da igreja de Saint-Maurice. "O santo rei mesmo carregava sobre os próprios ombros o último relicário com seu genro o rei de Navarra Thibaud e os outros relicários foram carregados à frente dele por outros barões e cavaleiros [...]. Quando os corpos santos estavam na dita igreja, o santo rei mandou cantar missa solene e mandou que se dirigisse um sermão ao povo ali reunido."[65] Luís se humilha publicamente diante das relíquias, mas impõe ao clero, aos nobres e ao povo a imagem de um rei distribuidor de relíquias, assegurando uma proteção da qual deve ser o primeiro a se beneficiar.

O segundo texto mostra o rei a cavalo distribuindo esmolas aos pobres: "Quando o santo rei cavalgava pelo reino, os pobres vinham a ele e ele mandava dar, a cada um, um denário, e quando apareciam muitos indigentes mandava dar cinco sous a um, dez *sous* a um outro e até vinte sous a um outro [...]."[66]

Em sua volta da Terra Santa, "quando visitava sua terra, servia todos os dias dois pobres com as próprias mãos, dando a cada um dois pães e doze denários parisis". Distribui também dinheiro e alimentação em tempos de escassez de víveres e de carestia, preenchendo assim seu papel de rei, rei alimentador. "E dizia às vezes: 'Vamos visitar os pobres dessa região e fazer com que eles comam.'"[67]

---

*Agaune, ou, aport., Agaunó, é hoje a cidade suíça de Saint-Moritz, não muito longe da fronteira italiana. A mudança de nome é homenagem a São Maurício, nascido lá, no século III. São Maurício chefiou uma legião tebana e, segundo sua *Paixão*, escrita por Santo Eucário de Lyon, recusou-se a participar de um sacrifício pagão e foi massacrado, com muitos de seus soldados, todos tornados mártires, por tropas do imperador Maximiano. São Maurício é hoje muito venerado na França, na Suíça e na Itália. (*N. do T.*)

[65] GUILLAUME FE SAINT-PATHUS, *Vie de Saint Louis*, pp. 45-46.
[66] *Ibid.*, p. 89.
[67] *Ibid.*, pp. 89-91.

A Sexta-Feira Santa é o dia da grande "ostensão" do rei esmoler:

> E como o rei santo ia no dia da Santa Sexta-Feira pelas igrejas, dando denários aos pobres que vinham a ele, proibia a seus agentes que impedissem os pobres de se aproximar dele. Com isso, os pobres empurravam de tal modo o santo rei que pouco faltava para derrubá-lo. E tudo ele levava com paciência, porque era todo espremido pelos pobres que o seguiam para receber a esmola e às vezes até subiam sobre seus pés tão numerosos eram, mas ele não tolerava que os aguazis e os outros que estavam em volta dele empurrassem os pobres para trás [...].[68]

Jornadas de caridade, jornadas de "ostensão" da pessoa real. No palácio real, particularmente em Vincennes e, mais ainda, no palácio da Cité em Paris, ele combina a discrição com a ostentação. Seu *hôtel*, ver-se-á, tende a tornar-se uma "casa sagrada" para ele e para seu grupo íntimo,[69] sua Sainte-Chapelle se torna seu relicário privado para as relíquias da Paixão que ele expôs quando chegaram a Paris, depois fechou-as em sua capela privada para seu próprio uso. Mas, nas ocasiões excepcionais, as relíquias saem em procissão para que o povo as veja e o jardim do palácio é aberto aos que vão solicitar a justiça pessoal do rei, ou nas grandes festas reais.

São Luís calculista?

Os reis Capeto fazem portanto o Estado monárquico progredir sob o manto do sistema feudal e da religião. Isso é particularmente verdadeiro com São Luís. Sob seu reinado, o Estado avança mascarado, debaixo da máscara da santidade. Sinal dos tempos ou "maquiavelismo" *avant la lettre* do soberano?[70]

Há na conduta de São Luís um traço excepcional tão impressionante que é possível perguntar-se se não há um "segredo" de São Luís. Obedecendo a imperativos religiosos e morais, afirmando não botar nada acima dos interesses de Deus e da religião, nunca parou de servir ao mesmo tempo os interesses do poder real e da França. Voltaire compreendeu isso.[71] Fustel de Coulanges também, e escreveu: "Sua habilidade é ser justo."[72]

---

[68] *Ibid.*, pp. 117-118. Ver mais adiante, p. 723, o fim desse texto que me parece dar, em profundidade, a chave da conduta de São Luís.

[69] Ver *infra*, pp. 620-659.

[70] J. KRYNEN interrogou-se sobre um possível maquiavelismo na prática política medieval (ver *L'Empire du roi, op. cit.*).

[71] Ver o texto escolhido como epígrafe deste livro.

[72] N.D. FUSTEL DE COULANGES, *Leçons à l'impératrice*, Colombes (França), 1970, p. 176 ("Saint Louis et le prestige de la royauté").

São Luís

Encarnando melhor do que seus predecessores o modelo de rei "cristianíssimo" (*christianissimus*), estabelece mais firmemente esse epíteto como o atributo natural do rei de França elevando-o acima dos outros reis cristãos. São Luís justifica que o rei de França seja chamado pelo inglês Mateus Paris "o mais alto e mais digno dos reis terrestres".[73]

Quando Luís obtém do rei da Inglaterra que lhe preste homenagem no palácio da Cité a 4 de dezembro de 1259, como se pode deixar de ver no gesto um grande sucesso político da expressão de uma reconciliação cristianíssima?

Quando Luís cria, em 1247, os inquiridores para ouvir as queixas contra os abusos e as negativas de reparação justa dos oficiais reais, é também a imagem da justiça real que se impõe e se afirma. Quando os bailios reais denunciam a política fiscal dos burgueses que governam as cidades e fazem com que caia sobre o povo o essencial do peso dos impostos, quando acusam de injustiça os "ricos homens", é o poder que se intromete na administração das "boas cidades".

Particularmente a maneira de fazer justiça ou de estabelecer a paz por motivos religiosos e morais explícitos propicia ao mesmo tempo o avanço do poder e o prestígio do soberano, e reforça o Estado em construção.

Vamos reler a famosa passagem de Joinville que lembra São Luís distribuindo justiça sob um carvalho no bosque real de Vincennes:

> Muitas vezes, deu-se que no verão ele ia se sentar no bosque de Vincennes, depois de sua missa, e se encostava a um carvalho, e nos fazia sentar em volta dele. E todos aqueles que tinham algum caso vinham lhe falar, sem impedimento dos aguazis nem de ninguém. E então ele lhes perguntava falando por sua própria boca: "Há alguém aqui que tenha sua parte?" E os que tinham sua parte se levantavam. Então ele dizia: "Calai-vos todos, e todos serão despachados um após outro." E chamava então meu senhor Pierre de Fontaines e meu senhor Geoffroi de Villette, e dizia a um dos dois: "Despachai-me esta parte."[74]

Fazia o mesmo no jardim do palácio real em Paris.

> E mandava estender o tapete para que sentássemos em torno dele; e todo povo que tinha caso para levar a ele ficava de pé em volta dele. E então ele mandava despachá-los da maneira como contei antes no bosque de Vincennes.[75]

---

[73] Mateus Paris, *Chronica majora*, t. V, p. 307.
[74] Joinville, *Histoire de Saint Louis*, p. 35.
[75] *Ibid.*, p. 35.

Joinville, que escreve cerca de quarenta anos depois desses fatos e que não gosta do soberano reinante, Filipe, o Belo (que tinha 2 anos quando o avô São Luís morreu), como não gosta do governo dominado pelos juristas e pelos auxiliares que chamaríamos de burocratas, faz questão de sublinhar a facilidade de acesso dos queixosos ao rei e seu modo pessoal, direto, de fazer justiça.[76] Mas se São Luís deixa ir a si os queixosos e os ouve, manda-os — para dar a decisão, o julgamento — aos especialistas que o cercam: Pierre de Fontaines, que é um jurista célebre, e Geoffroi de Villette, um conhecido bailio. De fato, sob o manto dessa justiça pessoal, São Luís põe em ação a justiça real, põe em prática o grande progresso político e administrativo de seu reinado, o desenvolvimento do apelo ao rei, quer dizer, uma justiça real que queima as etapas das justiças senhoriais, subalternas, locais, privadas. Montesquieu escreveu: "São Luís introduziu o direito de apelar à última instância sem a obrigação de passar pelo julgamento das instâncias inferiores: mudança que foi uma espécie de revolução."[77] O aumento do número de casos a julgar que resulta disso requer mais especialistas da justiça; para os casos mais importantes, o apelo se faz cada vez mais à corte real em parlamento. São Luís é ainda um rei itinerante, mas sua justiça se torna sedentária.[78]

Escreveu-se: "O afluxo de processos chegados à corte do rei parece dever-se à influência moral de São Luís."[79] É preciso entender. Não existem dois movimentos distintos: um que seria um desenvolvimento institucional da justiça real, outro que responderia a uma preocupação moral de São Luís. Também não há habilidade de São Luís, porque seu cálculo político, se é que ele tem um, é inseparável de suas motivações religiosas. São Luís é simultaneamente um justiceiro cristão e um construtor de uma justiça real, porque esta para ele é apenas o instrumento de sua ação moral. É sem dúvida esse o "segredo" de São Luís: não separar a política e a ética.

É sua grande força. Mesmo a cruzada, que ele prolongou além do momento histórico a que ela estaria restrita, mas que ainda era prestigiosa quando começava a parecer anacrônica: se bem que o tenha conduzido a um duplo desastre, ela enriqueceu a imagem de São Luís e serviu para o prestígio do reino da França. É

---

[76]Devo esta observação pertinente a Bernard Guenée.
[77]*O espírito das leis*, livro XXVIII, capítulo XXIX. "Ir à última instância sem passar pelas anteriores" significa que se faz apelo ao rei de um julgamento senhorial sem ter de requerer, como antes, a disputa, o combate judiciário. Não esqueçamos que São Luís suprimiu os "gages de bataille", o duelo judiciário como meio de provas.
[78]F. Lot e R. Fawtier, *Institutions royales, op. cit.*, pp. 332-333.
[79]*Ibid.*, p. 333.

ainda heroica antes de se tornar somente utópica. Do mesmo modo que a aventura arturiana, mesmo ultrapassada pelo espírito do tempo, só pôde acabar pela morte de Artur, a cruzada, já fora da mentalidade comum da época, só pôde acabar por uma morte heroica, a de São Luís.

VI

SÃO LUÍS EM FAMÍLIA

Os homens não vivem sozinhos, os da Idade Média em particular, e as redes de família e de parentesco os agrupam mais ainda no vértice da pirâmide social do que em sua base. A família carnal dos homens, a do sangue, é também uma família de alianças em que os grandes, mais que todos os outros, devem assegurar-lhe a reprodução, garantir a assistência mútua e fazer todo o possível para manter a condição e aumentar a linhagem. Essa rede humana e os deveres a ela ligados são mais fortes, mais exigentes se o chefe precisa, através de sua linhagem também e mesmo primordialmente, assegurar o "estado real". Porque essa linhagem é superior a todas as outras e diferente delas. É uma dinastia, uma "raça", como se dizia outrora, uma linhagem sagrada. O amor que São Luís deve manifestar pelos membros de sua linhagem está aureolado dessa sacralidade.[1]

O pai

O amor se torna primeiro a subida contra a corrente, no sentido dos pais. Não conhecemos palavras de São Luís sobre o pai. Na ordenação real de Melun contra os judeus usurários em 1230, há a menção estereotipada: "Em lembrança do ilustre rei Luís nosso pai e de nossos ancestrais", e vem da chancelaria real, não do jovem rei. As ordenações posteriores de Luís IX só mencionarão "nossos

---

[1] Ver a excelente obra de A. W. LEWIS, *Le Sang royal, op. cit.*, capítulo IV, "Le développement du sentiment dynastique".

SÃO LUÍS

ancestrais". É verdade que Luís VIII reinou apenas por três anos, e as ordenações reais, cujo número só aumentará no reinado de São Luís, não tiveram tempo de ser numerosas. A lembrança de seu pai será celebrada sobretudo pela Igreja, que lhe é reconhecida pela ação militar contra os albigenses e que, talvez, com esse comportamento, reprove discretamente ao filho pessoal o fato de não demonstrar um zelo tão ativo contra os hereges.

Numerosos textos do fim do século XIII contentam-se em lembrar o lugar--comum "Tal pai, tal filho", que a ideologia política aplica muito particularmente aos reis. Assim, Luís é louvado como "sucessor dos méritos de seu pai", de "sua piedade e de sua fé".[2] Sem dúvida, São Luís não conheceu bem o pai, morto quando ele tinha 12 anos. Até os 7 anos, normalmente, um menino nobre vive com as mulheres, e os homens que vê são sobretudo eclesiásticos. Além disso, Luís VIII esteve frequentemente ausente, na guerra. Foi, antes de tudo, um guerreiro, e se São Luís vai assumir valentemente o papel de cavaleiro, de comandante de guerra, não são os bravos, mas os *prud'hommes* que ele gostará de frequentar.

O avô

Em compensação, conserva viva lembrança admirativa do avô, Filipe Augusto, morto quando ele tinha 9 anos. São Luís é o primeiro rei de França a ter conhecido o avô. Conheceu o apogeu da glória de Filipe Augusto, depois de Bouvines, onde o rei, com 49 anos, conquistou a admiração de todos por sua participação no coração da batalha e onde afinal andou perto da morte. Com 50 anos um homem está velho na Idade Média. Filipe Augusto, que ainda vai à caça, não vai mais à guerra, à qual manda o filho herdeiro. Reconciliou-se com a Igreja depois da morte de Inês de Méran (1201) e libertou do confinamento em um convento sua segunda esposa legítima, Ingeborg da Dinamarca.

O papa Inocêncio III legitimara os filhos que Filipe Augusto tinha tido com Inês de Méran, a um dos quais, Filipe Hurepel, o rei deu, depois de Bouvines, o condado de Boulogne. Branca de Castela (e Luís) poupará Filipe Hurepel que não se juntou aos grandes vassalos revoltados durante a minoridade de Luís IX.[3]

---

[2] *Recueil des historiens des Gaules et de la France*, t. XXIII, p. 168. Sobre Luís VIII, ver o retrato favorável de G. SIVERY, *Louis VIII le Lion* (Paris, 1995), que consagra um interessante capítulo ao *Carolinus* de Gilles de Rome: "Un programme politique offert au prince Louis", pp. 29-52.
[3] Ver *supra*, pp. 94-95.

Filipe Augusto não tinha mais cometido desvios de conduta desde o nascimento de um filho natural, em 1209, ao qual deu, num golpe de audácia particularmente notável em favor de um bastardo, o prenome de Pierre Charlot, diminutivo [Charlot] claramente honorífico, dado pela primeira vez a um filho de rei na família capetiana, que assim se apropriava afinal do prenome de Carlos Magno. É verdade que por seu primeiro casamento, com Isabel de Hainaut, Filipe Augusto pôde fazer de seu filho, o futuro Luís VIII, o primeiro Capeto descendente realmente em linha direta — pelas mulheres é verdade — do grande imperador. São Luís conheceu então um avô idoso, bem comportado, que gostava de conversar com o neto, transformado em 1218, com a morte, aos 9 anos, de seu irmão mais velho Filipe, em futuro rei de França.

Entretanto, é possível imaginar dois homens mais diferentes do que Filipe Augusto e aquele que São Luís será? Um, guerreiro, conquistador, caçador, *bon vivant*, apreciador das mulheres, colérico, e o outro, pacífico, mesmo que lutasse bem quando era preciso, abstendo-se da caça, da boa alimentação, das mulheres (salvo a sua), dominando suas pulsões, devoto e asceta. Mas o menino, orgulhoso sem dúvida da atenção que lhe dava o rei seu avô, impressionado por seu prestígio e pelo modo imperial com que encarnava a dignidade real, bebia suas palavras e delas iria se lembrar até o fim da vida. Sob seu reinado, contavam-se casos sobre Filipe Augusto[4] e ele próprio os contava. Sobretudo, repetiam-se palavras pronunciadas por seu avô aos que lhe eram próximos e até aos criados, palavras que ele considerava exemplares.[5]

Filipe também era uma referência para ele, uma autoridade por trás da qual ele iria se proteger.

No caso Enguerran de Coucy, ele lembra que o avô tinha confiscado o castelo de um nobre assassino que mandou prender no Louvre.[6] Nos *Ensinamentos* ao filho, Filipe Augusto é a única pessoa citada. Quando Luís recomenda ao filho Filipe que respeite a Igreja, mesmo quando as pessoas da Igreja o prejudicam, lembra que Filipe Augusto dissera que pelas graças recebidas de Deus preferia aceitar os prejuízos que a Igreja podia lhe causar "do que criar discórdia entre mim e a Santa Igreja".[7] Nos dois casos, Luís quer tornar aceitáveis aspectos contestados de sua própria política: seu rigor quanto à justiça, sua tolerância — limitada — em relação às pessoas da Igreja.

---

[4] J. LE GOFF, "Philippe Auguste dans les exempla", em *La France de Philippe Auguste, op. cit.*, pp. 145-146.
[5] Ver *supra*, p. 42.
[6] GUILLAUME DE SAINT-PATHUS, *Vie de Saint Louis*, pp. 137-138.
[7] *Ibid.*, pp. 67-68. Ver Primeira Parte, Capítulo 1, subtítulo *O menino herdeiro*. Ver também *supra*, p. 602.

SÃO LUÍS

Filipe Augusto, para São Luís, é bem o modelo vivo do rei de França como governante do reino. Terá ele visto o avô em sua glória de rei morto quando foi transportado de Paris a Saint-Denis numa liteira, o corpo revestido por uma mortalha dourada, cetro na mão, coroa na cabeça?[8] É pouco provável. Mas a imagem que ficou, para ele, foi a de um rei prestigioso. E se deve ao fato de tê-lo visto, ouvido, de ter tocado no avô, é a percepção concreta e carnal dessa continuidade dinástica de que foi herdeiro, fenômeno político essencial do século XIII e um dos cuidados mais ardentes de sua própria conduta política. O sentimento familiar, em São Luís, andou sempre misturado com o senso político.

A mãe

São Luís, segundo o hábito, desde Carlos Magno, de fazer dos reis de França novos reis de Israel e de Judá, conformando-os às correspondências tipológicas do Novo e do Antigo Testamento, foi para seus contemporâneos instruídos um novo Davi, um novo Salomão, mas principalmente um novo Josias.[9] Geoffroy de Beaulieu, em sua *Vida de São Luís*, escrita pouco depois da morte do rei, partiu dessa identificação para falar de Branca de Castela.[10] Uma das semelhanças entre Luís e Josias, com efeito, é terem tido ambos uma mãe notável.

> Além do mais, não se pode deixar passar sem uma observação o nome da mãe de Josias que se chamava Idida, o que significa "Amada do Senhor" ou "que agrada ao Senhor", o que serve perfeitamente à ilustríssima mãe de nosso rei, a senhora rainha Branca, que foi verdadeiramente amada pelo Senhor e agradável ao Senhor, e útil e agradável aos homens.[11]

Para os biógrafos de São Luís, o rei deve grande parte de suas virtudes à mãe. Sua pessoa, sua vida, seu reinado não teriam sido sem ela o que foram. Esperar--se-ia ver Branca ser louvada pela mulher que foi. Mas o essencial de seus méritos entre os biógrafos vem do fato de ter sido semelhante a um homem e de ter formado um homem, o filho Luís. Mulher e filho, na Idade Média,

---

[8] *Chronique rimée* de Philippe MOUSKÈS, ed. citada, t. II, pp. 431-432, versos 23861-23884, citado por A. ERLANDE--BRANDENBURG, *Le roi est mort, op. cit.*, p. 18. Ver Primeira Parte, Capítulo I.
[9] Ver *supra*, pp. 350-351.
[10] Élie BERGER, *Histoire de Blanche de Castille*, Paris, 1895; Régine PERNOUD, *La Reine Blanche, op. cit.*
[11] GEOFFROY DE BEAULIEU, *Vita*, p. 4.

não podem pretender chegar ao valor que tem um homem tornando-se adulto. Máscula Idade Média...[12]

> Sob a santa educação e o salutar ensinamento de mãe tão piedosa, nosso Luís se pôs a manifestar em sua natureza de criança belas disposições e excelentes esperanças e dia após dia crescia tornando-se um homem completo, buscando o senhor, fazendo o que é direito e agradável aos olhos do Senhor de todo seu coração, de toda sua alma, de todas as suas forças, como o bom fruto de uma boa árvore.[13]

Eis então reunidas as condições para que uma criança se torne um bom cristão: ter uma boa natureza — porque os dons da natureza são indispensáveis — e se beneficiar de uma boa educação. Impossível colher bons resultados fora dessa combinação do inato e do adquirido. É a doutrina dos Espelhos dos Príncipes, tal como a expuseram João de Salisbury no *Policraticus*, grande inspirador dos clérigos do círculo de Luís, e Vincent de Beauvais no *De eruditione filiorum nobilium* dedicado à esposa de São Luís.

Mas Branca de Castela mostrou outras virtudes quando o filho se tornou rei aos 12 anos.

> Quando ele começou a reinar tendo cerca de doze anos, a força, o zelo, a retidão, o poder com que sua mãe administrou, guardou e defendeu os direitos do reino, aqueles que formavam então entre os conselheiros do rei o testemunham; e, entretanto, nessa época, o rei no início de seu reinado teve adversários numerosos e poderosos. Mas graças aos méritos de sua inocência e à previdente experiência da mãe (que se mostrou sempre uma perfeita *virago*[14] e trazia naturalmente em seu espírito e em seu sexo de mulher um coração de homem)[15] os criadores de problemas do reino ficaram confundidos e sucumbiram e a justiça do rei triunfou.

Uma pequena história mostra o que era o amor de uma mãe cristã, o de Branca pelo filho. E a própria Branca também fala, como medianeira do filho, uma vez que a história nos legou um Luís VIII mudo.

---

[12]Georges DUBY, *Mâle Moyen Âge*, Paris, 1968; nova edição, 1990.
[13]GEOFFROY DE BEAULIEU, *Vita*, p. 4
[14]*Tota virago*, quer dizer, uma mulher-homem (*vir*), forte e guerreira.
[15]*Masculinum animum*.

SÃO LUÍS

Não pode passar em silêncio a história de um religioso que, sob a fé de falsos intrigantes, afirmava ter ouvido dizer que meu senhor o rei antes do casamento teve concubinas com as quais às vezes pecava, e que sua mãe sabia disso ou fingia ignorá-lo. Esse religioso, muito surpreso, criticou por isso a senhora rainha. A rainha se desculpou humildemente dessa mentira, por ela própria e pelo filho, e acrescentou uma palavra digna de louvor. Se o rei seu filho, que ela amava mais do que todas as criaturas mortais, estivesse doente e em perigo de vida e se lhe dissessem que ele ficaria curado pecando uma única vez com outra mulher que não fosse a dele, ela preferiria que ele morresse do que que ofendesse o Criador pecando mortalmente uma única vez.[16]

A esse testemunho sobre o papel de excepcional mãe e educadora fazem eco oficialmente Bonifácio VIII, na bula de canonização de São Luís, e Guillaume de Saint-Pathus, em sua *Vida* baseada na documentação do processo de canonização. O papa declara:

Quando tinha doze anos, foi privado do arrimo do pai e ficou sob a guarda e a direção de Branca de ilustre memória, rainha de França, sua mãe. Branca, fervorosa cumpridora dos deveres devidos a Deus, dedicou-se a dirigi-lo com sabedoria e a instruí-lo com diligência para que ele pudesse se mostrar digno, conveniente e próprio para governar o reino que reclamava, como ela lhe tinha ensinado, a previdência de sua direção.[17]

Eis a lição fundamental de Branca para o filho que não a esquecerá e a porá magistralmente em prática: não separar o serviço de Deus e o governo do reino. A obediência a Deus e o interesse do reino são um único e mesmo dever. Caminham juntos, precisam andar juntos. Devoção e habilidade política são uma única coisa.[18]
Há a mesma evocação em Guillaume de Saint-Pathus:

São Luís teve por mãe a honrada rainha Branca, que, depois da morte de seu senhor, criou religiosamente o filho que começou a reinar com a idade de doze anos; ela teve coragem de homem em coração de mulher e administrou vigorosamente, sabiamente, poderosamente e retamente e manteve os direitos do reino e os defendeu contra muitos adversários por sua boa previdência[19]

---

[16]GEOFFROY DE BEAULIEU, *Vita*, pp. 4-5.
[17]BONIFÁCIO VIII, p. 155.
[18]Ver *supra*, pp. 620-623.
[19]GUILLAUME DE SAINT-PATHUS, *Vie de Saint Louis*, p. 13.

Seu devoto filho trazia frequentemente à memória a lembrança dela, e Guillaume retoma a narração de São Luís, contando que a mãe preferia sabê-lo morto do que pecando mortalmente.

Branca nasceu em 1188. Era filha do rei Afonso VIII de Castela e de Eleanor da Inglaterra. Casou-se aos 12 anos com Luís, filho mais velho e herdeiro de Filipe Augusto, em 1200, casamento concluído na esperança de que selaria a paz entre o rei de França e o da Inglaterra, o que não foi o caso. Teve onze ou doze filhos, dos quais três ou quatro mortos pequeninos. O mais velho, Filipe, morreu com 9 anos, João morreu com 13 anos em 1232, Filipe Dagoberto morreu com 7 anos igualmente em 1232. Restavam, com Luís, nascidos depois dele, Roberto, Afonso, Isabel e Carlos.

Esses prenomes correspondiam à política dinástica na matéria. O mais velho, Filipe, tinha o prenome do avô; Luís, o do pai; Roberto era da linha dos Roberto, ancestrais dos Capeto, e de Roberto o Piedoso; o segundo rei Capeto, Afonso, assim foi chamado em homenagem ao avô espanhol; Filipe Dagoberto reunia o prenome do avô e o de um merovíngio (para o qual São Luís mandou construir um novo túmulo em Saint-Denis); Carlos introduziu definitivamente o prenome de Carlos Magno na família capetiana; e a única filha sobrevivente, Isabel, trazia o nome da avó, Isabel de Hainaut, primeira esposa do avô, Filipe Augusto, e mãe de seu pai, Luís VIII.

Com a morte prematura do esposo, Luís VIII, Branca se tornou tutora do filho de 12 anos, o futuro São Luís, e regente do reino, não sem dúvida, como então se disse, pela vontade de Luís VIII em seu leito de morte, mas, como se levantou a hipótese, porque foi escolhida pelos conselheiros do esposo, antigos conselheiros de Filipe Augusto, presentes à cabeceira de Luís VIII no momento da morte, tenham eles descoberto ou não as grandes qualidades que ela cedo demonstrou.[20]

Herdava ela uma situação difícil. Seu filho, menor de idade, estava ameaçado pela revolta latente de muitos grandes vassalos. Branca provavelmente estava grávida de seu último filho, Carlos. Era estrangeira. Não era bom, em geral, para uma rainha da Idade Média, e especialmente na França, o fato de ser estrangeira. Já, no século XI, Constança de Arles (ou de Provença), filha do conde de Toulouse, terceira mulher de Roberto o Piedoso, teve de sofrer a hostilidade de uma corte de franceses da Île-de-France, da língua do *oui*, por ser uma princesa meridional da língua d'*oc*.

---

[20]Ver *supra*, Capítulo I da Primeira Parte. Retomo aqui, do ponto de vista de Branca de Castela, os acontecimentos narrados segundo a ordem cronológica no subtítulo *Uma minoridade difícil* desse capítulo.

SÃO LUÍS

Castelhana ela era de fato por seu nascimento e por sua aparência, porque de seu aspecto físico só sabemos uma coisa, é que a chamavam de "castelhana", o que significa que seus cabelos eram muito negros.[21] Talvez ela também tivesse essa devoção ardente, espetacular, que legou ao filho (se bem que essa tradição de devoção também fosse capetiana, em particular do piedoso ancestral de São Luís o rei Luís VII) e que foi a de seu sobrinho, o rei de Castela Fernando III, cuja reputação de santidade só devia ser sancionada por uma canonização no século XVII.

Branca não teve apenas a tarefa difícil de fazer do filho um rei tão perfeito quanto possível (porque ela o programou para que ele fosse um rei cristão ideal, senão um santo),[22] de enfrentar a revolta dos grandes vassalos e de fazer face à ameaça dos ingleses desejosos de recobrar as possessões perdidas para Filipe Augusto. Também esteve exposta às piores calúnias. Acusaram-na de ser amante do conde Thibaud IV de Champagne e, sobretudo, do legado pontifício o cardeal Romano de Sant'Angelo (Romano Frangipani).

Forte, corajosa, autoritária, ela enfrentou tudo e triunfou. Às vezes até muito autoritária, Branca, com sua obstinação, quase fez Paris perder sua universidade por ocasião da grande greve de 1229-1231. Só cedeu, depois de uma longa resistência, a instâncias do legado e talvez mesmo do jovem rei, seu filho.

Nesses duros anos, aprofundou-se uma ligação íntima entre a mãe e o filho. No dia seguinte, mesmo, da morte de Luís VIII, ela levou consigo o menino para ser sagrado em Reims numa viagem arriscada em precária carroça, cuja imagem uma miniatura do século XIV nos deixou.[23] Luís guardou a lembrança da mãe e dele cheios de medo, cercados no castelo de Montlhéry, até que os parisienses em armas fossem buscá-los e os acompanhassem até a capital em meio ao apoio do povo se comprimindo à sua passagem.[24] Tais lembranças criam ligações indissolúveis. E reforçaram a educação assídua dada por Branca ao filho, e fizeram com que se aceitasse a prática de confiar o governo do reino à mãe, de acordo com a vontade do filho.

Assim começou a história singular, única nos anais da França, de um tal amor entre um rei e sua mãe; de um tal poder, também, da mãe, mesmo depois da maioridade do filho. Pode-se caracterizar essa situação excepcional como

---

[21]G. SIVERY, *Marguerite de Provence, op. cit.*, p. 125.
[22]Sobre o papel da mãe na formação religiosa de um filho, ver Jean DELUMEAU (ed.), *La religion de ma mère. Le rôle des femmes dans la transmission de la foi*, Paris, 1992.
[23]Ver *supra*, p. 90.
[24]JOINVILLE, *Histoire de Saint Louis*, p. 43.

632   JACQUES LE GOFF

uma correaleza.[25] Sem dúvida, a partir de seus 20 anos e do casamento, em 1234, Luís é rei plenamente e governa a França, mas o nome de sua mãe continua a figurar num mesmo plano, em relação ao dele, em muitos atos oficiais. À testa da França, entre 1226 e 1252, há "o rei Luís e a rainha Branca". Aqui, ainda, acredito que Luís concilie, sem contrariedade de espírito, essa situação e a vontade que tem de cumprir perfeitamente seu ofício de rei, de preencher sua função real. Porque não está apenas imbuído de seu dever, mas também é autoritário, apesar de seu respeito, seu amor pela mãe, que aceita no papel de cossoberana. Na dupla, os dois caracteres são igualmente fortes, as duas cabeças igualmente apaixonadas pelo bem do reino. Mas São Luís ama suficientemente a mãe, dá muita importância a seus conselhos, tem amplo reconhecimento a respeito do que ela fez por ele e pelo reino e por isso aceita sem aborrecimento essa espécie de cogoverno. E ela ama muito o filho, tem grande confiança e admiração por ele, está suficientemente convencida de que o rei é o monarca, a cabeça, por isso não abusa da aparência e da realidade do poder que ele lhe concede. Imagem idealizada de uma dupla surpreendente. É notável que não nos tenha ficado traço de desacordo entre eles. Talvez Branca tenha sido um pouco mais indulgente do que Luís quanto ao pouco seguro Raimond VII, conde de Toulouse? Isso mesmo não é muito certo.

Em uma única ocasião o choque é terrível e é Branca que cede, quando Luís decide partir para a cruzada. Foi em 1244.[26] O rei está a ponto de morrer, perdeu o uso da palavra. De repente, um dia, ressuscita e faz quase de imediato voto de cruzado. Anuncia-se o fato a Branca.

> Então a rainha sua mãe ouviu dizer que a palavra lhe tinha voltado, e ela mostrou por isso alegria tão grande quanto pôde. E quando soube que ele se tinha cruzado, assim que ele mesmo o contou, mostrou tão grande tristeza como se o visse morto.[27]

Por que essa dor tão grande e tão espetacular? Duas angústias muito fortes se unem nela. Uma é simplesmente, ela o confessa, seu amor materno. Reverá ela algum dia o filho tão amado? Na verdade, não vai revê-lo. Pressentimento normal, até porque, com 56 anos, ela se aproxima da idade em que tudo é risco.

---

[25] Chamei a atenção para essa situação excepcional em seu lugar cronológico na Primeira Parte, p. 120, e a comentei a propósito de uma miniatura, p. 458.
[26] Ver *supra*, p. 148.
[27] JOINVILLE, *Histoire de Saint Louis*, p. 63.

SÃO LUÍS

633

E o próprio rei é um doente, um homem que sofre.[28] Suportará as provações de uma cruzada? E, como sempre, o cálculo político se mistura aos sofrimentos. O afastamento para uma cruzada é compatível com "os deveres do soberano e as obrigações que lhe impõe a salvação do reino"? Branca não apenas lembra das dificuldades "feudais" da minoridade de Luís, tem ainda mais agudo o sentimento de que a complexidade crescente da administração real, a prioridade da paz interior e da prosperidade do reino em relação às expedições militares e às conquistas que caracterizam essa fase de construção do Estado monárquico reclamam a presença do rei no reino. Por instinto e curtida pela experiência do governo, ela compreendeu melhor do que Luís a evolução das estruturas políticas de seu tempo.

Nada se pôde fazer. Luís decidiu cruzar-se e se obstinou. Vê-se que quando algo coisa lhe toca verdadeiramente o coração é ele que decide. E ele, para aplacar sua consciência de rei, acha uma justificativa. É precisamente Branca. A rainha mostrou sua energia, mostrou que sabe se conduzir. Na verdade, jamais deixou os negócios do reino. Será de novo regente e isso o tranquiliza.

Aqui é que tem lugar a cerimônia por excelência da dupla real. No domingo, 26 de abril de 1248, o domingo Quasimodo,* na véspera de partir para a cruzada, São Luís inaugura a Sainte-Chapelle. Com a mãe. É a primeira e a última vez que participarão juntos de uma cerimônia na Sainte-Chapelle.

Na primavera de 1253, São Luís, que está em Sidon [Saida], sabe da morte da mãe ocorrida muitos meses antes, em 27 de novembro de 1252. Luís se entrega então a um luto de uma intensidade e de uma teatralidade espantosa, que impressiona a todos, mas provoca por seu caráter excessivo a reprovação de alguns. É o caso de Joinville, que esquece sua admiração pelo rei e o respeito que tem por ele. Nunca viu o rei se afastar tanto do comedimento dentro do qual Luís sempre quis se manter. A cena chocou os contemporâneos e sua

---

[28]Ver *infra*, "O rei sofredor, o rei Cristo", o último capítulo todo.

*O primeiro domingo depois da Páscoa, ou oitava da Páscoa, chamado domingo in Albis, também ficou conhecido como domingo Quasimodo pela justaposição das palavras que abrem a liturgia desse dia, tiradas do capítulo 2 da primeira epístola de São Pedro: *Quasi modo geniti infantes, alleluia, rationabilis sine dolo lac concupiscite, alleluia, alleluia, alleluia*, "Como crianças recém-nascidas, aleluia, [mas] racionais, desejai ardentemente o leite [espiri-tual], aleluia, aleluia, aleluia." *Quasi modo*, já se vê, significa "do mesmo modo que", "assim como", ou simplesmente "como". O predomínio do nome designativo desse domingo depende dos hábitos litúrgicos locais. Na França tanto se diz *dimanche de la Quasimodo* como *dimanche in Albis*. No Brasil os missais e manuais litúrgicos quase só usam dizer domingo *in Albis* (e *in Albis* porque no cristianismo primitivo nesse dia os recém-batizados adultos depunham a túnica branca sacramental, em latim *alba*). (*N. do T.*)

descrição foi largamente difundida. A narrativa de Joinville, que relembro, é a mais viva.

> Em Saida chegou ao rei a notícia de que sua mãe estava morta. Tão grande dor ele mostrou que durante dois dias de modo algum se pôde falar com ele. Depois de dois dias, mandou um criado de quarto me buscar. Quando cheguei diante dele em seu quarto, onde ele estava sozinho, e quando me viu, estendeu-me os braço[29] e me disse: "Ah, senescal, perdi minha mãe." "Senhor, não me surpreendo", disse eu, "porque ela tinha de morrer; mas me surpreende que vós, que sois um homem sábio, tenhais mostrado tão grande dor; porque sabeis que o sábio diz que toda tristeza que o homem tenha no coração em nada deve transparecer-lhe na expressão; porque aquele que o faz alegra os inimigos e entristece os amigos." Mandou que se realizassem muitos belos serviços por ela além-mar; e depois enviou para a França um livro de registros cheio de textos de preces para as igrejas, a fim de que nelas se rezasse por ela.[30]

Se Joinville não tivesse escrito suas memórias de São Luís, ter-se-ia conservado de Branca de Castela a imagem de uma mulher forte e piedosa, que muito tinha amado o marido e os filhos, sobretudo o rei seu filho e que, como escreveram os biógrafos de São Luís que acabo de citar, buscava sempre o bem e fazia sempre o bem. Mas Joinville estava lá e contou.

> As durezas que a rainha Branca fez à rainha Margarida foram tais, que a rainha Branca não podia permitir, tanto quanto fosse possível, que o filho estivesse em companhia da mulher dele a não ser à noite quando ia deitar com ela. Os aposentos em que o rei e a rainha mais gostavam de ficar eram os de Pontoise, porque o quarto do rei era em cima e o quarto da rainha era embaixo. [...] E eles tinham combinado seus encontros assim, pois tinham seu parlatório em uma escada de caracol que descia de um quarto a outro. E tinham seus encontros arranjados desse modo, que quando os porteiros vissem a rainha dirigir-se ao quarto do rei seu filho batiam na porta com uma varinha, e o rei subia correndo para seu quarto para que a mãe o encontrasse lá; e assim faziam por sua vez os porteiros do quarto da rainha Margarida quando a rainha Branca se dirigia para lá, para que encontrasse lá a rainha Margarida.[31]

---

[29]François GARNIER, em seu estudo sobre *Le Langage de l'image au Moyen Âge. Signification et symbolique*, Paris, 1982 (p. 223), lembra que os braços estendidos significam "um comportamento emocional".
[30]JOINVILLE, *Histoire de Saint Louis*, p. 331.
[31]*Ibid.*, p. 333.

SÃO LUÍS

Eis portanto levadas ao paroxismo as relações típicas entre uma sogra, mãe possessiva, e sua nora. Joinville está escandalizado com isso que acabou de contar. Mas há, consciente ou inconscientemente, um toque de humor nessa história tragicômica.

Como absolutamente não há na seguinte história:

> Uma vez o rei estava junto da rainha sua mulher, e ela corria grande perigo de morte, porque passava mal depois de um parto. A rainha Branca foi lá, tomou o filho pela mão e lhe disse: "Vinde, não estais fazendo nada aqui." Quando a rainha Margarida viu que a mãe levava o filho com ela, gritou: "Puxa, não me deixareis ver meu senhor nem morta nem viva." E então desfaleceu, e se pensou que estava morta; e o rei, que pensou que ela morresse, voltou; e a duras penas ela se recuperou.[32]

São Luís age aqui como os filhos que se escondem para não obedecer a uma mãe terrível. Felizmente, na penosa cena que se segue ao parto de sua esposa, São Luís recupera seu autodomínio, mas um pouco tarde e só o faz quando a mãe já tinha ido. Quanto à mãe, agressiva e insuportável nesse episódio, aqui é malvada, francamente odiosa. São Luís não era perfeito. Branca de Castela menos ainda.

Irmãos e irmãs

Depois dos ascendentes, a linhagem nos conduz não diretamente aos descendentes, aos filhos, mas a esses colaterais especiais que são, sobretudo no caso de São Luís, os irmãos e as irmãs.

Se o desaparecimento daqueles que morreram recém-nascidos ou muito jovens afetou São Luís, sobre isso não sabemos nada. Esses mortos não nos deixaram outro traço notável na história além de transferir o primeiro lugar a Luís e de ter enriquecido ou modificado as heranças.

Restam os sobreviventes. Três irmãos, depois dois: Roberto, o mais velho entre eles, nascido em 1216, foi morto no Egito na batalha de Mansurá em 1250; Afonso, nascido em 1220, que morreu na Itália, na volta da cruzada de Túnis, em 1271; Carlos, nascido em 1226 (mais provavelmente do que em 1227), que

---

[32] *Ibid.*

se vai tornar rei de Nápoles e da Sicília em 1266 e morrerá em 1285, depois de ter perdido a Sicília em 1282, quando do levante das Vésperas Sicilianas,* que beneficiou os aragoneses.

É preciso tomar esses irmãos em conjunto. Primeiro porque constituem, em virtude de uma decisão do pai, o grupo de príncipes filhos de rei que recebeu uma senhoria especial tomada sobre o domínio real, um apanágio.[33] São Luís respeita a vontade do pai, mas executa essa vontade como uma decisão própria. Quando os irmãos fazem sucessivamente 20 anos, arma-os cavaleiros e os põe de posse de seu apanágio: "Os apanágios aparecem como uma instituição familiar, não real."[34] Mas convém acrescentar logo: "Porém não se pode esquecer que o chefe de família é o rei." São Luís renova muito estritamente as condições de possessão do apanágio que, especialmente, deve reverter ao domínio real em caso de morte do titular do apanágio sem herdeiro direto, o que será o caso de Afonso.[35]

Lembremos que a política dos apanágios sistematizada por Luís VIII não foi o instrumento de desmembramento do reino em que quase se transformou no fim do século XIV, quando a avidez dos tios de Carlos VI esteve a ponto de deixar mal o Estado monárquico, entretanto mais avançado que no século precedente. Foi, ao contrário, o meio bem adaptado de evitar os conflitos entre irmãos e entre pais e filhos que tinham perturbado a Inglaterra. Exprime a tradição sempre viva de considerar o domínio real a *terra* da família real, da qual cada filho do rei herda uma *porção* com a morte do pai. Mas uma prática prudente, combinada com cláusulas restritivas, deve impedir a fragmentação do reino e preservar os direitos e a autoridade do rei.[36] Os apanágios foram a base material e psicológica do acordo entre Luís e os irmãos. E, como sempre, Luís, simultaneamente hábil e bom, fez o resto.

O grupo de irmãos não se divide entre rei de um lado, os irmãos de outro. O rei faz parte do grupo, ainda que guarde, sempre, sua preeminência. Igual e desigual a um tempo: nisso consiste uma estrutura fundamental da sociedade

---

*Motim em que foram massacrados, de 30 de março até o fim de abril de 1282, os franceses da Sicília. Seu nome lhe vem do fato de ter explodido numa segunda-feira de Páscoa, no momento em que os sinos tocavam a vésperas. (*N. do T.*)

[33]Sobre os apanágios, ver A. W. LEWIS, *Le Sang royal, op. cit.* Permito-me remeter a meu artigo "Apanage" da *Encyclopaedia Universalis*, citada *supra*, p. 75, n⁰ 87.

[34]A. LEWIS, *Le Sang royal, op. cit.*, p. 213.

[35]Em 1252, Jeanne, filha de Filipe Hurepel, tio de São Luís, morreu sem herdeiro. O destino de suas terras, das quais Afonso de Poitiers e Carlos d'Anjou reclamaram um terço cada, a título de direito de sobrinhos, ficou indefinido até 1258, quando um tribunal que tinha consultado os "prud'hommes" deu tudo ao rei.

[36]Sigo aqui a excelente exposição de A. W. LEWIS, *Le Sang royal, op. cit.*, p. 299 e segs.

SÃO LUÍS

feudal medieval.[37] A realidade desse grupo se manifestou em muitas ocasiões importantes. No tratado de 1259, especifica-se que os irmãos de Luís não terão de render homenagem ao rei da Inglaterra pelas terras dele que mantêm. Quando Afonso e Carlos, depois do desastre do Egito, voltam para a França enquanto Luís permanece na Terra Santa, assumem oficialmente a regência: "É a primeira vez, na família capetiana, que a função é confiada a filhos mais moços" (A. Lewis). A partir da morte do pai, Filipe III o imita. Em Cartago, cercado de cadáveres, entre os quais o do pai e o do irmão João Tristão, é seu irmão Pedro, então com 19 anos, que ele designa como regente para o caso de morrer antes da maioridade de seu filho herdeiro. O simples aparato exterior individualiza o grupo de irmãos. Os mais velhos usam sempre coroas e diademas muito semelhantes à coroa real. E todos adotam, desde Filipe Hurepel, as flores de lis como símbolo dinástico.

As mulheres também se beneficiam dessa promoção, porque Luís tende, em certas ocasiões, a fazer com que se mostre o conjunto da família real. Seus sentimentos o levam a essas manifestações nas quais se misturam a linhagem, a família do sangue e a família do poder.

As cruzadas, desse modo, são para ele expedições familiais. Em 1248, ele parte com os três irmãos e a rainha — a presença desta se explica porque o rei é jovem (tem 34 anos), tem necessidade da mulher, ainda mais que a dinastia não está assegurada. Margarida, nos seis anos passados no Oriente, terá três filhos: João Tristão (1250), Pedro (1251) e Branca (1253).

Em 1270, Afonso e a mulher, mais os três filhos mais velhos sobreviventes (entre os quais o herdeiro), Filipe, João Tristão e Pedro o seguem. O irmão Carlos d'Anjou, rei de Nápoles, irá juntar-se a ele. Na carta que manda de Cartago para a França, um mês antes da morte, 25 de julho de 1270, fala da presença no acampamento dos cruzados de sua nora, a mulher de "nosso filho primogênito Filipe" (*primogeniti nostri Philippi*).[38]

Luís é muito atento, tanto mais que essas cerimônias são anteriores a sua mudança de conduta depois da cruzada, ao brilho das festas que marcam a sagração de seus irmãos como cavaleiros que é também a passagem para a maioridade (20 anos) e a entrada na posse do apanágio.

E além de tudo os irmãos de Luís começam a se prevalecer de um estado que vai se tornar um título: "filho de rei" e mais precisamente "filho de rei de

---

[37]Tentei mostrar a propósito as relações entre o senhor e o vassalo: J. LE GOFF, "Le rituel symbolique de la vassalité", artigo citado (*supra*, p. 538, n° 51), pp. 349-420.

[38]L. D'ACHERY, *Spicilegium*, t. IV, 4, *Miscellanea, Epistularum*, n° LXXX-VII, p. 549.

França", às vezes simplificado para "filho de França", porque os filhos de um rei só teriam o direito de se dizer "de França" no século XIV.[39] Não creio que já sob São Luís apareça a instituição "príncipes do sangue". Mas "filho de rei de França" é um dos sinais importantes do reforço da ideia dinástica e ao mesmo tempo "nacional". A ideia pode mesmo se exprimir sob a forma "irmão do rei de França". O próprio rei maneja com grande habilidade política esse título. Viu-se como o lança à face do papa para rejeitar uma proposta de coroa imperial em favor de seu irmão Roberto.[40]

A essa solidariedade de linhagem e dinástica dos irmãos, Luís acrescenta frequentemente o laço do amor fraternal que parece ter sido vivo e recíproco. Em seu depoimento no processo de canonização do irmão, Carlos d'Anjou, que fala também, é verdade, em seu próprio interesse, exalta a árvore dos irmãos: "A raiz santa produziu ramos santos, não apenas o santo rei, mas também o conde d'Artois, glorioso mártir, e o conde de Poitiers, mártir pela intenção."[41]

Severamente educados por uma mãe para quem a sexualidade fora do casamento era o pior dos pecados mortais, os quatro irmãos tiveram uma reputação de absoluta castidade no casamento. Carlos d'Anjou jurará que, de seu conhecimento, nem Roberto nem Afonso jamais cometeram pecado mortal e ele próprio se beneficiou dessa reputação.[42]

Resta dizer que os irmãos eram muito diferentes uns dos outros, como diferentes foram as relações que os uniram a Luís.

Roberto é o irmão querido. Só dois anos os separam, foram criados juntos. É o irmão companheiro. Roberto é um brilhante cavaleiro. Talvez maravilhasse Luís com essa conduta cavalheiresca a respeito da qual o rei experimenta a um tempo reserva — porque ela não é racional e mesmo entremostra um pouco de uma outra época — e fascinação. É um príncipe poderoso. O pai lhe tinha destinado Artois como apanágio, que São Luís lhe entregou quando de sua elevação à condição de cavaleiro e onde também se festejou seu casamento com Matilde de Brabante, que fez dele primo do imperador Frederico II, cunhado do futuro duque de Brabante, do landgrave da Turíngia e do duque da Baviera. Tornou-se assim "uma personagem bem aceita em terras do Império".[43]

---

[39]A. W. LEWIS, *Le Sang royal, op. cit.*, pp. 235-238.

[40]Ver *supra*, p. 152.

[41]P. E. RIANT, "1282: déposition de Charles d'Anjou pour la canonisation de Saint Louis", artigo citado (*supra*, p. 301, nº 19), p. 175. A Igreja nunca reconheceu como mártir Roberto d'Artois, morto na batalha de Mansurá, e menos ainda a Afonso de Poitiers, morto de doença na Itália, na volta da cruzada de Túnis.

[42]Encontrar-se-ão referências em A. W. LEWIS, *Le Sang royal, op. cit.*, p. 341, nº 98.

[43]J. RICHARD, *Saint Louis, op. cit.*, p. 135.

SÃO LUÍS

São Luís acrescenta-lhe as doações de Hesdin, Lens e Bapaume, trocadas por outras terras com a mãe. Dá-lhe, de quebra, a castelania de Poissy, seu lugar de nascimento. Mas Luís não quis se comprometer no sentido do Império. Tinha, como se viu, um olho no oeste e nas ligações com a Inglaterra, o outro voltado para o Mediterrâneo. Roberto nem sempre teve boa reputação. Mateus Paris, que respeita São Luís, não é compassivo em relação a esse irmão. Acusa-o de se ter comportado mal na cruzada, de ter mostrado soberba a respeito dos outros cavaleiros cruzados, em particular os ingleses, e de ter se portado como um covarde no campo de batalha: não morreu no campo de batalha, mas durante uma fuga.[44]

De toda maneira, por sua indisciplina e sua falta de reflexão, Roberto parece que esteve realmente na origem do desastre, lançando-se contra os muçulmanos prematura e inconsideradamente.

Mas Luís não quis saber de nada. Não deixará, até a morte, de considerar Roberto um mártir (seu irmão Carlos também, como se viu) e de reclamar do papado o reconhecimento de seu martírio. Em vão.

Afonso é o segundo irmão. Foi a mais bela herança. Na execução da decisão de Luís VIII, recebeu ao ser elevado à condição de cavaleiro, em 1241, Poitou e Auvergne, anexados na cruzada contra os albigenses. Ficou noivo, em 1229, de Joana de Toulouse, filha do conde Raimond VII. Com a morte de Raimond VII, em 1249, quando Afonso estava no Oriente, Branca de Castela e os representantes de Afonso assumiram por ele sem dificuldade a posse de vastos domínios languedocianos de seu sogro. Tornou-se assim "o maior dos feudais do reino".[45] São Luís buscou livrá-lo o mais rapidamente possível de sua condição de cativo dos muçulmanos, que também o fizeram prisioneiro e o soltaram, pago o resgate, um pouco depois do irmão rei. Em 1251, ele voltou com o irmão mais moço, Carlos, para se ocupar do reino e também de suas terras. Mas pouco depois de sua volta foi atacado de paralisia. Tão bem-cuidado quanto se podia ser na época, tendo, em particular, recebido os cuidados de um célebre médico judeu, recuperou parte de sua locomoção, mas permanecerá até o fim da vida um doente que viveu basicamente em Paris ou, mais ainda,

---

[44]MATEUS PARIS, *Chronica majora*, t. V, p. 280. Numa página de violento choque ideológico anglo-francês, Mateus Paris opõe a Roberto o exemplo de um valente jovem cavaleiro pertencente à família real inglesa, William Longsword (Guilherme Longa-Espada), terceiro conde de Salisbury, esse, sim, um verdadeiro herói que morreu combatendo. Não Roberto, mas esse Salisbury é que deveria, segundo ele, ser considerado um verdadeiro mártir, sobretudo com a ajuda do grande santo inglês Edmundo Rich, ou Edmundo de Abingdon, arcebispo de Cantuária em 1233, que foi à França em 1240, talvez de passagem para Roma. Hospedou-se na abadia cisterciense de Pontigny, onde morreu no mesmo ano. Considerado "mártir" morto no exílio, foi canonizado em 1246.
[45]J. RICHARD, *Saint Louis, op. cit.*, p. 138.

640 JACQUES LE GOFF

nos arredores. Mandou construir perto do Louvre um palácio conhecido pelo nome de *hôtel d'Autriche* (ou *de l'Autriche*), corruptela da expressão *de l'hôte riche*.* Mas, mesmo de longe, administra notavelmente suas terras. Por vezes tem se visto nele o administrador progressista que o próprio rei teria imitado em seu domínio e no reino. Essa impressão, porém, talvez nasça do fato de que a documentação administrativa é muito rica para o domínio de Afonso, o que se explica a um tempo pelas tradições escritas da França meridional e pela perda quase total da contabilidade real num incêndio do século XVIII. Esses arquivos nos mostram Afonso à frente de numerosos e, parece, competentes oficiais, garantindo a cunhagem e a circulação das moedas, o bom andamento das finanças, a reta execução da justiça, mantendo sem maiores conflitos sua autoridade a respeito das "três ordens", favorecendo o desenvolvimento econômico e a difusão do direito romano bem enraizado no Sul. É um irmão sem história, fiel, que faz progredir sem estardalhaço, pela evolução paralela mais do que pela administração, a inserção da França do Sul no reino.[46] Rutebeuf escreveu um poema em louvor de Afonso de Poitiers, *La Complainte du comte de Poitiers*.** É como se se ouvisse falar de São Luís, tanto um modelo único dos irmãos parece ter se imposto.[47] "Manteve sua terra em paz [...], ama a Deus da melhor maneira e honra a Santa Igreja [...], ama as ordens religiosas, foi um espelho de cavalaria [...], amava os pobres, fazia doações generosas [...], justiceiro severo [...] só conheceu doenças e sofrimentos, mas a saúde de sua alma nisso se fortaleceu." O poema o associa, como se vê, repetidamente, a seu irmão, nessa litania de lugares-comuns do elogio fúnebre que parece refletir bem a imagem deixada por Afonso.

Apesar de seu estado de saúde (sua cunhada, a rainha Margarida, interessava-se por sua saúde quando lhe escrevia), ele parte com São Luís para a cruzada de Túnis. Desde muito animado de um fervor pessoal pela cruzada, esforçar-se-á, em sua volta, na Itália, para mandar uma notícia tranquilizadora, em particular comprando barcos dos genoveses. Está na Ligúria, em Savona, quando cai doente e morre, um ano depois do irmão (21 de agosto de 1271). Sua mulher morre logo depois. Não tinham filho. Tanto em função da regra dos apanágios como pelo cumprimento do tratado de Paris de 1229, suas terras reverteram diretamente à

---

*"De l'hôte riche", quer dizer, "do hóspede (morador) rico", como o palácio era conhecido popularmente. A deformação fonética para "de l'Autriche", simples em francês, não pode, é claro, ser reproduzida em português. (*N. do T.*)
[46]E. BOUTARIC, *Saint Louis et Alphonse de Poitiers*, op. cit., sempre útil.
**"Elegia para o conde de Poitiers." A estranha alternância de tempos verbais que se vê na tradução do pequeno trecho reproduzido está no original. (*N. do T.*)
[47]RUTEBEUF, *Oeuvres complètes*, ed. citada, t. II, Paris, 1990, pp. 391-399.

SÃO LUÍS

Coroa. São Luís, graças a seu irmão Afonso, mas também além dele, acolheu a França d'oc no reino da França.

Ignoram-se totalmente os sentimentos de São Luís a respeito do Sul. O rei foi, como se viu, cuidadoso em bem administrar as senescalias de Beaucaire e de Béziers, que dependiam diretamente dele, e de construir e desenvolver o porto de Aigues-Mortes, o único porto real francês no Mediterrâneo. Ouviu os juristas do Sul, apaixonados pelo direito romano mas também pelo direito consuetudinário, antes de ouvir os juristas formados na universidade de Orleãs. Deixou ou mandou reprimir duramente as revoltas como a de Raymond Trencavel em 1240. Acabou com as veleidades do conde de Toulouse, Raimond VII, sempre levado a favorecer os ingleses ou os cátaros. Deixou o irmão Afonso governar o Sul, não tanto à imitação da França do Norte, mas sobre um modelo administrativo que se impunha no Norte como no Sul. Não procurou destruir uma cultura occitana que jamais teve verdadeiras dimensões políticas e que se esgotava em si própria. A fase mais brutal tinha sido no tempo de seu avô e sobretudo no tempo de seu pai, que se erigiu em braço secular da Igreja numa cruzada que tinha desejado e dirigido e amplamente aberta a uma soldadesca do Norte. O último episódio foi a tomada de Montségur, comandada por um bailio real e terminada por uma fogueira de cátaros (1244). Essa operação cruel buscava atingir não os occitanos, mas os rebeldes e, principalmente, os hereges.

Seria preciso sem dúvida retomar essa relação com o máximo de serenidade e de objetividade possíveis, excluindo tanto os mitos occitanistas, frequentemente anacrônicos em perspectiva histórica, quanto as paixões jacobinas, segundo as quais a unificação e a centralização justificam todos os crimes.

Se São Luís não foi o benfeitor particular da França meridional, não lhe foi, nem consciente nem inconscientemente, o carrasco.[48]

O mais jovem irmão, Carlos, que tem doze ou treze anos menos do que Luís, é o mais turbulento — não sem talento. Pertence mais à história da Itália do que à da França. Chegado ao ano de 1264 em sua *Vida de São Luís*, Guillaume de Nangis consagra longas páginas àquele que se tornou rei da Sicília. Não o seguirei nesse terreno.

Carlos nasceu imediatamente antes ou, mais provavelmente, um pouco depois da morte do pai. Luís mantém, em relação a ele, uma mistura de indulgência e de irritação, mistura devida, é de se supor, a sua condição de caçula e a sua

---

[48]Daniel BORZEIX, René PAUTAL, Jacques SERBAT, *Louis IX (alias Saint Louis) et l'Occitanie*, Pignan, 1976: um exemplo de delírio occitanista. Jacques MADAULE, *Le Drame albigeois et l'unité française* (Paris, 1973), é um ensaio simpático em relação aos occitanos, mas que se esforça para ser objetivo.

conduta. Não arrisco essas hipóteses psicológicas só porque os documentos as sugerem, mas porque, numa família real do século XIII, relações humanas e estratégias dinásticas são estreitamente misturadas. Em 1245, quando Carlos está com 19 anos, aragoneses entram na Provença, cujo conde acaba de morrer e o rei de Aragão quer a última filha dele para seu filho, e é enviado à presença do arcebispo de Lyon, Philippe de Savoie, que São Luís sem dúvida acaba de encontrar ao visitar o papa em Lyon por ocasião do concílio. No encontro, São Luís e o arcebispo, cunhado do conde de Provença, por sua vez sogro de São Luís, trataram da organização, a fim de expulsar os aragoneses, de um pequeno exército que seria comandado por São Luís junto com o arcebispo. Os aragoneses se retiram e Carlos consegue o casamento com a mais jovem filha do conde de Provença, Beatriz, princesa muito requestada com quem ele se casa em 1246. É a irmã da rainha Margarida, esposa de seu irmão o rei Luís. Carlos, que já tem o apanágio de Anjou e naquele mesmo ano é investido do apanágio do Maine, torna-se conde de Provença.

Se Afonso toma posse facilmente da herança de seu sogro, o mesmo não vai acontecer com Carlos d'Anjou, que terá de enfrentar um levante de senhores e de cidades, que se tornaram mais fortes durante sua temporada na cruzada junto com o irmão. Na volta, Carlos terá grande dificuldade de conter os revoltosos, aos quais impõe um delegado condal, em Arles e em Avignon em 1251, em Tarascon em 1256 e, finalmente, em 1257, em Marselha, que também se revoltará.

A história da Itália do Sul depois da morte de Frederico II, imperador da Alemanha e rei de Nápoles e da Sicília, é muito complexa.[49] Os papas sucessivos, julgando terem um direito eminente sobre o reino da Sicília, querem dá-lo a um príncipe cristão de sua escolha e não a Manfredo, filho natural de Frederico II, que se tinha apoderado da herança italiana do pai. Carlos d'Anjou é um dos candidatos possíveis. Em maio de 1263, Luís, que até então se mantinha na expectativa em relação ao irmão, decide-se a aceitar a proposta, renovada pelo papa, e Carlos, que, por motivos tanto políticos quanto morais, tinha esperado a decisão do irmão rei, declara sua aceitação ao papa.

O novo papa eleito em 1264, Clemente IV, é Guy Foulcois, antigo conselheiro de São Luís, que apressa as coisas. O rei conduz todo o caso para o irmão. A 28 de junho de 1255,* o papa doa a Carlos, em Roma, a coroa da Sicília.

---

[49]Encontrar-se-á o essencial em J. RICHARD, *Saint Louis, op. cit.*, p. 455 e segs.

*Há um evidente engano na data, provavelmente um erro de digitação. Se Clemente IV só foi eleito em 1264, como se afirma no mesmo parágrafo, a entrega da coroa da Sicília só se pode ter dado em 1265, que na verdade é a data correta. (*N. do T.*)

SÃO LUÍS   643

Luís tenta reunir todas as condições para entrar numa dessas guerras cujos males denuncia, por ser a guerra fonte de pecados, e das quais se recusa a participar até que se esgotem todos os meios pacíficos. Chama a atenção para o fato de que a decisão do papa está correta sob o ponto de vista do direito feudal, porque ele é suserano do reino da Sicília. A aliança de Manfredo com os muçulmanos, mais ainda do que seus ataques contra a Santa Sé, justifica o caráter de cruzada da guerra que lhe é declarada. Uma última negociação é feita com Manfredo que ainda poderia se salvar se aceitasse participar de uma campanha com o imperador latino, destituído da coroa em Constantinopla, contra o imperador bizantino que retomara sua capital. Luís pensa visivelmente no interesse de uma Sicília aliada ao resto da Cristandade, como base de operações em direção de Constantinopla ou da Terra Santa ameaçada. Manfredo recusa.

Luís dá então o sinal verde ao irmão. Carlos d'Anjou conquista seu reino em uma única batalha, a de Benevento, em 26 de fevereiro de 1266, na qual Manfredo é morto. Mas Conradino, filho de Conrado e neto de Frederico II, viaja para a Itália com a idade de 15 anos. Bate-se com Carlos em Tagliacozzo, a 22 de agosto de 1268, e é massacrado. Assim começa a dinastia angevina francesa de Nápoles.

Carlos reencontra muito depressa seu irmão por ocasião da fatal cruzada de Túnis em 1270.[50] Levantou-se a hipótese de que Carlos, senhor da Sicília, é que teria levado o rei de França a desembarcar na Tunísia. Não creio nisso, porque parece bem claro que Carlos, que sempre teve sonhos imperiais, pensava sobretudo na reconquista de Constantinopla, que os latinos tinham perdido de novo para os gregos. Pergunto-me mesmo se não teria sido Luís que, ao contrário, levara finalmente o irmão à conquista do reino de Nápoles e da Sicília pensando em estabelecer uma base de desembarque que estava nos seus planos desde que fixou como objetivo uma nova cruzada.

Carlos, seguramente, cruza-se por solidariedade com o irmão. Chega quando Luís acaba de morrer. Lança-se em lágrimas aos pés do cadáver. Depois se recompõe, comporta-se como comandante de exército, decide pela retirada, negocia com os muçulmanos uma retirada honrosa. Tenta obter com seu sobrinho, o novo rei de França, Filipe III, os restos mortais do irmão que se tornarão relíquias, mas só recebe as entranhas, que leva consigo para sua igreja de Monreale, perto de Palermo.

---

[50]Ver *supra*, pp. 259-260.

644 JACQUES LE GOFF

Ligando-nos a São Luís, só reencontraremos Carlos em 1282, quando deporá em favor da santidade do irmão no processo de canonização.

Às vezes irritou Luís. Durante os seis dias em que o rei, libertado no Egito, faz-se ao mar rumo a Acre, queixa-se do irmão a Joinville e, como se viu, encoleriza-se contra ele que, apenas libertado, joga dados [gamão].[51] Carlos também é aquele que levou o santo rei à cólera: do mesmo modo, no caso importante e complicado da sucessão de Flandres.[52]

Um irmão, decididamente, bem incômodo.

A irmã

Tal não é a conduta da única irmã sobrevivente, Isabel, nascida em 1223. Segundo a regra dos apanágios, as filhas reais não recebem terras, mas dinheiro. É o caso de Isabel. Tem ela o suficiente para viver, na corte, humilde e modestamente. Isabel ama o irmão, vive como ele — pompa real à parte —, entende-se bem com a rainha, sua cunhada. Pretendeu-se fazer com que entrasse na manobra dos casamentos das filhas de rei, arte diplomática e política. Menina, ela foi "noiva" do filho de Hugues le Brun de Lusignan, conde de la Marche, o principal conjurado contra São Luís menor de idade. O projeto de noivado falhou. Com 20 anos, teve ela um belo partido. O imperador Frederico II a quis para seu filho Conrado. Maior de idade, ela recusou. Não quis se casar. São Luís não a forçou. A vontade dela era viver virgem, sem dúvida, entre os seus, mas na devoção e mesmo no ascetismo. Seu real irmão a ama e a admira. Em 1245 ela o acompanha com a mãe, Branca de Castela, e o irmão Roberto a Cluny para lá encontrar o papa Inocêncio IV. Não se recusa, portanto, a participar dessas viagens em família que apaixonam Luís, quando é para ir a um lugar tão santo encontrar uma pessoa tão religiosa. Lugar de grande repercussão e personagem de grande prestígio, sem dúvida, mas ela respeita o fausto da Santa Igreja, mesmo achando que aquilo não é para ela. Os biógrafos de São Luís a mencionam com os irmãos, nesse grupo de crianças com as quais Branca de Castela tinha tomado tanto cuidado no sentido de dar uma boa educação religiosa, nesse grupo fraternal de adultos principescos dos quais o último sobrevivente, Carlos d'Anjou, o rei da Sicília, dirá em 1282 que

---

[51]JOINVILLE, *Histoire de Saint Louis*, p. 221. Ver *supra*, p. 434.
[52]Ver *supra*, pp. 226-229, e para os detalhes, J. RICHARD, *Saint Louis, op. cit.*, p. 329 e segs.

SÃO LUÍS

todos foram santos, sem exclusão da irmã. Isabel desempenhou seu papel no programa de construção de igrejas e de conventos de seu real irmão e fez com que ele construísse um convento de clarissas (então chamadas de senhoras de São Damião) em Longchamp, terminado em 1259. Para esse convento ela se retirou em 1263, mas sem tomar o hábito religioso. Pertencia a esse grupo de mulheres piedosas, tão característico da devoção feminina do século XIII, muitas vezes à sombra das ordens mendicantes, mulheres que permanecem leigas, mas levam uma vida muito semelhante à das religiosas, ao mesmo tempo no século e fora dele.[53] Morre em Longchamp, em 1269, no momento da partida de São Luís para a sua segunda cruzada, e sua morte foi uma das últimas grandes dores do rei. A Igreja fará dela uma bem-aventurada, mas só no século XIV.[54] De modo que ela fica ao lado do irmão, modestamente. Não devemos separá-los.

Nessa imagem quase idílica de uma família real não há uma ovelha negra, ou uma nota falsa, nem sequer uma nota um pouco discordante.

A esposa

Sabemos que Luís se casou com Margarida de Provença em 1234, que a irmã mais moça dela, Beatriz, casou com Carlos d'Anjou em 1246. Na realidade, eram quatro — sem irmão — as filhas do conde de Provença, Raimond Bérenger V. E todas foram rainhas, não ao mesmo tempo, é verdade. Margarida é a mais velha. Nascida em 1221, casou-se com o rei de França em 1234 e morreu vinte e cinco anos depois dele, em 1295. Eleonora, a segunda, nascida em 1223, casou-se com o rei da Inglaterra, Henrique III, em 1236 e morreu em 1291. A terceira, Sanchie, nascida em 1228, casou-se em 1243 com o irmão de Henrique III, Ricardo de Cornualha, que em 1257 se tornou "rei dos romanos", através de uma eleição contestada que não o levará à coroa imperial. Sanchie morreu em 1261. Por fim, como se viu, a mais moça, que se chama Beatriz, como a mãe, nascida em 1231, casa-se em 1246, consumando o que Gérard Sivery chamou de "uma das obras-primas da grande estratégia matrimonial medieval", com Carlos d'Anjou, irmão de São Luís. Também morreu jovem, em 1267.

---

[53] André VAUCHEZ, *La Spiritualité au Moyen Âge occidental, VIIIᵉ-XIIᵉ siècle*, nova edição, Paris, 1994, "Le christianisme au féminin", pp. 158-168.
[54] Sobre o fracasso de uma religião real das princesas reais no Ocidente, ver a primeira parte, capítulo IV, subtítulo *A irmã e os irmãos*. Ao contrário, na Europa central, e especialmente na Hungria, ver Gabor KLANICZAY, *La Sainteté des souverains. La sainteté dynastique hongroise et la typologie de la sainteté en Europe médiévale*, tese a ser publicada.

646 JACQUES LE GOFF

Um extraordinário jantar, que Mateus Paris descreve maravilhado,[55] reuniu numa noite de 1257, no Templo, por ocasião da visita oficial de Henrique III da Inglaterra a Paris, as quatro irmãs e a mãe, a condessa viúva Beatriz de Saboia, da velha aristocracia da Provença. É a sogra da Cristandade. Ainda é, parece, tão bela como as filhas. Mas Sanchie ainda não é "rainha dos romanos" nem Beatriz rainha da Sicília, título que terá por muito pouco tempo. São Luís está entusiasmado com esse jantar. O rei gosta das reuniões familiares e está encantado de ver, reunidas sob seus olhos com a mãe de todas, as quatro irmãs da Provença que dão o equilíbrio feminino ao grupo que ele constitui com os três irmãos — paralelismo que, de modo impressionante, duplica-se no paralelismo entre as famílias reais inglesa e francesa, em cada uma das quais o rei e um irmão casaram-se com duas das quatro irmãs.

Essa obra-prima de aliança agrada ainda mais a Luís porque ele também dá uma grande importância aos parentescos por aliança. Nisso ele via uma das garantias dessa solidariedade das grandes famílias da Cristandade, em particular das famílias reais, que lhe parecia tão necessária à paz interior e à união contra o pagão, o Infiel. Fica feliz por ver se concretizar a amizade que deve reinar, apesar de tantas diferenças graves, entre o rei da Inglaterra e ele, uma vez que são cunhados. Sublinhará, em 1259, depois da assinatura do tratado de Paris que reconcilia a França e a Inglaterra, que um dos melhores frutos desse tratado é ter restaurado a paz e a amizade entre os parentes que são Henrique III e ele, "porque temos por mulheres duas irmãs e nossos filhos são primos-irmãos, por isso é importante que haja paz entre eles".[56]

Quanto a Margarida, rainha da França, a mulher de São Luís, que é um elo essencial nessa cadeia que une no mais alto nível ingleses, franceses e provençais, parece perfeitamente integrada nessa companhia, feliz de estar com a mãe e com as irmãs (em particular com Eleonora, rainha da Inglaterra com quem troca correspondência frequente), feliz também de estar com seu marido, o rei de França. Tem uma razão profunda para essa alegria. Desde que o marido voltou do Oriente, há dois anos, ela está livre de um pesadelo, a sogra, Branca de Castela. Não apenas a rainha-mãe não está lá, prestes a raptar o rei, mas também afinal ela pode ser plenamente — e sozinha — a rainha da França. Porque, antes, era a outra, a "castelhana", a rainha da França. Se Margarida até aqui não ocupou seu lugar na Corte, ao lado do rei, o lugar harmonioso para o qual sua situação, sua

---

[55] Ver *supra*, p. 397.
[56] JOINVILLE, *Histoire de Saint Louis*, p. 39.

SÃO LUÍS

educação, seu caráter, suas capacidades a talhavam, foi antes de tudo por causa de sua terrível sogra.[57]

Entretanto, a atitude de São Luís a respeito da esposa é desconcertante. Não temos de discernir isso por nós mesmos. Joinville no-lo diz. Ora, Joinville admira o rei, mais ainda, ama o rei.[58] Mas ele também, como São Luís, e às vezes mais do que São Luís, detesta o que é injusto. Ora, o rei é injusto em relação à rainha. Viu-se isso no caso que Joinville conta a propósito da atitude de Luís em duas circunstâncias no mar quando da volta da cruzada.[59]

A narrativa em que Margarida fala a Joinville de seu real esposo naquela ocasião nos dá duas informações sobre a atitude de São Luís para com a mulher.[60] Primeiro, ela o declara *diferente*. O tradutor traduziu bem por "bizarro". É um epíteto que se atribui frequentemente às crianças: nesse sentido quer dizer "instável, em quem não se pode confiar". Eu interpretaria com boa vontade: "O rei é lunático, imprevisível." O resto daquilo que diz a rainha é uma informação precisa: se ela tomar a inciativa quanto a uma peregrinação sem lhe falar, ele impedirá a ida dela. Surge uma nova faceta do caráter do rei em relação a sua mulher: ele é tirânico e sujeito a variações de humor. Em resumo, é de difícil convivência, oscilando entre a indiferença e a intervenção intempestiva e autoritária.

Como explicar essa atitude e como conciliá-la com a massa dos testemunhos sobre a bondade do rei que temos por toda parte? Notemos de saída que aquilo que ela confiou a Joinville não a impede de dizer com sinceridade, parece, que o marido é um homem bom. É preciso sem dúvida concluir desse caso que, para os homens e as mulheres do século XIII, a santidade não tem relação com a vida doméstica cotidiana, mas com o comportamento de devoção e de caridade particulares, a que é preciso acrescentar o horror à mentira e qualidades como a castidade e o evitar a blasfêmia e algumas pragas.

Isso não é suficiente; há, parece-me, uma certa indiferença por parte do rei quanto às pessoas referidas nos dois casos de São Luís no mar contados por Joinville: a esposa e os bebês.

Luís não parece se interessar pelas crianças muito pequenas, porque ver-se-á, como que por contraste, que ele se interessa muito pelos seus quando estão maiores. Basta ver o caso de seus três bebês nascidos entre 1250 e 1253 na Terra Santa. Para manifestar-lhes atenção, ele provavelmente espera que sejam maiores.

---

[57]Sobre a rainha Margarida, ver G. SIVERY, *Marguerite de Provence, op. cit.*

[58]M. ZINK, "Joinville ne parle pas, mais il rêve", artigo citado, e *supra*, p. 426.

[59]Ver *supra*, pp. 435-438.

[60]JOINVILLE, *Histoire de Saint Louis*, p. 347.

A devoção ao Menino Jesus ainda não tinha se vulgarizado. É preciso que ele sinta o olhar reprovador de Joinville fixado sobre si para que lhe pergunte — sem ir visitá-los — sobre a saúde da mulher e dos filhos.

Quanto à rainha, se ele não se inquieta com ela, se ele se mostra tirânico para com ela no cotidiano, não é porque ela seja uma mulher. Luís, sendo totalmente um homem da "máscula Idade Média", não é particularmente um desdenhador de mulheres. Não é, também, porque sua mulher não lhe seja agradável: ao contrário, viu-se que ela o atraía, e se ele teve onze filhos com ela não foi, parece, unicamente para assegurar a sobrevivência da dinastia nem para satisfazer a um desejo puramente fisiológico. Margarida teve uma boa educação e é tão piedosa quanto se possa pedir a uma rainha, mesmo tendo se ligado a uma família até excessiva nesse domínio. E não é gastadora, salvo talvez em relação a sua família na Saboia, mas com autorização do rei. Luís parece gostar que ela exerça seu dever de rainha e de esposa, sobretudo depois que não tinha mais a mãe. Há uma outra coisa. Formulo aqui uma hipótese.

São Luís é fervoroso, para não dizer um fanático, quando se trata de coisas da linhagem. Certamente, a rainha traz uma contribuição indispensável a sua perpetuação e o faz generosamente. Mas não pertence a essa linhagem. É dentro desse círculo de linhagem que para ele mais se desenvolvem os sentimentos do amor: na ausência de um pai verdadeiramente conhecido, desenvolve esse sentimento em relação à mãe, um irmão, uma irmã. Para São Luís, uma esposa não suscita normalmente um interesse e sentimentos da mesma intensidade.

Entretanto, São Luís também manifesta atenção para com a rainha: o rei se levanta habitualmente à noite para a oração prima do ofício divino, mas dispensava-se disso nos dias e nas noites "em que estava com sua mulher".[61] Nos *Ensinamentos* ao filho, recomenda em um capítulo especial: "Caro filho, recomendo-te que ames e honres tua mãe e sigas com boa vontade e observes os seus bons ensinamentos, e que estejas inclinado a crer nos seus bons conselhos."[62] Quando Joinville fazia sua observação, talvez São Luís estivesse totalmente absorvido pelo cuidado da cruzada e ruminando a derrota. Mas uma esposa não é um reconforto nessas circunstâncias, um apoio — que Margarida quis ser e foi — e que São Luís não reconheceu?

Sem dúvida, também, certos "casos" que a historiografia pôs em evidência trouxeram algumas nuvens cinzentas à vida do casal real. Mas duvido de sua

---

[61] GUILLAUME DE SAINT-PATHUS, *Vie de Saint Louis*, p. 34.
[62] *Enseignements* (ed. D. O'Connell), p. 188.

SÃO LUÍS

649

gravidade. É pouco provável, por exemplo, que Margarida, com sua viva afeição pela irmã Eleonora, tenha incentivado na Corte um partido "inglês". É possível, sim, que Branca de Castela tenha acenado com esse espantalho para que o filho se irritasse com a nora.

Resta uma estranha história, tardiamente descoberta nos arquivos vaticanos. A pedido do rei, o papa Urbano IV dispensa no dia 6 de junho de 1263 o filho e herdeiro Filipe de cumprir um juramento solene que tinha feito à mãe. Filipe tinha prometido à rainha Margarida permanecer sob sua tutela até a idade de 30 anos, não ter como conselheiro ninguém que lhe fosse hostil, não contrair nenhuma aliança com Carlos d'Anjou, informá-la de todos os boatos que pudessem correr sobre ela e silenciar sobre as promessas que fizesse.[63]

O ato parece autêntico. O que teria levado Margarida a exigir esse compromisso? Figuraria Filipe, aos olhos da mãe, como figura de espírito frágil que seria preciso guiar de perto? O pai talvez não estivesse tão longe de pensar assim quando lhe deu, em 1268, um preceptor, Pierre de La Brosse, má ideia, como o tempo iria mostrar. Afinal, Margarida teria desejado um papel político de que o rei a privava? Pior, teria ela sonhado imitar sua terrível sogra e fazer do filho um servidor dócil como Branca quis fazer do próprio filho?

De qualquer maneira, o caso provavelmente influiu de algum modo em uma decisão surpreendente por parte de São Luís. No momento de partir para a cruzada, ele recusa a regência à rainha Margarida. Mas creio, com Jean Richard, que a principal razão para isso é que "o sentido do Estado tinha tomado uma dimensão nova" no tempo de São Luís e o soberano quis deixar a guarda e a administração do reino às duas pessoas mais estreitamente associadas a seu governo e que podiam garantir-lhe melhor a continuidade: Mathieu de Vendôme, abade de Saint-Denis, e Simon de Clermont, senhor de Nesle.

Gostaria de deixar Margarida de Provença lembrando um outro caso contado por Joinville sobre seu amor pelo esposo.

Depois da notícia da morte de Branca de Castela, Joinville encontra Margarida em prantos. Espanta-se: "Se era a mulher que mais odiáveis que morreu, como mostrais uma dor assim?" Margarida responde que "não era pela rainha que chorava, mas pelo sofrimento do rei com a dor que ele sentia".[64]

---

[63]G. SIVERY, *Marguerite de Provence, op. cit.*, p. 210.
[64]JOINVILLE, *Histoire de Saint Louis*, p. 333.

Os filhos

Ter filhos não era o objetivo único de um casamento, mas quando se era rei importava tê-los e antes de tudo homens. Que São Luís tenha tido prazer no ato carnal com sua mulher não há dúvida. O caso da fúria de Branca de Castela quando Luís vai encontrar a mulher no seu quarto durante o dia é muito claro. Mais transparente ainda é a informação que nos dá Guillaume de Nangis. Lembra Guillaume que se sabe, por outras fontes, que São Luís, através de um acordo com a rainha Margarida, respeita em matéria de relações carnais o que a Igreja de sua época determinou como "tempo de resguardo":[65] a saber o Advento e a Quaresma inteiros, alguns dias da semana, as vésperas e dias de grandes festas e, se ele vai comungar, muitos dias antes e o dia depois da comunhão. É um modo de obedecer à Igreja e ao mesmo tempo de praticar um certo controle dos nascimentos. A civilização passa sempre pela limitação dos nascimentos. Mas a carne do rei como mais ou menos a de todos os homens — a dele especialmente mais — é fraca. O rei está sujeito, como se viu, às tentações noturnas.

> Se durante esses dias consagrados à continência, acontecia-lhe por qualquer motivo ir visitar a esposa e ficar com ela, e se a proximidade da esposa, em razão da fragilidade humana, fazia-lhe sentir movimentos desordenados da carne, ele se levantava da cama e passeava pelo quarto até que a revolta de sua carne se acalmasse.[66]

O resultado desse ardor combinado com essa disciplina foi o nascimento de onze filhos. Luís VIII e Branca de Castela tiveram nove que conhecemos, mas sabe-se que começaram por perder muitos, natimortos ou mortos pequeninos, muito provavelmente. Na época de São Luís, mencionam-se com mais exatidão os filhos reais, mesmo os nascidos mortos ou mortos muito cedo. A medicina, especialmente a obstetrícia e a pediatria, faz progressos, e a família real chama os melhores médicos. Assegurou-se melhor, assim, a sobrevivência dos filhos de Luís e de Margarida do que a dos filhos de Luís VIII e de Branca de Castela.

Luís e Margarida se casaram em 1234, Margarida com apenas 13 anos. O primeiro filho conhecido do casal, Branca, nasceu em 1240, seis anos depois. A

---

[65] Jean-Louis FLANDRIN, *Un temps pour embrasser. Aux origines de la morale sexuelle occidentale (VI*-*XI* siècles)*, Paris, 1983.
[66] GUILLAUME DE NANGIS, *Gesta Ludovici* IX, p. 402.

SÃO LUÍS

651

rainha teve de início filhos natimortos ou abortos? É possível, mas pouco provável, porque sua infecundidade acaba por inquietar o círculo real.

O Nain de Tillemont, que cita uma *Vida de São Thibaud* publicada por Duchesne, narra:

> Já se falava num divórcio que teria sido vergonhoso e pernicioso para o reino. Recorreu-se nessa ocasião a diversas pessoas de piedade a fim de que implorassem à divina misericórdia e entre outras a São Thibaud [...] que tinha entrado para a abadia de Vaux de Cernay, da ordem de Cîteaux [...] e na ocasião era o abade. Esse santo homem, tocado particularmente pela aflição da rainha, disse que ainda era preciso aguardar um pouco, mas que ele esperava que Deus concederia a graça que se lhe pedia. Pôs-se em preces e foi enfim atendido. A rainha ficou grávida, e deu à luz com sucesso, no dia 11 de junho desse ano [1240], o que foi uma grande consolação para todo o reino [...]. Sabe-se que essa rainha e Filipe, o Ousado, seu filho, deram testemunho de muita devoção por São Thibaud e foram visitar seu túmulo.[67]

Nenhum biógrafo confirma essa história, mas o nascimento "milagroso" do primeiro filho de um rei de França é um lugar-comum.

É aqui o lugar para um outro caso que nos dá a conhecer a irritação e a tristeza do rei por ocasião do nascimento de uma menina e não de um menino. O bispo de Paris, Guillaume d'Auxerre, o teria consolado com um dito espirituoso.[68]

Se o caso é verdadeiro, não é preciso ver nisso um "antifeminismo" particular de São Luís. Numa dinastia em que existe uma tradição (consagrada numa ordenação de Carlos V mais de um século depois) de sucessão por primogenitura masculina, a espera de um filho homem é uma angústia. Os cronistas nos dizem como o nascimento de Luís, em 1244, o filho "tão esperado", causa alegria e alívio.

Margarida provoca, afinal, em definitivo, a admiração dos contemporâneos por sua fecundidade: "É à rainha Margarida que se deve o tesouro do reino."

As crianças nascem nos três períodos que se distinguiram no reinado de São Luís: antes, durante e depois da cruzada. O trabalho de dar à luz foi incessante

---

[67]"São" Thibaud morreu em 1247. O NAIN DE TILLEMONT, *Vie de Saint Louis, op. cit.*, t. II, pp. 393-394; A. DUCHESNE, *Historiae Francorum Scriptores, op. cit.*, t. I, Paris, 1636, p. 406.

[68]Ver *supra*, p. 329.

durante o período central de fecundidade da rainha, dos 19 aos 39 anos, de 1240 a 1260. Houve mais equilíbrio entre os sexos do que na geração de São Luís: seis meninos e cinco meninas.

Os prenomes estão de acordo com as tradições dinásticas: uma maioria de prenomes capetianos, uma minoria proveniente de alianças, mas, aqui, essas alianças vêm mais da avó do que da mãe. Assim prossegue a imagem da continuidade dinástica pelos prenomes. O filho mais velho recebe o prenome do avô, Luís, o segundo o do bisavô, Filipe, os dois seguintes o prenome de origem castelhana João,* ao qual se junta, para o segundo, Tristão, como referência à tristeza pelo nascimento do menino em uma cidade sitiada e prestes a ser abandonada, no dia seguinte de um desastre militar, enquanto o pai está preso. A memória dinástica é de longo alcance. Depois de João Tristão nasce Pedro, e houve um Pedro entre os numerosos filhos de Luís VI, Pedro de Courtenay, e o bastardo de Filipe Augusto tinha Pedro [Pierre], como vimos, no duplo prenome notável de Pierre Charlot. Inês evoca uma longínqua ancestral castelhana. Branca, prenome restabelecido depois de andar perdido, é evidentemente o da avó, e Margarida, nascida depois da morte de Branca de Castela, é o da mãe. Roberto, enfim, não pode ser mais capetiano.

Viu-se a dor paternal e real de São Luís quando da morte de seu filho mais velho Luís.[69] Sabe-se que dois outros filhos, uma menina e um menino, morreram pequeninos.[70] Qual é o destino terrestre garantido por São Luís aos filhos sobreviventes? É ditado pelo serviço da dinastia e do reino. Os três meios de garanti-lo são as terras, os casamentos e o dinheiro.

É na véspera da partida para a cruzada de Túnis que Luís atribui aos filhos os apanágios.[71] Mais que seu pai — em função, aliás, das possibilidades —, o rei assegura os direitos e os poderes da coroa. Inicialmente lhes dá só condados de pequena extensão: para João Tristão, Valois; para Pedro, Alençon e Perche; para Roberto, Clermont-en-Beauvaisis. Mas casa todos com ricas herdeiras que trazem, ao primeiro, Nevers; ao segundo, Blois; ao terceiro, a senhoria de Bourbon. Pedro e Roberto só vão se casar depois da morte de Luís. Salvo o caso de Pedro, as terras de suas mulheres não são contíguas às deles, para evitar a formação de possessões territoriais muito importantes nas mãos de um único. Luís morreu noivo. Desde 1258, Filipe tinha casamento ajustado

---

*O autor com toda a certeza não se refere à origem etimológica do nome (hebraica, como se sabe), mas, parece, ao fato de João ser nome muito usado na Espanha. Provavelmente muito usado entre a nobreza — não tenho dados para afirmar, mas certamente os Capeto não adotariam um nome usado apenas pelo povinho miúdo. (*N. do T.*)

[69]Ver *supra*, Primeira Parte.

[70]Ver *supra*, Primeira Parte.

[71]Sigo aqui A. LEWIS, *Le Sang royal, op. cit.*, pp. 222-224.

SÃO LUÍS

com Isabel, filha do rei de Aragão, ajuste anexo ao tratado de Corbeil que regulava o contencioso entre Aragão e a França. Esse casamento tão político só foi celebrado em 1262, em Clermont-en-Auvergne, no dia de Pentecostes, e São Luís aproveitou para fazer com que Jaime I de Aragão prometesse não apoiar os marselheses de novo revoltados contra seu irmão Carlos d'Anjou, conde de Provença.

As filhas, que recebem dinheiro como apanágio, constituindo seu dote, casam-se ricamente. Isabel se casa em 1255 com Thibaud V, conde de Champagne e rei de Navarra. É um íntimo, um admirador e um imitador de São Luís, que gostava dele como de um filho. Rutebeuf dedicou-lhe *La Complainte du roi de Navarre* ["Elegia para o rei de Navarra"].[72] Isabel e Thibaud morrem em 1271, na volta da cruzada de Túnis. Branca casa em 1269 com o infante Fernando de Castela, filho do rei Afonso X o Sábio, que morrerá em 1275. Margarida se casa em 1270 com Jean I, duque de Brabante, e Inês, em 1279, com Robert II, duque de Borgonha. A última dor terrestre de Luís foi a morte do filho João Tristão, uma das primeiras vítimas do tifo no acampamento cristão de Cartago. João Tristão era o filho da tristeza da primeira cruzada e morreu com 20 anos. Procura-se esconder a notícia do rei, já doente. Mas ele fica sabendo. São Luís parece ter tido uma afeição especial por esse filho dos momenos dolorosos. Geoffroy de Beaulieu anota simplesmente: "Ao anúncio de sua morte, o piedoso pai se comoveu até as entranhas."[73]

O primeiro cuidado do rei foi assegurar uma boa educação religiosa e moral aos filhos. Teria gostado que alguns deles entrassem para uma das ordens religiosas. Desejava que João Tristão e Pedro fossem frades mendicantes, um entre os dominicanos, outro entre os franciscanos, mas nenhum quis isso e Luís não insistiu. Mesmo entre os religiosos desconfiava-se dessa veleidade proselitista de São Luís sobre as responsabilidades dos filhos. Entre 1261 e 1264, o papa Urbano IV concedeu, aliás, à menina Branca, provavelmente por iniciativa do confessor dela, o privilégio de não permanecer na vida religiosa mesmo que o pai a obrigasse a pronunciar os votos.[74]

Quanto ao mais, a maioria dos biógrafos de São Luís nos informa sobre a maneira pela qual o rei impunha exercícios religiosos aos filhos. Como Guillaume de Nangis:

---

[72] RUTEBEUF, *Oeuvres complètes*, ed. citada, t. II, pp. 381-390.
[73] GEOFFROY DE BEAULIEU, *Vita*, p. 23
[74] Ver Primeira Parte, p. 242.

Pela graça de Deus, o santo casal tinha tido uma abundante prole. O piedoso pai se conduzia muito cristãmente na instrução e no governo dos filhos. Queria ele que os filhos se aproximando da idade adulta[75] ouvissem cada dia não apenas a missa, mas também as matinas e as horas canônicas cantadas, e que fossem com ele escutar os sermões. Queria que cada um aprendesse e cantasse as horas da Santa Virgem e que participassem sempre com ele das completas que mandava cantar todos os dias na igreja, solenemente, depois do jantar. E, por fim, que se cantasse todos os dias em voz alta um cântico especial à Santa Virgem. Depois das completas, voltava para o quarto com os filhos e, depois que um sacerdote aspergisse água benta por todo o contorno da cama e do quarto, os filhos se sentavam em torno dele. E antes que se fossem, tinha o hábito de lhes dizer algumas palavras edificantes para que aprendessem.

Joinville nos dá alguns detalhes.

Antes de se deitar, mandava que todos os filhos viessem ter com ele e lhes lembrava casos dos bons reis e dos bons imperadores, e depois lhes dizia que tomassem como exemplo tais pessoas. Contava-lhes também casos dos maus príncipes que, pelo gosto do luxo, por suas pilhagens e sua avareza tinham perdido seus reinos. Dizia-lhes então: "Eu vos lembro essas coisas para que vos guardeis de que Deus se encolerize contra vós."[76] Queria que no santo dia da sexta-feira eles usassem sobre a cabeça coroas de rosas ou de outras flores em memória da santa coroa de espinhos com a qual a cabeça do Salvador tinha sido atrozmente coroada naquele dia, coroa com a qual o Rei dos reis Nosso Senhor Jesus Cristo tinha magnificamente decorado seu reino.[77]

Reencontra-se aqui o prazer que tem Luís na companhia desses grupos de família reunidos. No fim da vida, ele associou cada ano a seu filho tornado "primogênito" e sucessor, Filipe, ao ato de vassalagem em Saint-Denis, protetor da dinastia e do reino, que consistia na deposição de quatro besantes de ouro sobre o altar do santo mártir no dia de sua festa (9 de outubro).*

---

[75]Vê-se de novo que ele se interessa verdadeiramente por eles quando tinham crescido.

[76]JOINVILLE, *Histoire de Saint Louis*, p. 381.

[77]Alusão à relíquia da coroa de espinhos da Sainte-Chapelle.

*A data correta de 9 de outubro, aqui, vem comprovar que estava certa a suposição de que houve um erro de digitação no subtítulo *O tempo circular e litúrgico*, no primeiro capítulo desta mesma terceira parte, quando aparece "19 de outubro" como dia de São Dionísio (*le Saint Denis*). Um francês não poderia mesmo trocar a data da festa de seu mais caro santo mártir, o primeiro bispo de Paris... (*N. do T.*)

SÃO LUÍS

Os *Ensinamentos* de São Luís ao filho mais velho Filipe e os dirigidos à filha Isabel, rainha de Navarra, mostram a um tempo seu amor e sua consciência de pai. Os contemporâneos chamaram a atenção para o fato excepcional de que ele os tinha escrito com a própria mão em vez de ditá-los. É um modo de manifestar a importância que se liga a esse fato, o caráter confidencial desses escritos. Na verdade, trata-se primeiro de um gesto afetuoso do pai para o filho e a filha, aos quais se dirige em termos estereotipados, mas através dos quais se nota um amor sincero.

"A seu querido filho mais velho Filipe, saudação e amizade de pai." E dezessete dos trinta e quatro parágrafos do texto começam por "Querido filho..." Uma palavra se repete, e é *coração*: "desejo *de todo meu coração*", "que tenhas o *coração* complacente para os pobres", "se tens o *coração* inquieto". A epístola compreende uma parte que se dirige ao indivíduo, uma outra que se dirige ao futuro rei. Ao primeiro ele recomenda a fé, a paciência, a confissão frequente, a piedade no que toca à Igreja, a caridade voltada para os pobres e os sofredores, a companhia dos bons, a audição dos sermões, a recusa dos ditos injuriosos. Ao segundo, pede que seja digno da unção da sagração, de distribuir a justiça, de pacificar as disputas, de honrar as pessoas da Igreja, de evitar a guerra, de ter bons oficiais, de reprimir os pecados da boca, do corpo, dos jogos de dinheiro, de perseguir os hereges, de ser parcimonioso em matéria de economia.

"Querido filho, dou-te toda a bênção que um pai pode e deve dar a um filho", e pede a Deus por ele. Dois tipos de desejo emergem dessa carta. O primeiro se refere à coesão e ao amor recíproco no seio da família real. Já foi vista a recomendação de amar e de honrar a mãe, de seguir seus conselhos. Do mesmo modo, Luís confia ao mais velho os jovens irmãos: "Ama teus irmãos e deseja sempre o bem deles e seu aperfeiçoamento, e assume o lugar de pai deles para lhes indicar todos os bens [...]." O cristianismo do século XIII, o franciscano em particular, gosta de misturar nas famílias espirituais e nas famílias carnais os papéis paternais e maternais e os papéis fraternais. São Francisco de Assis, assim, dá atenção especial a uma mãe e um filho que vão viver em dupla nos eremitérios.[78]

O outro desejo refere-se às orações pelos mortos. Em seu profundo sentimento dinástico, o rei abarca o presente, mas também o futuro e o passado. As crianças são o futuro e é preciso cuidar para garantir, através delas, um

---

[78]C. BYNUM, *Jesus as Mother, op. cit.* (*supra*, p. 417, nº 28); J. LE GOFF, "Le vocabulaire des catégories sociales chez saint François d'Assise et ses biographes du XIIIe siècle", artigo citado (*supra*, p. 448, nº 16).

futuro bom para a linhagem. Mas, afetivamente, a dinastia para ele são sobretudo os mortos.

"Faze com que", pede ele ao filho, "tua alma e as de teus ancestrais repousem em paz, e se nunca ouves falar que teus ancestrais tenham restituído o que se devia restituir, cuida sempre de saber se resta alguma coisa a devolver, e se a descobrires devolve-a imediatamente para salvação de tual alma e as de teus ancestrais." E recomenda-se a si próprio ao filho como o primeiro morto, o primeiro ancestral futuro por quem ele deve rezar: "Querido filho, peço-te que se for da vontade de Nosso Senhor que eu deixe esta vida antes de ti, que me ajudes com missas e com outras orações e que peças orações por minha alma nas ordens religiosas do reino da França." Os mortos, os ancestrais são os mais importantes membros da linhagem, porque são os pais, os portadores da origem e da continuidade e os mais ameaçados pela salvação que deve ser coletiva, porque os mortos não podem mais acumular méritos. A salvação deles depende da memória e do zelo dos descendentes. É preciso amar os mortos. Daí o lugar central na ação de São Luís do remanejamento da disposição dos túmulos reais em Saint-Denis.

A carta a Isabel começa por uma declaração que exprime o calor da afeição mútua particular que uniu o rei e sua filha mais velha:

> A sua querida e bem-amada filha Isabel, rainha de Navarra, saudação e amizade de pai.
>
> Querida filha, porque creio que vos lembrais agradavelmente de mim, porque me amais, como não amaríeis muitos outros, pensei em fazer-vos alguns ensinamentos escritos à mão.[79]

O conteúdo se parece muito, porém mais resumido, com a parte individual dos ensinamentos a Filipe, feitas as adaptações convenientes ao sexo da destinatária. Ela só deve ter a seu serviço mulheres perfeitamente honestas, deve obedecer ao marido, ao pai e à mãe e evitar todo luxo na vestimenta. E, claro, deve rezar pela alma do pai.

Nesse mundo de predecessores e ancestrais, os aniversários de mortos são essenciais. Nas festas mais solenes, Luís mandava botar doze círios no altar de sua capela, "e também na data do aniversário de seu pai e de sua mãe e de todos os reis cujo aniversário ele festejava".[80] E em torno desses mortos excepcionais há a massa de todos os outros mortos pelos quais "rezava a cada dia o serviço dos

---

[79] *Enseignements* (ed. D. O'Connell), p. 191.
[80] GUILLAUME DE SAINT-PATHUS, *Vie de Saint Louis*, p. 36.

SÃO LUÍS

mortos com um de seus capelães, segundo o uso da Igreja de Paris".[81] São Luís foi um rei dos mortos.

Desde o desaparecimento de São Luís, os *Ensinamentos* se tornaram palavras não mais de um vivo, mas de um morto, e tiveram efeito sobre os filhos para os quais ele os escreveu.

Quando Filipe se tornou o rei Filipe III, enviou uma carta a todos os membros da Igreja da França, através dos dominicanos Geoffroy de Beaulieu e Guillaume de Chartres, assim como do franciscano Jean de Mons, para anunciar a morte do pai. Entre as fórmulas obrigatórias, mas fundamentadas, há uma passagem mais pessoal, na qual se sente quanto a presença imponente, mas também tranquilizadora e afetuosa desse pai vai lhe fazer falta, não apenas como conselheiro político e moral, mas afetivamente: "É sem dúvida uma grande glória ter tido tal pai, mas é também uma dor irremediável ter perdido a consolação tão grande e tão doce de um tal pai, seu diálogo tão delicado, seu conselho tão eficiente, um socorro tão grande." Frase convencional, talvez, ditada por um conselheiro, mas que traduz bem a impressão deixada por São Luís sobre o filho.[82]

A mesnie *e o círculo próximo*

A família de São Luís é então em primeiro lugar a linhagem, a linhagem dinástica, depois o círculo familiar mais íntimo. Entretanto, ele também é sensível à família carnal num sentido mais amplo. Mateus Paris anota que ele tinha "habitualmente atenções para sua carne e seu sangue".[83]

O rei tinha, por fim, em torno dele, uma família mais ampla e mais indefinida que, juntamente com o pessoal de seu *hôtel* —[84] conjunto dos serviços que asseguravam sua existência material e a de sua família —,* reunia os íntimos

---

[81]*Ibid.*, p. 37.

[82]*Epistola publicata super obitum Ludovici noni regis*, em A. DUCHESNE, *Historia Francorum Scriptores, op. cit.*, t. V, 1649, pp. 440-441.

[83]MATEUS PARIS, *Chronica majora*, t. V, p. 436.

[84]O hôtel do rei foi profundamente reorganizado sob São Luís. Ver Élisabeth LALOU, em *Actes du colloque de Vincennes sur les Capétiens*, em 1994, a serem publicadas.

*Essa é a definição, por assim dizer, de *hôtel* como repartição burocrática do palácio. Mas a palavra tem também o sentido físico dos aposentos pessoais do rei no palácio e, por extensão, simplesmente de palácio. Desse modo foi traduzida, na maioria das vezes no correr deste livro, "aposentos", ou "palácio". Mas aqui pareceu mais conveniente manter o original, assim como no caso do termo feudal *mesnie*, pois a forma francesa, creio, é mais ajustada ao contexto deste capítulo e em nada prejudica a compreensão do leitor. Além disso, *hôtel* aparece na citação de Guillaume de Saint-Pathus e logo a seguir no próprio texto do autor também com o sentido concreto de "palácio" ou "aposentos pessoais" (quer dizer, um lugar, não o título de uma divisão de serviços), o que reforça a solução de manter o original francês, aqui, deixando claro o duplo sentido. (*N. do T.*)

nobres ou não. É a sua *mesnie*. Esse antigo grupo de homens livres que viviam na casa de um grande, sua clientela, quase se torna, simplesmente, um grupo de co-habitantes, um grupo da casa, uma quase família. Guillaume de Saint-Pathus o elogia muito: "Frequentemente quando ele [Luís] estava em seu quarto com sua *mesnie*, dizia palavras simples e discretas e contava belas histórias para edifi-cação daqueles que estavam em volta dele, com bom e santo propósito" — bons servidores e *prud'hommes*.[85] E mais:

> O santo rei Luís mantinha com muito gosto homens honestos e justos em sua companhia e com o mesmo gosto evitava a companhia e a conversa com os maus e com aqueles que sabia que estivessem em pecado. E os malfeitores e aqueles que falavam coisas desrespeitosas desagradavam-lhe mais que tudo. Ele queria que sua *mesnie* fosse de tão grande pureza que se alguém desse grupo jurasse desrespeitosamente por Deus ou pela Virgem Maria punha--os de pronto para fora de seu *hôtel* [...]. E se soubesse que alguém de seu *hôtel* tinha cometido pecado mortal, punha-o para fora de sua corte e de sua *mesnie* [...][86]

Topa-se aqui com toda a ambiguidade de São Luís. De um lado, sua *mesnie* é um círculo de pessoas muito morais ligadas à pessoa do rei. De outro, é o resto de uma instituição arcaica que subsiste e se transforma em grupo de íntimos. O rei tem sempre seu conselho para os casos políticos importantes, que se transforma em parlamento nos casos de justiça. Não hesita em pedir a um grupo o que só devia ser da competência do outro. Sob a capa de con-versas edificantes, leva em consideração a opinião de íntimos que escolheu entre homens que vê com simpatia, contrabalançando-os de certa forma com o Conselho, instituição feudal pronta para se tornar um organismo do Estado em formação. Mas no Conselho não há a mesma liberdade de escolha, de palavra, nem de decisão.

Em outras palavras: por motivos explicitamente religiosos e morais, expulsa desses dois círculos que o tocam de perto, cujos membros podem se aproximar materialmente dele, todos aqueles que ameaçarem alterar-lhe a pureza. Desse modo se cria em torno do rei um espaço purificado, puro, sagrado. Por esses descaminhos se constitui o espaço do Estado sacralizado, cujo rei é o centro, o sol. O rei e seus homens formam uma família sagrada num *hôtel* sagrado. Por uma artimanha da história e de um rei, uma instituição arcaica e um Estado moderno

---

[85] GUILLAUME DE SAINT-PATHUS, *Vie de Saint Louis*, p. 124.
[86] *Ibid.*, p. 130.

SÃO LUÍS

se tornam convergentes. Mais ainda — e em uma outra perspectiva: tratando-se de São Luís, Joinville, falando dos íntimos do rei, utiliza às vezes a fórmula: "nós que estávamos em torno dele".[87] É retomar a expressão evangélica que designa o grupo de apóstolos de Jesus, que por sua vez acaba de ser retomada, no século XIII, por alguns dos primeiros companheiros de Francisco de Assis, o santo cristológico.[88] Antes de morrer em Cartago, às 3 horas da tarde, São Luís já era um rei Cristo. Esse foi um dos primeiros "mistérios de Estado".[89]

---

[87]JOINVILLE, *Histoire de Saint Louis*, p. 33. Ver *supra*, p. 532.

[88]Raoul MANSELLI, "Nos qui cum eo fuimus..." Contributo alla questione francescana, Roma, 1990.

[89]Ernst H. KANTOROWICZ, "Mysteries of State" (1955), trad. fr. "Mystères de l'État. Un concept absolutiste et ses origines médiévales", em *Mourir pour la patrie*, Paris, 1984.

VII

A RELIGIÃO DE SÃO LUÍS

A religião de São Luís é em primeiro lugar prática devocional. Expressa-se por gestos, ritos, ao longo do dia todo e mesmo da noite, regular e frequentemente repetidos. Mas é também uma fé, uma piedade que, em harmonia com a evolução da prática religiosa de seu tempo, se esforça para penetrar sempre até o homem interior e fazer disso, como recompensa, o motor de sua vida espiritual.[1]

Estamos bem-informados sobre a devoção de São Luís graças a seus numerosos biógrafos, dos quais é preciso não esquecer que foram todos hagiógrafos. Uns, na verdade os mais numerosos, escreveram depois de sua canonização em 1297, outros falaram do rei buscando obter sua canonização. Mesmo que o tenham feito com alguma ênfase, a intenção deles os levava, de todo modo, a privilegiar o tema. E afinal escreveram numa época em que, aos olhos da Igreja e daquilo que se pode chamar a opinião pública, ainda que os milagres fossem os principais critérios de santidade, dá-se cada vez mais importância ao exercício das virtudes e à conduta de vida (*vita*, no sentido restrito e preciso, ou *conversatio*).[2] A devoção de São Luís que os autores descrevem não é simplesmente a de um santo, mas a de um santo particular: trata-se de um leigo (quando monges, bispos e clérigos têm quase o monopólio da santidade) e rei. Sua devoção é a de um leigo que busca alcançar a salvação pessoal em grande parte através do exercício de sua função real. Luís IX tem uma percepção

---

[1] Ver J. LE GOFF e R. RÉMOND (ed.), *Histoire de la France religieuse*, t. I, *op. cit.*

[2] Cf. *infra*, no Capítulo IX, a parte *A santidade de São Luís*, sobretudo no subtítulo "Os milagres e a vida". [*N. do T.* — O substantivo latino *conversatio*, citado ao lado de vita, designa de modo direto a ação de voltar, de reverter ou converter as coisas, de virar. Em sentido figurado, significa "intimidade".]

rigorosa daquilo que separa um leigo de um clérigo, mas busca explorar seu lugar eminente na hierarquia leiga para se aproximar o máximo possível da piedade dos clérigos. E, sobretudo, acha que seu mais alto dever é rezar mais ainda pela salvação dos seus súditos do que pela sua própria, ou, antes, fazer com que uma e outra se confundam quase que totalmente. Sua oração é a de um rei em atitude de prece.

A devoção de São Luís abarca todos os campos devocionais: ofícios litúrgicos, confissão, comunhão, culto de relíquias, respeito pela Igreja (limitado, quando se tratar do domínio temporal), práticas penitenciais, caritativas e ascéticas.

Modelo cisterciense, modelo mendicante

Não se pode, com efeito, negligenciar a atração da espiritualidade monástica sobre São Luís. Principalmente a dos cistercienses, os maiores representantes do monaquismo reformado do século XII, sempre muito vivos no século XIII, e que religam, por mais que não se diga, o mundo anterior dos monges ao século XIII, e a dos frades mendicantes. Uns atraem pela solidão monástica, outros, pela sociabilidade urbana. Complementaridade que permite a São Luís uma realização completa. Mas seu lugar preferido, o lugar em que seu coração e sua alma desabrocham, é Royaumont, entre os cistercienses, em meio à natureza.

Insistiu-se entretanto sobretudo na sua intimidade com os mendicantes, e é verdade que por sua ação pública, por sua "política", a influência deles é decisiva.[3]

As duas grandes ordens mendicantes, os menores ou franciscanos e os pregadores ou dominicanos, têm a idade de São Luís. Estabeleceram o essencial de sua rede de conventos — os dominicanos nas "grandes" cidades, os franciscanos também nas pequenas — antes de 1250. Apoiando-os, frequentando-os como fez, São Luís acolhe e favorece uma novidade. Esses religiosos de um novo gênero, cuja rápido sucesso é extraordinário em toda a Cristandade, vivem, diferentemente dos monges, entre os homens nas cidades, misturam-se estreitamente aos leigos e são os grandes difusores das práticas religiosas que renovam profundamente: a confissão, a crença no Purgatório, a pregação. Penetram nas consciências e nas casas, entram na intimidade da família e dos indivíduos. Praticam as virtudes

---

[3]L. K. LITTLE, "Saint Louis' Involvement with the Friars", artigo citado, que sigo aqui.

662

fundamentais do cristianismo primitivo em uma sociedade nova: a pobreza, a humildade, a caridade.

Não possuem bens próprios, mas tornam-se campeões da coleta, constroem, graças à ajuda de leigos ricos como Luís, conventos cada vez mais imponentes, em contradição com a vontade de seus fundadores, o espanhol São Domingos e o italiano São Francisco. Esses apóstolos da pobreza se tornam assim especialistas nos negócios de dinheiro, um dos grandes problemas do século, esforçando-se para moralizar as novas práticas comerciais e bancárias, que esboçam o pré-capitalismo, sem condenar as mais importantes delas. Preconizam métodos de persuasão pela palavra e pelo exemplo para levar homens e mulheres à salvação, mas quando o papado, do qual dependem diretamente, independentes que são da autoridade episcopal, confia-lhes, para repressão da heresia, os tribunais da inquisição, nos anos 1230, cumprem essa tarefa com maior ou menor dureza, mas, em geral, com grande zelo, mesmo que nem todos atinjam a cueldade do dominicano Roberto, apelidado o Bugre, quer dizer, o Búlgaro, um dos nomes de hereges que punham à mostra as origens orientais de algumas heresias. Bugre ele próprio, Roberto se converteu, tornou-se frade pregador e, com a obstinação dos convertidos, sevicia cruelmente no fim dos anos 1230 no reino da França e principalmente em Flandres, região em que a prosperidade econômica encorajou o desenvolvimento das práticas comerciais rapidamente batizadas de usura por nosso inquisidor que cobre Flandres de fogueiras. Instantaneamente Roberto se embriagou com seu poder e sua sede de chamas devoradoras, misturou bons e maus, condenou inocentes e aqueles que eram apenas simples. Tornou-se, diz Mateus Paris, *formidabilis* ["temível"], um terror. Alertado, o papa o destituiu, depois o condenou à prisão perpétua. Mas no tempo de sua expansão assassina, recebeu toda a ajuda que desejava de São Luís, que pôs todo o zelo em cumprir seu dever de braço secular. O beneditino inglês fez a posteridade saber disso.[4]

Enfim, os frades mendicantes, apesar das reticências de São Francisco nesse terreno, acham que o apostolado deve ser alimentado pelo saber. Daí a criação de escolas dos mendicantes de ensino secundário e superior — os *studia* —,[5] a frequência às universidades e até a intromissão, fonte de vivos conflitos, de alguns deles como mestres nas universidades, onde seu ensino inovador teve em geral grande sucesso (é o caso de Tomás de Aquino em Paris) no meio estudantil. Por isso Paris foi uma atração para eles, como grande centro da teologia na

---

[4] MATEUS PARIS, *Chronica majora*, t. III, p. 520.
[5] *Le scuole degli ordini mendicanti (secoli XIII-XIV)*, Convegno del Centro di studi sulla spiritualità medievale, 17 (1976), Accademia Tudertina, Todi (Itália), 1978.

SÃO LUÍS

Cristandade do século XIII. São Luís desse modo tem à sua disposição uma elite intelectual de frades. Mas, já foi visto, nesses frades ele se interessa pelo conhecimento dos problemas da sociedade que mostram, pela eloqüência de pregadores que são.

Parece que todos os seus confessores foram frades mendicantes. O mais conhecido é o dominicano Geoffroy de Beaulieu que escreveu uma preciosa Vida do rei pouco tempo depois de sua morte. O único outro nome conhecido entre os confessores do rei é o do franciscano Jean de Mons.[6] Como ele queria ter sempre um confessor à disposição, resolveu ter dois quando voltou da Terra Santa, um dominicano e um franciscano.

Os mendicantes também desempenham papel importante na capela particular do rei. Seu capelão Guillaume de Chartres, que o acompanha a Túnis, assim como Geoffroy de Beaulieu, é outro dominicano. São frades dominicanos que vão a Constantinopla negociar a compra das relíquias da Paixão e eles que as conduzem a Paris. São Luís institui em honra das relíquias três ofícios litúrgicos por ano: um é confiado aos dominicanos de Paris, um aos franciscanos e o terceiro, através de rodízio, às outras ordens religiosas que têm convento na capital.

Grande amante de sermões, solicita sobretudo mendicantes para a pregação particular que ouve com a família e os íntimos na Sainte-Chapelle. Se São Luís fracassou na tentativa de levar para Paris o franciscano Hugues de Digne do convento de Hyères, conseguiu ter um dos maiores pregadores da época, o franciscano São Boaventura, mestre na universidade de Paris e desde 1257 ministro geral de sua ordem. Dos 1.300 sermões que Boaventura pregou entre 1257 e 1269, dezenove foram feitos diante do rei.[7]

O frade talvez mais intimamente ligado a São Luís é o franciscano Eudes Rigaud, mestre em teologia em Paris, que em 1248 se torna arcebispo de Rouen, cabeça dessa Normandia de estatuto particular e tão importante no reino, mas que permanecerá um mendicante no trono arquiepiscopal. Conservou-se — documento único para o conhecimento do clero rural e da vida religiosa na metade do século XIII — o registro das visitas paroquiais desse prelado consciencioso.[8] Luís não se contentou em pedir sua assistência eclesiástica: convidou-o a pregar na Sainte-Chapelle no Pentecostes de 1261,

---

[6] Supõe-se que Robert de Sorbon tenha sido um dos seus confessores. Ver *supra*, p. 519-520.

[7] Jacques-Guy BOUGEROL, "Saint Bonaventure et le roi Saint Louis", em *San Bonaventura, 1274-1974*, t. II, Grottaferratta, em Roma, 1973, pp. 469-493.

[8] EUDES RIGAUD, *Registrum visitationum archiepiscopi rothomagensis*, Théodose Bonnin (ed.), Rouen, 1852; nova ed., J. F. SULLIVAN, *The Register of Eudes of Rouen*, 1964. Eudes Rigaud morreu como arcebispo de Rouen em 1274. São Luís não tinha conseguido obter para ele o chapéu de cardeal.

por exemplo, e ele também celebrava a missa em Royaumont quando o rei estava lá, como na Assunção de 1262. Em 1255 ele celebrou o casamento da filha do rei, Isabel, com Thibaud de Champagne, rei de Navarra, e, a 8 de novembro de 1258, a missa de aniversário pela morte de Luís VIII, pai do rei, em Saint-Denis. Em 1259, ainda que convalescente ele próprio, vai visitar o rei doente em Fontainebleau; em janeiro de 1260, vem consolá-lo depois da morte do filho Luís. O rei também lhe confia missões políticas. A partir de 1258, Eudes Rigaud está frequentemente na corte real e nos parlamentos que se realizam no palácio de Paris. É ele ainda que negocia para o rei o tratado de Paris de 1259 com a Inglaterra.

Quando, a partir de 1247, São Luís envia inquiridores a todo o reino para a reforma da administração real e a reparação das injustiças, muitos deles são frades mendicantes. De trinta e um inquiridores identificados, oito são dominicanos e sete franciscanos.

Os manuais escritos para São Luís são também, lembremo-nos, principalmente obra de frades mendicantes, quer se trate da enciclopédia do dominicano Vincent de Beauvais ou do Espelho dos Príncipes do franciscano Gilbert de Tournai. Quando estourou o episódio mais vivo da disputa entre seculares e mestres mendicantes na universidade de Paris de 1254 a 1257, o rei apoiou as decisões pontifícias favoráveis aos mendicantes; depois, outra vez, quando o papa Alexandre VI condenou o chefe dos mestres seculares, Guillaume de Saint-Amour, a entregar todos os cargos e benefícios, e o proibiu de ensinar e de pregar e o exilou do reino da França, São Luís executou rigorosamente a parte da sentença que dizia respeito à sua função de braço secular.

Por fim, correu o boato maldoso de que ele sonhava abdicar para se tornar mendicante e que teria renunciado a isso menos por causa das reclamações da rainha Margarida do que pela impossibilidade de escolher entre dominicanos e franciscanos — o que cheira a história inventada.[9] Em compensação, desejou que os filhos posteriores ao herdeiro entrassem cada um em uma das duas ordens, mas não insistiu diante da recusa deles.

O que seguramente é verdade é que em alguns meios e talvez em larga escala no reino correu a imagem de um rei não apenas manipulado pelos mendicantes,[10] mas ele próprio um religioso sobre o trono. Um caso duvidoso, mas que exprime bem essa opinião que realmente existiu, quer que ele tenha respondido a um

---

[9] Ver *supra*, pp. 295-296.
[10] Ver *infra*, p. 729.

SÃO LUÍS

cavaleiro que o criticava por deixar dizerem que se comportava mais como um religioso do que como um rei:

> Não dê atenção ao que dizem os imbecis. Quero lhe dizer o que se passa às vezes quando estou sozinho em meus apartamentos privados. Ouço gritos de "frei Luís" e injúrias contra mim, injúrias que, penso, não deveria ouvir. Então pergunto a mim mesmo se eu não deveria mandar acabar com os autores desses gritos, mas me dou conta de que é útil para mim suportar isso pelo amor de Deus. E, para falar francamente, não lamento que isso aconteça.[11]

A fé de São Luís

No fundo da religião de São Luís há a fé, a fé inabalável, uma fé que é antes de tudo amor a Deus. Nos *Ensinamentos* ele diz a Filipe: "Querido filho, recomendo-te primeiro que ames a Deus de todo teu coração e de todo teu poder, porque sem isso ninguém pode valer nada."[12]

Esse Deus a ser amado e no qual ele crê sem a mínima dúvida é sobretudo o Filho — centro da religião de São Luís. Sua fé é "a fé de Jesus Cristo".[13] É também a fé da tradição e dos ensinamentos da Igreja:

> O santo rei se esforçou com todo o seu poder em suas conversas para se fortalecer na lei cristã. Dizia que devíamos crer tão firmemente nos artigos de fé que, ainda que advenha morte ou calamidade corporal, não tenhamos qualquer vontade de renunciar à fé pela palavra ou pela ação.[14]

E ainda:

> O rei dizia que a fé consistia em crer, mesmo se nossa certeza repousasse sobre uma única afirmação. Sobre esse ponto, perguntou-me como se chamava meu pai. Eu lhe disse que seu nome tinha sido Simão. Perguntou-me como eu o sabia e respondi-lhe que acreditava firmemente e o tinha como certo porque minha mãe me tinha dito. "Então", disse-me ele, "deveis crer firmemente em todos os artigos de fé no testemunho dos apóstolos, como ouvis cantar no domingo no Credo."[15]

---

[11]Historinha contada sem referência por G. G. COULTON, *From Saint Louis Francis to Dante*, Londres, 1907, p. 405, e citada por L. K. LITTLE, "Saint Louis' Involvement with the Friars", artigo citado, p. 21.

[12]*Enseignements* (ed. D. O'Connell), pp. 185-186.

[13]Ver especialmente GUILLAUME DE SAINT-PATHUS, *Vie de saint Louis*, pp. 23-25.

[14]JOINVILLE, *Histoire de Saint Louis*, p. 23.

[15]*Ibid.*, p. 25.

666   JACQUES LE GOFF

Essa fé deve ser defendida contra a dúvida e as tentações enviadas pelo Inimigo, o diabo, e ser confortada pela aspiração ao Paraíso. O assalto do diabo é particularmente agressivo e perigoso no momento da morte. São Luís participa dessa religião cujo foco está cada vez mais na agonia e chega, nos séculos XIV e XV, à devoção das *Artes moriendi*, das "Artes de morrer".[16]

> Dizia ele: "O demônio é tão sutil que no momento da agonia se agita tanto que pode nos fazer morrer na dúvida sobre algum ponto da fé; porque vê que não pode tirar do homem as boas obras que ele produziu, ao mesmo tempo que aquele que morre confessando a verdadeira religião está perdido para ele.[17]

E mais adiante:

> Por que é preciso guardar-se e defender-se de tal maneira dessa armadilha é que se diz ao Inimigo quando ele nos manda a tentação: "Vai-te, tu não me tentarás a ponto de me impedir de crer firmemente em todos os artigos de fé. Mesmo que mandes cortar-me todos os membros, quererei sempre viver e morrer nesse estado de espírito." Quem fala assim vence o inimigo com o bastão e a espada de que o inimigo queria se servir para matá-lo.[18]

Luís conta a Joinville o que Simon de Montfort disse de sua fé e faz visivelmente sua essa fé.

> O santo rei me contou que alguns albigenses foram ao conde de Montfort que então ocupava, em nome do rei, a região dos albigenses, e o convidaram para ir ver a hóstia que se tinha transformado em carne e em sangue sob as mãos do padre. E ele lhes respondeu: "Vão ver vocês mesmos que não creem, porque eu, eu creio firmemente na presença verdadeira como a Igreja nos ensina. E sabem o que ganharei crendo nisso, nessa vida mortal, como a Santa Igreja nos ensina? Terei uma coroa nos céus mais bela que a dos anjos que veem Deus face a face e que não têm nenhum mérito em crer nele."[19]

---

[16] Alberto TENENTI, *La Vie et la mort à travers l'art du XVᵉ siècle*, Paris, 1953; J. DELUMEAU, *La Peur en Occident*, *op. cit.* (*supra*, p. 62, nᵒ 57).
[17] JOINVILLE, *Histoire de Saint Louis*, p. 23.
[18] *Ibid.*
[19] *Ibid.*, p. 27.

SÃO LUÍS

667

É o que ele definiu ainda como uma fé que assegura "ser honrado no século e ter o Paraíso na morte".[20]

Sua fé, São Luís nunca a afirmou mais clara e corajosamente do que quando foi prisioneiro dos sarracenos e intimado a prestar um juramento incompatível com a fé cristã ou condenado a sofrer tortura. Disse-lhes: "Meu corpo podereis perfeitamente matar, mas a minha alma não podereis." Para ele, com efeito, "não havia nada pior do que estar fora da lei de Jesus Cristo".[21]

De maneira geral, as infelicidades — corporais, guerreiras ou psicológicas — são recebidas como provas que Deus nos manda por causa de nossos pecados e para que nos corrijamos. São Luís adere plenamente à doutrina cristã do mal, castigo de Deus para o bem dos homens que sabem ouvi-lo.

Depois de ter escapado ao naufrágio, diz a Joinville que as grandes tribulações e, em particular, as grandes doenças são ameaças para que pensemos em nossa salvação: "Ele [Deus] nos desperta através de suas ameaças para que vejamos claramente nossos defeitos e para que afastemos de nós o que o desagrada." É em definitivo a explicação que dará para a derrota na cruzada.

O Deus de sua fé é um senhor do qual ele é vassalo. Sua fé é também a fidelidade à homenagem prestada na sagração, homenagem que não se expressa pelas mãos, mas pela alma, e que faz do rei um vassalo único no gênero, ministro e imagem de Deus em seu reino. "Admirável senhor Deus, erguerei minha alma até vós, e confiarei em vós."

Enfim, sua fé é confiante. Se o temor de Deus (*timor*) e o medo do Diabo são indispensáveis para levá-lo à salvação, o Deus de São Luís não é um Deus de cólera. Sua religião não é uma religião do medo. Com toda a certeza ele faz sua a palavra do bispo de Paris Guillaume d'Auvergne, conselheiro e íntimo de sua juventude (Guillaume morreu em 1248), que cita na presença de Joinville: "Ninguém pode pecar tanto que Deus não lhe possa perdoar."[22]

O saber religioso

Luís não é nem um intelectual nem um teólogo, mas tem o cuidado de se instruir nas coisas da religião. Lê a Bíblia, os padres, discute religião com

---

[20]*Ibid.*, p. 25.
[21]GUILLAUME DE SAINT-PATHUS, *Vie de Saint Louis*, pp. 23-24; GUILLAUME DE NANGIS, *Gesta Ludovici IX*, p. 381.
[22]JOINVILLE, *Histoire de Saint Louis*, p. 45.

os que o cercam e, em particular, questiona os clérigos sábios que encontra. Foi dito de forma perfeita: "Nas categorias culturais do século XIII, São Luís é grande clérigo. Não no sentido dos grandes clérigos de nossas igrejas, mas do nível de cultura [...] um clérigo tendo boa cultura, porém mais próximo da cultura dos dominicanos franceses, antes tradicionais, que da cultura dos grandes intelectuais estrangeiros, como Alberto Magno e Tomás de Aquino."[23]

Esse apetite de saber religioso impressionou os contemporâneos. Guillaume de Saint-Pathus consagra um capítulo inteiro, o sétimo, de sua *Vida*, ao tema "Estudar a Sagrada Escritura":

> O santo rei Luís achando que não se deve perder tempo com coisas inúteis ou em perguntas curiosas sobre este mundo, mas que se deve empregar o tempo em coisas de peso e superiores, esforçava-se para ler a Sagrada Escritura, porque tinha a Bíblia comentada e os originais de Agostinho e de outros santos e outros livros sobre a Sagrada Escritura, que lia e mandava ler frequentemente diante dele entre o jantar e a hora de dormir [...]. Durante o dia ele fazia a sesta: entre a sesta e vésperas, se não tinha negócios importantes de que se ocupar, mandava chamar religiosos ou outras pessoas virtuosas às quais falava de Deus, de seus santos e de seus atos, e das histórias da Sagrada Escritura e das vidas dos Padres. Depois das completas ditas por seus capelães em sua capela, ia para seu quarto, acendia uma vela de cerca de três pés,* e em todo tempo em que ela queimava lia a Bíblia ou um outro livro santo [...]. E quando podia ter pessoas de respeito com ele à mesa, recebia-as com alegria, a saber homens de religião ou mesmo seculares, aos quais falava de Deus à mesa, à imitação do exemplo dos conventos em que se lê enquanto os frades estão reunidos à mesa.[24]

Às vezes, São Luís vai a Royaumont sentar-se com os monges no momento de uma aula. E

---

[23]P. M. Gy e J. Le Goff, "Saint Louis et la pratique sacramentalle", *La Maison-Dieu*, 197, 1994, pp. 118-120.

*Praticamente 1 metro, uma vez que o pé media e mede 0,324 m. Assim, dizer que São Luís lia durante todo tempo em que a vela queimava é, claro, apenas uma figura literária de Guillaume de Saint-Pathus. Se não São Luís ficaria lendo a Bíblia durante noites e dias seguidos, sem parar, ou as velas da Idade Média queimavam depressa demais... (*N. do T.*)

[24]Guillaume de Saint-Pathus, *Vie de Saint Louis*, pp. 52-53.

SÃO LUÍS

[...] como um monge, sentava-se aos pés do mestre que dava a aula e
o escutava diligentemente. Ia muitas vezes às aulas dos frades pregadores de Compiègne e se sentava sobre uma lajota na terra diante do
mestre que lia na cátedra e ele o escutava com diligência. Os frades que
estavam sentados em cadeiras altas queriam descer para se sentar na
terra com ele, mas ele não lhes permitia. No refeitório dos pregadores
de Compiègne, ele subia ao estrado de leitura e ficava ao lado do frade
que lia o texto.[25]

Reencontra-se o tema com outras informações precisas em Geoffroy de Beaulieu: o fiel rei ouviu falar, enquanto ainda estava em além-mar, de um grande
sultão dos sarracenos que mandava procurar os livros de todas as espécies que
pudessem ser úteis aos filósofos sarracenos, mandava-os copiar por sua conta e
os guardava em sua biblioteca. Assim os letrados poderiam dispor dos livros de
que tinham necessidade.

O piedoso rei achou que os filhos das trevas eram mais sábios que os filhos
da luz e que zelavam com grande empenho por sua doutrina errada como
os filhos da Igreja não faziam pela verdadeira fé cristã; teve o desejo de
mandar transcrever por sua conta, em sua volta à França, todos os livros
da Sagrada Escritura, úteis e autênticos, que podiam ser encontrados na
biblioteca de muitas abadias para que ele próprio e os homens letrados
assim como os religiosos de sua intimidade pudessem estudá-los para
sua própria utilidade e de seus próximos. Na volta, realizou seu desejo
e de fato mandou construir um lugar apropriado e bem-protegido. Foi
a sala do tesouro de sua Sainte-Chapelle, onde reuniu a maior parte dos
originais de Agostinho, de Ambrósio, de Jerônimo, de Gregório e dos
livros de outros doutores ortodoxos. Quando tinha tempo livre, gostava
de estudar lá [...]. Preferia mandar confeccionar novos exemplares desses
livros do que comprá-los velhos, porque assim aumentava o número e a
utilização desses livros santos.[26]

Esses livros guardados em sua biblioteca de Paris legou-os em testamento
uma parte aos frades menores [de Paris], uma "parte aos frades pregadores [de Paris] e o resto aos monges cistercienses da abadia de Royaumont

---

[25]*Ibid.*, p. 53.
[26]GEOFFROY DE BEAULIEU, *Vita*, p. 15.

que tinha fundado".[27] Desse modo, seria preciso esperar Carlos V para que nascesse uma biblioteca real que os soberanos transmitirão uns aos outros e que vai se tornar, depois da queda da monarquia, nacional. É verdade que São Luís guardava à parte manuscritos de luxo com iluminuras, sem dúvida pouco numerosos.[28] Última informação precisa com a qual reencontramos o rei de língua francesa:

> Quando estudava nesses livros em presença de alguns de seus íntimos que ignoravam o latim, à medida que lia o texto e o compreendia ia traduzindo-o para o francês com precisão, excelentemente.[29]

Resta dizer que suas leituras são antes de tudo ligadas a sua fé: "Não gostava de ler escritos de mestres [universitários], mas os livros dos santos, autênticos e confirmados."[30]

Daí o desejo de São Luís de se instruir na doutrina cristã com os grandes clérigos. Aqui ele aproveita uma conversa com São Boaventura, que tinha vindo pregar diante dele:

> Frei Boaventura, ministro geral, conta que meu senhor Luís, rei de França, fez-lhe esta pergunta: um homem poderia preferir antes não existir absolutamente do que estar sempre entre os tormentos, por exemplo, no inferno? O frade lhe respondeu: "Senhor, essa questão é dúbia, pois implica de saída uma ofensa perpétua feita a Deus, porque Deus, que é um juiz justo, não infligiria de modo algum uma pena perpétua; e há por outro lado o sofrimento interminável da pena, e ninguém pode escolher ficar em um estado de perpétua ofensa a Deus. É preciso, consequentemente, preferir não existir do que ser inimigo perpétuo de Deus." O rei muito piedoso, fiel de Deus e cristianíssimo acrescentou: "Apoio a opinião de frei Boaventura e vos asseguro que preferiria absolutamente não existir", disse aos assistentes, "e ser reduzido a nada do que viver eternamente neste mundo e reinar sempre, como reino agora, ofendendo perpetuamente meu Criador."[31]

---

[27]*Ibid.*
[28]Ver *supra*, pp. 514-515.
[29]GEOFFROY DE BEAULIEU, *Vita*, p. 15.
[30]Ver *supra*, p. 519-520.
[31]Ver J.-G. BOUGEROL, "Saint Bonaventure et le roi Saint Louis", artigo citado.

SÃO LUÍS

671

Enfim, ei-lo aqui, um santo livro à mão, fazendo uma pergunta, como gostava de fazer, de improviso, e não das menores, a um de seus íntimos, no caso Joinville: "Senescal, que é Deus? — Senhor, é coisa tão boa que melhor não pode ser." Sabemos que Luís gostou da resposta de Joinville.[32]

Devoção e ascetismo

Discípulo convicto dos livros santos que lê, dos ensinamentos da Igreja que ouve, Luís fundamenta sua devoção, com o amor de Deus, sobre o sentido do pecado e sua consequência, o desejo de fazer penitência. Tem um horror quase físico do pecado mortal — tão forte nele porque inculcado pela própria mãe. Outra questão lançada a Joinville: "Ora, pergunto-vos, de que gostaríeis mais, ser leproso ou cometer um pecado mortal?" Resposta do senescal: "Gostaria mais de cometer trinta deles do que ser leproso." São Luís não lhe respondeu porque havia testemunhas, mas, no dia seguinte: "Falastes como um estouvado e um louco (*basbaque apressado*) porque devíeis saber que não há lepra pior do que estar em pecado mortal, porque a alma que está em pecado mortal é semelhante ao diabo."[33]

Perigo de morte exige remédio drástico. Donde essa "exigente penitência", esse rigor penitencial que é objeto do capítulo catorze da *Vida*, de Guillaume de Saint-Pathus. A penitência é em primeiro lugar recusa ao prazer. Por isso a abstinência na mesa e no leito de casado.[34] Seu confessor Geoffroy de Beaulieu testemunha-lhe a pureza de costumes e a castidade em dois capítulos de sua biografia: o quinto, "Sobre a pureza e a inocência de sua vida", e o décimo primeiro, "Sobre sua castidade e sua continência no casamento". Sua penitência preferida é o jejum, entre todas as penitências a mais física e a um tempo a mais espiritual, que dá à alma aquilo que retira do corpo. São Luís deseja essa penitência em excesso, tanto mesmo que, segundo seu confessor, se deve impedir-lhe a abstinência de carne também na segunda-feira, como ele desejaria. "Ele cede aos conselhos dos que o cercam."[35]

---

[32] JOINVILLE, *Vie de Saint Louis*, p. 15. Ver *supra*, p. 531.
[33] *Ibid.*, pp. 15-17. Ver *supra*, p. 532. [*N. do T.* — Há diferenças entre a primeira citação do mesmo trecho, para a qual o autor aqui nos remete — supra — e esta. Na primeira citação, "estouvado" vem depois e acompanhado da pequena oração "que fala sem refletir" (não há o termo "louco"), todo o conjunto entre colchetes. A citação, lá, começa falando em "basbaque apressado", sem grifo. Aqui a expressão "basbaque apressado" vem no fim, grifada e entre parênteses. Ou seja, tudo está invertido.]
[34] Sobre sua conduta à mesa, ver *supra*, pp. 552 e segs.
[35] GEOFFROY DE BEAULIEU, *Vita*, p. 10.

Esse não é o único excesso penitencial que ele comete e que seus conselheiros religiosos — divididos entre a admiração e as reticências por se tratar de um leigo, de um rei, além de tudo de um homem doentio que se comporta como um asceta monástico — não chegam a recomendar que renuncie. No máximo o convencem a mitigar essas mortificações corporais. Como o fazem quanto à flagelação e o uso do cilício.

Sua época passa por grandes agitações penitenciais. Epidemias de flagelação coletiva e pública a Cristandade tem de tempos em tempos. Houve uma em 1260, data que os milenaristas joaquinistas esperam como a do fim do mundo.[36] São Luís é mais discreto. Sua flagelação é uma penitência privada. Depois de cada confissão, pode ser castigado pela mão do confessor com a disciplina feita de cinco pequenas cadeias de ferro ligadas que, dobrada, guarda no fundo de uma pequena caixa de marfim. Essa espécie de píxide ele traz sempre pendurada na cintura como uma bolsa, mas escondida da visão dos outros. Tem outras, que dá de presente aos filhos e aos amigos de coração para incitá-los à penitência. O vigor dessa flagelação depende do temperamento dos confessores. Geoffroy de Beaulieu crê saber que um deles teria golpeado com força excessiva, ferindo seriamente a carne do rei que era frágil. Se um confessor (e o dominicano faz uma alusão verossímil a si próprio) busca poupá-lo, o rei pede que ele golpeie com mais força e faz sinal quando a intensidade que deseja foi atingida.[37]

São Luís também quis usar um cilício diretamente sobre a pele durante o Advento, a Quaresma e em todas as sextas-feiras. Seu confessor (Geoffroy de Beaulieu) precisa repetir-lhe muitas vezes que esse tipo de penitência não convém a um rei e que ele deve substituí-la por esmolas para os pobres e por mais rapidez na administração de sua justiça. São Luís acaba por se render às instâncias do frade. Mas continuará a usar durante a Quaresma um fragmento de cilício formando um círculo em torno dos rins. Em todas as sextas-feiras do Advento e da Quaresma, manda distribuir em segredo, através de seu confessor, quarenta *sous* parisis aos pobres. Penitência de substituição, segundo uma prática que a Igreja começa a multiplicar. São Luís adere a essa contabilidade eclesiástica da vida espiritual[38] que cresce na esteira da difusão

---

[36]Raoul MANSELLI, "L'anno 1260 fu anno gioachimitico?", em *Il movimento dei disciplinati nel settimo centenario del suo inizio, op. cit.* (*supra*, p. 62, nº 55).

[37]GEOFFROY DE BEAULIEU, *Vita*, p. 10.

[38]Ver para o Purgatório Jacques CHIFFOLEAU, *La Comptabilité de l'au-delà. Les hommes, la mort et la religion dans la région d'Avignon à la fin du Moyen Âge*, Roma, 1980.

SÃO LUÍS

da economia monetária e que terá peso não pequeno na revolta de um Lutero e no sobressalto da Reforma. Não que essas penitências lhe sejam fáceis. Representam verdadeiramente para ele um esforço, uma renúncia. Também isso lhe custa um preço alto. Luís tem lá seu temperamento, tem necessidades carnais, é guloso, ama a vida, gosta de brincar e de rir. Donde sua decisão de não rir na sexta-feira, de fazer abstinência também do riso: "O santo rei se abstinha de rir tanto quanto podia na sexta-feira e se às vezes se punha a rir distraído logo parava."[39]

Não seria possível limitar aos gestos a devoção de São Luís. Seus biógrafos insistem em que ele ouve sempre a própria consciência e na qualidade, na delicadeza dessa consciência.[40] O décimo quinto capítulo de Guillaume de Saint-Pathus trata do "que é beleza de consciência", "porque essa consciência pura mais que todos os bens da alma deleita os olhares de Deus, o bendito rei São Luís deu de si grande pureza que pôde deleitar os olhares de Deus".[41]

Em compensação, São Luís se desespera porque a graça do dom das lágrimas, sinal da aceitação por Deus da contrição do pecador, expressão da *compunção* na espiritualidade tradicional marcada pela chancela monástica, foi-lhe recusada — é "o dom das lágrimas recusado a São Luís" que impressionou Michelet, leitor dos biógrafos do século XIII. Mas "se o Senhor lhe concedia às vezes algumas lágrimas em sua oração, quando as sentia suavemente correr sobre as faces até a boca, saboreava-as muito docemente não apenas com o coração, mas também com o paladar".[42] Em sua devoção, Luís tem necessidade desses prazeres físicos, sobretudo se eles vêm de dentro.

A consciência

A devoção de São Luís situa-se assim no cruzamento de dois estilos de espiritualidade: a primeira, tradicional, monástica, desabrocha na compunção e nas lágrimas; a segunda está associada a uma nova concepção do pecado julgado

---

[39]GUILLAUME DE SAINT-PATHUS, *Vie de Saint Louis*, p. 123.

[40]Até MATEUS PARIS (*Chronica majora*, t. IV, p. 646) o reconhece, exatamente a propósito do problema em relação ao qual é tão sensível, o dos direitos respectivos dos ingleses e dos franceses sobre a Normandia: "Mas como a pureza de consciência de meu senhor o rei de França não estava satisfeita com esses argumentos, essa questão duvidosa foi deixada para a decisão dos bispos da Normandia."

[41]GUILLAUME DE SAINT-PATHUS, *Vie de Saint Louis*, p. 123.

[42]GEOFFROY DE BEAULIEU, *Vita*, p. 14. Ver o conjunto desse texto e o comentário de Michelet, *infra*, pp. 774-776.

segundo a intenção do pecador, intenção centrada na consciência e no exame de consciência. A recusa das lágrimas em São Luís sem dúvida está ligada a uma sensibilidade individual, mas participa também dessa alternância da espiritualidade. A consciência tende a estancar as lágrimas.

Essa consciência alimenta em São Luís um conjunto de virtudes: primeiro a humildade, fundamental nele, quase franciscana, da qual temos visto tantos sinais e que ele se espanta de não achar entre certos homens da Igreja. Por exemplo, depois de seu encontro com o papa Inocêncio IV em Cluny, em 1246, no qual não conseguiu convencer o pontífice a se reconciliar com Frederico II para concretizar a unidade da Cristandade com vistas à cruzada.

> Como o senhor Papa tinha recusado com altivez e arrogância, meu senhor o rei de França foi-se com raiva e indignado por não ter conseguido achar o menor sinal de humildade naquele que se intitulava servidor dos servidores de Deus.[43]

Em seguida, a paciência, essencial nesse rei-homem sempre voltado para o Cristo-homem, rei sofredor que se aceita e se quer como uma imagem de Jesus sofredor, do Cristo da Paixão.[44] Seus biógrafos e hagiógrafos dão evidência a essa virtude, a paciência.[45] Ouçamos então o testemunho de um cronista mais independente, o inglês Mateus Paris: "O cristianíssimo rei de França permanecerá em Acre, suportando em silêncio com paciência essa adversidade."[46] E, conversando amigavelmente com o rei da Inglaterra, Luís confia a ele: "Para que isso volte a mim, e voltando a meu coração e nele penetrando, alegro-me mais com a paciência que o Senhor com sua graça me concedeu do que se o mundo inteiro me fosse submisso."[47]

Os contemporâneos ligam sua consciência sobretudo a sua lealdade e sua paixão pela verdade. Uma historinha de Joinville o ilustra:

> Constata-se a lealdade do rei na acolhida que ele proporcionou ao Senhor Renaud de Trie que lhe trazia uma carta contendo a doação do condado de Dammartin-en-Gohelle aos herdeiros da condessa de Boulogne recentemente morta. O lacre da carta estava quebrado e nele só restavam as pernas da imagem e o pequeno estrado sobre o qual o rei põe os pés. O rei nos mostrou isso, pedindo-nos conselho.

---

[43] MATEUS PARIS, *Chronica majora*, t. IV, p. 524.
[44] Ver o último capítulo: "O rei sofredor, o rei Cristo".
[45] É o objeto do capítulo XIII de Guillaume de Saint-Pathus: "Sobre vigor e paciência".
[46] MATEUS PARIS, *Chronica majora*, *op. cit.*, t. V, p. 203.
[47] *Ibid.*, t. V, p. 482.

SÃO LUÍS

Concordamos todos, sem nenhuma exceção, que ele absolutamente não estava obrigado a executar o conteúdo da carta. Ordenou então a seu camarista Jean Sarrasin que lhe mostrasse a carta. E quando a teve nas mãos disse: "Senhores, eis o lacre que eu usava antes de ir para além-mar, e se vê claramente que a impressão da parte quebrada se liga ao conjunto do lacre. Por isso, então, em boa consciência eu não ousaria conservar em meu poder o que não me pertence." Chamou então o Senhor Renaud de Trie e lhe disse: "Eu vos devolvo o condado."[48]

Essa lealdade São Luís não poderia demonstrá-la melhor do que observando-a também no trato com os muçulmanos. O traço impressionou de tal modo os contemporâneos habituados a se considerarem desligados, em relação aos Infiéis, das regras morais a serem respeitadas entre os cristãos, que Bonifácio VIII o menciona em seu sermão de canonização de 6 de outubro de 1297.[49] Joinville, testemunha do episódio, evidentemente o narra em sua *História de São Luís*,[50] mas já o mencionara em seu depoimento no processo de canonização, e Guillaume de Saint-Pathus tomou conhecimento da documentação para escrever sua *Vida*. Apoio-me em sua narrativa. Depois do pagamento de trinta mil libras das duzentas mil exigidas pelos muçulmanos para resgate do rei e dos prisioneiros franceses, os sarracenos soltam o rei contra a promessa de que ele ficará em seu navio ao largo de Damieta até que a soma seja integralmente paga. São Luís o prometeu oralmente, não por escrito. Os barões que estão com ele o aconselham a aproveitar e levantar âncora. Responde-lhes o rei que absolutamente não deixará de cumprir a promessa, mesmo que os muçulmanos, não cumprindo a deles, massacrassem os prisioneiros cristãos em Damieta. Algum tempo depois anunciou-se ao rei que todo o resgate estava pago.

Mas meu senhor Philippe de Nemours, cavaleiro do santo rei, disse-lhe: "A soma de dinheiro está toda paga, mas enganamos os sarracenos em dez mil libras." Quando o santo rei ouviu essas palavras enfureceu-se e disse: "Sabei que quero que as duzentas mil libras sejam pagas integralmente, porque assim prometi e não quero que falte nada." Então o senescal de Champagne[51] para mexer com meu senhor Philippe piscou-lhe um olho e disse ao santo rei: "Senhor, credes no que diz meu senhor Philippe? Ele está brincando."

---

[48]JOINVILLE, em D. O'CONNELL, *Les Propos de Saint Louis, op. cit.*, pp. 116-117.
[49]BONIFÁCIO VIII, p. 150.
[50]JOINVILLE, *Histoire de Saint Louis*, p. 211.
[51]É Joinville, que conhece bem o rei e suas irritações e acha que ele poderia causar aborrecimentos a Philippe de Nemours e àqueles que enganaram os muçulmanos.

E, quando meu senhor Philippe ouviu a voz do senescal, lembrou-se do ardente desejo de verdade do santo rei, retomou a palavra e disse: "Senhor, meu senhor o senescal diz a verdade, falei isso só por distração e brincadeira e para ver o que acharíeis." O santo rei respondeu: "Não espereis felicitações pela brincadeira e pelo episódio, mas cuidai para que a soma em dinheiro seja bem paga totalmente."[52]

A *prática sacramental*

São Luís dá uma grande importância aos ritos e à mediação necessária da Igreja, dos sacerdotes, na vida religiosa dos leigos, sem exclusão do rei. Desde o século XII, em particular desde o *De sacramentis* de Hugues de Saint-Victor, a teologia dos sacramentos se estabilizou no quadro do setenário sacramental. Luís acha que a Igreja é mais indispensável do que em todos os outros pontos como administradora dos sacramentos.[53]

A atitude de São Luís está bem de acordo com aquilo que o padre Gy diz da prática sacramental no século XIII: "Há dois sacramentos que são indispensáveis a todos: são o batismo e, se se cometeu um pecado mortal, a confissão."[54] Viu-se a importância dada por São Luís a seu próprio batismo e seu zê-lo em mandar batizar os não cristãos. O batismo marca a entrada na comunidade cristã, o verdadeiro nascimento, o nascimento espiritual, a condição de base, indispensável para esperar a salvação, para ir ao Paraíso. O lugar de batismo, que é frequentemente o lugar de nascimento, é de qualquer modo o verdadeiro lugar do nascimento. Por isso a insistência de São Luís em se chamar Luís de Poissy, onde foi batizado.

A confissão é o grande cuidado de São Luís, porque é o sacramento que apaga os pecados mortais, que recria as condições de pureza do batismo. O século XIII foi o século da confissão. Foi o quarto concílio de Latrão, em 1215, ano que se segue ao do nascimento de São Luís, que instituiu a confissão anual obrigatória para todos os cristãos. Esse ritmo anual é muito insuficiente para São Luís, permite que haja longos intervalos em que o pecado mortal é muito maior, muito mais perigoso. O ritmo seguro é semanal e o dia da semana que se impõe é aquele voltado para a penitência: a sexta-feira. Mas o rei pode temer ter cometido um

---

[52]GUILLAUME DE SAINT-PATHUS, *Vie de Saint Louis*, pp. 127-128.
[53]P. M. GY e J. LE GOFF, "Saint Louis et la pratique sacramentelle", artigo citado.
[54]*Ibid.*, p. 112.

SÃO LUÍS

pecado mortal entre duas sextas-feiras, e principalmente à noite, esse tempo das tentações, esse tempo favorito do diabo para seus assaltos. Daí a necessidade de ter junto de seu quarto um confessor de dia e um de noite, os dois se revezando para ouvir suas confissões.

É possível que se fique impressionado de ver a prática eucarística um pouco relegada na atividade sacramental de Luís. Mas desde o século XII a tônica está principalmente nas condições que devem tornar o pecador digno de receber a eucaristia: a confissão e o arrependimento: "Antes de comungar é preciso pôr à prova sua consciência."[55]

De modo que Luís não tem a comunhão como prática frequente. Guillaume de Saint-Pathus precisa:

> O abençoado São Luís tinha fervorosa devoção pelo sacramento do verda-deiro corpo [corpo de Nosso Senhor], porque todos os anos comungava pelo menos seis vezes. A saber, na Páscoa, em Pentecostes, na Ascensão da bem--aventurada Virgem Maria, em Todos os Santos, no Natal e na purificação de Nossa Senhora.[56]

Texto que nos informa também sobre a hierarquia de sua devoção: devoção ao Cristo (três comunhões), à Virgem Maria (duas) e aos santos (uma).

Mas Luís cerca essas comunhões das "condições de dignidade" — e de humil-dade — recomendadas. Rende homenagem ao corpo de Cristo envolvendo suas comunhões — além da confissão prévia — com jejuns, continência, oração. No próprio cumprimento do ato de comungar seu gestual é impressionante.

> E ia receber seu salvador com tão grande devoção que antes lavava as mãos e a boca e tirava a murça e a touca. Quando entrava no coro da igreja, não caminhava mais sobre os pés, mas ia de joelhos. E quando chegava diante do altar dizia seu *Confiteor.*[57]

O século XIII é também aquele em que desabrocha o culto eucarístico: o papa Urbano IV institui em 1264 o Corpo de Deus, a festa de *Corpus Christi*, em que a hóstia é carregada em procissão sob o pálio. O pálio inicia aí sua carreira de

---

[55]*Ibid.*, pp. 112-113.
[56]GUILLAUME DE SAINT-PATHUS, *Vie de Saint Louis*, p. 39.
[57]*Ibid.*, p. 39.

objeto sacralizante que logo vai se estender a cerimônias principescas leigas.[58] E, no século XIII, os milagres eucarísticos também se multiplicam.

Entre os outros sacramentos, Luís recebeu, claro, o do matrimônio.[59] Celebrou o seu tão devotamente que a ele incorporou uma missa e as "três noites de Tobias", mas a liturgia do casamento não tinha na Idade Média "a importância que terá depois".[60]

É também o caso da extrema-unção. Se o moribundo está consciente, é sobretudo a confissão que conta, as orações, os gestos de humildade como baixar o corpo da cama para um leito na própria terra, ou — mas a dignidade real ainda o proibiu, sem dúvida, para São Luís — vestir um hábito monástico. Branca de Castela morreu em Maubuisson vestida de cisterciense. Mas os biógrafos de São Luís fazem questão de assinalar que ele recebeu a extrema-unção consciente sobre seu leito de morte em Cartago.[61]

São Luís e a oração

A oração[62] parece estar no coração de uma devoção que é antes de tudo amor e que cria, através dos textos tradicionais ensinados pela Igreja e pelos clérigos, uma relação direta entre Deus e quem reza. Ligação ainda mais importante quando quem reza é um rei chefe de seu povo.

A evocação de São Luís em oração está sobretudo nas *Vidas* de Geoffroy de Beaulieu, seu confessor, e de Guillaume de Saint-Pathus. Há poucas informações, por outro lado, nos demais biógrafos, especialmente em Joinville, assim como na bula de canonização e nos dois sermões pronunciados nessa ocasião por Bonifácio VIII. As duas únicas alusões à oração em São Luís estão na bula de canonização. Bonifácio VIII sublinha que a piedade do rei se reforça depois da volta de sua primeira cruzada. Durante toda a Quaresma, o Advento, nas vésperas de festas e nas

---

[58]Ver o belo livro de M. RUBIN, *Corpus Christi, op. cit.* (*supra*, p. 375, nº 30).

[59]Ver *supra*, pp. 123-125.

[60]P. M. GY e J. LE GOFF, "Saint Louis et la pratique...", artigo citado.

[61]Por fim, a confirmação [ou crisma] quase não consta dos textos da época e o sacramento da ordem, claro, é reservado aos padres.

[62]Cf. *La Prière au Moyen Âge, Senefiance*, nº 10, Aix-en-Provence, 1991. Utilizo aqui meu ensaio "Saint Louis et la prière" apresentado primeiro no seminário do padre Pierre-Marie Gy na Escola Normal Superior da Rua d'Ulm, depois publicado na miscelânea oferecida a meu mestre e amigo Michel Mollat du Jourdain, *Horizons marins, itinéraires spirituels (Vᵉ-XVIIIᵉ siècles)*, vol. 1, *Mentalités et sociétés* (Études réunies par Henri DUBOIS, Jean-Claude HOCQUET, André VAUCHEZ), Paris, 1987, pp. 85-94.

SÃO LUÍS

Quatro Têmporas,* "entregava-se aos jejuns e às orações" (*in jejuniis et orationibus existebat*).[63] O papa insiste sobre o longo tempo de duração das orações, uma espécie de integração na prece, mas isso não é o mais importante, do ponto de vista da cúria, para fazer um santo. Bonifácio lembra também as orações ditas pelo rei em seu leito de morte. Com elas, conseguiu ter a *boa* morte: "Recomendando a alma a Deus através de orações devotas e pronunciando ao pé da letra as seguintes palavras: 'Pai, em tuas mãos entrego meu espírito', passou de modo feliz ao Cristo" (*suam Domino devotis precibus animam recommendans, ac literaliter exprimens verba sequentia, videlicet: Pater, in manus tuus commendo spiritum meum, feliciter migravit ad Christum*).[64] Luís recorre às orações e às fórmulas usuais, mas não as diz maquinalmente, dá às palavras seu sentido real e profundo (*literaliter exprimens*).

Pode-se comparar essa evocação do rei em oração com as recomendações feitas ao filho nos *Ensinamentos*. Na Igreja, durante a missa, é preciso expressar-se "pela boca e pelo pensamento". É preciso meditar nas palavras da oração ao mesmo tempo que pronunciá-las.[65] A oração deve ser mais recolhida a partir da consagração, na medida em que a comunhão se aproxima. Na versão de Joinville, ele recomenda ao filho: "Reze a Deus com o coração e com a boca especialmente na missa [quando] da consagração", e, mais adiante, ainda aconselha ao filho: "e procure com alegria orações (*proieres*) e perdões (*indulgences*)". A devoção do rei se situa nas fronteiras indecisas em que se misturam o impulso do coração e os ritos objetivamente fixados.

Joinville só menciona orações do rei em duas ocasiões. A primeira é na morte da mãe, de que São Luís só fica sabendo muitos meses mais tarde. Sabe-se que a dor fez com que perdesse por um mês o comedimento. Entre suas reações figura a remessa à França "de uma caixa cheia de *textos de orações* às igrejas para que rezassem por ela".[66]

---

*As Quatro Têmporas (como são conhecidos na liturgia de língua portuguesa *les quatre temps* franceses) são uma cristianização dos ritos pagãos romanos que saudavam a entrada das estações do ano e se celebram desde os primeiros tempos. Foram instituídas para agradecer a Deus as colheitas terminadas e pedir bênçãos para as colheitas futuras. Hoje se dirigem também à colheita espiritual, isto é, os fiéis pedem ao Senhor nesses dias que lhes dê bons sacerdotes. São celebradas na quarta e na sexta-feira e no sábado das seguintes semanas do ano: a terceira semana do Advento, a segunda semana da Quaresma, a semana da Santíssima Trindade (semana que se segue a Pentecostes) e a semana cuja quarta-feira é a primeira depois de 14 de setembro. Essas quartas, sextas-feiras e sábados eram na Idade Média — e assim para São Luís — dias especiais de rígidos jejuns e abstinência. Com o tempo, jejuns e abstinência foram se abrandando e os quatro sábados, especialmente, foram se tornando os dias em que a Igreja pede com mais força aos fiéis orações para que o Senhor lhe dê bons sacerdotes. Tanto se ligaram à figura do sacerdote esses quatro sábados do ano que são até hoje os dias preferidos para a ordenação de novos presbíteros. (*N. do T.*)

[63] BONIFÁCIO VIII, p. 158.

[64] *Ibid.*, p. 159.

[65] D. O'CONNELL, *Les Propos de Saint Louis, op. cit.*, p. 186.

[66] JOINVILLE, *Histoire de Saint Louis*, p. 331.

JACQUES LE GOFF

Volta Joinville às orações de São Luís quando narra a sua morte tal como lhe foi relatada por uma testemunha ocular, Pedro, conde de Alençon, filho do rei.

> [...] quando se aproximava da morte, invocou os santos para ajudá-lo e socorrê-lo e especialmente meu senhor São Tiago, dizendo sua *oração*, que começa por *Esto, Domine*, quer dizer "Deus, sede santificador e guardião de vosso povo".* Invocou então em sua ajuda meu senhor São Dionísio da França, dizendo sua *oração*, que é esta: "Senhor Deus, dai-nos que possamos desprezar a prosperidade deste mundo de modo que não temamos nenhuma adversidade."[67]

O vocabulário da oração é simples: em latim *orare, oratio* e raramente *preces*, em francês "oraison" (e raramente "orer") e, menos frequentemente, "prier", "prières" (*proieres*). Mas todas as maneiras de rezar de Luís são detalhadas por seus biógrafos, em particular por Geoffroy de Beaulieu e Guillaume de Saint-Pathus.

Geoffroy, quando trata da devoção de São Luís na assistência à missa e aos sermões, especifica seu modo de rezar.[68]

Os ofícios de orações litúrgicas que ele ouve diariamente são as horas canônicas e as horas da Virgem, e quer ouvi-los cantados. Se está viajando, também quer ouvi-los e os acompanha em voz baixa com seu capelão. Todos os dias reza com seu capelão, mesmo fora das festas solenes, o ofício dos mortos com nove *lectiones*, quer dizer, trechos escolhidos tirados das Escrituras ou dos Padres, integrados em um ofício. Ouve quase todos os dias duas missas e frequentemente três ou quatro. Quando ouve dizer que nobres murmuram contra o tempo que ele passa assistindo a tantas missas e sermões, responde

---

*A tradução de Joinville altera a pessoa verbal do latim, pois *esto* é a segunda e também a terceira pessoa do singular do imperativo futuro do verbo *esse*, portanto, com rigor, teríamos: "Deus, *sê* santificador e guardião de *teu* povo", ou "Deus, *seja* santificador e guardião de *seu* povo" (como não existe em francês — nem em português —, o imperativo futuro normalmente se traduz pelo imperativo presente). É claro que Joinville, corretamente, apenas adaptou a tradução para o tratamento normal do Senhor Deus em sua língua, a segunda do plural. Mas me parece útil chamar a atenção para a mudança de pessoa, que poderia confundir algum leitor em face do trecho latino da citação. (*N. do T.*)

[67]*Ibid.*, p. 407.

[68]Geoffroy de Beaulieu, *Vita*, pp. 13-14. Retomo aqui — em torno da oração — elementos presentes *supra*, pp. 497-498, sobre o emprego do tempo em São Luís. Achar-se-ão aqui a propósito da oração detalhes suplementares. Do mesmo modo, desenvolvi o gestual da prece de modo mais aprofundado do que *supra*, pp. 545-548.

SÃO LUÍS

que nada seria dito se passasse o dobro desse tempo a jogar dados e a correr as florestas caçando.[69]

Por volta de meia-noite, tem o hábito de se levantar para cantar matinas com seus capelães e seus clérigos da capela real e, voltando das matinas, tem um tempo de repouso (*quietum spatium*) para rezar diante de sua cama. Não teme ser atrapalhado pelos intrusos se o Senhor lhe sugere alguma devoção. Quer ficar em oração tanto tempo quanto as matinas duram na igreja. Mas como não quer, por causa das obrigações urgentes, se levantar muito cedo para a oração prima e como suas vigílias enfraquecem e pesam gravemente sobre seu corpo e sobretudo sobre sua cabeça, acaba por se render aos conselhos e às súplicas dos íntimos e se levanta para as matinas a uma hora que lhe permita ouvir umas após outras, com breves intervalos, prima, as missas e as outras horas canônicas. Enquanto se cantam as horas, não quer ser perturbado por nenhuma conversa, salvo se houver urgência, e, nesse caso, só interrompe a oração por um breve momento. Agia do mesmo modo quando não estava em um castelo real, mas, o que lhe acontecia frequentemente, num mosteiro ou num convento.

Também é muito atento e muito presente quando da celebração das grandes festas. Aprecia demais os cânticos nos ofícios: assim como aumenta o número de clérigos de sua capela, aumenta o número de cantores a ela ligados. Mostra uma preferência particular pelo grupo *Bons-Enfants*, quer dizer, os meninos do coro, em geral estudantes pobres que acabavam por formar uma verdadeira escola de canto coral.

São Luís vive sensualmente sua oração e espera que ela vá comovê-lo a ponto de sentir as lágrimas correrem ao longo da face até a boca.

Quando visita uma casa de congregação religiosa, pede insistentemente aos religiosos que rezem por ele e pelos seus, vivos e mortos. Quando lhes pede de joelhos na sala capitular, a humildade de sua postura freqüentemente os leva às lágrimas. Em sua busca de *sufrágios* (orações e missas), além de si mesmo e de sua família, pede para os amigos íntimos, os servidores, os amigos defuntos, mostra sua fidelidade e sua solidariedade tanto em relação a essa família "artificial" como em relação a sua família natural. A oração é um laço do sangue e do coração.

---

[69]Sabe-se que as ordenações de 1254 e 1256 impunham aos funcionários reais que reprimissem, entre outras coisas, o jogo, não apenas no domínio real, mas em todo o reino. Cf. *supra*, pp. 198-199. Sobre São Luís que não caça, ver *supra*, pp. 612-613.

Segundo Guillaume de Saint-Pathus, em seu capítulo "Sobre o orar devotamente a Deus", as orações e as obras formam na devoção de São Luís uma dupla indissociável. Rezar é "pôr seu espírito presente diante de Deus", é "ter contemplação, consolação e ajuda de Deus para cumprir uma boa obra".

Todas as noites, quando não está doente, o rei reza depois das completas com um capelão em sua capela ou em sua rouparia. Depois da partida do capelão, continua a rezar sozinho na capela, na rouparia ou perto de sua cama. Reza em geral tão demoradamente que os encarregados a seu serviço ("a *mesnie* do quarto real") se impacientam do lado de fora. Ajoelha-se cada noite por cinquenta vezes, põe-se de pé, volta a se ajoelhar recitando lentamente uma *Ave Maria*, volta a ficar de pé e assim por diante. Contrariamente aos hábitos de seus contemporâneos que bebem um copo de vinho antes de se deitar, não toma esse "vinho de deitar". Antes de sua primeira cruzada, deitava sempre depois de rezar matinas, mesmo no inverno. Depois de voltar da cruzada, levanta-se após a hora normal das matinas, porém, bem antes de raiar o dia, recita tardiamente matinas, depois faz uma oração solitária diante do altar perto de sua cama. Reza de tal modo inclinado para a terra e com a cabeça tão pendida que sua visão e seu espírito sentem o esforço e ele não consegue voltar sozinho para a cama.

Guillaume de Saint-Pathus insiste em seus múltiplos pedidos de rezas aos outros. Quando visita um mosteiro ou um convento, Luís se ajoelha diante dos religiosos aos quais pede orações. Manda sobre esse assunto uma carta anual aos cistercienses. Cada monge deve rezar a cada ano três missas por ele: uma missa do Espírito Santo, uma de Santa Cruz e uma de Nossa Senhora.* Escreve para a filha Branca a fim de que mande rezar por ele depois de morto. Pede-o de próprio punho à filha e ao filho nos *Ensinamentos*. Antes de partir para Túnis, visita os conventos parisienses e se ajoelha diante dos frades pedindo-lhes que rezem por ele, na frente de sua mesnie, de cavaleiros e de outros assistentes.

Guillaume cita ainda exemplos excepcionais de orações e de pedidos de orações. No momento de sua libertação no Egito, ouve-se um grande tumulto no acampamento muçulmano: o rei manda dizer o ofício da Santa Cruz, o serviço

---

*São as chamadas missas votivas. Há dias da semana durante o ano litúrgico para os quais não está marcada nenhuma missa própria ou missa de santo. Nesse caso, o celebrante ou os fiéis podem escolher determinado santo ou se pode optar por uma das missas votivas extracalendário, de uma relação tradicional, na qual estão as três da escolha de São Luís: a do Espírito Santo se o dia vago for uma quinta-feira; a da Santa Cruz, se for uma sexta-feira; as de Nossa Senhora (há cinco, com textos diferentes, dependendo do tempo litúrgico), aos sábados. Isso em princípio. Mas não há rigor na exigência desses dias, que podem variar. (*N. do T.*)

SÃO LUÍS

do dia, o ofício do Espírito Santo, o dos mortos "e outras boas orações que sabia". Em Sidon, manda vir para um sermão do patriarca a população cristã, "descalça e em camisolões [camisas de lã]", para pedir a Deus que mostrasse ao rei se mais valeria ficar na Terra Santa ou voltar à França. Enfim, de modo geral, quando tem um problema difícil a debater com seu conselho, pede que os conventos religiosos rezem suplicando a Deus em suas orações para que inspire o rei a achar uma boa solução. Assim São Luís se cerca, antes de tomar suas mais importantes decisões, de um exército de mãos postas encarregado de arrancar de Deus o segredo do bom sucesso.

Combina a oração coletiva e a oração individual, a oração em voz alta e a oração em voz baixa ("com a boca ou com o pensamento"). Mas a oração em voz alta predomina em sua prática, mesmo quando está só. É somente nessa época, lembremos, que se instaura lentamente a "leitura silenciosa".[70] São Luís busca um equilíbrio entre a oração coletiva e a oração individual. Reza muito com seu capelão ou com os clérigos de sua capela, mas também gosta de rezar sozinho.

Sua oração é também, na forma, uma oração real. Reza-a seja com os componentes de sua capela, que é capela real, mais numerosa e mais brilhante do que as de todas as outras grandes personagens e nobres do reino, seja sozinho. Quando se dedica à oração privada, não é apenas a oração do indivíduo que se afirma no século XIII,[71] é também a oração do chefe solitário.

A oração coletiva é a das grandes ocasiões, das festas solenes em que o rei toma parte. Nessas cerimônias, fica especialmente atento àquilo que para ele é o prolongamento natural, o envoltório místico da oração: o canto.

Luís tende a praticar uma oração onipresente e perpétua, por todo lugar — sobre a terra e sobre a água, em casa ou em cavalgada, de modo privado ou público — e noite e dia. É-lhe preciso, entretanto, aceitar as descontinuidades nesse exercício. No dia a dia, há dois momentos privilegiados, a manhã e a noite. Mas a descontinuidade também está ligada aos momentos excepcionais: às grandes festas e aos grandes perigos. A oração, para São Luís, tanto é parte do cotidiano como do excepcional, do habitual como do solene. Mas sua tendência está no cotidiano: na frequência, na demora. Os hagiógrafos insistem na impaciência dos que o cercam diante da duração de suas orações. E insistem para deixar claro que o rei também é diferente, está

---

[70]Cf. P. SAENGER, "Silent Reading: its Impact on late Script and Society", artigo citado (*supra*, p. 375, nº 27) e, do mesmo autor, *Manières de lire médiévales*, em *Histoire de l'édition française*, t. I, Paris, 1982, pp. 130-141.
[71]Sobre a formação do indivíduo nos séculos XII e XIII, ver *supra*, pp. 442-444.

acima dos outros, separado deles pela amplitude de sua oração. Trata-se da oração de um santo.

Os hagiógrafos e, especialmente, Guillaume de Saint-Pathus, observaram os gestos do homem São Luís que reza. Nessa época, em que renasce a atenção para os gestos, em que a Igreja se esforça para codificá-los, esse homem comedido e de meio-termo se mostra excessivo. A frequência de sua devoção, o número de vezes em que se ajoelha e de gestos fatigantes, o exagero das inclinações para a terra que afetam seus sentidos, tudo isso vai além de uma prática normal da oração.[72] Mas não há santo sem excessos.

Mesmo que o rei se dedique às orações alegres das grandes festas (e especialmente na Páscoa), mesmo se é sensível às belezas dos cantos de júbilo, a oração para ele é antes de tudo uma *penitência*.

A quem ele se dirige? A Deus (visto principalmente sob os traços do Filho, do Cristo), ao Espírito Santo e à Virgem Maria, tornada, no século XIII, como que a quarta pessoa da Santíssima Trindade.

Quando, em 1254, ele volta da cruzada abatido pelo remorso de sua derrota que se reflete sobre toda a Cristandade, "canta-se uma missa em honra do Espírito Santo para que o rei receba as consolações d'Aquele que está acima de tudo". Quanto à Virgem, vimos que essa grande medianeira dos homens na relação com seu filho Jesus e que é objeto, em geral, de uma particular devoção dos príncipes, que se recomendam a ela com seus súditos, é muito especialmente venerada e invocada por São Luís, peregrino dos santuários marianos, que manda rezar todos os dias o ofício da Virgem. Nos *Ensinamentos* ao filho, pede-lhe que reprima "tudo aquilo que se faça ou se diga contra Deus ou Nossa Senhora" e aconselha a Filipe que peça a Deus que o guarde "por sua grande misericórdia e pelas orações e pelos méritos de sua bem-aventurada mãe, a Virgem Maria".[73]

Para quem? Para si mesmo. A oração é em primeiro lugar um meio de salvação pessoal. Mas também para os outros: rei totalmente devotado a sua linhagem, à memória de seus ancestrais, do pai e talvez mais ainda do avô Filipe Augusto, à mãe, querida entre todas e todos, aos irmãos e irmãs, aos filhos (a rainha pertence a uma outra linhagem), São Luís pratica uma oração dinástica.

Rei da amizade, do reconhecimento que tem para com os servidores e os que o cercam, São Luís é também o centro de uma parentela "artificial", ligada em uma perspectiva religiosa e escatológica pela oração. Rei consciente de seus

---

[72]J.-Cl. SCHMITT, *La Raison des gestes, op. cit.* (*supra*, p. 375, n° 30), especialmente o capítulo VIII, "De la prière à l'extase".

[73]*Enseignements* (ed. D. O'Connell), pp. 190-191.

SÃO LUÍS

deveres para com seu povo ("sua gente", como ele diz de seus soldados na cruzada, seus súditos em geral), faz de sua oração real pelo reino e seus habitantes um dos deveres mais exigentes de sua função. Um bom rei cristão é um rei que reza por seu povo.

Acima de tudo, talvez, São Luís reza e manda rezar pelos mortos. Rei de um reino dinástico de uma enorme ambição funerária,[74] contemporâneo do momento em que se enraíza a crença no Purgatório, que requer os sufrágios dos vivos pelos mortos,[75] herdeiro da grande tradição monástica e aristocrática da devoção pelos mortos,[76] pelos quais pedem especialmente desde a fundação de Cluny as ordens dotadas de uma clientela de defuntos, concede aos ofícios pelos mortos um lugar desproporcional em relação à prática, entretanto atenta quanto a isso, de sua época.[77] O rei tanto é rei dos mortos como dos vivos.[78]

Reza-se, sem nenhuma dúvida, para assegurar sua salvação pessoal e a de outras pessoas através dessa forma de penitência, de humildade, mas também para acompanhar as boas obras. Mas, no fim da devoção da prece, há o contato direto com Deus, sua contemplação e o apelo à proteção para si mesmo e para os outros que aquele que reza dirige a Deus. O rei, rezando, obedece à missão que lhe foi explicitamente confiada pelos clérigos no dia de sua sagração e coroação: ser o intermediário entre Deus e os súditos.

---

[74]J. LE GOFF, "Saint Louis et les corps royaux", *Le Temps de la réflexion*, III, 1982. São Luís evoca em duas repetições a libertação da alma de seus ancestrais nos *Ensinamentos* ao filho, (capítulo XVIII).

[75]J. LE GOFF, *La Naissance du Purgatoire, op. cit. (supra*, p. 41, n° 10).

[76]De uma abundante bibliografia, lembro apenas trabalhos tratando sobretudo de problemática: Nicolas HUYGHEBAERT, *Les Documents nécrologiques*, em *Typologie des sources du Moyen Âge occidental*, fasc. 4, Turnhout (Bélgica), 1972; Karl SCHMIDT e Joachim WOLLASCH, "Die Gemeinschaft der Lebenden und Verstorbenen in Zeugnissen des Mittelalters", *Frühmittelalterliche Studien*, I, 1967, pp. 365-405; J.-L. LEMAÎTRE, "Les obituaires français. Perspectives nouvelles", *Revue d'histoire de l'Église de France*, LXIV, 1978, pp. 69-81; Karl SCHMIDT e Joachim WOLLASCH (ed.), *Memoria. Das geistliche Zeugniswerk des liturgischen Gedenkens im Mittelalter*, Munique, 1984; Otto Gerhard OEXLE, "Memoria und Memorialüberlieferung im früheren Mittelalter", *Frühmittelalterliche Studien*, X, 1976, pp. 70-95. A bela tese de Michel LAUWERS, *La Mémoire des ancêtres, le souci des morts. Fonction et usage du culte des morts dans l'Occident médiéval (diocèse de Liège, XI*e *-XIII*e *siècles)*, Paris, 1992, ainda não foi publicada. Sobre São Luís e os mortos, ver também pp. 254-258 e 656-657.

[77]*Prier au Moyen Âge. Pratiques et expériences (V*e*-XV*e *siècles)*, ed. Brépols, Turnhout (Bélgica), 1991.

[78]Padre Gy teve a gentileza de me indicar que a prática da oração em São Luís estava próxima da prática dominicana do século XIII, salvo em dois pontos: primeiro, a importância em Luís das orações pelos mortos; depois, sua propensão às orações longas (sobretudo, é verdade, na oração individual), enquanto as constituições dominicanas recomendam que as preces e os ofícios sejam ditos breviter et succincte (recomendação repetida duas vezes no início das constituições). Cf. Roger CREYTENS, "Les constitutions des frères Prêcheurs dans la rédaction de S. Raymond de Penafort", *Archivum Fratrum Praedicatorum*, 189, 1948, p. 30. Seria necessário, para precisar a prática de São Luís, consultar o ordinário da capela do rei de França (há um manuscrito do fim do século XIV início do século XV: o manuscrito Paris, B.N., cod. lat. 1435). Cf. Jean DUFRASNE, *Les Ordinaires manuscrits des églises séculières conservés à la Bibliothèque nationale de Paris*, Paris, Institut catholique, Institut supérieur de liturgie, dact., 1959, pp. 125-134.

Uma outra característica da época leva Luís a praticar a oração individual: a procura da devoção e da caridade praticadas em sigilo. À pobreza envergonhada, que cresce entre algumas categorias de pobres, corresponde a caridade discreta.

Seguindo uma das atitudes preconizadas pelas regras de piedade de sua época e, em particular, pela devoção mendicante da humildade, Luís tenta não aparecer para fazer o bem, busca disfarçar por trás de artimanhas piedosas seu rigor alimentar, mas, ao mesmo tempo, não chega a refrear inteiramente um certo exibicionismo da ascese. Se se procurar situá-lo na trajetória da devoção medieval, poder-se-ia dizer, simplificando as coisas, que participando totalmente de um certo amor "gótico" pela vida São Luís manifesta também o início de um certo ascetismo *flamboyant*.*

É preciso não esquecer, enfim, que, frequentando assiduamente os cistercienses e os mendicantes, os quais, no século XIII, recém-surgidos, dão sequência quase sempre às práticas e ao espírito cisterciense, Luís viu na oração o meio de um leigo se aproximar tanto quanto possível da conduta, do estatuto, das oportunidades de agradar a Deus que têm os religiosos. Sua oração é talvez antes de tudo uma prece *monástica*. Faz parte da imagem global do rei que tiveram certos contemporâneos, os que pensaram, como Geoffroy de Beaulieu, que Luís tinha sonhado seriamente em entrar para uma ordem mendicante. Outro de seus biógrafos, Guillaume de Chartres, escreveu que "seus costumes, seus atos, seus gestos não eram somente os de um rei, mas também os de um religioso".[79]

A *devoção aos santos*

Se a Virgem é a medianeira privilegiada entre os homens e Deus, existem outros intercessores próximos do rei dos céus: os santos. São Luís os imagina integrados a um governo celeste que funciona pelo modelo de um regime monárquico feudal e vê nos santos auxiliares para realizar seu projeto de fundir religião e política num conjunto: ter bom desempenho na terra e no céu, ou antes, no céu como na terra. Essa visão pessoal de São Luís é também a dos poderosos e dos ricos no século

---

*Flamboyant (ou "flamejante", mas o termo traduzido é menos usado) é o nome que se dá ao terceiro e último período da arquitetura gótica europeia, surgido já no século XV, por causa da semelhança com línguas de fogo das linhas de todos os contornos externos, que se vão afinando. Prosperou sobretudo no norte da França e na atual Bélgica. Segundo especialistas em história da arte, nunca a arquitetura ocidental esteve tão próxima do luxo ornamental do Oriente como no período *flamboyant*. Há rendilhados que se parecem com as "estalactites" da arte árabe. (*N. do T.*)
[79]*Recueil des historiens des Gaules et de la France*, t. XX, p. 29.

SÃO LUÍS

XIII. A relação entre terra e céu é de algum modo invertida num confronto com o modelo agostiniano, pelo qual a cidade terrestre deve se esforçar para imitar a cidade celeste. O paralelismo permanece, mas invertido. Não é mais "assim na terra como no céu", mas "no céu como na terra". O mercador quer possuir ao mesmo tempo o dinheiro aqui na terra e a vida eterna no além.[80] O poderoso deve ter "honra" nesta terra e "glória" no céu.

Luís expõe a um Joinville pasmo como realizar esse projeto: "Quereríeis vós ser instruídos sobre o modo pelo qual poderíeis ter honra neste mundo e agradar aos homens e obter a graça de Deus e glória no tempo que virá?" Esse meio é o recurso aos santos:

> O santo rei convidou o cavaleiro a frequentar a Igreja também fora das festas solenes dos santos e a honrar os santos, e dizia que os santos no Paraíso são semelhantes aos conselheiros do rei na terra. Porque quando alguém tem coisas a tratar com um rei terrestre, pergunta quem está bem com ele, quem pode lhe pedir alguma coisa que estará seguro de obtê-la e a quem o rei escuta. E, quando sabe quem é essa pessoa, vai ao encontro dela e lhe pede que interceda junto ao rei em seu favor. O mesmo acontece com os santos do Paraíso que são os íntimos (*particulares*) de Nosso Senhor e seus próximos e que podem lhe pedir com segurança, porque ele os escuta. Também deveis vir à igreja no dia da festa de seus santos, honrá-los e pedir que intercedam junto a Nosso Senhor por vós.[81]

Teria Luís sonhado algum dia que se tornando santo poderia continuar a desempenhar no Paraíso esse papel de intermediário em relação a Deus que desempenha na terra, como rei, entre Deus e seus súditos? O destino de um bom rei não é tornar-se santo na perenidade de sua função?

As obsessões devocionais de São Luís

Distingo, além dessa, quatro tipos de devoção a que São Luís se entregou com um empenho quase obsessivo: a audição de sermões, o culto das relíquias, o cumprimento da caridade e a construção de edifícios religiosos.

---

[80] J. LE GOFF, *A Bolsa e a Vida, op. cit.*
[81] GUILLAUME DE SAINT-PATHUS, *Vie de Saint Louis*, pp. 72-73.

JACQUES LE GOFF

Já evoquei longamente o gosto de São Luís pelos sermões (e ele próprio não se comportou muitas vezes como um pregador amador?) e aqui contentar-me-ei com um caso que faz sentir o caráter quase mágico dessa paixão.

> Queria ouvir sermões muito frequentemente e, quando os sermões lhe agradavam, guardava-os muito bem e sabia repeti-los para os outros com grande sucesso. Durante sua viagem de volta da cruzada, que durou dez semanas, mandou que se pronunciassem no navio três sermões por semana. Quando o mar estava tranquilo e o navio não tinha necessidade do trabalho dos marinheiros, o piedoso rei queria que esses marinheiros ouvissem um sermão especial sobre um tema que lhes dissesse respeito, por exemplo, os artigos de fé, os costumes e os pecados, considerando que esse gênero de homens ouvia muito raramente a palavra de Deus [...].[82]

Luís também tem uma atração quase fetichista pelas relíquias. Considera certamente como o maior sucesso de seu reinado a aquisição das relíquias da Paixão para as quais mandou construir a Sainte-Chapelle e instituiu três ofícios anuais. Adquiriu também as relíquias de São Maurício para as quais mandou construir uma igreja em Senlis, organizando nessa ocasião uma grande procissão de corpos santos.[83]

A terceira de suas obsessões é a da caridade, da qual vimos numerosos exemplos sob suas duas formas principais: servir os pobres à mesa e cuidar dos doentes, mas, sobretudo, a distribuição de esmolas, ora em segredo, ora publicamente e mesmo de maneira ostentatória. Neste caso estão as cavalgadas pelo reino, essas temporadas de esmolas em que é assaltado por tropas de pobres.[84] É que, para São Luís, a fé e a devoção não caminham sem as obras. Segundo Guillaume de Saint-Pathus, "essas duas coisas se conciliam no sentido de Nosso Senhor todo poderoso: que a obra seja apoiada pela oração e a oração pelas obras".[85] E o século XIII é um tempo em que, fortemente preconizadas pelos frades mendicantes, as obras de misericórdia se tornam um elemento essencial da piedade, sobretudo para os leigos ricos e poderosos. É o tema do longo décimo primeiro capítulo de Guillaume de Saint-Pathus, "As obras de caridade": assistir os doentes, em particular os "que veem mal"

---

[82] GEOFFROY DE BEAULIEU, *Vita*, p. 14.
[83] Ver *supra*, p. 618.
[84] GUILLAUME DE SAINT-PATHUS, *Vie de Saint Louis*, p. 89.
[85] *Ibid.*, p. 54.

SÃO LUÍS

e os cegos para os quais Luís manda construir o asilo dos Quinze-Vingts em Paris, destinado a recolher trezentos cegos; vestir os que estão nus; dar de comer aos esfomeados; dar esmolas aos pobres; alojar os sem-teto; subvencionar as necessidades das viúvas dos cruzados mortos além-mar; libertar os prisioneiros dos Infiéis; ocupar-se dos leprosos; enterrar os mortos como fez na Terra Santa; estar à cabeceira dos moribundos, como fez no hospital de Compiègne ou na abadia cisterciense de Chaalis, tantos são os exemplos das obras de caridade.

Joinville as testemunha.

> O rei foi tão generoso esmoler que por toda parte onde ia em seu reino mandava dar aos pobres igrejas, sanatórios de lázaros [leprosários], hospitais de misericórdia, hospitais e também aos pobres fidalgos e fidalgas. Todos os dias, dava de comer a um grande número de pobres, sem contar os que comiam em seu quarto e muitas vezes eu vi que partia para eles o pão e lhes dava de beber.[86]

A essas boas obras é preciso acrescentar a construção de edifícios religiosos. São Luís praticou no mais alto grau essa paixão dos reis (e de alguns chefes de Estados republicanos, ainda hoje): construir, deixar monumentos como sinais de memória. Construiu poucos edifícios profanos, palácios ou castelos-fortes, mas dotou-os de capelas palatinas, em Saint-Germain-en-Laye e no palácio da Cité, em Paris. Seus biógrafos organizam, interessados, numa mistura de admiração e de reprovação pelo excesso de despesas, a lista dos edifícios religiosos que ele mandou construir em vida e depois da morte, graças às doações que constituem o essencial de seu testamento.[87] Joinville fez uma enumeração minuciosa desses edifícios religiosos, que compreende a abadia cisterciense de Royaumont, as abadias de monges cisterciences de Lys e de Maubuisson, a pedido da mãe, o convento de Saint-Antoine, perto de Paris (no atual subúrbio de Saint-Antoine), muitos conventos de dominicanos e de franciscanos, os hospitais de misericórdia de Pontoise e de Vernon, a casa dos cegos de Paris, a abadia das clarissas de Saint-Cloud, a pedido de sua irmã Isabel. Para satisfazer essas obsessões piedosas, o rei prud'homme esquece sua vontade de respeitar o comedimento e de ser econômico. Logo ele, que afirma preferir o *prud'homme*

---

[86]JOINVILLE, *Histoire de Saint Louis*, p. 381.
[87]Ver *supra*, pp. 580-581.

ao *béguin* [beato, carola], ao devoto sem abertura nem moderação, ainda aqui atinge, frequentemente, como leigo, a piedade excessiva, como rei ao qual só falta o hábito religioso.

A devoção à cruzada

É preciso voltar brevemente a São Luís na cruzada porque, ainda que eu não a situe num lugar tão central, tão tentacular no programa de vida e de reinado de São Luís, como o fazem Jean Richard e, sobretudo, William Chester Jordan, a cruzada foi sua grande experiência religiosa e ainda é, na metade do século XIII, a grande aventura devocional dos cristãos. Uma vez que, com São Luís, tudo parece visar à perfeição cristã, pergunta-se se ele foi o "cruzado ideal".[88]

Se a pergunta se refere ao conceito de "cruzado ideal", São Luís foi, aos olhos de seus contemporâneos, da posteridade e dos historiadores modernos, uma das melhores encarnações dessa personagem imaginária.

Preliminarmente porque, mais e melhor do que a maioria dos outros chefes cruzados, São Luís cumpriu a preparação para a "peregrinação além-mar". A cruzada, como aventura cavalheiresca, é uma expedição religiosa que requer uma preparação moral, ritos de purificação.[89] Os biógrafos de São Luís observaram sua mudança de atitude a partir de sua primeira expedição: ele renuncia ao luxo no vestir, à ostentação alimentar. Datou-se essa mudança de sua volta da Terra Santa e ela dura até sua segunda cruzada e sua morte, pois sua vida daquele momento em diante não foi mais que uma longa penitência e uma preparação para uma nova e definitiva "travessia". Mas essa transformação data do dia em que Luís tomou a cruz, exigência da legislação da cruzada editada pelas bulas pontifícias.

Gestos de preparação como esses *roteiros* no coração do reino, na Île-de--France, de Orléanais a Vexin, empreendidos em 1248 e em 1269-1270. E como em Luís IX o cuidado de seu reino terrestre nunca se separou de seus objetivos religiosos, ele lançou essa grande campanha de inquiridores através

---

[88] J. LE GOFF, "Saint Louis, croisé idéal?", artigo citado.
[89] W. Ch. JORDAN compreendeu perfeitamente a importância desses gestos: ver *Louis IX and the Challenge of the Crusade, op. cit.*, p. 105 e segs.

SÃO LUÍS

691

do reino em 1247, depois voltou a organizar nova campanha desse tipo em seguida à ordenação de 1254, destinada a acabar com os abusos cometidos pelos oficiais reais.

Pode-se associar a essas coisas a preparação que constitui a devoção ao Cristo da Paixão, ao Jesus histórico (e divino) da Terra Santa através das relíquias da Paixão, da recepção dessas relíquias em Villeneuve-l'Archevêque, de sua escolta em procissão, descalço, de Sens até sua chegada solene a Vincennes, a sua transferência para o palácio real e a construção da Sainte-Chapelle, inaugurada em 25 de abril de 1248, imediatamente antes da partida para a cruzada.[90] Aqui, ainda, a preparação do ato devocional é essencial.

Cruzado ideal, Luís IX talvez o tenha sido também por ter realizado a síntese das motivações de um cruzado no século XIII: a conquista, a missão, a penitência. Quando ele parte, em 1248, recusando o caminho diplomático explorado por Frederico II e o novo caminho missionário que Inocêncio IV acaba de definir, "é o cruzado à moda antiga".[91] É o valente soldado da cruzada que Joinville avistou um dia no Egito, totalmente armado, resplandecente: "o mais belo cavaleiro que jamais vi". Mas é também o apaixonado pela conversão cujo objetivo supremo teria sido a salvação da alma do sultão do Egito em 1248 e a do sultão de Túnis em 1270.

Mas, paradoxalmente, "cruzado ideal" porque fracassou e porque suas cruzadas foram quase anacrônicas, São Luís conheceu as duas maiores infelicidades que um cruzado podia encontrar: o cativeiro e a morte. Essas derrotas — numa sociedade em que o modelo do Cristo oferece a Paixão como uma vitória suprema sobre o mundo — deram a São Luís uma auréola mais pura que uma vitória. Mesmo que a Igreja não quisesse reconhecer nele um mártir da cruzada, suas provações lhe valeram, aos olhos de seus contemporâneos, como Joinville, essa palma e — segundo seu confessor Geoffroy de Beaulieu — esse caráter de vítima expiatória, de hóstia que o faz assemelhar-se ao Cristo. Ainda que, ao que me parece, essa auréola "popular" tenha sido atribuída antes ao rei-sofredor do que ao cruzado-mártir.

Para a posteridade ele ficará como o último grande cruzado. Depois dele, a aventura acabou. Suas expedições são, para a cruzada, o que "a morte do rei Artur" é para a grande época romanesca gentil, um crepúsculo dos heróis,

---

[90]Ver *supra*, pp. 133-135.
[91]P. ALPHANDÉRY e A. DUPRONT, *La Chrétienté et l'idée de croisade, op. cit.*, nova ed., 1955, p. 425. Ver também "Militia Christi" e *Crociata nei secoli XI-XIII* (Mendola, 1989), Milão, 1992.

uma apoteose fúnebre e quase suicida. São Luís tem a dupla grandeza de um cruzado anacrônico que fecha uma aventura heróica e abre uma utopia nostálgica, no encontro de uma história real e morta com uma história imaginária que começa.

VIII

CONFLITOS E CRÍTICAS

O universo da religião não se limita, para São Luís, ao da devoção. Primeiro, o rei tem diante dele a Igreja, que respeita e da qual se faz servidor e apoio no domínio da fé, mas com a qual muitas vezes entra em conflito no capítulo temporal, quanto à jurisdição e às pretensões da cúria romana. Depois, é um comprometido contra os inimigos da fé cristã: contra os hereges, numerosos e ativos em seu reino, contra os muçulmanos, com os quais se bate diretamente em suas cruzadas, diante dos judeus, muito presentes na França e em relação aos quais alterna perseguição e proteção. Enfim, o piedoso rei é objeto de um certo número de críticas — senão de uma verdadeira oposição — que têm como alvo essencial sua conduta devota.

São Luís e a Igreja

Um compromisso e uma inclinação vizinha da obsessão ligam estreitamente São Luís à Igreja.[1]

O compromisso é o assumido pelo rei, quando da sagração, de apoiar a Igreja, de protegê-la, de executar as ordens que ela própria não pode cumprir e que implicam o uso da força ou de execução de sentenças de morte. É a função de "braço secular" da realeza. "Honrar e proteger" é o essencial de seu dever e de

---

[1] As relações entre São Luís e a Igreja foram objeto de um notável artigo do padre Yves Congar, "L'Église et l'État sous le règne de Saint Louis", artigo citado.

sua promessa. Para o filho, ele insiste: "Seja muito diligente na proteção em seus domínios de toda espécie de gente, principalmente as pessoas ligadas à Santa Igreja; impede que contra seus representantes ou seus bens seja feita injustiça ou violência [...]. Deves honrá-los e protegê-los a fim de que possam fazer o serviço de Nosso Senhor em paz."[2]

Mas além disso tem uma fascinação pelos clérigos e, principalmente, pelos monges e frades — os "religiosos". Joinville diz bem: "O rei gostava de todo mundo que se punha a serviço de Deus e que vestia hábito de religioso."[3] Favorece as novas ordens, em particular as pequenas ordens mendicantes, das quais o aspecto contestatário (hábito de tecido pobre, cabelos hirsutos) e a devoção marginal (excesso de afetação de pobreza e de humildade, influências mi-lenaristas) inquietam a Igreja. Quatro anos depois da morte do rei, no segundo concílio de Lyon, em 1274, a Igreja acabará com os frades do Sac e os mantos-brancos ou os da Santa Cruz. Mais ortodoxos, os carmelitas subsistirão e para eles São Luís tinha mandado construir uma casa às margens do Sena na direção de Charenton, assim como os frades de Santo Agostinho, para os quais ele comprara a granja de um burguês com suas dependências fora da porta de Montmartre.

Luís, porém, não é totalmente submisso à Igreja. Sua maneira de dizer ao filho, imitando o avô Filipe Augusto, por que é preciso homenagear a Igreja exige lucidez sobre o desejo de poder da Igreja e realismo em sua conduta em relação a ela.[4] Não tolera que os clérigos invadam os limites do poder legítimo do rei, do Estado. Mostrou isso, rei jovenzinho, no caso do abuso dos bispos.[5] Não hesita em alertar a Igreja contra os processos rotineiros que comprometem sua própria eficácia, por exemplo abusando da excomunhão, sob pena de não impressionar mais ninguém. Joinville dá conta de uma entrevista dura entre o rei e um certo número de bispos durante uma assembleia em que surgiram diferenças entre senhores leigos e bispos, especialmente entre o próprio Joinville e o bispo de Châlons. Após a reunião plenária, os bispos pediram ao rei uma conversa particular. Depois da entrevista, o rei foi relatar o que se passara a Joinville e seus íntimos ("os que o esperávamos na sala de audiências"): os bispos o condenaram vivamente por não os ter ajudado — como braço secular — na execução de sentenças de excomunhão

---

[2] *Enseignements*, (ed. D. O'Connell), p. 188.
[3] JOINVILLE, *Histoire de Saint Louis*, pp. 395-397.
[4] *Enseignements*, (ed. D. O'Connell), p. 188. Ver *supra*, p. 602.
[5] Ver *supra*, pp. 109 e segs..

SÃO LUÍS

pronunciadas contra alguns senhores leigos. O rei contou "rindo muito" como não lhes tinha cedido em nada; e também como foi irônico com eles. Mais ele venera os homens da Igreja que se comportam virtuosamente e não saem de seus limites, mais condena os que vão além de seu poder espiritual e se mostram ávidos de vitória e de poder. Compartilha da opinião daqueles, numerosos, que, na Igreja e fora dela, criticam seu enriquecimento e seu apetite de bens e de vaidades terrestres. Viu-se como — e isso se repetiu por duas vezes — pede oficialmente ao papa que escolha bons cardeais, prelados verdadeiramente religiosos.

O papa e a cúria pontifícia não estão livres de suas críticas e de sua resistência. Ao contrário, ele é muito exigente quanto à cabeça da Igreja. O papa deve dar exemplo de humildade e de misericórdia. Ora, frequentemente o papa se mostra cheio de orgulho, de inveja de dominação e de intransigência. É o caso de Inocêncio IV, mais que todos, em particular na sua luta contra Frederico II. Basta lembrar a entrevista tempestuosa do rei com o pontífice em Cluny em 1246.[6] A hostilidade de Luís, que nesse assunto estava de acordo com os prelados franceses, atinge o ponto culminante com a remessa, em 1247, de uma nota de protesto contra a atitude do papado em suas relações com a Igreja da França.[7] Em termos muito vivos, o rei dirige ao papa essencialmente duas queixas. A primeira denuncia as exações financeiras do papado, que assim faz sangrar os recursos da Igreja na França e dá prova de uma cobiça pouco cristã na aplicação de taxas e de impostos sobre o clero francês. O segundo trata da colação dos benefícios. O papa reserva para si a atribuição da maior parte desses benefícios, tomando o lugar do rei, dos nobres e dos bispos que reivindicam para muitos os direitos de atribuição perfeitamente estabelecidos: mas o papa prefere nomear estrangeiros que não moram nas igrejas em questão, e as ajudas pecuniárias previstas pelos fundadores desses benefícios para subsistência dos pobres e a ajuda devida ao rei em caso de necessidade não são respeitadas.

Muitos historiadores eminentes viram nessa atitude de São Luís o desenvolvimento do "processo pelo qual uma ordem leiga da vida social tendia a

---

[6]Ver *supra*, pp. 153-154 e p. 674. O estudo fundamental sobre o assunto continua a ser o de Élie BERGER, *Saint Louis et Innocent IV, op. cit.*

[7]Esse documento foi conservado em uma versão de Mateus Paris. O beneditino inglês, vivendo num país em que a hostilidade à cúria pontifícia era ainda maior do que na França, talvez tenha endurecido o tom da carta. O padre G. J. CAMPBELL tem um excelente estudo sobre a carta, "The Protest of Saint Louis", artigo citado (*supra*, p. 154, n° 56), que a define como a *wild document* ["um documento corajoso"].

tomar consistência".[8] Acho pouco correto, aí, falar em laicização, porque nesse caso vejo antes uma transferência de sacralidade que se opera da Igreja para o Estado e uma apropriação pelo Estado monárquico de uma parte do poder temporal da Igreja em nome do ministério real. Assim como reivindica em seu reino um poder do tipo imperial, o soberano também reclama das igrejas, para si e para seu clero, um poder independente em matéria temporal. Seria mais correto, creio, falar antes em galicanismo. É um erro que forjou a lenda de uma "sanção pragmática" editada por São Luís, que teria assim organizado uma Igreja "nacional", mas a ideia de uma autonomia da Igreja na França através de um acordo no plano temporal entre o rei e o clero do reino parece pelo menos ter sido vista com agrado por São Luís.

São Luís e os hereges

A concepção que tem São Luís da realeza como defensora da fé e braço secular da Igreja o leva, como aliás foi o caso de seus predecessores, a intervir contra os inimigos dessa fé. São de três espécies essas intervenções: os casos dos hereges, dos Infiéis e dos judeus. Se bem que a cruzada dos albigenses tenha dado um golpe decisivo nos hereges do Sul, os cátaros e semelhantes ainda são muito numerosos e presentes no Languedoc, na Provença e na Lombardia. Tornam-se, entretanto, menos numerosos e menos visíveis depois de 1230, sob o efeito conjugado da Inquisição, de um distanciamento crescente da nobreza e da burguesia em relação ao catarismo e de um declínio geral da doutrina, da prática e da organização heréticas.

---

[8]Y. CONGAR, "L'Église et l'État sous le règne de Saint Louis", artigo citado, p. 271. O principal texto em que J. STRAYER emitiu essa opinião é seu artigo "The laicization of French and English Society in the XIIIth century", artigo citado (supra, p. 618, n° 59), pp. 76-86. Essa teoria foi generalizada nos volumes sedutores de G. de LAGARDE, La Naissance de l'esprit laïque au Moyen Âge, op. cit. (supra, p. 618, no 59), que, parece-me, assumiram a reflexão da baixa Idade Média a propósito das estruturas e do pensamento político, mas num sentido errado. Em um curioso artigo ("The Uses of Heterodoxy: the French Monarchy and Unbelief in the XIIIth century", citado supra, p. [405, n° 88]), E. LERNER acha que os Capetos no século XIII tiveram "uma política de tolerância em relação aos movimentos anticlericais ou heréticos" e apoia seu julgamento essencialmente na atitude de Filipe Augusto a respeito da heresia do universitário parisiense Amaury de Bène e dos judeus e na atitude de Branca de Castela diante dos pastorinhos de 1251 (ver supra, pp. 178-181). No que concerne a São Luís, refere-se a sua resistência quanto às excomunhões episcopais e a seu protesto de 1247 ao papa. Se existe por trás da atitude de São Luís "o desenvolvimento de uma ordem nova oposta às pretensões universais da Igreja e apoiando o exercício da autoridade nacional", não vejo nenhuma ligação entre essa política e qualquer tolerância quanto a "heterodoxia" ou "incredulidade". Esse artigo me parece fortemente fundado sobre conceitos anacrônicos para o século XIII.

SÃO LUÍS

Para São Luís como para a Igreja, os hereges são os piores inimigos da verdadeira fé cristã. Com efeito, eles a conheceram, praticaram e renegaram. São apóstatas, traidores, desleais em relação a Deus.

Primat, em sua *Crônica*, mostra bem a prioridade que São Luís concede à perseguição dos hereges: "E quando nenhum negócio da fé [o *negotium fidei* é a caça aos hereges] chegava a ele através dos prelados ou pelos inquisidores dos bugres [búlgaros, hereges] despachava rapidamente [a toda pressa] todas as coisas atrasadas [pondo tudo em dia então]."[9]

Além disso, São Luís, aplicando um cânon do quarto concílio de Latrão de 1215 que incorporou o *ordo* da sagração dos reis de França, prometeu perseguir os hereges, fazer-se o braço secular da Igreja contra eles. Nos *Ensinamentos* ao filho, recomenda-lhe: "Persiga os hereges e as pessoas ruins de tua terra tanto quanto possas pedindo como é necessário o sábio conselho das pessoas boas a fim de purgar assim a tua terra."[10] Guillaume de Saint-Pathus dá uma versão um pouco diferente desse conselho: "Manda expulsar de teu reino do modo como possas os bugres e as outras pessoas ruins para assim purgar tua terra, ouvindo o conselho das boas pessoas que te dirão o que é necessário fazer."[11]

Esse texto traz muitas informações e propõe uma questão ao historiador. A afirmação mais importante é a vontade de purificação de São Luís na expulsão dos hereges. São Luís está em perfeita harmonia com o seu século, mas sem dúvida sente com muito mais força o horror da impureza. A Cristandade, que colhe os resultados de seu grande desenvolvimento dos séculos XI e XII, quer preservar o que conseguiu, conservar a identidade conquistada, defender sua pureza. Sente como ameaça tudo que é dissidência, rotula de impureza tudo que pode perturbar essa unidade, essa harmonia. Robert I. Moore descreveu bem esse nascimento da dissidência e, correlativamente, de uma sociedade perseguidora,[12] que marginaliza e exclui, elimina tudo que se afasta da ortodoxia tornada real.

Essa concepção da heresia como impureza e doença contagiosa foi bem-expressa por Bonifácio VIII em sua bula de canonização:

---

[9]PRIMAT, em *Recueil des historiens des Gaules et de la France*, t. XXIII, p. 68.

[10]*Enseignements* (ed. D. O'Connell), p. 190.

[11]GUILLAUME DE SAINT-PATHUS, *Vie de Saint Louis*, p. 26.

[12]R. I. MOORE, *La Persécution. Sa formation en Europe (X^e -XIIIe siècles), op. cit. (supra*, p. 57, n° 40).

> Ele detestava os infectados pela mancha da perversão, para que não in-
> fectassem os adeptos da fé cristã pela podridão dessa doença contagiosa,
> expulsando-a através de esforços eficazes para fora dos limites do reino e,
> utilizando esses cuidados preventivos voltados para a situação do reino,
> rejeitou esses fermentos e permitiu que lá brilhasse a verdadeira fé em sua
> autenticidade.[13]

A segunda afirmação desse texto reside na necessidade para o rei, de acordo com São Luís, de ouvir de algum modo o conselho dos conhecedores, para a caracterização dos hereges e a escolha das medidas a tomar quanto a eles. Esses conhecedores são certamente os inquisidores primeiro — e, mais particularmente, os frades mendicantes inquisidores — e também os hereges convertidos, nos quais confia especialmente pelo conhecimento pessoal que têm da heresia e de seus adeptos. É sem dúvida o motivo pelo qual apoiou o deplorável Roberto o Bugre — e Mateus Paris o censurou — antes que se descobrisse que monstro era ele.[14]

Outra questão diz respeito ao que São Luís chama de "pessoas ruins". De quem se trata? Que tipo de pessoa desconsiderada e perigosa ele associa aos hereges nesta fórmula: "os bugres e as pessoas ruins de tua terra"?* Deve-se pensar nos judeus, nos usurários, ou, de um outro ponto de vista, nas prostitutas, nos criminosos? Fica-se restrito a anotar que ele não considera os hereges como uma categoria totalmente à parte.

O que mais chama a atenção é sem dúvida a vontade de São Luís de purificar o reino dos hereges, não pelo fogo — se bem que ele executa as decisões dos inquisidores de condenar à fogueira —, mas pela expulsão.[15]

Pode-se encontrar uma coerência entre esse tipo de punição e a famosa declaração que Luís teria feito a Joinville a propósito de uma "grande disputa" entre clérigos cristãos e judeus na abadia de Cluny? Luís acaba o relato por esta condenação abrangendo todos que "falam mal da fé cristã":

---

[13]Id., "Heresy as disease", em W. Lourdeaux e D. Verhelst (ed.), *The Concept of Heresy in the Middle Ages (11th -13th Century)*, Louvain e Haia, 1976; Bonifácio VIII, p. 258.

[14]Ver *supra*, pp. 662-663.

*Na verdade, se se levar em consideração a transcrição direta dos *Ensinamentos* de São Luís ao filho (ed. O'Connell), e não a do texto de Guillaume de Saint-Pathus, a fórmula é "os hereges e as pessoas ruins de tua terra", como se pôde ver pouco acima. O trecho de São Luís, pelo menos na parte citada, não fala em "bugres". (*N. do T.*)

[15]Joinville, *Histoire de Saint Louis*, pp. 29-31.

SÃO LUÍS

699

O rei acrescenta: "Também, digo-vos, que ninguém, se não for bom clérigo, deve disputar com eles [os judeus]. Mas um leigo, quando ouve falar mal da lei cristã, só deve defendê-la com a espada, com a qual deve dar ["afundar"] no ventre [de seu adversário] tanto quanto ela possa penetrar.[16]

Talvez não se deva buscar coerência onde é possível que coerência não haja. Luís teve perfeitamente, como qualquer um, reações contraditórias. Talvez seja possível distinguir o caso de um herege surpreendido de repente daquele que ataca a lei cristã abertamente. Talvez Joinville, mais guerreiro que seu rei, tenha posto seus próprios sentimentos na boca do rei.

Seja como for, a atitude de São Luís em relação aos hereges nos revela três princípios que ele pôs em prática a propósito de todos aqueles que considera os inimigos da fé cristã: a fé cristã deve ser purificada da presença deles, que a poluem; só se pode escolher, ao menos teoricamente, diante das "pessoas ruins", entre a conversão e a expulsão, integrar ou excluir; os não cristãos ortodoxos são temíveis, melhores debatedores do que os cristãos, pelo menos do que os leigos cristãos: é preciso fugir da discussão com eles.

São Luís e os muçulmanos

Quanto aos muçulmanos, sua posição é clara, como princípio, mas seu comportamento prático é complexo. Os muçulmanos com os quais teve contato no Egito, na Palestina e na Tunísia São Luís chamou sempre de sarracenos, termo étnico que tem implicações religiosas. O único termo religioso que ele usa nos textos que nos chegaram é "Infiéis".[17] O Ocidente cristão considerava geralmente os muçulmanos como pagãos, mas só ouvimos Luís falar deles a partir do momento em que os encontra no Egito. Parece claro que então ele compreende que eles têm uma religião, o que não permite que sejam assimilados aos pagãos, dos quais entretanto permanecem próximos aos olhos de Luís. O que ele sabe de Maomé e do Alcorão parece-lhe mostrar sobretudo impiedade, até mesmo feitiçaria. Numa conversa com o sultão, São Luís evoca

---

[16] *Ibid.*

[17] Também os chama (pelo menos é a expressão empregada por Geoffroy de Beaulieu numa explicação que dá ao rei) de "filhos das trevas", por oposição aos cristãos, "filhos da luz" (*Vita*, p. 15).

Maomé como um "mágico" (*illicebrosus*) "que prescreve e permite tantas coisas desonestas"[18] e seu Alcorão (*Alchoran*), que afirma ter "olhado e examinado", como "cheio de imundícies" (*spurcissimus*). Tudo isso faz com que a atitude a observar com os muçulmanos seja simples. Contra eles a guerra é não apenas permitida, mas recomendada — tanto quanto deve ser evitada entre cristãos. É a cruzada definida e pregada pela Igreja. Aliás, essa cruzada não é uma guerra agressiva, uma guerra de conquista, é um meio para fazer com que a Cristandade retome a terra que lhe pertence. É uma reconquista. Assim como os cristãos na Espanha recuperam as terras que os sarracenos ilicitamente lhes arrebataram, os cruzados querem arrancar dos sarracenos do Oriente a Terra Santa que com muito mais razão é dos cristãos porque é o berço do cristianismo, o lugar da vida terrestre de Jesus e do sepulcro onde seu corpo humano repousou de sua morte na cruz na tarde da Sexta-Feira Santa até a ressurreição na manhã de Páscoa.

Entretanto, é outro o objetivo de sua expedição ao Egito que ele dá ao sultão com o qual discute por ocasião de seu cativeiro. Releiamos a versão que dá Mateus Paris dessa impressionante conversa.

> Num daqueles dias, depois da confirmação da trégua, quando o senhor rei de França e o sultão de Babilônia entregavam-se a uma conferência por longo tempo desejada e conheciam suas vontades mútuas através de um intérprete fiel, o sultão disse ao rei, com expressão serena e em tom alegre: "Como ides passando, senhor rei?"
>
> O rei lhe respondeu com ar triste e abatido: "Assim, assim."
>
> "Por que não respondeis: 'bem'," continuou o sultão. "Qual é a causa de vossa tristeza?"
>
> E o rei respondeu: "É que não consegui o que mais desejava ganhar, o objetivo pelo qual deixei meu doce reino da França e minha mãe mais querida ainda, que chorava por mim, o objetivo pelo qual me expus aos perigos do mar e da guerra."
>
> O sultão, muito surpreso e querendo saber que coisa era essa tão desejada, perguntou-lhe: "E que é, então, senhor rei, que desejais tão ardentemente?"
>
> "É vossa alma, continuou o rei, que o diabo espera precipitar no abismo. Mas nunca, graças a Jesus Cristo, que quer que todas as almas sejam salvas, chegará o momento em que Satã possa se glorificar por tão bela presa. Sabe-o o Altíssimo, que nada ignora; se todo este mundo visível fosse para mim, eu o daria inteirinho em troca da salvação das almas."

---

[18] Mateus Paris, *Chronica majora*, t. V, p. 310.

SÃO LUÍS

O sultão respondeu: "Ah! bom rei, esse é o fim de vossa tão penosa peregrinação! Pensávamos todos, no Oriente, que vós todos, os Cristãos, desejaríeis ardentemente nossa submissão e pretenderíeis triunfar sobre nós pela avidez de conquistar nossas terras, e não pelo desejo de salvar nossas almas."

"Tomo como testemunha o Todo-Poderoso", disse o rei. "Não cuido absolutamente de voltar ao meu país, jamais, se conquistar para Deus vossa alma e as almas dos outros infiéis, e que elas possam ser glorificadas."

Ouvindo isso, o sultão disse: "Esperamos, seguindo a lei do bon-dosíssimo Maomé, chegar a gozar as grandes delícias do porvir."

O rei logo replicou: "Eis porque me espanta tanto que vós, que estais entre os homens discretos e circunspectos, deis fé a esse enfeitiçador Maomé, que ordena e permite tantas coisas desonestas.* Na verdade, olhei e examinei seu Alcorão — e nele só vi imundícies e impurezas, enquanto que, segundo os sábios antigos, até mesmo os pagãos, a honestidade é o soberano bem desta vida."[19]

E Mateus Paris chega a um quadro idílico. O sultão está de tal forma emudecido pelas palavras de Luís que soluça, e Luís, tomado de emoção, sentindo que o sultão está à beira da conversão, declara que não voltará jamais à França, mas permanecerá pelo resto da vida na Terra Santa onde seu combate será o de ganhar as almas para Deus, deixando o reino da França sob a guarda da mãe. Mas o sultão será assassinado alguns dias mais tarde e a Divina Providência apagará esse belo sonho.

Que pensar dessa versão certamente alterada e enfeitada? Palavras de um prisioneiro que quer se reconciliar com seu carcereiro? Sem dúvida, mas o hábil Luís é sempre sincero e suas palavras estão de acordo com seu desejo obsessivo de conversão. Essa motivação, aliás, não é contraditória com o caráter militar da empresa, destinada a iniciar negociações que terminassem pela conversão dos Infiéis, com a possível vontade de assentar-se no trecho litorâneo do Egito (os instrumentos agrícolas levados, segundo um texto, pelo rei, fariam supor que a ocupação desses territórios teria como única finalidade garantir a segurança de uma Terra Santa cristã, assim como, talvez, a segunda cruzada, a de Túnis, pela ignorância geográfica, pode ter animado São Luís a fazer também da Tunísia

---

*Note-se que na citação de Mateus Paris entre aspas no parágrafo de abertura deste subtítulo não se diz "ordena (*commande*) e permite", mas "prescreve (*prescrit*) e permite". Assim como lá Maomé não é chamado de "enfeitiçador" (*enchanteur*), mas de "mágico" (*magicien*). (*N. do T.*)

[19]D. O'CONNELL, *Les Propos de Saint Louis, op. cit.*, pp. 81-82.

uma porta para a Terra Santa). Sobretudo, sabemos que os boatos de uma disposição do sultão de Túnis de se converter à fé cristã foram para São Luís um dos incentivos à cruzada de Túnis.

O texto irreal de Mateus Paris se enraíza num imaginário muito real e muito vivo que não é apenas o de São Luís, mas de muitos cristãos do século XIII: a ilusão de conversão que faz nascer uma paixão de converter.[20] E atrás dessa primeira ilusão há uma outra que é a grande ilusão de São Luís: a do século XIII, a da paz universal. Uma paz que, bem entendido, é a paz de uma Cristandade estendida a todas as terras e todas as nações. E eis precisamente o paradoxo no coração dessa cruzada guerreira: o *rex pacificus* artesão dessa paz aqui da terra, paz escatológica, prefigurando a paz eterna. Porque o século é milenarista e a asa do milenarismo, despojada de sua perversão herética, adejou sobre São Luís, ouvinte apaixonado do franciscano joaquinista Hugues de Digne.

A visão que o rei cristianíssimo teve dos sarracenos evoluiu durante sua temporada no Egito e na Terra Santa. O que ele vê, o que lhe contam, as conversas que teve durante seu cativeiro e durante sua temporada posterior na Palestina afastam dele a ideia dos sarracenos como pagãos sem religião, e, se ele não muda de opinião quanto a Maomé, quanto ao Alcorão, à fé muçulmana, pelo menos reconhece em alguns de seus adversários um verdadeiro zelo religioso; até lhe deram lições — vimo-lo quanto à criação de uma biblioteca religiosa na Sainte-Chapelle. Quanto a ele, impressionou alguns chefes muçulmanos que estiveram com ele ou dele ouviram falar. As palavras ainda muito enfeitadas que Mateus Paris atribui ao sultão sem dúvida são o eco de verdadeiro sentimento de admiração. E quando Mateus Paris põe na boca de São Luís os termos "discretos e circunspectos" (*discretos et circumspectos*) traduz certamente a estima que o rei de França teve por seus interlocutores que são também seus carcereiros. Estima que o fez lamentar muito mais o fato de estarem sob o encanto de uma doutrina falsa e ignóbil concebida e propagada por um mágico. Sabemos, além de tudo, que no século XII muçulmanos e cristãos da Síria e da Palestina respeitam-se como cavaleiros, como guerreiros e como caçadores.[21] Em breves momentos, no Egito de 1250, um rei cristão e um sultão muçulmano puderam (por que não acreditar?) respeitar-se como crentes e como homens.

---

[20] B. Z. KEDAR, *Crusade and Mission, op. cit.*
[21] A. MIQUEL, *Ousâma, un prince syrien face aux croisés, op. cit.* (*supra*, p. 186, n° 49).

SÃO LUÍS

Voltemos de novo aos textos e às realidades mais seguras. Uma certa moderação de São Luís e a confirmação — nos fatos e não só nos sonhos — de sua política de conversão são atestadas por dois textos.

O primeiro é de Guillaume de Saint-Pathus.

> O abençoado São Luís foi de tão extrema indulgência que, no além-mar, ordenou e mandou ordenar a sua gente que não se matassem as mulheres e as crianças sarracenas, mas as pegassem vivas e as levassem para batizar. Ao mesmo tempo, ordenou que tanto quanto fosse possível não matassem também os homens sarracenos, mas que eles fossem apanhados e mantidos na prisão.[22]

Nossa época, a justo título, não pode aceitar essas conversões forçadas. Mas num tempo em que o outro termo da alternativa — e o mais frequente — é o assassinato, compreende-se que o biógrafo franciscano tenha podido falar da "extrema indulgência" de São Luís.

O outro texto é de Geoffroy de Beaulieu.

> Enquanto ele morava na Terra Santa, numerosos sarracenos foram procurá-lo para receber a fé cristã, e ele os acolhia com alegria e mandava batizar e instruir com diligência na fé do Cristo, e garantia em tudo a subsistência deles à sua custa. Levou-os para a França com ele e lhes assegurou meios de sobrevivência para uma vida independente — deles, das mulheres e dos filhos até a morte. Também mandou resgatar escravos, e a muitos sarracenos, ou pagãos, mandou batizar e também lhes garantiu meios de sobreviver.[23]

A história dessa tropa de reserva francesa do século XIII é um episódio curioso. Mas também é preciso dizer que do mesmo modo houve numerosos casos de conversão ao islam de cristãos da Síria e da Palestina e que a história das cruzadas é bem mais complexa do que a de um enfrentamento militar e religioso entre cristãos e muçulmanos.

---

[22]GUILLAUME DE SAINT-PATHUS, *Vie de Saint Louis*, p. 151.
[23]GEOFFROY DE BEAULIEU, *Vita*, pp. 16-17.

São Luís e os judeus

Os judeus provavelmente trouxeram problemas mais delicados para São Luís.[24] Primeiro, pelo número. Os judeus são numerosos na França de São Luís. Um estudo atento de Gérard Nahon conclui por hipótese segundo a qual, contrariamente à opinião recebida pelo século XIII e retomada pelos historiadores modernos, os judeus da França, muito dispersos, eram mais numerosos do que os judeus da Espanha, reunidos, estes, em grandes comunidades: pode-se avaliá-los, na Espanha, num cálculo muito aproximativo, em cerca de 50.000 pessoas. Haveria então entre 50.000 e 100.000 judeus na França, divididos pelo conjunto do reino. Nos inquéritos, há cento e cinquenta e seis localidades "onde as queixas põem em causa judeus ou emanam dos judeus". Um estudo preciso mostra que a presença judia é muito espalhada pelo reino, está sobretudo nas cidades, porém ainda não está ausente dos vilarejos e dos burgos.[25]

Havia uma importante comunidade judia em Paris. Para uma população que podia ser de cerca de 150.000 habitantes (de longe a mais numerosa aglomeração da Cristandade), havia sem dúvida, segundo estimativas sérias,[26] de três a cinco por cento de judeus, quer dizer, de 4.500 a 7.000 pessoas, com uma forte concentração na Île de la Cité, provavelmente vinte por cento da população da ilha. De seu palácio, o rei podia então ter a impressão de uma forte infiltração judia, senão em seu reino, ao menos na capital.

---

[24]Os principais esboços de conjunto são o artigo de Margaret WADE-LABARGE, "Saint Louis et les juifs", em *Le Siècle de Saint Louis*, Paris, 1970, pp. 267-275, e os muito ligeiros de Jacques MADAULE, "Saint Louis et les juifs", *L'Arche*, novembro-dezembro de 1970, n 165, pp. 58-61, e de Bernhard BLUMENKRANZ, "Louis IX ou Saint Louis et les juifs", *Archives juives*, 10, 1973-74, pp. 18-21. Ver também S. MENACHE, "The King, the Church and the Jews", *Journal of Medieval History*, 13, 1987, pp. 223-236.

[25]Gérard NAHON, "Une géographie des Juifs dans la France de Louis IX (1226-1270)", em *The Fifth World Congress of Jewish Studies*, vol. II, Jerusalém, 1972, pp. 127-132 (com um mapa): "Sobre o conjunto de nossas localidades, 98 revelam uma presença judia. Vinte e três estão situadas no bailiado de Tours, 13 na senescalia de Beaucaire, 11 na jurisdição condestável de Auvergne, 10 na senescalia de Poitou-Limousin, nove no bailiado de Vermandois, nove na jurisdição dos prepostos de Paris, seis na senescalia de Saintonge, três no bailiado de Caen, três no de Gisors, três na senescalia de Toulouse e de Albigeois, uma no bailiado de Contentin, um na senescalia de Agenais e Quercy. São cidades, burgos ou vilarejos? A considerar as cifras atuais de população, achar-se-ão 22 localidades de menos de 1.000 habitantes, 37 de menos de 5.000 e 40 de mais de 5.000. Os judeus viviam então em vilarejos (22%), burgos (27%) e em cidades (40%). Ao contrário, as localidades onde os judeus têm clientes mas não sua residência — em número de 51 — são vilarejos (para 36 delas), burgos (para 13 delas) e cidades (só duas). Praticamente, 70% das localidades em que não há judeus são vilarejos, enquanto 77% das localidades com presença judia são burgos ou cidades. Se subsiste então um certo habitat rural judeu, uma tendência para a urbanização aparece claramente. O habitat judeu coincide frequentemente com a presença de uma sede administrativa."

[26]Michel ROBLIN, *Les Juifs de Paris*, Paris, 1952; William Ch. JORDAN, *The French Monarchy and the Jews. From Philip Augustus to the Last Capetians*, Filadélfia, 1989, p. 9.

SÃO LUÍS

Uma importante evolução se desenha durante o seu reinado, em grande parte por causa da política administrativa do rei. Gérard Nahon acha que é preciso considerar a possibilidade da existência de "uma verdadeira geografia das sensibilidades judias na França do século XIII". Mas, sobretudo, existia no início do reinado um grande fosso histórico entre judeus do Norte e judeus do Sul, que tende a ir diminuindo.[27]

São Luís sabe também que o caso da religião hebraica é diferente do caso da heresia cristã ou daquilo que desempenha as funções de religião entre os muçulmanos. Judeus e cristãos têm o Antigo Testamento em comum. O judaísmo é uma verdadeira religião, senão mesmo uma religião verdadeira. O cristianismo saiu do judaísmo, ainda que os judeus tenham cometido o grande pecado de não reconhecer Jesus e de permanecerem, assim, sob a antiga lei, quando a nova lei do Evangelho a substituiu. Os judeus são portanto o mais detestável exemplo dessas categorias de pessoas que tanto atrapalham os cristãos da Idade Média: aqueles que estão simultaneamente dentro e fora. Dentro, simultaneamente por sua localização no interior da Cristandade e um pouco por toda parte no reino da França e nessa comunidade histórica parcial de religião. Fora, por sua religião que não reconhece a verdadeira fé, a fé cristã, por sua organização solidária em comunidades específicas (ainda que na França não estejam tão estruturadas como na Espanha), por seus costumes religiosos particulares, um calendário litúrgico diferente, o rito da circuncisão masculina, as proibições alimentares, seus edifícios religiosos e escolares especiais, a existência de uma espécie de clero, os rabinos. Segundo uma simbologia a um tempo metafórica e muito interiorizada, a Sinagoga se opõe à Igreja como o Erro se opõe à Verdade.

Enfim, terceira fonte de perturbação, o rei — como todos os chefes espirituais e temporais na Cristandade — tem um duplo dever, em princípio contraditório: um dever de repressão da conduta perversa deles, consequência de sua religião errada, mas também um dever de proteção comparável ao dever de proteção às viúvas, aos menores e aos estrangeiros. Segundo Guillaume de Chartres, Luís declarava "como católico", quer dizer, como responsável por todos, "que os bispos façam o que lhes diz respeito quanto aos cristãos, que dependem deles. Quanto a mim, quero fazer aquilo que me compete quanto aos judeus".[28] Mas ele entende

---

[27]G. NAHON, "Une géographie des Juifs dans la France", artigo citado, p. 132.
[28]GUILLAUME DE CHATRES, *De Vita et de Miraculis*, p. 34. Aryeh Grabois chamou-me a atenção para essa declaração. Mas parece-me que deu uma interpretação um pouco favorável demais a São Luís. Sua proteção é de fato um direito de punição. E não se pode aplicar-lhe o adágio "Quem ama muito castiga muito", porque São Luís não amava os judeus.

por "aquilo que me compete", sobretudo, que lhe cabe por direito punir seus procedimentos condenáveis, como os bispos punem os pecados dos cristãos. Entende que precisa ser uma espécie de "bispo exterior" para os judeus.

De um modo ainda mais profundo, a atitude de São Luís a respeito dos judeus se inscreve na política da Cristandade do século XIII, século político de perseguição e de exclusão, no trabalho de purificação que tende a purgar a Cristandade de suas impurezas.[29] Aplica-se em particular aos judeus quanto ao fato de que, paradoxalmente, os cristãos, deturpando a proibição alimentar dos judeus da carne de porco, insinuam uma aproximação ignóbil entre o judeu e o porco.[30] A esse tipo de acusação São Luís é muito sensível, obsedado por seu desejo de pureza, de purificação.

De um modo mais geral, algumas acusações, antigas ou novas, criaram em torno dos judeus uma atmosfera de sacrilégio e de criminalidade anticristã. A primeira é aquela que faz dos judeus os matadores de Cristo, os deicidas. São Luís, fiel apaixonado do Cristo, obsedado por sua paixão, compartilha dessa abominação em relação aos judeus, nos quais a sensibilidade medieval, abolindo o tempo e acreditando na culpabilidade coletiva, vê os assassinos de Jesus.[31] Há posteriormente as acusações de assassinato ritual aparecidas no século XII, que fazem dos judeus assassinos de crianças cristãs.[32] Há, finalmente, ampliando-se a partir do século XIII, século de devoção eucarística, a acusação de profanação da hóstia, verdadeiro deicídio, uma vez que os cristãos acreditam na transubstanciação e na presença real de Jesus na eucaristia.

Em sua atitude a respeito dos judeus, São Luís é também herdeiro da Igreja e de seus predecessores. O quarto concílio de Latrão, em seus cânones 67, 68 e 69, "pretendendo impedir os cristãos de serem tratados inumanamente pelos judeus", tinha exigido a restituição pelos judeus dos juros considerados usurários (*graves et immoderatas*, quer dizer, exagerados) sobre empréstimos consentidos a cristãos e, em caso de não restituição, a proibição pelos cristãos de comerciar com esses judeus. O concílio ainda obrigou os judeus a usar roupas especiais, especialmente uma marca circular, amarela ou vermelha, a rodela, no peito e nas costas, proibiu-lhes de sair nos dias comemorativos da Paixão de Cristo e de exercer um emprego público. Declarou, enfim, que os judeus deviam

---

[29]Ver *supra*, R. I. MOORE, p. 697, n° 12.

[30]Claudine FABRE-VASSAS, *La Bête singulière. Les juifs, les chrétiens, le cochon*, Paris, 1994. Ver igualmente Noël COULET, "Juif intouchable et interdits alimentaires", em *Exclus et systèmes d'exclusion dans la littérature et la civilisation médiévales*, Aix-en-Provence e Paris, que se baseia sobretudo nos séculos XV e XVI.

[31]Paul ROUSSET, "La conception de l'histoire à l'époque féodale", no artigo supracitado, p. 134, n° 23.

[32]N. Cohn lembrou com precisão que essa acusação tinha sido feita pelos romanos contra os cristãos.

SÃO LUÍS

ser tratados como "servos perpétuos". Essas medidas só foram parcialmente aplicadas pelos príncipes e pelos senhores. Já em 1210 Filipe Augusto tinha limitado a taxa de juros que podiam cobrar os judeus do domínio real sobre o empréstimo aos cristãos, mas de todo modo assim tinha legalizado o crédito judeu. A taxa legal dessa "usura" era de dois denários por libra, por semana, o que representa cerca de 43,3%. Essa legislação tinha sido estendida em 1218 aos judeus da Normandia. Desde o início de seu reinado, Luís VIII, por uma ordenação de 1223, tinha decidido pela redução dos juros devidos aos credores judeus e pelo reembolso em um prazo de três anos das somas emprestadas.[33] Os judeus assim foram espoliados de todo benefício, mesmo lícito, segundo a legislação eclesiástica. Essa legislação ia contra os interesses do movimento econômico, porque mandava expulsar os judeus do mercado "nobre" do crédito, aquele que se praticava com garantia imobiliária (*garantia morta*), como também faziam os estabelecimentos religiosos, para dar liquidez aos proprietários de imóveis (terras ou prédios), o que se chamou de "um crédito agrícola *avant la lettre*". De fato, a alta constante dos preços no século XIII e a imutabilidade das rendas das terras senhoriais criavam uma grande necessidade de crédito para os senhores.[34] Mas talvez uma das razões dessa ofensiva contra o crédito judeu aos tomadores com fins de investimentos econômicos ou para manter um nível de vida elevado (uma vez que os judeus não cobravam nem o banco de depósito nem as transferências de fundos) tenha nascido da exigência crescente dos mercadores cristãos, que parecem ter feito uma intervenção de força nesse tipo de mercado financeiro. Quando o quarto concílio de Latrão declarava querer proteger os cristãos da "perfídia dos judeus que em pouco tempo exaurem as riquezas dos cristãos", não estaria tratando, talvez principalmente, de proteger os comerciantes cristãos diante dos concorrentes? Essa proteção, já nefasta, provavelmente, para a oferta de crédito da economia num tempo de expansão, torna-se ainda mais desfavorável quando esse ímpeto econômico é abafado, na segunda metade do reinado de São Luís.

Afastados desse nível superior do crédito, os judeus ficaram reduzidos a praticar o crédito de consumo, envolvendo pequenas somas (em 69% dos empréstimos recenseados nos *Inquéritos*, o capital emprestado é inferior a 5 libras, isto é, 100 *sous*, quando para a maior parte da população da França, no século XIII, 10 *sous*

---

[33]G. LANGMUIR, "*Judei nostri* and the Beginning of Capetian Legislation", *Tradition*, XVI, 1960.
[34]Sigo aqui o excelente estudo de Gérard NAHON, "Le crédit et les Juifs dans la France du XIIIe siècle", *Annales*. *E.S.C.*, XXIV, 1969, pp. 1.121-1.449. Ver igualmente Aryeh GRABOIS, "Du crédit juif à Paris au temps de Saint Louis", *Revue des études juives*, CXXIX, 1970.

representavam talvez um mês ou dois de rendimentos), frequentemente tendo roupas ou cabeças de gado como penhores. Essa "decadência legal" do crédito judaica (B. Blumenkranz) obrigou a maioria dos emprestadores judeus a serem "pequenos emprestadores", "fazendo seus negócios sobretudo com as camadas modestas". Tornaram-se assim "o alvo do ódio popular", por causa de "seus contatos com a massa das pessoas do povo, a mentalidade popular exagerando seu papel e os descrevendo como 'usurários por excelência'".[35]

Entretanto, a monarquia francesa (como outras) praticava quanto aos judeus uma política que parecia contradizer as restrições que incidiram sobre o crédito judeu. Buscava tirar partido disso para suas próprias finanças, fazendo uma punção sobre as "usuras" judaica, estabelecendo arbitrariamente taxas sobre suas operações financeiras ou simplesmente confiscando uma parte de seus bens, por exemplo, casas. A esse tipo de taxação se chamava captio, uma "tomada". Filipe Augusto o operou em 1210, Luís VIII em 1224, 1225 e 1226.[36] Sufocando o crédito judeu, a monarquia capetiana exauria uma de suas fontes financeiras.

Mas, por sua atitude sobre as "usuras" judaica, os Capeto, aplicando mais ou menos as recomendações da Igreja — e Luís segue e agrava a opção do avô e do pai —, praticaram uma política muito incoerente do ponto de vista econômico. Como diz com pertinência Gérard Nahon: "O crédito judaica tinha sido contemporâneo da expansão; seu declínio é contemporâneo da recessão, já sensível no fim do século XIII. A doutrina eclesiástica da Igreja vira lei na França no momento em que a pressão contrária, ligada à expansão econômica, enfraquece."[37]

Descrevendo os sentimentos e a conduta de São Luís em relação aos judeus, Guillaume de Chartres afirma:

> Quanto aos judeus, odiosos a Deus e aos homens, tinha-os em tal abominação que não os podia ver e queria que nenhum dos bens deles revertesse em seu proveito; declarando não desejar reter nada de seu veneno, nem lhes permitir praticar usuras, mas que eles tinham de tirar seu sustento de ofícios ou comércios lícitos, como se fazia em outras regiões. Muitos de seus conselheiros buscavam persuadi-lo do contrário, argumentando que o povo não podia viver sem empréstimo, nem as terras podiam ser cultivadas, nem os ofícios e negócios podiam

---

[35]A. GRABOIS, "Le crédit et les juifs", artigo citado, pp. 7-8.

[36]W. Ch. JORDAN, *The French Monarchy and the Jews, op. cit.*, no índice, s.v. "captiones".

[37]G. NAHON, "Le crédit et les juifs", artigo citado, p. 142, que corresponde à opinião mais geral de Raymond de ROOVER ("New Interpretations of the History of Banking", *Cahiers d'histoire mondiale*, 1954, pp. 38-76), segundo o qual a doutrina da Igreja sobre a usura teve sobre a história bancária repercussões maiores do que se acredita.

SÃO LUÍS

709

ser praticados. E, diziam, é preferível e mais aceitável que os judeus, que já são danados, pratiquem o ofício dessa danação do que alguns cristãos que, aproveitando a ocasião, oprimem o povo com usuras ainda mais pesadas. A isso, ele respondia como católico: "Quanto aos cristãos praticando o empréstimo e suas usuras, parece que isso diz respeito aos prelados e suas igrejas. Ao contrário, quanto aos judeus, isso me diz respeito: eles estão submetidos a mim pelo jugo da servidão; não é preciso que oprimam os cristãos com usuras e que à sombra de minha proteção seja-lhes permitido tomar e infectar minha terra com seu veneno. Que os próprios prelados façam o que lhes compete quanto aos cristãos, que dependem deles. Quanto a mim, quero fazer o que me compete quanto aos judeus. Ou bem abandonem as usuras ou bem saiam totalmente de minha terra para que ela não seja mais manchada por suas imundícies."[38]

Identificou-se a frase citada pouco antes,[39] na qual Luís se declara responsável pelos judeus. Mas, como se vê, ele entende seu dever de proteção essencialmente como um dever de repressão. Quanto à afirmação de que não queria reter nada dos bens dos judeus, os documentos o desmentem (ou, em todo caso, se sua intenção foi essa — opondo-o ainda uma vez a seus conselheiros mais realistas —, seus agentes agiram de outra forma). Enfim, ele deixa explodir sua repulsão pela impureza das práticas judias: trata-se de imundícies (*sordes*) que mancham (*inquinare*) "sua" terra. É bem um programa de purificação e de exclusão que aqui se expõe. E que utiliza o símbolo do povo judeu na Cristandade medieval: o escorpião.[40] Porque é ele que emite o "veneno" que, por duas vezes nesse texto, São Luís atribui aos judeus, esse veneno que infecta "sua" terra.

O estatuto legal dos judeus na Cristandade e mais especialmente no reino é definido pelo quarto concílio de Latrão em 1215: são "servos perpétuos". Esse estatuto entra não no quadro do Estado monárquico, mas no da monarquia feudal. Luís age então como o faz geralmente nesse caso: reconhece os direitos dos senhores que lhe parecem legítimos ou que está obrigado a respeitar, e os transgride para substituí-los pela autoridade real quando pode.

---

[38]GUILLAUME DE CHATRES, *De Vita et de miraculis*, p. 34: tradução [para o francês] de Gérard Nahon (artigo citado na nota precedente), pp. 30-31.
[39]Ver *supra*, p. 705.
[40]Luigi AURIGEMMA, *Le Signe zodiacal du scorpion dans les traditions occidentales de l'antiquité gréco-latine à la Renaissance*, Paris, 1976.

Até se aproveita da legislação eclesiástica para afirmar essa autoridade sobre os judeus. A ordenação de 1230 (ordenação que de fato é de sua mãe e dos conselheiros, porque ele está só com 16 anos e não tem nas mãos as rédeas do reino) é a primeira que se aplica a *todo* o reino. E é a expressão de um compromisso entre o rei e os senhores de grandes feudos, porque o artigo 2 estipula "que ninguém em todo o reino possa manter no seu o judeu de um outro domínio e que em qualquer lugar que cada um encontre 'seu' judeu ser-lhe-á lícito tomá-lo como seu próprio servo, seja qual for o espaço de tempo que esse judeu tenha permanecido num outro domínio ou em um outro reino". Todavia, o artigo 5 combina habilmente a afirmação da autoridade real em todo o reino e o apelo à ajuda feudal dos barões para fazer respeitá-la: "E se alguns barões não quiserem de modo algum respeitar o estabelecido, nós o forçaríamos a isso, porque nossos outros barões com todo o seu poder, de boa fé, seriam solicitados a nos ajudar." E essa ordenação real de Melun de 1230, que também entra na política de pacificação do reino durante a longa minoridade do rei, é subscrita pelo conde de la Marche, o conde de Montfort, condestável de França, o conde de Saint-Paul, o visconde de Limoges, o duque de Borgonha, *bouteiller de France*,* o conde de Bar-le-Duc, o conde de Auge, o conde de Châlons, Enguerran de Coucy, Archambault de Bourbon, Guy de Dampierre, Jean de Nesle e Guillaume de Vergy. Essa política também foi assumida por Filipe Augusto. No início do século XIII, "no espírito do povo pelo menos a equação servo = judeu tende a se expandir".[41] Nesse quadro, Filipe Augusto estabelece, depois de 1200, acordos de restituição recíproca de judeus vivendo nas suas terras entre o rei e diversos senhores como Gaucher de Châtillon em 1210[42] e o conde Thibaud de Champagne.[43] Mas é o quarto concílio de Latrão que lhe dá um progresso sistemático ao fornecer o apoio da legislação eclesiástica. Em 1218, Filipe Augusto estabelece um regulamento *de judaeis potestatis suae*, "sobre judeus na dependência de seu poder".[44]

---

*A explicação para esse cargo, de que também foi titular Jean d'Acre, está no subtítulo Guillaume de Saint-Pathus, no Capítulo II da Segunda Parte. (*N. do T.*)

[41]S. Schwarzfuchs, "De la condition des Juifs en France aux XIIe e XIIIe siècles", *Revue des études juives* (Memorial Maurice Liber), CXXV, 1966, p. 223; G. LANGMUIR, "*Tanquam servi*. The Change in Jewish Status in French Law about 1200", em *Les Juifs dans l'histoire de France* (Primeiro Colóquio Internacional de Haifa), Leyde (Holanda), 1980.

[42]*Layettes du Trésor des chartes*, t. IV, no 922, p. 350.

[43]*Ordonnances des rois de France*, t. I, p. 36.

[44]*Ibid.*, t. I, p. 197.

SÃO LUÍS

Luís continua a superar as convenções com diversos grandes senhores, a propósito das restituições de judeus considerados servos.[45]

Como bem mostra William Jordan, a expressão *tanquam proprium servum* ("como seu próprio servo"), usada na ordenação de Melun de 1230, estabelece uma nova analogia com o servo fugitivo. Mas a analogia acaba aí: o servo pode se resgatar ou, depois de algum tempo de residência em uma outra terra senhorial, pode ser considerado alforriado. O judeu pode e deve ser entregue, retomado, sem demora. É mesmo, como decretou o quarto concílio de Latrão, um *servo perpétuo*. Desse modo são legalizadas as taxações, os confiscos de que ele pode ser vítima pelo rei, ao bel-prazer do soberano: as *captiones*. O judeu é bem alguém "dependente de imposições arbitrárias".[46]

Uma vez mais, a legislação sobre os judeus vai na contramão da evolução econômica e social. O século XIII é, na Cristandade e mais particularmente na França, o tempo da grande aceleração na alforria dos servos. A servidão dos judeus ao contrário se reforça. Cada vez mais, o judeu é na sociedade francesa um pária, um excluído. Vive já em um gueto legal.

A esses precedentes e a esse contexto legal vêm se acrescentar, para formar a atitude de São Luís, a influência e as pressões dos que o cercam. Branca de Castela era à evidência muito hostil aos judeus. Muitos frades mendicantes igualmente o eram. Enfim, judeus convertidos — e frequentemente tornados dominicanos — empurram São Luís (como o tinha feito Roberto o Bugre contra os hereges) a tratar muito brutalmente seus antigos correligionários.

Donde sua extrema agressividade. No início do texto reproduzido pouco atrás, Guillaume de Chartres afirma: "Quanto aos judeus, odiosos a Deus e aos homens, tinha-os em tal abominação que não os podia ver." São Luís dá continuidade e agrava a legislação antijudia iniciada por seu avô e por seu pai. Uma parte importante das ordenações que proclama concerne aos judeus.[47]

A primeira, que já conhecemos, é a famosa ordenação de Melun de 1230. Aos dois artigos já examinados acrescentam-se mais três que proíbem aos judeus emprestar dinheiro, que ordenam que seus devedores os reembolsem em três vezes nas três festas próximas à de Todos os Santos e que os judeus não recebam nenhuma usura sobre os empréstimos que tinham concedido. A usura aí é definida como "toda soma além do principal".

---

[45]Esses textos foram publicados em tradução francesa por Gérard NAHON em "Les ordonnances de Saint Louis sur les juifs", *Les Nouveaux Cahiers*, no 23, 1970, pp. 26-29.

[46]W. Ch. JORDAN, *The French Monarchy and the Jews, op. cit.*, p. 133.

[47]G. NAHON, "Les ordonnances de Saint Louis sur les Juifs", artigo citado, com os documentos traduzidos do latim e do hebreu. Ver *supra*, pp. 708-709.

JACQUES LE GOFF

A ordenação de 1234 perdoa aos devedores cristãos um terço de sua dívida para com os judeus, proíbe que haja embargo contra eles no caso de não pagamento de suas dívidas e que os judeus recebam qualquer penhor que não tenha sido declarado diante de testemunhas dignas de fé sob pena de perderem seu capital e de serem perseguidos pela justiça real. Os bailios reais estão encarregados da execução dessas medidas.

A grande ordenação de reforma de dezembro de 1254 traz dois artigos sobre os judeus. O artigo 32 estipula que eles devem parar com "suas usuras, sortilégios e caracteres"[48] e que sejam queimados o Talmude[49] "e os outros livros nos quais são descobertas blasfêmias". Os que não vierem a observar essas medidas deverão ser expulsos. Todos os judeus devem viver "dos labores de suas mãos, ou de outras tarefas, sem empréstimos com prazos ou com usuras". O artigo 33 proíbe que os barões e os agentes reais os ajudem a recuperar seus créditos: repete a obrigação determinada aos barões de não reter em suas terras os judeus de outra senhoria e de impedi-los de que "façam usuras". A definição de usura como "aquilo que está além do principal" é relembrada.

No que concerne à usura, essas ordenações não são estritamente aplicadas da primeira vez. Não só alguns barões temem estancar o fluxo de crédito judeu em suas terras, como até alguns bailios e senescais não mostram grande zelo na aplicação das decisões reais contra "as usuras dos judeus". A repetição e o endurecimento dessas medidas em 1254 é acompanhada de maior rigor em sua aplicação. Data-se da ordenação de 1254 uma terceira fase da ação da realeza francesa contra o crédito judeu. Depois do encorajamento ao grande crédito com fundamento em bens imobiliários, da limitação (em particular a partir da ordenação de Melun de 1230) das atividades bancárias judias ao empréstimo sobre penhores, essa terceira e última fase priva o crédito judeu de toda existência legal.[50] Um estudo minucioso de William Jordan mostrou que na Picardia o combate contra a usura judaica foi ganho pela realeza[51] e acha ele que deve ter sido assim em toda a França do Norte, ou quase toda.[52] Na França do Sul, Afonso de Poitiers toma medidas tão rigorosas como essas de seu irmão contra a usura judaica, mas não se sabe como elas foram

---

[48] Os *caracteres* são os sinais da escrita hebraica, considerados mágicos.
[49] Ver *infra*, pp. 713 e segs.
[50] G. NAHON, "Le crédit et les Juifs", artigo citado.
[51] William Ch. JORDAN, "Jewish-Christian Relations in Mid-Thirteenth Century France: An unpublished *Enquête* from Picardy", *Revue des études juives*, 138, 1979, pp. 47-54.
[52] W. Ch. JORDAN, *The French Monarchy and the Jews, op. cit.*, pp. 161-162.

SÃO LUÍS

aplicadas.[53] Em compensação, os judeus de Narbonne, bem-organizados, resitiram melhor.[54]

À luta contra a usura acrescenta-se uma nova agressão do poder real contra os judeus: a queima do Talmude. Na primeira metade do século XIII surge a ideia de que o livro sagrado dos judeus não é mais a Bíblia, o Antigo Testamento, mas o Talmude. O Talmude, a Lei "oral", é uma compilação de comentários da Bíblia, a Lei "escrita". Esses comentários foram redigidos do ano 200 ao século VI. O Talmude de Babilônia, obra da diáspora judia em Babilônia, foi composto a partir do fim do século V.[55] Parece que essa hostilidade nova nasceu por ocasião da difusão de novas versões do Talmude ou, de todo modo, de informações fornecidas pelos frades mendicantes, principalmente os dominicanos, sobre o conteúdo de alguns Talmudes, em particular do Talmude de Babilônia.[56]

Dá-se como iniciador um judeu convertido, Nicolas Donin de la Rochelle: dirigindo-se diretamente ao papa Gregório IX, convidou-o a não manter a respeito do Talmude a tolerância culpada de seus antecessores, que achavam que o Talmude fazia parte dos livros sagrados dos quais os judeus podiam legitimamente se servir. Donin repetia as acusações que começavam a correr entre alguns religiosos cristãos condenando o Talmude por ter substituído a Bíblia e de estar cheio de blasfêmias e de insanidades, especialmente a respeito de Jesus e de sua mãe. Luís só podia ser sensível a esses argumentos, que passavam por coisa fundamentada.[57]

---

[53]P. FOURNIER e P. GUÉBIN, *Enquêtes administratives d'Alphonse de Poitiers*, Paris, 1959; M. JURSELIN, "Documents financiers concernant les mesures prises par Alphonse de Poitiers contre les Juifs (1268-1269)", *Bibliothèque de l'École des chartes*, 68, 1907, pp. 130-149.

[54]W. Ch. JORDAN, *The French Monarchy and the Jews, op. cit.*, pp. 162-168.

[55]Ver Adin STEINALTZ, *Introduction au Talmud*, Paris, 1994.

[56]Yvonne FRIEDMAN, "Les attaques contre le Talmud (1144-1244), de Pierre le Vénérable à Nicolas Donin", comunicação ao colóquio internacional *Le Brûlement du Talmud à Paris en 1244*, reunido em Paris nos dias 2 e 3 de maio de 1994, do qual participei e do qual aproveito aqui as comunicações que serão publicadas. Os principais trabalhos sobre o "julgamenrto" do Talmude em Paris em 1240 são os de Gilbert DAHAN, "Rashi sujet de la controverse de 1240", *Archives juives*, 14, 1978, pp. 43-54; o de I. LOEB, "La controverse de 1240 sur le Talmud", *Revue des études juives*, 1880-1881, t. I, II e III; o de J. REMBAUM, "The Talmud and the Popes: Reflection on the Talmud Trials of the 1240", *Viator*, 13, pp. 203-221; de J. ROSENTHAL, "The Talmud on Trial", *Jewish Quarterly Review*, new series, 47, 1956-1957, pp. 58-76 e 145-169; de Alberto TEMKO, The Burning of the Talmud in Paris. Date: 1242", *Commentary*, 20, 1995, pp. 228-239. O abade de Cluny, Pierre le Vénérable, um século antes, em 1144, tinha atacado vivamente o Talmude, mas nessa altura ele desconhecia as versões modernas e não poderia ser "tido como responsável pela queima do Talmude".

[57]A pessoa e as motivações de Nicolas Donin são mal-conhecidas e controversas. Para alguns, ele teria sido, no início, antes um "herege" judeu do que um convertido. Seu desejo seria protestar contra a obliteração da Bíblia pelo Talmude, assim como alguns cristãos, por exemplo o grande universitário franciscano Roger Bacon no século XIII, que contestava a importância assumida nas universidades cristãs pelos *Comentários das Sentenças* de Pierre Lombard, bispo parisiense do século XII, em detrimento de uma leitura direta das Sagradas Escrituras. Supôs-se mesmo que Nicolas Donin tenha tido contato com certos meios franciscanos parisienses adeptos de uma volta à Sagrada Escritura, livre de interpretações e de comentários escolásticos.

Gregório IX dirige em 1239 a todos os príncipes da Cristandade uma carta-circular pedindo-lhes que embargassem em seus territórios todos os exemplares do Talmude "que têm fixado os judeus em sua perfídia". Branca de Castela e Luís IX apressaram-se a obedecer. Os exemplares do Talmude são embargados a 3 de março de 1240. Em 12 de junho do mesmo ano tem lugar aquilo que se chama ora uma "controvérsia" entre judeus e cristãos sobre o Talmude, ora um "julgamento" do Talmude e, às vezes, "um processo in-quisitorial" sobre o Talmude. Não parece que Branca de Castela e São Luís, seus conselheiros religiosos e Nicolas Donin tenham participado de um debate de argumentação e contra-argumentação com os judeus. O procedimento de inquisição instituído pelo papa em 1233 provavelmente ainda não estava em condições de funcionar; tratava-se — é mais verossímil — de um processo de característica inquisitorial do qual participaram, num papel intermediário entre o de acusados e de defensores, sábios judeus, dos quais o mais conhecido é o rabino Yehiel de Paris. Nicolas Donin dirigiu o interrogatório. Sobre as blasfêmias a respeito de Jesus, Yehiel respondeu que o Jesus mencionado no Talmude não era o Jesus do Novo Testamento. Chamou a atenção para o fato de que naquela época lá eram numerosos os que tinham o nome Jesus, como na França contemporânea havia muito Luís que não era rei de França. A observação é ainda mais irônica porque o prenome Luís é então muito raro na França fora da dinastia capetiana e que outros Luíses são no mais das vezes judeus convertidos que o rei levou à pia batismal, dando-lhes, segundo o costume, o prenome do padrinho. Quanto aos ataques contra os cristãos, Yehiel respondeu que a palavra *cristãos* não aparecia uma única vez nos textos incriminados, que só se referiam aos pagãos. No fim desse "julgamento", o Talmude foi condenado a ser queimado. O arcebispo de Sens, Gautier Cornut, que foi assistente do rei e da rainha-mãe e que contestou a sentença, morreu de modo inesperado no ano seguinte, 1241: essa morte surge aos olhos dos cristãos antijudeus como um castigo de Deus. O rei manda então que se faça a cremação pública de vinte e duas carroças de manuscritos do Talmude. O papa Inocêncio IV, que sucedeu a Gregório IX e que ainda é mais hostil aos judeus, manda a Luís, a 9 de maio de 1244, uma carta em tom ameaçador, felicitando-o pela queima de 1242, mas convidando--o a mandar queimar os exemplares subsistentes. Houve então uma segunda cremação pública em Paris, em 1244, e outros autos de fé nos anos seguintes.

Entretanto, em 1247, Inocêncio IV, provavelmente depois de muitas idas e vindas e segundo a habitual política dos papas de alternar incentivos à perseguição com apelos à proteção dos judeus, ordena a São Luís e ao legado papal na França

SÃO LUÍS

para a preparação da cruzada, Eudes de Châteauroux, que devolvam aos judeus os Talmudes que restaram, porque são necessários à prática religiosa deles. Mas Eudes de Châteauroux suplica ao papa que deixe destruir esses exemplares e, a 15 de maio de 1248, o bispo de Paris Guillaume d'Auvergne, sem dúvida sob influência do dominicano Henri de Cologne, pronuncia uma condenação pública do Talmude.[58]

Muitos mestres universitários eminentes da época, como Alberto Magno, aprovaram essas medidas. A ideia de tolerância não existe. Só, algumas vezes, práticas relativamente liberais, em geral inspiradas pelo oportunismo, podem se manifestar. Luís renova, como se sabe, o apelo para a destruição do Talmude na grande ordenação de 1254.

Pode-se pensar que, ainda aqui, o zelo conjugado dos agentes reais e de uma grande parte dos religiosos mendicantes e da Igreja foi muito eficiente, porque não resta um único exemplar medieval do Talmude na França. Uma consequência imprevista foi a partida de rabinos para a Palestina e uma fundação de uma escola talmúdica em Acre.[59]

Luís tomou também outras medidas contra os judeus, seguindo seus antecessores ou inovando.

Antes de partir para a cruzada, ordenou uma *captio* de bens judaicos destinados a contribuir para o financiamento da expedição. Teve mais constância na política de expulsão, fortaleceu o espírito de exclusão. Enviou da Terra Santa uma ordem de expulsão dos judeus do reino em 1253 e reiterou essa decisão sob a forma de ameaça na grande ordenação de 1254. Nova ordem de expulsão foi proclamada em 1256. Essa ameaça não foi definitivamente executada na França a não ser no século XVI, mas São Luís tinha preparado a operação da expulsão.[60]

Enfim, Luís ordenou, no reino, a recomendação do quarto concílio de Latrão, que Filipe Augusto, Luís VIII e ele próprio durante quase todo o seu reinado não tinham desejado aplicar. Agiu sob a pressão — pode-se mesmo, parece, falar de chantagem — de um dominicano, o judeu convertido Paul Chrétien. Por uma ordenação de 1269, prescreveu a todos os judeus o uso do sinal distintivo da *rodela*, não amarela, mas escarlate. Eis esse texto vergonhoso:

---

[58]Sigo aqui a comunicação de André TUILIER, "La condamnation du Talmud par les maîtres universitaires parisiens au milieu du XIIIe siècle, ses causes et ses conséquences politiques et idéologiques", apresentada no colóquio de Paris de maio de 1994 (cujas atas estão em vias de publicação).

[59]Aryeh GRABOIS, "Une conséquence du brûlement du Talmud: la fondation de l'école talmudique d'Acre", comunicação ao colóquio de Paris de maio de 1994 (cf. também a comunicação citada na nota anterior).

[60]Os judeus tinham sido expulsos da Bretanha pelo conde em 1236.

Luís, rei de França, aos bailios, condes, senescais, prepostos e a todos os outros sob nosso poder, saudações. Pelo fato de que queremos que os judeus possam ser distinguidos e reconhecidos pelos cristãos, ordenamos a vós — com base na petição a nós apresentada por nosso irmão em Cristo Paul Chrétien da ordem dos frades pregadores — que imponhais insígnias a todo e qualquer judeu dos dois sexos. É a saber uma roda de feltro ou de lã escarlate, costurada na parte superior da veste, no peito e nas costas, que os torne conhecidos; que, da roda, a largura seja em circunferência de quatro dedos e a concavidade contenha um palmo. Que se daqui em diante um judeu for encontrado sem esse sinal a parte superior de suas vestes será do denunciante. Que, outrossim, o judeu encontrado sem sinal seja multado até a soma de dez libras; de maneira, entretanto, que sua pena não exceda a citada soma. Que a multa dessa soma seja inscrita nas contas, para nós, ou — sob ordem nossa — convertida em uso piedoso.[61]

Contra todas essas perseguições, o rei acreditou que devia opor uma medida aos seus olhos positiva: a conversão dos judeus. Busca obtê-la por atos que são, sob a aparência da persuasão, na verdade conversões forçadas. Por exemplo, obriga judeus a assistir a sermões de pregadores cristãos. Seus biógrafos insistiram sobre seu zelo e sobre o sucesso desses esforços de conversão. Para mostrar a importância que dá a essas conversões, aceita frequentemente ser ele próprio padrinho de judeus convertidos. Eis um exemplo disso, tirado de Guillaume de Saint-Pathus.

O santo rei levou para o batismo e mandou batizar no castelo de Beaumont--sur-Oise uma judia e seus três filhos e uma filha dessa mesma judia, e o santo rei, sua mãe e seus irmãos foram padrinhos na pia batismal no momento do batismo da dita judia e de seus filhos.[62]

Esse batismo sem dúvida foi em 1243. A judia recebeu o nome de Branca, da madrinha Branca de Castela, e um dos filhos o de Luís, o nome do rei. Para atrair esses candidatos esperados à conversão, assegura-se-lhes uma pensão. Encontramos traços disso nos fragmentos da contabilidade real que chegaram até nós. Assim, no dia 18 de maio de 1239: "Para uma convertida que era judia, internada no hospital da misericórdia em Paris: 40 *sous*, testemunha: o capelão. Uma convertida recente em Gonesse: 40 *sous*, testemunha: Thibaud de Saint-Denis."

---

[61] Tradução [francesa] de G. NAHON em "Les ordonnances de Saint Louis", artigo citado.
[62] GUILLAUME DE SAINT-PATHUS, *Vie de Saint Louis*, p. 20.

SÃO LUÍS

A judia Branca, de Beaumont-sur-Oise, aliás, teve grande dificuldade para obter de Eudes Rigaud, arcebispo de Rouen, a pensão que o papa o encarregou de depositar para subvencionar-lhe as necessidades.

O número desses convertidos foi relativamente importante. Uma ordenação de 1260 confia aos prefeitos das "boas cidades" a justiça para esses judeus converti-dos.[63] Segundo G. Nahon, "a erosão das posições judias" sob São Luís "não é só econômica, mas também religiosa, antes mesmo da grande política de conversão dos judeus assumida por volta de 1253 [...]. A atração econômica do batismo não poderia ser negligenciada [...]. A importância maior do Norte e do Oeste no capítulo das conversões torna-se notável".[64]

Como reagiam os judeus a todas essas perseguições? O texto mais completo que possuímos é o protesto-reclamação enviado a São Luís entre 1245 e 1260 pelo rabino Meir ben Simeon, de Narbonne.

Depois de ter tentado demonstrar ao rei a utilidade para ele próprio e seus súditos cristãos do crédito judeu, o rabino enumera as sete leis iníquas de iniciativa do rei contra os judeus.

> Eis que nosso senhor o rei mudou e decretou quanto aos membros de nosso povo que estão sob seu governo [leis] e sentenças injustas segundo a Lei e os Profetas. A primeira é que estabeleceu, como lei para os membros de nosso povo, que um judeu não pode deixar o domínio de um senhor mudando-se para o de um outro senhor. A segunda lei é que confiscou nossos créditos e nosso dinheiro: tanto que não podemos nos alimentar nem alimentar as nossas crianças, assim como nossos pobres e miseráveis, a ponto de que um bom número estão mortos de fome. A terceira é que deixou em vigor a arrecadação dos impostos e absolutamente não os aboliu: deveria ordenar em todo seu reino que não se exigisse nenhum imposto de um judeu, uma vez que lhe tomaram o dinheiro [...]. A questão é que ordenou a seus barões — ainda que isso não lhes agrade — que não re-embolsem — e o ordenou até aos bailios — os créditos que os israelitas têm com os gentios — tanto capital como juros. A quinta é, se um israelita deve a um gentio, seja constrangido esse israelita a reembolsar ao gentio o que lhe deve. A sexta, que não emprestemos mais absolutamente a juros, mesmo nos limites em que isso nos é permitido pelo Torá, segundo a opinião dos Antigos, garantindo o essencial para a subsistência de nossos pobres e dos miseráveis de nosso povo que de modo algum acham como

---

[63]G. NAHON, "Les ordonnances de Saint Louis", artigo citado, p. 28.
[64]ID., "Une géographie des Juifs", artigo citado, p. 131.

se empregar entre vós. A sétima confisca as grandes casas que os ricos de nosso povo possuíam em seu domínio, dizendo: "Que se contentem com pequenas casas valendo entre quarenta e cinquenta libras." Mas, se um homem tem dois ou três herdeiros, essa casa não lhe será suficiente, nem para a descendência que irão gerar. O Criador — bendito seja Seu Nome — não criou o mundo para Adão e Eva a fim de que eles dessem nascimento a múltiplas gerações?

Registra em seguida a lista das trinta e cinco consequências dolorosas dessas leis, que vão dos pecados e violações jurídicas desse modo cometidas pelo rei até os danos físicos e morais sofridos pelos judeus. Selecionei duas delas: "A vigésima quinta é que os malvados de seu povo humilham os judeus de todas as maneiras, a vigésima sexta é que as pessoas cospem diante deles e sobre eles." E insiste no empobrecimento das famílias judias, suas dificuldades para criar muitos filhos, a necessidade econômica dos jovens de casar mais tarde.

Essa mensagem é hábil: contém tudo que deveria tocar o rei e fazê-lo reexaminar essas "leis": seu interesse, sua piedade, seu desejo de justiça e de paz, seu medo do pecado e do inferno: "Guardai vossa pessoa e vossa alma de serem atingidas neste mundo e no outro de todos os pesados castigos que essas leis fazem merecer pelos graves pecados que comportam."[65]

Não se sabe se esse texto chegou a São Luís. De qualquer maneira, no fim da vida, na véspera de sua segunda cruzada, para a qual a purificação do reino lhe aparece como condição de sucesso, tenderá a agravar as medidas antijudaicas.

Que balanço fazer da atitude de São Luís em relação aos judeus? Tentativas tocantes foram feitas para negar sua dureza quanto aos judeus, mas a partir de uma tolerância, de um ecumenismo inexistentes no século XIII. Sua única desculpa estará nas concepções e condutas habituais dos homens de seu século, agravadas por suas responsabilidades reais? Parece-me inegável que ele é mais antijudeu do que um certo número de papas, de prelados, de príncipes, de senhores de seu tempo. Não tem ele, assim, nenhuma circunstância atenuante?

É seguro que ele foi compelido por gente mais hostil aos judeus do que ele: alguns papas, uma grande parte do seu círculo de frades mendicantes, a atitude dos intelectuais parisienses e, sobretudo, a histeria de alguns judeus convertidos. Será preciso ir mais longe e perguntar se seus biógrafos, mais antijudeus do que

---

[65]G. Nahon, "Les ordonnances de Saint Louis", artigo citado, pp. 32-33.

SÃO LUÍS

ele, não forçaram a expressão de seus próprios sentimentos hostis aos judeus? Num caso, pelo menos, isso é verdade. Sabemos que nos *Ensinamentos* ao filho ele escreveu: "Trabalha para eliminar os pecados e assim também os pecados vergonhosos e os juramentos vergonhosos e manda destruir e submeter a teu poder as heresias." Seu confessor, Geoffroy de Beaulieu, modificou essa frase e a versão modificada foi juntada ao processo de canonização. O trecho da frase "e manda destruir e submeter a teu poder as heresias" o confessor substituiu por "e especialmente tenha na conta de grande baixeza os [tenha grande desprezo pelos] judeus e toda espécie de gente que é contra a fé".[66]

Da mesma forma, Aryeh Grabois pensa que o famoso texto de Joinville em que São Luís convida os cristãos a "afundar a espada no ventre dos judeus"[67] foi influenciado pelo momento da grande expulsão dos judeus por Filipe, o Belo, em 1306, e que, tendo-o redigido nessa época, o senescal tornou mais duras as palavras do rei. Ainda que Joinville tivesse forçado a mão nos sentimentos do rei sobre os judeus, parece-me que ele verdadeiramente os detestou. Na verdade, Joinville, que não gostava de Filipe, o Belo, gostaria muito de pôr o neto em contradição com o avô.[68]

Também não creio que se deva, com Gérard Nahon, explicar só pelos sentimentos da época a atitude de São Luís: "Por sua política judia", escreve, "Luís IX foi plenamente um santo para o povo cristão. É a própria noção de santidade segundo as normas adotadas pela Igreja que está em questão aqui."[69] Como se explica, então, que Bonifácio VIII, em sua bula e seus dois sermões de canonização, não diga uma palavra sobre a atitude de São Luís a respeito dos judeus? Se a atitude de São Luís quanto aos judeus evidentemente não impediu que fosse proclamado santo, também não foi, entretanto, um argumento a favor de sua santidade.

São Luís, que em geral faz coincidir sem preocupações de consciência sua fé e sua política, por um único temor — o de cometer pecados e não ser muito bom cristão — teve incertezas em face dos judeus. E isso por motivos

---

[66]*Ibid.*, p. 25.
[67]A um cavaleiro e a um abade que falam sobre discussões que tiveram com judeus, o rei diz (ver supra, p. 698): "Também, digo-vos, que ninguém, se não for bom clérigo, deve disputar com eles. Mas um leigo, quando ouve falar mal da lei cristã, só deve defendê-la com a espada, com a qual deve dar no ventre tanto quanto ela possa entrar" (JOINVILLE, *Histoire de Saint Louis*, p. 31). [*N. do T.* — Só que no subtítulo *São Luís e os hereges*, deste capítulo, onde está essa mesma citação — e para lá o autor aqui remete —, São Luís não se dirige a "um cavaleiro e a um abade que falam sobre discussões que tiveram com judeus": dirige-se ao próprio Joinville lembrando uma "grande disputa" entre clérigos cristãos e judeus na abadia de Cluny.]
[68]Comunicação oral de Aryeh Grabois.
[69]G. NAHON, "Les ordonnances de Saint Louis", artigo citado, p. 25

que indiquei no começo deste estudo. A religião judaica é uma verdadeira religião, foi preciso persuadi-lo de que o Talmude era um substituto pervertido da Bíblia. Se ele sente o dever de reprimir as insanidades judaicas, também se sente obrigado a proteger os judeus, uma vez que estão fora da alçada da Igreja cristã: a Igreja só pode exercer com os cristãos sua dupla responsabilidade de castigar e proteger. Donde as hesitações, as tergiversações, os semiarrependimentos. A repetição das medidas mostra não apenas a dificuldade de aplicá-las, mas sem dúvida uma certa indecisão do rei no sentido de executar rapidamente e aprofundar a operação. Sobre a definição de usura, percebem-se hesitações que se juntam às da própria Igreja.[70] Além disso, tanto na questão da usura como na questão da defesa da fé cristã, os judeus não são os únicos em causa. Se Luís poupa a usura cristã, acaba por condenar a usura dos lombardos (italianos) e dos caorsinos que são estrangeiros e são atingidos, eles também, pela purificação do reino. Entre setembro de 1268 e 1269, o rei decide expulsá-los e seus devedores devem reembolsá-los, com exceção da usura.[71] O rigor das medidas anunciadas é provavelmente destinado em parte a causar medo aos judeus e conduzi-los à conversão — essa conversão hipocritamente forçada, tida pelos contemporâneos como a mansidão no trato com os judeus. Luís esperou até o fim de seu reinado para ceder à pressão que o levou a impor-lhes a rodela.

Em 1257, não sabemos em que circunstâncias, São Luís corrigiu um pouco as espoliações que suas medidas tinha feito com os judeus. Designou três eclesiásticos de sua confiança — o bispo de Orleãs, o abade de Bonneval e o arquidiácono de Poissy — para corrigir os abusos cometidos por ocasião da *captio* anterior à cruzada e das expulsões de 1253-1254. Mandando restituir as usuras judaicas, esses comissários devem se preocupar em mandar restituir aos judeus, se isso ainda não tivesse sido feito, os bens que lhes tinham sido tomados, porque garante "não ter a intenção de guardá-los". Se dá "pleno poder" a esses comissários "para vender as casas, propriedades com rendimento e todos os outros bens imóveis dos judeus" legalmente confiscados, "quer entretanto que as antigas sinagogas, com os utensílios sem os quais eles não podem se servir comodamente de suas sinagogas, sejam devolvidas a esses judeus".[72] Pode-se, sem dúvida, achar que essas *velhas* sinagogas eram as que existiam antes da interdição canônica — de Filipe Augusto, no início do século XIII — de construção, pelos judeus, de novas sinagogas, assim

---

[70]Ver J. LE GOFF, *A Bolsa e a vida, op. cit.* (*supra*, p. 665, nº 4).
[71]Para minha interpretação do conjunto dessas medidas, ver *supra*, p. 199.
[72]G. NAHON, "Les ordonnances de Saint Louis", artigo citado, p. 28.

SÃO LUÍS

como se pode achar que elas eram poucas. Mas essa ordem de restituição mostra que São Luís pretendeu respeitar a tradição cristã de tolerância quanto à prática religiosa dos judeus. A religião judaica era sempre reconhecida, ao contrário da heresia e da religião muçulmana.

Da mesma forma, no único caso de *pogrom* havido na França sob seu reinado, mandou prender os culpados identificados. Só conhecemos esse massacre por uma carta do papa Gregório IX de 5 de setembro de 1236, que pede ao rei de França para proteger os judeus. Esse *pogrom* foi a manifestação do povo miúdo que pretendia fazer disso uma preparação para uma cruzada. Os bailios procuraram os cristãos que tinham participado da "matança dos judeus" e castigaram com multas os pretensos "cruzados" que puderam prender.[73]

Enfim, não se conhece sob seu reinado a acusação de assassinato ritual feita contra judeus.

Como caracterizar a atitude e a política de São Luís a respeito dos judeus? Dispomos hoje de dois termos: antijudaísmo e antissemitismo. O primeiro se refere exclusivamente à religião e, qualquer que seja a importância da religião na sociedade judaica e na conduta de São Luís quanto a isso, o termo é insuficiente. O conjunto dos problemas abrangidos por essa conduta ultrapassa o quadro estritamente religioso e põe em questão os sentimentos de abominação e uma vontade de exclusão que vão além da hostilidade à religião judaica. Mas "antissemitismo" é inadequado, anacrônico.[74] Não há nada de racial na atitude e nas ideias de São Luís. É preciso esperar o século XIX para que as teorias raciais pseudocientíficas façam desabrochar as mentalidades e as sensibilidades racistas, antissemitas. Só vejo o termo "antijudeu" para caracterizar a conduta de São Luís. Mas essas concepções e essa prática, essa política antijudias prepararam a cama para o antissemitismo posterior. São Luís é um marco na estrada do antissemitismo cristão, ocidental e francês.

Críticas e resistências

Se bem que os documentos insistam na veneração e na admiração que têm por São Luís seu círculo mais próximo, seus súditos, o conjunto da Cristandade e até

---

[73] *Ibid.*, p. 23. Algumas vezes os judeus se organizaram, resistiram e escaparam ao *pogrom*. Foi o caso dos judeus de Niort.

[74] G. LANGMUIR, "Anti-Judaïsm as the Necessary Preparation for Anti-Semitism", *Viator*, 2, 1971, pp. 383-390.

seus adversários muçulmanos, esses mesmos documentos não escondem um certo número de críticas e resistências expressas a respeito dele. Algumas vêm mesmo de seu próprio círculo mais próximo, outras de meios sociais diversos, de homens e mulheres do reino, e de estrangeiros. Algumas críticas têm como objetivo sua conduta pessoal, outras alguns aspectos de sua política. Mas é principalmente para a religião que se volta a maioria desses críticos. Para sua devoção, sua prática da paz e da justiça.

É preciso primeiro dar um lugar à parte à crítica de indiferença em relação à rainha e de seus filhos próximos. Essa crítica só se encontra em Joinville, mas se trata de uma testemunha ocular e, sabe-se, no conjunto muito favorável ao rei.[75]

Os que o rodeiam (clérigos, servidores, íntimos) se irritam com suas práticas de devoção que julgam excessivas e que às vezes o tornam dificilmente suportável. Por exemplo, ele se levanta sem fazer ruído e muito cedo na manhã para ir à igreja, e provoca uma debandada entre os guardas que acordam já sem tempo de acabar de se vestir no momento de segui-lo para a igreja:

> E muitas vezes ele se levantava tão suavemente da cama, e se vestia e se calçava para ir tão cedo à igreja, que os outros que estavam deitados em seu quarto não tinham tempo de se calçar e corriam descalços atrás dele.[76]

Quando vai a Royaumont ajudar os monges a transportar as pedras para a construção da abadia, obriga seus irmãos a fazê-lo também, e eles torcem o nariz.[77]

Quando obriga os marinheiros de seu navio a seguir os ofícios religiosos, quando constrange seu círculo mais chegado a ouvir intermináveis sermões, quando manda seus amigos e servidores sentarem em torno dele para ouvir pregação moral, não temos testemunhos quanto às reações desses devotos à força, mas podemos supor que são gratos ao rei que quer salvá-los apesar da indiferença deles.

Que pensam, por exemplo, os membros de sua guarda pessoal que não podem mais comer fora nas tavernas, mas devem ouvir sermões durante as refeições?

---

[75] Ver *supra*, pp. 437-438 e 646-649.
[76] Guillaume de Saint-Pathus, *Vie de Saint Louis*, pp. 37-38.
[77] *Ibid.*, p. 71.

SÃO LUÍS

E para que os agentes armados tivessem mais boa vontade com os sermões, ordenou que comessem na sala de refeições, o que não era hábito dos ditos agentes, que recebiam ajuda de custo para suas despesas de alimentação lá fora. O santo continuou a lhes dar a mesma ajuda de custo, mas a partir de então eles faziam sua refeição no paço.[78]

Devoção forçada, porém remunerada... Que pensam os homens que, no momento do sermão, saem da igreja de Compiègne onde o rei ouve missa para ir à taverna em frente e que São Luís manda que sejam levados de volta à igreja à força, por seus agentes?

Nesse século XIII, as tavernas começam a se tornar o grande lugar de divertimento masculino, mas também de sociabilidade e de comunicação. São Luís se declara inimigo delas quase tanto como dos bordéis. Quanto aos bordéis, quando quis proibir completamente a prostituição, seus conselheiros, religiosos na maior parte, dissuadiram-no de empreender o vão combate, porque a Igreja sabia que a carne é fraca e que o pecado original tornou as recaídas inelutáveis.

Os religiosos de seu círculo combatem também seus excessos de devoção e de ascetismo pessoais. Os jejuns, as flagelações, a assistência exagerada a inumeráveis ofícios, até de noite, todas essas práticas características dos monges da alta Idade Média, dos eremitas, dos religiosos das ordens mais ascéticas não convêm mais, sobretudo para os leigos, aos cristãos de agora em diante com uma religião menos excessiva.

Não convêm a um leigo, muito menos a um rei. O modelo obsessivo de São Luís é o Cristo. E, no impedimento de poder cumprir os gestos reservados à pessoa divina ou ao sacerdote, há um ato de humildade crística pelo qual tem predileção: a lavagem dos pés dos pobres ou dos monges, em particular durante a Semana Santa.[79] Também, na Sexta-Feira Santa, quando se quer afastar dele os pobres que o tomam de assalto, "dizia, ao contrário, que se devia deixá-los, porque Jesus mais sofreu por nós nesse dia do que eu sofro hoje por ele". Nisso está a aspiração profunda de São Luís: imitar o Cristo no sofrimento.[80]

Quando pergunta a Joinville se ele também lava os pés de seus pobres na Quinta-Feira Santa, o senescal fica indignado, Deus o livre. O rei fica bem decepcionado com seu fiel companheiro. Aos sábados, quando pode, lava de

---

[78]*Ibid.*, p. 39.
[79]Ver *supra*, p. 500.
[80]Ver *supra*, pp. 619-620. Ver o último capítulo, *O rei sofredor, o rei Cristo*.

joelhos, em segredo, por excesso de humildade, mas também para evitar as críticas, os pés de três pobres idosos, depois os beija, lava-lhes em seguida as mãos e também as beija, às vezes lhes dá dinheiro e os serve ele próprio à mesa.[81]

Desejaria também lavar os pés de alguns monges. Isso completaria suas práticas de humildade: lavar os pés dos pobres que escolhiam participar de um lava-pés, como os daqueles pobres que não escolhiam isso.

O caso é contado tanto por Geoffroy de Beaulieu como por Guillaume de Saint-Pathus, mas com duas diferenças. Todos dois estão de acordo quanto ao fato de o caso ter se passado numa abadia cisterciense e a dar-lhe por contexto o costume dos monges cistercienses de se lavar mutuamente os pés aos sábados. Geoffroy situa a cena no mosteiro de Claraval. São Luís, presente à abadia num sábado, quer participar do rito e lavar os pés dos monges. Mas alguns grandes leigos (os "magnatas") que o acompanham e que não são seus amigos íntimos, o que faz supor que estejam chocadíssimos, observam-lhe que estava ali um ato de humildade que não lhe convinha. Luís se inclina.[82] Para Guillaume a cena se passa em Royaumont e é o próprio abade que tenta dissuadir o rei: "Ele diz ao abade: 'Seria bom que eu lavasse os pés dos monges.' E o abade lhe responde: 'Renunciai a fazê-lo!' E o santo rei lhe diz: 'Por quê?' E o abade responde: 'As pessoas falariam [murmurariam].' E o santo rei responde e diz: 'Que diriam as pessoas?' E o abade responde que uns falariam mal e outros falariam bem e assim o santo rei renunciou à causa da dissuasão do abade, como este presume."[83]

Qualquer que seja a verdade, vê-se que a tradição conserva a oposição simultânea dos grandes leigos e dos eclesiásticos a esses atos de auto-humilhação do rei. As razões dessa oposição são complexas: o rei não está em casa numa abadia cisterciense, mas, principalmente, o gesto é incompatível com o que vinha a ser a *dignitas* real. São Luís, na concepção do "rei imagem de Deus", tem a tendência de se tornar a imagem do Cristo, do Cristo da Paixão, mas, para seus súditos, é também e cada vez mais a imagem do Deus de *majestade*. É a *majestas*, a de Deus Pai, ou do Cristo como majestade nos portais das catedrais esculpido no seu reino. Luís não está despedaçado entre a majestade de Deus e a humildade do Cristo? Aqui, ainda, ele assume as duas imagens.

---

[81] Geoffroy de Beaulieu, *Vita*, p. 6.

[82] *Ibid.*, p. 6.

[83] Guillaume de Saint-Pathus, *Vie de Saint Louis*, pp. 109-110.

SÃO LUÍS

A esse excesso de humildade vem juntar-se, na crítica à conduta real, o excesso de despesas caridosas. Reprova-se-lhe o fato de dar muitas esmolas, de gastar muito com a construção de repartições religiosas. Mas, essas reprovações, ele as repele, justifica sua atitude e não muda.

Eis o testemunho de Guillaume de Nangis.

> Compreendendo que seus íntimos murmuravam sobre a generosidade de suas esmolas, dizia-lhes que, a fazer de tempos em tempos excessos de liberalidade, preferia que esses excessos se fizessem através de esmolas dadas pelo amor de Deus do que em frivolidades mundanas. O excesso que cometia em ações espirituais escusava e resgatava o excesso que frequentemente estipulava-se que devia fazer em despesas mundanas.

E Guillaume acrescenta o que se segue, que mostra bem a política de equilíbrio de São Luís entre caridade cristã e dignidade real.

> Porém, efetivamente, nas solenidades reais e nas despesas cotidianas de sua casa, assim como nos parlamentos e reuniões de cavaleiros e de barões, comportava-se com liberalidade e largueza como convém à dignidade real; e servia em sua casa como convém a uma corte, ainda mais que não se fazia isso na corte dos reis seus predecessores havia muito tempo.[84]

Seu rigor excessivo, quando se trata de modos de agir de que detesta, também lhe é criticado. Por exemplo, seu modo cruel de punir os blasfemadores.[85]

Quando seus íntimos condenam seu excesso de despesas para a construção dos conventos dos franciscanos e dos dominicanos em Paris, exclama:

> Meu Deus! como acredito ser bem-empregado esse dinheiro para todos esses frades tão eminentes que do mundo inteiro confluem aos conventos parisienses para estudar a ciência sagrada e que, aí tendo aprendido, voltam ao mundo inteiro para expandi-la pelo amor de Deus e a salvação das almas![86]

---

[84]GUILLAUME DE NANGIS, *Gesta Ludovici IX*, p. 406.
[85]Ver *supra*, 215-216, 571-572.
[86]GEOFFROY DE BEAULIEU, *Vita*, p. 11.

Outras vezes, enfim, justifica a generosidade excessiva que se lhe critica em relação aos religiosos e aos pobres, argumentando com sua função de representante de Deus encarregado de distribuir-lhe a prodigalidade:

> E quando alguns conselheiros o repreendiam pelas grandes despesas que fazia com as casas de religiosos e com as grandes esmolas que lhes dava, o santo rei respondia: "Calai-vos. Tudo o que tenho Deus me deu. O que gasto assim, não poderia gastar melhor."[87]

Críticas políticas

Com esses últimos textos citados, passamos do terreno essencialmente privado e pessoal ao terreno público, político.

Viu-se que o beneditino inglês Mateus Paris não tem de São Luís uma imagem uniformemente favorável, se bem que admire, sob muitos aspectos, o rei francês.[88] O interessante é que algumas de suas críticas sem dúvida tinham curso em outros ambientes além da abadia inglesa de St. Albans e da própria França.

A primeira se refere ao abandono do poder a uma mulher. Referindo-se ao ano de 1235, Mateus condena o jovem rei que se recusa a reconhecer os direitos ingleses sobre os territórios da França do Oeste. A culpada é Branca de Castela e o erro de Luís IX é o de obedecer à mãe e não à justiça. "Todos esses direitos [do rei da Inglaterra] o rei de França finge ignorar, preferindo seguir o conselho de uma mulher em vez de seguir a regra da justiça, esquecendo o temor de Deus de vingança."[89] Mateus também aprova a revolta dos grandes senhores feudais franceses contra o rei em 1236: "Indignavam-se eles que o reino dos reinos, quer dizer a França [a Gália — *Gallia*], fosse governada por uma mulher."[90] Em 1242, quando há a ruptura entre Henrique III e Luís IX, Mateus se indigna com uma medida tomada pelo rei de França que anuncia os aspectos econômicos das guerras a que se entregarão daí em diante os Estados monárquicos.

---

[87]GUILLAUME DE SAINT-PATHUS, *Vie de Saint Louis*, pp. 88-89.
[88]Cf. *supra*, pp. 383 e segs.
[89]MATEUS PARIS, *Chronica majora*, t. III, p. 325.
[90]*Ibid.*, p. 336.

SÃO LUÍS

O rei de França, do modo mais inconveniente, mandou embargar sel-vagemente as pessoas e os bens dos mercadores ingleses que comerciavam em seu reino, causando enorme prejuízo à velha dignidade da França [Gália]. O país, na verdade, tem uma tradição de asilo e de segurança oferecida a todos os fugitivos e exilados dos quais toma manifestamente a defesa, daí o nome de *França* que lhe é dado em sua própria língua.[91]

Enfim, Mateus Paris, que, nesse meio-tempo, se tornou um admirador de Branca de Castela (em 1241, quando da invasão mongol, chama-a de "a rainha Branca, mãe do rei de França, matrona venerável amada por Deus"), solta-se outra vez contra Luís no momento da cruzada, reprovando violentamente o fato de a ter financiado com dinheiro da Igreja, que carrega o peso da contribuição financeira exigida pelo rei de França, com autorização do papa. Azedume de religioso...

Dentro do reino da França, há três críticas principais sobre a política do rei.

A primeira, formulada basicamente por alguns de seus conselheiros, dirige-se a sua política de pacificação. Esses conselheiros aceitam mal essa transição pacífica que seu reinado representa entre as endêmicas guerras feudais e as ameaçadoras guerras "nacionais". Criticam sobretudo o tratado de Paris com a Inglaterra. O rei, vencedor no campo de batalha, podia ditar suas condições, e o compromisso oferecido ao rei da Inglaterra é para eles sinal de fraqueza.[92]

A segunda, emanando do meio senhorial, refere-se às restrições sofridas pelos poderes dos nobres, a perda de sua independência e de sua autoridade plena e total sobre seus feudos. Viu-se a propósito do caso de Enguerran de Coucy.[93] Uma canção, datada por seu sábio editor do finzinho do reinado, exprime o rancor de alguém que bem desejaria "permanecer senhor de meu feudo".[94]

Gentes da França, eis que estais perfeitamente estupefatos! Digo a todos aqueles que nasceram nos feudos: em nome de Deus, não sois mais francos, afastaram-vos para bem longe de vossas franquias; porque fostes julgados num inquérito. Fostes todos cruelmente enganados e traídos, pois nenhuma defesa pôde vir em vossa ajuda. Doce França! não se pode mais chamá-la assim; ao contrário, é preciso denominá-la agora um país de

---

[91]*Ibid.*, t. IV, p. 198 (franco = livre).
[92]Ver *supra*, pp. 233-234.
[93]Ver *supra*, pp. 216-219 e 572.
[94]"Chanson sur les établissements de Saint Louis", *Bibliothèque de l'École des chartes*, I, 1840, pp. 370-374.

escravos, uma terra de covardes, um reino de miseráveis, exposto a muitas e muitas violências.

O que sei na verdade é que tal servidão não vem de Deus, por mais que ele seja explorado. Ah! lealdade, pobre coisa espantosa, não achais ninguém que tenha piedade de vós. Poderíeis ter força e poder e estar de pé, porque sois, lealdade, amiga de nosso rei, mas vossos partidários estão dispersos demais em torno dele. Não conheço um único de vós, depois do rei, e o rei está sob a mão do clero, que não pode vir ajudar-vos. Trituraram os dois juntos, a caridade e o pecado.

E não se pense que digo isso para atacar meu senhor; Deus disso me preservou; mas tenho medo de que assim perca sua alma, e depois gosto muito de permanecer senhor de meu feudo. Quando ele souber disso, fará pronta justiça; seu nobre coração não agiria de outra forma. Por isso quero que quanto a isso esteja bem-prevenido e instruído. Desse modo o inimigo diabo, que o espreita, não terá nenhum poder sobre ele. Teria faltado à minha fé se tivesse deixado meu senhor desavisado.

Encontram-se nesse texto os lugares-comuns das repreensões a um príncipe. O rei não é culpado. Tudo é erro de seus conselheiros. O autor da canção volta perfidamente contra o rei sua ética pessoal. O rei que tem tanto cuidado com a salvação de sua alma, que é tão preocupado com a justiça e que invoca o conselho das pessoas de bem, está a ponto de tornar-se presa do diabo, por ter desprezado a justiça e escutado os maus conselhos. Que se poderia dizer de pior para São Luís?

Enfim, esse ataque final inaudito mostra bem que, substituindo os antigos procedimentos referentes às franquias feudais pelo procedimento do inquérito, São Luís bateu firme. O autor da canção não hesita em falar de traição e de *laudator temporis acti*,* do bom velho tempo "feudal", mas se enfurece: "Doce França! não se pode mais chamá-la assim; ao contrário, é preciso denominá-la agora um país de escravos, uma terra de covardes, um reino de miseráveis, exposto a muitas e muitas violências."

É interessante notar que esse violento panfleto tomou a forma de uma canção. Isso significa, sem dúvida, que os defensores desse ponto de vista não tinham meios diretos para se opor pela força nem pelo direito às decisões.

---

*"Louvador (incensador) do tempo passado". É o fim de um verso (o 173) da *Arte Poética* (*Epístola aos Pisões*), de Horácio, em que o autor faz uma crítica a esse defeito tão comum nos velhos de falar mal das coisas do passado e só elogiar as de seu tempo. Como tantos outros versos ou trechos de Horácio, virou uma citação frequentemente invocada. Para mais fácil compreensão, talvez se possa dizer que a frase corresponde mais ou menos a "... não hesita em falar de traição e mostra saudosismo em relação ao bom velho tempo..." (*N. do T.*)

SÃO LUÍS

Mas como o século XIII é o século em que se desenvolve a canção política, viu-se nisso um dos instrumentos de formação de uma opinião pública que aparecerá plenamente na França de Filipe, o Belo. Até então, de modo mais pontual e mais cotidiano, as queixas formuladas pelos indivíduos contra as ações condenáveis dos agentes do rei revelam o descontentamento provocado pela centralização do reino.[95]

Uma terceira crítica, enfim, parece em geral muito espalhada, especialmente nos meios que podem ser classificados como "populares". Denuncia como São Luís se cerca de religiosos e faz deles os principais inspiradores não só de sua conduta pessoal, mas de sua política. A opinião está muito dividida a respeito desses religiosos, sobretudo dos frades das ordens mendicantes, dominicanos e franciscanos.[96] Muita gente é violentamente hostil a esses exploradores de consciências, esses vasculhadores da vida privada que invadem as famílias e as casas, esses capciosos conseguidores de testamento, esses zeladores da pobreza transformados em grandes especialistas nos negócios de dinheiro. A imagem do frade mendicante é a do hipócrita, da aparência enganadora do *Roman de la Rose*.* Mas se Jean de Meung e Rutebeuf — que contesta diretamente São Luís pelas relações privilegiadas que mantém com os mendicantes — [97] representam um meio intelectual mais ou menos restrito, um texto nos revela que a hostilidade ultrapassou esse meio e às vezes assumiu expressões muito violentas.

"Só és rei dos frades"

Trata-se do episódio contado por Guillaume de Saint-Pathus.[98] Uma mulher chamada Sarrete injuria o rei ao pé da escada do palácio num dia de parlamento. Espanta-se ela que o rei não tenha sido expulso do trono. Qual a condenação que lhe faz? "Só és rei dos frades menores e dos pregadores, dos padres e dos clérigos!"[99]

---

[95]Gérard SIVERY, "Le mécontentement dans le royaume de France et les enquêtes de Saint Louis", *Revue historique*, 545, 1983, pp. 3-24.

[96]Sobre as relações de São Luís com os frades mendicantes ver *supra*, pp. 292-307 e o excelente artigo já citado de L. K. LITTLE, "Saint Louis' Involvement with the Friars".

*Poema alegórico-didático de Guillaume de Norris, século XIII, já citado no entretítulo *Os defeitos do rei*, Capítulo IX da Segunda Parte. (*N. do T.*)

[97]Rutebeuf é particularmente violento. Ver a enumeração de suas queixas contra São Luís em Jean DUFOURNET, "Rutebeuf et les moines mendicants", *Neuphilologische Mitteilungen*, 85, 1984, pp. 165-166, com a bibliografia do assunto.

[98]Desse caso já fiz menção como ilustração da clemência do rei: *supra*, p. 571.

[99]GUILLAUME DE SAINT-PATHUS, *Vie de Saint Louis*, pp. 118-119.

Se o franciscano legou esse caso à posteridade é porque pretende fazê-lo voltar-se em favor de São Luís, que impede seus agentes de afastar Sarrete e mesmo de tocá-la, dizendo à mulher que ela tem razão, que ele não é digno de ser rei, que um outro governaria melhor o reino, e mandando que seus camaristas dessem dinheiro a ela.

Mas o mal está feito. Aprendemos assim que havia ao menos uma mulher anticlerical no tempo de São Luís e que nem todo mundo se deslumbrava de admiração diante do santo rei nem ficava favoravelmente impressionado com sua devoção.

Outro caso, que além de criticar quer ridicularizar — e por uma caricatura física — o rei beato, "carola", se passa no quadro social de um meio de alta nobreza. O conde de Gueldre, Otto II (1229-1271), que casou com uma francesa, Philippa, filha do conde de Ponthieu, Simon de Dammartin, enviou um mensageiro a Paris, talvez para um caso de processo. Na volta do mensageiro, Otto de Gueldre o interroga sobre o rei de França. O mensageiro conta que um pregador secular acusou de pecado mortal os frades pregadores "que aconselham tanta humildade ao rei". Depois, "inclinando o pescoço" por derrisão, disse ao conde: "Eu o vi, eu vi esse miserável rei carola, tendo para cobrir a cabeça um capuz por trás." A história está no dominicano Thomas de Cantimpré, que, ao contrário, louva a conduta do rei de França e como vingança narra um milagre que teria ocorrido ainda em vida do rei. O mensageiro injurioso que teria macaqueado o piedoso rei e caçoado de sua silhueta permanecerá para o resto da vida nessa postura, "arremedando" o rei.[100]

No fundo dessas divergências entre São Luís e seus contemporâneos, surgidas sob aspectos que muitas vezes podem parecer anedóticos, estão mutações mais profundas de mentalidade e de sensibilidade postas em jogo. É como estar diante de uma dança. Por mais respeitoso que seja das práticas essenciais da sociedade "feudal", São Luís se refere a valores de justiça e de paz que se chocam com os hábitos feudais e transformam a função real no sentido do Estado moderno. Assim também, a maneira pela qual se serve das concepções monárquicas não é compreendida. Quando ele se conduz como rei-monge e parece abandonar uma parte de seu poder aos religiosos, a opinião pública (ou o que começa a se parecer com um esboço de opinião pública) não o segue. A coroa está a ponto de se transformar em objeto sagrado leigo.

---

[100] L. CAROLUS-BARRÉ, *Le Procès de canonisation, op. cit.*, p. 248. Sobre Thomas de Cantimpré e São Luís, ver *supra*, p. 307, n° 35.

SÃO LUÍS

Diante da cruzada, a opinião se divide mais equilibradamente. Ainda está com São Luís nostálgico de Jerusalém — uma Jerusalém que se trata de recuperar, aliás, através de meios que não são apenas militares, porque São Francisco passou por lá. Mas Joinville não é sem dúvida o único no reino da França a olhar antes para sua Champagne do que para a Terra Santa. Com essa mudança de visão, que está ligada a uma troca de representações políticas (uma Cristandade europeia ou europeia-oriental?), não nos afastamos de nossa interrogação de escola: São Luís feudal ou moderno? Mas chegamos a situá-la em termos diferentes: porque se queremos utilizar esses conceitos, a cruzada é bem a fase suprema do regime feudal. E fracassando de maneira espetacular em suas cruzadas, São Luís, sem o saber, sem o ter pretendido, deu um golpe fatal no regime feudal clássico.

IX

SÃO LUÍS, REI SAGRADO, TAUMATURGO E SANTO

São Luís é uma personagem carismática.[1] Esse carisma, na medida em que pode ser definido, provém, para aqueles que se aproximaram do rei, da aura que envolve sua pessoa e, para aqueles que só o conhecem por ouvir dizer, do caráter extraordinário da imagem que lhes é transmitida. Para designá-lo, seus contemporâneos só dispõem quase que do termo "santo", mas se trata de um santo excepcional: o que São Francisco foi como religioso, Luís é como leigo e rei. Bonifácio VIII, em sua bula de canonização, buscará exprimir isso pelo termo *superhomo*, "super-homem".

Esse carisma não é só um dado irracional, instintivo. Inclui traços específicos, de categoria, dinásticos, as qualidades de um rei sagrado e taumaturgo, assim como os méritos individuais, da santidade sancionada por uma canonização oficial.

Importa distinguir bem os traços comuns aos reis de França e os traços particulares de São Luís.

---

[1]Esse carisma só parcialmente corresponde à concepção weberiana da dominação carismática, porque o prestígio carismático de São Luís vem apenas de sua própria personalidade; fundamenta-se também no prestígio objetivo da função real e dos príncipes cristãos definidos pelos Espelhos dos Príncipes que impõem limites a essa pessoa ascendente: o carisma se alimenta da imagem divina e do modelo religioso.

SÃO LUÍS

AS SACRALIDADES DO REI DE FRANÇA

Convém trazer alguma clareza a um domínio frequentemente abordado de maneira confusa. Tentemos uma proposta para distinguir diversos conceitos: o sagrado, o religioso, o sacerdotal, o taumatúrgico. Todos juntos, esses diversos aspectos formam um sistema articulado que caracteriza o poder real e suas representações na França medieval. Esse sistema, através dos sucessos e insucessos da monarquia capetiana em seus esforços para engrandecer essa realidade e essa imagem de seu poder, foi construída do advento de Hugo Capeto em 987 à canonização de São Luís em 1297.[2]

Os valores da sagração

O essencial dos aspectos sagrados e religiosos de um rei Capeto está expresso na liturgia da sagração. Em outra fonte importante constituíram-se as biografias reais e as crônicas, no caso a *Vida de Roberto o Piedoso*, redigida pelo monge Helgaud de Fleury, a *Vida de Luís VI o Gordo*, por Suger, as obras de Rigord de Saint-Denis e de Guillaume le Breton das quais Filipe Augusto é o herói e as biografias, hagiografias e coletâneas de milagres consagradas a São Luís. Os Espelhos dos Príncipes do século XIII na verdade acrescentam muito pouco à imagem do rei Capeto sagrado. Mas a própria cerimônia da sagração pode ser lida como um Espelho dos Príncipes condensado e ali representado. Possuímos poucas narrativas de sagração de reis Capetos — a principal é a da sagração de Filipe I em 1059 e é uma narrativa muito sucinta porque seu objetivo é justificar os direitos exclusivos da Igreja de Reims sobre a sagração e coroação dos reis dos francos ocidentais.

Do reinado de São Luís datam muito provavelmente três ordines reais: um do início do reinado, conhecido como "*ordo* de Reims", um do fim do reinado, conhecido como "último *ordo* capetiano" e, entre os dois, o *ordo* que se chama "*ordo* de 1250", com as inestimáveis dezoito miniaturas que nos apresentam a estrutura, o processo, os momentos fortes da sagração.[3]

---

[2]O grande livro do qual saiu toda a problemática moderna da realeza medieval é *Les Rois thaumaturges, op. cit.* (*supra*, p. 256, n° 126), de M. BLOCH.

[3]Trata-se do *ordo* contido no manuscrito latino 1246 da Biblioteca Nacional de Paris. Dato-o de mais ou menos 1250, com Jean-Claude Bonne, de acordo com Richard Jackson e François Avril. Ver *supra*, p. 517 e meu artigo em *Coronations*, J. M. BAK (ed.), *op. cit.*, "A coronation program for the Age of Saint Louis: The Ordo of 1250", pp. 46-57, assim como o de Jean-Claude BONNE, "The Manuscript of the Ordo of 1250 and its Illuminatios", *ibid.*, pp. 58-71. Preparamos, J.-Cl. Bonne e eu, a edição desse ordo, com um comentário.

O *sagrado*,[4] é aquilo que exprime e na maior parte das vezes *cria* (a consagração é uma sacralização) uma ligação com os poderes sobrenaturais, a participação nesses poderes e, como se trata de uma sociedade cristã, uma relação direta com Deus. Mais que uma delegação de poder (significando, pela *coroação: rex a Deo coronatus*, "rei coroado por Deus"), a sagração assegura que pela unção insuflaram-se forças sobrenaturais, garante a manifestação da outorga de algumas dessas forças pela entrega de *insígnias* simbólicas do poder.

O *religioso*, mais difícil de definir numa sociedade que quase não tem a ideia do *civil*, mas que distingue o temporal e o espiritual, é tudo aquilo que concerne ao funcionamento regular do sagrado neste mundo, funcionamento essencialmente assegurado pela Igreja. A função religiosa da monarquia consiste então em permitir, em aderir e em favorecer o papel e a ação da Igreja. Além da sagração, expressa-se sobretudo nos compromissos assumidos pelo rei no juramento. Pode-se resumi-los na noção de "braço secular".

O *sacerdotal* designa tudo aquilo que confere ao rei caracteres ou funções de um homem de Igreja. O ritual da sagração evoca um certo caráter a um tempo episcopal, sacerdotal e diaconal do soberano. Mas as limitações estritas impedem que o rei seja e apareça como um *rex sacerdos*, um "rei sacerdote".

Enfim, o *taumatúrgico*, próximo do mágico, evoca o poder sobrenatural reconhecido ao rei de França de curar, em circunstâncias mais ou menos solenes e bem definidas (dia de festa, lugar sagrado como um claustro), pelo toque — acompanhado de um sinal da cruz (trata-se da cristianização de um rito mágico) —, os doentes que sofram de uma moléstia particular, as *escrófulas* ou adenite tuberculosa, a *morbus regius*, a doença real, quer dizer, que pode ser curada pelo rei.[5] Os contemporâneos atribuem a São Luís o ato piedoso de juntar o sinal da cruz ao toque, mas isso é atestado em reis anteriores.[6]

A sagração real

A sagração é marcada sobretudo pela unção. É feita pelo arcebispo de Reims na testa, no peito, entre os ombros, nos ombros, na junção dos braços e, por fim, um pouco depois, nas mãos. Todo o corpo significativo do rei, todas as sedes de forças são cercadas pelo santo crisma, o óleo entregue milagrosamente pelo

---

[4] A. DUPRONT, *Du sacré, op. cit.* (*supra*, p. 477, n° 34).
[5] O nome "escrófulas" foi dado na Idade Média a várias espécies de inchações dos gânglios e afecções purulentas da pele.
[6] J. LE GOFF, "Le miracle royal", ver *infra*, p. 737.

SÃO LUÍS

Espírito Santo ao bispo de Reims, Remígio [Rémi], para o batismo de Clóvis. O arcebispo retira uma porção de cada vez da santa âmbula onde está conservado o óleo milagroso. A âmbula é guardada no mosteiro de Saint-Rémi, cujo abade vem trazê-lo à catedral para a sagração.

Investido desse poder sobrenatural, o rei é de agora em diante o intermediário sagrado entre Deus e seu povo. Por ele, por seu corpo ungido passam a proteção divina, a inspiração divina. O rei é o traço de união entre Deus e seu povo e, até a morte, garante a seu reino e a seu povo os socorros divinos, não apenas para sua salvaguarda aqui na terra, mas sobretudo para sua salvação no além.

O sagrado também é transmitido ao rei por intermédio das insígnias reais das quais ele é investido durante a cerimônia.

A primeira fase que precede a unção consiste em armá-lo com essas insígnias reais.[7] O rei começa a receber uma parte dos objetos que, depositados sobre o altar pelo abade de Saint-Denis que os trouxe, transmitem-lhe uma sacralidade aumentada pelo contato com a parte mais sacralizada da igreja: o altar. O rei, cumprindo o rito de *separação* que constitui a fase incial do rito de passagem transformando-o de rei por hereditariedade em rei por consagração religiosa, abandona então a parte exterior de suas antigas vestes. Recebe do camarista-mor os sapatos ornados com as flores-de-lis; do duque de Borgonha as esporas de ouro; e do arcebispo a bainha da espada, na sequência de um rito complexo em que os objetos são depositados e depois retirados do altar. A espada, que faz do rei o braço secular da Igreja, começa a ser trazida nua pelo senescal da França.[8]

Segunda fase, depois da unção: a entrega das insígnias reais propriamente ditas.[9] O camarista entrega ao rei a *túnica jacinto*, cor das vestes do grande sacerdote israelita, tornada cor dos reis de França, que lançaram o azul como cor do poder, do sagrado (é também a cor da Virgem, que além disso se tornou, com a exploração intensa do pastel, a cor da moda), túnica salpicada de flores-de-lis douradas, e por cima uma capa ou cota curta. Em seguida o arcebispo entrega ao rei o *anel*, sinal da dignidade real e da fé católica e talvez do casamento que Deus contrata do rei com seu povo, na mão direita o *cetro*,

---

[7]Deve-se distinguir da armação de cavalaria. Lembre-se que São Luís menino foi armado cavaleiro em Soissons imediatamente antes da sagração em Reims. Ver J. RICHARD, "L'adoubement de Saint Louis", artigo citado (*supra*, p. 91, n° 127).

[8]Ver J. LE GOFF, "Reims, ville du sacre", artigo citado (*supra*, p. 369, n° 14), particularmente pp. 118-122.

[9]Hervé PINOTEAU, "La tenue de sacre de Saint Louis IX, roi de France. Son arrière-plan symbolique et la *renovatio regni Iuda*", *Itinéraires*, 162, pp. 120-166, repetido em *Vingt-cinq ans d'études dynastiques*, Paris, 1982, pp. 447-504; ID., "Les insignes du pouvoir des Capétiens directs", *Itinéraires*, 323, maio de 1988, pp. 40-53.

símbolo do poder sagrado, e na esquerda, pela primeira vez, a *mão de justiça*, que substitui a antiga *vara* anterior.

É preciso chamar a atenção para a presença nas vestes das flores-de-lis douradas que estão a caminho de se transformar no símbolo mais sagrado entre as insígnias reais e que, segundo um estudo recente, seriam um símbolo solar.[10] São Luís e provavelmente Filipe Augusto e Luís VIII antes dele já são reis-sóis.

Terceira fase, afinal: é a *coroação* marcada por dois episódios: a imposição da coroa, variante "bárbara" do velho *diadema* da realeza sagrada helenística e imperial; e a instalação sobre o *trono* situado em uma elevação, símbolo da montanha primordial como sede cósmica do poder.

A imposição da coroa pelo arcebispo põe em cena a colaboração, para a sacralização real, dos doze pares — herança da lenda de Carlos Magno —, introduzindo no rito real seis bispos e seis grandes senhores leigos, um gesto de integração da aristocracia eclesiástica e leiga.

O *religioso* está presente sobretudo nos juramentos pronunciados pelo rei durante a sagração.

O rei, segundo os *ordines* de Reims e de 1250, pronuncia quatro séries de juramentos:

1) promete primeiro à Igreja protegê-la em suas pessoas e em seus bens;

2) promete em seguida fazer reinar a paz e a justiça — valores com forte conotação religiosa e mesmo escatológica — e, à imitação de Deus, dar prova de misericórdia (um compromisso suplementar, introduzido pelo quarto concílio de Latrão — 1215 —, consiste em combater os hereges);

3) promete defender a santa fé católica, ser o tutor e o defensor das igrejas e de seus ministros, dirigir e defender o reino que Deus lhe deu segundo a tradição de justiça de seus pais;

4) enfim, depois da coroação e da entronização, o rei faz uma última promessa sintética, *coram Deo, clero et populo* ("diante de Deus, do clero e do povo").

De fato, nesses juramentos, e de modo geral, fora da sagração, um pacto foi feito entre o rei e a Igreja, a qual fala por si própria e pelo povo do qual ela se dá como representante. As miniaturas do manuscrito do *ordo* de 1250 mostram bem o cuidado de respeitar uma igualdade inicial entre o rei e o clero, o consagrador sendo superior ao consagrado, que termina com uma certa superioridade do rei sobre o clero, no fim da cerimônia. O beijo da paz (e sem dúvida de homenagem)

---

[10] Anne LOMBARD-JOURDAN, *Fleurs de lys et oriflamme. Signes célestes du royaume de France*, Paris, 1991.

SÃO LUÍS

que o arcebispo dá no rei coroado, já no trono, é talvez o símbolo dessa promoção do rei ungido e consagrado, do rei "sacralizado".

Quanto ao aspecto sacerdotal, é preciso sobretudo notar que o rei Capeto não chegou e sem dúvida verdadeiramente não procurou chegar a um estatuto de *rex sacerdos*, "rei sacerdote". Durante e depois da sagração, permanece um leigo. Mas, como a sagração e a inumação dos reis se realizam numa parte da igreja que cabe ao coro reservado ao clero ou mesmo que está no início desse coro, o rei Capeto recebe alguns elementos secundários de dignidade eclesiástica.

No curso do ritual da sagração, o rei aparece ora próximo de um diácono, ora próximo de um sacerdote (sua capa é posta sobre o braço esquerdo como uma casula sacerdotal), ora até perto de um bispo:[11] como o bispo, e sozinho com ele, recebe uma unção sobre a testa.[12] Principalmente, na missa que se segue à cerimônia, o rei, a exemplo dos sacerdotes, *comunga sob as duas espécies*. Trata-se de um momento único, que não se repetirá em sua vida.

Finalmente, o rei tem o poder *taumatúrgico*, o de curar os doentes, restrito entretanto a uma doença: as escrófulas. Distingue-se mal quando e como a crença antiga em uma doença curada pelos reis mudou de conteúdo. Para Isidoro de Sevilha, no século VII, a *morbus regius* era a *icterícia* e São Jerônimo precedentemente via a *lepra* como essa doença. Para os reis Capeto, são as *escrófulas*. Marc Bloch sem dúvida superestimou o sentido de alguns textos nos quais descobria a prática do milagre real de tocar as escrófulas, e provavelmente propôs uma datação muito longínqua para o exercício institucional e regular do milagre real pelos Capeto. Filipe I tocou as escrófulas depois perdeu, por causa de seus pecados, o poder taumatúrgico. Luís VI tocou as escrófulas, mas ignoramos quantas vezes. Nenhum texto permite dizer que Luís VII, Filipe Augusto e Luís VIII exerceram esse poder. Parece-me prudente fazer começar só a partir de São Luís a prática regular do toque real.[13] Esse primeiro exercício do toque vai, a partir de São Luís e até Luís XIV, exclusive, fixar-se no santuário próximo de Saint-Marcoul, em Corbeny.[14]

---

[11]Num texto visto mais acima, p. 705, São Luís se apresenta como uma espécie de "bispo exterior" dos judeus, mas a expressão não é pronunciada.

[12]Esse rito, praticado desde o século VIII na sagração de Pepino, só no século IX foi introduzido na ordenação episcopal: a unção episcopal imita então a unção real e não o contrário.

[13]Tentei demonstrá-lo em um estudo recente: J. LE GOFF, "Le miracle royal", artigo citado (*supra*, p. 414, n° 20); ID., "Le mal royal au Moyen Âge: du roi malade au roi guérisseur", *Mediaevistik*, I, 1988, pp. 101-109. Fred BARLOW ("The King's Evil", *English Historical Review*, 1980, pp. 3-27) emprega argumentos convergentes para sustentar que o toque real inglês só se institucionalizou com Henrique III.

[14]A reputação de curador de Luís se espalha pela Cristandade. Um certo Lanfranchino, morador de Montassenti, perto de Sena, na Itália, doente de escrófulas, parte para a França em 1258 para se fazer tocar pelo rei (Odile REDON, em *Archeologia medievale*, XIV, 1987, pp. 390-393).

O sistema da sagração

No fim do reinado de São Luís, as cerimônias que fundamentam a sacralidade do poder real formam um sistema.

Os primeiros movimentos do ritual estão no despertar do rei no quarto onde vão procurá-lo dois bispos na manhã da sagração, completando, num sentido de recuo, o rito de iniciação que vai transformar o rei, designado pelo costume de transmissão hereditária do poder em linha masculina através da pri-mo-genitura, em um rei sacralizado pela unção divina, dada pela Igreja em troca das promessas reais por juramento. A liturgia de Reims liga os juramentos, a unção, a entrega das insígnias reais com seus dois tempos fortes, a coroação e a entronização.[15] Completa-a, num sentido para adiante, o primeiro exercício do toque real, devido ao poder taumatúrgico adquirido através da unção feita com um óleo ele próprio milagroso e gerador, na pessoa do rei tocado por esse líqüido milagroso, do poder de tocar (e de curar milagrosamente) a doença das escrófulas.

A cerimônia de Reims reúne, além do mais, pela presença e participação de seus chefes religiosos, os três santuários em que se localiza a *religião real*: Saint--Rémi de Reims, representado por seu abade que é guardião da santa âmbula; a catedral de Reims, lugar da sagração presidida por seu arcebispo;[16] Saint-Denis, enfim, santuário representado por seu abade, guardião das insígnias reais. Saint--Denis, onde se acaba para cada rei, na sacralidade de uma sepultura monástica, o exercício do poder sagrado e religioso que ele detinha desde a sagração.

Com São Luís, a construção da "religião real" atingiu quase o cimo.

Os novos *ordines* separam a sagração real francesa do tronco comum europeu do qual ela fazia parte desde as origens e, em particular, desde o *ordo* de Fulrad no fim do século X. Se se encontra em um dos juramentos prestados pelo rei de França uma passagem tomada de empréstimo ao *ordo* imperial e que só pode ser validamente pronunciada pelo Imperador, isso se dá, creio, ao contrário do que sugeria Schramm, não porque teriam esquecido de expurgar essa passagem, mas porque o rei de França achava nela o meio solene de se afirmar não ainda *imperator in regno suo* ("imperador em seu reino"), mas, como Inocêncio III tinha dito da autoridade de Filipe Augusto, "não reconhecendo superior em seu reino".[17]

Os novos *ordines* situam a liturgia da santa âmbula no coração da cerimônia de consagração e proclamam assim a superioridade do rei de França sobre todos

---

[15]Seria preciso consagrar ao trono um estudo particular.

[16]Ou, *sede vacante*, por seu sufragâneo, na maior parte das vezes pelo primeiro deles, o bispo de Soissons.

[17]É um marco na construção daquilo que J. KRYNEN chamou *L'Empire du roi, op. cit. (supra*, p. 377, nº 34).

SÃO LUÍS

os outros reis cristãos, porque só ele é ungido com um óleo milagroso contido em uma relíquia: ele é *rex christianissimus*. E São Luís com mais razão pode legitimar o poder taumatúrgico de tocar as escrófulas porque sem dúvida foi o primeiro a ter exercido esse toque de maneira institucional e regular.

Os novos *ordines* ainda provocam o aparecimento de uma nova insígnia real, a *mão de justiça*. Ora, a justiça é, com a paz, na ideologia monárquica e especialmente na ideologia monárquica cristã, a principal função real, uma função fundamentalmente ancorada no *sagrado*.[18]

Como eco a esse sistema da sagração que se afirma com ele, não esqueçamos que São Luís é o rei que reorganiza a necrópole real de Saint-Denis de modo a fazê-la necrópole sagrada por excelência da dinastia capetiana, ou, melhor, da monarquia francesa: uma necrópole reservada aos reis e às rainhas sagrados e coroados, uma necrópole na qual se afirma a continuidade sagrada das três raças, remontando mesmo, para além do *reditus ad stirpem Karoli*, à dinastia merovíngia. Através do arranjo dos túmulos e da representação das estátuas jacentes reais, a monarquia francesa afirma suas ligações de sacralidade com o passado, na continuidade dessa linhagem de reis e de rainhas; com o presente, que reuniu sincronicamente os restos mortais e as imagens de soberanos que, na realidade, se sucederam uns aos outros; e com o futuro, para o qual se abrem os olhos dessas estátuas jacentes reais.

A SANTIDADE DE SÃO LUÍS

Mesmo que se possa ligar a santidade de São Luís a diversos modelos anteriores ou contemporâneos de santidade, ela apresenta uma forte originalidade. É uma santidade que combina diversos tipos e se liga à transformação da concepção medieval de santidade,[19] é a síntese da mais alta expressão dos componentes da santidade no século XIII.

Sua originalidade vem primeiro do *corpus*.* A função real de São Luís permite examinar sua eventual santidade através de fontes involuntárias produzidas durante a vida dele, antes da emergência de um horizonte de santidade. As crônicas de Mateus Paris e de Salimbene de Parma põem em cena São Luís e chamam a atenção para traços que já compõem um certo tipo de santo, bem

---

[18]Ver *supra*, pp. 570-572.
[19]A. VAUCHEZ, *La Sainteté en Occident, op. cit.*
*A palavra latina já apareceu nesse sentido, mas em frases nas quais a clareza era maior. Não custa lembrar aqui que nessa acepção *corpus* designa um conjunto de documentos históricos sobre o mesmo assunto. (*N. do T.*)

antes de sua canonização. O primeiro, por exemplo, louva sua *puritas conscientiae* ["pureza de consciência"], tanto nas missões confiadas a seus inquiridores como em sua conduta em relação ao rei da Inglaterra. O segundo traça um inesquecível retrato do rei caminhando como um peregrino e um penitente. Atos reais que dele emanam traduzem as preocupações e as decisões de um soberano que pretende ser em primeiro lugar um rei cristão. Um estudo preciso das ordenações do reino, de seu conteúdo e de suas motivações explícitas, não só da grande ordenação de "ordem moral" de 1254, mas do conjunto dos editos gerais do rei, permite, como se viu, apreender as estruturas mentais do rei cuja espiritualidade e cuja ação farão um santo no desempenho de um poder político que une de modo inseparável a construção do Estado monárquico francês e a realização de uma política cristã.

Os textos de caráter hagiográfico referentes a São Luís e que datam do período intermediário entre sua morte (1270) e a canonização (1297) nos revelam com uma precisão e uma riqueza excepcionais como e por que se prepara a canonização de uma personagem medieval. Oferecem-nos uma crônica de uma santidade anunciada. É o caso, em particular, da *Vida* de Geoffroy de Beaulieu, o confessor dominicano do rei, que constrói a imagem de um santo rei formada pelas impressões de seu círculo próximo, pelas motivações dinásticas da família real, pelas concepções religiosas das ordens mendicantes e, sem dúvida, pela política hagiográfica de Gregório X, papa obcecado pela ideia da cruzada. É também o caso da carta dos prelados da província eclesiástica de Sens ao colégio dos cardeais que, em 1275, reclama a canonização do rei defunto. A carta constitui um verdadeiro programa de santidade real, uma santidade elaborada por uma parte especialmente representativa da Igreja da França. Era já o caso da carta endereçada pelo novo rei Filipe III, filho e sucessor de Luís IX, ao conjunto do clero francês. Documento excepcional que traça, em nome de um rei entrando em função, o modelo de um rei que não apenas realizou o ideal de um rei cristão, mas do qual o sucessor afirma que já foi transportado *ad aeternum regnum, et gloriam sine fine*, "para o reino eterno e a glória sem fim".

As peças do processo de canonização de São Luís, viu-se, estão perdidas, com exceção de alguns fragmentos, mas o franciscano Guillaume de Saint-Pathus, confessor da rainha Margarida, teve essas peças na mão para escrever sua *Vida* e seus *Milagres*. Representando muitas etapas de reunião de testemunhos, esses textos permitem seguir o modo pelo qual a santidade de São Luís foi decantada desde o dia seguinte à sua morte, como essa santidade é despojada de referências precisas em relação aos acontecimentos da vida do santo rei para se idealizar em uma visão essencialmente espiritual e quase separada da história. Oferecem, por outro lado, uma segunda janela para a santidade, a dos milagres, muito contrastada em relação à janela "biográfica".

Em compensação, a bula de canonização e os sermões pronunciados nessa ocasião por Bonifácio VIII, textos muito negligenciados pela historiografia de São Luís, transmitem-nos a visão que da santidade de São Luís tiveram o papa e a cúria. É por vezes diferente, senão afastada, da imagem que nos dão os outros documentos e da imagem que veiculam os historiadores modernos, nem sempre isentos do anacronismo. Os textos pontifícios, por exemplo, rejeitam por seu silêncio a ideia de que morrendo na cruzada Luís tenha sido um mártir, ideia preconizada pelos defensores franceses de sua canonização (Joinville a retomará) e que o próprio Luís tinha apresentado em favor de seu irmão Roberto d'Artois e de seus companheiros mortos em 1250, na batalha de Mansurá. É preciso também, como se tem feito, levar em conta textos litúrgicos pouco posteriores à sua canonização. Um deles, por exemplo, define São Luís como *norma sanctitatis regibus* ("a norma da santidade para os reis") e confirma a necessidade para o historiador de situá-lo em uma tipologia dos reis santos. O estudo assim começado poderia ser estendido e aprofundado.[20]

A documentação deve compreender ainda um texto do próprio São Luís, os *Ensinamentos* ao filho e também os dirigidos à filha. Espelho real que um rei mostra a seu sucessor, mas primeiro a si próprio, esse texto esboça um autor-retrato de um rei santo. Robert Folz mostrou bem como sua originalidade se manifesta em comparação com o *Libellus de institutione morum* atribuído a Santo Estêvão da Hungria para a edificação de seu filho. Esse estudo comparado permite medir o caminho percorrido de um santo rei cristão do século XI, convertido recente em um estado cristão periférico, até um santo rei cristão do século XIII, *chris-tianissimus*, herdando uma longa tradição dinástica piedosa no coração da Cristandade. Mais ainda: é preciso repor esses textos no conjunto dos propósitos de São Luís. Alcançamos com São Luís a palavra de um santo rei num século de uma "palavra nova".

A documentação se completa, enfim, com esse documento excepcional, obra de classificação pseudo-hagiográfica ambígua, devida a um leigo, a *Vida de São Luís*, de Joinville.

---

[20] R. Folz, "La sainteté de Louis IX d'après les textes liturgiques de sa fête", artigo citado.

Um santo leigo

Se se procurar agora definir a santidade de São Luís, é preciso não perder de vista que a originalidade mais fortemente sentida pelos contemporâneos é a de um santo leigo, categoria rara na Idade Média.[21] São Luís é um rei santo leigo posterior à reforma gregoriana, que distinguiu bem clérigos e leigos. Por mais leigos que fossem, os santos reis dos séculos precedentes eram leigos misturados com a sacralidade sacerdotal. Se um rei da França do século XIII conserva e até aumenta, acabamos de ver, um certo caráter sagrado — reconhecido, não sem alguma reticência, pela Igreja e de qualquer maneira por aquilo que se pode chamar de opinião comum —, não é mais o *rex sacerdos* ("rei sacerdote") que os imperadores e, à imagem deles, os reis mais ou menos tinham tido, precedentemente. Um Joinville, leigo ele próprio, chama bem a atenção para o caráter excepcional do santo leigo Luís.

Esse santo manifesta seu laicismo especialmente em três domínios: a sexualidade, a guerra e a política.

A sexualidade define fundamentalmente desde a reforma gregoriana a separação entre clérigos e leigos. Os hagiógrafos de São Luís, em particular os confessores, dão importância, em consequência, à perfeição de São Luís em matéria de sexualidade conjugal, aquela que exprime a própria condição dos leigos. São Luís e a rainha Margarida (porque para a Igreja o casamento e a prática sexual dele decorrente fundamentam-se no consentimento mútuo de esposo e esposa) não apenas respeitam os períodos de proibição das relações sexuais normalmente lícitas — as relações entre marido e mulher —, o "tempo de resguardo",[22] mas acrescentam tempos suplementares de continência. Luís foi um paladino, um herói da sexualidade conjugal. É um aspecto de sua santidade. A esse respeito, lembra a santidade do imperador da Alemanha Henrique II. Mostrou-se que Henrique II, morto em 1024, "corresponde plenamente à imagem do rei sagrado anterior à reforma gregoriana" e que, um século depois de sua morte, sua canonização parecia impossível porque ele "não correspondia de modo absoluto ao tipo de rei servidor do poder espiritual, tal como tinha definido a reforma gregoriana, que rejeitara a tradição da realeza sagrada". Foi preciso, decorrido mais de um século, que o clero de Bamberg imaginasse a lenda do casamento virginal de Henrique II e Cunegundes de Luxemburgo para que o papa Eugênio III proclamasse a

---

[21]A. VAUCHEZ, *Les Laïcs au Moyen Âge, op. cit.*
[22]J.-L. FLANDRIN, Un temps pour embrasser, *op. cit.* (*supra*, p. 650, nº 65).

SÃO LUÍS

santidade do Imperador, baseando-se em grande parte no fato de que ele "guardou a mais absoluta castidade até o fim da vida". O espírito da reforma tinha finalmente modelado a biografia de Henrique II, mas a suposta castidade dele não é a observância sexual de Luís IX.[23] Só São Luís está de acordo com o modelo da justa — e até mais do que justa — sexualidade conjugal leiga que, para um rei, deve ser, no século XIII, compatível com o dever real, dinástico, de procriação.

Luís é também um santo cavaleiro, um santo guerreiro. Conheceríamos mal esse aspecto de sua personalidade e de sua vida se tivéssemos só as hagiografias de pessoas da Igreja. Joinville é que deu valor a isso. O rei aplica as duas grandes regras da guerra cristã, da guerra justa, da guerra lícita. Diante dos Infiéis, é o modelo da guerra santa. Apesar da recusa da Igreja oficial de fazê-lo um santo mártir, ele é um dos raros santos da cruzada. Jean Richard e William Chester Jordan, que estudaram tão bem a fascinação que a cruzada exercia sobre São Luís, talvez não tenham visto tão bem o santo cruzado em Luís IX.[24] Diante dos príncipes cristãos, a regra é não ser nunca o agressor e procurar a paz justa. Ainda aqui, São Luís é um modelo. É o pacificador, com o risco de ser condenado por fraqueza pelo seu pessoal mais próximo diante do rei de Aragão e sobretudo dian-te do rei da Inglaterra. Mas ele também sabe ser um santo da paz, servindo de modo total os interesses da monarquia francesa, por exemplo, ao ligar, como ele próprio sublinhou, o rei da Inglaterra ao rei de França pela obrigação daquele de prestar-lhe homenagem.

Em política, ele quis ser o rei cristão ideal. Donde, para compreender sua santidade de um ponto de vista ideológico, a importância não só de seus *Ensinamentos*, mas dos cinco Espelhos dos Príncipes redigidos no seu reinado a seu pedido, em sua intenção ou na de seus próximos, sobretudo o *Eruditio regum et principum* do franciscano Gilbert de Tournai (1259).[25] Quanto a isso, seria interessante comparar esses Espelhos dos Príncipes com o *Speculum regale* norueguês contemporâneo (1260), recentemente situado outra vez na tipologia dos Espelhos dos Príncipes.[26] Se acompanho Einar Mar Jonsson na maior parte de suas notáveis análises, não estou entretanto de acordo com sua ideia de que "os

---

[23]R. FOLZ, *Les Saints Rois du Moyen Âge en Occident (VIᵉ-XIIIᵉ siècles), op. cit.*

[24]Ver J. LE GOFF, "Saint Louis croisade idéal?", artigo citado.

[25]Ver *supra*, pp. 363-369. Pode-se acrescentar a esses cinco Espelhos, ainda que sem dúvida sem influência sobre o rei e o reinado, o *De eruditione principum* do dominicano Guillaume Perrault (cerca de 1265) e, com alguma dificuldade mais, o *De regimine principum* composto paro o rei de Chipre por Tomás de Aquino que o iniciou por volta de 1265 e que foi completado por Ptolomeu de Luca [grafada assim em latim, é a mesma cidade cujo nome hoje os italianos grafam Lucca] em 1304. Falo na página seguinte do *De morali principis institutione*.

[26]Sverre BAGGE, *The Political Thought of the King's Mirror*, Odense University Press [Dinamarca], 1987; Einar MAR JONSSON, "La situation du *Speculum* regale dans la littérature occidentale", *Études germaniques*, outubro--dezembro de 1987, pp. 391-408.

Fürstenspiegel não se desenvolvem no tempo" e que "na sua diversidade possuem uma unidade que existe desde seu aparecimento e que se poderia situar na sua longa duração". Observo, quanto a mim, uma mudança decisiva no ideal do príncipe entre os Espelhos do Príncipe carolíngios e os do período de 1160 até cerca de 1260, datas redondas que trazem a marca do *Policraticus* de João de Salisbury (1159) e sobretudo do *Institutio Trajani* que aí está incluído, falsamente atribuído a Plutarco, tenha sido composto em Roma aí pelo ano de 400, tenha sido forjado pelo próprio João de Salisbury. Houve uma nova virada depois de 1260 com Tomás de Aquino e Gilles de Rome, mas esses Espelhos dos Príncipes, marcados pela influência aristoteliana, são posteriores à ideologia política que inspirou Luís e o seu círculo próximo. Na medida em que a santidade política do rei no governo do reino e a atitude do rei em relação aos seus súditos sofreu a influência dos Espelhos do Príncipe, a santidade de Luís traz a marca do renascimento do século XII, incluída aí a teoria orgânica da sociedade que faz do rei a cabeça de um *corpus*, de um corpo político.

Quanto à grande *opus politicum*, o grande tratado político do qual Vincent de Beauvais só tinha redigido o *De morali principis institutione* e o *De erdutione filiorum nobilium*, devia definir a conduta do príncipe, de seus conselheiros, de seus oficiais no que concerne a "a honestidade da vida e a salvação da alma".[27]

Estamos aqui, talvez mais ainda do que em outros Espelhos dos Príncipes, em um domínio comum ao rei ideal e ao rei santo no sentido do século XIII, se bem que Vincent de Beauvais se refira também aos autores carolíngios de Espelhos dos Príncipes, ao *Policraticus* de João de Salisbury e ao *De constituendo rege* ("Sobre a instituição real") do cisterciense Hélinand de Froidmont, que ele inclui em sua Crônica (*Chronicon*, livro XI).[28] Vincent dá também Carlos Magno como exemplo ao rei e esse tratado se liga ao grande movimento capetiano do *reditus ad stirpem Karoli*, do qual vimos a importância para Filipe Augusto, Luís VIII e o próprio Luís IX.[29]

O tema pertinente aqui parece-me que é o do *rex imago Trinitatis* (o "rei imagem da Trindade"), variante do tema do rei "imagem de Deus" — estru-

---

[27]Devo essas precisões ao texto da conferência de R. J. SCHNEIDER, *"Rex imago Trinitatis*: Power, Wisdom and Goodness in the *De morali principis institutione* of Vincent de Beauvais", pronunciada na universidade de Groningen [Holanda] a 23 de janeiro de 1987 (citada supra, p. 614, nº 46). Agradeço muito vivamente a Robert J. Schneider de ter tido a bondade de me comunicar o texto inédito dessa conferência assim como o texto da comunicação citada na nota 744, nº 29. Ver *supra*, pp. 362 e 524, nº 55. Sobre a opus politicum de Vincent de Beauvais ver supra, pp. 523-524.

[28]Que se teria perdido se Vincent de Beauvais não reproduzisse no livro XXIX de seu *Speculum historiale*.

[29]Ver *supra*, pp. 357-381, "O rei dos 'Espelhos dos Príncipes'". Robert J. SCHNEIDER, "Vincent de Beauvais on political legitimacy and the Capetian Dynasty: The Argument of the *De morali principis institutiones*", conferência pronunciada no 22º Congresso Internacional de Estudos Medievais: "The Capetian Millenium: 987-1987" (Kalamazoo [Michigan, Estados Unidos], 8 de maio de 1987).

SÃO LUÍS

745

tura trifuncional diferente da trifuncionalidade indo-europeia, mas não sem relações com ela.[30]

Vincent atribui ao rei uma virtude, *virtus*, que se manifesta por três atributos: o poder, a sabedoria e a bondade. O "poder" (*potentia*) é considerado por Vincent segundo a teoria pessimista da origem do poder real como usurpação, na linha de Caim e de Nemrod, que é a tese de Jean de Meung no *Roman de la Rose*. Mas ele o legitima graças à necessidade de reprimir o mal introduzido na sociedade pela "corrupção da natureza", o pecado original. Entretanto, o rei que usa de seu poder "retamente" pode e deve controlá-lo por um segundo atributo, a "sabedoria" (*sapientia*), que evita a transformação de seu poder em tirania. Essa sabedoria inclui o bom emprego da guerra, faz com que escolha bem seus amigos, seus conselheiros e seus oficiais, e o obriga a instruir-se nas letras sagradas e profanas. Um terceiro atributo coroa essa Trindade da virtude real, a "bondade" (*bonitas*), porque o príncipe deve "ultrapassar em bondade todos aqueles que deve governar". Deve chegar a isso guardando-se da inveja, da lisonja e da adulação. A bondade aproxima o "bom" rei da santidade.

Em São Luís, o indivíduo e seus modelos ideais são historicamente um. Estudar os modelos de sua santidade é então, já se viu, estudar o "verdadeiro" São Luís.

Os modelos de santidade de São Luís

O primeiro modelo é bíblico. São Luís é, já o vimos, um novo Josias.[31] Como Josias, "não houve antes rei semelhante a ele que se abandonasse ao Senhor de todo seu coração, de toda sua alma e de toda sua força; e, depois dele, não apareceu semelhante a ele nisso" (Geoffroy de Beaulieu). Como Josias, São Luís foi piedoso na primeira parte de seu reinado; mas, na segunda, depois da cruzada, conheceu uma verdadeira conversão. Com efeito, Josias, restaurando o Templo, lá encontrou o livro da lei, o Deuteronômio e, sobre essa base, renovou a aliança com Deus, celebrou uma Páscoa extraordinária em honra de Javé em Jerusalém e morreu em Megido lutando contra o Faraó. Assim, segundo a Bíblia, um rei passa da devoção à santidade.

---

[30]Ver *supra*, para o rei "imagem de Deus", pp. 358 e, para a trifuncionalidade, Terceira Parte, Capítulo IV, *O rei das três funções*, completo. Apesar de seu sucesso relativo entre os autores de Espelhos dos Príncipes, a concepção do rei "imagem de Deus" permanece fundamental entre os teólogos e provavelmente na mentalidade comum.
[31]Ver *supra*, pp. 352-356.

O segundo modelo é capetiano. Já, no século XI, Helgaud de Fleury tinha tentado fazer de Roberto o Piedoso um santo sublinhando certos aspectos da conduta do filho de Hugo Capeto cuja devoção tem uma semelhança para nós impressionante com a de São Luís.[32] De um modo que nos parece mais espantoso, os colaboradores de Filipe Augusto também tentaram fazer dele um santo nos dias que se seguiram à sua morte e, dessa vez ainda, apoiando-se em traços de caridade invocados com mais verossimilhança e testemunhos em favor de São Luís.[33] A santidade capetiana abortada com Roberto o Piedoso e Filipe Augusto deu certo com São Luís. Trata-se de um santo dinástico e sua canonização teve inegáveis aspectos políticos; Bonifácio VIII ainda mantinha em 1297 a ilusão de seduzir o neto de São Luís, Filipe, o Belo, que será seu adversário implacável.

Enfim, a santidade de São Luís corresponde a um modelo real, o dos santos reis.[34] Mas entre os reis sofredores* da alta Idade Média, os reis confessores dos séculos XI e XII, associados a momentos de conversão de povos, a modelos monásticos, a uma ideologia da realeza sagrada, e São Luís há mais ruptura do que continuidade. É preciso saber resistir a uma falsa longa duração da santidade real. A santidade de Luís é diferente.

É uma santidade especialmente marcada por um duplo modelo, característico do século XIII. Luís é um santo das ordens mendicantes que o envolveram, inspiraram, moldaram a ponto de seus hagiógrafos e seus adversários terem evocado a tentação que ele teria tido de se tornar um daqueles frades. Seria de todo inútil, tratando-se de ordens que dispunham de uma ordem terceira de leigos, mas, mesmo nesse quadro, a função, a majestade reais seriam incompatíveis com o pertencer a uma ordem. Alain Boureau viu de modo pertinente na santidade de São Luís, sob a influência das ordens mendicantes, "uma figura pública da devoção privada".[35]

O segundo modelo contemporâneo é o da *prud'homie*, esse misto de cortesia e de razão, de proeza e de moderação, que pode atingir alturas religiosas. São Luís é um santo *prud'homme*, um herói cortês tocado pela devoção, um Polieucto** medieval.[36]

---

[32]Ver *supra*, pp. 412-414.

[33]Cf. J. W. BALDWIN, *Philippe Auguste et son gouvernement, op. cit.* (*supra*, p. 63, nº 61), pp. 491-495, e J. LE GOFF, "Le dossier de sainteté de Philippe Auguste", artigo citado.

[34]Ver o notável estudo de R. FOLZ, *Les Saints Rois du Moyen Âge en Occident, op. cit.*

*No original, "rois souffre-passion", *reis sofre-paixão*, expressão cunhada por Robert Folz de que se vai falar pouco adiante, no primeiro parágrafo do capítulo X. (*N. do T.*)

[35]Alain BOUREAU, "Saint Louis", em *Histoire des saintes et de la sainteté chrétienne*, t. VI, *Au temps du renouveau évangélique (1054-1274)*, André VAUCHEZ (ed.), Paris, 1986, pp. 196-205.

**Polieucto, santo e mártir morto na Armênia no meado do século III, foi um oficial romano convertido por Nearco, de quem era amigo, que num dia de festa virou de cabeça para baixo as estátuas dos deuses pagãos. Sua festa é a 13 de fevereiro. (*N. do T.*)

[36]Ver *supra*, pp. 550-553.

SÃO LUÍS

747

É preciso esclarecer a santidade de Luís por duas investigações complementares esboçadas acima. A primeira se faz sobre a natureza e as funções de um rei de França no século XIII. É necessário distinguir, em Luís IX, o santo rei individual do rei cristão funcional e coletivo. A santidade de São Luís é individual, não automaticamente ligada à função real, dependente de uma simples decisão pontifícia.

Também é preciso analisar a natureza, a composição e a ação dos *lobbies* que produziram, construíram a santidade de São Luís e obtiveram reconhecimento: os partidários retardatários da cruzada, a começar por Gregório X; a dinastia capetiana, sobretudo seu neto Filipe, o Belo; a Igreja da França, expressando-se especialmente na petição aos cardeais dos prelados da província de Sens e no partido francês na cúria romana; as ordens mendicantes, seguramente, mas também a *vox populi*. São Luís é um santo francês, um santo dos mendicantes, um santo "popular" e também espontaneamente reconhecido pela opinião comum.

A segunda investigação se refere aos milagres.

Os milagres de São Luís

O estudo dos milagres de São Luís dá de sua santidade uma imagem muito mais tradicional. São essencialmente milagres de cura, milagres do corpo. Mas essa santidade, taumatúrgica, só se manifesta depois da morte do rei, conformando-se às prescrições de Inocêncio III, que reconhecia como válidos — a fim de evitar os milagres ilusórios dos pseudoprofetas, dos falsos santos operando em vida — só os milagres consumados depois da morte.[37] Luís ainda aqui se mostra um santo muito ortodoxo, um santo que obedece às prescrições da Igreja. É preciso ver esses milagres de perto.[38]

Um santo cristão se define pela qualidade de sua vida e pelos milagres. O exame dos milagres de São Luís relatados nos anos que precedem ou que se seguem à sua canonização e no momento da canonização deve esclarecer uma dupla questão: que importância tiveram os milagres na canonização de São Luís? Qual

---

[37]A. VAUCHEZ (*La Sainteté, op. cit.*) mostrou bem que essa concepção só se impõe lenta e muito imperfeitamente no decorrer do século XIII.

[38]Retomo aqui o essencial de meu estudo já citado: J. LE GOFF, "Saint de l'Église et saint du peuple: les miracles officiels de Saint Louis entre sa mort et sa canonisation (1270-1297)". Ver o excelente estudo paralelo conduzido numa perspectiva um pouco diferente, a de uma história do corpo (que é a minha sobretudo a propósito do corpo de São Luís no décimo e último capítulo desta terceira parte) por S. CHENNAF e O. REDON, "Les miracles de Saint Louis", artigo citado (*supra*, p. 530 nº 16).

748

foi o balanço entre sua vida e suas virtudes, de um lado, e suas ações milagrosas, de outro? São Luís foi original em seus milagres?

Os sessenta e cinco milagres do *corpus* oficial permitem determinar os tempos, os lugares em que se produziram, as pessoas que deles se beneficiaram, a natureza desses milagres.

Primeiro fato essencial, portanto: todos os milagres de São Luís se deram depois de sua morte. Os biógrafos chamam sempre a atenção para isso. Geoffroy de Beaulieu já indicava que os milagres se seguiram ao sepultamento dos ossos em Saint-Denis: *Sepultis igitur ossibus sacrosanctis divina non defuere magnalia; sed mox mirificavit Dominus sanctum suum [...]*.[39] Guillaume de Chartres, que compara o defunto rei ao sol, "um novo sol se levantou no Ocidente" (*sol novus ortus in partibus Occidentis*), afirma que "depois de se pôr", quer dizer, depois da morte, ele "continuou a brilhar graças à luz de seus milagres" (*post occasum etiam lucere non desinens miraculorum evidentium claritate*).[40] E na bula de canonização de 11 de agosto de 1297, Bonifácio VIII afirma que o Cristo quis que depois da morte o santo rei "brilhasse pela multiplicidade de seus milagres como tinha resplendido (em vida) pelos incontáveis méritos".[41]

Assim a santidade de Luís IX respeita as recomendações feitas por Ino-cêncio III um século antes. Seria muito conveniente distinguir as duas manifestações da santidade: as virtudes durante a vida, os milagres só depois da morte. Bem ou mal, a Igreja aceitava até então que a opinião pública atribuísse milagres ainda em vida de pessoas reconhecidas espontaneamente como santas. Mas a partir das novas normas, o papa e a cúria tornavam-se os donos do reconhecimento da santidade, graças aos processos de canonização. Importava dar do santo uma imagem ple-namente ortodoxa, de acordo com a evolução geral de uma Igreja que eliminava o máximo possível de religião "popular" — que até então tinha tolerado senão integrado —, buscando evitar cuidadosamente que o santo pudesse, em vida, ser confundido com o feiticeiro.[42] Essa política que adiava os milagres para depois

---

[39]"Depois do sepultamento dos santos ossos, não faltaram os milagres divinos; o Senhor foi pronto em beneficiar com milagres seu [novo] santo" (*Recueil des historiens des Gaules et de la France*, t. XX, p. 25).

[40]*De Vita et de Miraculis, ibid.*, p. 28.

[41]Bonifácio VIII, *ibid.*, t. XXIII, p. 159.

[42]A posição de Inocêncio III está expressa na bula de canonização de Santo Homebom (12 de janeiro de 1199), editada por O. Hageneder e A. Haidacher, *Das Register Innocenz III*, I, Graz e Colônia [Áustria e Alemanha, então Ocidental], 1964, pp. 761-764: "Se bem que, segundo o testemunho da verdade, só a perseverança final seja exigida para que uma alma chegue à santidade na Igreja triunfante, uma vez que "aquele que tiver perseverado até o fim será salvo", entretanto, na Igreja militante, duas coisas são exigidas para que alguém possa ser tido como santo: a virtude dos costumes e a verdade dos sinais, quer dizer, as obras de piedade na vida e as manifestações dos milagres depois da morte" (A. Vauchez, *La Sainteté en Occident, op. cit.*, pp. 42-43).

SÃO LUÍS

da morte teve como consequência a concentração dos milagres junto aos túmulos dos santos, segundo a antiga tradição cristã.

Um único milagre de São Luís vivo foi evocado, mas não o tinha como autor (ou, antes, como instrumento divino) e sim como beneficiário. Bonifácio VIII, querendo criar uma atmosfera de santidade e de milagres desde a vida do rei, em especial durante o período particularmente meritório, aos seus olhos, do cativeiro no Egito, relata um dos milagres então sobrevindos. Um dia, o rei, que reza em um quarto afastado, lamenta não ter seu breviário para dizer as horas canônicas. Um religioso que está perto dele o consola, mas de repente o rei acha o breviário ao lado dele, breviário que Deus fez chegar a ele milagrosamente.[43]

Com essa possível exceção, os milagres esperaram pela morte do rei. Mas então se multiplicam. Começam no caminho da volta dos restos mortais do rei de Túnis para Paris e Saint-Denis. Jean de Vignay assinala até, já o vimos, dois milagres havidos na Sicília durante o transporte do coração e das entranhas do rei reclamadas por seu irmão Carlos d'Anjou para seu mosteiro de Monreale. A lista oficial assinala dois milagres registrados na passagem da ossada do rei pelo norte da Itália, em Parma e em Reggio nell'Emilia (milagres 64 e 65 de Guillaume de Saint-Pathus). Outro milagre houve na entrada da ossada do rei em Paris (milagre 46). A narrativa de Guillaume de Saint-Pathus é notavelmente viva:

> Quando se anunciou em Paris, na primavera de 1271, a chegada do rei Filipe III trazendo os ossos de seu pai de Túnis, os burgueses de Paris iam adiante do cortejo, e, na vanguarda, os artesãos de tecidos [mais de trezentos, segundo Guillaume de Saint-Pathus] que pretendiam se queixar ao novo rei de um erro que os prejudicara a propósito de uma determinação de local perto da Porta de Baudroyer. O grupo vai esperar o cortejo junto ao olmo de Bonnel [Bonneuil-sur-Marne] para além de Cristeu [Créteil]. Lá encontram uma mulher que dizia ter vindo da Borgonha com o filho, um menino de cerca de 8 anos, mortificado por um tumor — do tamanho de um ovo de gansa — sob a orelha esquerda. Numerosos santos dos santuários aos quais ela tinha ido em peregrinação (em particular o santuário de Saint-Éloi-de-Ferrière) e numerosos médicos se tinham revelado impotentes. Quando o cortejo chega, a mulher pede aos que conduzem os dois cavalos que carregam a urna com os ossos de São Luís, a cuja passagem todos se ajoelham, que parem para que o menino possa tocar a urna com a parte doente de seu corpo. Um dos condutores carrega suavemente o menino e faz com que toque a urna com

---

[43] *Recueil des historiens des Gaules et de la France*, t. XXIII, p. 150.

aquela protuberância. O inchaço logo rebenta, muita "imundície" sai dele e corre sobre o peito e as roupas do menino que não mostra nenhum sinal de dor. Todas as pessoas presentes gritam diante do milagre e louvam os méritos do abençoado São Luís. Muitos choram de alegria. Um bispo, que estava próximo, afirma que aquele não tinha sido o primeiro milagre feito por São Luís na viagem.[44]

Mas é claro que o essencial se passa em Saint-Denis, junto do túmulo.

A evocação dos bandos de doentes, de inválidos, de estropiados, de mendigos se comprimindo em volta do túmulo, tocando-o, deitando por cima dele (porque ainda não se tinha esculpido a "imagem real"), é pungente. A menção da pedra que se raspa e da qual se engole o pó mostra que pouca coisa mudou nas crenças e práticas desde os tempos merovíngios, desde São Gregório de Tours.

Dos sessenta e quatro milagres listados por Guillaume de Saint-Pathus,* cinquenta e três foram curas em Saint-Denis, cinco dos quais de doentes cujo estado impedia a ida a Saint-Denis e que prometeram ir à abadia se São Luís os curasse e cumpriram a promessa, em dois casos o milagre teve lugar em Chaalis e em Paris através do efeito de uma relíquia de São Luís (um manto e um chapéu que o rei tinha usado), uma criança morreu e foi ressuscitada (milagre 19) pela oferenda de uma vela diante do túmulo do rei; num outro caso, uma simples invocação a São Luís foi suficiente (milagre 52): fê-la um castelão de Aigues-Mortes, de volta de Saint-Denis, que por pouco não se afoga no Saona. A esses é preciso juntar os dois milagres da Itália e o que se deu às portas de Paris.

Apesar da esmagadora localização dos milagres em Saint-Denis (mais de quatro quintos do total), a maioria dos biógrafos de São Luís indica que os milagres tiveram lugar em Saint-Denis ou *alhures*,[45] sem dúvida para obedecer à tendência para a *deslocalização* dos milagres sensível no século XIII.[46] Quanto ao domicílio

---

[44]GUILLAUME DE SAINT-PATHUS, *Les Miracles de Saint Louis*, pp. 171-174.

*Há uma pequena divergência neste caso: alguns parágrafos adiante, neste mesmo subtítulo, dar-se-á conta de que são duas as listas de milagres compiladas por Guillaume de Saint-Pathus, uma de sessenta (que figura num dos sermões do franciscano), outra de sessenta e cinco (tirada do *De miraculis*, parte de sua obra *Les Miracles de Saint Louis*). Não se falará em sessenta e quatro. No início deste subtítulo (terceiro parágrafo) já se falou nos "sessenta e cinco milagres do *corpus* oficial". Só aqui surge esse número, sessenta e quatro, por isso mesmo estranhável. (*N. do T.*)

[45]Por exemplo, GUILLAUME DE CHARTRES: "[...] *ac de miraculis, quae circa ejus sepulcrum et alias*" [... e sobre os milagres, os quais (se dão) ao redor do sepulcro dele e alhures"] (*De Vita et Miraculis*, em *Recueil des historiens des Gaules et de la France*, t. XX, p. 28).

[46]Por deslocalização entende-se a tendência em situar os milagres de modo espalhado e não nos lugares marcados pela presença do santo durante sua vida ou por suas relíquias. Cf. A. VAUCHEZ, *La Sainteté en Occident, op. cit.*, pp. 519-529: "Du tombeau à l'image: le lieu d'invocation".

SÃO LUÍS

751

dos beneficiários dos milagres — com exceção dos dois italianos (milagres 64 e 65), do castelão de Aigues-Mortes (milagres 61 e 62) e do menino vindo da Borgonha às portas de Paris para a chegada da ossada do rei (milagre 56), assim como o de um jovem roceiro do Jura que seguiu o cortejo fúnebre real desde Lyon (milagre 15) — o domicílio, dizíamos, é Saint-Denis, Paris, Île-de-França, até os limites da Normandia e de Artois.[47]

Todos os milagres, com exceção de um único (milagre 46, secagem de três celeiros parisienses), dizem respeito a pessoas curadas de deformidades ou de doenças ou salvas em perigo de morte. Referem-se, em partes quase iguais, aos homens (vinte e três) e às mulheres (vinte). Da mesma forma, entre vinte crianças e adolescentes, há onze do sexo masculino e nove do feminino. Uma forte maioria dos beneficiários é de gente modesta ou pobre, cinquenta sobre sessenta e três, o resto se repartindo entre sete pessoas da Igreja (um cônego, dois padres, um monge cisterciense, duas irmãs da casa das Filles-Dieu de Paris e uma irmã conversa), três burgueses, cinco nobres (um castelão, três cavaleiros, uma damoiselle). Chama-se a atenção frequentemente para o fato de que se trata de preferência de pessoas que trabalham com as mãos ou que estão mergulhadas na pobreza ou mesmo na mendicância. Às vezes até se sublinha que a cura lhes permitiu escapar à indigência.[48]

Fica bem clara aqui a função social do milagre: manter a esperança entre os mais desfavorecidos, ocupar o lugar daquilo que o seguro social e a loteria representariam hoje.

Os milagres se referem quase todos, já foi dito, ao estado físico.

---

[47]Há doze habitantes de Saint-Denis, vinte e cinco parisienses, vinte residentes na Île-de-France e regiões vizinhas e dois de origem um tanto mais longínqua, um cavaleiro originário da parte belga de Hainaut morando na diocese de Arras e um empregado na roça, porqueiro, vindo de Ranton, perto de Loudun, no departamento de Vienne, diocese de Poitiers.

[48]Veja-se, por exemplo (milagre 42), Jehanne de Sarris (perto de Crécy-en-Brie), mulher de Jehan le Charpentier que, uma noite em 1276, perdeu o uso das pernas e dos pés. Ao fim de um mês, "como fosse pobre e não tivesse ninguém que a ajudasse, e como o marido não queria lhe dar aquilo de que ela tinha necessidade", transportaram-na para o hospital da misericórdia de Paris. Ao fim de algum tempo, ela quis voltar para casa, e voltou usando muletas e com a ajuda do marido, mas este mais uma vez não cuidou dela. Jehanne vai então "com grande dificuldade" (de muletas) mendigar na igreja de Saint-Merri, em Paris. Tendo ouvido falar dos milagres que se davam no túmulo de São Luís, decidiu ir a Saint-Denis e lá sobreviver com aquilo que ela própria recebesse. "Agiu de forma tal que ganhou três sous" e, com esse dinheiro ganho para a viagem, dirigiu-se penosamente, sempre de muletas, para Saint-Denis, com a ajuda de uma das filhas. Levou como oferenda ao túmulo do rei "uma vela de sua altura". Depois de quatro dias, sentiu-se melhor. Ao cabo de nove dias voltou a Paris "andando por seus próprios pés, sem cajado nem muletas e sem ajuda de ninguém". Desde então teve boa saúde "e fez o seu trabalho como se fosse uma santa mulher" (GUILLAUME DE SAINT-PATHUS, *Les Miracles de Saint Louis*, pp. 131-134).

752   JACQUES LE GOFF

É preciso tratar as escrófulas (adenite tuberculosa) como um caso à parte que os reis de França (santos ou não) tinham a reputação de curar em vida *ex officio*? Sim e não. Não, porque o poder taumatúrgico dos reis de França era independente de sua qualidade espiritual, do valor cristão de sua vida, era considerado à parte de suas qualidades pessoais. Geoffroy de Beaulieu consagra um breve capítulo à cura das escrófulas por São Luís e os outros biógrafos disso não falam ou a isso fazem rápidas alusões.[49] E, entretanto, parece haver no caso uma ligação entre o poder taumatúrgico especializado de São Luís em vida — como rei de França — e seu poder milagroso — como suposto santo — depois da morte. Com efeito, uma mulher que desempenhou importante papel num dos milagres oficialmente conservados (o sexagésimo), Emmeline de Melun, viúva de um empregado do celeiro do rei, "disse sob juramento que quando os ossos do abençoado São Luís, de volta de além-mar, chegassem à França, curariam muitos que tivessem escrófulas e beijassem a urna que trazia os ossos, nas estradas e nas cidades onde parasse o cortejo, e dizia-se comumente que essas pessoas logo foram curadas".[50] Pode-se assim supor que a reputação de curador de escrófulas que o rei teve em vida atraiu os doentes na passagem de sua ossada. A transferência de seu poder taumatúrgico do tempo de sua vida ao período que se segue imediatamente à morte desempenhou um certo papel na crença em seu poder milagroso depois da morte, portanto em sua santidade, ainda que, como se viu, outros milagres fossem solicitados e obtidos com Deus na passagem de seus restos mortais que assim se transformam em relíquias. De Luís IX o taumaturgo a São Luís, a cura das escrófulas preparou uma transição.

Mas o que os biógrafos sublinham é que os milagres consumados pela intermediação de São Luís depois de sua morte foram não só grandes e numerosos, mas variados. Na bula de canonização, Bonifácio VIII fala da *diversitas miraculorum* ["diversidade dos milagres"] do santo rei.[51] Assim como, em verdade, Luís IX vivo era dotado de um poder taumatúrgico estreitamente especializado, a cura de uma única doença, as escrófulas, do mesmo modo foi muito cedo reconhecido

---

[49] GEOFFROY DE BEAULIEU, *Vita*, capítulo XXXV, "Quod in tangendo infirmos signum sanctae crucis super addidit" ["Que ao tocar os enfermos acrescentou além disso o sinal da santa cruz"] (oito linhas no *Recueil des historiens des Gaules et de la France*, t. XX, p. 20). GUILLAUME DE SAINT-PATHUS, por exemplo, na *Vie de Saint Louis* — uma vez que se trata de curas cumpridas em vida do rei — faz duas breves alusões: "Todo dia, de manhã, quando tinha ouvido suas missas e voltava para o quarto, mandava chamar seus doentes de escrófulas e os tocava" (ed. Delaborde, p. 99), e ainda: "E durante bom tempo o abençoado rei teve o costume de depois de suas missas ouvidas tocar seus doentes do mal das escrófulas" (*ibid.*, p. 142).

[50] GUILLAUME DE SAINT-PATHUS, *Les Miracles de Saint Louis*, p. 188.

[51] Bonifácio VIII, em *Recueil des historiens des Gaules et de la France*, t. XXIII, p. 159.

SÃO LUÍS

como um desses grandes santos cujo poder não se restringia a um tipo de milagre consumado em um santuário particular, mas se exercia sobre todos os males para os quais se podia solicitar sua intercessão junto a Deus. Não se manifestou só no túmulo de Saint-Denis, mas também "alhures". A lista dos milagres conservados pela cúria romana é então um verdadeiro inventário dos milagres considerados "grandes" no fim do século XIII.

Guillaume de Saint-Pathus deu deles duas listas: uma em um sermão, a outra na parte "De miraculis" de sua *Vida*.

No sermão, o frade enumera sessenta beneficiários curados por São Luís, discriminados assim:

alienados (*alienati mente*)	3
vítimas de dessecação dos membros (*aridi membris*)	2
salvos de afogamento (*ab acque inundanti periculo*)	2
curados de contração (*contracti curati*)	6
arqueados corrigidos (*curvi erecti*)	2
coxos recuperando o andar (*claudi recuperaverunt gressum*)	5
cegos recobrando a visão (*ceci visum*)	3
curados de febre contínua (*febricitantes continua sanati*)	3
doentes de febre quartã (*a febre quartana*)	3
vítimas de fístula (*fistulati*)	3
doente de catarata (?) (*a gutta forma*)[52]	1
mudos recobrando a palavra (*muti recuperaverunt verbum*)	2
paralíticos (*paralitici curati*)	16
vítimas de apostema no olho e na garganta	
(*a struma super oculum et in gutture*)	2
escrofulosos (*a scrofulis*)	1
surdo recobrando a audição (*surdus recepit auditum*)	1
vítimas de um tumor (*a tumore sil et dolore*)[53]	3
ressuscitados (*mortuis suscitati sunt*)	2

---

[52] H.-Fr. Delaborde achava que talvez fosse preciso ler *fortissima* e remetia à expressão "goutte flestre" da tradução francesa dos *Milagres*, mas como *flestre* significa "fístula" e no manuscrito do sermão (proveniente de Chartres) *a gutta forma* figura entre os *fistulati*, essa aproximação não é muito convincente (H.-Fr. DELABORDE, "Une oeuvre nouvelle de Guillaume de Saint-Pathus", artigo citado, p. 277, nº 2).

[53] H.-Fr. Delaborde indica que o texto original trazia *timore* e não *tumore* e não decifrou a abreviação *sil* que para mim permaneceu misteriosa (*ibid.*, p. 277, nº 3 e 4). No manuscrito, os números dos milagres figuram em algarismos romanos.

754   JACQUES LE GOFF

Esta lista difere pouco da que se pode tirar dos *Milagres*, onde estão enumerados sessenta e cinco em vez de sessenta.[54] Essa outra está resumida assim por Guillaume:

> Socorreu as vítimas de contração (*contrez*) e fez com que seus membros fossem estendidos; os que estavam tão curvados que quase tocavam a terra com os rostos, socorreu-os e restabeceu-lhes a saúde plena e reergueu suas faces para o alto; socorreu os corcundas, os gotosos, os que eram vítimas de uma doença forte e diferente chamada fístula (*flestre*), os que tinham membros secos, os que tinham perdido a memória [alienados ou amnésicos], os que tinham febres contínuas e quartãs [...], ajudou, socorreu muitos que estavam paralíticos e outros tomados por diversas espécies de definhamento e lhes devolveu a saúde plena; deu de novo a visão aos cegos, aos surdos a audição, aos coxos a locomoção, aos mortos a vida[55] [...].

Se bem que, de acordo com alguns historiadores,[56] a proporção das "vítimas de contração" diminui entre os beneficiários de milagres do século XIII, se adicionarmos a esse item das vítimas de contração os arqueados ou curvados, os coxos, os que são chamados paralíticos (entre os quais parece haver muitos epilépticos — a epilepsia é o *mal Saint-Leu* [doença de São Lobo] — ou pessoas atacadas pela doença de Parkinson), em resumo, todos aqueles que têm problemas de locomoção, essa categoria se torna a mais importante entre os relacionados oficialmente na lista dos milagres de São Luís. O modelo dos infelizes que ele curou parece ser aquele (ou aquela) que chega muito penosamente a Saint-Denis com algum tipo de apoio, quer dizer, de muletas, porque perdeu um pé, uma perna, as coxas, e não poderia dispensar as muletas. Cura espetacular, objetivamente constatável e que restitui a natureza e as potencialidades a um ser humano profundamente diminuído pela enfermidade e condenado a viver à custa de outrem, dos seus, de um hospital, de doadores de esmolas. Agora ele poderá se locomover, ser ereto, ser independente, trabalhar.

---

[54] A dificuldade de definir com precisão, em um certo número de casos, a categoria dos milagres mencionados e, em particular, a dificuldade de definir a categoria dos paralíticos não me permitiram identificar os cinco milagres que não estão contabilizados no sermão.

[55] GUILLAUME DE SAINT-PATHUS, *Les Miracles de Saint Louis*, pp. 1-2.

[56] Pierre-André SIGAL, "Maladie, pèlerinage et guérison au XIIᵉ siècle. Les miracles de Saint-Gibrien à Reims", *Annales E.S.C.*, 24, 1969, pp. 1-27; A. VAUCHEZ, *La Sainteté en Occident, op. cit.*, pp. 549-552.

SÃO LUÍS

Milagres da devolução da dignidade humana mais ainda do que da cura de um sofrimento.

Uma outra categoria importante tem seu peso: todos os que são curados de uma doença produtora de deformidade e de sujeira, de pus e de "imundície": fístulas, apostemas (abcessos), gânglios, chagas etc., todas essas doenças purulentas e fétidas, doenças que incham ou esburacam, cujas vítimas Piero Camporesi evocou magnificamente em bandos trágicos na Itália dos séculos XVI e XVII.[57] A eles também, o milagre devolve a integridade do corpo, senão a beleza; a limpeza, senão o brilho, um contato normal com os que o cercam.

Definitivamente, São Luís nada tem de excepcional em seus milagres. Realizou aqueles que no fim do século XIII se esperavam de um grande santo, fosse de origem leiga ou eclesiástica, rei ou monge. Através de seus milagres ele é, como se disse de um outro santo, seu sobrinho,* São Luís d'Anjou, um santo como os outros.[58]

Os milagres e a vida

Não me estenderei sobre a peregrinação ao túmulo de São Luís em Saint-Denis. Observo que o milagre acontece frequentemente durante e sobretudo no fim de uma novena, continuação de velhas práticas de incubação da alta Idade Média no túmulo dos santos; que se situa muitas vezes no termo (e no pico) de uma série de peregrinações infrutíferas de santos pouco poderosos que São Luís sobrepuja por seu poder; que o milagre, uma vez, só se produziu no fim de uma segunda peregrinação a Saint-Denis (milagre 39). A segunda peregrinação teve sucesso porque foi precedida de uma confissão dos pecados pela postulante do milagre. Aqui surge o problema quanto à novidade e à tradição nos milagres de São Luís. A atmosfera que os envolve se parece muito com a das velhas práticas "supersticiosas". Há inicialmente

---

[57]Piero CAMPORESI, *Il pane selvaggio* [1980], trad. fr., *Le Pain sauvage. L'imaginaire de la faim de la Renaissance au XVIIIe siècle*, Paris, 1981.

*Na verdade, não é sobrinho, mas sobrinho-neto de São Luís, como está corretamente numa das notas do subtítulo *As ordens mendicantes*, do capítulo II da segunda parte. Não era filho de Carlos I d'Anjou, irmão de São Luís, mas de Carlos II d'Anjou, ou Carlos II rei de Nápoles e da Sicília. (*N. do T.*)

[58]Jacques PAUL, "Miracles et mentalité religieuse populaire à Marseille au début du XIVe siècle", *La Religion populaire en Languedoc du XIIIe à la moitié du XIVe siècle. Cahiers de Fanjeaux*, 11, Toulouse, pp. 61-90.

os dois milagres que tiveram lugar não no túmulo, mas pela intermediação de objetos-relíquias que pertenceram a São Luís. Um cisterciense de Chaalis foi curado de uma dor que ia da cabeça às costas e aos rins vestindo um manto que São Luís tinha doado à abadia (milagre 12). Os três celeiros de Paris inundados foram milagrosamente secos porque se jogou na água, fazendo o sinal da cruz, um chapéu de plumas de pavão que São Luís tinha usado e dado a um de seus escudeiros — a proprietária dos celeiros era viúva dele (milagre 46). Muitos peregrinos trazem eles próprios, ou fazem chegar ao túmulo de São Luís em Saint-Denis, uma vela de sua altura — objeto mágico de substituição —, enquanto que um dos beneficiados por milagre manda oferecer à basílica de Saint-Denis uma perna de cera como ex-voto pela cura da própria perna (milagre 55).

Muitas peregrinações ou milagres nascem de uma visão do santo aparecendo a pessoas que o conheceram,[59] por exemplo, a mestre Dudes, cônego de Paris e "físico" [médico], que tinha acompanhado o rei na cruzada de Túnis como médico (milagre 38), ou ainda Frei Jehan de Lagny, pároco de Thorigny, a quem São Luís aparece com as roupas com as quais ele o tinha visto frequentemente vestido (milagre 50). Guillaume de Chartres narra, por sua vez, como uma matrona parisiense, cujo marido tinha sido amigo íntimo do rei, o viu num sonho, assistido por uma outra personagem brilhante de um esplendor extraordinário parecendo oferecer-se em sacrifício no altar de sua capela real em Paris. Visão clássica anunciando a morte de um santo, quando as notícias da morte em Túnis de Luís IX e de seu filho João Tristão, conde de Nevers, não tinham chegado ainda a Paris.

Diante desse imaginário tradicional da santidade e do milagre, observo que em compensação ele indicou em alguns casos (como no caso da mulher que só obteve o milagre na segunda peregrinação a Saint-Denis) que uma confissão sincera dos pecados é condição para a obtenção de um milagre e, assim, deve ser feita antes da viagem a Saint-Denis. Isso testemunha um "progresso" da vida espiritual, uma preparação pessoal e piedosa para o milagre, um papel crescente da confissão na vida cristã do século XIII.

Mais amplamente, se se retoma o conjunto da obra dos biógrafos de São Luís entre 1270 e o início do século XIV, tem-se a nítida impressão de que o

---

[59]Lembremo-nos do célebre sonho de Joinville vendo São Luís aparecer-lhe depois da morte e pedir-lhe que pusesse uma imagem dele na capela do castelo do senescal. Cf. M. ZINK, "Joinville ne pleure pas, mais il rêve", artigo citado. É necessário observar que a aparição de São Luís em sonho a seus amigos mais chegados parece ser tido um *topos* nos anos que se seguiram à morte do rei.

SÃO LUÍS

que conta como mais importante aos olhos deles é a vida mais do que os milagres.[60] É sobre a vida que eles se estendem de modo mais longo, em primeiro lugar são as virtudes, os méritos do rei principalmente que fazem dele um santo. Em seu sermão de 6 de agosto de 1297, Bonifácio VIII lembra que seu antecessor Nicolau III (1227-1280) tinha declarado que "conhecia tão bem a vida desse santo, que dois ou três milagres seriam suficientes para canonizá--lo", "mas a morte se antecipou."[61] Essa vida comporta, certamente, traços tradicionais (às vezes até hipertrofiados, como o culto das relíquias, ou fora de moda, como o ardente espírito de cruzado). Mas, no essencial, foi marcada, insisto, pela nova piedade do século XIII, de um tempo em que a lembrança de um São Bernardo e, mais próximo, a de um São Francisco de Assis, sem falar das correntes profundas que representam e que modelaram, fundamenta um novo espírito, novas práticas de piedade: uma humildade profunda, a devoção à eucaristia, a imitação pelos leigos da piedade dos religiosos, a prática das obras de misericórdia.

Será preciso, então, dividir em duas partes a santidade de São Luís? A vida, que seria a parte da modernidade, e os milagres, que representariam a parte da tradição? A vida, na qual se expressaria sua personalidade, sua originalidade, sua mensagem à história? Os milagres, nos quais ele se apagaria, por trás dos modelos, dos lugares-comuns, do século XIII "profundo"? A vida, marcada pela mentalidade "sábia" e "progressista" dos clérigos, os milagres, comandados pela mentalidade "popular" e "tradicional"?

Sejamos prudentes. São Luís é um homem, um rei, um santo simultaneamente novo e tradicional. Os milagres como a vida se inserem numa longa tradição e

---

[60]Um texto recentemente reencontrado o confirma. Trata-se da resposta do arcebispo de Toledo, Dom Gonzalo Pérez, a um questionário de Bonifácio VIII sobre os milagres de São Luís (já assentados no curso do processo, em sua maioria, em 1282: ver *supra*, pp. [271-272]), redigido em Roma nos primeiros meses de 1297. Gonzalo Pérez vê com clareza em São Luís duas virtudes que a Igreja, desde Inocêncio III, reconhece em um santo: a *virtuositas operationum* (as ações virtuosas) e a *continuato vel continuitias actionum* (a perseverança no bem). E o arcebispo de Toledo, homem de grande cultura, baseia-se, entre outros, nos argumentos tirados da *Ética a Nicômaco* de Aristóteles, da qual possui um manuscrito elaborado em Viterbo em 1279, portanto depois da morte de São Luís. Quanto à terceira característica, a *claritas se evidentia miraculorum* (a clareza ou evidência dos milagres), contenta-se em dizer que ela aparece claramente, no caso de Luís IX, sem mais. Evita assim pronunciar-se sobre esses milagres e não lhes dá verdadeira importância. Agradeço muito vivamente ao padre LINEHAN e Frei J. HERNÁNDEZ que reencontraram e publicaram esse texto com um excelente comentário ("*Animadverto*: a recently discovered *consilium* concerning the sanctity of King Louis IX"), (artigo citado). [*N. do T.* — A segunda virtude enumerada traz um novo erro em citações latinas: não pode ser *continuato vel continuitias*, como está, mas *continuatio vel continuitas*, dois simples nominativos da terceira declinação; é apenas, na verdade, um outro erro de imprensa, a rigor, dois outros, ou um erro de digitação, como é mais apropriado chamá-los na era do computador; mas não é menos verdade que uma revisão mais cuidadosa os teria eliminado.]

[61]BONIFÁCIO VIII, em *Recueil des historiens des Gaules et de la France*, t. XXIII, p. 151.

expressam mentalidades novas. Quanto aos clérigos, creem nos milagres como os outros. Essa crença faz parte, no fim do século XIII, da mentalidade comum.[62] E mesmo o papa Nicolau III não podia crer que pudesse haver santidade sem milagres.

As relíquias

Ao estudo dos milagres, seria preciso acrescentar ainda o das relíquias de São Luís. História clássica de corpos reais divididos e relíquias corporais repartidas entre um túmulo de entranhas em Monreale na Sicília, para agradar ao irmão Carlos, o rei de Nápoles, e um túmulo da ossada em Saint-Denis segundo as ordens — de conformidade com a tradição dinástica da monarquia francesa — do filho, Filipe III. História clássica, também, do desmembramento do esqueleto real em um grande número de ossos-relíquias que disseminam as provas da santidade de Luís. Mas entretanto história singular, porque o transporte do cadáver-relíquia leva meses, da Tunísia a Saint-Denis, e porque uma esteira de milagres logo vem sustentar a crença popular na santidade do rei defunto. História singular, enfim, pelo destino das entranhas de Monreale que seguirão os Bourbons de Nápoles em seu exílio austríaco do século XIX, depois legadas por eles aos Padres Brancos franceses de Cartago, voltando assim aos lugares da morte do santo rei.[63]

O último dos reis santos

São Luís é, definitivamente, um santo entre a tradição e a modernidade, de uma santidade que se afasta da santidade real da alta Idade Média, sem se inclinar inteiramente para a santidade individual, caridosa e mística do outono da Idade Média. Foi o último dos reis santos, com exceção de Fernando III de Castela, seu quase contemporâneo, mas que só será canonizado em 1671. Foi também o único rei santo do século XIII, da nova sociedade saída do grande

---

[62] A. VAUCHEZ, *La Sainteté en Occident, op. cit.*, pp. 615-622: "Mentalité hagiographique et mentalité commune".

[63] Ver *supra*, p. 276. Lembro a impressionante narrativa de Mateus Paris, morto em 1259, contando a cólera de São Luís a quem enviaram, para a abadia de Pontigny, um membro do corpo de um santo.

SÃO LUÍS

avanço da Cristandade desde o ano mil. Depois dele, os reis aristotelianos e absolutos ficam fora da santidade individual, daquele tempo em diante incompatível com a sacralização do Estado. Os únicos monarcas canonizáveis serão agora os papas.

X

O REI SOFREDOR,
O REI CRISTO

Mais ainda, sem dúvida, do que Ricardo II, de Shakespeare, São Luís foi, num contexto medieval, um "rei de dores". Essa imagem do rei sofredor trouxe, porém, a seus contemporâneos, grandes e difíceis problemas. É o sofrimento um valor? Pode o sofrimento assumir uma imagem positiva, servir à salvação como o trabalho, dado por Deus a Adão como punição de seu pecado, e que passou, do século XI ao século XIII, de uma concepção de trabalho-penitência a uma concepção de trabalho-mérito? No Purgatório, é verdade, nascido no fim do século XII, o sofrimento das almas revestidas de algum corpo faz com que elas evoluam de uma situação de castigo a um estado de purificação. Mas, também, pode um rei sofrer? São Luís é muito diferente daqueles reis anglo-saxões da alta Idade Média que Robert Folz, traduzindo uma expressão russa (*strastoterptis*), chamou de reis "sofredores"* e que tiveram algum sucesso nas hagiografias eslava e russa, sobretudo, com um pano de fundo

---

*A expressão no original aqui é "reis *souffre-passion*", já usada no capítulo anterior, no subtítulo *Os modelos de santidade de São Luís*. Não me pareceu boa a expressão literalmente correspondente em português, "sofre--paixão", que fica um tanto forçada, enquanto, embora traduzida do russo, como agora se esclarece, cai de modo natural na língua francesa, que já tem expressões do mesmo tipo (por exemplo, *souffre-douleur* para "bode expiatório"). Assim, correndo o risco de uma certa descaracterização — pois há uma evidente aproximação com o Cristo quando se fala em paixão —, preferi ficar com a simplicidade de "rei sofredor" em vez de *rei sofre-paixão*. Até porque daqui em diante "sofredor" voltará a corresponder sempre a *souffrant*, pois não se falará mais em *souffre-passion* a não ser

SÃO LUÍS 761

bizantino.[1] Esses reis-mártires tiveram seu destino trágico e seu sofrimento só é levado em conta na valorização de sua imagem postumamente. São Luís é um sofredor cotidiano, estrutural, involuntário porque doente, e voluntário porque praticante da ascese. Sua auréola de sofredor foi lentamente adquirida no curso da vida, e sua morte de mártir da cruzada apenas apõe uma marca tradicional sobre um rei sofredor de um novo tipo, porque no Ocidente o sofrimento, mesmo fora do martírio, tornou-se um valor e valoriza até os reis. Não depende puramente da graça de Deus: é vivido no ponto de encontro da graça divina e do esforço humano. Mas porque o rei é sempre uma personagem superior, o rei sofredor é um grande sofredor e um grande rei.

Joinville apresentou a abertura trágica e fúnebre da vida de São Luís no próprio dia, profético, de seu nascimento. Alguns temas essenciais das relações de São Luís com o sofrimento vão expressos aqui.[2]

É um sofrimento individual primeiro, o da cruz, da peregrinação, da cruzada — o grande caminho da pena e da dor pelo qual o homem segue e se une ao crucificado, o Cristo; sofrimento coletivo, depois: partilha do sofrimento e da morte entre o rei e uma multidão de súditos e de companheiros; valorização desse sofrimento, por fim, uma vez que a dor humana deste mundo deságua na alegria eterna do paraíso. Tempo passado da história terrestre em que se situa a dor, tempo presente da eternidade em que o sofrimento se transforma em felicidade.

---

[1] Robert FOLZ, "Trois saints rois 'souffre-passion' en Angleterre: Oswin de Deira, Ethelbert d'Est-Anglie, Édouard le Martyr", *Comptes rendus de l'Academie des inscriptions et belles-lettres*, 1980, pp. 36-49. Em seu livro (*Les Saints Rois du Moyen-Âge en Occident, op. cit.*), R. Folz inclui São Luís. Não estou de acordo com esse grande sábio em muitos pontos importantes. É verdade que "entre o século VI e o século XIII o tipo de santo rei evoluiu à medida que a própria realeza se consolidava", se bem que eu não pense que haja aí uma relação tão estreita entre os dois fenômenos. "O mártir que usava a coroa real foi substituído progressivamente pelo rei santificado por causa da maneira pela qual exercia seu poder" (p. 21). Mas afirmando que "é impressionante notar que os primeiros reis considerados santos eram completamente desprovidos dessa 'virtude' real, criadora da vitória ou apenas do sucesso, hipoteticamente reconhecida em alguns de seus predecessores pagãos", Folz não esclarece bem, creio, essa importante observação. A vitória permanece um atributo da imagem real, mas o conteúdo desse sucesso muda com o cristianismo para o qual o martírio é a mais bela das vitórias. É essa concepção que ainda domina na canonização de São Luís. Contudo, há entre os reis "sofredores" [*souffre-passion*] e São Luís uma diferença profunda que se liga à época e marca uma ruptura com a tradição, enquanto R. Folz insiste antes sobre uma continuidade. O sofrimento de São Luís é mais um sofrimento cotidiano em seu corpo e seu coração, aceito com paciência ou buscado com zelo, do que um acontecimento dramático totalmente imposto do exterior. O sofrimento, que se tornou um valor, só no fim alcança o Cristo da paixão. É o sofrimento do homem que aceita sua condição humana e faz dela um aspecto de seu poder em vez de uma agressão contra esse poder, um aumento e não uma diminuição de prestígio. Não é tanto a condição da realeza que mudou, mas a do sofrimento. E as atitudes a respeito do corpo.

[2] JOINVILLE, *Histoire de Saint Louis*, pp. 40-41. O texto se acha na Primeira Parte, Capítulo I, pp. 34-35. Um número especial muito sugestivo da revista *Médiévales* foi consagrado a diversas formas do sofrimento na Idade Média: *Du bon usage de la souffrance*, n° 27, outono de 1994.

Os valores do corpo

São Luís mantém com o corpo relações complexas. Combina a doutrina cristã sobre o corpo com seus problemas pessoais de saúde, suas obsessões, sua sensibilidade própria. O cristianismo de seu tempo ensina simultaneamente o desprezo pelo corpo que se opõe ao desabrochar da alma, o princípio nobre e até divino do homem, e um certo respeito pelo corpo que ressuscitará no Juízo Final. Tende a um evidente gozo físico e mental na mortificação corporal. Sente-se e se quer próximo do ascetismo monástico rigoroso: posturas penosas na oração, jejuns, uso de cilício, flagelação. Gosta, além do desejo de humildade e de penitência, de se sentar sobre a terra, de se deitar desconfortavelmente. Gosta do toque. Sua vida psicológica e moral passa pelo corpo. Acha a palavra *pru-d'homme*, que define seu ideal de homem, deliciosa de pronunciar. Em compensação, a palavra "restituir" [*rendre*] — é um obcecado pelo dever de restituição — arranha-lhe a garganta: os rr (erres) da palavra são "os ancinhos do diabo".[3] E é de lembrar-se sua alegria sensual quando Deus lhe dá o dom de uma lágrima que ele sente deslizar com gozo ao longo da face e chegar ao canto da boca, e a degusta e engole.[4]

São Luís insiste nos *Ensinamentos* ao filho e à filha sobre o dom divino da "saúde do corpo", sobre a paciência que se deve mostrar em relação à doença, sobre a caridade a manifestar para com os "sofredores do corpo". Filipe deve também se guardar dos "pecados do corpo".[5]

Luís é casto e continente, abomina a prostituição, mas cumpre sem desprazer seu dever conjugal. No único caso que chegou até nós em que ele se vê diante de uma mulher que se pretende tentadora, Luís lhe dá diante de testemunhas uma lição de moral: ela é bela, mas a beleza do corpo passa como a flor e quando a idade chega todos os artifícios juntos não podem fazer reviver essa

---

[3] Uma das principais tarefas dos inquiridores reais é recolher as queixas de exação injusta que devem provocar restituição por parte do rei. A restituição das usuras pelo usurário ou seus herdeiros é a condição essencial — com o arrependimento — para sua salvação. Os tratados "sobre as restituições" (*De restitutionibus*), numerosos no século XIII, estão entre os mais interessantes sobre as práticas do crédito e da doutrina eclesiástica na matéria. São Luís insiste muito sobre seu dever de restituição nos *Ensinamentos* ao filho. Ver JOINVILLE, *Histoire de Saint Louis*, p. 19. [*N. do T.* — Vale lembrar que a reação do rei diante da palavra rendre e de seus erres, narrada por Joinville, também está citada na passagem em que se dá conta de que São Luís é o primeiro rei a falar a língua popular, o francês: está no subtítulo *Palavras de fé*, Capítulo III desta mesma última parte.]

[4] GEOFFROY DE BEAULIEU, *Vita*, p. 14.

[5] Ver *supra*, p. 655.

SÃO LUÍS

763

beleza inútil; a beleza da alma, em compensação, agrada a Deus e assegura a salvação eterna.[6]

No caso de uma mulher adúltera, que mandou o amante matar o marido, São Luís se mostra impiedoso. A mulher reconhece os fatos e se arrepende. A rainha e outras grandes damas, os próprios frades mendicantes pedem a Luís sua graça. O rei consulta seu fiel conselheiro Simon de Nesle que, como ele, tem o sentido das exigências da justiça real, justiça pública. O rei segue o conselho de Simon e a manda queimar publicamente em Pontoise.[7]

Um caso de violação

Da mesma forma quando, em Melun, uma mulher veio se queixar a ele de ter sido atacada à força por um homem que tinha entrado através da violência em sua casa, mandou Simon de Nesle instruir o caso, com outros membros de seu conselho. O homem incriminado confessou ter conhecido carnalmente a mulher,

---

[6]GUILLAUME DE CHARTRES, *De Vita et de Miraculis*, p. 33. "Deu-se uma vez em uma assembleia que uma dama enfeitada de modo extravagante (*non modicum curiose*) depois de acertar seu negócio com a corte entrou com um pequeno número de pessoas nos aposentos do rei e se fez notar pelo rei. Era, de fato, segundo o século enganador e o falso julgamento das pessoas do século quanto à vã beleza do corpo, extremamente bela e reputada por sua beleza. O rei, todo devotado a Deus em seu coração, quis lhe falar familiarmente sobre a sua salvação. Chamou Frei Geoffroy [de Beaulieu] que estava presente e lhe disse: 'Quero que estejais comigo e que ouçais o que pretendo dizer a essa dama aqui presente que pede para me falar pessoalmente.' Os outros negócios despachados, como essa dama ficasse só com o rei e o dito frade, o rei lhe disse: 'Senhora, desejo dizer só uma coisa para vossa salvação. Diz-se que fostes uma bela dama, mas, bem o sabeis, o que fostes já é passado. É bom que reflitais, então, no fato de que essa beleza era vã e inútil e rapidamente desaparece, como uma flor, cedo fanada e de pouca duração. E não podeis fazer com que ela volte, por mais cuidado e diligência que nisso ponhais. Cuidai, então, de adquirir outra beleza, não a do corpo, mas a da alma. Graças a ela agradareis a nosso criador e essa beleza resgatará os erros que tenhais cometido no tempo daquela beleza passada.' A dama recebeu sem reação essas palavras. Melhorou em seguida e se conduziu com mais humildade e honestidade." Sobre a imagem do relacionamento com as mulheres de um santo do qual São Luís está ao mesmo tempo muito próximo e muito afastado, ver o belo livro de Jacques DALARUN, *Francesco: un passagio. Donna e donne negli scritti nelle leggende di Francesco d'Assisi*, Roma, 1994. O modelo da mulher tentadora da qual o homem deve se desviar pertence à tradição monástica.

[7]GUILLAUME DE SAINT-PATHUS, *Vie de Saint Louis*, pp. 142-143. "Uma mulher que pertencia à melhor sociedade de Pontoise e à linhagem de Pierrelaye tinha sido presa pelos agentes do santo rei porque, ao que se dizia, tinha mandado que lhe matasse o marido um homem que ela amava por um amor condenado, ao que se dizia, e tinha mandado jogar o corpo em uma privada (*latrines*). A dama, tendo reconhecido o fato por ocasião do julgamento, o santo rei quis que a justiça fosse feita por esse ato, se bem que a rainha da França e a condessa de Poitiers [sua cunhada, mulher de seu irmão Afonso] e outras damas do reino e alguns frades menores e pregadores lhe pedissem que a morte fosse poupada à dita dama, porque ela mostrava grande contrição e grande arrependimento. Os amigos e os primos da dita dama, a rainha e as outras pessoas acima citadas suplicaram ao rei que, se ela devia de todo modo morrer, sua execução não tivesse lugar em Pontoise. O rei pediu ao nobre e sábio monsenhor Simon de Nesle sua opinião, e monsenhor Simon respondeu que a justiça feita publicamente era boa. Então o santo rei ordenou que a dita mulher fosse queimada no castelo de Pontoise, e ela foi queimada publicamente."

mas declarou que se tratava de uma "louca mulher" — uma prostituta. Muitos membros da corte pediram a graça de São Luís para sustar o enforcamento do homem, que tinha sido condenado pelos juízes designados pelo rei, porque ele tinha pertencido a seu grupo palaciano. Mas o rei ordenou a Simon de Nesle que fizesse justiça com o culpado e ele foi enforcado.[8]

Na outra extremidade da cadeia dos corpos, longe dos corpos culpados desses homens e dessas mulheres que não souberam resgatá-lo da corrupção do pecado original, Luís venera o corpo imaculado de onde vêm a redenção e a salvação, o de Cristo.

Nos *Ensinamentos*, ele fala do corpo supremo, "o corpo de Nosso Senhor Jesus Cristo", a hóstia, que Filipe deve adorar particularmente "no momento em que estiver presente na missa e depois também durante alguns momentos adiante".[9]

Luís, entretanto, não isentou seu próprio corpo dos cuidados humanos. Esse corpo submetido a duras penitências físicas, São Luís o entregou, quando doente, à ciência dos médicos. Um rei deve ter médicos e um cristão deve se cuidar e evitar todo tipo de comportamento que se tornaria um suicídio.

Conhecemos um certo número de médicos de São Luís. Dois deles aparecem em documentos específicos. Um deles é uma mulher. O ato real foi lavrado em Acre, em agosto de 1250, pouco depois que o rei libertado deixou o Egito rumo à Terra Santa. Estipula que o preposto de Sens garanta uma pensão de doze denários parisis por dia, enquanto ela vivesse, a uma certa Hersende que cuidou bem do rei. Essa Hersende devia ter títulos universitários, porque o ato a chama de *magistra*, mestre no feminino. Como ela terá direito a essa renda depois que tiver voltado do além-mar à França, é de supor-se como verdadeiro que tenha cuidado do rei durante a cruzada do Egito e se prepara para voltar a Sens ou a essa região com os franceses — entre os quais os irmãos do rei — que não ficariam com São Luís na Terra Santa.[10]

Outro é um italiano, provavelmente originário de Cremona, "médico de meu senhor o rei", morto em 1247, Pierre Lombard [como era chamado na França, onde viveu], cujo legado, deixado em testamento, está registrado no cartulário da abadia cisterciense de Froidmont. Esse monge-médico tinha deixado casas, algumas das quais legava à abadia de Sainte-Geneviève e à

---

[8] GUILLAUME DE SAINT-PATHUS, *Vie de Saint Louis*, p. 144.
[9] *Enseignements* (ed. D. O'Connell), p. 186.
[10] Georges DAUMET, "Une femme-médecin au XIIIᵉ siècle", *Revue des études historiques*, 1918, pp. 69-71.

SÃO LUÍS

765

de Saint-Victor. Pierre Lombard foi cônego de Chartres e lá foi enterrado, na catedral.[11]

Um outro clérigo médico de Luís IX, mestre Robert de Douai, cônego de Senlis e de Saint-Quentin, legou, ao morrer, em 1258, 1.500 libras para ajudar na fundação do colégio idealizado por Robert de Sorbon. Em troca, seu aniversário é celebrado em diversos estabelecimentos de ensino de Paris, entre os quais a Sorbonne.

Luís manifesta a respeito de seu corpo um pudor extremo, desnudá-lo o perturba. Guillaume Saint-Pathus ainda desta vez o testemunha.

> Toda a honestidade que pode ter um homem casado ele teve como nenhum outro. Meu senhor Pierre de Laon, que foi seu cavaleiro e com ele morou durante longo tempo (cerca de trinta e oito anos), e foi seu camarista, deitando-se a seus pés, descalçando-o e ajudando-o a entrar no leito, como fazem os servidores com os senhores nobres, durante quinze anos jamais viu a carne [a pele] desse santo rei salvo os pés e as mãos e às vezes até a barriga da perna, quando lhe lavava os pés, e o braço, quando o fazia sangrar, e a perna, quando havia algum mal com ela. Ninguém nunca ajudava o santo rei quando ele se levantava da cama, ele se vestia e se calçava sozinho, os camaristas preparavam as vestes do rei, que se calçava perto da cama e ele as pegava e as vestia sozinho.[12]

São Luís sabe que só pode construir sua salvação aqui para dela usufruir no além com corpo e alma juntos. Tanto mais o sabe porque é um rei doente.

O rei doente

Rei sofredor, São Luís o foi primeiro no corpo;[13] rei frequentemente doente, seja de doenças crônicas (uma erisipela que sempre voltava na perna direita, o impaludismo ou "febre terçã"), seja de epidemias ocasionais (a disenteria depois da campanha de

---

[11]Henri STEIN, "Pierre Lombard médecin de Saint Louis", *Bibliothèque de l'École des chartes*, 100, 1939, pp. 63-71. [*N. do T.* — Não confundir esse Pierre Lombard monge e médico com o bispo de Paris no século XII e teólogo homônimo citado em uma das notas do longo subtítulo *São Luís e os judeus*, no Capítulo VIII desta terceira e última parte.]

[12]GUILLAUME DE SAINT-PATHUS, *Vie de Saint Louis*, pp. 132-133.

[13]Retomo aqui o ponto de vista do corpo e da dor já citados seja em seu lugar cronológico, seja sob uma outra perspectiva.

1242 contra os ingleses e no Egito, a "doença das hostes" — o escorbuto — em sua primeira cruzada, o tifo que o levou na segunda).[14]

O rei voltou doente da campanha contra os ingleses e seus aliados em Poitou e Saintonge, em 1242, e teve uma grave recaída em Pontoise em 1244 (um dia, acreditou-se mesmo que tivesse morrido). Foi então que fez a promessa de se cruzar se se curasse.

Em sua bula de canonização,[15] Bonifácio VIII faz alusão a isso: "Durante seu trigésimo ano, abatido por uma doença que lhe sobreveio" (*In anno tricesimo constitutus, et quadam sibi aegritudine superveniente gravatus*). Dessa doença, provavelmente impaludismo, falam ainda Guillaume de Saint-Pathus e Joinville. Guillaume de Saint-Pathus assinala que "ele esteve uma vez gravemente doente em Pontoise"[16] e precisa: "E como o dito abençoado rei no tempo de sua juventude tivesse estado em Pontoise doente de terçã dupla [impaludismo?], tão forte que pensou morrer dessa doença [...], esteve tão fortemente doente que desesperou da vida."[17] Joinville, que também não estava presente, engana-se quanto ao lugar (Paris, em vez de Pontoise): "Deu-se que, segundo a vontade de Deus, o rei ficou muito doente em Paris e esteve em tal infelicidade [infortúnio] que se acreditou que estivesse morto."[18]

Sobre seus sofrimentos físicos na cruzada do Egito esses mesmo autores dão testemunho. Guillaume escreveu:

> E quando o abençoado rei foi feito prisioneiro pelos sarracenos depois de sua primeira travessia [cruzada], ficou tão doente que os dentes lhe chocalhavam [sacudiam] e sua carne estava descolorida e pálida e ele tinha uma infecção intestinal muito grave e estava tão magro com os ossos da coluna todos pontudos e tão fraco que era preciso que um homem de sua criadagem o levasse para todas as suas necessidades [...].

---

[14]Há um excelente quadro patológico e nosológico de São Luís em uma obra envelhecida do Dr. Auguste BRACHET, *Pathologie des rois de France* (Paris, 1903), apesar do caráter pouco convincente da tese do autor que, desejando provar o caráter hereditário da epilepsia, que São Luís teria tido, e da loucura de Carlos VI, vai procurar ao menos um grão de loucura ou de taras psicológicas entre todos os reis capetos desde Hugo Capeto. Achar-se-á um resumo desse estudo no Apêndice I, pp. [797-799]. Sobre as relações entre saúde e doença, cf. C. L. B. TRUB, *Heilig und Krankheit* (*Bochumer historische Schriften*, 19), Stuttgart, 1978. Ver também Claude GAUVART, "Les maladies des rois de France", *L'Histoire*, número especial, *Les maladies ont une histoire*, n° 74, 1984, pp. 93-95. Certamente, cronistas e biógrafos relataram as "infecções intestinais" de Luís VI, a obesidade tornada patológica no fim da vida de Filipe I (1060-1108) e de Luís VI (1108-1137), a doença falsamente identificada como febre eruptiva da qual sem dúvida foram vítimas Filipe Augusto e Ricardo Coração de Leão durante a cruzada, em 1191, a saúde frágil do pai de São Luís, Luís VIII (1223-1226). Mas esses males corporais são descritos como fraquezas, *handicaps*, enquanto as doenças de São Luís lhe valem méritos e aura de santidade.
[15]BONIFÁCIO VIII, p. 155.
[16]GUILLAUME DE SAINT-PATHUS, *Vie de Saint Louis*, p. 71.
[17]*Ibid.*, p. 21.
[18]JOINVILLE, *Histoire de Saint Louis*, p. 60.

SÃO LUÍS

Quanto a Joinville, acrescenta um dado muito realista.

Esse conselho [para ir de Mansurá a Damieta de barco] lhe foi dado por
causa da infelicidade [infortúnio] de seu corpo proveniente de muitas doenças,
pois ele tinha dupla terçã e diarreia [disenteria] muito forte e a doença das
hostes [exército] na boca e nas pernas [escorbuto] que tinha, era preciso de
noite cortar-lhe o fundilho dos calções [ce-roulas] e a força da doença das
hostes o fez desmaiar de noite muitas vezes [...].[19]

É com Guillaume de Saint-Pathus que ficamos sabendo da doença de que ele
sofria com intermitência na perna direita:

O abençoado rei tinha uma doença que a cada ano o assaltava por duas, três
ou quatro vezes, e às vezes o atormentava, ora mais, ora menos. Quando
o rei se via tomado pela doença não percebia bem as coisas e não ouvia de
tanto que a doença o maltratava e não podia comer nem dormir [...]. A dita
doença ficava por três dias, às vezes, às vezes menos, até que ele pudesse
deixar o leito por suas próprias forças. E quando essa doença começa a ser
menos penosa, sua perna direita entre a panturrilha e o tornozelo ficava
vermelha como sangue e inflamada nesse ponto. Essa vermelhidão e a
inflamação duravam um dia inteiro até de noite. E depois essa inflamação
e essa vermelhidão pouco a pouco se iam, tanto que no terceiro ou quarto
dia a dita perna voltava a ficar como a outra e o abençoado rei completamente curado.[20]

Diante desse sofrimento ele se comporta como qualquer homem: "Queixava-se
gemendo." Sem dúvida entre 1254 e 1260, Luís teve também em Fontainebleau
em 1259 "uma doença muito forte" evocada por Joinville[21] e à qual Bonifácio
VIII faz alusão. O rei, que acreditou na morte próxima, pediu que viesse à sua
cabeceira o arcebispo de Rouen Eudes Rigaud.[22]

---

[19]*Ibid.*, p. 6. [*N. do T.* — Joinville trata duas vezes do caso, como se pode ver pelo trecho de sua *História de São Luís*
transcrito no subtítulo *Viagem e campanha do Egito*, Capítulo III da Primeira Parte. Lá, não se trata de transcrição
da p. 6 da obra do senescal, aqui indicada, mas das pp. 113-115, o que comprova que há uma repetição do assunto.
O episódio é rigorosamente o mesmo: tentativa de deixar Mansurá de navio, repelida pelo rei, e a gravidade de
suas doenças. Também são os mesmos os fatos, com um pormenor a mais aqui, outro a menos ali, e tratados com
o mesmo "realismo" por Joinville].
[20]GUILLAUME DE SAINT-PATHUS, *Vie de Saint Louis*, p. 116.
[21]JOINVILLE, *Histoire de Saint Louis*, p. 10.
[22]EUDES RIGAUD, em *Recueil des historiens des Gaules et de la France*, XXI, p. 581.

Enfim, na véspera de sua segunda cruzada, Luís estava tão fraco que Joinville se indignou que os seus próximos o deixassem partir. Quando ele foi lhe dizer até a vista em Paris, precisou carregar o rei nos braços.

> Cometeram grande pecado os que o deixaram ir, com a grande fraqueza de que seu corpo padecia, porque ele não podia aguentar ir nem de carroça nem a cavalo. Sua fraqueza era tão grande que ele se resignou que eu o carregasse do castelo do conde de Auxerre, onde fui me despedir dele, até os franciscanos, com os meus braços.[23]

Essa lembrança ficará particularmente gravada na mente de Joinville: ele apresenta aqui uma das mais antigas imagens da *Pietà*,* que logo vai se tornar um tema iconográfico de sucesso. A imagem de um rei Cristo inspira essa cena, que traduz também o fantasma maternal de Joinville.

O rei paciente

O que permite a São Luís converter seus sofrimentos em méritos é a paciência. Enquanto foi prisioneiro dos sarracenos e sofreu terrivelmente com a "doença das hostes", respondeu a esses sofrimentos com a paciência e a oração. O único de seu círculo doméstico que ficou com ele foi o cozinheiro Ysembart, que, por intermédio de Guillaume de Saint-Pathus, testemunha:

> Nunca se viu o abençoado rei irritado nem revoltado por causa de sua condição, nem murmurando contra nada; mas com toda a paciência e indulgência ele suportava e resistia a suas ditas doenças e à grande adversidade de sua gente, e estava sempre em oração.[24]

Bonifácio VIII fala dessa paciência na bula de canonização,[25] mas a palavra latina *patiens* ("que suporta com paciência", mas também "que sofre de") é mais ambígua: "O rei que suporta com paciência [?] uma infecção intestinal

---

[23]JOINVILLE, *Histoire de Saint Louis*, p. 400.
*Em italiano, no original. (*N. do T.*)
[24]GUILLAUME DE SAINT-PATHUS, *Vie de Saint Louis*, p. 113.
[25]BONIFÁCIO VIII, p. 156.

SÃO LUÍS

e outras doenças"* (*eodem rege tunc temporis fluxum ventris et aegritudines alias patiente*).

Luís não se contenta em aceitar o sofrimento, ele o sublima:

> Assim, como homem totalmente ancorado na fé, e inteiramente absorvido pelo espírito, mais estivesse esmagado pelos males da adversidade e da doença, mais fervor mostrava e mais se manifestava nele a perfeição da fé.[26]

Nos *Ensinamentos*, põe no mesmo plano a perseguição, a doença e o sofrimento. Não recomenda ao filho e à filha apenas suportá-los pacientemente, mas que sejam reconhecidos quanto aos méritos que com isso adquirirão.[27] Nesses textos, São Luís usa também uma expressão muito característica de sua concepção da vida afetiva: fala de "tormento do coração", num paralelismo subentendido com "tormento do corpo", porque para ele, mais que a correspondência alma e corpo, espírito e corpo, essencial é a correspondência coração e corpo. Com a promoção do *coração*, é uma renovação de sensibilidade e de vocabulário que se esboça aqui.[28]

Finalmente, na única vez em que Luís fala do Purgatório em nossa documentação, é para dizer ao leproso de Royaumont que ele visita que sua doença é "seu purgatório neste mundo".[29] São Luís, conservador nesse ponto, adere

---

*A interrogação entre colchetes é um modo de o autor perguntar, diante da declarada ambiguidade do adjetivo participial *patiens*, se "o rei que suporta com paciência" é a tradução correta para *rege patiente*. Parece ser a mais indicada para uma abordagem do tema "o rei paciente". Mas sem dúvida há a alternativa "o rei que sofre de" ou "o rei que padece de [uma infecção intestinal e outras doenças]". A mencionada ambiguidade entre a ideia de resignação e paciência, de um lado, e de outro o sentido simples e direto de sofrer, padecer, é totalmente procedente. Ao terminar esta tradução, quero expressar, por um dever de gratidão, meu agradecimento mais comovido à mestra Maria Amélia Pontes Vieira Alcofra, professora titular emérita de Língua e Literatura Latina da Universidade Federal do Rio de Janeiro. Todas as minhas observações sobre citações latinas, aqui, passaram pelo seu crivo sapientíssimo, foram assim enriquecidas, corrigidas e melhoradas. Tive a honra e o prazer de ser aluno de Amelinha, como todos a chamávamos com carinho na Faculdade Nacional de Filosofia, nos tempos da velha Universidade do Brasil. E todos sabíamos que lidávamos não só com uma latinista amorosa e incomparável, mas com uma pessoa humana rara. Em uma palavra, é isso: uma pessoa como poucas. (*N. do T.*)

[26] *Sic vir totus in fide fixus, et totus in spiritum absorptus, quando magis erat malleis adversitatis et infirmatis adtribus, eo plus fervorem emittens, in se perfectionem fidei declarabat* (GUILLAUME DE CHARTRES, *De Vita et de Miraculis*, p. 36).

[27] Ao filho: "Se Nosso Senhor te envia *perseguição, doença* ou outro *sofrimento*, deves suportá-lo indulgentemente, e deves agradecer e mostrar gratidão a ele porque é preciso compreender que ele fez isso para teu bem" (D. O'CONNELL, *Les Propos de Saint Louis, op. cit.*, p. 186). À filha: "Querida filha, se recebeis algum *sofrimento*, ou *doença* ou outra coisa [...] sofrei indulgentemente o que recebeis, agradecei isso a Nosso Senhor e mostrai gratidão por isso, porque deveis crer que é para vosso bem e que o tendes *merecido*" (*ibid.*, p. 193).

[28] Ao filho: "se tens *tormento de coração*, dize-o a teu confessor" (*ibid.*, p. 193).

[29] "E com tudo isso o abençoado rei confortava o dito *doente* e lhe dizia que *ele devia sofrer com paciência compassiva essa doença e que era seu purgatório neste mundo* e que mais valia que ele sofresse essa doença aqui [na terra] do que sofresse outra coisa no século futuro" (GUILLAUME DE SAINT-PATHUS, *Vie de Saint Louis*, p. 95).

assim à velha doutrina (mas Santo Tomás de Aquino também não exclui essa possibilidade) de Gregório Magno, segundo a qual se pode sofrer "a pena purgatória" aqui na terra. Sobretudo, São Luís mostra aqui sua concepção fundamental da doença: é a ocasião de passar da purgação à purificação, do castigo-penitência à salvação, por um mérito que ainda se pode adquirir aqui, mas não no além.[30]

Rei doente, rei paciente, rei transformando em mérito seu sofrimento físico, São Luís não é, no entanto, um rei "triste". Joinville bem nos diz que fora dos períodos — a sexta-feira, por exemplo — em que, por motivos religiosos, afasta os sinais exteriores de felicidade, o temperamento natural do rei é alegre: "Quando o rei estava com alegria."[31] Talvez nisso também haja um traço de espiritualidade franciscana.

O sofrimento voluntário: o rei asceta e penitente

Rei marcado pela tradição monástica através dos cistercienses de Royaumont, assim como influenciado pela nova espiritualidade mendicante, São Luís não se furtava às práticas tradicionais de ascetismo, de mortificação. Essa atitude lhe vem sem dúvida de uma certa tendência pessoal um pouco masoquista e das práticas penitenciais da época, às vezes exageradas entre alguns leigos.[32]

O rei, como se lembrou, se dá o castigo da disciplina através de seu confessor e ele próprio se castiga, usa frequentemente um cilício, deita-se sobre um colchão de algodão sem palha nem seda, jejua mais do que o exigia a Igreja. Esse excesso de penitência se afirma sobretudo depois da derrota de sua primeira cruzada.

Guillaume de Saint-Pathus detalha essas práticas ascéticas.

> Desde sua volta de além-mar no tempo de sua primeira travessia [cruzada], não se deita jamais sobre feno ou pluma, mas sua cama era de madeira e levada junto com ele a todos os lugares onde ia, e sobre ela punha um colchão de algodão coberto com uma colcha de lã e não de seda, e aí se deitava sem mais feno [...]. Toda Sexta-Feira Santa e toda Quaresma desde sua volta de além-mar, e todas as segundas, quartas e sextas-feiras usava cilício no

---

[30]Ver J. Le Goff, *La Naissance du Purgatoire*, *op. cit.*
[31]Joinville, *Histoire de Saint Louis*, *op. cit.*, p. 16.
[32]Cf. G. G. Meersseman, *Dossier de l'ordre de la pénitence au XIII siècle*, Friburgo (Suíça), 1961; Id., "Disciplinati e penitenti nel Duecento", em *Il movimento dei Disciplinati nel settimo centenario del suo inizio*, *op. cit.* (*supra*, p. 62, n° 55), pp. 43-72; Ida Magli, *Gli uomini della penitenza*, Milão, 1977.

SÃO LUÍS

próprio corpo.[33] Cumpria o mais secretamente que podia essas penitências e escondia isso de seus camaristas, e escondia tão bem que nenhum deles, salvo um único, sabia da aspereza das penitências que fazia. Tinha três cordinhas enlaçadas juntas, longas de quase um pé e meio [cerca de meio metro], e cada uma das cordinhas tinha quatro ou cinco nós e todas as sextas-feiras durante o ano inteiro e às segundas, quartas e sextas-feiras na Quaresma ele olhava por todos os cantos do seu quarto para ver se não havia ninguém, fechava a porta e fechado ficava com Frei Geoffroy de Beaulieu, da ordem dos pregadores, no quarto em que ficavam por longo tempo juntos. Os camaristas permaneciam fora do quarto e acreditavam e diziam que o abençoado rei se confessava então ao dito frade e que o dito frade o disciplinava com as ditas cordinhas.[34]

Seu confessor Geoffroy de Beaulieu, portanto bem-informado, confirma essas práticas, que tentou limitar.

Dessas práticas, na bula de canonização, Bonifácio VIII lembrou o cilício, os jejuns e a cama de madeira portátil sem palha.[35]

A morte dos próximos:
a dor familiar e dinástica

O luto é uma outra dessas provações em que o homem de "coração" prova seu sofrimento e aprende a transcendê-lo. O que conta antes de tudo para ele é a família ou, antes, a linhagem real: a mãe, a mãe sobretudo, os irmãos, os filhos. Como diz Joinville, condenando-o, ele parece ter uma afeição menos calorosa por sua mulher, a rainha Margarida de Provença, esposa e mãe estafada por uma gravidez atrás da outra, que ele jamais enganou, no dizer de seu confessor. São Luís sofreu com a morte de muitos de seus próximos: o irmão Roberto d'Artois, morto no Egito em 1250; a mãe Branca de Castela, morta em 1252 quando ele estava na Palestina; o herdeiro do reino, Luís, ceifado com a idade de 16 anos, em 1260; e um outro filho, João Tristão, nascido em Damieta em 1250, logo depois da derrota de Mansurá e do cativeiro de Luís, e chamado Tristão por causa da triste situação do momento, morto diante de Túnis alguns dias antes

---

[33]Os cilícios e as disciplinas de São Luís foram conservados depois de sua morte na abadia de Lys, perto de Melun.
[34]GUILLAUME DE SAINT-PATHUS, *Vie de Saint Louis*, pp. 122-123.
[35]*Carnem ipsam quasi assidui asperitate cilicii [...] edomans [...] districtis etenim corpus atterebat jejuniis [...], post ejus reditum supradictum, non in pluma vel paleis jacuit sed super ligneum lectum portabilem, mataratio simpli superjecto, stramine nullo supposito decumbebat* (Bonifácio VIII, p. 158).

do pai. Reunamos os textos que nos mostram a dor de Luís quando da morte desses entes da família.

Por ocasião da morte de Roberto d'Artois, Joinville mostra a "paciência" de Luís vencido pela dor: "O rei respondeu que a Deus se devia agradecer tudo o que nos é dado e então as *lágrimas* caíam-lhe dos olhos, grossíssimas."[36] Na carta de Acre, de 1250, o rei anúncia a seus súditos a morte do irmão com a mesma mistura de sofrimento e submissão a Deus, a alegria surgindo, aqui, da esperança do rei de que Roberto esteja no paraíso como mártir da cruzada.[37]

Vindo a saber da morte da mãe, Branca de Castela, só muitos meses depois, São Luís, afogado na dor, mostra-se tão abalado que Joinville se acha na obrigação de repreendê-lo.[38]

De modo mais discreto e menos pretensioso, Geoffroy de Beaulieu, que então estava perto do rei como confessor, faz questão de mostrar a submissão do rei à vontade de Deus, mas não esconde os soluços, as lágrimas, os lamentos em alta voz, os suspiros de Luís, incapaz de rezar de modo conveniente, e fala de uma "tristeza imoderada".[39]

Quando se anuncia a São Luís, ele próprio morrendo, a morte de seu filho João Tristão, que lhe tinha sido escondida por alguns dias, "as entranhas desse bom pai foram duramente revolvidas".

A dor nascida da derrota da cruzada

Rei sofredor, São Luís o é também por seu exército, que chama de "minha gente", por seu povo, pela Cristandade. As infelicidades da cruzada do Egito, sua derrota o atingem de um modo que é para ele uma fonte suplementar de dor.

Joinville é a testemunha da dor do rei que ouve de sua tenda o fogo greguês dos sarracenos caindo sobre seu exército durante a noite. São Luís chora e reza: "Todas as vezes que nosso santo rei ouvia que eles nos lançavam o fogo greguês, erguia-se da cama e estendia as mãos para Nosso Senhor e dizia chorando: 'Glorioso Senhor Deus, guardai minha gente.'"[40]

---

[36] JOINVILLE, *Histoire de Saint Louis*, p. 134.
[37] "Lá perdemos também nosso bravo e ilustre irmão o conde d'Artois, digno de eterna memória. É com amargura em nosso coração que lembramos essa perda dolorosa, ainda que devêssemos antes nos alegrar; porque cremos e esperamos que, tendo recebido a coroa de mártir, foi para a celeste pátria e lá goza da recompensa concedida aos santos mártires" (D. O'CONNELL, *Les Propos de Saint Louis, op. cit.*, p. 165).
[38] JOINVILLE, *Histoire de Saint Louis*, p. 330. Ver *supra*, pp. 633-634.
[39] GEOFFROY DE BEAULIEU, *Vita*, p. 17.
[40] JOINVILLE, *Histoire de Saint Louis*, p. 114.

SÃO LUÍS

Depois de sua volta à França, evoca diante de Henrique III da Inglaterra, em 1254, seus sofrimentos além-mar: "Meu amigo rei, não é fácil te demonstrar *como é grande e dolorosa a amargura do corpo e da alma* que provei por amor ao Cristo, em minha peregrinação."[41] O mesmo Mateus Paris conta a tristeza, a verdadeira "depressão" que atingiu São Luís quando de sua volta à França em 1254.

> O rei de França, consternado de coração e de aspecto, não queria receber qualquer consolação, e os instrumentos de música, as palavras agradáveis ou as palavras de consolação não têm o poder nem de fazê-lo rir, nem de alegrá-lo. A caminhada através de seu país natal, através de seu próprio reino, as saudações respeitosas de um povo que se comprimia à sua passagem e que reconhecia seu soberano legítimo oferecendo-lhe presentes, nada o impedia de manter os olhos fixos na terra com uma profunda tristeza, e de pensar, dando suspiros profundos, que seu cativeiro tinha levado a confusão geral à Cristandade.

Ao bispo que quer consolá-lo, o rei responde:

> "Se eu sofresse sozinho o opróbio e a adversidade, e se meus próprios pecados não recaíssem sobre a Igreja universal, eu suportaria minha dor com firmeza. Mas para infelicidade minha a confusão se espalhou sobre toda a Cristandade por minha culpa."
> Cantou-se então uma missa em honra do Espírito Santo, para que o rei recebesse as consolações daquele que está acima de tudo. E daí em diante, pela graça de Deus, ele não se negou a receber os conselhos de uma consolação salutar.[42]

Depois Luís irá se recompor, retomará o cumprimento de seu dever e a atividade de rei, que tira da derrota e da dor a inspiração para uma política penitencial que

---

[41] MATEUS PARIS, *Chronica majora*, t. VIII, p. 89; D. O'CONNELL, *Les Propos de Saint Louis, op. cit.*, p. 139. [*N. do T.* — Observe-se que neste diálogo São Luís abandona o tratamento cerimonioso de segunda pessoa do plural e, usando a palavra "amigo", trata o rei da Inglaterra com a intimidade da segunda do singular.]

[42] MATEUS PARIS, *Chronica majora*, t. VIII, pp. 64-65; ver D. O'CONNELL, *Les Propos de Saint Louis, op. cit.*, p. 102. Citei esse texto por inteiro na primeira parte, em seu lugar cronológico, pp. 194-195. [*N. do T.* — Há diferenças entre a citação da primeira parte e esta porque, como lá explica o autor, naquele caso a tradução do latim medieval de Mateus Paris é dele; neste, é de O'Connell. Compreende-se. O que não se compreende, uma vez que se trata do mesmo texto, é que naquela parte se indique que o trecho é tirado do t. V, pp. 465-466 da *Chronica majora*, enquanto aqui se indica que o trecho é tirado do t. VIII, pp. 64-65, como se vê na abertura desta nota.]

774 JACQUES LE GOFF

busca, sob novas formas: a tarefa de edificação de uma monarquia cristã, mais resoluta e mais forte.

O sofrimento do prisioneiro

São Luís conheceu as três grandes formas de dor que um homem de sua época podia provar, sobretudo sendo um chefe e um guerreiro: a derrota, a prisão e a morte, que lhe veio em uma expedição militar, mas não no campo de batalha. Desde a prisão dos primeiros mártires, o cristianismo sempre considerou o cativeiro como uma provação maior. No início do século XIII, uma ordem militar tinha sido criada, especializada no resgate dos cativos presos pelos muçulmanos, a ordem da Mercê,* os Mercedários. Mas nessa aventura humilhante, São Luís ainda acha ocasião de se engrandecer, e de engrandecer consigo a função real, seu povo e a Cristandade.

Quando lembra o relato dessas infelicidades (derrota e cativeiro do rei), Joinville assume um tom de lamentação: "Ora, ouvistes há pouco as grandes perseguições que o rei e nós sofremos no Egito."[43]

Na carta de 1250 a seus súditos, o rei fala com toda a simplicidade de sua dor por ter sido feito prisioneiro com a maior parte de seu exército, quando iam libertar os prisioneiros cristãos: "Nós que tínhamos ido em seu socorro [da Terra Santa], lamentando o cativeiro e as dores de nossos prisioneiros."[44]

Na mesma carta, justifica pelos riscos da prisão a trégua acertada com os sarracenos:

> [...] consideramos que valia mais para a Cristandade que nós e os outros prisioneiros fôssemos libertados por meio de uma trégua, do que conservar essa cidade [Damieta] com o resto dos cristãos que nela se encontravam, permanecendo, nós e os outros prisioneiros, expostos a todos os perigos de semelhante cativeiro [...].[45]

---

*Também conhecida em português como Ordem da Misericórdia, fundada por São Pedro Nolasco em 1218. Mas habitualmente, na verdade, se diz apenas "os Mercedários". (N. do T.)

[43] JOINVILLE, *Histoire de Saint Louis*, p. 216.

[44] D. O'CONNELL, *Les Propos de Saint Louis*, op. cit., p. 171.

[45] *Ibid.*, p. 169.

SÃO LUÍS

Mas a recuperação religiosa dessa provação muda o sofrimento do prisioneiro em virtude e prestígio. Para Guillaume de Saint-Pathus, foi por misericórdia e por desejo de "prodígio", senão de milagre, que Deus entregou São Luís aos Infiéis: "E então o Pai de misericórdia, que quis se mostrar através de seu maravilhoso santo, depôs o abençoado rei santo na mão dos pérfidos sarracenos[...]."[46]

É na prisão que o rei pode mostrar o melhor de sua "paciência". Assim, para Guillaume de Chartres: "Não devo deixar passar em silêncio que quando foi feito prisioneiro pelos Infiéis no Egito em todo o longo tempo em que ficou detido na prisão não se afastou de suas práticas habituais de devoção e de seus louvores a Deus." E a testemunha conta aqui com minúcias os ofícios que ele recita, segundo o uso de Paris, com um sacerdote dominicano que sabia árabe e com o próprio Guillaume de Chartres, graças ao breviário de sua capela e ao missal que os sarracenos lhe deram de presente.[47]

Em seu sermão de 6 de agosto de 1297, Bonifácio VIII fala desse episódio que contribuirá para a sua reputação de santidade. São Luís levou o zelo religioso "até a combater os inimigos da cruz do Cristo e da fé católica, até o cativeiro e o aprisionamento de seu próprio corpo, de sua mulher e de seus irmãos". Na bula de canonização, o papa lembra que São Luís, na prisão, suportou paciente e humildemente os numerosos opróbios e os numerosos insultos cujo caráter humilhante a miserável condição daqueles que os inflingiam aumentava".[48]

O sofrimento das lágrimas recusadas

Entre os sinais de religião no sentido etimológico da palavra, as expressões que a graça de Deus concede ao pecador, há um que São Luís amou mais do que os outros: são as lágrimas. Ao longo de toda a sua vida, implora a Deus que lhe "dê uma fonte de lágrimas". O choro manifesta que Deus reconheceu a fecundidade da penitência do pecador, que faz jorrar nele a água purificadora. Ao longo de todas as suas biografias, São Luís chora.

Ora, acontece-lhe freqüentemente não chegar a isso. Seu coração se torna "árido e duro". Sente-se na narração de seu confessor, Geoffroy de Beaulieu,

---

[46]GUILLAUME DE SAINT-PATHUS, *Vie de Saint Louis*, p. 23.
[47]GUILLAUME DE CHARTRES, *De Vita et de Miraculis*, p. 30.
[48]BONIFÁCIO VIII, pp. 149-150 e 156.

776   JACQUES LE GOFF

o sofrimento do rei privado de lágrimas. O grande intuitivo da história da
França — tinha lido os textos, também —, Michelet, compreendeu o drama
do "dom das lágrimas recusado a São Luís".[49] Romântico em um tempo que
redescobre, depois das lágrimas da virtude do século XVIII que se fechava, a
fonte secreta das lágrimas brotadas do mais profundo do ser, fonte de criação
das produções artísticas do homem, lágrimas misturadas de sofrimento e de
alegria, Michelet dá, numa versão em francês arcaico posterior à canonização,
que modernizo aqui, o texto do confessor: "O abençoado rei desejava extra-
ordinariamente a graça das lágrimas, e se queixava a seu confessor que essas
lágrimas lhe faltavam e este lhe lembrava indulgente, humilde e particularmente, que se recita na litania 'Glorioso Senhor Deus, nós te imploramos que nos
dês fontes de lágrimas', o santo rei dizia devotamente: 'Ó Senhor Deus, não
ouso reclamar fonte de lágrimas mas seriam suficientes para mim pequenas
gotas de lágrimas para regar a secura de meu coração.' E às vezes declarava
a seu confessor em particular que o Senhor lhe concedia por vezes algumas
lágrimas em sua oração: quando as sentia correr sobre as faces suavemente até
a boca, saboreava-as muito docemente não apenas no coração, mas também
com o paladar."[50]

Juntando algumas citações de Joinville, Michelet achou que São Luís pode
ter chegado a sofrer até mesmo dúvidas sobre a fé.[51] Mas creio que esses sinais,

---

[49]Esse traço muito profundo, muito cruel para São Luís foi perfeitamente sentido por esses dois grandes historiadores
e psicólogos do biológico: MICHELET e Roland BARTHES. Michelet, na versão de 1833 da *Histoire de France* (t.
II, livro IV, capítulo VIII, nas *Oeuvres complètes*; ed. P. Viallaneix, t. IV, 1974, p. 586), cita o *confessor*, na tradução
para o francês arcaico que Guillaume de Saint-Pathus tinha feito da passagem de Geoffroy de Beaulieu em latim,
e, no célebre prefácio da *Histoire de France* de 1869, escreve: "Esse dom que São Luís pede e não obtém, eu o tive:
'o dom das lágrimas'." Roland Barthes comenta assim o intrerese de Michelet por essa falta de lágrimas em São
Luís: "Outro meio de incubação: as lágrimas. As lágrimas são um dom; São Luís as pedia em vão a Deus; Michelet
conheceu, ele próprio, o poder germinador do choro; de modo algum lágrimas mentais, lágrimas de metáfora, mas
lágrimas de água e de sal, que vêm aos olhos, à boca, ao rosto; porque as lágrimas são o meio líquido da expansão
cordial, da qual se sabe que não é nada mais do que a verdadeira força geradora" (*Michelet par lui-même*, Paris,
1965, p. 157). Michelet viu nas lágrimas uma característica da Idade Média gótica: "Uma lágrima, uma única,
brotada dos fundamentos da Igreja gótica, é suficiente para evocá-la" (Prefácio de 1869, nas *Oeuvres complètes*,
ed. citada, t. IV, p. 167). Idéia desenvolvida em "La passion comme principe d'art en Moyen Âge": "Eis todo o
mistério da Idade Média, o segredo de suas lágrimas inexauríveis e seu gênio profundo. Lágrimas preciosas, elas
escorreram por límpidas lendas, por maravilhosos poemas, e amontoadas se voltaram para o céu, cristalizaram-se
em gigantescas catedrais que queriam subir para o Senhor!" (ed. citada, p. 593).
[50]Ver *supra*, p. 673. Essa passagem está no belo texto de Michelet citado na nota precedente (ed. citada, t. IV, p.
586). Eis o texto original em latim: (GEOFFROY DE BEAULIEU, *Vita*, p. 14): "*Lacrymarum gratiam plurimum
affectabat, et super hoc defectu confessori suo pie et humiliter conquerebatur familiariter ei dicens, quod quando in letania
dicebatur*; Ut fontem lacrymarum nobus dones, *devote dicebat*: 'O Domine, fontem lacrymarum non audeo postulare, sed
modicae lacrymarum stillae mihi sufficerent ad cordis mei ariditatem et duritiam irrigandam.' Aliquando etiam confessori
suo familiariter recognovit*, quod quandoque Dominus in oratione aliquas lacrymas sibi dedit; *quas cum sentiret per
genuas suaviter in os influere, non solum cordi, sed gusti suo dulcissime sapiebant.*"
[51]P. VIALLANEIX, ed. citada, pp. 590-593.

SÃO LUÍS

que afinal Michelet reconhece como "ligeiros", referem-se ao medo de São Luís quanto à sua salvação, mas não à sua fé.

O sofrimento dos outros: as obras de misericórdia

O sentido do sofrimento faz nascer em São Luís uma completa devoção do sofrimento. Essa devoção, para além de sua pessoa, é exercida em relação aos outros. Daí os serviços para os doentes, os pobres, os leprosos, a construção de hospitais. Não separa sofrimento do corpo e sofrimento do coração ou da alma.

Guillaume de Saint-Pathus mostra até que ponto o rei praticou o código da caridade, novo sob essa forma sistemática no século XIII, o das "obras de misericórdia".

> Teve caridade para com os próximos e compaixão ordenada e virtuosa, e fez obras de misericórdia abrigando, apascentando [dando de comer], abe-
> -berando [dando de beber], vestindo, visitando, confortando, ajudando pelo serviço de sua própria pessoa e sustentando os pobres e os doentes, resgatando os cativos prisioneiros, enterrando os mortos e ajudando a todos virtuosa e planturosamente [copiosamente].[52]

Essa prática caridosa, que não podia ser mantida em segredo, impressionou muito os contemporâneos. Os documentos abundam. Guillaume de Saint-Pathus lembra que todas as vezes que ele ia a Royaumont, mandava distribuir, segundo os dias, carne ou peixe a todos os doentes da dita abadia, fossem monges ou conversos e, principalmente, a todos os doentes estranhos à abadia que permaneciam fora em seu hospital de caridade.[53] Obra de misericórdia extensiva a esse desamado, o estranho.

No hospital de Vernon, construído com o dinheiro real, dá também "os leitos e outras coisas necessárias aos pobres e aos doentes". Para a inauguração de um outro hospital, cumpriu ele próprio, com seu genro o rei Thibaud de Navarra, muito íntimo dele, uma espécie de entronização, de "sagração" do primeiro doente:

---

[52]GUILLAUME DE SAINT-PATHUS, *Vie de Saint Louis*, p. 104.
[53]*Ibid.*, p. 86.

778 JACQUES LE GOFF

E quando foi feito o hospital de Compiègne, o santo rei e meu senhor Thibaud, antigo rei de Navarra, seu genro, que o ajudava, carregaram e puseram [no leito] o primeiro pobre doente internado no hospital recém-construído.[54]

A fundação da casa dos Quinze-Vingts em Paris "para os pobres cegos" é lembrada tanto por Guillaume de Saint-Pathus[55] como por Geoffroy de Beaulieu.[56]
Guillaume de Chartres insiste, por sua vez, sobre a assistência dada pelo rei aos doentes moribundos e talvez contagiosos.

O rei tinha tanto espírito de caridade (*pietatis*) que ia voluntariamente fazer uma visita de caridade (*cause charitative visitationis*) aos doentes nos sofrimentos da agonia (*in extremis etiam laborantes*), ainda que a maior parte das pessoas tentasse dissuadi-lo por causa do perigo, e lhes levava as palavras de uma piedosa consolação e de salvação, conselhos muito necessários.[57]

No fim da vida, recomenda nos *Ensinamentos* aos filhos que compartilhem todos os sentimentos do coração e do corpo. Ao filho: "Querido filho, digo-te que tenhas o coração compassivo para com os pobres e com todos aqueles que considerarás sofredores de coração ou de corpo.[58] À filha: "Tende o coração compadecido para com todas as pessoas que saberás que têm infelicidade de coração ou de corpo."[59]
A maior documentação foi reunida por Guillaume de Saint-Pathus na sua *Vie de Sant Louis*.[60] Lembrarei apenas alguns traços. De modo geral, o "abençoado rei São Luís teve uma ternura maravilhosa de compaixão pelos que estavam nesse desconforto". Guillaume o mostra particularmente em sua primeira cruzada na qual se acham "em seu exército muitos pobres doentes de diversos males dos rins, dos dentes e de outras doenças". Para não expô-los aos sarracenos, o rei mandou esvaziar os navios dos víveres que não eram indispensáveis e os encheu "de pobres doentes, até mil". Vítima ele próprio de muitas doenças, "quis compartilhar da infelicidade e do perigo de seu povo", "quis expor seu corpo por amor e caridade

---

[54]*Ibid.*, p. 99.
[55]*Ibid.*, p. 86.
[56]GEOFFROY DE BEAULIEU, *Vita*, p. 11.
[57]GUILLAUME DE CHARTRES, *De Vita et de Miraculis*, p. 52.
[58]D. O'CONNELL, *Les Propos de Saint Louis, op. cit.*, pp. 186-187.
[59]*Ibid.*, p. 193.
[60]GUILLAUME DE SAINT-PATHUS, *Vie de Saint Louis*, pp. 59-111. Capítulo IX: "seu amor ao próximo"; X: "sua compaixão pelo próximo"; XI: "suas obras de caridade"; XII: "sua humildade".

SÃO LUÍS

779

a toda desventura para defender o povo que estava com ele" e "foi de tão grande compaixão que nunca quis subir aos barcos sem os outros".[61]

A mais célebre dessas passagens de Guillaume de Saint-Pathus refere-se à visita aos doentes da abadia de Royaumont. O hagiógrafo insiste no contato físico que o rei busca ter com os doentes, sua atitude de médico, o serviço de alimentação que oferece aos de aspecto mais desagradável e particularmente sua caridade em relação a um monge leproso.

> Entrava ele próprio na enfermaria da abadia e visitava os frades doentes, confortava-os, perguntava a cada um de que doença sofria e tocava o pulso e as têmporas de alguns, mesmo quando suavam, e chamava os médicos (*físicos*) que estavam com ele e os mandava examinar em sua presença as urinas dos doentes [...]. Mandava vir de sua cozinha a alimentação que lhes convinha.
>
> Visitava sem perda de tempo [diligentemente] e de modo mais cuidadoso os que estavam mais doentes e até tocava suas mãos e os pontos de sua doença. E mais a doença era grave, abcesso ou outra coisa, mais os tocava de perto, de bom grado.
>
> Havia mesmo um monge que se chamava Léger. Estava leproso, vivia numa casa afastado dos outros, e estava tão miserável e tão abominável que, por causa de sua forte doença, seus olhos estavam tão danificados que ele não enxergava nada, tinha perdido o nariz, seus lábios estavam fendidos e inchados e as cavidades dos olhos estavam vermelhas e medonhas "de se ver".

O rei se ajoelha diante dele, corta a carne de seu prato e lhe põe os pedaços na boca. Pergunta-lhe se gostaria de frangos e perdizes e à sua resposta afirmativa manda vir esses alimentos de sua cozinha. O leproso quis que a comida fosse salgada e São Luís salga os pedaços, mas o sal entra nos lábios fendidos do infeliz e faz com que o "veneno" que sai deles lhe escorra sobre o queixo. O leproso se queixa e o rei mergulha os pedaços no sal para lhes dar gosto, depois limpa-os dos grãos de sal antes de dá-los para comer. O rei ia ver frequentemente esse leproso e dizia a seus cavaleiros: "Vamos visitar nosso doente", mas eles o deixavam entrar só com o abade ou o prior.[62]

Num hospital, Luís cumpre todos os gestos de serviço e de caridade com os sofredores lá internados. Mas quer também, na ocasião, dar, humilde mas publi-

---

[61] *Ibid.*, pp. 74-75.
[62] *Ibid.*, pp. 93-96.

camente, o exemplo da homenagem a quem sofre no coração e na dignidade. O rei se mostra: gesto político tanto quanto religioso.

Numa Sexta-Feira Santa, São Luís, que está hospedado em seu castelo de Compiègne e visita descalço as igrejas da cidade, encontra em uma rua um leproso. Atravessa a rua enfiando o pé na água lodosa e fria do meio da rua e chegado diante do lázaro dá-lhe uma esmola e beija-lhe a mão. Os assistentes se persignam e dizem uns aos outros: "Vejam o que o rei fez: beijou a mão do leproso."[63]

Nada de espantoso que essa conduta encontre eco no sermão de Bonifácio VIII de 6 de agosto de 1297, depois na bula de canonização. No sermão, o papa lembra:

> O rei, piedoso médico desse leproso, visitou-o muitas vezes e o serviu humildemente, enxugando cuidadosamente o pus de suas úlceras e procurando dar--lhe de comer e de beber com suas mãos. Essas coisas e outras, cumpria-as habitualmente nos hospitais e leprosários.[64]

Na bula, Bonifácio VIII cita "as visitas que o rei fazia pessoalmente aos doentes e aos inválidos em diversos mosteiros e hospitais", o leproso de Royaumont, "que a lepra tinha atacado a tal ponto que o tinha tornado abominável e profundamente rejeitado, vivendo separado (*segregatus*) dos outros", e um doente com o mal de Santo Elói (úlceras), a quem o rei ia visitar em Compiègne.[65]

A *lepra do pecado*

A causa profunda da dor que mora continuamente em São Luís é o sentido do pecado, esse pecado que é uma lepra e ao qual a morte física deve ser preferida. O sofrimento voluntário é o resgate disso.

Esse horror ao pecado mortal foi Branca de Castela que inculcou no filho. Disse ela alto e bom som, confundindo sua moral de cristã estrita com sua paixão de mãe possessiva e ciumenta, que preferiria ver o filho morrer a vê-lo cometer o pecado de estar com uma outra mulher que não a dele.[66] O filho não esqueceu a lição: "Lembrava-se de que a mãe o fizera compreender

---

[63]*Ibid.*, pp. 107-108.
[64]Bonifácio VIII, p. 150.
[65]*Ibid.*, p. 157.
[66]Geoffroy de Beaulieu, *Vita*, pp. 4-5.

repetidas vezes que gostaria mais de ver o filho morto do que cometendo um pecado mortal."[67]

São Luís, por sua vez, passou a questão para Joinville sob uma outra forma. Prefere ele cometer um pecado mortal ou ser leproso? O senescal, homem e cristão piedoso, mas normal, diz que antes preferiria cometer trinta pecados mortais do que ser leproso. Ao que lhe responde o rei:

> Deveis saber que não há lepra tão feia como estar em pecado mortal [...]. Quando o homem morre, está curado da lepra do corpo; mas quando o homem que cometeu um pecado mortal morre, não sabe e não está certo de que tenha tido em sua vida um arrependimento suficiente para que Deus o tenha perdoado. Deve assim ter grande medo de que essa lepra lhe dure tanto tempo quanto Deus estará no Paraíso. Desse modo peço que prefirais que todos os infortúnios cheguem a vosso corpo, lepra ou qualquer outra doença, mas que o pecado mortal não vos chegue à alma [...].[68]

E Luís transmitirá a lição ao filho:

> [...] deves ter essa vontade de não cometer um pecado mortal por nada que possa acontecer neste mundo e que, a cometer um pecado mortal conscientemente, seria melhor que te fossem cortadas as pernas e os braços e te fosse tirada a vida pelo martírio mais cruel.[69]

Luís é um elo essencial nesta corrente de culpa e de uso simbólico do corpo sofredor do leproso como imagem da lepra da alma.

O modelo do Cristo crucificado

Esse sofrimento diante do pecado engendra uma devoção particular ao Cristo — que, por sua paixão, permitiu que o homem chegasse à salvação apesar do pecado original — e à Cruz, instrumento dessa paixão e desse resgate.

---

[67] JOINVILLE, *Histoire de Saint Louis*, p. 42.
[68] JOINVILLE, *Histoire de Saint Louis*, p. 42. [*N. do T.* — O trecho já foi citado, é sempre bom lembrar, no subtítulo *Os* Ensinamentos *ao filho e à filha*, no capítulo VI da segunda parte. Há, entretanto, diferenças aqui e ali entre as duas citações.]
[69] D. O'CONNELL, *Les Propos de Saint Louis, op. cit.*, p. 186. [*N. do T.* — Também este trecho está no citado subtítulo *Os* Ensinamentos *ao filho e à filha*. Neste caso, as citações são rigorosamente iguais.]

O grande modelo de São Luís é, portanto, o Cristo sofredor, o Cristo da Paixão, o Cristo da Cruz.[70] O rei do século XIII é o Cristo crucificado usando a coroa. É a nova imagem monárquica por excelência.

Em ocasiões solenes, São Luís evoca o Cristo crucificado. Em Cluny, em 1246, disse ao papa Inocêncio IV: "Não está escrito que o Cristo se humilhou até sofrer a ignomínia da Cruz?"[71] Convoca os súditos, na carta de Acre de agosto de 1250: "Convidamos a todos a servir àquele que vos serviu sobre a cruz, derramando seu sangue para a vossa salvação [...]."[72] Adquirindo a insigne relíquia da coroa de espinhos e mandando construir para abrigá-la o relicário da Sainte-Chapelle, São Luís quis dedicar a capela de seu palácio real ao sofrimento divino.

Paradoxalmente, é a um infiel que Joinville confia o cuidado de dizer com ironia a São Luís o que o próprio Cristo sofreu por eles. É por ocasião de seu cativeiro no Egito que um velho muçulmano declara aos prisioneiros cristãos: "Não vos deveis lamentar por terem sido presos, derrotados, feridos (*afligidos*) em nome dele, como ele tinha feito por vós [...]."[73]

O martírio: agonia e morte

Luís, viu-se a propósito da morte de seu irmão Roberto d'Artois, sempre considerou a morte na cruzada como uma forma de martírio. Desde 1241, declara à mãe sobre os tártaros que invadiam a Cristandade: "Vamos expulsá-los, ou, se formos vencidos, iremos até Deus, como professos da religião do Cristo, ou como mártires."[74]

E quando, durante sua temporada na Terra Santa, de 1250 a 1254, vai procurar cadáveres de cristãos mortos pelos sarracenos perto de Sidon para enterrá-los, declara aos companheiros:

> Vamos enterrar estes mártires [...]. Eles sofreram a morte, nós podemos então sofrer essa coisa [o fedor dos cadáveres, o trabalho de inumação]. Não tenhais abominação por esses corpos porque eles são *mártires* no Paraíso.[75]

---

[70]Sobre a gênese dessa imagem e desse culto, ver o excelente estudo de M.-Ch. Sepière, *L'Image d'un Dieu souffrant. Aux origines du crucifix*, Paris, 1994. Sobre a emergência da devoção ao Cristo da Paixão, ao Cristo crucificado do século XI ao século XIII, os estudos são numerosos. Remeto o leitor a Galienne Francastel, *Le Droit au trône. Un problème de prééminence dans l'art chrétien du IVᵉ au XIIᵉ siècle*, Paris, 1973, capítulo VIII: "Le Christ souffrant et la Vierge triomphante". Para São Luís, ver as palavras reveladoras transmitidas por Guillaume de Saint-Pathus, *supra*, p. 723.
[71]Mateus Paris, *Chronica majora*, t. VI, p. 202; D. O'Connell, *Les Propos de Saint Louis, op. cit.*, p. 91.
[72]*Ibid.*, p. 171.
[73]Joinville, *Histoire de Saint Louis*, p. 430.
[74]Mateus Paris, *Chronica majora*, t. V, p. 147; em D. O'Connell, *Les Propos de Saint Louis*, também p. 147, o mesmo Mateus Paris dá uma outra versão das palavras de São Luís: "Ou faremos esses tártaros voltarem [...] para suas casas tártaras [...] ou bem eles nos farão todos irmos para o céu."
[75]Guillaume de Saint-Pathus, *Vie de Saint Louis*, p. 101.

SÃO LUÍS

Desde o início de sua biografia, escrita imediatamente depois da morte de São Luís, Geoffroy de Beaulieu apresenta o rei como vítima voluntária:

> Ele que, além do sacrifício da penitência corporal, que, segundo seu estado e a fraqueza do próprio corpo, manifestava a Deus todos os dias, ofereceu-se enfim, na sua segunda travessia além-mar, como um perfeito holocausto (*quasi holocaustum integrum*) ao senhor em odor de suavidade [...] e que lá [na Tunísia] mereceu se tornar a *hóstia* do Cristo e lá consumou de modo feliz o fim da vida no Senhor, como um mártir e um campeão infatigável do Senhor.[76]

O relato de sua doença, agonia e morte diante de Túnis se torna, desde as primeiras biografias, um tema obrigatório, uma passagem de bravura inevitável na qual se derramou a maior parte dos lugares-comuns sobre a morte do bom cristão, a boa morte. Geoffroy de Beaulieu insiste sobre essa graça de Deus que quer uma conclusão feliz para as provações do rei (*qui labores ipsius voluit feliciter consummare*). A doença se agravando, ele recebe piedosamente os últimos sacramentos, "sadio de espírito e de posse de todo o seu entendimento" (*sana mente et integro intellectu*). Com a aproximação do fim, só pensa em Deus e na exaltação da fé cristã. Quer mandar um pregador dominicano para junto do rei de Túnis. Quando suas forças e sua voz declinam pouco a pouco, não cessa de pedir sufrágios aos santos dos quais é particularmente devoto: São Dionísio, "padroeiro especial de seu reino", São Tiago e muitos outros. "Chegado à sua última hora, fez com que o depositassem sobre uma cama recoberta de cinza e entregou a alma ao Criador. *Era a mesma hora em que o filho de Deus, morrendo na cruz para a salvação do mundo, expirou.*"[77] Acham-se na bula de canonização de Bonifácio VIII outras alusões a essa boa morte ("passou de modo feliz ao Cristo", *faciliter migravit ad Christum*), mas toda referência cristológica (morte com os braços em cruz, morte às três horas da tarde) foi abandonada.[78]

Joinville, ao contrário, que não estava presente em Túnis (e que sofreu, por isso, remorsos), acolhe a tradição da morte de São Luís "naquela mesma hora em que o filho de Deus morreu na cruz para a salvação do mundo".[79]

---

[76] GEOFFROY DE BEAULIEU, *Vita*, pp. 3-4.
[77] *Ibid.*, p. 23.
[78] BONIFÁCIO VIII, p. 159.
[79] JOINVILLE, *Histoire de Saint Louis*, p. 406.

784 JACQUES LE GOFF

Principalmente, protestará que a canonização não tenha feito dele um santo mártir. Não se fez justiça a São Luís, mesmo na santificação.

E me parece que não se fez o suficiente quando não o incluíram entre os mártires pelos grandes sofrimentos que conheceu na peregrinação da Cruz e também porque seguiu Nosso Senhor no grandioso feito da Cruz. Porque se Deus morreu na cruz, também ele o fez, porque se tinha cruzado quando morreu em Túnis.[80]

A importância e as formas do sofrimento na personalidade e na vida de São Luís resumem a evolução do cristianismo latino no século XIII: a valorização maior dada ao corpo e à dor física, a codificação no seio do sistema das "obras de misericórdia", da caridade manifestada aos "corpos e corações sofredores", a dolorização do pecado, a onipresença das lágrimas para além da compunção tradicional, a devoção ao Cristo sofredor e à Cruz da Paixão, a tônica posta sobre a agonia dos moribundos, toda essa glorificação dolorosa do sofrimento conduz à imagem próxima do Homem das dores, do *Ecce homo* de que São Luís é um dos precursores.

Porém ele representa mais ainda na história da valorização do sofrimento. Santo, é um santo do sofrimento aceito e desejado, na caridade pelos pobres e os doentes, no amor imitador do Cristo crucificado, um santo da penitência e da autoimolação, o símile leigo de Francisco de Assis. Se Francisco viu sua vocação sofredora coroada pelos estigmas, São Luís acabou seu caminho de dor na hora trágica e gloriosa da morte de Jesus.

A devoção ao Cristo crucificado e à Cruz levou São Luís a percorrer ele próprio o caminho do sacrifício: penitente dessa penitência superior a qualquer outra, a cruzada, atormentado pela doença, a derrota, a prisão, ele chegou, em sua segunda cruzada, ao martírio. Rei autossacrificante — um dos aspectos da realeza sagrada nas diversas sociedades,[81] — rei-hóstia, atingiu, no termo de uma longa agonia, a graça de morrer à imagem de Jesus.

Esse santo é, assim, finalmente um rei-modelo pelo sofrimento. Graças a ele, sua realeza está acima e além de todos os avatares. Mais que suas vitórias e suas riquezas, o que faz sua glória para os contemporâneos é seu comportamento na doença, na prisão, na derrota, no luto. Rei-Cristo, essa lembrança

---

[80] *Ibid.*, p. 4.
[81] Luc de HEUSCH, "The Sacrificial Body of the King", em *Fragments for a History of the Human Body*, ed. M. FEHER, t. III, Nova York, 1989, pp. 387-394.

SÃO LUÍS

extraordinária que reuniu numa mistura indissociável senso político e sentimento religioso fez do sofrimento o instrumento de uma salvação pessoal e ao mesmo tempo de um êxito político. Rei psicopompo,* rei escatológico, foi sobre a dor — a dor física em alto grau — que São Luís fundou uma ideologia e uma prática políticas.

---

*Numa tradução literal do grego, psicopompo quer dizer "condutor de almas". Foi epíteto de Hermes, de Caronte, de Apolo e de Orfeu, na mitologia. (*N. do T.*)

Conclusão

É difícil, numa obra construída em torno de uma grande personagem da história, escapar em primeiro lugar de uma confidência. No curso de mais de dez anos passados com inúmeros momentos, mais ou menos longos, em companhia de São Luís, como quer que eles tenham sido, de que modo evoluíram minhas relações com ele? Não terei certamente a presunção de esboçar um capítulo "São Luís e eu". Creio que o historiador tem o direito, e talvez o dever, de se envolver com o seu assunto, sem excluir a hipótese de ser esse assunto uma personagem histórica. Mas deve, como todo homem de ciência, ainda que se trate de uma ciência tão particular e tão conjectural como a história, permanecer do lado de fora daquele que é antes um objeto, o objeto de seu estudo. O historiador não é um juiz. Mas permanece o fato de que um dos encantos e um dos riscos maiores da biografia histórica é que se instaura e se desenvolve uma ligação entre o historiador e sua personagem. Não sei dizer o que me me predispôs a tentar ser o historiador de São Luís, nem o que influiu em mim, em minha maneira de vê-lo, de mostrá-lo e de explicá-lo. Se acharem útil, outros tentarão responder a essa pergunta. Mas eu devo confiar ao leitor o que senti no contato com a personagem. O historiador não tem com a personagem de uma biografia a mesma relação que tem com outros problemas históricos. Parti de um problema, mais que de um homem: por que e como escrever uma biografia histórica? E respondi a essa questão, assim como expliquei as razões — todas profissionais — de minha escolha de São Luís. Mas não se vive impunemente mais de dez anos com uma personagem, mesmo um morto há sete séculos, principalmente quando se sabe que a imaginação esclarecida e controlada é necessária ao trabalho do historiador. Assim me assaltou pouco a pouco o sentimento — talvez ilusório — de que eu conhecia mais e mais Luís, que o via, que o ouvia, que me tornava, guardada a distância, na sombra, um novo Robert de Sorbon, um novo Joinville. Essa transferência aliás fazia parte de minha empresa, estava inscrita no próprio coração de minha problemática: é possível se aproximar do indivíduo São Luís? E a resposta afirmativa que pouco a pouco minha investigação me trazia me confortava com um sentimento mais subjetivo, mais íntimo.

Senti-me inicialmente muito longe dele, pela distância do tempo e do estatuto social. Como, mesmo com os privilégios do historiador, me aproximar de um rei e de um santo? Depois, através dos documentos e da análise de sua produção, eu o senti mais e mais próximo. Não o vi em sonho, mas creio que poderia fazê--lo, como Joinville. E foi o que mais e mais senti, essa atração, a fascinação da personagem. Creio ter compreendido que muitos tenham tido vontade de vê-lo, de ouvi-lo, de tocá-lo. Ao prestígio da função, que seus predecessores Capetos tinham cuidadosamente construído, somava-se sobretudo um carisma pessoal, o de um rei que não tinha necessidade de usar a coroa e as insígnias do poder para impressionar, o do rei, esse grande, magro e belo Luís, dos olhos de pomba, que frei Salimbene de Parma viu chegar descalço na poeira do caminho que levava a Sens. Uma personagem impressionante para além de sua aparência, uma das ilustrações mais vigorosas da teoria weberiana do carisma, uma das mais notáveis encarnações de um tipo, de uma categoria do poder: vontade de realizar um tipo de príncipe ideal; o talento de ser ao mesmo tempo profundamente idealista e consideravelmente realista; a grandeza na vitória e na derrota; a encarnação de uma harmonia contraditória, na aparência, entre a política e a religião, um homem de guerra pacifista, um construtor do Estado, sempre a ponto de se inquietar com o comportamento de seus representantes; a fascinação da pobreza, sendo pessoa da maior condição; a paixão pela justiça, mesmo respeitando por completo uma ordem profundamente inigualitária; a união da vontade e da graça, da lógica e do acaso, sem os quais não há destino.

Depois ele se me tornou mais familiar, eu o ouvi rir, caçoar, implicar com os amigos, fazer, com um mínimo de afetação, gestos simples como aquele de sentar-se na terra. Acreditei compreender como lhe custou refrear seu natural, o calor de seu sangue na ação amorosa, a cólera ou o ímpeto físico, o gosto da boa alimentação, dos belos peixes e frutas bem frescas, a necessidade de rir e, se fosse sexta-feira, o prazer de jogar conversa fora. Um homem, simplesmente um homem, por trás do "super-homem" erigido pela bula de canonização. E concebi para ele uma mistura de admiração e de amizade, o afastamento no tempo e a impertinência do historiador permitindo-lhe esquecer sua condição. Tornei-me, sem procurar saber se ele me aceitava, um de seus íntimos, pus-me, enfim, em condições de sentir por ele os sentimentos que nutrimos por alguém muito próximo. E o detestei tanto quanto o amei. Um detestar, certamente,

SÃO LUÍS

que provém sobretudo de meus sentimentos de homem do século XX. Uma hostilidade fundamental a seu ideal de ascetismo ligado às práticas penitenciais exteriores — flagelação principalmente —, a sua intolerância vinda do respeito ao pé da letra pelos rigores da religião, a seu fanatismo em relação aos judeus, a sua vontade de impor sua religião aos que o cercavam, a sua marcha irresistível para uma ordem moral mais e mais rigorosa e cega (Joinville teria evitado frequentar diariamente o rei depois de sua volta da cruzada?), a seu moralismo sempre mais estreito, a um sentido sempre maior de sermão em seus propósitos, a seu dolorismo sempre menos humano. E essa indiferença em relação aos outros que muitas vezes o assaltava e que Joinville estigmatizou quando dizia respeito à mulher e aos filhos, indiferença a que era levado por sua tendência de preferir a ruminação religiosa e a perseguição do ideal às afeições terrestres, que, entretanto, às vezes retomava. Então, ainda chorava.

Mas a fascinação, reconheço, demora.

É preciso também, creio, tentar esclarecer duas questões tradicionais: o papel dos grandes homens na história e a situação do herói entre tradição e modernidade. Deixo a outros o cuidado de estudar São Luís na perspectiva de uma teoria do grande homem ou de uma história comparada dos grandes homens. Contento-me em assinalar algumas condições gerais e algumas circunstâncias que permitiram a Luís afirmar-se em seu tempo e de modo duradouro como uma personagem excepcional. Luís se beneficiou de sua posição no alto de duas hierarquias principais, a hierarquia temporal da realeza e a hierarquia espiritual da santidade. No primeiro caso, ele se contentou em ser um herdeiro, mas se aproveitando em plenitude do prestígio dinástico. Como deixam claro o remanejamento da necrópole real de Saint-Denis e o incentivo dado a uma redação em língua francesa do "Romance dos reis", núcleo das *Grandes Crônicas da França*, Luís se apoiou sobre o prestígio da continuidade de três dinastias e das figuras emblemáticas das duas primeiras, Clóvis e Carlos Magno. Insistindo sobre a herança de seus "predecessores" e de seus ancestrais, multiplicou as referências ao mais ilustre de seus ascendentes próximos, seu avô Filipe Augusto; beneficiou-se da imagem de um pai curiosamente mais longínquo, e efêmero na função real, mas tornado ilustre com a auréola de vencedor dos mais temíveis hereges, os cátaros.

Luís soube tirar partido de três heranças excepcionais. A primeira é política: pertencer a uma hierarquia sagrada, sacralizada por um gesto excepcional, a unção aplicada com um óleo milagroso que fazia dele o "rei cristianíssimo", acima dos outros monarcas da Cristandade e que o aureolava com um poder taumatúrgico.

A segunda herança é econômica: ele dispôs de rendimentos extraordinários devidos à acumulação de riqueza no Tesouro real realizada por seu avô Filipe Augusto, assim como da prosperidade considerável do reino da França em seu conjunto e do domínio real em particular: Île-de-France, Picardia, Normandia e Languedoc são regiões que o avanço econômico tocou particularmente.

A terceira herança é "nacional". Desde 1229, o Sul, direta ou indiretamente, foi soldado ao norte do reino, uma vez que a presença da monarquia lá até então tinha sido longínqua e teórica. Pela primeira vez, um rei — Luís IX — é rei efetivo de todo o reino. Parece que antes da cruzada de 1248 ele quase não teve cuidado com o Sul a não ser para confirmar a ancoragem ao regime: a revolta de Raymond Trencavel em 1240 foi vencida, as senescalias de Beaucaire e de Carcassone, estabilizadas. À derrota de Raimond VII, aliado dos ingleses, seguiu-se a derrota destes em 1242 e a paz de Lorris, em 1243, com a qual se normalizou a suserania do rei sobre as terras do conde de Toulouse (mas este, em particular, parece, graças à proteção de Branca de Castela, foi poupado). O fim do catarismo ativo, se bem que devido essencialmente à Igreja, à Inquisição e à própria erosão da heresia, corroborou a volta à tranquilidade. Está claro que esse segundo quartel do século XIII marcou a derrota da França do Sul diante da França do Norte, duplamente: no plano político e cultural. Seja o que for que se pense da brutalidade dos "franceses do Norte", agressores neste caso, não se pode minorar a impotência dos meridionais no sentido de criar um Estado occitano antes da cruzada dos albigenses e a falta de fôlego interno da cultura d'oc no fim do século XIII e no início do século XIV, depois do apogeu da civilização dos trovadores, estreitamente ligada à hierarquia militar. É legítimo que a renovação occitana dos séculos XIX e XX tenha sido marcada pela nostalgia dessas derrotas e a hostilidade à maneira brutal pela qual os cruzados do Norte e a monarquia capetiana se aproveitaram disso. Porém, mais que os exageros anacrônicos parcialíssimos, impõe-se uma aproximação sensível, mas serena, das relações entre a França do Norte e a França do Sul na Idade Média.[1]

Mais ainda que a realeza, a santidade conquistada por seus méritos e o zelo de alguns promotores pôs Luís acima do comum das grandes figuras da história. Viu-se o que essa santidade, fortemente marcada pela influência da devoção men-

---

[1] Achar-se-á um exemplo de condenação sem nuança e anacrônico da política de Luís IX no Sul occitano no panfleto de D. Borzeix, R. Pautal e J. Serrat, *Louis IX (alias Saint Louis) et l'Occitanie, op. cit. (supra*, p. 641, n° 48). J. Madaule (*Le Drame albigeois et l'unité française, op. cit. supra*, p. 641, n° 48) vê os excessos da administração real no Sul, alinha por esse modelo o governo de todo o reino, mas acha que "apesar desse defeito, o governo de Luís IX foi, em suma, excelente: soube fazer reinar a paz sobre uma região quase desconhecida desde os romanos e que cedo devia perder; fechou as chagas abertas por uma guerra religiosa e política de quase trinta anos".

SÃO LUÍS 791

dicante, apresenta de novo na paisagem hagiográfica da Idade Média, quando muitos outros aspectos dela são mais tradicionais. Na companhia escassíssima dos santos reis, que mais e mais se rarefaz depois da reforma gregoriana, Luís marca uma clara ruptura com os modelos anteriores e, como é o primeiro e o último da série, constitui um modelo único. Isso também favoreceu e ainda favorece a sua imagem.

Sua santidade valeu-lhe uma vantagem suplementar: Luís se tornou o herói de uma literatura que se esforça para mostrá-lo em sua verdade, dando importância total a suas qualidades e suas virtudes e apagando suas fraquezas. Se não foi o primeiro rei Capeto a ser objeto de biografias quase oficiais e necessariamente laudatórias — foi o caso de Roberto o Piedoso, de Luís VI e de seu avô Filipe Augusto antes dele —, São Luís é o primeiro a ser beneficiado por uma biografia escrita por um leigo que o conheceu bem. Deve muito a Joinville. Um São Luís sem Joinville não seria o que é desde o século XIV, uma imagem viva. Mais ainda, talvez, do que Carlos Magno em relação a Eginardo, Luís VI em relação a Suger, Napoleão em relação a Las Cases, São Luís é uma criação de Joinville. Mas, no fim de sua investigação, o historiador tende a pensar que o modelo se parece com o herói do livro.

Um item final a favorecer São Luís: como Joinville não escrevia em latim, mas em francês, e como bebia as palavras do rei, seu ídolo e amigo, frequentemente o fez falar na primeira pessoa. Nesse tempo em que o escritor se põe a dizer "eu", São Luís foi o primeiro em dignidade e autoridade a falar assim na primeira pessoa.[2] Se se fizer abstração dos discursos estereotipados postos na boca das grandes personagens da Antiguidade e da alta Idade Média, desde os soberanos mais velhos congelados numa palavra oficial e formalizada, na pedra das inscrições, ele foi o primeiro grande homem do Ocidente a falar na linguagem do dia a dia.

No sentido da longa duração, Luís foi beneficiado por ter sido contemporâneo de um grande momento de civilização, particularmente brilhante em seu reino, sem que sua ação trabalhasse muito para isso: o desabrochar da arte gótica, a glória da universidade de Paris, o prestígio da língua francesa. Sua memória, é verdade, está ligada a um monumento magnífico, modesto e brilhante como ele, a Sainte-Chapelle.

Essa fortuna durou. O santo rei teve a sorte de sofrer sem grandes danos os avatares da memória histórica através das trocas de regime, de sociedades e de mentalidades. A partir de sua morte e até a Revolução, encarnou a essência inigualável da monarquia francesa. Seus descendentes, quer tenham reinado ou não, quer

---

[2]M. ZINK, *La Subjectivité littéraire, op. cit.*

descendam dele por primogenitura, pelos nascidos depois dos pri-mogênitos ou mesmo pelas mulheres, sejam Capetos, Valois ou Bourbons, contanto que, graças ao poder ideológico do *sangue*, tenham tido uma gota de seu sangue nas veias (e o sangue desse rei virtuoso e sem bastardo era claramente *puro*), todos pertencem a essa elite superior a qualquer outra, os príncipes e princesas oriundos de São Luís. O padre que acompanhou Luís XVI ao cadafalso disse-lhe, ou fez-se com que pertinentemente o dissesse no momento supremo: "Filho de São Luís, suba ao céu!" Rei cristianíssimo, venerado sobretudo depois da Revolução e do Império nos meios católicos conservadores, senão contrarrevolucionários, resistiu bem à instauração da República e aos progressos das ideias leigas, porque também soube encarnar os ideais professados pelos novos meios: a moderação e, principalmente, a justiça e a paz. Foi mesmo a Terceira República que, através da *Histoire de France* de Lavisse e dos manuais escolares, promoveu uma breve passagem de Joinville à dignidade de uma imagem mitológica: São Luís distribuindo a justiça sob o carvalho de Vincennes. Hoje, sua identificação profunda com a Cristandade pode fazê-lo respeitado pelos defensores da ideia europeia.

As revisões que periodicamente nascem dos progressos da pesquisa histórica e as novas orientações da historiografia o têm poupado. Não se descobriu nem se documentou um avesso do século de São Luís, ainda que se saiba mais seguramente que as luzes do século XIII deixaram grandes faces de sombra na vida dos homens e das mulheres desse tempo. As fomes antes recuaram e as obras de misericórdia certamente progrediram. A acusação de ter abandonado e enfraquecido a França por suas cruzadas e sua longa temporada na Terra Santa não resiste a um exame atento, espero ter mostrado.

As próprias derrotas beneficiaram sua imagem. Tornaram-no mais humano e o situaram no veio de uma história nacional feita de uma alternância de felici-dades e provações que permitiram à consciência coletiva integrar as infelicidades na identidade histórica.

Ficam, para um francês do fim do século XX, as zonas de sombra: o apoio dado à Inquisição, sua atitude a respeito dos judeus, seu papel na cruzada e as relações entre cristãos e muçulmanos. Todos esses domínios põem em relevo uma mesma obsessão, formada durante o século XII e institucionalizada no século XIII: a vontade de constituir a Cristandade como um corpo, ao mesmo tempo corpo natural e corpo místico, que devia excluir todos aqueles que poderiam conspurcá--lo, enfraquecê-lo, dissolvê-lo, hereges, judeus, num grau menor homossexuais, de um modo ambíguo leprosos, de maneira problemática muçulmanos, porque, com a Reconquista espanhola, o islã não está mais no interior da Cristandade. Mas a Terra Santa e Jerusalém acaso não pertenciam à Cristandade e, até, não

SÃO LUÍS

lhe eram o centro, o coração? São Luís é o produto dessa sociedade que tem medo da impureza, mas não foi, contrariamente às aparências, mais do que um ator moderado, submetido a outras correntes: a casuística escolástica moderadora, a pedagogia mendicante da moderação pela palavra e pelo exemplo.

Entretanto, para que me situe aqui na longa duração, fico apenas com o argumento de que ele só fez, nesses domínios, agir como homem de seu tempo. Primeiro, porque o compromisso pessoal com tal ou qual modo de ação do passado pode ter sido maior ou menor; depois, porque é normal que o peso do passado influa nos fenômenos de longa duração.

Quanto à Inquisição, viu-se que, como quase todos os governantes da época, nem mais nem menos, ele não pensou em se opor ao pedido do papado para ser o braço secular da Igreja e executar as medidas decorrentes das condenações dos tribunais eclesiásticos da Inquisição. Mas, como bem observou Jean Richard, nenhum de seus hagiógrafos diz que ele tenha mostrado um zelo particular — o que sem dúvida teriam gostado de dizer — na repressão à heresia. Luís foi enganado por Roberto o Bugre no início de sua fúria anti-herética. Procurou limitar a extensão da repressão. Sua finalidade era a conversão, a reconciliação de todos os cristãos.

Era também seu objetivo com os judeus: o batismo de um judeu era uma de suas grandes alegrias e ele foi em muitos casos o padrinho de judeus convertidos. Sua hostilidade era de ordem religiosa. Não apenas não tinha sido tocado pelo vírus racial — a ideia de raça não é medieval —, como não classificava os judeus entre as "nações", termo que corresponde mais ou menos, hoje, a etnia. Os judeus eram estrangeiros de uma natureza particularmente pérfida e odiosa, é verdade, em relação aos quais hesitava-se entre a repressão e a proteção.

Por seu engajamento na cruzada, enfim, participou de um aspecto agressivo da Cristandade ocidental a respeito do islã — agressividade cuja lembrança será duradoura. Mas a derrota de suas cruzadas faz dele mais um herói digno de lástima disso que se chamou pré-colonialismo ocidental do que um inimigo triunfante dos muçulmanos. E, ainda neste caso, ele alimentou a ilusão da conversão.

Nos sucessos como nas derrotas, Luís não inovou. Deu continuidade, querendo levá-los mais longe, a grandes movimentos nascidos antes dele, como a aspiração pela justiça e pela paz. Com ele, progridem as instituições e as práticas que favoreciam o poder real e o Estado unificado, e se fortalece uma mudança de mentalidade que queria limitar a violência e deslocar o centro de gravidade da devoção. A devoção, ao mesmo tempo que continuava fundada sobre o culto das relíquias e as práticas ascéticas, dava um novo valor à humildade, à imitação de Cristo, ao exercício das obras de misericórdia, a uma piedade "mendicante" que ainda não era a "devoção moderna" (*devotio moderna*), mas uma resposta ao desafio do grande avanço da Cristandade do século X ao século XIII. Com Luís, também progrediram as técnicas de controle social, e foi ele que contribuiu para uma transformação profunda, entre a Idade Média e o Renascimento, das relações que os homens mantinham "com a autoridade, a verdade e a crença".[3]

Luís foi esse tipo de grande homem que se pode considerar como "um grande homem do apogeu", carregando para que se chegasse a isso as conquistas materiais, espirituais e políticas de um longo período de avanço, mas carregado ele próprio por sua época. Luís poderia ser a figura emblemática de um "século" comparável àqueles que a idade das Luzes gostava de descobrir no passado: século de Péricles, século de Augusto, século de Luís XIV. Aliás, se disse: "século de São Luís". É talvez uma figura mais emblemática do que criadora. Seus contemporâneos tiveram a impressão de que ele dominava a época, e a história não os deixou errar, se se considerar todo o simbólico que se cristalizou nele.

Mas é verdade que o ideal que ele encarnou, ainda que marcado pela evolução de estruturas políticas e dos valores de seu tempo, está situado na vertente do passado mais do que na do futuro. São Luís foi o rei ideal da Cristandade definida pela Europa romana e a Terra Santa, pelo Antigo Testamento e o Renascimento do século XII. Depois dele, nunca mais rei da cruzada, nunca mais rei santo, nunca mais rei sem rosto. Virá o tempo dos reis do direito, da política e da economia, dos reis dos legistas, de Aristóteles e da crise. São Luís foi o rei de um ideal político que morreria no limite dessa outra idade.

Como símbolo sagrado da Cristandade, São Luís não teve rival em seu tempo. Foram o século XIX e principalmente o século XX que levantaram ao lado dele uma outra grande figura do século XIII: o imperador Frederico II. Neste, para o melhor ou para o pior, os historiadores viram — desprezando uma verdade histórica muito mais complexa — o primeiro soberano moderno para quem a Justiça, em vez de ser um fim em si, foi apenas um meio a serviço do verdadeiro fim, a Razão, a razão de Estado; que teria se esforçado para constituir na Sicília "um Estado comercial fechado", apoiado sobre os monopólios de Estado e sobre um sistema aduaneiro aperfeiçoado; que teria praticado a tolerância em relação aos muçulmanos e judeus; que teria prefigurado um Estado pluriétnico, plu-ricultural e plurirreligioso; que teria sido um dos primeiros intelectuais "científicos" e talvez incréu, um misto de tirano e de déspota esclarecido. Ernst Kan-torowicz, que mais

---

[1]Jacques Chiffoleau, "Pour une histoire de la religion et des institutions médiévales", *Cahiers d'histoire*, 1991, pp. 3-21.

SÃO LUÍS

se aproximou como historiador de Frederico II, apesar dos anacronismos de sua ideologia da Alemanha pré-nazi, vê esse imperador, ao contrário, voltado, em seus sonhos antigos, para um passado do qual ele é o último esforço de reencarnação, mas que, em seu tempo, valeu-lhe a imagem do An-ticristo: "Frederico II foi o último imperador a conhecer a deificação e a conquistar um lugar entre as estrelas."[4] Aos olhos do historiador de hoje, a dupla extraordinária que formam o último imperador deificado e o último rei santo — quaisquer que sejam as antecipações que possam ter preparado em tal ou qual domínio — é uma dupla voltada para o passado num sonho de universalidade, a do Império universal à antiga, por Frederico, a da Cristandade universal segundo Santo Agostinho, por Luís. Ambos fecham as cortinas sobre uma apoteose de grandes sonhos que desabaram com eles. Ainda que o tenham anunciado por tal ou qual de suas ideias ou de seus atos, o futuro começa depois deles.

A modernidade por chegar vai se manifestar primeiro na crise dos antigos valores e no abalo desse estado de plena realização que a Cristandade e a França atingiram sob o reinado de São Luís. Sobrevém o início de uma crise econômica e social, cujo prelúdio são os primeiros conflitos do trabalho assim como as primeiras manipulações monetárias do fim do reinado, com outros sinais anunciadores:[5] os ataques contra o equilíbrio escolástico entre a razão e a fé, expressos entre outros pelo naturalismo agressivo do *Roman de la Rose* de Jean de Meung; as críticas ferozes de um Rutebeuf contra as ordens mendicantes; e, finalmente, a derrota da cruzada também faz parte do início dessa crise. Dessa virada, desse fim de um longo período ascendente, os contemporâneos do fim do reinado de São Luís não tiveram consciência. No fim do século XIII, início do século XIV, quando perceberam a presença e o agravamento da crise, aí é que viram a pessoa e o reinado de São Luís como mais brilhantes, mais benéficos, mais dignos de saudade. Parcialmente baseado na realidade, parcialmente nascido do em–belezamento da recordação, o mito de uma idade de ouro sob São Luís e graças a São Luís crescerá. As dificuldades do presente terão seu contraponto na evocação do "(bom) tempo de meu senhor São Luís". A última oportunidade de São Luís para se impor como um grande homem é ter sido um rei de nostalgia. Mas a nostalgia de um monarca do passado, ornamentado pela pompa e pelo prestígio recusado no tempo presente, não é também um topos, um lugar-comum do sentimento histórico? Afinal, São Luís existiu?

---

[4]E. H. KANTOROWICZ, *L'Empereur Frédéric II, op. cit.*
[5]Ver *supra*, pp. 594-596.

APÊNDICE I

A "FÓRMULA SOMÁTICA" DE SÃO LUÍS SEGUNDO O DR. AUGUSTE BRACHET (1894)

Auguste Brachet[1] é uma personagem singular. Obrigado a viver de ocupações modestas como um emprego subalterno no escritório do catálogo da Biblioteca Nacional (então Imperial) e professor particular da imperatriz Eugênia, Auguste Brachet, nascido em Tours em 1844, morreu de tuberculose em 1898. Especialista em parte autodidata (só teve uma breve passagem pela *École des chartes*)* em filologia românica, publicou uma gramática francesa "fundada sobre a história da língua" que teve numerosas reimpressões a partir de 1867. Discípulo do grande Littré, o sábio editor de Hipócrates e filólogo positivista, mergulhou em 1880, graças a seus conhecimentos médicos, filológicos e históricos, na produção de uma *Patologia Mental dos Reis de França*, que não pôde levar além do fim da Idade Média. Uma primeira publicação dessa obra, em 1896, não chegou a ser difundida. A edição utilizada é a póstuma, publicada em 1903 graças a sua viúva, Anna Brachet, quando solteira Anna Korf.[2]

---

[1] Agradeço a Colette Ribaucourt e a Marie-Claire Gasnault suas pesquisas sobre Auguste Brachet, das quais permitiram que eu me utilizasse. Poder-se-á consultar sobre Brachet seu necrológio traçado por Paul Meyer em *Romania*, t. 27, 1898, pp. 517-519, e o artigo *Brachet (Auguste)*, de Roman d'Amar no *Dictionnaire de biographie française*, VII, 1956, col. 128.

*A *École nationale des chartes*, de nível superior e hoje agregada à Sorbonne, foi fundada no século passado e no tempo de Brachet era ligada à Biblioteca. Por essa época, destinada ao ensino das ciências auxiliares da história, mantinha cursos de paleografia, diplomática, história do direito, classificação dos arquivos e das bibliotecas e arqueologia. (*N. do T.*)

[2] A parte que concerne a Luís IX está nas páginas 353-408. Uma introdução é consagrada à "Metodologia da clínica histórica", tema para o futuro. Auguste Brachet é sempre um pioneiro.

Obcecado pela teoria da hereditariedade, Auguste Brachet procura situar São Luís na cadeia capetiana que levará a Carlos VI, rei louco, e a Luís XI, rei epiléptico. Médico positivista, entretanto não reduz todo o comportamento de São Luís à fisiologia. Escreve, por exemplo, que "em São Luís as funções genéticas são normais. A continência do rei [...] deve-se a escrúpulos religiosos, de modo algum a causas fisiológicas". O que é impressionante, mas que se explica pelos métodos eruditos desse quase licenciado pela *École des chartes*, é que ele reuniu uma documentação exaustiva de tudo o que concerne ao corpo e à saúde de São Luís nas fontes do tempo.

Do sistema nervoso do rei, Brachet diz que ele sofre de uma "anestesia olfativa": não sente o cheiro dos cadáveres num campo de batalha perto de Sidon. Mas se ele não tapa o nariz, não é por respeito aos mortos?

A "obnubilação" de sua visão quando, depois de uma oração ao lado de sua cama, pergunta aos que estão em volta: "Onde estou?", não é um efeito retórico de Guillaume de Saint-Pathus, que quer dar ênfase à intensidade da oração do santo?

A dor acompanhada de vermelhidão que Luís sente periodicamente na perna direita, e que Brachet diagnostica como uma erisipela que vai e volta de natureza infecciosa, seria, como o médico levanta a hipótese, um sintoma de impaludismo? Luís a teria contraído quando da campanha contra os ingleses em Poitou e Saintonge. Essa seria também a origem do célebre coma no qual o rei caiu antes de pronunciar seu voto de cruzado. Será necessário recorrer aos termos eruditos empregados pelo pedante Brachet que fala de "uma forma mista tifo-palustre, estado a que chegam frequentemente as febres intermitentes acompanhadas (*febris intermittens comitata*)"?

As doenças do rei durante a cruzada do Egito, que afetam também uma grande parte de seu exército, nada têm de extraordinário: "recaída de impaludismo e disenteria..., escorbuto".

De volta da cruzada, o rei sofre de doenças não identificadas por Brachet por causa da imprecisão das fontes e, mais geralmente, de um "estado caquético consecutivo às doenças infecciosas contraídas na Palestina". No momento da partida para a cruzada de Túnis, Luís, como Joinville testemunha, não pode mais montar a cavalo.

O rei morre de "disenteria, febre perniciosa, tifo dos acampamentos".

O último esforço do Dr. Brachet para atribuir uma patologia anormal a São Luís manifesta-se no comentário sobre a perda da palavra que atinge o rei pouco antes da morte: "Seria um mutismo mórbido produzido pelo golpe da emoção causada pela extrema-unção, e desaparecendo sob a influência da emoção devida à chegada do Santíssimo Sacramento?"

SÃO LUÍS

Assim, apesar do desejo de Brachet de mostrar a pesada hereditariedade de Luís XI, o honesto e positivista médico não chega a fazer de Luís um elo importante na cadeia patológica dos Capeto e dos Valois. Mas o erudito reuniu um belo acervo de textos sobre o corpo físico, natural, do rei.

APÊNDICE II

CARTA DA TERRA SANTA
DE LUÍS IX A SEUS SÚDITOS (1250)

LUÍS, pela graça de Deus, rei dos franceses, a seus caros e fiéis prelados, barões, guerreiros, cidadãos, burgueses, e a todos os outros habitantes de seu reino aos quais estas presentes linhas chegarão, saudações:

Em honra e glória do nome de Deus, desejando com toda a nossa alma prosseguir a empresa da Cruzada, julgamos conveniente vos informar a todos que depois da tomada de Damieta (que Nosso Senhor Jesus Cristo, por sua misericórdia inefável, entregou como por milagre ao poder dos cristãos, como sem dúvida soubestes através de nosso conselho) partimos dessa cidade no dia 20 do último mês de novembro. Reunidos nossos exércitos de terra e de mar, marchamos contra o exército dos sarracenos, que estava reunido e acampado num lugar vulgarmente conhecido como Massoure (Mansurá). Durante nossa marcha, resistimos aos ataques dos inimigos, que tiveram constantemente perdas consideráveis. Um dia, entre outros, muitos do exército do Egito que tinham vindo atacar os nossos foram todos mortos. Soubemos na caminhada que o sultão do Cairo acabava de encerrar sua infeliz vida; que antes de morrer ele tinha mandado procurar seu filho que ficara nas províncias do Oriente, e tinha ordenado que todos os principais oficiais de seu exército prestassem juramento de fidelidade a esse príncipe, e que tinha deixado o comando de todas as suas tropas a um de seus emires, Facredim. À nossa chegada ao lugar que acabamos de nomear, tivemos notícias verdadeiras. Foi na terça-feira anterior à festa do Natal que aí chegamos; mas não pudemos nos aproximar dos sarracenos, por causa de uma corrente de água que se punha entre os dois exércitos e que chamamos de rio Tanis, braço que se separa nesse ponto do grande rio Nilo. Montamos nosso acampamento entre esses dois rios, situando-nos desde o grande até o pequeno. Lá sustentamos algumas escaramuças com os sarracenos, que tiveram muitos dos seus mortos pela espada dos nossos, mas dos quais um grande número se afogou nas águas. Como o Tanis não dava passagem a vau por causa da profundidade de suas águas e da altura de suas margens, começamos a lançar lá um aterro para abrir uma passagem ao exército cristão; lá trabalhamos durante muitos dias, com sofrimentos, perigos e despesas infinitas. Os sarracenos fizeram todos os esforços para impedir nossos trabalhos. Opuseram máquinas às nossas máquinas; quebraram com pedras e queimaram com seu fogo greguês as torres de madeira que tínhamos erguido sobre o aterro. Quase tínhamos perdido toda a esperança de atravessar por esse aterro, quando um trânsfuga sarraceno nos deu a conhecer um vau por onde o exército cristão podia atravessar o rio. Tendo reunido nossos barões e os principais de nosso exército na segunda-feira antes das *Cinzas*, combinou-se que no dia seguinte, quer dizer, o dia de *carême--prenant*,* iríamos nos dirigir pela manhã bem cedinho ao lugar indicado para atravessar o rio, mas deixaríamos um pequeno grupo de homens na guarda do acampamento. No dia seguinte, tendo arrumado as tropas em posição de combate, fomos ao ponto do vau e atravessamos o rio, não sem correr grandes perigos, porque o vau era mais profundo e mais perigoso do que nos tinha sido anunciado. Nossos cavalos foram obrigados a passar a nado, e não era fácil sair do rio por causa da elevação da margem que estava toda lodosa. Atravessado o rio, chegamos ao lugar onde os sarracenos tinham preparado as máquinas de guerra diante do nosso aterro. Nossa vanguarda, atacando o inimigo, matou um mundo deles e não poupou nem sexo nem idade. Entre os mortos, os sarracenos perderam um chefe e alguns emires. Quando, a seguir, nossas tropas se dispersaram, alguns dos nossos soldados atravessaram o acampamento dos inimigos e chegaram à cidade chamada *Massoure*, matando todos os inimigos que encontravam; mas os sarracenos, tendo percebido a imprudência dos nossos, retomaram coragem e investiram sobre eles; cercaram esses nossos soldados de todos os lados e os venceram. Houve lá uma grande carnificina de nossos barões e nossos guerreiros, religiosos e outros que com razão tivemos de deplorar, e até agora ainda deploramos essa perda. Lá perdemos também nosso bravo e ilustre irmão o conde d'Artois, digno de eterna memória. É com amargor no coração

---

*"Quaresma que vai começar": na linguagem clássica era o nome dado aos três dias de festas pagãs que precedem a Quarta-Feira de Cinzas, ou seja, ao carnaval, e em especial à terça-feira gorda. (*N. do T.*)

SÃO LUÍS

que lembramos essa perda dolorosa, mesmo que antes devêssemos nos alegrar; porque cremos e esperamos que tendo recebido a coroa de mártir foi-se para a celeste pátria e lá goza da recompensa concedida aos santos mártires. Naquele dia, os sarracenos investindo sobre nós de todos os lados e nos abatendo com uma chuva de flechas, resistimos até a nona hora, quando o socorro de nossas balistas* nos faltou totalmente. Por fim, depois de termos tido grande número de nossos guerreiros e de nossos cavalos feridos ou mortos, com o auxílio de Nosso Senhor conservamos ali nossa posição. Estando ali reunidos, fomos no mesmo dia montar nosso acampamento muito perto das máquinas dos sarracenos. Ficamos ali com um pequeno número dos nossos e ali instalamos um ponto para barcos, para que aqueles que estavam além do rio pudessem vir a nós. No dia seguinte, muitos atravessaram por lá e ficaram junto conosco. Depois as máquinas dos sarracenos foram destruídas e nossos soldados puderam ir e vir livremente e com segurança de uma tropa a outra passando pelo ponto dos barcos. Na sexta-feira seguinte, os filhos da perdição reuniram suas forças por toda parte com a intenção de exterminar o exército cristão e vieram atacar nossas linhas com grande audácia e número infinito: o choque foi tão terrível de parte a parte como jamais se viu, dizia-se igualmente nessas paragens. Com a ajuda de Deus, resistimos por todos os lados, repelimos os inimigos e um grande número deles tombou sob nossos golpes. Ao cabo de alguns dias, o filho do sultão, vindo das províncias orientais, chegou a Massoure. Os egípcios o receberam como seu senhor e com arrebatamentos de alegria. Sua chegada redobrou a coragem deles; mas, depois desse momento, não sabemos por qual juízo de Deus, tudo do nosso lado ia contra nossos desejos. Uma doença contagiosa se espalhou por nosso exército, e atingiu os homens e os animais, de tal modo que muito poucos havia que não tivessem companheiros a lamentar, ou de cuidar de doentes. O exército cristão em pouco tempo foi muito reduzido. Houve uma escassez de víveres tão grande que muitos caíam de necessidade e de fome. Porque os barcos de Damieta não podiam trazer para o exército as provisões que tínhamos embarcado no rio, pois as embarcações e os piratas inimigos lhes cortavam a passagem. E chegaram mesmo a se apoderar de muitos de nossos barcos, e em seguida tomaram sucessivamente duas caravanas que nos chegavam com víveres e provisões, e mataram um grande número de marinheiros e de outros que as compunham. A escassez absoluta de víveres e de forragem lançava a desolação e o pavor no exército, e nos forçou, assim como as perdas que acabávamos de

---

*Antiga máquina de guerra sobrevivente na Idade Média, para arremessar pedras sobre os inimigos; um outro tipo arremessava flechas. (*N. do T.*)

sofrer, a deixar nossa posição e voltar a Damieta; era essa a vontade de Deus; mas, como os caminhos do homem não pertencem ao homem, mas àquele que dirige seus passos e a tudo dispõe segundo sua vontade, enquanto estávamos a caminho, a saber no dia 5 do mês de abril, os sarracenos, tendo reunido todas as suas forças, atacaram o exército cristão, e, prouve a Deus, por causa de nossos pecados, que caíssemos em poder do inimigo. Nós e nossos queridos irmãos os condes de Poitiers e d'Anjou, e os outros que voltavam conosco por terra, fomos todos feitos prisioneiros, não sem uma grande carnificina e uma grande efusão de sangue cristão. A maior parte dos que voltavam pelo rio também foi feita prisioneira ou morta. Os barcos em que seguiam também foram em grande parte queimados com os doentes que neles viajavam. Alguns dias depois de nosso cativeiro, o sultão nos propôs uma trégua: pedia com insistência, mas também com ameaças, que devolvêssemos Damieta e tudo o que lá se achava, e que o ressarcíssemos de todas as perdas e de todas as despesas que ele tinha tido até aquele dia, desde o momento em que os cristãos tinham entrado em Damieta. Depois de muitas entrevistas, concluímos uma trégua por dez anos nas seguintes condições:

O sultão libertaria da prisão e deixaria ir onde quiséssemos nós e todos os que tinham sido feitos cativos pelos sarracenos desde a nossa chegada ao Egito, e todos os outros cristãos, fossem de que país fossem, que tinham sido feito prisioneiros desde que o sultão Kamel, avô do atual sultão, tinha concluído uma trégua com o imperador; os cristãos poderiam conservar em paz todas as terras que possuíam no reino de Jerusalém no momento de nossa chegada. Quanto a nós, nós nos obrigaríamos a devolver Damieta, e a pagar oitocentos mil besantes sarracenos, pela libertação dos prisioneiros e pelas perdas de que acabara de falar (já tínhamos pago quatrocentos), e a libertar todos os prisioneiros sarracenos que os cristãos tinham feito no Egito desde nossa chegada, assim como os que tinham sido feitos cativos no reino de Jerusalém desde a trégua concluída entre o mesmo imperador e o mesmo sultão. Todos os nossos bens móveis e os de todos os outros que estavam em Damieta ficariam, depois de nossa partida, sob a guarda e a defesa do sultão, e seriam transportados para o país dos cristãos quando a ocasião se apresentasse. Todos os cristãos doentes e os que permaneceriam em Damieta para vender o que possuíam teriam igual segurança, e iriam embora por mar e por terra quando quisessem, sem encontrar nenhum obstáculo ou impedimento. O sultão se incumbiria de dar um salvo-conduto até o país dos cristãos a todos que quisessem se retirar por terra.

Essa trégua, concluída com o sultão, acabava de ser jurada pelas duas partes, e já o sultão ia se pôr em marcha para Damieta com seu exército para cumprir as condições que vinham de ser estipuladas, quando, por juízo de Deus, alguns

SÃO LUÍS

guerreiros sarracenos, sem dúvida com a conivência da maior parte do exército, precipitaram-se sobre o sultão no momento em que ele se levantava da mesa e o feriram cruelmente. O sultão, apesar disso, saiu de sua tenda, esperando poder se safar pela fuga; mas foi morto a golpes de espada na presença de quase todos os emires e de uma multidão de outros sarracenos. Depois disso, muitos sarracenos, no primeiro momento de seu furor, vieram de armas na mão à nossa tenda como se fossem (muitos de nós temeram isso) nos degolar, a nós e aos outros cristãos; porém, a clemência divina tendo acalmado sua fúria, apressaram-se a executar as condições da trégua. Mas suas palavras e suas instâncias vieram misturadas com ameaças terríveis; enfim, pela vontade de Deus, que é o pai das misericórdias, o consolador dos aflitos, e que ouve o gemido dos seus servos, confirmamos através de um novo juramento a trégua que tínhamos acabado de fazer com o sultão. Tivemos da parte deles, de todos e de cada um em particular, um juramento semelhante, segundo sua lei, de respeitar as condições da trégua. Fixou-se o tempo em que seriam devolvidos os prisioneiros e a cidade de Damieta. Não foi absolutamente sem dificuldade que acertamos com o sultão a rendição dessa praça; também não foi sem dificuldade que nos acertamos de novo com os emires. Como não tínhamos nenhuma esperança de conservá-la, pelo que nos disseram os que voltavam de Damieta e viram o verdadeiro estado das coisas, e segundo a opinião dos barões de França e de muitos outros, julgamos que seria melhor para a cristandade que nós e os outros prisioneiros fôssemos libertados através de uma trégua, do que manter essa cidade com o resto dos cristãos que lá estavam. Se permanecêssemos lá, nós e os outros prisioneiros, estaríamos expostos a todos os perigos de semelhante cativeiro: assim, no dia fixado os emires receberam a cidade de Damieta, depois do que nos libertaram, a nós e aos condes de Flandres, da Bretanha e de Soissons, Guillaume de Dampierre, Pierre Mauclerc e Jean de Nesle e muitos outros barões e guerreiros dos reinos da França, de Jerusalém e de Chipre. Tivemos então firme esperança de que devolveriam e libertariam todos os outros cristãos, e que, seguindo o teor do tratado, cumpririam seu juramento.

Feito isso, abandonamos o Egito, depois de lá termos deixado pessoas encarregadas de receber os prisioneiros das mãos dos sarracenos e de guardar as coisas que não podíamos carregar, à falta de embarcações de transporte suficientes. Chegados aqui, enviamos ao Egito navios e comissários para trazer de volta os prisioneiros (porque toda a nossa solicitude se voltava para a libertação desses prisioneiros) e as outras coisas que lá tínhamos deixado, como as máquinas, as armas, as tendas, uma certa quantidade de cavalos e muitos outros objetos; mas os emires retiveram por longo tempo no Cairo esses comissários, aos quais afinal não entregaram mais do que quatrocentos prisioneiros dos doze mil que há no

Egito. Alguns ainda assim só saíram da prisão dando dinheiro. Quanto às outras coisas, os emires nada quiseram devolver; porém o que é mais odioso depois da trégua concluída e jurada, é que, segundo a informação de nossos comissários e dos cativos dignos de fé que voltaram daquele país, eles selecionaram, entre os prisioneiros, jovens que foram forçados, a espada levantada sobre suas cabeças, a abjurar a fé católica e abraçar a lei de Maomé, o que muitos tiveram a fraqueza de fazer; mas os outros, como combatentes corajosos, enraizados na fé e persistindo constantemente em sua firme resolução, não puderam ser dobrados pelas ameaças ou pelos golpes dos inimigos, e receberam a coroa do martírio. Seu sangue, não duvidamos disso, clama ao Senhor pelo povo cristão. Serão mais úteis nessa pátria do que se se tivessem mantido na terra. Os muçulmanos também degolaram muitos cristãos que tinham ficado doentes em Damieta. Ainda que tivéssemos observado as condições do tratado que tínhamos feito com eles, e que estivéssemos sempre prontos a observá-las ainda, não teríamos nenhuma certeza de ver libertados os prisioneiros cristãos, nem de ver restituído o que nos pertencia. Quando, depois da trégua concluída e de nossa libertação, tivemos a firme confiança de que o país d'além-mar ocupado pelos cristãos ficaria em estado de paz até que a trégua se expirasse, sentimos vontade e fizemos o projeto de voltar à França. Já nos dispúnhamos aos preparativos para a nossa travessia; mas quando vimos claramente, por causa disso que acabamos de contar, que os emires violavam abertamente a trégua, e, desprezando seu juramento, não temiam de modo algum zombar de nós e da cristandade, reunimos os barões de França, os cavaleiros do Templo, os cavaleiros do Hospital, da ordem teutônica, e os barões do reino de Jerusalém, e os consultamos sobre aquilo que deveria ser feito. A maioria julgou que, se nos retirássemos neste momento e abandonássemos aquele país, que estávamos a ponto de perder, isso seria expô-lo inteiramente aos sarracenos, sobretudo no estado de miséria e de fraqueza a que estava reduzido e que podíamos dar como perdidos e sem esperança de libertação os prisioneiros cristãos que estavam em poder do inimigo. Se, ao contrário, ficássemos, teríamos a esperança de que o tempo traria alguma coisa de bom, a libertação dos cativos, a conservação dos castelos e fortalezas do reino de Jerusalém, e outros benefícios para a cristandade, sobretudo depois que a discórdia se tinha erguido entre o sultão de Alepo e os que governavam o Cairo. Já esse sultão, depois de ter reunido seus exércitos, tinha se apoderado de Damasco e de alguns castelos pertencentes ao soberano do Cairo. Diz-se que ele deve ir ao Egito para vingar a morte do sultão que os emires mataram e se tornar senhor, se puder, de todo o país. Segundo essas considerações, e penalizados com as misérias e tormentos da Terra Santa, nós, que viemos em socorro deles, chorando o cativeiro e as dores de nossos prisioneiros, ainda que muitos tentassem nos

SÃO LUÍS

dissuadir de permanecer por muito tempo no além-mar, preferimos adiar nossa travessia e permanecer ainda algum tempo na Síria, do que abandonar inteiramente a causa do Cristo e deixar nossos prisioneiros expostos a tão grandes perigos. Mas decidimos mandar de volta à França nossos queridos irmãos os condes de Poitiers e d'Anjou, para consolação de nossa queridíssima senhora e mãe e de todo o reino. Como todos aqueles que trazem o nome de cristão devem estar plenos de zelo pela empresa que constituímos, e vós em particular, que descendeis do sangue daqueles que o Senhor escolheu como um povo privilegiado para a conquista da Terra Santa, que deveis olhar como propriedade vossa, nós vos convidamos todos a servir àquele que vos serviu na cruz, derramando seu sangue para vossa salvação; porque essa nação criminosa, além das blasfêmias que vomitava diante do povo cristão contra o Criador, açoitava a cruz, cuspia sobre ela, e a pisoteava por ódio da fé cristã. Coragem então, soldados de Cristo! Armai-vos e estejai prontos para vingar esses ultrajes e essas afrontas. Assumi o exemplo de vossos ancestrais, que se distinguiram entre as outras nações por suas belas ações. Nós vos precedemos no serviço de Deus; vinde juntar-se a nós. Ainda que chegueis mais tarde, recebereis do Senhor a recompensa que o pai de família do Evangelho concedeu indistintamente aos trabalhadores que foram trabalhar em sua vinha no fim do dia, como aos que trabalharam desde o começo. Aqueles que virão ou que mandarão socorro enquanto estivermos aqui obterão, além das indulgências prometidas aos cruzados, o favor de Deus e o favor dos homens. Fazei então vossos preparativos, e aqueles aos quais a virtude do Altíssimo inspirará para vir ou enviar socorro estejam prontos no mês de abril ou em maio próximo. Quanto aos que não poderão estar prontos para essa primeira travessia, que estejam pelo menos em condição de fazer a que ocorrerá na festa de São João. A natureza da empresa exige rapidez, e qualquer atraso será funesto. Quanto a vós, prelados e outros fiéis de Cristo, ajudai-nos junto ao Altíssimo pelo fervor de vossas orações; ordenai-as em todos os lugares que dirigem, a fim de que elas obtenham para nós da clemência divina os bens dos quais nossos pecados nos tornam indignos.

Escrita em Acre, no ano do Senhor de 1250, no mês de agosto.[1]

---

[1]Trad. em D. O' CONNELL, *Les Propos de Saint Louis*, *op. cit.*, pp. 163-172.

BIBLIOGRAFIA

Sumário

FONTES

Atos e documentos administrativos e legislativos
Biografias e hagiografias
Crônicas
Ensinamentos de São Luís
Documentos diversos
Documentos sobre a canonização
Literatura
Arte
Canções
Exposições (catálogos)

PARA ESCLARECER O AMBIENTE DE SÃO LUÍS

BIOGRAFIAS E OBRAS GERAIS SOBRE SÃO LUÍS

As obras mais importantes
De uma produção abundante
Estudos particulares

LISTA DE TÍTULOS ABREVIADOS DAS FONTES CITADAS NAS NOTAS

Bonifácio VIII — Ver *Documentos sobre a canonização*

Enseignements (ed. D. O'Connell) — Ver *Ensinamentos de São Luís*

Geoffroy de Beaulieu, *Vita* — Ver *Biografias e hagiografias*

Guillaume de Chartres, *De Vita et de Miraculis* — Ver *Biografias e hagiografias*

Guillaume de Nangis, *Chronicon* — Ver *Crônicas*

Guillaume de Nangis, *Gesta Ludovici IX* — Ver *Biografias e hagiografias*

Guillaume de Saint-Pathus, *Les Miracles de Saint Louis* — Ver *Biografias e hagiografias*

Guillaume de Saint-Pathus, *Vie de Saint Louis* — Ver *Biografias e hagiografias*

Joinville, *Histoire de Saint Louis* — Ver *Biografias e hagiografias*

Layettes du Trésor des chartes — Ver *Atos e documentos administrativos e legislativos*

Le Nain de Tillemont, *Vie de Saint Louis* — Ver *Biografias e obras gerais*

Mateus Paris, *Chronica majora* — Ver *Chroniques*

Ordonnances des rois de France — Ver *Atos e documentos administrativos e legislativos*

Salimbene de Adam, *Cronica* — Ver *Crônicas*

N. B. — Todas as traduções de biografias da edição original francesa deste livro, exceto Joinville e salvo aviso em contrário, são do autor.

FONTES

Atos e documentos administrativos e legislativos

Não há edição dos Atos de São Luís, assim como dos de Luís VIII e de Filipe III, o que cria um hiato para a maior parte do século XIII real francês, entre 1223 e 1285.

O registro de chancelaria de frei Guérin (morto em 1227), principal conselheiro de Filipe Augusto, bispo de Senlis, guarda dos sinetes sob Luís VIII e no início da minoridade de São Luís, está conservado nos Arquivos Nacionais (JJ26). Vigorou até 1276. São Luís levou consigo para o Egito uma cópia desse registro que está conservada na Biblioteca Nacional (Ms. latino 9778). Talvez a tenha levado também para Túnis em 1270.

As cartas e outros atos foram publicados nas *Layettes du Trésor des chartes*: t. II (1223-1246), A. TEULET (ed.), Paris, 1866; t. III (1246-1262), J. DE LABORDE (ed.), Paris, 1875; t. IV (1262-1270), Élie BERGER (ed.), Paris, 1902.

Os atos do Parlamento, a partir de 1254, foram publicados nos *Olim ou registres des arrêts rendus par la cour du roi sous les règnes de Saint Louis, Philippe le Hardi*, etc. Arthur BEUGNOT (ed.), t. I, 1254-1273, Paris, 1839. Edgar BOUTARIC deles fez uma análise em *Actes du Parlement de Paris*, t. I, *1254-1299*, Paris, 1863.

Há apenas destroços das contas reais destruídas no incêndio do Tribunal de Contas em 1737. Foram publicadas (contas do palácio [Hôtel] em 1231, 1234, 1238, 1248 e 1267, dízimos cobrados do clero para a cruzada, recapitulação das despesas da cruzada de 1248, serviço das hostes, listas de cruzados) por Natalis de WAILLY em *Recueil des historiens des Gaules et de la France*, t. XXI, Paris, 1855, e t. XXII, Paris, 1865. Os inquéritos ordenados por São Luís foram publicados por Léopold DELISLE no mesmo *Recueil*, t. XXIV, Paris, 1904.

Listas de viagens e temporadas de São Luís (*Itinera et Mansiones*) foram igualmente publicadas no t. XXII do *Recueil*.

As ordenações foram publicadas de modo pouco satisfatório por Eusèbe de LAURIÈRE nas *Ordonnances des rois de France de la troisième race*, t. I, Paris, 1723. Esse volume deve ser completado pela obra, igualmente sujeita a caução, de JOURDAN, DECRUSY e ISAMBERT, *Recueil général des anciennes lois françaises...*, Paris, 1822-1833.

Biografias e hagiografias

GEOFFROY DE BEAULIEU, *Vita et sancta conversatio piae memoriae Ludovici quondam regis Francorum*, em *Recueil des historiens des Gaules et de la France*, t. XX, pp. 3-27.

GUILLAUME DE CHARTRES, *De Vita et Actibus Inclytae Recordationis Regis Francorum Ludovici et de Miraculis quae ad ejus Sanctitatis Declarationem Contingerunt*, ibid., pp. 27-41.

GUILLAUME DE SAINT-PATHUS, *Vie de Saint Louis* (conservada em sua versão francesa), ed. H.-F. Delaborde, Paris, 1899.

La Vie et les Miracles de Monseigneur Saint Louis, ed. Percival B. Fay, Paris, 1931.

DELABORDE, Henri-François, "Une oeuvre nouvelle de Guillaume de Saint-Pathus" (un sermon sur Saint Louis), *Bibliothèque de l'École des chartes*, 63, 1902, pp. 263-288.

GUILLAUME DE NANGIS, *Gesta Ludovici IX*; versões latina e francesa em *Recueil des historiens des Gaules et de la France*, t. XX, ed. Cl. Fr. Daunou e J. Naudet, Paris, 1840, pp. 312-465.

Jean de JOINVILLE, *Histoire de Saint Louis*, ed. Natalis de Wailly (cito a edição com tradução para o francês moderno de 1874). N. L. CORBETT publicou em 1977 em Sherbrookl (Quebec, Canadá) um texto de Joinville reconstruído através de confronto com o original a partir de um único manuscrito do século XVI: *La Vie de Saint Louis. Le témoignage de Jehan, seigneur de Joinville*, Naamon ed. Extratos da obra em francês moderno foram apresentados por A. DUBY, Saint Louis par Joinville, Paris, 1963. Uma tradução moderna de Joinville (parcial) foi publicada em *Historiens et Chroniqueurs du Moyen Âge*, Paris, 1963, pp. 195-366. Uma nova edição e tradução por Jacques MONFRIN, com Introduction, acaba de ser publicada (JOINVILLE, Vie de Saint Louis, Paris, 1995). Não pude consultá-la.

Crônicas

Philippe MOUSKÈS: *Chronique rimée de Philippe Mouskès*, ed. F. de Reiffenberg, 2 vol., Bruxelas, 1836-1838.

MATEUS PARIS, *Chronica majora*, ed. Henry R. Luard, 7 vol., Londres, 1972-1973.

SALIMBENE DE ADAM (de Parma), *Cronica*, ed. G. de Scalia, 2 vol., Bari (Itália), 1966.

PRIMAT, em *Les Grandes Chroniques de France*, J. Viard (ed.), t. I, Paris, 1920. Tradução francesa da Crônica latina de Primat por Jean de Vignay (primeira metade do séc. XIV), em *Recueil des historiens des Gaules et de la France*, t. XXIII, pp. 1-106.

GUILLAUME DE NANGIS, *Chronicon*, H. Géraud (ed.), 2 vol., Paris, 1843-1844, e *Recueil des historiens des Gaules et de la France*, t. XX, pp. 544-586, e t. XXI, pp. 103-123.

O MENESTREL DE REIMS, *Récits d'un ménestrel de Reims au XIIIe siècle*, Natalis de Wailly (ed.), 1876.

SÃO LUÍS
815

Ensinamentos de São Luís

O texto primitivo dos *Enseignements* de São Luís ao filho e à filha foi publicado por:
DELABORDE, Henri-François, "Le texte primitif des enseignements de Saint Louis à son fils", *Bibliothèque de l'École des chartes*, LXXIII, 1912. E em um ensaio de reconstituição da versão original por:
O'CONNELL, David, *The Teachings of Saint Louis. A Critical Text*, Chapel Hill [Carolina do Norte, Estados Unidos], 1972. Ver a tradução francesa em *Les Propos de Saint Louis* (prefácios de Jacques Le Goff), Paris, 1974.

Documentos diversos

A procedência está assinalada no lugar em que são citados. Essa procedência é:
DUCHESNE, André, *Historiae Francorum Scriptores*, t. V, Paris, 1649.
MARTÈNE, E., et DURAND, U., *Thesaurus novus anecdotorum*, t. I, Paris, 1717.
D'ACHERY, LUC, *Spicilegium sive collectio veterum aliquot scriptorum*, nova ed., 3 vol., Paris, 1723.

Documentos sobre a canonização

Um ensaio de *Reconstitution* notável (ainda que o princípio possa ser contestado) *du procès de canonisation de Saint Louis* (1272-1297) de Louis CAROLUS-BARRÉ (publicação póstuma revista por H. PLATELLE) acaba de ser editada pela École française de Rome, Roma, 1995: os textos utilizados por Guillaume de Saint-Pathus são apresentados em tradução.
Os dois sermões e a bula de canonização de BONIFÁCIO VIII (agosto de 1297) foram publicados em *Recueil des historiens des Gaules et de la France*, t. XXIII, pp. 148-160.
Conde P. E. RIANT, "Déposition de Charles d'Anjou pour la canonisation de Saint Louis", em *Notices et documents publiés par la Société de l'histoire de France à l'occasion de son cinquantième anniversaire*, Paris, 1884, pp. 155-176.
DELABORDE, Henri-François, "Fragments de l'enquête faite à Saint-Denis en 1282 en vue de la canonisation de Saint Louis", *Mémoires de la Société de l'Histoire de Paris et de l'Île-de-France*, t. XXIII, 1896, pp. 1-71.
Um espelho dos príncipes oferecido a São Luís:
GILBERT DE TOURNAI, *Eruditio regum et principum (1259)*, A. de POORTER (ed.), em *Les Philosophes belges*, Louvain, t. IX, 1914.
Antologia de fontes traduzidas:
O'CONNELL, David, *Les Propos de Saint Louis* (com uma introdução de J. Le Goff), Paris, 1974.

Literatura

RUTEBEUF, *Oeuvres complètes*, Michel Zink (ed.), 2 vol., Paris, 1990.

DUFOURNET, Jean, *Rutebeuf. Poèmes de l'infortune et poèmes de la croisade*, Paris, 1979.

MOOS, Peter von, "Die Trotschrift des Vincenz von Beauvais für Ludwig IX. Vorstudie zur Motiv und Gattungsgeschichte der *consolatio*", *Mittelateinisches Jahrbuch*, 4, 1967, pp. 173-219 (apresentação e edição da "consolação" escrita por Vincent de Beauvais para São Luís por ocasião da morte de seu filho mais velho em 1260).

Arte

BRANNER, Robert, "Saint Louis et l'enluminure parisienne au XIIIe siècle", em *Septième centenaire de la mort de Saint Louis (Actes des colloques de Royaumont et de Paris, mai 1970)*, Paris, 1976, pp. 69-84. — *The Manuscript Painting in Paris during the Reign of Saint Louis. A Study of Styles*, University of California Press, 1977.

Le Psautier de Saint Louis, Graz [Áustria], Akademische Druck-und-Verlagsanstalt, 1972 (fac-similado).

LENIAUD, Jean-Michel, et PERROT, Françoise, *La Sainte-Chapelle*, Paris, 1991.

Canções

PARIS, Gaston, "La chanson composé à Acre", *Romania*, 22, 1893.

Adrien LEROUX DE LINCY publicou a canção "Gent de France, mult estes esbahie", *Bibliothèque de l'École de chartes*, I, 1840.

MEYER, W. publicou a canção sobre a cerimônia em que São Luís tomou a cruz em 1244, "Wie

Ludwig IX der Heilige das Kreuz nahm", em *Nachrichten der königlichen Gesellschaft der Wissenschaften zu Göttingen*, 1907, pp. 246-257.

Exposições (Catálogos)

Au temps de Saint Louis, Museu de Melun, 1970 (datilografado).

Saint Louis à la Sainte-Chapelle, Direction générale des Archives de France, Paris, maio--agosto de 1960.

La France de Saint Louis, Paris, Salle des gens d'armes du palais, outubro de 1970-janeiro de 1971.

Le Mariage de Saint Louis à Sens en 1234, Museu de Sens, 1984.

SÃO LUÍS

PARA ESCLARECER O AMBIENTE DE SÃO LUÍS

ALPHANDÉRY, Paul, et DUPRONT, Alphonse, *La Chrétienté et l'idée de croisade*, 2 vol., Paris, 1954-1959, nova ed. (com um prefácio de M. Balard), Paris, 1995.

BARBEY, J., *Être roi. Le roi et son gouvernement en France de Clovis à Louis VI*, Paris, 1992.

BARLOW, Fred, "The King's Evil", *English Historical Review*, 1980, pp. 3-27.

BEAUNE, Colette, *Naissance de la Nation France*, Paris, 1985.

BERGES, Wilhelm, *Die Fürstenspiegel des hohen und späten Mittelaters*, Leipzig, 1938.

BLOCH, Marc, *Les Rois thaumaturges [Strasbourg, 1924]*, 3a ed., Paris, 1983 (com um prefácio de J. Le Goff).

BOGYAY, Th. von, BAK, J., SILAGI, G., *Die heiligen Könige*, Graz [Áustria], 1976.

BOURIN-DERRUAU, M., *Temps d'équilibre, temps de rupture*, Paris, 1990.

BUC, Philippe, *L'Ambiguïté du livre. Prince, pouvoir et peuple dans les commentaires de la Bible au Moyen Âge*, Paris, 1994.

BULST, N°, GENET, J.-P., (ed.), *La Ville, la bourgeoisie et la genèse de l'État moderne (XIIᵉ-XVIIᵉ siècles)*, Paris, 1988.

BURNS, R.I., "Christian Islamic Confrontation in the West: The Thirteenth Century Dream of Conversion", *The American Historical Review*, 76, 1971, pp. 1386-1434.

CAZELLES, Raymond, *Paris de la fin du règne de Philippe Auguste à la mort de Charles V (1223-1380)*, em *Nouvelle histoire de Paris*, Paris, t. III, 1972.

CONTAMINE, Philippe (ed.), *L'État et les aristocraties (France, Angleterre, Écosse, XIIᵉ-XVIIᵉ siècles)*, Paris, 1989.

_____.et alii, *L'Économie médiévale*, Paris, 1993.

_____.*La Guerre au Moyen Âge*, Paris, 3a ed., 1992.

Comprendre le XIIIᵉ siècle, sob a direção de Pierre GUICHARD e Danièle ALEXANDRE-BIDON, Lyon, 1995 (não consultado).

Culture et idéologie dans la genèse de l'État moderne, Roma, 1985.

Droits savants et pratiques françaises du pouvoir (XIᵉ-XVᵉ siècles) (sob a direção de Jacques Krynen e de Albert Rigaudière), Presses universitaires de Bordeaux, 1992.

DUBY, Georges, *Le Temps des cathédrales. L'art et la société (980-1420)*, Genebra, 1962 (ilustrado); nova ed., Paris, 1976.

DUBY, Georges, MANDROU, Robert, *Histoire de la civilisation française*, t. I, Paris, 1967.

DUGGAN, A. J. (ed.), *Kings and Kingship in Medieval Europe*, Londres, KING's College, 1993.

DURCHHARDT, H., JACKSON, R. A., STURDY, D. (ed.), *European Monarchy*, Sttutgart, 1992.

ERLANDE-BRANDENBURG, Alain, *Le roi est mort. Étude sur les funérailles, les sépultures et les tombeaux des rois de France jusqu'à la fin du XIIIᵉ siècle*, Paris, 1975.

FARAL, Edmond, *La Vie quotidienne au temps de Saint-Louis*, Paris, 1942.

FAWTIER, Robert, *Les Capétiens et la France. Leur rôle dans sa cronstruction*, Paris, 1942.

FOLZ, Robert, *Les Saints Rois du Moyen Âge en Occident (Vᵉ-XIIIᵉ siècles)*, Bruxelas, 1984.

FOSSIER, R., *La Société médiévale*, Paris, 1991.

_____.et alii, *Le Moyen Âge*: t. II, *L'Éveil de l'Europe (950-1250)*; t. III, *Le Temps des crises (1250-1520)*, Paris, 1990.

818 · JACQUES LE GOFF

GENET, Jean-Philippe (ed.), *État moderne. Génèse: bilan et perspectives*, Paris, 1990.

———.et VINCENT, B. (ed.), *État et Église dans la génèse de l'état moderne*, Madri, 1986.

GÉNICOT, Léopold, *Le XIIIᵉ siècle européen*, Paris, 1968.

GORSKI, K., "Le Roi-Saint, un problème d'idéologie féodale", *Annales*. E.S.C., 1969.

GUENÉE, Bernard, *Histoire et culture historique dans l'Occident médiéval*, Paris, 1980; nova ed., 1991.

———."La fierté d'être capétien en France, au Moyen Âge", *Annales*, E.S.C., 1978, pp. 450-477; repetido em *Politique et histoire au Moyen Âge*, Paris, 1981, pp. 341-368.

———."État et nation au Moyen Âge", *Revue historique*, t. 237, 1967, pp. 17-30.

GUÉROUT, Jean, "Le palais de la Cité à Paris des origines à 1417. Essai topographique et archéologique", dans *Paris et Île-de-France. Mémoires de la Fédération des sociétés historiques et archéologiques de Paris et de l'Île-de-France*, t. I, 1949, p. 57-212; t. II, 1950, pp. 21-204; t. III, 1951, pp. 7-101.

Histoire de la France urbaine, sous la direction de Georges DUBY; t. II, *La Ville médiévale*, sous la direction de J. LE GOFF, Paris, 1980.

Histoire de la France rurale, sous la direction de Georges DUBY, t. I, *Des origines à 1340*, Paris, 1975.

Histoire de la France, sous la direction d'André BURGUIÈRE et Jacques REVEL; t. II, *L'État et les pouvoirs*, sous la direction de J. LE GOFF, Paris, 1989.

Histoire de la France religieuse, sous la direction de Jacques LE GOFF et René RÉMOND; t. I, *Des dieux de la Gaule à la papauté d'Avignon*, sous la direction de J. LE GOFF, Paris, 1988.

JORDAN, William Ch., *The French Monarchy and the Jews from Philip Augustus to the Last Capetians*, Filadélfia, University of Pennsylvania Press, 1989.

KANTOROWICZ, Ernst H., *The King's Two Bodies. A Study in Medieval Theology*, Princeton (Nova Jérsei, Estados Unidos), 1957; trad. fr., *Les Deux Corps du roi*, Paris, 1989.

KRYNEN, Jacques, *L'Empire du roi. Idées et croyances politiques en France, XIIIᵉ -XVᵉ siècles*, Paris, 1993.

LAFAURIE, J., *Les Monnaies des rois de France. De Hugues Capet à Louis XII*, Paris e Bâle (Suíça), 1951.

LECOY DE LA MARCHE, Albert, *La France sous Saint Louis et sous Philippe le Hardi*, Paris, 1983.

LE GOFF, Jacques, "Le roi enfant dans l'idéologie monarchique de l'Occident médéval", em *Historicité de l'enfance et de la jeunesse* (Congrès international d'Athènes, 1984), Atenas, 1986, pp. 231-250.

———."Portrait du roi idéal", em *L'Histoire*, no 81, setembro de 1985, pp. 70-76.

———. "Reims, ville du sacre", em P. NORA (ed.), *Les Lieux de mémoire*, t. II, La Nation, vol. 1, Paris, 1986, pp. 89-184.

———."La génèse du miracle royal", em *Marc Bloch aujourd'hui. Histoire comparée et sciences sociales*, textos reunidos e apresentados por H. ATSMA et A. BURGUIÈRE, Paris, 1990, pp. 147-158.

LEMARIGNIER, Jean-François, *La France médiévale. Institutions et sociétés*, Paris, 1970; reed., 1991.

Le Siècle de Saint Louis, Paris, 1970.

Lewis, Andrew W., *Royal Succession in Capetian France: Studies on Familial Order and the State*, Cambridge, Mass., 1981; trad. fr., *Le Sang royal. La famille capétienne et l'État. France, X^e-XIVe siècles*, Paris 1986.

Lorcin, Marie-Thérèse, *La France au XIIIe siècle*, Paris, 1975.

Lot, Ferdinand, et Fawtier, Robert (ed.), *Histoire des institutions françaises au Moyen Âge*, t. II: *Les Institutions royales*, Paris, 1958.

Mc Govern, J. F., "The Rise of the New Economic Attitudes. Economic Humanism, Economic Nationalism during the Later Middle Ages and the Renaissance, A.D. 1200-1550", Traditio, XXVI, 1970, pp. 217-253.

Mirot, L., *Manuel de géographie historique de la France*, 2 vol., Paris, 1948-1950.

Nora, Pierre (ed.), *Les Lieux de mémoire*, t. II, *La Nation*, Paris, 1986.

Pange, J. de, *Le Roi très chrétien*, Paris, 1949.

Paul, Jacques, *Histoire intelectuelle de l'Occidente médiéval*, 2 vol., Paris, 1973.

Petit-Dutaillis, Charles, *La Monarchie féodale en France et en Angleterre, Xe-XIIIe siècles*, Paris, 1933; nova ed., 1971.

Rigaudière, Albert, *Pouvoirs et institutions dans la France médiévale*, t. II, *Des temps féodaux aux temps de l'État*, Paris, 1994.

_____.*Gouverner la ville au Moyen Âge*, Paris, 1993.

_____.et Gouron, André (ed.), *Renaissance du pouvoir législatif et génèse de l'État*, Montpellier, 1987.

Schramm, Percy Ernst, *Der König von Frankreich. Das Wesen der Monarchie vom 9. bis zum 16. Jahrhundert*, 2 vol., Weimar, 1939; nova ed., 1960.

Spiegel, Gabrielle M., *The Chronicle Tradition of Saint-Denis: A Survey*, Brookline, Mass., e Leyde (Holanda), 1978.

Strayer, Joseph R., *Medieval Statecraft and the Perspectives of History*, Princeton (Nova Jérsei, Estados Unidos), 1971; trad. fr., *Les Origines médiévales de l'État moderne*, Paris, 1979.

_____."France: the Holy Land, the Chosen people and the most Christian King", em *Action and Conviction in Early Modern Europe*, Princeton (Nova Jérsei, Estados Unidos), 1969, pp. 3-16.

Tessier, Gaston, *La Diplomatique royale française*, Paris, 1962.

Töpfer, B., "Staatliche Zentralisation im regionalen und im national-staatlichen Rahmen in Frankreich vom 13 bis zum 15 Jahrhundert", *Jahrbuch für Geschichte des Feudalismus*, 11, 1987, pp. 159-173.

Vauchez, André, *La Sainteté en Occident aux derniers siècles du Moyen Âge*, Roma, 1981.

Zink, Michel, *La Subjectivité littéraire. Autour du siècle de Saint Louis*, Paris, 1985.

820   JACQUES LE GOFF

BIOGRAFIAS E OBRAS GERAIS
SOBRE SÃO LUÍS

As obras mais importantes

La Vie de Saint Louis, roi de France, redigida por Louis Sébastien LE NAIN DE TIL-
  LEMONT (morto em 1698), publicada por J. de Gaulle, 6 vol., Paris, Société de
  l'Histoire de France, 1847-1851, permanece fundamental pela utilização de fontes
  hoje desaparecidas e pela amplidão da concepção.

As biografias marcantes de São Luís são:
JORDAN, William Ch., *Louis IX and the Challenge of the Crusade. A Study in Rulership*,
  Princeton (Nova Jersey, Estados Unidos), 1979.
LANGLOIS, Charles Victor, *Saint Louis, Philippe le Bel: les derniers Capétiens directs (1226-
  1328)*, t. III/2 de l'*Histoire de France depuis les origines jusqu'à la Révolution*, de Ernest
  LAVISSE, Paris, 1901; reed., Paris, 1978.
RICHARD, Jean, *Saint Louis, roi d'une France féodale, soutien de la Terre sainte*, Paris, 1983;
  reed., Paris, 1986.

Uma excelente síntese sumária recente:
SAINT-DENIS, Alain, *Le Siècle de Saint Louis*, Paris, 1994.

Le Siècle de Saint Louis, R. Pernoud (ed.), Paris, 1970.
*Septième centenaire de la mort de Saint Louis. Actes des colloques de Royaumont et de Paris (21-
  27 mai 1970)*, publicadas por Louis CAROLUS-BARRÉ, Paris, 1976.
WALLON, Henri-Alexandre, *Saint Louis et son temps*, 2 vol., Paris, 1875.

De uma produção abundante

BAILLY, *Saint Louis*, Paris, 1949.
BENOUVILLE, G. de, *Saint Louis ou le printemps de la France*, Paris, 1970.
BEER, J. de, *Saint Louis*, 1984.
BORDEAUX, H., *Un précurseur. Vie, mort et survie de Saint Louis, roi de France*, Paris,
  1949.
BOULENGER, Jacques Romain, *La Vie de Saint Louis*, Paris, 1929.
CRISTIANI, Mgr., *Saint Louis, roi de France*, Paris, 1959.
EVANS, J., *The History of Saint Louis*, Oxford, 1938.
EYDOUX, Henri-Paul, *Saint Louis et son temps*, Paris, 1971.
FAURE, F., *Histoire de Saint Louis*, 2 vol., Paris, 1966.
GOYAU, G., *Saint Louis*, Paris, 1928.
GUTH, P., *Saint Louis*, Paris, 1960.
KLEIN, C., *Saint Louis, un roi au pied du pauvre*, Paris, 1970.
LABARGE, M. W., *Saint Louis*, Londres, 1968 (em inglês).

SÃO LUÍS

821

LECOY DE LA MARCHE, Albert, *Saint Louis, son gouvernement et sa politique*, Paris, 1889.

LEVIS-MIREPOIX, duc de, *Saint Louis, roi de France*, Paris, 1970 (com um prefácio de G. Walter: "Saint Louis, fou du Christ").

LEVRON, J. P., *Saint Louis ou l'apogée du Moyen Âge*, Paris, 1969.

MADAULE, Jacques, *Saint Louis de France*, Paris, 1943.

MOUSSET, J., *Saint Louis*, Paris, 1950.

OLIVIER-MARTIN, F., *Saint Louis*, em *Hommes d'État*, t. II, Paris, 1937, pp. 131-212.

PERNOUD, Régine, *Un chef d'État. Saint Louis, roi de France*, Paris, 1960.

SERTILLANGES, P., *Saint Louis*, Paris, 1918.

SIVERY, Gérard, *Saint Louis et son siècle*, Paris, 1983.

Estudos particulares

AUGUSTIN, Jean-Marie, "L'aide féodale levée par Saint Louis et Philippe le Bel", *Mémoires de la Société pour l'histoire du droit et des anciens pays bourguignons, comtois et romands*, fasc. 38, 1981, pp. 59-81.

BABELON, Jean-Pierre, "Saint Louis dans son palais de Paris", em *Le Siècle de Saint Louis, op. cit., supra*, pp. 45-56.

_____.·"La monnaie de Saint Louis", *ibid.*, pp. 83-92.

_____.·"Saint Louis et le traité de Paris", *ibid.*, pp. 227-229.

BASTIN, Julia, "Quelques propos de Rutebeuf sur le roi Louis IX", *Bulletin de l'Académie royale de langue et littérature française*, 1960, 38, I, pp. 5-14.

BAUTIER, Robert-Henri, "Les aumônes du roi aux maladreries, maisons-Dieu et pauvres établissements du royaume. Contribution à l'étude du réseau hospitalier et de la fossilisation de l'administration royale de Philippe Auguste à Charles VII", *Actes du 97 Congrès national des sociétés savantes (Nantes, 1972)*, em *Bulletin philologique et historique*, 1975, pp. 37-105.

BEAUNE, Colette, "La légende de Jean Tristan, fils de Saint Louis", *Mélanges de l'École française de Rome. Moyen Âge, Temps modernes*, 98, 1986/1, pp. 143-160.

BEMONT, Charles, "La campagne de Poitou, 1242-1243. Taillebourg et Saintes", *Annales du Midi*, V, 1893, pp. 289-314.

BERGER, Élie, *Histoire de Blanche de Castille*, Paris, 1895.

_____.·*Saint Louis et Innocent IV, Étude sur les rapports de la France et du Saint Siège*, Paris, 1893.

BISSON, Thomas N°, "Consultative Functions in the King's Parlements (1250-1314)", *Speculum*, LXIV, 1969, pp. 353-373.

BOUGEROL, Jacques-Guy, "Saint Bonaventure et le roi Saint Louis", em *San Bonaventura (1274-1974)*, t. II, Grottaferrata (Roma), 1973, pp. 469-493.

BOULET-SAUTEL, Marguerite. "Le concept de souveraineté chez Jacques de Révigny", em *Actes du congrès sur l'ancienne université d'Orléans (XIIᵉ-XVIIIᵉ siècles)*, Orleãs, 1982, pp. 17-27.

_____.·"Jean de Blanot et la conception du pouvoir royal au temps de Louis IX", em *Septième centenaire (op. cit. supra)*, pp. 57-68.

BOUREAU, Alain, "Saint Louis", em *Histoire des saints et de la sainteté*, A. VAUCHEZ (ed.), t. VI, *Au temps du renouveau évangélique*, Paris, 1986, pp. 196-205.

BOUTARIC, Edgar, *Saint Louis et Alphonse de Poitiers. Étude sur la réunion des provinces du Midi et de l'Ouest à la Couronne et sur les origines de la centralisation administrative*, Paris, 1870.

BRACHET, Auguste [A. Brachet, Korff quando solteira], *Pathologie mentale des rois de France*, Paris, 1903.

BRANNER, Robert, *The Manuscript painting in Paris during the Reign of St Louis. A Study of Styles*, University of California Press, 1977.

_____.*Saint Louis and the Court Style in Gothic Architecture*, Londres, 1965.

BROWN, Elizabeth A. R., "Philippe le Bel and the Remains of Saint Louis", *Gazette des Beaux Arts*, 1980-1981, pp. 175-182.

_____."Burying and Unburying the Kings of France", em *Persons in Groups. Social Behavior as Identity Formation in Medieval and Renaissance Europe*, R. C. TREXLER (ed.), Bin-ghampton, NY, Estados Unidos, 1985, pp. 241-266.

_____."The Chapels and Cult of Saint Louis at Saint Denis", *Mediaevalia*, 10, 1984, pp. 279-331.

_____."Taxation and Morality in the XIIIth and XIVth centuries: conscience and political power and the Kings of France", *French Historical Studies*, VII/1, primavera de 1973, pp. 1-28.

BUC, Philippe, "David's adultery with Bathsheba and the healing powers of the Capetian Kings", *Viator*, 23, 1993, pp. 101-120.

BUISSON, Ludwig, *König Ludwig IX der Heilige und das Recht*, Friburgo (Suíça), 1955.

_____."Saint Louis. Justice et Amour de Dieu", *Francia*, 6, 1978, pp. 127-149.

_____."Saint Louis et l'Aquitaine (1259-1270)", em *Actes de l'Académie nationale des sciences, belles-lettres et arts de Bordeaux*, 4a série, t. XXVI, Bordeaux, 1972, pp. 15-33, repetida em *Lebendiges Mittelalter*, Colônia, Böhlau, 1988, pp. 251-269.

CAHEN, Claude, "Saint Louis et l'Islam", *Journal asiatique*, t. 258, 1970, pp. 3-12.

CAMPBELL, Gerard J., "The Attitude of Monarchy Towards the Use of Ecclesiastical Censures in the Reign of Saint Louis", *Speculum*, 35, 1960, pp. 535-555.

CAROLUS-BARRÉ, Louis, "La grande ordonnance de 1254 sur la réforme de l'administration et la police du royaume", em *Septième centenaire* (*op. cit. supra*), pp. 85-96.

_____."Les enquêtes pour la canonisation de Saint Louis, de Grégoire X à Boniface VIII, et la bulle *Gloria, laus* du 12 août 1287", *Revue d'histoire de l'Église de France*, 57, 1971.

_____."Saint Louis et la translation des corps saints", *Études d'histoire du droit canonique dédiées à M. G. Le Bras*, t. II, Paris, 1965.

_____.Saint Louis dans l'histoire et la légende", *Annuaire-bulletin de la Société de l'histoire de France*, 1970, 1971.

_____."Le prince héritier Louis et l'intérim du pouvoir royal de la mort de Blanche (novembre 1252) au retour du roi (juillet 1254)", *Comptes rendus de l'Académie des inscriptions et belles-lettres*, 1970.

CAZELLES, Raymond, "Une exigence de l'opinion depuis Saint Louis: la réformation du royaume", *Annuaire-bulletin de la Société de l'histoire de France*, 469, 1963, pp. 91-99.

— "La réglementation royale de la guerre privée, de Saint Louis à Charles V", *Revue historique de droit français et étranger*, 1960, pp. 530-548.

SÃO LUÍS

CHAPLAIS, Pierre, "Le traité de Paris de 1259 et l'inféodation de la Gascogne allodiale", *Le Moyen Âge*, 1955, pp. 121-137.

CHENNAF, Sarah, et REDON, Odile, "Les miracles de Saint Louis", em GELIS, Jacques, et REDON, Odile (ed.), *Les Miracles, miroirs des corps*, Paris, 1983, pp. 53-85.

COLE, P., D'AVRAY, D. L., et RILEY-SMITH, J., "Application of Theology to current Affairs: Memorial Sermons on the Dead of Mansurah and on Innocent IV", *The Bulletin of Historical Research*, 63, no 152, 1990, pp. 227-247.

CONGAR, Yves, "L'Église et l'État sous le règne de Saint Louis", em *Septième centenaire (op. cit. supra)*, pp. 257-271.

COORNAERT, E., "Les corporations au temps de Saint Louis", *Revue historique*, 1936.

DELABORDE, Henri-François, "Joinville et le conseil tenu à Acre en 1250", *Romania*, 23, 1894.

_____."Instructions d'un ambassadeur envoyé par Saint Louis à Alexandre IV à l'occasion du traité de Paris (1258)", *Bibliothèque de l'École des chartes*, 1888, pp. 530-534.

DELARUELLE, Étienne, "Saint Louis devant les Cathares", *Septième centenaire (op. cit. supra)*, pp. 273-280.

_____."L'idée de croisade chez Saint Louis", *Bulletin de littérature ecclésiastique*, 1960, reeditado depois em *L'Idée de croisade au Moyen Âge*, Turim, 1980.

DIMIER, Louis, *Saint Louis et Cîteaux*, Paris, 1954.

DUFEIL, M. M., "Le roi Louis dans la Querelle des mendiants et des Séculiers (université de Paris, 1254-1270)", em *Septième centenaire (op. cit. supra)*, pp. 281-289.

ERLANDE-BRANDENBURG, Alain, "Le tombeau de Saint Louis", *Bulletin monumental*, 126, 1968, pp. 7-30.

FAVIER, Jean, "Les finances de Saint Louis", em *Septième centenaire (op. cit. supra)*, pp. 133-140.

FAWTIER, Robert, "Saint Louis et Frédéric II", em *Convegno internazionale di Studi Federiciani*, Palermo, 1950.

FIETIER, Roland, "Le choix des baillis et sénéchaux aux XIIIe et XIVe siècles (1250-1350)", *Mémoires de la Société pour l'histoire du droit et des institutions des anciens pays bourguignons, comtois et romands*, 29 fasc., 1968-1969, pp. 255-274.

FOLZ, Robert, "La sainteté de Louis IX d'après les textes liturgiques de sa fête", *Revue d'histoire de l'Église de France*, 57, 1971, pp. 30-45.

FRANÇOIS, M., "Initiatives de Saint Louis en matière administrative: les enquêtes royales", em *Le Siècle de Saint Louis (op. cit. supra)*, pp. 210-214.

GAVRILOVITCH, *Étude sur le traité de Paris de 1259 entre Louis IX, roi de France, et Henri III, roi d'Angleterre*, Paris, 1899.

GIESEY, Ralph E., "The Juristic Basis of Dynastic Right to the French Throne", *Transactions of the American Philosophical Society*, New Series, vol. 51, part 5, Filadélfia, 1961.

GIORDANENGO, Gérard, "Le pouvoir législatif du roi de France (XIe-XIIIe siècles): travaux récents et hypothèses de recherche", *Bibliothèque de l'École des chartes*, t. 147, 1989, pp. 283-310.

GRABOIS, Aryeh, "Du crédit juif à Paris au temps de Saint Louis", *Revue des études juives*, 1970, pp. 5-22.

GRIFFITHS, Q., "New Men among the Lay Counsellors of Saint Louis Parlement", *Medieval Studies*, 32-33, 1970, 1971, pp. 234-272.

GUILHIERMOZ, P., "Les sources manuscrites de l'histoire monétaire de Saint Louis", *Le Moyen Âge*, 34, 1923.

_____."Saint Louis, les gages de batailles et la procédure civile", *Bibliothèque de l'École des chartes*, 48, 1887, pp. 11-20.

HALLAM, E. M., "Philip the Fair and the Cult of Saint Louis. Religion and National Identity", *Studies in Church History*, 18, 1982, pp. 201-214.

HASELOFF, Arthur, "Les Psautiers de Saint Louis", *Mémoires de la Société des antiquaires de France*, 59, 1898, pp. 18-42.

JORDAN, William Chester, *"Persona et gesta*: the Image and Deeds of the Thirteenth Century Capetians. 2. The Case of Saint Louis", *Viator*, 19, 1988, 2, pp. 209-218.

_____."Supplying Aigues-Mortes for the Crusade of 1248: the Problem of Restructuring Trade", em *Order and Innovation (Mélanges J. Strayer)*, Princeton (Nova Jérsei, Estados Unidos), 1976.

_____. "Communal Administration in France 1257-1270. Problems discovered and Solutions imposed", *Revue belge de philosophie et d'histoire*, 59, 1981, pp. 292-313.

_____."The psalter of Saint Louis. The Program of the seventy-eight full page illustrations", *Acta: the High Middle Ages*, 7, 1980, pp. 65-91.

LABANDE, Edmond-René, "Saint Louis pèlerin", *Revue d'histoire de l'Église de France*, 57, 1971.

_____."Quelques traits de caractère du roi Saint Louis", *Revue d'histoire de la spiritualité*, 50, 1974/2, pp. 135-146.

LABARGE, M. W., "Saint Louis et les juifs", em *Le Siècle de Saint Louis (op. cit. supra)*, pp. 267-274.

LANGLOIS, Ch. V., "Doléances recueillies par les enquêteurs de Saint Louis", *Revue historique*, t. 92, 1906.

LECOY DE LA MARCHE, Albert, "Saint Louis, sa famille et sa cour d'après les anecdotes contemporaines", *Revue des questions historiques*, t. XXII, 1877, pp. 465-484.

LE GOFF, Jacques, "La sainteté de Saint Louis. Sa place dans la Typologie et l'évolution chronologique des rois saints", em *Les Fonctions des saints dans le monde occidental (IIIe-XIIIe siécles)* (Colloque de l'École française de Rome, 1988), Roma, 1991, pp. 285-293.

_____."Saint Louis a-t-il existé?", *L'Histoire*, no 40, dezembro de 1981.

_____. "Saint Louis et les corps royaux", *Le Temps de la réflexion*, Paris, 1982, pp. 255-284.

_____. "Saint Louis et la parole royal", em *Le Nombre du temps. En hommage à Paul Zumthor*, Paris, 1988, pp. 127-136.

_____."Les gestes de Saint Louis", *Mélanges Jacques Stiennon*, 1982, pp. 445-459.

_____. "Royauté biblique et idéal monarchique médiéval. Saint Louis et Josias", em *Les Juifs au regard de l'histoire. Mélanges Bernhard Blumenkranz*, 1985, pp. 157-168.

_____."Saint de l'Église et saint du peuple. Les miracles officiels de Saint Louis entre sa mort et sa canonisation (1270-1297)", em *Histoire sociale, sensibilités collectives et mentalités. Mélanges Robert Mandrou*, 1985, pp. 169-180.

SÃO LUÍS

_____·"Saint Louis et la prière", *Horizons marins, itinéraires spirituels (Ve-XVIIIe siècles)*, vol. I, Mentalités et sociétés (Études réunies par Henri DUBOIS, Jean-Claude HOCQUET, André VAUCHEZ), *Mélanges Michel Mollat*, Paris, 1987, pp. 85-94.

_____·"Un roi souffrant: Saint Louis", em *La Souffrance au Moyen Âge (France, XIIe-XVe siècles)*, Les Cahiers de Varsovie, 1988, pp. 127-136.

_____·"Saint Louis and the Mediterranean", *Mediterranean Historical Review*, 5/1, 1990, pp. 21-43.

_____·"Saint Louis, croisé idéal?", *Notre histoire*, no 20, fevereiro de 1986, p. 42 e segs.

_____·"Saint Louis et la pratique sacrammentelle" (dialogue avec Pierre Marie GY), *La Maison-Dieu*, 197, 1994/1, pp. 99-124.

_____·"Ludwig IX der Heilige und der Ursprung der feudalen Monarchie in Frankreich", *Jahrbuch für Geschichte des Feudalismus*, 14, 1990, pp. 107-114.

_____·"Saint Louis et la mer", em *L'uomo e il mare nella civiltà occidentale: da Ulisse a Cristoforo Colombo (colóquio de Gênova, 1992)*, Gênova, 1992, pp. 11-24.

_____·"Saint Louis à table: entre commensalité royale et humilité alimentaire", em *La Sociabilité à table. Commensalité et convivialité à travers les âges (colóquio de Rouen, 1990)*, Rouen, 1992, pp. 132-144.

LERNER, Robert E., "The uses of Heterodoxy, the French Monarchy and Unbelief in the XIIIth century", *Frech Historical Studies*, IV, 1965, pp. 189-202.

LINEHAN, Peter, and HERNÁNDEZ, Francisco, "*Animadverto*: a recently discovered consilium concerning the sanctity of King Louis IX", *Revue Mabillon*, nova série 5 (t. 66), 1994, pp. 83-105.

LITTLE, Lester K., "Saint Louis' Involvement with the Friars", *Church History*, XXIII/2, junho de 1964, pp. 83-105.

LONGNON, Auguste N°, *Documents parisiens sur l'iconographie de Saint Louis*, 1882.

MICHAUD-QUANTIN, Pierre, "La politique monétaire royale à la faculté de théologie de Paris en *1265*", *Le Moyen Âge*, 17, 1962, pp. 137-151.

MICHEL, R., *L'Administration royale dans la sénéchaussée de Beaucaire au temps de Saint Louis*, Paris, 1910.

MOLLARET, H. H., et BROSSOLET, J., "Sur la mort de Saint Louis", *La Presse médicale*, vol. 74, no 55, 25 de dezembro de 1966, pp. 2913-2916.

MOLLAT, Michel, "Le 'passage' de Saint Louis à Tunis. Sa place dans l'histoire des croisades", *Revue d'histoire économique et sociale*, 50, 1972, pp. 289-303.

MONFRIN, Jacques, "Joinville et la prise de Damiette (1249)", *Comptes rendus de l'Académie des inscriptions et belles-lettres*, 1976, pp. 268-285.

_____·"Joinville et la mer", *Études offertes à Félix Lecoy*, Paris, 1973, pp. 445-468.

MUSSET, Lucien, "Saint Louis et la Normandie", *Annales de Basse-Normandie*, 1972, pp. 8-18.

NAHON, Gérard, "Les ordonnances de Saint Louis et les juifs", *Les Nouveaux Cahiers*, 23, 1970.

_____·"Une géographie des Juifs dans la France de Louis IX (1226-1270)", em *The Fifth World Congress of Jewish Studies*, vol. II, Jerusalém, 1972, pp. 127-132.

_____·"Le crédit et les juifs dans la France du XIIIe siècle", *Annales. E.S.C.*, 1964, pp. 1121-1148.

PARENT, M. "Les assemblées royales en France au temps de Saint Louis", em *Positions des thèses de l'École des chartes*, 1939, pp. 155-161.

PELICIER, P., "Deux lettres relatives à Louis IX" [démêlés entre l'éveque et les bourgeois de Châlons], *Bulletin du Comité des travaux historiques. Histoire et Philologie*, 1892, pp. 229-231.

PERNOUD, Régine, *La Reine Blanche*, Paris, 1972.

PETIT, E., "Saint Louis en Bourgogne et principalement dans les contrées de l'Yonne", *Bulletin de la Société des sciences historiques et naturelles de l'Yonne*, 1893, pp. 576-591.

PINOTEAU, Hervé, "La tenue de sacre du saint Louis IX roi de France, son arrière--plan symbolique et la *renovatio regni Juda*", *Itinéraires*, 1972, no 162, pp. 120-166.

_____.et LE GALLO, C., *Héraldique de Saint Louis et ses compagnons*, Paris, 1966.

POGNON, E., "Les arbitrages de Saint Louis", em *Le Siècle de Saint Louis (op. cit. supra)*, pp. 221-226.

PONTAL, Odette, "Le différend entre Louis IX et les évêques de Beauvais et ses incidences sur les conciles (1232-1248)", *Bibliothèque de l'École des chartes*, 123, 1965.

RICHARD, Jean, "La politique orientale de Sains Louis. La croisade de 1248", em *Septième centenaire (op. cit. supra)*, pp. 197-208.

_____."La fondation d'une église latine en Orient par Saint Louis: Damiette", *Bibliothèque de l'École des chartes*, 120, 1962, repetido em *Orient et Occident au Moyen Âge*, Londres, 1976.

_____."Sur les pas de Plancarpin et de Rubrouck. La lettre de Saint Louis à Sartaq", *Journal des savants*, 1977.

_____."Une ambassade mongole à Paris en 1262", *Journal des savants*, 1979.

_____."L'adoubement de Saint Louis", *Journal des savants*, 1988, pp. 207-217.

SABLOU, J., "Saint Louis et le problème de la fondation d'Aigues-Mortes", em *Hommages à André Dupont*, Montpellier, 1974, pp. 256-265.

SADLER, Donna L., "The King as Subject, the King as Author: Art and Politics of Louis IX", em H. DURCHHARDT, R. A. JACKSON, D. STURDY (ed.), *European Monarchy (op. cit supra)*, pp. 53-68.

SAYOUS, André, "Les mandats de Saint Louis sur son trésor pendant la septième croisade", em *Revue historique*, 167, 1931.

SCHNEIDER, Jean, "Les villes du royaume de France au temps de Saint Louis", *Comptes rendus de l'Académie des inscriptions et belles-lettres*, 1971.

SERPER, Arié, "L'administration royale de Paris au temps de Louis IX", *Francia*, 7, 1979, pp. 123-139.

SIVERY, Gérard, "L'équipe gouvernementale, Blanche de Castille et la succession de Louis VIII en 1226", *L'Information historique*, 1979, pp. 203-211.

_____.*Marguerite de Provence. Une reine au temps des cathédrales*, Paris, 1987.

_____.*L'Économie du royaume de France au siècle de Saint Louis*, Lille, 1984 (ver a resenha de H. DUBOIS, *Revue historique*, 109, 1985/1, pp. 472-473).

_____.*Les Capétiens et l'argent au siècle de Saint Louis*, Paris, 1995 (não consultado).

SLATTERY, M., *Myth, Man and Sovereign Saint. King Louis IX in Jean de Joinville's Sources*, Nova York, Berna, Frankfurt, 1985.

SOMMERS WRIGHT, Georgia, "The Tomb of Saint Louis", *Journal of the Warburg and Courtauld Institute*, XXXIV, 1971, pp. 65-82.

SÃO LUÍS

STAHL, Harvey, "Old Testament Illustration during the Reign of St. Louis: The Morgan Picture Book and the New Biblical Cycles", em *Il Medio Oriente e l'Occidente nell'arte del XIIIe secolo. Atti del XXIV congresso internazionale di storia dell'arte*, H. BELTING, ed., Bolonha, pp. 79-93.

STEIN, Henri, "Pierre Lombard, médecin de Saint Louis", *Bibliothèque de l'École des chartes*, 1939, pp. 63-71.

STRAYER, Joseph, "The Crusades of Louis IX", em K. M. SETTON (ed.), *History of the Crusades*, vol. II, Londres, 1962, pp. 487-521.

_____.*The Administration of Normandy under Saint Louis*, 1932.

_____."La conscience du roi. Les enquêtes de 1258-1262 dans la sénéchaussée de Carcassonne-Béziers", em *Mélanges Roger Aubenas*, Montpellier, 1974.

TARDIF, J., "Le procès d'Enguerran de Coucy", em *Bibliothèque de l'École de chartes*, 1918.

TUILIER, André, "La révolte des pastoureaux et la querelle entre l'université de Paris et les ordres Mendiants", em *Actes du 99e congrès national des sociétés savantes*, Besançon, 1974, Section de philologie et d'histoire, I, 1977, pp. 353-367.

_____."La fondation de la Sorbonne, les querelles universitaires et la politique du temps", em *Mélanges de la Bibliothèque de la Sorbonne*, 3, 1982, pp. 7-43.

UITTI, K. D., "Nouvelle et structure hagiographique: le récit historiographique nouveau de Jean de Joinville", em *Mittelalterbilder aus neuer Perspektive*, E. RUHE, R. REHRENS (ed.), Munique, 1985, pp. 380-391.

WOOD, Charles T., "The mise of Amiens and Saint Louis' Theory in Kingship", *French Historical Studies*, 6, 1969-1970, pp. 300-310.

_____.*The French Apanages and the Capetian Monarchy, 1224-1328*, Cambridge, Mass., 1966.

_____."Regnum Francie: A Problem in Capetian Administrative Usage", *Traditio*, 23, 1967, pp. 117-147.

ZINK, Michel, "Joinville ne pleure pas, mais il rêve", *Poétique*, 33, fevereiro de 1978, pp. 28-45.

Jerzy PRSIAKA escreveu o interessante estudo *Ludwik Swiety. Portret hagiograficzny idealnegi wladcy* (São Luís. Retrato hagiográfico do soberano ideal), em polonês, não publicado, tese de magistério da Universidade de Varsóvia, 1994, sob a direção de H. Samsonowicz.

CRONOLOGIA

1200	*23 de maio*: casamento do futuro Luís VIII e Branca de Castela, pais de São Luís.
1214	*25 de abril*: dia da festa de São Marcos. Nasce o futuro Luís IX (ou é batizado?) em Poissy.
	Domingo, 27 de julho: vitória de seu avô Filipe Augusto em Bouvines.
1223	*14 de julho*: morte de Filipe Augusto.
1226	*8 de novembro*: Luís se torna rei com a morte de Luís VIII; Branca de Castela é encarregada de sua tutela e da guarda do reino.
	29 de novembro: armado cavaleiro em Soissons, Luís é sagrado em Reims.
1227-1234	Revoltas dos barões.
1229	Tratado de Meaux-Paris com o conde de Toulouse. Fim da cruzada contra os albigenses.
1229-1231	Greve na universidade de Paris.
1233	Primeiros inquisidores nomeados pelo papado na França.
1234	*25 de abril*: Luís é considerado maior de idade.
	27 de maio: casamento em Sens com Margarida de Provença.
1235	*19 de outubro*: consagração em presença de Luís da abadia cisterciense de Royaumont.
1237	*7 de junho*: seu irmão Roberto d'Artois se torna cavaleiro em Compiègne.
1239	*11-18 de agosto*: Luís recebe as relíquias da Paixão de Cristo.
	Luís adquire o condado de Mâcon, que acrescenta ao domínio real.
	Morte de Filipe Hurepel [Eriçado], tio de Luís.
1240-1241	Revolta e derrota de Raymond Trencavel, visconde de Béziers.
1240	Controvérsia com os judeus a propósito do Talmude em presença de Luís e de Branca de Castela.
1241	*Março-abril*: os mongóis assolam a Europa central.
	Dia de São João: Luís dá grandes festas em Saumur ao investir na condição de cavaleiro seu irmão Afonso de Poitiers.
1242	Queima do Talmude.

	21-22 de julho: vitória de Luís sobre o rei da Inglaterra Henrique III em Taillebourg e em Saintes.
1242-1243	Sublevação e derrota de Raimond VII de Toulouse e de diversos senhores do Sul; consolidação das senescalias reais de Nîmes-Beaucaire e de Béziers-Carcassonne.
1244	Nova queima do Talmude. Queda de Montségur e desenvolvimento da Inquisição na França. *23 de agosto*: tomada de Jerusalém pelos muçulmanos. *17 de outubro*: desastre dos cristãos da Palestina diante dos muçulmanos em La Forbie, perto de Gaza. *Dezembro*: doença de Luís e voto de cruzado.
1245	*Novembro*: encontro em Cluny de Luís e do papa Inocêncio IV.
1246	*27 de maio*: Carlos d'Anjou, o caçula dos irmãos de Luís, é investido cavaleiro.
1247	Luís cria investigadores (ou inquiridores) para corrigir os abusos da coroa no reino.
1248	*6 de abril*: consagração da Sainte-Chapelle do palácio real. *12 de junho*: Luís deixa Paris na partida para a cruzada. *28 de agosto*: Luís parte de Aigues-Mortes para além-mar. *Dezembro*: Luís encontra em Nicósia o dominicano André de Longjumeau de volta de uma viagem à Ásia central e recebe dois enviados dos mongóis.
1249	*Janeiro*: partida de Chipre de André de Longjumeau e de uma embaixada enviada por Luís ao grande Khan mongol com um rico presente. *Maio*: chegada de Luís ao Egito onde ficará até 8 de maio de 1250. *Junho*: tomada de Damieta.
1250	*de fevereiro a abril*: derrota de Mansurá: morte de Roberto d'Artois e captura de Luís pelos muçulmanos. *6 de maio*: o resgate é pago e Luís é libertado. Início da agitação entre os artesãos parisienses.
1250-1251	*De maio a março*: Luís em Acre.
1251	Movimento dos pastorinhos na França.
1251-1252	*De maio a maio*: Luís em Cesareia.
1251	*Primavera*: volta de André de Longjumeau a Cesareia.
1252-1253	*De maio do primeiro ano a junho do segundo*: Luís em Jafa.
1252	*Novembro*: morte de Branca de Castela.
1253	*Fim do inverno*: o franciscano Guillaume de Rubrouck, com uma carta de recomendação de Luís, deixa a Terra Santa para se encontrar com o príncipe mongol Sartak.

SÃO LUÍS

1253-1254	*De junho a fevereiro*: Luís em Sidon.
	Inverno: Guillaume de Rubrouck está na corte do grande Khan Mongke, em Karakorum.
1254	*25 de abril*: Luís embarca em Acre.
	17 de julho: desembarca em Salins d'Hyères, entrevista com o franciscano Hugues de Digne.
	7 de setembro: chegada de Luís a Paris.
	Dezembro: a "Grande Ordenação" para a reforma do reino: de 1254 a 1270 é a "ordem moral".
	Primeiros registros do Parlamento de Paris, os Olim.
1255	Casamento de Isabel, filha de Luís, com Thibaud V, conde de Champagne e rei de Navarra.
	29 de junho: volta de Guillaume de Rubrouck a Nicósia.
	24 de setembro: Luís regulamenta a sucessão de Flandres pelo Pronunciamento de Péronne.
1257	O cônego Robert de Sorbon, íntimo de Luís, funda um colégio aberto a doze estudantes pobres que cursarão teologia na universidade de Paris.
1258	Étienne Boileau é nomeado preposto para fazer reinar a ordem em Paris: mandará redigir o *Livro dos Ofícios*.
	11 de maio: tratado de Corbeil com o rei de Aragão.
	28 de maio: o tratado de Paris é jurado no Templo entre Luís e Henrique III da Inglaterra (ratificado em dezembro de 1259).
1259	Processo de Enguerran de Coucy.
	O franciscano Guibert de Tournai dedica a Luís um "Espelho dos Príncipes".
1260	Janeiro: morte de Luís, filho mais velho e herdeiro de Luís.
1262	Casamento em Clermont de Filipe, herdeiro do reino, com Isabel de Aragão.
1263-1266	Ordenações monetárias.
1264	*24 de janeiro*: o Pronunciamento de Amiens, arbitragem de Luís entre o rei da Inglaterra e seus barões fracassa.
	Morte do enciclopedista dominicano Vincent de Beauvais, preceptor dos filhos de Luís.
1265	*27 de fevereiro*: o sultão Baibars toma Cesareia.
	Carlos d'Anjou se torna rei de Nápoles e da Sicília.
1267	*24 de março*: Luís se cruza pela segunda vez.
	Pentecostes: festas no palácio real de Paris para armar cavaleiro Filipe, filho e herdeiro de Luís.
1268	*7 de março*: o sultão Baibars toma Jafa.
1269	Ordenação contra a blasfêmia; imposição aos judeus para usarem a rodela nas roupas.
1270	*23 de fevereiro*: morte de Isabel, irmã de Luís.
	1º de julho: Luís embarca em Aigues-Mortes.

	25 de agosto: Luís morre diante de Túnis: seu corpo é despedaçado, fervido no vinho e as carnes separadas dos ossos.
1271	*22 de maio*: a ossada de Luís IX é inumada em Saint-Denis.
1272-1273	Geoffroy de Beaulieu escreve uma *Vida* de Luís.
1273, 1278, 1282	Investigações pontifícias para a canonização de Luís IX.
1285	Leitura do relatório do inquérito para o papa Honório IV.
1297	*6 de agosto*: bula de canonização de Luís IX promulgada por Bonifácio VIII em Orvieto.
1298	*25 de agosto*: exumação e "elevação" da sepultura de São Luís e pregação de Frei Jean de Samois diante de Filipe, o Belo, e de numerosos prelados e senhores (entre os quais Joinville, testemunha do processo de 1282).
1302-1303	Guillaume de Saint-Pathus escreve uma *Vida* oficial de São Luís.
1308	*17 de maio*: Filipe, o Belo, reparte os ossos de São Luís dando-os como relíquias a grandes personagens e a igrejas.
1309	Joinville apresenta ao futuro Luís X sua *História de São Luís*.

ÍNDICES

Índice dos Nomes de Pessoas, de Povos, de Famílias, de Grupos Heréticos e de Ordens Religiosas

Abraão: 348.

Adalbéron de Laon: 568, 578.

Adèlia de Champagne: 77, 80.

Adriano V, papa: *ver* Fieschi.

Afonso III de Portugal: 122, 127.

Afonso VIII de Castela: 222, 477, 630.

Afonso X o Sábio, rei de Castela: 232, 477 nº 32, 653.

Afonso de Poitiers (irmão de São Luís): 88, 95, 101, 102, 103, 114, 122, 127, 138, 139, 142, 144, 152, 171, 177, 178, 200, 201, 233, 236, 243, 261, 385, 387, 412, 422, 468, 469, 500, 562, 577, 608, 630, 635-642, 712, 804-806

Agostinho Santo: 134, 359, 449, 607 nº 28, 613, 615, 668, 896.

Agostinianos: 61, 293, 694.

Aimery, visconde de Narbonne: 144.

Aiube, sultão: 149.

Aiúbidas: 45.

Santo Alberto Magno: 307, 521, 668, 715.

Albigenses: 58, 576.

Alernardo de Senaingan: 494.

Alexandre III, papa: 153.

Alexandre IV, papa: 192, 194, 237, 241, 525, 664.

Alexandre de Halès: 307, 521.

Alix, rainha de Chipre: 104, 154 nº 54.

Alienor de Aquitânia (esposa de Luís VII, depois de Henrique II da Inglaterra): 231.

Almôadas: 45.

Amauri I, rei de Jerusalém: 167.

Amaury de Montfort: 73, 102, 155, 168.

Ana de Kiev (esposa de Henrique I): 37, 77 nº 92.

André, Frei: 131, 133.

André de Longjumeau: 49, 182, 489-491.

André de Marchiennes: 77.

Anticristo: 47, 515, 795.

Aragoneses: 45, 162, 636, 642.

Archambaud IX, senhor de Bourbon: 123, 128, 710.

Ascelin de Cremona: 489.

Assassinos: 322, 484-488.

Auge, conde de: 710.

Avesnes, família: 164, 227-230.

Baibars, sultão: 45, 260.

Balduíno I, conde de Boulogne, rei de Jerusalém: 167.

Balduíno I, imperador latino do Oriente (Balduíno IX de Flandres): 44, 130.

Balduíno II de Courtenay, imperador latino do Oriente: 44, 130-133, 227, 468.

Balduíno d'AVesnes (filho da condessa Marguerite de Flandres), conde de HainaUt: 88, 227, 229.

Bar-le-Duc, conde de: 710.

Barthélemy de Roye: 79, 82, 103, 122.

Beatriz (esposa de Raimond Bérenger V): 396, 565, 645.

Beatriz ou Béatrix (filha de Raimond Bérenger V, esposa de Carlos d'Anjou): 121, 160, 171, 232, 243, 396, 565, 642, 645.

Beauvais, bispo de: 111, 336, 585.

Beduínos: 484-485.

Benedetto Caetani: ver Bonifácio VIII.

Beneditinos: 22, 662.

Bento da Polônia: 489.

Bernard, bispo de Auxerre: 133.

Bernard Aton: 101.

Bernardo, São: 57, 126 n° 13, 148, 241, 250, 446-447, 757.

Berta (esposa de Pepino III o Breve): 250, 252, 253.

Béziers, bispo de: 206.

Bizantinos: 44, 160 n° 78, 173 n° 22, 183.

Borgonha, duque de: 710, 735.

Branca de Castela: 24, 35-37, 39, 48, 68 n° 75, 81-83, 89-91, 96-98, 100, 103, 106, 112, 115, 119, 122, 129, 130, 133-134, 138, 143, 148, 152, 154, 168, 169, 170, 178-179, 180, 189, 227, 239, 243, 252, 295, 298, 303, 317, 336-337, 339, 341, 354, 372, 385, 386, 392, 411, 437, 458-459, 473, 475, 477, 496, 513-515, 525, 542, 544, 588, 606, 607, 613, 625, 627-635, 639, 689, 696 n° 8, 710, 711, 714, 716, 726, 727, 772, 780, 790, 807.

Branca (filha de São Luís): 129, 241, 252, 255, 257, 329, 337, 652.

Branca (outra filha de São Luís): 241, 242, 298, 300, 304, 337, 437, 458, 637, 652, 653, 682.

Branca (filha de Roberto d'Artois): 240 n° 89.

São Boaventura: 60, 192, 194, 307, 332, 367, 519, 524, 538, 663, 670.

Bohémond, príncipe de Antioquia: 155.

Bonifácio VIII, papa (Benedetto Caetani): 93, 112, 271-274, 276, 348, 351, 390 n° 27, 407, 417, 419-420, 479, 548, 550, 570, 573, 575, 579, 588, 611, 629, 675, 678, 697, 719, 732, 741, 746, 748-749, 752, 757, 766-767, 771, 775, 780, 783.

Bonneval, abade de: 720.

Bouchard d'Avesnes: 227.

Búlgaros: 44.

Caorsinos: 58, 590, 720.

Capetos: 36-37, 40, 57, 71-72, 76, 77-78, 81, 88-89, 94 n° 129, 98, 108, 112, 120, 207, 210, 229, 231, 236, 245, 250, 251, 309-310, 365, 413, 459, 503, 507, 513, 523, 529, 567, 599 n° 4, 615, 620, 626, 630, 636-637, 652, 653, 696 n° 8, 708, 714, 733, 737, 739, 745-747, 766 n° 14, 791, 798.

Caresmianos: ver Turcos Caresmianos.

Carlomano: 250, 252.

Carlomano III: 250, 252.

Carlos d'Anjou (irmão de São Luís), conde de Provença, rei de Nápoles e da Sicília: 88, 90 n° 125, 103, 114, 121, 127, 160 n° 78, 160, 171, 177-178, 191, 217 n° 56, 228, 231-233, 243, 244, 259, 260, 266, 267, 271, 301 n° 19, 301, 320, 337, 396, 412, 434-435, 468, 476, 477, 500, 577, 605, 609, 630, 635-640, 641-645, 649, 653.

Carlos Magno: 47, 53, 76-78, 149, 259-252, 310, 347, 365, 368, 391, 397, 411, 417, 476, 503, 564-567, 578, 615, 626, 627, 630, 736, 744, 791.

Carlos Martel: 250, 252.

Carlos II o Calvo: 115, 253.

Carlos IV o Belo: 236.

Carlos V: 36 n° 2, 88, 119, 513, 517-518, 651, 670.

Carlos VI: 126, 636.

SÃO LUÍS

Carmelitas: 61, 293, 694.

Carolíngios: 39, 76-77, 78, 88, 116, 155, 229, 251, 309, 310, 311, 347, 360, 417, 473, 474, 503, 513.

Castelhanos: 45.

Cátaros: 58, 143, 696.

Celestino IV, papa: 140 n° 32, 152.

Celestino V, papa: 272.

Châlons, conde de: 710.

Charlot: ver Pierre Charlot.

Chrétien de Troyes: 503, 551.

Cistercienses (ordem de Cîteaux): 57, 112--114, 152, 162, 194, 270, 304, 390, 473, 521, 522, 541, 547, 661, 682, 686, 770.

Clara, Santa: 61.

Clemente IV, papa: ver Gui Foulques.

Clemente V, papa: 273.

Clóvis: 248, 249, 311, 391, 474, 504, 735, 789.

Clóvis II: 251-252.

Cluny, abade de: 150, 181, 436.

Comanos: 46, 52, 147, 494.

Conrado IV de HohenstaUfen (filho de Frederico II): 242, 644.

Conrado de Montferrat, rei de Jerusalém: 485-486.

Conradino (neto de Frederico II): 643.

Constança d'Arles (terceira esposa de Roberto o Piedoso): 250, 252, 253.

Constança de Castela (segunda esposa de Luís VII): 250, 252.

Constantino: 417.

Cordeliers: *ver* Franciscanos.

Cumanos: *ver* Comanos.

Dagoberto: 251, 257, 309, 578.

Dampierre, família: 164, 227-230.

Davi: 346, 347, 348-352, 353, 355, 357, 360, 368, 413-414, 503, 512, 513, 515, 627.

Diabo: 47, 55, 58, 85, 502, 535, 537, 543, 671, 700.

Dionísio, São: 153 n° 52, 264, 478.

Dionísio (Pseudo-Dionísio): 612.

Domingos, São: 61, 293, 295, 410, 518, 662.

Domingos de Calaruega: ver São Domingos.

Domingos de Gusmão: ver São Domingos.

Dominicanos: 22, 50-51, 61, 131, 152, 163, 192, 194, 262, 270, 274-275, 293-296, 297, 298, 302, 307 n° 35, 327, 333, 335, 352, 362, 380, 396, 399, 483, 489, 510, 516, 518, 521-522, 530, 532, 557 n° 100, 653, 661-665, 668-670, 685 n° 78, 689, 715, 725, 729-731, 763 n° 7.

Douce de Sarlat (esposa de Raimond Bérenger III): 230.

Douceline (irmã de Hugues de Digne): 192.

Dudes, mestre (médico): 756.

Edmundo (filho de Henrique III): 233.

Edmundo Rich (Santo de ABINGDON), Arcebispo de Cantuária: 232, 383-384, 390, 396, 475, 639 n° 44.

Eduardo I (1274, 1286): 236, 262.

Eduardo II (1304): 236.

Eduardo III (1325, 1329): 236.

Egídio de Roma: *ver* Gilles de Rome.

Eleanor da Inglaterra (esposa de Afonso VIII de Castela): 630.

Eleanor, condessa de Leicester: 233, 398.

Eleonora ou Alienor (filha de Raimond Bérenger V, esposa de Henrique III da Inglaterra): 121, 232, 396, 500, 565, 645, 646, 649.

Elias, Frei: 159.

Emmeline de Melun: 752.

Enguerran de Coucy: 97, 128, 216-219, 334, 571, 601, 610, 626, 710, 727.

Eremitas de Santo Agostinho: ver Agostinianos.

Ermentrudes (esposa de Carlos o Calvo): 250, 252.

Espirituais (corrente rigorista franciscana): 191.

Étienne Boileau, preposto de Paris: 211-215, 587.

Étienne de Bourbon, Frei: 326-329.

Étienne Tempier, bispo de Paris: 263.

Eudes, rei de França: 250, 252.

Eudes Clément, abade de Saint-Denis: 318.

Eudes de Châteauroux: 51, 163, 169, 228, 402, 524, 715.

Eudes Rigaud, Frei; arcebispo de Rouen: 200, 233, 240, 296, 343, 401, 563, 663, 716, 767.

Evrouin de Valenciennes (preposto dos mercadores de Paris): 211.

Facredim (Fakhr al-Din), emir: 801.

Fatímidas: 485.

Fernando de Castela (genro de São Luís): 300, 304.

Fernando III de Castela: 65, 384, 631, 653, 758.

Ferrand (Fernando) de Flandres (ou de Portugal), conde de Flandres: 74 n° 86, 95, 97, 99, 103, 227.

Fieschi, Ottobono (depois papa Adriano V): 192.

Filipe I: 88, 112, 733, 737, 766 n° 14.

Filipe II Augusto: 19, 28, 35, 39-43, 58, 59 n° 45, 63, 64, 67, 76, 77, 78-80, 82, 89, 94, 95-96, 103, 105, 110, 122, 130 n° 18, 137, 145, 149, 155, 158, 160, 166, 177 n° 31, 184, 196 n° 12, 204, 206, 207, 210, 222, 231, 245, 256, 283, 285-287, 291, 309, 311, 326, 329, 342, 350, 365, 377, 379, 387-388, 397, 413, 415-416, 424, 470, 472-474, 478, 486, 501-503, 514, 515, 520, 527, 529, 530, 533, 550, 552 n° 92, 566, 578, 583, 585, 595, 597, 599 n° 4, 602, 604-605, 609, 612, 625-627, 630, 631, 652, 684, 694, 696 n° 8, 707, 708, 710, 715, 720, 733, 736, 737, 738, 744, 745, 766 n° 14, 789, 791.

Filipe III, o Ousado (filho de São Luís): 36, 42, 88, 233, 239, 241, 242, 255 n° 124, 262, 263 n° 143, 144, 265 n° 147, 266--269, 270-271, 276, 302, 310-311, 320, 321, 337, 339, 352, 362-363, 371, 373, 377-378, 379-381, 406, 409, 420, 427, 445, 468, 471, 500, 501, 504, 531, 533,

535, 540, 550, 575, 577, 600, 609, 626, 637, 643, 649, 651, 655-657, 665, 740, 749, 758, 762, 764.

Filipe IV, o Belo: 19, 74 n° 86, 97, 112, 201, 219, 236, 262, 272-274, 283, 285, 286, 312, 313, 409, 419-420, 429 n° 25, 439--440, 445, 459, 472 n° 16, 476, 496, 514, 550, 594, 597-598, 608, 622, 719, 729, 746.

Filipe V, o Alto: 243.

Filipe VI, de Valois: 236.

Filipe (filho de Luís VI e irmão de Luís VII): 36, 39, 250, 252.

Filipe (irmão de São Luís): 36-37, 625, 630.

Filipe, o Conquistador: ver Filipe Augusto

Filipe Dagoberto (irmão de São Luís): 104, 114 n° 141, 252, 630.

Filipe Hurepel (o Eriçado), conde de Boulogne: 79, 82, 94-96, 97, 99, 104, 625, 636 n° 35, 637.

Fiore, abade de: ver Gioacchino da Fiore.

Flagelantes: 399.

Florent de Verennes: 262.

Fouques Pesnel: 99.

Franciscanos: 23, 61, 147, 152, 159, 163, 196, 200, 263, 270, 293-296, 333, 367, 380, 396, 400, 401-403, 476, 483, 509, 518, 530, 532, 563, 595, 618, 653, 661, 663--665, 670, 689, 713 n° 57, 725, 729, 763 n° 6.

Francisco de Assis, São: 22, 61, 147, 159, 192, 196, 293, 295, 399, 411, 449, 452, 454, 483, 518, 530, 595, 655, 659, 662-663, 731, 732, 757, 784.

Francisco II, rei da Sicília: 276.

Frederico I Barba-Roxa: 145, 153, 158.

Frederico II: 19, 45, 48, 63, 64, 109, 111, 133, 139-140, 142, 145-147, 150-154, 162, 166, 171, 173, 227, 238, 242, 244, 259, 314, 322, 385, 387, 391, 401, 405, 457, 478, 550, 575, 638, 642, 674, 691, 695, 794.

SÃO LUÍS   839

Gaucher de Châtillon: 710

Gautier Cornut, arcebispo de Sens: 81-83, 103-104, 122, 131, 133, 134, 714.

Gautier d'Ecurey: 174

Gautier de Coincy: 336

GautieR de Ligne: 126 n° 13

Gautier de Nemours: 434

Gengis Khan (Cinggis qan): 46, 49-50, 490.

Genoveses: 45, 172, 262, 640.

Geoffroi de Villette: 621, 622.

Geoffroy de Beaulieu: 85, 196, 201, 208, 264, 267, 268, 270, 296-300, 306, 319, 321, 348, 353-355, 413, 454-455, 480, 532, 535, 539 n° 54, 540, 545, 554, 555, 604, 627, 653, 657, 663, 669, 671, 672, 678, 680, 686, 691, 699 n° 17, 703 719, 724, 740, 745, 748, 752, 763 n° 6, 771, 772, 775-776, 778.

Geoffroy de Rancon: 142.

Gérard d'Abbeville: 225, 519, 525, 591.

Gérard de Frachet, Frei: 516.

Gerardo da Borgo San Donnino: 192, 400, 404.

Gervais d'Escrennes: 150.

Frei Gilbert (ou Guibert) de Tournai: 363-369, 451, 452, 539, 595 n° 90, 664, 743.

Gilles, Frei: 159.

Gilles Colonna, arcebispo de Bourges: 509.

Gilles de Flagy: 120 n° 2.

Gilles de Lessines: 589.

Gilles de Paris: 417, 566.

Gilles de Rome (ou Egídio de Roma): 524 n° 55, 594, 744.

Gilles le Brun: 217, 219, 438.

Gilon de Reims: 319.

Gioacchino da Fiore: 57, 62, 146, 191, 404.

Giovanni de Piano di Carpino: ver Piancarpino.

Geraldo de Gales: 369.

Gonzalo Pérez: 757 n° 60.

Grandmontinos: 152.

Gregório I, dito Gregório Magno, papa: 359.

Gregório IX, papa: 59, 100 n° 133, 106, 108, 111, 122, 138-140, 146, 150, 153, 314, 589, 613, 615, 713-715, 721.

Gregório X, papa: 270, 297, 353, 740, 747.

Gregório de Tours, São: 750.

Gregos: 44, 130, 133, 156, 643.

Guérin, Frei; bispo de Senlis: 40, 79, 82, 92, 103, 286.

Gui (Guy) Foulques (ou Foulcois), depois papa Clemente IV: 47, 169, 200, 201, 238, 244, 261, 536, 642.

Gui d'Auxerre: 51.

Guibert de Nogent: 131, 155.

Guigues V, conde de Forez: 123.

Guilherme de Tiro: 487 n° 34.

Guillaume d'Auvergne, bispo de Paris: 148, 165, 194, 329, 521, 667, 715.

Guillaume d'Auxerre: 589, 651.

Guillaume de Beaumont: 188.

Guillaume de Chartres: 176, 293, 299, 300, 347, 355, 372, 495, 539, 542 n° 67, 657, 663, 686, 705, 708, 711, 748, 756, 775, 778.

Guillaume de Dampierre, conde de Flandres: 228, 229, 805.

Guillaume de Nangis: 107, 115, 120, 141-143, 150, 157, 178, 180, 208, 211, 214, 216, 250, 257, 264 n° 146, 312-323, 372, 456, 486, 487 n° 54, 502, 574, 641, 650, 653, 725.

Guillaume de Puylaurens: 120 n° 2.

Guillaume de Rubrouck: 50, 182, 550 n° 54, 490, 491.

Guillaume de Saint-Amour: 194, 396, 406, 664.

Guillaume de Saint-Pathus: 42, 113, 300--307, 308, 350-351, 372, 413, 419, 422 n° 2, 454-455, 458, 474, 496-498, 500, 522, 532, 533 n° 29, 537, 539 n° 55, 543, 544, 547-549, 570, 571, 573, 579, 619, 629, 658, 668, 671-675, 677, 678-684, 688, 697, 703, 716, 724, 729, 798, 740, 749, 750, 753, 765, 766-767, 770, 775, 775 n° 46, 777-779, 781 n° 70.

Guillaume de Savoie, bispo de Valencia: 122, 123.

Guillaume de Vergy: 710.

840   JACQUES LE GOFF

Guillaume de Julien: 274.
Guillaume le Breton: 416, 733.
Guillaume Peyraut: 124, 362.
Guy de Dampierre: 227-229, 710.
Guy de Lévis: 100.
Guiuk, khan mongol: 49-50, 182, 489-490.

Haakon IV, rei da Noruega: 383.
Haakon V Magnusson, rei da Noruega: 274.
Hafsidas: 45.
Helgaud de Fleury: 40, 348, 413-414, 529, 733, 746.
Hélinand de Froidmont: 522, 524 n° 55, 744.
Henri (filho de Thibaud V de Champagne e de Isabel, filha de São Luís): 240 n° 89.
Henri de Braine: 335.
Henri de Cologne: 715.
Henri II, conde de Champagne: 104, 486.
Henrique (filho de Frederico II): 109.
Henrique II da Inglaterra: 128, 231, 415, 477.
Henrique III da Inglaterra: 64, 88 n° 124, 96, 99, 106, 121-122, 137, 143, 152, 208, 223, 231-234, 235-241, 256, 288, 291, 331, 337-338, 342, 375, 383, 384, 387, 389, 393, 395-398, 403, 412, 445, 471, 475, 509, 510, 564, 601, 645, 646, 726, 727, 773.
Henrique I, rei de França: 36-37, 77 n° 92, 250, 252, 286.
Henrique I de Lusignan, rei de Chipre: 173.
Hersende: 764.
Hohenstaufen: 109.
Holanda, conde de: 228.
Honório III, papa: 64, 94, 105, 110, 138, 609.
Honório IV, papa: 271.
Hospitalários: 126 n° 13, 488, 806.
Hubert de Burgh: 138.
Hugo (irmão de Henrique I): 36.
Hugo Capeto: 41, 75, 77, 83, 97, 108, 112, 229, 250-252, 474, 503, 615, 733, 746.
Hugues IV, duque de Borgonha: 88, 159, 550.
Hugues X de Lusignan (Hugues le Brun) (1226), conde de la Marche: 78, 95, 99, 123, 128, 139-140, 142, 243, 320, 338, 387, 644, 710.

Hugues XI de Lusignan, conde de la Marche (filho de Hugues X): 138-139, 243, 644.
Hugues d'Arcis: 144.
Hugues de Digne, Frei ou de Barjols: 25, 146 n° 42, 191-194, 205, 399, 404, 476, 570, 572, 663, 702.
Hugues de La Fertébernard: 82.
Hugues de Saint-Victor: 409, 538, 676.
Hulegu, khan mongol: 50, 238, 259, 491, 492.
Humbert de Romans: 362, 538.
Imbert de Beaujeu: 128.
Inês (filha de São Luís): 241, 337, 652, 653.
Inês de Méran ou de Méranie (esposa de Filipe Augusto): 41 n° 8, 78, 94, 625.
Ingeborg da Dinamarca: 41 n° 8, 68 n° 75, 94, 309-310, 415, 514, 625.
Ingleses: 137-144, 186, 558, 605, 631, 639, 641, 646, 673 n° 40.
Inocêncio III, papa: 41, 71, 94, 150, 225, 301, 406, 593, 616, 625, 738, 747-748.
Inocêncio IV, papa: 49, 52, 63, 111, 135, 140, 146-147, 152-154, 162, 171, 173, 391, 401, 468, 475, 489, 524, 550, 575, 644, 674, 691, 695, 714, 782.
Isabel (filha de São Luís e esposa de Thibaud V), rainha de Navarra: 129, 200, 240 n° 89, 241, 262, 337, 339, 371, 381, 514, 533, 535, 653, 655, 656, 664.
Isabel (irmã de Henrique III, esposa de Frederico II): 139 n° 30.
Isabel (esposa de Eduardo II): 236.
Isabel (irmã de São Luís): 95, 138-139, 242, 243, 411, 630, 644-645, 689.
Isabel d'Angoulême (esposa de João Sem Terra, depois de Hugues X de Lusignan): 139.
Isabel de Aragão (esposa de Filipe III, o Ousado): 255 n° 124, 269, 500, 653.
Isabel (ou Elisabeth) de Hainaut (primeira esposa de Filipe Augusto): 77, 130 n° 18, 626, 630.
Isidoro de Sevilha: 25, 354, 358, 591, 737.
Italianos: 589.

SÃO LUÍS

Jacobinos: *ver* Dominicanos.

Jacques, Frei: 131, 133.

Jacques de Cessoles: 63 nº 60.

Jacques de Révigny: 201, 609, 617.

Jacques de Vitry: 480-481.

Jaime I, rei de Aragão: 121, 230-231, 262, 314, 468, 642, 653, 743.

Jean, abade de Saint-Victor: 112.

Jean I, duque de Brabante (genro de São Luís): 653.

Jean I le Roux, conde da Bretanha: 88, 572.

Jean d'Acre: 302.

Jean d'Avesnes (filho da condessa Marguerite de Flandres): 88, 227.

Jean de Beaumont: 188.

Jean de Dreux: 128.

Jean de Limoges: 362.

Jean de Meung: 729, 745, 795.

Jean de Mons: 657, 663.

Jean de Montluçon: 289.

Jean de Nesle, conde de Soissons: 79, 82, 103, 122, 128, 710, 805.

Jean de Semois: 176.

Jean Sarrasin: 289, 675.

Jeanne (filha de Filipe Hurepel): 636 nº 35.

Jeanne, condessa de Flandres e de Hainaut (viúva de Ferrand de Portugal): 122, 227.

Jehan De Lagny, Frei: 756.

Joana de Navarra (esposa de Filipe IV, o Belo): 419, 424, 500, 530.

Joana de Toulouse (filha de Raimond VII, esposa de Afonso de Poitiers): 100-101, 138, 236, 243, 269, 639, 763 nº 7.

João (irmão de São Luís): 95, 103, 114 nº 141, 630.

João (filho de São Luís): 129, 241, 252, 255, 257, 337, 652.

João Tristão (filho de São Luís), conde de Nevers: 241, 242, 252, 264, 268, 337, 394 nº 47, 411, 437, 637, 652-653, 756, 772.

João de Brienne, rei de Jerusalém e imperador latino do Oriente: 45, 130, 167, 168 nº 10, 173.

João de Parma, Frei: 191, 402, 403, 563.

João de Salisbury: 39, 64 nº 64, 84 nº 110, 84, 85-87, 317 nº 25, 350, 360, 362 nº 6, 364-366, 368, 444, 524 nº 55, 615, 628, 744.

João Sem Terra (rei da Inglaterra): 138, 139, 231, 232.

João III Asen, czar da Bulgária: 44.

Joinville, Jean de: 22, 29, 38, 42, 50, 55, 96-97, 98, 112 nº 138, 113, 169, 172, 173, 174-176, 183, 184, 185, 187, 188, 190, 192-196, 200, 211, 213, 214 nº 48, 234, 235, 240, 243, 261, 271-272, 302, 332, 339, 341, 344, 354, 372-373, 377, 394, 404, 411-412, 419-442, 447, 451-452, 460, 461, 473, 475, 476, 478, 480, 482, 484, 485, 487, 489, 490 nº 62, 492, 496, 509, 519, 520, 530, 531-537, 541-543, 548-549, 550-551, 561, 571, 573, 574, 576, 580, 583, 599, 602, 610, 617, 621, 622, 633, 634, 643-644, 647, 648, 649, 654, 659, 666, 667, 671, 675, 678, 679, 687, 688, 689, 691, 694, 698, 699, 719, 723, 731, 741-743, 756 nº 59, 761, 766-767, 770-773, 776, 781, 782, 784, 788, 789, 791, 792, 798.

Josias: 297-298, 350, 352-356, 360, 368, 394, 410, 413-414, 417, 627, 745.

Jourdain de Saxe, Frei: 295.

Judeus: 180, 219-221, 346, 395, 466, 521, 590, 611, 693, 696 nº 8, 696, 698, 704--721 nº 11, 792.

Kaloian: 44.

Kara-Kitai: 46.

Kiptchaks: ver Comanos.

Lanfranchino: 737 nº 14.

Le Nain de Tillemont: 126 nº 11, 169 nº 11, 169, 170 nº 15, 172, 184 nº 43, 218 nº 57, 524 nº 57, 651, 651 nº 67.

Léonin, músico: 507.

Limoges, visconde de: 710.

Lituanos: 52.

Lombardos: 219-221, 590, 720.

Luís (filho de São Luís): 36, 129, 233, 240, 241, 252, 320, 337, 339, 343, 372, 411, 523, 651-652, 772.

Luís d'Anjou, São, bispo de Toulouse (sobrinho-neto de São Luís): 295 n° 7, 755.

Luís I, o Piedoso: 360.

Luís III: 252.

Luís VI, o Gordo: 36-37, 39, 109, 250, 252, 253, 258, 285, 309, 470, 509, 652, 737, 766 n° 14, 791.

Luís VII: 36-37, 69, 72, 73, 80, 83 n° 109, 95, 112, 149, 153, 155, 166, 231, 250, 285, 309, 311, 329, 414, 415, 424, 474, 503, 509, 512, 631.

Luís VIII: 35-37, 39, 43, 58-59, 73-75, 78-83, 87-92, 93-95, 98, 100, 101, 103-104, 110, 112, 114, 127, 138, 142, 148, 156, 160, 184, 231, 241, 243, 245, 275 n° 10, 310, 350, 354, 385, 391, 515, 552 n° 92, 565, 576, 577, 602, 615, 625-626, 639, 650, 664, 707, 708, 736, 737, 744, 766 n° 14.

Luís X, o Teimoso: 419, 440, 559 n° 107.

Luís XIV: 469.

Lusignan: 156, 172, 483.

Mamelucos: 45, 49, 491.

Manfredo (filho de Frederico II): 478, 642.

Mantos Brancos (frades dos): 694.

Margarida (filha de São Luís): 241, 337, 652, 653.

Margarida de Provença (filha de Raimond Bérenger V, esposa de São Luís): 89, 121-125, 127, 129, 158, 171, 176, 232, 241, 243, 263, 300, 304, 306, 329, 337, 362, 396, 435-438, 456 n° 39, 468, 473, 476, 523, 544, 556, 634, 637, 640, 645-651, 664, 740-742, 771.

Marguerite, condessa de Flandres: 88, 164-165, 227-229, 395.

Maria Madalena, Santa: 476.

Martinho, São: 204.

Martinho IV, papa: ver Simon Monpris de Brie.

Matatias: 351.

Mateus Paris: 47-48, 91, 135, 137, 141, 145 n° 38, 148, 153 n° 52, 153, 167, 172, 178, 180, 194, 195, 232 n° 78, 338, 341, 343, 344, 382-398, 400, 404, 406, 476, 510, 564, 565, 577, 621, 639, 646, 657, 662, 673 n° 40, 674, 695 n° 7, 698-703, 726, 727, 739, 758 n° 63, 773.

Mathieu de Vendôme, abade de Saint-Denis: 251, 261, 262, 266, 271, 310, 457, 606, 649.

Mathilde d'Artois, condessa de Courtenay e de Nevers: 123.

Matilde de Brabante: 638.

Meir ben Simeon de Narbonne: 717.

Melquisedeque: 118, 358, 512.

Mendicantes (frades): 50, 57, 60-61, 112-113, 117-118, 147, 152, 160, 192, 193, 201, 261, 292-300, 301, 304, 307, 308, 318, 321-323, 331, 332, 334, 343, 362, 375, 380, 384, 394-396, 405, 406, 408-409, 433, 449, 459, 483-484, 516, 518, 520, 525, 528, 531-532, 534, 538, 553, 565, 576, 579-581, 583, 586, 595, 604, 610-612, 645, 653, 661, 662-665, 686, 688, 694, 698, 711, 713, 715, 719, 729, 793, 795.

Menestrel de Reims: 82, 98, 335-344.

Menestrel do conde de Poitiers: 550.

Menores: ver Franciscanos

Mercedários: 774.

Merinidas: 45.

Merovíngios: 36-37, 77, 155, 249, 250, 251, 258, 310, 359, 473, 474, 503, 505, 513, 630, 739, 750.

Mestre da Hungria: 180-181.

Miguel VIII Paleólogo: 44, 160 n° 78, 244.

Milon de Nanteuil: 110.

Moisés: 347.

Monfort, conde de: 710.

SÃO LUÍS   843

Mongke, khan mongol: 50, 491.

Mongóis: 45-51, 52, 137, 149, 160, 259, 489-
-491.

Muçulmanos: 24, 46-48, 50-51, 55, 64-65, 145-
-146, 149, 162-163, 164, 174, 175, 180,
181-182, 183, 184, 186, 259, 314, 340,
341, 392-393, 395, 404, 405, 420, 423, 428,
433-436, 437, 466, 478, 481, 483, 491, 493,
499, 517, 521, 535, 558 n° 105, 610, 643,
667, 669, 675, 699, 700, 701-704, 766, 767,
782, 792, 793, 801-807.

Nantilde: 251.
Nicolas de Soisi: 191.
Nicolas Donin de la Rochelle: 713-714.
Nicolau III, papa: 271, 757-758.
Nicolau IV, papa: 271.
Normandos: 155-156, 183, 222.

Ogodai, khan mongol: 46.
Orleãs, bispo de: 720.
Otto II, conde de Gueldre: 730.

Paul Chrétien: 715.
Pedro (filho de São Luís), conde de Alençon:
129, 241, 242, 263 n° 143, 271, 302, 337,
420, 637, 652, 653, 680.
Pedro II de Aragão: 225, 230, 593.
Pedro II de Courtenay, imperador latino do
Oriente: 130, 652.
Pepino III o Breve: 250, 252, 253, 737 n° 12.
Pérotin (músico): 507.
Philippa, condessa de Gueldre: 730.
Philippe de Beaumanoir: 88, 209 n° 40, 527
n° 5, 586, 600, 609, 617.
Philippe de Nemours: 427, 549, 675, 676.
Philippe de Savoie (arcebispo de Lyon): 642.
Philippe de Toucy: 494.
Philippe Mousket (ou Mouskès): 79, 91.
Piancarpino (Giovanni de Piano di Carpino),
Frei: 489-490.
Pierre Charlot (bastardo de Filipe Augusto,
bispo de Noyon): 37, 77, 94, 626, 652.

Pierre d'Avallon: 188.
Pierre de Chambly: 302.
Pierre de Colmieu: 111.
Pierre de Fontaines: 201, 527 n° 5, 609, 621,
622.
Pierre de la Brosse: 649.
Pierre de Laon: 765.
Pierre de Monay, bispo de Auxerre: 274.
Pierre de Montreuil (arquiteto): 511, 516.
Pierre de Villebéon (chanceler de São Luís):
269.
Pierre Lombard, bispo de Paris: 713 n° 57.
Pierre Lombard (médico): 764-765.
Pierre Mauclerc, conde da Bretanha: 78,
95, 96, 98, 99, 102, 106, 128, 138, 140,
313, 320, 805.
Pisanos (naturais de Pisa): 172.
Plantagenetas: 40, 70, 96, 256, 349, 396, 475.
Poissy, arquidiácono de: 720.
Ponce (escudeiro de São Luís): 42.
Portugueses: 45.
Pregadores: *voir* Dominicanos.
Premonstratenses: 152, 293.
Preste João: 490.
Primat, monge de Saint-Denis: 35 n° 1, 78,
235, 268, 310-311, 456, 495, 502-503,
697.
Prussianos: 52, 147.

Radulfus, abade (?) de Royaumont: 520.
Raimond Bérenger III: 230.
Raimond Bérenger V, conde de Provença:
120-121, 123, 232, 243, 337, 642, 645.
Raimond VI, conde de Toulouse: 59, 100.
Raimond VII, conde de Toulouse: 74, 78,
100, 101, 106, 120-121, 123, 138-140,
143-144, 171, 178, 186, 243, 388, 476,
632, 639, 641, 790.
Raoul Grosparmi: 200.
Raymond Lulle: 160.
Raymond TrencaVEL, visconde de Béziers:
101, 143, 641, 790.
Reims, arcebispo de: 111, 351, 517, 585, 735.

Renaud, conde de Boulogne: 94-95.

Renaud de Trie: 674, 675.

Renaud, senhor de Pons: 142.

Ricardo Coração de Leão: 145, 156, 162, 172, 176, 177 nº 31, 182, 285, 412, 486, 766 nº 14.

Ricardo de Cornualha (irmão de Henrique III): 95, 121, 138, 142, 149, 168, 232--234, 337, 387, 396, 645.

Rigord de Saint-Denis: 309, 416, 502, 529.

Robert de Courson, cardeal: 68, 589.

Robert de Douai (médico): 765.

Robert de Dreux: 104.

Robert de Sorbon: 200, 430, 518-520, 525, 531, 533, 551, 602, 610, 764, 787.

Roberto (filho de São Luís), conde de Clermont: 241, 337, 451, 652.

Roberto (filho de Roberto d'Artois): 240.

Roberto II o Piedoso: 36, 41, 250, 252, 348, 413-414, 416, 470, 529, 539 nº 55, 568, 630, 746, 791.

Robert II, duque de Borgonha (genro de São Luís): 653.

Roberto d'Artois (irmão de São Luís): 79, 88, 114, 123, 127, 134, 140, 150, 152, 171, 175, 239, 341, 385, 392, 404, 405, 411, 421, 468, 477, 500, 515, 577, 630, 635, 638-639, 644, 741, 772, 782, 802.

Roberto o Bugre: 662, 698, 711, 793.

Robertianos-Capetianos: 36, 112, 250, 630.

Roger Bacon: 47, 713 nº 57.

Roger de Clérieu: 171.

Roger Wendover: 384, 387 nº 16.

Romano de Sant'angelo (Romano Frangipani), cardeal: 98, 100, 336, 631.

Rutebeuf: 188, 261, 506, 525, 640, 653, 729, 729 nº 97, 795.

Sac (frades da ordem do), ou Sachets: 294 nº 1.

Sachets: *ver* SAC.

Saint-Paul, conde de: 710.

Saint-Victor (ordem de): 74.

Sainte-Croix (frades de la): 694.

Saladino, sultão do Egito e da Síria: 45, 149, 484, 486.

Salimbene de Parma, Frei: 171, 192, 383, 398--407, 460, 475, 563, 578, 618, 739, 788.

Salomão: 346, 348-352, 358, 361, 503, 526, 575, 614, 627.

Samuel: 348, 351.

Sanchie ou Sanche (filha de Raimond Bérenger V, esposa de Ricardo de Cornualha): 121, 232, 396, 565, 645.

Sarracenos: ver Muçulmanos.

Sarrete (mulher que injuria São Luís): 730.

Sartak, khan mongol: 50, 490, 491.

Satã: *ver* Diabo.

Saul: 357.

Sérvios: 44.

Sigebert de Gembloux: 312.

Simão (clérigo e mestre-escola): 352.

Simon de Dammartin, conde de Ponthieu: 730.

Simon de Montfort, conde de Leicester: 102, 230, 237, 289, 398, 666.

Simon de Nesle (ou de Clermont): 261, 262, 267, 271, 302, 606, 649, 763.

Simon de Saint-Quentin: 489, 490.

Simon Monpris de Brie, depois papa Martinho IV: 200, 271, 406.

Soissons, bispo de: 738 nº 16.

Staufen: 146.

Suger, abade de Saint-Denis: 80, 83 nº 109, 253, 258, 309, 349, 502, 509, 512, 733, 791.

Tártaros: 46-48, 50, 52, 55, 137, 147, 320, 387, 489, 782.

Templários: 126 nº 13, 161, 185, 261, 396, 488, 806.

Temudjin: *ver* Gengis Khan.

Thebaldo Visconti de Plaisance: *ver* Gregório X.

Thibaud, "São": 651.

Thibaud IV, conde de Champagne (Thibaud I, rei de Navarra): 78, 88, 96, 97, 99, 100, 128, 149, 159, 168, 261, 386 nº 8, 386 nº 9, 475, 631, 710.

SÃO LUÍS

Thibaud V, conde de Champagne (Thibaud II, rei de Navarra), genro de São Luís: 55 nº 34, 200, 240 nº 89, 263, 269, 337, 362, 397, 427, 440, 514, 523, 531, 565, 602, 618, 653, 664, 777, 778.

Thomas de Cantimpré, Frei: 307 nº 35, 730.

Santo Tomás de Aquino: 307, 362, 520, 521, 524, 583, 589, 594-595, 607 nº 28, 662, 668, 744 nº 25, 744, 769.

Tiago de Varazze (Jacopo da Varazze): 482, 548 nº 81.

Trencavel, família: 230; *ver também* Raymond Trencavel.

Turcos Caresmianos: 149.

Turcos Seldjúquidas: 44.

Urbano II, papa: 52.

Urbano III, papa: 589.

Urbano IV, papa: 237, 242, 253, 649, 653.

Valdenses: 146.

Velho da Montanha: 322, 485-489.

Venezianos: 45, 132-133.

Villard de Honnecourt (álbum de): 540.

Vincent de Beauvais: 35 nº 1, 77, 87, 241, 352, 362, 411, 469, 490, 501, 503, 518, 520-524, 525, 589, 614, 615, 628, 664, 744, 745.

William Longsword, conde de Salisbury: 639 nº 44.

Winchester, bispo de: 232.

Yolanda (esposa de Pedro de Courtenay e mãe de Balduíno II): 130 nº 18.

Yehiel de Paris, rabino: 714.

Yolande (filha de Pierre Mauclerc, conde da Bretanha): 95, 138.

Ysembart (cozinheiro de São Luís): 558 nº 105, 768.

Yves le Breton, Frei: 488-489.

Zianidas: 45.

ÍNDICE DE NOVES DE LUGARES

Abbeville: 468.
Acre: *ver* São João d'Acre.
África: 159, 168, 268, 494.
Agde: 102.
Agen: 100.
Agenais: 231, 233, 236, 704 nº 24.
Aigues-Mortes: 102, 144, 155, 158-161, 169, 171-172, 191, 194, 261, 262, 263, 340, 390, 401, 476, 606, 641, 750-751.
Aix-en-Provence: 194, 232, 476.
Aix-la-Chapelle: 120, 250.
Albi: 100, 144.
Albigeois: 100, 704 nº 24.
Alcira: 230.
Alemanha: 139, 150.
Alemânia *ou* Alamânia: 252.
Alepo: 177, 491, 806.
Alès: 161, 194.
Alexandria: 132.
Amalfi: 159.
Amiénois: 69.
Amiens: 54, 68, 237-238, 292, 509, 601.
Ampurdán: 229.
Anatólia: 156.
Ancenis: 99.
Anduze: 143.
Angers: 95, 99, 106, 108.
Anjou: 69, 95, 99, 103, 121 nº 5, 128, 231--233, 243, 605, 609, 642, 720.

Antioquia: 159, 486.
Aquitânia: 72, 231, 319.
Aragão: 65, 155, 229, 574, 575, 594.
Arles: 100, 121, 139, 404, 642.
Armagnac: 143.
Artois: 69, 128, 204, 638, 751.
Ásia: 182.
Asnières-sur-Oise: 114, 474.
Aunis: 95, 139.
Auteuil: 473.
Auvergne: 138, 243, 476, 639, 704 nº 24.
Auxerre: 263, 295, 403.
Avignon: 69, 95, 155, 386, 476, 642.
Avignonet: 143.
Avranches: 99.

Bagdá: 45.
Baleares: 45, 230.
Bapaume: 639.
Barbeau: 112, 250.
Barbezieux: 142.
Barcelona: 65, 229.
Bas-Berry: 69.
Baugé: 95, 99.
Bayonne: 139, 233.
Beaucaire: 101-102, 155, 194, 197, 204, 230, 263, 475, 476, 594, 641, 704 nº 24.
Beaufort-en-Vallée: 95, 99.
Beaumont-sur-Oise: 473, 716.

Beaune: 210.
Beauvais: 109-112, 114, 302, 520.
Beauvaisis: 209, 609.
Beirute: 159.
Beja: 45.
Bellême: 99.
Benevento: 244, 643.
Bernay: 477.
Berry: 468, 474, 476.
Béruge (castelo): 141.
Besalú: 229, 231.
Béziers: 78, 101, 143, 204, 296, 641.
Bizâncio (império bizantino): 43-45, 156, 222, 259, 581.
Blaye: 140, 142, 143.
Blois: 104.
Blois-Champagne: 104.
Boêmia: 489.
Bolonha: 68, 269.
Bonneuil-sur-Marne: 269, 749.
Bordeaux: 139, 142, 232, 233, 338.
Borgonha: 210, 252.
Bósforo: 135.
Boulogne-sur-Mer: 232, 468, 625.
Bourges: 68, 148, 180, 210, 474.
Bouvines: 38, 39, 72, 74 n° 86, 97, 207, 586, 625.
Bove: 217.
Bresles: 110.
Bretanha: 88, 99, 102, 387, 715 n° 60.
Brioude: 194, 476.

Cádiz: 45.
Caen: 296, 704 n° 24.
Cagliari: 263 n° 143.
Cahors: 100, 220 n° 64, 233.
Cairo: 177, 484-485, 801, 806.
Calábria: 269.
Cambrai: 519.
Carcassès: 143.
Carcassonne: 78, 101-102, 143, 155, 204, 230-231, 296, 594, 704 n° 24, 790.
Cartagena: 45.

Cartago: 38, 263 n° 144, 276, 291, 340, 371, 637, 653, 659, 678, 758.
Castela: 65.
Catalunha: 65, 229.
Cerdanha: 229.
Cesareia: 182, 404, 431, 489, 490, 494, 536, 571, 577.
Ceuta: 159.
Cévennes: 143, 161.
Chaalis: 302, 304, 547, 558, 689, 750, 755.
Châlons-sur-Marne: 269, 302, 517, 694.
Champagne: 66, 67, 99, 100, 104, 128, 194, 204, 731.
Charente: 141, 233, 694.
Chartres: 68, 86, 104, 204, 226, 232, 302, 361, 396, 468, 475, 477, 509.
Châteaudun: 104.
Castelo Peregrino: 577.
Chinon: 140.
Chipre: 49, 156, 158, 159-160, 172-173, 183, 190, 259, 340, 423, 431, 483, 490, 491, 561, 805.
Cîteaux: 113-114, 152.
Claraval: 541, 724.
Clermont-en-Auvergne: 194, 468, 476.
Clermont-en-Beauvaisis (condado): 652.
Clisson: 99.
Cluny: 153, 263, 269, 401, 468, 476, 644, 674, 685, 698, 782.
Colombières: 142.
Comminges: 143.
Compiègne: 69, 296, 302, 468, 474, 577, 669, 689, 778, 780.
Comtat Venaissin: 231.
Conflans: 474.
Conflent: 229.
Constantinopla: 44, 51, 130-133, 145, 156, 160 n° 78, 244, 259, 494, 643, 663.
Corbeil: 96, 169, 171, 229, 230, 473, 475, 606.
Corbeny: 737.
Córdoba: 45.
Corfu: 244.
Cosenza: 255.

SÃO LUÍS

849

Cotentin: 704, n° 24.
Cracóvia: 46, 137.
Cremona: 269.
Créteil: 749.
Cuimont (lugar primitivo de Royaumont): 114.

Damasco: 49, 486, 491, 806.
Damieta: 167, 168 n° 10, 173, 252, 337, 340-341, 404, 675, 771, 774, 801-805.
Dammartin-en-Gohelle: 674.
Dijon: 262.

Egeu (mar): 244.
Egito: 24, 38, 45, 46, 49-50, 146 n° 42, 156, 158, 165, 167, 172, 177, 180, 260-262, 263, 286, 340-341, 355, 363, 369, 393, 406, 411, 412, 419, 420, 423, 434, 451, 471, 482, 483-485, 491-494, 499, 524, 541, 550, 551, 577, 588, 635, 637, 644, 682, 691, 699, 700, 702, 749, 764-766, 771, 772, 774, 782, 801-807.
Epiro: 244.
Espanha: 146, 156, 162, 186, 229, 494.
Étampes: 474.
Évreux: 302.

Fariskur: 176.
Fenouilledès: 230-231.
Flandres: 71-72, 88, 164, 179, 204, 227-230, 341, 395, 468, 585, 644, 662.
Fleury-sur-Loire (Saint-Benoît-sur-Loire): 40, 112, 194, 250-251, 309, 413, 474, 476, 584.
Florença: 211 n° 45, 223, 269.
Foix: 143, 230.
Fontainebleau: 122, 473, 664, 767.
Fontenay (castelo) *ou* Fontenay-le-Comte: 141, 141 n° 34.
Fontevrault: 95, 232, 256, 396, 475.
Fréteval: 285, 287.
Froidmont: 764.
Frontenay (castelo): 141 n° 34.
Gand: 228, 229, 468.

Garona: 180.
Gasconha: 142, 231, 233, 235.
Gâtinais: 474.
Gaza: 149.
Gênova: 65, 150, 155, 157, 159, 160, 223.
Gerona: 229.
Gévaudan: 230, 231.
Gibraltar: 171.
Gien: 69.
Gisors: 177 n° 31, 704 n° 24.
Goleta: 263.
Gournay: 217.
Granada: 45.
Grauchet: 584.
Grécia: 131.
Grizes: 231.
Guyenne: 231, 236.

Hainaut: 227, 228, 244, 468.
Ham: 262.
Haye-Pesnel (castelo de): 99.
Hesdin: 638.
Holanda: 228.
Hungria: 52, 137, 494.
Hyères: 42, 57, 146 n° 42, 160, 191, 192, 193, 194, 394, 399, 403, 436, 663.

Île-de-France: 69, 102, 104, 179, 208, 243, 302, 318, 387 n° 13, 456, 468, 472-474, 507, 510, 612, 630-631, 690, 751, 790.
Inglaterra: 142, 146, 171, 180, 574, 576, 636, 639, 646.
Irlanda: 568.
Issoire: 194, 476.
Issy: 584.
Itália: 153, 156, 640-643.

Jafa: 159, 182, 296, 510, 577.
Jativa: 230.
Jerusalém: 45, 50, 55, 101, 109, 131, 133, 145, 147-149, 154, 155, 159, 167-168, 177, 181, 183, 189, 240, 259, 265, 303,

339, 428, 478, 490-492, 537, 731, 793, 804-806.
Joinville (castelo de): 55, 422, 440-441.

Karakorum: 50, 491.
Kiev: 489.

La Forbie: 149.
La Réole: 139.
La Rochelle: 140, 142.
Lampedusa: 191.
Languedoc: 39, 78, 102, 120 n° 2, 139, 143, 186, 204-206, 215, 289, 291, 588, 696, 790.
Laon: 216, 226.
Las Navas de Tolosa: 45.
Latrão (quarto concílio de): 27, 54, 60, 66, 123, 163, 219, 261, 293, 342, 374, 528, 535, 589, 676, 697, 706, 707, 709-711, 715.
Latrão (terceiro concílio de): 589.
Lauragais: 231.
Le Mans: 95.
Lens: 638.
León: 65.
Le Puy: 194, 468, 476.
Ligúria: 640.
Lillebonne: 95.
Limassol (porto na ilha de Chipre): 158, 161.
Limoges: 233.
Limousin: 231.
Lituânia: 52.
Lodève: 206.
Loire (rio): 139.
Lombardia: 696.
Londres: 383.
Longchamp: 243, 645.
Lorraine: 158.
Lorris: 144, 474, 790.
Louvain: 307 n° 35.
Lucques: 223.
Lyon: 122, 153, 154, 171, 269, 270, 326, 391, 403, 468, 476, 642.

Lyon (primeiro concílio de): 52, 66, 147, 162, 169, 575, 642.
Lyon (segundo concílio de): 44, 66, 270, 294 n° 1, 589, 694.
Lys (abadia de): 689, 771 n° 33.

Mâcon: 154, 154 n° 54, 263, 269, 296.
Mâconnais: 154 n° 54, 584.
Magreb: 45.
Maguelonne: 230.
Maine: 69, 95, 103, 160, 231, 233, 243, 605, 642.
Málaga: 45.
Mansurá ("Massoure", na terminologia de São Luís): 175, 239, 576, 635, 638 n° 41, 741, 767, 771, 802, 803.
Mantes: 213.
Maraga: 491.
Marrocos: 156, 494.
Marselha: 121, 155, 157, 159, 161, 171, 172, 192, 243, 403, 642, 653.
Matus (castelo): 141.
Maubuisson: 154 n° 54, 180, 240, 242, 385, 473-474, 678, 689.
Maurienne (vale): 269.
Meaux: 100, 262.
Meaux-Paris (tratado de): 101, 138, 143.
Melun: 99, 103, 250, 263, 468, 473, 577, 589, 605, 624, 710-712, 763, 771 n° 33.
Melun (tratado de): 101.
Mesopotâmia: 149.
Meudon: 584.
Milão: 211 n° 45, 269.
Millau: 230, 231.
Minervois: 231.
Mirepoix: 100.
Módena: 269.
Moncontour: 141 n° 34.
Mongólia (império mongol): 43, 491.
Monreale (cidade da Sicília): 267, 276, 643, 749, 758.
Mons: 228.
Montargis: 474.

SÃO LUÍS

851

Mont-Cenis: 269.
Montefiascone: 269.
Monthéri: 96, 631.
Montpellier: 155, 160, 161, 230, 231.
Montpensier: 81-82, 110, 142, 386 n° 8.
Montreuil-Bonin (Montreuil-en-Gâtine),
    castelo de: 141.
Montségur: 143, 639.
Moreia: 244.
Mortain: 94.
Múrcia: 45.
Muret: 230.

Namur (marquesado de): 228, 229.
Nantes: 99, 106, 302.
Nápoles: 121, 150, 206 n° 54, 271, 643.
Narbonnais: 713.
Narbonne: 143, 160.
Navarra: 475.
Nazaré: 298.
Neuilly: 473.
Neustrie: 252.
Niceia: 494.
Nicósia: 182.
Nilo (rio): 176, 184, 492, 493, 802.
Nîmes: 102, 194, 197, 594.
Niort: 721 n° 73.
Nonette (pequeno rio): 474.
Normandia: 40, 69-70, 71-72, 151, 196, 204,
    208, 231, 233, 342, 388, 393, 397, 468,
    476, 577, 605, 609, 663, 673 n° 40, 707,
    751, 790.
Noruega: 494.
Noyon: 302.

Occitânia: 101.
Oise (rio): 473.
Oriente Próximo: 43, 45, 156, 186, 187.
Orléanais: 104, 609, 690.
Orleãs: 69, 96, 105-106, 108, 180, 201, 226,
    474, 605, 608, 609, 617, 641.
Orly: 584.

Orvieto (cidade papal): 269, 272.
Osona: 229.
Oxford: 47, 232, 237, 238.
Oxford (universidade de): 106.

Palermo: 643.
Palestina: 159-160, 167, 340, 406, 484, 489,
    492, 550, 571, 588, 699, 702-703, 715,
    771, 798.
Pamiers: 78.
Pamplona: 475.
Panteneleia: 435.
Paray: 584.
Paris: 35, 47, 50, 61 n° 49, 62 n° 53, 67, 68-71,
    82, 86, 92, 97, 100, 102, 104-108, 112,
    115, 116, 122, 127, 131, 134, 141, 142,
    169, 170, 178, 178-180, 194, 201, 204,
    208, 209-210, 226, 228, 232-235, 240,
    243, 248, 249, 263, 269, 274, 275, 292,
    294-296, 302, 304, 308 n° 1, 315, 317, 333,
    339, 342, 360, 361, 390, 394, 396, 397, 397
    n° 65, 401, 403, 412, 433, 437, 439, 458,
    470, 472-474, 475, 476, 503, 507, 510, 514,
    516, 519, 520, 522, 524, 525, 547, 559,
    564, 571, 579, 583, 586, 587, 600, 601,
    609, 627, 631, 639, 646, 657, 662, 663,
    669-670, 689, 704, 714, 725, 730, 749-751,
    756, 765, 766, 775, 778.
Paris
— Baudroyer, porta de: 749.
— Châtelet: 71, 100, 214, 330.
— Cité: 71, 412, 704.
— Grève: 396.
— Louvre: 71, 74, 92, 94, 95, 101, 210, 217,
    243, 470, 626, 639.
— Notre-Dame: 39, 68, 134, 263, 269, 274,
    275, 292, 339, 475, 476, 507, 509, 510,
    511.
— palácio da Cité, palácio real, jardim do
    palácio: 69, 135, 233, 242, 263, 420,
    429, 468 n° 2, 469, 470, 472, 476, 478,
    550, 578, 620-622, 664, 689.

— Parlamento: 288.

— Quinze-Vingts: 580, 689, 778.

— Saint-Antoine-des-Champs, igreja e abadia: 135, 169, 476, 689.

— Saint-Germain-des-Prés, igreja e abadia: 249, 256, 333, 362.

— Saint-Jacques, igreja e convento: 194, 296.

— Saint-Victor, abadia: 765.

— Sainte-Chapelle: 135-137, 176, 268, 273--275, 287, 289, 292, 295, 299, 387, 396, 458, 459, 471, 500, 508, 510, 512, 515, 539, 620, 633, 654 n° 77, 663, 669, 698, 691, 702, 756, 782, 791.

— Sainte-Geneviève, igreja e abadia: 249, 765.

— Sorbonne: 430, 519, 765.

— Templo: 70, 74 n° 86, 186, 396, 564, 588, 646.

— Tribunal de Contas: 289.

Paris, tratado de: 208, 231-237, 241, 243, 342, 375, 398, 412, 601, 640, 646.

Paris, universidade de: 68, 89, 104-108, 119, 192, 214, 317, 332, 363, 368, 384, 395--396, 400, 406, 506, 518, 519, 523-526, 533, 591, 595, 608, 631, 663, 664, 791.

Parma: 154, 269, 406, 749, 750.

Pequim (Tahing): 46.

Perche (condado): 652.

Périgord: 231, 233.

Périgueux: 233.

Péronne: 228, 468.

Peyrepertuse: 230, 231.

Picardia: 179, 204, 712, 790.

Pireneus: 230, 235.

Pisa: 150, 159.

Poissy: 35, 504, 639, 676.

Poitiers: 138, 139, 140, 229.

Poitou: 95, 127, 139, 141, 144, 231, 233, 243, 319, 388, 639, 704 n° 24, 766, 798.

Polônia: 52, 137, 489.

Pons: 142.

Pontigny-en-Bourgogne: 232, 390, 396, 475, 639 n° 44, 758 n° 63.

Pontoise: 144, 154 n° 54, 274, 472-474, 763, 766.

Pont-sur-Yonne: 122.

Portsmouth: 141.

Portugal: 162.

Prez (castelo): 141.

Prouille: 295.

Provença: 25, 120 n° 2, 121, 122, 160, 191, 230, 243, 252, 288, 436, 642, 653, 696.

Provins: 404.

Psalmodi (abadia de): 159.

Quercy: 231, 233, 704 n° 24.

Quéribus: 230.

Razès: 231.

Reggio nell'Emilia: 269, 400, 406, 749, 750.

Reims: 54, 68, 69, 80, 85, 90, 91, 92, 97, 111, 125, 132, 235, 302, 309, 335, 359, 391, 470, 509, 512, 540, 577, 631, 733, 734, 738.

Rocamadour: 477.

Rocher-sur-Glun (castelo): 171, 475.

Ródano (rio): 121, 171, 403, 475, 476.

Rodez (condado): 143.

Roma: 41, 64, 151, 227, 228, 269, 272, 478, 492, 639 n° 44, 642, 757 n° 60.

Rouen: 262, 296, 302.

Rouergue: 101.

Roussillon: 155, 229, 231.

Royan: 141.

Royaumont: 58, 112-114, 194, 240, 252, 255, 257, 274, 302, 315, 362, 474, 500, 510, 521, 522, 524, 557, 661, 664, 669, 670, 689, 722, 724, 768, 769, 777, 779, 780.

Rueil: 473.

Rússia: 137.

Saint-Affaire (castelo): 141.

Saint-Amour: 194.

Saint-Aubin-du-Cormier: 99.

SÃO LUÍS

Saint-Benoît-sur-Loire: ver Fleury-sur--Loire.

Saint-Cloud: 689.

Saint-Denis: 22, 35 n° 1, 39, 40, 43, 69, 71, 77, 80, 81, 83, 92, 108, 111, 112, 115-116, 125, 130, 169, 176, 194, 195, 233, 240, 244, 248-253, 256-259, 262, 264, 266, 271-276, 298, 308-310, 314, 316-319, 322, 339, 391, 394, 406, 412, 418, 420, 421, 428, 439, 449, 456, 457, 459, 470, 473, 474, 476, 501, 502, 505, 509-510, 512, 513, 606, 627, 630, 654, 656, 664, 738, 739, 749-753, 754-756, 758, 789.

Saint-Émilion: 139.

Saint-Eustache: 179 n° 35.

Saint-Gelais (castelo): 141.

Saint-Germain-en-Laye: 472, 473, 689.

Saint-Gilles: 100, 102, 155, 194, 197, 200, 230, 231, 476.

Saint-Jean-d'Angély: 95, 139.

Saint-Malo: 99.

Saint-Marcoul (santuário): 737.

Saint-Michel (monte): 477.

Saint-Nicolas-au-Bois (abadia): 216, 219.

Saint-Nicolas-de-Varangéville (Saint-Nicolas-du-Port): 158, 437-438.

Saint-Pol: 95.

Saint-Pourçain: 194, 476.

Saint-Rémi de Reims (abadia): 251 n° 114, 252, 318, 361, 735, 738.

Sainte-Baume (montanha e gruta, com santuário de Santa Maria Madalena): 194, 476, 477.

Saintes: 140-144.

Saintonge: 69, 231, 233, 236, 243, 704 n° 24, 766, 798.

Sancerre: 104.

Santiago de Compostela: 478, 518.

São João d'Acre: 45, 149, 159, 176, 177, 183--184, 262, 394, 427, 428, 434, 487-488, 491, 572, 577, 644, 674, 715, 764, 772, 782, 807.

Saona (rio): 750.

Sardenha: 263.

Sarlat: 230.

Saumur: 128, 139, 243, 422, 423, 468, 562, 577.

Savona: 269, 640.

Saida (Sidon): 159, 189, 437, 577, 633, 683, 782.

Sena (rio): 134, 211, 213-214, 473-474.

Senlis: 69, 100, 302, 304, 474, 618, 688.

Sens: 100, 122, 125-126, 134, 192, 226, 263, 302, 401-403, 468, 472, 476, 508, 578, 618, 740, 747, 764, 788.

Sevilha: 45.

Sicília: 121, 154, 156, 158 n° 69, 183, 186, 244, 259-260, 263, 267-269, 275 n° 10, 276, 435, 636, 643, 646, 749, 758, 794.

Sidon: *ver* Saida.

Síria: 45, 47, 49, 50, 149, 159, 259, 485, 702, 703, 807.

Síria-Palestina: 186-187.

Sisteron: 122.

Soissons: 91-92, 210, 302, 475, 577.

Storeham: 180.

Sur: *ver* Tiro.

Susa (passo, passagem de): 269.

Tagliacozzo: 244, 320, 646.

Taillebourg: 141, 386, 420, 477, 576.

Tanis (braço do Nilo): 802.

Tarascon: 642.

Tarragona: 229.

Thiais: 584.

Thoré (castelo): 141.

Tiro (Sur): 159, 188, 486, 577.

Toledo: 180.

Tolosino: 73, 100.

Tonnay-Boutonne (castelo): 141.

Toulouse: 73, 100-101, 105, 120, 143, 201, 230, 231, 295, 608, 704 n° 24.

Touraine: 69, 231, 233, 243, 609.

Tournai: 475.

Tournus: 123.

Tours: 112, 144, 204, 262, 510, 704 n° 24.
Trapani: 268-269.
Tripoli: 159.
Troyes: 269.
Túnis: 45, 157, 158 n° 69, 159, 182, 188, 241, 252, 256, 260, 262, 263, 264, 268, 271, 297-299, 301, 302, 310, 320, 340, 348, 354, 371, 394 n° 47, 406, 412, 420, 421, 435, 439, 469, 482, 484, 495, 544, 606, 617, 635, 640, 652, 653, 663, 682, 691, 701, 749, 756, 771, 783, 784, 798.
Tunísia: 266, 268, 276, 369, 371, 406, 643, 701, 758, 783.

Ucrânia: 137.
Urgel: 229.
Urmiá (lago de): 491.

Val-d'Arcueil: 584.
Valencia: 45, 230.
Valenciennes: 228.
Valenton: 584.
Valois (condado): 69, 652.
Vaucouleurs: 150, 387.
Vaux de Cernay (abadia): 651.
Vendôme: 95, 262.
Veneza: 132-134, 157, 161, 223.

Vercelli: 269.
Vermandois: 69, 202, 609, 704 n° 24.
Vernon: 71, 474-475, 556, 558, 689.
Vervins: 475.
Vexin: 690.
Vézelay: 152, 263, 294, 476.
Viena: 137.
Vienne: 263.
Villeneuve-l'Archevêque: 133, 134, 691.
Villeneuve-le-Roi: 584.
Villeneuve-Saint-Georges: 263, 584.
Vincennes: 134, 194, 263, 429, 469, 472, 473, 476, 534, 550, 571, 609, 612, 620, 621, 691, 791.
Viterbo (cidade papal): 244, 269-270.
Vitry: 148.
Vitteaux-en-Auxois (mosteiro de): 152.
Volga (rio): 489.
Volínia: 52.
Vouvant (castelo): 141 n° 34.

Walcheren (ilha flamenga): 228.
Westminster: 233.

Yonne (rio): 134.

Zelândia (província flamenga): 228.

Índice Temático

apanágio: 75, 88, 95, 103, 138, 231, 241, 243, 288, 387, 577, 605, 608, 635-639, 642, 644, 652, 653.

aristotelismo: 106, 225, 445, 520, 523, 594, 794.

armação (de um cavaleiro): 35, 88, 91, 101, 125-129, 138, 141-142, 160, 231, 240, 241, 242, 243, 422, 468, 470-471, 500, 577, 578, 600, 601, 636, 637-639, 735.

arte: 39, 54, 68, 113 n° 139, 136, 253-258, 277, 284, 292, 309, 349, 356, 445, 457, 506, 507, 509, 510-511, 513-514, 518, 724, 791.

ascese, ascetismo: 24, 48, 300, 205-306, 321, 355, 455, 499, 511, 546, 552, 554-561, 661, 671-674, 686, 723, 761, 762, 770-771, 789, 793.

bailios (e senescais): 69, 73-74, 102, 197, 201-203, 209, 210, 214, 215, 226, 243, 289, 367, 416, 433, 583, 584, 594, 604, 607, 621.

batismo: 35, 85, 311, 347, 376 n° 32, 391, 490, 504, 512, 676, 716, 793.

Bíblia: 25-26, 40, 56, 85-87, 193, 225, 257, 297-298, 303 n° 23, 303, 305, 325, 343, 345-356, 358-360, 364-366, 367, 368, 414, 426, 459, 469, 481-483, 493, 504, 512-517, 528, 569, 593, 612, 627-628, 668, 669, 713, 720, 745-746.

bispos: 40, 51, 56, 104-105, 108-112, 119, 205-206, 225, 238, 248, 256, 301, 308, 333, 351, 366, 433, 585, 608, 613, 661-662, 694-695, 705, 737-738.

blasfêmia: 198-200, 202-203, 216, 260-261, 267, 355, 375-376, 435, 481, 531, 535, 536, 571, 606, 647, 806-807.

burguês (burgueses): 28-29, 56, 61, 64, 96-97, 106-108, 109-112, 206-207, 208-215, 226, 229, 272, 315, 338, 367, 579, 586-592, 594, 610, 611, 621, 697, 801-802.

caça: 334, 365, 416, 472, 572, 612-613, 626, 702.

camponês (camponeses): 27-28, 66-67, 71, 343, 449, 496, 519, 584, 586, 610.

caridade: 53, 74, 164, 206, 211, 213-214, 300, 303 n° 23, 303-304, 307 n° 35, 327, 376, 392, 411, 413-414, 416, 453, 455, 469, 520, 547, 557-558, 579-581, 619, 655, 661, 662, 688, 725, 762, 777-781, 784, 794.

casamento: 36-37, 56, 95, 100, 101, 119-127, 138-139, 160-161, 164-165, 198, 227, 253, 290, 292, 310, 329, 337, 415, 468, 500, 503, 509, 514, 626, 628, 630, 638, 642, 644-645, 652-653, 664, 671, 678.

cavalaria: *ver* armação.

cidades: 28, 53, 60, 61-62, 64-67, 70-71, 141, 155-156, 161-162, 184, 186, 198, 199,

202-204, 205-211, 214-215, 226, 233, 247, 291, 292, 294-296, 366, 367, 372, 378, 496, 583, 586-589, 593-594, 599, 601, 606, 611, 621, 661-662, 704.

comércio (mercador, comerciante): 26-27, 53, 67-68, 132-133, 159, 183, 186, 203, 211, 213-215, 220-221, 222, 226, 268, 294, 377, 387, 388, 449, 481, 482, 487 n° 54, 496, 527, 586, 727.

confissão: 26-27, 60-61, 264, 343, 354-355, 374-376, 380, 412, 446, 450, 531, 535, 544-545, 618, 661-663, 671, 676, 677.

consciência: 26-27, 60, 117, 144-145, 147, 181-182, 192, 195-196, 204, 303 n° 23, 303, 321, 331, 342-343, 453-454, 500, 520, 544, 618, 633, 661, 672-676, 740.

conselho: 79, 153, 169-170, 177-178, 181-182, 184, 187, 189, 191, 200-203, 216-217, 224, 226, 233-234, 239, 262-263, 289, 326-327, 347 n° 11, 377, 378, 379-380, 387, 427, 428, 430, 437, 455, 470, 478, 510, 585, 658-659, 683.

contas (contabilidade): 70, 126, 183, 185, 198, 208-210, 290, 509, 716.

conversão: 45, 49-51, 52, 147, 159-160, 166, 180, 182, 260-261, 263, 482, 484, 489--490, 494, 700-703, 711, 714, 716, 717, 718-719, 793, 794.

coração: 117, 267, 268, 274, 275-276, 331, 372-375, 379, 461, 466, 535, 655, 674, 768, 771, 772-773, 776-778, 784, 803.

coroa (símbolo do Estado): 36, 240, 242, 253, 261-262, 321, 462, 730 (objeto real: ver *regalia*).

corpo (*ver também* gestos e mesa): 40-41, 54, 117, 244-248, 251 n° 114, 253-255, 257-258, 264, 266-269, 272-277, 328, 331-332, 356, 374-376, 379, 390, 391, 396, 406, 413-414, 420, 428, 429, 440, 441, 448, 455, 459, 462, 465, 466, 477, 504, 534, 538, 593-594, 655, 665-667, 672, 673, 677, 734, 762, 764, 768, 771, 773, 775, 777, 778, 783, 784, 797, 798.

criança(s): 36-37, 39-43, 78-104, 129, 216--217, 240, 242, 248 n° 111, 252, 257, 269, 295, 327, 329, 336-337, 353-354, 355, 362, 364-365, 372, 386, 438, 514, 532, 543, 625, 628, 644, 647-648, 650-657.

Cristandade: 20, 25, 43-62, 63, 65-66, 68, 105, 109, 122, 130, 133, 137, 144, 146, 150, 152, 156, 160, 163, 166, 183, 187--188, 193-196, 211 n° 45, 226, 238, 245, 261-262, 266, 269-270, 281, 314, 317--318, 344, 353-354, 365, 378, 382-386, 391, 394, 448, 467, 469, 478, 479, 482, 483, 489, 491, 506, 594, 697, 700, 702, 705, 706, 721, 772, 792, 794-796, 805-806.

cruzada: 25, 38, 42, 44-45, 47, 50-52, 54-55, 58, 59, 64-65, 70, 73-74, 101-102, 117, 144-149, 153-196, 199, 204-205, 228, 230, 232, 239-240, 244, 252, 259-265, 270-271, 287, 290, 295-296, 298-300, 302, 314, 319-320, 327, 328, 336, 338--342, 348, 354, 355, 363, 369, 371, 374, 378, 379, 385, 389-395, 397, 399-402, 404-406, 409-410, 412, 419-424, 427--429, 431-432, 434, 435-436, 437-440, 459, 468-470, 471, 473, 475-497, 510, 513, 516, 517, 525, 560, 575, 583, 588, 622-623, 632, 633, 637, 642-643, 690--692, 701, 730-731, 743, 761, 766, 772--775, 784, 792-794, 795, 801.

curia (corte): 69, 79, 181, 288, 301, 361, 367, 430-431, 470, 510, 523, 531, 588, 601.

demografia: 35-36, 52, 66-67, 70-71, 129, 211, 586-587, 704.

devoção: 57, 61-62, 68 n° 75, 104-105, 113, 115-117, 130-131, 134-135, 136, 152, 159, 166, 167, 187, 217 n° 56, 243, 250, 292, 298, 299-300, 301-303, 306-307, 351 n° 25, 353-354, 360, 374-376, 380, 382, 385, 389, 392, 395, 401, 403, 405, 406, 409, 412-416, 447, 454, 455, 459, 470-471, 477, 497-499, 510, 514, 545-

SÃO LUÍS

-548, 660, 671-674, 678-692, 722, 723, 729, 774-775, 790, 794.

dignitas: 305, 615, 616, 724-725.

dinastia: 27-28, 36-37, 39-40, 65, 73-77, 78, 81-83, 85-86, 90, 93-94, 103-104, 112, 114, 116, 126, 129, 148-149, 181, 204, 236, 239-241, 244, 248, 250, 251, 253, 254, 258, 259, 272, 309-310, 349-350, 357, 369, 380-381, 416, 466, 478, 484, 485, 500, 502, 513, 522, 533, 615, 624, 637-638, 652, 656, 657, 684, 739, 740--741, 789-790.

dinheiro: 56, 60, 70, 130, 132, 135, 161-162, 176, 184-186, 198, 209, 212, 225, 233, 292-294, 338-339, 379, 389-390, 395, 402, 438, 481, 490, 583, 586-596, 610, 644, 653, 655, 662, 676, 686-687, 725-727, 729.

direito(s): 36 n° 2, 87-88, 106, 109, 111, 201--206, 213, 219, 222-225, 227, 230, 232--233, 238-239, 254, 268, 269-270, 290, 320, 378, 445, 471, 527, 528, 594-595, 599-600, 607-610, 615-616, 640.

doença (*ver também* epidemia): 78-79, 144-145, 148, 153, 174-176, 181, 264, 327--328, 338, 341-342, 372-373, 385-386, 396, 414, 434, 498, 501, 544-545, 546, 553, 555-556, 579, 633, 639-640, 663--664, 672, 699, 734, 737-738, 762, 765--768, 770, 777-779, 783-785, 798-799, 803-804.

economia: 26-27, 52, 57, 60, 65, 70-71, 159, 183, 185, 206-207, 210, 212-214, 221--223, 225-226, 286, 292, 294, 365, 379, 465, 578, 580-585, 610, 662, 707-708, 790, 795.

epidemia: 142, 173-176, 252, 263, 386, 404, 405, 765-766, 767, 798, 802.

escatologia: 24, 62, 76-77, 109, 136-137, 147, 155-156, 170-171, 180, 191, 193-194, 204, 239, 247, 255-256, 288, 321, 325, 356, 366, 447, 485, 496, 503-505, 512, 515, 537, 538, 572, 575, 684, 701-702.

escrita: 69, 124, 156, 202, 215, 283-291, 297, 359, 373, 402, 403, 421-422, 425, 456, 503, 506, 527-528, 600, 669-670.

escrófulas (toque das): 71, 126 n° 11, 273, 414, 428, 512, 581, 737, 739.

esmola: ver caridade.

esperança: 62, 150-151, 303 n° 23, 303, 544, 772.

fé: 56-57, 108, 148, 150, 176, 180, 187-189, 264, 303, 315, 317, 321, 331, 348, 358, 373, 380-381, 392, 405, 433, 450, 466, 484, 489-491, 494, 534-537, 544, 545, 655, 660, 665-667, 693, 696-698, 719--720, 736, 769, 776, 795.

festa: 54, 71-72, 127-129, 163, 232, 242, 253, 272, 274, 396, 397, 397 n° 65, 499-501, 552, 560, 561, 620, 637-638, 677, 681, 683-684, 687, 734.

feudalidade (regime feudal): 52, 56, 64, 71, 73-74, 95-100, 151, 199, 207, 218, 223, 227, 236, 237, 322, 367, 400, 422, 430, 445, 447, 466, 507, 541, 572, 574, 577, 585, 588, 597-623, 667, 687, 709, 726, 728, 730-731.

flores-de-lis: 108, 168, 249, 315, 317, 458, 459, 592, 637, 735.

floresta: 60, 334, 365, 570, 583, 612.

funerais: 40, 71, 81, 82-83, 92, 240, 242, 256, 269, 417.

gestos: 92, 101, 123-128, 152, 169, 233, 255, 303, 359, 369-370, 375-376, 409, 426--430, 454, 455, 461, 465, 475, 476, 500, 501, 517, 537-550, 599.

greve: 106-108, 119, 315 n° 18, 525.

guerra, guerreiros: 39-40, 53, 54-55, 64-65, 71, 72, 99-100, 102-103, 109, 122, 137--144, 163, 166, 169, 175-176, 183, 230, 234, 237, 238-239, 262, 268, 290, 313, 316, 319-320, 337-338, 339, 340-341, 374, 378, 386-387, 395, 409, 412-413, 415, 420, 434, 435, 465, 469, 477, 484,

491, 512, 517, 573, 576-578, 583, 588, 605, 615, 625, 655, 691-692, 700, 703, 727, 743, 774, 788, 801.

heresia, hereges: 56-60, 65-66, 101, 120-122, 143-144, 146, 147, 192, 203-206, 248 nº 111, 292, 379, 405, 452, 466, 521, 548, 608, 655, 662, 693, 696-699, 719, 790, 793.

história: 23, 75-78, 237-259, 281, 291, 310-321, 324, 335-336, 357, 363-364, 382-385, 391, 404, 442, 443, 501-505, 516, 521-523, 597-599, 739.

hotel (do rei), dependências palacianas, palácio: 42, 79, 200, 290, 379, 469, 580, 620, 657-659.

humildade: 25, 57, 60, 113, 117, 129, 139, 218, 293, 300, 303 nº 23, 303, 307 nº 35, 319, 321, 347 nº 11, 351, 360, 402-403, 406, 413-414, 429-430, 459, 469, 477, 500, 519-520, 540-541, 544, 546, 550, 554, 556-558, 563, 618, 662, 673-674, 695, 723-724, 730-731, 779-780, 793-794.

Igreja: 56, 106, 109, 111-112, 117-118, 125, 128, 143, 144, 170-171, 184, 197, 200, 203, 205-207, 242, 247, 253, 269-270, 271, 276-277, 292-294, 299-300, 317, 324, 326, 349-350, 358, 359, 361, 365, 370, 374, 378, 394, 400, 406, 415, 416, 448, 449, 452, 454, 470-471, 480, 482-483, 512, 517, 525, 590, 602-604, 625, 626-627, 655, 657, 661, 665-666, 671, 678, 693-697, 705-706, 720, 727, 736, 740, 793.

igrejas, conventos, abadias e mosteiros, capelas: 68, 101, 106, 113, 114, 117, 122, 135-137, 185, 247, 248, 249, 314, 375, 378, 403, 412-413, 471, 506, 508-511, 547, 662, 680, 682, 686-690, 722, 738, 779-780, 791.

imagem(ns): 29, 38-39, 53-54, 55-56, 101, 104-105, 130, 142-143, 168-169, 178-179, 190, 257, 272, 282, 286-287, 290, 291, 300, 301, 306, 308, 310, 311, 313, 317, 322, 326-327, 329, 334-335, 345, 348-349, 350, 354, 358-360, 370, 382, 385, 392, 393-394, 400, 417, 718-419, 422-423, 425, 440-441, 454, 457, 458-459, 460-461, 465, 481-483, 487, 490, 500, 506, 507, 508-518, 603, 614, 622, 667, 674, 702, 724, 729, 732, 733, 740, 745, 768, 784, 790.

Imperador: 63-66, 71-72, 104, 107, 108, 133, 138-140, 150, 154, 162, 173, 201 nº 23, 227, 238, 314, 382, 384, 401, 417, 478, 569, 609, 617.

imposto (contribuição, taxa...): 56, 146, 163, 171, 185, 208, 212, 214, 215, 222, 261, 379, 384, 389, 500, 584-585, 586-587, 600-601, 621, 695, 711, 717, 727.

indivíduo: 26-27, 60-61, 188, 257, 272, 281-282, 292, 318, 345, 356, 375, 382, 409-411, 417, 428, 433-462, 508, 567, 655, 662, 683, 685-686, 761, 788.

Inferno: 47, 61, 73, 137, 257, 326, 404, 453, 480 nº 40, 512, 520 nº 40, 589, 665-666, 718.

inquéritos: 69-70, 163-165, 170, 197, 202, 203, 206, 208-209, 215, 219-220, 238, 289-290, 295, 296, 355, 367, 377, 388, 389, 416, 433, 453, 456, 468, 474, 604, 609, 621, 664.

Inquisição: 59, 142-143, 188, 203, 219, 452, 662, 696-698, 790, 792.

jejum: *ver* ascese.

jihad: 187.

juramento: 56, 73, 163, 173, 212, 221, 225, 226, 237, 239, 260, 266, 333-334, 351, 359, 365, 504, 667, 734, 736, 805-807.

justiça: 25, 64-65, 86, 109, 111-112, 164-165, 193, 197, 199, 202-204, 206, 209, 212-219, 223, 224, 238, 288, 299-300, 303 nº 23, 303, 321, 330, 331, 333, 345, 347 nº 11, 348, 355, 359, 360, 367-368, 370-

SÃO LUÍS

-371, 376-379, 386-387, 409, 416, 428, 433, 435, 455, 465, 467, 469, 485, 496, 501, 521, 534, 541, 544, 550, 570-572, 575, 586, 593, 601, 617, 610-622, 655, 718, 726, 728-729, 736, 739, 762-763, 788, 794-795.

leigo(s): 53, 56, 59, 61-62, 64, 68 n° 75, 105, 118, 127, 153-154, 177-178, 200, 206--207, 248, 292-294, 302, 310, 317, 332, 371-372, 380, 409, 420, 421, 443 n° 1, 448, 449, 470, 478, 480, 514, 519, 548, 551-552, 553, 569, 660-661, 686, 690, 694, 695, 723, 732, 736, 742, 770, 784, 791-792.

leprosos: 53, 373, 414, 449, 532, 553, 557-558, 671, 689, 768, 777, 779-781, 793.

línguas: 39-40, 50, 53, 54, 77, 156, 202, 203 n° 27, 216, 310, 311 n° 9, 335-336, 388, 424, 456, 465, 481, 483, 487, 488, 490, 501-502, 530, 535-537, 775, 791.

majestade (*majestas*): 203, 224, 284, 306, 320, 408, 540, 593, 599-600, 613, 616, 724.

mar: 102, 121, 133, 150-151, 154-163, 172--177, 190, 191, 261, 262, 423, 434-436, 438, 477, 479-483, 496, 667, 688.

maravilha, maravilhoso: 43, 319, 480, 482, 489, 492-495, 510, 571, 578.

medo: 46-48, 61-62, 158, 481-482, 484, 494, 543, 667, 793.

memória: 22, 28-29, 36, 38-39, 67-68, 96, 104-105, 127, 244, 245, 247, 251 n° 114, 255, 272, 276-277, 281-282, 286-287, 288, 291, 297, 306, 308-310, 312, 315, 327, 335, 341, 343, 357, 408, 418, 419, 422, 426, 442, 444, 471, 504-505, 533, 595-596, 624, 652, 656, 791.

mercador: *ver* comércio.

mesa (refeição): 24, 126-127, 195, 200, 334--335, 403, 410 n° 8, 415, 417, 465, 496, 499, 524, 547, 552-567, 668, 669, 689, 723.

mesnie (círculo íntimo): 79-80, 114, 470, 497, 508, 531-532, 535, 543, 550, 601-602, 657, 658-659, 660, 695.

milagre: 22-23, 40-42, 116, 133, 192, 247, 269-272, 273, 299-301, 318, 321, 326, 390, 396, 400, 406-407, 413-414, 415--419, 421, 428, 456, 470-471, 483, 530, 578, 739, 741, 747-758

milenarismo: *ver* escatologia.

miragem: *ver* sonho.

moeda: 53, 71, 110, 221-226, 287, 291, 292, 365, 389-390, 579, 583, 590-592, 599, 601, 606, 617, 795.

monarquia: *ver* realeza.

morte, mortalidade, mortos: 25, 26-27, 36-37, 39-42, 61, 73-74, 78-81, 130, 174-175, 177, 183, 188, 239-242, 245-248, 253, 254-259, 264, 265, 266-270, 272, 276, 300, 327-328, 331, 333, 341-342, 380--381, 385, 391, 400, 404, 406, 411-412, 420, 421, 428, 437, 450, 452, 453, 460, 466, 471, 479, 481, 482, 484, 486, 488, 632-634, 656-657, 663, 665-666, 678--680, 681, 685, 689, 691, 739, 771-774, 777, 782-785.

mulher(es): 36 n° 2, 61-62, 78 n° 95, 83, 97--98, 152, 169, 205, 206, 227, 242, 245, 302, 329, 330, 336, 380-381, 386-387, 395, 438, 514, 564-565, 571, 627-629, 644, 656, 702-703, 726, 729-730, 745--746, 763, 764.

música: 195, 498, 507-509, 538, 545, 562, 654, 683-684.

nascimento: 35, 37-38, 40-41, 44, 83-84, 85, 129, 239, 311, 320, 329, 337, 347, 415, 421, 422 n° 5, 477, 495-496, 504, 603, 634-635, 651.

nobreza: 64, 94-104, 138-139, 143, 155-156, 163, 183, 200, 205-206, 219, 272, 333, 338, 387, 393, 421, 509, 513-514, 519, 573-574, 610, 611, 688-689, 696.

oração: 48, 56, 92, 144-145, 152, 162, 164--165, 262, 264, 303 nº 23, 303, 351, 358, 375-376, 380, 392, 401, 402, 411, 413, 453, 455, 472, 476, 480, 497-498, 508, 530-531, 534-535, 543-545, 661, 677, 678-686, 807.

ordálio: 54-55, 219.

ordem moral: 64-66, 151, 170, 196, 203, 204, 208, 220, 244, 288, 289, 317, 318, 321, 355, 359, 395, 410, 521, 525, 586-587.

ordenação: 25, 67, 73-74, 103, 196-203, 208, 209, 215, 220-222, 224-226, 238, 260--261, 288, 290, 291, 321, 437, 475, 504--505, 521, 586, 589-591, 594, 605-606, 624-625, 709-712, 714, 715, 740.

ordens: 226, 449, 570, 640.

Oriente: 43, 52, 130-131, 162, 167-168, 259, 314, 322-323, 469, 477, 479, 483, 489, 492-495, 496, 504, 505, 662, 801.

palavra: 60-61, 69, 260, 325, 369, 375-376, 380, 403, 424, 433, 461, 465, 506, 528--538, 600, 621, 654, 658, 679, 791.

papa, papado: 44, 50, 56, 59, 63-66, 104-106, 109, 111-112, 121, 138-140, 146, 148--154, 163, 166, 173, 183, 194, 197, 200, 201, 244, 248 nº 111, 260, 270-274, 276, 285, 293, 296, 314, 378, 382, 384, 385, 396, 399-400, 405, 478, 483, 489, 491, 492, 569, 575, 586, 602-603, 642-643, 649, 662, 664, 693, 695-696, 714, 721, 740, 793.

Paraíso: 25, 26-27, 38, 54, 61, 137, 366, 404, 453, 487, 492-494, 504, 575, 665, 667, 676, 687-688, 762, 781, 782.

parentela, parentesco (também por afinida-de): 121-122, 138-139, 152, 453, 646, 655, 681, 684.

pares: 76, 110, 137, 139, 208, 217, 387, 517.

Parlamento: 200, 201, 239, 288-289, 377, 601, 658, 664, 694.

paz: 25, 40, 48 nº 22, 52, 53-55, 64, 70, 73, 100, 109, 122, 143-144, 151, 163-165, 186, 189, 204, 226-237, 238, 244, 299--300, 307 nº 35, 313, 317, 318, 320, 321, 327, 340, 345, 351, 359, 368, 370-371, 378, 379, 387, 398, 409 nº 6, 412, 433, 467, 477, 486, 487, 490-491, 521-522, 531, 534, 541, 573-576, 588, 660, 605--606, 612, 646, 655, 702, 718, 727, 736, 788, 794.

pecado: 48, 54-55, 60, 73, 85, 101, 117-118, 148-149, 162-164, 187, 190, 195, 215, 326, 333, 350, 355 nº 42, 355, 365-367, 372-374, 376, 378, 379, 380, 385, 394, 404, 420, 432, 435, 480 nº 40, 481, 496, 504, 531-532, 573, 594, 617, 628-629, 655, 658, 676-677, 718, 720, 737, 760, 762, 764, 773, 780-781, 804, 807.

penitência: 25, 48, 57, 60-62, 73, 113, 117, 134, 146, 148, 159, 163, 164-165, 169, 170, 180, 196, 295 nº 6, 303 nº 23, 303, 321, 328, 331, 355-356, 394, 431, 434, 459, 482, 499, 504, 520, 544, 553, 661, 672-673, 684, 690-691, 740, 770-771, 773, 775, 784, 789.

peregrinação (*ver também* cruzada): 38, 54, 73, 148, 152, 159, 169, 170, 181, 204, 298, 339, 390, 425, 437-438, 467-468, 475-479, 646, 684, 690, 740, 761, 772-773.

piedade: *ver* devoção.

pobres, pobreza: 53, 54, 57, 60, 196, 205, 208, 209, 212, 234, 261, 292-294, 321, 327, 368, 376, 378, 380, 401, 416, 432, 433, 440, 449, 455, 458-459, 500, 519, 549, 553, 556-558, 559, 562, 570-571, 579-581, 610, 613, 619, 662, 688, 723, 726, 777-779, 784, 788.

potestas: 196, 203, 218, 321, 593, 606-607, 613, 710.

prenome(s): 35, 36, 77, 319-320, 437, 626, 630, 652, 714.

primogênito (*primogenitus*): 39, 75, 78, 83, 181, 240, 306-307, 352, 637, 738, 792.

procissão: 38, 62, 134, 144, 152, 169, 275, 339, 416, 476, 547, 618, 688.

SÃO LUÍS

861

prostituição: 198, 199, 203, 355, 481, 586, 606, 723, 764.

prud'homme: 342, 409, 434, 521, 531, 541, 550-552, 625, 689-690, 762.

Purgatório: 26, 61, 245, 453, 520 n° 64, 589, 662, 685, 760, 768-769.

rainha: 63 n° 60, 81, 89, 93, 98, 111, 121-122, 125-126, 129, 139, 169 n° 11, 177-179, 252-254, 257, 258, 269, 336, 349, 371, 386, 436-438, 454, 564, 637, 645-650.

razão: 146, 219, 305, 333, 380, 434, 450, 525-526, 581, 795.

realeza (monarquia): 24, 36, 63-66, 69, 71-72, 73, 75, 83-84, 98-101, 104-105, 107-108, 114, 121, 122-123, 126, 130, 134-135, 151, 169-170, 183, 201, 202, 204, 207, 219, 223, 239, 241, 242, 251, 253, 254, 256, 258, 267, 276, 286, 290, 296, 308-311, 317-318, 322, 330, 339, 345, 348-349, 350, 357, 359, 361, 366, 368, 370, 376, 380-381, 391, 395, 397, 410, 459, 466, 469, 502-503, 507, 512, 516-518, 525, 552, 556, 563-623, 632-633, 636, 649, 657-659, 696, 709, 732-734, 791, 794.

reforma: 48, 56-57, 60, 102, 196-200, 208, 211, 221 n° 68, 224, 240, 291, 292, 296, 398-399, 663, 739-740.

regalia (insígnias reais): 40, 69, 71, 90-91, 92, 130, 134, 169, 245, 256-257, 309, 321, 370-371, 458, 462, 470, 517, 600, 603, 617, 627, 637, 654, 666, 734-739, 781, 788.

relíquias: 25, 44, 51, 115-117, 130-137, 142-143, 144-145, 152, 169, 184, 232, 248, 253, 258, 267, 272-277, 285, 295, 386, 387, 413-414, 423, 428, 440, 441, 459, 471, 500, 510, 513, 547, 618-620, 661, 663, 688, 690-691, 794.

rir: 54, 184, 195, 430-432, 499-500, 672, 695, 788-789.

rito: *ver* gestos.

sabedoria: 107, 305, 315-318, 321, 347 n° 11, 350-352, 360-361, 525, 551, 553, 613-616.

sacramentos: 56, 90-91, 111, 123-124, 264, 347, 358, 370, 374, 399, 480, 503, 504, 544-545, 546, 661, 676-678, 783.

sagração: 69, 71-72, 73, 83, 87-93, 95, 124-126, 337, 347, 351, 358, 359-360, 361, 365, 366, 376, 391, 470, 504, 509, 516-518, 539, 540, 573, 578, 600, 603, 616, 631, 655, 693, 733-739.

sangue: 82-84, 229, 379-380, 415, 423-424, 439, 624, 637, 658, 782, 784, 791-792.

santo (santidade): 22, 26, 28-29, 41, 62, 84, 90, 118, 126, 134, 159, 176-177, 192, 196, 198, 200, 240, 243, 245-248, 258, 264, 267-276, 281, 282, 297, 300, 302, 304, 307, 309, 314, 318-319, 321, 325, 326, 327-328, 329, 333, 347-348, 351-354, 371, 376, 390, 391, 400-401, 406-408, 409 n° 6, 410, 412-422, 425, 428, 429, 434, 437-442, 446, 449, 451-452, 454, 460, 461, 466, 475, 477-480, 482, 486-487, 496, 498, 500, 580, 614, 620, 631, 647, 660, 677, 679-680, 683-684, 686-687, 720, 732, 740-759, 783, 789-791.

sermão (pregação): 60, 159, 162, 193, 241, 260, 272, 304-307, 324-325, 331, 350-351, 363, 380, 412, 419-420, 437, 449, 474, 479-481, 525, 526, 531, 533-535, 546, 571, 575, 619, 655, 661, 663, 687, 722, 774-775.

sexualidade: 24, 56, 61-62, 98, 120, 125, 128-129, 242, 292, 310, 365, 386-387, 415, 416, 454, 499, 533, 556, 561, 628, 650-651, 672, 742-743, 762-763, 789.

sinete (chancela, lacre): 133, 181, 262, 267, 284-286, 321, 339-340, 371, 402, 458, 462, 471, 674-675.

soberania: 71-72, 239, 291, 320-321, 491, 570, 600, 605, 614, 616, 618, 739.

Sol: 299-300, 321, 322, 469, 581, 658, 735-736.

sonho (também como ilusão ou miragem): 43-45, 47, 50-51, 101, 102, 109, 137, 160, 168, 182, 260, 263, 415, 423-424, 425, 439-441, 465, 469, 482, 489, 490 nº 62, 702.

Sul: 73, 100-102, 121, 143, 155, 171, 197, 199, 201, 203, 210, 226, 229, 230, 243, 415, 475-477, 608, 639, 640-642, 696, 705, 712-713, 790.

tempo: 62, 90, 127, 128, 167-168, 170, 171 nº 18, 172, 177, 227, 250, 251, 253, 258, 270, 286-287, 300, 369-370, 420, 450--451, 465, 467, 495-505, 521, 538, 546, 552, 554-555, 557, 560, 572-573, 575, 577, 603, 650, 654, 656-657, 668, 672, 677, 678-679, 680, 683, 690-691, 740, 744, 788-789, 793, 795.

tirania: 359, 361, 385, 395, 445, 614, 745.

unção: 83-84, 90, 125, 345, 347, 348-349, 351, 358, 360, 366, 370-371, 376, 390, 391, 397, 504, 509, 512, 515-517, 603, 655, 734-735, 737-738, 789.

universidade(s): 26, 53, 66, 68, 88-89, 101, 104-108, 112, 192, 201, 224, 225-226, 315, 317, 363, 365, 368, 395-396, 518--526, 527, 533, 591, 596, 608, 611, 631, 663, 670.

usura: 58, 64-65, 163, 164-165, 198, 205 nº 32, 209, 220, 219-221, 291, 299-300, 377, 379, 383, 389, 390, 583, 588-590, 605-606, 707-709, 711-713.

utilidade: 225, 591, 593, 607-608.

vestes: 40, 126-129, 134-135, 163, 169-170, 174-175, 195, 220, 242, 255, 260, 380--381, 401-402, 413-414, 416, 423-424, 429, 439, 458, 459, 519, 551, 558, 735, 765.

violência: 52, 105, 111, 159, 179-180, 216, 239, 263, 485, 486, 541, 587, 694, 702--703, 718, 727, 764, 793, 804-806.

Virgem Maria: 179, 198, 200, 257, 325, 331, 349, 376, 455, 477-478, 497-499, 508, 512, 536, 546, 554-555, 658, 677, 680--681, 684, 687, 714.

ÁRVORE GENEALÓGICA

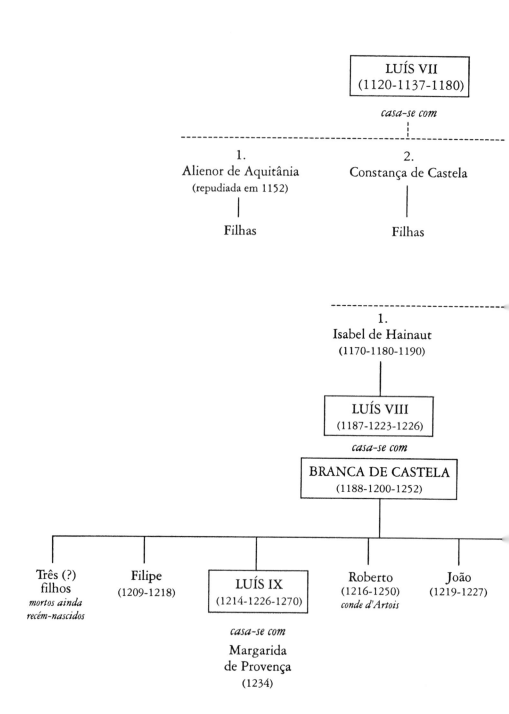

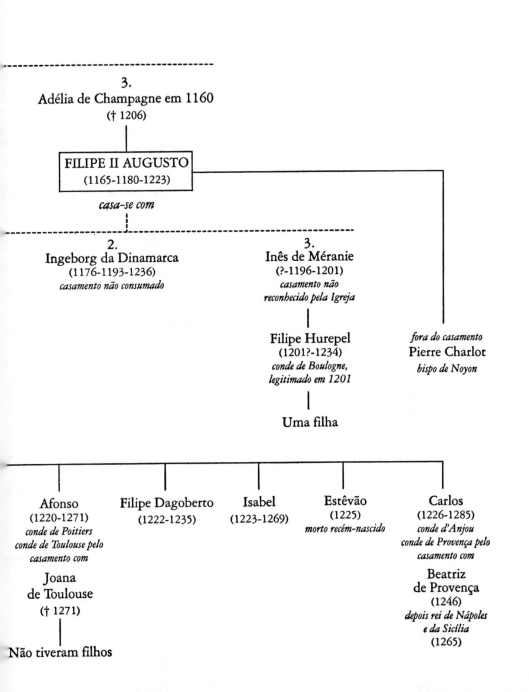

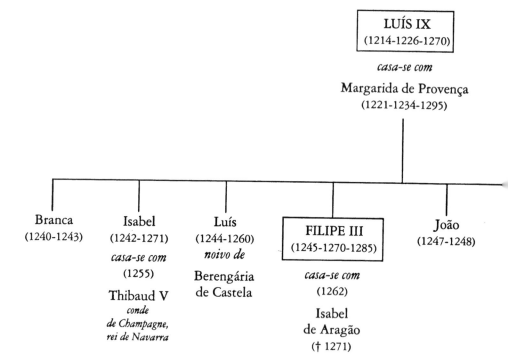

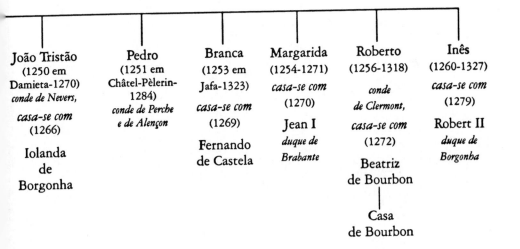

MAPAS

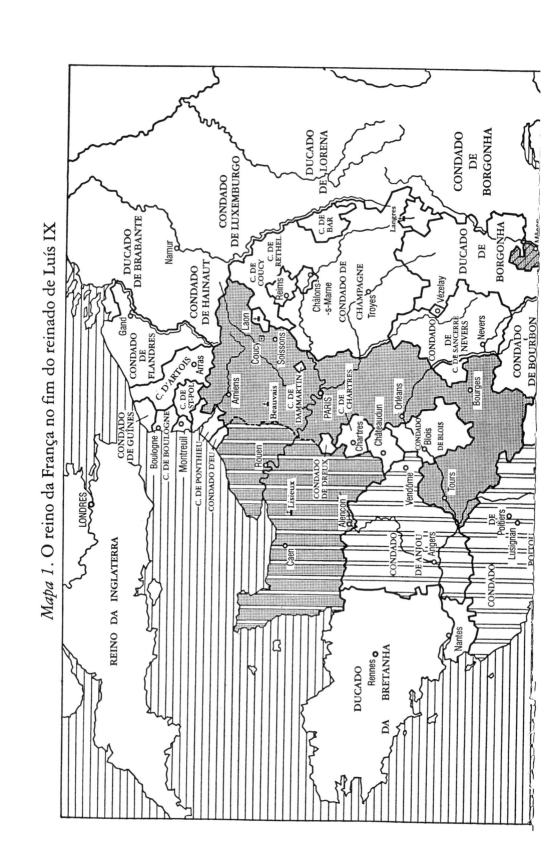

Mapa 1. O reino da França no fim do reinado de Luís IX

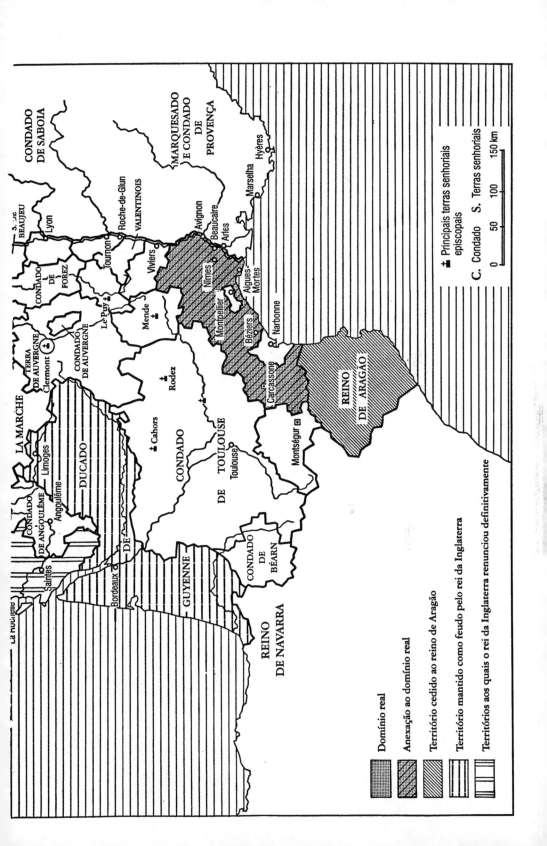

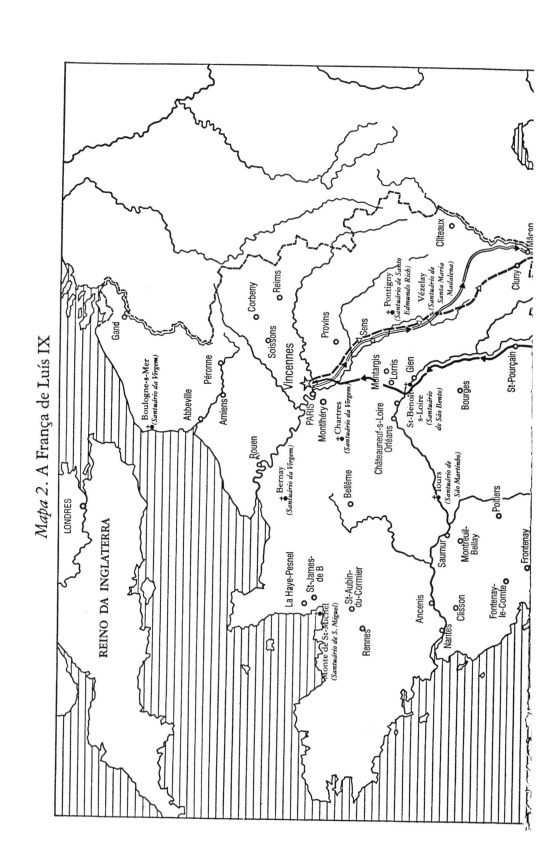

Mapa 2. A França de Luís IX

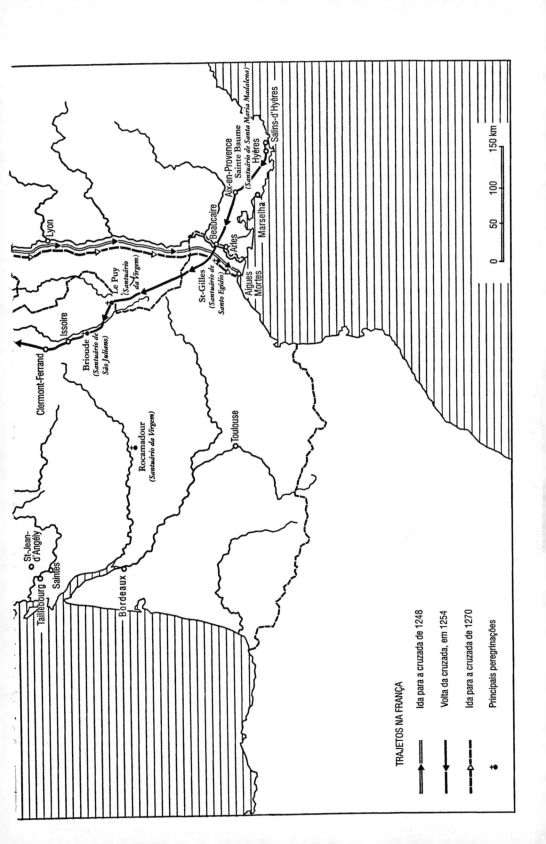

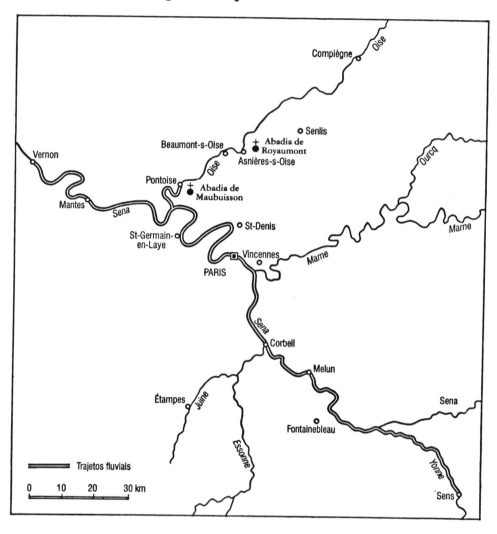

Mapa 3. Os pousos de Luís IX

Mapa 4. O Mediterrâneo de Luís IX

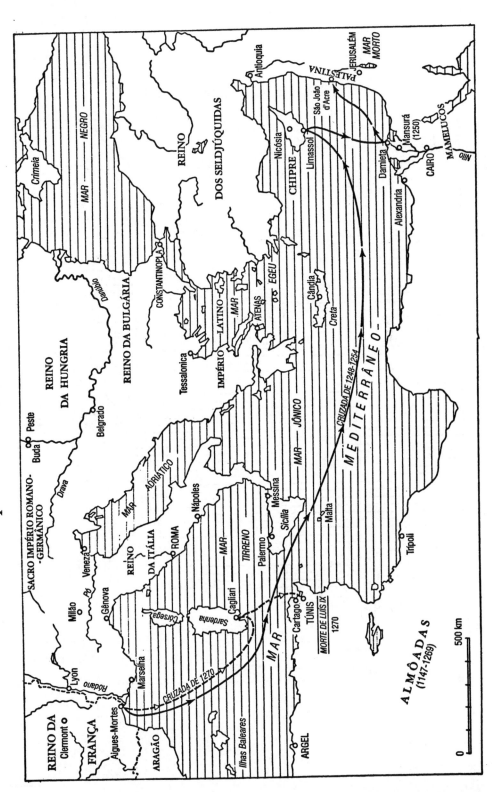

Mapa 5. O Oriente de Luís IX

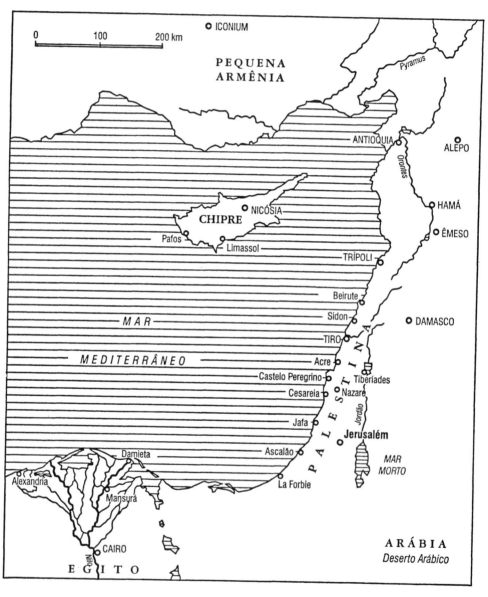

Mapa 6. A dominação mongol na época de Luís IX

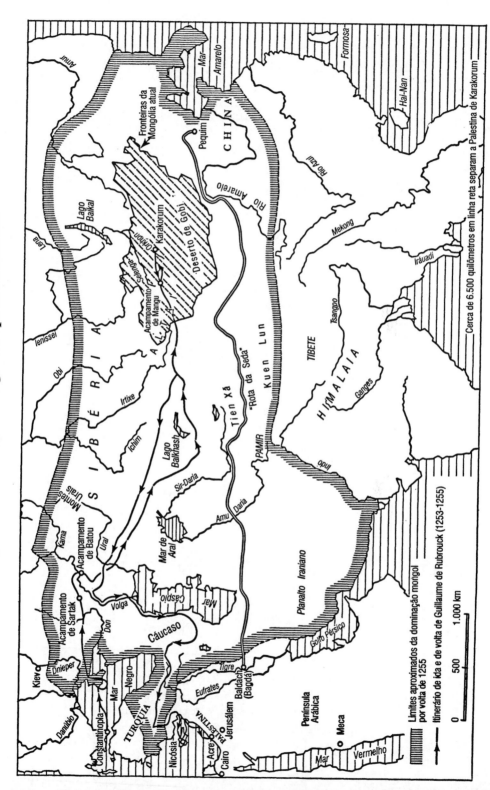

Este livro foi composto na tipologia CaslonOld
Face BT, em corpo 11,5/13,5, e impresso em
papel off-set $75g/m^2$ no Sistema Digital Instant
Duplex da Divisão Gráfica da Distribuidora Record.